Der Reimer sind viele, und wohl keiner darunter, der noch nicht suchend und fluchend vor seiner Bibliothek gestanden hätte, um endlich den erlösenden Reim zu finden. Auch der Handbücher für den professionellen wie den Amateur-Reimer gibt es genug, aber keines, das dem *Allgemeinen deutschen Reimlexikon* gleichkäme und eine solche Fülle an Reimpaaren anbietet, insbesondere aus der Sprache des 18. und 19. Jahrhunderts. Man findet auf den über 1800 Seiten des zweibändigen Lexikons mehr als 300 000 Reime, und mit aufgenommen wurden »Legionen von Fremdwörtern, Idiotismen, Patronymiken«.

Es wird keinem System – weder in der Orthographie noch in der Grammatik – gehuldigt, auch kein vermeintlich verquerer Reim ausgeschlossen. Und der Herausgeber nahm keinerlei Rücksicht darauf, »ob der Wortsonderling unter fleißigen ehrsamen Handwerkern, eigensinnigen Spießbürgern und verknöcherten Juristen oder unter den Müßiggängern und Gaunern der schönen Welt, wetterwendischen Sophisten und ästhetischen Schulfüchsen sich herumtreibe«.

insel taschenbuch 674

Allgemeines
deutsches Reimlexikon
Erster Band

Allgemeines deutsches Reimlexikon

Erster Band

Herausgegeben von Peregrinus Syntax
Mit einer Gebrauchsanleitung von
Hans Magnus Enzensberger
Insel Verlag

insel taschenbuch 674
Erste Auflage 1982

Umschlag nach Entwürfen von Willy Fleckhaus
Vertrieb durch den Suhrkamp Taschenbuch Verlag
Druck: Nomos Verlagsgesellschaft, Baden-Baden
Printed in Germany

1 2 3 4 5 6 – 87 86 85 84 83 82

ALLGEMEINES DEUTSCHES REIMLEXIKON

GEBRAUCHSANWEISUNG

1. *»Der Reim ist an sich kein Thema.«* Die gescheiteste – und amüsanteste – Verteidigung des Reims, die es in deutscher Sprache zu lesen gibt, beginnt mit diesem Satz.[1] Wer an der Vitalität des ältesten literarischen Zaubermittels zweifelt, den wird auch das vorliegende Handbuch nicht überzeugen. Es ist ein Vademecum für Eingeweihte, für Aficionados, für hemmungslose Liebhaber und professionelle Virtuosen. Für solche und andere Benutzer sind die folgenden technischen Hinweise, Ratschläge und Warnungen gedacht.

2. *Ein Lexikon kann nie zu umfangreich sein.* Was auf der Hand liegt, braucht man nicht zu suchen. Nachschlagewerke, Wörterbücher, Enzyklopädien, die einen gerade dann im Stich lassen, wenn man das schwer zu Findende, das Entlegene und das Seltene sucht, können einen zur Verzweiflung bringen. Sie führen den Benutzer auf eben jenen Trampelpfad der Allerweltskenntnisse zurück, den er zu verlassen wünscht, indem er zu solchen Hilfsmitteln greift.
Im Lauf der letzten hundert Jahre haben die Deutschen kein Reimwörterbuch hervorgebracht, das andern als mittelmäßigen Ansprüchen genügen könnte. Wenn wir also auf ein Werk aus dem Jahre 1826 zurückgreifen müssen, um zu erfahren, was sich im Deutschen alles reimt, so ist daran die Faulheit der Nachgeborenen schuld. Mit über 300 000 Einträgen ist das *Allgemeine Deutsche Reimlexikon* von Peregrinus Syntax (*vulgo* Ferdinand Hempel) das vollständigste Kompendium seiner Art, das unsere Sprache je hervorgebracht hat.
Hempels Sammelfleiß hat allerdings etwas Besinnungslo-

1 Peter Rühmkorf, *agar agar – zaurzaurim. Zur Naturgeschichte des Reims und der menschlichen Anklangsnerven.* Hamburg 1981.

ses. Eine Suche wie die seinige kann leicht zur Sucht werden. Er hofft, daß wir es ihm nicht verargen, wenn er »Legionen von Fremdwörtern, Idiotismen, Patronymiken etc.« mit aufnimmt. In der Tat hat er es an exotischen Einträgen nicht fehlen lassen. Er reimt, mit einer Nonchalence, die an Frechheit grenzt, *Biribi's* auf *Dementi's, Theeservice* auf *Teculi's, Krambambuli's* auf *Paris* und *Sternanis* auf *Esprit's*. In seinem Bestreben, sich auf alles und jedes nicht nur einen Reim zu machen, sondern deren Dutzende, schreckt er auch nicht davor zurück, die abwegigsten grammatischen Ableitungen zu verzeichnen, so daß ein und dasselbe Wort in allen denkbaren Abwandlungen erscheint. Keine Kasusendung, keine Steigerungsform, kein Modus, kein Numerus, kein Imperativ und kein Partizip ist vor ihm sicher, und die schier unbegrenzten Möglichkeiten der deutschen Wortbildung treibt er bis an die Grenze des Wahns. Eine Art von Verzückung ergreift ihn besonders bei den Composita. Um sich davon zu überzeugen, wieweit sich Peregrinus Syntax von solchen Worträuschen hinreißen läßt, braucht man nur sein Bohnenverzeichnis zu studieren. Man findet es unter der Rubrik *ōne* auf S. 397 f. des zweiten Bandes. Es finden sich in ihm von der *Adler-* bis zur *Pat-*, von der *Donner-* bis zur *Viek-*, von der *Kratz-* bis zur *Schmink-* und von der *Fiek-* bis zur *Schwabbel-* insgesamt 76 verschiedene Bohnen, darunter manche, von denen die Botanik sich nichts träumen läßt.

Ans Rätselhafte grenzen auch andere Stichwörter dieses Reimlexikons. Zum Beispiel traktiert uns Peregrinus Syntax mit ganzen Scharen von Imperativen, bei denen man sich die Augen reibt, weil schon die Grundformen der Verben, die ihnen zugrunde liegen, reichlich fremdartig anmuten. Was soll man etwa von den folgenden Aufforderungen halten?:

duff! muff! suff! schuff! schluff! schruff! stuff! tuff!

und was von der Behauptung, »sie«, also eine Reihe unbe-

kannter Personen, *bißten, fißten* oder *tißten?* Diese Tätigkeiten stehen nicht im Grimm, sie stehen nicht im Duden, und auch im Brockhaus nicht; und es sind schon intensive Nachforschungen nötig, bis man über sie das folgende erfährt:
»Bisten, *verb.reg.act.* im gleichen Leben, mit einem bst, bst, rufen. Einem, nicht so richtig mit der vierten Endung, bisten. Wer hat mir gebistet? Die Jäger gebrauchen dieses Wort von dem Laute der Haselhühner, mit welchem sie sich zusammen rufen. Die gröbern Mundarten sprechen es auch bischen, pischen aus.« (Adelung)
»† Fissen, *v. trs.* in manchen Gegenden so viel wie zerknittern; in der gemeinen Sprechart zerkautschen.« (Campe)
»† Tissen, *v. intrans.* im N.D. zischen.« (Campe)
Getreu seinem Motto, *Superflua non nocent!*, macht sich unser guter Hempel nichts daraus, Wörtern, die bereits zu Anfang des 19. Jahrhunderts obsolet waren, einen Reim abzupressen. Hier ist also die äußerste Vorsicht geboten, es sei denn, der Benutzer habe es auf Dada-Liedchen und Lautsonaten abgesehen.
Ein Lexikon kann nie zu umfangreich sein, aber Vollständigkeit ist ein leerer Wahn.

3. *Das Alphabet ist ein Irrgarten.* Jeder, der ein Reimlexikon verfaßt, und mithin auch jeder, der ein solches Buch benutzt, wird auf eine Schwierigkeit stoßen, die bei keinem anderen Nachschlagewerk eine Rolle spielt, nämlich auf das Problem der Anordnung und der Reihenfolge der Einträge. Die Grundregel, die hierfür gilt, ist einfach: die Reime werden nach den Reimvokalen und nach den auslautenden Konsonanten alphabetisch geordnet. *Grab, Stab* und *Trab* stehen also unter der Rubrik *ab*; *Gabe, Habe, Knabe, Nabe* usw. unter *abe*; *Fabel, Gabel, Nabel* usw. unter *abel*, und so fort. Am Ende des Buches wird man dann diejenigen Wörter finden, die auf *-utzen* und auf *-utzung* enden. Innerhalb der einzelnen Rubriken gilt dasselbe Prinzip der

alphabetischen Reihenfolge, so daß, wie gesagt, *Stab* vor *Trab* und *Grab* vor *Stab* zu stehen kommt.

Diese scheinbar einfache, einleuchtende Anordnung hat jedoch ihre Tücken, ja sie führt in nicht wenigen Fällen sogar in die Irre, und zwar immer dann, wenn Schriftbild und Lautung nicht exakt übereinstimmen. Die Capricen der deutschen Orthographie führen dazu, daß derartige Abweichungen, Überschneidungen und Widersprüche häufig sind. Die alphabetische Anordnung ist schriftfixiert; der Reim hingegen ist eine Frage der Phoneme und nicht der Grapheme.

Peregrinus Syntax hat, wie die meisten seiner Nachfolger, eine Reihe von Vorkehrungen getroffen, um diese Schwierigkeiten zu umgehen.

Der wichtigste dieser Tricks ist der Querverweis: so findet man unter *īv* den Hinweis: *»siehe īef«*, und unter *īx*: *»siehe ícks – íchs«*. Zum zweiten wird das Dehnungs-h, wo die Lautung dies nahelegt, vernachlässigt, so daß man *Mühle* und *Schwüle, Düne* und *Bühne* jeweils unter ein und derselben Rubrik findet, nämlich unter *ǖele* respektive *ǖene*. Von der Suggestion des Alphabets kann sich unser Peregrinus gleichwohl nicht ganz freimachen; statt der Logik des Reims zu folgen und zu ordnen:

Bühne, grüne, Hüne, kühne, Rancune, Sühne,

teilt er seine Rubrik, der Rechtschreibung folgend, in zwei Gruppen auf, wobei zuerst die Reime auf *-üne* (ohne Dehnungs-h), dann auf *-ühne* (mit Dehnungs-h) kommen; das Alphabet regiert jede dieser Gruppen einzeln, und es entsteht die Folge:

Düne, grüne, Hüne, Rancüne (als Fremdwort einzeln gestellt), *Bühne, kühne, Sühne*. Dagegen werden *ee* und *eh, aa* und *ah* im allgemeinen gleich behandelt. Ähnliche Schwierigkeiten tauchen dort auf, wo es nicht um die Dehnung, sondern um die Kürze eines Vokals geht. *Bruch* und *Buch, Spruch* und *Fluch* werden zwar im Auslaut gleich geschrieben, aber das bedeutet keineswegs, daß sie sich reimen. Unser Lexikograph nimmt ein typographisches Mittel zu Hilfe, um hier Klarheit zu schaffen: er unterscheidet, durch diakritische Zeichen, lange von kurzen Vokalen und bildet statt einer Rubrik deren zwei: *ūch* und *úch*.

Damit ist er jedoch keineswegs aus dem Schneider. Die Orthographie spielt ihm eine ganze Reihe von weiteren Streichen. So finden sich *zerren* und *plärren* unter zwei ganz verschiedenen Rubriken (*erren* und *aerren*), und wer sich auf das Wort *Augenschein* einen Reim machen will, der muß sogar unter drei verschiedenen Überschriften nachschlagen, nämlich unter *ei*, unter *ey* und unter *ai*.

Es gehört also, mit einem Wort, viel Umsicht und Behendigkeit dazu, ein Reimlexikon zu benutzen, und auch der fleißige Herr Hempel hat, ungeachtet des besessenen Eifers, den er an den Tag legte, den Stein der Weisen nicht gefunden. (Sonderbarerweise fehlen in seinem Lexikon so häufige Vokabeln wie *ewig, heilig* und *wichtig*.) Es seien deshalb noch zwei Hilfsmittel angegeben, die dort, wo Peregrinus versagt oder in die Irre führt, zur Ergänzung dienen können.

4. *Der Fortschritt bricht sich auch im Krebsgang Bahn.* In den siebziger Jahren des verflossenen Jahrhunderts kam ein Linguist, der sich mit altindischen Texten beschäftigte, auf eine geniale Idee. Er kehrte das Prinzip um, nachdem alle bisherigen Wörterbücher angeordnet waren. Für die Reihenfolge der Vokabeln sollten statt der Anfangs- die Endbuchstaben maßgebend sein.[2] In einem solchen »rückläufigen Index« endet das erste Wort mit *-aa*, das letzte mit *-zz*. Um die Stelle zu bestimmen, die ein Wort in dieser Anordnung einnehmen soll, muß man es also gleichsam von hinten nach vorn lesen. Auf diese Weise entstehen Reihenfolgen der folgenden Art:

2 H. Graßmann, *Wörterbuch zum Rig-véda*. Leipzig 1873.

As, Aas, Heuerbaas, Schindaas, Lockaas, Maas, Rabenaas, Uferaas, Glimmerdiabas, Bramarbas, Caracas, das, Judas, Pankreas, Boreas, Trumpfas, Gas ... Es leuchtet sofort ein, daß ein derartiges Verzeichnis auch als Reimlexikon dienen kann, da alle Wörter, die auf *-as* enden, an der gleichen Stelle zu finden sind.

Glücklicherweise steht seit einiger Zeit ein solches Vokabular für unser Sprachgebiet zur Verfügung.[3] Es hat den Vorzug, *up to date* zu sein, und schon aus diesem Grund stellt es zu Peregrinus Syntax eine unentbehrliche Ergänzung dar; denn jener glückliche Amateur kannte natürlich weder *Kolchosen* noch *Infarkte*, weder *Einflugschneisen* noch *Kernwaffen.*

Allerdings hält das *Rückläufige Wörterbuch*, in seiner mathematischen Konsequenz, für den Reimesuchenden nicht weniger, sondern gar noch mehr Fallstricke bereit als das *Allgemeine deutsche Reimlexikon.* Die computergesteuerte Logik, die hier am Werke ist, schert sich nicht im Geringsten darum, daß *ungern* und *hungern, exogen* und *bezogen,* wenn man sie miteinander verkuppelt, abscheuliche Mißgeburten hervorbringen. Der Preis für die Konsequenz und die Strenge dieses Wörterbuchs ist seine fühllose Sturheit, die sich weder um Betonung und Akzent, noch um Länge oder Kürze der Vokale kümmert.

5. *Wirf das Buch weg und reime!* So bleibt mir nichts anderes übrig, als dem Benutzer dieses Lexikons zu einem weiteren Auskunftsmittel zu raten, das zumindest einen Vorzug hat: Es wiegt nicht viel. Man nehme ein Stück Papier im Format einer Postkarte zur Hand und schreibe:

B Bl Br
D Dr
F Fl Fr, Ph Phl Phr

3 Erich Mater, *Rückläufiges Wörterbuch der deutschen Gegenwartssprache.* Leipzig 1965.

G Gl Gn Gr
H
J
K Kl Kn Kr, Ch Chl Chr
L
M
N
P Pf Pfl Pfr Pl Pr
Qu
R
S Sch Schl Schm Schn Schr Schw Sp Spl Spr St Str
T Tr, Th Thr
V
W
Z Zw

Diese Schablone erlaubt es, zu jedem beliebigen Reimwort beliebige Entsprechungen aufzusuchen. Zu *bang* ergeben sich, nach diesem Schema, ohne weiteres *Drang Fang, Gang, Hang, Klang, lang, (mitten)mang, Empfang, Rang, Sang, Schwang, sprang, Strang, Tang, Zwang* (samt allen möglichen Composita); und wer Lust dazu hat, kann die Liste mit allen möglichen und unmöglichen Zwittern und Irrlichtern ausschmücken: mit *Kommintang* und *Backnang, Etablissemang* und *Jangtsekiang, Da Nang, Nesselwang, Forever young.* Peregrinus Syntax in Ehren, Hut ab vor der Deutschen Akademie der Wissenschaften (Arbeitsstelle für mathematische und angewandte Linguistik und automatische Übersetzung), ABER:

6. *Im Zweifelsfall entscheidet nie das Buch, immer das Ohr.*

München, im Herbst 1982
Hans Magnus Enzensberger

Allgemeines Vorwort über Reim-Lexika.

Bei der im Mittelalter allgemeinen Bestrebung, den Reim in die lateinische Dichtkunst einzuführen, lässt sich fast mit Gewissheit annehmen, dass es schon damals lateinische Reimlexika gegeben haben müsse. Fand man schon für den Stoff solche Hülfsmittel nothwendig, wie es Alberts von Eyb *margarita poetica*, die *flores poetarum* und ähnliche Werke waren, so fühlte man gewiss auch das Bedürfniss von Nothhülfen für die Form um so dringender, je höher man allmälig die Künsteleien dieser Art getrieben hatte. Oberlin's Darstellung der Reimmetrik jener Zeiten *) ergiebt, welchen grossen Reimvorrath die drei-, vier- und mehrfach, kettenweis und kreuzweis gereimten Verse erforderten. Da sich im Lateinischen die gleichendenden Wörter aus leicht begreiflichen Gründen ungleich schwerer darbieten, als in unsern, zu gleicher Zeit mit dem Reime gebornen neuern Landessprachen, und da gleichwohl

*) Miscella literaria. Argentor., 1770, 4. S. 48 ff.

die bessern leoninischen Dichter des Mittelalters, z. B. ein Walter von Mapes, sich mit einer zum Theil bewundernswürdigen Leichtigkeit in diesen Fesseln bewegen, so waren sie unstreitig im Besitz von dergleichen Sammlungen, obwohl keine derselben gedruckt erschienen ist und wir nicht einmal eine Handschrift dieses Inhalts nachzuweisen wissen.

Unter den Völkern neuerer Zeit gehört unstreitig den Italienern der Anspruch auf die erste Erfindung solcher Reimsammlungen. Wie man auch über das Verdienst derselben denken möge; so muss man doch anerkennen, dass sie die Sache auf eine sehr verständige und selbst sprachlich-fruchtbare Weise anfingen: nämlich mit *rimarj* über einzelne Classiker. Den ersten, an äusserm Umfang noch sehr kleinen Versuch machte der Mantuaner Pellegrino Moreto in seinem *rimario de tutte le cadentie di Dante e Petrarca* *) im Jahre 1528. Das Schicksal belohnte ihn dafür; denn es gab ihm in der bekannten *Olympia Fulvia Morata* eine schreibende und dichtende Tochter. Ihm folgte drei Jahr später Giammoria Lanfranco mit einem *rimario di tutte le concordanze di Petrarca* **), und so war die Bahn gebrochen und geebnet, welche vier

---

*) Zuerst Ven., Zoppino, 1528 und 1529, 8. Dann Ven., Ligname, 1532, 8. Ven., Bindoni e Pasini, 1533, 8. (Diese beiden Ausgaben in Dresden.) Ven., 1550, 8. und sehr erweitert Ven., Rampazzetto, 1565, 8. Die vier ersten Ausgaben fehlen selbst bei Panzer.

**) Zuerst Brescia, Cigoli, 1531, 8. Dann in der Ausgabe des Petrarca, Ven., Pietra Santa, 1554, 8. Auch in der Ausgabe Lione, Rovillio, 1558, 12. findet sich ein ähnliches rimario.

Jahre darauf Benedetto di Falco mit seinem ungleich umfassendern *rimario* *) betrat. Aber der letztere machte mit seiner Arbeit, obwohl sie sich ausser Dante und Petrarca auch über Boccaccio, Ariosto, Pulci, Sannazaro, Bembo, Landini, Machiavelli und Castiglione erstreckte, wenig Glück, weil er sich des Purismus, der in Italien immer eine grosse Rolle gespielt hat, zu wenig befleissigt und selbst Provinzialismen und schlechte Worte mit aufgenommen hatte **). Indessen war es doch immer sein Verdienst, durch die grössere Ausdehnung seiner Arbeit die allgemeinern Reimlexika des Onofrio Bononzio ***) und des Girolamo Ruscelli ****) veranlasst zu haben, von denen das letztere noch bis auf diesen Tag in Italien in grossem Ansehen steht, während ähnliche Arbeiten von Udeno Nisieli †) und Tommaso Stigliani ††) fast ganz vergessen worden sind. Seit dieser Zeit kehrte man zu *rimarj* über einzelne Classiker zurück; über Ariosto arbeitete ein solches Giangiacomo

*) Napoli, Cance, 1535, 4.

**) So urtheilte Ruscelli über sein Werk. Vergl. Fontanini dal Zeno T. I. p. 77.

***) Rimario. Cremona, Conti, 1556, 8.

****) Del modo di comporre in versi nella lingua italiana, trattato di Girolamo Ruscelli, nel quale va compreso un pieno ed ordinatissimo rimario. Ven., Sessa, 1559, 8. Auch Ven., Brigonci, 1658, 8. (in Dresden), und Ven., Occhi, 1773, 8.

†) Rimario e sillabario. Fir., Pignoni, 1641, 12. Der wahre Name des Verfassers war Benedetto Fioretti.

††) Arte del verso italiano. Roma, Bernabò, 1658, 8.

Paruta *), über Dante ein Ungenannter **) und Giovanni Miniati ***), und auch Pietro Bembo fand seinen besondern Gleichklangsammler ****). Selbst das neueste uns bekannt gewordene italienische Werk dieser Art †) erstreckt sich nur über fünf vorzügliche lyrische Dichter, deren Auswahl indessen wohl eine andere hätte seyn können.

Zunächst nach den Italienern waren die Deutschen auf Reimlexika bedacht; sie unterschieden sich aber von jenen dadurch, dass sie, dem Geiste ihrer Nation gemäss, gleich vom Anfange an das Allgemeine umfassten. So machte der durch seine gereimte Bearbeitung der Aesopischen Fabeln und durch seinen Eulenspiegel der Barfüssermönche anderweit bekannte Erasmus Alber im Jahre 1540 den Anfang mit einer Arbeit, welche sich über den ganzen Sprachschatz erstreckte ††). Es war ein sonder-

---

*) Es ist befindlich in seiner Ausgabe des Ariosto. Ven., Valvassore, 1567, 4.

**) Il rimario della commedia di Dante. Napoli, Carlino, 1602, 4.

***) Giovanni Miniati rimario di tutte le desinenze della commedia di Dante. Fir., Marescotti, 1604, 4. Ob das rimario, welches bei der Ausgabe des Dante, Padua 1727 befindlich ist, das des Miniati sey, wissen wir nicht zu bestimmen.

****) Tavola di tutte le desinenze delle rime di Pietro Bembo. Ven., Giolito, 1569, 12.

†) Rimario lirico o sia tavola di tutte le rime di cinque principali poeti lirici Petrarca, Bembo, Casa, Guidiccioni e Molza. Bergamo, 1760, 12.

††) Novum dictionarii genus, in quo ultimis seu terminalibus germanicarum vocum syllabis observatis latina vocabula sese offerunt. Francofurti, Egenolphus, 1540, 4. (in Dresden und Wolfenbüttel.)

barer Einfall, dass das Buch zugleich als deutsch-lateinisches Lexikon dienen sollte, und es konnte auf diese Weise freilich für seinen nächsten Zweck nicht anders als mager ausfallen. Auch war man zu jener Zeit so wenig ekel im Reim und etwas später veranlasste die Meistersängerzunft eine solche Reimfertigkeit, dass man einer solchen Krücke zum Parnass entbehren zu können glaubte: und wirklich vergingen grade hundert Jahre, ehe man an ein neues Buch dieser Art dachte. Dieses neue Buch aber ging (bedeutsam genug) von eben demjenigen aus, welchem die ältere Klingel- und Schellenperiode der deutschen Poesie ihre Entstehung verdankt, nämlich von Philipp von Zesen, welcher im Jahre 1641 seinen *Anzeiger der deutschen gleichlautenden und einstimmigen männlichen und weiblichen Wörter* *) herausgab und ihn im Jahre 1656 wiederholte. Merkwürdig aber war, dass er keine Nachahmer fand, so sehr man auch bei der nachherigen schlesischen Reimschule ein Bedürfniss dieser Art hätte voraussetzen können. Erst 1696 nahm ein Obersachse, Johann Hübner, den Faden wieder auf, indem er sein *poetisches Handbuch* **) herausgab, welches mehrere Auflagen erlebte. Aber die eben seit dieser Zeit sich mehrenden deutschen Sprachgesellschaften veranlassten eine solche Kritik des Reims, dass der ehrliche Hübner bald verdrängt wurde, ohne dass es zu einer neuen Revision und Auf-

---

*) An seinem hochdeutschen Helikon. Wittenberg, 1641, 8. und vermehrt Jena, 1656, 8. (Beide Ausgaben in Dresden.)

**) Zuerst Leipzig, Gleditsch, 1696, 8. Neue vermehrte Auflage Leipzig, Gleditsch, 1712, 8. wovon die Ausgaben ebendas., 1720, 1731 und 1743, 8. nur unveränderte Abdrücke sind.

zählung des reimbaren deutschen Sprachschatzes gekommen wäre. Wenigstens kann der bis jetzt neueste Versuch von G. H. Schäfer*) bei seinem geringen Umfange und Einmengen anderweitiger fremdartiger Zwecke kaum als eine wirklich neue Leistung betrachtet werden, und noch weniger kann F. E. Fergar's (Graeffer) *Verskunst und Reimlexikon* oder *Kleiner poetischer Handapparat etc.* Pesth 1823 bei Hartleben, 8. 188 S. in Betracht kommen, da das zwei Drittel des Büchleins befassende Reimregister kaum 3000 weder sonderlich gewählte noch gut geordnete Reimbänder enthält.

Man sollte erwarten, dass die Franzosen frühere Veranlassung zu einer solchen Arbeit gehabt hätten. Aber wie sorgfältig auch die Troubadours die Kunst des Metrums und selbst auch des Reims auf feste Grundsätze zu bringen bemüht gewesen waren **), so hatten sie sich doch mit der Aufstellung der Regeln begnügt, der eignen Uebung das Auffinden der Belege und Beispiele überlassend. Wirklich lieferte erst Jean le Fevre im Jahre 1572 den ersten Versuch eines französischen Reimlexikons ***). Ihm folgte

*) Hochdeutsches Wörterbuch nach den Endsylben geordnet. Weissenfels und Leipzig, Severin, 1800, 8.

**) Von dem 1356 vollendeten Codex der leis oder lois d'amors, welchen wir bald im Druck zu erhalten hoffen dürfen, vergl. Biographie Toulousaine. T. II. Paris, 1823, 8. S. 61.

***) Dictionnaire des rymes françoises de feu M. Jehan le Fevre. Paris, Galiot du Pré, 1572, 8. Diese erste Ausgabe ist in Wolfenbüttel. Eine zweite augmentée par le Sieur des Accords erschien Paris, Richer, 1588, 8.

1585 Pierre le Gaynard *) und 1596 ein Ungenannter mit ähnlichen Arbeiten **), welche sich sämmtlich, wie die deutschen, nicht auf einzelne Classiker, sondern auf den gesammten Sprachschatz bezogen. Diese Sammlungen wurden die Grundlage des *nouveau dictionnaire des rimes* von Richelet, welches zuerst im Jahre 1667 erschien, und seitdem oft wiedergedruckt und durch Berthelin, Wailly und Drevet so vermehrt und verbessert worden ist, dass es den allgemeinen Beifall rechtfertigt, dessen es sich in Frankreich noch jetzt erfreut ***).

In Spanien erschien, soviel uns bekannt, nur eine einzige Sammlung dieser Art im Jahre 1628 ****); aber holländische und englische Reimlexika haben wir, so sehr dieselben auch bei den Eigenheiten der letztgenannten

---

*) Promptuaire d'unissons ordonné et disposé méthodiquement pour tous ceux qui voudront composer promptement en vers françois, par P. le Gaynard. Poictiers, Courtois, 1585, 8.

**) Le dictionnaire des rimes françoises. (Genève), Vignon, 1596, 8. vermehrt Genève, Berjon, 1624, 8. Wahrscheinlich eine blosse Wiederholung dieses Werks war das nouveau dictionnaire des rimes. Paris, 1648, 8.

***) Die erste Ausgabe erschien Paris, 1667, 12. Wiederholt ebendaselbst, 1673, 1692, 1702 und 1721, 8. Von Berthelin vermehrt, Paris, 1751 u. 81, 8. Neu revidirt von Wailly ebendas. 1799, 8. Gänzlich umgearbeitet von Wailly und Drevet, Paris, 1812, 8. 2 Bände. Eine von Barthelemy besorgte Ausgabe, Lyon, 1810, 8. Eine kleine Taschenausgabe, Lyon, 1814, 12.

****) Juan Diaz Rengifo arte poetica española. Madrid, viuda de Martin, 1628, 4. von S. 120 ff. an.

Sprache als Bedürfniss erscheinen, nicht auffinden können. Hier ist nachzutragen das einzige und neue Reimlexikon der ungarischen Sprache Simai Kristóf: *Veg-tagokra szedetett Szó-tár*, (d. h. Christoph Simai's nach den Endsylben geordnetes Wörterbuch) 2 Theile, Ofen in der königl. Universitätsbuchdruckerei 1809 — 1810, 4. Der erste Theil enthält alle Redetheile, die Zeitwörter ausgenommen, und befasst 228 S. und einen besonders paginirten Nachtrag von 24 S. Der zweite Theil enthält blos die Zeitwörter auf 158 S. und einen Nachtrag von 8 S. Der Verfasser ist Christoph Simai aus dem Piaristenorden, Professor der Zeichnungskunst an dem königlichen Gymnasium in Kremnitz. Er ist zu Komorn im Jahr 1744 geboren und lebt noch frisch und thätig an einem andern grossen ungarischen Wörterbuche arbeitend. Ausser diesem Reimlexicon hat er nichts als einzelne ungarische Komödien im Druck herausgegeben.

Ebert.

Der Verfasser des neuen Reimlexikons verdankt dieses allgemeine Vorwort, welches zu reden er der Kenntnisse wie der Hülfsmittel ermangelte, der Gefälligkeit des von der Verlagshandlung darum ersuchten Herrn Bibliothekars Ebert und glaubt damit die Triftigkeit dieses Prologs so sicher zu verbürgen, als dieser bibliographische Koryphäe unsrer Zeit mit Kenntnissen wie Hülfsmitteln zu solchen Vorreden überschwenglich gesegnet ist, meint jedoch auch seines Orts dem wortreichen Werke seines Fleisses noch ein

Besonderes Vorwort

reden zu dürfen.

Mehr als hundert Jahre sind verflossen, seit der wackere Hübner die Revision des reimbaren Sprachschatzes seiner Zeit begonnen und durch die neuvermehrte Ausgabe seines *poetischen Handbuchs* (1712) beschlossen und — was bei dem inzwischen ungeheuer vermehrten Reichthume der deutschen Sprache und bei den mit ihr vorgegangenen wesentlichen Veränderungen kaum zu begreifen ist — keinen Nachfolger gefunden hat. Selbst die in diesem Zeitraume wiedergebornen deutschen Musen liessen den bescheidnen Schulmann im ruhigen Besitze seines Reimbandmonopols um so williger, als die wieder aufblühenden Schönen bei ihrer neuen Toilette der Reimbänder entrathen zu können, ja zur *Full-dress* entrathen zu müssen glaubten. Viele liebedienernde Kunstrichter und noch mehr die im zwanglosern Tempeldienste sich gefallenden Priester und Opferknaben der Camönen sprachen in Worten und Werken die Geringschätzung des Reims als eines altmodischen Putzkrams unverhohlen aus und bemühten sich namentlich des ehrlichen Hübner's solides Waarenlager in Verruf zu bringen. Selbst Männer wie Sulzer *) trugen kein Bedenken über den Reim geringschätzig abzuurtheln und Klopstock's und andrer Sänger epischer und lyrischer reimloser Aufschwung drohte

*) Sulzer Theorie der schönen Künste, sub voce Reim.

die Reimdichter von den Höhen des deutschen Parnasses gänzlich auszuschliessen. Aber — der Genius der Sprache liess sich nicht irren! — er hielt den Reim fest in Ernst und Scherz, ja er bewährte durch hohe und heilige Weihe der Kraft und Anmuth die Reimbänder als edles und feines Geschmeide der deutschen Musen und als schmiegsame Gewinde, womit sie die Blüthen ihrer gleichgestimmten europäischen Schwestern den eigenen Kränzen zierlichst verschlingen mochten. Unbeschadet der reimlosen Versmaasse der Alten und der Verdienste ihrer glücklichen Nachahmer ist daher der Reim neuerdings wieder in den vollen Besitzstand seiner Kräfte und Reize getreten, und ihn hienieden im unermesslichen Reiche der Sprache zu suchen und zu finden bleibt Beruf des deutschen Dichters, ob auch höchste Begeisterung ihn in die überirdischen Regionen der Phantasie emportrüge: denn — vernehmlicher und annehmlicher wird die Göttersprache den Menschen, wenn sie in gewohnter harmonischer Weise durch die Ohren zum Herzen spricht. Noch dienlicher ist der Reim den komischen und humoristischen Poeten, denn sie, welche das gefährliche Vorrecht haben, den greulichsten Katzen die Schellen anzuhängen, und bei ihren bedenklichen Spässchen vor allem dahin trachten müssen, die Lacher auf ihre Seite zu ziehen, können zum vollständigen Effect ihres Versgeklingels des Reims nicht entbehren und haben sogar die an Fl...... gränzende Licenz, den Eindruck ihrer Bänkelsängereien durch Knittel und Ratteln zu verstärken. Auch diejenigen Tonkünstler, welche beseelende Wechselwirkung zwischen vocaler und instrumentaler Musik herstellen, bedürfen zu ihren Bravourarien gefälliger Reime um so wesentlicher, als die deutsche

Sprache mit wohlklingenden Wörtern und Wortbildungen eben nicht reich gesegnet und es daher dem Componisten willkommen ist, im Gleichklange der gereimten Strophen dann und wann ein harmonisches Finale zu finden. Ferner — was wollten die zahllosen Musenfreunde, welche, um sich ihres prosaischen Standpuncts zu überheben, bisweilen die flatternden Stirnlocken der Gelegenheit erfassen, ohne Reime anfangen! — sie, die oft die Armuth des Gegenstands und die Flachheit der Gedanken nur durch reiche und tiefe Klänge verbergen können, oft den Putz ihrer poetischen Blumensträuschen von einer zierlichen Reimbebänderung entlehnen müssen! — Endlich aber sichert der vorherrschende qualitative Charakter der deutschen Sprache, welche die reimlosen Gedichte nur aus Ehrfurcht gegen die alten Muster gestattet zu haben scheint und die Alliteration nur auf Sprüchwörter wirklich beschränkt hat, dem Reim ein unveräusserliches Besitzthum in allen Regionen des Parnasses und macht die Revision des reimbaren Sprachschatzes unsrer Zeit zum wahren Bedürfniss. Bedenkt man bei dem allen den lexikalischen Geschmack unsrer Tage, so wird man die Idee eines neuen vollständigen deutschen Reimlexikons ganz in der Ordnung finden; und erwägt man, wie der reimbare Sprachschatz durch die seit einem Jahrhundert mit der deutschen Sprache vorgegangenen Veränderungen und durch die selbsterworbenen, wie anderweit und vielerseits zugeflossenen Reichthümer ungeheuer vermehrt worden, so wird man nicht erstaunen, wenn die Ausführung dieser Idee zu einer Sammlung von etwa 300,000 Reimen verholfen hat. Hübner brachte es auf ungefähr 60,000 Reime, worunter viel überflüssige und jetzt unzulässige; aber freilich entbehrte er der reichen Wörterbücher von Adelung, Campe, Heinsius etc. und hatte wohl auch als wackerer Schulmann und reger Polygraph nur wenige und flüchtige Musse zu seiner Arbeit; hingegen der Verfasser dieses zwei Octavbände füllenden Reimregisters (selbst ein betriebsamer Reimschmidt) benutzte dazu die gedachten und andre specielle lexikale Werke und beschäftigte sich damit seit zwei Jahren so unausgesetzt, dass die Reime selbst in sein Traumreich eindrangen und er den letzten Federzug mit den Gefühlen eines in Freiheit kommenden Galeerensclaven that. Jedoch tröstet ihn nach überstandner Mühe die Hoffnung, dass er sich damit einigen Dank um die Sprache überhaupt und bei allen denen besonders verdient habe, welche den Reim zur Werbetrommel der Gedanken brauchen wollen und müssen, sich auch dieses Gebrauches nicht schämen und daher dem Lexikographen es nicht verargen werden, dass er Legionen von Fremdwörtern, Idiotismen, Patronymiken etc. mit aufgenommen hat. Er — keinem Systeme weder in der Orthographie noch in der Grammatik huldigend — glaubte namentlich den pedantischen Purismus vermeiden zu müssen und ging bei der Aufnahme der Fremdwörter und Idiotismen von dem Grundsatze aus, dass er nur zu sammeln, nicht aber zu kritisiren und purisiren hätte, dass er ferner, um zweckmässig zu seyn, bis zum Ueberfluss vollständig seyn müsste — und dass er endlich durch Zusammenstellung der verschiedenen süd-, nord-, ost-, west-, hoch- und niederdeutschen Idiotismen einen der argwöhnischsten Politik unverdächtigen Weg zu volksthümlicher deutscher Einheit, wenn auch nicht bahnen, doch eröffnen möchte. Darum — wo dem Sammler ein sogenanntes landschaftliches Wort zulässlich schien, frug er nicht darnach, ob es auf den Alpen oder in den Marschländern, am Rhein oder an der Donau heimisch, ob in Schwaben oder Sachsen, unterm friedlichen Volk oder bei lärmenden Studiosen und Kriegsknechten gäng und gäbe sey, noch meinte er unterscheiden zu müssen, ob der Wortsonderling unter fleissigen ehrsamen Handwerkern, eigensinnigen Spiesbürgern und verknöcherten Juristen, oder unter den Müssiggängern und Gaunern der schönen Welt, wetterwendischen Sophisten und ästhetischen Schulfüchsen sich herumtreibe.

Tros Rutulusve fuat etc. und *Superflua non nocent!*

dachte er, mit diesen Gemeinplätzen rechts und links die Puristen und Feinen im Voraus abwehrend und dabei auf den Beistand aller zünftigen und vernünftigen, gegenwärtigen und künftigen Scherzdichter und Knittelreimer vertrauend, welche dem *Hübnerus redivivus* gegen die aristokratischen Sprachreiniger und nepotisirenden Wortklauber zu Schutz und Trutz verbündet seyn müssen. Vielleicht auch steht der allgewaltige Magister Usus, welcher den alten Rector gegen die Fluth der neuen Schule aufrecht erhielt bis auf diesen Tag, dem Nachfolger desselben mit Machtvollkommenheit bei und findet im revidirten reimbaren Sprachschatze manches Flitterchen geeignet, um es bei Gelegenheit (so ist des launigen Tyrannen aller lebenden Sprachen Weise! —) in den Kränzen vornehmer Musen als Juwel prangen zu lassen.

Wohl mag im vorliegenden Werke manches zu verbessern, manches nachzutragen seyn; doch wenn es soviel Auflagen als das Hübnerische erleben sollte, so wird (das kann man der Verlagshandlung zutrauen und wird vom

Autor versprochen) in aller Hinsicht das Nöthige und Nützliche nachgethan werden: — es wäre denn, dass der Diebstahl der Nachdrucker die Mühe der Eigner zu Grunde richten sollte, eine Besorgniss, deren man freilich heut zu Tage sich nicht entschlagen kann, wo lexikalische Werke besonders von den Harpyien aufs Korn genommen werden, und wo — ein Raubvogel den andern schützt. — Uebrigens — nach Hübners Vorgang mit dem Reimregister eine Anleitung zur deutschen Poesie zu verbinden, fand der Verfasser nicht räthlich, weil nach seinem Glauben die Dichter — geboren werden, diejenigen aber, welchen Gelegenheit, Jugend, Mode etc. die poetische Ader öffnen, an den vorhandenen Anweisungen genug haben, um ihre Blutstürze zu regeln — und weil — schon das Reimregister voluminös genug ausgefallen, um die *curta supellex* eines Poeten zu vermehren.

Schliesslich noch ein Schutzwörtchen für die Fremdwörter, womit uns seit Jahrhunderten die griechische, lateinische und französische Sprachen überhäuft haben und welche von den Puristen alter und neuer Zeit gewaltsam exilirt werden wollen.

Ohne durch das

Turpius ejicitur quam non admittitur hospes

den Ingrimm der Verfolger mildern zu wollen, giebt man diesen gestrengen Herren zu bedenken, dass viele jener eingewanderten Fremdlinge gleich den Refügié's das erlangte Bürgerrecht durch Tauglichkeit und Schmiegsamkeit verdient und wie diese zur Belebung mercantilischer und technischer Industrie und zur Geschmeidigkeit der Geschäfts- und Conversationssprache viel beigetragen haben. Danächst haben diese Ausländer weder in Prosa noch Poesie auf hohen Rang oder Solennität Ansprüche gemacht oder durchgesetzt, sondern sich mit dem Zulass in die Hörsäle der Gelehrten und in die Salons der Lebeleute (besonders der Noblesse) begnügt; ja die mehrsten unter ihnen haben sich deutsche Manier und Kleidung willig gefallen lassen. Warum also eine Maranenverfolgung gegen sie anstellen? Lassen wir sie gehen wofür sie gut sind! erwägen wir, dass auch vielen deutschen Wörtern in fremden Sprachgebieten freundliche Aufnahme geworden und dass gerade der deutschen Sprache, welche so weit und vielseitig über die Gränzen deutscher Staaten hinauszüngelt, es zusage, Fremdlinge und Gäste freundlieh zu behandeln, damit man ihr das stille Verkehren und Herrschen in fremden Landen gönne und fördere.

Auf Reinheit der Reime hat der Sammler möglichst gesehen und nur hier und da für Scherzdichter und Knittelreimer durch Aufnahme einiger Misklänge sorgen zu dürfen geglaubt; ja er hat noch ein besonderes Verzeichniss der männlichen und weiblichen Doppelreime und der sogenannten gleitenden Reime beigefügt, um einestheils den scherzhaften Musen die Ausführung bizarrer Weisen zu erleichtern und anderntheils für den nicht unwahrscheinlichen Fall zu sorgen, dass die gereimten Daktylen im Reimbandkrame Mode werden sollten. Sorgsam hat er auch gehörigen Orts am Rande diejenigen männlichen und weiblichen Reime aufgeführt, welche seines Wissens zur Zeit noch im Cölibate sich befinden, dabei aber unterweilen die Freude gehabt, einige Reime vom ehelosen Stande ganz zu erlösen und einigen wenigstens in die wilde Ehe zu helfen, — und lebt, wenn er sich bei diesen Verpaarungen dann und wann leichtfertig vergriffen haben sollte, der tröstenden Hoffnung, dass man ihm solches scherzhafte Beiwerk einer langwierigen, ernsten und trocknen Arbeit so gern, als die etwanigen Druckfehler deshalb verzeihen werde, weil ihn die grosse Entfernung des Verlagsorts von der letzten Correctur ausgeschlossen hat.

A.

ā — ăb

das A
die *Aa*
Abluentia
in absentia
Absorbentia
Abstergentia
Abyssinia
Acacia
Academia
Acadia
Acarnania
Accessoria
Acida
Acidalia (Venus)
Acria
Adagia
Adama
die *Adansonia*
Adiaphora
Adipsia
Adminicula
Adria
Adstringentia
Adventitia (bona)
Adverbia
Adversaria
Aenigmata
Aeolia
Aeolipila
Aequivoca (generatio)
Aerostatica
Aesthetica
Aestumatoria (actio)
Aetolia
Afanasia
Afrania
Africa
Agatha
Agapia
Agentia
Agraria
Agricola
Ah!
Aha!
Akakia

Akromonogrammatica
Akromonosyllabica
Akrosticha
Alcalia
Albania
Alesia
Alessandria
Alexandria
Alexipharmaca
die Algebra
Allda
Allemannia
Allia
Allotria
Altena
Altera (audiatur pars)
Altona
allzunah
das Amalgama
Amalia
Amasia
Amathusia (Venus)
Amblotica
Ambracia
Ambrosia
America
Amphibia
Analeptica
Analoga
Anastasia
Anathema
Ancilia
Andania
Andalusia
Andria
Anecdota
Anepigrapha
Angaria
Angela
Angelica
Anglo-Americ
Anodyna
Anonyma
Annia
Antacida

Antalgica
Antaphrodisiaca
Antapoplectica
Antarthritica
Antasthmatica
Antepenultima
Anthelmintica
Antidota
Antidysenterica
Antiemetica
Antiepileptica
Antifebrilia
Antihectica
Antihydropica
Antihypochondriaca
Antihysterica
Antikatarrhalia
Antilegomena
Antimoniaca
Antiochia
Antiparalytica
Antipharmaca
Antiphlogistica
Antiphona
Antipsorica
Antiputrida
Antiscorbutica
Antiseptica
Antispasmodica
Antisyphilitica
Antitheta
Antlia pneumatica
Anysia
Aperientia
Aphrodisiaca
Apographa
Apokrypha
Apollonia
Apophthegmata
Apostata
Apostolica (sedes, fides majestas)
Appia (via)
Apulia
Aquilia (Lex)

Aquitania
Arabia (deserta, felix, petraea)
Arcadia
ardua (quaestio)
Area
die *Aria*
Aricia
Armenia
Armorica
Aromata
Arria
Arteria
Ascania
Asia
Aspasia
Aspera (per ardua ad)
Assa fötida
Assyria
Astrologica
Astronomica
Asystata
Asyntheta
Atala
Athalia
Athanasia
Athualipa
Atoma
Attenuantia
Attila
Audiencia
Audientia (episcopalis)
ausersah
Auspicia
Australia
Austrasia
Austria (Juan d'Austria)
Authentia
Authentica
Autographa
Autos epha
Axiomata.
Ba!
Bah!
Babylonia
Bactria
Bätica
Bahama
Bahia
Balsamica
Barataria
Barbara
Basilica
Bassora
Bastia
Batavia
Bavaria
Bathseba
Berseba
besah
Bethania
Bethulia
beynah
Biblia
Bignonia
Bithynia
Blandusia
Bohemia
bona gratia
bona venia
Bonavoglia
Borgia
Borussia
Bosnia
Botanica
Brachyptera
Breccia
Brescia
Britannia
Bromelia
Brontia
Bucolica
Bulgaria
Burgundia.
Cabbala
Cäcilia
Cäsia
Cäsonia
ça ira!
Caledonia
Caligula
Calpurnia
Calumnia
Camera (clara, imperialis, obscura)
(*in camera non est justitia*)
Campania
Canada
Candia
Canidia
Canonica
Capitolia
Capo d'Istria
Caprea
Capua
Caramania
Carcinomata
Cardiaca
Caria
Carinthia
Carmina
Carniola
Cassia
Castalia
Casualia
Catania
Cenerentola
Cephalonia
Ceraunia
Cerealia
Ceremonia
Cetacea
Chiragra
Cholera
Christiania
Chronica
Chronosticha
Cicatricantia
Cilicia
Circassia
Circumstantia (facti)
Civita-Vecchia
Claudia
Clausula (justificatoria, salvatoria, rati, grati et indemnisationis etc.)
(*Mandatum cum-sine clausula*)
Clelia
Cleopatra
Clepsydra
Clerica
Coëssentia
Collectanea
Collegia
Colloquia
Columbia
Columbaria
Comitia
Commoda
Conchylia
Concilia
Concordia
Confluentia
Confortantia
con Gravità
con Grazia
Consilia
Consolidantia
Constantia
Constringentia
Continua
Contraria
Contumacia
Copia (in-pro-)
Copialia
Copula (carnalis)
Cordelia
Cordova
Cordula
Cornelia
Corollaria
Corpora
Corrigentia
Corroborantia
Corrodentia
Corsica
Criteria
Critica
Croatia
Cryptogamia
Cumania
Curia

Curialia
Cynthia
Cypria
Cyrenaica
Dacia
Dalmatia
Dalmatica
Dania
Dataria
Debita (activa, feudalia, haereditaria, subsidiaria)
Decandria
Decempeda
Declaratoria (sententia)
Decuria
Delia
Delila
Denderah (Thierkreis von)
Dentagra
Deponentia
Desideria (pia)
Detergentia
Deus ex machina
Diadelphia
Dialectica
Diandria
Diaphoretica
Dicasteria
Didynamia
Digerentia
Dilemmata
Diluentia
Dimidia (investitura, pars)
Diöcia
Diplomata
Diptera
Diptycha
Dissolventia
Disticha
divide et impera
Dodekandria
Dokimastika
Domestica
Domina
Dominica
Donaria
Doria
Dotalia (pacta)
Douze-le-va
Dramatica
Drastica
Dubia
Duplica
Dynamica
Dysepulotica
Ecbatana
Ecclesia (filialis, militans, mater, pressa, regnans, vagans, viduata)
(*de occultis non judicat*)
Effluvia
Egeria
Ektillotika
Ektypa
Emblemata
Emetica
Eminentia
Emollientia
Emunctoria
Enneandria
Epigrapha (Pseudo)
Epileptica
Epinicia
Epiphania
Epiphora
Erotica
ersah
Escharotica
Essentia
Essentialia
etcaetera
Ethica
etwa
Etymologica
Eucharistica
Eudoxia
Eulalia
Eunomia
Euphemia
Euphorbia
Eusebia
Euthanasia
Evacuantia
Evangelia
Ewlia
Examina
Excitantia
Exemplaria
Exempli gratia
Exequia
Exordia
Expectorantia
Exsiccantia
ex speciali gratia
Eya!
Fa
Facinora
Facies Hippocratica
Falbala
Fallacia optica
Falsimonia
Familia
Fannia
Fatalia
Feodosia
Feronia
Fibula
Filia (legitima, naturalis)
Fiscalia
Fistula
Flavia
Florida (Ost-West-) (*besser* Florīda)
Fluida
Folia
Formalia
Formula (concordiae)
Frá
Frigida
Fulgentia
Fulvia
Furia
Galata
Gallia
Gamelia
Gaudia
Genera
Generalia
Genitalia
Genua
Georgia
Georgica
Gerania
Germania
Gerundia
geschah
Getulia
Gisela
Glandula
Glaucomata
Gleditsia
Gloria (in excelsis, matris mundi-rubrorum)
(*Soli Deo Gloria!*)
Glossaria
Glutinantia
Golgatha
Gonagra
Graecia
Grammatica
Granada
Gravamina (de futuro)
Gravantia
Gravida
Grofspapa
Gymnasia
Gymnastica
Gymnoptera
Gynandria
H! (non est litera)
Ha!
Haha!
Hämokathartica
Hämorrhoidalia
Hämostatica
Häretica
Hagiographa
Hapaxlegomena
Harmonica
Hebraica

Hecuba
Hegira
Hegyallya
Helena
Helvetia
Hemiptera
Hemisticha
Hepatica
Heptandria
Heraldica
Herbaria
Hermeneutica
Hernia (carnosa - intestinalis, omentalis - uteri - varicosa)
Heureka!
Hexandria
Hexapla
Hibernia
Hierosolyma
Hippolyta
Hispania
Historia
Hodegetica
Hofgala
Holla!
Homiletica
Homologumena
Homonyma
Homöopathica
Homöophona
honor di litera
Horia
Hortensia
Hospitia
Humectantia
Humoristica
Hungaria
Hurra!
Huzza!
Hydraulica
Hydria
Hydroptica
Hydrotica
Hydrostatica
Hydrotechnica
Hymenoptera
Hypatia
Hyperbola
Hypomnemata
Hyrkania
Iberia
Icosandria
Icteritia
Idalia
Idiotica
Idria
Ignatia
Ignorantia (facti - juris - legis - probabilis - supina - vincibilis, invincibilis)

Ilia
Illyria
Impotentia (conjugalis)
in capita (successio)
Incarnantia
Incidentia
Incrassantia
Incredibilia
Indeclinabilia
India
Indicia
Indigena
Individua
Inflammabilia
Infula
Initia
Injuria (atrox - immediata - levis - mediata - realis, verbalis)
Instantia (absolviren ab) (in prima)
Insula
Interrogatoria
Intervalla lucida
Interamnia
Inventaria
Involventia
Ipsara
Irrelevantia
Irritantia
Isauria
Ischia
Istria
Italia
Ithaka
Itineraria
Ja!
Jaja!
Jamaica
Jojada
Josua
Judica
Julia
Juridica
Justitia (*fiat justitia et pereat etc.*)
Justicia
Juvavia
das K
die Kaa
die Krah (*besser* Krähe)
Koleoptera
Kolyma
la
Laconia
Lactificantia
Lala!
Lamia
Lappalia
Lapponia
Laterna magica
Laxantia

Lectisternia
Legitima (adquisitio - causa - defensio - possessio)
Lenientia
Leocadia
Lepidoptera
Leptuntica
Leria
Lerida
Lesbia
Leucothea
Lexica
libera (mandatum cum)
Libya
Licentia (poetica - concionandi)
Licita
Linea (ascendens - collateralis - descendens) (*nulla dies sine linea*)
Lipsana
Liquida (*muta cum liquida*)
Litera (scripta manet)
Literalia
Lithontriptica
Litispendentia
Livadia
Livia
Lobelia
Loca classica
Logica
Loyola
Lucania
Lucia
Lucilia
Lucretia
Lupercalia
Lupia (juncturae)
Lusitania
Lutetia
Lycia
Lydia
Macedonia
Machina (Deus ex)
Magnesia
Magnolia
Majolica
Makroptera
Malactrica
Malaga
Mal'aria
Malvasia
Mama
Mamalika
Mammalia
Manica (Hippocratis)
Manilia (Lex)
Mantua
Manum de tabula
Manus mortua

Manu propria
Marcia
Mare di Marmora
Marginalia
Marmora (Arundeliana, Oxoniensia)
Martinia
Massylia
Masticatoria
Materialia
Materia (chirurgica - medica - morbi - peccans - pro substrata materia)
Mathematica
Matrimonialia
Maturantia
Mauritania
Maxima
mea gratia
mea memoria
Mechanica
Media
Medina (Sidonia)
Melaceria
Melania
Mevania
Melodica
Memorabilia (Socratis)
Memoria (localis)
Mensola
Mensula (prätoriana)
Mentagra
Mercurialia
Merita (causae)
Mesembrianthema
Mesopotamia
Messenia
Methusala
Microptera
Mineralia
Minima
Mirabilia
Mirandola (Pico de)
Miscellanea
Misericordia
Misitra
Missilia
Mitigantia
Mochlia
Mocra
Modena
Moldawa
Monadelphia
Monandria
Monita
Monochromata
Monöcia
Monomotapa
Monosticha
Monosyllaba
Morawa

Morganatica
Mundificantia
Murcia
Na!
Nah
Nänia
Narcotica
Naturalia (*non sunt turpia*)
Nausea
Neugeorgia
Neuroptera
Nomina (activa - passiva)
Nothia
Novaja Semlia
Nubecula
Nubia
Numantia
Numeralia
Numidia
Obadia
Obvolventia
Octandria
Octapla
Odontagra
Odontica
Ogygia
Olbia
Olympia
Ombria
Omega
Omina
Omogra
Onera (personalia - publica - realia)
Opera (buffa - misericordiae - omnia - posthuma - seria)
Ophthalmica
in optima (forma)
Opuntia (cactus)
Opposita
Ordalia
Ordinalia
Ostagra
Ostia
Otia (dant vitia)
Pah!
Pachyntica
Padischah
Padua
Pädagogica
Pagina
Panama
Pantera
Paradigmata
Paradoxa
Paralipomena
Parallelopipeda
Paraphernalia
Parentalia

Paria
Paristhmia
Parömia (juris)
Participia
Particula
Pasithea
Pastoralia
Patria (in - pro - *ubi bene, ibi*)
Patientia (das Kräutlein)
Pecunia (deposita - doloris - hereditaria - lusoria - lustriae - necessaria - numerata - parata - operarum - otiosa - percepta pro optione - pupillaris - reprobata)
Pelargonia
Penetralia
Pentandria
Pentapla
Penultima
Penuria
Perfecti - habea
Periocha
Periorbita
Personalia
Perugia
Persuasoria
pro petulantia
Petzora
Pharsalica
Philippica
Phlegmagogica
Philadelphia
Phrygia
pia corpora - desideria
Pituita
Platina
Plica polonica
per plurima
Pneumonica
Podagra
Podesta
Poëmata
Politica
Polonia
Polyadelphia
Polyandria
Polyanthea
Polyhymnia
Polyxena
Pontificalia
Porismata
Portia
Portiuncula
Practica (*est multiplex*)
Prämia
Präparatoria
Präsentia

Pretia (rerum)
Primula (veris)
Principia
Prismata
Privilegia
Problemata
Prolegomena
Promemoria
Pronomina
Pronubà
Proserpina
Prospheromena
Proverbia
Provincia
Prussia
Psephisma
Psorica
Psyntica
Publia
Publica
Puerilia
Pultawa
Purgantia
Purulentia
Pyknotica
Pyretica
Pythia
Qua (conditio sine)
Quadragesima
Quadrumana
Quassia
Quindenia
Quinquagesima
Quinze - le - va
Quisquilia
Quivira
die Raa
Besanraa
Bramraa
Fockraa
Kreuzbramraa
Kreuzraa
Leesegelraa
Marsraa
Unterraa
Vorbramraa
Ranula
Rarefacientia
Ratafia
Ratula
Reagentia
Realia
Reficientia
Refrigerantia
Regalia
Regia (Lex)
Regula (de tri - quinque - septem - cöci-falsi)
Relaxantia
Remedia
Repellentia
Repertoria
Reptilia
Repressalia
Res integra
Resolventia
Resorbentia
Respublica
Restaurantia
Retina
Rhabarbara
Rhätia
Rhamnusia
Rhapontica
Rhetorica
Rhizagra
Rhyptica
Roborantia
Rosalia
Rubefacientia
Rubrica
Rustica
Sa!
Sasa!
Hopsasa
Tausendsasa
er sah
Sacontala
Sahara
Salica (Lex)
Salivantia
Salus publica
Salva Guardia
Salva venia
Salvia
Samaria
Sapientia
Sardinia
Sarkophaga
Sarkotika
Saturantia
Saturnia
Saxonia
Scävola
Scandinavia
Scapula
Scarta faccia
schma
Scholastica
Scholia
Scindïah
Scurrilia
Sedantia
Segovia
Seleucia
Semendria
Semitonia
Seneca
Sententia (absolutoria - condemnatoria - confirmatoria - declaratoria - definitiva - denegatoria - finalis - interlocutoria - reformatoria)
Septica
Septimia
Septinia
Sept - le - va
Septuagesima
Serbia
Seria
Serica
holoserica
Sertschika
Servilia
Servitia (determinata - indeterminata - manuaria - vasallitica - amatoria)
Sesqui - altera
Sesqui - pedalia (verba)
Setacea
Sexagesima
Siagonagra
Siccantia
Sicilia
Silesia
Silistria
Simplicia
Sissera
Situla
Six - le - va
Sklerotica
Solstitia
Solventia
Sonica
Sophismata
Sophronia
Sopientia
Soporifera
Spaa
Spatia
Specialia
Specialissima
Specifica
Specimina
Spinola
Spiritualia
Splanchnica
Splenia
Spolia (opima)
Sponsalia (clandestina - publica - de futuro - de praesenti)
Sputatoria
Staltica
Stamina
Statua (equestris)
Stegnotica
Stemmata (quid faciunt, quid prodest, pontice, longo)
Stibialia
Stigmata

Stimulantia
Stipendia
Stomachica
Stomatica
Strelizia (regina)
Styptica
Suasoria
Subsellia
Sudamina
Sudorifera
Suecia
Suevia
Suffragia (Sanctorum)
Sumatra
Summaria
Suovetaurilia
Supposita
Suppurantia
Sylvia
Symbola
Symptomata
Synaetica
Syngenesia
Synonyma
Synovia
Syria
Tabula (*manum derasa*)
Tänia
Taffia
Talaria
Tulpuria
Taprobana
Taratantara
Tempora (*o tempora! o mores!* mutantur etc.)
Terebra
Terentia
Tertia
Testacea
Testimonia
Tetradynamia
Tetragynia
Tetrandria
Tetrapla
Tetrapoda
Teutonia
Thália
Theodosia
Theophania
Theresia
Thessalia
Thessalonica
Thracia
Tinea (capitis-maligna)
Titania
Tithonia
Tlascala
Tmetica
Toffania
Toreutica
Totila

Trabea
Trachelagra
Tradescantia
Trajectaria
Tralla!
Trallala!
Tralleralleralllera!
Trapezia
Trara!
Transsylvania
Trebellianica
Triandria
Trigynia
Trikala
Trinakria
Trivia
Tuba Stentorea
Tullia
Tunica
Supertunica
Tuscia
Tyrrhenia
ubi bene, ibi patria
übersah
Ulema
Ultima
per unanimia
Ungula
Universalia
Upsala (*besser* Upsāla)
Urania
Urbaria
Urentia
Uretica
Urraca
Ursula
Ustica
Utensilia
Utica
Utopia
Uvea
Va!
Valencia
Valeria
Vaticinia
Velleda
Vena ((poëtica)
Venefica
Venetia
Venia (salva-aetatis-agendi-concionandi)
das Verneinungs-A
Veronica
Vesicantia
Vespera
Vetula
Veturia
Victoria
Victualia
Vinalia
Viola
Virginia

Vipsania
Vitia
Vittoria
Vocabula
Volumina
Vomica (nux)
Vulneraria
Wratislevia
Xenia
Yviça
Zenobia
Zygia (Juno)

(*Aus dem Französischen*)

as - at - oi - ois

Beauharnois
Blois
chamois
Chapeau-bas
Contrepas
Convoi
Croy
Dubois
Eclat
Embarras
Emploi
Envoi
Etat- Friedens- Kriegs- Vermögens-
Exploit
Faublas
Gilblas
Faux pas
Fille de joie
Foix
Foy
François
Fourcroy
Hautbois
hors de loi
Je ne sais quoi
ma foi
Maurepas
mal a droit
merd d'oie
Montgelas
Octroy
par ci - par lá
Patois
Porte-bras
Renvoi
Taffetas
tiers état
tournois (Livre)

ab

ab
auf und ab
bergab
bevorab
erdenab
halbab

herab
hierab
himmelab
hinab
höllenab
hügelab
Hutab!
der Kehrab
knappab
Kopfab
linksab
rechtstab
rundab
der Schabab
seitab
stromab
thronab
vorab

ăb

Algorab
der Architrab
das Astrolab
Baobab
Combab
er gab (begab – ergab etc. *siehe* geben)
der Gerhab
das Grab
Ehrengrab
Erdgrab
Felsengrab
Hünengrab
Manngrab
Marmorgrab
Nachtgrab
Riesengrab
Seegrab
Staatsgrab
Todtengrab
Wellengrab
Wintergrab
getünchtes Grab
ich grab'
grab'!
ich hab'
hab'!
gehab!
Hab' (und Gut)
der Haushab
— Orthab
— Knab'
das Lab
Kälberlab
Käselab
Hasenlab
Hirschlab
Ziegenlab
ich lab'
lab'!
die Nab'
der Rab'
die Raab
Raab
die Schab'
ich schab'
schab'!
der Schwab'
der Stab
Aaronsstab
Abrichtstab
Anlaufstab
Bärstab
Befehlshaberstab
Beinstab
Bettelstab
Bischoffsstab
Blumenstab
Botenstab
Brotstab
Buchstab
Bürgerstab
Ceremonienstab
Commandostab
Dreyzackstab
Eichstab
Eisenstab
Eremitenstab
Feldherrnstab
Friedensstab
Führerstab
Fuſsstab
gebrochner Stab
Generalstab
Gerichtsstab
Goldstab
Helferstab
Heroldsstab
Herrscherstab
Hinterstab
Hirtenstab
Hufeisenstab
Jacobsstab
Josephsstab
Kammstab
Kettenstab
Kolbenstab
Kreuzstab
Krummstab
(unterm Krummstab ist gut wohnen — Krummstab schleuſst niemand aus —)
Lachterstab
Lehnsstab
Lilienstab
Marschallsstab
Maaſsstab
Lachter } Maaſs-
Wasser } stab
Merkstab
Meſsstab
Nelkenstab
Oberstab
Ochsenstab
Oelstab
Peitschenstab
Petersstab
Pilgerstab
Pipenstab
Probestab
Raketenstab
Rebenstab
Rechenstab
Regimentsstab
Reifstab
Reisestab
Reiſsstab
Richterstab
Ruhestab
Runenstab
Schäferstab
Schlangenstab
Schürstab
Siebstab
Silberstab
Sperrstab
Stellstab
Stundenstab
Taumelstab(thyrsus)
Thyrsusstab
Tonnenstab
Unterstab
Urtheilsstab
Viertelstab
Vorderstab
Vorhangsstab
Wallstab
Wanderstab
Weinlaubstab
Weinstab
Wunderstab
Zauberstab
Zollstab
Zugstab
Zwischenstab
der Trab
Abtrab
Hundetrab
Nachtrab
Vortrab

ăba

Aba
Alibaba
baba!
Cap Baba
die *Draba*
— *Kaaba*
Saba (Königin von)

ăbal

Heliogabal
Nabal
(abba lieber Vater!)

ábbas — ábbat

Abbas
Sabbas
Sabbath
Aftersabbath

ábbe

die Flabbe
die Krabbe
Beutelkrabbe
Felsenkrabbe
Kleinkrabbe
Landkrabbe
Morastkrabbe
Schildkrabbe
Strandkrabbe
die Labbe
— Quabbe
— Sabbe
— Schlabbe
— Wabbe
Honigwabbe

ábbel

das Gebabbel
— Gegnabbel
— Gegrabbel
— Gekabbel
— Gekrabbel
— Gequabbel
— Gerabbel
— Gesabbel
— Geschwabbel
— Gewabbel
Kribbel-krabbel
der Quabbel
— Sabbel
Wibbel-wabbel

ábbeln

babbeln
anbabbeln
ausbabbeln
nachbabbeln
verbabbeln
vorbabbeln
wiederbabbeln
gnabbeln
begnabbeln
grabbeln
begrabbeln
umgrabbeln
zergrabbeln
kabbeln
krabbeln
bekrabbeln
fortkrabbeln
nachkrabbeln
umkrabbeln
zerkrabbeln
quabbeln
rabbeln
sabbeln
schwabbeln
nachschwabbeln
wabbeln

ábbelnd

babbelnd
gnabbelnd
grabbelnd
kabbelnd
krabbelnd
quabbelnd
rabbelnd
sabbelnd
schwabbelnd
wabbelnd

ábbelns

des Babbelns
— Gnabbelns
— Grabbelns
— Kabbelns
— Krabbelns
— Quabbelns
— Rabbelns
— Sabbelns
— Schwabbelns
— Wabbelns

ábbels

des Gebabbels
— Gegnabbels
— Gegrabbels
— Gekabbels
— Gekrabbels
— Kribbel-Krabbels
— Quabbels
— Gequabbels
— Gerabbels
— Sabbels
— Gesabbels
— Geschwabbels
— Gewabbels
— Wibbel-Wabbels

ábbelt

er babbelt
gnabbelt
grabbelt
kabbelt
krabbelt
quabbelt
rabbelt
sabbelt
schwabbelt
wabbelt

ábben

die Flabben
— Krabben
— Labben
— Quabben
— Sabben
die Schlabben
schrabben
— Wabben

ábber

das Gegnabber
Geknabber
Gelabber
Gesabber
Geschlabber
Geschwabber
der Schwabber

ábbern

gnabbern
begnabbern
knabbern
abknabbern
aufknabbern
labbern
auslabbern
sabbern
besabbern
schlabbern
aufschlabbern
ausschlabbern
beschlabbern
fortschlabbern
mitschlabbern
nachschlabbern
überschlabbern
schwabbern

ábbernd

gnabbernd
knabbernd
labbernd
sabbernd
schlabbernd
schwabbernd

ábberns

des Gnabberns
Knabberns
Labberns
Sabberns
Schlabberns
Schwabberns

ábbers

des Gegnabbers
Geknabbers
Gelabbers
Gesabbers
Geschlabbers
Geschwabbers
Schwabbers

ábbert

er gnabbert
knabbert
labbert
sabbert

er schlabbert
schwabbert
der Tabbert

ábbi

Motenabbi
Rabbi

ābe

am Architrabe
dem Astrolabe
die Babe
— *Combabe*
— Gabe
Abgabe
Fruchtabgabe
Stempelabgabe
Angabe
Begriffsangabe
Bürger - angabe
Inhaltsangabe
Ortsangabe
Stollenangabe
Tagesangabe
Vermögensangabe
Zeitangabe
Aufgabe
Preisaufgabe
Reimaufgabe
Strickaufgabe
Ausgabe
Bibelausgabe
Geldausgabe
Handausgabe
Hauptausgabe
Nebenausgabe
Prachtausgabe
Schulausgabe
Staatsausgabe
Stereotypausgabe
Beobachtungsgabe
Bettelgabe
Beurtheilungsgabe
Beigabe
Darstellungsgabe
Dichtergabe
Eingabe
Fassungsgabe
Feldherrngabe
Fürstengabe
Gegengabe
Geistesgabe
Gemüthsgabe
Gnadengabe
Gottesgabe
Herausgabe
Himmelsgabe
Höllengabe
Künstlergabe
Kunstgabe
Lehrgabe
Maafsgabe
Mitgabe
Morgengabe
Nachahmungsgabe
Naturgabe
Opfergabe
Prophetengabe
Rednergabe
Rückgabe
Seelengabe
Silbergabe
Sprachgabe
Tugendgabe
Uebergabe
Ueberredungsgabe
Unterhaltungsgabe
Vorgabe
Weihegabe
Weihnachtsgabe
Weissagungsgabe
Wiedergabe
Wundergabe
Zaubergabe
im Grabe
ich grabe
das Gegrabe
ich habe
— gehabe
die Habe
Bettelhabe
fahrende Habe
Lebenshabe
Priesterhabe
Sündenhabe
die Handhabe
— Haspelhabe
— Ungehabe
der Knabe
ABCknabe
Altarknabe
alter Knabe
Bauerknabe
Bettelknabe
Bürgerknabe
Chorknabe
Edelknabe
Unedelknabe
Engelknabe
Flügelknabe
Gassenknabe
Götterknabe
Hirtenknabe
Jagdknabe
Kammerknabe
Milchknabe
Mohrenknabe
Müllerknabe
Opferknabe
Riesenknabe
Schäferknabe
Schulknabe
Topfknabe
Uhrknabe
Waisenknabe
Zigeunerknabe
ich labe
im Labe
Labe
die Nabe
Radnabe
— *Nabe*
der Rabe
Aasrabe
Alprabe
Eliasrabe
Friedensrabe
Galgenrabe
Goldrabe
Golkrabe
Grindrabe
Nachtrabe
Ringelrabe
Rückenrabe
Schildrabe
Steinrabe
Straufsrabe
Unglücksrabe
Waldrabe
Wasserrabe
ich schabe
ich schinde und schabe
das Geschabe
die Schabe (scabies)
— Schabe (tinea)
Afterschabe
Beckerschabe
Bienenschabe
Erdschabe
Hausschabe
Mehlschabe
Müllerschabe
Nachtschabe
Rufsschabe
Thonschabe
Wachschabe
Waldschabe
Wasserschabe
Wickenschabe
Wurzelschabe
Zuckerschabe
der Schwabe
ein Stockschwabe
der Skrabe
— *Sorabe*
am Stabe
der Buchstabe
Anfangsbuchstabe
Druckbuchstabe
Endbuchstabe
Gaumenbuchstabe
Goldbuchstabe
Hauptbuchstabe
Honigbuchstabe

Kanzleybuchstabe
Kehlbuchstabe
Lippenbuchstabe
Näselbuchstabe
Riesenbuchstabe
Schaltbuchstabe
Silberbuchstabe
Sonntagsbuchstabe
Stammbuchstabe
Titelbuchstabe
Uncialbuchstabe
Wurzelbuchstabe
Zahlbuchstabe
Zierbuchstabe
Zungenbuchstabe
der Buchdruckerstabe
— Groſsstabe
— Hauptstabe
— Kleinstabe
ich trabe
im Trabe
das Getrabe
die Wabe
Brotwabe
Honigwabe

ābel

Abel
Babel (Sünden-babel)
der *Connetabel*
— Constabel
die Fabel
Aesopische Fabel
Götterfabel
Hauptfabel
Heldenfabel
Lehrfabel
Nebenfabel
Priesterfabel
Thierfabel
Zwischenfabel
das Gefabel
die Gabel
Aalgabel
Abwerfegabel
Aushebegabel
Deichselgabel
Dubhammergabel
Dunggabel
Eintragegabel
Feuergabel
Fischgabel
Fleischgabel
Garngabel
Hebegabel
Hemmgabel
Heugabel
Hexengabel
Honiggabel
Mistgabel
Netzgabel
Ofengabel
Reichgabel
Reitgabel
Reutgabel
Rührgabel
Rüstgabel
Salatgabel
Schuttgabel
Seifengabel
Sprenggabel
Stechgabel
Stimmgabel
Streugabel
Vorleggabel
Zeidelgabel
das Gegabel
der Paſs *Gabel*
die Incunabel
der Kabel
Braukabel
der Nabel
Frauennabel
Glattnabel
Heftnabel
Venusnabel
Wassernabel
der Notabel
die Parabel
der Sabel
die Schabel
der Schnabel
Ackerschnabel
Blauschnabel
Breitschnabel
Dickschnabel
Doppelschnabel
Gelbschnabel
Gieſsschnabel
Groſsschnabel
Greifschnabel
Habichtsschnabel
Hornschnabel
Kranigschnabel
Kreuzschnabel
Krummschnabel
Langschnabel
Plattenschnabel
Plattschnabel
Rabenschnabel
Rappschnabel
Reiherschnabel
Rothschnabel
Sabelschnabel
Sauschnabel
Schabbelschnabel
Schapelschnabel
Schiffsschnabel
Spitzschnabel
Storchschnabel
Ueberschnabel
Vogelschnabel
Weiſsschnabel
der Stabel
die Tabel
— Vokabel
der Zabel
Zerubabel

Die nach *able* und *abilis* gebildeten Adjectiven in **ābel**

abominabel
accommodabel
admirabel
adorabel
agreabel
alienabel
alterabel
amiabel
amicabel
amüsabel
applicabel
blamabel
calcinabel
cantabel
capabel
charitabel
comfortabel
commensurabel
communicabel
comparabel
comportabel
comptabel
considerabel
contestabel
contribuabel
convenabel
dechiffrabel
decimabel
declinabel
demonstrabel
deplorabel
deraisonnabel
desagreabel
deshonorabel
desiderabel
determinabel
detestabel
dilatabel
disciplinabel
dispensabel
disputabel
durabel
estimabel
evitabel
exculpabel
excusabel
execrabel
exorabel
expiabel
explicabel
expugnabel
faisabel
favorabel
formidabel

guetabel
honorabel
imaginabel
imitabel
immedicabel
immemorabel
immensurabel
immutabel
impardonnabel
impenetrabel
impermeabel
imperturbabel
impitoyabel
implacabel
impracticabel
imprenabel
improbabel
inabordabel
inacceptabel
inästimabel
inalienabel
inalliabel
inalterabel
inapplicabel
inappreciabel
incapabel
incitabel
incommensurabel
incommunicabel
incommutabel
incomparabel
inconsolabel
incontestabel
incontribuabel
inconvenabel
incroyabel
inculpabel
incurabel
indechiffrabel
indispensabel
indisputabel
indubitabel
ineffabel
inestimabel
inevitabel
inexcusabel
inexorabel
inexpiabel
inexplicabel
inexprimabel
inexpugnabel
inextricabel
infatigabel
inflammabel
inhabitabel
inimitabel
innòminabel
innumerabel
insatiabel
inseparabel
insociabel
insupportabel

intestabel
intolerabel
intractabel
intraitabel
invariabel
inviolabel
irraisonabel
irreconciliabel
irrecusabel
irreformabel
irremeabel
irremediabel
irremunerabel
irreparabel
irreprochabel
irresponsabel
irrevocabel
irritabel
lamentabel
latitabel
locabel
logeabel
malleabel
maniabel
memorabel
meprisabel
miserabel
mutabel
navigabel
notabel
onerabel
palpabel
papabel
pardonnabel
passabel
payabel
penetrabel
perdurabel
permeabel
perspirabel
pitoyabel
placabel
ponderabel
portabel
prädicabel
präferabel
präsentabel
präsumabel
praktikabel
probabel
profitabel
raisonnabel
rationabel
recommendabel
recusabel
redevabel
redoutabel
remarkabel
reparabel
respectabel
respirabel
responsabel

revocabel
satiabel
separabel
sociabel
solvabel
spendabel
spirabel
tenabel
tolerabel
traktabel
traitabel
transmutabel
transportabel
valabel
variabel
venerabel
veritabel
volabel
Table
pour la table

abeln

den Connetabeln
— Constabeln
die Fabeln
Phädri - Fabeln
fabeln
anfabeln
ausfabeln
erfabeln
nachfabeln
vorfabeln
zusammenfabeln
die Gabeln
gabeln
abgabeln
angabeln
aufgabeln
ausgabeln
begabeln
nachgabeln
niedergabeln
weggabeln
die Incunabeln
den Kabeln
kabeln
auskabeln
den Nabeln
nabeln
die Notabeln
— Parabeln
den Sabeln
— Schabeln
schnabeln
stabeln
buchstabeln
strabeln
die Vokabeln
den abominabeln *etc. bis* volabeln, *siehe* abel

ābelnd

fabelnd
gabelnd
kabelnd
nabelnd
schnabelnd
stabelnd
buchstabelnd
strabelnd

ābelns

des Fabelns
— Gabelns
— Kabelns
— Nabelns
des Schnabelns
— Stabelns
— Buchstabelns
— Strabelns

ābels

Abels (der Tod Abels)
Babels
des Connetabels
— Constabels
— Gefabels
— Gegabels
— Kabels
— Nabels
— Notabels
— Sabels
— Schnabels
— Stabels
— Zabels
Zerubabels
etwas abominabel's
etc. bis volabels,
siehe abel

ābelst

du fabelst
gabelst
kabelst
nabelst
schnabelst
stabelst
buchstabelst
strabelst
abominabelst *etc. bis*
volabelst, *siehe* abel

ābelt

er fabelt
gefabelt
ungefabelt
er gabelt
gegabelt
ungegabelt
er kabelt
nabelt
genabelt
hochgenabelt
ungenabelt
er schnabelt
stabelt
buchstabelt
strabelt

āben

die Architraben
— Baben
den Combaben
Disyllaben
erhaben
ganz erhaben
gotterhaben
halberhaben
hocherhaben
stillerhaben
die Gaben, Abgaben etc.
sie gaben
verausgaben
vergaben
bemorgengaben
vermorgengaben
graben
abgraben
aufgraben
ausgraben
begraben
durchgraben
einem eine Grube graben
eingraben
entgegengraben
ergraben
fortgraben
mitgraben
nachgraben
übergraben
umgraben
untergraben
vergraben
vorgraben
weggraben
zergraben
zugraben
zusammengraben
der Graben
Abwehrgraben
Abzugsgraben
Aftergraben
Annäherungsgraben
Gegenannäherungsgraben (approche contre appr.)
Aufsengraben
Burggraben
Feldgraben
Festungsgraben
Flöfsgraben
Flurgraben
Fluthgraben
Gränzgraben
Grundgraben
Hauptgraben
Kunstgraben
Landgraben
Laufgraben
Gegenlaufgraben
Leitgraben
Mahlgraben
Mühlengraben
Nebengraben
Pfahlgraben
Quergraben
Reinmachergraben
Schanzgraben
Schiefsgraben
Schlammgraben
Schlitzgraben
Schlofsgraben
Schützengraben
Sielgraben
Sodgraben
Springgraben
Stadtgraben
Stollgraben
Sumpfgraben
Tonngraben
Vordergraben
Vorgraben
trockner Graben
Wallgraben
Wassergraben
Wendegraben
Wildgraben
Zuggraben
das Graben
— Torfgraben
haben
abhaben
anhaben
aufhaben
auf sich haben
aushaben
sich behaben
durchhaben
daherhaben
einhaben
forthaben
sich gehaben
guthaben
handhaben
heraushaben
hereinhaben
herhaben
herüberhaben
herunterhaben
hervorhaben
herabhaben
hinabhaben
hineinhaben
hinhaben

hinterhaben
hinüberhaben
hinunterhaben
innhaben
mithaben
niederhaben
obhaben
überhaben
umhaben
unterhaben
verhaben
vorhaben
bevorhaben
voraushaben
weghaben
wiederhaben
zuhaben
zurückhaben
zusammenhaben
das Haben
— Guthaben
— Mehrhaben
— Nichtshaben
— Rechthaben
— Vielhaben
— Vorhaben
die Handhaben
— Haspelhaben
— Ungehaben
— Knaben
den Laben
laben
erlaben
fortlaben
nachlaben
die Naben
naben
— Raben
— Schaben
schaben
abschaben
anschaben
aufschaben
ausschaben
beschaben
durchschaben
einschaben
erschaben
fortschaben
herabschaben
herausschaben
herunterschaben
hin- u. herschaben
hineinschaben
losschaben
mitschaben
nachschaben
überschaben
umschaben
unterschaben
wegschaben
zerschaben
zusammenschaben
schinden u. schaben
Rübchen schaben
das Schaben
— Borkenschaben
— Harzschaben
die Schwaben (wie bei Lucka die Schwaben)
die Skraben
— *Soraben*
staben
bestaben
verstaben
die Buchstaben
herbuchstaben
vorbuchstaben
traben
abtraben
antraben
auftraben
austraben
dahertraben
dahintraben
davontraben
durchtraben
eintraben
einhertraben
entgegentraben
ertraben
forttraben
heraustraben
hertraben
herübertraben
herumtraben
heruntertraben
hervortraben
hinaustraben
hindurchtraben
hineintraben
hintraben
hinübertraben
hinuntertraben
hinwegtraben
mittraben
nachtraben
niedertraben
übertraben
umhertraben
umtraben
untertraben
vortraben
voraustraben
vorbeitraben
vorübertraben
vorwegtraben
wegtraben
zutraben
zurücktraben
zusammentraben
das Harttraben
die Waben

abend

der Abend
Brautabend
Bräutigamsabend
Christabend
Fastenabend
Festabend
Feierabend
Frühlingsabend
Gewitterabend
Götterabend
Herbstabend
Hühnerabend
Kirmsabend
Lämmerabend
Lebensabend
Martinsabend
Mondabend
Niklasabend
Osterabend
Pfingstabend
Polterabend
Rammelabend
Schweinskopfsabend
Sommerabend
Sonnabend
Sternenabend
Stippelabend
Sylvesterabend
Verlöbnißabend
Verlobungsabend
Vorabend
Walpurgisabend
Weihnachtsabend
Winterabend
Wonneabend
begabend
verausgabend
vergabend
vermorgengabend
grabend
habend
bezughabend
vielhabend
wachhabend
wohlhabend
worthabend
labend
erlabend
unerlabend
schabend
stabend
vorbuchstabend
trabend
harttrabend
hochtrabend

abends

des Abends
trabends

ăbens

etwas erhaben's
des Begabens
— Verausgabens
— Vergabens
— Vermorgengabens
— Grabens
— Begrabens
— Habens
— Guthabens
— Mehrhabens
— Nichtshabens
— Rechthabens
— Vielhabens
— Vorhabens
— Labens
— Nabens
— Schabens
— Stabens
des Buchstabens
— Trabens
— Harttrabens
sie gaben's — graben's
haben's *etc.*

ăber

aber
der *Araber* (l. *Aräber*)
Bessaraber
Mozaraber
der Candelaber
Faber
der Vergaber
— Bartschaber
— Begraber
— Bildgraber
— Feldgraber
— Umgraber
— Untergraber
— Vergraber
— Haber (*siehe* Hafer)
— Achthaber
— Befehlshaber
— Bestandhaber
— Bewindhaber
— Feilhaber
— Gewalthaber
— Inhaber
Bestandinhaber
Briefinhaber
Pachtinhaber
Pfandinhaber
der Liebhaber
Bilderliebhaber
Bienenliebhaber
Bücherliebhaber
Gemäldeliebhaber
Hundeliebhaber
Jagdliebhaber
Katzenliebhaber
Kaufliebhaber
Kunstliebhaber
Musikliebhaber
Pachtliebhaber
Pferdeliebhaber
der Machthaber
Orthaber
Pfandhaber
Rechthaber
Theilhaber
Antheilhaber
die *Laber*
der Schaber
Schinder u. Schaber
Austernschaber
Haarschaber
Harzschaber
Messingschaber
Pergamenschaber
Zungenschaber
das Geschlaber
der Staber
— Traber
Harttraber
Hochtraber
Staberl
St. Labre
Havre
Gavre
Wavres

ăbern

abern
nach vielen Abern
den *Arabern*
Bessarabern
Mozarabern
den Candelabern
— Vergabern
— Begrabern
— Bildgrabern
— Feldgrabern
— Umgrabern
— Untergrabern
— Vergrabern
— Achthabern
— Befehlshabern
— Bestandhabern
— Bewindhabern
— Feilhabern
— Gewalthabern
— Inhabern
— Liebhabern
— Machthabern
matabern
— Schabern
schlabern
— Stabern
— Trabern
Harttrabern
Hochtrabern
Zabern

ăberns

des Aberns
— Mataberns
— Schlaberns
Zaberns

ăbers

des Abers
— *Arabers*
Bessarabers
Mozarabers
des Candelabers
— Vergabers
— Begrabers
— Bildgrabers
— Feldgrabers
— Umgrabers
— Untergrabers
des Vergrabers
— Habers
— Achthabers
— Befehlshabers
— Bestandhabers
— Bewindhabers
— Feilhabers
— Gewalthabers
— Inhabers
— Liebhabers
— Machthabers
des Schabers
— Geschlabers
— Stabers
— Trabers
Harttrabers
Hochtrabers

ăbert

er abert
— matabert
— schlabert

ăbes

des Architrabes
— Astrolabes
— Combabes
— Grabes
— Habes und Gutes
— Labes
— Stabes
Tabes (dorsalis)
— Trabes

[Habesch]

ăbest

gabest
begabest
vergabest
grabest
habest
gehabest
labest
nabest

schabest
stabest
vorbuchstabest
trabest

ābet

Babet
gabet
begabet
vergabet
grabet
habet
gehabet
habet!
labet
nabet
schabet
stabet
vorbuchstabet
trabet

ābi

er geht abi (österreichl.)
abi! (in malam crucem)
Kohlrabi
Wahabi
Zubenhakrabi

ābia

Abia
Arabia
Astrolabia
Bessarabia
Fuentarabia
Gens Fabia
inter calicem et labia

ābicht

der Habicht
Finkenhabicht
Gänsehabicht
Mausehabicht
Taubenhabicht
Wachtelhabicht
schabicht

abien — abiens

Arabien
Astrolabien
Bessarabien
Sorabien

ābier — abiers

die *Fabier*
Gabier

ābig

gehabig
wohlhabig
schabig
vielstabig
vielbuchstabig
vierstabig
zweibuchstabig

ābisch

arabisch
bessarabisch
mozarabisch
sorabisch
syllabisch
monosyllabisch
disyllabisch
trisyllabisch
quadrisyllabisch
[der Krabla]

āble

ich fable
gable
kable
nable
schnable
stable
buchstable
strable
das abominable *etc. bis* volable, *siehe* abel

āblem

abominablem *etc. bis* volablem, *siehe* abel

āblen

die abominablen *etc. bis* volablen, *siehe* abel

ābler

der Constabler
— Fabler
— Gabler
— Stabler
ein abominabler *etc. bis* volabler, *siehe* abel

āblern

den Constablern
— Fablern
— Gablern
— Stablern
den abominabler'n *etc. bis* volabler'n, *siehe* abel

āblers

des Constablers
— Fablers
— Gablers
— Stablers
etwas abominabler's *etc. bis* volabler's, *siehe* abel

[Stablo Tableau]

āblos

grablos
hablos
stablos

ābne

begrabne
gegrabne
erhabne

ābnem

begrabnem
gegrabnem
erhabnem

ābnen

begrabnen
gegrabnen
erhabnen

ābner

Abner
begrabner
gegrabner
erhabner
Rab'ner?

ābners

Abners
erhabner's
Rab'ners

ābo

Abo
amabo!
Babo
Strabo

ābor

Bethlen Gabor
Tabor
hic opus, hic labor!

ābors

Bethlen Gabors
des *Tabors*

ābos

Abo's
Babo's
Strabo's

[Naboth]

ābra

Abra
Abracadabra
Dolabra
inter calicem et labra
Favrat

ābre

ich schlab're
ich matab're

[Fabri]

ābs

des Architrab's
Astrolabs
Combabs
ich gab's
des Grab's

ich grab's
ich hab's
des Labs
ich schab's
des Stabs
des Trab's

ābſel

das Schabsel
Abschabsel
ein Labsel
[Absens
die Absis]

ābſt

du gabst
vergabst
verausgabst
vermorgengabst
labst
Pabst (*siehe* Papst)
Afterpabst
Gegenpabst
nabst
stabst
schabst
vorbuchstabst
trabst

ábt

der Abt
Fürstabt [Abtt]

ābt

ihr gabt
— vergabt
— verausgabt
— vermorgengabt
begabt
allbegabt
ehrbegabt
geistbegabt
glückbegabt
gnadenbegabt
hochbegabt
kraftbegabt
reichbegabt
tugendbegabt
unbegabt
vernunftbegabt
vielbegabt
wohlbegabt
ihr grabt
— habt
— gehabt
— labt
gelabt
ungelabt
ihr nabt
genabt
ihr schabt
geschabt
ungeschabt
stabt

ihr gestabt
vorbuchstabt
trabt
seyd getrabt

ābte

dem Abte
er begabte
der Begabte
er vergabte
— verausgabte
— vermorgengabte
das gehabte
er labte
das gelabte
er nabte
er schabte
das geschabte
er stabte
das gestabte
er vorbuchstabte
er trabte

ābtem

begabtem
vergabtem
verausgabtem
vermorgengabtem
gehabtem
gelabtem
geschabtem
gestabtem

ābten

sie begabten
die Begabten
sie vergabten
— verausgabten
— vermorgengabten
die gehabten
sie gehabten
— labten
— nabten
— schabten
— stabten
— vorbuchstabten
— trabten

ābter

ein Begabter
— vergabter
— verausgabter
— gehabter
— gelabter
in geschabter (Manier)
ein gestabter (Eyd)

ābtes

des Abtes
ein begabtes
vergabtes
verausgabtes
vermorgengabtes

gehabtes
gelabtes
genabtes (Rad)
geschabtes
gestabtes

ābtet

ihr vergabtet
verausgabtet
vermorgengabtet
labtet
nabtet
schabtet
stabtet
vorbuchstabtet
trabtet

ābts — ábts

des Abt's
ihr gabt's
grabt's
habt's *etc.*

ābung

Begabung
Vergabung
Verausgabung
Vermorgengabung
Grabung
Handhabung
Feilhabung
Labung
Schabung
[Kabul
Tabu
d'Avoust]

ābus

ambabus (manibus)
Combabus

ác

Bergerac
Bivouac
Brobdignac
Clic-clac
Cognac
Frontignac
Guajac
Hautbersac
Isaac
Macbenac
Pontac
Poudensac
Rac
Tic-tac
Tric-trac
d'Alayrac
Brissac
Cul de Sac
Luzac
Polignac
Ravaillac
(*siehe* ack)

ácca

alla polacca
Malacca
Pacca
Tacca-mahacca (Populus)

Caracci
Ajaccio
Boccaccio
Accum
ad Saccum
per impacco
Flaccus
Saccus

āce

in bona / *requiescat in* } *pace*
die *Stomacace*
tace [pacem]

ācer

Sacer
Amphimacer

ācet

Placet
tacet [das Facit]

ācia

Ambracia
Dacia

ācius

Flacius (*siehe* atius)

ách

Ach!
der Almanach
Friedensalmanach
Ketzeralmanach
Reformations-
Revolutions-
Theateralmanach
der Alsenach
Andernach
der Bach
Bergbach
Blumenbach
Feldbach
Felsenbach
Feuerbach
Flößbach
Føhrenbach
Forellenbach
Gebirgsbach
Gießbach
Gletscherbach
Goldbach
Grenzbach
Holzbach
Krebsbach
Kiesbach
Mäanderbach
Milchbach
Mühlenbach
Murmelbach
Murrbach
Perlenbach
Regenbach
Schmerlenbach
Seifenbach
Silberbach
Staubbach
Sturzbach
Thalbach
Thränenbach
Trölbach
Wasserbach
Waldbach
Weidenbach
Wetterbach
Wiesenbach
Wolfsbach
Wolkenbach
Namen.
Bach
Blumenbach
Eschenbach
Feuerbach
Massenbach
Wittelsbach
Wyttenbach
die *Katzbach*
Offenbach
Reichenbach
Schwabach
Schwalbach
Bacharach
Biberach
blach
das Dach
Binsendach
Blätterdach
Bleydach
Blumendach
Breterdach
Bruchdach
Brunnendach
Doppeldach
Eisdach
Felsendach
Giebeldach
Halmendach
Helmdach
Hinterdach
Hüttendach
Kirchendach
Kupferdach
Kuppeldach
Lattendach
Laubdach
Laubendach
Moosdach
Pultdach
Rasendach
Regendach
Rieddach
Rohrdach
Satteldach
Schattendach
Schaubdach
Schieferdach
Schilfdach
Schindeldach
Schirmdach
Seitendach
Sonnendach
Steinplattendach
Sternendach
Stoppeldach
Strohdach
Taschendach
Thurmdach
Ueberdach
Unterdach
Vordach
Vorderdach
Walmdach
Wetterdach
Zeitdach
Ziegeldach
Zinkdach
Dach und Fach
Eisenach
das Fach
Begriffsfach
Breitfach
Civilfach
Criminalfach
Deichfach
Dienstfach
Donfach
Erziehungsfach
Fensterfach
Feuerfach
Forschungsfach
Hauptfach
Hinterfach
Kopffach
Kriegsfach
Landschaftsfach
Lernfach
Lieblingsfach
Nebenfach
Oberfach
Randfach
Rollenfach (Helden-, Väter-, Liebhaber- *etc.*
Schubfach
Seitenfach
Staubfach
Tonnfach
Unterfach
Vorderfach
einfach
zweifach, 3-, 4-, 5-, 10-, 100-, 1000-, millionenfach

mannigfach
mehrfach
vielfach
flach
halbflach
seitenflach
das Vierflach, 5-, 6-, 9-, 12flach
gemach
allgemach
das Gemach
Berggemach
Betgemach
Bildergemach
Brautgemach
Ehegemach
Frauengemach
Gastgemach
Hintergemach
Kammergemach
Nebengemach
Obergemach
Prunkgemach
Putzgemach
Schlafgemach
Schmollgemach
Seitengemach
Sommergemach
Speisegemach
Spiegelgemach
Spielgemach
Untergemach
Vorgemach
Vorhausgemach
das Ungemach
jach
Elephantomach
Hoplomach
Nomomach
ein Krach
Donnerkrach
Kanonenkrach
krach!
Kreuznach
lach!
mach!
der Morlach
die Rach'
Sadrach
Sandarach
der Schach
Schach!
das aufgedeckte Schach
der Scharlach
Franzscharlach
Halbfranzscharlach
Gartenscharlach
Halbscharlach
die Schmach
Kerkerschmach
schwach
alterschwach
augenschwach
fußschwach
gedankenschwach
gedächtnisschwach
magenschwach
muskelschwach
nervenschwach
todesschwach
überschwach
verstandesschwach
der *Sumach*
das Vermach
der Verschmach
wach
frühwach
wach!
der *Wallach*
zach
v. Zach

ach

brach' (es liegt)
er brach, verbrach *etc.*
Eustach
nach
darnach
demnach
diesemnach
hernach
hiernach
hintennach
sonach
solchemnach
wienach
wonach
er sprach, besprach *etc.*
der Dreysprach
— Zwiesprach
er stach, bestach *etc.*

áchbar

Nachbar
Grenznachbar
Gutsnachbar
lachbar
belachbar

áchbaum

Fachbaum
Lachbaum

áche

ich abmarache
die Bache
am Bache
die Blache
das blache (Feld)
am Dache
auf dem Dache (seyn)
ich bedache.
ich überdache
der Drache
alte Drache
Ehedrache
Feuerdrache
Hausdrache
Höllendrache
Linddrache
Meerdrache
Papierdrache
Wurmdrache
die Fache
im Fache
ich fache (an *etc.*)
das einfache, 2-1000- *etc.* fache
mannigfache
mehrfache
vielfache
ich vereinfache
vervielfache
das Gefache
die flache
ich flache (ab)
ich verflache
am 4- 5- *etc.* flache
im Gemache
im Ungemache
der Hache (grobe)
der jache
ich krache
vom Krache
das Gekrache
ich lache
die Lache *(risus)*
Hohnlache
das Gelache
die Lache *(lacus)*
Froschlache
Kothlache
Mistlache
Saulache
Sohllache
Sulache
Sumpflache
Wasserlache
ich mache, vermache *etc.*
die Mache
in die Mache (nehmen)
das Gemache
die Maurache
die Meerrache
der Morlache
die Plache
die Rache
Blutrache
Eigenrache
Mordrache
Selbstrache
Weiberrache
die Sache
Alltagssache
Amtssache
Anleihsache
Armensache

Bergsache
Berufssache
Civilsache
Consistorialsache
Criminalsache
Dienstsache
Ehesache
Ehrensache
Erbsache
Erbschaftssache
Fehmsache
Finanzsache
Forstsache
Frevelsache
Gantsache
Geldsache
Gerichtssache
Geschäftssache
Gewissenssache
Gipssache
Glaubenssache
Gnadensache
Gottessache
Halssache
Handelssache
Handwerkssache
Hauptsache
Haussache
Haushaltungssache
Holzsache
Jagdsache
Kammersache
Kirchensache
Kriegssache
Kunstsache
Landessache
Lehnssache
Liebessache
Lieblingssache
Lumpensache
Meſssache
Mündelsache
Natursache
Nebensache
Nothsache
Ordenssache
Pfandsache
Pfarrsache
Polizeysache
Privatsache
Putzsache
Rechtssache
Regierungssache
Religionssache
Rügesache
Schuldsache
Schulsache
Seesache
Sielsache
Soldatensache
Spielsache
Staatssa he

Stadtsache
Stahlsache
Steuersache
Streitsache
Taschenspielersach.
Thatsache
Trugsache
Ursache
Bewegursache
Endursache
Geheimursache
Hauptursache
Mitursache
Nebenursache
Scheinursache
Schreckens-
Wirkursache
Verbrauchssache
Verfallsache
Versteigerungssach.
Volkssache
Vormundschafts-
Wechselsache
Weibersache
Weltsache
Wundersache
Zentsache
ich verursache
dem Schache
im Schache
der Schwache
die Spache
— Tache
ich wache
das Gewache
die Wache
Abendwache
Arrestantenwache
Aussenwache
Backbordwache
Bauwache
Beywache
Brandwache
Bürgerwache
Burgwache
Donnerwache
Dorfwache
Ehrenwache
Fahnenwache
Feldwache
Feuerwache
Fuſswache
Gartenwache
Grenzwache
Hauptwache
Hochwache
Hundewache
Keuschheitswache
Krankenwache
Küstenwache
Lagerwache
Leibwache

Lohnwache
Matrosenwache
Mitwache
Nachmittagswache
Nachtwache
Nachwache
Plattfuſswache
Reiterwache
Rundewache
Schandwache
Scharwache
Schildwache
Schirmwache
Schloſswache
Stadtwache
Steuerbordwache
Stockwache
Streifwache
Theaterwache
Thorwache
Thurmwache
Todtenwache
Vormittagswache
Zentwache
der *Wlache*
— *Wallache*
— zache

äche

die Brache
Sommerbrache
Winterbrache
ich brache
die Sprache
Aftersprache
Allgemeinsprache
Alltagssprache
Ammensprache
Ansprache
Aussprache
Bauersprache
Bergmannssprache
Bibelsprache
Bildersprache
Blumensprache
Büchersprache
Dichtersprache
Diebssprache
Dorfsprache
Einsprache
Fingersprache
Flötensprache
Fuhrmannssprache
Fürsprache
Gaunersprache
Geberdensprache
Geheimsprache
Gelehrtensprache
Gesamtsprache
Gewaltsprache
Grundsprache
Hauptsprache

Haussprache
Heldensprache
Herzenssprache
Hofsprache
Hohnsprache
Jägersprache
Judensprache
Kanzelsprache
Kaufmannssprache
Kanzleysprache
Kernsprache
Kindersprache
Kirchensprache
Knotensprache
Kraftsprache
Kunstsprache
Landessprache
Liebessprache
Liedersprache
Mangsprache
Menschensprache
Mienensprache
Mischsprache
Modesprache
Morgensprache
Muttersprache
Nachsprache
Narrensprache
Natursprache
Nebensprache
Opfersprache
Pöbelsprache
Rechtssprache
Rücksprache
Sanskritsprache
Satanssprache
Schandsprache
Schauspielsprache
Schelmensprache
Schiffersprache
Schmeichelsprache
Schönsprache
Schulsprache
Seesprache
Soldatensprache
Spottsprache
Stammelsprache
Stammsprache
Stichelsprache
Tafelsprache
Thiersprache
Tochtersprache
Tonsprache
Träumersprache
Umgangssprache
Unsprache
Ursprache
Vatersprache
Volkssprache
Vorsprache
Wechselsprache
Weidmannssprache

Widersprache
Zeichensprache
Zigeunersprache
Zusprache
Zweysprache
Zwiesprache

áchel

die Achel
— Grachel
— Kachel
Brunzkachel
Eckkachel
Gesichtskachel
Ofenkachel
Seihkachel
Simskachel
Stollkachel
die Rachel
Rachel
das Gestachel
der Stachel
Aalstachel
Bienenstachel
Dreystachel
Fliegenstachel
Hornißstachel
Legestachel
Mückenstachel
Nasenstachel
Schirmstachel
Sitzbeinstachel
Skorpionstachel
Spornstachel
Todesstachel
Wehrstachel
Wespenstachel
Windstachel

ácheln

die Acheln
— Gracheln
— Kacheln
einkacheln
lacheln
— Racheln
den Stacheln
stacheln
anstacheln
aufstacheln
bestacheln
durchstacheln
fortstacheln
herstacheln
hinstacheln
hineinstacheln
mitstacheln
nachstacheln
niederstacheln
überstacheln
vorstacheln
wegstacheln

zerstacheln
zurückstacheln
zusammenstacheln

áchelnd

einkachelnd
lachelnd
stachelnd

áchelns

des Einkachelns
Lachelns
Stachelns

áchels

Rachels
des Stachels

áchelst

du kachelst (ein)
lachelst
stachelst

áchelt

er kachelt (ein)
lachelt
stachelt
gestachelt } un-
bestachelt }

áchem

blachem
flachem
jachem
schwachem
wachem
zachem

áchen

achen
sich abachen
beachen
sich abmarachen
den Almanachen
im blachen (Felde)
abdachen
bedachen
entdachen
überdachen
verdachen
die Drachen
— *Elephantomachen*
abfachen
anfachen
auffachen
ausfachen
erfachen
überfachen
umfachen
unterfachen
verfachen
wegfachen
zufachen
zusammenfachen
die einfachen

die 2- 3- *etc.* 10- 100-
1000- millionen-
fachen
— mannigfachen
— mehrfachen
— vielfachen
vereinfachen
verzwey- 3- 4- *etc.*
10- 100- 1000-
vermillionenfachen
abflachen
verflachen
die *Gracchen*
— Hachen
— *Hoplomachen*
— Jachen
jachen
zujachen
krachen
abkrachen
aufkrachen
einkrachen
entgegenkrachen
erkrachen
fortkrachen
nachkrachen
niederkrachen
überkrachen
umherkrachen
umkrachen
verkrachen
wiederkrachen
zerkrachen
zurückkrachen
zusammenkrachen
das Krachen
— Lachen
lachen
ablachen
anlachen
auflachen (hell)
auslachen
belachen
durchlachen
entgegenlachen
erlachen
fortlachen
mitlachen
nachlachen
niederlachen
schmunsterlachen
todtlachen (zum)
umherlachen
umlachen
verlachen
vorlachen
weglachen
zerlachen
zulachen
zurücklachen
die Lachen
machen
abmachen
anmachen
aufmachen
ausmachen
daranmachen
sich davonmachen
durchmachen
einmachen
entzweymachen
ermachen
feilmachen
feinmachen
fertigmachen
fortmachen
freymachen
gutmachen
hausmachen
hermachen
herabmachen
heranmachen
heraufmachen
herausmachen
hereinmachen
herübermachen
herummachen
heruntermachen
hinmachen
hinabmachen
hinanmachen
hinaufmachen
hinausmachen
hineinmachen
hinübermachen
hinuntermachen
losmachen
mitmachen
nachmachen
niedermachen
reinmachen
übermachen
ummachen
vermachen
vorvermachen
vorausvermachen
vormachen
wegmachen
zumachen
zurückmachen
zusammenmachen
das Machen
Büchermachen
Erbvermachen
Fetischmachen
Feuermachen
Frischmachen
Glasmachen
Gültigmachen
Heumachen
Holzmachen
Papiermachen
Versemachen
Ziegelmachen
die *Morlachen*
der Nachen
Fischernachen
Rudernachen
Segelnachen
die Plachen
prachen
der Rachen
Feuerrachen
Flammenrachen
Grabesrachen
Höllenrachen
Löwenrachen
Schlangenrachen
Teufelsrachen
Todesrachen
Wolfsrachen
die Sachen
seine Siebensachen
ursachen
verursachen
schachen
scharlachen
umscharlachen
die Schwachen
erschwachen
die Spachen
— Tachen
wachen
anwachen
aufwachen
auferwachen
auswachen
bewachen
beywachen
durchwachen
erwachen
entwachen
fortwachen
mitwachen
nachwachen
nachtwachen
obwachen
scharwachen
überwachen
umwachen
verwachen
vorwachen
verschildwachen
die Wachen
das Wachen
— Erwachen
Nachtwachen
die *Wallachen*
wallachen
die Zachen

āchen

Aachen (Stadt)
sie brachen, zerbrachen
etc.
die Brachen

brachen
aufbrachen
driebrachen
einbrachen
mitbrachen
zwiebrachen
die Sprachen
sie sprachen
sie stachen

ächend

achend
sich abachend
beachend
sich abmarachend
abdachend
bedachend
fachend
verflachend
jachend
krachend
lachend
machend
alleinseligmachend
fleischmachend
friedemachend
schlafmachend
prachend
verursachend
schachend
erschwachend
wachend
wallachend
brächend

ächens

des Achens
— Abmarachens
— Bedachens
— Fachens
— Verflachens
— Jachens
— Krachens
— Lachens
— Machens
— Nachens
— Prachens
— Verursachens
— Schachens
— Erschwachens
— Wachens
— Erwachens
— Nachtwachens
— Wallachens
sie machen's *etc.*

āchens

Aachens
des Brachens
sie sprachen's

ächer

der Bacher
Bacharacher
blacher
der Facher
ein mannigfacher
einfacher, 2- 3- *etc.*
1000faches
vielfacher
flacher
jacher
ein Kracher
— Lacher
Anlacher
Hohnlacher
Mitlacher
Verlacher
ein Macher
Ahlenmacher
Allmacher
Altmacher
Ammenmacher
Angelmacher
Anspruchmacher
Armbrustmacher
Auszugmacher
Bandmacher
Bankmacher
Baumseidenmacher
Bildmacher
Blankmacher
Blattmacher
Bleystiftmacher
Bleyzugmacher
Bogenmacher
Bortenmacher
Bottigmacher
Brillenmacher
Buchmacher
Büchermacher
Büchsenmacher
Bücklingmacher
Bürstenmacher
Calendermacher
Chosenmacher
Consequenzenmach.
Corduanmacher
Darmsaitenmacher
Deckenmacher
Difficultätenmach.
Dockenmacher
Entwurfmacher
Erzmacher
Faxenmacher
Fertigmacher
Fettmacher
Filzmacher
Fintenmacher
Flausenmacher
Flötenmacher
Flügelmacher
Folgenmacher
Formenmacher
Fransenmacher
Freudenmacher
Freymacher
Friesmacher
Futtermacher
Garmacher
Geberdenmacher
Geigenmacher
Geldmacher
Gelegenheitsmach.
Gemengemacher
Geschirrmacher
Geschmeidemacher
Gesperrmacher
Gestellmacher
Gewandmacher
Gewichtmacher
Glasmacher
Gleichmacher
Goldmacher
Grofsmacher
Grottenmacher
Händelmacher
Hahnreimacher
Handschuhmacher
Harnischmacher
Haubenmacher
Hechelmacher
Heftelmacher
Heiligmacher
Heirathsmacher
Heumacher
Holzmacher
Instrumentenmach.
Kammmacher
Kardätschenmacher
Kartenmacher
Spielkartenmacher
Ketzermacher
Kindermacher
Kistenmacher
Kleidermacher
Knopfmacher
Korbmacher
Laternenmacher
Liedermacher
Linksmacher
Rechts - u. Links-
macher
Ludelmacher
Lustigmacher
Mäusefallmacher
Malzmacher
Mastenmacher
Maulmacher
Mehrmacher
Meutmacher
Mitmacher
Modelmacher
Mützenmacher
Mustermacher
Muthmacher
Neumacher

Nudelmacher
Oelmacher
Orgelmacher
Papiermacher
Pappenmacher
Pergamentmacher
Perückenmacher
Pfeifenmacher
Pillenmacher
Planmacher
Pluſsmacher
Porzellanmacher
Possenmacher
Projectmacher
Pudermacher
Pulvermacher
Pumpenmacher
Puppenmacher
Rademacher
Ränkemacher
Raummacher
Rottenmacher
Saitenmacher
Sammetmacher
Schachtelmacher
Scherzmacher
Schindelmacher
Schirmmacher
Schirrmacher
Schmumacher
Schleyermacher
Schloſsmacher
Schnakenmacher
Schnurrenmacher
Schriftenmacher
Schuhmacher
Schuldenmacher
Schwankmacher
Schwarzmacher
Schwierigkeits-
Schwindelmacher
Segelmacher
Seilmacher
Seligmacher
Senkelmacher
Sesselmacher
Siegellackmacher
Sohlenmacher
Sorgenmacher
Spangenmacher
Spaſsmacher
Spiegelmacher
Spitzenmacher
Spritzenmacher
Spulenmacher
Stärkemacher
Stellmacher
Stiefelmacher
Streichmach
Stuhlmac!
Sündenmacher
Tabakmacher

Taschenbeschlag-
Teppichmacher
Testamentmacher
Trompetenmacher
Tschischmenmach.
Tuchmacher
Uhrmacher
Groſs- } Uhrma-
Klein- } cher
Vermacher
Erbvermacher
Versemacher
Wagemacher
Wagenmacher
Wattenmacher
Wettermacher
Windenmacher
Windmacher
Witzmacher
Wortmacher
Wurstmacher
Zapfenmacher
Zeugmacher
Ziegelmacher
Krummmacher
Schleyermacher
ein Pracher
der Sacher
ein Selbstsacher
— Ursacher
— Mitursacher
— Verursacher
— Widersacher
der Schacher
Aemterschacher
Judenschacher
Pfarrschacher
Waarenschacher
das Geschacher
Schwabacher (Lettern)
ein Schwacher
— wacher
der Wacher
der Wallacher
der Wittelsbacher
ein jacher

ächer

der Bracher

áchern

den Bachern
den Bacharachern
den Fachern
einfacher'n
mannigfacher'n
vielfacher'n
flacher'n
jachern
den Krachern
— Machern *etc.*
— Prachern

prachern
erprachern
den Sachern
den Ursachern
den Widersachern
schachern
abschachern
einschachern
erschachern
fortschachern
verschachern
den Wachern
jachern

ächern

den Brachern

áchers

des Bachers
Bacharachers
Fachers
etwas einfacher's
— flacher's
— jacher's
des Krachers
— Lachers
— Machers
— Prachers
— Sachers
— Ursachers
— Widersachers
— Schachers
— Wachers
etwas jacher's
des Brächers

ácherst

du pracherst
— schacherst

áchert

er prachert
— schachert

áches

des Aches
— Almanaches
— Baches
blaches
— Daches
— Faches
ein - 2 - 3 - 4 - *etc.*
1000faches
mannigfaches
mehrfaches
vielfaches
ein flaches
des Gelaches
ein gemaches
des Gemaches
ein jaches
des Kraches
des Raches

des Sadraches
des Sandaraches
des Schaches
des Scharlaches
ein schwaches
des Sumaches
ein waches
ein zaches
mach' es!
belach' es!
bewach' es!
Laches
Paches (Cissides und)

áchest

du achest
— beachest
— abmarachest
— bedachest
— fachest
— verflachest
— krachest
— lachest
— machest
— prachest
— verursachest
— schachest
— erschwachest
— wachest
— wallachest

āchest

du brachest
— brachest
erbrachest
— sprachest
— stachest

áchet

ihr achet
beachet
abmarachet
bedachet
geldbedachet
übelbedachet
wohlbedachet
unbedachet
fachet
verflachet
jachet
krachet
lachet
machet
prachet
verursachet
schachet
erschwachet
wachet
wallachet

āchet

ihr brachet
brachet
zerbrachet
sprachet
stachet

áchfeld

Blachfeld
Brachfeld

áchheit

Flachheit
Schwachheit
Sachheit
Vielfachheit
Einfachheit

āchholz

Dachholz
Fachholz

áchi

Cerachi
Malleachi
Morlachi

áchig

hachig
lachig
sprachig

áchin

die *Gracchin*
Morlachin
Wallachin
Rachin

áchlich

vermachlich
prachlich
schmachlich
stachlich

áchmatt

der Bachmatt
Schachmatt

áchne

Arachne
scharlachne
die Hydrachnis
Drachme
Drachmen
(*siehe* agmen)

áchs

des Achs
— Almanachs
— Bachs
— Dachs
der Dachs
Honigdachs
Hundsdachs
Klippendachs
Schweindachs
des Fachs
etwas mannigfach's
des Vierflachs, 5 - 6 - *etc.* flachs
der Flachs
Bergflachs
Erdflachs
Frauenflachs
Heideflachs
Krotenflachs
Marienflachs
Mattenflachs
Reinflachs
Steinflachs
Sternsteinflachs
Wasserflachs
des Krachs
der Lachs
Elblachs
Goldlachs
Hakenlachs
Kalbfleischlachs
Kupferlachs
Rheinlachs
Rosenlachs
Rothlachs
Silberlachs
Sommerlachs
Springlachs
Violenlachs
Waldlachs
Weiſslachs
Wiesenlachs
Wildlachs
des Gemachs
Ungemachs
mach's!
des Rachs
der *Sachs*
des Sachs
Hans Sachs'
Sadrachs
Sandarachs
Sumachs
Schachs
Scharlachs
des Vermachs
Verschmachs
das Wachs
Bartwachs
Baumwachs
Bergwachs
Deckwachs
Erdwachs
Fluderwachs
Gerichtswachs
Glühwachs
Grundwachs
Guſswachs
Haarwachs
Jungfernwachs
Knebelwachs
Malerwachs

Mohrenwachs
Nebenwachs
Ohrwachs
Pflanzenwachs
Pfropfwachs
Pichwachs
Pitschirwachs
Schuhwachs
Schwefelwachs
Seewachs
Siegelwachs
Stiefelwachs
Stopfwachs
Vorwachs
Windwachs
Zimmtwachs
der Wachs
Anwachs
Mißwachs
Nachwachs
Vorwachs
Weinwachs
Wiederwachs
Wiesewachs
Zuwachs (*siehe* áx)

áchs

er brach's
sprach's
stach's

áchse

die Achse
Augenachse
Erdachse
Gesichtsachse
Himmelsachse
Hinterachse
Kegelachse
Radachse
Seheachse
Vorderachse
Wagenachse
Weltachse
die Brachse
dem Dachse
dem Flachse
ich flachse
die Hachse
dem Lachse
der *Sachse*
Angelsachse
Chursachse
Niedersachse
Obersachse
die Tachse
dem Wachse
ich wachse

áchsel

die Achsel (*siehe* áxel)
achseln *etc.*

áchsen

achsen
aufachsen
Achsen
Dachsen
flachsen
herabflachsen
zusammenflachsen
die Hachsen
den Lachsen
die Sachsen
Sachsen
Chursachsen
Niedersachsen
Obersachsen
wachsen
abwachsen
anwachsen
aufwachsen
auswachsen
bewachsen
daherwachsen
durchwachsen
einwachsen
emporwachsen
entwachsen
erwachsen
fortwachsen
herabwachsen
heranwachsen
herauswachsen
hineinwachsen
nachwachsen
niederwachsen
überwachsen
umwachsen
unterwachsen
verwachsen
vollwachsen
vorwachsen
zuwachsen
zurückwachsen
zusammenwachsen
gewachsen
abgewachsen *etc.*
hochgewachsen
schlankgewachsen
schöngewachsen
selbstgewachsen
bewachsen
waldbewachsen
haarbewachsen
moosbewachsen
weinbewachsen

áchsend

achsend
flachsend
wachsend

áchsens

des Achsens
— Flachsens
— Sachsens
— Wachsens

áchses

des Dachses
— Flachses
— Lachses
— Wachses

áchsest

du flachsest
wachsest

áchset

er flachset
ihr wachset
flachsicht
wachsicht
flachsig
wachsig

áchst

du achst
beachst
abmarachst
bedachst
fachst
verflachst
krachst
lachst
machst
prachst
verursachst
schachst
erschwachst
wachst
wallachst
er achst
flachst (*siehe* áxt)

āchst

du brachst
brachst
zerbrachst
sprachst
stachst

áchstein

Dachstein
Krachstein

ácht

die Acht
Aberacht
Ambacht
Aufacht
Mordacht
Obacht
Oberacht’
Reichsacht
Stadtacht

Unacht
Unteracht
die Acht' (8)
hab' acht!
er acht
abmaracht
er bedach't
das Dacht (*besser* Docht)
die Andacht
Abendandacht
Hausandacht
Kanzelandacht
Morgenandacht
Sonntagsandacht
Unandacht
mit Bedacht
Unbedacht
Vorbedacht
Wohlbedacht
bedacht
durchdacht
erdacht
gedacht
ausgedacht
hingedacht
hineingedacht
hochgedacht
nachgedacht
zugedacht
überdacht
der Verdacht
in Betracht
in Anbetracht
gebracht
abgebracht
angebracht
wohlangebracht
aufgebracht
neuaufgebracht
ausgebracht
beygebracht
dargebracht
dahingebracht
davongebracht
durchgebracht
eingebracht
emporgebracht
fortgebracht
hergebracht
herabgebracht
herausgebracht
herangebracht
heraufgebracht
hereingebracht
herübergebracht
herumgebracht
heruntergebracht
hervorgebracht
herzugebracht
hingebracht
hinabgebracht
hinangebracht

hinaufgebracht
hinausgebracht
hineingebracht
hinübergebracht
hinuntergebracht
losgebracht
mitgebracht
nachgebracht
niedergebracht
umgebracht
untergebracht
vorgebracht
vorbeygebracht
vorübergebracht
weggebracht
weitergebracht
wiedergebracht
zugebracht
zurückgebracht
zusammengebracht
überbracht
verbracht
vollbracht
er facht
gefacht
ungefacht
angefacht
unangefacht
überfacht
vereinfacht, 2- 3 -10-
1000- *etc.*
vermannigfacht
vervielfacht
verflacht
abgeflacht
die Fracht
Beyfracht
Brieffracht
Landfracht
Rückfracht
Schiffsfracht
Seefracht
Wagenfracht
der Hacht
die Jacht
Avisjacht
Meldejacht
Segeljacht
Spieljacht
es kracht
erkracht
zerkracht
er lacht
gelacht
kurz abgelacht!
er macht
gemacht
abgemacht
angemacht
vermacht
unabgemacht
ungemacht

die Macht
Allmacht
Despotenmacht
Eigenmacht
Erdenmacht
Erzmacht
Frauenmacht
Fürstenmacht
Gegenmacht
Gesammtmacht
Göttermacht
Großmacht
Hauptmacht
Herrschermacht
Himmelsmacht
Höllenmacht
Hülfsmacht
Kriegsmacht
Landmacht
Mittelmacht
Nebenmacht
Obermacht
Obmacht
Ohnmacht
Todesohnmacht
Priestermacht
Reichsmacht
Scheinmacht
Schicksalsmacht
Schöpfermacht
Seemacht
Selbstmacht
Siegesmacht
Sternenmacht
Todesmacht
Tyrannenmacht
Uebermacht
Vatermacht
Vollmacht
Aftervollmacht
Generalvollmacht
Hauptvollmacht
Specialvollmacht
Vollziehungsmacht
Wahnmacht
Weibermacht
Weltmacht
Wundermacht
Zaubermacht

die Nacht
Barbarennacht
Bartholomäusnacht
Blutnacht
Brautnacht
Christnacht
Churnacht
Decembernacht
Faschingsnacht
Fastnacht
Fiebernacht
Freudennacht

Frühlingsnacht
Gespensternacht
Gestirnnacht
Gewitternacht
Gleichnacht
Grabesnacht
Grauennacht
Herbstnacht
Herrennacht
Hexennacht
Hochzeitnacht
Hundstagsnacht
Jahresnacht
Jammernacht
Johannisnacht
Jubelnacht
Lenzennacht
Löselnacht
Markusnacht
Martinsnacht
Maynacht
Mitternacht
Hochmitternacht
Nachmitternacht
Vormitternacht
Mondnacht
Sommermondnacht
Vollmondnacht
Mondscheinnacht
Mordnacht
Nebelnacht
Neujahrsnacht
Osternacht
Pfaffennacht
Pfingstnacht
Polnacht
Regennacht
Sargnacht
Schattennacht
Schauernacht
Schmerzensnacht
Schreckensnacht
Sommernacht
Sterbenacht
Sternennacht
Sündennacht
Taumelnacht
Thaunacht
Thränennacht
Todesnacht
Trauernacht
Traumnacht
Urnacht
Vornacht
Walpurgisnacht
Weihenacht
Wetternacht
Winternacht
Wundernacht
Zwölfnacht, (heil.)
der Pacht
Ackerpacht
Afterpacht
Brückenpacht
Erbpacht
Fährenpacht
Ganzpacht
Gartenpacht
Getreidepacht
Güterpacht
Halbpacht
Jahrespacht
Kühpacht
Leibpacht
Lottopacht
Mauthpacht
Milchpacht
Mühlenpacht
Salzpacht
Stallpacht
Straſsenpacht
Unterpacht
Viehpacht
Zeitpacht
Zollpacht
das Pfacht
die Pracht
Blumenpracht
Frühlingspracht
Fürstenpracht
Götterpracht
Kayserpracht
Kleiderpracht
Königspracht
Kriegspracht
Naturpracht
Perlenpracht
Pfauenpracht
Purpurpracht
Richtpracht
Scheinpracht
Schreckenspracht
Senkpracht
Siegespracht
Silberpracht
Sonnenpracht
Striegelpracht
Stufenpracht
Sündenpracht
Tagepracht
Trauerpracht
Unglückspracht
Winterpracht
Wunderpracht
Zauberpracht
sacht
ursacht
der Schacht
Bremmerschacht
Eisenschacht
Erbschacht
Fahrschacht
Feldschacht
Felsenschacht
Förderschacht
Fundschacht
Hauptschacht
Kunstschacht
Kupferschacht
Lichtschacht
Nebenschacht
Pumpenschacht
Rollschacht
Scheideschacht
Schiedeschacht
Schürfschacht
Schuhschacht
Seigerschacht
Silberschacht
Sohlenschacht
Steinkohlenschacht
Stollenschacht
Treibschacht
Treppenschacht
Vaterschacht
Wasserschacht
Wetterschacht
Zapfenschacht
Zeugschacht
Ziehschacht
Zollschacht
Zuförderschacht
er schacht
geschacht
die Schlacht
Amazonenschlacht
Bücherschlacht
Drohnenschlacht
Feldschlacht
Grauenschlacht
Hauptschlacht
Heldenschlacht
Kanonenschlacht
Männerschlacht
Mannschlacht
Meerschlacht
Menschenschlacht
Reiterschlacht
Riesenschlacht
Schiffschlacht
Seeschlacht
Völkerschlacht
Wasserschlacht
geschlacht
ungeschlacht
die Schmacht
die Sielacht
die Spacht
die Tracht
Balkentracht
Holztracht
Wassertracht
die Tracht
Amazonentracht
Bauertracht
Bedienentracht

Bergtracht
Bürgertracht
Diener - (Livré-)
Dienst - (Montur-)
Familientracht
Frauentracht
Fürstentracht
Göttertracht
Haustracht
Jägertracht
Kindertracht
Kleidertracht
Klostertracht
Knabentracht
Landestracht
Mädchentracht
Männertracht
Mannstracht
Modetracht
Mönchstracht
Nachtracht
Narrentracht
Nationaltracht
Niedertracht
Nonnentracht
Pelztracht
Pfaffentracht
Predigertracht
Priestertracht
Reitertracht
Rittertracht
Schottentracht
Soldatentracht
Sommertracht
Standestracht
Studententracht
Tempelherrntracht
Volkstracht
Weibertracht
Wintertracht
Züchtlingstracht
der Verhacht
das Wacht
Aussenwacht
Beywacht *etc.*
(siehe oben *Wache*)
die Obwacht
der Windewacht
er wacht
bewacht
unbewacht
[sachtchen!]
[Kiachta]

ächt

er brach't
ihr bracht
ihr spracht
ihr stacht

ächte

ich achte
beachte
ich ach'te
die Achte
Carreau - Achte
Coeur - Achte
Eichel - Achte
Ecker - Achte
die grofse Achte
Grün - Achte
Pique - Achte
Roth - Achte
Schellen - Achte
Ton - Achte (*Octave*)
Treffle - Achte
ich abmarachte
ich brachte
das Eingebrachte
ich dachte
das Gedachte
ich bedachte
mit Bedachte, Verdachte *etc.*
ich bedach'te
ich fachte
vermannigfachte
vereinfachte, 2 - 1000fachte
ich verflachte
krachte
lachte
der Ausgelachte
ich machte
das Eingemachte
ich übernachte
umnachte
ich pachte
das Gepachte
sachte!
im Schachte
das geschachte
ich schlachte
das Geschlachte
geschlachte
ungeschlachte
ich schmachte
das Geschmachte
ich trachte
betrachte
das Getrachte
ich twachte

ächtel

ein Achtel
Grofsachtel
Kleinachtel
die Dachtel
das Gedachtel
die Schachtel
alte Schachtel
Bandschachtel
Einsatzschachtel
Federschachtel
Geldschachtel
Glüheschachtel
Haubenschachtel
Hutschachtel
Kammschachtel
Papierschachtel
Perückenschachtel
Pillenschachtel
Puderschachtel
Putzschachtel
Ringschachtel
Strohschachtel
Würzschachtel
Zuckerschachtel
das Geschachtel
das Gespachtel
die Wachtel
Capwachtel
Schlagwachtel
der Wachtel (*Hundename*)
das Gewachtel

ächteln

achteln
den Achteln
die Dachteln
dachteln
abdachteln
die Schachteln
abschachteln
beschachteln
einschachteln
umschachteln
spachteln
die Wachteln
wachteln
auswachteln
durchwachteln

ächtelnd

achtelnd
dachtelnd
schachtelnd
spachtelnd
wachtelnd

ächtelns

des Achtelns
Dachtelns
Schachtelns
Spachtelns
Wachtelns

ächtels

des Achtels
des Gedachtels
Geschachtels
Gespachtels
Gewachtels
Wachtels

achtelt

er achtelt
dachtelt
schachtelt
spachtelt
wachtelt

achtem

achtem
bedachtem
gedachtem
überdachtem
gebrachtem
gefachtem
verflachtem
verlachtem
gemachtem
sachtem
bewachtem
gebrächtem

achten

achten
beachten
beobachten
mißbeobachten
naturbeobachten
erachten
hochachten
mißachten
nachachten
obachten
überachten
verachten
vorachten
wiederachten
das Gutachten
Reichsgutachten
begutachten
das Uebelachten
sie ach'ten
Stück vom Achten
im achten (Grade)
sich abmarachten
bachten
sie brachten *etc.*
die Gebrachten
sie dachten
bedachten *etc.*
bedach'ten
sie fachten
— vermannigfachten
sie verflachten
frachten
befrachten
entfrachten
überfrachten
umfrachten
die Frachten
sie krachten
lachten
die ausgelachten
sie machten
die gemachten *etc.*
nachten
benachten
durchnachten
mitternachten
übernachten
umnachten
pachten
abpachten
auspachten
bepachten
erpachten
fortpachten
mitpachten
nachpachten
überpachten
verpachten
zurückpachten
den Pachten
prachten
entprachten
verprachten
sachten
vom Sachten
schachten
den Schachten
die geschachten
die Schlachten
schlachten
abschlachten
anschlachten
ausschlachten
einschlachten
fortschlachten
mitschlachten
nachschlachten
verschlachten
vorschlachten
wegschlachten
zuschlachten
das Bankschlachten
Hausschlachten
die geschlachten
ungeschlachten
schmachten
abschmachten
anschmachten
ausschmachten
dahinschmachten
durchschmachten
erschmachten
fortschmachten
mitschmachten
nachschmachten
verschmachten
die Trachten
trachten
betrachten
nachbetrachten
vorbetrachten
forttrachten
dahintrachten
heimtrachten
mittrachten
nachtrachten
die Wachten
sie wachten

achtend

achtend
gutachtend
hochachtend
verachtend
furchtverachtend
unzuverachtend
umnachtend
dunkelnachtend
pachtend
schlachtend
schmachtend
trachtend
betrachtend

achtens

achtens
sie achten's
des Gutachtens
Uebelachtens
sie machten's
des Uebernachtens
des Pachtens
sie pachten's
des Schlachtens
sie schlachten's
des Schmachtens
des Trachtens
Betrachtens

achter

achter
der Achter
abmarachter
ein Beobachter
Menschenbeobacht.
Naturbeobachter
Seelenbeobachter
Wetterbeobachter
der deutsche, österreichische *etc.*
der Verachter
bedachter
gedachter
bedach'ter
angefachter
vermannigfachter
verflachter
der Frachter
Befrachter
Verfrachter
ein zerkrachter
der Lachter
Berglachter
Dumplachter

ein Verlachter
gemachter
gutgemachter
wohlgemachter
der Pachter
Abpachter
Afterpachter
Erbpachter
Fährenpachter
Halbpachter
Pfarrpachter
Unterpachter
Verpachter
Viehpachter
Zollpachter
sachter
verursachter
geschachter
geschlachter
ungeschlachter
der Mannschlachter
Menschenschlachter
Viehschlachter
der Spachter
der Trachter (Trichter)
ein Betrachter
Naturbetrachter
Zeitbetrachter
bewachter
dacht'er
facht'er
lacht'er
macht'er
wacht'er *etc.*

ächtern

den Achtern
Beobachtern
bedachter'n
den Befrachtern
jachtern
abjachtern
aufjachtern
ausjachtern
durchjachtern
erjachtern
überjachtern
umjachtern
den Lachtern
wohlgemachtern
Pachtern
sachter'n
ungeschlachter'n
Menschenschlachtern
schrachtern
den Trachtern
Betrachtern

ächternd

jachternd
schrachternd

ächterns

des Jachterns
Prachterns

ächters

des Achters
— Beobachters
— Befrachters
— Lachters
— Pachters
— Mannschlachters
— Spachters
— Trachters
— Betrachters
bracht'er's
macht'er's *etc.*

ächterst

du jachterst
— schrachterst

ächtes

ein Achtes
abmarachtes
gebrachtes
bedachtes
bedach'tes
des Verdachtes
abgefachtes
verflachtes
zerkrachtes
belachtes
gemachtes
sachtes
geschachtes
ungeschlachtes
bewachtes
ich acht'es
dacht'es *etc.*

ächtest

achtest
abmarachtest
brachtest
dachtest
bedach'test
fachtest
verflachtest
befrachtest
krachtest
lachtest
machtest
übernachtest
pachtest
sachtest
schachtest
schlachtest
schmachtest
trachtest
betrachtest
wachtest

ächtet

achtet
geachtet
ungeachtet
demungeachtet
hochgeachtet
brachtet
dachtet
bedach'tet
fachtet
verflachtet
befrachtet
krachtet
lachtet
machtet
es nachtet
übernachtet
pachtet
schachtet
schlachtet
schmachtet
trachtet
betrachtet
wachtet

ächtgeld

Frachtgeld
Pachtgeld

ächtheit

die Sachtheit
Verflachtheit
Gedachtheit
Gemachtheit

ächtheil

das Machttheil
der Nachtheil

ächtig

achtig
unachtig
glasachtig
steinachtig
thonachtig
trullachtig
übernachtig
unterschlachtig
unschlachtig

ächtlich

gutachtlich
pachtlich
erbpachtlich
fastnachtlich
weihnachtlich

ächtlos

achtlos
machtlos
bedachtlos

verdachtlos
pachtlos
prachtlos

ắchts

acht's
bracht's
dacht's
des Bedachts
Verdachts
was lacht's?
was macht's?
des Nachts
Mitternachts
des Pachts
betracht's!
bewacht's!

ắchtsam

achtsam
bedachtsam
betrachtsam

ắchtung

die Achtung
Geringachtung
Hochachtung
Verachtung
Selbstachtung
Selbstverachtung
Wohlachtung
Unachtung
die Beobachtung
Menschenbeobacht.
Naturbeobachtung
Weltbeobachtung
Wetterbeobachtung
Zeitbeobachtung
Nichtbeobachtung
die Befrachtung
die Schlachtung
die Verschmachtung
die Umnachtung
die Pachtung
die Betrachtung
Abendbetrachtung
Hauptbetrachtung
Morgenbetrachtung
Nachbetrachtung
Nachtbetrachtung
Nebenbetrachtung
Selbstbetrachtung
Tagesbetrachtung
Todesbetrachtung
Vorbetrachtung
Zeitbetrachtung
[achtzig
es macht sich *etc.*]

ắchung

die Beachung
Abmarachung
Dachung
Abdachung
Bedachung
Fachung
Abfachung
Begriffsfachung
Vereinfachung
Vermannigfachung
Verhundertfachung
Vervielfachung
Verflachung
Verlachung
Zerkrachung
Belachung
Machung
Bekanntmachung
Gangmachung
Gemeinmachung
Gesetzlichmachung
Gesundmachung
Gleichmachung
Gutmachung
Heiligmachung
Möglichmachung
Mündigmachung
Rothmachung
Schiffbarmachung
Seeligmachung
Sichtbarmachung
Unsichtbarmach.
Urbarmachung
Wirklichmachung
Zugutemachung
die Verursachung
Schachung
Erschwachung
Bewachung
Wallachung
die Brächung
[Amphibrachys]

ắchwerk

Dachwerk
Fachwerk
Flachwerk
Machwerk
Kunstmachwerk

ācia

Dacia
Fallacia
Thracia
Samothracia

ācien

Dacien
Fallacien
Thracien
Samothracien
(*siehe* azien)

āciens

Daciens
Thraciens
Samothraciens
[das Facit
Flacius
(*siehe* atius)]

ắck

das Back
Kalkback
Kleback
Kugelback
Pumpenback
Raaback
Rauchback
Spikerback
Spulback
Thonback
Wasserback
Weiſsback
Zuckerback
der Back
Einback
Zwieback
Milchback
Schiffsback
die Piſsback
— Wasserback
back
back'!
der Bausback
das Geback
das Brack
— Riedback
der Brack
der Clack
fick-fack
das Flack
der Frack
Modefrack
das Genack
der Hack
Hackemack
Hack und Pack
Huckepack
Hundepack
Jack
Jean Jacques
der Kack
kack!
klack!
der Klack
knack!
knick-knack!
der Knack
das Geknack
Knisenack
krack!
der Krack

der Lack
Bernsteinlack
Carminlack
Copallack
Eisenlack
Feigenlack
Feigenbaumlack
Fernambucklack
Florentinerlack
Galläpfellack
Goldlack
Gummilack
Holzlack
Kugellack
Mundlack
Ofenlack
Ohrlack
Plattlack
Schelllack
Schminklack
Siegellack
Stangenlack
Stocklack
Tafellack
Wasserlack
Wienerlack
der Lack (Blumen-)
— Goldlack
das Mack
Mack
Hack und Mack
das Pack
Bettelpack
Diebespack
Hurenpack
Lumpenpack
Menschenpack
Pracherpack
Rabenpack
Schelmenpack
Schranzenpack
Takelpack
Teufelspack
der Plack
Viehplack
— *Poltrack*
Pinschback
— Rack
das Rack
der Sack
Bettelsack
Bettsack
Bleysack
Brotsack
Brusthautsack
Büchsensack
Dudelsack
Erdsack
Feuersack
Flaschensack
Flohsack
Freſssack
Fuſssack
Garnsack
Geldsack
Getreidesack
Haarsack
Habersack
Hafersack
Hammelsack
Herzsack
Hodensack
Hohlblutadersack
Hopfensack
Hosensack
Hufeisensack
Käsesack
Kinnsack
Klingelsack
Klüſssack
Knappsack
Kornsack
Laugensack
Lügensack
Lungenblutader-
Madensack
Malzsack
Mantelsack
Mehlsack
Molkensack
Müllersack
Nuſssack
Petersack
Pfaffensack
Pfeffersack
Piepsack
Plaudersack
Plumpsack
Plundersack
Pulversack
Quarksack
Queersack
Rahmsack
Rampsack
Registersack
Reisesack
Reiſssack
Säesack
Sandsack
Sausack
Schandsack
Scheffelsack
Schellensack
Scheuersack
Schiebesack
Schleimsack
Schleppsack
Schnappsack
Schreysack
Schrotsack
Schubsack
Schulsack
Schwärzsack
Seelsack
Seigersack
Seihsack
Sparsack
Spreusack
Stricksack
Strohsack
Sturmsack
Thränensack
Tragsack
Wadsack
Wandersack
Wassersack
Watsack
Windsack
Wollsack
der Sandarack
— Schabernack
schack! schack!
schlack
— Schlack
— Schmack (Sumack)
— Schmack
Abschmack
Beyschmack
Nebenschmack
Unschmack
Vorschmack
Wohlschmack
Geschmack
Anisgeschmack *etc.*
Beygeschmack
Erdgeschmack
Gallengeschmack
Grundgeschmack
Hochgeschmack
Kunstgeschmack
Modegeschmack
Mönchsgeschmack
Nachgeschmack
Naturgeschmack
Nebengeschmack
Rittergeschmack
Salzgeschmack
Thrangeschmack
Weingeschmack
Wohlgeschmack
Würzgeschmack
Zeitgeschmack
der Schnack
Gevatterschnack
Schnickschnack
Straſsenschnack
— Schubiack
— Schustack
spack
strack
— Tack
Tick-tack
Tomback
Tricktrack
Trojack
— Verhack

das Wrack
Maikenwrack
Wrack-wrack
der Zack
1-2-3-4-5zack
Zickzack
zack'!

ácke

ich backe
verbacke
die Backe (der Backen)
Hangebacke
Hinterbacke
Pfeiferbacke
Rothbacke
Schwarzbacke
Schwepperbacke
Treppenbacke
Vorderbacke
dem Backe
das Gebacke
der Bracke
die Bracke
dem Clacke
die Dacke
ich facke
die Flacke
Grundflacke
im Fracke
die Hacke
(Fessel bey Pferden)
Schiefhacke
die Hacke
Beerhacke
Beutenhacke
Distelhacke
Eierhacke
Gäthacke
Gartenhacke
Holzhacke
Huthacke
Keilhacke
Krauthacke
Piephacke
Radehacke
Reuthacke
Rodehacke
Ruderhacke
Schälhacke
Schlarrhacke
Spitzhacke
Steinhacke
Weinhacke
ich hacke
das Gehacke
die Jacke
Aermeljacke
Affenjacke
Bauerjacke
Betteljacke
Fischerjacke
Frieſsjacke
Harlekinsjacke
Kinderjacke
Nachtjacke
Narrenjacke
Pelzjacke
Puffjacke
Reisejacke
Reitjacke
Reiterjacke
Rettungsjacke
Zwangsjacke
ich kacke
die Karacke
— Klacke
ich knacke
das Geknacke
dem *Knisenacke*
die Kracke
Schinderkracke
dem Lacke
den Macke
ich packe
das Gepacke
dem Packe
ich packe
das Geplacke
dem Racke
ich sacke
im Sacke
das Gesacke
dem Sandaracke
der Schacke
dem Schabernacke
ich schabernacke
das Geschabernacke
die Schabracke
— Schlacke
Abzugsschlacke
Afterschlacke
Anfrischschlacke
Anreichenschlacke
Eisenschlacke
Erzschlacke
Frischschlacke
Garschlacke
Goldschlacke
Grubenschlacke
Haldenschlacke
Hammerschmid-
Harzschlacke
Kellschlacke
Krutzschlacke
Kupferschlacke
Garkupferschlacke
Leseschlacke
Nasenschlacke
Perlenschlacke
Rohschlacke
Rostschlacke
Schmiedeschlacke
Schwefelschlacke
Seigerschlacke
Silberschlacke
Spieſsglaſskönigs-
Urschlacke
Ziehschlacke
Zinkschlacke
die Schmacke
dem Schmacke
die Schnacke (Mücke)
dem Geschmacke
— Schnacke
— Schubiacke
— Schustacke
die Stacke
— Stracke
— Tacke
im Verhacke
die Wacke (Wake)
Felsenwacke
Granitwacke
Grauwacke
Rauchwacke
Schieferwacke
Tuffwacke
dem Wracke
die Zacke
Eiszacke
Felsenzacke
ich zacke
das Gezacke
dem Dreyzacke
ich zwacke
das Gezwacke

ácke l

die Fackel
Handfackel
Hochzeitfackel
Holzfackel
Kienfackel
Kriegsfackel
Leichenfackel
Leuchtfackel
Liebesfackel
Mordfackel
Pechfackel
Sonnenfackel
Stockfackel
Strohfackel
Tagesfackel
Todesfackel
Trauerfackel
Verwandlungs-
Wachsfackel
Weltfackel
Windfackel
Zimmerfackel
das Gefackel
— Gewackel
die Quackel
— Tackel
wickel-wackel
das Zackel

ackeln

fackeln
ausfackeln
verfackeln
(*nicht lange fackeln*)
die Fackeln
gackeln
nackeln
packeln
quackeln
verquackeln
rackeln
wackeln
abwackeln
anwackeln
aufwackeln
auswackeln
durchwackeln
einwackeln
einherwackeln
entgegenwackeln
fortwackeln
hin - u. herwackeln
loswackeln
mitwackeln
nachwackeln
niederwackeln
überwackeln
umwackeln
voranwackeln
vorauswackeln
vorüberwackeln
vorwackeln
wegwackeln
zurückwackeln
zusammenwackeln
zuwackeln
zackeln

ackelnd

fackelnd
gackelnd
nackelnd
packelnd
quackelnd
rackelnd
wackelnd
zackelnd

ackelns

des Fackelns
Gackelns
Nackelns
Packelns
Quackelns
Rackelns
Wackelns
Zackelns

ackels

des Gefackels
— Gewackels
— Zackels

ackelt

er fackelt
gackelt
nackelt
packelt
quackelt
verquackelt
unverquackelt
rackelt
wackelt
gewackelt
ungewackelt
zackelt

acken

der Backen
Arsbacken
Bausbacken
Hinterbacken
Hohlbacken
Kinnbacken
Eselskinnbacken
Ohrbacken
Trompeterbacken
die Backen
bausbacken
schnirrbacken
backen
abbacken
anbacken
aufbacken
ausbacken
durchbacken
einbacken
hineinbacken
fortbacken
losbacken
mitbacken
nachbacken
überbacken
umbacken
unterbacken
verbacken
vorbacken
wegbacken
zerbacken
zubacken
zusammenbacken
gebacken
abgebacken
ausgebacken *etc.*
altbacken
frischbacken
hausbacken
neubacken
selbstgebacken
das Backen
Bretzelbacken
Feldbacken
Frischbacken
Semmelfrischback.
den Blacken
die Bracken
bracken
ausbracken
mit Clacken
die Dacken
facken
auffacken
hin - und herfacken
fickfacken
flacken
verflacken
den Fracken
die Hacken
hacken
abhacken
anhacken
aufhacken
aushacken
behacken
durchhacken
einhacken
erhacken
fehlhacken
forthacken
herabhacken
heraushacken
mithacken
nachhacken
niederhacken
überhacken
umhacken
unterhacken
verhacken
vorhacken
vorbeyhacken
weghacken
zerhacken
zuhacken
zusammenhacken
das Hacken
Fleischhacken
Wursthacken
die Jacken
jacken
bejacken
kacken
bekacken
klacken
knacken
abknacken
aufknacken
erknacken
mitknacken
zerknacken
zusammenknacken
das Knacken
Nufsknacken
lacken
belacken
verlacken
zulacken
zusammenlacken

der Nacken
Alabasternacken
Graunacken
Liliennacken
Marmornacken
Schwanennacken
Sclavennacken
Weiſsnacken
packen
abpacken
anpacken
aufpacken
auspacken
bepacken
beypacken
einpacken
erpacken
fortpacken
mitpacken
nachpacken
überpacken
umpacken
unterpacken
verpacken
zupacken
zusammenpacken
sich packen
fortpacken
hinpacken
hinauspacken
hineinpacken
hinüberpacken
hinunterpacken
herpacken
herauspacken
herüberpacken
vorpacken
wegpacken
zurückpacken
der Packen
pinschbacken
placken
abplacken
ausplacken
durchplacken
erplacken
fortplacken
mitplacken
nachplacken
überplacken
zerplacken
rabacken
racken
sacken
absacken
ansacken
aufsacken
aussacken
besacken
einsacken
übersacken
umsacken
versacken
vollsacken
vorsacken
wegsacken
zurücksacken
zusammensacken
schacken
schabernacken
schlacken
abschlacken
aufschlacken
ausschlacken
verschlacken
zuschlacken
die Schlacken
schmacken
den Schmacken
die Schnacken
stacken
die stracken
— Tacken
ticktacken
tricktracken
tombacken
die Wacken
den Wracken
wracken
zacken
auszacken
bezacken
einzacken
nachzacken
umzacken
verzacken
zuzacken
die Zacken
der Zacken
Eiszacken
Formzacken
Frischzacken
Gewitterzacken
zwacken
abzwacken
anzwacken
auszwacken
bezwacken
erzwacken
fortzwacken
mitzwacken
nachzwacken
verzwacken
wegzwacken

ackend

backend
fackend
flackend
hackend
jackend
kackend
klackend
knackend
lackend
nackend
fadennackend
fasennackend
mutternackend
splinternackend
splitternackend
splitterfasennackend
packend
plackend
rabackend
rackend
sackend
schackend
schabernackend
schlackend
schmackend
stackend
ticktackend
tricktrackend
wrackend
zackend
zwackend

ackens

des Backens
Brackens
Fackens
Fickfackens
Flackens
Hackens
Jackens
Kackens
Klackens
Knackens
Lackens
Nackens
Packens
Schabernackens
Ticktackens
Tricktrackens
Wrackens
Zackens
Zwackens
sie backen's
hacken's *etc. siehe* ackend

acker

der Acker
Artacker
Bergacker
Blutacker
Brachacker
Erbacker
Fährtenacker
Flachsacker
Freyacker
Frohnacker
Fruchtacker
Gemeinacker
Gerstenacker
Gottesacker

Grenzacker
Haferacker
Heueracker
Hofacker
Hopfenacker
Kartoffelacker
Kirchenacker
Kleeacker
Kornacker
Leichenacker
Leinacker
Miethacker
Pfarracker
Pferchacker
Pferdeacker
Propsteyacker
Rebenacker
Rodeacker
Rübenacker
Rübsenacker
Sandacker
Sommeracker
Steinacker
Stoppelacker
Sturzacker
Todtenacker
Vorwerksacker
Voracker
Waizenacker
Waldacker
Weideacker
Wendacker
Wendelacker
Wildacker
Winteracker
Zehentacker
Zinsacker
das Geacker
der Blacker
Wandblacker
der Bracker
— Fiacker
— Fickfacker
das Gegacker
der Hacker
Aushacker
Baumhacker
Fichtenhacker
Fleischhacker
Holzhacker
Kopfabhacker
Nuſshacker
Wursthacker
der Knacker
Nuſsknacker
das Geknacker
— Geflacker
der Lacker
Verlacker
der Macker
— Packer
Verpacker
der Pottebacker
— Placker
Bauernplacker
Leuteplacker
Straſsenplacker
der Racker
ein Schabernacker
der Schacker
die Schlacker
stracker
wacker
unwacker
der Zacker
— Zwacker

ácker n

ackern
abackern
anackern
aufackern
ausackern
beackern
durchackern
einackern
erackern
fortackern
losackern
mitackern
nachackern
überackern
umackern
unterackern
verackern
vorackern
zerackern
zuackern
zusammenackern
aufblackern
flackern
aufflackern
ausflackern
entgegenflackern
fortflackern
herumflackern
niederflackern
umflackern
verflackern
wegflackern
zerflackern
zuflackern
den Fiackern
gackern
abgackern
aufgackern
mitgackern
umgackern
vorgackern
zusammengackern
den Hackern
jackern
— Knackern
knackern
den Packern
packern
— Plackern
plackern
verplackern
— Rackern
sich rackern
abrackern
rabackern
schackern
schlackern
schnackern
spackern
die stracker'n
— wackern
zackern
abzackern
auszackern
entgegenzackern
voranzackern
vorauszackern
vorbeyzackern
vorüberzackern
wegzackern

áckernd

ackernd
aufblackernd
flackernd
gackernd
jackernd
knackernd
packernd
plackernd
sich rackernd
rabackernd
schackernd
schlackernd
schnackernd
spackernd
zackernd

áckerns

des Ackerns
— Flackerns
— Gackerns
— Jackerns
— Knackerns
— Packerns
— Plackerns
— Rackerns
— Rabackerns
— Schackerns
— Schlackerns
— Schnackerns
— Spackerns
— Zackerns

áckers

des Ackers
— Blackers
— Brackers
— Fackers

des Fiackers
— Fickfackers
— Flackers
— Gegackers
— Hackers
— Knackers
— Geknackers
— Lackers
— Mackers
— Packers
— Plackers
— Pottebackers
— Rackers
— Gerackers
— Schabernackers
— Schackers
— Zackers
— Gezackers
— Zwackers
etwas stracker's
— wacker's

áckert

er ackert
beackert
geackert *etc.*
aufblackert
der Backert
flackert
gackert
jackert
knackert
packert
plackert
rackert
rabackert
schackert
schlackert
schnackert
spackert
zackert
[Hackert]

áckerts

er ackert's *etc.*
des Backerts

áckes

des Backes
— Bausbackes
— Gebackes
— Blackes
— Brackes
— Clackes
— Flackes
— Frackes
— Genackes
— Hackes
— *Knisenackes*
— Knackes
— Geknackes
— Krackes
— Lackes
des Mackes
— Packes
— *Pinschbackes*
— Plackes
— Rackes
— Sackes
— Sandarackes
— Schabernackes
etwas schlackes
des Schlackes
— Schmackes
— Geschmackes
— Schnackes
— Schnickschnackes
— Schubiackes
— Schustackes
etwas spackes
— strackes
des *Tombackes*
— Tricktackes
— Trojackes
— Verhackes
— Wrackes
— Zickzackes
— Dreyzackes
ich back' es
— hack' es *etc.*

áckest

du backest
— bausbackest
— brackest
— fackest
— fickfackest
— flackest
— hackest
— jackest
— kackest
— klackest
— knackest
— lackest
— packest
— plackest
— rabackest
— rackest
— sackest
— schackest
— schabernackest
— schlackest
— schmackest
— strackest (geschehen)
— ticktackest
— tricktrackest
— wrackest
— zackest
— zwackest

ácket

er backet
— bausbacket
— bracket
— facket
er fickfacket
— flacket
— hacket
die Hacket
— jacket
— kacket
— klacket
— knacket
— lacket
— nacket
— packet
— placket
— rabacket
— racket
— sacket
— schacket
— schabernacket
— schlacket
— schmacket
— ticktacket
— tricktracket
— wracket
— zacket
— zwacket

áckfisch

der Backfisch
Blackfisch
Flackfisch
[die Strackheit]

áckicht

sackicht
schlackicht

áckig

bausbackig
dickbackig
rothbackig
weifsnackig
ducknackig
sackig
schlackig
wackig
zackig
drey- 4- 5- *etc.*
rauhzackig
zickzackig

áckler

ein Geschmackler
Quackler

ácklich

schmacklich
ungeschmacklich
stracklich

áckner

gebackner
altgebackner
frischgebackner
neugebackner

ácknes

Gebacknes
Apfelgebacknes
Austergebacknes
Blättergebacknes
Buttergebacknes
Fischgebacknes
Fleischgebacknes
Krachgebacknes
Mufsgebacknes
Spritzgebacknes
[das Gebacknis]

ácks

des Backs
— Bausbacks
— Gebacks
— Blacks
— Bracks
— Clacks
— Flacks
— Fracks
— Genacks
weder Gicks noch Gacks
des Hacks
— Jacks
der Knacks
— Geknacks
des *Knioonacks*
— Kracks
— Lacks
— Macks
— Packs
— Pinschbacks
— Placks
— Racks
— Sacks
— Sandaracks
— Schabernacks
— Schlacks
— Schmacks
Geschmacks
— Schnacks
— Schnickschnacks
— Schubiacks
— Schustacks
stracks
schnurstracks
urstracks
des *Tombacks*
— Tricktracks
— Verhacks
— Wracks
— Zickzacks
— Dreyzacks
ich back's
— hack's *etc. siehe* achs *u.* ax

der Hacksch
Sauhacksch
hackschen
der Hackscher

áckse

ich gackse
die Hackse
— Fackse

ácksen

gacksen
die Hacksen
— Facksen *etc. siehe* achsen *u.* acke

áckst

du backst
— bausbackst
— brackst
— fackst
— fickfackst
— flackst
— hackst
— jackst
— kackst
— klackst
— knackst
— lackst
— packst
— plackst
— rabackst
— rackst
— sackst
— schackst
— schabernackst
— schlackst
— schmackst
— strackst
— ticktackst
du tricktrackst
— wrackst
— zackst
— zwackst

ácksle — en

sie gackste *etc. siehe* achste *u.* axte

der strackste
die strackstes
strackster

áckt

er backt
bausbackt
brackt
fackt
fickfackt
flackt
Gedackt
Grofsgedackt
Kleingedackt
Mittelgedackt
er hackt
behackt
gehackt *etc.*

er jackt
— kackt
— klackt
— knackt
geknackt
er lackt
— nackt
fasennackt
halbnackt
mutternackt
splitternackt
stocknackt
er packt
das Packt
er plackt
— rabackt
— rackt
— sackt
gesackt
vollgesackt
er schackt
— schabernackt
— schlackt
— schmackt
geschmackt
abgeschmackt
es ticktackt
— tricktrackt
vertrackt
— wrackt
— zackt
gezackt
er zwackt
verzwackt
(siehe ferner act *etc.)*

ácte

er bausbackte
— brackte
— fackte
— fickfackte
— flackte
— hackte
das Gehackte
er jackte
— kackte
— klackte
— lackte
das Nackte
er packte
dem Packte
er plackte
— rabackte
— rackte
— sackte
— schackte
— schabernackte
— schlackte
— schmackte
das Abgeschmackte
es ticktackte

es tricktackte
vertrackte
er zackte
— zwackte (*siehe* acte)

ácktem

gebracktem *etc.*
nacktem

áckten

sie bausbackten
— brackten
— fackten
— fickfackten
— flackten
— hackten
— jackten
— kackten
— klackten
— knackten
— lackten
die nackten
sie packten
den Packten
sie plackten
— rabackten
— rackten
— sackten
— schabernackten
schackten
schlackten
schmackten
die abgeschmackten
sie ticktackten
— tricktrackten
die vertrackten
sie zackten
— zerzackten
die gezackten
(*siehe* acten)

áckter

ein gebrackter
— gefackter
— gefickfackter
— geflackter
— gehackter
— bejackter
— bekackter
— zerknackter
— belackter
— nackter
— bepackter
— geplackter
— besackter
— geschabernackter
— ausgeschlackter
— abgeschmackter
— vertrackter
— gezackter
— gezwackter
hackt' er
sackt' er *etc. siehe* acter

ácktes

ein gebracktes
— gefacktes
— gefickfacktes
— geflacktes
— zerhacktes
— bekacktes
— zerknacktes
— belacktes
— nacktes
— bepacktes
des Packtes
ein geplacktes
— besacktes
— geschabernacktes
— ausgeschlacktes
— abgeschmacktes
— vertracktes
— gezacktes
— gezwacktes
hackt' es
sackt' es *etc. siehe* actes

ácktest

du bausbacktest
— bracktest
— facktest
— fickfacktest
— flacktest
— hacktest
— jacktest
— kacktest
— klacktest
— knacktest
— lacktest
— packtest
— placktest
— racktest
— rabacktest
— sacktest
— schacktest
— schlacktest
— schabernacktest
— schmacktest
abgeschmacktest
— ticktacktest
— tricktracktest
— zacktest
— zwacktest

ácktś

des Packts
er hackt's
etwas abgeschmackt's *etc.*
siehe acts

ácktheit

die Abgeschmacktheit
— Nacktheit
— Vertracktheit

āco

Baco
Craco
Draco
Haco
Monaco
Tsako
Bacon
Hacon
Acro
Macro
lavacrum
os Sacrum
[Sacra]

áct

der Act
Entreact
Hauptact
Kirchenact
Krönungsact
Kunstact
Mittelact
Nebenact
Schlußact
Schulact
Taufact
Transact
Traueract
Trauungsact
Vermählungsact
Voract
Zwischenact
exact
inexact
abstract
contract
der Contract
Ehecontract
Kaufcontract
Leibrentencontract
Leihcontract
Lieferungscontract
Miethcontract
Pachtcontract
Scheincontract
Tauschcontract
Trödelcontract
(*siehe* Vertrag)
distract
der Extract
Actenextract
Bischofextract
Bleyextract
Hauptextract
Opernextract
Pflanzenextract
Rechnungsextract
der Retract
das Artefact
Manufact
Petrefact

der Autodidact
Nomodidact
der Cataract
Cataphract
ein Pact
Ehepact
Familienpact
compact
der Tact
Rudertact
$\frac{1}{4}$- $\frac{2}{3}$- $\frac{7}{8}$- *etc.*
der Contact
intact
der Nomophylact
Theophylact
der Tract

ácta

Acta (apost. Sanctorum - Literaria *etc.*)
Abstracta
Facta
Pacta

ácte

die Acte
Bundesacte
Congreſsacte
Entsagungsacte
Friedensacte
Parlamentsacte
im Acte
exacte
die Epacte
Mondepacte
der Cataphracte
im Cataracte
— Contracte
der contracte
— abstracte
— distracte
im Extracte
— Retracte
— Artefacte
— Manufacte
— Petrefacte
— Pacte
die compacte
Soracte
im Tacte
— Contacte
intacte
— Tracte
— Transacte

áctem

abstractem
contractem
distractem
compactem
intactem

ácten

die Acten
Amtsacten
Civilacten
Concessionsacten
Consistorialacten
Criminalacten
Landtagsacten
Privatacten
Rathsacten
Rechnungsacten
Regierungsacten
Voracten
Untersuchungs - *etc.*
die Zwischenacten
— Parlamentsacten
— Epacten
Mondepacten
die exacten
Artefacten
Manufacten
Petrefacten
Cataphracten
Cataracten
die contracten
den Contracten
abstracten
distracten
in Extracten
die Retracten
die Pacten
Ehepacten
Familienpacten
compacten
Tacten
Contacten
intacten
Tracten
Transacten
Autodidacten
Nomodidacten
Nomophylacten
Theophylacten
Caracten
Assianacten

ácter

ein exacter
— abstracter
— contracter
— distracter
der Calefacter
— Character
Amtscharacter
Berufscharacter
Familiencharacter
Hauptcharacter
Heldencharacter
Nationalcharacter
Nebencharacter
Volkscharacter
(indelibitiv)

ein compacter
intacter

ácters

des Characters
etwas exacter's *etc.*
des Calefacters

áctik

Didactik
Practik
Bauerpractik
wälsche Practik
Tactik
Globulartactik

áctis

in ante - actis
visis actis
peragendis peractis

áctisch

didactisch
emphractisch
esphractisch
factisch
malactisch
practisch
prophylactsich
syntactisch
tactisch

ácto

in abstracto
de facto
ipso facto

áctor

der Actor
— Exactor
— Factor
— Calefactor
Detractor
Extractor

áctors

des Actors
— Exactors
— Factors
— Calefactors
— Detractors
Extractors
[das Didactrum]

áctum

Actum
(*plus valet actum* etc.)
Factum
Dictum - Factum
Abstractum

actus

Actus
Schulactus
Cactus
Contractus (bilateralis-unilateralis - mutui-, nominatus *etc.*)
der *Tractus*
gustus et olfactus

ad

das Bad
Alaunbad
Alexanderbad
Alexisbad
Ameisenbad
Aschenbad
Augenbad
Blutbad
Buschbad
Carlsbad
Dampfbad
Darmbad (Clystir)
Tabacksdarmbad
Dianenbad
Dunstbad
Duschbad
Eisbad
Eisenbad
Erdbad
Feilspänbad
Feuerbad
Flammenbad
Fluſsbad
Franzensbad
Frauenbad
Fuſsbad
Galläpfelbad
Gesundbad
Gesundheitsbad
Gieſsbad
Gliedbad
Goldbad
Kayserbad
Kopfbad
Kräuterbad
Lohbad
Luftbad
Lustbad
Männerbad
Marienbad
Marmorbad
Milchbad
Mineralbad
Mistbad
Nymphenbad
Pfefferbad
Qualmbad
Rosinenbad
Schlackenbad
Schlangenbad
Schwefelbad
Schweiſsbad
Schwitzbad
Seebad
Seelenbad
Spritzbad
Stahlbad
Steinbad
Teufelsbad
Tropfbad
Venusbad
Warmbad
Wasserbad
Wellenbad
Wildbad
Wilhelmsbad
das *Cad*
der Camerad
Kriegscamerad
Schulcamerad
Zeltcamerad
fad
Gad
Galaad
gerad
schnurgerad
ungerad
Gilead
die Gnad'
der Grad
Breitengrad
Ehrengrad
Fiebergrad
Geburtsgrad
Gesellengrad
Kältegrad
Längengrad
Lebensgrad
Lehrlingsgrad
Meistergrad
Mittelgrad
Ordensgrad
Siedegrad
Steigerungsgrad
Untergrad
Wärmegrad
retrograd
die *Hermandad* (heil.)
— Mahd
Heumahd
Mannsmahd
malad
der Pad
— Pfad
Bergpfad
Blumenpfad
Distelpfad
Dornenpfad
Felsenpfad
Fuſspfad
Hauptpfad
Irrpfad
Lebenspfad
Lichtpfad
Nebenpfad
Rosenpfad
Scheidepfad
Sinnenpfad
Sonnenpfad
Sündenpfad
Todespfad
Tugendpfad
Urpfad
Wiesenpfad
Zauberpfad
quad
quoad
das Rad
Anlaufrad
Anschlagerad
Bleyrad
Blockrad
Bodenrad
Bramsrad
Brunnenrad
Bürstenrad
Drehrad
Federhausrad
Feuerrad
Gangrad
Glücksrad
Glutrad
Hakenrad
Hammerrad
Haspelrad
Hauptrad
Heberad
Hebenägelrad
Harzrad
Hinterrad
Kammrad
Kefferrad
Kehrrad
Krahnrad
Kronrad
Kuchenrad
Kutschenrad
Lahnrad
Laufrad
Marterrad
Moſsrad
Minutenrad
Mittelrad
Mühlenrad
Pansterrad
Pflugrad
Pochrad
Protzrad
Punctrad
Qualmrad
Sackrad
Schaufelrad
Schieberad
Schleifrad

Schlittenrad
Schneckenrad
Schöpfrad
Schuckelrad
Schwangrad
Schweizerrad
Schwungrad
Seilrad
Sperrrad
Spinnrad
Spitzrad
Spornrad
Speilrad
Staberrad
Stellrad
Sternrad
Steuerrad
Stirnrad
Straubrad
Stundenrad
Sturzrad
Teigrad
Töpferrad
Treibrad
Tretrad
Triebrad
Trittrad
Uhrrad
Vorderrad
Wagenrad
Walzenrad
Wasserrad
Wechselrad
Weltrad
Wetterrad
Windrad
Windfangrad
Windmühlrad
Wollrad
Wurfrad
Zahnrad
Seitenzahnrad
Zettelrad
Zeugrad
Ziehrad
Zugrad
Zusatzrad
Zwirnrad
schrad
der Stad
der Trad
Trinidad
der Wad

[Amminadab
Benhadad]

āda

die Armada
Berthrada
Crusada
Entrada
Estrada
die *Fastrada*
Robada
Spada
Strada
Suada
Torquemada
Zelada

[die Adda]

ádde

die Kladde
ich kladde
das Gekladde
die Pladde
ich padde
das Gepadde
die Kaulpadde
— Schildpadde
— Schladde
ich schladde
das Geschladde
ich schmadde
das Geschmadde

áddel

das Gepaddel
die Quaddel
das Gespaddel

áddel'n

paddeln
die Quaddeln
spaddeln

áddel'nd

paddelnd
spaddelnd

áddelns

des Paddelns
— Spaddelns

áddels

des Gepaddels
— Gespaddels

áddelst

du paddelst
— spaddelst

áddelt

er paddelt
— spaddelt

áddën

kladden
padden
schildpadden
schladden
schmadden

áddend

kladdend
paddend
schladdend
schmaddend

áddens

des Kladdens
— Paddens
ein schildpadden's
des Schladdens
— Schmaddens

ádder

die Adder
das Gegnadder
— Gepladder
— Quadder
— Gequadder
— Geschmadder

áddern

die Addern
gnaddern
pladdern
verpladdern
quaddern
schmaddern
abschmaddern
anschmaddern
aufschmaddern
ausschmaddern
beschmaddern
überschmaddern
unterschmaddern
verschmaddern
vorschmaddern
zuschmaddern
vergaddern

áddernd

gnaddernd
pladdernd
quaddernd
schmaddernd
vergaddernd

ádderns

des Gnadderns
— Pladderns
— Quadderns
— Schmadderns
— Vergadderns

ádders

des Gegnadders
— Gepladders
— Quadders
— Gequadders
— Geschmadders

ádderst

du gnadderst
— pladderst
— quadderst
— schmadderst
— vergadderst

áddert

er gnaddert
— pladdert
— quaddert
— schmaddert
— vergaddert

áddes

des Gekladdes
— Gepaddes
— Geschladdes
— Geschmaddes

áddest

du kladdest
— paddest
— schladdest
— schmaddest

áddet

ihr kladdet
— paddet
— schladdet
— schmaddet
[die Schladding]

áddle

ich paddle
— spaddle

áddlung

die Paddlung
— Spaddlung

áddre

ich gnaddre
— pladdre
— quaddre
— schmaddre
— vergaddre

áddrig

gnaddrig
pladdrig
schmaddrig

áddrung

die Gnaddrung
— Pladdrung
— Quaddrung
— Schmaddrung
— Vergaddrung

āde

die Accolade
der Alcade
Alamontade
die Ambassade
— Annunciade
— Arcade
— Arlekinade
— Arquebusade
der Asklepiade
die Aubade
ich bade
im Bade
das Gebade
die Ballade
— Balotade
— Balustrade
— Bambocciade
— Barricade
— Bastonade
— Benserade
— Blade
— Blocade -
— Borussiade
— Bravade
— Brigade -
— Bourrade
dem Cade
die Calade
— Camisade
— Canonade -
— Capucinade
die Carbonade
— Caronade
— Cascade
— Cavade
— Cavalcade
— Chamade
— Charade
— Chiliade
— Chocolade
Gesundheits -
Milchchocolade
Mooschocolade
Wasserchocolade
Weinchocolade
— Christiade
— Cicade
— Colonnade
— Contre - parade
— Coujonade
— Crispinade
— Croisade
— Croupade
— Grusade
— Cyklade
— Debandade
— Decade
— Donquixotiade
— Dorade
— Dragonade
— Dschangeriade
— Dunciade
— Echinade
— Embrassade
— Embusquade
die Enfilade
— Escalade
— Escapade
— Espagnolade
— Esplanade
— Estocade
— Estrade
fade
die Façade
— Fanfaronade
— Flade
— Füsilade
— Gabionade
— Galade
— Galoppade
— Gambade
— Gasconade
gerade
kerzengerade
kugelgerade
pfeilgerade
schnurgerade
schufsgerade
seigergerade
ungerade
winkelgerade
gerad' und ungerade
die Gerade
Muhmengerade
Niftelgerade
das Gestade
Blumengestade
Dornengestade
Felsengestade
Heldengestade
Meergestade
Schilfgestade
Traubengestade
Zaubergestade
die Glissade
— Grade
— Grillade
— Henriade
— Hottentottade
— Hyade
— Hydriade
— Iliade -
— Incartade
— Intrade
— Jade
— Jeremiade
— Lade -
Amtslade
Bafslade
Beinlade
Bequemlade
Beylade
Bohrlade
Bundeslade
Drehlade
Formlade

Geldlade
Gesellenlade
Gießlade
Grundlade
Haderlade
Handwerkslade
Hauptlade
Hebelade
Heftlade
Kammlade
Kinnlade
Kleiderlade
Klöppellade
Knielade
Krämerlade
Maßlade
Meisterlade
Nebenlade
Oellade
Orgellade
Packlade
Schenkellade
Schiebelade
Schleiflade
Schneidelade
Schneiderlade
Schublade
Schusterlade
Seifenlade
Siedelade
Springlade
Spulenlade
Spundlade
Stoßlade
Stücklade
Todtenlade
Unterlade
Windlade
Zahnlade
ich lade
das Gelade
die Lançade
— Lovade
— Limonade
— Lusiade
— Made
Ackermade
Erdmade
Fleischmade
Holzmade
Käsemade
Kornmade
Pfützmade
Speckmade
Thaumade
Wirtelmade
die Mänade
malade
die Marmelade
— Masquerade
maussade
die Messiade
die Milliade
— Mitraillade
— Monade
— Moscovade
— Myriade
— Najade
der Nomade
die Noyade
— Olympiade
der Ommiade
die Orangeade
— Oreade
— Orgeade
— Orkade
— Ostade
die Palisade
— Panade
— Pantalonade
— Parade
Kirchenparade
Wachtparade
die Pasquinade
— Passade
— Pelade
— Pentade
— Pesade
dem Pfade
die Pholade
— Plejade
— Pomade
Haarpomade
Lippenpomade
Mundpomade
die Promenade
— Punschade
der Quade
die Rade
— Kornrade
— Raffinade
— Rasade
— Retirade
eine retrograde
die Robinsonade
— Rodomontade
— Roulade
— Sabrade
— Satinade
der Schade
Augenschade
Brandschade
Erbschade
Feldschade
Feuerschade
Gewitterschade
Gießschade
Hagelschade
Krebsschade
Leibesschade
Lungenschade
offner Schade
Viehschade
Waldschade
Wasserschade
Wetterschade
Windschade
die Schwade
Graßschwade
Heuschwade
Getreideschwade
schwade
die Septembrisade
— Serenade
— Sporade
— Stade
— Strophade
— Suade
— Succade
— Thestiade
— Tirade
— Tribade
— Tunisiade
— Turlipinade
— Wade
ich wade
das Gewade
die Zade

ādel

der Adel
Amtsadel
Baueradel
Briefadel
Buchadel
Bürgeradel
Dienstadel
Erbadel
Geburtsadel
Geldadel
Gemüthsadel
Götteradel
Herzensadel
hohe Adel
Kaufmannsadel
Kriegsadel
Kunstadel
Landadel
Landesadel
Lehnsadel
Menschenadel
Papieradel
Raubadel
Reichsadel
Scheinadel
Schönadel
Seelenadel
Selbstadel
Stadtadel
Standesadel
Tugendadel
Unadel
Weiberadel
Wildadel

die Hadel
die Nadel
Aetznadel
Anreihnadel
Anstecknadel
Aufstecknadel
Brustnadel
Busennadel
Demantnadel
Dochtnadel
Dornnadel
Drehnadel
Durchbruchsnadel
Einspannenadel
Filetnadel
Gabelnadel
Haarnadel
Häkelnadel
Hakennadel
Haubennadel
Heftnadel
Hellernadel
Hemdenadel
Judennadel
Jungfernnadel
Kardufsnadel
Kattunnadel
Kettelnadel
Knopfnadel
Kompafsnadel
Kopfnadel
Kopfzeugnadel
Leiknadel
Magnetnadel
Meernadel
Miedernadel
Nähnadel
Nathnadel
Neigungsnadel
Nestelnadel
Packnadel
Perlennadel
Probenadel
Räumnadel
Riemernadel
Sacknadel
Schaftnadel
Schmucknadel
Schneidernadel
Schnürnadel
Schuhnadel
Segelnadel
Senkelnadel
Senknadel
Silbernadel
Spängelnadel
Spännadel
Spannnadel
Spicknadel
Spitznadel
Stahlnadel
Stammnadel
Staarnadel
Stecknadel
Stemmnadel
Steppnadel
Stirnnadel
Sticknadel
Stopfnadel
Streichnadel
Stricknadel
Suchnadel
Tannennadel
Teufelshaarnadel
Trauernadel
Tuchnadel
Wassernadel
Wulstnadel
Zitternadel
das Genadel
— Schradel
der Stadel
Burgstadel
Holzstadel
Salzstadel
Weinstadel
Zeugstadel
der Tadel
Kennertadel
Kunsttadel
Untadel
Winkeltadel
das Getadel
der Wadel
Holzwadel

ädeln

adeln
entadeln
das Land Hadeln
die Nadeln
nadeln
abnadeln
annadeln
aufnadeln
ausnadeln
entnadeln
zusammennadeln
den Stadeln
tadeln
austadeln
betadeln
forttadeln
mittadeln
vertadeln
vortadeln
wegtadeln
wiedertadeln

ädelnd

adelnd
entadelnd
nadelnd
tadelnd
betadelnd

ädelns

des Adelns
— Nadelns
— Tadelns

ädels

des Adels
— Stadels
— Tadels
— Wadels

ädelt

er adelt
geadelt
gottgeadelt
neugeadelt
er nadelt
genadelt
er tadelt
getadelt

äden

Aden
baden
abbaden
ausbaden
erbaden
mitbaden
nachbaden
verbaden
vorbaden
Baden
bladen
der Braden
die Cameraden
der Faden
Anschlagfaden
Bartenfaden
Bartfaden
Bindfaden
Doppelfaden
Eintragsfaden
Fitzfaden
Frauenfaden
Freudenfaden
Fühlfaden
Geduldsfaden
Glafsfaden
Goldfaden
Grundfaden
Haarfaden
Heftfaden
Himmelfaden
Hinterfaden
Kettenfaden
Grundkettenfaden
Lauffaden

Lebensfaden
Leitfaden
Lenkfaden
Marienfaden
Meerfaden
Nervenfaden
Pechfaden
Pohlfaden
Saftfaden
Schlingfaden
Schwefelfaden
Seidenfaden
Silberfaden
Sommerfaden
Springfaden
Staubfaden
Steinfaden
Trutschfaden
Verbindungsfaden
Vorderfaden
Wachsfaden
Wasserfaden
Zauberfaden
Zubussfaden
Zwirnfaden
die faden
der Fladen
Butterfladen
Eyerfladen
Honigfladen
Käsefladen
Kirmesfladen
Kuhfladen
Milchfladen
Mohnfladen
Mussfladen
Osterfladen
Weihnachtsfladen
der Gaden
Obstgaden
Oelgaden
Scheidegaden
Schergaden
Stallgaden
Tuehgaden
Weingaden
die geraden
ungeraden
die Gnaden
Ew. Gnaden
von Gottes Gnaden
— Volkes Gnaden
begnaden
beungnaden
verungnaden
in Gnaden
retrograden
die Jaden
laden
abladen
aufladen
ausladen
beladen
beyladen
einladen
entladen
fortladen
hineinladen
mitladen
nachladen
überladen
umladen
unterladen
verladen
vollladen
vorladen
zuladen
zurückladen
zusammenladen
geladen
blindgeladen
schiefgeladen
ungeladen
vollgeladen
beladen
fluchbeladen
reichbeladen
schmachbeladen
schwerbeladen
die Laden
der Laden
Bäckerladen
Bandladen
Bilderladen
Brandladen
Bücherladen
Buchladen
Eckladen
Fallladen
Fensterladen
Gefällladen
Gewürzladen
Goldschmidtsladen
Juwelenladen
Kaufmannsladen
Krämerladen
Modeladen
Notenladen
Papierladen
Schlussladen
Schmuckladen
Schneiderladen
Schusterladen
Schuhladen
Schussladen
Silberladen
Spezereyladen
Tuchladen
Weinladen
Werkladen
Würzladen
die Maden
Dürrmaden
Käsemaden
den Pfaden
pfaden
die Quaden
die Raden
Kornraden
retrograden
schaden
mitschaden
der Schaden (*siehe* Schade)
der Schwaden
Bergschwaden
Feuerschwaden
Hirschschwaden
Reissschwaden
Salzschwaden
Seelenschwaden
die Schwaden
staden
die Waden
waden
durchwaden
hindurchwaden
hineinwaden
nachwaden
die Zaden
die Accoladen *etc.*

ādend

badend
bladend
begnadend
beungnadend
ladend
beladend
einladend
trunkladend
pfadend
schadend
stadend
wadend

ādens

des Badens
Bladens
Begnadens
Fadens
Pfadens
Schadens
Stadens
Wadens
sie baden's *etc.*

āder

die Ader
Blutader
Schlagader
Achselader
Achselschl.-blutader
Achseldrüsenschlag-
Armader
Armblut-schlagader
Augenader

Augenblut- u. Schlag-
Augenhöhlenbl.- schl.-
Augenliedsblut - schl. -
Backenblut - schlag -
Bandader
Bauchdeckenschlag -
Beinader
Blasenschlagader
Bleyader
Brandader
Brunnenader
Brustader
Brustblut - schlagader
Brustdrüsenschlag -
Bugader
Dammschlagader
Darmbeinschlagader
Darmbeinlendenschl. -
Darmsaugader
Dichterader
Drathader
Drosselader
Eingeweideschlagader
Einsaugeader
Eisenader
Ellbogenblut - schlag-
Erzader
Feistader
Felsenader
Fesselader
Fettader
Feuerader
Fingerblut - schlag -
Flachsader
Fleischader
Flügelschlagader
Frauenader
Froschader
Fuſswurzelschlagader
Gallenader
Gallenblasenschlag -
Gaumenschlagader
Gebärmutterschlag-
Gehirnblutader
Gekrösbl. - schlagader
Gelenkbl. - schlagader
Gesäſsschlagader
Gesichtsaugenblut-
Gesichtsblut - schlag -
Gichtader
Goldader
goldne Ader
Griffelzitzenschlag -
Grimmdarmschlag -
Gurgelader
Halsader
Halsblut - schlagader
Halshautblutader
Hauptader
Hauptblut - schlagader
Hautblutader
Herzader
Herzsaugader
Hinterhauptbl. - schl. -
Hirnaugenschlagader
Hirnbalkenschlagader
Hirneinschnittschlag -
Hirnblut - schlagader
Hirngrundschlagader
Hirnhautschlagader
Hodensackschlagader
Hohlader
Hohlblutader
Hüftblut - schlagader
Hüftbeinlochschlag -
Kegelader
Kehlader
Kehlkopfschlagader
Kieſsader
Kniekehlenschlagader
Knochenschlagader
Kohlenader
Steinkohlenader
Kollerader
Kopfschlagader
Kranzader
Kranzblut - schlagader
Kreutzbeinschlagader
Krumgrimmdarmsch. -
Kupferader
Leberader
Lendenbl. - schlagader
Lichtader
Lippenschlagader
Lungenader
Lungenbl. - schlagader
Lungensaugader
Magenader
Magenkranzschlag -
Magennetzschlagader
Magensaugader
Marmorader
Mastader
Mastdarmader
Mausader
Milzader
Milzblut - schlagader
Mittelader
Mittelblut - schlagader
Muskelbl. - schlagader
Mutterader
Nabelblut - schlagader
Nackenbl. - schlagader
Nasenflügelblutader
Nasenhöhlenschlag -
Nasenrückenblutader
Nasenschlagader
Nebennierenbl. - schl. -
Nierenbl. - schlagader
Nierensaugader
Oberaugenhöhlenbl. -
schlagader
Oberkieferschlagader
Oberlippenblutader
Ohrdrüsenblutader
Ohrschlagader
Pfortader
Pulsader
Rehader
Riechbeinschlagader
Rosenader
Roſsader
Rückenader
Rückenmarkschlag -
Ruthenschlagader
Samenader
Samenbl. - schlagader
Saugader
Schamlefzenschlag -
Schamschlagader
Scheidenschlagader
Schenkelader
Schenkelblut - schlag-
Schienbeinschlagader
Schilddrüsenbl. - schl.-
Schlafader
Schläfenblut - schlag-
Schlagader
Schraubader
Schulterblattschlag -
Schwanzader
Sehnader
Seitenader
Seitenbl. - schlagader
Seitenkreutzbeinschl. -
Seitennasenschlagader
Seitenzungenschlag -
Silberader
Sitzbeinschlagader
Sohlenschlagader
Spaltader
Spannader
Speichenblut - schlag -
Speiseröhrenschlag -
Sporader
Spornader
Springader
Stahlader
Steinader
Steiſsbeinschlagader
Sternader
Stirnader
Stirnbeinschlagader
Strahlader
Strahlenblut - schlag -
Thränendrüsenblut -
Thränensackblutader
Thränenschlagader
Unteraugenhöhlenbl. -
schlagader
Unterhautblutader
Unterkieferschlagader
Unterkinnbl. - schlag -
Unterleibschlagader
Unterzungenschlag -

Viertelader
Wadenader
Wadenbeinschlagader
Wasserader
Winkelpulsader
Wirbelhöhlenschlag-
Ziehader
Zungenblutschlagader
Zungenrückenschlag-
Zwergmuskelbl.schl.-
Zwergmuskelsaugader
Zwischenknochenblut-
schlagader
Zwischenrippenblut-
schlagader
der Bader
Augenbader
Salbader
das Gesalbader
der Begnader
— Cader
ein fader
die Flader
der Flader
Kuhflader
Spitzflader
ein gerader
das Geschwader
Hintergeschwader
Kriegsgeschwader
Nachgeschwader
Raubgeschwader
Reitergeschwader
Schiffsgeschwader
Vordergeschwader
der Hader (rixa)
das Gehader
der Gader
Backhader
Fegehader
Fuſshader
Küchenhader
Pranghader
Schuhhader
Schüsselhader
Stopfhader
Wischhader
der Kader
— Lader
Ablader
Auflader
Auslader
Einlader
Karrenlader
Mistlader
Scheuerlader
Vorlader
Wagenlader
der Mader
— Quader

ādern

die Adern
den Badern
salbadern
aussalbadern
den Begnadern
— Cadern
fader'n
den Fladern
die gerader'n
den Geschwadern
hadern
abhadern
aushadern
behadern
erhadern
verhadern
zerhadern
die Hadern
Canzleyhadern
Posthadern
Schreibehadern
den Kadern
den malader'n
den Madern
die Quadern
quadern
schwadern

ādernd

salbadernd
hadernd
quadernd
schwadernd

āderns

des Salbaderns
— Haderns
— Quaderns
— Schwaderns

āders

des Baders
— Salbaders
— Gesalbaders
des Begnaders
— Caders
etwas fader's
des Fladers
ein gerader's
des Geschwaders
— Haders
— Gehaders
— Kaders
— Laders
— Maders
— Quaders

ādert

geadert
er salbadert
— hadert
— quadert
— schwadert

ādes

des Bades
— Cades
Demades
ein fades
Gades
ein gerades
des Gestades
— Grades
der Hades
ein malades
des Pfades
— Rades
ein retrogrades
Sotades

ādest

du badest
— begnadest
fadest
geradest
du ladest
— maladest
pfadest
— schadest
— wadest

ādet

er badet
gebadet
begnadet
hochbegnadet
reichbegnadet
vielbegnadet
er ladet
— pfadet
gepfadet
ungepfadet
er schadet
unbeschadet
geschadet
bewadet
wohlbewadet
er wadet

ādheit

die Fadheit
— Geradheit
— Ungeradheit
— Maladheit

ādi

der *Kadi*
Sadi

ādia

Acadia
Arcadia
Leucadia
Livadia
Obadja

ādien

Acadien
Arkadien
Leucadien
Livadien
die Radien
— Stadien

ādig

gradig
1- 2- 3- *etc.* 10grad.
madig
pfadig
unpfadig
radig
vierradig
wadig
dickwadig
[begnadigt]

ādik

die *Dyadik*
— *Dodekadik*

ādisch

acadisch
arkadisch
badisch
cykladisch
leucadisch
livadisch
nomadisch
orkadisch
ostadisch
quadisch
sotadisch
sporadisch
strophadisch
tribadisch

ādium

das *Palladium*
den *Radium*
das *Stadium*
— *Vadium*

ādio

Palladio
in radio

ādius

Lampadius
Oecolampadius
Palladius
der *Radius*

ādix

Cadix
Radix
Spadix

ādle

ich adle
— entadle
— nadle
— benadle
— tadle
— betadle

ādler

der Adler
Bastardadler
Doppeladler
Entenadler
Felsenadler
Fischadler
Flußadler
Geyeradler
Goldadler
Hasenadler
Haubenadler
Kammadler
Mausadler
Reichsadler
Schelladler
Schwalbenadler
Seeadler
Sonnenadler
Steinadler
Sternadler
Stockadler
der Gradler
— Nadler
— Pfadler
— Tadler

ādlern

den Adlern
— Gradlern
— Nadlern
— Pfadlern
— Tadlern

ādlers

des Adlers
— Gradlers
— Nadlers
— Pfadlers
— Tadlers

ādlich

adlich
unadlich
pfadlich
unpfadlich
tadlich
untadlich

{ein Nadling
Cadmus
Pathmus}

ádne

Ariadne
Evádne

ādne

der belad'ne
— geladne
— gebrat'ne
— gerath'ne

ádnen

Ariadnen
Evadnen

ādnen

belad'nen
gelad'nen
gebrat'nen
gerath'nen

ādner u. ādnes

ein beladner
— geladner
— gebrat'ner
— gerathner

ādo

Afrancesado
Descamisado
Eldorado
Empecinado
Infantado
Prado
Spado

ādos

Afrancesados
Descamisados
Eldorado's etc.

ādor

Campeador
Libertador
Matador

[Sadrach]

ādre

Cadre
Escadre

[das Quadro]

āds

des Bad's
— Cad's
— Grads
— Pads
— Pfads
— Rads
— Gestads
— Stads
— Trads
— Wads

etwas fad's
— gerad's

ädschi

Hadschi
Suradschi

ādst

du bad'st
— begnad'st
— lad'st
— pfad'st
— schad'st
— wad'st
[der Quadtler]

ádung

die Ausbadung
— Begnadung
— Ladung
Ausladung
Einladung
Minenladung
Rückladung
Schiffsladung
die Vorladung
Edictalladung
die Pfadung
— Durchwadung

ādus

Gradus (per gradus)
Padus (ad Parnassum)

ae

dem Äe
— Häe
ich bejae (*besser* bejahe)
— hurrae
dem Jae
dem Käe
— Kakäe
ich yäe
die *Agricoläe*
— *Scävoläe*
— Tausendsasäe
dem Papäe
vom Podagräe
Chiragräe
die *Douze-léväe*, *Sept-six*
Quinze-leväe

aen

den Aen
— Haen
Jaen
bejaen
den Kaen
— Kakaen
yaen
den *Agricolaen*
Scävolaen etc.
Tausendsasaen
Papaen
die Mamaen

aend

bejaend
yaend

ăens

des Bejaens
Jaens
des Yaens

aer

Äer
die *Altonäer*
— Bejaer

aers

des *Altonaers*
— Bejaers

aet

er bejaet
— yaet

āe

ä!
ää!
bä
beatae memoriae
ablativi consequentiae
genitivi consequentiae
Etesiae
Feriae (caniculares)
Induciae
Lacrymae (Christi)
hinc illae lacrymae!
Literae (accusatoriae - compulsoriae - ales - dimissoriae - ales - imploratoriae - mutui compassus - requisitoriales - informatoriae - inhibitoriales - monitoriales - moratoriae)
Maculae (corneae - hepaticae - maternae - venereae)
Nuptiae (clandestinae - nefariae)
Operae (determinatae [ind-] - limitatae [ill-] - gratuitae - jumentariae - manuariae - venatoriae)
der *Pescherä*
piae memoriae
das Prae
Quinquagesimae
rä!
das Rä
Septuagesimae
Sexagesimae
Sportulae
Stylus curiae
Thermopylae

(ai - ais - ait - aix)

Aix
Beaumarchais
Calais
Delai
Desaix
Drouais
Essai
fait
jeu fait!
parfait
tout à fait
faux frais
Lanjuinais
Morlaix
Niais
Palais
Portrait
Rabelais
Relais

āea

Althaea
Charonaea
Chaldaea
Dionaea
Gaea
Galilaea
Graea
Idumaea
Judaea
Petraea (Arabia)
Phocaea
Plataea
Potidaea
Spiraea
[der Päan]

āeas

Chäronaeas
Chaldaea's etc.

āeb

behäb
ungehäb
gäng und gäb'
er gäb'

āebchen

das Gräbchen
— Knäbchen

das Schwäbchen
— Stäbchen
Auslegestäbchen
Regimentsstäbchen
ein Träbchen

aebchens

des Gräbchens
— Knäbchens
— Schwäbchens
— Stäbchens
— Regimentsstäbchens
— Träbchens

aebe

behäbe
gäng und gäbe
er gäbe
— begäbe *etc.*
die gehäbe
unbehäbe
— Kräbe
— Schäbe
Bartenschäbe
— Stäbe
das Gestäbe

aebel

der Abklopfnäbel
die Näbel
der Säbel
Bergsäbel
Dragonersäbel
Ehrensäbel
Husarensäbel
Soldatensäbel
Türkensäbel
das Gesäbel
die Schnäbel
das Geschnäbel
— Stäbel
— Gestäbel

aebeln

den Näbeln
— Abklopfnäbeln
säbeln
absäbeln
ansäbeln
aufsäbeln
aussäbeln
durchsäbeln
nachsäbeln
umsäbeln
wegsäbeln
zusammensäbeln
den Säbeln
schnäbeln
abschnäbeln
anschnäbeln
aufschnäbeln
ausschnäbeln
fortschnäbeln
losschnäbeln
mitschnäbeln
nachschnäbeln
schwäbeln
stäbeln
buchstäbeln
den Stäbeln

aebelnd

säbelnd
schnäbelnd
schwäbelnd
stäbelnd
buchstäbelnd

aebelns

des Säbelns
— Schnäbelns
— Schwäbelns
— Stäbelns
— Buchstäbelns

aebels

des Säbels
— Gesäbels
— Geschnäbels
— Geschwäbels
— Stäbels
— Gestäbels

aebelt

er säbelt
— schnäbelt
geschnäbelt
krummgeschnäbelt
rothgeschnäbelt
ungeschnäbelt
er schwäbelt
— stäbelt
— buchstäbelt

aeben

sie gäben
den gäng und gäben
— Stäben
einstäben
nachstäben
verstäben

aeber

die Gräber
der Gräber
Blattgräber
Brunnengräber
Deichgräber
Erzgräber
Ganggräber
Hamstergräber
Instengräber
Minengräber
Sandgräber
Schanzgräber
Schatzgräber
Siegelgräber
Sodgräber
Sprenggräber
Teichgräber
Torfgräber
Todtengräber
Wurzelgräber
der *Perrhäber*
— Näber
Anstechnäber
Bandnäber
Drathnäber
Hahnennäber
Hohlnäber
Pfeifernäber
Schlauchnäber
Zapfennäber
der Täber
die Träber (*auch* Treber)
Weinträber

aebern

den Gräbern
— Todtengräbern
— Näbern
— *Perrhäbern*
— Täbern
die Träbern

aebers

des Gräbers
— Näbers
— *Perrhäbers*
— Täbers

aebest

du gäbest
— behäbest
— stäbest

aebet

gäbet
stäbet
der Täbet

aebets

ihr gäbet's
— stäbet's
des Täbets

aebicht

äbicht
schäbicht

aebig

häbig
behäbig
haushäbig
schäbig
stäbig

1- 2- 3stäbig
buchstäbig
1- 2- 3 *etc.* buchstäbig

aebisch

schwäbisch
perrhäbisch

aebler

ein Säbler
Wassersäbler
Schnäbler
Breitschnäbler
Dickschnäbler
Grossschnäbler
Grünschnäbler
Hohlschnäbler
Kegelschnäbler
Stäbler
Buchstäbler
Hohlstäbler

aeblern

den Säblern
Schnäblern
Stäblern
Buchstäblern

aeblers

des Säblers
Schnäblers
Stäblers
Buchstäblers

aeblich

haushäblich
buchstäblich
säblich
schnäblich
Begräbniss
Erbbegräbniss
Familienbegräbniss
(*siehe* **ebnis**)

aebs

ich gäb's
etwas behäb's

aebst

du gäbst
— gräbst

aebt

ihr gäbt
er gräbt
— stäbt
verstäbt
unverstäbt
gestäbt

aebte — aebte

die Aebte
er stäbte
verstäbte
[äbtlich
die Verstäbung]

aebten — aebten

den Aebten
sie stäbten
verstäbten

aebtes

ihr gäbt' es
er gräbt' es
etwas verstäbtes
[Graeca
ad calendas
graecas]

aebts

ihr gäbt's
er gräbt's
— verstäbts

aech

ich bräch'
— spräch'
das Gespräch
Abendgespräch
Alleingespräch
Alltagsgespräch
Bettgespräch
Eingangsgespräch
Geschäftsgespräch
Hirtengespräch
Prüfungsgespräch
Religionsgespräch
Schäfergespräch
Seelengespräch
Stadtgespräch
Streitgespräch
Tischgespräch
Todtengespräch
Vorgespräch
Wechselgespräch
Wonnegespräch
ich stäch'

aech

ich räch'
— schwäch'

aeche

die Bäche
— Fläche
Armfläche
Augenhöhlenfläche
Bogenfläche
Cirkelfläche
Degenfläche
Ellbogenfläche
Erdfläche
Fingerfläche
Gaumenfläche
Gelenkfläche
Gesichtsfläche
Grundfläche
Halbfläche
Handfläche
Hirnfläche
Hohlhandfläche
Kegelfläche
Knorpelfläche
Magenfläche
Mittagsfläche
Mittelfläche
Mondfläche
Nasenfläche
Oberfläche
Erdoberfläche
Rautenfläche
Rübsenfläche
Rückenfläche
Sandfläche
Scheitelfläche
Schienbeinfläche
Scheidenfläche
Schläfenfläche
Schwerfläche
Sehezielsfläche
Seitenfläche
Spiegelfläche
Unterfläche
Wangenfläche
Wasserfläche
Wurzelfläche

aeche

ich räche
— schäche
— schwäche
die Schwäche
Alterschwäche
Augenschwäche
Gefühlsschwäche
Gehörschwäche
Geistesschwäche
Gesichtsschwäche
Leibesschwäche
Magenschwäche
Muskelschwäche
Nervenschwäche
Seelenschwäche
Verdauungsschwäche
Verstandesschwäche
das Geschwäche

aeche

ich bräche
zerbräche *etc.*
— spräche
das Gespräche
ich stäche

ächel

der Dächel
das Gefächel
— Schwanzfächel
— das Geläche1

ächeln

fächeln
abfächeln
anfächeln
auffächeln
ausfächeln
befächeln
niederfächeln
überfächeln
umfächeln
unterfächeln
verfächeln
vorfächeln
wegfächeln
zufächeln
zusammenfächeln
flächeln
lächeln
anlächeln
auflächeln
auslächeln
belächeln
emporlächeln
entgegenlächeln
fortlächeln
mitlächeln
niederlächeln
umlächeln
umherlächeln
vorüberlächeln
zulächeln
hohnlächeln
behohnlächeln
das Lächeln
Engelslächeln
Hohnlächeln
Sonnenlächeln
Spottlächeln
Thränenlächeln
Trauerlächeln
Unschuldslächeln
Verzweiflungs-
Volkslächeln
Wehmuthslächeln
Wonnelächeln
Zauberlächeln
wächeln

ächelnd

fächelnd
umfächelnd
flächelnd
lächelnd
belächelnd
hohnlächelnd
liebelächelnd
wonnelächelnd
wächelnd

ächelns

des Fächelns
Flächelns
Lächelns
Hohnlächelns
Wächelns

ächels

des Gefächels
— Gelächels
— Dächels

ächelt

er fächelt
umfächelt
er flächelt
— lächelt
— belächelt
— behohnlächelt
umlächelt
er wächelt

ächen

den Bächen
die Flächen
flächen
verflächen
rächen
nachrächen
schächen
nachschächen
schwächen
abschwächen
erschwächen
mitschwächen
nachschwächen
überschwächen
die Schwächen
Charakterschwächen
Seelenschwächen

ächen

sie brächen
— sprächen
den Gesprächen
sie stächen

ächend

flächend
verflächend
rächend
schächend
schwächend

ächens

des Flächens
— Rächens
— Schächens
— Schwächens

ächens

sie brächen's
— sprächen's
— stächen's

ächer

die Dächer
— Fächer
der Fächer
Feuerfächer
Putzfächer
Seefächer
Sonnenfächer
Trauerfächer
die Gemächer
der Rächer
Bluträcher
Miträcher
Mordrächer
Selbsträcher
der Schächer
— Schwächer
— Selbstschwächer
schwächer
der Tächer

ächer

bräch'er
spräch'er
stäch'er

ächern

bächern
den Dächern
fächern
entfächern
zufächern
zurückfächern
zusammenfächern
den Fächern
lächern
den Gemächern
— Rächern
— Schwächern
die schwächer'n
den Tächern

ächers

des Fächers
— Rächers
— Schwächers
ein schwächer's
des Tächers

ächers

bräch' er's
spräch' er's
stäch' er's

ächert

er fächert
gefächert
es lächert

áeches

des Geschäches
— Geschwäches
räch' es *etc.*

āeches

des Gespräches
bräch' es
spräch' es
stäch' es

áechest

du flächest
— rächest
— schächest
— schwächest

āechest

du brächest
— sprächest
— stächest

áechet

ihr flächet
verflächet
ihr rächet
gerächet
ihr schächet
geschächet
ihr schwächet
geschwächet

āechet

ihr brächet
— sprächet
— stächet

áechich

verfläch' ich
räch' ich
schäch' ich
schwäch' ich

āechich

bräch' ich
spräch' ich
stäch' ich

áechig

abdächig
vielflächig

āechig

gesprächig
ungesprächig

áechler

ein Lächler
Anlächler
Hohnlächler
ein Fächler

áechlern

den Lächlern
— Fächlern

áechlers

des Lächlers
— Fächlers

áechlich

flächlich
oberflächlich
wasserflächlich
hauptfächlich
nebenfächlich
mächlich
gemächlich
allgemächlich
ungemächlich
sächlich
hauptsächlich
nebensächlich
thatsächlich
ursächlich
hauptursächlich
schwächlich
gesprächlich

áechling

ein Flächling
— Schwächling

áechlings

des Flächlings
— Schwächlings

áechs

das Gewächs
Adergewächs
Balsamgewächs
Beerengewächs
Beingewächs
Berggewächs
Dauergewächs
Erdgewächs
Feldgewächs
Fleischgewächs
Forstgewächs
Gartengewächs
Giftgewächs
Hautgewächs
Herzgewächs
Hülsengewächs
Jahrgewächs
Knollengewächs
Korallengewächs
Küchengewächs
Kunstgewächs
Landesgewächs
Landgewächs
Lustgewächs
Meergewächs
Misgewächs
Muttergewächs
Nasengewächs
Naturgewächs
Palmgewächs
Prachtgewächs
Rankengewächs
Rebgewächs
Röschgewächs
Salatgewächs
Sandgewächs
Schattengewächs
Scherbengewächs
Schroffgewächs
Seegewächs
Seilgewächs
Sommergewächs
Speckgewächs
Sprossgewächs
Stachelgewächs
Staubgewächs
Staudengewächs
Steingewächs
Sumpfgewächs
Topfgewächs
Waldgewächs
Wassergewächs
Wintergewächs
Wundergewächs
Wurzelgewächs
Zwiebelgewächs
ich räch's
— schäch's
— schwäch's
des Geschäch's
— Geschwäch's
(*siehe* echs *u.* ex)

āechs

des Gesprächs
ich bräch's
— spräch's
— stäch's

áechse

die Dächse
— Gewächse
ich fächse (*auch* fechse)
die Flächse (*auch* Flechse)
— Hächse
— Lächse
ich wächse

áechsel

der Dächsel
das Mächsel

áechseln

ächseln
dächseln
den Dächseln
— Mächseln

áechselnd

ächselnd
dächselnd

áechselns

des Aechselns
— Dächselns

áechsen

den Dächsen
fächsen
die Flächsen
flächsen
halbflächsen
den Gewächsen
die Hächsen
den Lächsen

aechsend

fächsend
wächsend

áechsens

des Fächsens
etwas flächsen's
des Wächsens

áechser

der Fächser (*auch* Fechser)
Hopfenfächser
Weinfächser
(*siehe* **echser**)

aechsern

den Fächsern
ausfächsern
befächsern
wächsern

áechset

er fächset
— wächset

fächsernd
fächsert
gefächsert
gewächsig

áechsin

die Dächsin
— Sächsin

áechst = áext

er fächst
— wächst
bewächst
entwächst *etc.*
er wächs't
gewächs't

aechst

du flächst
du verflächst
— rächst
— schächst
— schwächst

āechst

du brächst
nächst
allernächst
annächst
danächst
demnächst
hienächst
hiernächst
wienächst
wonächst
zunächst
du sprächst
— stächst

áechste

er fächste
der Gefächste
er wächste (*siehe* **echsten**)

áechste

der schwächste
(*siehe* **echste**)

āechste

der Nächste
allernächste

áechstem — áechstem — āechstem

gefächstem
gewächstem
schwächstem
nächstem

áechsten — áechsten — āechsten

sie fächsten
gefächsten
sie wächsten
gewächsten
die schwächsten
— Nächsten

áechstens — āechstens

schwächstens
nächstens

áechster — áechster — āechster

gefächster
fächs't er
gewächster
wächs't er
wächst er
schwächster
nächster

aechstes — áechstes — āechstes

gefächstes
fächst' es
gewächstes
wächs't es
wächst es
schwächstes
nächstes

áecht

ächt
unächt
er brächt'
— dächt'
das Gemächt
— Ehegemächt
er flächt
verflächt
rächt
gerächt
schächt
geschächt
schwächt
geschwächt
ungeschwächt
der Prächt

āecht

ihr brächt
— sprächt
— stächt

áechte

ich ächte
das Aechte
ich brächte
— vollbrächte
— dächte
— bedächte
— verdächte
das Gemächte
die Mächte
Bundesmächte
Continentalmächte
himmlischen -
höllischen Mächte
Seemächte
die Nächte
— Ebennächte
— Zwölfnächte
er rächte
das gerächte
er schächte
das geschächte
er schwächte
der geschwächte

áechteln

andächteln
prächteln
verächteln

áechtelnd

andächtelnd
prächtelnd
verächtelnd

áechtelns

des Andächtelns
— Prächtelns
— Verächtelns

áechtelt

er andächtelt
prächtelt
geprächtelt
verächtelt
[ächtem]

áechten

die Aechten
ächten
mitächten
nachächten
verächten
widerächten
bächten
verbächten
sie brächten
vollbrächten
sie dächten
erdächten
den Gemächten
— Mächten
— Nächten
nächten
prächten
sie rächten
die Gerächten
sie schächten
die Geschächten
sie schwächten
die geschwächten

áechtend

ächtend
bächtend
prächtend

áechtens

des Aechtens
sie ächtens
Bächtens
bächtens
Prächtens
prächtens
sie brächten's
— dächten's
nächtens
sie schächten's
— schwächten's

áechter

ächter
unächter
der Reichsächter
ein verflächter
das Gelächter
Höllengelächter
Hohngelächter
Spottgelächter
der Pächter
Abpächter
Afterpächter
Brückenpächter
Erbpächter
Gartenpächter
Generalpächter
Jahrespächter
Kammerpächter
Kuhpächter
Milchpächter
Mühlenpächter
Salzpächter
Staatspächter
Verpächter
Zollpächter
der Prächter
ein Gerächter
der Schächter
Schlächter
Bankschlächter
Einschlächter
Freyschlächter
Hausschlächter
Kaltschlächter
Opferschlächter
Schweinsschlächter
der Verächter
Glaubensverächter
Gottesverächter
Kostverächter
Kunstverächter
Schönheitsverächter
Tugendverächter
der Wächter
Ankerwächter
Armenwächter
Aufsenwächter
Dorfwächter
Feldwächter
Feuerwächter
Gatterwächter
Hochwächter
Höllenwächter
Hüttenwächter
Kornwächter
Keuschheitswächter
Leinenwächter
Lienwächter
Lohnwächter
Narrenwächter
Polizeywächter
Scharwächter
Schildwächter
Schmelzwächter
Schlofswächter
Stadtwächter
Stillwächter
Thorwächter
Thurmwächter
Weiberwächter
Weinbergswächter
Zionswächter

áechtern

die ächter'n
den Aechtern
— Gelächtern
— Pächtern
— Prächtern
— Schächtern
— Schlächtern
— Verächtern
— Wächtern

áechters

ein ächter's
des Aechters
— Gelächters
— Pächters
— Prächters
— Schächters
— Schlächters
— Verächters
— Wächters

áechtes

ein ächtes
des Gemächtes
— Ehegemächtes
ein gerächtes
— geschächtes
— geschwächtes
rächt es
schächt es
schwächt es

āechtes

ihr brächt es
— sprächt es
— stächt es

áechtest

ächtest
du ächtest
— bächtest
— brächtest
— dächtest
— prächtest
— rächtest
— schächtest
— schwächtest

áechtet

ihr ächtet
geächtet
ihr bächtet
gebächtet
ihr dächtet
— prächtet
gebrächtet
ihr rächtet
— schächtet
— schwächtet

áechtets

ihr ächtet's *etc.*

áecht'ge

Andächt'ge
mächt'ge
ich bemächt'ge
— ermächt'ge
nächt'ge
übernächt'ge
prächt'ge
schlächt'ge
oberschlächt'ge
schmächt'ge
schwarzächt'ge
trächt'ge
niederträcht'ge

aecht'gen

Andächt'gen
Mächt'gen
bemächt'gen
bevollmächt'gen
beeinträcht'gen *etc.*

áecht'ger

Andächt'ger
Mächt'ger
nächt'ger
mitternächt'ger
prächt'ger
schlächt'ger
unterschlächt'ger
schmächt'ger
schwarzächt'ger
trächt'ger
einträcht'ger

aecht'ges

andächt'ges
bedächt'ges
mächt'ges
übermächt'ges
prächt'ges
haarschlächt'ges
schmächt'ges
schwarzächt'ges
trächt'ges
zwieträcht'ges

áechtig

andächtig
argdächtig
bedächtig
unbedächtig
wohlbedächtig
eindächtig
gedächtig
undächtig
verdächtig
unverdächtig
mächtig
allmächtig
eigenmächtig
gleichmächtig
groſsmächtig
hochmächtig
landmächtig
ohnmächtig
seemächtig
übermächtig
unmächtig
vielmächtig
waffenmächtig
wundermächtig
zaubermächtig
nächtig
mitternächtig
nachmitternächtig
vormitternächtig
übernächtig
vornächtig
prächtig
steifprächtig
wortprächtig
wunderprächtig
schlächtig
haarschlächtig
halbschlächtig
hartschlächtig
herzschlächtig
hinschlächtig
oberschlächtig
thauschlächtig
überschlächtig
unterschlächtig
schmächtig
schwarzächtig
trächtig
einträchtig
uneinträchtig
niederträchtig
silberträchtig
unträchtig
verderbenträchtig
wetterträchtig
zwieträchtig

áechtigt

er bemächtigt
— bevollmächtigt
er ermächtigt
— beeinträchtigt

áechtle

ich andächtle
— prächtle
— verächtle
— verdächtle

áechter

ein Andächtler
— Verdächtler
— Verächtler

áechtlers

des Andächtlers
— Verdächtlers
— Verächtlers

áechtlich

ächtlich
verächtlich
unverächtlich
bedächtlich
vorbedächtlich
wohlbedächtlich
beträchtlich
unbeträchtlich
nächtlich
allnächtlich
ebennächtlich
gleichnächtlich
mitternächtlich
urnächtlich

áechtling

ein Andächtling
— Schmächtling

áechtlings

des Andächtlings
— Schmächtlings

[der Frächtner
Landfrächtner]

áechtnis

das Gedächtnis
Ehrengedächtnis
Jahrgedächtnis
Katzengedächtnis
Namengedächtnis
Sachgedächtnis
Wortgedächtnis
Zahlengedächtnis
das Vermächtnis
Erbvermächtnis
Familien-
Gegenvermächtnis
Nebenvermächtnis
Seitenvermächtnis
Stammvermächtnis
Vorvermächtnis

ächts

etwas ächt's
ich bächt's
— brächt's
— dächt's
prächt's!
rächt's!
schächt's!
schwächt's!

ächts

ihr brächt's
— spräch't's
— stächt's

ächung

die Verflächung
Rächung
Schächung
Schwächung
Selbstschwächung

ächz

das Geächz
— Gekrächz

ächze

ich ächze
das Geächze
ich krächze
das Gekrächze
Dohlengekrächze
Rabengekrächze

ächzen

ächzen
abächzen
anächzen
aufächzen
ausächzen
beächzen
durchächzen
entgegenächzen
erächzen
fortächzen
mitächzen
nachächzen
umächzen
verächzen
vorächzen
wegächzen
zerächzen
zuächzen
das Aechzen
krächzen
abkrächzen
ankrächzen
aufkrächzen
auskrächzen
bekrächzen
durchkrächzen
entgegenkrächzen
erkrächzen
fortkrächzen
mitkrächzen
nachkrächzen
überkrächzen
umkrächzen
vorkrächzen
zerkrächzen
zukrächzen
das Krächzen

ächzend

ächzend
beächzend
krächzend
walddurchkrächzend

ächzens

des Aechzens
— Krächzens

ächzes

des Geächzes
— Gekrächzes

ächzest

du ächzest
— krächzest

ächzet

er ächzet
beächzet
geächzet
er krächzet
gekrächzet

ächzt

er ächzt
beächzt
geächzt
er krächzt
gekrächzt

ächzte

er ächzte
— beächzte
er krächzte
— bekrächzte

ächzten

sie ächzten
— krächzten

ächzter

ein beächzter
— bekrächzter
ächzt'er
krächzt'er

ächztes

ächzt'es
beächztes
bekrächztes
bekrächzt'es

ächztest

du ächztest
— krächztest

äck

das Gebäck
— Gepäck
Feldgepäck
Heergepäck
Kriegsgepäck
Reisegepäck

äckchen

das Bäckchen
Rothbäckchen
das Häckchen
— Päckchen
Tabakpäckchen
Säckchen
Bähesäckchen
Cymbelsäckchen
Kräutersäckchen
Spannsäckchen

äckchens

des Bäckchens
Häckchens
— Päckchens
— Säckchens

äcke

die Bäcke
das Gebäcke
die Geschmäcke
— Jäcke (*auch* Jacke)
— Päcke
das Gepäcke
die Säcke
Kohlensäcke
ich näcke (*auch* necke)
das Genäcke
ich säcke
das Gesäcke
wäcke
ich zäcke
das Gezäcke
die Zäcke
Schaafzäcke

äckel

das Häckel
Berghäckel
Markhäckel
das Päckel
— Säckel
Hirtensäckel
der Säckel (*auch* Seckel)
Gemeinsäckel

áeckeln
den Häckeln
— Päckeln
päckeln
den Säckeln
säckeln
einsäckeln

áeckelnd
päckelnd
säckelnd

áeckelns
des Päckelns
— Säckelns

áeckels
des Häckels
— Päckels
— Säckels

áeckelst
du päckelst
— säckelst

áeckelt
er päckelt
— säckelt

áecken
die Bäcken
den Gebäcken
— Geschmäcken
— Jäcken
läcken
näcken
den Päcken
— Säcken
säcken
wäcken
zäcken
auszäcken
herzäcken
hinzäcken

áeckend
läckend
näckend
säckend
wäckend
zäckend

áeckens
des Läckens
— Näckens
— Säckens
— Wäckens
— Zäckens

áecker
die Aecker
der Bäcker
Brezelbäcker
Brotbäcker
Commisbäcker
Dorfbäcker
Kuchenbäcker
Pastetenbäcker
Schweizerbäcker
Semmelbäcker
Stadtbäcker
Weiſsbäcker
Zuckerbäcker
der Häcker
— Läcker
ein Quarkgäcker
das Gezäcker

áeckern
den Aeckern
— Bäckern
— Häckern
— Läckern
zäckern
abzäckern
ansichzäckern
herzäckern
hinzäckern

áeckers
des Bäckers
— Häckers
— Läckers
— Gezäckers

áeckerst
du zäckerst (*siehe* eckerst)

áeckert
er zäckert
gezäckert
(*siehe* eckert)

áeckes
des Gebäckes
— Gesäckes
— Gezäckes

áeckest
du säckest
— zäckest

áecket
er säcket
gesäcket
er zäcket
gezäcket

áeckig
bäckig
a...bäckig
bausbäckig
hohlbäckig
rothbäckig
schwarzbäckig
vollbäckig
weiſsbäckig
hartnäckig
weiſsnäckig
kräckig
[näckisch]

áeckler
ein Geschmäckler
— Päckler
— Säckler

áecklern
den Geschmäcklern
— Päcklern
— Säcklern

áecklers
des Geschmäcklers
— Päcklers
— Säcklers

áecklein
das Bäcklein
— Häcklein
— Päcklein
— Säcklein

áeckleins
des Bäckleins
— Häckleins
— Päckleins
— Säckleins
[das Gebäcksel
Herrengebäcksel]

áecks
des Gebäcks
— Gesäcks
— Gepäcks
— Gezäcks

áeckst
du bäckst
— läckst
— näckst
— säckst
— wäckst
— zäckst

áeckt
er bäckt
— läckt
— näckt
genäckt
er säckt
gesäckt
er wäckt
— zäckt

áeckte
er läckte
— näckte

die genäckte
er säckte
die gesäckte
er wäckte
— zäckte
die gezäckte

äckten

sie läckten
— näckten
die genäckten
sie säckten
die gesäckten
sie wäckten
— zäckten
die gezäckten

äckter

ein genäckter
— gesäckter
— gezäckter
näckt' er *etc.*

äcktes

ein genäcktes
— gesäcktes
— gezäcktes
näckt es *etc.*

äcktest

du läcktest
— näcktest
— säcktest
— wäcktest
— zäcktest

äedchen

ein Camerädchen
das Fädchen
Freudenfädchen
Lädchen
ein Mäd'chen (vermiculus)
das Mädchen (puella)
Allerweltsmädchen
Bauermädchen
Bettelmädchen
Blumenmädchen
Bürgermädchen
Dienstmädchen
Dorfmädchen
Ehrenmädchen
Flittermädchen
Freudenmädchen
Gänsemädchen
Gärtnermädchen
Gassenmädchen
Harfenmädchen
Hausmädchen
Heldenmädchen
Herzensmädchen
Hirtenmädchen
Kindermädchen
Landmädchen
Laufmädchen
Leiermädchen
Meermädchen
Milchmädchen
Nähmädchen
Negermädchen
Opfermädchen
Pilgermädchen
Rosenmädchen
Schäfermädchen
Schmerzens -
Schulmädchen
Sklavenmädchen
Schweizermädchen
Stadtmädchen
Sträußermädchen
Stubenmädchen
Tanzmädchen
Wellenmädchen
Wettermädchen
Wiegenmädchen
Winzermädchen
Wundermädchen
Zetermädchen
Zigeunermädchen
das Rädchen
Drathrädchen
Drehrädchen
Lahnrädchen
Spinnrädchen
das Städtchen
Halbstädtchen
das Wädchen

äedchens

des Camerädchens
— Fädchens
— Mädchens
— Rädchens
— Städtchens
— Wädchens

äede

der Aide
die Seigergeräde
ein Cynäde

äedel

das Fädel
der Hädel
das Lädel
— Mädel
— Rädel
der Rädel
— Schädel
das Städtel
— Tufädel
— Wädel

äedeln

den Fädeln
abfädeln
anfädeln
auffädeln
ausfädeln
entfädeln
den Lädeln
— Mädeln
— Rädeln
rädeln
abrädeln
ausrädeln
zurädeln
den Schädeln
— Städteln
— Tufädeln
— Wädeln

äedelnd

einfädelnd
rädelnd

äedelns

des Einfädelns
— Rädelns

äedels

des Fädels
— Lädels
— Mädels
— Rädels
— Schädels
— Städtels
— Tufädels
— Wädels

äedelt

entfädelt
eingefädelt
rädelt
gerädelt

äeden

des Cynäden
die Fäden
— Läden
räden
ausräden
die Schäden
Kriegsschäden

äedens

Lädens
des Rädens

äeder

das Geäder
Liniengeäder
die Bäder
der Abläder
— Aufläder
— Mäder
Heumäder
Kornmäder

die Räder
das Geräder
der Räder
— Handräder
— Städter
Grofsstädter
Hauptstädter
Kleinstädter
Pflanzstädter
Seestädter
Hansestädter

aedern

ädern
ausädern
beädern
entädern
den Bädern
— Ablädern
— Aufladern
— Mädern
— Rädern
rädern
abrädern
ausrädern
durchrädern
miträdern
nachrädern
wegrädern
zerrädern
zusammenrädern
den Städtern

aedernd

ädernd
rädernd

aederns

des Aederns
Räderns

aeders

des Geäders
des Abläders
— Aufläders
— Mäders
— Geräders
— Räders
— Städters

aedert

ädert
beädert
geädert
ungeädert
feingeädert
rädert
gerädert
ungerädert

aedge

fäd'ge
gnäd'ge
ich beschäd'ge
— entschäd'ge

aedgen

fäd'gen
gnäd'gen
beschäd'gen
entschäd'gen

aedger

fäd'ger
gnäd'ger
ein Beschäd'ger
— Entschäd'ger

aedgern

fäd'gern
gnäd'gern
Beschäd'gern
Entschäd'gern

aedgers

fäd'gers
gnäd'gers
Beschäd'gers
Entschäd'gers

aedges

fäd'ges
gnäd'ges
ich beschäd'ges
— entschäd'ges

aedig

fädig
ein-, 2-, 3- *etc.* fädig
buntfädig
feinfädig
grobfädig
klarfädig
vielfädig
gädig
ein-, 2-, 3- *etc.* gädig
gnädig
allgnädig
übergnädig
ungnädig
mähdig
ein-, 2-, 3-mähdig
pfädig

[beschädigt
entschädigt]

{der Täding
schädlich
gemeinschädlich
unschädlich

aedling

der Mädling
— Weinschädling
ein Städtling

aedlings

des Mädlings
— Weinschädlings
— Städtlings

{städtisch
grofsstädtisch
hauptstädtisch
kleinstädtisch
abfädmen
auffädmen
einfädmen
abfädnen
einfädnen
Phädon
Phädrus
Cynädus

aee

ein *Coryphäe*
die *Gräe*
ein *Pygmäe*
die *Pyranäe*
ich säe
der *Spondäe*
— *Trochäe*
die *Tropäe* (*Trophäe*)

aeen

die *Athenäen*
— *Coryphäen*
— *Gräen*
— *Gynäcäen*
— *Irenäen*
— *Propyläen*
— *Pygmäen*
— *Pyrenäen*
säen
absäen
aufsäen
aussäen
besäen
durchsäen
einsäen
fortsäen
mitsäen
übersäen
umsäen
umhersäen
untersäen
versäen
vorsäen
zusäen
Spondäen
Trochäen
Tropäen
verachäen

aeer

Achäer
Bartholomäer
Caräer
Chaldäer
Chuldäer

Epicuräer
Essäer
Europäer
Galiläer
Hebräer
Maccabäer
Manichäer
Merceneäer
Nazaräer
Pharisäer
Ptolomäer
Sadducäer
Säer
Sternensäer

äern

den *Achäern*
Bartholomäern
Chaldäern
Chuldäern
Epicuräern
Essäern
Europäern
Galiläern
Hebräern
Maccabäern
Manichäern
Mercenäern
Nazaräern
Pharisäern
Ptolomäern
Sadducäern
Säern

äers

des *Achäers*
Bartholomäers
Chaldäers
Chuldäers
Epicuräers
Essäers
Europäers
Galiläers
Hebräers
Maccabäers
Manichäers
Mercenäers
Nazaräers
Pharisäers
Ptolomäers
Sadducäers
Säers

äf

der Deichgräf
Dinggräf
ich träf'

äfchen

ein Gräfchen
— Schäfchen
— Schläfchen
Mittagschläfchen

äfchens

des Gräfchens
— Schäfchens
— Schläfchens

äfe

der Deichgräfe
— Dinggräfe
die Schäfe
— Schläfe
Lilienschläfe
ich träfe
es beträfe

äfel

ein Häfel
das Getäfel
Fufsgetäfel
der Stäfel

äfeln

den Häfeln
— Stäfeln
täfeln
abtäfeln
austäfeln
enttäfeln
mittäfeln
übertäfeln
umtäfeln
vertäfeln
den Getäfeln

äfels

des Häfels
— Täfels
— Getäfels
Naefels

äfelt

täfelt
getäfelt
ungetäfelt
betäfelt

äfen

die Häfen
— Deichgräfen
— Dinggräfen
den Schläfen
schläfen
einschläfen
überschläfen
sie träfen
überträfen

äfer

der Käfer
Alpenkäfer
Amazonenkäfer
Ameisenkäfer
Ankerhakenkäfer
Baumkäfer
Bienenkäfer
Blasenkäfer
Blattlauskäfer
Blumenkäfer
Bockskäfer
Borkenkäfer
Brachkäfer
Brotkäfer
Buckelkäfer
Bürstenkäfer
Dachkäfer
Demantkäfer
Diebskäfer
Dornkäfer
Dreckkäfer
Drehkäfer
Einhornkäfer
Elephantenkäfer
Erbsenkäfer
Erdkäfer
Fadenkäfer
Fallkäfer
Fettkäfer
Feuerkäfer
Fischkäfer
Fliegenkäfer
Flohkäfer
Frauenkäfer
Frühlingskäfer
Gartenkäfer
Gespenstkäfer
Glanzkäfer
Goldkäfer
Graskäfer
Halbkäfer
Halbkugelkäfer
Heckenkäfer
Herculeskäfer
Herzkäfer
Hirschhornkäfer
Holzkäfer
Johanniskäfer
Juliuskäfer
Juniuskäfer
Juwelenkäfer
Kammkäfer
Kegelkäfer
Kirschkäfer
Kleinkäfer
Kneipkäfer
Knollkäfer
Kolbenkäfer
Kornkäfer
Kothkäfer
Kreuzkäfer
Krötenkäfer
Kümmelkäfer
Laubkäfer
Laufkäfer

Lederkäfer
Leuchtkäfer
Liebstöckelkäfer
Lilienkäfer
Maienkäfer
Marienkäfer
Maulwurfskäfer
Mehlkäfer
Mistkäfer
Monatskäfer
Mondkäfer
Muffelkäfer
Müllerkäfer
Muskuskäfer
Nagekäfer
Nashornkäfer
Oelkäfer
Ohrkäfer
Palmkäfer
Papierkäfer
Pelzkäfer
Pflanzenkäfer
Pflasterkäfer
Pillenkäfer
Platzkäfer
Pöbelkäfer
Prachtkäfer
Raubkäfer
Rennkäfer
Riesenkäfer
Rindenkäfer
Ritterkäfer
Rosenkäfer
Rostkäfer
Rüsselkäfer
Saatkäfer
Samenkäfer
Sandkäfer
Schabkäfer
Schattenkäfer
Scheidenkäfer
Scheinkäfer
Schiffswerftskäfer
Schildkäfer
Schildkrötenkäfer
Schimmerkäfer
Schliefkäfer
Schmalzkäfer
Schmiedkäfer
Schnellkäfer
Schnurrkäfer
Schusterkäfer
Schwimmkäfer
Seifenkäfer
Silberkäfer
Sommerkäfer
Sonnenkäfer
Speckkäfer
Springkäfer
Stachelkäfer
Stinkkäfer

Stutzkäfer
Tannenkäfer
Taufkäfer
Taumelkäfer
Todtenkäfer
Traubenkäfer
Trauerkäfer
Uferkäfer
Waldkäfer
Walzenkäfer
Warzenkäfer
Wasserkäfer
Weidenkäfer
Weinkäfer
Werftkäfer
Wiesenafterkäfer
Wollenkäfer
Zangenkäfer
Zwitterkäfer

der Schäfer
Dorfschäfer
Lohnschäfer
Pachtschäfer
Schmierschäfer
Setzschäfer
Triftschäfer

der Schläfer
Beyschläfer
Mitschläfer
Langschläfer
Siebenschläfer

āefern

äfern
den Käfern
— Schäfern
— Schläfern
schläfern
einschläfern

āefernd

äfernd
einschläfernd

āeferns

des Aeferns
— Schläferns
— Einschläferns

āefers

des Käfers
— Schäfers
— Schläfers

āefert

er äfert
mich schläfert

āefest

schläfest
träfest

āefet

schläfet
träfet

ăeff

bäff!
das Geäff
— Gewäff
— Räff (*auch* Reff)

ăeffchen

das Aeffchen
Putzäffchen
Winseläffchen
das Bäffchen
Priesterbäffchen
das Tautäffchen

ăeffchens

des Aeffchens
— Bäffchens
— Tautäffchens

ăeffe

ich äffe
das Geäffe
ich bäffe
das Gebäffe
ich kläffe
das Gekläffe
ich knäffe
das Geknäffe
ich verbläffe
am Gewäffe
im Räffe

ăeffel

das Geäffel
— Geläffel
— Geräffel
— Getäffel

ăeffeln

äffeln
begäffeln
läffeln
räffeln
täffeln

ăeffelnd

äffelnd
begäffelnd
läffelnd
räffelnd
täffelnd

ăeffels

des Geäffels
ich begäffel's

des Geläffels
— Geräffels
— Getäffels

áeffelt

er äffelt
— begäffelt
— läffelt
geläffelt
— räffelt
geräffelt
— täffelt
getäffelt

áeffen

äffen
ausäffen
beäffen
nachäffen
veräffen
voräffen
wiederäffen
bäffen
verbläffen
kläffen
ankläffen
aufkläffen
knäffen
die Räffen
— Gewäffen

áeffens

des Aeffens
— Bäffens
— Verbläffens
— Kläffens
— Knäffens

áeffer

ein Aeffer
Nachäffer
Kläffer
Knäffer

áeffern

äffern
den Aeffern
— Kläffern
kläffern
ankläffern
aufkläffern
auskläffern
— Knäffern

áeffernd

äffernd
kläffernd

áeffers

des Aeffers
— Kläffers
— Knäffers

áeffert

er äffert
— kläffert

áeffes

des Geäffes
— Gebäffes
— Gekläffes
— Räffes
— Gewäffes

áeffest

du äffest
— bäffest
— verbläffest
— kläffest
— knäffest

áeffet

er äffet
— bäffet
— verbläffet
— kläffet
— knäffet

áeffisch

äffisch
nachäffisch
pfäffisch
unpfäffisch

áeffler

ein Begäffler
— Läffler
der Schäffler

áefflern

den Begäfflern
— Läfflern
— Schäfflern

áefflers

des Begäfflers
— Läfflers
— Schäfflers
[der Pfäffling]
[der Aeffner]

áeffs

des Geäffs
— Gebäffs
— Gekläffs
— Geknäffs
— Räffs
— Gewäffs
ein Träffs

áeffst

du äffst
— bäffst
— verbläffst
— kläffst
— knäffst

áefft

er äfft
geäfft
— bäfft
gebäfft
— verbläfft
— kläfft
gekläfft
— knäfft
geknäfft
das Geschäft
Amtsgeschäft
Aufklärungsgeschäft
Aussöhnungsgeschäft
Bekehrungsgeschäft
Berufsgeschäft
Bildungsgeschäft
Dienstgeschäft
Einmaleinsgeschäft
Ernährungsgeschäft
Erziehungsgeschäft
Friedensgeschäft
Geldgeschäft
Handelsgeschäft
Handlungsgeschäft
Hauptgeschäft
Hausgeschäft
Haushaltungsgeschäft
Jammergeschäft
Judengeschäft
Jugendgeschäft
Kammergeschäft
Lehrgeschäft
Lieblingsgeschäft
Mäklergeschäft
Meergeschäft
Meſsgeschäft
Nachtgeschäft
Nothgeschäft
Privatgeschäft
Scheingeschäft
Schmuggelgeschäft
Schwindelgeschäft
Sortimentsgeschäft
Spähgeschäft
Speditionsgeschäft
Staatsgeschäft
Verdauungsgeschäft
Verlagsgeschäft
Versendungsgeschäft
Waarengeschäft
Wahlgeschäft
Wechselgeschäft
Weltgeschäft
Wundergeschäft
Zahlungsgeschäft
Zeugungsgeschäft
Zwischengeschäft

áeffte

er äffte
geäffte

er bäffte
— verbläffte
— kläffte
— knäffte
die Kräfte
ich entkräfte
die Säfte
ich entsäfte
die Schäfte
Stiefelschäfte
ich schäfte
die Damastschäfte
— Geschäfte
das Geschäfte

áefften

sie äfften
die geäfften
sie bäfften
— verbläfften
— kläfften
— knäfften
mit Kräften
sie entkräften
mit Säften
sie entsäften
den Schäften
— Geschäften
schäften
anschäften
ausschäften
beschäften

áefftend

entkräftend
entsäftend
schäftend

áefftens

des Entkräftens
— Entsäftens
— Schäftens

áeffter

ein Geäffter
— Verbläffter
— Entkräft'ter
— Entsäft'ter
— Geschäft'ter
das Geschäfter
— Geäffter
bäfft' er
kläfft' er *etc.*

áefftern

die Geäfftern *etc.*
äftern
schäftern

áeffterns

des Aefterns
— Schäfterns

áeffters

ein geäffter's
des Geäfters
ein Verb äffter's
— Entkräft'ters *etc.*
des Geschäfters
bäfft er's *etc.*

áefftert

er äftert
— schäftert

áefftes

ein Geäfftes
äfft' es
bäfft es
verbläfftes
kläfft es
knäfft es
des Geschäftes
entkräft' es
entsäft' es

áefftest

du äfftest
— bäfftest
— verbläfftest
— kläfftest
— knäfftest
— entkräftest
— entsäftest
— schäftest

áefftet

ihr äfftet
— bläfftet
— verbläfftet
— kläfftet
— knäfftet
— entkräftet
— entsäftet
— schäftet
— geschäftet

āeflich

gräflich
freygräflich
hochgräflich
landgräflich
markgräflich
reichsgräflich
ungräflich
sträflich
unsträflich
täflich
stäfig
Käfigt
Stangen-
Vogel-
Weiber-
ein Sträfling
schläfrig
ein-
zwey- *etc.*

āefſt

du schläfst
du träfst

āeft

er schläft
ihr träft

áeftchen

ein Säftchen
Brustsäftchen
— Geschäftchen
— Landschäftchen
— Gesellschäftchen
— Wirthschäftchen
bekräft'gen

áeftchens

des Säftchens
— Geschäftchens
— Gesellschäftchens
— Landschäftchens
— Wirthschäftchens

áeftge-en-er-es-eſt-en

ich kräft'ge
bekräft'ge
ich beschäft'ge
geschäft'ge
hochschäft'ge

áeftig

geschäftig
vielgeschäftig
kräftig
doppelkräftig
einkräftig
eydskräftig
geheimkräftig
lebenskräftig
prallkräftig
rechtskräftig
riesenkräftig
schnellkräftig
segenskräftig
spannkräftig
springkräftig
thatkräftig
überkräftig
unkräftig
vielkräftig
vollkräftig
wunderkräftig
zauberkräftig
schäftig
1- 2- 3- *etc.*
hochschäftig
tiefschäftig

áeftigt

er kräftigt
bekräftigt
er beschäftigt

äfts

des Geschäfts
äfft's *etc.*

äfts

er verschläft's
ihr träft's

[bäffzen]

äg

ich läg'
das Gepräg
schräg
träg
[die Mägde
das Mägdlein]

äge

die Austräge
Erbausträge
Stammausträge
das Gehäge
Baumgehäge
Fasanengehäge
Hasengehäge
Waldgehäge
Wildgehäge
die Häge
ich häge
— läge
die Verläge
ich präge
das Gepräge
Wachsgepräge
ich säge
das Gesäge
die Säge
Abkürzsäge
Baumsäge
Bodensäge
Bogensäge
Bohlensäge
Bretsäge
Einschneidesäge
Eisensäge
Faustsäge
Gartensäge
Grathsäge
Halbsäge
Handsäge
Holzsäge
Karniessäge
Klobensäge
Krahnsäge
Marmorsäge
Längensäge
Laubsäge
Laufsäge
Lochsäge
Ortsäge
Pflugsäge
Propfsäge
Pinnensäge
Rundsäge
Schliessäge
Schlupsäge
Schlussäge
Schrobsäge
Schrotsäge
Schulpsäge
Schwanzsäge
Schweifsäge
Spaltsäge
Spannsäge
Spundsäge
Staubsäge
Steinsäge
Stichsäge
Stossäge
Stücksäge
Trecksäge
Trennsäge
Wassersäge
Ziehsäge
die Schläge
Donnerschläge
Kanonenschläge *etc.*
das Beschläge
Pfeifenbeschläge
schräge
die Schräge
ich schräge
die Täge
träge
langsamträge
schreibträge
unträge
die Träge
— Verträge
— Ueberträge
ich tschäge
— wäge
erwäge
das Gewäge

ägel

das Gefrägel
— Geklägel
— Gekrägel
— Krägel
der Lägel
Oellägel
Refflägel
Sprietlägel
Weinlägel
die Nägel
Gewürznägel
das Geprägel
der Schlägel
Bahnenschlägel
Ballschlägel
Besetzschlägel
Böttcherschlägel
Bodenschlägel
Hinterschlägel
Holzschlägel
Kalbsschlägel
Meerschlägel
Paukenschlägel
Pfahnenschlägel
Pfahlschlägel
Pflasterschlägel
Rehschlägel
Rothschlägel
Rundschlägel
Russschlägel
Schöpsenschlägel
Seitenschlägel
Stampfschlägel
Thonschlägel
Trommelschlägel
Vorderschlägel
das Geschlägel
die Ueberschlägel
der Tägel
— Trägel
das Wägel

ägeln

frägeln
klägeln
krägeln
die Krägeln
— Lägeln
den Nägeln
Gewürznägeln
prägeln
ausprägeln
schlägeln
die Schlägeln
— Ueberschlägeln
— Tägeln
— Trägeln
— Wägeln

ägelnd

frägelnd
klägelnd
krägelnd
prägelnd
schlägelnd

ägelns

des Frägelns
— Klägelns
— Krägelns
— Prägelns
— Schlägelns

ägels

des Gefrägels
— Geklägels
— Gekrägels
— Krägels
— Lägels
— Geprägels
— Schlägels

des Geschlägels
— Tägels
— Trägels
— Wägels

äegelst

du frägelst
— klägelst
— krägelst
— prägelst
— schlägelst

äegelt

er frägelt
— klägelt
— krägelt
— prägelt
— schlägelt

äegem

schrägem
trägem

äegen

den Austrägen
— Brägen
Tollbrägen
— Gehägen
hägen
abhägen
aufhägen
einhägen
umhägen
die Krägen
sie lägen
den Verlägen
die Mägen
prägen
abprägen
anprägen
aufprägen
ausprägen
beprägen
einprägen
fortprägen
mitprägen
nachprägen
unterprägen
verprägen
zuprägen
den Geprägen
sägen
absägen
ansägen
aufsägen
aussägen
besägen
durchsägen
einsägen
ersägen
fehlsägen
fortsägen
herabsägen
heraussägen
heruntersägen
hineinsägen
lossägen
mitsägen
nachsägen
niedersägen
übersägen
umsägen
versägen
vorsägen
wegsägen
zersägen
zusägen
die Sägen
den Schlägen
— Beschlägen
— Verschlägen
die schrägen
schrägen
abschrägen
einschrägen
umschrägen
verschrägen
Tägen
trägen
Verträgen
tschägen
die Wägen
wägen
abwägen
aufwägen
auswägen
bewägen
darwägen
durchwägen
einwägen
erwägen
fortwägen
nachwägen
überwägen
verwägen
vorwägen
wegwägen
wiederwägen
zurückwägen
zuwägen
das Wasserwägen

äegend

hägend
prägend
sägend
schrägend
tschägend
wägend

äegens

des Brägens
— Hägens
des Prägens
— Sägens
— Schrägens
— Tschägens
— Wägens

äeger

ein Häger
Rasenhäger
Sandhäger
der Jäger
Ameisenjäger
Anecdotenjäger
Biberjäger
Falkenjäger
Fasanenjäger
Feldjäger
Freyjäger
Fuchsjäger
Gemsenjäger
Glücksjäger
Häringsjäger
Heckjäger
Hofjäger
Hurenjäger
Kammerjäger
Kaninchenjäger
Ketzerjäger
Kleinigkeitsjäger
Küstenjäger
Leibjäger
Löwenjäger
Mädchenjäger
Musterjäger
Oberjäger
Pfründenjäger
Strandjäger
Struntjäger
Trüffeljäger
Unterjäger
Wallfischjäger
Witzjäger
der Kläger
Ankläger
Reichsankläger
Gegenkläger
Injurienkläger
Mitkläger
Negatorienkläger
Spolienkläger
Strafkläger
Wechselkläger
Wiederkläger
die Läger
das Geläger
Bierläger
Essigläger
Weinläger
der Niederläger
— Präger
— Säger
Dielensäger

Holzsäger
Marmorsäger
Steinsäger
Stücksäger
der Schläger
Anschläger
Aufschläger
Ausschläger
Balkenschläger
Ballschläger
Beckenschläger
Blechschläger
Einschläger
Erzschläger
Erzausschläger
Flinderschläger
Flitterschläger
Flittergoldschläger
Gipsschläger
Goldschläger
Halbschläger
Harfenschläger
Holzschläger
Holzeinschläger
Hundeschläger
Kesselschläger
Lautenschläger
Nachtschläger
Oelschläger
Oehlenschläger
Orgelschläger
Paukenschläger
Schlumpschläger
Silberschläger
Stabschläger
Tactschläger
Tagschläger
Todtschläger
Tombackschläger
Trommelschläger
Vorschläger
Wachsschläger
Wollschläger
Ziegelschläger
Zuschläger
schräger
die Schwäger
träger
der Träger
Abträger
Achselträger
Aufträger
Austräger
Balkenträger
Beyträger
Bittträger
Blitzfeuerträger
Briefträger
Bügelträger
Buttenträger
Fahnenträger
Flintenträger
Geschäftsträger
Gewaltträger
Gewichtträger
Glasträger
Herträger
Herumträger
Hinträger
Hörnerträger
Hosenträger
Jochträger
Kannenträger
Kerzenträger
Klingelsackträger
Kopfträger
Kreuzträger
Kronenträger
Kuttenträger
Lanzenträger
Lehnsträger
Erblehnsträger
Leibträger
Leichenträger
Lichtträger
Mährchenträger
Mörtelträger
Nachträger
Namenträger
Ohrenträger
Packträger
Pflichtträger
Pikenträger
Portechaisenträger
Postenträger
Räffträger
Samenträger
Sänftenträger
Schellensackträger
Schildträger
Schirmträger
Schlangenträger
Schleppenträger
Schwanzträger
Schweifträger
Schwertträger
Kronschwertträger
Sechsträger
Seidenträger
Sensenträger
Sesselträger
Speiseträger
Spiegelträger
Spießträger
Spornträger
Stammträger
Staubträger
Stollenträger
Strickträger
Stundenüberträger
Tabuletträger
Tellerträger
Todtenträger
Torfträger
Treußträger
Umträger
Vorträger
Waffenträger
Wappenträger
Wasserträger
Wurfspießträger
Zepterträger
Zettelträger
Zuträger
Zwischenträger
der Wäger
Abwäger
Balkwäger
Grundwäger
Luftwäger
Wasserwäger
der Widerläger
läg' er *etc.*

ägern

den Hägern
anhägern
einhägern
— Jägern
— Klägern
— Lägern
— Gelägern
mägern
abmägern
— Niederlägern
— Prägern
— Sägern
— Schlägern
schrägern
— Schwägern
sich verschwägern
beschwägern
träger'n
den Trägern
— Wägern
— Widerlägern

ägernd

anhägernd
einhägernd
mägernd
verschwägernd

ägers

des Hägers
— Jägers
— Klägers
— Gelägers
— Prägers
— Sägers
— Schlägers
etwas schräger's
— träger's

des Trägers
— Wägers
— Widerlägers

aegert

angehägert
eingehägert
abgemägert
verschwägert

aeges

des Gehäges
— Gepräges
— Gesäges
— Beschläges
schräges
träges
— Gewäges
ich säg' es
— erwäg' es *etc.*
läg' es

aegest

du frägest
— hägest
— lägest
— prägest
— sägest
— schrägest
— trägest
— wägest

aeget

er häget
eingehäget
ihr läget
— präget
ausgepräget
— säget
— schräget
— träget
— wäget

[tschäggen]

aegheit

Schrägheit
Trägheit

aegig

schlägig
abschlägig
anschlägig
doppelschlägig
dreyschlägig
durchschlägig
einschlägig
halbschlägig
herzschlägig
rathschlägig
thauschlägig
unschlägig
unterschlägig

tägig
alltägig
halbtägig
heutigstägig
mittägig
nachtägig
vortägig
sonntägig
wochentägig
1- 2- 3- *etc.* tägig

[die Aegis]

aegisch

schlägisch
tägisch

aegle

ich frägle
— klägle
— krägle
— prägle
— schlägle
Aegle
das Gefrägle *etc.*

aegler

der Austrägler
— Lägler
— Tannhägler

aeglern

den Austräglern
— Läglern
— Tannhäglern

aeglers

des Austräglers
— Läglers
— Tannhäglers

aeglich

behäglich
unbehäglich
wohlbehäglich
mishäglich
kläglich
säglich
unsäglich
abschläglich
anschläglich
vorschläglich
täglich
alltäglich
bulstäglich
dienstäglich
donnerstäglich
festtäglich
feyertäglich
freytäglich
mittäglich
nachtäglich
vortäglich

montäglich
samstäglich
sonntäglich
wochentäglich
träglich
austräglich
beyträglich
einträglich
uneinträglich
erträglich
unerträglich
nachträglich
überträglich
verträglich
unverträglich
vorträglich
unvorträglich
zuträglich

aegling

den Hägling
— Trägling

aeglings

des Häglings
— Träglings

[bettlägrig]

aegs

des Gehägs
— Geprägs
— Beschlägs
schrägs
— Geság's
— Gewäg's
läg's
erwäg's *etc.*

aegst

du frägst
— hägst
— prägst
— sägst
— schlägst
— schrägst
— wägst

aegt

er frägt
— hägt
gehägt
ihr lägt
prägt
geprägt
— sägt
gesägt
— schrägt
geschrägt
er schlägt
— trägt
ihr wägt
gewägt

ăegte

er hägte
das Gehägte
er prägte
das geprägte
er sägte
das gesägte
er schrägte
das geschrägte
er wägte
das gewägte

ăegten

sie hägten
— prägten
— sägten
— schrägten
— wägten

ăegter

ein gehägter
— geprägter
— gesägter
— geschrägter
— erwägter
hägt' er
prägt er *etc.*

ăegtes

ein gehägtes
— geprägtes
— gesägtes
— geschrägtes
— erwägtes
hägt es
schlägt es *etc.*

ăegtet

ihr hägtet
— prägtet
— sägtet
— schrägtet
— wägtet

ăegts

ihr hägt's
— prägt's
— sägt's
— schrägt's
— wägt's

ăegung

die Umhägung
— Ausprägung
— Zersägung
— Schrägung
— Wägung
Grundwägung
Wasserwägung

ăeh

bäh
bläh'
geschäh'
jäh
kräh'
die Kräh'
mäh'
näh'
die Näh'
räh
säh'
schmäh'
späh
zäh
das Gezäh
Gedingegezäh
Grubengezäh
Hüttengezäh
Seigerhüttengezäh
Schürfgezäh
der *Pescheräh*

{ der Mähder
mähdig
1 - 2 - 3 - *etc.*

ăehe

ich bähe
das Gebähe
die Darmbähe
ich blähe
das Gebläbe
die Fähe
es geschähe
die Jähe
ich krähe
das Gekrähe
die Krähe
Alpenkrähe
Astkrähe
Bergkrähe
Blaukrähe
Garbenkrähe
Goldkrähe
Grünkrähe
Hohlkrähe
Holzkrähe
Mantelkrähe
Meerkrähe
Nebelkrähe
Nußkrähe
Saatkrähe
Schildkrähe
Schweizerkrähe
Steinkrähe
Tannenkrähe
Winterkrähe
ich mähe
das Gemähe
ich nähe
das Genähe
die Nähe
Erdnähe
Schauernähe
Sonnennähe
der Rähe
die Rähe
ich sähe
— schmähe
das Geschmähe
ich spähe
das Gespähe
die Gewinnspähe
zähe
die Zähe
dem Gezähe

ăehen

bähen
aufbähen
ausbähen
fortbähen
nachbähen
blähen
aufblähen
entgegenblähen
zerblähen
die Fähen
es geschähen
jähen
verjähen
krähen
abkrähen
ankrähen
aufkrähen
auskrähen
bekrähen
entgegenkrähen
fortkrähen
mitkrähen
nachkrähen
überkrähen
umkrähen
vorkrähen
zukrähen
die Krähen
mähen
abmähen
ausmähen
entmähen
fortmähen
losmähen
mitmähen
nachmähen
niedermähen
vormähen
wegmähen
zumähen
das Grasmähen
nähen
abnähen
annähen

aufnähen
ausnähen
benähen
durchnähen
einnähen
ernähen
fortnähen
mitnähen
nachnähen
niedernähen
übernähen
umnähen
unternähen
vernähen
vornähen
zernähen
zunähen
zusammennähen
sie sähen
schmähen
abschmähen
aufschmähen
ausschmähen
fortschmähen
mitschmähen
nachschmähen
verschmähen
wegschmähen
wiederschmähen
zuschmähen
spähen
aufspähen
ausspähen
durchspähen
erspähen
fortspähen
nachspähen
überspähen
umherspähen
umspähen
unterspähen
vorspähen
zurückspähen
zuspähen
die zähen
den Gezähen

aehend

bähend
blähend
verjähend
krähend
mähend
nähend
schmähend
spähend

aehens

des Bähens
— Blähens
— Verjähens
des Krähens
— Mähens
— Nähens
— Schmähens
— Spähens
sie sähen's *etc.*

aeher

der Häher
Birkhäher
Eichelhäher
Fischhäher
Holzhäher
Nußhäher
Waldhäher
Weighäher
jäher
der Mäher
Graßmäher
Heumäher
Kornmäher
Reißmäher
Vormäher
näher
räher
der Schmäher
Gegenschmäher
— Schwäher
— Späher
Gelegenheitsspäher
Seelenspäher
zäher
— Zunäher
säh' er

aehern

den Hähern
jäher'n
— Mähern
— näher'n
nähern
annähern
des Nähern
räher'n
den Schmähern
— Schwähern
— Spähern
sich verschwähern
zäher'n
den Zunähern

aehers

des Hähers
etwas jäher's
des Mähers
ein Nähers
räher's
des Schmähers
— Schwähers
— Spähers
zäher's
— Zunähers
säh' er's

aehert

er nähert
angenähert
— verschwähert

aehes

des Gebähes
— Geblähes
ein jähes
des Gekrähes
— Gemähes
— Genähes
ein rähes
des Geschmähes
— Gespähes
ein zähes
des Gezähes
säh' es *etc.*

aehest

du bähest
— blähest
— jähest
— verjähest
— krähest
— mähest
— nähest
allernähest
— sähest
— schmähest
— spähest
— zähest

aehet

er bähet
gebähet
— blähet
aufgeblähet
— fähet
empfähet
— verjähet
— krähet
bekrähet
— mähet
abgemähet
— nähet
genähet
ihr sähet
— schmähet
— spähet

aehets

er bähet's
ihr sähet's *etc.*
ein genähet's

aehheit

die Jähheit
— Zähheit

äehig
blähig
fähig
amtsfähig
arbeitsfähig
aufnahmsfähig
ausdrucksfähig
berufsfähig
besitzfähig
besserungsfähig
bildungsfähig
courfähig
denkfähig
dienstfähig
ehefähig
erbfähig
erfindungsfähig
erwerbfähig
geschäftsfähig
geschlechtsfähig
glückseligkeitsfähig
heirathsfähig
hoffähig
kunstfähig
landtagsfähig
lebensfähig
lehensfähig
lehrfähig
mittelfähig
rathsfähig
reizfähig
sprachfähig
stimmfähig
tafelfähig
trostfähig
turnierfähig
turnfähig
unfähig
urtheilsfähig
verbesserungsfähig
vernunftfähig
waffenfähig
wahlfähig
wirkungsfähig
zahlfähig
zahlungsfähig
zepterfähig
zuchtfähig
bäh' ich
bläh' ich
säh' ich *etc.*
[befähigt]

aehl ꝛc. aehm ꝛc. aehn ꝛc. aehr ꝛc. aehs ꝛc. aeht ꝛc.
(*siehe bey* ael ꝛc. aem ꝛc. aen ꝛc. aer ꝛc. aes ꝛc. aet ꝛc.)

äei
Bartholomäi (am Tage)
Galiläi
die Söhne Zebedäi
das Ev. Matthäi
(*alle Genitiven von* aeus)

äeisch
achäisch
cananäisch
caräisch
chaldäisch
epicuräisch
essäisch
europäisch
aussereuropäisch
galiläisch
hebräisch
maccabäisch
nazaräisch
pharisäisch
phlegräisch
ptolemäisch
pygmäisch
pyrenäisch
sadducäisch
spondäisch
trochäisch

äek
ich erschräk'
— quäk'
das Gequäk
ich stäk'
der *Koräk'*

äekchen
ein Häkchen
Nesthäkchen
— *Kosäkchen*
— *Poläkchen*

äekchens
des Häkchens
— Kosäkchens
— Poläkchens

aeke
ich erschräke
— quäke
das Gequäke
Froschgequäke
ich stäke
der Koräke
die Schneegäke
— Täke

äekel
ein Häkel
der Baumhäkel
das Steinhäkel
ein Räkel
das Gehäkel
das Gequäkel
— Gemäkel
der Schräkel

äekeln
den Häkeln
häkeln
abhäkeln
anhäkeln
aufhäkeln
aushäkeln
durchhäkeln
einhäkeln
enthäkeln
forthäkeln
loshäkeln
niederhäkeln
umhäkeln
unterhäkeln
vorhäkeln
zuhäkeln
mäkeln
abmäkeln
anmäkeln
ausmäkeln
bemäkeln
durchmäkeln
ermäkeln
vermäkeln
zusammenmäkeln
quäkeln
den Räkeln
sich räkeln
herräkeln
hinräkeln
den Schräkeln
tabäkeln
täkeln

äekelnd
häkelnd
mäkelnd
quäkelnd
räkelnd
tabäkelnd
täkelnd

äekelns
des Häkelns
— Mäkelns
— Quäkelns
— Räkelns
— Tabäkelns
— Täkelns

äekels
des Häkels
— Gehäkels
— Gemäkels
— Gequäkels
— Räkels
— Geräkels
— Schräkels

äkelst

du häkelst
— mäkelst
— quäkelst
— räkelst
— tabäkelst
— täkelst

äkelt

er häkelt
gehäkelt
— mäkelt
gemäkelt
— quäkelt
gequäkelt
— räkelt
geräkelt
— tabäkelt
— täkelt

äkelts

er häkelt's
etwas gehäkelt's
er mäkelt's *etc.*

äken

sie erschräken
quäken
anquäken
sie stäken
die Koräken
— Schneegäken
— Täken
[quäkend
quäkens]

äker

der Häker
— Quäker
— Schäker
das Geschäker
der Zäker

äkern

den Häkern
— Quäkern
— Schäkern
schäkern
abschäkern
aufschäkern
ausschäkern
durchschäkern
erschäkern
fortschäkern
mitschäkern
nachschäkern
umschäkern
verschäkern
vorschäkern
wegschäkern
zurückschäkern
den Zäkern
[schäkernd]

äkers

des Häkers
— Quäkers
— Schäkers
— Geschäkers
— Zäkers
[du schäkerst
er schäkert]

äket

ihr erschräket
— quäket
— stäket

äkle

ich häkle
das Gehäkle
ich mäkle
das Gemäkle
ich räkle
das Geräkle
ich tabäkle
— täkle

äkler

der Häkler
— Mäkler
Buchmäkler
Geldmäkler
Getreidemäkler
Goldmäkler
Schiffsmäkler
Waarenmäkler
Wechselmäkler
Wollmäkler
— Quäkler
— Tabäkler

äklern

den Häklern
— Mäklern
— Quäklern
— Tabäklern

äklers

des Häklers
— Mäklers
— Quäklers
— Tabäklers

äklich

häklich
räklich
schräklich
[der Schläks
des Schläkses]

äkt

ihr erschräkt
— quäkt
— stäkt

äel — äehl

der Bubensträl
— Verschäl
— Strähl
— Wähl
das Ale
vermähl'
pfähl'
stähl'
wähl'
zähl'

äelbchen

ein Fälbchen
— Hälbchen
— Kälbchen
Herrgottskälbchen
Marienkälbchen
Osterkälbchen
Sommerkälbchen
— Sälbchen
— Schwälbchen

äelbchens

des Fälbchens
— Hälbchens
— Kälbchens
— Sälbchens
— Schwälbchens

äelbe

die Fälbe
— Schälbe

äelbel

Fälbel
Winterfälbel
ein Mälbel

äelbeln

fälbeln
mälbeln

äelbelnd

fälbelnd
mälbelnd

äelbelns

das Fälbelns
— Mälbelns

äelbelt

er fälbelt
— mälbelt

äelben

fälben
die Schälben

áelber

fälber
die Fälber
das Gekälber
die Kälber

áelbern

die Fälbern
fälbern
kälbern
auskälbern
bekälbern
fortkälbern
verkälbern
vorkälbern
zukälbern

áelbernd

fälbernd
kälbernd

áelberns

des Fälberns
— Kälberns

áelbers

etwas fälber's
des Gekälbers

áelbert

fälbert
kälbert
[die Fälche]

āelchen

das Aelchen
Essigälchen
— Canälchen
— Capitälchen
— Futterälchen
— Pfählchen
— Pokälchen
— Portälchen
— Sälchen
— Schälchen
Caffeeschälchen
Eichschälchen
Senfschälchen
Theeschälchen
ein Strählchen
— Thälchen

āelchens

des Aelchens
— Canälchens
— Capitälchens
— Futterälchens
— Pfählchens
— Pokälchens
— Portälchens
— Sälchens
des Schälchens
— Strählchens
— Thälchens

āelde — āehlde

das Gemälde
Altargemälde
Deckengemälde
Deckgemälde
Durchsichtsgemälde
Familiengemälde
Frescogemälde
Gelobungsgemälde
Geschichtsgemälde
Gesellschafts-
Hauptgemälde
Kleingemälde
Kunstgemälde
Luftgemälde
Meistergemälde
Miniaturgemälde
Nachtgemälde
Naturgemälde
Oelgemälde
Pastellgemälde
Reifgemälde
Schandgemälde
Schaudergemälde
Schauergemälde
Staffeleygemälde
Steingemälde
Stiftgemälde
Thiergemälde
Trockengemälde
Truggemälde
Votivgemälde
Vorgemälde
Weihgemälde
Zaubergemälde
Zerrgemälde

áelde

in Bälde
die Anwälde
— Wälde
das Gewälde

[der Gemälde]

[des Gemäldes
— Gewäldes
der Gewälder]

áelder

bälder
die Wälder

[der Wäldner]

āele — āehle

die Aele
mit Ale
die Admiräle
— Canäle
die Cardinäle
— Choräle
— Corporäle
— Fanäle
— Fiskäle
— Futteräle
— Generäle
— Officiäle
— Provinciäle
ich quäle
das Gequäle
die Riväle
— Säle
ich schäle
das Geschäle
die Schmäle
— Sensäle
— Thäle
— Tribunäle
er befähle
ich mähle
— vermähle
die Pfähle
das Gepfähle
ich pfähle
— schmähle
das Geschmähle
ich stähle
das Gestähle
er stähle
die Diebstähle
ich strähle
— wähle
das Gewähle
ich zähle
das Gezähle
Bayle

āelen — āehlen

den Aelen
— Admirälen
— Canälen
— Cardinälen
— Chorälen
— Corporälen
— Fanälen
— Fiskälen
— Futterälen
— Generälen
— Offiziälen
— Provinziälen
quälen
abquälen
ausquälen
durchquälen
einquälen
erquälen
fortquälen
mitquälen
nachquälen

umherquälen
zerquälen
zuquälen
den Rivälen
— Sälen
sälen
schälen
abschälen
ausschälen
beschälen
fortschälen
losschälen
mitschälen
nachschälen
verschälen
schmählen
abschmählen
aufschmählen
ausschmählen
nachschmählen
wegschmählen
wiederschmählen
zuschmählen
den Sensälen
— Tribunälen
sie befählen
— vermählen
anvermählen
ausvermählen
mählen
pfählen
abpfählen
anpfählen
auspfählen
bepfählen
einpfählen
mitpfählen
umpfählen
verpfählen
zupfählen
den Pfählen
sie bestählen
stählen
abstählen
anstählen
ausstählen
bestählen
durchstählen
umstählen
unterstählen
zustählen
den Diebstählen
strählen
wählen
abwählen
anwählen
aufwählen
auswählen
bewählen
beywählen
erwählen
auserwählen
fortwählen
miswählen
nachwählen
vorwählen
zählen
abzählen
anzählen
aufzählen
auszählen
beyzählen
darzählen
durchzählen
einzählen
erzählen
auserzählen
forterzählen
miterzählen
nacherzählen
vorerzählen
zuerzählen
zurückerzählen
zusammenerzählen
fehlzählen
fortzählen
loszählen
mitzählen
nachzählen
tagzählen
überzählen
umzählen
unterzählen
verzählen
vorzählen
zuzählen
zurückzählen
zusammenzählen

äelend — äehlend

quälend
sälend
schälend
mählend
vermählend
pfählend
schmählend
stählend
strählend
wählend
zählend

äelens — äehlens

des Quälens
— Sälens
— Schälens
— Mählens
— Vermählens
— Pfählens
— Stählens
— Strählens
— Wählens
— Zählens

äeler — äehler

die Capitäler
— Hospitäler
— Spitäler
der Quäler
Leutequäler
Menschenquäler
Selbstquäler
Thierquäler
der Schäler
— Achselschäler
— Beschäler
— Landbeschäler
schmäler
ein Mähler
— Vermähler
— Schmähler
die Thäler
der Thäler
— Wähler
Erwähler
Mitwähler
Tagewähler
Zeitwähler
der Zähler
Erbenzähler
Linsenzähler
Nachzähler
Schrittezähler
Werftenzähler
der Erzähler
Nacherzähler
Vorerzähler

äelern — äehlern

den Capitälern
— Hospitälern
— Spitälern
— Quälern
— Schälern
— Beschälern
schmäler'n
schmälern
den Mählern
— Vermählern
— Schmählern
stählern
— Thälern
— Wählern
— Zählern
— Erzählern

[schmälernd
schmälert]

äelers — äehlers

des Quälers
— Schälers
— Beschälers
etwas schmäler's
des Thälers
— Wählers

des Zählers
— Erzählers

äeles — äehles

des Ale's
— Geschäles
— Gepfähles
— Geschmähles
— Gestähles
— Gewähles
— Gezähles
ich schäl' es
zähl' es *etc.*

äelest — äehlest

du sälest
— schälest
— mählest
— vermählest
— schmählest
— stählest
— strählest
— wählest
— zählest
— erzählest

äelet — äehlet

er sälet
— schälet
— mählet
— vermählet
— stählet
— strählet
— wählet
— zählet
— erzählet

[die Hälfte
Ehehälfte]

äelge

die Bälge
ich fälge
— wälge
gefäll'ge *etc.*

{wälgern
die Wälger
— Gänsewälger
das Gewälger

äelgen

den Bälgen
ausbälgen
fälgen

[das Bälgchen
Saftbälgchen]

äelig — äehlig

schälig
dickschälig
dünnschälig
hartschälig
kernschälig
jählig
mählig
allmählig
gemählig
allgemählig
schmählig
wählig
zählig
dreyzählig
fünfzählig
überzählig
unzählig
vollzählig

[jählings]

äelisch — äehlisch

wälisch
wählisch
westphälisch

äelke

das Gebälke
die Schwälke
— Schälke
ich schälke

äelken

den Gebälken
— Schälken
— Schwälken
schälken

äell

das Gefäll
träll

äellchen

ein Bällchen
Dupfbällchen
Filzbällchen
Oelbällchen
das Krällchen
— Ställchen
— Wasserfällchen

äelle

die Bälle
— Fälle
ich fälle
— zerfälle
die Gefälle
Aftergefälle
Amtsgefälle
Angefälle
Forstgefälle
Gerichtsgefälle
Hauptgefälle
Herrngefälle
Holzgefälle
Kämmereygefälle
Kammergefälle
Krahngefälle
Lehnsgefälle
Meſsgefälle
Nebengefälle
Nutzgefälle
Wildgefälle
Zugefälle
ich gälle
— vergälle
die Mistgälle
ich krälle
die Ställe
— Wälle
— Trimälle

äellen

den Bällen
sich erbällen
verbällen
den Fällen
— Gefällen
fällen
nachfällen
niederfällen
umfällen
verfällen
zerfällen
gällen
angällen
durchgällen
vergällen
übergällen
krällen
zerkrällen
spällen
zerspällen
den Ställen
— Wällen
wällen
aufwällen
verwällen

äellend

fällend
zerfällend
gällend
vergällend
krällend
zerkrällend
spällend
wällend
umwällend

äellens

des Fällens
— Zerfällens
— Gällens
— Vergällens
— Krällens
— Spällens
— Wällens

äller

der Häller
Dreyhäller
Schlüsselhäller
der Verfäller
— Zerfäller
das Geträller
träller

ällern

den Hällern
— Verfällern
— Zerfällern
trällern
abträllern
anträllern
austrällern
durchträllern
erträllern
fortträllern
mitträllern
nachträllern
umträllern
verträllern
vorträllern
vorbeyträllern
vorüberträllern
zurückträllern

ällers

des Hällers
— Verfällers
— Zerfällers
— Geträllers

ällert

er trällert (*siehe* **ellert**)

älles

des Gefälles
trälles
vergäll' es *etc.*

ällest

du fällest
— gällest
— vergällest
— krällest
— spällest
— wällest

ället

er fället
— gället
— vergället
— krället
— spället
— wället

ällig

fällig
abfällig
achtfällig
anfällig
auffällig
ausfällig
baufällig
baumfällig
beyfällig
bruchfällig
bufsfällig
waldbufsfällig
durchfällig
einfällig
erbfällig
fufsfällig
heimfällig
hinfällig
kniefällig
mifsfällig
muthfällig
niederfällig
rindfällig
rückfällig
sachfällig
sandfällig
schwerfällig
straffällig
todtfällig
umfällig
wechselfällig
winterfällig
zeugenfällig
zinsfällig
zufällig
gefällig
dienstgefällig
gottgefällig
menschengefällig
selbstgefällig
ungefällig
volksgefällig
wohlgefällig
gällig
klammgällig
einhällig

[der Rälling]

ällS

des Gefäll's
ich vergäll's *etc.*

ällst

du fällst
— gefällst
— gällst
— vergällst
— krällst
— zerkrällst
— spällst
— wällst

ällt

er fällt
— gefällt
— gällt
— vergällt
— krällt
— spällt
— wällt
— hält
— behält *etc.*

ällte

er fällte
— gällte
— vergällte
— krällte
— spällte
— wällte
es gälte
die Kälte
ich erkälte

ällten

sie fällten
— gällten
— vergällten
— krällten
— spällten
— wällten
— gälten
— kälten

ällter

ein gefällter
— zerfällter
— vergällter
— zerkrällter
— gespällter
— umwällter
gefällt' er *etc.*

älltes

ein gefälltes
— zerfälltes
— vergälltes
— zerkrälltes
— gespälltes
— umwälltes
gefällt es *etc.*

älltest

du fälltest
— zerfälltest
— gälltest
— vergälltest
— krälltest
— spälltest
— wälltest
— gältest
— kältest

aelltet

ihr fälltet
— zerfälltet
— gälltet
— vergälltet
— krälltet
— spälltet
— wälltet
gältet
erkältet

[tälpeln
ein Aelpler]

aelsch

wälsch
kauderwälsch
rothwälsch
unterwälsch
fälsch'

aelsche

ich fälsche
das Gefälsche
der Wälsche
Schwarzwälsche
ich kauderwälsche
das Rothwälsche

aelschen

fälschen
anfälschen
umfälschen
verfälschen
die Wälschen
kauderwälschen
überwälschen
verwälschen

aelschend

fälschend
verfälschend
kauderwälschend
überwälschend
verwälschend

aelschens

des Fälschens
— Kauderwälschens
— Verwälschens

aelscher

ein Fälscher
— Verfälscher
Gesetzverfälscher
Münzverfälscher
Schriftverfälscher
Siegelverfälscher
Testament-
Waarenverfälscher
Weinverfälscher
ein Wälscher
Kauderwälscher
Verwälscher

aelschers

des Fälschers
Verfälschers
— Kauderwälschers
Verwälschers

aelsches

des Gefälsches
wälsches
kauderwälsches

aelschest

du fälschest
— kauderwälschest

aelschet

er fälschet
verfälschet
kauderwälschet

[fälschlich]

aelscht

er fälscht
— verfälscht
— kauderwälscht
— verwälscht

aelschte

er fälschte
— verfalschte
— kauderwälschte
— verwälschte

aelschten

sie fälschten
— verfälschten
— kauderwälschten
— verwälschten

aelschtes

ein verfälschtes
— verwälschtes

aelschtet

ihr fälschtet
— verfälschtet
— kauderwälschtet
— verwälschtet

aelschung

die Fälschung
— Verfälschung
— Verwälschung

aelse — aelsen ꝛc.

die Hälse — hälse (*siehe* else *etc.*)

hälsig
schwanenhälsig
taubenhälsig
der Hälsing
— Hälsling

aelst — aehlst

du quälst
— schälst
— beschälst
— befählst
— mählst
— vermählst
— pfählst
— schmählst
— stählst
— strählst
— wählst
— erwählst
— zählst
— erzählst

der schmälste
die Aelster
schmälster
schmälstes *etc.*

aelt — aehlt

er quält
gequält
er schält
— beschält
ihr befähl't
— mählt
— vermählt
— pfählt
— schmählt
— stählt
— strählt
— wählt
— zählt
— erzählt

aelt

er hält
behält *etc.*
es gält'
— fällt *etc.* *siehe* aellt

aeltchen

ein Fältchen
— Spältchen
— Gehältchen
— Gestältchen

aeltchens

des Fältchens
— Spältchens
— Gehältchens
— Gestältchens

aelte — aehlte

er quälte
— schälte
— mählte
— vermählte
— pfählte
— schmählte
— stählte

er strählte
— wählte
— zählte
— erzählte

ælte

die Aelte
— Kälte
Fieberkälte
Mutterkälte
Schauerkälte
Todeskälte
Winterkälte
es gälte
— vergälte
er fällte *etc. siehe* **aellte**
— schälte

ælteln

älteln
verälteln
fälteln
ausfälteln
einfälteln

æltelnd

ältelnd
fältend

æltelns

des Aeltelns
— Fältelns

æltelt

er ältelt
geältelt
— fältelt
gefältelt

ǣltem — ǣhltem

gequältem
beschältem
vermähltem
gepfähltem
ausgeschmähltem
gestähltem
gesträhltem
erwähltem
gezähltem
erzähltem

ǣlten — ǣhlten

sie quälten
— schälten
— mählten
— vermählten
— pfählten
— schmählten
— stählten
— strählten
— wählten
— zählten
- erzählten

ælten

kälten
auskälten
durchkälten
erkälten
verkälten
es gälten
— vergälten
sie schälten
— fällten *etc. siehe* **aellten**

ǣlter — ǣhlter

ein gequälter
— beschälter
— Vermählter
— gepfählter
— ausgeschmählter
— gestählter
— gestrählter
— Auserwählter
Gezählter
— erzählter
quält er
zählt er *etc.*

ælter

älter
ein Hälter
Aalhälter
Fischhälter
— Behälter
Blutbehälter
Fischbehälter
Fuchsbehälter
Samenbehälter
Speisesaftsbehälter
Staubbehälter
Wasserbehälter
kälter
der Wälter

æltern

Ältern
die Aeltern
Grofsältern
Pflegeältern
Schwiegerältern
Stammältern
Stiefältern
Urältern
Urureltern
Vorältern
Wahlältern
den Hältern
— Behältern
— kältern
— Wältern

[älternd]

ælters

ein älter's
des Hälters
— Behälters
ein kälter's
des Wälters

[ältert
geältert]

ǣltes — ǣhltes

ein gequältes
— geschältes
— vermähltes
— gepfähltes
— ausgeschmähltes
— gestähltes
— gesträhltes
— auserwähltes
— gezähltes
— erzähltes
quält es
zählt es *etc.*

ǣltest — ǣhltest

du quältest
— schältest
— mähltest
— vermähltest
— pfähltest
— schmähltest
— stähltest
— strähltest
— wähltest
— zähltest
— erzähltest

æltest

ältest
kältest
du erkältest
— gältest
— vergältest
— schältest
fälltest *etc. siehe* **aelltest**

ǣltet — ǣhltet

ihr quältet
— schältet
— mähltet
— vermähltet
— pfähltet
— schmähltet
— stähltet
— strähltet
— wähltet
— zähltet
— erzähltet

æltet

es kältet
erkältet

ihr gältet
— vergältet
— schältet
— fälltet *etc.* *siehe* **aellstet**

áeltge

mannigfält'ge
ich vervielfält'ge
einfält'ge
sorgfält'ge
— bewält'ge
— überwält'ge
goldhält'ge
hinterhält'ge
silberhält'ge

áeltgen

einfält'gen
vielfält'gen
bewält'gen
kupferhält'gen

áeltgend

vervielfält'gend
bewält'gend
überwält'gend

áeltger

vielfält'ger
probehält'ger
der Ueberwält'ger

áeltgern

sorgfältger'n
erzhält'ger'n
der Ueberwältger'n

áeltges

tausendfält'ges
eisenhält'ges

áeltgest

du vermannigfält'gest
— bewält'gest
— überwält'gest

áeltget

ihr verhundertfält'get
— bewält'get
— überwält'get

áelt'gung

die Vermannigfält'gung
— Bewält'gung
— Ueberwält'gung

áeltig

einfältig
erzeinfältig
2- 3- *etc.* 100- 1000-fältig
sorgfältig
vielfältig
hältig
bleyhältig
eisenhältig
erzhältig
goldhältig
hinterhältig
probehältig
silberhältig

áeltigst

sorgfältigst
vielfältigst
du vermannigfältigst
hältigst
probehältigst
silberhältigst
du bewältigst
— überwältigst

áeltigt

er vertausendfältigt
— bewältigt
— überwältigt

áeltlich

ältlich
kältlich
behältlich
unbehältlich
vorbehältlich

áeltnis

das Behältnis
Fruchtbehältnis
Honigbehältnis
Milchbehältnis
Saftbehältnis
Schriftbehältnis
das Verhältnis
Amtsverhältnis
Berechnungs-
Dienstverhältnis
Fruchtverhältnis
Gleichverhältnis
Familienverhältnis
Höhenverhältnis
Lebensverhältnis
Misverhältnis
Staatsverhältnis
Urverhältnis
Wechselverhältnis
Weltverhältnis
Zahlenverhältnis
Zahlverhältnis
Zeitverhältnis

āelts — āehlt's

er quält's
— schält's
— wählt's
— erzählt's *etc.*

áelts

er hält's
— gält's *etc.*

[die Erkältung
— Verkältung]

āelung — āehlung

die Quälung
— Schälung
— Beschälung
— Vermählung
— Umpfählung
— Ausschmählung
— Stählung
— Strählung
— Wählung
— Erwählung
— Zählung
— Erzählung

áelzchen

ein Fälzchen
— Wälzchen

áelzchens

des Fälzchens
— Wälzchens

áelze

die Fälze
ich mälze
— wälze
das Gewälze

áelzen

den Fälzen
mälzen
wälzen
abwälzen
anwälzen
aufwälzen
auswälzen
daherwälzen
durchwälzen
einherwälzen
entwälzen
entgegenwälzen
fortwälzen
herabwälzen
heraufwälzen
herauswälzen
hinwälzen
hinabwälzen
mitwälzen
niederwälzen
rückwälzen
überwälzen
umwälzen
umherwälzen
verwälzen
vorwälzen

voranwälzen
vorbeywälzen
vorüberwälzen
wegwälzen
zerwälzen
zuwälzen
zurückwälzen
zusammenwälzen

áelzend

mälzend
wälzend

áelzens

des Mälzens
— Wälzens

áelzer

der Mälzer
— Pfälzer
Oberpfälzer
Rheinpfälzer
Unterpfälzer
— Wälzer
Ballenwälzer
Rasenwälzer
Straſsenwälzer
Umwälzer
Staatsumwälzer
Thronumwälzer
Gegen-um-
Weltumwälzer

áelzern

den Mälzern
— Pfälzern
— Wälzern

áelzers

des Mälzers
— Pfälzers
— Wälzers

áelzeſt

du mälzest
— wälzest

áelzet

er mälzet
gemälzet
— wälzet
gewälzet

áelzt

mälzt
gemälzt
luftgemälzt
wälzt
gewälzt

áelzte

er mälzte
die gemälzte
er wälzte
die gewälzte

áelzten

sie mälzten
— wälzten

áelzter

gemälzter
gewälzter
mälzt' er *etc.*

áelztes

gemälztes
gewälztes
wälzt es

áelztet

ihr mältet
— wälztet

áelzung

die Mälzung
Luftmälzung
— Wälzung
Umwälzung
Staatsumwälzung
Gegenstaats-
Weltumwälzung

āem — āehm

das Gebräm'
ich käm'
schräm
das Gesäm'
ich nähm'
der Rähm

áem

Slam
groſser *Slam*
kleiner *Slam*
God dam
kämm' *etc.*

āemchen — āehmchen

das Dämchen
Madämchen
ein Hämchen
Quaderhämchen
— Krämchen
das Aehmchen
— Rähmchen

āemchens

des Dämchens
Madämchens
— Hämchens

des Krämchens
— Rähmchens

āeme — āehme

die Bräme
Pferdebräme
Traubenbräme
das Gebräme
Pelzgebräme
Fuchsgebräme
Zobelgebräme
Sammtgebräme
ich verbräme
— gräme
— käme
die Kräme
das Gesäme
ich schäme
die Schäme
schräme
ich brähme
die Flähme
ich lähme
die Lähme
Buglähme
ich nähme
— rähme
die Rähme
ich zähme

āemel — āehmel

das Gedämel
— Gegrämel
der Schämel
Fuſsschämel
Lenkschämel
Melkschämel
Querschämel
Reitschämel
Rückschämel
Rungschämel
Schusterschämel
Wendeschämel
der Trämel
— Rähmel

āemeln

dämeln
grämeln
vergrämeln
den Schämeln
— Trämeln
— Rähmeln

āemelnd

dämelnd
grämelnd
vergrämelnd

āemelns

des Dämelns
— Grämelns
— Vergrämelns

āemels — āehmels

des Gedämels
— Gegrämels
— Schämels
— Trämels
— Rähmels

āemelst

du dämelst
— grämelst
— vergrämelst

āemelt

er dämelt
— grämelt
— vergrämelt

āemen — āehmen

die Brämen
ausbrämen
bebrämen
verbrämen
grämen
abgrämen
ausgrämen
durchgrämen
ergrämen
fortgrämen
vergrämen
zergrämen
sie kämen
den Krämen
— Gesämen
schämen
ausschämen
beschämen
verschämen
die schrämen
schrämen
verschrämen
brähmen
die Flähmen
lähmen
mitlähmen
verlähmen
sie nähmen
rähmen
zähmen
bezähmen

āemend — āehmend

ausbrämend
verbrämend
grämend
schämend
schrämend
brähmend
lähmend
rähmend
zähmend
rossebezähmend

āemens — āehmens

des Verbrämens
— Grämens
— Schämens
— Schrämens
— Brähmens
— Lähmens
— Rähmens
— Zähmens
sie bekämen's
— nähmen's

āemer — āehmer

der Krämer
Ablaſskrämer
Alterthumskrämer
Anecdotenkrämer
Bänkelkrämer
Balsamkrämer
Citronenkrämer
Dutchenkrämer
Essigkrämer
Feldkrämer
Fettkrämer
Fischkrämer
Geheimniskrämer
Geschäftskrämer
Gewürzkrämer
Glaskrämer
Häringskrämer
Haubenkrämer
Hausthürkrämer
Hechelkrämer
Käsekrämer
Kleiderkrämer
Kleinigkeitskrämer
Klippkrämer
Landkrämer
Mehlkrämer
Neuigkeitskrämer
Obstkrämer
Papierkrämer
Partkrämer
Puppenkrämer
Purpurkrämer
Reichkrämer
Salbenkrämer
Salzkrämer
Schlackkrämer
Sonnenkrämer
Spezereykrämer
Spitzenkrämer
Sylbenkrämer
Tabakskrämer
Tabuletkrämer
Tändelkrämer
Tugendkrämer
Wachskrämer
Weisheitskrämer
Weiſskrämer
Wortkrämer
Würzkrämer
Zeitungskrämer
Zinnkrämer
der Beschämer
schrämer
— Lähmer
— Zähmer
Herzenszähmer
— Bezähmer
Rossebezähmer
käm' er
nähm' er. *etc.*

āemern — āehmern

den Krämern
krämern
verkrämern
— Beschämern
schrämer'n
— Lähmern
— Zähmern
— Bezähmern
{ krämernd
krämerst
krämert }

āemers — āehmers

des Krämers
— Beschämers
etwas schrämer's
des Lähmers
— Zähmers
— Bezähmers
bekäm' er's
nähm' er's *etc.*
[hämpflich]
[die Prämie
Euphemie]

āemig

grämig
griesgrämig
schämig
geschämig
[der Fläming]

āemisch

dämisch
flämisch
grämisch
griesgrämisch
hämisch
sämisch

āemlich

dämlich
gämlich
grämlich
griesgrämlich
nämlich
schämlich
unschämlich
verschämlich
[der Grämler]

äemling

der Grämling
— Hämling

äemlings

des Grämlings
— Hämlings

áemm

dämm'
kämm'
das Gekämm'
der *Slam*
God dam!
schlämm'

áemmchen

das Bämmchen
Butterbämmchen
— Dämmchen
— Kämmchen
Hahnenkämmchen
— Lämmchen
Osterlämmchen
— Schrämmchen
— Schwämmchen
— Stämmchen
Apfelstämmchen
Eaumstämmchen
Birnenstämmch. *etc.*

áemmchens

des Bämmchens
— Dämmchens
— Kämmchens
— Lämmchens
— Schrämmchens
— Schwämmchens
— Stämmchens

áemme

die Bämme
Butterbämme
— Dämme
ich dämme
das Gedämme
die Kämme
ich kämme
das Gekämme
die Mämme
ich schlämme
das Geschlämme
die Schwämme
ich schwämme
die Stämme
ich stämme

áemmel

die Hämmel
Leithämmel
Masthämmel
Zuchthämmel
das Gebämmel
die Lämmel
das Lämmel

áemmeln

bämmeln
den Hämmeln
hämmeln
aushämmeln
kämmeln
die Lämmeln
pämmeln

áemmelnd

bämmelnd
hämmelnd
kämmelnd
pämmelnd

áemmelns

des Bämmelns
— Hämmelns
— Kämmelns
— Pämmelns

áemmels

des Gebämmels
— Lämmels

áemmelt

bämmelt
hämmelt
ausgehämmelt
kämmelt
gekämmelt
pämmelt

áemmen

die Bämmen
Butterbämmen
den Dämmen
dämmen
abdämmen
aufdämmen
ausdämmen
umdämmen
verdämmen
vordämmen
wegdämmen
zurückdämmen
den Kämmen
kämmen
abkämmen
ankämmen
aufkämmen
auskämmen
durchkämmen
einkämmen
nachkämmen
niederkämmen
überkämmen
unterkämmen
vorkämmen
wegkämmen
zerkämmen
zurückkämmen
zusammenkämmen
die Mämmen
schlämmen
abschlämmen
ausschlämmen
beschlämmen
nachschlämmen
verschlämmen
den Schwämmen
schwämmen
(*besser* schwemmen)
stämmen
(*besser* stemmen)
den Stämmen

áemmend

dämmend
kämmend
schlämmend
schwämmend
stämmend

áemmens

des Dämmens
— Kämmens
— Schlämmens
— Schwämmens
— Stämmens

áemmer

ein Dämmer
das Gedämmer
die Hämmer
das Gehämmer
der Kämmer
— Wollkämmer
das Gekämmer
die Lämmer
der Schlämmer

áemmern

dämmern
abenddämmern
andämmern
aufdämmern
durchdämmern
entdämmern
erdämmern
herabdämmern
hereindämmern
morgendämmern
nachdämmern
überdämmern
umdämmern
verdämmern
vordämmern

den Hämmern
hämmern
anhämmern
aufhämmern
aushämmern
behämmern
durchhämmern
einhämmern
erhämmern
forthämmern
mithämmern
nachhämmern
umhämmern
unterhämmern
verhämmern
zerhämmern
zuhämmern
zusammenhämmern
den Kämmern
— Lämmern
lämmern
— Schlämmern

áemmernd

dämmernd
hämmernd
lämmernd

áemmerns

des Dämmerns
— Hämmerns
— Lämmerns

áemmers

des Gedämmers
— Gehämmers
— Gekämmers
— Schlämmers
ich hämmer's
kämm' er's

áemmerst

du dämmerst
— hämmerst
— lämmerst

áemmert

er dämmert
— hämmert
— lämmert
gelämmert

áemmes

des Gedämmes
— Gekämmes
— Geschlämmes
— *Slames*
ich kämm' es *etc.*

áemmest

du dämmest
— kämmest
du schlämmest
— schwämmest
— stämmest

áemmet

ihr dämmet
umdämmet
— kämmet
gekämmet
— schlämmet
geschlämmet
— schwämmet
— stämmet
gestämmet
das Pfämmet

áemmig

stämmig
1- 2- *etc.* stämmig
dickstämmig
hochstämmig
niederstämmig
unstämmig
vielstämmig
weiſsstämmig
kämmig
leichtkämmig
schwerkämmig
[der Schwämming]

áemmle

ich dämmle
— hämmle
— kämmle
— pämmle

áemmling

der Hämmling
— Kämmling
— Stämmling
— Abstämmling

áemmlings

des Hämmlings
— Kämmlings
— Stämmlings

áemmre

ich dämm're
— hämm're
— lämm're

áemm'rung

die Dämm'rung
— Hämm'rung

áemms

des Gedämm's
— Gekämm's
— Geschlämm's
— *Slam's*
ich kämm's *etc.*

áemmt

er dämmt
umdämmt
— kämmt
gekämmt
— schlämmt
geschlämmt
ihr schwämmt
geschwämmt
— stämmt
gestämmt
geslamt

áemmte

er dämmte
— kämmte
— schlämmte
— schwämmte
— stämmte

áemmten

sie dämmten
— kämmten
— schlämmten
— schwämmten
— stämmten

áemmter — áemter

ein verdämmter
— gekämmter
— geschlämmter
— angeschwämmter
— gestämmter
die Aemter
dämmt'er *etc.*

áemmtern — áemtern

den verdämmter'n
— gekämmter'n
— geschlämmter'n
— überschwämmter'n
— eingestämmter'n
— Aemtern

áemmters

ein umdämmter's
— gekämmter's
— geschlämmter's
— überschwämmter's
— gestämmter's
kämmt er's *etc.*

áemmtes

ein verdämmtes
— gekämmtes
— verschlämmtes
— angeschwämmtes
— vorgestämmtes
dämmt es *etc.*

ämmtet

ihr dämmtet
— kämmtet
— schlämmtet
— schwämmtet
— stämmtet

ämmung

die Dämmung
— Kämmung
— Schlämmung
— Ueberschwämmung
— Stämmung

ämon

der Dämon
Agathodämon
Kakodämon
— *Hämon*
— *Palämon*

ämons

des Dämons
— *Hämons*
— *Palämons*

ämpchen

das Krämpchen
— Lämpchen

ämpchens

des Krämpchens
— Lämpchens

ämpe

der Kämpe
die Krämpe
Hutkrämpe
das Gekrämpe
die Plämpe
— Stämpe

ämpel

die Krämpel
— Wollkrämpel
das Gekrämpel
der Plämpel
das Geplämpel
der Stämpel (*auch* Stempel)
Angelstämpel
Austragestämpel
Blechstämpel
Butterstämpel
Fabrikstämpel
Kartenstämpel
Meisterstämpel
das Gestämpel
— Geträmpel

ämpeln

krämpeln
abkrämpeln
aufkrämpeln
auskrämpeln
durchkrämpeln
fortkrämpeln
mitkrämpeln
nachkrämpeln
unterkrämpeln
vorkrämpeln
den Plämpeln
plämpeln
stämpeln
abstämpeln
nachstämpeln
vorstämpeln
trämpeln
nachträmpeln
vorträmpeln

ämpelnd

krämpelnd
plämpelnd
stämpelnd
trämpelnd

ämpelns

des Krämpelns
— Plämpelns
— Stämpelns
— Trämpelns

ämpels

des Gekrämpels
— Plämpels
— Geplämpels
— Stämpels
— Gestämpels
— Geträmpels

ämpelst

du krämpelst
— plämpelst
— stämpelst
— trämpelst

ämpelt

er krämpelt
gekrämpelt
— plämpelt
— stämpelt
gestämpelt
— trämpelt

ämpen

die Kämpen
bekämpen
— Krämpen
krämpen
abkrämpen
aufkrämpen
niederkrämpen
überkrämpen
umkrämpen
verkrämpen
die Plämpen
— Stämpen
stämpen

ämpend

bekämpend
krämpend
stämpend

ämpens

des Bekämpens
— Krämpens
— Stämpens

ämper

die Krämper
das Geplämper
der Stämper

ämpern

den Krämpern
plämpern
herumplämpern
verplämpern
— Stämpern

[verplämpernd
verplämpert]

ämpers

des Krämpers
— Geplämpers
— Stämpers

ämpfe

ich dämpfe
die Dämpfe
das Gedämpfe
ich kämpfe
die Kämpfe
das Gekämpfe
die Krämpfe

[der Tämpfel]

ämpfen

den Dämpfen
dämpfen
abdämpfen
ausdämpfen
eindämpfen
überdämpfen
verdämpfen
wegdämpfen
zudämpfen
den Kämpfen
kämpfen
abkämpfen
ankämpfen
aufkämpfen
auskämpfen
bekämpfen

durchkämpfen
entgegenkämpfen
erkämpfen
faustkämpfen
fortkämpfen
loskämpfen
mitkämpfen
niederkämpfen
überkämpfen
umkämpfen
verkämpfen
vorkämpfen
wettkämpfen
widerkämpfen
zerkämpfen
zurückkämpfen
den Krämpfen
verkrämpfen

áempfend

dämpfend
kämpfend
verkrämpfend

áempfens

des Dämpfens
— Kämpfens
— Verkrämpfens

áempfer

der Dämpfer
Kohlendämpfer
Selbstdämpfer
— Kämpfer
Bogenkämpfer
Faustkämpfer
Federkämpfer
Fufskämpfer
Gegenkämpfer
Mitkämpfer
Schwertkämpfer
Vorkämpfer
Wettkämpfer
Zweykämpfer

áempfern

den Dämpfern
— Kämpfern

áempfers

des Dämpfers
— Kämpfers

[dämpfig erkämpflich]

áempfes

des Gedämpfes
— Gekämpfes

áempfest

du dämpfest
— kämpfest
— verkrämpfest

áempfet

er dämpfet
— kämpfet
— verkrämpfet

áempfs

des Gedämpfs
— Gekämpfs

áempfst

du dämpfst
— kämpfst
— verkrämpfst

áempft

er dämpft
gedämpft
— kämpft
— bekämpft
— verkrämpft

áempfte

er dämpfte
— kämpfte
— verkrämpfte

áempften

sie dämpften
— kämpften
die verkrämpften

áempfter

ein gedämpfter
— gekämpfter
— verkrämpfter
dämpft er *etc.*

áempftes

ein gedämpftes
— gekämpftes
— verkrämpftes

áempftest

du dämpftest
— kämpftest
— verkrämpftest

áempftet

ihr dämpftet
— kämpftet
— verkrämpftet

áempfung

die Dämpfung
Hauptdämpfung
— Bekämpfung
— Verkrämpfung

áemple

ich krämple
— plämple
— stämple
— trämple

áempler

der Krämpler
Wollkrämpler
— Stämpler
— Plämpler
— Trämpler

áemplern

den Krämplern
— Plämplern
— Stämplern
— Trämplern

áemplers

des Krämplers
— Plämplers
— Stämplers
— Trämplers

áems

der Gäms
des *Slams*
— Gedämms *etc.*

āems — āehms

des Gebräm's
— Gesäm's
schräm's
— Rähm's
käm's
nähm's *etc.*

áemse

die Aemse
— Dämse
dem Gämse
ich tämse

[das Strämsel]

áemsen

die Aemsen
tämsen

áemsig

ämsig
tämsig

āemst — āehmst

du verbrämst
— grämst
— bekämst
— schämst
— schrämst
— lähmst
— nähmst
— rähmst
— zähmst

āemt — āehmt

er verbrämt
— grämt
ihr bekämt

er schämt
— schrämt
— verschämt
unverschämt
— lähmt
gelähmt
ihr nähmt
— rähmt
— zähmt
— gezähmt
ungezähmt

āemte — āehmte

er verbrämte
— grämte
— schämte
verschämte
— schrämte
— lähmte
— rähmte
— zähmte

āemten — āehmten

sie verbrämten
— grämten
— schämten
— schrämten
— lähmten
— rähmten
— zähmten

āemter — āehmter

ein verbrämter
— vergrämter
— verschämter
— geschrämter
— gelähmter
— gerähmter
— gezähmter
verbrämt er
lähmt er *etc.*

áemter

die Aemter
ein gedämmter *etc. siehe* aemmter

āemtes — āehmtes

ein verbrämtes
— vergrämtes
— verschämtes
— geschrämtes
— gelähmtes
— gerähmtes
— gezähmtes
ihr bekämt es
— zähmt es *etc.*

āemtest — āehmtest

du verbrämtest
— grämtest
du schämtest
verschämtest
— schrämtest
— lähmtest
— rähmtest
— zähmtest

āemtet — āehmtet

ihr verbrämtet
— grämtet
— schämtet
— schrämtet
— lähmtet
— rähmtet
— zähmtet

āemtheit — āehmtheit

die Verschämtheit
— Unverschämtheit
— Gelähmtheit
— Gezähmtheit
— Ungezähmtheit

áemtlich

ämtlich
sämmtlich

áemtlichst

ämtlichst
sämmtlichst

āemung — āehmung

die Verbrämung
— Beschämung
— Lähmung
Augenlieder-
Gliederlähmung
Seitenlähmung
— Zähmung

[der Hämus]

āen — āehn

der Capitän
— Grän
— Krän
das Molybdän
— Porzellän
der Souverän
droit d'Aubaine
Polyaen
der Strähn
Garnsträhn
bäh'n
bläh'n
kräh'n
mäh'n
näh'n
säh'n
schmäh'n
späh'n

ĕena

die *Gangraena*
— *Phagedaena*

[der Pfänch]

āenchen — āehnchen

das Capitänchen
— Phalänchen
— Plänchen
— Spänchen
— Souveränchen
— Thränchen
ein Gränchen
das Fähnchen
Pikenfähnchen
Thurmfähnchen
das Hähnchen
Erdhähnchen
Fechthähnchen
Goldhähnchen
Spargelhähnchen
das Kähnchen
— Zähnchen

āenchens — āehnchens

des Capitänchens
— Phalänchens
— Plänchens
— Spänchens
— Souveränchens
— Thränchens
— Fähnchens
— Hähnchens
— Kähnchens
— Zähnchens

[der Fähndrich]

áend

ich bänd'
— fänd'
— empfänd'
pfänd'!
schänd'!
— verschwänd'
— ständ
die Urständ
ich ständ'
— wänd'

áendchen

das Bändchen
Haltbändchen
Lippenbändchen
das Händchen
Eichelhändchen
Glückshändchen
Johannishändchen
Kußhändchen

das Ländchen
— Pfändchen
— Rändchen
— Ständchen
Abendständchen
Abschiedsständchen
Fackelständchen
Frühständchen
Morgenständchen
Nachtständchen
Sargständchen
Singständchen
Spottständchen
— Wändchen

ändchens

des Bändchens
— Händchens
— Ländchens
— Pfändchens
— Rändchens
— Ständchens
— Wändchens

ände

ich bände
die Bände
— Brände
ich fände
die Lände
— Anlände
— Schiffslände
das Gelände
die Hände
ich pfände
das Gepfände
ich empfände
— schände
— stände
die Stände
— Landstände
— Umstände
Gesundheits-
Glücksumstände
Vermögens-
Hauptumstände
Nebenumstände
die Urstände
ich schwände
die Wände
ich wände

ändel

das Bändel
der Bändel
— Brändel
das Händel
die Händel
Liebeshändel
Studentenhändel
Welthändel
das Ländel
das Machändel
— Pfändel
— Gerändel
der Schwändel
das Getändel
— Geträndel
Haendel

[ein Mändel
das Hähndel]

ändeln

den Bändeln
verbändeln
brändeln
händeln
— Händeln
— Ländeln
— Machändeln
— Pfändeln
rändeln
abrändeln
ausrändeln
berändeln
nachrändeln
umrändeln
zurändeln
verländeln
tändeln
abtändeln
auständeln
durchtändeln
ertändeln
forttändeln
mittändeln
nachtändeln
vertändeln
vortändeln
wegtändeln
zutändeln
zusammentändeln
trändeln
verträndeln

ändelnd

verbändelnd
brändelnd
händelnd
rändelnd
verländelnd
tändelnd
trändelnd

ändelns

des Verbändelns
— Brändelns
— Händelns
— Verländelns
— Rändelns
— Tändelns
— Trändelns

ändels

des Bändels
— Brändels
— Händels
— Machändels
— Pfändels
— Rändels
— Gerändels
— Schwändels
— Getändels
— Geträndels

ändelst

du verbändelst
— brändelst
— händelst
— rändelst
— verländelst
— tändelst
— trändelst

ändelt

er verbändelt
— brändelt
— händelt
— verländelt
— rändelt
— tändelt
— trändelt

änden

sie bänden
den Bänden
— Bränden
sie fänden
— empfänden
den Händen
länden
anländen
pfänden
abpfänden
auspfänden
fortpfänden
mitpfänden
nachpfänden
verpfänden
wiederpfänden
zupfänden
ränden
versänden
schänden
ausschänden
mitschänden
nachschänden
vorschänden
sie schwänden
den Ständen
sie ständen
beumständen
den Wänden
— Einwänden
vorwänden

ändend

bändend
pfändend
rändend
versändend
schändend
beumständend
vorwändend

ändens

des Ländens
— Pfändens
— Rändens
— Versändens
— Schändens
— Beumständens
— Vorwändens
sie schänden's *etc.*

änder

änder'!
die Bänder
der Sammthänder
— Gesammthänder
— Vierhänder
das Geländer
Altargeländer
Baumgeländer
Blüthengeländer
Fruchtgeländer
Gartengeländer
Randgeländer
Rebengeländer
Rosengeländer
Traubengeländer
Treppengeländer
Weingeländer
der Länder
die Länder
der Abendländer
— Alpländer
— Ausländer
— Binnenländer
— Curländer
— Eiländer
— Engelländer
Stockengelländer
— Erbländer
— Ernnländer
— Esthländer
— Feuerländer
— Finnländer
— Friedländer
— Frieſsländer
— Grönländer
— Gothländer
— Hauländer
— Hochländer
— Holländer
Neuholländer
der Inländer
— Irrländer
— Isländer
— Jemtländer
— Lappländer
— Liefländer
— Marschländer
— Mayländer
— Maryländer
— Mittagsländer
— Morgenländer
— Neufoundländer
— Neuseeländer
— Niederländer
— Nordländer
— Oberländer
— Osterländer
— Rheinländer
— Ruhländer
— Samländer
— Sauerländer
— Schottländer
— Südländer
— Unterländer
— Vandiemensländer
— Vaterländer
— Vierländer
— Voigtländer
— Weinländer
— Westländer
die Pfänder
der Pfänder
Auspfänder
Verpfänder
die Ränder
das Geränder
der Schänder
Bergschänder
Blutschänder
Ehrenschänder
Heiligthumsschänd.
Jungfernschänder
Knabenschänder
Majestätsschänder
Namenschänder
Sabbathschänder
Sacramentsschänder
Selbstschänder
Straſsenschänder
Tempelschänder
der Ständer
Abständer
Baumölständer
Bierständer
Bornständer
Beyständer
Bundständer
Erbständer
Fleischständer
Hinterständer
Krahnständer
Krautständer
Mühlständer
Netzständer
Nothständer
Oberständer
Rahmständer
Schlagständer
Schlittenständer
Schmalzständer
Schottständer
Unterzugständer
Verwahrungsständer
Vorderständer
Vorständer
Wandständer
Wasserständer
Zapfenständer
Zaunständer
der Beständer
Erbbeständer
Fährbeständer

ändern

ändern
abändern
miſsändern
nachändern
umändern
verändern
den Bändern
bändern
bebändern
umbändern
verbändern
den Geländern
geländern
ländern
herumländern
nachländern
den Ländern
— Abendländern *etc. bis* Westländern (*siehe* **aender**)
engländern
holländern
den Pfändern
pfändern
— Rändern
rändern
berändern
nachrändern
umrändern
den Schändern
— Ständern
— Beständern
ständern

ändernd

ändernd
bändernd
geländernd

ländernd
engländernd
holländernd
pfändernd
rändernd
ständernd

äenderns

des Aenderns
— Bänderns
— Geländerns
— Länderns
— Engländerns
— Holländerns
— Pfänderns
— Ränderns
— Ständerns

äenders

änder's!
des Geländers
— Länders
— Abendländers *etc. bis* Westländers (*siehe* **äender**)
— Pfänders
— Geränders
— Schänders
— Ständers
— Beständers

äenderst

du änderst
— bänderst
— geländerst
— länderst
— engländerst
— holländerst
— pfänderst
— ränderst
— ständerst

äendert

er ändert
verändert
— bändert
geländert
ländert
engländert
holländert
pfändert
rändert
gerändert
ständert

äendes

des Geländes
— Gepfändes
ich empfänd' es *etc.*
— verständ' es *etc.*

äendest

du bändest
— fändest
— empfändest
— pfändest
— schändest
— ständest
— schwändest
— wändest

äendet

ihr bändet
— fändet
— empfändet
— pfändet
— schändet
geschändet
— schwändet
— ständet
— wändet

äendig

bändig
doppelbändig
vielbändig
1 - 2 - 3 - 4 - *etc.*
kuppelbändig
strickbändig
unbändig
händig
abhändig
beyhändig
ein - *etc.* 1000 -
vielhändig
vierhändig
langhändig
weiſshändig
ständig
abständig
achselständig
anständig
unanständig
astständig
ausständig
aussenständig
bauständig
beyständig
bergständig
blattständig
blattstielständig
blumenstielständig
blüthenständig
einständig
gipfelständig
hinterständig
inständig
miſsständig
nachständig
rechtsständig
rückständig
rückenständig
seitenständig
selbstständig
überständig
umständig
unständig
vollständig
winkelständig
wurzelständig
zuständig
beständig
feuerbeständig
rechtsbeständig
unbeständig
geständig
eingeständig
sprachgeständig
verständig
bauverständig
handwerksverständ.
herrschverständig
hochverständig
kriegsverständig
kunstverständig
rechtsverständig
sachverständig
sprachverständig
weltverständig
wetterverständig
unverständig

äendigt

er bändigt
gebändigt
— händigt
behändigt
eingehändigt
sich verständigt

äendisch

abendländisch *etc. bis* westländisch (*s.* Länder *u.* Land)
ausländisch
eiländisch
erbländisch
fernländisch
gleichländisch
hieländisch
inländisch
mittagsländisch
mittelländisch
vaterländisch
ständisch
kriegsständisch
landständisch
reichsständisch

äendle

ich verbändle
brändle
händle
rändle

tändle
trändle

[das Brändlein
— Wasserhändlein]

ändler

ein Abbrändler
— Altgewändler
der Händler
Alleinhändler
Bilderhändler
Blumenhändler
Bücherhändler
Citronenhändler
Demanthändler
Dielenhändler
Eisenhändler
Essighändler
Federhändler
Fetthändler
Fischhändler
Garnhändler
Gegenhändler
Getreidehändler
Gewandhändler
Gewehrhändler
Gewürzhändler
Glashändler
Groſshändler
Grützhändler
Haarhändler
Hühnerhändler
Juwelenhändler
Käsehändler
Kleinhändler
Kranzhändler
Leinwandhändler
Mehlhändler
Menschenhändler
Messinghändler
Mittelhändler
Obsthändler
Ochsenhändler
Papierhändler
Pelzhändler
Perlenhändler
Pferdehändler
Putzhändler
Rauchhändler
Roſshändler
Salzhändler
Samenhändler
Schleichhändler
Schmuckhändler
Schnitthändler
Schweinhändler
Seidenhändler
Sackhändler
Spezereyhändler
Spitzenhändler
Tabackhändler
Teppichhändler
Tuchhändler
Unterhändler
Friedensunterh.
Staatsunterhändler
Victualienhändler
Vogelhändler
Wachshändler
Waffenhändler
Waidhändler
Wasserhändler
Wechselhändler
Weinhändler
Wollhändler
Würzhändler
Zeughändler
Zinnhändler
Zwischenhändler
der Ländler
— Tändler
— Trändler

[Chandler]

ändlern

den Abbrändlern
— Altgewändlern
— Händlern
— Ländlern
— Tändlern
— Trändlern

ändlers

des Abbrändlers
— Altgewändlers
— Händlers
— Ländlers
— Tändlers
— Trändlers

ändlich

ländlich
vaterländlich
verpfändlich
unterpfändlich
schändlich
überschändlich
ständlich
gegenständlich
umständlich
verständlich
gemeinverständlich
miſsverständlich
unverständlich
zuständlich
urzuständlich

[der Händling]

ändlings

des Händlings
ständlings

[der Sechsständner]

ändnis

das Geständnis
Eingeständnis
Liebesgeständnis
Selbstgeständnis
Zugeständnis
das Verständnis
Einverständnis
Geheimverständnis
Liebesverständnis
Miſsverständnis
Unverständnis
das Vereinständnis

ändung

die Anländung
— Pfändung
— Verpfändung
Grundverpfändung
Nieſsbrauchsverpf.
Nutzenverpfändung
— Rändung
— Versändung
— Schändung
Selbstschändung
— Beumständung
— Vorwändung

äne — äehne

dem Capitäne
der Däne
die Domäne
— Fontäne
— Gangräne
— Gräne
— Hyäne
Wolfshyäne
den Kräne
die Migräne
— Muräne
Lachsmuräne
— Phaläne
— Pläne
auf der Pläne
die Quarantäne
— Schwäne
— Späne
Bohrspäne
Buchbinderspäne
Eisenspäne
Eisenfeilspäne
Garspäne
Gedankenspäne
Mandelspäne
Preſsspäne
Sägespäne
Schleifspäne
ich späne
die Träne
— Thräne
Abschiedsthräne

Bußthräne
Büsserthräne
Crocodilsthräne
Freudenthräne
Glasthräne
Heliadenthräne
Heuchelthräne
Hirschthräne
Kummerthräne
Marienthräne
Mosesthräne
Mutterthräne
Rebenthräne
Scheinthräne
Schweinsthräne
Sehnsuchtsthräne
Wehmuthsthräne
Weiberthräne
Weihethräne
ich thräne
— brähme
— gähne
das Gegähne
die Hähne
— Kähne
— Mähne
— Löwenmähne
— Pferdemähne
— Zottelmähne
— Windlähne
— Strähne
— Garnsträhne
ich wähne
— erwähne
die Zähne
droit d'Aubaine
— *Chaine*
Lafontaine
Payne

aehneln

ähneln
zähneln
auszähneln

aehnelnd

ähnelnd
zähnelnd

aehnelns

des Aehnelns
— Zähnelns

aehnelst

du ähnelst
— zähnelst

aehnelt

er ähnelt
— zähnelt
— gezähnelt

aenen — aehnen

den Capitänen
— Dänen
— Domänen
— Fontänen
— Gangränen
— Gränen
— Hyänen
— Kränen
— Migränen
— Muränen
— Phalänen
— Plänen
— Quarantänen
— Schwänen
— Spänen
spänen
abspänen
einspänen
verspänen
die Thränen
thränen
bethränen
nachthränen
brähnen
gähnen
angähnen
ausgähnen
begähnen
durchgähnen
fortgähnen
mitgähnen
vorgähnen
zugähnen
den Hähnen
— Kähnen
die Mähnen
— Windlähnen
den Strähnen
wähnen
verwähnen
zuwähnen
erwähnen
nacherwähnen
vorerwähnen
den Zähnen
zähnen
anzähnen
auszähnen
mitzähnen

aenend — aehnend

spänend
thränend
brähnend
gähnend
wähnend
erwähnend
zähnend

aenens — aehnens

des Spänens
— Thränens
— Brähnens
— Gähnens
— Wähnens
— Erwähnens
— Zähnens

aenes — aehnes

des Capitänes
— Gränes
— Kränes
— Gegähnes

aenest — aehnest

du spänest
— thränest
— brähnest
— gähnest
— wähnest
— erwähnest
— zähnest

aenet — aehnet

sie spänet
— thränet
er brähnet
— wähnet
— erwähnet
— zähnet

aensen ꝛc.

hänfen
die Hänfin
hänflich
der Hänfling
Bluthänfling
Carminhänfling
Grauhänfling
Grünhänfling
Rothhänfling
Steinhänfling
Weinhänfling
Ziegelhänfling
die Sänfte
Roßsänfte
sänfteln
sänften
sänftig
sänftlich

äng

gäng
gedräng
das Gekläng
pfräng
dräng'!
häng!
ich kläng'
— räng'
— säng'
überläng

aeng — ain

der *Refrain*

der *Coup de main*
à deux mains
à quatre mains
— *Train*
ein *Vilain*

ænge

die Bänge
ich dränge
das Gedränge
Schlachtgedränge
Seitengedränge
Thorgedränge
Volksgedränge
Weltgedränge
die Fänge
— Anfänge
Uranfänge
gänge
die Gänge
ich hänge
die Hänge
Aufhänge
Brothänge
Pforthänge
Quarkhänge
Rieſshänge
Werftenhänge
ich behänge
das Behänge
Altarbehänge
Bettbehänge
Blumenbehänge
Kanzelbehänge
Laubbehänge
Tischbehänge
das Gehänge
Angehänge
Baugehänge
Blüthengehänge
Fruchtgehänge
Halsgehänge
Ohrgehänge
Schutzgehänge
Tagegehänge
Thalgehänge
Waffengehänge
Wehrgehänge
die Felsenhänge
— Niederhänge
— Thalhänge
— Ueberhänge
ich klänge
die Klänge
Feyerklänge
Himmelsklänge
Sirenenklänge *etc.*
die Länge
Gesichtslänge
Himmelslänge
Kabellänge
Lebenslänge
Meereslänge
Riesenlänge
Schattenlänge
Sylbenlänge
Stromlänge
Tageslänge
Ueberlänge
Wasserlänge
Zartlänge
das Gelänge
Holzgelänge
Spitzgelänge
ich verlänge
es gelänge
ich pfränge
das Gepränge
Ehrengepränge
Festgepränge
Hochzeitgepränge
Leichengepränge
Qualgepränge
Schaugepränge
Siegesgepränge
Staatsgepränge
Tongepränge
Trauergepränge
Triumphgepränge
Weibergepränge
Weltgepränge
Wortgepränge
ich ränge
— sänge
die Gesänge
ich schlänge
— schwänge
das Gespänge
Vorgespänge
die Stänge (*besser* Stenge)
Bremstänge *etc.*
das Gestänge
Feldgestänge
Kunstgestänge
Schachtgestänge
Stollengestänge
Streckgestänge
die Stränge
ich zwänge

ængel

der Bängel (*besser* Bengel)
Preſsbängel
Zierbängel
der Hängel
das Gedrängel
das Geklängel
der Gartenkrängel
die Mängel
Erdenmängel
der Stängel (*besser* Stengel)
Blumenstängel
Bubenstängel
Glimmstängel
Zuckerstängel
das Geschlängel
— Gestängel
— Gegängel

ængeln

den Bängeln
bängeln
dängeln
drängeln
abdrängeln
andrängeln
aufdrängeln
durchdrängeln
gängeln
abgängeln
durchgängeln
fortgängeln
vorbeygängeln
vorübergängeln
weggängeln
zugängeln
sich begängeln
bestuhlgängeln
hängeln
klängeln
ausklängeln
durchklängeln
den Mängeln
bemängeln
sich schlängeln
abschlängeln
aufschlängeln
beschlängeln
durchschlängeln
fortschlängeln
mitschlängeln
niederschlängeln
umschlängeln
vorschlängeln
zuschlängeln
den Stängeln
stängeln
anstängeln
bestängeln
entstängeln
sich betängeln
thürängeln
zängeln
einzängeln
wegzängeln

ængelnd

bängelnd
dängelnd
drängelnd
gängelnd
sich begängelnd
bestuhlgängelnd
hängelnd
klängelnd

bemängelnd
sich schlängelnd
stängelnd
strängelnd
sich betängelnd
thürängelnd
gängeld

ängelns

des Bängelns
— Dängelns
— Drängelns
— Gängelns
— Begängelns
— Bestuhlgängelns
— Hängelns
— Klängelns
— Bemängelns
— Schlängelns
— Stängelns
— Strängelns
— Betängelns
— Thürängelns
— Zängelns

ängels

des Bängels
— Gedrängels
— Gegängels
— Hängels
— Geklängels
— Geschlängels
— Strängels
— Gestängels
— Gezängels

ängelt

er bängelt
— dängelt
— drängelt
— gängelt
— begängelt
— bestuhlgängelt
— hängelt
— klängelt
— schlängelt
— stängelt
— strängelt
— betängelt
— thürängelt
— zängelt

ängen

drängen
abdrängen
andrängen
aufdrängen
ausdrängen
bedrängen
durchdrängen
eindrängen
empordrängen
entdrängen
entgegendrängen
fortdrängen
herdrängen
hindrängen
losdrängen
nachdrängen
niederdrängen
nothdrängen
umdrängen
unterdrängen
verdrängen
vordrängen
wegdrängen
zerdrängen
zudrängen
zurückdrängen
zusammendrängen
in gedrängen
den Fängen
— Anfängen
die gängen
den Gängen
hängen
abhängen
anhängen
aufhängen
aushängen
behängen
einhängen
forthängen
herhängen
hinhängen
mithängen
nachhängen
niederhängen
überhängen
umhängen
unterhängen
verhängen
vorhängen
weghängen
zuhängen
zurückhängen
zusammenhängen
den Behängen
— Gehängen
— Klängen
sie klängen
die Längen
ablängen
auslängen
durchlängen
herablängen
verlängen
sie gelängen
pfrängen
sie rängen
— sängen
den Gesängen
sie schlängen
sie schwängen
den Gespängen
sie sprängen
den Stängen
— Gestängen
stängen
den Strängen
strängen
absträngen
ansträngen
sie zwängen
zwängen
abzwängen
anzwängen
aufzwängen
auszwängen
durchzwängen
einzwängen
festzwängen
fortzwängen
nachzwängen
niederzwängen
nothzwängen
überzwängen
umzwängen
unterzwängen
verzwängen
vorzwängen
wegzwängen
zurückzwängen
zusammenzwängen

ängend

drängend
hängend
verlängend
pfrängend
stängend
strängend
zwängend

ängens

des Drängens
— Hängens
— Verlängens
— Pfrängens
— Stängens
— Strängens
— Zwängens

änger

die Aenger
bänger
der Dränger
— Bedränger
— Empfänger
Frachtempfänger
Fänger
Abfänger
Anfänger
Austernfänger
Bernsteinfänger

Biberfänger
Bienenfänger
Dachsfänger
Drachenfänger
Drohnenfänger
Entenfänger
Fischfänger
Fliegenfänger
Genickfänger
Grillenfänger
Häringsfänger
Herzensfänger
Hirschfänger
Hummelfänger
Hühnerfänger
Kinderfänger
Krebsfänger
Lerchenfänger
Mädchenfänger
Mäusefänger
Mückenfänger
Neufänger
Otternfänger
Perlenfänger
Rattenfänger
Saufänger
Schlickfänger
Schweinfänger
Solofänger
Vogelfänger
Wachtelfänger
Wallfischfänger
Wildfänger
Windfänger
Wortfänger
gäber und gänger
der Gänger
Abendmahlsgänger
Beichtgänger
Doppelgänger
Durchgänger
Freygänger
Fuſsgänger
Hollandsgänger
Kirchengänger
Kostgänger
Lustgänger
Müſsiggänger
Nachtgänger
Neugänger
Parteygänger
Paſsgänger
Rückgänger
Rudergänger
Ruthengänger
Schlafgänger
Stelzengänger
Tischgänger
Trabgänger
Trottgänger
Uebergänger
Umgänger

Untergänger
Vorgänger
der Hänger
Anhänger
Kopfhänger
Ohrhänger
Verhänger
länger
der Sänger
Alleinsänger
Altsänger
Baſssänger
Bänkelsänger
Bergsänger
Bravoursänger
Chorsänger
Discantsänger
Fistelsänger
Gassensänger
Hauptsänger
Heldensänger
Hochsänger
Kammersänger
Klagesänger
Kriegssänger
Kunstsänger
Laufsänger
Liebessänger
Liedersänger
Lobsänger
Meistersänger
Minnesänger
Morgensänger
Nachsänger
Nachtsänger
Opernsänger
Psalmsänger
Rohrsänger
Sausänger
Schloſssänger
Solosänger
Straſsensänger
Tenorsänger
Todtensänger
Vorsänger
Waldsänger
ein Nothzwänger

ángern

den Aengern
— bängern
— Drängern
— Empfängern
— Fängern
— Anfängern
— Gängern
— längern
erlängern
verlängern
nängern
den Sängern
schwängern

anschwängern
beschwängern
nachschwängern
überschwängern
den Nothzwängern

ángernd

erlängernd
verlängernd
nängernd
schwängernd

ángerns

des Verlängerns
— Nängerns
— Schwängerns

ángers

etwas bänger's
des Drängers
— Empfängers
— Fängers
— Gängers
— Kopfhängers
etwas länger's
verlänger's!
des Sängers
— Nothzwängers
säng' er's *etc.*

ángerst

du verlängerst
— nängerst
— schwängerst

ángert

er verlängert
— nängert
— schwängert

ánges

des Gedränges
— Behänges
— Gehänges
— Gelänges
— Gepränges
— Gestänges

ángest

bängest
du drängest
gedrängest
du hängest
— klängest
— verlängest
— gelängest
— pfrängest
— rängest
— sängest
— schlängest
— schwängest

du stängest
— strängest
— zwängest

áenget

ihr dränget
— hänget
— klänget
— verlänget
— gelänget
— pfränget
— dränget
— sänget
— schlänget
— schwänget
— stänget
— stränget
— zwänget

áengig

fängig
giftfängig
gängig
abgängig
unabgängig
ausgängig
doppelgängig
durchgängig
hergängig
irrgängig
krebsgängig
krummgängig
landgängig
marktgängig
mifsgängig
rechtsgängig
rückgängig
ungängig
vorgängig
zugängig
unzugängig
hängig
abhängig
unabhängig
anhängig
rechtsanhängig
einhängig
rechtshängig
klängig
einklängig
gleichklängig
mifsklängig
reinklängig
vielklängig
vollklängig
dreysträngig
viersträngig
zwängig
gerichtszwängig
hufzwängig
[anhängisch]

áenglich

bänglich
liebebänglich
bedränglich
verdränglich
empfänglich
unempfänglich
anfänglich
uranfänglich
gefänglich
verfänglich
unverfänglich
umfänglich
gänglich
ausgänglich
unausgänglich
durchgänglich
übergänglich
umgänglich
unumgänglich
untergänglich
vergänglich
unvergänglich
zergänglich
zugänglich
unzugänglich
hänglich
abhänglich
anhänglich
nachhänglich
länglich
erlänglich
hinlänglich
unhinlänglich
lebenslänglich
verlänglich
zulänglich
unzulänglich
schlänglich
überschwänglich

áengnis

die Bängnis
das Abgängnis
— Begängnis
Jahresbegängnis
Leichenbegängnis
Todesbegängnis
Todtenbegängnis
Trauerbegängnis
Bedrängnis
die Empfängnis
Selbstempfängnis
das Gefängnis
Schulgefängnis
Stadtgefängnis
Weisergefängnis
das Verhängnis
Schreckens-
Todesverhängnis

áengs

des Gedräng's
— Behäng's
— Gehäng's
— Gekläng's
— Geläng's
— Gepräng's
— Gespäng's
— Gestäng's
— Gezwäng's
geläng's
— Refrains
— Trains

áengsel

das Abgängsel
— Anhängsel
— Ohrengehängsel
— Klüpfellängsel

áengseln

den Abgängseln
— Anhängseln
— Ohrengehängseln
— Klüpfellängseln

áengsels

des Abgängsels
— Anhängsels
— Ohrengehängsels
— Klüpfellängsels

áengst

bängst
du drängst
gedrängst
— hängst
— klängst
— verlängst
längst
unlängst
vorlängst
— gelängst
— pfrängst
— rängst
— sängst
— schlängst
— schwängst
— stängst
— strängst
— zwängst

áengste

ich ängste
der bängste
— längste

áengsten

die Aengsten
sich ängsten
abängsten

beängsten
mitängsten
wegängsten
zerängsten
am bängsten
— längsten
[ängstend]

äengstens

des Aengstens
längstens

äengster

der Aengster
bängster
längster

äengstes

bängstes
längstes
du drängst es *etc.*

äengt

er drängt
bedrängt
— hängt
behängt
verhängt
ihr klängt
verlängt
— gelängt
— pfrängt
— rängt
— sängt
— schlängt
— schwängt
— stängt
— strängt
— zwängt

äengte

er drängte
— hängte
— verlängte
— pfrängte
— stängte
— strängte
— zwängte

äengten

sie drängten
— hängten
— verlängten
— pfrängten
— stängten
— strängten
— zwängten

äengter

ein Bedrängter
— Gehängter
— verlängter
ein gepfrängter
— gestängter
— angesträngter
— gezwängter
drängt er *etc.*

äengtes

ein gedrängtes
— gehängtes
— verlängtes
— gepfrängtes
— gestängtes
— angesträngtes
— gezwängtes
— drängt es *etc.*

äengtest

du drängtest
— bedrängtest
— hängtest
— verlängtest
— pfrängtest
— stängtest
— strängtest
— zwängtest
[ängstig
ängstlich]

äengtet

ihr drängtet
— hängtet
— verlängtet
— pfrängtet
— stängtet
— strängtet
— zwängtet

äengts

ihr drängts
er fängt's *etc.*

äenig — äehnig

spänig
unterthänig
mähnig
gelbmähnig
schönmähnig
zottelmähnig
thränig
eisthränig
zähnig
1 - 2 - 3zähnig
hundszähnig
kerbzähnig
mehrzähnig
raffzähnig
vielzähnig
[der Hähnker]

äenisch

dänisch
gangränisch
lafontänisch
phagedänisch

äenk

das Getränk
Froschgetränk
Göttergetränk
Hitzgetränk
Leibgetränk
Lieblingsgetränk
— Gezänk
Schulgezänk
Weibergezänk
Wortgezänk

äenkchen

das Bänkchen
Lausebänkchen
Sündenbänkchen
— Schränkchen
Wandschränkchen
— Schwänkchen
— Tränkchen
Schütteltränkchen

äenkchens

des Bänkchens
— Schränkchens
— Schwänkchens
— Tränkchens

äenke

die Bänke
Fleischbänke
— Blänke
ich blänke
— tränke
das Gekränke
die Kränke
— Ränke
Advokatenränke
Diebsränke
ich sänke
die Schränke
ich beschränke
die Schwänke
ich stänke
die Gestänke
— Tränke
Viehtränke
das Getränke
ich tränke
das Gezänke

äenkel

der Aenkel
das Gekränkel
— Geplänkel
— Geschränkel
— Gezänkel

äenkeln

den Aenkeln
kränkeln
abkränkeln
auskränkeln
fortkränkeln
verkränkeln
plänkeln
herumplänkeln
schränkeln
zänkeln

äenkelnd

kränkelnd
plänkelnd
schränkelnd
zänkelnd

äenkelns

des Kränkelns
— Plänkelns
— Schränkelns
— Zänkelns

äenkels

des Aenkels
— Gekränkels
— Geplänkels
— Geschränkels
— Gezänkels

äenkelst

du kränkelst
— plänkelst
— schränkelst
— zänkelst

äenkelt

er kränkelt
— plänkelt
— schränkelt
— zänkelt

äenken

den Bänken
blänken
abblänken
ausblänken
nachblänken
verblänken
kränken
abkränken
auskränken
bekränken
durchkränken
fortkränken
mitkränken
nachkränken
das Pfänken
den Ränken
sie sänken
schränken
aufschränken
ausschränken
beschränken
durchschränken
einschränken
umschränken
verschränken
den Schwänken
sie stänken
den Gestänken
sie tränken
den Getränken
— Tränken
tränken
abtränken
austränken
eintränken
ertränken
mittränken
nachtränken
übertränken
vertränken
den Gezänken

äenkend

blänkend
kränkend
schränkend
tränkend

äenkens

des Blänkens
— Kränkens
— Schränkens
— Tränkens

äenker

blänker
das Geblänker
der Hänker
— Grofsbänker
— Kleinbänker
kränker
— Bekränker
— Mädchenkränker
— Stänker
das Gestänker
der Tränker
Seelentränker
— Zänker

äenkern

den blänker'n
blänkern
nachblänkern
— kränker'n
— Mädchenkränkern
— Stänkern
stänkern
ausstänkern
durchstänkern
einstänkern
herumstänkern
nachstänkern
umstänkern
umherstänkern
den Tränkern
— Zänkern

äenkernd

blänkernd
stänkernd

äenkerns

des Blänkerns
— Stänkerns

äenkers

etwas blänker's
des Geblänkers
— Grofsbänkers
— Kleinbänkers
— Hänkers
etwas kränker's
des Mädchenkränkers
— Stänkers
— Gestänkers
— Tränkers
— Zänkers

äenkerst

du blänkerst
— stänkerst

äenkert

er blänkert
— stänkert

äenkes

des Geblänkes
— Gekränkes
— Geträŋkes
— Gezänkes

äenkest

du blänkest
— kränkest
— sänkest
— schränkest
— stänkest
— tränkest

äenket

ihr blänket
— kränket
— sänket
— schränket
— stänket
— tränket

äenkisch

fränkisch
altfränkisch
neufränkisch
zänkisch
unzänkisch

aenkle

ich kränkle
— plänkle
— schränkle
— zänkle

aenkler

ein Kränkler
— Plänkler
— Zänkler

aenklern

den Kränklern
— Plänklern
— Zänklern

aenklers

des Kränklers
— Plänklers
— Zänklers

aenklich

kränklich
beschränklich
überschwänklich

aenkling

der Bänkling
— Kränkling

aenklings

des Bänklings
— Kränklings

aenks

des Geblänk's
— Gekränk's
— Getränk's
— Gezänk's

aenkst

du blänkst
— kränkst
— sänkst
— schränkst
— stänkst
— tränkst

aenkt

ihr blänkt
— kränkt
gekränkt
— sänkt
— schränkt
umschränkt
unumschränkt
— stänkt
— tränkt
ertränkt

aenkte

er blänkte
— kränkte
— schränkte
— tränkte

aenkten

sie blänkten
— kränkten
— schränkten
— tränkten

aenkter

ein geblänkter
— gekränkter
— beschränkter
— Ertränkter
kränkt er *etc.*

aenktes

ein geblänktes
— gekränktes
— beschränktes
— ertränktes

aenktest

du blänktest
— kränktest
— schränktest
— tränktest

aenktet

ihr blänktet
— kränktet
— schränktet
— tränktet

aenktheit

die Gekränktheit
— Beschränktheit

aenkung

die Blänkung
— Kränkung
Ehrenkränkung
Gemüthskränkung
Herzenskränkung
— Beschränkung
Glaubensbeschränk-
Willensbeschränk-
— Tränkung
— Ertränkung

aehnle

ich ähnle
— zähnle

aenlein — aehnlein

ein Gränlein
— Spänlein
— Thränlein
ein Fähnlein
— Hähnlein
— Zähnlein

aenleins — aehnleins

des Gränleins
— Spänleins
— Thränleins
— Fähnleins
— Hähnleins
— Zähnleins

[der Schwänling]

aenn

ich gewänn'
— sänn'
— spänn'
— enträun'

aennchen

Aennchen
das Kännchen
Lutschkännchen
Nutschkännchen
Saugekännchen
Zutschkännchen
das Männchen
Aderlaſsmännchen
Alpmännchen
Bartmännchen
Bergmännchen
Brachmännchen
Erdmännchen
Fettmännchen
Feuermännchen
Fuchselmännchen
Galgenmännchen
Geldmännchen
Glücksmännchen
Goldmännchen
Hanfmännchen
Heckmännchen
Heinzelmännchen
Knabenkraut-
Nachtmännchen
Petermännchen
Schwefelmännchen
Sissemännchen
Stehmännchen
Wettermännchen
Wippermännchen
das Pfännchen
— Wännchen

aennchens

Aennchens
des Kännchens
— Männchens
— Pfännchens
— Wännchens

[tänneln
der Wassertännel]

aennen
sie gewännen
— entrännen
— sännen
— spännen
— tännen

aenner
der Jänner
die Männer
— Buschmänner
der Pfänner
Neupfänner
Salzpfänner
— Spänner
Anspänner
Ausspänner
Halbspänner
Spitzspänner
Vollspänner
Vorspänner
1- 2- 3- *etc.* spänner

aennern
glännern
den Männern
männern
— Pfännern
— Spännern

aennernd
glännernd
männernd

aennerns
des Glännerns
— Männerns

aenners
des Jänners
— Pfänners
— Spänners

aennerst
du glännerst
— männerst

aennert
er glännert
sie männert

aennig
einmännig
vielmännig
20männig
der Hinterpfännig
abspännig
1 - 2- 3 - 4spännig
spitzspännig
überspännig
{die Männinn
Amt-
Ehren- *etc.*

aennisch
männisch
bergmännisch
bettelmännisch
biedermännisch
edelmännisch
ein - 2 - 3 - *etc.*
ehemännisch
franzmännisch
hofmännisch
hüttenmännisch
kaufmännisch
landmännisch
schiffmännisch
seemännisch
weidmännisch
weltmännisch
[männlich
unmännlich]

aenns
ich gewänn's
— ersänn's
— spänn's

aennst
du gewännst
— ersännst
— spännst
— entrännst

aennt
ihr gewännt
— ersännt
— spännt
— entrännt

aens — aehns
des Capitäns
— Gräns
— Kräns
— Molybdäns
— Porzelläns
— Souveräns
— Strähns
sie hähn's *etc.*
[das Pänschel
tränschen]

aenschen
das Gänschen
— Hänschen

aenschens
des Gänschens
— Hänschens

aense
die Gänse
— Hänse
Fabelhänse

aensel
das Gänsel
— Hänsel
— Gehänsel

aenseln
den Gänseln
— Hänseln
hänseln

aensels
des Gänsels
— Hänsels
— Gehänsels

aensen
den Gänsen
— Hänsen
verhänsen

aenst — aehnst
du spänst
— thränst
— brähnst
— gähnst
— wähnst
— erwähnst
— zähnst
[abspänstig
widerspänstig]

aent — aehnt
er spänt
— thränt
— brähnt
— gähnt
— wähnt
— erwähnt
— zähnt

aentchen
das Aentchen
— Fäntchen
— Käntchen
— Täntchen

aentchens
des Aentchens
— Fäntchens
— Käntchens
— Täntchens

aente — aehnte
er spänte
— thränte
— brähnte
— gähnte
— wähnte
— erwähnte
— zähnte

äente

die Aente
Aschenänte
Baumänte
Biberänte
Bisamänte
Bläſsänte
Brandänte
Dachänte
Eisänte
Krückänte
Moschusänte
die Fänte

äentel

das Grundkäntel
die Mäntel
das Fäntel

äenteln

den Grundkänteln
— Mänteln
mänteln
bemänteln
vermänteln
quänteln

äentelnd

bemäntelnd
quäntelnd

äentelns

des Bemäntelns
— Quäntelns

äentels

des Grundkäntels
— Fäntels

äentelst

du bemäntelst
— quäntelst

äentelt

er bemäntelt
— quäntelt

äenten — äehnten

sie spänten
— thränten
— brähnten
— gähnten
— wähnten
— erwähnten
— zähnten

äenten

die Aenten
den Fänten

äenter — äehnter

ein abgespänter
— bethränter
— angegähnter
— erwähnter
— gezähnter

äentes — äehntes

ein abgespäntes
— bethräntes
— angegähntes
— erwähntes
— gezähntes

äentest — äehntest

du späntest
— thräntest
— brähntest
— gähntest
— wähntest
— erwähntest
— zähntest

äentet — äehntet

ihr späntet
— thräntet
— brähntet
— gähntet
— wähntet
— erwähntet
— zähntet

äentle

ich bemäntle
— quäntle

äentler

der Bemäntler
— Rothmäntler
— Quäntler

äentlern

den Bemäntlern
— Rothmäntlern
— Quäntlern

äentlers

des Bemäntlers
— Rothmäntlers
— Quäntlers

äenzchen

Fränzchen
ein Gänzchen
— Kränzchen
Lesekränzchen
Spielkränzchen
Spinnkränzchen
— Länzchen
— Pflänzchen
— Ränzchen
ein Schwänzchen
Gartenschwänzchen
Rothschwänzchen
— Stänzchen
— Tänzchen
— Wänzchen

äenzchens

Fränzchens
des Gänzchens
— Kränzchens
— Länzchens
— Pflänzchens
— Ränzchens
— Schwänzchens
— Stänzchens
— Tänzchens
— Wänzchens

äenze

ich ergänze
zergänze
— glänze
das Geglänze
die Gränze
— Kränze
ich kränze
das Gekränze
die Schwänze
ich schwänze
das Geschwänze
die Tänze

äenzel

das Pfänzel
— Ränzel
— Schwänzel
Buntschwänzel
— Geschwänzel
ein Tänzel

äenzeln

den Pfänzeln
— Ränzeln
ränzeln
abränzeln
aufränzeln
ausränzeln
— Schwänzeln
schwänzeln
abschwänzeln
anschwänzeln
ausschwälzeln
nachschwänzeln
umschwänzeln
tänzeln

äenzelnd

ränzelnd
schwänzelnd
tänzelnd

äenzelns
des Ränzelns
— Schwänzelns
— Tänzelns

äenzels
des Pfänzels
— Ränzels
— Schwänzels
— Geschwänzels
— Tänzels

äenzelst
du ränzelst
— schwänzelst
— tänzelst

äenzelt
er ränzelt
— schwänzelt
— tänzelt

äenzen
gänzen
ergänzen
glänzen
anglänzen
beglänzen
daherglänzen
durchglänzen
entglänzen
erglänzen
nachglänzen
überglänzen
vorglänzen
zurückglänzen
die Gränzen
gränzen
angränzen
begränzen
umgränzen
den Kränzen
kränzen
bekränzen
entkränzen
mitkränzen
nachkränzen
umkränzen
länzen
schränzen
den Schwänzen
schwänzen
anschwänzen
aufschwänzen
ausschwänzen
herumschwänzen
nachschwänzen
fuchsschwänzen
den Tänzen
tränzen

äenzend
gänzend
ergänzend
glänzend
gränzend
kränzend
länzend
schränzend
schwänzend
tränzend

äenzens
des Ergänzens
— Glänzens
— Gränzens
— Kränzens
— Schwänzens

äenzer
ein Ergänzer
— Gränzer
— Schwänzer
Fuchsschwänzer
— Tänzer
Ballettänzer
Hauptänzer
Larventänzer
Maskentänzer
Mittänzer
Nachtänzer
Opertänzer
Schwerttänzer
Seiltänzer
Solotänzer
Vortänzer

äenzern
den Ergänzern
— Gränzern
— Fuchsschwänzern
— Tänzern

äenzers
des Ergänzers
— Gränzers
— Fuchsschwänzers
— Tänzers

äenzes
des Geglänzes
— Gekränzes
— Geschwänzes
ergänz' es *etc.*

äenzest
du ergänzest
— glänzest
— gränzest
— kränzest
— schwänzest

äenzet
er erglänzet
— glänzet
— gränzet
— kränzet
— schwänzet

äenzig
glänzig
schwänzig
breitschwänzig
gabelschwänzig
kurzschwänzig
langschwänzig
spitzschwänzig
stumpfschwänzig

äenzle
ich ränzle
— schwänzle
— tänzle

{ gänzlich
ergänzlich
der Pflänzling

äenzt
er ergänzt
— glänzt
— gränzt
— kränzt
— schwänzt
— tränzt

äenzte
er ergänzte
— glänzte
— gränzte
— kränzte
— schwänzte
— tränzte

äenzten
sie ergänzten
— glänzten
— gränzten
— kränzten
— schwänzten
— tränzten

äenzter
ein ergänzter
— umglänzter
— begränzter
— umkränzter
— geschwänzter

äenztes
ein ergänztes
— umglänztes
— begränztes
— umkränztes
— geschwänztes

äenztest

du ergänztest
— glänztest
— gränztest
— kränztest
— schwänztest

äenztet

ihr ergänztet
— glänztet
— gränztet
— kränztet
— schwänztet

äenzung

die Ergänzung
— Begränzung
— Umkränzung

äeon

Aeon
Alcmaeon
Hermaeon
Maeon
Paeon

äeos

Ennosigaeos
Pemphaeos

[häp
der Nußhäpel]

äepfchen

ein Kräpfchen
— Näpfchen
Blutnäpfchen
Brühnäpfchen
Eichelnäpfchen
Eiernäpfchen
Finkennäpfchen
Netznäpfchen
Probenäpfchen
Pulvernäpfchen
Senfnäpfchen
Tunknäpfchen
Vogelnäpfchen
— Zäpfchen
Halszäpfchen
Haselzäpfchen
Nasenzäpfchen
Seifenzäpfchen

äepfchens

des Kräpfchens
— Näpfchens
— Zäpfchens

äepfel

die Aepfel
der Kräpfel
Aepfelkräpfel
das Zäpfel

äepfeln

den Aepfeln
äpfeln
— Kräpfeln
— Zäpfeln

äepfels

des Kräpfels
— Zäpfels

äepflein

das Näpflein
— Zäpflein
Drohnenzäpflein

äepfleins

des Näpfleins
— Zäpfleins

[der Zäpfler
— Bierzäpfler]

äeppchen

das Häppchen
Pfaffenhäppchen
— Käppchen
Rothkäppchen
— Kläppchen
— Läppchen
Bartläppchen
Färbeläppchen
Geiferläppchen
Herzläppchen
Klebeläppchen
Nutschläppchen
Ohrläppchen
Schminkläppchen
Seifenläppchen
Tournesolläppchen
Zunderläppchen
ein Räppchen

äeppchens

des Häppchens
— Käppchens
— Kläppchens
— Läppchens
— Räppchens

äeppe

das Geläppe
die Häppe
— Päppe
ich näppe
— tschäppe

äppel

das Käppel
— Läppel
— Geträppel

äeppeln

den Käppeln
— Läppeln
träppeln
zäppeln

äeppelnd

träppelnd
zäppelnd

äppelns

des Träppelns
— Zäppelns

äeppels

des Käppels
— Läppels
— Geträppels
— Gezäppels

äeppen

die Häppen
näppen
— Päppen
tschäppen

äppend

näppend
tschäppend

äppens

des Näppens
— Tschäppens

äpper

knäpper
läpper
das Geläpper
der Näpper
ein Fellnäpper
der Schnäpper
Aderlaßschnäpper
Fliegenschnäpper
Froschschnäpper
Schröpfschnäpper
[zäpperln]

äeppern

den knäpper'n
— läpper'n
läppern
aufläppern
ausläppern
hineinläppern
verläppern
zuläppern
zusammenläppern
— Näppern
— Schnäppern

äppers

ein knäpper's
— läpper's
des Geläppers
— Näppers
— Schnäppers

äppig

der Aeppich
Bauernäppich
Bergäppich
geschnäppig

äppisch

häppisch
kräppisch
läppisch
ein Läppisch
nippernäppisch
schnäppisch
täppisch

äpps

der Räpps
ein Stäps

äppse

dem Räppse
die Stäpse

äppses

des Räppses
— Stäpses

äppste

der knäppste
— läppste
die Päpste

äppsten

am knäppsten
die läppsten
den Päpsten

äppster

knäppster
läppster

äppstes

knäppstes
läppstes
[Päpstler
päpstlich]

äppt

er näppt
— tschäppt

äppte

er näppte
— tschäppte

äppten

sie näppten
— tschäppten

äpptet

ihr näpptet
— tschäpptet

är — ähr

der Actionär
angulär
triangulär
quadrangulär
pentangulär
hexangulär
arbiträr
der Bär
Ameisenbär
Brummbär
Eisbär
Frettbär
Honigbär
Landbär
Moosbär
Polarbär
Pferdebär
Ringelbär
Saubär
Schlachtbär
Schweinbär
Seebär
Silberbär
Steinbär
Tanzbär
Tatzbär
Tilebär
Waschbär
Zeidelbär
Zeiselbär
Zieselbär
Zottelbär
der Celibatär
— Cessionär
— Commissär
Amtscommissär
Etapencommissär
Finanzcommissär
Hofcommissär
Kammercommissär
Kriegscommissär
Polizeycommissär
Rathscommissär
Regierungscommiss.
Rentcommissär
Stadtcommissär
Steuercommissär
Zollcommissär
der Commissionär
complementär
— Concessionär
— Consignatär
conträr
ein Convulsionär
der Depositär
disciplinär
— Divisionär
das Dictionnär
der Doctrinär
— Emissär
— Expeditionär
extemporär
extraordinär
— Factionär
— Fonctionär
das Geschwär
imaginär
mercenär
— Militär
der Millionär
necessär
— Necessär
ordinär
originär
particulär
— Parlementär
pecuniär
— Pensionär
— Groſspensionär
perpendiculär
— Petitionär
— Plenipotentiär
populär
prekär
primär
— Proprietär
— Referendär
— Refractär
regulär
irregulär
ein Revolutionär
revolutionär
contrerevolutionär
der Schär
— Secretär
Amtssecretär
Canzleysecretär
Consistorialsecretär
Finanzsecretär
Hofsecretär
Kammersecretär
Kriegssecretär
Privatsecretär
Regierungssecretär
Rentsecretär
Steuersecretär
secondär
sedentär
singulär
— Societär
solidär
— Solitär
— Stär (*auch* Stähr)

supernumerär
temerär
temporär
titulär
tributär
vermiculär
veterinär
der Visionär
— Volontär
vulgär
ich wär'
die Gefähr
ungefähr
das Ungefähr
die Mähr
der Mähr
die Gewähr
Markgewähr
Nutzgewähr
Pfandgewähr
Zugewähr
der Stähr
Zuchtstähr

āir — āire

das *Air*
Claire
Sirup capillaire
au contraire
der *Brumaire*
— *Primaire*
— *Maire*
— *Vendémiaire*
Profit tout clair
Voltaire
Zaire

āera

die *Aera*
Chimaera
Megaera
Neaera
Sphaera (armillaris)

áerb

ich stärb'
— erwärb'
— verdärb'

áerbchen

Bärbchen
ein Färbchen
— Närbchen

áerbchens

Bärbchens
des Färbchens
— Närbchens

áerbe

ich färbe
das Gefärbe
ich gärbe (*auch* gerbe)
das Gegärbe
ich schärbe
das Geschärbe
ich stärbe
— verdärbe
— wärbe

áerben

färben
anfärben
auffärben
ausfärben
entfärben
nachfärben
überfärben
umfärben
verfärben
zufärben
das Purpurfärben
gärben
abgärben
ausgärben
durchgärben
schärben
sie stärben
— wärben
— verdärben

áerbend

färbend
unfärbend
gärbend
schärbend

áerbens

des Färbens
— Gärbens
— Schärbens

árber

der Färber
Blaufärber
Garnfärber
Kreppfärber
Kunstfärber
Lederfärber
Schönfärber
Schlechtfärber
Schwarzfärber
Seidenfärber
Tuchfärber
Waidfärber
Wollfärber
— Gärber
Lohgärber
Rothgärber
Weißgärber

áerbern

den Färbern
— Gärbern

árbers

des Färbers
— Gärbers

áerbes

des Gefärbes
— Gegärbes
— Geschärbes

áerbest

du färbest
— gärbest
— schärbest
— stärbest
— verdärbest
— erwärbest

áerbet

er färbet
— gärbet
- schärbet
ihr stärbet
— verdärbet
— erwärbet

áerbs

des Gefärbs
— Gegärbs
— Geschärbs

áerbst

du färbst
— gärbst
— schärbst
— stärbst
— verdärbst
— erwärbst

áerbt

er färbt
gefärbt
— gärbt
gegärbt
— schärbt
geschärbt
ihr stärb't
— verdärbt
— wärbt

áerbte

er färbte
— gärbte
— schärbte

áerbten

sie färbten
— gärbten
— schärbten

áerbter

ein gefärbter
— gegärbter
— geschärbter

áerbtes

ein gefärbtes
— gegärbtes
— geschärbtes

áerbtet

ihr färbtet
— gärbtet
— schärbtet

áerbung

die Färbung
— Verfärbung
— Gärbung
— Schärbung

āerchen — āehrchen

das Altärchen
— Bärchen
Clärchen
ein Härchen
— Husärchen
— Pärchen
— Secretärchen
— Aehrchen
Groſsährchen
— Jährchen
— Mährchen
Ammenmährchen
Feenmährchen
Geistermährchen
Göttermährchen
Heiligenmährchen
Muttermährchen
Pfaffenmährchen
Spinnmährchen
Spukmährchen
Stadtmährchen
Unglücksmährchen
Wintermährchen
Wundermährchen
Zaubermährchen
ein Zährchen

āerchens — āehrchens

des Altärchens
— Bärchens
Clärchens
— Härchens
— Husärchens
— Pärchens
— Secretärchens
— Aehrchens
— Jährchens
— Mährchens
— Zährchens

āehrde

die Gefährde
ich gefährde
die Mährde
Biermährde

āehrden

gefährden
die Mährden

āere — āehre

ich äre
die Aere
— Actionäre
anguläre
arbiträre
ich bäre
dem Bäre
die Celibatäre
— Cessionäre
— Chimäre
— Commissäre
— Commissionäre
complementäre
— Concessionäre
— Consignatäre
— Convulsionäre
— Depositäre
dem Dictionnäre
disciplinäre
die Divisionäre
— Doctrinäre
— Emissäre
— Expeditionäre
extemporäre
extraordinäre
— Factionäre
familiäre
— Fonctionäre
— Geschwäre
ich gebäre
— häre
die Hetäre
imaginäre
ich kläre
— erkläre
die Kläre
— Megäre
mercenäre
dem Militäre
die Millionäre
— Necessäre
necessäre
ordinäre
originäre
— Parlementäre
particuläre
pecuniäre
— Pensionäre
perpendiculäre
— Petitionäre
— Plenipotentiäre
populäre
prekäre
primäre
die Proprietäre
— Referendäre
reguläre
irreguläre
die Revolutionäre
revolutionäre
contrerevolutionäre
— Schäre
ich schwäre
secondäre
sedentäre
die Secretäre
singuläre
— Societäre
solidäre
— Solitäre
— Sphäre
Armillarsphäre
Atmosphäre
Hemisphäre
dem Stäre
supernumeräre
temeräre
temporäre
tituläre
tributäre
vermiculäre
veterinäre
die Visionäre
— Volontäre
vulgäre
ich wäre
die Twäre
— Aehre
Gerstenähre
Goldähre
Haferähre
Hausähre
Kornähre
Roggenähre
Seitenähre
Silberähre
Stachelähre
Waizenähre
Windähre
Wunderähre
ich ähre
die Fähre
— Luftfähre
ich gähre
die Gähre
— Mähre
Pfaffenmähre
Schaudermähre
Tandmähre
Trauermähre
Wechselmähre
Weibermähre
Wundermähre
die Schindmähre
das Gemähre
ich mähre
— nähre
— ernähre
— währe

ich bewähre
die Stähre
— ungefähre
ich verjähre
die Zähre
Abschiedszähre
Glaszähre
Hirschzähre
Schmachzähre

äeren — äehren

ären
die Aeren
den Actionären
die angulären
— arbiträren
— Bären
bären
den Celibatären
— Cessionären
— Chimären
— Commissären
— Commissionären
die complementären
den Concessionären
— Consignatären
— Convulsionären
— Depositären
— Dictionnären
— disciplinären
— Divisionären
— Doctrinären
— Emissären
— Expeditionären
— extemporären
— extraordinären
— Factionären
— familiären
— Fonctionären
— Geschwären
gebären
ausgebären
fehlgebären
mitgebären
nachgebären
vorgebären
wiedergebären
das Frühgebären
hären
abhären
aushären
nachhären
hären (*adj.*)
bauchhären
biberhären
kamelhären
pferdehären
roſshären
ziegenhären
die Hetären
den imaginären
klären
abklären
aufklären
ausklären
durchklären
nachklären
erklären
anerklären
forterklären
nacherklären
vorerklären
verklären
die Megären
— mercenären
den Militären
— Millionären
— necessären
— ordinären
— originären
— Parlementären
— particulären
— pecuniären
— Pensionären
— Plenipotentiären
— populären
— prekären
— primären
— Proprietären
— Referendären
— regulären
— Revolutionären
— Schären
schwären
abschwären
anschwären
ausschwären
fortschwären
herausschwären
mitschwären
nachschwären
überschwären
unterschwären
verschwären
wegschwären
zerschwären
zuschwären
der Schwären
Blutschwären
den secondären
— sedentären
— Secretären
— singulären
— Societären
— solidären
— Solitären
die Sphären
den Stären
— supernumerären
— temerären
— temporären
— titulären
— tributären
— vermiculären
den veterinären
— Visionären
— Volontären
— vulgären
sie wären
die Aehren
ähren
abähren
ausähren
nachähren
die Fähren
sich verfähren
gähren
abgähren
aufgähren
ausgähren
durchgähren
emporgähren
fortgähren
mitgähren
nachgähren
übergähren
vergähren
zugähren
jähren
verjähren
die Mähren
Mähren
mähren
ausmähren
fortmähren
herausmähren
herummähren
untermähren
nähren
aufnähren
vernähren
ernähren
aufernähren
vorernähren
den Stähren
abstähren
[illegible]ähren
[illegible]ähren
währen
abwähren
bewähren
entwähren
fortwähren
verwähren
gewähren
nachgewähren
zugewähren
die Zähren
Crocodilszähren

äerend — äehrend

bärend
gebärend
härend
klärend
erklärend

verklärend
schwärend
ährend
verfährend
gährend
verjährend
mährend
nährend
abstährend
während
fortwährend
immerwährend
lebenswährend
gewährend

äerens — aehrens

des Gebärens
— Härens
— Klärens
— Schwärens
— Aehrens
— Gährens
— Verjährens
— Mährens
Mährens
— Nährens
— Abstährens
— Gewährens

äerer — äehrer

der Wiedergebärer
ein angulärer
— arbiträrer
— complementärer
— conträrer
— disciplinärer
— doctrinärer
— extemporärer
— extraordinärer
— familiärer
— imaginärer
klärer
der Erklärer
Bibelerklärer
Gesetzerklärer
Randerklärer
Schrifterklärer
Worterklärer
ein mercenärer
— necessärer
— ordinärer
— originärer
— particulärer
— pecuniärer
— perpendiculärer
— populärer
— prekärer
— primärer
— regulärer
— revolutionärer
rärer
— secondärer
ein sedentärer
— singulärer
— solidärer
— supernumerärer
— temerärer
— temporärer
— titulärer
— tributärer
— vermiculärer
— veterinärer
— vulgärer
der *Mährer*
— Ernährer
Allernährer
— Gewährer

äerern — äehrern

den Wiedergebärern
in angulärer'n *etc.*
— klärer'n *etc.*
den Erklärern
— Mährern
— Ernährern
— Gewährern

äerers — äehrers

des Wiedergebärers
ein klärers *etc.*
des Erklärers
— Ernährers
— Gewährers

äeres — äehres

ein anguläres
— arbiträres
— complimentäres
— extemporäres
— extraordinäres
— familiäres
— imaginäres
— mercenäres
— necessäres
— ordinäres
— originäres
— particuläres
— pecuniäres
— perpendiculäres
— populäres
— prekäres
— primäres
— reguläres
— revolutionäres
— secondäres
— sedentäres
— singuläres
— solidäres
— supernumeräres
— temeräres
— temporäres
— tituläres
— tributäres
— vermiculäres
ein veterinäres
— vulgäres
des Gemähres
ein ungefähres
wär' es *etc.*
ernähr' es *etc.*
Haeres (ab asse – ab intestato – legitimus – suus *etc.*)

äerest — äehrest

du bärest
— gebärest
— härest
— klärest
— wärest
— ährest
— fährest
— verfährest
— verjährest
— gährest
— mährest
— nährest
— währest

äeret — äehret

er bäret
— gebäret
— häret
— *hic haeret etc.*
— kläret
ihr wäret
— ähret
— fähret
— verfähret
— gähret
— verjähret
— mähret
— nähret
— währet

áerfe

ich schärfe
verschärfe
die Schärfe
Degenschärfe
Magenschärfe
Unschärfe
Verstandesschärfe
das Geschärfe
ich wärfe

áerfen

schärfen
aufschärfen
einschärfen
nachschärfen
verschärfen
zuschärfen
sie wärfen

aerft

schärft
geschärft
ihr wärft
{ schärfer / der Schärfling / schärflich / Schärfung }

aerftes

geschärftes
schärft es
wärft es (*siehe* erf *u.* erv *etc.*)

aerge

die Bärge
— Radebärge
ich bärge
— verbärge
die Särge
— Klappersärge
— Quärge

aehrgeld

Fährgeld
Währgeld

aergeln

märgeln
abmärgeln
ausmärgeln
närgeln
vornärgeln (*siehe* ergel *etc.*)

aergen

die Bärgen
— Radebärgen
sie bärgen
— verbärgen
den Quärgen
in Särgen

aerger

ärger
der Aerger
kärger

aergern

den ärger'n
ärgern
abärgern
ausärgern
erärgern
mitärgern
nachärgern
verärgern
wegärgern
zerärgern
den kärgern
[kärglich]

aergste

das Aergste
der Kärgste

aergsten

am ärgsten
die kärgsten

aergster

ärgster
kärgster

aergstes

ärgstes
kärgstes
verbärgst es

aerig — aehrig

gebärig
härig
dickhärig
grofshärig
harthärig
stachelhärig
stichelhärig
ährig
kleinährig
kurzährig
langährig
vollährig
fährig
forstfährig
leichtfährig
willfährig
gährig
obergährig
untergährig
jährig
diesjährig
1- 2- 3- 4- etc. 100- 1000 jährig
gleichjährig
grobjährig
grofsjährig
halbjährig
hochjährig
langjährig
letztjährig
mehrjährig
minderjährig
überjährig
unjährig
vieljährig
vierteljährig
volljährig
währig

aering — aehring

der Häring
Brandhäring
Brackhäring
Cirkelhäring
Flickhäring
Hohlhäring
Jungfernhäring
Maikenshäring
Mutterhäring
Pickelhäring
Pökelhäring
Salzhäring
Schofshäring
Sodhäring
Spickhäring
Strandhäring
Tonnenhäring
Vollhäring
Vorhäring
der Währing
Zaehring

aerings — aehrings

des Härings
— Währings

aerisch — aehrisch

chimärisch
commissärisch
hetärisch
sphärisch
tärisch
mährisch
[die Sphärik twäris]

aerke — aerken *rc.*

die Stärke *etc. siehe* erke

aerker

der Aerker (*auch* Erker)
Fensterärker
Strafsenärker
der Märker
Altmärker
Churmärker
Mittelmärker
Neumärker
Steyermärker
Uckermärker
der Ausmärker
Freyausmärker
Holzausmärker
Zuausmärker
stärker
der Stärker

aerkern

den Aerkern
— Märkern
— stärker'n
— Stärkern

aerkers

des Aerkers
— Märkers
— Stärkers
ein stärker's

ärlich — äehrlich

klärlich
erklärlich
unerklärlich
spärlich
fährlich
unfährlich
verfährlich
gefährlich
ungefährlich
feuergefährlich
lebensgefährlich
jährlich
alljährlich
1 - 2 - *etc.* jährlich
halbjährlich
vierteljährlich
verjährlich
unverjährlich
nährlich
bewährlich

ärling — äehrling

der Aufklärling
— Härling
— Schärling
— Spärling
— Jährling
Hammeljährling
— Nährling
— Zährling

ärlings — äehrlings

des Aufklärlings
— Härlings
— Schärlings
— Spärlings
— Jährlings
— Nährlings
— Zährlings

aerm

das Gedärm
der Gärm
— Lärm
Bauernlärm
Feuerlärm
Gassenlärm
Höllenlärm
Hoflärm
Straſsenlärm
Teufelslärm
Waffenlärm
das Gelärm
— Geschwärm

aermchen

das Aermchen
— Härmchen
— Schwärmchen

aermchens

des Aermchens
— Härmchens
— Schwärmchens

aerme

die Aerme (*besser* Arme)
— Bärme
Faſsbärme
Pechbärme
— Därme
— Gedärme
— Gärme
ich härme
das Gehärme
ich lärme
dem Lärme
das Gelärme
ich schwärme
das Geschwärme
ich wärme
das Gewärme
die Wärme
Blutwärme
Glanzwärme
Glaubenswärme
Hauswärme
Lebenswärme
Odemwärme
Sonnenwärme
Stubenwärme
Treibhauswärme

aermel

der Aermel
Bauerärmel
Bauschärmel
Halbärmel
Handärmel
Hemdärmel
Panzerärmel
Puffärmel
Pumpenärmel
Rockärmel
Schmuzärmel
Schreibeärmel
Spitzärmel
Steckärmel
Streifärmel
Stutzärmel
das Gebärmel
der Härmel

aermeln

den Aermeln
umärmeln
bärmeln
den Härmeln

aermelnd

umärmelnd
bärmelnd

aermelns

des Umärmelns
— Bärmelns

aermels

des Aermels
— Gebärmels
— Härmels

aermelst

du umärmelst
— bärmelst

aermelt

er umärmelt
geärmelt
— bärmelt

aermen

den Aermen
— Därmen
— Gedärmen
ausdärmen
entdärmen
sich härmen
abhärmen
durchhärmen
forthärmen
mithärmen
nachhärmen
verhärmen
zerhärmen
der Lärmen
lärmen
auflärmen
auslärmen
durchlärmen
fortlärmen
mitlärmen
nachlärmen
verlärmen
vorlärmen
vorbeylärmen
vorüberlärmen
weglärmen
zulärmen
zurücklärmen
den Schwärmen
schwärmen
abschwärmen
anschwärmen
aufschwärmen
ausschwärmen
durchschwärmen
einschwärmen
emporschwärmen

erschwärmen
fortschwärmen
hin- und her-
herumschwärmen
mitschwärmen
nachschwärmen
niederschwärmen
überschwärmen
umschwärmen
umherschwärmen
verschwärmen
vorschwärmen
voranschwärmen
vorausschwärmen
vorbeyschwärmen
vorüberschwärmen
wegschwärmen
wärmen
abwärmen
anwärmen
aufwärmen
auswärmen
durchwärmen
erwärmen
fortwärmen
mitwärmen
nachwärmen
überwärmen

ácrmend

ausdärmend
entdärmend
härmend
lärmend
schwärmend
wärmend

ácrmens

des Ausdärmens
— Entdärmens
— Härmens
— Lärmens
— Schwärmens
— Wärmens

ácrmer

ärmer
ein Lärmer
— Schwärmer
Freiheitsschwärmer
Eingebungs-
Handschwärmer
Nachtschwärmer
Vernunftschwärmer
Wasserschwärmer
der Schwärmer
Abendschwärmer (Sphinges)
Fichtenschwärmer
Linden- *etc.*
Weinschwärmer *etc.*
wärmer
der Wärmer
Auswärmer
Bettwärmer
Fuſswärmer
Nachtwärmer
Speisewärmer
Tellerwärmer
Wiederaufwärmer

ácrmern

den ärmer'n
— Lärmern
— Schwärmern
— wärmer'n
— Tellerwärmern

ácrmers

ein ärmer's
des Lärmers
— Schwärmers
ein wärmer's
des Wärmers

ácrmes

des Gedärmes
— Gehärmes
— Gelärmes
— Geschwärmes
— Gewärmes,
wärm' es *etc.*

ácrmest

du entdärmest
— härmest
— lärmest
— schwärmest
— wärmest

ácrmet

er entdärmet
— härmet
— lärmet
— schwärmet
— wärmet

ácrmig

langärmig
vielärmig
einärmig
groſsgedärmig
lärmig
nachtschwärmig

ácrmlich

ärmlich
bärmlich
erbärmlich
gotterbärmlich
wärmlich
erwärmlich
[der Aermling]

ácrms

des Gedärms
— Gärms
— Gehärms
— Lärms
— Gelärms
— Geschwärms
— Gewärms

ácrmst

du entdärmst
— härmst
— lärmst
— schwärmst
— wärmst

ácrmt

er entdärmt
ausgedärmt
— härmt
abgehärmt
— lärmt
— schwärmt
— wärmt
aufgewärmt

ácrmte

er entdärmte
— härmte
— lärmte
— schwärmte
— wärmte

ácrmten

sie entdärmten
— härmten
— lärmten
— schwärmten
— wärmten

ácrmter

ein ausgedärmter
— abgehärmter
— durchlärmter
— verschwärmter
— gewärmter
lärmt er *etc.*

ácrmtes

ein entdärmtes
— abgehärmtes
— durchlärmtes
— verschwärmtes
— aufgewärmtes
wärmt es

ácrmtest

du entdärmtest
— härmtest
— lärmtest
— schwärmtest
— wärmtest

ärmtet

ihr entdärmtet
— härmtet
— lärmtet
— schwärmtet
— wärmtet

ärn

der Bärn
Fischbärn
Tauchbärn
der Hausärn
— Pfärr'n

ärne — ärne

dem Bärne
— Hausärne
das här'ne
die Kärne

ärnen — ärnen

den Bärnen
— Hausärnen
— härnen
— Kärnen

ärner — ärner

ein Kärner
— härner

ärnes — ärnes

des Bärnes
— Hausärnes
ein härnes

ärns

des Bärns
— Hausärns

[die Aernte *siehe* ernte]

ärpe

die Plärpe
— Schärpe

ärpen

die Plärpen
— Schärpen

ärr

närr! närr!
das Genärr
— Geplärr
— Gespärr

ärrchen

ein Närrchen
— Pfärrchen

ärrchens

des Närrchens
— Pfärrchens

ärre

ich närre
das Genärre
die Plärre
ich plärre
das Geplärre
Dankgeplärre
— Gespärre
— Lehrgespärre

ärren

närren
der Pfärren
plärren
anplärren
aufplärren
ausplärren
durchplärren
fortplärren
herplärren
mitplärren
nachplärren
umplärren
vorplärren
wegplärren
zerplärren
zuplärren
den Gespärren

ärrend

närrend
plärrend

ärrens

des Närrens
— Plärrens
— Pfärrens

ärres

des Genärres
— Geplärres
— Gespärres

ärrest

du närrest
— plärrest

ärret

ihr närret
— plärret

pfärrig
närrisch
pudelnärrisch
närrschen

ärrt

er närrt
— plärrt

ärrte

er närrte
das tgenärre

er plärrte
das hergeplärrte

ärrten

sie närrten
— plärrten

ärrter

ein genärrter
— abgeplärrter

ärrtes

ein genärrtes
— vorgeplärrtes

ärrtest

du närrtest
— plärrtest

ärrtet

ihr närrtet
— plärrtet

ärs — ährs

des Bärs
— Actionärs
— Celibatärs
— Cessionärs
— Commissärs
— Commissionärs
— Concessionärs
— Consignatärs
— Convulsionärs
— Depositärs
— Divisionärs
— Dictionnärs
— Doctrinärs
— Emissärs
— Expeditionärs
— Factionärs
— Fonctionärs
— Geschwärs
— Militärs
— Millionärs
— Necessärs
— Parlementärs
— Pensionärs
— Petitionärs
— Plenipotentiärs
— Proprietärs
— Referendärs
— Refractärs
— Revolutionärs
— Schärs
— Secretärs
— Societärs
— Solitärs
— Stärs
— Visionärs
— Volontärs
ich wär's
— erklär's *etc.*
etwas arbiträrs *etc.*

des Ungefährs
— Mährs
— Stährs
— *Airs*
Voltair's

āerse

die Aerse
— Färse
[das Klärsel]

āersen

den Aersen
— Färsen

āerst — āehrst

du bärst
— gebärst
— härst
— klärst
— wärst
— ährst
— fährst
— verfährst
— gährst
— mährst
— nährst
— währst
— gewährst

āerste — āehrste

das arbiträrste
— conträrste
— extraordinärste
— familiärste
— imaginärste
— klärste
— mercenärste
— ordinärste
— originärste
— particulärste
— pecuniärste
— perpendiculärste
— populärste
— prekärste
— primärste
— rärste
— regulärste
— revolutionärste
— secondärste
— sedentärste
— singulärste
— temerärste
— temporärste
— tributärste
— vulgärste
— ungefährste

áerste

ich bärste
— zerbärste
die Kärste

áersten

sie bärsten
— zerbärsten
den Kärsten

āersten — āehrsten

die arbiträrsten
— conträrsten
— extraordinärsten
— familiärsten
— imaginärsten
— klärsten
— mercenärsten
— ordinärsten
— originärsten
— particulärsten
— pecuniärsten
— perpendiculärsten
— populärsten
— prekärsten
— primärsten
— rärsten
— regulärsten
— revolutionärsten
— secondärsten
— sedentärsten
— singulärsten
— temerärsten
— temporärsten
— tributärsten
— vulgärsten
— ungefährsten

āerster — āehrster

arbiträrster
conträrster
extraordinärster
familiärster
imaginärster
klärster
mercenärster
ordinärster
originärster
particulärster
pecuniärster
perpendiculärster
populärster
prekärster
primärster
rärster
regulärster
revolutionärster
secondärster
sedentärster
singulärster
temerärster
temporärster
tributärster
vulgärster
ungefährster

āerstes — āehrstes

arbiträrstes
conträrstes
extraordinärstes
familiärstes
imaginärstes
klärstes
mercenärstes
ordinärstes
originärstes
particulärstes
pecuniärstes
perpendiculärstes
populärstes
prekärstes
primärstes
rärstes
regulärstes
revolutionärstes
secondärstes
sedentärstes
singulärstes
temerärstes
temporärstes
tributärstes
vulgärstes
ungefährstes

āert — āehrt

er ärt
umgeärt
— bärt
— gebärt
— härt
abgehärt
— klärt
aufgeklärt
ihr wärt
er ährt
— fährt
— verfährt
— gährt
sich jährt
er verjährt
— mährt
— nährt
— ernährt
wohlgenährt
— währt
— bewährt
— gewährt

āerte — āehrte

ich ärte
— dreyärte
— vierärte
die Bärte
Knasterbärte
er bärte
— härte
— klärte

der Verklärte
die Zärte
ich zärte
er ährte
die Fährte
Hosenfährte
Hinterfährte
Hirschfährte
Nachfährte
Rückfährte
Spatfährte
Vorfährte
Wiederfährte
der Gefährte
Angstgefährte
Berufsgefährte
Erdengefährte
Handelsgefährte
Jagdgefährte
Jugendgefährte
Kampfgefährte
Kriegsgefährte
Lebensgefährte
Leichengefährte
Leidensgefährte
Mitgefährte
Namensgefährte
Reisegefährte
Reitgefährte
Schulgefährte
Spielgefährte
Tanzgefährte
Trinkgefährte
Waffengefährte
Wagengefährte
Wiegengefährte
Zechgefährte
er verfährte
es gährte
— jährte
— verjährte
— mährte
die Mährte
Biermährte
Mostmährte
Wassermährte
Weinmährte
er nährte
— währte
— bewährte

áerte — áerrte

die Härte
Demanthärte
Eisenhärte
Federhärte
Stahlhärte
Steinhärte
ich erhärte
— närrte
— plärrte

āertel

das Bärtel
— Gebärtel
— Gezärtel

áertel

der Wärtel
Grieſswärtel
Kampfwärtel
Nachtswärtel
Schirmwärtel
Seelwärtel
Sternwärtel
Thurmwärtel
Weiberwärtel
ein Gärtel

āerteln

den Bärteln
bärteln
zärteln
verzärteln

áerteln

den Wärteln
— Gärteln
gärteln
verhärteln

āertelnd

bärtelnd
zärtelnd
verzärtelnd

áertelnd

gärtelnd
verhärtelnd

āertelns

die Bärtelns
— Zärtelns
— Verzärtelns

áertelns

des Gärtelns
— Verhärtelns

āertels

des Bärtels
— Gebärtels
— Gezärtels

áertels

des Gärtels
— Wärtels

āertelst

du bärtelst
— zärtelst
— verzärtelst

áertelst

du gärtelst
— verhärtelst

āertelt

er bärtelt
gebärtelt
ungebärtelt
— zärtelt
verzärtelt
unverzärtelt

áertelt

er gärtelt
— verhärtelt

āerten — āehrten

sie är'ten
— dreyärten
— vierärten
den Bärten
sie bär'ten
bärten
bebärten
— här'ten
— klärten
— erklärten
zärten
— ährten
die Fährten
— Gefährten
sie verfährten
— gährten
— verjährten
— mährten
die Mährten
sie nährten
— wähsten
— gewährten
— überstährten

áerten — áerrten

die Gärten
— Härten
härten
abhärten
aufhärten
durchhärten
enthärten
nachhärten
überhärten
verhärten
erhärten
— *Märten*
sie närrten
— plärrten

āertend

dreyärtend
bärtend
bebärtend
zärtend [härtend]

āertens

des Dreyärtens
— Vierärtens
— Bärtens
— Zärtens
sie gewährten's *etc.*

áertens

des Härtens
— Erhärtens
— *Märtens*
sie plärrten's

āerter — āehrter

ein umgeärter
— abgehärter
— Verklärter
— Aufgeklärter
— zärter
— abgeährter
— verjährter
— herumgemährter
— ernährter
— wohlgenährter
— bewährter
— gewährter

áerter

härter
der Härter
— Järter
— Wärter
Auerwärter
Auerhahnwärter
Aufwärter
Bahnenwärter
Bauwärter
Baumwärter
Bienenwärter
Büchsenwärter
Fasanenwärter
Gefangenwärter
Geschützwärter
Holzwärter
Hundewärter
Kamelwärter
Kinderwärer
Krankenwärter
Lampenwärter
Löwenwärter
Narrenwärter
Postwärter
Roſswärter
Seelwärter
Thierwärter
Thorwärter
Thurmwärter
Thürwärter
Vogelwärter
Zeugwärter
ein hergeplärrter

āertern — āehrtern

einen abgehärter'n
— aufgeklärter'n
— Zärtern
— verjährtern
— wohlgenährtern
— bewährter'n

áertern

einen härtern
den Härtern
— Järtern
— Wärtern

āerters — āehrters

ein abgehärter's
— aufgeklärter's
— zärter's
— verjährter's
— wohlgenährter's
— bewährter's

áerters

ein härter's
des Härters
— Wärters

āertes — āehrtes

ein umgeärtes
— abgehärtes
— verklärtes
— abgeährtes
— verjährtes
— herumgemährtes
— genährtes
— bewährtes

āertest — āehrtest

du ärtest
— dreyärtest
— vierärtest
— bär'test
— bebärtets
— härtest
— klärtest
— zärtest
— ährtest
— verfährtest
— gährtest
— verjährtest
— mährtest
— nährtest
— währtest
— bewährtest

áertest

du härtest
— erhärtest
— allerhärtest
— närrtest
— plärrtest

āertet — āehrtet

ihr är'tet
— dreyärtet
— vierärtet
— bär'tet
bebärtet
gebärtet
ungebärtet
— härtet
— klärtet
— zärtet
— ährtet
— verfährtet
— gährtet
— verjährtet
— mährtet
— nährtet
— währtet
— bewährtet

áertet

ihr härtet
gehärtet
abgehärtet
— närrtet
— plärrtet

āertheit — āehrtheit

die Aufgeklärtheit
— Verjährtheit
— Wohlgenährtheit
— Bewährtheit

āertig — āehrtig

bärtig
blaubärtig
dummbärtig
dünnbärtig
flachsbärtig
flaumenbärtig
milchbärtig
rothbärtig
schwarzbärtig
ziegenbärtig
zottelbärtig
fährtig
hoffärtig

áertig

härtig
herzenshärtig
anderwärtig
auswärtig
gewärtig
kuſsgewärtig
gegenwärtig
allgegenwärtig
selbstwärtig
widerwärtig

ärtigt

er gewärtigt
— vergegenwärtigt

ärtle

ich bärtle
— zärtle
— verzärtle

ärtle

ich gärtle
— verhärtle

ärtler

der Bärtler
— Verzärtler

ärtlern

den Bärtlern
— Verzärtlern

ärtlers

des Bärtlers
— Verzärtlers

zärtlich
härtlich
der Härtling
Rothhärtling
Schölhärtling

ärtling

der Bärtling
— Zärtling

ärtlings

des Bärtlings
— Zärtlings

der Gärtner
Baumgärtner
Bestandgärtner
Blumengärtner
Großgärtner
Kleingärtner
Kohlgärtner
Küchengärtner
Kunstgärtner
Lustgärtner
Nelkengärtner
Waldgärtner
gärtnern

ärts — ährts

ihr ärt's
— wärt's
— klärt's *etc.*
— bewährt's *etc.*

ärts

ich erhärt's
wärts
abwärts
abendwärts
allerwärts
anderwärts
aufwärts
auswärts
bergwärts
dortwärts
einwärts
erdwärts
erdenwärts
feldwärts
heimwärts
herwärts
hieherwärts
hinwärts
innwärts
landwärts
luftwärts
meerwärts
mittagwärts
morgenwärts
nachwärts
nachtwärts
mitternachtwärts
niederwärts
nordwärts
oberwärts
ostwärts
rückwärts
seitwärts
stadtwärts
sternenwärts
südwärts
thalwärts
überwärts
umwärts
unterwärts
vielerwärts
waldwärts
wegwärts
windwärts
wolkenwärts
vorwärts
Marschall Vorwärts

ärtung

die Bebärtung
— Zärtung
die Härtung
— Verhärtung
Drüsenverhärtung
Leberverhärtung
Steinverhärtung

ärung — ährung

die Aerung
— Gebärung
— Härung
— Klärung
— Abklärung
— Aufklärung
Afteraufklärung
— Erklärung
Bibelerklärung
Dankerklärung
Ehrenerklärung
Gegenerklärung
Gesetzerklärung
Kriegserklärung
Liebeserklärung
Machterklärung
Nacherklärung
Namenerklärung
Randerklärung
Sacherklärung
Schrifterklärung
Vorerklärung
Worterklärung
die Verklärung
— Schwärung
— Aehrung
— Verfährung
— Gährung
Essiggährung
Weingährung
— Verjährung
— Nährung
— Ernährung
— Ueberstährung
— Währung
Markwährung
Reichswährung
Stadtwährung
WienerWährung *etc.*
— Bewährung
— Gewährung
Fristgewährung
— Einwährung
— Zugewährung

ärz

der März
— Tärz
das Geschwärz'
[ein Schwärzchen]

ärze

im März
ich märze
— schwärze
— die Schwärze
Adlerschwärze
Buchschwärze
Druckerschwärze
Eisenschwärze
Glaserzschwärze
Haarschwärze
Kupferschwärze
Nickelschwärze
Rabenschwärze
Schuhschwärze
Schusterschwärze
Silberschwärze
Sinnesschwärze
Stiefelschwärze
Steinschwärze
dem Tärze

áerzen

märzen
ausmärzen
nachmärzen
quärzen
schwärzen
abschwärzen
anschwärzen
aufschwärzen
ausschwärzen
einschwärzen
mitschwärzen
nachschwärzen
überschwärzen
umschwärzen
wegschwärzen
verschwärzen
die Schwärzen
den Tärzen

áerzend

ausmärzend
quärzend
schwärzend

áerzens

des Ausmärzens
— Quärzens
— Schwärzens

áerzer

ein Ausmärzer
— Schwärzer
— Anschwärzer
schwärzer

[der Härzer]

áerzern

den Ausmärzern
— Schwärzern
schwärzer'n

áerzers

des Ausmärzers
— Schwärzers

áerzlich

märzlich
schwärzlich

[das Schwärzsel]

áerzt

ausgemärzt
er quärzt
— schwärzt
eingeschwärzt

áerzte

er märzte
— quärzte
— schwärzte

[die Aerzte]

áerzten

die ausgemärzten
sie quärzten
— schwärzten

áerzter

ein ausgemärzter
— geschwärzter

áerztes

ein ausgemärztes
— geschwärztes

áerzteſt

du märztest
— quärztest
— schwärztest

áerztet

ihr märztet
— quärztet
— schwärztet

áerzung

die Ausmärzung
— Schwärzung

āes — āehs

der Aes
(das Aes, *siehe* āeß,)
das Gebläs'
der Käs
— *Knäs*
ich läs
— erläs
des *Pescherä's*
— *Praes*
— Rä's
räh
s
— Gezäh's
— Geschmäh's *etc.*
ich säh's *etc.*
des *Relais's etc.*
— *Portrait's etc.*
(*hieher gehört auch*)

āeß'

ich äſs'
das Geäſs'
das Gefäſs
Balsamgefäſs
Blechgefäſs
Blutgefäſs
Blutwassergefäſs
Degengefäſs
Duftgefäſs
Einsauggefäſs
Erdegefäſs
Gallengefäſs
Giftgefäſs
Haargefäſs
Harngefäſs
Henkelgefäſs
Honiggefäſs
Kranzgefäſs
Krummgefäſs
Kunstgefäſs
Luftgefäſs
Markgefäſs
Melkgefäſs
Milchgefäſs
Mischgefäſs
Nebengefäſs
Opfergefäſs
Porzellangefäſs
Prachtgefäſs
Prunkgefäſs
Säbelgefäſs
Samengefäſs
Sauggefäſs
Schmalzgefäſs
Schöpfgefäſs
Speisesaftgefäſs
Sprenggefäſs
Spülgefäſs
Staubgefäſs
Thongefäſs
Tischgefäſs
Trinkgefäſs
Wachsgefäſs
Waschgefäſs
Wassergefäſs
Weingefäſs
Zaubergefäſs
ich fräſs'
das Gefräſs
ich vergäſs'
ich mäſs'
gemäſs
kunstgemäſs
naturgemäſs
ordnungsgemäſs
pflichtgemäſs
plangemäſs
rechtsgemäſs
vergleichsgemäſs
vernunftgemäſs
zeitgemäſs
zunftgemäſs
das Gemäſs
ich säſs
beſäſs
das Gesäſs

áeſch

räsch
der Träsch
das Gewäsch
Alltagsgewäsch
Weibergewäsch

[Fäsch]

āehſch

der Mähsch
— Tähsch
ein Träsch
das Geträsch

äeschchen

das Aeschchen
— Mäschchen
— Fläschchen
Riechfläschchen
— Täschchen

áeschchens

des Aeschchens
— Mäschchens
— Fläschchens
— Täschchens

áesche

die Aesche
Blumenäsche
Milchäsche
— Aesche (*auch* Esche)
Buchäsche
Eberäsche
ich beäsche
die Fäsche
— Meeräsche
es gäsche
die Päsche
— räsche
eine Täsche
dem Träsche
die Wäsche
Abwäsche
Anwäsche
Anziehwäsche
Bettwäsche
Dunstwäsche
Fußwäsche
Goldwäsche
Haldenwäsche
Hauswäsche
Leibwäsche
Mörtelwäsche
Plättwäsche
Rollwäsche
Schulwäsche
Seifenwäsche
Stärkwäsche
Sudelwäsche
Tischwäsche
Zinnwäsche
das Gewäsche

äesche — äehsche

dem Träsche
das Geträsche
es träsche
dem Mähsche
— Tähsche

áeschel

das Fläschel
— Täschel
— Gepäschel
— Getäschel

áescheln

den Fläscheln
— Täscheln
päscheln
täscheln

áeschelnd

päschelnd
täschelnd

áeschelns

des Päschelns
— Täschelns

áeschels

des Fläschels
— Täschels
— Getäschels
- Gepäschels

áeschelst

du päschelst
— täschelst

áeschelt

er päschelt
— täschelt

äeschen — äehschen

träschen
die Mähschen
— Tähschen

áeschen

den Aeschen
äschen
abäschen
beäschen
veräschen
die Fäschen
gäschen
abgäschen
zugäschen
den Päschen
— räschen
— Täschen
— Räschen
— Wäschen

äeschen

das Bäschen
— Bläschen
Dunstbläschen
— Gefäschen
— Gläschen
— Gräschen
— Häschen
— Läschen
— Mäschen
— Näschen
— Späschen

áeschend

äschend
gäschend

áeschens

des Aeschens
— Gäschens

äeschens

des Bäschens
— Bläschens
— Gefäschens
— Gläschens
— Gräschens
— Häschens
— Läschens
— Mäschens
— Späschens

áescher

der Aescher
Brunnäscher
Kalkäscher
das Geäscher
der Häscher
Anecdotenhäscher
— Näscher
Erznäscher
ein räscher
der Wäscher
Aufwäscher
Gekrätzwäscher
Goldwäscher
Holzauswäscher
Hüttenwäscher
Krätzwäscher
Siebwäscher
Silberwäscher
Zinnwäscher

áeschern

äschern
abäschern
einäschern
nachäschern
veräschern
sich eräschern
den Aeschern
— Häschern
— Näschern
mit räschern
den Wäschern

áeschers

des Aeschers
— Geäschers
— Häschers
— Näschers
ein räscher's
des Wäschers

áeſchet

er äschet
— gäschet

áeſchig

näschig
genäschig
wäschig
gewäschig

{ das Näschlein
{ der Aeschling
{ — Täschner

áeſcht

er äscht
geäscht
es gäscht
der Gäscht
Stellgäscht
Weingäscht

áeſchte

äschte
gäschte
abgäschte

áeſchten

sie äschten
— gäschten
abgäschten

áeſchteſt

du äschtest
— gäschtest
abgäschtest

áeſchtet

ihr äschtet
— gäschtet
abgäschtet

āeſe — āeße

ich äse
das Geäse
— Gebläse
die Gäse
das Gehäse
Hintergehäse
Vorgehäse
Vordergehäse
ich gräse
die Jäse
der Käse
Brackkäse
Brickenkäse
Brühkäse
Eyerkäse
Feigenkäse
Frohnkäse
Geiſskäse
Handkäse
Harzkäse
Kartoffelkäse
Kräuterkäse
Kreutzkäse
Kuhkäse
Kümmelkäse
Märzkäse
Milchkäse
Palmenkäse
Parmesankäse
Pottkäse
Quarkkäse
Rahmkäse
Sahnkäse
Sauerkäse
Schafkäse
Schanzenkäse
Schmierkäse
Schottenkäse
Schweizerkäse
Sonnenkäse
Spitzkäse
Streichkäse
Topfkäse
Ziegenkäse
Ziegerkäse
ich käse
— läse
— erläse
die Räse
der rähse
die Twäse
ich äſse
dem Gefäſse
ich fräſse
er genäſse
ich vergäſse
— mäſse
dem Gemäſse
gemäſse
sachgemäſse
ich säſse
dem Gesäſse
die *Anglaise*
— *Chaise*
— *Porte-Chaise*
— *Ecossaise*
— *Fadaise*
— *Polonaise*

āeſel — āeßel

das Gefäsel
ein Gläsel
das Gräsel
ein Häsel
der Häsel
das Gehäsel
ein Näsel
das Genäsel
— Getäsel
ein Gläſsel
— Gräſsel
— Mäſsel
— Späſsel

āeſeln — āeßeln

fäseln
abfäseln
auffäseln
den Gräseln
gräseln
— Häseln
häseln
näseln
täseln
— Gläſseln
begläſseln
— Gräſseln
— Mäſseln
— Späſseln
— späſseln

āeſelnd — āeßelnd

fäselnd
gräselnd
häselnd
näselnd
täselnd
begläſselnd
späſselnd

āeſelns — āeßelns

des Fäselns
— Gräselns
— Häselns
ein häseln's
des Näselns
— Täselns
— Begläſselns
— Späſselns

āeſels — āeßels

des Gefäsels
— Gräsels
— Häsels
— Näsels
— Genäsels
— Getäsels
— Gläſsels
— Gräſsels
— Mäſsels
— Späſsels

āeſelſt — āeßelſt

du äselst
— gräselst
— häselst
— näselst
— täselst
— begläſselst
— späſselst

aeselt — aeßelt

er fäselt
— gräselt
— häselt
— näselt
— täselt
— begläſselt
— späſselt

aesem — aeßem

rähsem
gemäſsem

aesen — aeßen

äsen
abäsen
anäsen
den Gebläsen
— Gehäsen
einhäsen
gräsen
die Gäsen
— Jäsen
den Käsen
käsen
— *Knaesen*
sie läsen
— erläsen
die Räsen
den rähsen
die Twäsen
sie äſsen
den Gefäſsen
sie fräſsen
— genäſsen
— vergäſsen
— mäſsen
den Gemäſsen
zeitgemäſsen
sie säſsen
den Gesäſsen
die *Anglaisen*
— *Chaisen*
— *Ecossaisen*
— *Fadaisen*
— *Polonaisen*

aesend

äsend
gräsend
einhäsend
käsend

aesens

des Aesens
— Gräsens
— Einhäsens
— Käsens
— *Praesens*
sie läsen's *etc.*
— vergäſsen's *etc.*

aeser

die Aeser
Wetteräser
der Bläser
Aschenbläser
Baſsbläser
Clarinettenbläser
Einbläser
Flötenbläser
Gellflötenbläser
Fagotbläser
Hornbläser
Baſshornbläser
Waldhornbläser
Lärmenbläser
Ohrenbläser
Posaunenbläser
Puderbläser
Schallmeybläser
Schlangenhorn-
Zubläser
das Gefäser
der Fäser
die Gläser
— Gräser
der Häser
— Käser
ein *Bergsträſser*
in sachgemäſser
ein rähser
läs' er *etc.*
säſs' er *etc.*

aesern

den Aesern
— Bläsern
sich fäsern
den Fäsern
— Gläsern
gläsern
— Gräsern
— Häsern
— Käsern
— *Bergsträſsern*
zeitgemäſser'n
rähser'n

aeserns

des Fäserns
ein gläsern's

aesers

des Bläsers
— Gefäsers
— Fäsers
— Häsers
— Käsers
— *Bergsträſsers*
ein sachgemäſser's
läs' er's *etc.*
mäſs' ers *etc.*

aeses — aeßes

des Aeses
— Geäses
— Gebläses
— Gehäses
— Käses
— *Knaeses*
ein rähses
der *Praeses*
des Gefäſses
— Gefräſses
— Gemäſses
naturgemäſses
— Gesäſses
läs' es *etc.*
vergäſs' es *etc.*

aesest — aeßest

du äsest
— gräsest
— einhäsest
— käsest
— läsest
rähsest
— äſsest
— fräſsest
— vergäſsest
— genäſsest
— mäſsest
kunstgemäſsest
— säſsest

aeset — aeßet

ihr äset
— gräset
eingehäset
— käset
— äſset
— fräſset
— vergäſset
— genäſset
— mäſset
— säſset

aesicht

bläsicht
käsicht
mäſsigt

[läs' ich *etc.*
säſs' ich *etc.*]

aesig — aeßig

bläsig
bauchbläsig
kaltbläsig
gräsig
käsig
flachnäsig
groſsnäsig
gespäſsig
gefräſsig

fräſsig
aasfräſsig
faulfräſsig
krebsfräſsig
mottenfräſsig
vielfräſsig
wurmfräſsig
mäſsig
affenmäſsig
amtsmäſsig
antheilmäſsig
arienmäſsig
auszugsmäſsig
berichtmäſsig
berufsmäſsig
bibelmäſsig
bühnenmäſsig
bundesmäſsig
chormäſsig
couriermäſsig
courmäſsig
dorfmäſsig
ebenmäſsig
erfahrungsmäſsig
etapenmäſsig
etatsmäſsig
forstmäſsig
fürstenmäſsig
galgenmäſsig
gantmäſsig
geschmackmäſsig
gesetzmäſsig
gestirnmäſsig
gewerkmäſsig
gleichmäſsig
handwerksmäſsig
haushaltungsmäſsig
heldenmäſsig
henkersmäſsig
hirtenmäſsig
hochzeitmäſsig
hofmäſsig
hökermäſsig
hunenmäſsig
hundemäſsig
jägermäſsig
junkermäſsig
kanzelmäſsig
kanzleymäſsig
katzenmäſsig
knabenmäſsig
kriegermäſsig
küchenmäſsig
kunstmäſsig
laffenmäſsig
manegemäſsig
mannmäſsig
mittelmäſsig
naturmäſsig
ochsenmäſsig
ordnungsmäſsig
papageymäſsig
pfandmäſsig
pferdemäſsig
pflichtmäſsig
pinselmäſsig
probemäſsig
punctmäſsig
quellenmäſsig
rangmäſsig
reichsschluſsmäſsig
reichsverfassungs-
rechtmäſsig
regelmäſsig
riesenmäſsig
rittermäſsig
schauspielmäſsig
schluſsmäſsig
schöpsenmäſsig
schriftmäſsig
schrittmäſsig
schuldmäſsig
schülermäſsig
schulmäſsig
schuſsmäſsig
sendmäſsig
siegelmäſsig
sittmäſsig
sprachmäſsig
spruchmäſsig
stadtmäſsig
standesmäſsig
stiftsmäſsig
strafmäſsig
stümpermäſsig
sylbenmäſsig
tactmäſsig
teufelmäſsig
triebmäſsig
turniermäſsig
übermäſsig
übereinkunftmäſsig
ungeziefermäſsig
unmäſsig
verfassungsmäſsig
vergleichsmäſsig
verhältnismäſsig
misverhältnis-
vernunftmäſsig
verordnungsmäſsig
vertragsmäſsig
volksmäſsig
vorschriftmäſsig
wintermäſsig
zaubermäſsig
zeitmäſsig
zwergmäſsig

āesling

der Gräsling
Bachgräsling
— Näsling
— Späſsling
der Täsling
— Wäsling

āeslings

des Gräslings
— Näslings
— Späſslings
— Täslings
— Wäslings

āeſo

Caeso
dem *Laeso*
quaeso

áespe

die Aespe (*nicht* Espe)
— Gäspe
— Häspe
anhäspe

áespen

die Aespen
— Gäspen
— Häspen
anhäspen
[äspern
der Aesping]

áeſchen

das Aeſchen
Ducatenäſschen
— Bläſschen
Rothbläſschen
— Fäſschen
Glattfäſschen
Gurkenfäſschen
Heringsfäſschen
Mutterfäſschen
Mehlfäſschen
— Gäſschen
Seitengäſschen
Winkelgäſschen
— Täſschen
Glühtäſschen

áeſſe

die Aesse
— Blässe
Fieberblässe
Leichenblässe
Lilienblässe
Todesblässe
Zimmerblässe
— Bläſse
Rothbläſse
das Gelässe
die Anlässe
— Erlässe
— Verlässe
— Nässe
Winternässe
Frühjahrsnässe

ich nässe
die Pässe
ich rässe
— verhässe

áeſſel

das Fässel
— Gässel
ein Hässel

áeſſeln

den Fässeln
— Gässeln
— Hässeln
nässeln
pässeln

áeſſelnd

nässelnd
pässelnd

áeſſelns

des Nässelns
— Pässelns

áeſſels

des Fässels
— Gässels
— Hässels

áeſſelſt

du nässelst
— pässelst

áeſſelt

es nässelt
er pässelt

áeſſen

den Aessen
— Blässen
— Anlässen
— Verlässen
nässen
annässen
benässen
durchnässen
einnässen
— Pässen
rässen
verhässen

áeſſend

nässend
rässend
verhässend

áeſſens

des Nässens
— Rässens
— Verhässens

áeſſer

blässer
die Fässer
lässer
nässer
die Wässer
das Gewässer
Meergewässer
Silbergewässer

áeſſern

den blässer'n
— Fässern
entfässern
— nässer'n
— Wässern
— Gewässern
wässern
abwässern
anwässern
auswässern
bewässern
durchwässern
einwässern
entwässern
fortwässern
mitwässern
nachwässern
überwässern
umwässern
verwässern
vorwässern
wegwässern

áeſſernd

entfässernd
wässernd

áeſſerns

des Entfässerns
— Wässerns

áeſſers

ein blässer's
— nässer's
des Gewässers

áeſſerſt

du entfässerst
— wässerst

áeſſert

er entfässert
— wässert
gewässert

áeſſes

des Gelässes
ich näss' es *etc.*

áeſſeſt

blässest
du lässest
lässest
nässest
— nässest
— rässest
— verhässest

áeſſet

er lässet
— nässet
durchnässet
— rässet
— verhässet

áeſſig

hässig
gehäſsig
läſsig
abläſsig
unabläſsig
aufläſsig
fahrläſsig
nachläſsig
unterläſsig
verläſsig
zuverläſsig
unzuverläſsig
zuläſsig
unzuläſsig
säſsig
amtssäſsig
ansäſsig
aufsäſsig
haussäſsig
kanzleysäſsig
landsäſsig
schriftsäſsig
widersäſsig
[vernachlässigt]

áeßlich

bläſslich
gräſslich
häſslich
läſslich (un-)
abläſslich
unabläſslich
erläſslich
unerläſslich
verläſslich
unverläſslich
näſslich
päſslich
unpäſslich
räſslich

áeßlicht

vergräſslicht
verhäſslicht

áeßling

den Bläſsling
— Häſsling
— Räſsling

áeßlings

des Bläſslings
— Häſslings
— Räſslings

áeßt

er läſst
— erläſst
— verläſst
— näſst
durchnäſst
— räſst
— verhäſst
der Anapäst

äeſt — äeßt

ihr äst
er bläst
— gräst
eingehäs't
— käs't
ihr läst
— äſst
— fräſst
— vergäſst
— genäſs't
— mäſst
— säſst
der Träst
du bäh'st
— bläh'st
— kräh'st
— mäh'st
— näh'st
— schmäh'st
— späh'st

áeſtchen

das Aestchen
— Gästchen
Trollgästchen
— Kästchen
Arbeitskästchen
Bedarfkästchen
Gefällkästchen
Geheimkästchen
Geschmeidekästch.
Juwelenkästchen
Ringkästchen
Schmuckkästchen
Strohkästchen
Theekästchen
Weihekästchen
— Morästchen
— Palästchen
das Quästchen
beläst'gen

áeſtchens

des Aestchens
— Gästchens
— Kästchens
— Morästchens
— Palästchens
— Quästchens
— Beläst'gens
— Ueberläst'gens

áeſte — áeßte

die Aeste
vom Anapäste
die Gäste
Badegäste
Kurgäste
— Käste
Roſskäste
ich mäste
die Moräste
— Paläste
ich näſste
— räſste
— verhäſste

äeſte

er äste
— gräste
der eingehäste
er käste
dem Träste

áeſtel

das Kästel
— Gepästel
— Gequästel
[Newcastle]

áeſteln

den Kästeln
einkästeln
pästeln
quästeln

áeſtelnd

einkästelnd
pästelnd
quästelnd

áeſtelns

des Einkästelns
— Pästelns
— Quästelns

áeſtelt

eingekästelt
er pästelt
gequästelt

áeſten

ästen
abästen
ausästen
den Aesten
— Anapästen
— Gästen
mästen
anmästen
aufmästen
ausmästen
fortmästen
nachmästen
übermästen
die Kästen
kästen
verkästen
den Morästen
— Palästen
sie näſsten
— räſsten
— verhäſsten

áeſtend

abästend
ausästend
mästend
kästend

áeſtens

des Abästens
— Mästens
— Kästens

áeſter

das Geläster
ein durchnäſster
Master
läſst er *etc.*

äeſter

ein eingehäster
bläst er *etc.*

áeſtern

lästern
belästern
nachlästern
verlästern
zerlästern
einen durchnäſster'n
[lästernd]

áeſters

des Gelästers
ein durchnäſster's
des *Masters*
läſst er's *etc.*
[lästert
zerlästert]

äſtes
des Anapästes
durchnäſstes
ich mäst' es

äſtes
eingehästes
ihr vergäſst es *etc.*

äſteſt
du näſstest
— mästest
— ästest

äſtet
ihr ästet
geästet
— mästet
— näſstet

äſtig
ästig
kernästig
mehrästig
vielästig
weitästig
lästig
überlästig
unlästig

äſtle
einkästle
ich pästle
— quästle

äſtling
ein Aestling
— Bästling

äſtlings
des Aestlings
— Bästlings
der Kästner
Hephästos
— Quästor
die Palästra
— Palästrik

äſtrich
das Aestrich
blästrich

äſtung
die Abästung
— Mästung
— Verkästung

äſſung
die Nässung
— Durchnässung
— Verhässung

äſung
die Aesung
— Einhäsung

äet - äeth - äeht
die Abnormität
— Acidität
— Activität
— Admiralität
— Adversität
— Advitalität
— Aequanimität
— Aequalität
— Aequität
— Affinität
— Agilität
— Ambigualität
— Amönität
— Anciennität
— Animalität
— Animosität
— Annuität
— Anteriorität
— Antiquität
— Assiduität
— Atrocität
— Audacität
— Austerität
— Authenticität
— Autorität
— Avidität
— Benignität
— Bestialität
— Bonität
— Brutalität
— Caducität
— Calamität
— Calliditat
— Callosität
— Capacität
— Carnosität
— Castität
— Casualität
— Causalität
— Cavität
— Causticität
— Celebrität
— Celerität
— Centralität
— Cessibilität
— Classicität
— Coagulabilität
— Comestibilität
— Commensurabilität
— Commodität
— Communität
— Complicität
— Concavität
— Concinnität
— Concrescibilität
— Conformität
die Confraternität
— Congenialität
— Consanguinität
— Consubstantialität
— Contiguität
— Contrarietät
— Contubernalität
— Cordialität
— Credulität
— Crudität
— Cupidität
— Curiosität
— Debilität
— Deformität
— Densität
— Determinalität
— Dexterität
— Diät
Badediät
Fieberdiät
Leibesdiät
Seelendiät
diät
— Difficultät
— Difformität
— Dignität
— Dilatabilität
— Dissolubilität
— Diversität
— Dividualität
— Divisibilität
— Docilität
— Ductilität
— Duplicität
— Durität
— Efficacität
— Egalität
— Elasticität
— Electricität
— Enormität
— Entität
— Excentricität
— Exiguität
— Expansibilität
— Extensibilität
— Extremität
— Facilität
— Facultät
— Familiarität
— Fatalität
— Fatuität
— Ferocität
— Fertilität
— Festivität
— Fidelität
— Fixität
— Fleccidität
— Flaxibilität
— Fluidität
— Föcundität
— Formalität
— Fragilität

die Fraternität
— Frondosität
— Frugalität
— Futilität
— Generalität
— Generosität
— Genialität
— Genuinität
ein Geodät
die Gracilität
— Gräcität
— Grandävität
— Grandiosität
— Gravität
— Gravidität
— Habilität
— Hilarität
— Hospitalität
— Humanität
— Humidität
— Humilität
— Identität
— Idioelectricität
— Ignobilität
— Illegalität
— Illiberalität
— Imbecillität
— Immaterialität
— Immaturität
— Immoralität
— Immortalität
— Immunität
— Immutabilität
— Impossibilität
— Imperceptibilität
— Impermeabilität
— Impersonalität
— Impetuosität
— Impietät
— Implacabilität
— Impopularität
— Importunität
— Impossibilität
— Impräscriptibilität
— Improbabilität
— Improprietät
— Impudicität
— Impunität
— Impurität
— Inactivität
— Incapacität
— Incitabilität
— Incivilität
— Incommensurabilität
— Incommodität
— Incommunicabilität
— Incommutabilität
— Incompatibilität
— Incorporalität
— Incorruptibilität
— Incredibilität
— Incredulität

die Incuriosität
— Indemnität
— Indestructibilität
— Indissolubilität
— Individualität
— Indivisibilität
— Indocilität
— Inegalität
— Inexigibilität
— Infallibilität
— Infertilität
— Infidelität
— Infirmität
— Inflammabilität
— Ingenuität
— Inhabilität
— Inhospitalität
— Inhumanität
— Iniquität
— Innumerabilität
— Insalubrität
— Insatiabilität
— Insensibilität
— Insolubilität
— Integrität
— Intellectualität
— Intelligibilität
— Intensität
— Intimität
— Intractabilität
— Intrepidität
— Inurbanität
— Invalidität
— Inviolabilität
— Invisibilität
— Irrationalität
— Irregularität
— Irreligiosität
— Irritabilität
— Jovialität
— Lascivität
— Latinität
— Laxität
— Legalität
— Legitimität
— Lemosität
— Letalität
— Liberalität
— Liebetät
— Liquidität
— Locabilität
— Localität
— Longävität
— Longanimität
— Loquacität
— Loyalität
— Lubricität
— Luscosität
— Magnanimität
— Majestät
— Majorennität
— Majorität

die Malignität
— Malleabilität
— Mammosität
— Materialität
— Maternität
— Maturität
— Mediatät
— Mediocrität
— Mensurabilität
— Minorennität
— Minorität
— Miserabilität
— Mobilität
— Modalität
— Moralität
— Mortalität
— Multiplicität
— Municipalität
— Mutabilität
— Naivetät
— Nationalität
— Nativität
— Necessität
— Neutralität
— Nobilität
— Nodosität
— Notorietät
— Novität
— Nubilität
— Nudität
— Nullität
— Obesität
— Obscönität
— Obscurität
— Obstipität
— Olität
— Opacität
— Opportunität
— Originalität
— Parietät
— Parität
— Partialität
— Passibilität
— Passivität
— Patavinität
— Paternität
— Pellucidität
— Penetrabilität
— Perceptibilität
— Perdurabilität
— Perfectibilität
— Permeabilität
— Perpetuität
— Perplexität
— Personalität
— Perspicacität
— Perspicuität
— Pertinacität
— Perversität
— Pietät
— Placabilität
— Plausibilität.

die Pluralität
— Polarität
— Ponderabilität
— Popularität
— Porosität
— Possibilität
— Posterität
— Präcipität
— Prämaturität
— Practicabilität
— Praxität
— Priorität
— Probabilität
— Probität
— Prodigalität
— Productivität
— Profanität
— Proprietät
— Prosperität
— Proximität
— Pubertät
— Publicität
— Puerilität
— Punctualität
— Pupillarität
— Putridität
— Qualität
— Quantität
— Rancidität
— Rapidität
— Rarität
— Rationabilität
— Reactivität
— Realität
— Receptibilität
— Receptivität
— Reciprocität
— Refrangibilität
— Regularität
— Religiosität
— Revocabilität
— Rigidität
— Rivalität
— Rudität
— Rusticität
— Sagacität
— Salubrität
— Sanität
— Satiabilität
— Satietät
— Schwulität
— Scurrilität
— Securität
— Sedulität
— Sensibilität
— Sensualität
— Sentimentalität
— Severität
— Sexualität
— Simplicität
— Sincerität
— Singularität

die Sinuosität
— Sobrietät
— Socialität
— Societät
— Sodalität
— Solennität
— Solidarität
— Solidität
— Solubilität
— Solvobilität
— Sordidität
— Sospität
— Souveränetät
— Sphäricität
— Spirabilität
— Spiritualität
— Spontaneität
— Stabilität
— Sterilität
— Stolidität
— Stupidität
— Subalternität
— Substantialität
— Subtilität
— Summität
— Sumtuosität
— Superiorität
— Susceptibilität
— Tenacität
— Tenuität
— Terrestrität
— Timidität
— Totalität
— Tranquillität
— Transmutabilität
— Trinität
— Triplicität
— Trivialität
— Tuberosität
— Ubertät
— Ubiquität
— Unität
— Universität
— Urbanität
— Utilität
— Vacuität
— Validität
— Vanität
— Varietät
— Venalität
— Veracität
— Verbosität
— Vibrabilität
— Virginität
— Virtuosität
— Viscosität
— Vitalität
— Vitrescibilität
— Vivacität
— Volatilität
— Volubilität
— Voracität

ich bät'
das Geräth
spät
allzuspät
stät
unstät
ich thät'
— trät'
er bäh't
— bläh't
— kräht
— mäht
— näht
— schmäht
— späht

äet

das Porträt
er räth
— verräth
er hätt'
Täterletät!
die *Retraite*

äetchen

ein Brätchen
— Dräthchen
— Dukätchen
— Grätchen
Kätchen
ein Näthchen
— Mankätchen
— Traktätchen
kein Unthätchen

äetchens

des Brätchens
— Dräthchens
— Dukätchens
— Grätchens
Kätchens
des Näthchens
— Mankätchens
— Traktätchens
— Unthätchens

äete

ich bäte
der *Buräte*
diäte
die Dräthe
— Gräte
Fischgräte
ich entgräte
— jäte
Käte
Alberkäte
Plapperkäte
der Kossäte
Erbkossäte
die Näthe
ich präte

räte
späte
die Späte
ich verspäte
die stäte
ich bestäte
die Stäte
— Unstäte
er bähte
— blähte
— krähte
— mähte
— nähte
— schmähte
— spähte
die Rätke
das Geräthe
Altargeräthe
Badegeräthe
Baugeräthe
Bauergeräthe
Bettgeräthe
Blasegeräthe
Blitzfeuergeräthe
Braugeräthe
Destillirgeräthe
Eisengeräthe
Erntegeräthe
Familiengeräthe
Farbengeräthe
Feldgeräthe
Feuergeräthe
Fischergeräthe
Foltergeräthe
Frauengeräthe
Fuhrgeräthe
Gartengeräthe
Glasgeräthe
Handwerksgeräthe
Hausgeräthe
Heergeräthe
Heldengeräthe
Hofgeräthe
Jagdgeräthe
Kirchengeräthe
Kriegsgeräthe
Küchengeräthe
Kunstgeräthe
Leichengeräthe
Löschgeräthe
Mannsgeräthe
Martergeräthe
Messgeräthe
Modegeräthe
Packgeräthe
Pferdegeräthe
Probegeräthe
Reisegeräthe
Rudergeräthe
Schanzgeräthe
Schifffahrtsgeräthe
Schiffgeräthe
Schmiedegeräthe
Schmuckgeräthe
Seelgeräthe
Silbergeräthe
Speisegeräthe
Spinngeräthe
Sturmgeräthe
Tischgeräthe
Todtengeräthe
Tongeräthe
Waffengeräthe
Wandergeräthe
Waschgeräthe
Wehrgeräthe
Werkgeräthe
Wurfgeräthe
Zaubergeräthe
Zeltgeräthe
Zimmergeräthe
Zinngeräthe

aetel

das Brätel
— Gebrätel
der Prätel
das Geprätel
— Städtel
der Tätel
das Getätel

aeteln

den Bräteln
bräteln
— Präteln
präteln
— Städteln
— Täteln
täteln

aetelnd

brätelnd
prätelnd
tätelnd

aetelns

des Brätelns
— Prätelns
— Tätelns

aetels

des Brätels
— Gebrätels
— Prätels
— Geprätels
— Städtels
— Getätels

aetelst

du brätelst
— prätelst
— tätelst

aetelt

er brätelt
— prätelt
— tätelt

aetem

diätem
spätem
stätem

aeten

die Abnormitäten
— Admiralitäten
— Animositäten
— Annuitäten
— Antiquitäten
— Autoritäten
— Bestialitäten
— Brutalitäten
— Caducitäten
— Calamitäten
— Cavitäten
— Commoditäten
— Communitäten
— Cruditäten
— Curiositäten
— Diäten
Reisediäten
Messungsdiäten
— Difficultäten
— Dignitäten
— Diversitäten
— Extremitäten
— Fatalitäten
— Facultäten
— Familiaritäten
— Festivitäten
— Formalitäten
— Fraternitäten
— Generalitäten
— Genialitäten
— Geodäten
— Illegalitäten
— Incommoditäten
— Individualitäten
— Irregularitäten
— Jovialitäten
— Lascivitäten
— Legitimitäten
— Liebetäten
— Localitäten
— Majestäten
— Modalitäten
— Municipalitäten
— Naivetäten
— Nativitäten
— Novitäten
— Nuditäten
— Nullitäten
— Obscönitäten

die Olitäten
— Personalitäten
— Qualitäten
— Quantitäten
— Raritäten
— Realitäten
— Schwulitäten
— Scurrilitäten
— Singularitäten
— Societäten
— Solennitäten
— Subtilitäten
— Terrestritäten
— Trivialitäten
— Universitäten
— Varietäten
sie bäten
die *Buräten*
diäten
— Gräten
ausgräten
entgräten
jäten
abjäten
ausjäten
durchjäten
mitjäten
nachjäten
überjäten
wegjäten
die *Käten*
— Kossäten
präten
räten
den späten
verspäten
— stäten
bestäten
sie thäten
— träten
den Räthen
— Dräthen
— Näthen
— Geräthen
— Städten
— Porträten
sie bähten
— blähten
— krähten
— mähten
— nähten
— schmähten
— spähten

äetend

entgrätend
jätend
prätend
rätend
verspätend
bestätend

äetens

des Entgrätens
— Jätens
— Prätens
— Rätens
— Verspätens
— Bestätens

äeter

der Bestäter
Güterbestäter
— Bräter
Garbräter
— Jäter
— Präter
das Gepläter
— Geräter
später
stäter
das Getäter
der Thäter
Gewaltthäter
Gutthäter
Handthäter
Missethäter
Mitthäter
Mordthäter
Uebelthäter
Wohlthäter
Wunderthäter
der Unfläter
die Väter
der Aether
Ameisenäther
Arsenikäther
Eisenäther
Essigäther
Fettäther
Flufsäther
Flufsspatäther
Harnäther
Holzäther
Kupferäther
Metalläther
Phosphoräther
Salpeteräther
Salzäther
Schwefeläther
Vitrioläther
der Verräther
Hochverräther
Landesverräther
der Städter
Grofs-, Kleinstädter
ein gebähter
— aufgeblähter
— abgemähter
— genähter
— geschmähter
— erspähter
{der Maitre
Petitmaitre
en maitre
Traitre}

äetern

den Bestätern
— Brätern
— Jätern
— Prätern
plätern
rätern
— später'n
— stäter'n
tätern
— Thätern
— Unflätern
— Vätern
— Aethern
dräthern
— Verräthern
— Städtern

äeternd

plätternd
räternd
täternd

äeterns

des Pläterns
— Räterns
— Täterns
ein dräthern's

äeters

des Bestäters
— Bräters
— Jäters
— Gepläters
— Präters
— Geräters
ein später's
— stäter's
des Getäters
— Thäters
— Unfläters
— Aethers
— Verräthers
— Städters

äeterst

du pläterst
— räterst
— täterst

äetert

er plätert
— rätert
— tätert

äetes

ein diätes
— spätes
— stätes
des Geräthes
— Porträtes
er bät' es *etc.*

ein gebähtes
— aufgeblähtes
— abgemähtes
— durchnähtes
— geschmähtes
— durchspähtes

äetest

du bätest
diätest
du entgrätest
— jätest
— prätest
— rätest
— verspätest
spätest
— bestätest
stätest
— thätest
— trätest
— bähtest
— blähtest
— krähtest
— mähtest
— nähtest
— schmähtest
— spähtest

äetet

ihr bätet
— entgrätet
— jätet
— prätet
— rätet
— verspätet
— bestätet
— thätet
— trätet
— bähtet
— blähtet
— krähtet
— mähtet
— nähtet
— schmähtet
— spähtet

äetig

grätig
heifsgrätig
ungrätig
karätig
20 - 24karätig
spätig
hinterspätig
vorderspätig
stätig
spornstätig
unstätig
thätig
abscheidungsthätig
argthätig
ausscheidungsthätig
berufsthätig
dankthätig
dreythätig
eigenthätig
ehrenthätig
gewaltthätig
grofsthätig
gutthätig
handthätig
handwerkthätig
hülfsthätig
liebthätig
mildthätig
misthätig
selbstthätig
übelthätig
unthätig
vielthätig
wohlthätig
wunderthätig
zuthätig
unflätig
zweydräthig
vierdräthig
doppeldräthig
zweynäthig
abräthig
anräthig
beyräthig
unräthig
vorräthig
widerräthig

äetigt

verspätigt
bestätigt
bethätigt
[der Bäting
Kreutzbäting]

äetisch

autoritätisch
burätisch
diätisch
facultätisch
geodätisch
gravitätisch
majestätisch
nativitätisch
paritätisch
prioritätisch
raritätisch
societätisch
stätisch
freystätisch
universitätisch
städtisch
freystädtisch
grofsstädtisch
kleinstädtisch

äetle

ich brätle
— prätle
— tätle

äetlich

diätlich
gätlich
räthlich
hofräthlich
reichshofräthlich
kirchenräthlich
reichsräthlich
staatsräthlich
unräthlich
verräthlich
thätlich
mordthätlich
unstätlich

äetling

der Brätling
— Spätling

äetlings

des Brätlings
— Spätlings

{abäthmen
abfädmen
auffädmen
einfädmen
Aetna
Praetor
Propraetor
Aethra}

äets

des Geräth's
stäts
ich bät's *etc.*
er näh'ts *etc.*

äets

er erräth's
des Porträts

äetsch

ätsch!
lätsch
der Hätsch
— Zätsch
autorität'sch *etc.*

äetsch

das Geklätsch
lätsch
— Gelätsch
— Gemätsch
— Geträtsch
[der Krätschem]

äetsche

ich fätsche
— grätsche

die Kardätsche
ich kardätsche
die Kartätsche
ich krätsche
das Gekrätsche
eine lätsche
die Matätsche
dem Nätsche
ich pfätsche
die Prätsche
— Rätsche
ich rätsche
das Gerätsche
dem Zätsche
autorität'sche

áetsche

das Geklätsche
der lätsche
das Gelätsche
— Gemätsche
ich plätsche
das Geplätsche
ich trätsche
das Geträtsche

ăetschel

das Gehätschel
— Gerätschel
— Getätschel
— Gezätschel

ăetscheln

hätscheln
verhätscheln
rätscheln
tätscheln
zätscheln
verzätscheln

ăetschelnd

hätschelnd
rätschelnd
tätschelnd
zätschelnd

ăetschelns

des Hätschelns
— Rätschelns
— Tätschelns
— Zätschelns

ăetschels

des Gehätschels
— Gerätschels
— Getätschels
— Gezätschels

ăetschelst

du hätschelst
— rätschelst
du tätschelst
— zätschelst

ăetschelt

er hätschelt
verhätschelt
— rätschelt
— tätschelt
— zätschelt
verzätschelt

ăetschen

fätschen
grätschen
die Kardätschen
kardätschen
auskardätschen
niederkardätschen
die Kartätschen
krätschen
auskrätschen
die lätschen
— Matätschen
pfätschen
den Prätschen
— Rätschen
rätschen
— Zätschen
gravität'schen *etc.*

áetschen

den lätschen
plätschen
trätschen

ăetschend

fätschend
grätschend
kardätschend
krätschend
pfätschend
rätschend

áetschend

plätschend
trätschend

ăetschens

des Fätschens
— Grätschens
— Kardätschens
— Krätschens
— Pfätschens
— Rätschens

áetschens

des Plätschens
— Trätschens

ăetscher

der Grätscher
— Kardätscher
lätscher
gravität'scher

áetscher

der Glätscher (*auch* Gletscher)
— Klätscher
ein lätscher
das Geplätscher
ein Trätscher

ăetschern

den Grätschern
— Kardätschern
— lätschern
gravität'schern *etc.*

áetschern

den Glätschern
— Klätschern
einen lätschern
plätschern
ausplätschern
durchplätschern
fortplätschern
nachplätschern
niederplätschern
umplätschern
verplätschern
zuplätschern

ăetschers

des Grätschers
— Kardätschers
etwas lätschers
— gravität'scher's *etc.*

áetschers

des Glätschers
— Klätschers
ein lätscher's
des Geplätschers
— Trätschers

ăetsches

des Gekrätsches
ein lätsches
des Nätsches
— Gerätsches
— Zätsches
ein autorität'sches *etc.*

áetsches

des Geklätsches
ein lätsches
des Gelätsches
— Gemätsches
— Geplätsches
— Geträtsches

ăetschest

du fätschest
— grätschest

du kardätschest
— krätschest
lätschest
— pfätschest
— rätschest

áetſcheſt

lätschest
du pfätschest
— trätschest

āetſchet

er fätschet
— grätschet
— kardätschet
— krätschet
— pfätschet
— rätschet

áetſchet

er plätschet
— trätschet

āetſchig

grätschig
lätschig
zätschig

áetſchig

klätschig
lätschig
plätschig
trätschig
[der Zätschker]

āetſchle

ich hätschle
— rätschle
— tätschle
— zätschle

āetſchlich

hätschlich
zätschlich
[der Krätschmar]

āetſchs

des Gekrätschs
— Nätschs
— Gerätschs
— Zätschs

áetſchs

des Geklätschs
— Gelätschs
— Gemätschs
— Geplätschs
— Geträtschs

āetſchſt

du fätschst
— grätschst
— kardätschst
— krätschst
du pfätschst
— rätschst

áetſchſt

du plätschst
— trätschst

āetſcht

er fätscht
— grätscht
— kardätscht
— krätscht
ausgekrätscht
— pfätscht
— rätscht

áetſcht

er plätscht
— trätscht

āetſchte

er fätschte
— grätschte
— kardätschte
— krätschte
— pfätschte
— rätschte

áetſchte

er plätschte
— trätschte

āetſchten

sie fätschten
— grätschten
— kardätschten
— krätschten
— pfätschten
— rätschten

áetſchten

sie plätschten
— trätschten

āetſchter

ein gefätschter
— kardätschter
— ausgekrätschter
gepfätschter

āetſchtes

ein gefätschtes
— kardätschtes
— ausgekrätschtes
— gepfätschtes

āetſchteſt

du fätschtest
— grätschtest
— kardätschtest
— krätschtest
— pfätschtest
— rätschtest

áetſchteſt

du plätschtest
— trätschtest

āetſchtet

ihr fätschtet
— grätschtet
— kardätschtet
— krätschtet
— pfätschtet
— rätschtet
das Räthsel
Reimräthsel
Sylbenräthsel
Worträthsel
enträthseln
siehe aezel

áetſchtet

ihr plätschtet
— trätschtet

áettchen

ein Blättchen
Fleischblättchen
Glanzblättchen
Demantglanz-
Metallblättchen
Spreublättchen
— Plättchen

áettchens

des Blättchens
— Plättchens

áette

ich blätte
— glätte
das Geglätte
die Glätte
Bleyglätte
Frischglätte
Goldglätte
Kaufglätte
Porzellanglätte
Schichtglätte
Schlangenglätte
Seigerglätte
Silberglätte
Spiegelglätte
ich hätte
die Plätte
ich plätte
das Geplätte
die Stätte
Baustätte
Betstätte
Bettstätte
Bleichstätte
Blutstätte
Brandstätte
Erziehungsstätte

Fehmstätte
Freystätte
Futterstätte
Geburtsstätte
Geleitsstätte
Grabstätte
Haltstätte
Heilsstätte
Hofstätte
Holzstätte
Hornstätte
Lagerstätte
Lehmstätte
Mahlstätte
Opferstätte
Poststätte
Richtstätte
Röststätte
Salzstätte
Schachtstätte
Schädelstätte
Schiefsstätte
Schlafstätte
Schlummerstätte
Setzstätte
Sitzstätte
Sölstätte
Spielstätte
Todtenstätte
Trinkstätte
Unschuldsstätte
Werkstätte
Zauberstätte
Zufluchtsstätte

áettel

die Sättel
das Getättel

áetteln

den Sätteln
tätteln

áetten

blätten
glätten
abglätten
aufglätten
ausglätten
fortglätten
überglätten
vorglätten
wegglätten
zuglätten
sie hätten
die Plätten
plätten
abplätten
aufplätten
ausplätten
drathplätten
vorplätten
zerplätten
die Stätten

áettend

glättend
plättend

áettens

des Glättens
— Plättens
sie hätten's

áetter

die Blätter
Dockenblätter
Weiherblätter
das Geblätter
glätter
der Glätter
Röhrenglätter
das Gegnätter
mätter
plätter
der Plätter
Drathplätter
Goldplätter
Silberplätter
sätter
das Geschätter
der Hofstätter
— Werkstätter
hätt' er

áettern

den Blättern
blättern
abblättern
aufblättern
ausblättern
beblättern
durchblättern
entblättern
fortblättern
hin u. herblättern
losblättern
nachblättern
überblättern
umblättern
verblättern
vorblättern
zerblättern
zurückblättern
den Glättern
auf glätter'n
gnättern
mätter'n
den Plättern
plätter'n
sätter'n
schättern
— Hofstättern
— Werkstättern

áetternd

blätternd
gnätternd
schätternd

áetterns

des Blätterns
— Gnätterns
— Schätterns

áetters

des Glätters
ein glätter's
des Geblätters
— Gemätters
ein mätter's
— sätter's
des Plätters
— Hofstätters
— Werkstätters

áetterst

du blätterst
— gnätterst
— schätterst

áettert

er blättert
abgeblättert
— gnättert
— schättert

áettes

des Geglättes
— Geplättes
er hätt' es

áettest

du blättest
— glättest
glättest
— hättest
mättest
— plättest
sättest
schättest

áettet

ihr blättet
— glättet
geglättet
— hättet
— plättet
geplättet

[gesättigt
ich tättle]

áettler

ein Tättler
— Blättler
Zeitungsblättler

áettlern

den Blättlern
— Tättlern

áettlers

des Blättlers
— Tättlers

der Plättner
blättricht
blättrig
breitblättrig
dickblättrig
einblättrig
2- 3- *etc.* blättrig
nebenblättrig

áettlich

mättlich
ersättlich
unersättlich

áetts

des Geglätt's
— Geplätt's
er hätt's

áettst

du blättst
— glättst
— hättst
— plättst

áettste

der glättste
— mättste
— plättste
— sättste

áettsten

die glättsten
— mättsten
— plättsten
— sättsten

áettster

glättster
mättster
plättster
sättster

áettstes

glättstes
mättstes
plättstes
sättstes

áettung

die Blättung
— Glättung
— Plättung

[Paetus]

āeu

das Gebäu
Lustgebäu
— Gedräu
— Gezäu
die Säu'

āeubchen

das Häubchen
Schlafhäubchen
Spitzenhäubchen
Stuarthäubchen
— Schäubchen
— Schräubchen
— Stäubchen
Luftstäubchen
Sonnenstäubchen
— Täubchen
— Träubchen
Maienträubchen
Mauerträubchen

āeubchens

des Häubchens
— Schäubchens
— Schräubchens
— Stäubchens
— Träubchens

āeube

ich gläube
— stäube
bestäube
das Gestäube
Silbergestäube
ich sträube
das Gesträube
ich betäube

āeubel

das Häubel
— Täubel

āeubeln

häubeln
täubeln

āeubelnd

häubelnd
täubelnd

āeubelns

des Häubelns
— Täubelns

āeubels

des Häubels
— Täubels

āeubelst

du häubelst
— täubelst

āeubelt

gehäubelt
er täubelt

āeuben

wir gläuben
die Läuben
überläuben
stäuben
abstäuben
anstäuben
aufstäuben
ausstäuben
auseinanderstäuben
bestäuben
durchstäuben
einstäuben
fortstäuben
mitstäuben
nachstäuben
niederstäuben
überstäuben
umherstäuben
umstäuben
unterstäuben
verstäuben
wegstäuben
zerstäuben
zustäuben
sträuben
absträuben
aufsträuben
aussträuben
empporsträuben
fortsträuben
nachsträuben
umsträuben
vorsträuben
zersträuben
betäuben
übertäuben

āeubend

gläubend
überläubend
stäubend
sträubend
betäubend
übertäubend

āeubens

des Gläubens
— Ueberläubens
— Stäubens
— Sträubens
— Betäubens
— Uebertäubens

āeuber

der Dreyläuber
— Zweyläuber

der Räuber
Ehrenräuber
Gedankenräuber
Heiligthumsräuber
Kassenräuber
Kirchenräuber
Kronräuber
Länderräuber
Machträuber
Mädchenräuber
Meerräuber
Menschenräuber
Miträuber
Safträuber
Schiffsräuber
Seeräuber
Straſsenräuber
Strauchräuber
Thronräuber
Viehräuber
Weiberräuber
säuber'!
das Gesäuber
der Stäuber
Abstäuber
Federstäuber
das Gestäuber

äubern

den Dreyläubern
— Zweyläubern
— Räubern
säubern
absäubern
aufsäubern
aussäubern
durchsäubern
fortsäubern
nachsäubern
übersäubern
umsäubern
versäubern
verunsäubern
stäubern
abstäubern
aufstäubern
ausstäubern
durchstäubern
verstäubern
wegstäubern
zerstäubern
den Abstäubern
— Federstäubern

äubernd

säubernd
stäubernd

äuberns

des Säuberns
— Stäuberns

äubers

des Dreyläubers
— Zweyläubers
— Räubers
— Gesäubers
— Gestäubers
— Abstäubers
— Federstäubers

äuberst

du säuberst
— stäuberst

äubert

er säubert
gesäubert
— stäubert
abgestäubert

äubes

des Gestäubes
Silbergestäubes
— Gesträubes
ich betäub' es

äubest

du gläubest
— stäubest
— sträubest
— betäubest

äubet

ihr gläubet
— stäubet
— sträubet
— betäubet

äubig

gläubig
abergläubig
allgemeingläubig
altgläubig
andersgläubig
bestimmungs-
blindgläubig
christgläubig
dickgläubig
dreyeinigkeits-
falschgläubig
freygläubig
hartgläubig
irrgläubig
kleingläubig
laugläubig
leichtgläubig
misgläubig
naturgläubig
neugläubig
offenbarungsgläubig
rasegläubig
rechtgläubig
reingläubig
schnellgläubig
schwachgläubig
starkgläubig
stockgläubig
traumgläubig
übergläubig
überrechtgläubig
ungläubig
verhängnisgläubig
wahngläubig
warmgläubig
wundergläubig
zwanggläubig
räubig
sträubig

[abergläubisch
der Täubler]

äubling

der Räubling
— Stäubling
— Täubling
Honigtäubling
Sautäubling
Schaftäubling
Stocktäubling

äublings

des Räublings
— Stäublings
— Täublings

[der Täubner]

äubs

des Gestäubs
— Silbergestäubs
— Gesträubs
ich betäub's *etc.*

äubst

du gläubst
— stäubst
— sträubst
— betäubst
— übertäubst

äubt

ihr gläubt
— stäubt
— sträubt
— betäubt

äubte

er gläubte
— stäubte
— sträubte
— betäubte

aeubtem

mit bestäubtem
— gesträubtem
— betäubtem

aeubten

sie gläubten
— stäubten
— sträubten
— übertäubten

aeubter

ein bestäubter
— gesträubter
— betäubter
gläubt er

aeubtes

ein abgestäubtes
— emporgesträubtes
— übertäubtes
er gläubt es

aeubtest

du gläubtest
— sträubtest
— bestäubtest
— betäubtest

aeubtet

ihr gläubtet
— stäubtet
— sträubtet
— übertäubtet

aeubung

die Bestäubung
— Sträubung
— Betäubung
Liebesbetäubung
Todesbetäubung

aeuch

das Geräuch
— Gesträuch
— Blüthengesträuch
Gipfelgesträuch
Thalgesträuch
Weiden- Birken- *etc.*
(*siehe* euch)

aeuchchen

das Bäuchchen
— Gesträuchchen

aeuchchens

des Bäuchchens
— Gesträuchchens

aeuche

die Bäuche
in der Bäuche
ich bäuche
die Bräuche
— Gebräuche
— Gäuche
das Geräuche
die Schläuche
ich schmäuche
das Gesträuche
die Sträuche

aeuchel

das Bäuchel
— Läuchel

aeucheln

den Bäucheln
— Läucheln

aeuchels

des Bäuchels
— Läuchels

aeuchen

den Bäuchen
bäuchen
abbäuchen
— Bräuchen
— Gebräuchen
— Gäuchen
räuchen
durchräuchen
— Geräuchen
— Schläuchen
schmäuchen
— Sträuchen
— Gesträuchen

aeuchend

bäuchend
räuchend
schmäuchend

aeuchens

des Bäuchens
— Räuchens
— Schmäuchens

aeucher

das Geräucher
die Sträucher
— Täucher

aeuchern

räuchern
abräuchern
anräuchern
aufräuchern
ausräuchern
beräuchern
durchräuchern
einräuchern
forträuchern
miträuchern
nachräuchern
überräuchern
umräuchern
verräuchern
vorräuchern
wegräuchern
zuräuchern
den Sträuchern
— Täuchern

aeuchers

des Geräuchers
— Täuchers

aeuches

des Geräuches
— Gesträuches

aeuchest

du bäuchest
räuchest
schmäuchest

aeuchet

ihr bäuchet
— räuchet
— schmäuchet

aeuchig

bäuchig
dickbäuchig
dünnbäuchig
fettbäuchig
grofsbäuchig
häringsbäuchig
rothbäuchig
schlägebäuchig
schwarzbäuchig
speckbäuchig
bräuchig
gebräuchig

{ bräuchlich
gebräuchlich
misbräuchlich
niefsbräuchlich
schriftbräuchlich
unbräuchlich
verbräuchlich
(*siehe* aeuchlich)
räuchrig

aeuchs

des Geräuchs
— Gesträuchs

aeuchst

du bäuchst
— räuchst
— schmäuchst

aeucht

er bäucht
mich däucht

er räucht
— schmäucht

äuchte

er bäuchte
uns däuchte
die geräuchte
— geschmäuchte

äuchten

sie bäuchten
verdäuchten
bedäuchten
die durchräuchten
— geschmäuchten

äuchter

ein ausgebäuchter
— durchräuchter
— geschmäuchter

äuchtes

ein ausgebäuchtes
— verräuchtes
— durchschmäuchtes
mir däucht es

äuchtest

du bäuchtest
— räuchtest
schmäuchtest
— verdäuchtest

äuchtet

ihr bäuchtet
— räuchtet
— schmäuchtet

äuchung

die Bäuchung
— Durchräuchung
— Schmäuchung

äude

das Gebäude
Aderngebäude
Amtsgebäude
Ausgebäude
Berggebäude
Eingebäude
Grubengebäude
Hauptgebäude
Hintergebäude
Hüttengebäude
Inngebäude
Irrgebäude
Kammergebäude
Klostergebäude
Kunstgebäude
Lehrgebäude
Lerngebäude
Lockengebäude
Luftgebäude
Lustgebäude
Marmorgebäude
Nebengebäude
Nervengebäude
Neugebäude
Pfarrgebäude
Prachtgebäude
Prunkgebäude
Raubgebäude
Rechtsgebäude
Regelgebäude
Rundgebäude
Schiffsgebäude
Schlagadergebäude
Schneegebäude
Schöpfgebäude
Staatsgebäude
Stadtgebäude
Sterngebäude
Stiftsgebäude
Stollengebäude
Tagegebäude
Trümmergebäude
Untergebäude
Vordergebäude
Vorgebäude
Volksgebäude
Weltgebäude
Wirthschafts-
Wundergebäude
Zubuſsgebäude
das Gebräude
Königsgebräude
Freygebräude
die Räude
Baumräude
das Gestäude
Weidengestäude
Erlengestäude *etc.*

äuden

den Gebäuden
— Gebräuden
— Gestäuden

[pläudern]

äudes

des Gebäudes
— Gebräudes
— Gestäudes

äudig

räudig
hochstäudig

äue

dem Gebäue
ich bläue
das Gebläue
die Bläue
Aetherbläue
Azurbläue
Augenbläue
Glanzesbläue
Himmelsbläue
Wasserbläue
ich bräue
das Gebräue
ich dräue
das Gedräue
die Gräue
ich käue
das Gekäue
die Säue
ich träue

äuel

der Bläuel
Waschbläuel
das Gebläuel
der Gräuel (*auch* Greuel)
Meergräuel
Sündengräuel
— Knäuel
Feuerknäuel
Garnknäuel
Wirrknäuel
— Kräuel
Kohlenkräuel
Stoſskräuel

äueln

den Bläueln
bläueln
zerbläueln
zusammenbläueln
— Gräueln
gräueln
vergräueln
— Knäueln
knäueln
zusammenknäueln
— Kräueln
thäueln

äuelnd

bläuelnd
gräuelnd
knäuelnd
thäuelnd

äuelns

des Bläuelns
— Gräuelns
— Knäuelns
— Thäuelns

äuels

des Bläuels
— Gebläuels
— Gräuels
— Knäuels

äeuelst

du bläuelst
— vergräuelst
— knäuelst
— thäuelst

äeuelt

zerbläuelt
vergräuelt
zusammengeknäuelt
bethäuelt

äeuen

den Gebäuen
bläuen
abbläuen
anbläuen
ausbläuen
nachbläuen
überbläuen
zerbläuen
zubläuen
zurückbläuen
zusammenbläuen
bräuen
den Gebräuen
dräuen
abdräuen
andräuen
bedräuen
käuen
auskäuen
durchkäuen
einkäuen
erkäuen
nachkäuen
vorkäuen
wiederkäuen
zurückkäuen
den Säuen
träuen

äeuend

bläuend
zerbläuend
bräuend
dräuend
käuend
wiederkäuend
träuend

äeuens

des Bläuens
— Zerbläuens
— Bräuens
— Dräuens
— Käuens
— Träuens

äeuer

der Bräuer
— Dräuer
der Häuer
Doppelhäuer
Ganghäuer
Gedingehäuer
Erbhäuer
Lehmhäuer
Lehrhäuer
Orthäuer
Spitzhäuer
Straſsenhäuer
ein Käuer
Wiederkäuer
das Gemäuer
— Gesäuer

äeuern

den Bräuern
— Dräuern
— Häuern
— Käuern
Wiederkäuern
— Gemäuern
säuern
aufsäuern
aussäuern
durchsäuern
einsäuern
entsäuern
entkohlensäuern
nachsäuern
übersäuern
versäuern

äeuers

des Bräuers
— Dräuers
— Häuers
— Käuers
Wiederkäuers
— Gemäuers
— Gesäuers
ich säuer's

säuert
gesäuert
ungesäuert

äeues

des Gebäues
— Gebläues
— Gebräues
— Gedräues
— Gekäues

äeueſt

du bläuest
— bräuest
— dräuest
— käuest

äeuet

er bläuet
gebläuet
er bräuet
— dräuet
— käuet

äeuſchen

ein Häufchen
— Knäufchen
— Läufchen
— Räufchen
— Träufchen

äeuſchens

des Häufchens
— Knäufchens
— Läufchens
— Räufchens
— Träufchens

äeufe

ich häufe
das Gehäufe
die Käufe
— Verkäufe
— Knäufe
— Läufe
Flintenläufe
Lebensläufe
ich säufe
— besäufe
— ersäufe
das Gesäufe
ich träufe
das Geträufe

äeufel

das Gehäufel
— Geläufel
— Geräufel
— Geschäufel
— Geträufel

äeufeln

häufeln
abhäufeln
anhäufeln
aufhäufeln
behäufeln
nachhäufeln
umhäufeln
zusammenhäufeln
läufeln
ausläufeln
räufeln
schäufeln
aufschäufeln
nachschäufeln
wegschäufeln
zusammenschäufeln
beschnäufeln
träufeln
abträufeln
anträufeln

aufträufeln
austräufeln
beträufeln
durchträufeln
einträufeln
entträufeln
nachträufeln
niederträufeln
überträufeln
umträufeln
verträufeln
wegträufeln
zuträufeln
zurückträufeln
zusammenträufeln

äufelnd

häufelnd
läufelnd
räufelnd
schäufelnd
beschnäufelnd
träufelnd

äufelns

des Häufelns
— Läufelns
— Räufelns
— Schäufelns
— Beschnäufelns
— Träufelns

äufels

des Gehäufels
— Geläufels
— Geräufels
— Geschäufels
— Geträufels

äufelst

du häufelst
— läufelst
— räufelst
— schäufelst
— träufelst

äufelt

er häufelt
— läufelt
— räufelt
— schäufelt
— träufelt

äufen

häufen
den Käufen
— Knäufen
— Läufen
ausläufen
säufen
besäufen
ersäufen
träufen
abträufen
anträufen
aufträufen
austräufen
beträufen
durchträufen
einträufen
entträufen
nachträufen
niederträufen
überträufen
umträufen
verträufen
wegträufen
zuträufen
zurückträufen
zusammenträufen

äufend

häufend
ausläufend
säufend
besäufend
ersäufend
träufend

äufens

des Häufens
— Ausläufens
— Säufens
— Besäufens
— Ersäufens
— Träufens

äufer

der Käufer
Ankäufer
Aufkäufer
Einkäufer
Freykäufer
Gutskäufer
Vorkäufer
Weißkäufer
— Verkäufer
Alleinverkäufer
Blutverkäufer
Gantverkäufer
Menschenverkäufer
Pfandverkäufer
Seelenverkäufer
— Wiederkäufer
— Läufer
Afterläufer
Aufläufer
Ausläufer
Baumläufer
Beyläufer
Botenläufer
Brachläufer
Brunnenläufer
Dammläufer
Deichläufer
Feldläufer
Feuerläufer
Forstläufer
Grasläufer
Heideläufer
Hundsläufer
Irrläufer
Karrenläufer
Landläufer
Lebensläufer
Mauerläufer
Pfannenläufer
Riemenläufer
Rostläufer
Sandläufer
Schanzläufer
Schlackenläufer
Nachtschlacken-
Schlittschuhläufer
Sielläufer
Spillläufer
Strandläufer
Sturmläufer
Ueberläufer
Glaubensüberläuf.
Uferläufer
Unterläufer
Verläufer
Vierläufer
Wasenläufer
Zipfelläufer
die Läufer
das Geläufer
der Säufer
Biersäufer
Blutsäufer
Branntweinsäufer
Erzsäufer
Wassersäufer
Weinsäufer
das Gesäufer
der Täufer
— Wiedertäufer
Johannes der Täufer
das Geäuffer

äufern

den Käufern
— Verkäufern
— Läufern
läufern
ausläufern
— Säufern
säufern
— Täufern
äuffern

äufernd

läufernd
säufernd
äuffernd

āeuferns

des Läuferns
— Säuferns
— Aeufferns

āeufers

des Käufers
— Verkäufers
— Läufers
— Geläufers
— Säufers
— Gesäufers
— Geäuffers

āeuferst

du läuferst
— säuferst
— äufferst

āeufert

er läufert
— säufert
— äuffert

āeufes

des Gehäufes
— Gesäufes
— Geträufes

āeufest

du häufest
— läufest
— säufest
— ersäufest
— träufest

āeufet

er häufet
— läufet
— säufet
— ersäufet
— träufet

āeufig

häufig
dickknäufig
läufig
bergläufig
beyläufig
geradläufig
gleichläufig
landläufig
rechtläufig
rückläufig
weitläufig
geläufig
ungeläufig
{ läufisch
ausläufisch
der Hayfisch

āeufle

ich häufle
ich läufle
— räufle
— schäufle
— träufle

āeuflein

das Häuflein
— Schäuflein
— Träuflein

āeufleins

des Häufleins
— Schäufleins
— Träufleins

āeufler

ein Häufler
— Schäufler
— Wiederkäufler

āeuflern

den Häuflern
— Schäuflern
— Wiederkäuflern

āeuflers

des Häuflers
— Schäuflers
— Wiederkäuflers

āeuflich

häuflich
käuflich
abkäuflich
erkäuflich
rückkäuflich
verkäuflich
wiederkäuflich
träuflich

āeufling

ein Käufling
— Läufling
— Täufling

āeuflings

des Käuflings
— Läuflings
— Täuflings

āeufs

des Gehäufs
— Gesäufs
— Geträufs

āeufst

du häufst
— läufst
— säufst
— ersäufst
— träufst

āeuft

er häuft
ausgehäuft
— läuft
— säuft
— ersäuft
— träuft

āeufte

er häufte
die Läufte
Ausläufte
Hasenläufte
Zeitläufte
er besäufte
— ersäufte
das Gesäufte
er träufte

āeuften

sie häuften
den Zeitläuften
sie besäuften
— träuften

āeufter

ein gehäufter
— Ersäufter
— beträufter
läuft er *etc.*

āeuftes

ein gehäuftes
— besäuftes
des Gesäuftes
ein überträuftes
läuft es *etc.*

āeuftest

du häuftest
gehäuftest
— ersäuftest
— träuftest

āeuftet

ihr häuftet
— besäuftet
— träuftet

[weitläuftig]

āeufung

die Häufung
— Anhäufung
— Ersäufung
— Beträufung

āeuge

ich beäuge
— säuge
das Gesäuge

[das Geäugel]

äeugeln

äugeln
abäugeln
beäugeln
beglasäugeln
durchäugeln
einäugeln
eräugeln
herabäugeln
herunteräugeln
herausäugeln
hohläugeln
liebäugeln
nachäugeln
umäugeln
umheräugeln
zurückäugeln
zweyäugeln
absäugeln

äeugelnd

äugelnd
absäugelnd

äeugelns

des Aeugelns
— Liebäugelns
— Absäugelns

äeugen

beäugen
einäugen
eräugen
säugen
absäugen
aufsäugen
aussäugen

äeugend

beäugend
säugend

äeugens

des Beäugens
— Säugens

äeuger

der Beäuger
— Säuger

äeugern

den Beäugern
— Säugern

äeugers

des Beäugers
— Säugers

äeuges

des Gesäuges
ich beäug' es *etc.*

äeugest

du beäugest
— säugest

äeuget

ihr beäuget
— säuget

äeugig

äugig
blaſsäugig
blauäugig
braunäugig
dunkeläugig
einäugig
farrenäugig
feueräugig
gelbäugig
glasäugig
glotzäugig
groſsäugig
grünäugig
helläugig
himmeläugig
hochäugig
hohläugig
hundertäugig
hundsäugig
kalbsäugig
klaräugig
kleinäugig
kuhäugig
luchsäugig
mattäugig
meergrünäugig
mondäugig
ochsenäugig
plärräugig
rinnäugig
rothäugig
rundäugig
schafsäugig
schalksäugig
schieläugig
schlitzäugig
schönäugig
schwarzäugig
schweinsäugig
staaräugig
starräugig
tiefäugig
triefäugig
trübäugig
vieläugig
vieräugig
weiſsäugig
zweyäugig
leichtsäugig
schwersäugig

äeugle

ich äugle
— absäugle

[der Aeugler]

{ läugnen
Läugner
siehe **eignen**

äeugs

des Gesäug's
ich beäugs
— säug's

äeugst

du beäugst
— säugst

äeugt

er beäugt
sie säugt

äeugte

er beäugte
sie säugte

äeugten

sie beäugten
— säugten

äeugter

ein beäugter
— gesäugter

äeugtes

ein beäugtes
— gesäugtes

äeugtest

du beäugtest
— säugtest

äeugtet

ihr beäugtet
— säugtet

äeugung

die Beäugung
— Säugung

[undäuig
säuisch]

äeul

der Bläu'l
— Gräu'l
— Knäu'l
— Kräu'l
das Gesäul'

äeulchen

das Fräulchen
— Gäulchen
— Käulchen
Schnellkäulchen
— Knäulchen
— Mäulchen
Gevattermäulchen
Leckermäulchen
Plappermäulchen
Schneppermäulchen
— Säulchen
Knochensäulchen

äulchens

des Fräulchens
— Gäulchens
— Schnellkäulchens
— Knäulchens
— Mäulchens
— Säulchens

äule

die Fäule
Beinfäule
Durchfäule
Holzfäule
Hornfäule
Horndurchfäule
Kernfäule
Krebsfäule
Lungenfäule
Magenfäule
Mundfäule
Oberfäule
Saftfäule
Zahnfäule
das Fräule
die Gäule
— Knäule
ich losmäule
die Säule
Armsäule
Bettsäule
Bildsäule
Bindensäule
Blättersäule
Brandsäule
Bremssäule
Büchsensäule
Dachstuhlsäule
Denksäule
Ecksäule
Ehrensäule
Eisensäule
Fenstersäule
Feuersäule
Fischsäule
Flammensäule
Freudensäule
Friedsäule
Galgensäule
Gangsäule
Gattersäule
Gedächtnissäule
Geländersäule
Geleitssäule
Geschichtssäule
Geschlechtssäule
Giebelsäule
Göttersäule
Granitsäule
Grenzsäule
Griechsäule
Griessäule
Grottensäule
Grundsäule
Hägesäule
Hängesäule
Hauptsäule
Heeressäule
Herkulssäule
Hettsäule
Himmelssäule
Hintersäule
Hohlsäule
Irmensäule
Jagdsäule
Leichensäule
Leuchtersäule
Leuchtsäule
Luftsäule
Mahlsäule
Marmorsäule
Marschsäule
Martersäule
Meilensäule
Mittelsäule
Nebensäule
Pochsäule
Pompejussäule
Postsäule
Rädelsäule
Reitelsäule
Rennsäule
Rolandssäule
Rundsäule
Salzsäule
Samensäule
Schandsäule
Schlangensäule
Schmachsäule
Schneidersäule
Schriftsäule
Siegersäule
Siegessäule
Spitzsäule
Feuerspitzsäule
Straſsensäule
Stundensäule
Tempelsäule
Thiersäule
Tragsäule
Trajanssäule
Tramsäule
Untersäule
Vordersäule
Wagesäule
Wandsäule
Wappensäule
Wassersäule
Wegesäule
Wendesäule
Wettersäule
Winkelsäule
Wippensäule
Wirbelsäule
Wolkensäule
Zollsäule
ich übersäule

äulein

das Fräulein
Dorffräulein
Edelfräulein
Freyfräulein
Gesellschaftsfräul.
Hoffräulein
Jungfräulein
Kammerfräulein
Meerfräulein
Stiftsfräulein
Wasserfräulein
ein Säulein

äuleins

des Fräuleins
— Säuleins

äulen

die Fäulen
— Fräulen
den Gäulen
leckmäulen
— Knäulen
— Säulen
entsäulen
nachsäulen
übersäulen
umsäulen
untersäulen

äulend

leckmäulend
übersäulend

äulens

des Fräulens
— Leckmäulens
— Uebersäulens

äuler

fäuler
die Mäuler
Lästermäuler
Leckermäuler

äulern

den fäuler'n
— Mäulern

äulest

fäulest
du leckmäulest
— übersäulest

äulet

er leckmäulet
— untersäulet

äulich

bläulich
schwarzbläulich
weißbläulich
fräulich
jungfräulich
unjungfräulich
wittfräulich
gräulich

äulig

fäulig
mäulig
breitmäulig
dickmäulig
dünnmäulig
grofsmäulig
hartmäulig
schiefmäulig
säulig
dicksäulig
ecksäulig
feinsäulig
fernsäulig
fünfsäulig
schönsäulig
spitzsäulig
weitsäulig

äuling

der Bläuling
— Fäuling
— Käuling

äulings

des Bläulings
— Fäulings
— Käulings

die Fäulnis
Beinfäulnis
Holzfäulnis

äulst

bläulst
fäulst
knäu'lst
du leckmäulst
— übersäulst

äult

gebläu'lt
geknäult
er leckmäult
— übersäult

äulte

gebläu'lte
geknäulte
er leckmäulte
— untersäulte

äulten

den gebläu'lten
sie bläu'lten
— knäu'lten
— leckmäulten
— übersäulten

äulter

ein gebläu'lter
— zusammengeknäu'lter
— übersäulter

äultes

ein gebläu'ltes
— verknäu'ltes
— untersäultes

äultest

du bläu'ltest
— knäu'ltest
— leckmäultest
— übersäultest

äultet

ihr bläu'ltet
— knäu'ltet
— leckmäultet
— untersäultet

äulung

die Fäulung
Stockfäulung
— Uebersäulung

äum

das Apogäum
— Athenäum
— Empyräum
— *Theatrum Europäum*
— Gynäcäum
— Perigäum
— Perinäum
— Peritonäum

äums

des Apogäums
— Athenäums
— Empyräums
— Gynäcäums
— Perigäums
— Perinäums
— Peritonäums

äum

das Geräum'
— Geschäum'
— Gezäum'
Lenkgezäum'

äumchen

das Bäumchen
Ziegenbäumchen
— Däumchen
— Fläumchen
— Pfläumchen
— Räumchen
— Säumchen
— Schäumchen
— Träumchen
— Zäumchen

äumchens

des Bäumchens
— Däumchens
— Fläumchens
— Pfläumchens
— Räumchens
— Säumchens
— Schäumchens
— Träumchens
— Zäumchens

äume

die Bäume
ich bäume
das Gebäume
ich fäume
das Gefäume
die Räume
ich räume
das Geräume
Forstgeräume
Waldgeräume
ich säume
die Säume
das Gesäume
ich schäume
das Geschäume
ich träume
die Träume
das Geträume
ich zäume
die Zäume
das Gezäume

äumel

das Bäumel
— Däumel
der Fäumel
Heufäumel
Strohfäumel

äumeln

den Bäumeln
aufbäumeln
— Däumeln
däumeln
— Fäumeln
pfläumeln

ǟeumelnd

aufbäumelnd
däumelnd
pfläumelnd

ǟeumelns

des Aufbäumelns
— Däumelns
— Pfläumelns

ǟeumels

des Bäumels
— Däumels
— Fäumels

ǟeumelſt

du aufbäumelst
— däumelst
— pfläumelst

ǟeumelt

aufgebäumelt
er däumelt
— pfläumelt

ǟeumen

den Bäumen
bäumen
abbäumen
anbäumen
aufbäumen
emporbäumen
entgegenbäumen
nachbäumen
umbäumen
vernuſsbäumen
apfelbäumen
kirschbäumen
nuſsbäumen
ölbäumen
pflaumenbäumen
weidenbäumen
fäumen
abfäumen
den Räumen
räumen
abräumen
anräumen
aufräumen
ausräumen
beräumen
beyräumen
einräumen
forträumen
hin- und herräumen *etc.*
miträumen
nachräumen
überräumen
umräumen
unterräumen
verräumen
wegräumen
zuräumen
zusammenräumen
säumen
absäumen
aussäumen
besäumen
mitsäumen
nachsäumen
übersäumen
versäumen
verabsäumen
den Säumen
schäumen
abschäumen
aufschäumen
ausschäumen
beschäumen
emporschäumen
mitschäumen
nachschäumen
niederschäumen
überschäumen
umschäumen
verschäumen
wegschäumen
zerschäumen
träumen
anträumen
austräumen
durchträumen
entgegenträumen
erträumen
fortträumen
nachträumen
verträumen
vorträumen
vorbeyträumen
vorüberträumen
den Träumen
zäumen
abzäumen
anzäumen
aufzäumen
auszäumen
bezäumen
entzäumen
mitzäumen
nachzäumen
den Zäumen

ǟeumend

bäumend
vernuſsbäumend
fäumend
räumend
säumend
schäumend
träumend
zäumend

ǟeumens

des Bäumens
— Vernuſsbäumens
— Fäumens
— Räumens
— Säumens
— Schäumens
— Träumens
— Zäumens

ǟeumer

der Räumer
Abräumer
Aufräumer
Bleyaufräumer
Ausräumer
Blasenräumer
Brunnenräumer
Büchsenräumer
Glasräumer
Hafenräumer
Hufräumer
Ohrenräumer
Pfeifenräumer
Schleuſsenräumer
Sorgenräumer
Taschenräumer
Uferräumer
Zahnräumer
ein Säumer
— Schäumer
Meerschäumer
Seeschäumer
— Träumer
Gedankenträumer
Geisterträumer
Offenbarungsträum.

ǟeumern

den Räumern
— Säumern
— Schäumern
— Träumern

ǟeumers

des Räumers
— Säumers
— Schäumers
— Träumers

ǟeumes

des Gebäumes
— Gefäumes
— Geräumes
— Gesäumes
— Geschäumes

des Geträumes
— Gezäumes
ich versäum' es *etc.*

äeumest

du bäumest
— fäumest
— räumest
— säumest
— schäumest
— träumest
— zäumest

äeumet

ihr bäumet
— fäumet
— räumet
— säumet
— schäumet
— träumet
— zäumet

äeumig

bäumig
räumig
geräumig
ungeräumig
zwischenräumig
säumig
breitsäumig
buntsäumig
schmalsäumig
unsäumig
versäumig
vorsäumig
träumig
[räumlich]

äeumling

der Däumling
— Säumling

äeumlings

des Däumlings
— Säumlings
[Säumnis
Versäumnis]

äeums

des Gebäums
— Gefäums
— Geräums
— Gesäums
— Geschäums
— Geträums
— Gezäums
ich versäum's

äeumst

du bäumst
— fäumst
— räumst
— säumst
— schäumst
— träumst
— zäumst

äeumt

er bäumt
— fäumt
abgefäumt
— räumt
aufgeräumt
— säumt
gesäumt
ungesäumt
versäumt
— schäumt
— träumt
— zäumt
aufgezäumt

äeumte

er bäumte
— fäumte
— räumte
— säumte
— schäumte
— träumte
— zäumte

äeumten

sie bäumten
— fäumten
— räumten
— säumten
— schäumten
— träumten
— zäumten

äeumter

ein aufgebäumter.
— abgefäumter
— aufgeräumter
— versäumter
— abgeschäumter
— geträumter
— gezäumter
räumt er *etc.*

äeumtes

ein aufgebäumtes
— abgefäumtes
— aufgeräumtes
— ungesäumtes
— abgeschäumtes

ein geträumtes
— gezäumtes
träumt es *etc.*

äeumtest

du bäumtest
— fäumtest
— räumtest
— säumtest
— schäumtest
— träumtest
— zäumtest

äeumtet

ihr bäumtet
— fäumtet
— räumtet
— säumtet
— schäumtet
— träumtet
— zäumtet

äeumung

die Aufbäumung
— Abfäumung
— Räumung
Einräumung
Hafeneinräumung
— Versäumung
— Abschäumung
— Verträumung
— Aufzäumung

äeunchen

das Bräunchen
Schönbräunchen
ein Zäunchen

äeunchens

des Bräunchens
— Schönbräunchens
— Zäunchens

äeune

die Bräune
Halsbräune
Herzbräune
Kupferbräune
Silberbräune
die häutige Bräune
ich bräune
die Zäune
ich verzäune

äeunen

bräunen
abbräunen
nachbräunen

verbräunen
zäunen
abzäunen
auszäunen
bezäunen
mitzäunen
nachzäunen
umzäunen
verzäunen
zuzäunen
den Zäunen

äeunend

bräunend
zäunend

äeunens

des Bräunens
— Zäunens

äeunest

du bräunest
— zäunest

äeunet

er bräunet
— zäunet

äeunst

du bräunst
— zäunst

äeunt

er bräunt
gebräunt
— zäunt
umzäunt

äeunte

er bräunte
— zäunte

äeunten

sie bräunten
— zäunten

äeunter

ein gebräunter
— umzäunter

äeuntes

ein gebräuntes
— verzäuntes

äeuntest

du bräuntest
— zäuntest

äeuntet

ihr bräuntet
— zäuntet

äeunung

die Bräunung
— Umzäunung

äeupchen

ein Gräupchen
Goldgräupchen
— Räupchen
Goldräupchen

äeupchens

des Gräupchens
— Räupchens

ich stäupe
stäupen
das Gräupel
gräupeln
das Häuptel
häupteln
häuptig
der Häuptling
häuptlings

äeupter

die Häupter
ein gestäupter
— Ausgestäupter

äeure

das Gemäure
die Säure
Ameisensäure
Aepfelsäure
Arseniksäure
Benzoësäure
Bernsteinsäure
Bienensäure
Blasensteinsäure
Blausäure
Eisenblausäure
Schwefelblausäure
Blutsäure
Boraxsäure
Chinasäure
Chromsäure
Chyaziksäure
Citronensäure
Columbsäure
Essigsäure
Fettsäure
Feuersäure
Flufssäure
Flufsspatsäure
Galläpfelsäure
Gallussäure
Halbsäure
Harnsäure
Holzsäure
Honigsteinsäure
Ingbersäure
Jodinsäure
Kalkspatsäure
Kampfersäure
Kirschsäure
Kleesäure
Knochensäure
Kohlensäure
Kochsalzsäure
Korksäure
Kreidensäure
Lacksäure
Luftsäure
Magensäure
Magensaftsäure
Milchsäure
Milchzuckersäure
Mineralsäure
Molybdänsäure
Opiumsäure
Perlensäure
Pflanzensäure
Raupensäure
Rhabarbersäure
Salpetersäure
Salzsäure
Sauerkleesäure
Schleimsäure
Schwefelsäure
Schwerspatsäure
Seesalzsäure
Seesäure
Selensäure
Sorbeersäure
Spatsäure
Succinsäure
Tantalsäure
Terpentinsäure
Tungsteinsäure
Urinsäure
Ursäure
Vitriolsäure
Wallrathsäure
Wasserbleisäure
Wasserstoffsäure
Weinsäure
Weinsteinsäure
Wolframsäure
Zuckersäure

äeuren

den Gemäuren
— Säuren

äeus

Alcaeus
Antaeus
Aridaeus
Athenaeus
Bartholomaeus
Borromaeus

Elysaeus
Histiaeus
Lebbaeus
Lyaeus
Judas Maccabaeus
Matthaeus
Piraeus
Ptolemäus
Scarabaeus
Sichaeus
Spondaeus
Dispondaeus
Stobaeus
Taddaeus
Trochaeus
Tyrtaeus
Zachaeus
Zebedaeus

äus

das Gehäus
— Gekräus
die Läus'
— Mäus'

äusch

das Geräusch
— Getäusch
— Ingeräusch
— Gedräusch
der Säusamgeräusch

äuschchen

das Bäuschchen
— Räuschchen
ein Läuschchen

äuschchens

des Bäuschchens
— Räuschchens
— Läuschchens

äusche

die Bäusche
ich dräusche
das Gedräusche
— Geräusche
Donnergeräusche
Heerlagergeräusche
Weltgeräusche
Wogengeräusche
ich päusche
die Räusche
ich täusche
enttäusche
das Getäusche

äuschel

das Bäuschel
der Päuschel
Fimmelpäuschel
Ortspäuschel
Pfahlpäuschel
das Räuschel

äuscheln

den Bäuscheln
— Päuscheln

äuschels

des Bäuschels
— Päuschels
— Räuschels

äuschen

den Bäuschen
dräuschen
andräuschen
bedräuschen
nachdräuschen
überdräuschen
vordräuschen
päuschen
den Räuschen
täuschen
enttäuschen

äuschen

das Häuschen
Compaßhäuschen
Drillhäuschen
Fröhnerhäuschen
Gartenhäuschen
Heiligenhäuschen
Lusthäuschen
Narrenhäuschen
Schilderhäuschen
Schneckenhäuschen
Weinbergshäuschen
Wetterhäuschen
das Gehäuschen
— Kräuschen
— Läuschen
— Mäuschen
Stirnmäuschen
Zungenmäuschen
— Schmäuschen
— Sträuschen
aufs Täuschen

äuschend

dräuschend
päuschend
täuschend

äuschens

des Dräuschens
— Päuschens
— Täuschens

äuschens

des Häuschens
— Gehäuschens
— Kräuschens
— Läuschens
— Mäuschens
— Schmäuschens
— Sträuschens
— Täuschens

äusches

des Geräusches
— Gedräusches
— Getäusches

{der Täuscher
Roßtäuscher
Gerntäuscher

äuschest

du dräuschest
— päuschest
— täuschest

äuschet

es dräuschet
er päuschet
— täuschet

äuschs

des Geräuschs
— Gedräuschs
— Getäuschs

[geräuschig
der Träuschling]

äuschst

du dräuschst
— päuschst
— täuschst

äuscht

es dräuscht
er päuscht
— täuscht
getäuscht
enttäuscht

äuschte

es dräuschte
er päuschte
— täuschte

äuschten

sie dräuschten
— päuschten
— täuschten

äuschter

ein vorgedräuschter
— gepäuschter
— getäuschter

ãeuſchtes

ein vorgedräuschtes
— gepäuschtes
— getäuschtes

ãeuſchteſt

du dräuschtest
— päuschtest
— täuschtest

ãeuſchtet

ihr dräuschtet
— päuschtet
— täuschtet

ãeuſchung

die Dräuschung
— Päuschung
— Täuschung
Augentäuschung
Gesichtstäuschung
Selbsttäuschung
die Enttäuschung
[die Häusde]

ãeuſe

das Gehäuse
Federgehäuse
Fruchtgehäuse
Glockengehäuse
Hahnengehäuse
Hobelgehäuse
Kerngehäuse
Krahngehäuse
Puppengehäuse
Probegehäuse
Samengehäuse
Schaalengehäuse
Schneckengehäuse
Uhrgehäuse
Wurmgehäuse
ich behäuse
— kräuse
das Gekräuse
die Läuse
Bettelläuse
Blattläuse
Filzläuse
— Mäuse
ich mäuse
— täuse

ãeuſel

das Häusel
— Kräusel
— Gekräusel
Flockengekräusel
Haargekräusel
Lockengekräusel
Spitzengekräusel
Wortgekräusel
— Steigerkräusel
das Mäusel
der Säusel
das Gesäusel
— Laubgesäusel
— Sträusel

ãeuſeln

häuseln
den Häuseln
kräuseln
auskräuseln
durchkräuseln
fortkräuseln
mitkräuseln
nachkräuseln
den Kräuseln
das Haarkräuseln
mäuseln
den Mäuseln
säuseln
absäuseln
aufsäuseln
aussäuseln
durchsäuseln
einsäuseln
ersäuseln
entsäuseln
entgegensäuseln
mitsäuseln
nachsäuseln
niedersäuseln
umsäuseln
versäuseln
vorsäuseln
zusäuseln
zurücksäuseln
den Sträuseln

ãeuſelnd

häuselnd
kräuselnd
mäuselnd
säuselnd

ãeuſelns

des Häuselns
— Kräuselns
— Mäuselns
— Säuselns

ãeuſels

des Häusels
— Kräusels
— Gekräusels
— Mäusels
— Gesäusels
— Sträusels

ãeuſelſt

du häuselst
— kräuselst
— mäuselst
— säuselst

ãeuſelt

er häuselt
— kräuselt
— mäuselt
— säuselt

ãeuſen

behäusen
den Gehäusen
kräusen
— Läusen
— Mäusen
mäusen
— Schmäuſsen
— Sträuſsen
täusen

ãeuſend

behäusend
kräusend
mäusend
täusend

ãeuſer

den Carthäuser
— Duckmäuser
die Häuser
der Hildburghäuser
— Mühlhäuser
— Nordhäuser
— Sachsenhäuser
— Schaffhäuser *etc.*
— Kalmäuser
— Kräuser
Tuchkräuser
die Sträuſser
— Täuſser

ãeuſern — ãeuſsern

äuſsern
abäuſsern
entäuſsern
nachäuſsern
veräuſsern
im Aeuſsern
den Carthäusern
— Duckmäusern
duckmäusern
— Häusern
— Hildburghäusern *etc.*
grobhäusern
häusern
— Kalmäusern
kalmäusern
— Kräusern
— Sträuſsern
— Täuſsern

āeusernd — āeußernd

äusernd
duckmäusernd
häusernd
grobhäusernd
kalmäusernd

āeuserns — āeußerns

des Veräuserns
— Duckmäuserns
— Häuserns
— Grobhäuserns
— Kalmäuserns

āeusers — āeußers

sein Aeuser's
des Carthäusers
— Duckmäusers
— Hildburghäusers *etc.*
— Kalmäusers
— Kräusers

āeuserst — āeußerst

du äuserst
— veräuserst
äuserst
— duckmäuserst
— häuserst
— grobhäuserst
— kalmäuserst

āeusert — āeußert

er äusert
— duckmäusert
— häusert
— grobhäusert
— kalmäusert

āeuses

des Gehäuses
— Gekräuses

āeusest

du behäusest
— kräusest
— mäusest
— täusest

āeuset

er behäuset
— kräuset
— mäuset
— täuset
{gehäusig
ein-, 2-, 3- *etc.*
hochhäusig
schneckenhäusig

āeusle

ich häusle
— kräusle
— mäusle
— säusle

āeuslein

das Häuslein
— Mäuslein
— Sträuslein

āeusleins

des Häusleins
— Mäusleins
— Sträusleins

āeusler

der Häusler
Angerhäusler
Einhäusler
Freyhäusler
Frohnhäusler
Groshäusler
Hofhäusler
Irrhäusler
Kleinhäusler
Leerhäusler
Siechhäusler
Tollhäusler
Weisenhäusler
Werkhäusler
Zuchthäusler
Zweyhäusler
der Froschmäusler
— Haarkräusler

āeuslern

den Haarkräuslern
— Häuslern

āeuslers

des Häuslers
— Froschmäuslers
— Haarkräuslers

āeuslich

häuslich
kräuslich
mäuslich
[der Häusling]
{räuspern
aufräuspern
ausräuspern
forträuspern
losräuspern
mitträuspern
vorräuspern
wegräuspern
zerräuspern
zuräuspern

āeusre — āeußre

das Aeus're
ich duckmäus're
— häus're
— grobhäus're
— kalmäus're

āeust

du bläust
— bräust
— dräust
— käust
er behäust
eingehäust
— kräust
gekräust
— mäust
— täust
[das Fäustchen]

āeuste

er behäuste
eingehäuste
die Fäuste
er kräuste
— mäuste
— täuste
{der Fäustel
Anschlagefäustel
Bohrfäustel
Fimmelfäustel
Handfäustel
Keilfäustel
Kunstfäustel
Mehlfäustel
Ortfäustel
Scheidelfäustel
Senkfäustel
Setzfäustel
Strossenfäustel
Treibfäustel
der Fäustling

āeusten

sie behäusten
mit Fäusten
sie kräusten
— mäusten
— täusten
die Häusden

āeuster

ein eingehäuster
— gekräuster

āeustes

ein behäustes
— gekräustes

āeustest

du behäustest
— kräustest
— mäustest
— täustest

āeustet

ihr behäustet
— kräustet
— mäustet
— täustet

äeut

er bläut
zerbläut
— bräut
— dräut
— käut
das Geläut'

äeutchen

das Bräutchen
— Häutchen
Aderhäutchen
Augapfelhäutchen
Augenhäutchen
Fruchthäutchen
Goldschläger-
Jungfernhäutchen
Schafhäutchen
Schamlefzenhäutch.
das Kräutchen
Felsenkräutchen
— Käutchen
— Läutchen
— Räutchen

äeutchens

des Bräutchens
— Häutchens
— Käutchens
— Kräutchens
— Räutchens

äeute

ich bläute
— zerbläute
die Bräute
ich dräute
die Häute
das Gehäute
ich häute
— käute
— läute
das Geläute
Abendgeläute
Festgeläute
Glockengeläute
Leichengeläute
Mittagsgeläute
Nachmittagsgeläute
Morgengeläute
Schlittengeläute
Thurmgeläute
Todtengeläute
Trauergeläute
Wettergeläute
die Räute
[häuteln abhäuteln]

äeuten

sie bläuten
— bräu'ten
den Bräuten
sie dräu'ten
den Gäuten
— Häuten
Wildhäuten
häuten
abhäuten
aushäuten
behäuten
enthäuten
nachhäuten
überhäuten
umhäuten
verhäuten
das Läuten
Gebetläuten
Ohrenläuten
läuten
anläuten
aufläuten
ausläuten
beläuten
einläuten
fortläuten
nachläuten
überläuten
vorläuten
wegläuten
zusammenläuten

äeutend

häutend
läutend

äeutens

des Häutens
— Läutens

äeuter

ein Gebläuter
— gebräu'ter
— Bedräuter
— Bärenhäuter
ein gekäuter
der Läuter
— Kräuter
die Kräuter
Schweizerkräuter
Alpenkräuter
Küchenkräuter *etc.*
dräut er *etc.*

äeutern

den Bärenhäutern
mit Kräutern
den Kräutern
kräutern
bekräutern
— Läutern
läutern
abläutern
ausläutern
durchläutern
emporläutern
erläutern
fortläutern
nachläutern
überläutern
räutern

äeuternd

kräuternd
bekräuternd
läuternd
erläuternd
räuternd

äeuterns

des Kräuterns
— Bekräuterns
— Läuterns
— Erläuterns
— Räuterns

äeuters

des Bärenhäuters
— Kräuters
— Läuters

äeuterst

du kräuterst
— bekräuterst
— läuterst
— erläuterst
— räuterst

äeutert

er kräutert
— läutert
— erläutert
— räutert

äeutes

ein gebläutes
— gebräu'tes
— bedräutes
des Gehäutes
ein gekäu'tes
des Geläutes
er bläut es *etc.*

äeutest

du bläutest
— bräutest
— dräutest
— häutest
— käutest
— läutest

äeutet

ihr bläutet
— bräutet

ihr dräutet
— häutet
— käutet
— läutet
{ häutig
bräutlich
das Kräutrig }

äutre

ich kräutre
— bekräutre
— läutre
— erläutre
— räutre

äuts

er bläut's *etc.*
des Geläuts
— Gehäuts

äutst

du häut'st
— läut'st
— dräut'st *etc.*

äuzchen

das Käuzchen
Lerchenkäuzchen
— Schnäuzchen
ein Mäuzchen

äuzchens

des Käuzchens
— Mäuzchens
— Schnäuzchens

äuze

die Käuze
— Schnäuze
— Lichtschnäuze
— Sternschnäuze
das Geschnäuze

äuzen

den Käuzen
— Schnäuzen
schnäuzen
anschnäuzen
aufschnäuzen
ausschnäuzen
nachschnäuzen
wegschnäuzen
zuschnäuzen

ävi

Spes aevi
naevi

ävius

Maevius
Graevius

äxe

ich kräxe
das Gekräxe
ich mäxe
das Gemäxe
die Dächse
— Lächse
ich wächse

äxen

kräxen
mäxen
den Dächsen
flächsen
— Lächsen
wächsen

äxend

kräxend
mäxend
wächsend

äxens

des Kräxens
— Mäxens
ein flächsen's
des Wächsens

äxes

des Gekräxes
— Gemäxes

äxest

du kräxest
— mäxest
— wächsest

äxig

kräxig
mäxig

äxt

er kräxt
— mäxt
— wächst

äxte

die Aexte
er kräxte
— mäxte
— wächste

äxten

den Aexten
sie kräxten
— mäxten
— wächsten

äxtest

du kräxtest
— mäxtest
— wächstest

äxtet

ihr kräxtet
— mäxtet
— wächstet

äz

der Fläz
Gräz
Königsgräz

ätz

das Grätz
— Krätz
— Gekrätz
Darrgekrätz
Gargekrätz
Hüttengekrätz
Hüttenhofgekrätz
Seigergekrätz
Seigerhütten-
Zinngekrätz
das Geprätz
— Geschwätz
Alltagsgeschwätz
Mädchengeschwätz
Narrengeschwätz
Prahlgeschwätz
Stadtgeschwätz
Tollgeschwätz
Weibergeschwätz

ätzchen

ein Glätzchen
— Kätzchen
Hasenkätzchen
Kammerkätzchen
Maykätzchen
Palmenkätzchen
Schmeichelkätzchen
Weidenkätzchen
Wischkätzchen
Zipperkätzchen
ein Lätzchen
Geiferlätzchen
— Mätzchen
Plaudermätzchen
Staarmätzchen
Tändelmätzchen
— Plätzchen
Lieblingsplätzchen
Zuckerplätzchen
Sätzchen
ein Sätzchen
— Schätzchen
— Schmätzchen
das Tätzchen

ätzchens

des Glätzchens
— Kätzchens
— Lätzchens
— Mätzchens

des Plätzchens
— Sätzchens
— Schätzchens
— Schmätzchens
— Tätzchens

áetze

ich ätze
das Geätze
ich auffrätze
die Gätze
— Gnätze
das Gekrätze
Münzgekrätze
die Krätze
Augenliederkrätze
Baumkrätze
Garkräte
Goldschmiedskrätze
Kirchenkrätze
Milbenkrätze
Zinnkrätze
— Lätze
— Mätze
ich pfätze
das Gepfätze
— Geplätze
ich plätze
die Plätze
eine Plätze
ich rätze
die Rätze
— Sätze
— Schätze
ich schätze
das Geschätze
ich schwätze
das Geschwätze
ich tätze
— trätze

āezel

die Bräzel (*siehe* Brezel)
das Gespäzel
— Räthsel
Buchstabenräthsel
Sylbenräthsel
Worträthsel

áetzel

das Kätzel
— Rehkätzel
ein Aufsätzel
das Schätzel
— Schmätzel
— Tätzel
— Geträtzel

āezeln

den Bräzeln
zusammenbräzeln
späzeln
den Räthseln
enträthseln

áetzeln

den Kätzeln
— Rehkätzeln
kätzeln
abkätzeln
auskätzeln
verkätzeln
das Aufsätzeln
den Schätzeln
— Schmätzeln
— Tätzeln
trätzeln

āezelnd

zusammenbräzelnd
späzelnd
enträthselnd

áetzelnd

verkätzelnd
trätzelnd

āezels

des Gespäzels
— Räthsels

áetzels

des Kätzels
— Aufsätzels
— Schätzels
— Schmätzels
— Geträtzels

āezelst

zusammenbräzelst
du späzelst
— enträthselst

áetzelst

du verkätzelst
— trätzelst

āezelt

gebräzelt
er späzelt
— enträthselt

áetzelt

verkätzelt
er trätzelt

áetzen

ätzen
abätzen
aufätzen
ausätzen
durchätzen
einätzen
nachätzen
vorätzen
wegätzen
zerätzen
auffrätzen
den Gätzen
— Gnätzen
— Gekrätzen
— Lätzen
— Mätzen
pfätzen
— Plätzen
die Plätzen
anplätzen
aufplätzen
ausplätzen
beplätzen
losplätzen
verplätzen
wegplätzen
zerplätzen
der Plätzen
rätzen
die Rätzen
den Sätzen
— Schätzen
schätzen
abschätzen
ausschätzen
geringschätzen
hochschätzen
misschätzen
nachschätzen
überschätzen
unterschätzen
werthschätzen
schwätzen
abschwätzen
anschwätzen
— Geschwätzen
tätzen
trätzen

áetzend

äetzend
auffrätzend
pfätzend
plätzend
rätzend
schätzend
schwätzend
tätzend
trätzend

áetzens

des Aetzens
— Auffrätzens
— Pfätzens
— Plätzens
— Rätzens
Schätzens
Schwätzens

Tätzens
Trätzens
[ein Gräzer]

aetzer

der Krätzer
Bohrkrätzer
Flintenkrätzer
Magenkrätzer
ein Plätzer
der Schätzer
Abschätzer
Ausschätzer
Brotschätzer
Fleischschätzer
Schriftschätzer
Weinschätzer
Werthschätzer
— Heckenschmätzer
— Steinschmätzer
— Schwätzer
Faulschwätzer
Schönschwätzer
Tugendschwätzer
Vielschwätzer

aetzern

den Krätzern
— Plätzern
plätzern
ausplätzern
— Schätzern
— Schwätzern

aetzers

des Krätzers
— Plätzers
— Schätzers
— Schwätzers

aetzes

des Grätzes
— Gekrätzes
— Gepfätzes
— Geplätzes
— Geschwätzes
ich schätz' es *etc.*

aetzest

du ätzest
— auffrätzest
— pfätzest
— plätzest
— schätzest
— schwätzest
— tätzest
— trätzest

aetzet

ihr ätzet
— auffrätzet
— pfätzet
ihr plätzet
— schätzet
— schwätzet
— tätzet
— trätzet

aetzig

frätzig
gnätzig
krätzig
plätzig
absätzig
aufsätzig
aussätzig
drey-, fünfsätzig
widersätzig
schätzig
abschätzig
eheschätzig
ehrschätzig
geringschätzig
ringschätzig
schwätzig
geschwätzig

äezle

das Gebräzle
ich späzle
— enträthsle

aetzle

ich kätzle
— trätzle

äezler

ein Enträthsler
— Späzler

äezlers

des Späzlers
— Enträthslers

aetzs

des Grätzs
— Gekrätzs
— Gepfätzs
— Geplätzs
— Geschwätzs
ich schätz's *etc.*

aetzst

du ätzs'st
— auffrätzst
— pfätzst
— plätzst
— schätzst
— schwätzst
— tätzst
— trätzst

aetzt

geätzt
aufgefrätzt
ihr pfätzt
— plätzt
— schätzt
— schwätzt
— tätzt
— trätzt

aetzte

er ätzte
aufgefrätzte
— pfätzte
— plätzte
— schätzte
— schwätzte
— tätzte
— trätzte

aetzten

sie ätzten
aufgefrätzten
— pfätzten
— plätzten
— schätzten
— schwätzten
— tätzten
— trätzten

aetzter

ein geätzter
— aufgefrätzter
— geplätzter
— geschätzter
— werthgeschätzter

aetztes

ein geätztes
— aufgefrätztes
— geplätztes
— geschätztes
hochgeschätztes

aetztest

du ätztest
— auffrätztest
— pfätztest
— plätztest
— schätztest
— tätztest
— trätztest

aetztet

ihr ätztet
— auffrätztet
— pfätztet
— plätztet
— schätztet
— tätztet
— trätztet

aetzung

die Aetzung
— Auffrätzung

die Pfätzung
— Plätzung
— Schätzung
Abschätzung
Fleischschätzung
Geringschätzung
Hochschätzung
Schadenschätzung
Selbstschätzung
Werthschätzung

āf

der Graf
Burggraf
Erbgraf
Erzgraf
Freygraf
Forstgraf
Handgraf
Hausgraf
Hochgraf
Hofgraf
Holzgraf
Kammergraf
Landgraf
Markgraf
Pfalzgraf
Rauhgraf
Reichsgraf
Rheingraf
Rügegraf
Salzgraf
Viergraf
Waldgraf
Wassergraf
Wildgraf
Zentgraf
das Haf
Curische Haf
Frische Haf
groſse Haf
— Schaf
Brackschaf
Dorfschaf
Erdschaf
Geltschaf
Haltschaf
Heideschaf
Lohnschaf
Märzenschaf
Merinoschaf
Milchschaf
Mutterschaf
Schmierschaf
Schraubenhornschaf
Siechschaf
Steinschaf
Straubschaf
Trageschaf
Zackelschaf
Zeitschaf
Zickelschaf
Zuchtschaf
schlaf!
der Schlaf
Beyschlaf
Gewissensschlaf
Halbschlaf
Morgenschlaf
Mittagsschlaf
Nachmittagsschlaf
Nachtschlaf
Pflanzenschlaf
Scheinschlaf
Sündenschlaf
Tagesschlaf
Tempelschlaf
Traumschlaf
Todtesschlaf
Todtenschlaf
Vormitternachts-
Winterschlaf
Wollustschlaf
Zauberschlaf
Zwangschlaf
der magnetische Schlaf
— Tageschlaf
— Staf
straf!
es traf
betraf
übertraf

(siehe ferner aph *und* av*)*

āfe

im Hafe
die Schafe
im Schlafe
ich schlafe
das Geschlafe
die Strafe
Bierstrafe
Civilstrafe
Criminalstrafe
Ehrenstrafe
Feuerstrafe
Galgenstrafe
Gefängnisstrafe
Geldstrafe
Halsstrafe
Höllenstrafe
Hungerstrafe
Kettenstrafe
Kirchenstrafe
Klosterstrafe
Lebensstrafe
Leibesstrafe
Marterstrafe
Militärstrafe
Radstrafe
Rügestrafe
Scheinstrafe
Schulstrafe
Sündenstrafe
Todesstrafe
Waldstrafe
Wasserstrafe
ich bestrafe
— strafe
das Gestrafe
dem Stafe
ich schwafe

āfel

das Geschwafel
— Getafel
die Tafel
Abendtafel
Abstimmungstafel
Ansichtstafel
Backtafel
Balltafel
Blastafel
Bielkentafel
Billardtafel
Bouillontafel
Buchstabentafel
Chocoladentafel
Drucktafel
Ehrentafel
Erdtafel
Eſstafel
Fahrtafel
Falttafel
Familientafel
Farbentafel
Filztafel
Fleischbrühtafel
Flötentafel
Fürstentafel
Gasttafel
Gedächtnistafel
Geleitstafel
Gerichtstafel
Geschichtstafel
Geschlechtstafel
Gesetztafel
Gieſstafel
Glastafel
Glanzzeittafel
Göttertafel
Gnadentafel
Haustafel
Haupttafel
Herrentafel
Hochzeittafel
Honigtafel
Hufeisentafel
Isistafel
Kupfertafel
Landtafel
Lehenstafel

Liedertafel
Logtafel
Marmortafel
Marschallstafel
Messingtafel
Mittagstafel
Mondtafel
Nebertafel
Ofentafel
Opfertafel
Ostergrenzentafel
Posttafel
Rechentafel
Rittertafel
Rundtafel
Schachtafel
Schätztafel
Schiefertafel
Schiefstafel
Schreibtafel
Sittentafel
Speisetafel
Spiegeltafel
Stammtafel
Steintafel
Strichtafel
Trocktafel
Verwandschaftstafel
Wachstafel
Wachttafel
Walktafel
Warnungstafel
Wechseltafel
Wechslertafel
Wirthstafel
Wirthschaftstafel
Wurftafel
Wurzeltafel
Zegetafel
Zergliederungstafel
Zinntafel
Zeittafel
Zolltafel
die *Havel*

äfeln

schwafeln
den Tafeln
tafeln
abtafeln
auftafeln
austafeln
forttafeln

äfelnd

schwafelnd
tafelnd

äfelns

des Schwafelns
— Tafelns

äfels

des Geschwafels
— Getafels

äfelst

du schwafelst
— tafelst

äfelt

er schwafelt
— tafelt

äfen

den Grafen
der Hafen (portus)
Aussenhafen
Fluthhafen
Freyhafen
Inhafen
Meerhafen
Schlupfhafen
Seehafen
Zeithafen
den Hafen (olla)
Blaufarbenhafen
Fleischhafen
Fufshafen
Glashafen
Glückshafen
Kühlhafen
Sparhafen
Stollhafen
Sturmhafen
Temperhafen
Wasserhafen
Cuxhafen
den Schafen
verschafen
schlafen
ausschlafen
beschlafen
beyschlafen
dahinschlafen
durchschlafen
einschlafen
entschlafen
erschlafen
fortschlafen
mitschlafen
nachschlafen
überschlafen
umschlafen
verschlafen
geschlafen
strafen
abstrafen
bestrafen
mitstrafen
nachstrafen
schwafen

sie trafen
betrafen
übertrafen

äfend

verschafend
schlafend
nachtschlafend
strafend
schwafend

äfens

des Hafens
— Verschafens
— Schlafens
— Schwafens
— Strafens
sie trafen's

äfer

der Hafer
Augsthafer
Augusthafer
Barthafer
Brandhafer
Eichelhafer
Fahnenhafer
Flughafer
Futterhafer
Garthafer
Gauchhafer
Goldhafer
Grauhafer
Grützhafer
Haupthafer
Hufenhafer
Hundshafer
Masthafer
Mäusehafer
Morgenhafer
Pfundhafer
Purhafer
Rothhafer
Rothwildhafer
Rügehafer
Saathafer
Samenhafer
Sandhafer
Sandpfriemenhafer
Schwanzhafer
Schwindelhafer
Seehafer
Silberhafer
Spitzhafer
Springhafer
Sprunghafer
Stumpfhafer
Sumpfhafer
Taubhafer
Tobhafer
Torfhafer

Vogthafer
Wachhafer
Wasserhafer
Weihhafer
Weiſshafer
Wiesenhafer
Wildhafer
Windhafer
Winterhafer
Zehenthafer
Zenthafer
Zinshafer
Zottelhafer
der Bestrafer
schlaf' er *etc.*
Terentius Afer

ăfern

den Hafern
— Bestrafern

ăfers

des Hafers
— Bestrafers

ăfes

des Schafes
— Schlafes
— Geschlafes
— Gestrafes
traf es *etc.*

ăfest

daſs du schlafest
verschafest
strafest
schwafest
trafest
übertrafest

ăfet

ihr verschafet
— schlafet
— schwafet
— strafet
— trafet [Cáf]

ăff

der Aff'
das Kaff
Haferkaff
der Laff'
paff!
— Pfaff'
Dompfaff
das Raff
der Raff
raff'!
das Schaff
Scheuerschaff
Schüsselschaff
Sechtelschaff
Spühlschaff
Weinschaff
schlaff
straff [Raff]

ăffa

Caraffa
Jaffa
Kaffa
Staffa

ăffe

der Affe
Bisamaffe
Brüllaffe
Buschaffe
Eichhornaffe
Faulthieraffe
Fländeraffe
Fuchsaffe
Gähnaffe
Gienaffe
Hundsaffe
Löwenaffe
Maulaffe
Meeraffe
Nachtigallaffe
Rosenaffe
Putzaffe
Schwanzaffe
Schwimmaffe
Schweinschwanzaffe
Seeaffe
Spinnenaffe
Zieraffe
Zitteraffe
ich maulaffe
— veraffe
die Agraffe
ich blaffe
das Geblaffe
die Caraffe
ich gaffe
das Gegaffe
die Giraffe
den Kaffe
ich klaffe
das Geklaffe
der Laffe
Modelaffe
ich naffe
— paffe
das Gepaffe
der Pfaffe
Baalspfaffe
Bauchpfaffe
Burgpfaffe
Dompfaffe
Dorfpfaffe
Gesellenpfaffe
Glatzenpfaffe
Götzenpfaffe
Hauspfaffe
Meerpfaffe
Meſspfaffe
Nietpfaffe
Schleifpfaffe
dem Raffe
ich raffe
das Geraffe
dem Schaffe
ich schaffe
das Geschaffe
der Schlaraffe
die schlaffe
ich erschlaffe
die straffe
die Waffe
Angriffswaffe
Doppelwaffe
Geisteswaffe
Hauptwaffe
Mordwaffe
Naturwaffe
Nebenwaffe
Ritterwaffe
Schirmwaffe
Schutzwaffe
Schweinswaffe
Siegeswaffe
Stahlwaffe
Streitwaffe
Vertheidigung-
Wehrwaffe
Zauberwaffe

ăffel

die Gaffel
Wiesengaffel
— Garaffel
Wiesengaraffel
— Raffel
Fischraffel
das Geraffel
— Schaffel
die Staffel
Stundenstaffel
Vergleichungsstaffel
das Gestaffel
die Waffel
Zimmtwaffel

ăffeln

den Gaffeln
— Garaffeln
— Raffeln
raffeln
abraffeln
zusammenraffeln
— Schaffeln
— Staffeln

staffeln
die Waffeln

áffels

des Geraffels
— Schaffels
— Gestaffels

áffelst

du raffelst
— staffelst

áffelt

er raffelt
geraffelt
— staffelt

áffem

schlaffem
straffem

áffen

die Affen
veraffen
maulaffen
— Agraffen
blaffen
anblaffen
aufblaffen
ausblaffen
nachblaffen
— Caraffen
gaffen
abgaffen
angaffen
aufgaffen
ausgaffen
begaffen
durchgaffen
nachgaffen
niedergaffen
übergaffen
umgaffen
untergaffen
vergaffen
vorbeygaffen
zugaffen
zurückgaffen
— Giraffen
den Kaffen
klaffen
abklaffen
anklaffen
aufklaffen
fortklaffen
mitklaffen
nachklaffen
überklaffen
verklaffen
vorklaffen
den Laffen
naffen
paffen
anpaffen
verpaffen
die Pfaffen
den Raffen
raffen
abraffen
anraffen
aufraffen
ausraffen
beraffen
dahinraffen
einraffen
emporraffen
entraffen
erraffen
fortraffen
hinraffen
mitraffen
nachraffen
unterraffen
verraffen
vorraffen
wegraffen
zerraffen
zuraffen
zurückraffen
zusammenraffen
den Schaffen
schaffen
abschaffen
anschaffen
aufschaffen
ausschaffen
beyschaffen
anbeyschaffen
herbeyschaffen
durchschaffen
einschaffen
emporschaffen
erschaffen
fortschaffen
hin- und herschaffen *etc.*
misschaffen
nachschaffen
niederschaffen
überschaffen
umschaffen
unterschaffen
verschaffen
vorschaffen
wegschaffen
wiederschaffen
zuschaffen
zurückschaffen
zusammenschaffen
beschaffen
schlechtbeschaffen
wohlbeschaffen
geschaffen
erschaffen
an-, gott-, mis-, neu-, um-, wohl- } geschaffen, erschaffen
rechtschaffen
wohnschaffen
die schlaffen
schlaffen
abschlaffen
erschlaffen
die Schlaraffen
— straffen
anstraffen
— Waffen

áffend

maulaffend
veraffend
blaffend
gaffend
klaffend
paffend
raffend
schaffend
erschlaffend
anstraffend

áffens

des Maulaffens
— Veraffens
— Blaffens
— Gaffens
— Klaffens
— Paffens
— Raffens
— Schaffens
— Erschlaffens
— Anstraffens

áffer

der *Angulaffer*
— *Caffer*
— Blaffer
— Gaffer
Begaffer
— Raffer
Abraffer
— Schaffer
Feldschaffer
Geldschaffer
Waldschaffer
— Erschaffer
Allerschaffer
Gesetzerschaffer
Welterschaffer
ein schlaffer

der Erschlaffer
ein straffer
die *Metapher*

áffern

die *Caffern*
den Blaffern
— Gaffern
— Raffern
— Schaffern
— Erschaffern
einen schlaffer'n
den Erschlaffern
einen straffer'n

áffers

des *Caffers*
— Blaffers
— Gaffers
— Raffers
— Schaffers
— Erschaffers
— Erschlaffers
ein schlaffer's
— straffer's
[der Blaffert]

áffes

des Geblaffes
— Gegaffes
— Kaffes
— Geklaffes
— Gepaffes
— Raffes
— Geraffes
— Geschaffes
ein schlaffes
— straffes

áffest

du maulaffest
— veraffest
— blaffest
— gaffest
— klaffest
— naffest
— paffest
— raffest
— schaffest
— schlaffest
— erschlaffest
— straffest
— anstraffest

áffet

ihr maulaffet
— veraffet
— gaffet
— blaffet
— klaffet
— naffet
— paffet
— raffet
ihr schaffet
— erschlaffet
— anstraffet
der Taffet
[pfaffisch]

áffne

der Erschaffne
— Rechtschaffne
ich waffne
— bewaffne
Daphne

áffnen

die Erschaffnen
— rechtschaffnen
waffnen
bewaffnen
entwaffnen
mitwaffnen

áffner

der Affner
ein Erschaffner
— Rechtschaffner
der Schaffner
Amtsschaffner
Feldschaffner
Oberschaffner
Unterschaffner
— Waffner

áffnern

den Affnern
einen rechtschaffner'n
— wohlgeschaffnern
den Schaffnern
— Waffnern

áffners

des Affners
ein rechtschaffner's
— wohlgeschaffner's
des Schaffners
— Waffners
[die Beschaffnis
Daphnis]

áffs

des Geblaffs
— Kaffs
— Gegaffs
— Geklaffs
— Gepaffs
— Raffs
— Geraffs
— Schaffs
— Geschaffs

áffst

du maulaffst
— veraffst
— blaffst
— gaffst
du klaffst
— naffst
— paffst
— raffst
— schaffst

áfft

er maulafft
— verafft
— blafft
— gafft
— klafft
— nafft
— pafft
das Abrafft
er rafft
— schafft
(*siehe ferner* áſt)

áffte

er maulaffte
— veraffte
— blaffte
— gafften
— klaffte
— naffte
— paffte
— raffte
— schaffte

áfften

sie maulafften
— verafften
— blafften
— gafften
— klafften
— nafften
— pafften
— rafften
— schafften

áffter

ein veraffter
— angeblaffter
— begaffter
— angeklaffter
— verpaffter
— hingeraffter
— verschaffter

ácfftes

ein verafftes
— angeklafftes
— begafftes
— angeklafftes
— verpafftes
— hingerafftes
— verschafftes

áfftest

du maulafftest
— verafftest
— blafftest
— gafftest

du klafftest
— pafftest
— rafftest
— schafftest

äfftet

ihr maulafftet
— verafftet
— blafftet
— gafftet
— klafftet
— pafftet
— rafftet
— schafftet

äffung

die Veraffung
— Anblaffung
— Vergaffung
— Anklaffung
— Verpaffung
— Zusammenraffung
— Erschaffung
Welterschaffung

äfle

ich schwafle
das Geschwafle
ich tafle
das Getafle

äfler

ein Schwafler
— Tafler
Langtafler

äflern

den Schwaflern
— Taflern

äflers

des Schwaflers
— Taflers

äfner

der Hafner
entschlafner
ein verschlafner

äfnern

den Hafnern
einen verschlafner'n

äfners

des Hafners
ein verschlafner's

äfs

der Hafs
— Schafs
— Schlafs
der Stafs
— Trafs
er traf's *etc.*

äfst

dafs du schlaf'st
du verschafst
— schwafst
— strafst
— trafst

äft

ihr schlaft
— verschaft
— schwaft
— straft
ungestraft
— traft

áft

die Haft
Ehehaft
Haushaft
Kerkerhaft
Nothhaft
Stadthaft
Stubenhaft
der Haft
(*die Adjectiva in* haft)
aashaft
aotriconhaft
advocatenhaft
ärgerhaft
affenhaft
alberhaft
angsthaft
arthaft
babbelhaft
bärenhaft
bauerhaft
bauhaft
bedientenhaft
bengelhaft
bettelhaft
bleyhaft
bofshaft
brefshaft
bürgerhaft
bufshaft
comödiantenhaft
dauerhaft
dienerhaft
diensthaft
dünkelhaft
ehrenhaft
ehrhaft
eidhaft
ekelhaft
erdenhaft
ernsthaft
eselhaft
fabelhaft
faselhaft
faunenhaft
feenhaft
fehlerhaft
fieberhaft
flatterhaft
flegelhaft
frauenhaft
frevelhaft
ganghaft
gaukelhaft
gaunerhaft
gebärhaft
geckenhaft
geisterhaft
geschwisterhaft
gespensterhaft
gewerbhaft
gewissenhaft
gewitterhaft
gewürzhaft
glaubhaft
grauenhaft
grausenhaft
greuelhaft
grillenhaft
grinsenhaft
grollhaft
grübelhaft
habhaft
haderhaft
handhaft
harnhaft
hasenhaft
heldenhaft
herbsthaft
herzenhaft
herzhaft
hirtenhaft
jammerhaft
judenhaft
jugendhaft
jungenhaft
jünglingshaft
jungfrauhaft
junkerhaft
kälberhaft
kakelhaft
kernhaft
kinderhaft
kirchenhaft
klatschhaft
knabenhaft
knittelhaft
krampfhaft
krankhaft
kriegerhaft
krieghaft
krüppelhaft
kummerhaft
lacherhaft
lagerhaft

lasterhaft
laugenhaft
launenhaft
lebhaft
lehenhaft
lehrhaft
leichenhaft
liederhaft
löwenhaft
lückenhaft
lügenhaft
lümmelhaft
mädchenhaft
mährchenhaft
mangelhaft
mannhaft
massenhaft
meisterhaft
minerhaft
minnehaft
musterhaft
nahrhaft
namhaft
narrenhaft
naschhaft
neckhaft
nothhaft
nymphenhaft
ochsenhaft
onkelhaft
pesthaft
pfefferhaft
pfleghaft
pfuscherhaft
pinselhaft
plapperhaft
plauderhaft
pöbelhaft
pomphaft
possenhaft
pracherhaft
prahlerhaft
prahlhaft
pranghaft
preſshaft
priesterhaft
prinzenhaft
prunkhaft
räthselhaft
regelhaft
regenhaft
reisehaft
rekelhaft
riesenhaft
rinderhaft
ritterhaft
romanenhaft
rosenhaft
sammthaft
saumhaft
schabhaft
schadhaft

schäkerhaft
schälhaft
schalkhaft
schamhaft
schandhaft
schauderhaft
schauerhaft
scheinhaft
schenkenhaft
schergenhaft
scherzhaft
schlauderhaft
schlingelhaft
schmackhaft
schmeichelhaft
schmerzhaft
schmirmelhaft
schneiderhaft
schnörkelhaft
schräckelhaft
schranzenhaft
schreckhaft
schülerhaft
schuldhaft
schummelhaft
schusterhaft
schwankhaft
schwatzhaft
schwefelhaft
schweighaft
schwelgerhaft
schwunghaft
seſshaft
sieghaft
silberhaft
sitzhaft
sklavenhaft
soldatenhaft
sommerhaft
sorghaft
spaſshaft
spielhaft
stammhaft
standhaft
statthaft
streithaft
studentenhaft
stümperhaft
sudelhaft
sündhaft
tadelhaft
tändelhaft
tänzerhaft
talmhaft
tantenhaft
tempelhaft
teufelhaft
theilhaft
tölpelhaft
trödelhaft
trölhaft
tropfenhaft

trughaft
trüghaft
tugendhaft
vergeſshaft
verstandhaft
vettelhaft
vetterhaft
viehhaft
vortheilhaft
wackelhaft
wahnhaft
währhaft
wahrhaft
wandelhaft
wankelhaft
waschhaft
weiberhaft
weinhaft
wellenhaft
weltmenschenhaft
winterhaft
wirbelhaft
wispelhaft
witterhaft
wittwenhaft
wittwerhaft
wohnhaft
wucherhaft
würzhaft
wunderhaft
zaghaft
zankhaft
zauberhaft
zauderhaft
zofenhaft
zunderhaft
zweifelhaft
zwerghaft
zwiebelhaft
zwitterhaft

(*NB. Alle diese Adjectiva in* aft *leiden die Ausbiegung in* aftig *und dienlichenfalls in* aftiglich)

die Kraft
Abstrebekraft
Ahnungskraft
Allkraft
Auflösungskraft
Ausdehnungskraft
Begehrungskraft
Besinnungskraft
Beurtheilungskraft
Bewegkraft
Bewegungskraft
Beweiskraft
Biederkraft
Bildkraft
Bildungskraft
Cohäsionskraft

Denkkraft
Dichtkraft
Dichtungskraft
Doppelkraft
Druckkraft
Einbildungskraft
Empfindungskraft
Engelskraft
Erinnerungskraft
Erkenntniskraft
Erzeugungskraft
Expansivkraft
Fassungskraft
Faustkraft
Fliehkraft
Flugkraft
Forschungskraft
Forschkraft
Fühlkraft
Gegenkraft
Geheimkraft
Geisteskraft
Gemüthskraft
Gesetzkraft
Gnadenkraft
Götterkraft
Grundkraft
Halbkraft
Hauptkraft
Heereskraft
Heilkraft
Heldenkraft
Heroenkraft
Herrscherkraft
Himmelskraft
Hochkraft
Höllenkraft
Hünenkraft
Jugendkraft
Jünglingskraft
Körperkraft
Lebenskraft
Leibeskraft
Lernkraft
Liebeskraft
Löwenkraft
Männerkraft
Manneskraft
Meisterkraft
Menschenkraft
Muskelkraft
Nahrungskraft
Naturkraft
Nebenkraft
Nervenkraft
Pflanzenkraft
Polsteinkraft
Prallkraft
Prellkraft
Regkraft
Regenkraft
Riesenkraft

Ritterkraft
Schaffungskraft
Schlummerkraft
Schnellkraft
Schöpferkraft
Schreckenkraft
Schutzkraft.
Schwerkraft
Schwingkraft
Schwungkraft
Segenskraft
Seelenkraft
Sehkraft
Seitenkraft
Sinneskraft
Sippkraft
Spannkraft
Sprachkraft
Springkraft
Spürkraft
Stoſskraft
Strebkraft
Streitkraft
Superkraft
Thatkraft
Trägheitskraft
Tragkraft
Triebkraft
Ueberkraft
Ueberlegungskraft
Ueberredungskraft
Umschauungskraft
Unkraft
Unterscheidungs-
Urtheilskraft
Väterkraft
Vaterkraft
Veränderungskraft
Verbindungskraft
Verdauungskraft
Verwandschaftskraft
Viehkraft
Vorstellungskraft
Willenskraft
Wunderkraft
Zauberkraft
Zeugekraft
Zeugungskraft
Ziehkraft
Zustrebekraft
kraft

der Saft
Apfelsaft
Baumsaft
Beerensaft
Himbeersaft
Johannisbeer- *etc.*
Berberizensaft
Bergsaft
Birkensaft
Birnensaft

Brustsaft
Citronensaft
Darmsaft
Dauungssaft
Verdauungssaft
Dicksaft
Drüsensaft
Gekrösdrüsensaft
Vorsteherdrüsen-
Erdsaft
Fälbersaft
Frühlingssaft
Fünftelsaft
Gehirnsaft
Gelenksaft
Gerstensaft
Göttersaft
Heilungssaft
Heilwurzsaft
Holundersaft
Honigsaft
Kindersaft
Kohlensaft
Kräutersaft
Lebenssaft
Limoniensaft
Liquiritiensaft
Magensaft
Marksaft
Milchsaft
Mohnsaft
Nahrungssaft
Nervensaft
Palmensaft
Pancreassaft
Pflanzensaft
Pomeranzensaft
Purpursaft
Queckensaft
Quittensaft
Rebensaft
Rosensaft
Samensaft
Schachtelsaft
Schaumsaft
Schierlingssaft
Scheidensaft
Speisesaft
Speysaft
Süſsholzsaft
Tabaksaft
Traubensaft
Ursaft
Veilchensaft
Wachholdersaft
Wermuthsaft
Zuckersaft
ein Hans Hasensaft

der Schaft
Ankerschaft
Armbrustschaft

Bandenschaft
Blumenschaft
Büchsenschaft
Eckschaft
Flintenschaft
Harpunenschaft
Kammschaft
Klinkenschaft
Säulenschaft
Speerschaft
Spieſsschaft
Steinschaft
Stiefelschaft
Vorderschaft
Zugschaft
Zwiebelschaft

(*Die Hauptwörter in* ſchaft)

die Abkommenschaft
— Adelschaft
— Ahnenschaft
— Amtmannschaft
— Anwaltschaft
— Anwartschaft
— Apostelschaft
— Aufseherschaft
— Augendienerschaft
— Autorschaft
— Barschaft
— Bauerschaft
— Befehlshaberschaft
Ober-
Unter-
— Begangenschaft
— Bekanntschaft
Schulbekanntschaft
Unbekanntschaft
— Bereitschaft
Vorbereitschaft
— Botschaft
Freudenbotschaft
Glücksbotschaft
Groſsbotschaft
Machtbotschaft
Schreckensbotschaft
Todesbotschaft
Trauerbotschaft
— Brauerschaft
— Briefschaft
— Brüderschaft
Amtsbrüderschaft
Bierbrüderschaft
Dienstbrüderschaft
Milchbrüderschaft
Schützenbrüdersch.
Waffenbrüderschaft
Zechbrüderschaft
— Bürgerschaft
Himmelsbürgersch.
Mitbürgerschaft
Pfahlbürgerschaft
Staatsbürgerschaft
Weltbürgerschaft
die Bürgschaft
Eidbürgschaft
Gegenbürgschaft
Halsbürgschaft
Hauptbürgschaft
Mitbürgschaft
Nebenbürgschaft
Pfandbürgschaft
Rückbürgschaft
— Buhlschaft
— Buhlerschaft
Nebenbuhlerschaft
— Cameradschaft
Stubencameradsch.
Zeltcameradschaft
— Corporalschaft
— Cramerschaft
— Deichgeschworensch.
— Dichterschaft
— Dienerschaft
Hausdienerschaft
Hofdienerschaft
Staatsdienerschaft
— Dorfschaft
— Dreymannschaft
— Eigenschaft
Grundeigenschaft
Halseigenschaft
Haupteigenschaft
Leibeigenschaft
Uneigenschaft
— Eigenrichterschaft
— Endschaft
— Engelschaft
— Entwehrschaft
— Erbschaft
Ganerbschaft
Holzerbschaft
Miterbschaft
— Errungenschaft
Anerrungenschaft
— Feilschaft
— Feindschaft
Scheinfeindschaft
Spinnefeindschaft
Todfeindschaft
Weiberfeindschaft
— Fräuleinschaft
— Freundschaft
Amtsfreundschaft
Busenfreundschaft
Gastfreundschaft
Gegenfreundschaft
Herzensfreundschaft
Hoffreundschaft
Jugendfreundschaft
Kriegsfreundschaft
Scheinfreundschaft
Schulfreundschaft
Seelenfreundschaft
Stieffreundschaft
Suppenfreundschaft
Tischfreundschaft
Todfreundschaft
Universitätsfreund-
die Fürsorgerschaft
— Gatterschaft
— Gebieterschaft
— Gefangenschaft
Kriegsgefangensch.
Staatsgefangensch.
— Gefährtschaft
— Geisselschaft
— Geleitschaft
— Gemahlschaft
— Gemeinschaft
Grenzgemeinschaft
Gütergemeinschaft
Stubengemeinschaft
Tischgemeinschaft
— Genossenschaft
Bundsgenossensch.
Dienstgenossensch.
Eidgenossenschaft
Handelsgenossens.
Hausgenossenschaft
Kunstgenossenschaft
Reichsgenossensch.
Schlafgenossensch.
Schutzgenossensch.
Stubengenossensch.
Theilgenossenschaft
Tischgenossenschaft
Troſsgenossenschaft
Waffengenossensch.
— Geräthschaft
Bodengeräthschaft
Taumelgeräthschaft
— Gesandschaft
Friedensgesandsch.
— Gesellschaft
Abendgesellschaft
Badegesellschaft
Bekehrungs-
Bibelgesellschaft
Blumengesellschaft
Büchsengesellschaft
Feuerversicherungs-
Frauengesellschaft
Freimaurer-
Glaubensgesellsch.
Grabegesellschaft
Handelsgesellschaft
Hausgesellschaft
Kaffeegesellschaft
Klatschgesellschaft
Männergesellschaft
Mittagsgesellschaft
Morgengesellschaft
Nachtgesellschaft

Phönixgesellschaft
Punschgesellschaft
Quäkergesellschaft
Reisegesellschaft
Reitgesellschaft
Religionsgesellsch.
Saufgesellschaft
Schauspielgesellsch.
Schlafgesellschaft
Schmauchgesellsch.
Schulgesellschaft
Schützengesellsch.
Speisegesellschaft
Spielgesellschaft
Tanzgesellschaft
Theatergesellschaft
Theegesellschaft
Tischgesellschaft
Trinkgesellschaft
Völkergesellschaft
Weibergesellschaft
Wintergesellschaft
Wohlfahrtsgesell-
Zechgesellschaft
die Gesellenschaft
Junggesellenschaft
— Gespielschaft
— Gevatterschaft
— Gewährschaft
— Gewerkschaft
Bergwerkschaft
— Gildenschaft
— Götterschaft
— Grafschaft
Burggrafschaft
Hochgrafschaft
Landgrafschaft
Markgrafschaft
Rheingrafschaft
Reichsgrafschaft
— Gramschaft
— Habschaft
— Hahnreihschaft
— Handelschaft
— Handwerkschaft
— Hauptmannschaft
Amtshauptmannsch.
Berghauptmannsch.
Deichhauptmanns.
Freyhauptmannsch.
Gauhauptmannsch.
Landeshauptmann-
Stiftshauptmannsch.
— Heidenschaft
— Heimbürgenschaft
— Herrschaft
Ahnherrschaft
Alleinherrschaft
Brotherrschaft
Dienstherrschaft
Doppelherrschaft
Dorfherrschaft

Dreyherrschaft
Einherrschaft
Erbherrschaft
Familienherrschaft
Forstherrschaft
Freyherrschaft
Frohnherrschaft
Fünfherrschaft
Ganherrschaft
Geisterherrschaft
Geistesherrschaft
Geleitsherrschaft
Gemeinherrschaft
Gerichtsherrschaft
Geringherrschaft
Gesammtherrschaft
Gewaltherrschaft
Grundherrschaft
Gutsherrschaft
Handelsherrschaft
Häuptlingsherrsch.
Hausherrschaft
Hundertherrschaft
Jedermannsherrsch.
Kameralherrschaft
Landesherrschaft
Lehensherrschaft
Liebesherrschaft
Mannlehnsherrsch.
Minderherrschaft
Mitherrschaft
Oberherrschaft
Pöbelherrschaft
Priesterherrschaft
Scheinherrschaft
Schreckensherrsch.
Schutzherrschaft
Sechsherrschaft
Seeherrschaft
Stadtherrschaft
Standesherrschaft
Unterherrschaft
Vielherrschaft
Vierherrschaft
Volksherrschaft
Weiberherrschaft
Weltherrschaft
Zehnherrschaft
Zwangherrschaft
Zweyherrschaft
Zwingherrschaft
— Hinterlassenschaft
— Holdschaft
— Judenschaft
— Jüngerschaft
— Jünglingsschaft
— Jungfernschaft
Kammerjungfersch.
— Jungfrauschaft
— Kaufmannschaft
— Kennerschaft
Kunstkennerschaft

die Kindschaft
Einkindschaft
— Knabenschaft
— Knappschaft
Bergknappschaft
Hüttenknappschaft
— Knechtschaft
Jungfernknechtsch.
Sinnenknechtschaft
— Körperschaft
— Krämerschaft
— Kundschaft
— Landsmannschaft
— Landschaft
Abendlandschaft
Frühlingslandschaft
Herbstlandschaft
Mondlandschaft
Morgenlandschaft
Nachtlandschaft
Schweizerlandsch.
Seelandschaft
Sommerlandschaft
Waldlandschaft
Winterlandschaft
— Lehenschaft
Sonnenlehenschaft
— Lehrerschaft
Hauslehrerschaft
Lehrlingschaft
— Leidenschaft
Mitleidenschaft
Privatleidenschaft
— Liebschaft
— Maatschaft
— Mädchenschaft
— Mannschaft
Bergmannschaft
Burgmannschaft
Ergänzungsmann-
Kriegsmannschaft
Schiffsmannschaft
Seemannschaft
Stadtmannschaft
— Meisterschaft
Freymeisterschaft
Hofmeisterschaft
— Mitbelehnschaft
— Mitpflegerschaft
— Mittlerschaft
— Musenschaft
— Mutterschaft
— Nachbarschaft
Feldnachbarschaft
Gutsnachbarschaft
Hausnachbarschaft
— Nachkommenschaft
— Neffenschaft
— Oberschaft
— Obmannschaft
— Oheimschaft
— Onkelschaft

die Ortschaft
— Pathenschaft
das Petschaft
Familienpetschaft
Handpetschaft
die Pfännerschaft
— Pfeiferschaft
— Pflegschaft
— Philisterschaft
— Pilgerschaft
— Predigerschaft
— Priesterschaft
— Prophetenschaft
— Rechenschaft
— Reiterschaft
— Ritterschaft
Reichsritterschaft
— Sachwalterschaft
— Sammtschaft
— Schneiderschaft
— Schranzenschaft
— Schriftstellerschaft
— Schusterschaft
— Schwägerschaft
— Schwäherschaft
— Schwangerschaft
— Schwesterschaft
— Seelsorgerschaft
— Sippschaft
Obersippschaft
Untersippschaft
— Sohnschaft
— Soldatschaft
— Standschaft
Landstandschaft
Reichsstandschaft
— Statthalterschaft
— Teutschaft
— Vaterschaft
— Verfangenschaft
— Verlassenschaft
Allodialverlassen-
Feudalverlassensch.
— Verwandschaft
Blutsverwandschaft
Seitenverwandschaft
Wahlverwandschaft
— Vertrautschaft
— Vetterschaft
— Völkerschaft
— Volkschaft
— Vormundschaft
Lehnsvormundsch.
Mitvormundschaft
Obervormundschaft
Untervormundsch.
— Vorsteherschaft
— Wagschaft
— Währschaft
— Wanderschaft
Erdenwanderschaft
— Weddschaft

die Wettschaft
— Wehrschaft
— Weidmannschaft
— Wirthschaft
Ackerwirthschaft
Bauernwirthschaft
Bettelwirthschaft
Brachwirthschaft
Dorfwirthschaft
Drillwirthschaft
Feldwirthschaft
Fischwirthschaft
Forstwirthschaft
Gartenwirthschaft
Gastwirthschaft
Hauswirthschaft
Hofwirthschaft
Holzwirthschaft
Hurenwirthschaft
Junggesellenwirths.
Koppelwirthschaft
Landwirthschaft
Sauwirthschaft
Schenkwirthschaft
Staatswirthschaft
Stadtwirthschaft
Studentenwirthsch.
Teichwirthschaft
Teufelswirthschaft
Waldwirthschaft
Wechselwirthschaft
— Wissenschaft
Afterwissenschaft
Arzneywissenschaft
Auslegungswissens.
Bauwissenschaft
Brotwissenschaft
Bergwissenschaft
Bergwerkswissens.
Cameralwissensch.
Denkwissenschaft
Entbindungswissens.
Erklärungswissens.
Finanzwissenschaft
Forstwissenschaft
Geschäftswissensch.
Geschichtswissens.
Geschmackswissens.
Glaubenswissensch.
Grundwissenschaft
Hauptwissenschaft
Hülfswissenschaft
Hüttenwissenschaft
Kammerwissensch.
Kriegswissenschaft
Kunstwissenschaft
Militärwissenschaft
Mitwissenschaft
Münzwissenschaft
Naturwissenschaft
Pflanzenwissensch.
Priesterwissenschaft

Rechtswissenschaft
Schönwissenschaft
Schulwissenschaft
Staatswissenschaft
Staatsrechtswissens.
Sternwissenschaft
Tonwissenschaft
Urwissenschaft
Vernunftwissensch.
Veterinärwissensch.
Vorbereitungswiss.
Vorwissenschaft
Wundarzneywissens.
Zergliederungswiss.
die Wittwenschaft
Strohwittwenschaft
— Wittwerschaft
Strohwittwerschaft
— Zecherschaft
— Zeitgenossenschaft
— Zentgrafschaft
— Zeugschaft
— Zuhörerschaft
der Taft
Brillanttaft
Doppeltaft
Futtertaft
Gesundheitstaft
Gichttaft
Glanztaft
Grastaft
Schettertaft
Schwertaft
Spiegeltaft
Wachstaft

ăfte

er verschafte
— schwafte
— strafte

áfte

ich beanwartschafte
— beeigenschafte
— botschafte
— vergemeinschafte
— vergesellschafte
— entherrschafte
— verkundschafte
— vermannschafte
— verpetschafte
dem Petschafte
ich wirthschafte
— hafte
— verhafte
dem Verhafte
— Safte
ich entsafte
dem Schafte
— Tafte
aafshafte *etc. bis* zwitterhafte *siehe* aft

áftem

aaſshaftem *etc. bis*
zwitterhaftem *siehe* **aft**

āftem

verschaftem
geschwaftem
bestraftem

āften

sie verschaften
— schwaften
— straften

áften

beanwartschaften
botschaften
beeigenschaften
vergemeinschaften
vergesellschaften
entherrschaften
kundschaften
auskundschaften
verkundschaften
vermannschaften
verpetschaften
wirthschaften
bewirthschaften
erwirthschaften
fortwirthschaften
mitwirthschaften
nachwirthschaften
verwirthschaften
zurückwirthschaften
haften
anhaften
behaften
umhaften
verhaften
saften
entsaften
nachsaften
taften
die Anwaltschaften
— Anwartschaften
— Bekanntschaften
— Botschaften
— Briefschaften
— Brüderschaften
— Bürgschaften
— Buhlschaften
— Cameradschaften
— Dorfschaften
— Eigenschaften
— Erbschaften
— Geräthschaften
— Gesandschaften
— Gesellschaften
— Herrschaften
— Kundschaften
— Landsmannschaften
die Landschaften
— Leidenschaften
— Liebschaften
— Ortschaften
— Petschaften
— Statthalterschaften
— Verwandschaften
Wahlverwandschaft.
— Völkerschaften
— Wirthschaften
— Wissenschaften
— aaſshaften *etc. bis*
zwitterhaften *siehe* **aft**

áftend

beanwartschaftend
beeigenschaftend
botschaftend
vergemeinschaftend
vergesellschaftend
haftend
verhaftend
entherrschaftend
kundschaftend
vermannschaftend
verpetschaftend
wirthschaftend
saftend

áftens

des Beanwartschaftens
— Botschaftens
— Beeigenschaftens
— Vergemeinschaftens
— Vergesellschaftens
— Haftens
— Verhaftens
— Entherrschaftens
— Kundschaftens
— Vermannschaftens
— Verpetschaftens
— Saftens
— Wirthschaftens

āfter

ein verschafter
— geschwafter
— bestrafter

áfter

der After
Bleyafter
Goldafter
Hüttenafter
Kohlafter
Rothafter
Seilenafter
Zinnafter
das After
der Anwartschafter
— Botschafter
Groſsbotschafter
der Gesellschafter
Handelsgesellsch.
Reisegesellschafter
Spielgesellschafter
die Klafter
Sohmatzklafter
Studentenklafter
das Geklafter
der Kundschafter
Verkundschafter
— Wirthschafter
Bewirthschafter
— Wissenschafter
aaſs-, bengelhafter *etc.*
bis zwitterhafter *s.* **aft**

áftern

aftern
den Aftern
— Anwartschaftern
— Botschaftern
— Gesellschaftern
— Klaftern
klaftern
abklaftern
aufklaftern
erklaftern
fortklaftern
nachklaftern
umklaftern
— Kundschaftern
— Wirthschaftern
— Wissenschaftern
— bengelhafter'n *etc. bis*
zwitterhafter'n *s.* **aft**

áfternd

afternd
klafternd

áfterns

des Afterns
— Klafterns

áfters

des Afters
— Anwartschafters
— Botschafters
— Gesellschafters
— Geklafters
— Kundschafters
— Wirthschafters
— Wissenschafters

áfterſt

du afterst
— klafterst

áftert

er aftert
— klaftert

āftes

ein verschaftes
— geschwaftes
— bestraftes

áftes

des Petschaftes
— Verhaftes
— Saftes
— Schaftes
— Taftes
ein aaſshaftes *etc. bis*
zwitterhaftes *siehe* aſt

āfteſt

du verschaftest
— schwaftest
— straftest

áfteſt

du beanwartschaftest
— beeigenschaftest
— botschaftest
— vergemeinschaftest
— vergesellschaftest
— haftest
— verhaftest
— entherrschaftest
— kundschaftest
— vermannschaftest
— verpetschaftest
— saftest
— wirthschaftest
— bengelhaftest *etc.*
bis zwitterhaftest
siehe aſt

āftet

ihr verschaftet
— schwaftet
— straftet

áftet

ihr beanwartschaftet
geeigenschaftet
— botschaftet
— vergemeinschaftet
— vergesellschaftet
— haftet
— verhaftet
behaftet
— entherrschaftet
— kundschaftet
— vermannschaftet
— verpetschaftet
— saftet
langgeschaftet
— wirthschaftet

áftig

erzhaftig
kammhaftig
saftig
unsaftig
vollsaftig
aaſshaftig, *etc. bis*
zwitterhaftig *siehe* aſt
wahrhaftig!

áftlich

anwartschaftlich
botschaftlich
eilbotschaftlich
bürgschaftlich
eigenschaftlich
erbschaftlich
ganerbschaftlich
feindschaftlich
freundschaftlich
unfreundschaftlich
gastfreundschaftlich
gemeinschaftlich
gesandschaftlich
gesellschaftlich
ungesellschaftlich
völkergesellschaftl.
gesamtschaftlich
handelschaftlich
herrschaftlich
ein- drey- *etc.*
gemeinherrschaftl.
volksherrschaftlich
zwingherrschaftlich
kundschaftlich
landsmannschaftlich
landschaftlich
leidenschaftlich
liebschaftlich
ritterschaftlich
sippschaftlich
verwandschaftlich
wahlverwandschaftl.
völkerschaftlich
vormundschaftlich
obervormundschaftl.
wirthschaftlich
forstwirthschaftlich
landwirthschaftlich
unwirthschaftlich
wissenschaftlich
unwissenschaftlich
forstwissenschaftl.
grundwissenschaftl.
kammerwissensch.
schönwissenschaftl.
staatswissenschaftl.

āfts

ihr verschlaft's
— bestraft's

áfts

des Verhafts
— Safts
des Schafts
— Petschafts
— Tafts
ein bengelhaft's *etc. bis*
zwitterhaft's *siehe* aſt

áftſte

der bengelhaftste *etc. bis*
zwitterhaftste *siehe* aſt
eben so

áftſten
áftſter
áftſtes

áftung

die Beanwartschaftung
— Beeigenschaftung
— Vergemeinschaftung
— Vergesellschaftung
— Haftung
— Verhaftung
— Auskundschaftung
— Entherrschaftung
— Vermannschaftung
— Verpetschaftung
— Entsaftung
— Bewirthschaftung

áftvoll

kraftvoll
saftvoll [nafzen]

āg — āag

der *Agriophag*
— *Akridophag*
— *Anekdotophag*
ein *Anthropophag*
der *Areopag*
— *Chelonophag*
— *Chorag*
frag'!
ein *Gyrovag*
das Hag
Friedhag
Ungehag
Haag
Hylophag
Ichthyophag
das Kaag
er lag
der Erlag
das Gelag
Biergelag
Brautgelag
Eſsgelag
Festgelag
Gastgelag
Hochgelag
Hochzeitsgelag
Hurengelag
Kindtaufsgelag
Lustgelag

Prunkgelag
Saufgelag
'Spielgelag
Taumelgelag
Trinkgelag
Zechgelag
der Verlag
Bücherverlag
Deichverlag
Geldverlag
Meſsverlag
Selbstverlag
Urthelsverlag
das Laag
der *Lotophag*
er mag
— vermag
nag'!
der *Ophiophag*
— *Pantophag*
— *Polyphag*.
Prag
plag'!
rag'!
sag'!
der *Sarkophag*
schlag!
— Schlag
Abschlag
Wasserabschlag
Aderschlag
Afterschlag
Alltagschlag
Amselschlag
Anschlag
Bauanschlag
Brüchenanschlag
Deichanschlag
Forstanschlag
Gegenanschlag
Guthsanschlag
Kaufanschlag
Mordanschlag
Reichsanschlag
Schockanschlag
Steueranschlag
Waarenanschlag
Armschlag
Aufschlag
Rockaufschlag
Waarenaufschlag
Ausschlag
Gewichtausschlag
Hautausschlag
Backenschlag
Baumschlag
Bergschlag
Beschlag
Eisenbeschlag
Fensterbeschlag
Hufbeschlag
Kobaltbeschlag
Kupferbeschlag
Kutschbeschlag
Mauerbeschlag
Nestelbeschlag
Pfeifenbeschlag
Pferdebeschlag
Sargbeschlag
Silberbeschlag
Stockbeschlag
Stuhlbeschlag
Taschenbeschlag
Thonbeschlag
Thürbeschlag
Beyschlag
Blitzschlag
Blutschlag
Brachschlag
Brandschlag
Deichschlag
Doppelschlag
Dreyschlag
Durchschlag
Schienendurchschl.
Einschlag
Diebseinschlag
Weineinschlag
Eisenschlag
Fadenschlag
Falkenschlag
Familienschlag
Faustschlag
Fehlschlag
Fingerschlag
Finkenschlag
Flügelschlag
Fuſssohlenschlag
Gegenschlag
Geyerschlag
Glockenschlag
Glücksschlag
Gnadenschlag
Götterschlag
Hägeschlag
Hagelschlag
Hahnenschlag
Halbschlag
Hammerschlag
Handschlag
Hauschlag
Herzensschlag
Holzschlag
Hordenschlag
Hürdenschlag
Hufschlag
Hundeschlag
Jubelschlag
Kälberschlag
Kanonenschlag
Kartenschlag
Kaufschlag
Kegelschlag
Keulenschlag
Kinnschlag
Klafterschlag
Kreutzschlag
Kupferschlag
Kutsehenschlag
Lerchenschlag
Marlschlag
Maulschlag
Männerschlag
Menschenschlag
Miſsschlag
Mittelschlag
Mönchsschlag
Mordschlag
Münzschlag
Nachschlag
Nachtigallenschlag
Nackenschlag
Nervenschlag
Niederschlag
Afterniederschlag
Bleyniederschlag
Corallenniederschl.
Goldniederschlag
Quecksilbernieder-
Silberniederschlag
Wismuthniederschl.
Ohrenschlag
Paukenschlag
Pferdeschlag
Prallschlag
Prellschlag
Pulsschlag
Pumpenschlag
Querschlag
Rathschlag
Rindsschlag
Ritterschlag
Rückenschlag
Rückschlag
Ruderschlag
Ruthenschlag
Schaufelschlag
Schleimschlag
Schlingenschlag
Schlumpschlag
Schöppenschlag
Schuppenschlag
Schwertschlag
Schwimmschlag
Seigerschlag
Seitenschlag
Silberschlag
Sohlenschlag
Staupenschlag
Sternschlag
Stockschlag
Stundenschlag
Sturmschlag

Taktschlag
Taubenschlag
Thauschlag
Todesschlag
Todtschlag
Trommelschlag
Ueberschlag
Vermögensüberschl.
Umschlag
Breyumschlag
Briefumschlag
Waarenumschlag
Unterschlag
Kassenunterschlag
Urschlag
Verschlag
Breterverschlag
Hofverschlag
Viertelschlag
Vögelschlag
Vorschlag
Friedensvorschlag
Wachtelschlag
Wagenschlag
Wechselschlag
Weinschlag
Wellenschlag
Wetterschlag
Wiederschlag
Windschlag
Zapfenschlag
Zurückschlag
Zuschlag
Kupferzuschlag
der Stag
Besanstag
Borgstag
Fockstag
grofse Stag
Knickstag
Kreutzstangenstag
Laufstag
Schlingerstag
Stampfstag
Stangenstag
Vorstangenstag
Vorbramstengen-
Ueberstangenstag
der Tag
Ablafstag
Abschiedstag
Absendungstag
Alltag
Amtstag
Ankunftstag
Anredetag
Antlafstag
Antrittstag
Anzugstag
Aposteltag
Apriltag

Arbeitstag
Audienztag
Augusttag
Ausschufstag
Auszugstag
Backtag
Badetag
Bautag
Bechteltag
Begräbnistag
Beichttag
Bettag
Betteltag
Bitttag
Bluttag
Bratentag
Brieftag
Bundestag
Bürschtag
Bufstag
Christtag
Churfürstentag
Complementärtag
Courtag
Decembertag
Dienstag
Osterdienstag
Pfingst- *etc.*
Discretionstag
Dreykönigstag
Donnerstag
Ehrentag
Endtag
Entscheidungstag
Erdentag
Erntentag
Ergänzungstag
Familientag
Fasttag
Fästeltag
Februartag
Festtag
Feyertag
Osterfeyertag
Pfingstfeyertag
Weihnachtsfeyert.
Schulfeyertag
Fiebertag
Fischtag
Fleischtag
Flittertag
Fluthtag
Frauentag
Freudentag
Freytag
Charfreytag
Friedenstag
Frohntag
Frohnleichnamstag
Frühlingstag
Fürstentag
Fufstag

Geburtstag
Gedächtnistag
Gehörtag
Geleitstag
Gerichtstag
Weltgerichtstag
Geschlechtstag
Gesellschaftstag
Gewittertag
Glückstag
Gnadentag
Grafentag
Gräueltag
Grauntag
Gregorstag
Handtag
Handwerkstag
Haupttag
Heiligentag
Herbsttag
Herrentag
Heutag
Himmelfahrtstag
Hochzeitstag
Hoftag
Holztag
Honigtag
Honortag
Huldigungstag
Hundstag
Jacobstag
Jagdtag
Jahrestag
Jahrmarktstag
Jammertag
Jennertag
Johannistag
Jubeltag
Jugendtag
Juniustag
Juliustag
Jünglingstag
der jüngste Tag
Kalendertag
Kindeltag
Kindertag
Kindheitstag
Kirchtag
Kirchweihtag
Kirmstag
Knoblauchstag
Kreuztag
Kummertag
Landtag
Lafstag
Laubertag
Lauteltag
Lebenstag
Leidenstag
Leidtag
Leihetag

Lesetag
Lenztag
Lichttag
Liegetag
Lohntag
Löhnungstag
Loostag
Marientag
Markttag
Martinstag
Märztag
Maytag
Meistertag
Michaelstag
Mittelstag
Mittag
 Hochmittag
 Nachmittag
 Vormittag
Monatstag
Montag
 Ostermontag
 Pfingstmontag
 blauer Montag
Nachsichtstag
Nagelstag
Namenstag
Nebeltag
Nebentag
Normaltag
Nothtag
Novembertag
Octobertag
Opfertag
Ostertag
Palmentag
Peterstag
Peter-Paulstag
Pfeffertag
Pferdetag
Pfingsttag
 Antlaſspfingsttag
Pfinztag
Pflugtag
Plämpertag
Posttag
Prachttag
Prüfungstag
Prunktag
Quartaltag
Quatembertag
Rasttag
Rathstag
Rechtstag
Regentag
Reichstag
Reisetag
Respittag
Richttag
Rittertag

Rosentag
Rügetag
Ruhetag
Rüsttag
Sabbatstag
Sakramentstag
Samstag
Satertag
Sauftag
Schalttag
Schattentag
Schautag
Schauertag
Scheuertag
Schicksalstag
Schlachttag
Schluſstag
Schmerzenstag
Schöpfungstag
Schreibetag
Schreckenstag
Schultag
Seelentag
Sensentag
Sessionstag
Siegestag
Sitzungstag
Sommertag
 Nachsommertag
Sonnontag
Sonntag
 Betsonntag
 Dreyeinigkeits-
 Fastensonntag
 Herrnsonntag
 Kunftsonntag
 Ostersonntag
 Palmsonntag
 Pfingstsonntag
 Rosensonntag
 Todtensonntag
 Trinitatissonntag
 Vorfastensonntag
 Weihnachtssonntag
Spanntag
Spieltag
Sprengtag
Städtetag
Sterbetag
Sterntag
Steuertag
Stichtag
Stiftstag
Stiftungstag
Stimmtag
Straftag
Streittag
Tauftag
Todestag
Todtentag
Trauertag

Trauungstag
Trennungstag
Triumphtag
Uhrtag
Unglückstag
Untergangstag
Veitstag
Verbottag
Verfalltag
Vergeltungstag
Verlöbnistag
Vermählungstag
Versammlungstag
Verschreibetag
Versöhnungstag
Vierteljahrestag
Vierteltag
Wagentag
Wahltag
Walltag
Walpurgistag
Weihnachtstag
Wollusttag
Wonnetag
Zahltag
Zahlungstag
Zaubertag
Zechtag
Zehenttag
Ziehungstag
Zinstag

trag'!

der Abtrag
— Antrag
 Heirathsantrag
— Auftrag
 Farbenauftrag
 Geschäftsauftrag
 Handelsauftrag
 Rechtsauftrag
— Austrag
 Familienaustrag
— Betrag
 Gesamtbetrag
 Hauptbetrag
 Rechnungsbetrag
 Schuldenbetrag
 Seitenbetrag
— Beytrag
 Geldbeytrag
 Kreisbeytrag
 Reichsbeytrag
 Urtheilsbeytrag
— Eintrag
 Webereintrag
— Ertrag
 Amtsertrag
 Fruchtertrag
 Geldertrag
 Gesamtertrag
 Marktertrag

Pfründenertrag
Zehentertrag
der Nachtrag
— Uebertrag
Rechnungsübertrag
— Vertrag
Barrièrevertrag
Bestandvertrag
Bundesvertrag
Bürschvertrag
Einverleibungs-
Erbzinsvertrag
Familienvertrag
Frachtvertrag
Friedensvertrag
Gesellschaftsvertrag
Grenzvertrag
Grenzwehrvertrag
Handelsvertrag
Hauptvertrag
Hausvertrag
Heirathsvertrag
Hülfsvertrag
Kaufvertrag
Lehnsvertrag
Lehrvertrag
Miethvertrag
Nebenvertrag
Pachtvertrag
Pfandvertrag
Scheinvertrag
Schlufsvertrag
Tauschvertrag
Theilungsvertrag
Wechselvertrag
Werkvertrag
Wiegenfestvertrag
Zinsvertrag
— Vortrag
Erbauungsvortrag
Kanzelvortrag
Lehrvortrag
Mitvortrag
Redevortrag
— Zusammentrag
— Zutrag
vag
die *Waag*
zag
der Zoophag
{Abidag Agag Babadag

āga

der *Aga*
Janitscharenaga
Kislaraga
Braga
Gonzaga
Graf von Haga
Plaga
Praga
Saga
[Sagan Hagar]

āgd

die Jagd
Abendjagd
Bärenjagd
Bestandjagd
Betteljagd
Caninchenjagd
Dachsjagd
Elephantenjagd
Entenjagd
Erbjagd
Fackeljagd
Falkenjagd
Fasanenjagd
Flohjagd
Froschjagd
Fuchsjagd
Gedankenjagd
Gemsenjagd
Hasenjagd
Hauptjagd
Hetzjagd
Hirschjagd
Hohejagd
Hornjagd
Hühnerjagd
Hurenjagd
Ketzerjagd
Klepperjagd
Koppeljagd
Löwenjagd
Lustjagd
Marterjagd
Meierjagd
Mitjagd
Mitteljagd
Nachjagd
Nachtjagd
Nebenjagd
Netzjagd
Niederjagd
Oberjagd
Otterjagd
Parforcejagd
Reiterjagd
Saujagd
Schnepfenjagd
Schweinsjagd
Stierjagd
Tigerjagd
Titeljagd
Treibjagd
Trüffeljagd
Unterjagd
Vergnügensjagd
Vorjagd
Wasserjagd
Wolfsjagd
Zobeljagd
die Magd
Bademagd
Bauermagd
Beymagd
Braumagd
Bürgermagd
Cammermagd
Dienstmagd
Folgemagd
Grasemagd
Grofsemagd
Hausmagd
Hirtenmagd
Hofmagd
Jungemagd
Kellermagd
Kindermagd
Kleinemagd
Klöppelmagd
Küchenmagd
Landmagd
Laufmagd
Milchmagd
Mitmagd
Mistmagd
Mittelmagd
Nebenmagd
Pfaffenmagd
Pfarrmagd
Scheuermagd
Schlenkermagd
Spinnmagd
Spülmagd
Stadtmagd
Stubenmagd
Sudelmagd
Untermagd
Viehmagd
Vorwerksmagd
Wartemagd
Wäschmagd
[der Smarágd Kupfersmaragd]

āgde

ich vagde
dem Smarágde

āgden

die Jagden
vagden
smarágden
[magdlich]

āgdlohn

Jagdlohn
Magdlohn
[das Magdthum]

äge

die Age
Abencerrage
der *Agriophage*
— *Akridophage*
— *Anekdotophage*
— *Anthropophage*
im *Areopage*
ich brage
der *Chelonophage*
— *Chorage*
die Flage
Sommerflage
Stintflage
Windflage
ich frage
das Gefrage
die Frage
Augenfrage
Catechismusfrage
Examenfrage
Gegenfrage
Gewissensfrage
Hauptfrage
Magisterfrage
Meisterfrage
Nachfrage
Narrenfrage
Nebenfrage
Preisfrage
Querfrage
Räthselfrage
Rechtsfrage
Rückfrage
Schalksfrage
Spottfrage
Streitfrage
Trumpffrage
Ueberfrage
Umfrage
Urthelsfrage
Vorfrage
Zufrage
ich befrage
— gagage
— gigage
die Hage
im Hage
ich hage
— behage
— jage
das Gejage
der *Ichthyophage*
ich klage
das Geklage
die Klage
Abschiedsklage
Alimentationsklage
Anspruchsklage
Besitzstandsklage
Confessorienklage
Ehrenklage
Erbschaftsklage
Erbsonderungsklage
Hauptklage
Injurienklage
Jammerklage
Kummerklage
Leichenklage
Liebesklage
Nachklage
Nebenklage
Negatorienklage
Nothklage
Petitorienklage
Possessorienklage
Rescissionsklage
Strafklage
Todtenklage
Trauerklage
Vorklage
Wechselklage
Wehklage
Wiederklage
Wittwenklage
Zentklage
die Anklage
Gegenanklage
Selbstanklage
auskrage
die Lage
Ablage
Rechnungsablage
Anlage
Bienenanlage
Dichteranlage
Gartenanlage
Geldanlage
Hülfsanlage
Kirchenanlage
Kunstanlage
Reichsanlage
Auflage
Additionalauflage
Geldauflage
Hülfsauflage
Naturalienauflage
Auslage
Geldauslage
Beylage
Bodenlage
Darlage
Decklage
Deichlage
Einlage
Erdlage
Ergänzungslage
Fehllage
Flözlage
Gegenlage
Gemüthslage
Grundlage
Hinterlage
Innlage
Kronenlage
Landlage
Mißlage
Niederlage
Holzniederlage
Salzniederlage
Waarenniederlage
Schaubenlage
Steinlage
Thonlage
Unterlage
Fußunterlage
Gegenunterlage
Widerlage
Wiederlage
Zulage
Gehaltszulage
Geldzulage
Zwischenlage
dem Laage
ich laage
— verlaage
im Erlage
das Gelage (*siehe* Gelag)
im Verlage
der *Lotophage*
— Mage
Mannmage
Muttermage
Nagelmage
Schwertmage
Spillmage,
Vatermage
die Mage
ich mage
das Gemage
der *Ophiophage*
— *Pantophage*
— Page
ich plage
das Geplage
die Plage
Bauernplage
Feldplage
Gartenplage
Hausplage
Landplage
Mutterplage
Seelenplage
Selbstplage
Stadtplage
Steinplage
Weiberplage
Zahnplage
der *Polyphage*
ich rage
überrage
— sage
besage
das Gesage

die Sage
Absage
Glaubensabsage
Ansage
Aufsage
Aussage
Gegenaussage
Zeugenaussage
Bauersage
Einsage
Gespenstersage
Göttersage
Heldensage
Hörsage
Lossage
Nachsage
Rittersage
Ursage
Vatersage
Volkssage
Vorsage
Voraussage
Vorhersage
Weibersage
Wiedersage
Wundersage
Zurücksage
Zusage
Gegenzusage
der *Sarkophage*
ich schlage
das Geschlage
dem Schlage
die Schlage
Haarschlage
Pochschlage
Polterschlage
Schlittenschlage
ich verschrage
dem Stage
die Tage
Blüthentage
Hundstage
Siegestage
Wonnetage
mein lebtage
zu Tage
ich trage
das Getrage
die Trage
Holztrage
Quarktage
Wildtage
die vage
ich wage
das Gewage
die Wage
Abwage
Abgleichungswage
Ackerwage
Adjustirwage
Balkenwage
Bierwage
Bleywage
Blockwage
Blutwage
Einwage
Einwägewage
Erzwage
Federwage
Feldwage
Fischwage
Fleischwage
Flufswage
Getreidewage
Goldwage
Gradwage
Grundwage
Güterwage
Handwage
Hangewage
Heuwage
Himmelswage
Hinterwage
Kornwage
Krämerwage
Marktwage
Mühlenwage
Müllerwage
Pflugwage
Prüfwage
Pulswage
Quecksilberwage
Rathswage
Richterwage
Richtwage
Riemenwage
Sackwage
Salzwage
Schalwage
Scharwage
Schnellwage
Schrotwage
Schüsselwage
Senkwage
Setzwage
Sohlwage
Sprengwage
Stadtwage
Vorderwage
Wasserwage
Weinwage
Wörgewage
Windwage
Wildwage
ich zage
verzage
das Gezage
der *Zoophage*
ich zwage
das Gezwage

ägel

die Agel
der Hagel
Entenhagel
Eyerhagel
Granatenhagel
Kartätschenhagel
Korbhagel
Kugelhagel
Nagelhagel
Traubenhagel
Janhagel
der Nagel
Abdrehnagel
Achsennagel
Ballennagel
Bandnagel
Bätingsnagel
Bestofsnagel
Blechnagel
Bleynagel
Blocknagel
Boxnagel
Bretnagel
Deichselnagel
Dreiernagel
Fahrnagel
Falschnagel
Feilnagel
Fensternagel
Fingernagel
Firstennagel
Fortstecknagel
Galgennagel
Haltnagel
Hangenagel
Hauptnagel
Hebenagel
Himmelnagel
Holzernagel
Holznagel
Hornhautnagel
Hufnagel
Hundsnagel
Kehrnadel
Knaggennagel
Kreuznagel
Kuppnagel
Leistennagel
Leitnagel
Lothnagel
Maschnagel
Mundnagel
Neidnagel
Niethnagel
Nothnagel
Ohrnagel
Pestnagel
Pfennignagel
Protznagel
Prungnagel

Radnagel
Reibenagel
Reiſsnagel
Rohrnagel
Roſsnagel
Rudernagel
Rührnagel
Rüstnagel
Sargnagel
Schachtnagel
Scheinagel
Schiefernagel
Schienennagel
Schiffsnagel
Schindelnagel
Schlagnagel
Schleusennagel
Schlieſsnagel
Schloſsnagel
Schluſsnagel
Schuhnagel
Spannnagel
Sparrnagel
Spieſsnagel
Spikernagel
Spundnagel
Spurnagel
Stecknagel
Vorstecknagel
Steinnagel
Stellnagel
Steuernagel
Stollnagel
Stuhlnagel
Teppichnagel
Thornagel
Thürnagel
Vornagel
Wagenagel
Wagennagel
Wandnagel
Windenagel
Zimmernagel
Zwicknagel
das Genagel
der Tagel
— Zagel
Afterzagel
Rothzagel
[Fagel]

ägeln

die Ageln
hageln
abhageln
aushageln
behageln
durchhageln
nachhageln
niederhageln
verhageln
zusammenhageln
nageln
annageln
aufnageln
benageln
durchnageln
einnageln
entnageln
nachnageln
übernageln
umnageln
unternageln
vernageln
vornageln
zusammennageln
tageln
wigelwageln
den Zageln
zageln

ägelnd

hagelnd
nagelnd
tagelnd
wigelwagelnd
zagelnd

ägelns

des Hagelns
— Nagelns
— Tagelns
— Wigelwagelns
— Zagelns

ägels

des Hagels
Janhagels
— Nagels
— Genagels
— Zagels

ägelst

du hagelst
— nagelst
— tagelst
— wigelwagelst
— zagelst

ägelt

es hagelt
er nagelt
vernagelt
— tagelt
— wigelwagelt
— zagelt

ägem

vagem
zagem

ägen

die Agen
— *Abencerragen*
die *Agriophagen*
— *Akridophagen*
— *Anekdotophagen*
— *Anthropophagen*
den *Areopagen*
bragen
ausbragen
die *Chelonophagen*
— *Choragen*
das Fragen
die Fragen
frägen
abfragen
anfragen
ausfragen
auffragen
befragen
erfragen
fortfragen
hin- und herfragen *etc.*
nachfragen
rathfragen
berathfragen
überfragen
umfragen
umherfragen
vorfragen
zerfragen
zufragen
zurückfragen
gagagen
gigagen
der Hagen
die Hagen
hagen
aushagen
behagen
miſsbehagen
nachbehagen
wohlbehagen
miſshagen
das Behagen
Hagen
Bugenhagen
Blumenhagen
Copenhagen
Grubenhagen
die *Ichthyophagen*
jagen
abjagen
anjagen
aufjagen
ausjagen
bejagen
beyjagen
davonjagen
durchjagen
einjagen
einherjagen
emporjagen
entgegenjagen

erjagen
fehljagen
feistjagen
fortjagen
hin- u. herjagen *etc.*
heimjagen
mitjagen
nachjagen
niederjagen
treibjagen
überjagen
umjagen
umherjagen
verjagen
vorjagen
voranjagen
vorausjagen
vorbeyjagen
vorüberjagen
wegjagen
zujagen
zurückjagen
zusammenjagen
das Jagen
Bestätigungsjagen
Beyjagen
Bären- Hasen- *etc.*
Genieſsjagen
Heckjagen
Hornjagen
Kampfjagen
Kesseljagen
Klopfjagen
Lappjagen
Probejagen
Rennjagen
Saſsjagen
Schützenjagen
Streifjagen
Teufeljagen
Vorjagen
Wahrheitjagen
Zeugjagen
die Klagen
klagen
abklagen
anklagen
ausklagen
beklagen
einklagen
erklagen
fortklagen
mitklagen
nachklagen
verklagen
vorklagen
wehklagen
wiederklagen
das Klagen
der Kragen
Doppelkragen
Elendskragen
Geizkragen
Halskragen
Hermelinkragen
Kappkragen
Mantelkragen
Mastenkragen
Pelzkragen
Pfaffenkragen
Priesterkragen
Ringkragen
Rockkragen
Sammtkragen
Schorsteinkragen
Spielkragen
Spitzenkragen
Stagkragen
Stehkragen
Turnierkragen
Wendelkragen
Wolkenkragen
auskragen
sie lagen
die Lagen
den Laagen
laagen
die *Lotophagen*
sich verlaagen
der Magen
Blättermagen
Faltenmagen
Fettmagen
Kälbermagen
Katzenmagen
Labmagen
Menschenmagen
Oelmagen
Saumagen
Schwartenmagen
Schweinsmagen
Straussenmagen
Thiermagen
Vormagen
Wolfsmagen
die Magen
Schwertmagen
Spillmagen
nagen
abnagen
annagen
aufnagen
ausnagen
benagen
durchnagen
einnagen
fortnagen
losnagen
nachnagen
umnagen
unternagen
wegnagen
zernagen
zunagen
die *Ophiophagen*
— *Pantophagen*
— Plagen
— ägyptischen Plagen
plagen
abplagen
ausplagen
durchplagen
einplagen
fortplagen
mitplagen
nachplagen
zerplagen
die *Polyphagen*
ragen
aufragen
durchragen
emporragen
entragen
herausragen
hervorragen
hinaufragen *etc.*
überragen
umragen
vorragen
die *Rhizophagen*
— Sagen
sagen
absagen
ansagen
aufsagen
aussagen
besagen
beysagen
danksagen
einsagen
entsagen
entgegensagen
ersagen
fortsagen
gutsagen
hersagen
hinsagen
lobsagen
lossagen
mitsagen
nachsagen
umsagen
untersagen
versagen
vorsagen
voraussagen
wahrsagen
weissagen
ausweissagen
nachweissagen
zusagen
zurücksagen
zuvorsagen

vom Hörensagen
die *Sarkophagen*
schlagen
abschlagen
anschlagen
aufschlagen
ausschlagen
beschlagen
beyschlagen
durchschlagen
einschlagen
emporschlagen
entschlagen
entgegenschlagen
erschlagen
fehlschlagen
fortschlagen
herschlagen
hinschlagen
losschlagen
mitschlagen
nachschlagen
niederschlagen
rathschlagen
berathschlagen
überschlagen
umschlagen
unterschlagen
verschlagen
vorschlagen
wegschlagen
zerschlagen
zuschlagen
zurückschlagen
zusammenschlagen
das Schlagen
Bogenschlagen
Hundeschlagen
Radschlagen
Rathschlagen
beschlagen
erzbeschlagen *etc.*
gutbeschlagen
schlechtbeschlagen
wohlbeschlagen
erschlagen
kampferschlagen
verschlagen
überschlagen
der Schragen
Bierschragen
Brotschragen
Holzschragen
Reckschragen
Todtenschragen
Wäschschragen
verschragen
den Tagen
tagen
auftagen
austagen
ertagen
landtagen
mittagen
nachtagen
seeltagen
vertagen
betagen
rückbetagen
vorbetagen
tragen
abtragen
antragen
auftragen
beauftragen
austragen
betragen
beytragen
davontragen
durchtragen
eintragen
emportragen
entgegentragen
ertragen
forttragen
heimtragen
hertragen
hintragen
leidtragen
mittragen
nachtragen
niedertragen
schautragen
übertragen
übereintragen
umtragen
umhertragen
untertragen
vertragen
vortragen
vorantragen *etc.*
wegtragen
zertragen
zutragen
zurücktragen
zusammentragen
das Betragen
— Gewehrtragen
getragen
säulengetragen
wagengetragen
twagen
wagen
aufwagen
auswagen
daranwagen
durchwagen
entgegenwagen
fortwagen
herwagen
hinwagen *etc.*
mitwagen
nachwagen
niederwagen
überwagen
vorwagen
vorbeywagen
wegwagen
zurückwagen
zusammenwagen
das Wagen
der Wagen
Augtwagen
Bauerwagen
Baumwagen
Bettwagen
Beywagen
Bierwagen
Brautwagen
Brotwagen
Bürschwagen
Conversationswagen
Dampfwagen
Donnerwagen
Drachenwagen
Dreschwagen
Eilwagen
Erntewagen
Fahnenwagen
Feenwagen
Feuerwagen
Flammenwagen
Frachtwagen
Fuhrmannswagen
Gabelwagen
Gängelwagen
Geschwindwagen
Gesellschaftswagen
Getreidewagen
Halbwagen
Heuwagen
Himmelswagen
Hinterwagen
Hochzeitswagen
Hofwagen
Hohlwagen
Holzwagen
Jagdwagen
Kammerwagen
Karrenwagen
Kinderwagen
Kindtaufswagen
Klotzwagen
Kobelwagen
Kohlenwagen
Korbwagen
Kriegswagen
Küchenwagen
Kugelwagen
Langwagen
Lastwagen
Laufwagen
Leibwagen
Leichenwagen
Leitwagen
Leiterwagen

Lerchenwagen
Leuwagen
Marketenderwagen
Marktwagen
Miethwagen
Mistwagen
Mühlwagen
Munitionswagen
Musselwagen
Nachwagen
Ochsenwagen
Packwagen
Paradewagen
Plunderwagen
Postwagen
Prachtwagen
Protzwagen
Handprotzwagen
Proviantwagen
Puchwagen
Puffwagen
Reisewagen
Rennwagen
Rollwagen
Roſswagen
Rüstwagen
Salzwagen
Sandwagen
Sattelwagen
Schieſswagen
Schiffswagen
Schirmwagen
Schlachtwagen
Schlafwagen
Schloſswagen
Schnellwagen
Schuttwagen
Schwanenwagen
Seigewagen
Seihwagen
Sichelwagen
Siegeswagen
Silberwagen
Sonnenwagen
Spiegelwagen
Spriegelwagen
Staatswagen
Stadtwagen
Steinwagen
Sternenwagen
Stollenwagen
Strahlenwagen
Streitwagen
Stückwagen
Stuhlwagen
Todtenwagen
Trauerwagen
Triumphwagen
Troſswagen
Turnierwagen
Unterwagen

Venuswagen
Vorderwagen
Weinwagen
Windwagen
Wolkenwagen
Wurstwagen
Zeltwagen
Zeugwagen
zagen
auszagen
erzagen
mitzagen
nachzagen
verzagen
das Zagen
die *Zoophagen*
zwagen
auszwagen
nachzwagen

agend

fragend
gagagend
gigagend
hagend
behagend
jagend
klagend
auskragend
laagend
nagend
plagend
ragend
sagend
schlagend
verschragend
tagend
betagend
tragend
leidtragend
twagend
wagend
zagend

agens

ein *Agens*
des Fragens
— Gagagens
— Gigagens
— Hagens
Behagens
— Jagens
— Klagens
— Kragens
Auskragens
— Laagens
— Magens
Spillmagens
— Nagens
— Plagens
— Ragens
des Sagens
Weissagens
— Schlagens
— Schragens
— Tagens
— Tragens
Betragens
— Twagens
— Wagens
Venuswagens
— Zagens
— Zwagens

ager

der Frager
Anfrager
Ausfrager
Rathfrager
Umfrager
hager
der Hager
— Jager
das Lager
Ablager
Beylager
Bienenlager
Blumenlager
Brautlager
Deichlager
Ehelager
Einlager
Erdlager
Erfrischungslager
Feldlager
Fischlager
Flaumenlager
Fluglager
Fruchtlager
Fülllager
Hasenlager
Hauptlager
Heereslager
Hirschlager
Hoflager
Holzlager
Hühnerlager
Jagdlager
Kalklager
Kellerlager
Krankenlager
Kriegslager
Kuhlager
Lustlager
Mooslager
Musterlager
Nachtlager
Nebenlager
Pferchlager
Rosenlager
Schlummerlager
Schmerzenslager

Sitzlager
Sommerlager
Sorgenlager
Steinlager
Steinkohlenlager
Sterbelager
Stilllager
Strohlager
Taumellager
Todtenlager
Todeslager
Uebungslager
Ueberwinterungs-
Unterlager
Verkaufslager
Verlagslager
Vorlager
Waarenlager
Wegelager
Weinlager
Winterlager
Zapfenlager
Zigeunerlager
das Gelager
der Mager
mager
hundsmager
Meleager
ein Nager
Steinnager
Zapfennager
— Plager
Leuteplager
Selbstplager
Volksplager
Völkerplager
die *Prager*
der Sager
Ansager
Gutsager
Versager
Vorsager
— Wahrsager
Erdwahrsager
Feuerwahrsager
Geburtswahrsager
Gesichtswahrsager
Handwahrsager
Luftwahrsager
Schlafwahrsager
Traumwahrsager
Vogelwahrsager
Wasserwahrsager
der Weissager
— Schwager
Stiefschwager
— Rathschlager
— Vertager
— Uebertrager
— Wassertrager
ein vager

ein Wager
der Zager
{ Ager (novalis, parochialis *etc.*)
{ Onager

āgern

den Fragern
— hagern
— Hagern
hagern
abhagern
nachhagern
— Jagern
— Lagern
— Gelagern
lagern
ablagern
auslagern
belagern
einlagern
mitlagern
nachlagern
niederlagern
umlagern
umherlagern
vorlagern
wegelagern
den Magern
— magern
magern
abmagern
ausmagern
ermagern
nachmagern
vermagern
— Nagern
— Plagern
— *Pragern*
— Sagern
— Wahrsagern
— Weissagern
— Rathschlagern
einen vager'n
den Wagern
— Zagern
[von Gagern]

āgernd

hagernd
lagernd
magernd

āgerns

des Hagerns
— Lagerns
— Wegelagerns
— Magerns

āgers

des Fragers
— Hagers

ein hager's
des Jagers
— Lagers
— Gelagers
— Magers
ein mager's
Meleagers
des Nagers
— Plagers
— Pragers
— Sagers
— Rathschlagers
— Schwagers
— Vertagers
— Uebertragers
ein vager's
des Wagers
— Zagers

āgerst

du hagerst
— lagerst
— wegelagerst
— magerst

āgert

er hagert
— lagert
— wegelagert
— magert

āges

des *Areopages*
— Gefrages
— Hages
— Gejages
— Geklages
— Laages
— Erlages
— Gelages
— Verlages
— Genages
— Geplages
— Gesages
— Sarkophages
— Schlages
— Geschlages
— Stages
— Tages
— Abtrages
— Antrages
— Auftrages
— Austrages
— Betrages
— Beytrages
— Eintrages
— Ertrages
— Nachtrages
— Uebertrages
— Vertrages
— Vortrages

des Zusammentrages
— Zutrages
— Getrages
ein vages
des Gewages
— Gezages
ein zages
des Gezwages
lag es
ich sag' es *etc.*

[per ambages]

āgest

du bragest
— fragest
— gagagest
— gigagest
— hagest
— behagest
— jagest
— klagest
— auskragest
— lagest
— laagest
— nagest
— plagest
— ragest
— sagest
— schlagest
— verschragest
— tagest
— betagest
— tragest
— twagest
— vagest
— wagest
— zagest
— zwagest

āget

er braget
— fraget
— gagaget
— gigaget
— haget
— behaget
— jaget
— klaget
ausgekraget
ihr laget
er laaget
— naget
— plaget
— raget
— saget
ihr schlaget
— verschraget
es taget
betaget
ihr traget
— twaget
ihr waget
— zaget
— zwaget

ágge

die Flagge
Abfahrtsflagge
Abzugsflagge
Befehlflagge
Campagnerflagge
Feldflagge
Friedensflagge
Gefechtflagge
Heckflagge
Hinterflagge
Kriegsflagge
Landesflagge
Prinzenflagge
Rathsflagge
Schiffsflagge
Signalflagge
Todtenflagge
Vorderflagge
ich flagge
die Knagge
— Plagge
Rosenplagge
ich plagge
— wagge

[staggeln]

ággen

die Flaggen
flaggen
abflaggen
— Knaggen
— Plaggen
plaggen
abplaggen

ággend

flaggend
plaggend
waggend

ággens

des Flaggens
— Plaggens
— Waggens

[das Dagger]

ágget

flagget
plagget
wagget

ággt

flaggt
plaggt
waggt

āgheit

die Vagheit
— Zagheit

āgholz

Schlagholz
Tragholz

āgisch

magisch
pelagisch
tragisch

āgle

ich hagle
— nagle
— tagle
— wigelwagle
— zagle

[ein Nagler]

āglich

behaglich
misbehaglich
unbehaglich
wohlbehaglich
fraglich
anfraglich
erfraglich
unerfraglich
nachfraglich
vorfraglich
waglich
zaglich

ágma

das *Diaphragma*
— *Magma*
— *Malagma*
— *Syntagma*
— *Synallagma*

[Nystagmus]

āgne

der Beschlagne
— Erschlagne
— Niedergeschlagne
— Verschlagne
— getragne
— Wagen-getragne

āgnen

die Beschlagnen
— Erschlagnen
— Niedergeschlagnen
— Verschlagnen
— getragnen
— abgetrag'nen *etc.*

āgner

ein Beschlagner
— Erschlagner
— Niedergeschlagner
— Verschlagner
— getragner
— abgetragner *etc.*

der Tagner
ein Wagner

āgnern

einen verschlagner'n
— abgetragner'n
den Tagnern
— Wagnern

āgners

ein verschlagner's
— abgetragner's
des Tagners
— Wagners

āgnes

Agnes
ein niedergeschlagnes
— getragnes

āgnis

die Verjagnis
— Wagnis

āgnus

Agnus
Magnus

āgo

Garlobago
Carthago
Jago
San Jago
Donna del Lago
Mago
Mucago
Plontago
Sago
Tago
Tussilago
Virago
Vorago

āgon

Agon
Dagon

āgram

Agram
Wagram

[podagrisch
antipodagrisch]

āgs

des *Areopags*
— Gefrag's
— Hag's
— Gejag's
— Geklag's
— Laags
— Erlag's
— Gelags
des Verlags
— Genag's
— Geplag's
— Gesag's
— Sarkophags
— Schlags
— Geschlag's
— Stags
— Trags
— Abtrags
— Antrags
— Auftrags
— Betrags
— Beitrags
— Eintrags
— Ertrags
— Nachtrags
— Uebertrags
— Vertrags
— Zusammentrags
— Zutrags
— Getrags
— Gewags
— Gezwags
ich sag's *etc.*

āgst

du bragst
— fragst
— hagst
— jagst
— klagst
— verlaagst
— lagst
— magst
— vermagst
— nagst
— plagst
— ragst
— sagst
— schlag'st
— verschragst
— tagst
— vertagst
— trag'st
— twagst
— wagst
— zagst
— zwagst

āgt

er bragt
— fragt
gefragt
ungefragt
— jagt
— klagt
ausgekragt
— verlaagt
ihr lag't
er nagt
— plagt
er ragt
— sagt
ihr schlagt
er verschragt
es tagt
betagt
hochbetagt
wohlbetagt
er twagt
— wagt
— zagt
— zwagt

āgte

er bragte
— fragte
— jagte
— klagte
der Beklagte
Wiederbeklagte
er auskragte
— verlaagte
— nagte
— plagte
— ragte
— sagte
— verschragte
es tagte
der Betagte
er twagte
— wagte
— zagte
— zwagte

āgten

sie bragten
— fragten
— jagten
— klagten
die Beklagten
ausgekragten
sie verlaagten
— nagten
— plagten
— ragten
— sagten
— verschragten
— betagten
— twagten
— wagten
— zagten
— zwagten

āgter

ein ausgebragter
— Befragter
— Gejagter
— Beklagter
— ausgekragter
— verlaagter
— benagter
— geplagter

ein überragter
— versagter
— verschragter
— Betagter
— getwagter
— gewagter
— Verzagter
— Gezwagter
zagt er *etc.*

ägtern

einen geplagter'n
— gewagter'n
— verzagter'n

ägters

ein geplagter's
— gewagter's
— verzagter's

ägtes

ein ausgebragtes
— befragtes
— gejagtes
— beklagtes
— ausgekragtes
— verlaagtes
— benagtes
— geplagtes
— überragtes
— besagtes
— verschragtes
— betagtes
— getwagtes
— gewagtes
— verzagtes
— gezwagtes
sagt es *etc.*

ägtest

du bragtest
— fragtest
— jagtest
— klagtest
— auskragtest
— verlaagtest
— nagtest
— plagtest
— ragtest
— sagtest
— verschragtest
— betagtest
— twagtest
— wagtest
— zagtest
— verzagtest
— zwagtest

ägtet

ihr bragtet
— fragtet
ihr jagtet
— klagtet
— auskragtet
— verlaagtet
— nagtet
— plagtet
— ragtet
— sagtet
— verschragtet
— vertagtet
— twagtet
— wagtet
— zagtet
— zwagtet

ägtheit

Betagtheit
Gewagtheit
Verzagtheit

ägung

die Ausbragung
— Befragung
— Verklagung
— Auskragung
— Verlaagung
— Benagung
— Zerplagung
— Hervorragung
— Ansagung
— Danksagung
— Entsagung
— Gutsagung
— Voraussagung
— Wahrsagung
— Weissagung
— Schlagung
Abschlagung
Veranschlagung
Beschlagung
Holzschlagung
Pfahlschlagung
Plattschlagung
Rathschlagung
Berathschlagung
Zerschlagung
— Verschragung
— Vertagung
— Verzagung

ägus

der *Cloragus*
— *Magus*
Archimagus
— *Pagus*
— *Tagus*
[Dragut]

äh

ah!
bah!
Hurrah!
Huzzah!
Hallelujah
der *Padischah*
nah
allzunah
himmelnah
sternennah
er sah
— besah
— ersah
— niedersah
— versah
es geschah
{die Mahd *etc.*
(*siehe* ad)

ähe

ich bahe
die Blahe
Tycho de Brahe
ich fahe
— empfahe
— umfahe
ich flahe
das Geflahe
hurrahe
huzzahe
ich bejahe
— krahe
— nahe
nahe
allzunahe
beynahe
gottnahe
himmelnahe
sternennahe
— verzahe

ähen

bahen
anbahen
nachbahen
die Blahen
fahen
abfahen
anfahen
auffahen
empfahen
unterfahen
(*siehe* fangen)
flahen
abflahen
ausflahen
hurrahen
huzzahen
bejahen]
krahen
nahen
annahen
herannahen
herbeynahen

herzunahen
hinzunahen
zunahen
die nahen
des nahen
sie sahen
— versahen
sich verzahen

ähend

bahend
fahend
flahend
hurrahend
huzzahend
bejahend
krahend
nahend
verzahend

ähens

des Bahens
— Fahens
— Flahens
— Hurrahens
— Huzzahens
— Bejahens
— Krahens
— Nahens
— Verzahens

äher

ein Bejaher
— naher
sah' er *etc.*

ähes

des Gebahes
— Geflahes
— Hurrahes
— Huzzahes
ein nahes

ähest

du bahest
— empfahest
— flahest
— hurrahest
— huzzahest
— bejahest
— nahest
— verzahest

ähet

er bahet
ihr empfahet
er flahet
— hurrahet
— huzzahet
— bejahet
— nahet
— verzahet

[der Spahi
beynahig]

(ähl 2c., ähm 2c., ähn 2c., ähr 2c., ähs 2c., äht 2c. *siehe bey* äl 2c., äm 2c., än 2c., är 2c., äs 2c., ät 2c.)

ähung

die Bejahung
— Empfahung
— Abflahung
— Nahung

äi

der Ai
Adonai
— *Altai*
Haggai
Kitai

{Nicolai
Pilpai
assai

äi — äy

die Bay
Baffinsbay
Botanybay
Felsenbay
Hudsonsbay
Tafelbay etc.
Bombay
Torbay
Cambray
die *Dschagatai*
das *Dschiggatai*
der Hai
Blauhai
Dornhai
Glatthai
Hundshai
Jonashai
Menschenhai
Packhai
Spornhai
Sternhai
— Kai
Querkai
Sielkai
— Lai'
— Lakay
Lohnlakay
Miethlakay
— May
Lebensmay
Paraguay
— Rai
Engelrai
Glattrai
— Serai
Karavanserai
Tokay

{Epernay
Gay
Mezerai
Tournay

äja — äyä

die Aja
Achaja
Aglaja
Biscaya
Himalaya
Kiaja
Kiataia
Maja
Raja

[Ajax]

äib

das Laib
der *Naib*
Tippo-Saib

äibs

des Laibs
— *Naibs*
— *Tippo-Saibs*

äibel

das Geschwaibel
— Laibel
der Waibel
— Feldwaibel
— Grofswaibel

äibeln

den Laibeln
schwaibeln
— Waibeln

äibels

des Laibels
— Geschwaibels
— Waibels

äid

die Haid'
— Maid
das Geraid
— Pfaid
— Said
die Schnaid
— Traid
— Getraid
der Waid
Brachwaid
Feldwaid
Frühlingswaid
Jungfernwaid
Winterwaid

[der Plaid]

aide

Adelaide
die Haide
dem Pfaide
das Geraide
der Schnaide
dem Traide
das Getraide
Halbgetraide
Metzgetraide
Zinsgetraide
dem Waide

aiden

auf den Haiden
den Geraiden

aides

des Geraides
— Pfaides
— Traides
— Getraides
— Waides
[der Pfaidler]

aids

des Geraids
— Pfaids
— Traids
— Waids
[Bajae]

aie — aye

dem Dschiggetaie
die Hassagaye
dem Haie
— Kaie
der Laie
dem Lakaye
— Maye
der *Malaye*
dem Raie
ich schwaie
dem Seraie
Fausse braye
en haye

aien — ayen

Achajen
den Baien
— Dschiggetaien
die Hassagayen
den Haien
— Kaien
kaien
die Laien
— Lakayen
im Mayen
die *Malayen*
den Raien
schwaien
— Seraien
Karavanseraien

aier — ayer

den *Achajer*
— *Baier*
— Maier (*auch* Meier)
— *Tokayer*

aiern

den *Achajern*
— *Baiern*
— Maiern
tokayern

aiers

des *Achajers*
— *Baiers*
— Maiers
— *Tokayers*

aierns

Baierns
des *Tokayerns*

aiest

du kaiest
— schwaiest

aiet

er kaiet
— schwaiet

der Rothlaifler
— Schwaig
etwaig
saigen
Saigern
die Mosaik

aika

die *Balalaika*
— *Galmaika*
— *Kamlaika*
— *Romaika*
— *Tschaika*

aiken

die *Balalaiken*
— *Kamlaiken*
der *Kaiken*
die *Romaiken*
— *Tschaiken*

der Mail
Mayland
Bayle
— Mailing

ailen

bailen
mailen
bemailen
vermailen

ailend

bailend
mailend

ailens

des Bailens
— Mailens

ailet

er bailet
— mailet

ailt

er bailt
— mailt

ailte

er bailte
— mailte

ailten

sie bailten
— mailten

ailtest

du bailtest
— mailtest

ailtet

ihr bailtet
— mailtet

[Znaym
der Laimer]

ain

Kain
Tubalkain
Nain

ain

der Hain
Birkenhain
Blüthenhain
Buchenhain
Cypressenhain
Eichenhain
Festhain
Feyerhain
Fichtenhain
Friedenshain
Frühlingshain
Fruchthain
Götterhain

Götzenhain
Hügelhain
Irrhain
Laſshain
Lindenhain
Lorbeerhain
Lusthain
Morgenhain
Myrthenhain
Opferhain
Rebenhain
Rosenhain
Schattenhain
Tannenhain
Krain
Main
der Rain
Ackerrain
Feldrain
Furchenrain
Grenzrain
Rasenrain
Sayn
der Zain
Goldzain
Messingzain
Silberzain

âine

dem Haine
— *Maine*
— Raine
ich verraine
dem Zaine
ich zaine

âinen

den Hainen
— Rainen
abrainen
anrainen
berainen
verrainen
— Zainen
zainen

âinend

berainend
zainend

âinens

des Verrainens
— Zainens

âiner

der Rainer
Rainer
— Zainer

âinern

den Rainern
— Zainern

âiners

des Rainers
— Zainers

âines

des Haines
— *Maines*
— Raines
— Zaines

âinest

du berainest
— zainest

âinet

er verrainet
— zainet

âins

Kains
Tubalkains
Nains

âins

des Hains
Krains
— *Mains*
— Rains
— Zains

âinst

du verrainst
— zainst

âint

er beraint
— zaint

âinte

er verrainte
— zainte

âinten

sie berainten
— zainten

âinter

ein verrainter
— gezainter

âintes

ein beraintes
— gezaintes

âintest

du verraintest
— zaintest

âintet

ihr beraintet
— zaintet

ājo — āyo

Ajo
Cajo
Majo
Pelayo
Porto Ferrayo
Tajo

der Mājor
omni exc.
major
der Dairi
Bairam
Mairan

āis

des *Ais*
— *Adonais*
Altais
Archelais
Athenais
die *Nais*
Ptolemais
Sais
Thais
Thebais

âis

des Dschiggetais
die Frais
des Hais
— Kais
— Lakays
— May's
der Mais
die Paiſs
des Rais
— Serais

[die Fraisam]

āisch

Altonaisch
Attilaisch
Deltaisch
Gothaisch
Jenaisch
mosaisch
prosaisch
romaisch
Senecaisch

âisch

aisch
der Faisch

die Fraisch
der Maisch
[die Aisch]

aische

die aische
dem Faische
— Maische
ich maische

aischen

den aischen
maischen (*auch* meischen)
abmaischen
einmaischen

aisches

ein aisches
des Faisches
— Maisches

aischest

aischest
du maischest

fraischlich
die Aischheit
der Waisel
— Kaiser
Blumenkaiser
Gegenkaiser
Erbkaiser
Mitkaiser
Mondkaiser
Namenkaiser
Wahlkaiser
fraisslich
— Waisling

aise

dem Maise
die Waise
Nachwaise
Vorwaise
der Paise

aisen

den Paisen
— Waisen
verwaisen
die Fraisen

aist

du kai'st
— schwai'st

ait

er kai't
— schwai't
das Gerait

aite

ich raite
die Saite
A-, C-, D- *etc.* Saite
Basssaite
Claviersaite
Darmsaite
Drathsaite
Geigensaite
Harfensaite
Messingsaite
Paukensaite
Silbersaite
Singsaite
Stahlsaite
Trauersaite
Violinsaite
Zaubersaite
ich besaite
Otahaite
[der Raitel]

aiten

raiten
ausraiten
durchraiten
die Saiten
besaiten

aitend

raitend
besaitend

aitens

des Raitens
— Besaitens
[der Raiter
raitern]

ajus

Cajus
Lajus
Majus
Lumen majus
Hayti
Otahaiti
Taiti
[der Maiz]

aize

ich baize
die Baize
Entenbaize
Falkenbaize
Reigerbaize
das Gebaize
dem Maize
Raize

aizen

baizen

die *Raizen*
der Waizen (*siehe* Weizen)

aizens

des Baizens
— Waizens
[der Schraizer]

aizes

des Maizes
— Gebaizes

ak

der Aak
das Ammoniak
der Blak
Bosniak
das Cloak
ich erschrak
Gikgak
der *Haidamak*
— *Hanak*
— Kaak
— Kabak
— *Kakerlak*
— *Kosak*
— *Lilak*
— *Morlak*
opak
— *Ostiak*
— *Ottomak*
— *Pastinak*
— *Polak*
— *Polturak*
Meerpolturak
Wasserpolturak
— Portulak
quak!
ein Quak
der Rak
— *Russniak*
— Salmiak
Eisensalmiak
Salpetersalmiak
Schwefelsalmiak
er stak
Sandarak
der Tabak
Amazonentabak
Blättertabak
Brasilientabak
Brieftabak
Knastertabak
Kraustabak
Kräutertabak
Krulltabak
Landtabak
Rauchtabak
Reibtabak
Rollentabak
Schnupftabak
Soldatentabak

Stangentabak
Staubtabak
Strauchtabak
Strengtabak
Takamak
Theriak
das *Trischak*
Tschimburak
{Attaque
fausse attaque
Point d'attaque
[der Schakal]

ake

dem Aake
— Ammoniake
ich bake
die Bake
Feuerbake
Gänsebake
Hafenbake
die Barake
dem Blake
der Blake
die Brake
der *Bosniake*
im Cloake
ich flake
die Flake
ich hake
das Gehake
der *Haidamake*
— *Hanake*
dem Knake
die Kabake
dem *Kakerlake*
der *Kosake*
— Krake
die Lake
Fischlake
Fleischlake
Heringslake
Mistlake
Salzlake
dem *Lilake*
der *Morlake*
die opake
der *Ostiake*
— *Ottomake*
dem Pastinake
der *Phäake*
— *Polake*
Wasserpolake
— *Polturake*
dem Portulake
einem Quake
ich quake
das Gequake
ich rake
die Rake
dem Rake
das Gerake
der *Rußniake*
— *Samothrake*
— *Sake*
mit *Salmiake*
dem *Sandarake*
die Schake
ich schlake
— schnake
die Schnake
Erdschnake
das Geschnake
die Spake
Handspake
Pumpenspake
Windespake
ich spake
die Stake
Fachstake
Lehmstake
Sprietstake
Stankstake
ich stake
das Gestake
ich strake
das Gestrake
ich take
das Getake
dem Tabake
dem Trischake
ich trischake
dem *Theriake*
ein *Tschertake*
die Attake
Frontattake
Seitenattake
Sturmattake
die Wake
Feldwake
Felsenwake
Granitwake
Grauwake
die Zake

akel

der Bakel
hakel
die Hakel
der Kakel
das Gekakel
Kikel-Kakel
Krikel-Krakel
das Gekrakel
ein Lakel
der Makel
Ehrenmakel
Sonnenmakel
Sündenmakel
das Mirakel
— Orakel
der Prakel
das Gequakel
die Schakel
das Schanakel
das Spectakel
der Spectakel
Hauptspectakel
Höllenspectakel
Teufelsspectakel
Volksspectakel
das Takel
Ladetakel
Manteltakel
Seitentakel
Hinterseitentakel
Vorderseitentakel
Specktakel
Stagtakel
Stocktakel
Stopftakel
Vortakel
Wientakel
das Tenakel

akeln

den Bakeln
bakeln
ausbakeln
durchbakeln
die Hakeln
den hakel'n
— Kakeln
kakeln
krakeln
nachkrakeln
krikelkrakeln
— Lakeln
— Makeln
bemakeln
vermakeln
— Mirakeln
— Orakeln
— Prakeln
quakeln
— Schakeln
— Schanakeln
— Spectakeln
spectakeln
herumspectakeln
stakeln
strakeln
— Takeln
abtakeln
antakeln
auftakeln
betakeln
zutakeln
— Tenakeln

akelnd

bakelnd
kakelnd
krakelnd
krikelkrakelnd
bemakelnd

vermakelnd
quakelnd
spectakelnd
stakelnd
strakelnd
abtakelnd *etc.*

äkelns

des Bakelns
— Kakelns
— Krakelns
— Krikel-krakelns
— Bemakelns
— Vermakelns
— Quakelns
— Spectakelns
— Stakelns
— Strakelns
— Auftakelns *etc.*

äkels

des Bakels
— Kakels
— Gekakels
— Kikel-Kakels
— Krikel-Krakels
— Gekrakels
— Lakels
— Makels
— Mirakels
— Orakels
— Prakels
— Gequakels
— Schanakels
— Spectakels
— Takels
— Tenakels

äkelst

du bakelst
— kakelst
— krakelst
— krikel-krakelst
— bemakelst
— quakelst
— spectakelst
— stakelst
— strakelst
— betakelst

äkelt

er bakelt
ausgebakelt
— kakelt
— krakelt
— krikel-krakelt
— bemakelt
— quakelt
— spectakelt
— stakelt
— strakelt
— betakelt

äken

den Aaken
die Baken
baken
abbaken
bebaken
— Baraken
— Blaken
— *Bosniaken*
— Braken
— Cloaken
sie erschraken
die Flaken
flaken
gikgaken
haken
abhaken
anhaken
aufhaken
aushaken
durchhaken
einhaken
enthaken
erhaken
forthaken
loshaken
nachhaken
niederhaken
umhaken
verhaken
vorhaken
zerhaken
zuhaken
zurückhaken
zusammenhaken
der Haken
Angelhaken
Ankerhaken
Backenhaken
Bandhaken
Bauchhaken
Blankhaken
Bleyhaken
Bordhaken
Bootshaken
Brandhaken
Brunnenhaken
Büchsenhaken
Dachhaken
Doppelhaken
Egehaken
Einfallhaken
Enterhaken
Fahrthaken
Falzhaken
Federhaken
Deckelfederhaken
Fensterhaken
Feuerhaken
Fischhaken
Fitzhaken

Fleischhaken
Flöſshaken
Formhaken
Fuſshaken
Gewinnhaken
Gezelthaken
Glätthaken
Gliederhaken
Grundhaken
Gurthaken
Handhaken
Hasphaken
Hefthaken
Heftehaken
Holzhaken
Jankenhaken
Kalkhaken
Kammhaken
Kanthaken
Kardätschenhaken
Katzhaken
Kehlhaken
Keilhaken
Kenterhaken
Kesselhaken
Klemmhaken
Klinkenhaken
Kneiphaken
Kohlhaken
Kratzhaken
Landhaken
Löschhaken
Mauerhaken
Messerhaken
Misthaken
Nachschirrhaken
Nachschlagehaken
Nathhaken
Nasehaken
Neidhaken
Oberhaken
Penterhaken
Pfannenhaken
Pflughaken
Pinthaken
Porthaken
Potthaken
Pumpenhaken
Queckenhaken
Raahaken
Radehaken
Reifhaken
Reihehaken
Reiſshaken
Reithaken
Riedhaken
Ringhaken
Rückhaken
Ruderhaken
Ruhrhaken
Scheidehaken
Scherhaken

Schienenhaken
Schiffshaken
Schlackenhaken
Schleifhaken
Schlepphaken
Schließshaken
Schlittenhaken
Schlüsselhaken
Schnürhaken
Schöpfhaken
Schreyhaken
Schulterhaken
Schürhaken
Seigerhaken
Seilhaken
Seitenhaken
Senkhaken
Setzhaken
Sochhaken
Spangenhaken
Spannhaken
Speckhaken
Sperrhaken
Spiegelhaken
Spinnhaken
Spreißhaken
Stanghaken
Stiefelhaken
Stollenhaken
Stranghaken
Strickhaken
Sturmhaken
Tasthaken
Theilhaken
Thränenhaken
Thürhaken
Tockelhaken
Traufhaken
Tuchhaken
Wachshaken
Wandhaken
Wendehaken
Wiederhaken
Winkelhaken
Wursthaken
Zampelhaken
Zelthaken
Ziehhaken
die *Hanaken*
— *Haidamaken*
den Kaaken
die Kabaken
— *Kakerlaken*
— *Kosaken*
der Kraken
die Laken
das Laken
Bettlaken
Halblaken
Kapplaken
Packlaken
Pfortlaken
Silberlaken
Stuhllaken
Tafellaken
Tischlaken
das Lailaken
die *Morlaken*
— opaken
— *Ostiaken*
— *Ottomaken*
— Pastinaken
Wasserpastinaken
Zuckerpastinaken
— *Phäaken*
— *Polaken*
— *Polturaken*
quaken
anquaken
aufquaken
ausquaken
fortquaken
mitquaken
nachquaken
umquaken
vorquaken
zuquaken
den Raken
raken
die *Rußniaken*
— *Saken*
— Schaken
schlaken
schnaken
fortschnaken
vorschnaken
die Schnaken
spaken
verspaken
— Spaken
— Staken
staken
ausstaken
sie staken
— straken
den Tabaken
taken
— *Theriaken*
— *Tschimburaken*
trischaken
die *Tschertaken*
vaken
— Waken
— Zaken
— *Attaquen*

[Aken
Laken]

akend

bakend
flakend
gikgakend
hakend
quakend
rakend
schlakend
schnakend
spakend
stakend
strakend
takend
trischakend

akens

des Bakens
— Flakens
— Gikgakens
— Hakens
— Enthakens
— Krakens
— Lakens
— Quakens
— Rakens
— Schlakens
— Schnakens
— Spakens
— Stakens
— Strakens
— Takens
— Trischakens

aker

der Baker
— Blaker
Wandblaker
— Fiaker
— Flaker
— Haker
— *Odoaker*
— Quaker
— Schaker
— Schnaker
— Staker
zaker

{St. Jean d'Acre
die Massacre
— Polacre

akern

den Bakern
— Blakern
— Fiakern
— Flakern
— Hakern
— Quakern
— Schakern
— Schnakern
— Stakern
stakern
zakern

[die Massacren
— Polacren]

akernd

stakernd
zakernd

ākerns

des Stakerns
— Zakerns

ākers

des Bakers
— Blakers
— Fiakers
— Flakers
— Hakers
— Quakers
— Schakers
— Schnakers
— Stakers

ākerst

du stakerst
— zakerst

ākert

er stakert
— zakert

[Hakert]

ākes

des Aakes
— Ammoniakes
— Blakes
— Cloakes
— Gikgakes
— Gehakes
— Kaakes
— Kabakes
— Kakerlakes
ein opakes
des Pastinakes
— Portulakes
— Quakes
— Gequakes
— Rakes
— Gerakes
— Salmiakes
— Sandarakes
— Geschnakes
— Gestakes
— Gestrakes
— Getakes
— Tabakes
— Theriakes
— Trischakes

ākest

du bakest
— erschrakest
— flakest
— gikgakest
— quakest
— rakest
— schlakest
— schnakest
— spakest
— stakest
du strakest
— takest
— trischakest

āket

er baket
ihr erschraket
er flaket
— gikgaket
— quaket
— raket
— schlaket
— schnaket
— spaket
— staket
ihr staket
er straket
— taket
— trischaket

ākig

blakig
hakig
scharfhakig
vierhakig
wiederhakig
spakig

[ein Theriaki]
[der Maki]
[der Fakir]

ākisch

bosniakisch
hanakisch
heliakisch
kosakisch
morlakisch
ostiakisch
ottomakisch
phäakisch
ruſsniakisch
salmiakisch
samothrakisch
schnakisch
syriakisch
theriakisch
thrakisch

ākle

ich bakle
— kakle
— krakle
— krikelkrakle
— bemakle
— quakle
— spectakle
— strakle
— betakle

ākler

ein Kakler
— Quakler
— Spectakler

āklern

den Kaklern
— Quaklern
— Spectaklern

āklers

des Kaklers
— Quaklers
— Spectaklers

[Hakon]
[Prakritt]

āks

des Aaks
— Ammoniaks
— Blaks
— Cloaks
— Gikgaks
— Gehak's
— Kaaks
— Kabaks
— Kakerlaks
— Lilaks
— Pastinaks
— Poltraks
— Portulaks
— Quaks
— Gequak's
— Raks
— Gerak's
— Salmiaks
— Sandaraks
— Geschnak's
— Gestak's
— Gestrak's
— Getak's
— Tabaks
— Theriaks
— Trischak's
wo stak's? *etc.*

[quaksen]

ākst

du bakst
— erschrakst
— flakst
— gikgakst
— quakst
— rakst
— schlakst
— schnakst
— spakst
— stakst
— strakst
— takst
— trischakst

ākt

ihr bakt
— erschrakt
— flakt

ihr gikgakt
— quakt
— rakt
— schlakt
— schnakt
— spakt
— stakt
— strakt
— takt
— trischakt
(akt 2c. *siehe* act 2c.)

akung

die Hakung
— Stakung

ál

Adherbal
Asdrubal
Belial
Bonneval
Carneval
Deilschial
Escurial
Hannibal
Hiempsal
das *Madrigal*
der *Martingal*
Perceval
Portugal
Ronceval
Sal
Senegal
(*weiter siehe* all)

āl — āhl

der Aal
Blindaal
Buntaal
Essigaal
Finnaal
Kleisteraal
Meeraal
Mooraal
Muraal
Sandaal
Sinkaal
Zitteraal
— Admiral
das Areal
— Arsenal
Aval
Baal
— Bachanal
der Canal
Blutcanal
Darmcanal
Flöſscanal
Luftcanal
Schürzencanal
Wassercanal

der Cannibal
das Capital
Säulencapital
— Capital
Betriebscapital
Familiencapital
Geldcapital
Grundcapital
Stammcapital
— Ceremonial
der Choral
— Commensal
— Conventual
— Copal
— Cymbal
— Dual
— Fanal
— Fecial
das Filial
der Fiscal
das Frontal
— Futteral
Haubenfutteral
Hutfutteral
Nasenfutteral
Ringfutteral *etc.*
der General
Artilleriegeneral
Brigadegeneral
Cavalleriegeneral
Divisionsgeneral
Dragonergeneral
Husarengeneral
Infanteriegeneral
Ordensgeneral
Räubergeneral
en general
— Gral
das Gratial
— Hospital
— Ideal
— Journal
Amtsjournal
Handlungsjournal
Hausjournal
Reisejournal
Schiffsjournal
Wirthschaftsjournal
Juvenal
der Kardinal
— Korporal
das Lineal
Diopterlineal
Spiegellineal
— Lokal
Speiselokal
Wirthschaftslokal
abermal
allemal
allzumal
ein andermal

dazumal
diesmal
ein - 1000 - *etc.* mal
keinmal
mehrmal
schillgemal
sintemal
vielmal
zumal
das Manual
Ausgabemanual
Einnahmemanual
Handlungsmanual
Krankenmanual
Rechnungsmanual
Martial
— Memorial
— Mercurial
— Mineral
der Misokal
das Missal
die Moral
Vernunftmoral
Nopal
der Offizial
— Opal
Chrysopal
Eisenopal
Feueropal
Jaspopal
Milchopal
Wachsopal
das Original
— Oval
— *Palais royal*
— Pedal
der Pennal
— Perkal
das Personal
der Personal
das Piedestal
der Plural
— Pokal
Familienpokal
Festpokal
Freudenpokal
das Portal
der Principal
— Provincial
das Pumpendaal
die Qual
Folterqual
Herzensqual
Höllenqual
Leibesqual
Liebesqual
Seelenqual
Selbstqual
Todesqual
das Quartal
Johannisquartal
Michaelisquartal

Osterquartal
Rechnungsquartal
Schulquartal
Weihnachtsquartal
der Real
das Regal
Apfelregal
Bücherregal
Knopfregal
— Regal
Bergwerksregal
Jagdregal
Salzregal
— Ritual
Kirchenritual
Krönungsritual
Logenritual
Ordensritual
Taufritual
Trauungsritual
der Rival
das Rastral
der Saal
Ahnensaal
Arbeitssaal
Audienzsaal
Bildersaal
Büchersaal
Eſssaal
Ecksaal
Frauensaal
Freudensaal
Fürstensaal
Gartensaal
Gehörsaal
Gerichtssaal
Goldsaal
Heldensaal
Himmelssaal
Hörsaal
Krankensaal
Lehrsaal
Lesesaal
Marmorsaal
Nebensaal
Obersaal
Prunksaal
Rathssaal
Redesaal
Richtsaal
Rittersaal
Rüstsaal
Schausaal
Schauspielsaal
Schlaafsaal
Schloſssaal
Schulsaal
Schwanzsaal
Schwatzsaal
Sommersaal
Spiegelsaal
Spielsaal
Sprachsaal
Sternensaal
Strecksaal
Tafelsaal
Thronsaal
Todtensaal
Trinksaal
Trockensaal
Trummelsaal
Untersaal
Urkundesaal
Verhörsaal
Versammlungssaal
Vorsaal
Waffensaal
Wartesaal
Zaubersaal
Sardanapal
das Scandal
schal
schmal
der Schral
— Sensal
Waarensensal
Wechselsensal
— Signal
Feuersignal
Schlachtsignal
Nothsignal
— Special
die Spiral
das Spital
— Stomachal

(*auf* ſal)

ein Drangsal
Kriegsdrangsal
das Glücksal
— Grausal
— Heilungssal
— Irrsal
die Labsal
— Mühsal
— Rachsal
das Rinnsal
die Saumsal
das Schicksal
Jammerschicksal
Schreckensschicksal
— Scheusal
Meerscheusal
die Sorgsal
— Trübsal
— Tal
das Thal
Alpenthal
Baumthal
Blüthenthal
Blumenthal
Erdenthal
Felsenthal
Flötenthal
Fluſsthal
Freudenthal
Friedensthal
Frühlingsthal
Gebeinthal
Grabthal
Grauenthal
Hainthal
Hirtenthal
Jammerthal
Kummerthal
Lebensthal
Lenzthal
Lilienthal
Lindenthal
Maythal
Myrthenthal
Nachtthal
Nebelthal
Palmenthal
Prüfungsthal
Rosenthal
Schattenthal
Schlachtthal
Seethal
Sonnenthal
Stromthal
Thränenthal
Todesthal
Trauerthal
Urnenthal
Veilchenthal
Waldthal
Wiesenthal
Wonnethal
Zwischenthal
Hornthal
Löwendal
Philippsthal
Schnepfenthal
Tinkal
das Tribunal
Bluttribunal
Justiztribunal
Rechnungstribunal
Revolutionstribunal
Staatstribunal
der Vokal
Semivokal
— Witewal
— Wal
das Wal
die *Waal*

Die adjectiven Fremdwörter
in
ăl

additional
äqual

äquilateral
äquinoctial
ärarial
allodial
amical
amontal
aversional
austral
bronchial
brutal
cambial
capital
causal
central
centrifugal
centripetal
clerical
collateral
collegial
colonial
commercial
conjugal
consistorial
continental
contubernal
cordial
crural
curial
decimal
defensional
diagonal
diametral
differential (in-)
diurnal
doctrinal
domanial
dotal
duodecimal
egal
episkopal
experimental
exterritorial
extrajudicial
fatal
feudal
final
frugal
fundamental
general
genial
horizontal
humoral
ideal
illiberal
illegal
immaterial
immemorial
impartial
imperial
inäqual
inaugural
inegal

infernal
infinitesimal
inhospital
initial
integral
intercostal
irrational
jovial
kolossal
labial
lateral
legal
letal
liberal
literal
local
loyal
material
medicinal
mercurial
mensural
meridional
ministerial
municipal
national
neutral
nominal
normal
noxal
numeral
nuptial
occidental
oriental
orthogonal
oval
paraphernal
partial
pastoral
patrimonial
pedal
personal
pönal
polypetal
primordial
principal
provincial
radial
radical
rational
real
royal
rural
rustical
semestral
sentimental
septennal
septentrional
sexual
sideral
social
antisocial
special

spinal
spiral
territorial
total
trabal
transscendental
transversal
triennal
tripetal
trivial
unilateral
universal
venal
verbal
vertebral
vertikal
visceral
vital
vokal
zodiokal

ähl

fahl
erdfahl
leichenfahl
mausefahl
rattenfahl
rothfahl
todtenfahl
er befahl
— empfahl
hahl
das Hahl
kahl
rattenkahl
der Gemahl
Ehemahl
Jugendgemahl
das Mahl
Abendmahl
Abschiedsmahl
Anzugsmahl
Arbeitsmahl
Begräbnismahl
Brautmahl
Bundesmahl
Ehrenmahl
Erholungsmahl
Erinnerungsmahl
Erntemahl
Erquickungsmahl
Festmahl
Feuermahl
Freudenmahl
Friedensmahl
Frühmahl
Gastmahl
Gedächtnismahl
Göttermahl
Hebemahl
Henkersmahl
Hochmahl

Hochzeitsmahl
Innungsmahl
Kampfmahl
Kindtaufsmahl
Leckermahl
Leichenmahl
Liebesmahl
Mittagsmahl
Morgenmahl
Nachbarmahl
Nachtmahl
Opfermahl
Pfaffenmahl
Raubmahl
Schnittermahl
Schreckensmahl
Siegesmahl
Spielmahl
Tagmahl
Taumelmahl
Todtenmahl
Trauermahl
Verlobungsmahl
Vespermahl
Willkommenmahl
Zunftmahl
Zuschufsmahl
Zwischenmahl

das Mahl (*besser* Mal)
Augenmahl
Blachmahl
Blaumahl
Blutmahl
Brandmahl
Brotmahl
Denkmahl
Ehrendenkmahl
Liebesdenkmahl
Maafsdenkmahl
Siegesdenkmahl
Thatendenkmahl
Weltdenkmahl
Zeitdenkmahl
Ehrenmahl
Eisenmahl
Erdenmahl
Erinnerungsmahl
Fehmmahl
Feuermahl
Grabmahl
Prachtgrabmahl
Grenzmahl
Hauptmahl
Hägemahl
Handmahl
Kufsmahl
Laufmahl
Linsenmahl
Merkmahl
Abtrittsmerkmahl
Mifsmahl
Muttermahl
Nägelmahl
Nebenmahl
Ohrmahl
Ortmahl
Plachmahl
Schandmahl
Schiefsmahl
Seitenmahl
Sichermahl
Siegesmahl
Sommermahl
Springmahl
Stichmahl
Streichmahl
Teigmahl
Weidmahl
Wundenmahl
Zittermahl

der Pfahl
Absteckpfahl
Baumpfahl
Befestigungspfahl
Brandpfahl
Deichpfahl
Eispfahl
Etterpfahl
Fallpfahl
Festungspfahl
Friedpfahl
Gegenpfahl
Getriebepfahl
Grenzpfahl
Grundpfahl
Hakelpfahl
Handpfahl
Hangepfahl
Hauptpfahl
Heckpfahl
Jochpfahl
Kranzpfahl
Lagerpfahl
Laternenpfahl
Mahlpfahl
Markpfahl
Marterpfahl
Merkpfahl
Mühlpfahl
Nebenpfahl
Nummerpfahl
Ortpfahl
Quandelpfahl
Raubpfahl
Raumpfahl
Rebenpfahl
Röstpfahl
Rofspfahl
Schandpfahl
Schanzpfahl
Scheidepfahl
Schlagpfahl
Schwertpfahl
Senkpfahl
Sicherpfahl
Sitzpfahl
Spundpfahl
Steilpfahl
Stellpfahl
Stollpfahl
Strebepfahl
Sturmpfahl
Verwahrungspfahl
Vorpfahl
Wagpfahl
Wandpfahl
Wasserpfahl
Weinpfahl
Zaunpfahl
Zeltpfahl

der Prahl
— Stahl
Breitstahl
Brockenstahl
Brunirstahl
Bügelstahl
Bündelstahl
Bürdestahl
Damascenerstahl
Fangstahl
Fäschenstahl
Federstahl
Feuerstahl
Flachstahl
Flottstahl
Gebündestahl
Gerbestahl
Glänzstahl
Glättstahl
Gufsstahl
Häkelstahl
Hammerschmiede-
Hohlkehlenstahl
Karniesstahl
Kernstahl
Linsenstahl
Mörderstahl
Opferstahl
Plattstahl
Polirstahl
Rohfafsstahl
Rohstahl
Rosenstahl
Rundstahl
Scharstahl
Schlichtstahl
Schmelzstahl
Spundstahl
Stangenstahl
Stechstahl
Triebstahl
Wetzstahl
Würgestahl

er stahl
der Diebstahl
Bücherdiebstahl
Erzdiebstahl
Felddiebstahl
Fischdiebstahl
Forstdiebstahl
Gartendiebstahl
Gelddiebstahl
Hausdiebstahl
Herzensdiebstahl
Holzdiebstahl
Kirchendiebstahl
Menschendiebstahl
Pferdediebstahl
Viehdiebstahl
Walddiebstahl
Wilddiebstahl
der Strahl
Abstrahl
Abendstrahl
Augenstrahl
Bannstrahl
Blitzstrahl
Dämmerstrahl
Donnerstrahl
Farbenstrahl
Flammenstrahl
Feuerstrahl
Freudenstrahl
Gedankenstrahl
Gnadenstrahl
Glutstrahl
Goldstrahl
Hauptstrahl
Himmelsstrahl
Hoffnungsstrahl
Jugendstrahl
Lichtstrahl
Liebesstrahl
Luftstrahl
Mittagsstrahl
Mondenstrahl
Morgenstrahl
Nebenstrahl
Purpurstrahl
Rosenstrahl
Rückstrahl
Schallstrahl
Schwertstrahl
Sengestrahl
Silberstrahl
Sommerstrahl
Sonnenstrahl
Spaltstrahl
Sternenstrahl
Tagesstrahl
Urstrahl
Verklärungsstrahl
Wärmestrahl
Wasserstrahl

Wetterstrahl
Wiederstrahl
Wonnestrahl
(Drey-, 8 - 13strahl. *Conchylien*)
die Wahl
Auswahl
Bischofswahl
Bürgermeisterwahl
Deputirtenwahl
Gnadenwahl
Kaiserwahl
Königswahl
Kugelwahl
Miſswahl
Nachwahl
Nothwahl
Papstwahl
Pfarrerwahl
Priesterwahl
Rathswahl
Todeswahl
Vorwahl
das Wahl
der Windwahl
die Zahl
Abzahl
ABCzahl
Abziehzahl
Abzugszahl
Ahnenzahl
Anzahl
Blätterzahl
Bogenzahl
Bretzahl
Buchstabenzahl
Doppelzahl
Durchschnittzahl
Einzahl
Findezahl
Fingerzahl
Flächenzahl
Fundzahl
Gesamtzahl
Geviertzahl
Gnadenzahl
Grundzahl
Hauptzahl
Häuserzahl
Jahreszahl
Kaiserzahl
Körperzahl
Lieferungszahl
Mannzahl
Markzahl
Mehrzahl
Menschenzahl
Minderzahl
Mondzahl
Nebenzahl
Oberzahl

Ordnungszahl
Personenzahl
Primzahl
Schiffzahl
Schwingungszahl
Seitenzahl
Sippzahl
Tagzahl
Ueberzahl
Unzahl
Vergröſserungszahl
Verhältniszahl
Vermehrungszahl
Vielzahl
Vierzahl
Weisezahl
Würdezahl
Würfelzahl
Wurzelzahl
Zinszahl
Zweyzahl
zahl'!
der Zahl
Floreal
Montreal
Pluvial
Prairial
Provençal
der Shawl
v. Stael
Rübezahl

āla

die *Ala*
Guatimala
— Scala
della Scala
Via mala
Upsala
Wala
Ahala
Atala
Messala
[Jean Calas]

āland

Aland
der *Kaland*
Laland
Smaland
— *Valand*
[Alant]

ālands

des *Kalands*
— *Valands*

ălb

falb
eselfalb
goldfalb
rosenfalb
halb
allenthalb
andert-, 3-, 4- *etc.*
auſserhalb

beyhalb
deinethalb
derohalb
deshalb
hinterhalb
ihrethalb
innerhalb
meinethalb
mutterhalb
oberhalb
seinethalb
seithalb
überhalb
unserthalb
unterhalb
vaterhalb
weshalb
das Kalb
Absetzkalb
Anbindekalb
Bullenkalb
Färsenkalb
Hirschkalb
Dammhirschkalb
Kuhkalb
Luchskalb
Mastkalb
Miezekalb
Mondkalb
Moorkalb
Moschenkalb
Mutterkalb
Ochsenkalb
Rehkalb
Rennthierkalb
Säugekalb
Seekalb
Sogkalb
Sponkalb
Stärkenkalb
Setzkalb
Stierkalb
Thierkalb
Tochterkalb
Wildkalb
Zuchtkalb
[die Alb]

álba

Alba (Duc d')
die *Alba*
Alba (longa)
Galba
Donna Rosalba

álbe

die Albe
— Falbe
eine falbe
die halbe
eine Halbe
dem Kalbe
ich kalbe
— salbe
das Gesalbe
die Salbe
Alabastersalbe
Apfelsalbe
Apostelsalbe
Baumsalbe
Bienensalbe
Bilsensalbe
Blattsalbe
Bleysalbe
Eibischsalbe
Frostsalbe
Gliedsalbe
Grindsalbe
Haarsalbe
Heilsalbe
Hornsalbe
Kopfsalbe
Kräutersalbe
Krätzsalbe
Krebssalbe
Krönungssalbe
Kühlsalbe
Läusesalbe
Magensalbe
Milzsalbe
Mundsalbe
Muttersalbe
Nervensalbe
Oelsalbe
Reitersalbe
Schafsalbe
Schwefelsalbe
Wundsalbe
die Schwalbe
Alpenschwalbe
Ambraschwalbe
Bauerschwalbe
Bergschwalbe
Bienenschwalbe
Dreckschwalbe
Erdschwalbe
Felsenschwalbe
Fensterschwalbe
Gerschwalbe
Gesangschwalbe
Gibraltarschwalbe
Giebelschwalbe
Gierschwalbe
Hausschwalbe
Kirchenschwalbe
Landschwalbe
Mauerschwalbe
Meerschwalbe
Mehlschwalbe
Nachtschwalbe
Rainschwalbe
Rauchschwalbe
Sandschwalbe
Sangschwalbe
Seeschwalbe
Spierschwalbe
Stadtschwalbe
Stechschwalbe
Steinschwalbe
Strandschwalbe
Sturmschwalbe
Thurmschwalbe
Uferschwalbe
Wasserschwalbe
Tobias Schwalbe

álbel

das Gealbel
die Falbel
das Gefalbel

álbeln

albeln
ausalbeln
den Falbeln
falbeln
befalbeln

álbelnd

albelnd
falbelnd

álbelns

des Albelns
— Falbelns

álbels

des Gealbels
— Gefalbels

álbelst

du albelst
— befalbelst

álbelt

ausgealbelt
befalbelt

álbem

falbem
halbem

álben

die Alben
— Falben
falben
nachfalben
verfalben
halben
behalben
halben
allenthalben
andert-, 3-, 4- *etc.*
beyhalben
deinethalben

derenthalben
derohalben
deshalben
ehrehalben
ihrethalben
meinethalben
Schandehalben
seinethalben
seithalben
unserthalben
weshalben
kalben
abkalben
auskalben
fortkalben
nachkalben
verkalben
vorkalben
die Salben
salben
aufsalben
aussalben
besalben
einsalben
nachsalben
übersalben
umsalben
vorsalben
zusalben
labsalben
die Schwalben

álbend

falbend
halbend
behalbend
kalbend
salbend
labsalbend

álbens

des Falbens
— Behalbens
— Kalbens
— Salbens
— Labsalbens

álber

die Alber
Wasseralber
alber
das Gealber
ein falber
der Halber
andert-, 3-, 4- *etc.*
Geldeshalber
Ehrehalber
Krankheitshalber
Schandehalber
Wundershalber *etc.*
der Salber
Todtensalber
der Quacksalber
Staatsquacksalber

álbern

albern
albern
ausalbern
mitalbern
nachalbern
veralbern
die Albern
den falber'n
— Halbern
— Salbern
— Quacksalbern
quacksalbern
verquacksalbern

álbernd

albernd
quacksalbernd

álberns

des Alberns
ein albern's
des Quacksalberns

álbers

des Gealbers
ein falbers
des Halbers
— Quacksalbers

álberst

du alberst
— quacksalberst

álbert

Albert
er albert
— quacksalbert
Walbert

álberts

Alberts
er veralbert's
— verquacksalbert's
Walberts

álbes

ein falbes
— halbes
des Kalbes
— Gesalbes

álbest

du falbest
— halbest
— kalbest
— salbest

[die Salbey]

álbheit

die Falbheit
— Halbheit

[falbicht]

álbig

außerhalbig
beyhalbig
innerhalbig
seithalbig
falbig

{Albis
in albis
Calbis}

[halblich]

álbling

der Albling
— Falbling
— Halbling
— Salbling

álblings

des Alblings
— Falblings
— Halblings
— Salblings

álbre

ich alb're
— quacksalb're

álbs

ein falb's
— halb's
des Kalb's
— Gesalb's
salb's

álbst

du falbst
— behalbst
— kalbst
— salbst

álbt

es falbt
— halbt
— kalbt
— salbt

álbte

es falbte
— halbte
— verkalbte
— salbte
der Gesalbte

álbten

sie falbten
— behalbten
— verkalbten

sie salbten
die Gesalbten

álbter

ein gefalbter
— behalbter
— Gesalbter

álbtes

ein verfalbtes
— behalbtes
— gesalbtes

álbtest

du falbtest
— halbtest
— kalbtest
— salbtest

álbtet

ihr falbtet
— behalbtet
— kalbtet
— salbtet

[das Album]

álbung

die Verfalbung
— Halbung
— Verkalbung
— Salbung

álbus

ein Albus
Balbus
Granesalbus

álch

der Kalch (*siehe* Kalk)
— Schwalch
— Twalch
— Walch

[Kalchas]

álche

die Balche
dem Kalche
ich verkalche
dem Schwalche
— Twalche
— Walche
ich walche

ālchen

Malchen
Salchen

álchen

die Balchen
kalchen
bekalchen
einkalchen
überkalchen
verkalchen
salchen
den Schwalchen
walchen

álchend

verkalchend
salchend
walchend

álchens

des Bekalchens
— Salchens
— Walchens

ālchens

Malchens
Salchens

der Walcher
walchern
Walchern

álches

des Kalches
— Schwalches
— Twalches
— Walches

álchest

du bekalchest
— salchest
— walchest

álchet

ihr überkalchet
— salchet
— walchet

álchs

des Kalchs
— Schwalchs
— Twalchs
— Walchs

álchst

du kalchst
— salchst
— walchst

álcht

er verkalcht
— salcht
— walcht

álchte

er bekalchte
— salchte
— walchte

álchten

sie verkalchten
— salchten
— walchten

álchter

ein verkalchter
— gesalchter
— gewalchter

álchtes

ein verkalchtes
— gesalchtes
— gewalchtes

álchtest

du bekalchtest
— salchtest
— walchtest

álchtet

ihr bekalchtet
— salchtet
— walchtet

álchung

die Verkalchung
— Salchung
— Walchung

[Malchus]

áld

bald
alsbald
alsobald
sobald
Archibald
Heribald
Macdonald
Oswald
Romuald
Sternbald
Theobald
Wilibald
Wunibald
Hald
der Wald
Ahornwald
Ardennenwald
Bergwald
Bienenwald
Birkenwald
Böhmerwald
Buchenwald
Cedernwald
Eichenwald
Eschenwald
Feigenwald
Fichtenwald
Föhrenwald
Gebirgswald
Gemeinwald
Grindelwald
Hägewald
Harzwald

Hochwald
Lanzenwald
Lindenwald
Lorbeerwald
Lustwald
Myrthenwald
Obstwald
Odenwald
Palmenwald
Reichswald
Rheinwald
Rosenwald
Schattenwald
Schwarzwald
Spreewald
Stadtwald
Tannenwald
Thüringerwald
Ulmenwald
Unterwald
Weidewald
Westerwald
Wienerwald
Zauberwald
Zeidelwald

álde

eine Alde
der *Alcalde*
Balde
du Halde
die Halde
Berghalde
Burghalde
Erzhalde
Felsenhalde
Reithalde
Reuthalde
Schlackenhalde
Stollenhalde
Thalhalde
der *Skalde*
im Walde
ich bewalde

álden

die *Alcalden*
— *Alden*
— Halden
halden
Schmalkalden
— *Skalden*
Unterwalden
bewalden
entwalden
umwalden

áldend

haldend
entwaldend

áldens

des Haldens
Schmalkaldens
Unterwaldens
Entwaldens

áldes

baldes
des Waldes
Fualdes

áldest

du haldest
— bewaldest

áldet

es haldet
— umwaldet

áldi

Frescobaldi
Grimaldi
die *Saldi*

áldig

baldig
haldig
waldig
dickwaldig
hochwaldig
[baldigst]

áldigt

haldigt
waldigt
das Waldicht
die Heraldik
Spalding
Burcard Waldis

áldisch

aldisch
baldisch
wilibaldisch
skaldisch
schmalkaldisch etc.
unterwaldisch

áldo

Montebaldo
Rinaldo
der *Saldo*
per Saldo
pro Saldo
Toaldo
Ubaldo
Waldo

álds

Theobalds etc.
des Walds
[die Waldung]

áldus

Aldus
Baldus
Beroaldus

āle — āhle

dem Aale
— Admirale
das *Antiphonale*
— *Areale*
— *Armoriale*
dem Arsenale
— *Bacchanale*
Bardale
der *Bengale*
das *Bibale*
die *Cabale*
Canzleycabale
Familiencabale
Hofcabale
Theatercabale
dem Canale
der Cannibale
dem Capitale
die Cathedrale
Casale
— Centrale
dem Ceremoniale
— Chorale
— Commensale
das *Commissoriale*
— Contubernale
dem Conventuale
— Copale
ein *Cordiale*
dem *Corporale*
— Cymbale
die *Diagonale*
das *Dimissoriale*
— *Diurnale*
im *Duale*
das *Extempórale*
am Fanale
ein *Fatale*
dem *Feciale*
— Filiale
das *Finale*
dem Fiskale
das *Formale*
am *Frontale*
— Futterale
der *Gale*
am Generale
das *Generale*
am Grale
das *Grammaticale*
am *Gratiale*
das *Gremiale*
ich hale
im Hospitale

das *Humerale*
am Ideale
die Imperiale
das *Impersonale*
im Journale
dem Kardinale
— Korporale
— Lineale
das *Littorale*
— *Locale*
zum ersten, 2., 3., *etc*, male
das *Magistrale*
ich brandmale
das Gemale
ich male
male!
dem *Madrigale*
— Manuale
— *Martingale*
— *Materiale*
— *Memoriale*
— *Mercuriale*
— *Minerale*
— *Missale*
im *Nascale*
am Nopale
das *Normale*
Subnormale
dem Officiale
— Opale
das *Orale*
— Orientale
— Originale
der *Ostphale*
das Ovale
— *Pacificale*
die Pale
ich pale
das *Pastorale*
— *Pectorale*
— *Pedale*
dem *Perkale*
das *Personale*
dem *Personale*
— Piedestale
das *Pluviale*
im Plurale
des *Pönitentiale*
im Pokale
das *Pontificale*
dem Portale
— Principale
ein *Provençale*
dem Provinciale
— Pumpendaale
das *Quadragesimale*
dem Quartale
— Reale
— Regale
das *Regale*
— *Requisitoriale*

Rituale
Rivale
Rastrale
die *Saale*
im Saale
die Sandale
— Scale
— Schale
Abrauchschale
Absüſsschale
Apfelschale
Austerschale
Birnschale
Citronenschale
Dachschale
Demantschale
Dünnschale
Eierschale
Fachschale
Goldschale
Hauptschale
Hirnschale
Hirschschale
Kaffeeschale
Kaltschale
Bierkaltschale
Himbeerkaltschale
Weinkaltschale
Kammschale
Kieſsschale
Krebsschale
Krystallschale
Labeschale
Lebensschale
Löthschale
Mastenschale
Messerschale
Milchschale
Muschelschale
Nebenschale
Nuſsschale
Oberschale
Obstschale
Opferschale
Pergamentschale
Pfützschale
Pochschale
Pomeranzenschale
Probeschale
Reibeschale
Rungschale
Schildkrötenschale
Schleifschale
Schneckenschale
Siedeschale
Silberschale
Smaragdschale
Steinschale
Stoſsschale
Suppenschale
Theeschale

Todesschale
Trinkschale
Tunkschale
Unterhaltschale
Unterschale
Wageschale
Gegenwageschale
Weinschale
Zornschale
Zuckerschale
Zwiebelschale
ich beschale
das schale
dem Scandale
ich schmale
das Schmale
dem Schrale
ich schrale
dem Sensale
— Shawle
— Signale
die Spale
ich spale
dem Speciale
die Spirale
dem Spitale
die Stale
das *Stomachale*
— *Sublinguale*
Drangsale
Glücksale
Grausale
Heilungssale
Irrsale
Labsale
Mühsale
Rachsale
Rinnsale
Saumsale
Schicksale
Scheusale
Sorgsale
Trübsale
die Tale
ich tale
im Thale
dem Tinkale
die Transversale
dem Tribunale
das Triviale
— Universale
der *Vandale*
die Vestale
— Vocale
der *Wale*
ein Wale
der *Westphale*
dem Witewale
das *Zonale*
additionale *etc. bis*
zodiakale *siehe* al

die Ahle
Aufreiſsahle
Bindahle
Bohrahle
Buchbinderahle
Reibahle
Schuhahle
Schusterahle
ich dahle
das Gedahle
der fahle
dem Hahle
die hahle
der kahle
die Kahle
Freſskahle
ich kahle
— mahle
— zermahle
das Gemahle
dem Gemahle
beym Mahle
ich gastmahle
— nachtmahle
am Pfahle
ich prahle
das Geprahle
dem Prahle
am Stahle
— Diebstahle
im Strahle
ich strahle
das Gestrahle
dem Wahle
Windwahle
ich zahle
— bezahle
das Gezahle
die Zahle
Garnzahle

ăleb

Caleb
Haleb
Saleb (auch *Salep*)
Abu Taleb

ălebs

Calebs
Halebs
Salebs
Abu Talebs

[Caled]

ălem

schalem
schmalem
additionalem *etc. bis*
zodiakalem *siehe* al
[v. Halem
Salem]

ālen — āhlen

den Aalen
aalen
— Admiralen
die Annalen
Reichsannalen
Staatsannalen
Stadtannalen *etc.*
den Arealen
— Arsenalen
— *Bengalen*
die Cabalen
— Cannibalen
den Capitalen
capitalen
— Cathedralen
— Centralen
— Choralen
die Commensalen
— Contubernalen
— Conventualen
den Corporalen
— Cymbalen
— Decretalen
die Diagonalen
des Donfalen
die Edictalen
den Fanalen
— Fecialen
— Filialen
— Fiskalen
— Frontalen
— Futteralen
die Galen
den Generalen
— Gralen
— Gratialen
halen
— Idealen
die Imperialen
in Journalen
die Liberalen
den Linealen
— Localen
dermalen
einstmalen
zumalen
malen
abmalen
anmalen
aufmalen
ausmalen
bemalen
ermalen
fortmalen
mitmalen
nachmalen
übermalen
ummalen
untermalen
vermalen
vormalen
wegmalen
zumalen
brandmalen
das Frescomalen
— Glasmalen
— Gouachemalen
— Oelmalen
— Pastellmalen
— Portraitmalen
den Madrigalen
— Memorialen
— *Nudipedalen*
— Offizialen
— Originalen
Ostphalen
— Ovalen
die Palen
palen
auspalen
den Pedalen
— Perkalen
— Personalen
— Piedestalen
— Pokalen
— Portalen
— Principalen
— *Provençalen*
— Provincialen
— Qualen
— Quartalen
— Rastralen
die Realen
den Regalen
— Ritualen
— Rivalen
die Sandalen
den Scandalen
die Schalen
schalen
aufschalen
ausschalen
beschalen
entschalen
umschalen
den schmalen
schmalen
die Schralen
schralen
den Sensalen
— *Shawlen*
— Signalen
die Spalen
spalen
den Specialen
die Spiralen
— Stalen
— Succursalen
in Drangsalen
— Glücksalen
— Grausalen

in Heilungssalen
— Irrsalen
— Labsalen
— Mühsalen
— Rachsalen
— Rinnsalen
— Saumsalen
— Schicksalen
— Scheusalen
— Trübsalen
die Talen
talen
twalen
— Transversalen
von Tribunalen
die Uncialen
— *Vandalen*
den Vestalen
— Vocalen
— *Walen*
— Walen
— *Westphalen*
— Witewalen
die additionalen *etc. bis*
zodiakalen *siehe* al
die Ahlen
dahlen
ausdahlen
verdahlen
— fahlen
sie befahlen
— empfahlen
die hahlen
— kahlen
kahlen
mahlen
abmahlen
aufmahlen
ausmahlen
einmahlen
fortmahlen
nachmahlen
übermahlen
untermahlen
vermahlen
vormahlen
wegmahlen
zermahlen
zusammenmahlen
gemahlen
feingemahlen
grobgemahlen
untergemahlen
den Gemahlen
gastmahlen
nachtmahlen
bemahlen
brandmahlen
ohrmahlen
prahlen
ausprahlen
daherprahlen
einherprahlen
mitprahlen
nachprahlen
siegprahlen
vorprahlen
sie stahlen
— bestahlen
die Strahlen
strahlen
abstrahlen
anstrahlen
aufstrahlen
ausstrahlen
einstrahlen
emporstrahlen
entstrahlen
entgegenstrahlen
hervorstrahlen
nachstrahlen
niederstrahlen
überstrahlen
umstrahlen
umherstrahlen
unterstrahlen
verstrahlen
vorstrahlen
voranstrahlen
vorbeystrahlen
wiederstrahlen
zurückstrahlen
zustrahlen
den Wahlen
Windewahlen
die Zahlen
Garnzahlen
zahlen
bezahlen
ab-
an-
auf-
aus-
darauf-
ein-
her-
hin-
mit-
nach-
vor-
voraus-
wieder-
zurück- } zahlen bezahlen

{ Aalen
Bernhard v. Galen
Herjedalen
Salzdalen
v. Pahlen

ālend — āhlend

aalend
capitalend
halend
malend
palend
entschalend
schmalend
schralend
spalend
talend
twalend
dahlend
kahlend
mahlend
gastmahlend
brandmahlend
prahlend
strahlend
zahlend
bezahlend

ālens — āhlens

des Aalens
— Capitalens
— Halens
— Malens
— Palens
— Entschalens
— Schmalens
— Schralens
— Spalens
— Talens
— Dahlens
— Kahlens
— Mahlens
— Gastmahlens
— Brandmahlens
— Prahlens
— Strahlens
— Zahlens
— Bezahlens

āler — āhler

der Beschaler
ein Liberaler
der Maler
Bildnismaler
Blumenmaler
Briefmaler
Bühnenmaler
Cabinetsmaler
Caricaturmaler
Feinmaler
Flachmaler
Fleischmaler
Fratzenmaler
Frescomaler
Frischmaler
Fruchtmaler
Geschichtsmaler
Gesellschaftsmaler
Gesichtsmaler
Glasmaler

Grobmaler
Gurkenmaler
Historienmaler
Hofmaler
Jagdmaler
Kartenmaler
Kleckmaler
Landschaftsmaler
Milchmaler
Miniaturmaler
Morgenmaler
Oelmaler
Pastellmaler
Portraitmaler
Schachtelmaler
Schlachtenmaler
Schmelzmaler
Schönmaler
Sudelmaler
Thiermaler
Tupfelmaler
Uebermaler
Verzierungsmaler
Wappenmaler
Zierrathmaler
Zimmermaler
ein schaler
— Schmaler
der Thaler
Bankthaler
Bärenthaler
Bernthaler
Bräutigamsthaler
Bremsenthaler
Brillenthaler
Dickthaler
Enydsthaler
Flugthaler
Franzthaler
Gnadenthaler
Glockenthaler
harter Thaler
Heckthaler
Henkelthaler
Kayserthaler
Kaufmannsthaler
Klauenthaler
Königsthaler
Kreuzthaler
Kronenthaler
Kupferthaler
Laubthaler
Löwenthaler
Noththaler
Ortsthaler
Pathenthaler
Pfaffenthaler
Philippsthaler
Reichsthaler
Schlickenthaler
Silberthaler
Speciesthaler
Ungenossenthaler
Viertelthaler
ein additionaler *etc. bis*
zodiakaler *siehe* al
ein fahler
— hahler
— kahler
— Zehentmahler
— Prahler
Grofsprahler
— Strahler
— Zahler
Auszahler
Vorauszahler
— Bezahler

ālern — āhlern

den Beschalern
— liberalern
— Malern
— schalern
— schmalern
— Thalern
— brutalern *etc.*
— fahlern
— hahlern
— kahlern
— Zehentmahlern
— Prahlern
— Strahlern
— Zahlern
— Bezahlern

ālers — āhlers

des Beschalers
— Malers
ein schaler's
— schmaler's
des Thalers
ein brutaler's *etc.*
— fahler's
— hahler's
— kahler's
des Zehentmahlers
— Prahlers
— Strahlers
— Zahlers
— Bezahlers

āles — āhles

des Aales
— Admirales
— Areales
— Arsenales
— Bachanales
— Canales
— Capitales
— Ceremoniales
— Chorales
des Copales
— Cymbales
— Fanales
— Feciales
— Fiskales
— Frontales
— Futterales
— Gemales
— Generales
— Grales
— Gratiales
— Hospitales
— Ideales
— Journales
— Kardinales
— Korporales
— Lineales
— Lokales
— Manuales
— Memoriales
— Mercuriales
— Minerales
— Missales
— Offiziales
— Opales
— Originales
— Ovales
— Pedales
— Pennales
— Perkales
— Personales
— Piedestales
— Pokales
— Portales
— Provinciales
— Pumpendaales
— Quartales
— Rastrales
— Reales
— Regales
— Rituales
— Rivales
— Rostrales
— Saales
— Scandales
ein schales
— schmales
des Schrales
— *Shawles*
— Sensales
— Signales
— Speciales
— Spitales
— Stomachales
— Drangsales *etc.*
— Schicksales
— Scheusales
— Thales
— Tribunales
— Vocales
— Wales
Wales

ein additionales *etc. bis*
zodiakales *siehe* al
des Gedahles
ein fahles
— hahles
— kahles
des Gemahles
— Mahles
— Abendmahles
— Mahles
— Brandmahles
— Gemahles
— Pfahles
— Prahles
— Geprahles
— Stahles
— Diebstahles
— Strahles
— Gestrahles
— Wahles
— Windwahles
— Rübezahles
— Gezahles
— Zahles
bezahl' es! *etc.*
{ Ales
Pales
Thales

āles

des *Antiphonales*
— *Armoriales*
— *Bibales*
— *Commissoriales*
— *Cordiales*
— *Corporales*
— *Dimissoriales*
— *Diurnales*
— *Extemporales*
— *Fatales*
— *Finales*
— *Formales*
— *Grammaticales*
— *Gremiales*
— *Humerales*
— *Impersonales*
— *Littorales*
— *Locales*
— *Magistrales*
— *Materiales*
— *Normales*
— *Orales*
— *Pacificales*
— *Pastorales*
— *Personales*
— *Pluviales*
— *Pönitentiales*
— *Pontificales*
— *Principales*
— *Quadragesimales*
— *Regales*
— *Requisitoriales*
des *Rituales*
— *Stomachales*
— *Sublinguales*
— *Universales*
— *Articuli* { *additionales*
demonstratoriales
probatoriales
requisitoriales
artes liberales
Compulsoriales
Decretales
Edictales
Impartiales
Impulsoriales
Inhibitoriales
Majales
Natales
Promotoriales
Reales
Remissoriales
Requisitoriales
Reversales
Rogatoriales
Succursales
Testimoniales
Transversales
Versus memoriales

ālest — āhlest

du aalest
— capitalest
— halest
— malest
— brandmalest
— palest
— schalest
— entschalest
— schmalest
— schralest
— spalest
— talest
— twalest
brutalest *etc. bis* vertikalest *etc.*
— dahlest
— fahlest
— hahlest
— kahlest
— mahlest
— gastmahlest
— prahlest
— stahlest
— strahlest
— zahlest
— bezahlest

ālet — āhlet

er aalet
— capitalet
— halet
— malet
— brandmalet
er palet
— schalet
— beschalet
— schmalet
— schralet
— spalet
— talet
— twalet
— dahlet
— fahlet
— hahlet
— kahlet
— mahlet
— nachtmahlet
— prahlet
— strahlet
ihr stahlet
er zahlet
— bezahlet

álf

Alf
es half
— behalf
— verhalf
Ralf
Thialf
Wolaskialf
[jalfern]

álfi

Amalfi
Consalvi
Palfy

álfs

Alfs
Ralfs
Thialfs
was half's?

álg

der Balg
Aderbalg
Blasebalg
Frischbalg
Fruchtbalg
Fuchsbalg
Haderbalg
Handbalg
Hasenbalg
Hundebalg
Hurenbalg
Iltisbalg
Katzenbalg
Lausebalg
Luchsbalg
Marderbalg
Orgelbalg
Otterbalg
Raupenbalg
Samenbalg

Saubalg
Schandbalg
Schmierbalg
Staubbalg
Traubenbalg
Ueberbalg
Wolfsbalg
der Schwalg
— Talg
Bergtalg
Bodentalg
Erdtalg
Hammeltalg
Nierentalg
Rindstalg
Schöpsentalg
— Zalg

áil

Detail
Email
Eventail
en evantail
Serail

álge

die Alge
— Balge
ich balge
das Gebalge
die Malge
ich schmalge
das Geschmalge
dem Schwalge
ich schwalge
das Geschwalge
am Talge
ich betalge
die Walge
ich walge
das Gewalge

áille — áglie

die *Anticaglie*
Antiquaille
en Caille
— *Bataille*
Champ de Bataille
en ordre de Bataille
— *Canaille*
en Canaille
passe - caille
Ferraille
Grisaille
paille
Racaille
Rocaille
Tenaille
Toraille
Taille
Traille
Valetaille
Noailles
Versailles

álgen

die Algen
— Balgen
balgen
abbalgen
durchbalgen
fortbalgen
herumbalgen
katzbalgen
nachbalgen
niederbalgen
verbalgen
wegbalgen
der Galgen
Dorfgalgen
Kniegalgen
Schnappgalgen
Schnellgalgen
Schöpfgalgen
Soldatengalgen
Sperrgalgen
Wippgalgen
schmalgen
schwalgen
talgen
betalgen
übertalgen
die Walgen
walgen

álgend

balgend
schmalgend
schwalgend
talgend
betalgend
walgend

álgens

des Balgens
— Galgens
— Schmalgens
— Schwalgens
— Talgens
— Betalgens

álger

ein Balger
Erzbalger
Katzbalger
Wortbalger
das Gemalger
— Geschmalger
— Gewalger
der Walger

álgern

den Balgern
malgern
schmalgern
— Walgern
walgern

álgernd

malgernd
schmalgernd
walgernd

álgerns

des Malgerns
— Schmalgerns
— Walgerns

álgers

des Balgers
Katzbalgers
— Gemalgers
— Geschmalgers
— Gewalgers

álgerst

du malgerst
— schmalgerst
— walgerst

álges

des Balges
— Gebalges
— Talges
— Gewalges

álgest

du balgest
— schmalgest
— schwalgest
— talgest
— betalgest
— walgest

álget

ihr balget
— schmalget
— schwalget
— talget
— betalget
— walget

[talgicht]

álgig

talgig
walgig

álgo

Fidalgo
Hidalgo

[Algol]

álgs

des Balgs
— Gebalgs
— Schwalgs
— Talgs
— Gewalgs
— Zalgs

álgst

du balgst
— schmalgst
— schwalgst
— walgst

álgt

ihr balgt
— schmalgt
— schwalgt
— walgt

álgte

er balgte
— schmalgte
— schwalgte
— walgte

álgten

sie balgten
— schmalgten
— schwalgten
— walgten

álgter

ein abgebalgter
— geschmalgter
— geschwalgter
— gewalgter

álgtes

ein abgebalgtes
— geschmalgtes
— geschwalgtes
— gewalgtes

álgtest

du balgtest
— schmalgtest
— schwalgtest
— walgtest

álgtet

ihr balgtet
— schmalgtet
— schwalgtet
— walgtet

ālhans

der Prahlhans
— Schmalhans

ālheit

die Kahlheit
— Schalheit
— Schmalheit

āli

Ali
Hyder-Ali
Mehmet-Ali
in duali
actu corporali
das *Kali*
Alkali
concordat originali
in originali
pro tribunali
Zubeneschemali
in quali

āli͡a

Alia
Alcalia
Ambarvalia
Acidalia
Amalia
Antikatharralia
Athalia
Australia
Capitalia
Castalia
Casualia
Cerealia
Consualia
Copialia
Curialia
Didaskalia
Essentialia
Eulalia
Fatalia
Fiscalia
Formalia
Generalia
Genitalia
Hämorrhoidalia
Idalia
Italia
Lappalia
Literalia
Lupercalia
Mammalia
Marginalia
Materialia
Matrimonialia
Mineralia
Naturalia
Numeralia
Ordalia
Ordinalia
Paraphernalia
Pastoralia
Penetralia
Personalia
Pharsalia
Pontificalia
Realia
Regalia
Repressalia
Rosalia
Saturnalia
Schmiralia
Specialia
Spiritualia
Sponsalia
Stibialia
Thália
Thessalia
Universalia
Victualia
Vinalia

[Sinigaglia]

āli͡a's

alias
Amalia's
Athalia's
Acidalia's
Australia's
Eulalia's
Idalia's
Italia's
Rosalia's
Thalia's
Thessalia's

āli͡e — ālje

Amalie
Eulalie
Rosalie
eine Repressalie
— Schmiralie
die Balje
Lothbalje
Versebalje
— Talje
Ankertalje
Pentertalje
Pforttalje
Racktalje
Refftalje
Rudertalje
Seitentalje
Steuertalje
Stoſstalje
die Tralje

āli͡en

die Alcalien
— *Ambarvalien*
Amalien
— Antikatharralien
Australien
— Capitalien

die Cerealien
— Consualien
— Copialien
— Curialien
— Didaskalien
— Essentialien
Eulalien
— Fatalien
— Fiskalien
— Formalien
— Generalien
— Genitalien
— Hämorrhoidalien
Italien
Mittelitalien
Oberitalien
Unteritalien
— Lappalien
— Literalien
Geschäftsliteralien
— Lupertialien
— Mammalien
— Marginalien
— Materialien
— Mineralien
— Naturalien
— Ordalien
— Paraphernalien
— Realien
— Regalien
— Repressalien
Rosalien
— Saturnalien
— Schmiralien
— Specialien
— Spiritualien
— Sponsalien
Thessalien
— Victualien
— Baljen
— Taljen
— Traljen

āliens

Amaliens
Australiens
Eulaliens
Italiens
Rosaliens
Thessaliens

ālier

ein *Australier*
— *Salier*
— *Senegalier*
— *Thessalier*

āliern

den *Australiern*
— *Saliern*
den *Senegaliern*
— *Thessaliern*

āliers

des *Australiers*
— *Saliers*
— *Senegaliers*
— *Thessaliers*

ālig — āhlig

damalig
dermalig
diesmalig
einmalig
2-, 3- *etc. bis* 1000 malig
einstmalig
ehemalig
jemalig
jedesmalig
mehrmalig
nachmalig
oftmalig
vormalig
vielmalig
schalig
dickschalig
dünnschalig
einschalig
hartschalig
steinschalig
vielschalig
weichschalig
dahlig
bejahlig
strahlig
dreystrahlig
grobstrahlig
purpurstrahlig
rothstrahlig
sonnenstrahlig
sternstrahlig
vielstrahlig

ālinn

die Admiralinn
— Commensalinn
— Fiskalinn
— Generalinn
— Korporalinn
— *Ostphalinn*
— Principalinn
— Personalinn
— *Provençalinn*
— Rivalinn
— Sensalinn
— *Vandalinn*
— *Vestalinn*
die *Westphalinn*
— Gemahlinn

āglio

Anticaglio
Intaglio

ālion

Deukalion
Pygmalion

ālions

Deukalions
Pygmalions

[Aljoth]

āhling

der Mahling
— Sahling
Langsahling
Stülpsahling

ālis

der *Dualis*
fatalis (casus - dies)
die Gebrüder *Fatalis*
Fecialis
Lapis infernalis
Juvenalis
Isidorus Orientalis
der *Pluralis*
Salis
cum grano salis
ein *Specialis*
Virgula mercurialis
qua talis
Vitalis
Alis
des *Kali's*

ālisch

acephalisch
adverbialisch
ärarialisch
alkalisch
animalisch
anomalisch
arsenikalisch
astralisch
attalisch
australisch
bengalisch
bestialisch
borealisch
cameralisch
cannibalisch
castalisch
clericalisch
collegialisch
commissarialisch
dädalisch

diametralisch
feudalisch
fiskalisch
galisch
genialisch
congenialisch
grammaticalisch
hämorrhoidalisch
idealisch
infernalisch
italisch
jovialisch
juvenalisch
katharralisch
kolossalisch
mänalisch
martialisch
merkurialisch
mineralisch
moralisch
unmoralisch
musikalisch
nonsensikalisch
occidentalisch
orientalisch
patriarchalisch
pestilenzialisch
pharsalisch
physikalisch
processualisch
provençalisch
provinzialisch
proverbialisch
pyramidalisch
salisch
sentimentalisch
sesquipedalisch
stymphalisch
thessalisch
theatralisch
amphitheatralisch
uralisch
vandalisch
vestalisch

{ Kalisch
Alix
Calix
Salix

alk

der Alk
— Dalk
— Falk
— Kalk
Arsenikkalk
Bitterkalk
Bleykalk
Braunkalk
Braunsteinkalk
Eisenkalk
Erdkalk
Gerberkalk
Gypskalk
Goldkalk
Haarkalk
Höhlenkalk
Kobaltkalk
Kupferkalk
Löschkalk
Marmorkalk
Mauerkalk
Mehlkalk
Metallkalk
Muschelkalk
Quecksilberkalk
Schaumkalk
Silberkalk
Sparkalk
Spiefsglaskalk
Streichkalk
Uebergangskalk
Urkalk
Urinkalk
Waldkalk
Wasserbleykalk
Weifskalk
Wismuthkalk
Wolframkalk
Würfelkalk
Zinkkalk
Zinnkalk
der Katafalk
Menalk
schalk
der Schalk
Erzschalk
Marschalk
Staatsschalk
Gottschalk
— Schwalk
schwalk
— Spalk
— Talk
Kalbfleischtalk
Goldtalk
Silbertalk
du Talk!

{ Falk
Calque
Balkan

alke

die Alke
ich verbalke
dem Dalke
der Falke
Afterfalke
Baumfalke
Berberfalke
Bergfalke
Edelfalke
Finkenfalke
Fischerfalke
Flufsfalke
Fremdlingsfalke
Gerfalke
Geyerfalke
Gierfalke
Grofsfalke
Hagerfalke
Kirchenfalke
Lachfalke
Lauferfalke
Lerchenfalke
Mauerfalke
Mäusefalke
Mittelfalke
Pilgrimfalke
Reiherfalke
Ringelfalke
Rohrfalke
Sackerfalke
Scheifsfalke
Schlangenfalke
Schlachtfalke
Schlechtfalke
Schwalbenfalke
Schwarzfalke
Steinfalke
Sternfalke
Stinkfalke
Stockfalke
Stofsfalke
Taubenfalke
Thurmfalke
dem Katafalke
die Jalke
dem Kalke
ich bekalke
— malke
das Gemalke
ich ralke
dem Schalke
die schalke
ich schalke
die schwalke
ich schwalke
dem Schwalke
die Schwalke
ich spalke
dem Spalke
— Talke
das Getalke
ich talke
die Taalke
— Tjalke
ich walke
das Gewalke
die Walke
Dickwalke
Handwalke
[der Schalkel]

alkem

mit schalkem
— schwalkem
— talkem

álken

die Alken
der Balken
Bindebalken
Brückenbalken
Dachbalken
Darrbalken
Egebalken
Eisbalken
Firstbalken
Glühbalken
Grundbalken
Hackbalken
Hängebalken
Hahnebalken
Hauptbalken
Hausbalken
Hebebalken
Heckbalken
Herzbalken
Hirnbalken
Kehlbalken
Kleibalken
Krahnenbalken
Lagerbalken
Lastbalken
Mehlbalken
Oberbalken
Penterbalken
Pfannbalken
Pflugbalken
Pumpbalken
Querbalken
Roofbalken
Schiffsbalken
Schlagbalken
Schlickbalken
Schlittenbalken
Schlufsbalken
Schränkbalken
Schuhbalken
Segelbalken
Seitenbalken
Stichbalken
Stofsbalken
Strohbalken
Sturmbalken
Thürbalken
Tragebalken
Wagebalken
bebalken
verbalken
die Dalken
böhmische Dalken
— Falken
— Jalken
den Katafalken
— Kalken
bekalken
einkalken
überkalken
verkalken
ralken
schalken
zuschalken
die schalken
schwalken
— Schwalken
— schwalken
den Spalken
spalken
— Talken
talken
betalken
die Tjalken
walken
abwalken
auswalken
durchwalken
fortwalken
mitwalken
nachwalken
überwalken
verwalken
zerwalken
zusammenwalken
zuwalken
das Plattwalken
die Walken

álkend

verbalkend
bekalkend
malkend
ralkend
schalkend
schwalkend
spalkend
talkend
walkend

álkens

des Balkens
— Verbalkens
— Malkens
— Ralkens
— Schalkens
— Schwalkens
— Spalkens
— Talkens
— Walkens
Plattwalkens

álker

ein schalker
der Schwalker
ein schwalker
der Walker
das Gemalker
— Getalker

álkern

malkern
einen schalker'n
— schwalker'n
den Schwalkern
talkern
betalkern
— Walkern

álkernd

malkernd
talkernd
betalkernd

álkerns

des Malkerns
— Talkerns
— Betalkerns

álkers

des Gemalkers
— Schwalkers
— Getalkers

álkerst

du malkerst
— talkerst
— betalkerst

álkert

er malkert
— talkert
— betalkert

álkes

des Alkes
— Dalkes
— Kalkes
— Katafalkes
— Gemalkes
— Schalkes
ein schalkes
— schwalkes
des Talkes
— Getalkes
— Gewalkes

álkest

du verbalkest
— verkalkest
— malkest
— ralkest
— schalkest
schalkest
— schwalkest
schwalkest
— spalkest
— talkest
— walkest

alket

er verbalket
— überkalket
— malket
— ralket
— schalket
— schwalket
— spalket
— talket
talket
— walket

alkheit

die Schalkheit
— Talkheit

alkig

starkbalkig
vielbalkig
kalkig
talkig
[der Falkner]
[schalkisch
schalklich]

alkre

ich malkre
— talkre

alks

des Alks
— Dalks
— Kalks
— Katafalks
— Gemalk's
— Schalks
— Talks
— Getalk's
der Talks
des Gewalks

alkst

du verbalkst
— verkalkst
— malkst
— ralkst
— schalkst
— schwalkst
— spalkst
— talkst
— walkst

alkt

er verbalkt
— überkalkt
— malkt
— ralkt
— schalkt
— schwalkt
— spalkt
— talkt
— walkt

alkte

er verbalkte
— bekalkte
— malkte
— ralkte
— schalkte
— schwalkte
— spalkte
— talkte
— walkte

alkten

sie verbalkten
— verkalkten
— malkten
— ralkten
— schalkten
— schwalkten
— spalkten
— talkten
— walkten

alkter

ein verbalkter
— gekalkter
— gewalkter
— betalkter
— zerwalkter

alktes

ein verbalktes
— überkalktes
— gemalktes
— betalktes
— durchwalktes

alktest

du verbalktest
— bekalktest
— malktest
— ralktest
— schalktest
— schwalktest
— spalktest
— betalktest
— walktest

alktet

ihr verkalktet
— überkalktet
— malktet
— ralktet
— schalktet
— schwalktet
— spalktet
— talktet
— walktet

alkung

die Verbalkung
— Verkalkung
die Malkung
— Schalkung
— Schwalkung
— Betalkung
— Zerwalkung

all

das All
Geistesall
Körperall
Sinnenall
Sternenall
überall
allüberall
das Ueberall
der Ueberall
das Urall
— Weltall
— Weltenall
der Ball
Billardball
Blasenball
Colléball
Erdenball
Erdwasserball
Fackeball
Fangeball
Feuerball
Glücksball
Haarball
Heronsball
Kanonenball
Katzball
Kiefsball
Lederball
Luftball
Meerball
Sandball
Schelmball
Schlagball
Schleuderball
Schneeball
Seeball
Sonnenball
Springball
Steinball
Waidball
Weltball
Windball
der Ball
Abendball
Adelsball
Bauernball
Bürgerball
Ehrenball
Ernteball
Familienball
Faschingsball
Freyball
Hausball
Hofball
Hochzeitsball

Kinderball
Kirmesball
Kramerball
Larvenball
Maskenball
Privatball
der *Cavall*
drall
— Drall
— Dwall
— Fall
Abfall
Glaubensabfall
Münzabfall
Obstabfall
Traubenabfall
Anfall
Fieberanfall
Gichtanfall
Räuberanfall
Anredefall
Aschenfall
Ausfall
Beyfall
Menschenbeyfall
Baumfall
Bergfall
Beziehungsfall
Bramfall
Biegefall
Centfall
Criminalfall
Durchfall
Ehrenfall
Einfall
Plotzeinfall
Erdfall
Felsenfall
Flufsfall
Fraifsfall
Fraischfall
Freundschaftsfall
Fufsfall
Gebefall
Gegenfall
Gegenstandsfall
Geschlechtsfall
Gewandfall
Gewissensfall
Glücksfall
Unglücksfall
Haarfall
Hauptfall
Heimfall
Herunterfall
Hinfall
Hinterfall
Jahresfall
Klagefall
Klemmfall
Kniefall
Kriegsfall

Laubfall
Lehnsfall
Oberlehnsfall
Unterlehnsfall
Losfall
Mifsfall
Murmelfall
Nachfall
Nennfall
Niederfall
Nothfall
Personenfall
Probefall
Rechtsfall
Reimfall
Rheinfall
Rückfall
Ruffall
Schadfall
Schleufsenfall
Schlickfall
Schlufsfall
Schoofsfall
Schwerfall
Steinfall
Sterbefall
Sternfall
Straffall
Sündenfall
Todesfall
Todfall
Tonfall
Trauerfall
Trennungsfall
Tropfenfall
Ueberfall
Umfall
Unfall
Verfall
Sittenverfall
Verunglimpfungsf.
Viehfall
Vorfall
Augenvorfall
Augapfelvorfall
Augenliedervorfall
Blasenvorfall
Gebärmuttervorf.
Gedärmvorfall
Hornhautvorfall
Zwischenvorfall
Wasserfall
Wechselfall
Weigerungsfall
Windfall
Wogenfall
Wortfall
Würfelfall
Zentfall
Zeugefall
Zurückfall
Zusammenfall

Zwischenfall
knall und fall
Dr. Gall
der Gall
Steingall
gall
der Girall
— Hall
Anhall
Donnerhall
Drommetenhall
Gegenhall
Mifshall
Nachhall
Rückhall
Seufzerhall
Trauerhall
Verhall
Wechselhall
Wiederhall
Zauberhall
Hall
Reichenhall
Friedrichshall
das Intervall
der Knall
Büchsenknall
Donnerknall
Flintenknall
Kanonenknall
Peitschenknall
Pulverknall
— Krall
— Krystall
Bergkrystall
Bleykrystall
Eisenarsenikkrystall
Gypskrystall
Goldkrystall
Grünspankrystall
Honigsteinkrystall
Kupferkrystall
Milchkrystall
Salzkrystall
Silberkrystall
Smaragdkrystall
Spatkrystall
Kalkspatkrystall
Topaskrystall
Trillingkrystall
Vitriolkrystall
Weinsteinkrystall
Wifsmuthkrystall
Zauberkrystall
Zepterkrystall
Zinnkrystall
Zwillingskrystall
die Mall
Steuermall
mall
der Marschall

Ehrenmarschall
Erzmarschall
Feldmarschall
Futtermarschall
Groſsmarschall
Hausmarschall
Hofmarschall
Landmarschall
Leichenmarschall
Reisemarschall
Trauermarschall
Untermarschall
das Metall
Arsenikmetall
Barytmetall
Braunsteinmetall
Ganzmetall
Glockenmetall
Halbmetall
Kanonenmetall
Katzenmetall
Prinzmetall
Quickmetall
Rothmetall
Schriftgieſsermetall
Schwefelmetall
Spieſsglasmetall
Wasserbleymetall
Wolframmetall
die Nachtigall
Afternachtigall
Baumnachtigall
Mauernachtigall
Trutznachtigall
Wassernachtigall
der Prall
Abprall
Anprall
Rückprall
Wiederprall
prall
der Quall
— Schall
Drommetenschall
Gegenschall
Gewitterschall
Hörnerschall
Misschall
Paukenschall
Posaunenschall
Rückschall
Schellenschall
Trompetenschall
Urschall
Wiederschall
Zauberschall
das Geschall
der Schwall
Actenschwall
Sündenschwall
Meerschwall
Ueberschwall
Volksschwall
Wogenschwall
Wortschwall
der Seneschall
— Sprall
— Stall
Beystall
Bockstall
Entenstall
Eselstall
Futterstall
Fohlenstall
Gänsestall
Holzstall
Hünerstall
Hundestall
Kühstall
Lämmerstall
Lauterstall
Marstall
Maststall
Miethstall
Nothstall
Ochsenstall
Pfandstall
Pferdestall
Poststall
Reitstall
Rinderstall
Roſsstall
Saustall
Schafstall
Schoppstall
Schuttstall
Schweinstall
Viehstall
Weiberstall
Wirthsstall
der Vasall
Aftervasall
Kronvasall
Vauxhall
Anton Wall
der Wall
Aufwall
Auſsenwall
Burgwall
Erdwall
Felsenwall
Festungswall
Gegenwall
Grenzwall
Hauptwall
Hinterwall
Kanonenwall
Lagerwall
Leichenwall
Mauerwall
Mittelwall
Nebenwall
Oppenwall
Pfahlwall
Querwall
Rasenwall
Riesenwall
Roſswall
Ruſswall
Schieſswall
Schirmwall
Schloſswall
Schutzwall
Springwall
Stadtwall
Steinwall
Stückwall
Unterwall
Upperwall
Vorwall
Wasenwall
Zwerchwall
Zwischenwall
Achenwall
Heimdall
Passe-balle
Wraxall

álla

Allah
Abdallah
Caracalla
Galla (*auch* Gala)
Dorfgalla
Hofgalla
Guastalla
die *Palla* (corporalis)
lucida intervalla
per intervalla
Laurentius Valla
Walhalla

álla's

Allah's
Abdallah's
Caracalla's
Dallas
Guastalla's
Gallas
Pallas
Walhalla's

állbret

das Fallbret
— Schallbret
[d'Albret]

álle

Alle
dem Alle
— Balle
ich balle
das Geballe
dem Cavalle

die Dralle
— dralle
dem Dwalle
— Falle
ich falle
— gefalle
das Gefalle
die Falle
Afterfalle
Baumfalle
Brachfalle
Dachsfalle
Fliegenfalle
Flohfalle
Fuchsfalle
Gimpelfalle
Marderfalle
Mäusefalle
Maulwurfsfalle
Rattenfalle
Schlagefalle
Wolfsfalle
— knall und falle
— Galle
Ackergalle
Achatgalle
Erdgalle
Fischgalle
Floſsgalle
Fluſsgalle
Glasgalle
Harzgalle
Herzensgalle
Himmelsgalle
Ochsengalle
Ottergalle
Regengalle
Rindsgalle
Sandgalle
Steingalle
Theergalle
Thongalle
Wassergalle
Weingalle
Wettergalle
Windgalle
ich vergalle
dem Galle
der Giralle
die Halle
Begräbnishalle
Bethalle
Börsenhalle
Bogenhalle
Bücherhalle
Bundeshalle
Ehrenhalle
Fleischhalle
Freymaurerhalle
Fürstenhalle
Heldenhalle
Kirchenhalle
Klosterhalle
Königshalle
Kunsthalle
Leichenhalle
Marmorhalle
Säulenhalle
Sternenhalle
Tempelhalle
Tuchhalle
Vorhalle
Waarenhalle
Waffenhalle
Waffenübungshalle
dem Halle
ich halle
das Gehalle
Halle
dem Intervalle
— Knalle
ich knalle
das Geknalle
die Koralle
Augenkoralle
Bernsteinkoralle
Blutkoralle
Cadixkoralle
Dornkoralle
Gehirnkoralle
Gewürznägelkoralle
Glaskoralle
Hirschgeweih-
Hökerkoralle
Hornkoralle
Ingwerkoralle
Jungferkoralle
Kalkkoralle
Kettenkoralle
Lederkoralle
Netzkoralle
Punctkoralle
Spitzenkoralle
Rüderkoralle
Röhrenkoralle
Zellenkoralle
Zuckerkoralle
dem Kralle
die Kralle
Adlerkralle
Geyerkralle
Habichtskralle
Katzenkralle
Teufelskralle
Tigerkralle
Vogelkralle
ich kralle
das Gekralle
die Krystalle
ich lalle
das Gelalle
die malle
ich malle
der Malle
die Metalle
— Palle
Stellpalle
dem Pralle
ich pralle
das Gepralle
die pralle
— Qualle
Haarqualle
ich ralle
die Ralle
Erdralle
Wasserralle
— Salle
dem Schalle
ich schalle
— schnalle
das Geschnalle
die Schnalle
Abzugsschnalle
Armschnalle
Bauchschnalle
Bauchgurtschnalle
Einfallschnalle
Fallschnalle
Gürtelschnalle
Gurtschnalle
Halsschnalle
Hosenschnalle
Hutschnalle
Leibschnalle
Messingschnalle
Riemenschnalle
Riemerschnalle
Rippenschnalle
Schuhschnalle
Silberschnalle
Stahlschnalle
Steinschnalle
Stiefelschnalle
Stirnschnalle
Thürschnalle
Trauerschnalle
dem Schwalle
ich schwalle
im Stalle
ich stalle
— bestalle
das Gestalle
ich walle
das Gewalle
dem Walle
die Wegewalle

[Lamballe]

allem

allem
drallem
knall und fallem

gallem
mallem
prallem

allen

allen
den Ballen
Aschballen
Bücherballen
Leinwandballen
Lohballen
Papierballen
Tabaksballen
Tuchballen
Tupfballen
Waarenballen
Zinnballen
der Ballen
Buchdruckerballen
Druckerballen
Fuſsballen
Gemsballen
Handballen
Reibeballen
die Vierballen
ballen
anballen
aufballen
ausballen
einballen
entballen
zusammenballen
den *Cavallen*
die Drallen
— drallen
fallen
abfallen
anfallen
auffallen
ausfallen
befallen
beyfallen
dahinfallen
durchfallen
einfallen
entfallen
erfallen
fortfallen
gefallen
heimfallen
herfallen
hinfallen
hinterfallen
losfallen
mitfallen
nachfallen
niederfallen
überfallen
umfallen
unterfallen
verfallen
vorfallen
wegfallen
zerfallen
zufallen
zurückfallen
zusammenfallen
die Fallen
gefallen
das Gefallen
Miſsgefallen
Rechtgefallen
Selbstgefallen
Wohlgefallen
abgefallen
verfallen
vorgefallen
gallen
ausgallen
vergallen
die Gallen
St. Gallen
— gallen
— Girallen
hallen
abhallen
aufhallen
aushallen
durchhallen
enthallen
erhallen
forthallen
miſshallen
nachhallen
niederhallen
rückhallen
umhallen
verhallen
wiederhallen
zurückhallen
die Hallen
in Intervallen
knallen
abknallen
anknallen
aufknallen
erknallen
losknallen
nachknallen
verknallen
wegknallen
zerknallen
den Knallen
die Korallen
den Krallen
die Krallen
krallen
abkrallen
ankrallen
aufkrallen
auskrallen
einkrallen
erkrallen
loskrallen
mitkrallen
nachkrallen
überkrallen
umkrallen
verkrallen
wegkrallen
zerkrallen
zukrallen
zurückkrallen
zusammenkrallen
den Krystallen
krystallen
lallen
anlallen
einlallen
fortlallen
mitlallen
nachlallen
vorlallen
zulallen
die Mallen
mallen
vermallen
— mallen
den Metallen
metallen
die Nachtigallen
den Pallen
— Prallen
prallen
abprallen
anprallen
aufprallen
ausprallen
entgegenprallen
losprallen
nachprallen
rückprallen
überprallen
vorprallen
wegprallen
zurückprallen
die prallen
— Quallen
— Rallen
rallen
— Sallen
schallen
aufschallen
ausschallen
durchschallen
emporschallen
entgegenschallen
entschallen
erschallen
auferschallen
auserschallen
fortschallen
herschallen
hinschallen
miſsschallen
mitschallen

nachschallen
niederschallen
rückschallen
überschallen
umschallen
umherschallen
verschallen
vorschallen
wegschallen
wiederschallen
zurückschallen
den Schallen
schmallen
schnallen
abschnallen
anschnallen
aufschnallen
ausschnallen
einschnallen
fortschnallen
losschnallen
mitschnallen
nachschnallen
überschnallen
umschnallen
unterschnallen
wegschnallen
zuschnallen
zurückschnallen
zusammenschnallen
die Schnallen
stallen
aufstallen
ausstallen
bestallen
blutstallen
einstallen
mitstallen
umstallen
umherstallen
zusammenstallen
wallen
abwallen
anwallen
aufwallen
auswallen
bewallen
dahinwallen
durchwallen
emporwallen
entgegenwallen
fortwallen
herwallen
hinwallen
lustwallen
nachwallen
niederwallen
überwallen
umwallen
umherwallen
verwallen
vorwallen
vorbeywallen
wegwallen
zuwallen
zurückwallen
das Erdenwallen

allend

ballend
fallend
gefallend
vergallend
hallend
knallend
krallend
lallend
mallend
prallend
rallend
schallend
schmallend
schnallend
stallend
bestallend
wallend

allens

des Ballens
Zusammenballens
— Fallens
Gefallens
— Vergallens
— Hallens
— Knallens
— Krallens
— Lallens
— Mallens
— Prallens
— Rallens
— Schallens
— Schmallens
— Schnallens
— Stallens
Bestallens
— Wallens
Erdenwallens

aller

in aller
die *Aller*
aller
ein draller
der Faller
— Einfaller
ein galler
— *St. Galler*
Haller
der Wiederhaller
das Geknaller
ein Kraller
— maller
der Praller
ein praller
der Staller
Marstaller
Unterstaller
— Waller
Erdenwaller
die Weisaller

allern

einen draller'n
den Fallern
— Einfallern
— *St. Gallern*
einen galler'n
den Wiederhallern
— knallern
— Krallern
einen maller'n
den Prallern
einen prallern
den Stallern
Marstallern
Unterstallern
— Wallern
Erdenwallern
die Weisallern

allers

des Fallers
Einfallers
ein draller's
— gallers
eines *St. Gallers*
Hallers
des Geknallers
— Krallers
— Wiederhallers
ein maller's
des Prallers
ein praller's
des Stallers
Marstallers
Unterstallers
— Wallers
Erdenwallers

allert

die Gallert'
der Magen knallert

alles

alles
mein Alles!
der Mach-alles
des Alles
— Balles
— *Cavalles*
ein dralles
des Dralles
— Dwalles
— Falles
— Galles

ein galles
des Giralles
— Halles
— Intervalles
— Knalles
Geknalles
— Kralles
Gekralles
— Krystalles
— Marschalles
— Metalles
— Pralles
ein pralles
des Qualles
— Schalles
Geschalles
— Schwalles
— Seneschalles
— Spralles
— Stalles
— *Vauxhalles*
— Walles

allest

du ballest
— drallest
— fallest
— gefallest
— vergallest
— hallest
— knallest
— krallest
— lallest
— mallest
mallest
— prallest
prallest
— rallest
— schallest
— schnallest
— schwallest
— stallest
— bestallest
— wallest

allet

er ballet
ihr fallet
— gefallet
er vergallet
es hallet
— knallet
er krallet
— lallet
— mallet
— prallet
— rallet
es schallet
er schnallet
— schwallet
— stallet
— bestallet
— wallet

allheit

die Allheit
— Drallheit
— Prallheit

[Ballhorn]

allicht

gallicht
krallicht
metallicht

[Gallien]

allig

ballig
drallig
krummdrallig
gallig
schwarzgallig
wassergallig
hallig
lauthallig
mißhallig
weithallig
krallig
langkrallig
krystallig
metallig
prallig
schwallig

allis

Wallis
Wallis
Cornwallis
lucidis intervallis

allisch

gallisch
hallisch
krystallisch
metallisch
vasallisch

allne

die gefall'ne
— krystallne
— metallne

allnem u. allnen

die gefallnen
— krystallnen
— metallnen

allner

ein gefallner
— krystallner
— metallner

allnes

ein gefallnes
— krystallnes
— metallnes

allo

de Cavallo
Gallo
Giallo (antico)
Hallo
Papagallo

allor

der *Pallor*
ni fallor

[Cevallos
Callot]

alls — als

des Alls
— Balls
— *Cavalls*
— Dralls
— Dwalls
— Falls
falls
allenfalls
andernfalls
äusserstenfalls
ausserordentlichen-
besagtenfalls
bestenfalls
beydenfalls
desfalls
diesenfalls
ebenfalls
einzigenfalls
ersten- 2ten- *etc.*
erwähntenfalls
gedachtenfalls
gegenfalls
gegebenenfalls
gleichenfalls
gutenfalls
höchstenfalls
jedenfalls
meistenfalls
mehrstenfalls
schlimmenfalls
schlimmstenfalls
solchenfalls
welchenfalls
wesfalls
widrigenfalls
Dr. Galls
des Galls
— Giralls
— Halls
— Intervalls
— Knalls
Geknall's
— Kralls
Gekrall's
— Krystalls
— Marschalls
— Metalls
— Pralls
— Qualls

des Schalls
Geschalls
— Schwalls
— Seneschalls
— Schralls
— Stalls
— *Vauxhalls*
— Walls
als
Belials
Carnevals
Escurials
der Hals
Ankerhals
Blasenhals
Dickhals
Drehhals
Flaschenhals
Füllhals
Geigenhals
Geizhals
Erzgeizhals
Hirschhals
Kellerhals
Langhals
Schiefhals
Schlangenhals
Schreyhals
Schwanenhals
Speckhals
Starrhals
Steifhals
Taubenhals
Wagehals
Wendehals
Windehals
Hannibals
des Madrigals
— *Martingals*
Portugals
Senegals

állst

du ballst
— fall'st
— gefall'st
— vergallst
— hallst
— knallst
— krallst
— lallst
— mallst
— prallst
— rallst
— schallst
— schnallst
— schwallst
— stallst
— bestallst
— wallst

állsucht

die Fallsucht
— Gallsucht
— Gefallsucht

állt — álts

er ballt
ihr fallt
— gefallt
— vergallt
— hallt
— knallt
— krallt
— lallt
— mallt
— prallt
— rallt
— schallt
— schnallt
— schwallt
— stallt
— bestallt
wohlbestallt
— wallt
alt
gleichalt
jahresalt
minutenalt
mondenalt
secundenalt
steinalt
stockalt
stundenalt
überalt
uralt
voralt
wochenalt
der Alt
Contrealt
die *Alt*
der Anwalt
Afteranwalt
Armenanwalt
Burschanwalt
Hofanwalt
Schutzanwalt
Teufelsanwalt
— Asphalt
Retinasphalt
— Basalt
Tafelbasalt
— Ehehalt
mannigfalt
— Mannigfalt
die Einfalt
Taubeneinfalt
— Sorgfalt
— Vielfalt
es galt
entgalt
vergalt

der Halt
Abhalt
Anhalt
Aufhalt
Aufenthalt
Sommeraufenthalt
Winteraufenthalt
Behalt
Vorbehalt
Gedankenvorbeh.
Einhalt
Enthalt
Vorenthalt
Gegenhalt
Gehalt
Bleygehalt
Dienstgehalt
Ehrengehalt
Eisengehalt
Erzgehalt
Feingehalt
Flächengehalt
Geldgehalt
Gnadengehalt
Goldgehalt
Herdgehalt
Jahrgehalt
Kupfergehalt
Monatsgehalt
Ruhegehalt
Silbergehalt
Verdienstgehalt
Vierteljahrsgehalt
Vollgehalt
Wittwengehalt
Wochengehalt
Würfelgehalt
Haushalt
Hinterhalt
Inhalt
Flächeninhalt
Hauptinhalt
Sachinhalt
Würfelinhalt
Zeitinhalt
Nachhalt
Obhalt
Rückenhalt
Sinnrückhalt
Unterhalt
Lebensunterhalt
Verhalt
Vorhalt
Wiederhalt
zusammenhalt
halt!
die Gestalt
Apfelgestalt
Baumgestalt
Blüthengestalt
Cirkelgestalt

Eigestalt
Engelgestalt
Erdgestalt
Felsengestalt
Fratzengestalt
Frauengestalt
Freudengestalt
Furchtgestalt
Geistergestalt
Gespenstergestalt
Göttergestalt
Grabgestalt
Gräuelgestalt
Groſsgestalt
Hauptgestalt
Heldengestalt
Himmelsgestalt
Höllengestalt
Hünengestalt
Huldgestalt
Hungergestalt
Jammergestalt
Jünglingsgestalt
Jugendgestalt
Kegelgestalt
Kunstgestalt
Lebensgestalt
Lichtgestalt
Lügengestalt
Luftgestalt
Luggestalt
Lustgestalt
Mädchengestalt
Männergestalt
Mannsgestalt
Menschengestalt
Miſsgestalt
Mondgestalt
Muttergestalt
Nachtgestalt
Naturgestalt
Nebelgestalt
Nebengestalt
Rehgestalt
Riesengestalt
Rosengestalt
Schattengestalt
Scheingestalt
Scheugestalt
Schreckengestalt
Schwebegestalt
Spuckgestalt
Strahlengestalt
Thiergestalt
Todesgestalt
Traumgestalt
Truggestalt
Ungestalt
Vielgestalt
Vogelgestalt
Waldgestalt

Weibsgestalt
Wohlgestalt
Wundergestalt
Zaubergestalt
Zwerggestalt

gestalt
ausgestalt
ungestalt
wohlgestalt
dergestalt
diesergestalt
keinergestalt
solchergestalt
sogestalt
welchergestalt

die Gewalt
Alleingewalt
Allgewalt
Eigengewalt
Gegengewalt
Göttergewalt
Gottesgewalt
Grundgewalt
Heeresgewalt
Herrschergewalt
Herzensgewalt
Kriegsgewalt
Landesgewalt
Leibesgewalt
Machtgewalt
Menschengewalt
Naturgewalt
Obergewalt
Reichsgewalt
Regierungsgewalt
Richtergewalt
Riesengewalt
Rückgewalt
Scheingewalt
Seelengewalt
Selbstgewalt
Siegergewalt
Strafgewalt
Todesgewalt
Todtengewalt
Uebergewalt
Vollgewalt
Waffengewalt
Zaubergewalt
Zeitgewalt

der Selbwalt
Gottwalt

kalt
brennendkalt
dreckkalt
eiskalt
feuchtkalt
fieberkalt
grimmigkalt
grimmkalt
leichenkalt
naſskalt
schauerkalt
todtenkalt
unkalt

der Kobalt
Blaufarbenkobalt
Drusenkobalt
Erdkobalt
Farbenkobalt
Festungskobalt
Glanzkobalt
Glaskobalt
Graupenkobalt
Lederkobalt
Näpfchenkobalt
Ruſskobalt
Sandkobalt
Scherbenkobalt
Schlackenkobalt
Speisekobalt
Spiegelkobalt
Schirlkobalt
Schwefelkobalt
Wackenkobalt

der Spalt
Baumspalt
Beinspalt
Breterspalt
Dielenspalt
Erdenspalt
Federspalt
Felsenspalt
Gegenspalt
Haarspalt
Liberspalt
Luftröhrenspalt
Luftspalt
Thürspalt
Wandspalt
Zwiespalt

die Anstalt
Armenanstalt
Ausbreitungsanstalt
Badeanstalt
Bauanstalt
Beerdigungsanstalt
Bekehrungsanstalt
Bibelanstalt
Bildungsanstalt
Brunnenanstalt
Curanstalt
Entbindungsanstalt
Erziehungsanstalt
Festanstalt
Feueranstalt
Flöſsanstalt
Forstanstalt
Fortpflanzungsanst.
Gegenanstalt
Hauptanstalt
Heilanstalt

Impfanstalt
Lehranstalt
Forstlehranstalt
Leseanstalt
Löschungsanstalt
Mädchenanstalt
Milchanstalt
Missionsanstalt
Münzanstalt
Ordnungsanstalt
Rettungsanstalt
Schauanstalt
Schulanstalt
Schullehreranstalt
Sicherheitsanstalt
Sicherungsanstalt
Unterstützungsanst.
Vermehrungsanstalt
Vernichtungsanstalt
Verpfleganstalt
Verpflegungsanstalt
Versicherungsanst.
Feuerversicher.
Hagelversicher.
Waarenversicher.
Voranstalt
Waisenanstalt
Weckanstalt
Wehranstalt
Werbeanstalt
Anhalt

ällte — älte

er ballte
— vergallte
es hallte
— knallte
— krallte
— lallte
— mallte
— prallte
— rallte
— schallte
— schnallte
— schwallte
— stallte
— bestallte
der Landesbestallte
Wohlbestallte
er wallte
— überwallte
die Alte
der Alte
Oberalte
ich alte
— veralte
dem Alte
— Asphalte
— Anwalte
— Basalte
— Ehehalte
die Falte
Altersfalte
Gesichtsfalte
Herzensfalte
Kummerfalte
Rockfalte
Sorgenfalte
Stirnfalte
Zornfalte
Zweifelsfalte
ich falte
das Gefalte
die Halte
ich halte
im Halte
die kalte
ich erkalte
— schalte
die Schmalte
ich spalte
im Spalte
die Spalte
Augenhöhlenspalte
Hornspalte
Keilbeinkieferspalte
Mundspalte
Ochsenspalte
Thürspalte
Wandspalte
das Gespalte
ich gestalte
— veranstalte
— verunstalte
— walte
die Walte

ällten — älten

sie ballten
— vergallten
— hallten
— knallten
— krallten
— lallten
— mallten
— prallten
— rallten
— schallten
— schnallten
— schwallten
— stallten
die wohlbestallten
sie wallten
— überwallten
die Alten
Oberalten
veralten
beym Alten
die Falten
falten
auffalten
ausfalten
durchfalten
einfalten
entfalten
nachfalten
zusammenfalten
zwiefalten
sie galten
halten
abhalten
anhalten
aufhalten
aushalten
behalten
abbehalten
anbehalten
beybehalten
einbehalten
innebehalten
umbehalten
vorbehalten
zurückbehalten
zusammenbehalten
beyhalten
buchhalten
dabeyhalten
dafürhalten
daranhalten
dazuhalten
durchhalten
einhalten
emporhalten
enthalten
aufenthalten
vorenthalten
entgegenhalten
erhalten
forthalten
gegenhalten
gegen einander-
geheimhalten
genehmhalten
haushalten
herhalten
hinhalten
hinterhalten
innehalten
mithalten
nachhalten
niederhalten
probehalten
schadloshalten
überhalten
unterhalten
verhalten
vorhalten
weghalten
wiederhalten
worthalten
zuhalten
zurückhalten
zusammenhalten
gehalten
ungehalten

das Verhalten
Mifsverhalten
Uebelverhalten
Wohlverhalten
— Viehhalten
Hundeviehhalten
Schafviehhalten *etc.*
die kalten
kalten
auskalten
erkalten
überkalten
verkalten
schalten
daherschalten
durchschalten
einschalten
einherschalten
nachschalten
— Schmalten
— Spalten
spalten
abspalten
anspalten
aufspalten
ausspalten
durchspalten
entzweyspalten
fortspalten
haarspalten
losspalten
mitspalten
nachspalten
verspalten
vorspalten
wegspalten
zerspalten
zuspalten
gespalten
— Gestalten
gestalten
abgestalten
mifsgestalten
nachgestalten
umgestalten
vergestalten
vorgestalten
verunstalten
bey so gestalten
die mifsgestalten
— ungestalten
— wohlgestalten
— Anstalten
veranstalten
walten
abwalten
anwalten
aufwalten
auswalten
fortwalten
mitwalten
nachwalten
obwalten
sachwalten
selbwalten
überwalten
umwalten
verwalten
vorwalten
das Walten
Mühwalten

altend

altend
veraltend
faltend
haltend
anhaltend
erhaltend
nachhaltend
probehaltend
unterhaltend
wachhaltend
warmhaltend
wasserhaltend
welterhaltend
worthaltend
zurückhaltend
erkaltend
schaltend
spaltend
gestaltend
veranstaltend
waltend

altens

des Veraltens
— Faltens
— Haltens
— Erkaltens
— Schaltens
— Spaltens
— Gestaltens
— Veranstaltens
— Waltens

allter — alter

mit geballter
ein vergallter
— verhallter
— zerknallter
— zerkrallter
— gelallter
— gemallter
— abgeprallter
— erschallter
— geschnallter
— geschwallter
— bestallter
— überwallter
ein Alter
das Alter
Amtsalter
Beförderungsalter
Blüthenalter
Folgealter
Frauenalter
Frühlingsalter
Geschlechtsalter
Greisenalter
Heldenalter
Heirathsalter
Jugendalter
Jünglingsalter
Kindesalter
Knabenalter
Lebensalter
Lenzalter
Mädchenalter
Mannesalter
Menschenalter
Mittelalter
Ordensalter
Ritteralter
Rosenalter
Schwabenalter
Sprachalter
Sternenalter
Weltalter
Weltenalter
Wiegenalter
Zeitalter
goldnes Alter *etc.*
der Falter
Nachtfalter
Tagfalter
Zweyfalter
— Halter
Anhalter
Aufhalter
Bankhalter
Barkhalter
Betthalter
Blatthalter
Blitzstoffhalter
Bolzenhalter
Bruchhalter
Buchhalter
Grundbuchhalter
Hofbuchhalter
Deichhalter
Erhalter
Allerhalter
Volkerhalter
Welterhalter
Fadenhalter
Feilenhalter
Fischhalter
Gasthalter
Gerichtshalter
Haushalter
Karpfenhalter
Kniehalter

Lichthalter
Lufthalter
Nachhalter
Nadelhalter
Pfauhalter
Pflughalter
Platzhalter
Posthalter
Potthalter
Rippenhalter
Rückenhalter
Saitenhalter
Samenhalter
Schiffhalter
Schildhalter
Schreinhalter
Schrifthalter
Schulhalter
Schutzhalter
Schweinhalter
Sorghalter
Spiegelhalter
Spielhalter
Spornhalter
Stabhalter
Stammhalter
Statthalter
Unterstatthalter
Stockhalter
Stundenhalter
Taghalter
Theekesselhalter
Unterhalter
Wachhalter
Wagehalter
Wagenhalter
Wappenhalter
Warthalter
Wasserhalter
Weinhalter
Worthalter
Zeithalter
Zuchthalter
ein kalter
der Malter
— Psalter
— Schalter
— Spalter
Haarspalter
Holzspalter
Lichtspalter
Rohrspalter
Strahlenspalter
Strohspalter
— Spialter
— Umgestalter
— Veranstalter
ein wohlgestalter
der Talter
— Walter
Obwalter
Sachwalter
Schatzwalter
Selbwalter
Stellwalter
der Verwalter
Amtsverwalter
Amtsrentverwalter
Bauverwalter
Bergamtsverwalter
Bernsteinverwalter
Beschlagsverwalter
Brotverwalter
Floſsverwalter
Forstverwalter
Gerichtsverwalter
Gestütverwalter
Handelsverwalter
Hausverwalter
Hofverwalter
Holzverwalter
Hüttenverwalter
Kanzleyverwalter
Kassenverwalter
Klosterverwalter
Landesverwalter
Postverwalter
Rechtsverwalter
Reichsverwalter
Rentverwalter
Salzverwalter
Schloſsverwalter
Schulverwalter
Spitalverwalter
Staatsverwalter
Steuerverwalter
Stiftungsverwalter
Strandverwalter
Vermögensverwalt.
Vorrathsverwalter
Zollverwalter
Walter
[Alter *ego*]

áltern

altern
mitaltern
nachaltern
veraltern
den Faltern
Nachtfaltern
Tagfaltern
— Haltern
statthaltern
— Maltern
maltern
— Psaltern
— Schaltern
— Spaltern
— Spialtern
— Umgestaltern
— Veranstaltern
ein ungestalter'n
den Taltern
die Taltern
den Waltern
Verwaltern

álternd

alternd
malternd
statthalternd

álterns

des Alterns
— Malterns
— Statthalterns

álters

des Alters
vor Alters
des Nachtfalters
— Halters
— Malters
— Psalters
— Schalters
— Spalters
— Spialters
— Umgestalters
— Veranstalters
ein wohlgestalter's
des Walters
Verwalters

álterst

du alterst
— malterst
— statthalterst

áltert

er altert
— maltert
— statthaltert

áltes — áltes

ein zusammengeballtes
— vergalltes
— verhalltes
— zerknalltes
— zerkralltes
— gelalltes
— gemalltes
— erschalltes
— geschnalltes
— geschwalltes
— eingestalltes
— bestalltes
— überwalltes
— altes
des Asphaltes
— Anwaltes
— Basaltes
— Ehehaltes
— Gefaltes
— Haltes
ein kaltes

des Kobaltes
— Spaltes
Gespaltes

álltest — áltest

du balltest
— vergalltest
— halltest
— knalltest
— kralltest
— lalltest
— malltest
— ralltest
— schalltest
— schnalltest
— schwalltest
— stalltest
— bestalltest
— walltest
— überwalltest
— altest
— veraltest
— faltest
— galtest
— haltest
— erkaltest
— schaltest
— spaltest
— gestaltest
— veranstaltest
— waltest
— verwaltest

álltet — áltet

ihr balltet
— vergalltet
— verhalltet
— zerknalltet
— kralltet
— lalltet
— malltet
— erschalltet
— schnalltet
— schwalltet
— stalltet
— bestalltet
— veraltet
— faltet
— galtet
— haltet
— erkaltet
— schaltet
— spaltet
— waltet
— verwaltet

[Schah - Allum
fall' um!]

állung

die Zusammenballung
— Vergallung
die Zerfallung
— Verhallung
— Zerknallung
— Zerkrallung
— Lallung
— Mallung
— Prallung
— Rallung
— Erschallung
— Schnallung
— Schwallung
— Stallung
Generalstallung
— Wallung
Blutwallung
— Umwallung
Gegenumwallung
Lichtumwallung

állus

der *Callus*
ein *Gallus*
Archigallus
— *Phallus*

ally

Lally
Sally
Wally

álm

die Alm
der Balm
Sandbalm
der Halm
Beyhalm
Binsenhalm
Eckenhalm
Großhalm
Kantenhalm
Rohrhalm
Sandhalm
Schachtelhalm
Schafthalm
Strohhalm
der Kalm
kalm
— Malm
— Palm
die Palm'
der Psalm
Bußpsalm
Ruhepsalm
Siegespsalm
Staffelpsalm
Stufenpsalm
Trauerpsalm
Trostpsalm
der Qualm
Dampfqualm
Kohlenqualm
Pestqualm
Pulverqualm
Schwefelqualm
Tabaksqualm
Wissensqualm
der Salm
Karpfensalm
Rheinsalm
Stinksalm
Würfelsalm
— Schalm
— Schwalm
— Spalm
— Twalm
— Walm

[Palm
Salm]

álma

Alma (mater)
Palma
der *Sphalma*
Talma

álme

die Alme
dem Balme
— Halme
ich halme
dem Kalme
kalme
ich kalme
dem Malme
ich zermalme
— bepalme
dem Palme
die Palme
Arekapalme
Cocospalme
Dattelpalme
Dulderpalme
Fächerpalme
Friedenspalme
Kohlpalme
Oelpalme
Osterpalme
Pflaumenpalme
Schirmpalme
Siegespalme
Streichpalme
Tannenpalme
Weidenpalme
Weinpalme
Zwergpalme
dem Psalme
ich psalme
das Gepsalme
dem Qualme
ich qualme
das Gequalme
dem Salme
— Schalme
ich beschalme
— spalme

ich talme
— walme

älmen

die Almen
den Balmen
— Halmen
halmen
kalmen
bekalmen
— Malmen
malmen
niedermalmen
vermalmen
zermalmen
die Palmen
palmen
bepalmen
den Psalmen
psalmen
qualmen
anqualmen
aufqualmen
ausqualmen
bequalmen
durchqualmen
emporqualmen
entqualmen
fortqualmen
nachqualmen
überqualmen
umqualmen
unterqualmen
verqualmen
vorqualmen
zuqualmen
den Salmen
— Schalmen
schalmen
abschalmen
anschalmen
ausschalmen
zuschalmen
den Schwalmen
— Spalmen
spalmen
talmen
den Walmen
walmen

älmend

halmend
kalmend
malmend
palmend
bepalmend
psalmend
qualmend
schalmend
spalmend
talmend
walmend

älmens

des Halmens
— Kalmens
— Malmens
— Palmens
— Bepalmens
— Psalmens
— Qualmens
— Schalmens
— Spalmens
— Talmens
— Walmens

älmer

die Almer
— Brotalmer
ein kalmer
der Zermalmer
ein Qualmer

älmern

die Almern
den Brotalmern
einen kalmer'n
den Zermalmern
— Qualmern

älmers

ein kalmer's
des Zermalmers
— Qualmers

älmes

des Balmes
— Halmes
— Kalmes
— Malmes
— Palmes
— Psalmes
— Gepsalmes
— Qualmes
— Gequalmes
— Salmes
— Schalmes
— Schwalmes
— Spalmes
— Twalmes
— Walmes

älmest

du halmest
— kalmest
— malmest
— palmest
— bepalmest
— psalmest
— qualmest
— schalmest
— spalmest
— talmest
— walmest

älmet

es halmet
— kalmet
— malmet
— palmet
— bepalmet
— psalmet
— qualmet
— schalmet
— spalmet
— talmet
— walmet

älmey

der Almey
— Galmey
die Schalmey'

älmig

halmig
dichthalmig
dickhalmig
dünnhalmig
kurzhalmig
langhalmig
vielhalmig
malmig
qualmig
[ophthalmisch]

älms

des Balms
— Halms
— Kalms
— Malms
— Palms
— Psalms
— Gepsalm's
— Qualms
— Gequalm's
— Salms
— Schalms
— Schwalms
— Spalms
— Twalms
— Walms

älmst

du halmst
— kalmst
— malmst
— palmst
— bepalmst
— psalmst
— qualmst
— schalmst
— spalmst
— talmst
— walmst

álmt

es halmt
behalmt
— kalmt
— malmt
— palmt
— bepalmt
— psalmt
— qualmt
— schalmt
— spalmt
— talmt
— walmt

álmte

es halmte
— kalmte
die Kalmte
er malmte
— palmte
— bepalmte
— psalmte
— qualmte
— schalmte
— spalmte
— talmte
— walmte

álmten

die behalmten
sie kalmten
— malmten
— palmten
— bepalmten
— psalmten
— qualmten
— schalmten
— spalmten
— talmten
— walmten

álmter

ein behalmter
— zermalmter
— bepalmter
— bequalmter
— abgeschalmter
— gewalmter

álmtes

ein behalmtes
— zermalmtes
— bepalmtest
— bequalmtes
— verqualmtes
— angeschalmtes
— gewalmtes

álmtest

du halmtest
— kalmtest
— malmtest
du palmtest
— bepalmtest
— psalmtest
— qualmtest
— schalmtest
— spalmtest
— talmtest
— walmtest

álmtet

ihr halmtet
— kalmtet
— malmtet
— palmtet
— bepalmtet
— psalmtet
— qualmtet
— schalmtet
— spalmtet
— talmtet
— walmtet

álmus

Almus
Sol almus
der Kalmus
— Psalmus

álo

der Halo
St. Malo
dolo malo

álor

der *Squalor*
— *Valor* (extrinsecus - intrinsecus)

álp

der Alp
die Alp
der Skalp

[der Kalpak]

álpe

die Alpe
Riesenalpe
Seealpe
Sennenalpe
Uferalpe
Voralpe
dem Alpe
Calpe
die Schwalpe
dem Skalpe
ich talpe
betalpe
das Getalpe
die Talpe

álpen

die Alpen
— Schwalpen
den Skalpen
die Talpen
talpen
betalpen

álpes

des Alpes
— Skalpes
— Getalpes

[alpisch]

álps

des Alps
— Skalps
— Getalps

ālreich

qualreich
ein Wahlreich
zahlreich

áls *siehe* **álls**

āls — áhls

des Aals
— Admirals
— Areals
— Arsenals
— Avals
— Baals
— Canals
— Capitals
— Ceremonials
— Chorals
— Commensals
— Conventuals
— Copals
— Cymbals
— Duals
— Fanals
— Fecials
— Filials
— Fiskals
— Frontals
— Futterals
— Generals
— Grals
— Gratials
— Hospitals
— Ideals
— Journals
Juvenals
— Kardinals
— Korporals
— Lineals
— Lokals
abermals
damals
dazumals
einstmals
mehrmals
niemals
vielmals

des Manuals
— Memorials
— Mercurials
— Minerals
— Nopals
— Officials
— Opals
— Originals
— Ovals
— Pedals
— Pennals
— Perkals
— Personals
— Piedestals
— Plurals
— Pokals
— Portals
— Principals
— Provincials
— Pumpendaals
— Quartals
— Reals
— Regals
— Rituals
— Rivals
— Rastrals
— Rostrals
— Saals
— Scandals
— Schrals
— Sensals
— Shawls
— Signals
— Specials
— Spitals
— Stomachals
— Glücksals
— Labsals
— Mühsals
— Rinnsals
— Schicksals
— Thals
— Tribunals
— Vocals
— Wals
— Hahls
— Gemahls
— Mahls
— Mals
— Pfahls
— Prahls
— Stahls
— Diebstahls
— Strahls
— Wahls
— Zahls
bezahl's! *etc.*

ālſt — āhlſt

du aalst
— capitalst
— halst
du malst
— brandmalst
— palst
— schalst
entschalst
— schmalst
— schralst
— spalst
— talst
— twalst
— dahlst
— kahlst
— mahlst
— nachtmahlst
— prahlst
— strahlst
— stahlst
— zahlst

álſt *siehe* **állſt**

álſam

Balsam
Bergbalsam
Copairabalsam
Meckabalsam
Storaxbalsam
Tolubalsam
Canadischer Balsam
Carpath. Balsam
Indischer Balsam
PeruanischerBalsam
Ungarischer Balsam
Wundbalsam
[Falsam]

ālt — āhlt

er aalt
— capitalt
— halt
— malt
gemalt
— brandmalt
— palt
— schalt
beschalt
— schmalt
— schralt
— spalt
— talt
— twalt
— dahlt
— kahlt
— mahlt
— gastmahlt
— prahlt
ihr stahlt
er strahlt
— zahlt
— bezahlt

ált *siehe* **állt**

ālte — āhlte

er aalte
— capitalte
— halte
— malte
— brandmalte
— palte
— schalte
— entschalte
— schmalte
— schralte
— spalte
— talte
— twalte
— dahlte
— kahlte
— mahlte
— nachtmahlte
— prahlte
— strahlte
— zahlte
— bezahlte

álte *siehe* **állte**

āltem — āhltem

gemaltem
gebrandmaltem
ausgepaltem
entschaltem
geschmaltem
gespaltem
vorgeprahltem
bestrahltem
bezahltem

áltem *siehe* **álltem**

ālten — āhlten

sie aalten
— capitalten
— halten
— malten
— brandmalten
— palten
— schalten
— beschalten
— schmalten
— schralten
— spalten
— talten
— twalten
— dahlten
— kahlten
— mahlten
— nachtmahlten
— prahlten
— strahlten
— zahlten
— bezahlten

álten *siehe* **állten**

älter — ählter

ein gemalter
— gebrandmalter
— ausgepalter
— entschalter
— geschmalter
— gespalter
— vorgeprahlter
— bestrahlter
— bezahlter

álter *siehe* **állter**

ältes — áhltes

ein gemaltes
— gebrandmaltes
— ausgepaltes
— beschaltes
— geschmaltes
— gespaltes
— vorgeprahltes
— umstrahltes
— gezahltes

áltes *siehe* **álltes**

ältest — ähltest

du aaltest
— capitaltest
— haltest
— maltest
— brandmaltest
— paltest
— schaltest
— schmaltest
— schraltest
— spaltest
— taltest
— twaltest
— dahltest
— kahltest
— mahltest
— nachtmahltest
— prahltest
— strahltest
— zahltest

áltest *siehe* **álltest**

ältet — ähltet

ihr aaltet
— capitaltet
— haltet
— maltet
— brandmaltet
— paltet
— schaltet
entschaltet
— schmaltet
— schraltet
— spaltet
— taltet

ihr twaltet
— dahltet
— kahltet
— mahltet
— nachtmahltet
— prahltet
— strahltet
— zahltet

áltet *siehe* **álltet**

áltge

asphalt'ge
basalt'ge
falt'ge
ich vermannigfalt'ge
gehalt'ge
kobalt'ge
einschalt'ge
schmalt'ge
spalt'ge
gestalt'ge
gewalt'ge
ich vergewalt'ge
der Regimentsgewalt'ge

áltgen

asphalt'gen
basalt'gen
falt'gen
vermannigfalt'gen
gehalt'gen
kobalt'gen
einschalt'gen
schmalt'gen
spalt'gen
gestalt'gen
gewalt'gen
vergewalt'gen

áltgend

vermannigfaltgend
vergewalt'gend

áltgens

des Vergewalt'gens
— Vermannigfalt'gens

ált'ger

asphalt'ger
basalt'ger
falt'ger
mannigfalt'ger
gehalt'ger
kobalt'ger
einschalt'ger
ein schmalt'ger
— spalt'ger
— gestalt'ger
— gewalt'ger
— Regimentsgewalt'ger
— Vergewalt'ger

áltgern

mannigfalt'gern
gehalt'gern
gewalt'gern

áltgers

ein mannigfaltger's
— gehalt'ger's
— vielgestalt'ger's
— gewalt'ger's
des Vergewalt'gers

áltges

ein asphalt'ges
— basalt'ges
— falt'ges
— mannigfalt'ges
— gehalt'ges
— kobalt'ges
— einschalt'ges
— schmalt'ges
— spalt'ges
— gestalt'ges
— gewalt'ges

áltgest

du vergewalt'gest
— vermannigfalt'gest

áltget

er vergewalt'get
— vermannigfalt'get

áltheit

die Altheit
— Gestaltheit
Miſsgestaltheit
Ungestaltheit
Wohlgestaltheit

älthier

ein Schalthier
— Schmalthier

áltig

asphaltig
basaltig
faltig
ein- *etc. bis* 1000-faltig
gesichtsfaltig
mannigfaltig
schwerfaltig
vielfaltig
haltig
alaunhaltig
arsenikhaltig
bleyhaltig
blitzfeuerhaltig
eisenhaltig
erdhaltig

erzhaltig
gerbestoffhaltig
geringhaltig
goldhaltig
kalkhaltig
kobalthaltig
kupferhaltig
nachhaltig
niederhaltig
probehaltig
reichhaltig
ringhaltig
schwefelhaltig
silberhaltig
spiefsglashaltig
stichhaltig
stoffhaltig
vitriolhaltig
vollhaltig
werthhaltig
wiederhaltig
worthaltig
zinnhaltig
gehaltig
kobaltig
einschaltig
schmaltig
spaltig
dreyspaltig
fünfspaltig
hornspaltig
vielspaltig
zweyspaltig
zwiespaltig
gestaltig
dergestaltig
grofsgestaltig
mifsgestaltig
riesengestaltig
sogestaltig
tausendgestaltig
ungestaltig
vielgestaltig
wohlgestaltig
wundergestaltig
waltig
selbwaltig
gewaltig
allgewaltig
hochgewaltig
kriegsgewaltig
ländergewaltig
übergewaltig
vielgewaltig

áltigst

faltigst
mannigfaltigst
du vermannigfaltigst
gehaltigst
reichhaltigst
ungestaltigst
gewaltigst
du vergewaltigst

áltigt

vergewaltigt
vermannigfaltigt

áltisch

anhaltisch
asphaltisch
baltisch
basaltisch
kobaltisch
malthisch
peristaltisch
antiperistaltisch
systaltisch

áltlich

haltlich
behaltlich
vorbehaltlich
erhaltlich
unterhaltlich
einschaltlich
mühwaltlich
selbwaltlich
verwaltlich

[altlings]

áltnis

die Gestaltnis
— Vorwaltnis

álto

Alto
der *Apalto*
Tabaksapalto
— *Rialto*
— *Rive Salto*
— *Salto* (mortale)

áltre

ich altre
— maltre
— statthaltre

álts — állts

des Alts
— Anwalts
— Asphalts
— Basalts
— Ehehalts
— Mannigfalts
— Halts
— Gehalts
— Kobalts
— Spalts
— Selbwalts
was galt's?
er ballt's *etc.*

ālts — āhlts

er malt's *etc.*
— zahlt's *etc.*

áltsam

faltsam
haltsam
anhaltsam
aufhaltsam
unaufhaltsam
enthaltsam
unenthaltsam
gestaltsam
gewaltsam
verwaltsam

áltung

die Veraltung
— Faltung
Entfaltung
Umfaltung
— Haltung
Abhaltung
Aufhaltung
Anhaltung
Ansichhaltung
Aushaltung
Behaltung
Beybehaltung
Innebehaltung
Vorbehaltung
Zurückbehaltung
Enthaltung
Vorenthaltung
Erhaltung
Selbsterhaltung
Welterhaltung
Fleischhaltung
Geheimhaltung
Genehmhaltung
Geringhaltung
Gleichhaltung
Haushaltung
Hofhaltung
Schadloshaltung
Unterhaltung
Abendunterhaltung
Badeunterhaltung
Morgenunterhalt.
Tischunterhaltung
Verhaltung
Harnverhaltung
Vorhaltung
Zuhaltung
Zurückhaltung
Zurathhaltung
die Erkaltung
— Einschaltung
— Spaltung
Kirchenspaltung
— Gestaltung

Umgestaltung
die Veranstaltung
— Waltung
Mühwaltung
— Verwaltung
Amtsverwaltung
Berufsverwaltung
Beschlagsverwalt.
Forstverwaltung
Gerichtsverwaltung
Güterverwaltung
Handelsverwaltung
Hausverwaltung
Holzverwaltung
Kassenverwaltung
Kreisverwaltung
Landesverwaltung
Reichsverwaltung
Salzverwaltung
Staatsverwaltung
Vermögensverwalt.

ālung — āhlung

die Capitalung
— Halung
— Bemalung
— Brandmalung
— Palung
— Schalung
— Beschalung
— Schmalung
— Schralung
— Spalung
— Talung
— Twalung
— Dahlung
— Kahlung
— Zermahlung
— Prahlung
— Bestrahlung
— Zahlung
Bankzahlung
Meſszahlung
Ratenzahlung
Scheinzahlung
Silberzahlung
Wechselzahlung
Bezahlung

[malus
Salus]

ālva

Gonsalva
Marialva
die *Malva*
D. Sylvio de Rosalva
Salva (venia - fama conscientia *etc.*)
etc. post haec occasio calva
[ad valvas *etc.*]

ālve

die Malve
Baummalve
Sommermalve
Waldmalve
— Salve
Freudensalve
Gewehrsalve
Geschützsalve
Salve!
[die Valveln]

ālven

die Malven
— Salven
Salvis *etc.*
in Salvo
Salvo
(errore calculi *etc.*)

ālz

die Balz
Auerhahnbalz
— Falz
der Falz
Bücherfalz
das Malz
Darrmalz
Gerstenmalz
Hafermalz
Luftmalz
Waizenmalz
Windmalz
die Pfalz
Churpfalz
Erzpfalz
Königspfalz
Rheinpfalz
das Salz
Alembrothsalz
Alpensalz
Ammonssalz
Arseniksalz
Aschensalz
Baysalz
Bergsalz
Bernsteinsalz
Bittersalz
Bleichsalz
Bleysalz
Blutsalz
Brunnensalz
Carlsbadersalz
Chinasalz
Digestivsalz
Doppelsalz
Düngesalz
Egersalz
Eisensalz
Englischsalz
Epshamersalz
Erdsalz
Erdschockensalz
Essigsalz
Essigriechsalz
Federsalz
Felsensalz
Fiebersalz
Friedrichssalz
Galläpfelsalz
Garsalz
Glassalz
Glaubersalz
Goldsalz
Haarsalz
Harnsalz
Hirschhornsalz
Kalksalz
Kalkarseniksalz
Kalkessigsalz
Kalkkochsalz
Kalksauerkleesalz
Kampfersalz
Kleesalz
Bitterkleesalz
Knallsalz
Kochsalz
Kräutersalz
Kreidensalz
Küchensalz
Kupfersalz
Laugensalz
Blutlaugensalz
Gemüthslaugensalz
Löthsalz
Mauersalz
Meeressalz
Mittelsalz
Neutralsalz
Nickelsalz
Perlmuttersalz
Perlsalz
Pflanzensalz
Pflanzenlaugensalz
Polychrestsalz
Prünellensalz
Quecksilbersalz
Quecksilberessigsalz
Quellsalz
Riechsalz
Salmiaksalz
Salpetersalz
Sauerbrunnensalz
Sauerkleesalz
Schaumsalz
Schmalzsalz
Schrapsalz
Schwefelsalz
Seesalz
Silbersalz
Sodesalz
Soersalz
Steinsalz
Strandsalz

Thausalz
Tronasalz
Thränensalz
Uppensalz
Urinsalz
Vipersalz
Vitriolsalz
Weihesalz
Weinsteinsalz
Wermuthsalz
Wundersalz
Zinnsalz
Zitronensalz
das Schmalz
der Schmalz
Bärenschmalz
Dachsschmalz
Gänseschmalz
Glasschmalz
Hasenschmalz
Mückenschmalz
Nierenschmalz
Ohrenschmalz
Rindschmalz
Schweinschmalz
der Schnalz
das Geschnalz
Meergeschnalz
Peitschengeschnalz
Zungengeschnalz
der Walz

álza

die *Alza*
Salza
Hermann v. Salza

álzburg

Pfalzburg
Salzburg

álze

ich balze
das Gebalze
ich falze
das Gefalze
im Falze
ich malze
im Malze
ich salze
das Gesalze
im Salze
ich schmalze
das Geschmalze
im Schmalze
ich schnalze
das Geschnalze
vom Schnalze
die Spalze
ich walze
das Gewalze
die Walze
Ackerwalze
Beschauwalze
Birnwalze
Drechselwalze
Dreschwalze
Gartenwalze
Gitterwalze
Glockenwalze
Gurkenwalze
Lagerwalze
Liederwalze
Orgelwalze
Rohrwalze
Schubwalze
Spielwalze
Spillingswalze
Streckwalze
Strickwalze
Sturmwalze

álzen

balzen
ausbalzen
falzen
abfalzen
anfalzen
ausfalzen
befalzen
nachfalzen
überfalzen
umfalzen
zufalzen
zusammenfalzen
den Falzen
malzen
vermalzen
den Malzen
— Salzen
salzen
absalzen
aufsalzen
besalzen
durchsalzen
einsalzen
entsalzen
ersalzen
mitsalzen
nachsalzen
übersalzen
umsalzen
versalzen
vorsalzen
gesalzen
ungesalzen
versalzen
schmalzen
einschmalzen
nachschmalzen
den Schmalzen
schnalzen
anschnalzen
nachschnalzen
— Schnalzen
die Spalzen
walzen
abwalzen
anwalzen
aufwalzen
auswalzen
bewalzen
durchwalzen
einwalzen
entgegenwalzen
fortwalzen
mitwalzen
nachwalzen
niederwalzen
überwalzen
umwalzen
unterwalzen
verwalzen
vorwalzen
vorbeywalzen
wegwalzen
zuwalzen
zurückwalzen
die Walzen

álzend

balzend
falzend
malzend
salzend
schmalzend
schnalzend
walzend

álzens

des Balzens
— Falzens
— Malzens
— Salzens
— Schmalzens
— Schnalzens
— Walzens

álzer

Balzer
der Falzer
— Malzer
— Einsalzer
— Heringssalzer
— Schnalzer
Nasenschnalzer
— Walzer
Hoppwalzer
Inclinationswalzer
Lieblingswalzer

álzern

den Falzern
— Einsalzern
salzern
— Schnalzern
— Walzern

álzers
des Falzers
— Heringssalzers
— Schnalzers
— Walzers

álzes
des Falzes
— Gefalzes
— Malzes
— Salzes
— Gesalzes
— Schmalzes
— Geschmalzes
— Schnalzes
— Geschnalzes
— Walzes
— Gewalzes
ich versalz' es *etc.*

álzest
du balzest
— falzest
— malzest
— salzest
— schmalzest
— schnalzest
— walzest

álzet
er balzet
— falzet
— malzet
— salzet
— schmalzet
— schnalzet
— walzet

álzicht
falzicht
salzicht

álzig
falzig
malzig
salzig
augensalzig
unsalzig
schmalzig
walzig

ālzs
des Falz's
— Gefalz's
— Malz's
— Salz's
— Gesalz's
— Schmalz's
— Geschmalz's
— Schnalz's
— Geschnalz's
des Walz's
— Gewalz's

álzst
du balzst
— falzst
— malzst
— salzst
— schmalzst
— schnalzst
— walzst

álzt
er balzt
— falzt
gefalzt
— malzt
gemalzt
— salzt
gesalzt
— schmalzt
geschmalzt
— schnalzt
geschnalzt
— walzt
gewalzt

álzte
er balzte
— falzte
— malzte
— salzte
— schmalzte
— schnalzte
— walzte

álzten
sie balzten
— falzten
— malzten
— salzten
— schmalzten
— schnalzten
— walzten

álzter
ein gefalzter
— gemalzter
— versalzter
— geschmalzter
— geschnalzter
— gewalzter

álztes
ein gefalztes
— gemalztes
— gesalztes
— geschmalztes
— geschnalztes
— gewalztes

álztest
du balztest
— falztest
— malztest
— salztest
— schmalztest
— schnalztest
— walztest

álztet
ihr balztet
— falztet
— malztet
— salztet
— schmalztet
— schnalztet
— walztet

álzung
die Falzung
— Malzung
— Versalzung
— Schmalzung
— Schnalzung
— Walzung

ām — āhm
das Amalgam
Silberamalgam
Amidam
der Bram
das Duodram
— Melodram
— Monodram
— Epithalam
der Gam
— Gehorsam
— Genossam
— Gewahrsam
gram
griesgram
der Gram
Herzensgram
Liebesgram
Seelengram
infam
ich kam
bekam
entkam
verkam
der Kram
Ablaſskram
Bandkram
Bänderkram
Bilderkram
Bücherkram
Eisenkram
Fettkram
Fischkram
Flitterkram
Gedächtniskram

Gewürzkram
Glaskram
Haubenkram
Hökerkram
Hurenkram
Käsekram
Klippkram
Messingkram
Miſskram
Modekram
Nagelkram
Obstkram
Papierkram
Plunderkram
Puppenkram
Salzkram
Schmeerkram
Schulkram
Silberkram
Sonnenkram
Spezereykram
Spitzenkram
Tabakskram
Tändelkram
Trödelkram
Weiberkram
Weisheitskram
Wortkram
Würzkram
Zeugkram
Zinnkram
Zitronenkram
der Kryptogam
Madam
das *Troumadam*
der Misogam
— Monogam
— Nachtram
das Panoram
— Proklam
der Ram
die Scham
Hundsscham
Unscham
— Meerscham
der Schram
— Tram
die Ahm
der Kahm
lahm
blattlahm
buglahm
fittiglahm
flügellahm
gliederlahm
hüftlahm
keulenlahm
kreuzlahm
krumm und lahm
lendenlahm
schlägelahm

ich nahm
benahm
entnahm
vernahm
der Prahm
die Prahm
der Rahm
Bleyrahm
Dachrahm
Eisenrahm
Flaschenrahm
Kalkrahm
Milchrahm
Streckrahm
Weinsteinrahm
zahm
unzahm

ám — ámm

am
Abraham
Pater Abraham (v. Santa Clara)
Amsterdam
Bileam
der Bräutigam
Jubelbräutigam
Seelenbräutigam
Silberbräutigam
Cham
A. Emeram
Ham
der Leichnam
Frohnleichnam
Mirjam
Nachtram
Rotterdam
Siam
Swammerdam
der Tam-Tam
Adam
Adelram
Bertram
Gantram
Waltram
Wolfram
Chrysam
Diptam
Eidam
der Genossam
Ungenossam
Frau Ludlam

(*Die Adjectiva auf* ſam)

achtsam
unachtsam
anhaltsam
arbeitsam
aufhaltsam
ausdrucksam
ausrichtsam
bangsam
bedachtsam
bedeutsam
begnügsam
behaltsam
behutsam
bekehrsam
beobachtsam
beredsam
betriebsam
bewegsam
besorgsam
bestandsam
bestrebsam
betrachtsam
beugsam
bewegsam
biegsam
bildsam
diensam
duldsam
ehrerbietsam
ehrsam
eingedenksam
einsam
empfindsam
enthaltsam
erfindsam
erinnersam
ertragsam
erwerbsam
fliegsam
fördersam
folgsam
freygehorsam
freysam
friedsam
fügsam
furchtsam
geduldsam
gefahrsam
gehaltsam
gehorsam
der Gehorsam
Ungehorsam
treugehorsam
gelehrsam
gelenksam
gemachsam
gemeinsam
genügsam
genugsam
gerechtsam
geruhsam
gesprächsam
gestaltsam
gewahrsam
der Gewahrsam
gewaltsam
gewerbsam
gleichsam

grausam
handsam
haltsam
heilsam
irrsam
kleidsam
lehrsam
leidsam
leitsam
lenksam
lernsam
merksam
aufmerksam
unaufmerksam
mittheilsam
mühsam
neidsam
rathsam
regiersam
regsam
richtsam
rosenblühsam
rührsam
ruhmsam
sattsam
schmiegsam
schweigsam
selbstgenügsam
seltsam
sittsam
sitzsam
sorgsam
sparsam
spendsam
strebsam
taugsam
theilsam
triebsam
tugendsam
überlegsam
verbreitsam
vergebsam
vergnügsam
verjagsam
vermögsam
verschlagsam
vertragsam
verwundersam
wachsam
waltsam
wartsam
wegsam
abwegsam
durchwegsam
unwegsam
werbsam
wirksam
wonnesam
wundersam
wunderseltsam
zaubersam
per consequentiam
in contumaciam
in gratiam
in memoriam
(perpetuam rei)
ne sutor ultra crepidam
Apelles post tabulam

der Damm
Deichdamm
Fahrdamm
Fangdamm
Felsendamm
Grabendamm
Grenzdamm
Grunddamm
Hafendamm
Hauptdamm
Klopfdamm
Kluftdamm
Knitteldamm
Knüppeldamm
Mattdamm
Meerdamm
Mühlendamm
Nebeldamm
Nebendamm
Nothdamm
Oberdamm
Querdamm
Riesendamm
Schlickdamm
Seedamm
Seitendamm
Speckdamm
Spickdamm
Spittdamm
Steindamm
Straſsendamm
Teichdamm
Unterdamm
Vordamm
Wasserdamm
Wolkendamm
Zuschlagedamm

das Gramm
Anagramm
Chilogramm
Chronogramm
Decigramm
Epigramm
Hectogramm
Hierogramm
Kilogramm
Metagramm
Milligramm
Monogramm
Myriogramm
Octogramm
Parallelogramm
Programm
Abschiedsprogr.
Antrittsprogramm
Festprogramm
Schulprogramm

der Hamm
— Kamm
Auskämmekamm
Brachkamm
Deichkamm
Doppelkamm
Einkamm
Frisirkamm
Gergelkamm
Giftkamm
Gurtkamm
Haarkamm
Hahnenkamm
Hechelkamm
Heidelbeerkamm
Hochkamm
Hornkamm
Jungferkamm
Kakadukamm
Kämmelkamm
Kaukamm
Krämpelkamm
Kräuselkamm
Kührkamm
Läusekamm
Meerkamm
Pelzkamm
Perlenkamm
Pohlkamm
Purpurkamm
Raitkamm
Reedekamm
Reiſskamm
Riedkamm
Riffelkamm
Röhrkamm
Roſskamm
Rückenkamm
Scheidekamm
Schildkrötenkamm
Stahlkamm
Staubkamm
Stechkamm
Steinkamm
Taschenkamm
Thränenkamm
Traubenkamm
Vogelkamm
Wellenkamm
Wollkamm
Zackenkamm

der Klamm
klamm

das Lamm
Absetzlamm
Bocklamm
Erstlingslamm

Frühlamm
Gotteslamm
Haltlamm
Hammellamm
Kälberlamm
Keuschlamm
Milchlamm
Mutterlamm
Ohrlamm
Opferlamm
Osterlamm
Sauglamm
Schaaflamm
Schibbenlamm
Schwarzlamm
Spätlamm
Stährlamm
Zibbenlamm
Ziegenlamm
der Pramm
— Ramm
— Schlamm
Badeschlamm
Bärenschlamm
Donau - Elb - *etc.*
Erdenschlamm
Flufsschlamm
Meerschlamm
Mittelschlamm
Pochschlamm
Röscherschlamm
Sündenschlamm
Sumpfschlamm
Teichschlamm
Tintenschlamm
Wasserschlamm
der Ausschramm
— Schwamm
Aderschwamm
Augenschwamm
Augustschwamm
Badeschwamm
Bartschwamm
Baumschwamm
Becherschwamm
Blätterschwamm
Blutschwamm
Böckschwamm
Brotschwamm
Buchschwamm
Dornschwamm
Eichschwamm
Erdschwamm
Eyerschwamm
Fächerschwamm
Faltenschwamm
Feuerschwamm
Fliegenschwamm
Flufsschwamm
Gallertschwamm
Gartenschwamm
Georgschwamm
Gichtschwamm
Giftschwamm
Gitterschwamm
Gliedschwamm
Gliederschwamm
Glockenschwamm
Hagebuttenschw.
Händleinschwamm
Haideschwamm
Hausschwamm
Herrenschwamm
Hirschschwamm
Holunderschwamm
Holzschwamm
Hörnerschwamm
Judasschwamm
Kayserschwamm
Kegelschwamm
Kelchschwamm
Keulenschwamm
Klebeschwamm
Knoblauchschwamm
Knopfschwamm
Knotenschwamm
Kochschwamm
Korallenschwamm
Krösschwamm
Krötenschwamm
Leberschwamm
Lederschwamm
Lerchenschwamm
Linsenschwamm
Löcherschwamm
Löffelschwamm
Mayschwamm
Marmorschwamm
Mauerschwamm
Meerschwamm
Milchschwamm
Mistschwamm
Mistblätterschw.
Moosschwamm
Mordschwamm
Mückenschwamm
Nägelschwamm
Nagelschwamm
Netzschwamm
Nufsschwamm
Ohrenschwamm
Perlenschwamm
Pfefferschwamm
Pomeranzenschw.
Pulverschwamm
Rainschwamm
Riesenschwamm
Ringschwamm
Ritterschwamm
Röhrenschwamm
Rosenschwamm
Rostschwamm
Rufsschwamm
Salpeterschwamm
Saugeschwamm
Schiefschwamm
Schildschwamm
Schlauchschwamm
Schmarozerschw.
Schuppenschwamm
Schüsselschwamm
Spinnewebeschw.
Stachelschwamm
Staubschwamm
Steckenschwamm
Steinschwamm
Sternschwamm
Stickschwamm
Stinkschwamm
Stockschwamm
Stollschwamm
Tannenschwamm
Taubschwamm
Thränenschwamm
Tintenschwamm
Trichterschwamm
Trompetenschw.
Tuchschwamm
Ulmenschwamm
Violenschwamm
Wälschschwamm
Waldschwamm
Waschschwamm
Wasserschwamm
Wedelschwamm
Weichschwamm
Weidenschwamm
Weifsschwamm
Werkschwamm
Zartschwamm
Zellenschwamm
Zimmtschwamm
Zunderschwamm
Zündschwamm
er schwamm
verschwamm
der Stamm
Aderstamm
Apfelstamm
Birnen-Pflaumen *etc.*
Birken - Eichen *etc.*
Baustamm
Biederstamm
Bretstamm
Capitalstamm
Edelstamm
Franzenstamm
Franzstamm
Fürstenstamm
Gefäfsstamm
Geschlechtsstamm
Hauptstamm
Heldenstamm
Herrscherstamm
Kernstamm
Mannsstamm

Nebenstamm
Nervenstamm
Riesenstamm
Schindelstamm
Schleifsenstamm
Ueberstamm
Völkerstamm
Volksstamm
Weiberstamm
Weidenstamm
Zwergstamm
stramm

āma

das *Acroama*
Brama
Dalai-Lama
— Drama
Duodrama
Melodrama
Monodrama
die Fama
Vasco di Gama
Hakeldama
Kama
— *Lama*
— Panorama
— Proklama
— Reklama
Zama
[Abdorrahman Haman]

āmas

des Acroamas
Bramas
Dalai-Lamas
— Drama's
— Panorama's
— Proklama's
— Reklama's

ámbe

die Ambe
der Dithyrambe
die Gambe
der Jambe
Choriambe
Dijambe
[der Präambel ein Lambel]

ámben

die Amben
— Dithyramben
— Gamben
— Jamben

ámber

der Amber
Fischamber
Fuchsamber
Matrosenámber
Waschamber
Wasseramber
die Antischamber
der Potschamber
die *Chambre* (ardente — garnie - fille de — homme de -)
— *Sambre*

ámberg

Amberg
Bamberg
der Flamberg
Lamberg
Ramberg

ámbern

den Ambern
beambern
antischambern

ámbernd

beambernd
antischambernd

ámberns

des Beamberns
— Antischamberns

ámbers

des Beambers
— Potschambers

ámberst

du beamberst
— antischamberst

ámbert

beambert
er antischambert

ámbisch

choriambisch
dithyrambisch
jambisch
[ein Ambo]

ámbra

Ambra
Alhambra

ámbras

des Ambras
— Alhambra's
Ambras

ámbre

ich beambre
— antichambre
[ein Cambsor]
[Stambul]

ámbus

des Bambus
— *Jambus*
Choriambus
Dijambus
Dithyrambus

āmchen — āhmchen

ein Dramchen
Duodramchen
Melodramchen
Madamchen
das Ahmchen

āmchens — āhmchens

des Dramchens
— Madamchens
— Ahmchens

āme — āhme

dem Amalgame
— Amidame
— Balsame
ich bebalsame
die Befugsame
dem Bisame
ich bebisame
die Blame
— Brame
Hopfenbrame
Holzbrame
dem Brame
die Brosame
dem Chrysame
die Dame
Balldame
Edeldame
Ehrendame
Gesellschaftsdame
Herzensdame
Hofdame
Kartendame
*Carreau*dame
*Coeur*dame
*Pique*dame
*Treffle*dame
Trumpfdame
Modedame
Palastdame
Ritterdame
Schlofsdame
Staatsdame
Stadtdame
Stiftsdame
Notre Dame
in die Dame
aufdame
Madame
dem Diptame
— Duodrame
— Melodrame

demMonodrame
— Epithalame
im Gehorsame
die Gemeinsame
— Genossame
— Gerechtsame
Pfarrgerechtsame
Rittergerechtsame
Stadtgerechts. *etc.*
im Gewahrsame
die Gewaltsame
demGrame
— Griesgrame
ich griesgrame
die infame
dem Krame
ich krame
kryptogame
dem Misogame
monogame
phanerogame
polygame
dem Nachtrame
der Name (*auch* Namen)
Abername
Alltagsname
Amtsname
Beyname
Ehrenname
Eigenname
Ekelname
Fabelname
Familienname
Frauenname
Gattungsname
Gemeinname
Geschlechtsname
Gottesname
Handlungsname
Heldenname
Herrschername
Herrschaftsname
Kindername
Klassenname
Lieblingsname
Mädchenname
Männername
Menschenname
Mitname
Monatsname
Muttername
Preisname
Sammetname
Schäfername
Schandname
Schimpfname
Schmeichelname
Spitzname
Spottname
Stoffname
Taufname
Thiername
Uebername
Unname
Untername
Unterscheidungs-
Urname
Vatername
Volksname
Vorname
Weibername
Zuname
ich bename
dem Panorame
— Proklame
— Rame
der Same (*siehe* Samen)
ich besame
demSchrame
— Trame
achtsâme *etc. bis*
wundersame *siehe* am

eine Ahme
ich ahme
nachahme
das Nachgeahme
dem Kahme
es kahme
der Lahme
ich erlahme
die Abnahme
— Annahme
— Aufnahme
— Ausnahme
— Besitznahme
— Beynahme
— Bezugnahme
— Durchnahme
— Einnahme
Fruchteinnahme
Geldeinnahme
Geleitseinnahme
Mautheinnahme
Zinseinnahme
Zolleinnahme
— Mitnahme
— Nachnahme
— Rücknahme
— Schlufsnahme
— Theilnahme
— Wegnahme
— Wiedernahme
— Zunahme
— Zurücknahme
— Prahme
Baggerprahme
demRahme
ich berahme
die zahme

Lamech
Ahmed
du Hamel
Ramel
ein Karten Samel
der Pamel

āmen — āhmen

Amen!
den Amalgamen
— Balsamen
bebalsamen
durchbalsamen
einbalsamen
— Bisamen
bebisamen
— Befugsamen
— Blamen
die Bramen
— Brosamen
— Damen
aufdamen
— Dramen
den Epithalamen
das Examen
Maturitätsexamen
(rigorosum)
Schulexamen
der *Flamen*
gehorsamen
gemeinsamen
den Gerechtsamen
gleichsamen
— Gewahrsamen
griesgramen
— Griesgramen
der Hamen
Fischhamen
Hetzhamen
Hühnerhamen
Immenhamen
Kretzhamen
Krebshamen
Kuhhamen
Moderhamen
Quaderhamen
Schliefhamen
Schuffhamen
Setzhamen
Stinthamen
Stockhamen
Streichhamen
die infamen
sie kamen
kramen
abkramen
aufkramen
auskramen
bekramen
beykramen
durchkramen
einkramen
erkramen

nachkramen
umkramen
umherkramen
unterkramen
verkramen
vorkramen
wegkramen
zukramen
zusammenkramen
die kryptogamen
— Misogamen
— Monogamen
— phanerogamen
— polygamen
das *Moderamen*
(inculpatae tutelae)
den Nachtramen
der Namen (*siehe* Name)
benamen
übernamen
verunnamen
den Panoramen
— Proklamen
Ramen
der Samen (*auch* Same)
Ameisamen
Beinsamen
Bisamsamen
Bordensamen
Borstsamen
Canariensamen
Dottersamen
Farnsamen
Finkensamen
Fischmondsamen
Flohsamen
Flügelsamen
Habichtssamen
Hanfsamen
Heckensamen
Herzsamen
Heusamen
Holzsamen
Hornsamen
Kappsamen
Kleesamen
Läusesamen
Leinsamen
Löffelsamen
Magsamen
Mohnsamen
Mondsamen
Nabelsamen
Oelsamen
Perlensamen
Pferdesamen
Rettigsamen
Rübsamen
Sommerrübsamen
Winterrübsamen
Rübensamen
Schlagsamen

Senfsamen
Sorgsamen
Spargelsamen
Staubsamen
Steinsamen
Unkrautsamen
Unsamen
Wallsamen
Wollsamen
Wurmsamen
Zitwersamen
Zwietrachtssamen
sich besamen
das Tentamen
vereinsamen
verlangsamen
verwahrsamen
die achtsamen *etc. bis*
wundersamen *s.* am
die Ahmen
ahmen
nachahmen
vorahmen
kahmen
ankahmen
den lahmen
erlahmen
verlahmen
sie nahmen
die Aufnahmen
— Einnahmen *etc.*
vereinnahmen
— Prahmen
der Rahmen
Anschweifrahmen
Bilderrahmen
Blendrahmen
Blindrahmen
Fensterrahmen
Formrahmen
Gießrahmen
Glasrahmen
Nährahmen
Rundrahmen
Scheerrahmen
Schlichtrahmen
Schränkrahmen
Schweifrahmen
Spiegelrahmen
Stickrahmen
Tuchrahmen
rahmen
ausrahmen
berahmen
anberahmen
einrahmen
umrahmen
verrahmen
die zahmen
zahmen

[Cyclamen
Stamen]

āmend — āhmend

bebalsamend
bebisamend
aufdamend
gehorsamend
gemeinsamend
gleichsamend
griesgramend
kramend
benamend
übernamend
verunnamend
besamend
vereinsamend
verlangsamend
verwahrsamend
ahmend
nachahmend
kahmend
erlahmend
vereinnahmend
rahmend
ausrahmend
berahmend *etc.*
zahmend

āmens — āhmens

des Amens
— Bebalsamens
— Bebisamens
— Aufdamens
— Examens
— Flamen's
— Gehorsamens
— Gemeinsamens
— Griesgramens
— Hamens
— Kramens
— Moderamens
— Namens
— Benamens
— Samens
— Besamens
— Tentamens
— Vereinsamens
— Verlangsamens
— Verwahrsamens
— Ahmens
— Nachahmens
— Vereinnahmens
— Rahmens
— Berahmens
— Zahmens

āmer — āhmer

der Kramer
ein achtsamer *etc. bis*
wundersamer, *siehe*
am
— Nachahmer

ein Lahmer
— Zahmer

āmern — āhmern

den Kramern
— achtsamer'n *etc. bis* wundersamer'n *siehe* am
— Nachahmern
— lahmer'n
— zahmer'n

āmers — āhmers

des Kramers
ein achtsamer's *etc. bis* wundersamer's *siehe* am
des Nachahmers
ein lahmer's
— zahmer's

āmes — āhmes

des Amalgames
— Amidames
— Balsames
— Bisames
— Brames
— Duodrames
— Melodrames
— Monodrames
— Epithalames
— Grames
— Griesgrames
— Gehorsames
— Genossames
— Gewahrsames
ein infames
des Krames
ein kryptogames
— misogames
— monogames
— phanerogames
— polygames
des Nachtrames
— Panorames
— Proklames
— Rames
— Schrames
— Trames
er bekam es *etc.*
des Nachgeahmes
— Kahmes
ein lahmes
des Prahmes
— Rahmes
ein zahmes

āmest — āhmest

du einbalsamest
— bebisamest
— aufdamest
— gehorsamest
du gemeinsamest
— gleichsamest
— griesgramest
— kamest
— kramest
— benamest
— übernamest
— verunnamest
— besamest
— vereinsamest
— verlangsamest
— verwahrsamest
— ahmest
— nachahmest
— erlahmest
— nahmest
— vereinnahmest
— berahmest
— zahmest

āmet — āhmet

bebalsamet
bebisamet
aufgedamet
er gehorsamet
— gemeinsamet
— gleichsamet
ihr kamet
— kramet
— benamet
— übernamet
— verunnamet
— besamet
— vereinsamet
— verlangsamet
— verwahrsamet
— ahmet
nachgeahmet
er erlahmet
ihr nahmet
— vereinnahmet
— berahmet
— zahmet

[Lameth]

āmhaft

gramhaft
namhaft
schamhaft

[die Hamftel]

āmi

Bergami
pomum Adami
tami!
altera pars Rami
Salami

āmia

Lamia
Mesopotamia
Epithalamia

āmien

Epithalamien
Mesopotamien

āmier

der *Mesopotamier*
— *Samier*

āmig — āhmig

brosamig
griesgramig
falschnamig
fremdnamig
geheimnamig
gleichnamig
mehrnamig
vielnamig
einnahmig
2-, 3- *etc.* ahmig
vielsamig
ein-, 2-, 3- *etc.* samig
kahmig
rahmig
eisenrahmig
fettrahmig
doppelrahmig

āmis

Damis
die Salami's
infamis

āmisch

amsterdamisch
balsamisch
bigamisch
kryptogamisch
monogamisch
phanerogamisch
polygamisch
dynamisch
mesopotamisch
samisch

[des Pamken]
[der Bramling]

ámm *siehe* ám

ámma

das *Camma*
— *Gamma*
Digamma
— *Gramma*
Anagramma
Chronogramma
Diagramma
Epigramma
Metagramma
Monogramma
Pentagramma
Programma

das *Periamma*
Stamma
[der Amman
Landamman]

ámmas

des *Camma's*
— *Gamma's*
— *Gramma's*
— *Anagramma's etc.*
— *Periamma's*

ámme — áme

die Amme
Götteramme
Hebamme
Modeamme
Saugamme
abamme
dem Damme
eindamme
verdamme
die Flamme
Blechflamme
Donnerflamme
Durstesflamme
Feuerflamme
Gewitterflamme
Gottesflamme
Herzensflamme
Himmelsflamme
Höllenflamme
Kriegsflamme
Lebensflamme
Leuchtflamme
Lichtflamme
Liebesflamme
Purpurflamme
Schwefelflamme
Schwertflamme
Sonnenflamme
Strohflamme
Tagesflamme
Wechselflamme
Zauberflamme
— Oriflamme
ich flamme
— entflamme
das Geflamme
die Gamme
— Glamme
dem Gramme
Kilogramme
Programme
ich vergramme
die Hamme
der Hamme
Sauhamme
Vorhamme
ich hamme
dem Hamme
— Kamme
dem Klamme
klamme
ich verklamme
die Kramme
Scharkramme
ich kramme
dem Lamme
ich lamme
das Gelamme
dem Pramme
ich pramme
das Gepramme
die Pramme
ich ramme
das Geramme
dem Ramme
die Ramme
Handramme
Haspelramme
Pfahlramme
Pflasterramme
Roſsramme
Stollramme
Zugramme
im Schlamme
ich schlamme
die Schramme
ich schramme
das Geschramme
vom Schwamme
— Stamme
ich stamme
stramme
ich stramme
das Gestramme
die Wamme
Rindwamme
Schafwamme
Schweinswamme
— Fehwamme
dem Bräutigame
die Eidame

ámmel

die Bammel
das Gebammel
— Gedammel
der Hammel
Bellhammel
Halthammel
Haushammel
Herdehammel
Jährlingshammel
Leithammel
Misthammel
Neidhammel
Schmierhammel
Stechhammel
Stierhammel
Streithammel
Weidhammel
Zeithammel
der Lammel
— Rammel
Handrammel
die Rammel
das Gerammel
— Gesammel
— Gestammel

ámmeln

bammeln
herabbammeln
hin- u. herbammeln
niederbammeln
dammeln
hammeln
sich behammeln
— belammeln
den Hammeln
rammeln
abrammeln
anrammeln
auframmeln
ausrammeln
durchrammeln
einrammeln
festrammeln
fortrammeln
mitrammeln
nachrammeln
niederrammeln
unterrammeln
verrammeln
vorrammeln
zerrammeln
zusammenrammeln
den Rammeln
sammeln
aufsammeln
einsammeln
ersammeln
mitsammeln
nachsammeln
umhersammeln
versammeln
vorsammeln
zusammensammeln
das Bernsteinsammeln
stammeln
abstammeln
anstammeln
aufstammeln
fortstammeln
herstammeln
mitstammeln
nachstammeln
vorstammeln
zustammeln
das Liebesstammeln

ámmelnd

bammelnd
dammelnd

hammelnd
sich behammelnd
— belammelnd
rammelnd
sammelnd
stammelnd

ámmelns

des Bammelns
— Dammelns
— Hammelns
— Behammelns
— Belammelns
— Rammelns
— Sammelns
— Stammelns

ámmels

des Gebammels
— Gedammels
— Hammels
— Lammels
— Rammels
— Gerammels
— Gesammels
— Gestammels

ámmelst

du bammelst
— dammelst
— hammelst
— behammelst
— belammelst
— rammelst
— sammelst
— stammelst

ámmelt

er bammelt
— dammelt
— hammelt
— behammelt
— belammelt
— rammelt
— sammelt
— stammelt

ámmen — ámen

die Ammen
abammen
eindammen
verdammen
die Flammen
flammen
abflammen
anflammen
aufflammen
ausflammen
beflammen
durchflammen
emporflammen
entflammen
feuerflammen
fortflammen
nachflammen
niederflammen
überflammen
umflammen
umherflammen
verflammen
vorflammen
die Gammen
— Glammen
den Grammen
Kilogrammen *etc.*
Epigrammen
vergrammen
— Hammen
hammen
— Klammen
klammen
verklammen
die Krammen
krammen
lammen
ablammen
auslammen
fortlammen
nachlammen
verlammen
vorlammen
den Prammen
die Prammen
prammen
den Rammen
die Rammen
rammen
anrammen
auframmen
durchrammen
einrammen
festrammen
fortrammen
mitrammen
niederrammen
unterrammen
verrammen
vorrammen
zerrammen
zurammen
zusammenrammen
sammen
beysammen
mitsammen
vonsammen
zusammen
schlammen
verschlammen
zuschlammen
die Schrammen
schrammen
abschrammen
anschrammen
aufschrammen
durchschrammen
überschrammen
umschrammen
verschrammen
sie schwammen
stammen
abstammen
anstammen
aufstammen
bestammen
entstammen
herstammen
mitstammen
nachstammen
verstammen
zustammen
die strammen
strammen
— Wammen
den Bräutigamen
— Eidamen

ámmend

abammend
eindammend
verdammend
flammend
vergrammend
hammend
klammend
verklammend
krammend
lammend
prammend
rammend
sammend
schlammend
schrammend
stammend
strammend

ámmens

des Abammens
— Eindammens
— Verdammens
— Flammens
— Vergrammens
— Hammens
— Klammens
— Verklammens
— Krammens
— Lammens
— Prammens
— Rammens
— Sammens
— Schlammens
— Schrammens
— Stammens
— Strammens

ámmer

die Ammer (Vogel)
Fettammer
Gelbammer
Goldammer
Kirschammer
Schneeammer
Zaunammer
Zirlammer
— Ammer (Kirsche)
Frühammer
Spätammer
— *Ammer* (Fluſs)
das Geflammer
der Hammer
Abrichthammer
Ankerhammer
Auftiefhammer
Aufziehhammer
Aussetzhammer
Auswechselhammer
Bankhammer
Beckhammer
Blechhammer
Bleyhammer
Bodenhammer
Brechhammer
Breithammer
Bunzelhammer
Dachhammer
Dengelhammer
Dichthammer
Drathhammer
Dubhammer
Durchschlaghamm.
Eſshammer
Eisenhammer
Falzhammer
Fausthammer
Fegehammer
Finnhammer
Formhammer
Forsthammer
Fuſshammer
Gemeindehammer
Gerbhammer
Gerſshammer
Gesenkhammer
Glanzhammer
Gleishammer
Gleichziehhammer
Glockenhammer
Haarhammer
Handhammer
Hauhammer
Haupthammer
Herdhammer
Hufhammer
Kalfathammer
Kehlhammer
Keilhammer
Knepperhammer
Klopfhammer
Knopfhammer
Kreuzhammer
Krughammer
Kupferhammer
Ladehammer
Lattenhammer
Leimhammer
Löthhammer
Mahlhammer
Mauerhammer
Maurerhammer
Meisterhammer
Messinghammer
Münzhammer
Mutterhammer
Nagelhammer
Niethammer
Pflasterhammer
Pflockhammer
Pfropfhammer
Pinnhammer
Planhammer
Planschenhammer
Plattenhammer
Plätthammer
Pochhammer
Polterhammer
Prellhammer
Probehammer
Pulshammer
Pumpenhammer
Quetschhammer
Räderhammer
Raketenhammer
Reibehammer
Reihenhammer
Richthammer
Sattelhammer
Schellhammer
Schepphammer
Schieferhammer
Schierhammer
Schiffsstopfhammer
Schlaghammer
Schlichthammer
Schmiedehammer
Schrämhammer
Schrothammer
Schwanzhammer
Seitenhammer
Senkhammer
Sensenhammer
Setzhammer
Siegelhammer
Siekenhammer
Sohlhammer
Spannhammer
Splishammer
Splithammer
Stabhammer
Stabeisenhammer
Stahlhammer
Stampfhammer
Stangenhammer
Sternhammer
Stimmhammer
Strahlhammer
Streckhammer
Streithammer
Tellerhammer
Tiefhammer
Treibhammer
Triebhammer
Uhrhammer
Urwellhammer
Verschlaghammer
Vorschlaghammer
Waffenhammer
Wahrhammer
Waldhammer
Walkhammer
Wälzhammer
Wasserhammer
Weichzerrenhamm.
Zahnhammer
Zainhammer
Zeichenhammer
Zerrenhammer
Zinnhammer
Zuckerhammer
Zweckhammer
Kellhammer
v. Hammer
der Jammer
Herzensjammer
Katzenjammer
Liebesjammer
Sterbejammer
Steuerjammer
das Gejammer
Sterbegejammer
die Kammer
Actenkammer
Amtskammer
Arbeitskammer
Backkammer
Bankkammer
Bedientenkammer
Bernsteinkammer
Betkammer
Bettkammer
Bilderkammer
Bodenkammer
Brautkammer
Brunnenkammer
Bücherkammer
Dachkammer
Deputirtenkammer
Dräsekammer
Eckkammer
Erzkammer
Faltekammer

Finanzkammer
Fleischkammer
Folterkammer
Gastkammer
Gährkammer
Gehirnkammer
Geleitskammer
Gerbekammer
Gerichtskammer
Gerümpelkammer
Gerüstkammer
Geschirrkammer
Gesindekammer
Gestubekammer
Gewehrkammer
Graskammer
Grempelkammer
Handelskammer
Harnischkammer
Hauskammer
Hebungskammer
Herzkammer
Hinterkammer
Hirnkammer
Hochzeitskammer
Hofkammer
Holzkammer
Hörkammer
Kleiderkammer
Kobaltkammer
Kornkammer
Krätzkammer
Kräuterkammer
Kriegskammer
Kunstkammer
Landeskammer
Lattenkammer
Leichenkammer
Lichtkammer
Lumpenkammer
Lungenkammer
Mägdekammer
Malzkammer
Mannkammer
Marterkammer
Milchkammer
Minenkammer
Münzkammer
Naturalienkammer
Nebenkammer
Nestkammer
Netzkammer
Oberkammer
Obstkammer
Oelkammer
Pfründenkammer
Pfundkammer
Plunderkammer
Polterkammer
Pulverkammer
Raitkammer
Rothkammer

Räucherkammer
Rechenkammer
Rechnungskammer
Regenkammer
Regierungskammer
Reichskammer
Reitkammer
Rollkammer
Ruhekammer
Rumpelkammer
Rufskammer
Sattelkammer
Schärfkammer
Schatzkammer
Schiffskammer
Schirrkammer
Schlafkammer
Schlagaderkammer
Schleufsenkammer
Schmalzkammer
Schnappskammer
Schöppenkammer
Schriftkammer
Schwefelkammer
Seitenkammer
Siechenkammer
Silberkammer
Hofsilberkammer
Sparkammer
Speckkammer
Speisekammer
Spreukammer
Stempelkammer
Stubenkammer
Stückkammer
Todtenkammer
Tresekammer
Trockenkammer
Unterkammer
Urkundenkammer
Versicherungsk.
Vogelkammer
Vorderkammer
Vorkammer
Vorrathskammer
Waffenkammer
Wallkammer
Wärmkammer
Wäschkammer
Watkammer
Wechselkammer
Windkammer
Zahlkammer
Zahlungskammer
Zeugkammer
Stubbenkammer
die Klammer
Eisenklammer
Fahrtklammer
Lattenklammer
Schleppklammer
Schwungklammer

Sperrklammer
Wäschklammer
Winkelklammer
das Geklammer
in klammer (Zeit)
die Lammer
der Rammer
— Stammer
das Gestammer
ein strammer
der Verdammer
die Wammer
ein *Amsterdamer*
— *Rotterdamer etc.*
— achtsamer *etc. bis*
wundersamer *siehe* am

ämmern

die Ammern (Vögel)
— Ammern (Kirschen)
— Ammern (Kohlen)
flammern
hammern
jammern
abjammern
anjammern
aufjammern
ausjammern
bejammern
durchjammern
fortjammern
mitjammern
nachjammern
umjammern
verjammern
vorjammern
die Kammern
kammern
einkammern
die Klammern
klammern
abklammern
anklammern
aufklammern
beklammern
einklammern
erklammern
umklammern
verklammern
vorklammern
zuklammern
zusammenklammern
in klammer'n (Zeiten)
die Lammern
den Rammern
— Stammern
stammern
einen strammer'n
die Wammern
den *Amsterdamern etc.*
aufmerksamer'n *etc. bis*
wundersamern *siehe* am

ámmernd

flammernd
hammernd
jammernd
kammernd
klammernd
stammernd

ámmerns

des Flammerns
— Hammerns
— Jammerns
— Kammerns
— Klammerns
— Stammerns

ámmers

des Geflammers
— Hammers
— Jammers
— Gejammers
— Geklammers
ein klammer's
des Rammers
— Stammers
— Gestammers
ein strammer's
des *Amsterdamers etc.*
ein aufmerksamer's *etc.*
bis wundersamer's
siehe am

ámmerst

du flammerst
— hammerst
— jammerst
— kammerst
— klammerst
— stammerst

ámmert

es flammert
— hammert
— jammert
— kammert
eingekammert
er klammert
angeklammert
eingeklammert
— stammert

ámmes

des Dammes
— Geflammes
— Grammes
Anagrammes *etc.*
Kilogrammes *etc.*
— Hammes
— Kammes
— Klammes
ein klammes
des Lammes
des Gelammes
— Prammes
— Geprammes
— Rammes
— Schlammes
— Ausschrammes
— Geschrammes
— Schwammes
— Stammes
— Gestammes
ein strammes
des Bräutigames *etc.*
ein arbeitsames *etc. bis*
wundersames *s.* am

ámmest

du abammest
— eindammest
— verdammest
— flammest
— vergrammest
— hammest
— verklammest
klammest
— krammest
— lammest
— prammest
— rammest
— sammest
— schlammest
— schrammest
— schwammest
— stammest
— strammest
strammest

ámmet

ihr abammet
— eindammet
— verdammet
— flammet
— vergrammet
— hammet
— verklammet
— krammet
— lammet
— prammet
— rammet
— sammet
der Sammet (*s.* Sammt)
ihr schlammet
— schrammet
— schwammet
— stammet
— strammet

ámmheit

die Klammkeit
— Strammheit

ámmicht

flammicht
schlammicht
schwammicht

ámmig

flammig
purpurflammig
kammig
purpurkammig
rothkammig
schwarzkammig
schlammig
schrammig
schwammig

ámmle

ich dammle
das Gedammle
ich rammle
das Gerammle
ich sammle
das Gesammle
ich stammle
das Gestammle

ámmler

ein Rammler
— Sammler
Aehrensammler
Almosensammler
Anecdotensammler
Aufsammler
Bernsteinsammler
Blitzfeuersammler
Büchersammler
Einsammler
Feuersammler
Gemäldesammler
Gewächssammler
Goldsammler
Hadersammler
Honigsammler
Kunstsammler
Kupferstichsammler
Lumpensammler
Nachsammler
Naturaliensammler
Schmetterlings-
Schneckensammler
Vorsammler
Wärmesammler
Wolkensammler
Zehentsammler
Zeitungssammler
ein Stammler
[Ramler]

ámmlich

verdammlich
bammlich
bräutigamlich
aufmerksamlich *etc.*
bis wundersamlich
siehe am

ámmlung

die Bammlung
— Dammlung
— Hammlung
— Behammlung
— Belammlung
— Rammlung
— Verrammlung
— Sammlung
Almosensammlung
Auszugssammlung
Büchersammlung
Conchyliensamml.
Einsammlung
Fabelsammlung
Gabensammlung
Geräthschafts-
Gewächssammlung
Hadersammlung
Holzsammlung
Insectensammlung
Käfersammlung
Kartensammlung
Kunstsammlung
Landkartensamml.
Mineraliensamml.
Modellsammlung
Münzsammlung
Natursammlung
Naturaliensamml.
Predigtsammlung
Psalmensammlung
Schmetterlings-
Stellensammlung
Sternkartensamml.
Stimmensammlung
Stufensammlung
Stundensammlung
Urkundensammlung
Ursammlung
Wassersammlung
Zahlensammlung
Zusammensamml.
die Versammlung
Bundesversamml.
Deputirtenvers.
Freymaurervers.
Friedensversamml.
Generalversamml.
Glanzversammlung
Handwerksvers.
Innungsversamml.
Kirchenversamml.
Kreisversammlung
Landesversamml.
Nationalversamml.
Prachtversammlung
Provincialversamml.
Prunkversammlung
Rathsversammlung
Reichsversammlung
Staatenversamml.
Staatsversammlung
Ständeversammlung
Stiftsversammlung
Volksversammlung
Wahlversammlung
Winkelversamml.
Wunderversamml.
Zunftversammlung
die Stammlung

ámmon

Jupiter Ammon
Ammon
der Mammon
Pammon

ámmons

Jupiter Ammons
des Mammons

ámmre

ich flammre
— hammre
— jammre
— einkammre
— klammre
— stammre
arbeitsam're *etc. bis*
wundersam're *s.* am

ámms — áms

des Damms
— Gramms
Anagramms
Chilogramms
Chronogramms
Decigramms
Epigramms
Hectogramms
Hierogramms
Kilogramms
Metagramms
Milligramms
Myriogramms
Octogramms
Parallelogramms
Programms
— Hamms
— Kamms
— Klamms
— Lamms
— Pramms
— Ramms
— Schlamms
— Ausschramms
— Schwamms
— Stamms
Abrahams
Amsterdams
der Bams
Bileams
des Bräutigams
— Leichnams
— Nachtrams
der Pams
des Tam-Tams
das Wams
Eisenwams
Feyerwams
Lederwams
Prasselwams
Reiterwams
Sklavenwams
Tuchwams
ein arbeitsam's *etc. bis*
wundersam's *siehe* am

ámmst — ámst

du abammst
— eindammst
— verdammst
— flammst
— vergrammst
— hammst
— verklammst
— klammst
— krammst
— lammst
— prammst
— rammst
— sammst
— schlammst
— schrammst
— schwammst
— stammst
— strammst
strammst
arbeitsam'st *etc. bis*
wundersam'st *s.* am
er bamst
— grimgramst
— wamst
ausgewamst

ámmste — ámste

die klammste
der strammste
arbeitsamste *etc. bis*
wundersamste *s.* am
er bamste
— grimgramste
— wamste

ámmsten — ámsten

die klammsten
— strammsten
arbeitsamsten *etc. bis*
wundersamsten *s.* am
sie bamsten
— grimgramsten
— wamsten

ámmster — ámster

in klammster
— strammster
arbeitsamster *etc. bis* wundersamster *s.* am
der Hamster
ein gebamster
— ausgewamster

ámmstes — ámstes

klammstes
strammstes
arbeitsamstes *etc. bis* wundersamstes *s.* am
ein gebamstes
— gewamstes

ámmstest

du bamstest
— grimgramstest
— wamstest

ámstet

ihr bamstet
— wamstet

ámmt — ámt

abgeammt
eingedammt
verdammt
er flammt
— beflammt
— entflammt
— vergrammt
— hammt
— verklammt
— krammt
— lammt
— prammt
— rammt
— sammt
der Sammt
Bastersammt
Baumwollsammt
Bettelsammt
Doppelsammt
Manchestersammt
Kleidersammt
Mittelsammt
Mützensammt
Pelzsammt
Plüschsammt
Seidensammt
Wollsammt
er schlammt
— schrammt
ihr schwammt
er stammt
— strammt

das Amt
Ammenamt
Apostelamt
Aufseheramt
Ausgeberamt
Ausruferamt
Barbieramt
Bauamt
Bauherrenamt
Beglaubigungsamt
Bekanntmachungs-
Bergamt
Berichtstelleramt
Beurkundeamt
Beymannsamt
Beysitzeramt
Botenamt
Brückenamt
Bücherschauamt
Choramt
Dankamt
Deichamt
Deichgrafenamt
Dreyſsigstamt
Drostamt
Ehramt
Ehrenamt
Erbamt
Erbhofamt
Erblandesamt
Erbschenkenamt
Erbsilberkämmerer-
Erbstäbelmeister-
Erbvorschneider-
Erbzeugmeisteramt
Erzamt
Feldschafferamt
Feldverpflegungs-
Festungsbauamt
Feueramt
Feuereisenamt
Fischeramt
Flöſsamt
Forstamt
Fraiſsamt
Fraischamt
Freyamt
Friedensamt
Frohnamt
Fünfherrenamt
Futteramt
Geleitsamt
Gelehrtenzeitungs-
Gerichtsamt
Gesammtamt
Gewaltamt
Handgräfenamt
Heerverpflegungs-
Heimbürgenamt
Helferamt
Herrschamt

Hirtenamt
Hochamt
Hofamt
Hofbauamt
Hoffutteramt
Hofküchenamt
Hofmarschallamt
Holzamt
Hülfsamt
Hülfspredigtamt
Hüttenamt
Jagdamt
Justizamt
Kammeramt
Kassenamt
Kirchenamt
Krameramt
Kriegsverpflegungs-
Kriegszahlamt
Kronamt
Küchenamt
Landamt
Lehramt
Marktamt
Mauthamt
Meſsamt
Mitamt
Mündelamt
Münzamt
Münzmeisteramt
Nachweiseamt
Oberamt
Paſsamt
Pfarramt
Pflegamt
Polizeyamt
Postamt
Feldpostamt
Hauptpostamt
Hofpostamt
Reichspostamt
Predigtamt
Priesteramt
Rechenamt
Rechnungsamt
Reichsamt
Reichserbamt
Reichserzamt
Rentamt
Richteramt
Salzamt
Schatzamt
Schauamt
Schenkenamt
Schergenamt
Schiffsamt
Schlieſseramt
Schuhamt
Schulamt
Schulaufseheramt
Schultheiſsenamt
Schulzenamt

Schullehreramt
Schürzenamt
Seelenamt
Seheramt
Staatsamt
Stadtamt
Stallamt
Stempelamt
Steueramt
Stiftsamt
Strafamt
Tagamt
Tätzamt
Teufelsamt
Todtenamt
Trostamt
Unschlittamt
Unteramt
Unterhelferamt
Unterheerführer-
Unterzehnteramt
Vateramt
Verpflegamt
Verpflegungsamt
Versatzamt
Vierherrenamt
Vormundamt
Vormundschaftsamt
Vorlegeramt
Vorschneideramt
Vorsitzeramt
Vorsteheramt
Wagamt
Waisenamt
Waldamt
Wasenamt
Wasseramt
Wechselamt
Wegeamt
Wirthschaftsamt
Zahlamt
Zapfenamt
Zehentamt
Zeitungsamt
Zeugamt
Zollamt
Zuchtamt

er bebalsamt
— bebisamt
— gehorsamt
— gemeinsamt
— gleichsamt

samt
allesamt
gesamt
insgesamt
zusamt

— vereinsamt
— verlangsamt
— verwahrsamt

ámmte — ámte

sie abammte
er eindammte
— verdammte
— flammte
das geflammte
er vergrammte
— hammte
— verklammte
— krammte
— lammte
— prammte
— rammte
— sammte
dem Sammte
ich besammte
er schlammte
— schrammte
— stammte
— strammte

im Amte
ich beamte
der Beamte
Bergbeamte
Civilbeamte
Criminalbeamte
Deichbeamte
Erbbeamte
Erblandesbeamte
Erzbeamte
Erzbauerbeamte
Finanzbeamte
Flößbeamte
Forstbeamte
Gesundheitsbeamte
Gutsbeamte
Hausbeamte
Hofbeamte
Holzbeamte
Hülfsbeamte
Hüttenbeamte
Jagdbeamte
Justizbeamte
Kammerbeamte
Kassenbeamte
Kirchenbeamte
Kriegsbeamte
Kronbeamte
Küchenbeamte
Landbeamte
Landesbeamte
Magistratsbeamte
Marktbeamte
Mauthbeamte
Militärbeamte
Münzbeamte
Oberbeamte
Polizeybeamte
Rechnungsbeamte
Reichsbeamte
Reichserbbeamte
Reichserzbeamte
Reitbeamte
Rentbeamte
Schatzbeamte
Schloßbeamte
Staatsbeamte
Stadtbeamte
Steuerbeamte
Stiftsbeamte
Thalbeamte
Unterbeamte
Wirthschaftsbeamte
Zollbeamte

der bebalsamte
— bebisamte
er gehorsamte
— gemeinsamte
— gleichsamte
die gesamte
— insgesamte
er vereinsamte
— verlangsamte
— verwahrsamte
ich zamte

ámmten — ámten

sie abammten
— eindammten
— verdammten
die Verdammten
sie flammten
— vergrammten
— hammten
— verklammten
— krammten
— lammten
— prammten
— sammten
— rammten
den Sammten
sammten
besammten
sie schlammten
— schrammten
— stammten
— strammten

amten
beamten
entamten
veramten
die Beamten
— bebalsamten
— bebisamten
sie gehorsamten
— gemeinsamten
— gleichsamten
die gesamten
— insgesamten
sie vereinsamten
— verlangsamten
— verwahrsamten
zamten

ámmtend — ámtend

besammtend
amtend
beamtend

ámmtens — ámtens

des Besammtens
— Amtens
— Beamtens
— Zamtens

ámmter — ámter

ein abgeammter
— eingedammter
— Verdammter
— Vergrammter
— geflammter
— entflammter
— gehammter
— verklammter
— zerkrammter
— geprammter
— eingerammter
— gesammter
— geschrammter
— entstammter
— gestrammter
— Beamter
— bebalsamter
— bebisamter
— gegleichsamter
mit gesamter
— insgesamter
ein vereinsamter
— verlangsamter
— verwahrsamter

ámmtes — ámtes

ein abgeammtes
— eingedammtes
— verdammtes
— vergrammtes
— geflammtes
— gehammtes
— verklammtes
— zerkrammtes
— geprammtes
— eingerammtes
— gesammtes
des Sammtes
ein geschrammtes
— entstammtes
— gestrammtes
des Amtes
ein bebalsamtes
— bebisamtes
— gegleichsamtes
— gesamtes
— insgesamtes
— vereinsamtes
ein verlangsamtes
— verwahrsamtes

ámmtest — ámtest

du abammtest
— eindammtest
— verdammtest
— vergrammtest
— flammtest
— hammtest
— verklammtest
— krammtest
— lammtest
— prammtest
— rammtest
— sammtest
— besammtest
— schlammtest
— schrammtest
— stammtest
— strammtest
— beamtest
— bebalsamtest
— bebisamtest
— gemeinsamtest
— gleichsamtest
— vereinsamtest
— verlangsamtest
— verwahrsamtest
— zamtest

ámmtet — ámtet

ihr abammtet
— eindammtet
— verdammtet
— entflammtet
— vergrammtet
— hammtet
— verklammtet
— krammtet
— lammtet
— prammtet
— rammtet
— sammtet
— besammtet
— amtet
— beamtet
— bebalsamtet
— bebisamtet
— gemeinsamtet
— gleichsamtet
— vereinsamtet
— verlangsamtet
— verwahrsamtet
— zamtet

ámmtheit — ámtheit

die Verdammtheit
— Entflammtheit
— Gesamtheit

ámmtung — ámtung

die Besammtung
— Beamtung

ámmung

die Abammung
— Eindammung
— Verdammung
— Entflammung
— Verklammung
— Ablammung
— Prammung
— Einrammung
— Schlammung
— Schrammung
— Abstammung
— Strammung

[Mammuth]

ámnis

Interamnis
Samnis
die Verdammnis

ámnisch

amnisch
interamnisch
pramnisch
samnisch

ámnum

Damnum
per Scamnum

āmo

amo
Balsamo
Bergamo
Girolamo
in ramo
Rameau

[Damon]

āmor

Amor
Clamor (bellicus – violentiae)
Zamor

āmos

Amos
Samos

ámp

der Kamp
Eichelkamp
Gerstenkamp
Steinkamp
Sternenkamp
Haverkamp
Melamp

der Ramp
— Schlampamp
— Tamp
— Tramp

ámpe

Campe
am Kampe
die Klampe
Hornklampe
Kreuzklampe
Mastenklampe
Nockklampe
Pallklampe
Riemklampe
Rojeklampe
Sippklampe
Sorrklampe
Spillklampe
Stofsklampe
Wandklampe
Wasserklampe
— Krampe
ich krampe
das Gekrampe
die Lampe
Astrallampe
Blutlampe
Gartenlampe
Gaslampe
Hängelampe
Kaffeelampe
Liverpoollampe
Löthlampe
Nachtlampe
Oellampe
Racklampe
Räucherlampe
Rübenlampe
Schüssellampe
Sparlampe
Spiegellampe
Talglampe
Theaterlampe
Thermolampe
Thranlampe
Trauerlampe
Wachslampe
Wunderlampe
Zauberlampe
Lampe (der Hase)
dem Melampe
ich nachtlampe
die Pampe
ich pampe
das Gepampe
ich schlampampe
dem Schlampampe
das Geschlampampe
die Plampe
ich plampe
das Geplampe
die Rampe
ich rampe
ein Rampe
das Gerampe
ich schampe
das Geschampe
der Schampe
ich schlampe
das Geschlampe
die Schlampe
— Stampe
ich stampe
das Gestampe
ich strampe
das Gestrampe
dem Tampe
ich tampe
das Getampe
ich trampe
das Getrampe
die Trampe
Fischtrampe
dem Trampe
die Wampe

ámpel

die Ampel
Campbell
— Grampel
das Gekampel
— Gepampel
— Gestrampel
der Trampel
das Getrampel
der Zampel

ámpeln

die Ampeln
ampeln
sich abampeln
grampeln
die Grampeln
kampeln
abkampeln
auskampeln
bekampeln
fortkampeln
pampeln
strampeln
niederstrampeln
umstrampeln
unterstrampeln
verstrampeln
vorstrampeln
wegstrampeln
zerstrampeln
zurückstrampeln
zusammenstrampeln
den Trampeln
trampeln
antrampeln
auftrampeln
durchtrampeln
ertrampeln
lostrampeln
mittrampeln
nachtrampeln
niedertrampeln
umtrampeln
untertrampeln
vertrampeln
vortrampeln
zertrampeln
zurücktrampeln
zusammentrampeln
den Zampeln

ámpelnd

ampelnd
grampelnd
kampelnd
pampelnd
strampelnd
trampelnd

ámpelns

des Ampelns
— Grampelns
— Kampelns
— Pampelns
— Strampelns
— Trampelns

ámpels

des Gekampels
— Gepampels
— Gestrampels
— Trampels
— Getrampels
— Zampels

ámpelst

du ampelst
— grampelst
— kampelst
— strampelst
— trampelst

ámpelt

er ampelt
— grampelt
— kampelt
— strampelt
— trampelt

ámpen

den Kampen
die Klampen
— Krampen
krampen
abkrampen
aufkrampen
bekrampen

mitkrampen
nachkrampen
zukrampen
die Lampen
nachtlampen
— Pampen
pampen
schlampampen
den Schlampampen
verschlampampen
die Plampen
plampen
— Rampen
den Rampen
der Rampen
rampen
schampen
die Schampen
— Schlampen
schlampen
ausschlampen
einherschlampen
herumschlampen
nachschlampen
überschlampen
verschlampen
wegschlampen
— Stampen
stampen
strampen
den Tampen
tampen
— Trampen
trampen
antrampen
auftrampen
niedertrampen
umtrampen
untertrampen
vertrampen
wegtrampen
zertrampen
zutrampen
zurücktrampen
zusammentrampen
die Wampen

ámpend

krampend
nachtlampend
pampend
schlampampend
plampend
rampend
schampend
schlampend
stampend
strampend
tampend
trampend

ámpens

des Krampens
— Nachtlampens
Lampens
— Pampens
— Schlampampens
— Plampens
— Rampens
— Schampens
— Schlampens
— Stampens
— Strampens
— Tampens
— Trampens

ámper

Camper
ein Schlampamper
— Schlamper
— Wollentramper

ámpern

den Schlampampern
— Schlampern
— Wollentrampern

ámpers

des Schlampampers
— Schlampers
— Wollentrampers

ámpes

des Kampes
— Gekrampes
Lampe's
— Gepampes
— Schlampampes
— Geschlampampes
— Geplampes
— Rampes
— Gerampes
— Geschampes
— Geschlampes
— Gestampes
— Gestrampes
— Tampes
— Getampes
— Trampes
— Getrampes

ámpest

du krampest
— nachtlampest
— pampest
— schlampampest
— plampest
— rampest
— schampest
— schlampest
— stampest
du strampest
— tampest
— trampest

ámpet

er krampet
— nachtlampet
— pampet
— schlampampet
— plampet
— rampet
— schampet
— schlampet
— stampet
— strampet
— tampet
— trampet

ámpf

der Dampf
Giftdampf
Gluthdampf
Kohlendampf
Oeldampf
Opferdampf
Pechdampf
Pestdampf
Pulverdampf
Rauchdampf
Salpeterdampf
Schwefeldampf
Stickdampf
Tabaksdampf
Wasserdampf
Weihrauchsdampf
Wolkendampf
der Kampf
Allkampf
Ankampf
Blutkampf
Bogenkampf
Bußkampf
Ehrenkampf
Ellbogenkampf
Faustkampf
Fechterkampf
Federkampf
Freiheitskampf
Hahnenkampf
Herzenskampf
Hünenkampf
Liebeskampf
Meerkampf
Nachtkampf
Rettungskampf
Riesenkampf
Ritterkampf
Roßkampf
Scheinkampf
Schiffkampf
Schutzkampf

Seelenkampf
Selbstkampf
Speerkampf
Spielkampf
Stillkampf
Thierkampf
Todeskampf
Todtenkampf
Tugendkampf
Urtheilskampf
Völkerkampf
Vorkampf
Waffenkampf
Wettkampf
Widerkampf
Wortkampf
Wuthkampf
Zweykampf
der Krampf
Augapfelkrampf
Augenkrampf
Augenliederkrampf
Bauchkrampf
Bergkrampf
Blasenkrampf
Brustkrampf
Gallenkrampf
Griefskrampf
Herzenskrampf
Lungenkrampf
Magenkrampf
Mutterkrampf
Nervenkrampf
Todeskrampf
Todtenkrampf
Wadenkrampf
Zungenkrampf
— Stampf
Kastenstampf
— Sauerampf

ámpfe

demDampfe
ich dampfe
das Gedampfe
im Kampfe
— Krampfe
ich zusammenkrampfe
— pampfe
das Gepampfe
ich rampfe
das Gerampfe
die Rampfe
Hausrampfe
ich stampfe
das Gestampfe
die Stampfe
Bleystampfe
Degenstampfe
Dosenstampfe
Grappstampfe
Handstampfe
Tabakhandstampfe
Hirsestampfe
Krautstampfe
Liffelstampfe
Oelstampfe
Schlagstampfe
ich strampfe
das Gestrampfe
demSauerampfe
[der Rampfel]

ámpfen

dampfen
abdampfen
andampfen
aufdampfen
ausdampfen
durchdampfen
eindampfen
empordampfen
entgegendampfen
erdampfen
fortdampfen
nachdampfen
überdampfen
umdampfen
verdampfen
vordampfen
wegdampfen
zerdampfen
zudampfen
krampfen
umkrampfen
zukrampfen
zusammenkrampfen
pampfen
rampfen
stampfen
abstampfen
anstampfen
aufstampfen
ausstampfen
durchstampfen
einstampfen
feststampfen
losstampfen
mitstampfen
nachstampfen
niederstampfen
überstampfen
umstampfen
unterstampfen
vorstampfen
wegstampfen
zerstampfen
zustampfen
zusammenstampfen
die Stampfen
strampfen
nachstrampfen
verstrampfen
wegstrampfen
zerstrampfen
zurückstrampfen

ámpfend

dampfend
krampfend
pampfend
rampfend
stampfend
strampfend

ámpfens

des Dampfens
— Krampfens
— Pampfens
— Rampfens
— Stampfens
— Strampfens

ámpfer

der Ampfer
Bergampfer
Buchampfer
Buschampfer
Butterampfer
Feldampfer
Gartenampfer
Gauchampfer
Hasenampfer
Meerampfer
Pferdeampfer
Sauerampfer
Schafampfer
Schiefsampfer
Wasserampfer
Weiherampfer
Wiesenampfer
der Stampfer
Bohrstampfer
Hirsestampfer
Hofstampfer
Krummstampfer
Plattstampfer
[Kampher]

ámpfern

den Ampfern
— Stampfern
durchkamphern

ámpfers

des Ampfers
— Stampfers
— *Kamphers*

ámpfes

des Dampfes
— Gedampfes
— Kampfes
— Krampfes

des Gepampfes
— Gerampfes
— Stampfes
— Gestampfes

ámpfest

du dampfest
— krampfest
— pampfest
— rampfest
— stampfest
— strampfest

ámpfet

er dampfet
— krampfet
— pampfet
— rampfet
— stampfet
— strampfet

[krampfhaft]

ámpfig

dampfig
krampfig
stampfig
strampfig

ámpfte

er dampfte
— krampfte
— pampfte
— rampfte
— stampfte
— strampfte

ámpften

sie dampften
— krampften
— pampften
— rampften
— stampften
— strampften

ámpfter

ein verdampfter
mit gekrampfter
— gerampfter
— gestampfter
— zerstrampfter

ámpftes

ein abgedampftes
— zerkrampftes
— gerampftes
— gestampftes
— zerstrampftes

ámpftest

du dampftest
— krampftest
— pampftest
— rampftest
— stampftest
— strampftest

ámpftet

ihr dampftet
— krampftet
— pampftet
— rampftet
— stampftet
— strampftet

ámpfung

die Verdampfung
— Zusammenkrampfung
— Rampfung
— Zerstampfung
— Strampfung

[Pecus campi]

ámpig

schlampampig
schlampig
wampig

ámple

ich ample
— gramplе
— kample
— pample
— strample
— trample

ámpler

der Strampler
— Trampler

ámplern

den Stramplern
— Tramplern

ámplers

des Stramplers
— Tramplers

ámps

des Kamps
— Gekramp's
der Pamps
des Gepamps
— Schlampamps
— Geschlampams
— Geplamps
— Ramps
— Geramps
— Geschamps
— Geschlamps
— Gestamps
— Gestramps
— Tamps
— Getamps
des Tramps
— Getramps

ámpst

du krampst
— nachtlampst
— pampst
— schlampampst
— plampst
— rampst
— schampst
— schlampst
— stampst
— strampst
— tampst
— trampst

ámpt

das Ampt (altdeutsch)
er krampt
— nachtlampt
— pampt
— schlampampt
— plampt
— rampt
— schampt
— schlampt
— stampt
— strampt
— tampt
— trampt

ámpte

er krampte
— nachtlampte
— pampte
— schlampampte
— plampte
— rampte
— schampte
— schlampte
— stampte
— strampte
— tampte
— trampte

ámpten

sie krampten
— nachtlampten
— pampten
— plampten
— rampten
— schlampampten
— schampten
— schlampten
— stampten
— strampten
— tampten
— trampten

ámpter

ein gekrampter
— vernachtlampter
— verpampter
— geplampter
— zerrampter
— verschlampampter
— verschampter
— verschlampter
— gestampter
— zerstrampter
— getampter
— getrampter

ámptes

ein gekramptes
— vernachtlamptes
— verpamptes
— geplamptes
— zerramptes
— verschlampamptes
— verschamptes
— verschlamptes
— gestamptes
— zerstramptes
— getamptes
— getramptes

ámptest

du kramptest
— vernachtlamptest
— pamptest
— schlampamptest
— plamptest
— ramptest
— schamptest
— schlamptest
— stamptest
— stramptest
— tamptest
— tramptest

ámptet

ihr kramptet
— nachtlamptet
— pamptet
— schlampamptet
— plamptet
— ramptet
— schamptet
— schlamptet
— stamptet
— stramptet
— tamptet
— tramptet

[Wampum]

ámpung

die Krampung
— Verschlampampung
— Verschlampung
die Zerstampung
— Strampung
— Niedertrampung

ámpus

Campus (Martius)
Melampus
Grampus
Pampus

ámre — ámmre

die arbeitsam're *etc.* *bis* wundersam're *s.* am
Mamre
(*siehe* ámmre)

āms — āhms

des Amalgams
— Amidams
— Duodrams
— Melodrams
— Monodrams
— Epithalams
— Grams
— Griesgrams
ein infam's
ich bekam's *etc.*
des Krams
— Kryptogams
— Misogams
— Monogams
— Panorams
— Phanerogams
— Polygams
— Rams
— Schrams
— Trams
— Troumadams
— Kahms
ein lahm's
ich nahm's *etc.*
des Prahms
— Rahms
ein zahm's

áms *siehe* **ámms**

ámse

ich bamse
demBamse
das Gebamse
demPamse
ich wamse
demWamse
das Gewamse

āmse — āhmse

ich benamse
— zahmse

ámsel

die Amsel
Bachamsel
Bergamsel
Dianenamsel
Gebirgsamsel
Goldamsel
Halsbandamsel
Meeramsel
Ringamsel
Schildamsel
Steinamsel
Stockamsel
Wasseramsel
die Ramsel [Mamsell]

ámseln

die Amseln
— Ramseln

ámsen

den Bamsen
bamsen
abbamsen
— Pamsen
der Ramsen
wamsen
auswamsen
durchwamsen
fortwamsen
mitwamsen
wegwamsen
zerwamsen

āmsen — āhmsen

benamsen
zunamsen
zahmsen

ámsend

bamsend
wamsend

āmsend — āhmsend

benamsend
zahmsend

ámsens

des Bamsens
— Ramsens
— Wamsens

āmsens — āhmsens

des Benamsens
— Zahmsens

ámses

des Bamses
— Gebamses
— Pamses
— Wamses
— Gewamses

ámſeſt

du bamsest
— wamsest

āmſeſt — āhmſeſt

du benamsest
— zahmsest

ámſet

er bamset
— wamset

āmſet — āhmſet

er benamset
— zahmset [pamsig]

āmſt — āhmſt

aufdamst
griesgramst
infamst
du kamst
— kramst
— benamst
— besamst
— ahmst
— erlahmst
— kahmst
— nahmst
— berahmst
— zahmst

ámſt *siehe* **ámmſt**

āmt — āhmt

aufgedamt
er griesgramt
ihr kamt
er kramt
— benamt
— besamt
— ahmt
— erlahmt
— kahmt
ihr nahmt
er berahmt
— zahmt

ámt *siehe* **ámmt**

āmte — āhmte

er aufdamte
— griesgramte
— kramte
— benamte
— besamte
— ahmte
nachgeahmte
— kahmte
— erlahmte
— berahmte
— zahmte

ámte *siehe* **ámmte**

āmten — āhmten

die aufgedamten
sie griesgramten
— kramten
— benamten
— besamten
— ahmten
die nachgeahmten
sie erlahmten
kahmten
— berahmten
— zahmten

ámten *siehe* **ámmten**

āmter — āhmter

ein aufgedamter
— verkramter
— benamter
— besamter
— geahmter
— nachgeahmter
— erlahmter
— verkahmter
— berahmter

ámter *siehe* **ámmter**

āmtes — āhmtes

ein ausgekramtes
— benamtes
— besamtes
— geahmtes
— nachgeahmtes
— erlahmtes
— verkahmtes
— berahmtes

ámtes *siehe* **ámmtes**

āmteſt — āhmteſt

du aufdamtest
— griesgramtest
— kramtest
— benamtest
— besamtest
— ahmtest
— nachahmtest
— erlahmtest
— kahmtest
— berahmtest
— zahmtest

ámteſt *siehe* **ámmteſt**

āmtet — āhmtet

ihr aufdamtet
— griesgramtet
— kramtet
— benamtet
— besamtet
ihr ahmtet
— nachahmtet
— erlahmtet
— kahmtet
— berahmtet
— zahmtet

ámtet *siehe* **ámmtet**

{ amtlich
der Samum
— Amur

āmus

Nostra damus
Te deum laudamus
Erasm. Roterodamus
Petrus Ramus
Nos poma natamus
gaudeamus
gratias agamus
pergamus
ponamus
vertamus

ān — āhn

an
auf und an
bergan
beyan
daran
felsenan
fortan
geradan
heran
hieran
himmelan
hinan
hintan
hinteran
linksan
nebenan
obenan
rechtsan
stroman
untenan
voran
vornan
wohlan!
wolkenan
woran
Adrian
Aegipan
Aelian
Aemilian
Alban
Alcoran
das Allophan
der Altan
Ammian
— Angloman
Apian
Appian
Arrian

das Augenbran
Aurelian
Badian
Baldrian
Bergbaldrian
Katzenbaldrian
Steinbaldrian
Sumpfbaldrian
Wasserbaldrian
der *Ban*
— *Banian*
Barkan
Bastian
die Besan
der Biblioman
— *Birman*
Breyhan
Broihan
Buchanan
Buridan
— *Busogan*
Cajetan
Canaan
— Capellan
Dorfcapellan
Erbcapellan
Schloſscapellan
Stadtcapellan
Cassian
— Castellan
— *Chan*
Tartarchan
— Charlatan
Chloran
Chlorophan
Christian
— *Clan*
Claudian
Corbinian
— Corduan
Glanzcorduan
Coriolan
— *Cormoran*
Courtisan
Cyprian
— Decan
diaphan
— Diöcesan
Diocletian
Dobberan
— *Dulcian*
ein Dummerjan
— Dummrian
der Egeran
— Entian
Feldentian
Frühlingsentian
Wasserentian
Zwergentian
extemporan
extramundan
Fabian

der Fasan
Bergfasan
Goldfasan
Pfaufasan
Silberfasan
Felician
das Filigran
Florestan
Florian
Fustian
der Galan
Galloman
gethan
abgethan
angethan
aufgethan
wohlgethan
Gordian
— Gossan
— Gran
Gran
Gratian
— Grobian
Erzgrobian
— Grünspan
— Guardian
Hadrian
Herodian
human
inhuman
Hydrophan
ein Indian
Jovian
Julian
Justinian
— Kabestan
Kapistran
Kilian
Kulichan
— Kumpan
Zechkumpan
Zeltkumpan
die Lan
der Laberdan
— *Lateran*
Lipstullian
Lucan
Lucilian
Lucian
Lucullan
Magellan
— Majoran
Kochmajoran
Löffelmajoran
Sommermajoran
Topfmajoran
Wintermajoran
das Mänakan
der Mangan
Eisenmangan
Graumangan

Kupfermangan
Phosphormangan
Schwarzmangan
Marcian
das Marzipan
Maximilian
Median
mediterran
— Membran
Merian
der Meridian
— Metropolitan
momentan
Nemesian
Nevisan
— Nikolan
— Nosian
— Obsidian
— Ocean
Octavian
Oppian
Orchan
das Organ
Centralorgan
Gehirnorgan
Lebensorgan *etc.*
der Orkan
Ossian
Pan
— Packan
Papinian
ein Parmesan
— Parochian
— Partisan
— Pavian
der Pelikan
Baumpelikan
Carminpelikan
plan
— Plan
Bataillenplan
Bleichplan
Entschädigungsplan
Festungsplan
Finanzplan
Gartenplan
Gedächtnisplan
Gerichtsplan
Grillenplan
Handelsplan
Hausplan
Heilplan
Heirathsplan
Himmelsplan
Höllenplan
Kampfplan
Kegelplan
Lebensplan
Lehrplan
Liebesplan
Losungsplan

Notenplan
Regierungsplan
Reiseplan
Schieſsplan
Schlachtplan
Schulplan
Schützenplan
Schweinplan
Staatsplan
Sternenplan
Steuerplan
Studienplan
Tanzplan
Verfassungsplan
Vergleichsplan
Vergröſserungsplan
Verlosungsplan
Verschönerungsplan
Verschwörungsplan
Vertheilungsplan
Verwaltungsplan
Wollplan
Wäschplan
Weidenplan
Weltenplan
Weltplan
Wiesenplan
Planian
Porzellan
Frittenporzellan
Glasporzellan
Halbporzellan
Priscian
profan
quartan
quintan
Quinctilian
der Roman
Gespensterroman
Jugendroman
Kinderroman
Moderoman
Räuberroman
Ritterroman
Schäferroman
Staatsroman
Volksroman
— Sacristan
— Saffian
— Safran
Bleysafran
Distelsafran
Eisensafran
Florsafran
Frühlingssafran
Frühsafran
Goldsafran
Herbstsafran
Landsafran
Mattensafran
Metallsafran
Spieſsglassafran
Wiesensafran
der Schlendrian
Advokatenschlendr.
Canzleyschlendrian
Handwerksschlendr.
Justizschlendrian
Rechtsschlendrian
— Schlenderjan
Schnadrian
— Schwan
Silberschwan
Singeschwan
Mönchsschwan
Tauchschwan
Wunderschwan
Sebastian
Sejan
— Sopran
sothan
— Span
Ablegespan
Anlegespan
Dachspan
Feilspan
Eisenfeilspan
Gedankenspan
Glühespan
Heftspan
Hinterspan
Hobelspan
Holzspan
Hornspan
Hüttenspan
Kammspan
Papierspan
Preſsspan
Raspelspan
Sägespan
Schwarzkupferspan
Sogspan
Spannspan
Spinellenspan
Streichspan
Tonspan
Vorderspan
spontan
— Stolprian
Strontian
succedan
— Suffragan
— Sultan
Groſssultan
Sylvan
Tamerlan
Tatian
tertian
Tertullian
— Than
Than
Theophan
— Thran
Bergerthran
Fischthran
Häringsthran
Leberthran
Robbenthran
Seehundsthran
Speckthran
Wallfischthran
der Thymian
Pfefferthymian
Tinian
Titan
Chromtitan
Eisentitan
Phosphortitan
Titian
Trajan
— Trepan
Tribonian
Triphan
das Tympan
ultramontan
ultramundan
der Unterthan
Erbunterthan
Gerichtsunterthan
Stiftsunterthan
unterthan
Uran
urban
Urban
Urian
ein Urracan
Valerian
der *Vatican*
Vespasian
Vesuvian
— Veteran
— Vulkan
Vulcan
— Ahn
Aelterahn
Urahn
Vorahn
die Bahn
Beyspielbahn
Boſselbahn
Cometenbahn
Dornenbahn
Drehbahn
Ehrenbahn
Eisbahn
Eisenbahn
Erdbahn
Erdenbahn
Fahrbahn
Fechtbahn
Feuerbahn
Geschäftsbahn
Gleitbahn
Glitschbahn

Götterbahn
Hauptbahn
Heldenbahn
Hetzbahn
Himmelsbahn
Jagdbahn
Katzbahn
Kegelbahn
Stoſskegelbahn
Kreisbahn
Lasterbahn
Laufbahn
Lebensbahn
Leitbahn
Lichtbahn
Lienbahn
Maillebahn
Meeresbahn
Mehlbahn
Milchbahn
Mittelbahn
Mondesbahn
Nebenbahn
Planetenbahn
Reeperbahn
Reifbahn
Reiferbahn
Reitbahn
Rennbahn
Rosenbahn
Schlittenbahn
Schlittschuhbahn
Schneebahn
Seilerbahn
Sonnenbahn
Stechbahn
Ringelstechbahn
Sternenbahn
Stoſsbahn
Strombahn
Sündenbahn
Tugendbahn
Turnbahn
Unbahn
Wandelbahn
Wasserbahn
Wellenbahn
Weltenbahn
Wildbahn
Wogenbahn
Wolkenbahn
das Gebahn
der Balbahn
sie fah'n
— empfah'n
— flahn
der Hahn
Alphahn
Auerhahn
Berghahn
Bierhahn
Birkhahn
Brauſshahn
Bromhahn
Canieſshahn
Fasanhahn
Feldhahn
Fibelhahn
Flintenhahn
Geduldhahn
Gökelhahn
Gurgelhahn
Hanfhahn
Haupthahn
Heidelhahn
Holzhahn
Hühnerhahn
Kapphahn
Kampfhahn
Kickelhahn
Klipphahn
Lufthahn
Meerhahn
Piephahn
Puthahn
Puterhahn
Riedhahn
Rohrhahn
Schildhahn
Schlieſshahn
Schnapphahn
Schrunthahn
Speiſshahn
Spielhahn
Spillhahn
Spieſshahn
Springhahn
Stinkhahn
Sträubhahn
Strauſshahn
Streithahn
Theilungshahn
Tropfhahn
Truthahn
Weckhahn
Weidenhahn
Weinhahn
Wendungshahn
Wetterhahn
Zinshahn
der rothe Hahn
— Jahn
Jahn
— Kahn
Baumkahn
Brückenkahn
Elbkahn *etc.*
Fahrkahn
Fischerkahn
Fluſskahn
Hälterkahn
Marktkahn
Rindenkahn
Ruderkahn
Schaukelkahn
Segelkahn
Spielkahn
Spülkahn
Thronkahn
der Krahn
Hebekrahn
Mastenkrahn
krah'n
— Lahn
Eisenlahn
Goldlahn
Schlangenlahn
Silberlahn
die *Lahn*
der Mahn
sie nah'n
— sah'n
es geschah'n
der Wahn
Fieberwahn
Freiheitswahn
Geisterwahn
Glaubenswahn
Glückswahn
Hochmuthswahn
Hoffnungswahn
Irrwahn
Jugendwahn
Liebeswahn
Pöbelwahn
Sinnenwahn
Taumelwahn
Verzweiflungswahn
Volkswahn
Zauberwahn
— Zahn
Augenzahn
Bachzahn
Backenzahn
Beiſszahn
Bergzahn
Biberzahn
Drachenzahn
Eckzahn
Egezahn
Elephantenzahn
Fangzahn
Fischzahn
Fletschzahn
Füllenzahn
Gabelzahn
Giftzahn
Glanzzahn
Glättzahn
Goldzahn
Haifischzahn
Hakenzahn
Hauzahn
Hechelzahn
Hinterzahn

Hohlzahn
Hornzahn
Hundszahn
Kälberzahn
Kauzahn
Kronzahn
Lachzahn
Lämmerzahn
Leckerzahn
Löwenzahn
Mahlzahn
Markzahn
Mäusezahn
Meerzahn
Milchzahn
Mittelzahn
Oberzahn
Otterzahn
Perlenzahn
Rabzahn
Radzahn
Raffzahn
Ragezahn
Rapzahn
Rechenzahn
Roſszahn
Sauzahn
Sägezahn
Saugezahn
Schaufelzahn
Schälzahn
Schiefzahn
Schlangenzahn
Schneidezahn
Schrofzahn
Schrotzahn
Schwarzzahn
Schweinszahn
Seitenzahn
Silberzahn
Spaltzahn
Sperrzahn
Spieſszahn
Spitzzahn
Stockzahn
Tigerzahn
Ueberzahn
Unterzahn
Vorderzahn
Vorzahn
Wechselzahn
Wehrzahn
Weisheitszahn
Weinzahn
Zweyzahn

án — ánn

an
Ahriman
Alderman
Alkman
Aracan
Ataman
Chorasan
Dagestan
der Dragoman
Erivan
Evän
— Gespan
Obergespan
Vicegespan
Gulistan
— Hetman
Indostan
Ispahan
Jonathan
— *Kaimakan*
lobesan
man
Nathan
Ramadan
Soliman
Suleiman
— Talisman
Tetuan
Wan
Yukatan
— Bann
Bierbann
Blutbann
Brotbann
Burgbann
Forstbann
Futterbann
Geisterbann
Heeresbann
Hexenbann
Hökerbann
Kelterbann
Kirchenbann
Königsbann
Pfennigbann
Stadtbann
Wildbann
Colomann
dann
alsdann
sodann
dann und wann
ich begann
— kann
Johann
der Mann
Achtmann
Achtsmann
Ackermann
Alltagsmann
Altarmann
Aeltermann
Amtmann
Eisenamtmann
Gerichtsamtmann
Mühlenamtmann
Oberamtmann
Stiftsamtmann
Andermann
Angstmann
Ausmann
Austermann
Bandmann
Bannemann
Baumann
Bauersmann
Bergmann
Bestandmann
Bettelmann
Beymann
Biedermann
Bienenmann
Bildermann
Blechmann
Bohlsmann
Bootsmann
Oberbootsmann
Unterbootsmann
Börtmann
Budenmann
Bürgersmann
Burgmann
Burzelmann
Dausmann
Dienstmann
Dorfmann
Drittmann
Dreymann
Edelmann
Dorfedelmann
Landedelmann
Ehemann
Ehrenmann
Eismann
Eisenmann
Erbmann
Erdenmann
Erdmann
Ersatzmann
Erstmann
Eselmann
Fackelmann
Fährmann
Schattenfährmann
Seelenfährmann
Federmann
Feldmann
Felsenmann
Flachenmann
Fleischmann
Flöſsmann
Flügelmann
Forstmann
Franzmann
Freyersmann
Friedemann
Fuhrmann
Frachtfuhrmann
Landfuhrmann

Lohnfuhrmann
Gartenmann
Gaukelmann
Geldmann
Geleitsmann
Gemeinsmann
Gerichtsmann
Gevattersmann
Gewährsmann
Gewerbsmann
Glasmann
Gliedermann
Glücksmann
Gökelmann
Goldmann
Gottesmann
Grofsrichtermann
Grützmann
Gufsmann
Gufsman
Haarmann
Haderlumpenmann
Hadermann
Hägermann
Halbmann
Hampelmann
Handelsmann
Handwerksmann
Hauptmann
Amtshauptmann
Berghauptmann
Bürgerhauptmann
Burghauptmann
Deichhauptmann
Feldhauptmann
Gassenhauptmann
Kreishauptmann
Räuberhauptmann
Schiffshauptmann
Schlofshauptmann
Schützenhauptm.
Stiftshauptmann
Unterhauptmann
Werbehauptmann
Zigeunerhauptm.
Hausmann
Hechelmann
Hengstmann
Herrmann
Herzensmann
Heuchelmann
Heuersmann
Hintermann
Hofmann
Hühnermann
Hüttenmann
Hutmann
Innmann
Instmann
Jägersmann
Kaufmann
Kebsmann

Kernmann
Klagemann
Klappermann
Knochenmann
Königsmann
Kraftmann
Kräutermann
Kriegsmann
Kundmann
Kunstmann
Lampenmann
Landmann
Landamman
Landsmann
Lehnsmann
Lemersmann
Leyermann
Lootsmann
Lullmann
Lumpenmann
Markmann
Marktmann
Martinsmann
Meermann
Miethsmann
Aftermiethsmann
Mittelmann
Mittelsmann
Mondmann
Mundmann
Muselmann
Musulman
Nachmann
Nachbarsmann
Nebenmann
Nordmann
Normann
Obmann
Obermann
Obstmann
Oelmann
Opfermann
Ordensmann
Pechmann
Petermann
Pfändemann
Pfandmann
Pfarrmann
Pferdmann
Phrasenmann
Pilgersmann
Plachmann
Plundermann
Popelmann
Privatmann
Purzelmann
Rathsmann
Rebmann
Rechtsmann
Reisemann
Reitersmann
Riffleman

Rittersmann
Rosinenmann
Rottmann
Runzelmann
Ruthenmann
Säemann
Sackmann
Sahlmann
Salzmann
Sandmann
Schutzmann
Scheidemann
Schiemann
Schiedsmann
Schiffmann
Schlangenmann
Schneemann
Schofsmann
Schreckensmann
Schreymann
Schuldmann
Schulmann
Schutzmann
Schwestermann
Schwungmann
Sechsmann
Seemann
Sellmann
Sendmann
Sensemann
Sensenmann
Sefsmann
Setzmann
Siegmann
Siemann
Sorgemann
Spielmann
Sprachmann
Spruchmann
Staatsmann
Stadtmann
Steuermann
Obersteuermann
Untersteuermann
Stiftsmann
Stiftmann
Strohmann
Stubenmann
Tädingsmann
Tändlermann
Titelmann
Tochtermann
Trauermann
Trödelmann
Truschemann
Tuchmann
Uebermann
Uebertragsmann
Untermann
Urbarmann
Urmann
Vernunftmann

Versemann
Viermann
Viertmann
Vierzigmann
Volksmann
Vormann
Währmann
Wagenmann
Wahlmann
Waldmann
Wandersmann
Wartmann
Wassermann
Watmann
Wehrmann
Landwehrmann
Weibermann
Weibmann
Weidemann
Weidmann
Weinmann
Weisemann
Weismann
Weltmann
Werkmann
Wettermann
Wildmann
Wildemann
Wittmann
Wundermann
Wurzelmann
Zaubermann
Zehenmann
Zehentmann
Zentmann
Zimmermann
Bergzimmermann
Schiffszimmerm.
Thalzimmermann
Zinsmann
Erbzinsmann
Grundzinsmann
Gotteszinsmann
Zitronenmann
Zuckermann
Zumann
der Gundermann
jedermann
Ostermann
Salzmann
Winkelmann
Zimmermann etc.
es rann
— entrann
— gerann
— niederrann
— überrann
— verrann
— zerrann
ich sann
— besann
— entsann
— ersann
ich übersann
— spann
— bespann
— entspann
— erspann
— überspann
das Spann
Anspann
Ausspann
Knopfspann
Lehrspann
Mittelspann
Ohrspann
Richtspann
Scherspann
Spiegelspann
Spitzspann
Strickspann
Vorderspann
Vorspann
das Gespann
der Gespann
Anführegespann
Donnergespann
Doppelgespann
Dreygespann
Ehegespann
Herzgespann
Löwengespann
Mitgespann
Prunkgespann
Reisegespann
Riegelgespann
Roſsgespann
Streitgespann
Viergespann
Zweygespann
der Tyrann
Haustyrann
wann?
dann und wann
etwann
er gewann

āna

die *Ana*
Albana
Arcana
Bachiana
Bibiana
— Hochzeit zu *Cana*
— *Capitana*
Christiana
Diana
Fontana
Fridericiana (Halle)
Guadiana
Guyana
Juliana
de lana (caprina)
Luisiana
Mariana
Menagiana
Fata Morgana
die *Pavana*
Potentiana
— *Puzzolana*
Rana
Romana
Gilblas de Santillana
Sarzana
Septimana
Sogdiana
Susiana
Tatiana
Tanfana
Aqua Tofana
Toskana
Valeriana
Vacana

ánca

Bianca
Charta bianca
Blanca
Salamanca
Villa franca
[Ritter von la Mancha]

ánche

die Cynanche
— Synanche
ich lanche
manche

ānchen

Bastianchen
Christianchen
Dianchen
Julianchen
Lanchen
Roxelanchen

ānchens

Bastianchens
Christianchens
Dianchens
Julianchens
Lanchens
Roxelanchens
[Sancho]

ánco

Banco
in blanco
franco
rinfranco
Lanfranco
manco
a manco

[Sacrosanct
Sanct]

ánctus

Planctus
Sanctus

ánd

es thut mir and
das Band
Achselband
Aderlaſsband
Angelband
Armband
Atlasband
Aufhängeband
Augenliedsband
Ausfüllungsband
Balkenband
Bauchband
Bauerband
Beckenband
Bindeband
Bruchband
Bugband
Busenband
Darrband
Deckelband
Degenband
Deichband
Demantband
Dörrband
Doppelband
Dreyband
Eckband
Eheband
Einfaſsband
Einstockband
Eisenband
Erdenband
Faſsband
Fensterband
Feuerband
Filzband
Fischband
Flockseidenband
Florband
Floſsband
Flügelband
Formband
Freundschaftsband
Frisoletband
Fruchtband
Führband
Fullband
Fuſssohlenband
Futterband
Gängelband
Garbenband
Gegenband
Gelenkband
Glanzband
Gliedband
Goldband
Grimmdarmband
Haarband
Hakenband
Halsband
Schellenhalsband
Handrückenband
Handwurzelband
Haubenband
Hauptband
Herzensband
Himmelsband
Hochzeitband
Hohlhandband
Hornband
Hosenband
Hülfsband
Hutband
Jagdhalsband
Kammerband
Kapselband
Klüſsband
Knieband
Knieflügelband
Kniekehlenband
Knöchelband
Knochenband
Knorpelband
Knorrenband
Kranzband
Kreuzband
Kugelband
Laubband
Lebergrimmdarmsb.
Leberzwölffinger-
darmband
Lederband
Lehensband
Leistenband
Leitband
Liebesband
Lockenband
Lungenband
Magenmilzband
Mastband
Mauerband
Maulband
Milzgrimmdarmband
Mittelband
Modeband
Mohrband
Mützenband
Mutterband
Nackenband
Nasenband
Nebenband
Nierenzwölffinger-
darmband
Nothband
Nuſsband
Ohrband
Ohrenband
Ordensband
Pastetenband
Pergamenband
Perlenband
Probeband
Querband
Raaband
Radeband
Reffband
Riegelband
Ringband
Ringgiesbeckenband
Ringluftröhrenband
Ringschildknorpelb.
Rollenband
Rosaband
Rosenband
Rostband
Rothband
Rückenband
Ruderband
Sackband
Sahlband
Sammetband
Schamband
Schaufelband
Scheidenband
Schillerband
Schildkehlendeckelb.
Schlagband
Schloſsband
Schnauzenband
Schnürband
Schuhband
Schulterband
Schürzband
Schürzenband
Schwebeband
Schwellerband
Seelenband
Seidenband
Seitenband
Seitenringschild-
knorpelband
Seitenschildzungen-
beinband
Silberband
Sohlband
Spitzenband
Spundband
Steinband
Steiſsbeinband
Stiefelband
Stimmritzenband
Stirnband
Stockband
Strebeband
Strohband
Strumpfband
Sturmband
Stützband
Taffetband
Teufelsband

Thürband
Tonnenband
Treckelband
Troſsband
Ueberband
Uhrband
Unterband
Wachsband
Weichenband
Weidenband
Wickelband
Wiegenband
Windelband
Wipperband
Wurstband
Zauberband
Ziehband
Zopfband
Zugband
Zungenband
Zwerchmuskelmagenband
Zwerchmuskelmilz-
Zwirnband
Zwischenband
der Band
Bücherband
Duodezband
Ergänzungsband
Folioband
Franzband
Lederband
Schweinslederband
Marmorband
Octavband
Papierband
Pappband
Pergamenband
Probeband
Quartband
Sedezband
Supplementband
der Einband
— Verband
Blockverband
Kreuzverband
Nothverband
Schlachtverband
Schlagverband
Tischerverband
Wiederverband
er band
entband
unterband
verband
der Brand
Abbrand
Augenliederbrand
Baumbrand
Eisenbrand
Erdbrand
Feuerbrand

Fieberbrand
Fflugbrand
Gliederbrand
Heerbrand
Herzbrand
Himmelbrand
Höllenbrand
kalte Brand
Knochenbrand
Kohlenbrand
Kornbrand
Kupferbrand
Leberbrand
Liebesbrand
Löschbrand
Milzbrand
Mordbrand
Nesselbrand
Oelbrand
Ofenbrand
Opferbrand
Schlachtbrand
Schmierbrand
Schwefelbrand
Sonnenbrand
Staubbrand
Steinbrand
Strohbrand
Surturbrand
Suturbrand
Todtenbrand
Ueberbrand
Verbrand
Waldbrand
Ziegelbrand
Hildebrand
der Confirmand
contreband
— Curand
ein Deodand
der Doctorand
ein Examinand
der Faland
er fand
— befand
— erfand
— unterfand
— wiederfand
Ferdinand
Fomchand
der *Grand*
— Grand
allerhand
jederhand
überhand
unterhand
vielerhand
die Hand
Afterhand
Alabasterhand
Anwaltehand
Eisenhand

Engelshand
Felsenhand
Fürstenhand
Gerechtigkeitshand
Gerichtshand
gesammte Hand
Gnadenhand
Gotteshand
Grindhand
Heldenhand
Herrenhand
Hinterhand
Hohlhand
Knochenhand
Kunsthand
Kuſshand
Langhand
Lehenshand
Liebeshand
Lilienhand
Mädchenhand
Männerhand
Manneshand
Meisterhand
Menschenhand
Mittelhand
Mörderhand
Mutterhand
Nachhand
Oberhand
Obhand
Patschhand
Rachhand
Rächerhand
Räuberhand
Riesenhand
Ritterhand
Schmuckhand
Schneehand
Schöpferhand
Schreckenshand
Schwanenhand
Segenshand
Sklavenhand
Strafhand
Strahlenhand
Streithand
Teufelshand
Todtenhand
todte Hand
Vaterhand
Vorhand
Vorderhand
Wachshand
Würgerhand
Wunderhand
Zauberhand
Zügelhand
Hufeland
Jemand
der Kaland

das Land
Abendland
Ackerland
Aland
Amazonenland
Angermannland
Ausland
Aussenland
Bayerland
Bergland
Beyland
Binnenland
Birkenland
Blumenland
Böhmerland
Buchenland
Burgunderland
Churland
Cumberland
Curland
Deichland
Aussendeichland
Deutschland
Eichenland
Eiland
Engelland
England
Altengland
Neuengland
Entschädigungsland
Ermeland
Erzeugerland
Esthland
Fabelland
Feenland
Feindesland
Felsenland
Feuerland
Finnland
Flachland
Frankenland
Fremdlingsland
Freundesland
Freyland
Friedland
Friedensland
Frierland
Friesland
Ostfriesland
Westfriesland
Gartenland
Gebirgsland
Geburtsland
Geestland
Gegenland
Geisterland
Geldland
Gerstenland
Getreideland
Goldland
Gothland
Ostgothland
Westgothland
Götterland
Gottesland
Grabeland
Grasland
Grenzland
Griechenland
Grönland
Grünland
Haberland
Hadlerland
Handelsland
Hauland
Heideland
Heidenland
Helgoland
Hessenland
Heuerland
Heuland
Hirsenland
Hirtenland
Hochland
Holland
Neuholland
Nordholland
Südholland
Holzland
Hopfenland
Hungerland
Ingermannland
Inland
Inselland
Irland
Island
Jemtland
Judenland
Jugendland
Jütland
Kastanienland
Kinderland
Kirchenland
Kleiland
Kornland
Krämerland
Küstenland
Laland
Lappland
Liefland
Mähdland
Mährenland
Marschland
Maryland
Mayland
Meierland
Mergelland
Mittagsland
Mittelland
Mitternachtsland
Modeland
Mohrenland
Moorland
Mutterland
Nachbarland
Nebelland
Nebenland
Neuland
Neufoundland
Niederland
Nordland
Northumberland
Oberland
Obstland
Ortland
Osterland
Ostland
Pfarrland
Perserland
Preuſsenland
Priesterland
Rebland
Regenland
Reichsland
Reuſsenland
Rheinland
Rodeland
Römerland
Rottland
Rübeland
Ruſsland
Groſsruſsland
Kleinruſsland
Rothruſsland
Weiſsruſsland
Sachsenland
Saatland
Säeland
Sahlland
Samland
Sandland
Sauerland
Schlaraffenland
Schlickland
Schneeland
Schottland
Schwabenland
Schwedenland
Schweizerland
Seeland
Neuseeland
Segensland
Shetland
Siedland
Sielland
Sinnenland
Sklavenland
Spateland
Stammland
Strandland
Sumpfland
Südland
Südermannland
Tabaksland
Torfland

Trauerland
Tyrolerland
Ueberland
Umland
Ungerland
Unterland
Vandiemensland
Vaterland
Vierland
Viertelland
Voigtland
Vorland
Waadland
Waidland
Waizenland
Wasserland
Weideland
Weinland
Welschland
Weseland
Westland
Wiesenland
Wunderland
Zauberland
der Lugſnsland
Luitprand
mand
die Mand
der Magistrand
— Multiplicand
— Niemand
— Ordinand
das Pfand
Deichpfand
Faustpfand
Freundschaftspfand
Gegenpfand
Herzenspfand
Kistenpfand
Liebespfand
Schreinpfand
Sicherheitspfand
Treupfand
Unterpfand
der Präparand
— Rand
Augenhöhlenrand
Becherrand
Blumenrand
Eichelrand
Erdrand
Faltenrand
Farbenrand
Feldrand
Felsenrand
Gartenrand
Gestüberand
Glockenrand
Goldrand
Grabesrand
Himmelsrand
Hinterhauptsrand
Hölzerrand
Holzrand
Hutrand
Kesselrand
Kieferrand
Kronenrand
Lambdarand
Luftrand
Magenrand
Marsrand
Münzrand
Ostrand
Pastetenrand
Perlenrand
Pfannenrand
Pfeilrand
Purpurrand
Quellenrand
Rasenrand
Schaumrand
Schildrand
Schläfenrand
Schüsselrand
Schuppenrand
Seitenrand
Siebrand
Silberrand
Sonnenrand
Spiegelrand
Spitzenrand
Stüberrand
Uferrand
Wangenrand
Wasserrand
Westrand
Wiesenrand
Wurzelrand
Zapfenrand
Zitzenrand
der Sand
Bausand
Bauersand
Blaufarbensand
Bleysand
Eisensand
Erdsand
Flittersand
Flugsand
Fluſssand
Formsand
Gehirnsand
Gieſssand
Glassand
Glasursand
Glimmersand
Glühsand
Goldsand
Granatensand
Harnsand
Hirnsand
Kalksand
Kiesſsand
Kieselsand
Lastsand
Mahlsand
Mauersand
Meeressand
Mehlsand
Metallsand
Nierensand
Perlsand
Quarzsand
Quellsand
Quicksand
Reibesand
Saugsand
Scheuersand
Schiffsand
Schimmersand
Schleifsand
Seesand
Silbersand
Spathsand
Staubsand
Steinsand
Streusand
Theersand
Thiersand
Titansand
Treibsand
Triebsand
Uhrsand
Wassersand
Wellsand
Zeolithsand
Zinnsand
Zirbeldrüsensand
Sand
Samarkand
er schwand
entschwand
verschwand
der Schwand
— Stand
Abstand
Brennpunctsabst.
Tonabstand
Adelsstand
Advokatenstand
Anstand
Frauenanstand
Heldenanstand
Herrscheranstand
Unanstand
Aufstand
Grubenaufstand
Hauptaufstand
Registeraufstand
Volksaufstand
Aussenstand
Ausstand
Barometerstand

Bauerstand
Baumstand
Beamtenstand
Bergmannsstand
Berufsstand
Besitzstand
Besoldungsstand
Bestand
Cassenbestand
Erbbestand
Lagerbestand
Rechnungsbestand
Thatbestand
Vermögensbestand
Wahrheitsbestand
Bevölkerungsstand
Beystand
Rechtsbeystand
Bienenstand
Blühestand
Blüthenstand
Bräutigamsstand
Brautstand
Büchsenstand
Bürgerstand
Bürschstand
Burschenstand
Dienststand
Ehestand
Ehrenstand
Einstand
Engelstand
Erbstand
Erwerbstand
Fasanenstand
Frauenstand
Friedensstand
Fürstenstand
Gegenstand
Hauptgegenstand
Nebengegenstand
Gelehrtenstand
Gerichtsstand
Gesellenstand
Gewerbstand
Glücksstand
Gnadenstand
Grafenstand
Hagestolzenstand
Handelsstand
Handwerksstand
Hauptstand
Hauslehrerstand
Hausstand
Herbststand
Herrenstand
Hirtenstand
Jammerstand
Jungfernstand
Junggesellenstand
Kaufmannsstand
Kirchenstand
Klosterstand
Kreisstand
Kriegerstand
Kriegsstand
Landstand
Lehrerstand
Lehrstand
Luftstand
Mädchenstand
Marktstand
Menschenstand
Misſsstand
Mitstand
Mittelstand
Mönchsstand
Münzstand
Nährstand
Nahrungsstand
Naturstand
Nebenstand
Nothstand
Obstand
Pfarrstand
Predigerstand
Priesterstand
Puppenstand
Rathsstand
Räuberstand
Rauponstand
Rechtsstand
Reiherstand
Richterstand
Ritterstand
Rückstand
Ruhestand
Schafstand
Scheibenstand
Schieſsstand
Schulstand
Selbststand
Sklavenstand
Soldatenstand
Sommerstand
Sonnenstand
Stiftsstand
Stillstand
Abendstillstand
Morgenstillstand
Pulsstillstand
Sonnenstillstand
Waffenstillstand
Thierstand
Uebelstand
Ueberstand
Umstand
Hauptumstand
Nebenumstand
Vaterstand
Unterstand
Verstand
Einverstand
Engelsverstand
Hauptverstand
Hausverstand
Kunstverstand
Menschenverstand
Miſsverstand
Naturverstand
Nebenverstand
Sachverstand
Unverstand
Vertheidigungsst.
Vorstand
Handelsvorstand
Handwerksvorst.
Pachtvorstand
Waisenstand
Wasserstand
Wechselstand
Wehestand
Wehrstand
Weiberstand
Widerstand
Wildstand
Winterstand
Wittwenstand
Wittwerstand
Wohlstand
Zehrstand
Zustand
Entscheidungszust.
Gemüthszustand
Herzenszustand
Leibeszustand
Mittelzustand
Nicht - ichzustand
Seelenzustand
Vermögenszustand
ich stand
— bestand
— entstand
— erstand
— überstand
— unterstand
— verstand
— widerstand
der Strand
Blumenstrand
Felsenstrand
Meeresstrand
Seestrand
Urstrand
Vorstrand
Marstrand
Nastrand
der Tand
Erdentand
Kindertand
Krämertand
Menschentand
Modetand
Mönchstand

Narrentand
Nürnbergertand
Sündentand
Weibertand
Tharand
die Wand
Altarwand
Anewand
Aufsenwand
Auswand
Bauchmuskelwand
Baumwand
Beckenwand
Bergwand
Berufswand
Bleichwand
Bramstengenwand
Bretwand
Breterwand
Bühnenwand
Buchenwand
Dachwand
Darrwand
Dielenwand
Dornenwand
Erzwand
Felsenwand
Fensterwand
Flickwand
Flofswand
Fockwand
Giebelwand
Glaswand
Gypswand
Hängewand
Hauptwand
Hochwand
Holzwand
Kehrwand
Lagerwand
Lehmwand
Lehrwand
Lendenmuskelwand
Lichtwand
Luftwand
Marmorwand
Marswand
Nebenmarswand
Mittelwand
Myrthenwand
Nebenwand
Niederwand
Pochwand
Prefswand
Querwand
Querscheidewand
Querspundwand
Riegelwand
Riegwand
Rochwand
Rohrwand
Rosenwand
Rückwand
Salpeterwand
Samenwand
Scheidewand
Hirnscheidewand
Nasenscheidewand
Schiebwand
Schiedwand
Schirmwand
Schlagwand
Schleusenwand
Schubwand
Seitenwand
Spanische Wand
Spiegelwand
Springwand
Spundwand
Steinwand
Stengenwand
Stichwand
Stirnwand
Stubenwand
Stuhlwand
Taxuswand
Traubenwand
Vogelwand
Vorwand
Vorsetzwand
Vorstengenwand
Wellerwand
Ziegelwand
Zwerchmuskelwand
Zwischenwand
das Wand
der Aufwand
Geldaufwand
Prachtaufwand
Zeitaufwand
— Einwand
— Vorwand
ich wand
entwand
überwand
umwand
der Gewand
das Gewand
Altargewand
Bergmannsgewand
Blumengewand
Blutgewand
Brautgewand
Busengewand
Chorgewand
Ehrengewand
Erdgewand
Festgewand
Feyergewand
Frauengewand
Friedensgewand
Frühlingsgewand
Frühgewand
Goldgewand
Hausgewand
Herbstgewand
Hochzeitgewand
Jagdgewand
Jugendgewand
Kindergewand
Klostergewand
Knabengewand
Kriegsgewand
Lagergewand
Leichengewand
Lichtgewand
Liliengewand
Mädchengewand
Männergewand
Mefsgewand
Mönchsgewand
Morgengewand
Nachtgewand
Nebelgewand
Obergewand
Opfergewand
Pelzgewand
Prachtgewand
Priestergewand
Prunkgewand
Purpurgewand
Putzgewand
Reifegewand
Reitgewand
Rosengewand
Safrangewand
Sammtgewand
Schlafgewand
Schleppgewand
Schneegewand
Schultergewand
Segelgewand
Seidengewand
Silbergewand
Sommergewand
Sterbegewand
Strahlengewand
Todesgewand
Todtengewand
Tuchgewand
Trauergewand
Uebergewand
Umgewand
Untergewand
Waffengewand
Wassergewand
Wettergewand
Wintergewand
Wolkengewand
Zaubergewand
die Leinwand
Doppelleinwand
Federleinwand
Florleinwand
Futterleinwand

Glanzleinwand
Halbleinwand
Hanfleinwand
Hausleinwand
Kaufleinwand
Kernleinwand
Kleiderleinwand
Kofferleinwand
Mittelleinwand
Packleinwand
Pichleinwand
Sackleinwand
Schleyerleinwand
Segelleinwand
Siegelleinwand
Stangenleinwand
Steifleinwand
Steinleinwand
Wachsleinwand
Weigand
Wigand
der Weiland
weiland
Wieland
— Zuckerkand

ánda

Amanda
Aranda
die *Banda*
Blanda
Blanda
Islanda
Maracanda
Miranda
Praestanda
Propaganda
Sarabanda
Violanda
Wanda

ándau

Landau
Schandau
Spandau

ánde

es thut ande
am Bande
die Bande
Herzensbande
Liebesbande
Sklavenbande
Steinbande
Todesbande
eine Bande
Comödiantenbande
Diebesbande
Gauklerbande
Gaunerbande
Heuchlerbande
Musikbande
Räuberbande
Spielerbande
Würgerbande
Zigeunerbande
im Verbande
— Foliobande
es brande
am Brande
die Contrebande
dem Grande
Rio grande
die Guirlande
Blumenguirlande
Rosenguirlande *etc.*
dem Jemande
im Lande
hier zu Lande
im Abendlande *etc. bis*
Zauberlande *s.* **and**
ich lande
das Gelande
dem Luginslande
die Hochlande
— Niederlande
— Erblande
— Vorlande
— Vierlande
die Mande
dem Niemande
zum Pfande
die Präparande
— Propagande
am Rande
die Registrande
— Reprimande
im Sande
ich sande
— versande
die Sarabande
— Schande
Blutschande
Knabenschande
Sünd' und Schande
am Schwande
im Stande
zu Stande
im Verstande
die Stande
Salzstande
Spülstande
Trottstande
Wasserstande
Weinstande
am Strande
ich strande
das Gestrande
die Tande
am Tande
im Gewande
dem Aufwande
— Einwande
— Vorwande
dem Weilande
— Zuckerkande

ähnde

ich ahnde
— fahnde
die fah'nde
— empfah'nde
— nah'nde

ándel

das Bandel
— Gebrandel
Coromandel
die Glandel
der Handel
Ablaſshandel
Achtshandel
Activhandel
Alleinhandel
Auftragshandel
Ausfuhrhandel
Auſsenhandel
Austerhandel
Bernsteinhandel
Bilderhandel
Binnenhandel
Bücherhandel
Buchhandel
Commissionsbuchh.
Demanthandel
Drehhandel
Durchgangshandel
Durchhandel
Edelsteinhandel
Effectenhandel
Ehrenhandel
Eisenhandel
Ellenhandel
Essighandel
Federhandel
Fischhandel
Floſshandel
Frachthandel
Fruchthandel
Garnhandel
Geldhandel
Gelegenheitshandel
Gerichtshandel
Geschmeidehandel
Gesellschaftshandel
Getraidehandel
Gewürzhandel
Glashandel
Groſshandel
Grützhandel
Güterhandel
Haarhandel
Haderhandel
Haubenhandel
Haupthandel
Holzhandel
Instrumentenhandel

Juwelenhandel
Käsehandel
Kaufhandel
Kirchenhandel
Kleinhandel
Kornhandel
Kriegshandel
Kunsthandel
Kupferhandel
Kupferstichhandel
Küstenhandel
Landkartenhandel
Leinwandhandel
Liebeshandel'
Lumpenhandel
Menschenhandel
Messinghandel
Misthandel
Modehandel
Musikhandel
Nagelhandel
Nebenhandel
Notenhandel
Obsthandel
Ochsenhandel
Oelhandel
Papierhandel
Paschhandel
Passivhandel
Pelzhandel
Perlenhandel
Pfaffenhandel
Pfarrhandel
Pferdehandel
Porzellanhandel
Properhandel
Putzhandel
Rathhandel
Rauchhandel
Raufhandel
Rechtshandel
Reichshandel
Rofshandel
Salzhandel
Samenhandel
Scheinhandel
Schiffhandel
Schleichhandel
Schleifhandel
Schmähhandel
Schmuckhandel
Schnitthandel
Seidenhandel
Sklavenhandel
Sortimentshandel
Spähhandel
Speculationshandel
Speditionshandel
Spezereyhandel
Spitzenhandel
Staatshandel
Staatspapierhandel

Stechhandel
Stichhandel
Stockshandel
Streithandel
Strumpfhandel
Tabakshandel
Tauschhandel
Transitohandel
Trödelhandel
Tuchhandel
Viehhandel
Vogelhandel
Wachshandel
Waarenhandel
Waidhandel
Wechselhandel
Weinhandel
Welthandel
Wollhandel
Wucherhandel
Würzhandel
Zeughandel
Zinnhandel
Zitronenhandel
Zwischenhandel
das Gehandel
die Mandel
Bruchmandel
Erdmandel
gebrannte Mandel
Halsmandel
Pfirschmandel
Saumandel
Strauchmandel
Sultansmandel
Zimmtmandel
Zuckermandel
Zwergmandel
die Mandel (Rolle)
Rollmandel
Wäschmandel
eine Mandel (15)
die Kornmandel
das Mandel (Männchen)
— Siemandel
der Quandel
die Randel
der Sandel
das Gestrandel
der Trandel
— Wandel
Berufswandel
Lebenswandel
Sündenwandel
Tugendwandel
der Wachandel
das Gewandel

ändeln

den Bandeln
anbandeln
brandeln

die Glandeln
handeln
abhandeln
aushandeln
behandeln
einhandeln
entgegenhandeln
erhandeln
fehlhandeln
forthandeln
herhandeln
hin- *etc.* handeln
mifshandeln
mithandeln
nachhandeln
überhandeln
umherhandeln
unterhandeln
verhandeln
zuhandeln
das Handeln
Guthandeln
Schlechthandeln
Verkehrthandeln
die Mandeln
Halsmandeln
mandeln
aufmandeln
mitmandeln
nachmandeln
übermandeln
das Getraide aufmandeln
in Mandeln
den Siemandeln
— Randeln
strandeln
— Trandeln
wandeln
abwandeln
anwandeln
aufwandeln
auswandeln
dahinwandeln
daherwandeln
durchwandeln
einherwandeln
entgegenwandeln
entwandeln
erwandeln
fortwandeln
fufswandeln
herwandeln
hinwandeln
lustwandeln
mifswandeln
mitwandeln
nachwandeln
nachtwandeln
niederwandeln
überwandeln
umwandeln
umherwandeln

unterwandeln
verwandeln
vorwandeln
voraus- *etc.* wandeln
wegwandeln
zuwandeln
zurückwandeln
zusammenwandeln

ándelnd

anbandelnd
brandelnd
handelnd
miſshandelnd
welthandelnd
mandelnd
aufmandelnd
strandelnd
wandelnd
lustwandelnd
nachtwandelnd

ándelns

des Anbandelns
— Brandelns
— Handelns
— Guthandelns
— Miſshandelns
— Schlechthandelns
— Verkehrthandelns
— Mandelns
— Aufmandelns
— Strandelns
— Wandelns
— Lustwandelns
— Nachtwandelns

ándels

des Bandels
— Gebrandels
— Handels
— Gehandels
— Mandels
— Siemandels
— Quandels
— Sandels
— Gestrandels
— Trandels
— Wandels
— Gewandels

ándelſt

du anbandelst
— brandelst
— handelst
— mandelst
aufmandelst
— strandelst
— wandelst

ándelt

angebandelt
es brandelt
es handelt
— mandelt
aufgemandelt
er strandelt
— wandelt
— lustwandelt
— nachtwandelt
umgewandelt

ánden

die *Anden*
in Banden
sie banden
die Banden
branden
anbranden
aufbranden
emporbranden
erbranden
— Confirmanden
— contrebanden
— Curanden
— Deodanden
— Doctoranden
— Examinanden
sie fanden
die *Granden*
den Granden
die Guirlanden
in Handen
abhanden
anhanden
beyhanden
obhanden
vonhanden
vorhanden
zuhanden
jemanden
landen
ablanden
anlanden
auslanden
mitlanden
nachlanden
verlanden
in aller Herrn Landen
entvaterlanden
den Luginslanden
— Erblanden
— Hochlanden
— Niederlanden
— Vorlanden
die Manden
niemanden
pfanden
— Präparanden
— Propaganden
randen
abranden
ausranden
beranden
die Registranden
— Reprimanden
sanden
aussanden
besanden
übersanden
versanden
zusanden
die Sarabanden
zu Schanden
sie schwanden
— standen
die Standen
zu Standen
beanstanden
urstanden
stranden
anstranden
bestranden
mitstranden
nachstranden
verstranden
die Tanden
tanden
sie wanden
den Gewanden
gewanden
— Leinwanden
leinwanden
— Zuckerkanden

āhnden

ahnden
beahnden
nachahnden
fahnden
die fah'nden
— empfah'nden
— nah'nden

ándend

brandend
landend
entvaterlandend
pfandend
randend
sandend
versandend
beanstandend
urstandend
strandend
tandend
gewandend

āhndend

ahndend
fahndend

ándens

des Brandens
— Landens
— Entvaterlandens

des Pfandens
— Randens
— Versandens
— Beanstandens
— Urstandens
— Strandens
— Tandens
— Gewandens
sie gestanden's *etc.*

ahndens

des Ahndens
— Fahndens

ánder

anderumander
Alander
Aleander
Alexander
Anaximander
der Balander
— Belander
— Brander
— Calander
— Coriander
Corisander
einander
aneinander
aufeinander
auseinander
beyeinander
durcheinander
gegeneinander
hintereinander
ineinander
miteinander
nacheinander
übereinander
umeinander
untereinander
voreinander
zueinander
mengander
selbander
Evander
der Gamander
Berggamander
Sandgamander
Traubengamander
Zwerggamander
— Galander
— Glander
das Geglander
der Golander
— Kalander
Leander
Lysander
Maeander
Melander
Menander
Neander
Nikander
der Oleander
Osiander
Periander
Philander
— Salamander
Sumpfsalamander
Wassersalamander
— Sander
Doggensander
Sander
Scamander
Scaphander
— Stander
Toppstander
— Tander
Terpander
Thersander
Timander
das Gewander
der Zander
verstand er *etc.*

ahnder

ein empfah'nder
— nah'nder

ándern

die andern
unter andern
den Balandern
— Brandern
— Calandern
— Coriandern
Flandern
Ostflandern
Westflandern
— Gamandern
— Galandern
— Glandern
glandern
landern
einlandern
— Oleandern
— Salamandern
— Sandern
— *Scaphandern*
— Standern
wandern
abwandern
anwandern
auswandern
durchwandern
einwandern
entwandern
entgegenwandern
erwandern
fortwandern
fuſswandern
heimwandern
herwandern
hin- *etc.* wandern
mitwandern
nachwandern
nachtwandern
niederwandern
überwandern
umwandern
umherwandern
verwandern
vorwandern
voranwandern
vorbeywandern
wegwandern
zuwandern
zurückwandern
zusammenwandern

ándernd

glandernd
landernd
wandernd

ánderns

Flanderns
des Glanderns
— Landerns
— Wanderns

ánders

anders
wiederanders
des Balanders
— Branders
— Calanders
— Corianders
— Galanders
— Gamanders
— Glanders
— Geglanders
— Oleanders
— Salamanders
— Sanders
— *Scaphanders*
— Standers
— Gewanders
Alexanders etc.
verstand er's

ándert

er glandert
— landert
— wandert
bewandert

ándes

los *Andes*
des Bandes
— Quartbandes
— Brandes
— Grandes
Jornandes
jemandes

des Landes
— Luginslandes
niemandes
— Pfandes
— Randes
— Sandes
— Schwandes
— Standes
— Bestandes
— Verstandes
— Strandes
— Tandes
— Aufwandes
— Einwandes
— Vorwandes
— Gewandes
er verstand es *etc.*

ähndes

ein empfah'ndes
— flah'ndes
— nah'ndes

ándest

du bandest
— brandest
— fandest
— landest
— entvaterlandest
— pfandest
— randest
— versandest
— schwandest
— standest
beanstandest
urstandest
— strandest
— tandest
— wandest
gewandest

ähndest

du ahndest
— fahndest

ándet

ihr bandet
— brandet
— fandet
— landet
— entvaterlandet
— pfandet
— randet
— versandet
— schwandet
— standet
beanstandet
urstandet
— strandet
— tandet
— wandet
gewandet

ándgeld

das Handgeld
— Pfandgeld
— Schandgeld

ándi

jus aggratiandi
temeritas litigandi
nervus probandi
Warandi

ándicht

brandicht
grandicht

ándig

bandig
vielbandig
brandig
grandig
handig
vollhandig
randig
breitrandig
ganzrandig
sandig
unsandig

ándis

mutatis mutandis
reservatis reservandis

ándle

anbandle
ich brandle
— handle
— wandle
lustwandle
nachtwandle

ándler

der Abhandler
— Mißhandler
— Verhandler
— Tandler
— Wandler
Lichtwandler
Lustwandler
Nachwandler
Nachtwandler
Staatsumwandler
Verwandler
Wolkenwandler

ándlern

den Abhandlern
— Verhandlern
— Tandlern
— Wandlern
— Nachtwandlern

ándlers

des Abhandlers
— Verhandlers
— Tandlers
— Wandlers
— Nachtwandlers

ándlich

handlich
unhandlich
pfandlich
unterpfandlich
urzustandlich
wandlich

ándlung

die Anbandlung
— Handlung
Bandhandlung
Berghandlung
Buchhandlung
Hofbuchhandlung
Schulbuchhandlung
Realschulbuchh.
Universitätsbuchh.
Detailhandlung
Frevelhandlung
Friedenshandlung
Galanteriehandlung
Geldhandlung
Gerichtshandlung
Gesellschaftshandl.
Gewalthandlung
Gewürzhandlung
Großhandlung
Haupthandlung
Kunsthandlung
Lederhandlung
Leinwandhandlung
Machthandlung
Materialhandlung
Messinghandlung
Mißhandlung
Nebenhandlung
Papierhandlung
Putzhandlung
Schmuckhandlung
Schnitthandlung
Schulhandlung
Seehandlung
Seidenhandlung
Silberhandlung
Sortimentshandlung
Spezereyhandlung
Taufhandlung
Tabakhandlung
Thathandlung
Tuchhandlung
Vergleichshandlung
Verlagshandlung
Wahlhandlung
Wechselhandlung
Weinhandlung

Zeughandlung
die Abhandlung
Schulabhandlung
Streitabhandlung
— Behandlung
— Unterhandlung
Friedensunterhandl.
Staatsunterhandlung
Vergleichsunterhdl.
— Verhandlung
Friedensverhandlg.
Gerichtsverhandlg.
Prozeſsverhandlung
Rechtsverhandlung
Staatsverhandlung
Vergleichsverhandl.
— Wandlung
Anwandlung
Blutwandlung
Brotwandlung
Umwandlung
Staatsumwandlung
— Verwandlung
Sinnesverwandlung
Staatsverwandlung
Wesenverwandlung

ándo

accelerando
affirmando
allentando
anticipando
approximando
calando
das Commando
Civilcommando
Feuercommando
Generalcommando
Hauptcommando
Kriegscommando
Militärcommando
Nebencommando
Obercommando
Streifcommando
Untercommando
Fernando
flautando
di Gerando
digerando
lusingando
mancando
negando
Orlando
postnumerando
praenumerando
provocando
quando
rallentando
reservando
rinforzando
scemando
scherzando
sententionando
sforzando
smorzando
volando

ándra

Alexandra
Cassandra
Timandra

ándre

Andre
ich glandre
— landre
— wandre

ándrecht

handrecht
das Landrecht
— Pfandrecht
— Standrecht
— Strandrecht

ándrer

ein Andrer
— *Flandrer*
— Wandrer
Nachtwandrer

ándrern

den *Flandrern*
— Wandrern

ándrers

des *Flandrers*
— Wandrers

ándrisch

andrisch
alexandrisch
flandrisch
maeandrisch

ándros

Andros
Alexandros
Skamandros

ándrung

die Glandrung
— Landrung
— Wandrung
Völkerwandrung

ánds

des Bands
— Einbands
— Franzbands
— Verbands
— Brands
— Grands
— jemands
— Lands
— Luginslands
des Niemands
— Rands
— Sands
— Schwands
— Stands
— Bestands
— Verstands
— Strands
— Tands
— Aufwands
— Einwands
— Gewands
— Vorwands
er fand's *etc.*

ándschaft

die Landschaft
eine Landschaft
Abendlandschaft
Frühlandschaft
Frühlingslandsch.
Herbstlandschaft
Mondlandschaft
Morgenlandschaft
Nebellandschaft
Schweizerlandschaft
Seelandschaft
Sommerlandschaft
Waldlandschaft
Winterlandschaft
die Pfandschaft
— Standschaft
Landesstandschaft
Reichsstandschaft

ándschuh

ein Handschuh
Armhandschuh
Blechhandschuh
Eisenhandschuh
Fausthandschuh
Fechthandschuh
Fehdehandschuh
Fingerhandschuh
Glanzhandschuh
Kauzhandschuh
Pelzhandschuh
Reisehandschuh
Reithandschuh
Tanzhandschuh
ein *Mandschu*
der *Kantschu*

ándschuhs

des Handschuhs
— *Mandschus*
— *Kantschus*

[das Randsel]

ándt — ándte *etc. bis* **ándtschaft** *siehe* **ánt — ánnt** *etc. bis* **ánntschaft**

ándubr

die Sanduhr
— Wanduhr
der *Tandur*

ándum

ad deliberandum
ad demonstrandum
ad duplicandum
ad justificandum
ad liquidandum
ein *Memorandum*
das *Praestandum*
— *Publicandum*
ad quadruplicandum
ad replicandum
quod bene notandum
quod erat demonstrandum
ad ratificandum
de gustibus non disputandum

ándums

des Memorandums
— Prästandums
— Publicandums

ándung

die Brandung
Meeresbrandung
Wogenbrandung
— Landung
Anlandung
Diebeslandung
— Ausrandung
— Versandung
— Beanstandung
— Sonnenstandung
— Strandung

āne — āhne

der *Afghane*
— *Alane*
dem Allophane
vom Altane
der Anglomane
die Arcane
— *Araukane*
— Augenbrane
dem Baldriane
— *Bane*
die *Banane*
— Besane
der Bibliomane
— *Birmane*
— *Brachmane*
dem Breyhane
— Busogane
die Cabano
dem Capellane
— Castellane
der Centimane
dem *Chane*
— Charlatane
die Chicane
dem Chlorane
— Chlorophane
Christiane
— Clane
die Courtisane
— Cyane
dem Decane
Diane
— Diöcesane
die *Douane*
dem Divane
die Dummerjane
dem Entiane
extemporane
extramundane
— Fasane
— Filigrane
— Galane
der Gallomane
— *Germane*
das Gethane
ab - angethane *etc.*
dem Gossane
— Granne
— Grobiane
— Grünspane
— Guardiane
humane
— Hydrophane
Juliane
— Kabestane
die Karavane
dem Kumpane
an der Lane
dem Laberdane
— Laterane
die Liane
dem Mänakane
— Majorane
— Mangane
der *Marane*
Mariane
dem Marzipane
— Mediane
die mediterrane
— Membrane
dem Meridiane
— Metropolitane
momentane
— Nikolane
— Nosiane
— Obsidiane
— Oceane
— Organe
— Orkane
der *Osmane*
dem Partisane
die Partisane
dem Paviane
— Pelikane
plane
eine Plane
im Plane
ich plane
die Platane
dem Porzellane
ich verporzellane
profane
die Ptisane
quartane
quintane
— Romane
Roxane
Roxelane
dem Sacristane
— Saffiane
— Safrane
die Satane
der *Schamane*
dem Schlendriane
— Schwane
es schwane
die Schwane
dem Soprane
sothane
— Spane
ich spane
dem Spinellane
spontane
dem Stolpriane
— Strontiane
succedane
— Suffragane
— Sultane
— Talismane
die Tartane
— *Tersane*
tertiane
dem Thane
ich thane
dem Thrane
— Thymiane
die Tisane
der Titane
dem Titane
Tophane
die Tramontane
dem Trepane
— Triphane
— Tschakane
die Tulipane
dem Tympane
ultramontane
ultramundane
unterthane
— Urane
urbane

dem Uriane
— Urracane
— Vaticane
— Vesuviane
der Veterane
die Vulkane
— Zane

ich ahne
das Geahne
der Ahne
ich bahne
das Gebahne
die Bahne
— Holzbrahne
— Wiesenbrahne
die Fahne
Bergknappschafts-
Blutfahne
Bundesfahne
Dachfahne
Feuerfahne
Freudenfahne
Freyfahne
Friedensfahne
Hauptfahne
Heeresfahne
Hoffnungsfahne
Kirchenfahne
Kreuzesfahne
Kriegesfahne
Marktfahne
Meſsfahne
Ordensfahne
Prozessionsfahne
Reichsfahne
Reiterfahne
Schiffsfahne
Staatenfahne
Sturmfahne
Thurmfahne
Trauerfahne
Trinkfahne
Wallfahrtsfahne
Weinfahne
Wetterfahne
Winterfahne
Zechfahne
das empfah'ne
dem Hahne
ich hahne
— hoiahne
— jahne
das Gejahne
dem Jahne
— Kahne
ich kahne
das Gekahne
dem Krahne
— Lahne
— Mahne
ich mahne

das Gemahne
es gemahne
ich rahne
die Sahne
dem Wahne
ich yahne
das Geyahne
dem Zahne
ich zahne
das Gezahne

ānem

diaphanem
diöcesanem
extemporanem
extramundanem
gethanem
humanem
medianem
mediterranem
momentanem
Panem (et Circenses)
planem
profanem
quartanem
quintanem
sothanem
spontanem
succedanem
suffraganem
tertianem
ultramontanem
ultramundanem
unterthanem
urbanem

ānen — āhnen

die *Afghanen*
— *Alanen*
den Altanen
die Anglomanen
— *Araukanen*
— Arcanen
— Augenbranen
den Besanen
die Bibliomanen
— *Birmanen*
— *Brachmanen*
mit Busoganen
die Cabanen
den Capellanen
— Castellanen
— Chanen
— Charlatanen
die Chicanen
den Clanen
corduanen
die Courtisanen
— Cyanen
den Decanen
Dianen

diaphanen
den Diöcesanen
auf Divanen
die *Douanen*
den Dummerjanen
— Entianen
extemporanen
extramundanen
— Fasanen
— Filigranen
— Galanen
die Gallomanen
— *Germanen*
den gethanen
— Granen
— Grobianen
— Guardianen
— humanen
— Kabestanen
die Karavanen
den Kumpanen
— Lanen
die Lianen
— Manen
— *Maranen*
— medianen
— mediterranen
die Membranen
den Meridianen
die Metropolitanen
— momentanen
den Oceanen
— Organen
— Orkanen
die *Osmanen*
— Parochianen
— Partisanen
den Pavianen
— Pelikanen
planen
die planen
— Planen
— Platanen
porzellanen
verporzellanen
profanen
— Ptisanen
— Quadrumanen
— quartanen
— quintanen
den Romanen
— Sacristanen
saffianen
den Safranen
die *Schamanen*
den Schlendrianen
— Schwanen
schwanen
sothanen
spanen
spontanen

den Stolprianen
die succedanen
den Suffraganen
— Sultanen
— Thanen
die Tisanen
— Titanen
tramontanen
tranen
den Trepanen
die Tulipanen
den Tympanen
ultramontanen
ultramundanen
die Unterthanen
urbanen
den Urianen
— Urracanen
die Veteranen
den Vulkanen

die Ahnen
ahnen
beahnen
nachahnen
vorahnen
das Selbstahnen
die Bahnen
bahnen
bebahnen
nachbahnen
vorbahnen
die Fahnen
hahnen
hojahnen
jahnen
den Jahnen
kahnen
nachkahnen
— Krahnen
— Lahnen
mahnen
abmahnen
anmahnen
aufmahnen
fortmahnen
nachmahnen
vermahnen
zumahnen
ermahnen
anermahnen
aufermahnen
gemahnen
rahnen
absahnen
yahnen
zahnen
abzahnen
auszahnen
bezahnen
einzahnen
nachzahnen
verzahnen
die empfah'nen

ānend — āhnend

planend
spanend
tranend
ahnend
bahnend
hahnend
hojahnend
jahnend
kahnend
mahnend
ermahnend
zahnend

ānens — āhnens

des Planens
— Schwanens
— Spanens
— Tranens
— Ahnens
— Bahnens
— Hahnens
— Hojahnens
— Jahnens
— Kahnens
— Mahnens
— Ermahnens
— Zahnens

āner — āhner

die *Aner*
— *Adeptianer*
— *Afrikaner*
— *Alexianer*
— *Amerikaner*
— *Arianer*
— *Arminianer*
— *Ausetaner*
— *Basilidianer*
— *Bassaner*
— *Bengelianer*
— *Brasilianer*
— *Brownianer*
Antibrownianer
— *Cäsarianer*
— *Cajetaner*
— *Cartesianer*
— *Ceritaner*
— *Christianer*
— *Cisrhenaner*
— *Constantinopolitaner*
— *Corsikaner*
— *Cumaner*
— *Currendaner*
— *Dominicaner*
— *Fichtianer*
— *Franciscaner*
die *Gallianer*
— *Hahnemannianer*
— *Heftianer*
— *Hieronymitaner*
— *Homöusianer*
— *Homusianer*
— *Indianer*
— *Insulaner*
— *Kantianer*
— *Kastilianer*
— *Laputaner*
— *Leibnitzianer*
— *Liccaner*
— *Liliputaner*
— *Lutheraner*
— *Mahomedaner*
— *Mallorcaner*
— *Mantuaner*
— *Marianer*
— *Minorkaner*
— *Neapolitaner*
— *Nestorianer*
— *Novatianer*
— *Ottochaner*
— *Paganer*
— *Parmesaner*
— *Parochianer*
— *Paulianer*
— *Paulicianer*
ein *Pelagianer*
— *Persianer*
— *Peruaner*
— *Pisaner*
— *Photinianer*
der *Planer*
ein *Plebaner*
— *Prädestinatianer*
— *Prätorianer*
— *Presbyterianer*
— *Primaner*
— *Puritaner*
— *Quartaner*
— *Quintaner*
— *Ragusaner*
— *Republikaner*
— *Samaritaner*
— *Schellingianer*
— *Secundaner*
— *Septimaner*
— *Sextaner*
— *Sicilianer*
— *Spartaner*
— *Tertianer*
— *Thebaner*
— *Toskaner*
— *Tripolitaner*
— *Trojaner*
— *Ultramontaner*
— *Venetianer*
— *Weigelianer*
— *Wolfianer*
— *Yvicaner*

ein *Zwinglianer*
— diöcesaner
— diaphaner
— extemporaner
— extramundaner
— gethaner
— humaner
— medianer
— mediterraner
— momentaner
— planer
— profaner
— sothaner
— spontaner
— succedaner
— suffraganer
— ultramontaner
— ultramundaner
— unterthaner
— urbaner
ein Bahner
— Mahner
— Ermahner
— Wetterahner

ānern — āhnern

den *Anern etc. bis Zwinglianern siehe* **aner**
einen humaner'n
— planer'n
— profaner'n
— urbaner'n
den Bahnern
— Mahnern
— Vermahnern
— Wetterahnern

āners — āhners

des *Aners etc. bis Zwinglianers siehe* **aner**
etwas humaner's
— planer's
— profaner's
— urbaner's
des Bahners
— Mahners
— Ermahners
— Wetterahners

ānes — āhnes

des *Alcoranes*
— Allophanes
— Altanes
— Augenbranes
— *Banes*
— Baldrianes
— Breyhanes
— Busoganes
— *Campomanes*
— Capellanes
des Castellanes
— *Chanes*
— Charlatanes
— Chloranes
— Chlorophanes
— *Clanes*
— Corduanes
— Courtisanes
— Decanes
ein diaphanes
des Diöcesanes
— Dulcianes
— Dummerjanes
— Entianes
ein extemporanes
— extramundanes
des Fasanes
— Filigranes
— Galanes
ein gethanes
des Gossanes
— Granes
— Grobianes
— Grünspanes
— Guardianes
ein humanes
des Hydrophanes
— Indianes
— Kabestanes
— Kumpanes
— Laberdanes
— Lateranes
— *Lipstullianes*
— Lucullanes
— Mänakanes
— Majoranes
— Manganes
— Marzipanes
ein medianes
— mediterranes
des Meridianes
— Metropolitanes
ein momentanes
des Nikolanes
— Nosianes
— Obsidianes
— Oceanes
— Organes
— Orkanes
— Parmesanes
— Partisanes
— Pavianes
— Pelikanes
ein planes
des Planes
— Porzellanes
ein profanes
— quartanes
— quintanes
des Romanes
— Sacristanes
des Saffianes
— Safranes
— Schlendrianes
— Schwanes
— Sopranes
sothanes
— Spanes
— Spinellanes
ein spontanes
des Stolprianes
— Strontianes
ein succedanes
des Suffraganes
— Sultanes
ein tertianes
des Thanes
— Thranes
— Thymianes
— *Tigranes*
— Titanes
— Trepanes
— Triphanes
— Tympanes
ein ultramontanes
— ultramundanes
— unterthanes
des Uranes
ein urbanes
des Urianes
— Urracanes
— Vaticanes
— Vesuvianes
— Vulkanes
des Gebahnes
— Balbahnes
ein empfah'nes
des Hahnes
— Jahnes
— Gejahnes
— Kahnes
— Gekahnes
— Krahnes
— Lahnes
— Mahnes
— Gemahnes
— Wahnes
— Zahnes
— Gezahnes
sie sah'n es *etc.*

ānest — āhnest

humanest
planest
du planest
— verporzellanest
profanest
— spanest
spontanest
thanest
— tranest
— urbanest

du ahnest
— bahnest
— hahnest
— hojahnest
— jahnest
— kahnest
— mahnest
— gemahnest
— vermahnest
— yahnest
— zahnest

ānet — āhnet

er planet
— verporzellanet
— spanet
— thanet
— tranet
— ahnet
— bahnet
— hahnet
— hojahnet
— jahnet
— kahnet
— mahnet
— ermahnet
— gemahnet
— yahnet
— zahnet

ánf

der Hanf
Reinhanf
Saathanf
Schneckenhanf
Schnitthanf
Semmelhanf
Sommerhanf
Spinnhanf
Staubhanf
Strähnhanf
Wasserhanf
Winterhanf

ánft

der Ranft
Kleberanft
sanft
unsanft
verhanft

ánfte

dem Ranfte
ich abranfte
der sanfte
ich versanfte

ánften

den Ranften
abranften
die sanften
versanften

ánftend

abranftend
versanftend

ánftens

des Abranftens
— Versanftens

ánftes

des Ranftes
ein sanftes

ánftest

du abranftest
— versanftest
sanftest

ánftet

er abranftet
— versanftet

ánftung

die Abranftung
— Versanftung

áng

bang
hasenbang
herzensbang
höllenbang
liebebang
seelenbang
sorgenbang
todbang
wonnebang
ich drang
— vordrang
es ist gedrang
der Drang
Andrang
Blutandrang
Durchdrang
Durstdrang
Ehrdrang
Eindrang
Fortdrang
Freyheitsdrang
Gedrang
Gegendrang
Geistesdrang
Heldendrang
Herzensdrang
Hungerdrang
Jugenddrang
Lebensdrang
Nachdrang
Nothdrang
Rachedrang
Seelendrang
Schmerzensdrang
Thatendrang
Ueberdrang
Verdrang
Volksdrang
Vordrang
Wogendrang
Zudrang
Zusammendrang
der Empfang
Nachempfang
Vorempfang
— Fang
Aalfang
Anfang
Frühlingsanfang
Herbstanfang
Sommeranfang
Winteranfang
Austerfang
Bärenfang
Bernsteinfang
Beyfang
Biberfang
Brodenfang
Buschfang
Dohnenfang
Entenfang
Erdfang
Finkenfang
Fischfang
Flohfang
Föhrenfang
Forellenfang
Froschfang
Genickfang
Giftfang
Grillenfang
Habichtsfang
Häringsfang
Hamsterfang
Hauptfang
Hühnerfang
Kälberfang
Kesselfang
Korallenfang
Krebsfang
Kreisfang
Lachsfang
Lerchenfang
Liebesfang
Luftfang
Maulwurfsfang
Meisenfang
Mückenfang
Otterfang
Perlenfang
Rauchfang
Robbenfang
Sardellenfang
Saufang
Schlammfang
Schmetterlingsfang
Seehundsfang

Stockfischfang
Strauchfang
Ueberfang
Umfang
Verfang
Vogelfang
Vorfang
Wachtelfang
Wallfischfang
Wasserfang
Wetterfang
Wildfang
Windfang
Wischfang
Wolfsfang
Zinkfang
der Gang
Abendgang
Abgang
Amtsabgang
Aufgang
Mondesaufgang
Sonnenaufgang
Sternenaufgang
Ausgang
Begang
Berggang
Beygang
Bildergang
Bittgang
Bleygang
Blumengang
Blutgang
Botengang
Brautgang
Buchengang
Deckgang
Diebsgang
Dienstgang
Donnergang
Durchgang
Ehrengang
Eichengang
Eiergang
Eingang
Haupteingang
Nebeneingang
Säuleneingang
Seiteneingang
Eisengang
Eisensteingang
Eisgang
Elementsgang
Erbgang
Erdgang
Erdengang
Erlengang
Erzgang
Fallgang
Fechtergang
Fehlgang
Feldgang
Felsengang
Felsenadergang
Fettgang
Feuergang
Feyergang
Fingergang
Fleischergang
Flurgang
Fluthgang
Fortgang
Fürgang
Fuſsgang
Gallengang
Gallenblasengan
Gänsegang
Gartengang
Gaumengang
Gedankengang
Gehörgang
Gelenkgang
Gerichtsgang
Geschäftsgang
Gesundheitsgang
Gittergang
Goldgang
Graupengang
Harngang
Hauptgang
Heckengang
Heimgang
Hergang
Hingang
Hintergang
Hinterhauptsaderg.
Hohlgang
Irrgang
Jahrgang
Kielgang
Kieſsgang
Kilpgang
Kimmgang
Kirchgang
Klostergang
Kobaltgang
Krankengang
Krebsgang
Kreisgang
Kreuzgang
Kreuzbeingang
Kupfergang
Lattengang
Laubengang
Lebensgang
Lebergang
Lediggang
Lehrgang
Leyergang
Liebesgang
Lieblingsgang
Lindengang
Lustgang
Mahlgang
Marktgang
Metzgergang
Milchgang
Minengang
Hauptminengang
Nebenminengang
Miſsgang
Mitgang
Mittagsgang
Mittelgang
Mitternachtsgang
Morgengang
Mühlgang
Müssiggang
Mutterhalsgang
Nachtgang
Nasengang
Naturgang
Nebengang
Nebenhodengang
Niedergang
Mondesniedergang
Sonnenniedergang
Sternenniedergang
Oelgang
Ohrdrüsengang
Opfergang
Pappelgang
Paſsgang
Paukengang
Pfeiladergang
Pfeilgang
Philosophengang
Pilgergang
Plankengang
Poetengang
Preſsgang
Quarzgang
Quergang
Rebengang
Rechtsgang
Reihengang
Ringgang
Rosengang
Rückenmarksgang
Rückgang
Saftgang
Samengang
Sandgang
Säulengang
Schälgang
Schargang
Schattengang
Schaugang
Schicksalsgang
Schlachtengang
Schlagadergang
Schlängelgang
Schlangengang
Schleichgang
Schlendergang
Schneckengang

Schraubengang
Schreckensgang
Schwefelgang
Seigergang
Seitenadergang
Seitengang
Setzgang
Silbergang
Sittengang
Spätgang
Spatgang
Spaziergang
Speichelgang
Speisegang
Splissgang
Spurgang
Stampfgang
Stelzengang
Sterngang
Stolpergang
Strackgang
Stufengang
Stuhlgang
Tagegang
Tanzgang
Thränengang
Todesgang
Tongang
Trompetergang *etc.*
Uebergang
Grabenübergang
Rheinübergang
Umgang
Neujahrsumgang
Weltumgang
Untergang
Mondesuntergang
Sonnenuntergang
Weltuntergang
Verbindungsgang
Verdauungsgang
Verdaugang
Vergang
Vereinigungsgang
Viergang
Vorgang
Vorbeygang
Vordergang
Vorhofsgang
Vorübergang
Wallgang
Wassergang
Fliesswassergang
Wasseruntergang
Weltgang
Weltengang
Wendelgang
Widergang
Windegang
Wirbelgang
Zahnhöhlengang
Zeitvergang

Zellengang
Zeltgang
Zinngang
Zirkelgang
Zurückgang
Zwischengang
Wolfgang
es kommt in Gang
Gingang
der Hang
Abhang
Bergabhang
Felsenabhang
Rasenabhang
— Anhang
Blatteranhang
Hirnanhang
Schenkelanhang
Traubenanhang
Volksanhang
— Behang
— Berghang
Felsenhang
Herzenshang
Liebeshang
Nachhang
Naturhang
Niederhang
Parteyhang
Seelenhang
Ueberhang
Umhang
Bettumhang
Verhang
Vorhang
Bettvorhang
Fenstervorhang
Gaumenvorhang
Rollvorhang
Tempelvorhang
Theatervorhang
Thürvorhang
Wolkenvorhang
Zuhang
Zusammenhang
— Kalmang (*auch* Kalmank)
— Klang
Abklang
Achtklang
Anklang
Becherklang
Beckenklang
Beyklang
Dreyklang
Einklang
Feyerklang
Flötenklang
Freudenklang
Friedensklang
Gläserklang
Gleichklang

Glockenklang
Goldklang
Harfenklang
Hörnerklang
Kettenklang
Krystallklang
Liederklang
Metallklang
Missklang
Mitklang
Mittelklang
Nachklang
Orgelklang
Paukenklang
Saitenklang
Schallmeyenklang
Schellenklang
Seelenklang
Sensenklang
Silberklang
Sphärenklang
Sternenklang
Trauerklang
Trommelklang
Trompetenklang
Uebelklang
Ueberklang
Verklang
Vorklang
Waffenklang
Wechselklang
Wiederklang
Wohlklang
Wonneklang
Wortklang
Wunderklang
Zauberklang
Zuklang
es klang
— erklang
— verklang
wiederklang
der Klingklang
lang
ablang
Aeonenlang
baumlang
bogenlang
daumenlang
ellenlang
entlang
fingerlang
gleichlang
gliedlang
halblang
handlang
die Handlang
Jahrelang
klafterlang
lebenslang
ein Lebelang

meilenlang
minutenlang
mondenlang
nachtlang
nächtelang
secundenlang
seitenlang
spannenlang
stundenlang
halbestundenlang
viertelstundenlang
dreyviertelstund.
tagelang
überlang
wochenlang
zeitlang
zolllang
der Belang
Anbelang
Mittelbelang
es gelang
— mifslang
der Mang
— Gemang
— *Orangutang*
— *Pisang*
— Prang
— Rang
Altersrang
Amtsrang
Armeerang
Beamtenrang
Berufsrang
Civilrang
Generalsrang
Hauptmannsrang
Hofrang
Hofrathsrang
Militärrang
Majorsrang
Marschallsrang
Oberrang
Offiziersrang
Rathsrang
Vorrang
er rang
errang
der Sang
— Absang
— Einsang
— Gesang
Abendgesang
Abschiedsgesang
Allgesang
Alleingesang
Bänkelgesang
Bardengesang
Bittgesang
Bufsgesang
Chorgesang
Doppelgesang
Dreygesang
Erntegesang
Feldgesang
Festgesang
Feyergesang
Flehgesang
Flötengesang
Frauengesang
Freudengesang
Freiheitsgesang
Friedensgesang
Fünfgesang
Gedächtnisgesang
Gegengesang
Grabgesang
Haingesang
Heldengesang
Hirtengesang
Höllengesang
Hochgesang
Hochzeitgesang
Jagdgesang
Jammergesang
Jubelgesang
Judengesang
Jugendgesang
Kampfgesang
Keltergesang
Kettengesang
Kindergesang
Kirchengesang
Klaggesang
Knabengesang
Kreisgesang
Kriegsgesang
Kunstgesang
Leibgesang
Leichengesang
Leitgesang
Lerchengesang
Liebesgesang
Lieblingsgesang
Lobgesang
Lockgesang
Lullgesang
Lustgesang
Mädchengesang
Männergesang
Meistergesang
Mittagsgesang
Morgengesang
Nachtgesang
Nachtigallengesang
Nonnengesang
Opfergesang
Pfaffengesang
Preisgesang
Probegesang
Rasegesang
Redegesang
Reigengesang
Reihegesang
Ringelgesang
Rundgesang
Schlachtgesang
Schlufsgesang
Schmerzensgesang
Schnellgesang
Schöpfungsgesang
Schwanengesang
Schwertgesang
Sechsgesang
Siegesgesang
Sprachgesang
Spruchgesang
Staffelgesang
Sterbegesang
Strafgesang
Stundengesang
Tempelgesang
Thränengesang
Thatengesang
Todtengesang
Trauergesang
Volksgesang
Vorgesang
Waldgesang
Wechselgesang
Weihgesang
Zaubergesang
der Singsang
er sang
besang
ersang
— schlang
— umschlang
— verschlang
der Schwang
— Ueberschwang
er schwang
— erschwang
— sprang
besprang
entsprang
versprang
zersprang
der Vorsprang
— Strang
Aderstrang
Galgenstrang
Glockenstrang
Haarstrang
Harnstrang
Hexenstrang
Hodenstrang
Hodenleitstrang
Leitstrang
Milzstrang
Nabelstrang
Samenstrang
Schleppstrang
Sielstrang
Wagenstrang
Ziehstrang
— Tang

Meertang
Pillentang
Rotang
Schweinstang
Seetang
Ufertang
Zuckertang
der Zwang
Afterzwang
Bauernzwang
Bierzwang
Blutzwang
Darmzwang
Deichzwang
Despotenzwang
Dienstzwang
Doppelzwang
Gebrauchszwang
Gerichtszwang
Gesetzzwang
Gesindezwang
Gewissenszwang
Gildenzwang
Glaubenszwang
Handwerkszwang
Harnzwang
Hofzwang
Höllenzwang
Hufzwang
Hülfszwang
Innungszwang
Kinnbackenzwang
Kriegszwang
Lehrzwang
Leibzwang
Meilenzwang
Mühlenzwang
Nagelzwang
Nothzwang
Ohrenzwang
Pfarrzwang
Rechtszwang
Regelzwang
Religionszwang
Seelenzwang
Selbstzwang
Sklavenzwang
Stuhlzwang
Tyrannenzwang
Unmuthszwang
Zauberzwang
Zunftzwang
er zwang
— bezwang
— erzwang

ang
(*französ.* an - and - ans - en - ens)

Marquis d'Argens
Argentan
Armand
bon Sens
non Sens
Caen
Carignan
der *Chaland*
Chateaubriand
Chouan
Frontignan
— *Gourmand*
Jean
Mont Saint Jean
Don Juan
Lusignan
Marignan
St. Marsan
Montespan
Mont Melian
Orleans
Perpignan
Rouen

(*auf* ant *und* ent)
das *Abonnement*
Abouchement
absolument!
Accommodement
Accompagnement
au courant
Accouchement
Accotement
Acharnement
Adossement
Affoiblissement
Aggrandissement
Agrement
Alignement
Ameublement
Amusement
Aneantissement
Annoblissement
Appartement
Applaudissement
Appointement
Argent (haché)
Armement
Arrondissement
ein *Ascendant*
das *Assortiment*
— *Atermoyement*
attachant
— *Attachement*
— *Attendrissement*
— *Attroupement*
— *Avancement*
— *Avertissement*
— *Avitaillement*
— *Ballotement*
der *Bonvivant*
bouillant
das *Bombardement*
— *Bouleversement*
der *Brigand*
das *Brouillement*
— *Campement*
Camp volant
cavalierement
changeant
das *Changement*
— *Cheminement*
ci-devant
ein *Clairvoyant*
der *Clinquant*
comment?
— *Comment*
Burschen-*Comment*
comptant
das *Connoissement*
der *Conquerant*
das *Consentement*
contentement!
— *Debandement*
— *Debarquement*
ein *Debauchant*
das *Debordement*
— *Debouchement*
— *Deboursement*
— *Decampement*
— *Decouragement*
— *Decrement*
— *Dedommagement*
— *Degagement*
— *Delabrement*
— *Delaissement*
— *Delassiment*
— *Demembrement*
— *Demeublement*
— *Denouement*
— *Departement*
— *Deraisonnement*
— *Derangement*
— *Desagrement*
die *Descente*
das *Detachement*
— *Developpement*
— *Discernement*
— *Divertissement*
doucement
— *Ebranlement*
— *Echappement*
— *Echauffement*
— *Eclaircissement*
effectivement
— *Egarement*
der *Elegant*
das *Embarquement*
— *Embellissement*
— *Emboitement*
— *Embrassement*
— *Embrouillement*
— *Empatement*
— *Empechement*
— *Emplacement*

das *Emportement*
— *Empressement*
en avant!
en blanc
— *Enchainement*
— *Encouragement*
— *Endossement*
— *Enfoncement*
— *Engagement*
— *Engourdissement*
— *Enjambemant*
en passant
— *Entetement*
— *Epaulement*
— *Etablissement*
— *Etourdissement*
ein *Etudiant* (en belles lettres - en médecine *etc.*- en droits *etc.*)
das *Evenement*
exigeant
der *Faineant*
das *Falliment*
— *Fallissement*
Faux-brillant
Faux-fugants
Faux-semblant
franchement
fretillant
— *Frissonnement*
— *Frottement*
der *Garant*
Friedens*garant*
das *Gouvernement*
hautement
ein *Intriguant*
languissant
larmoyant
das *Lavement*
lentement
der *Lieutenant*
Generallieutenant
Prémierlieutenant
Souslieutenant
livre blanc
livre en blanc
das *Logement*
machinalement
malcontent
— *Mandement*
— *Maniement*
— *Manquement*
mauvais - plaisant
mecontent
— *Menagement*
— *Meublement*
Garten*meublement*
— *Mouvement*
negligeant
— *Nivellement*
— *Nolissement*

nonchalant
obligeant
outrageant
der *Penchant*
— *Paravent*
parfaitement
particulierement
— *Passavant*
— *Passetemps*
— *Passevolant*
das *Payement*
der *Pendant*
Place de Ralliement
das *Ployement*
Point d'Allignement
Point de Ralliement
Pont tournant
Pont volant
Poste restante
pour passer le temps
— *Presentiment*
Punsch *brulant*
— *Raccommodement*
— *Raccordement*
— *Raffinement*
— *Refraichissement*
refraichissant
— *Raisonnement*
— *Ralliement*
— *Reglement*
— *Relachement*
— *Rembarquement*
Remboursement
ein *Remplaçant*
das *Renseignement*
— *Ressentiment*
— *Retablissement*
— *Retranchement*
ein *Revenant*
das *Revetement*
Sans compliment
ein *Semblant*
das *Sentiment*
— *Serpent*
— *Signalement*
— *Semi-largent*
simplement
soidisant
soigneusement
— *Soulagement*
— *Sousbassement*
Superieurement
ein *Thé dansant*
das *Tiraillement*
— *Tournement*
tranchant
ein *Transparent*
das *Virement*
der *Volant*
vraiment!

ánge

ich bange
erbange
bange
die Brange
im Drange
ich empfange
vom Empfange
ich fange
das Gefange
am Anfange
im Gange
dem Gingange
ich hange
dem Hange
die Hange
Brothange
am Klange
lange
ich lange
das Gelange
von Belange
dem Lebelange
die Mange
Färbemange
Handmange
Wäschmange
ich mange
im Mange
— Gemange
dem *Orangutange*
die *Parasange*
dem Phalange
— *Pisange*
— Prange
ich prange
das Geprange
die Prange
ein Range
im Range
die Range
die Sange
im Sange
— Gesange
— Singsange
die Schlange
Abgottsschlange
Augenschlange
Bergschlange
Brandschlange
Brillenschlange
Bruchschlange
Drachenschlange
Durstschlange
Erdschlange
Feldschlange
Feuerschlange
Giftschlange
Hausschlange
Helmschlange
Hornschlange

Klapperschlange
Königsschlange
Kühlschlange
Kupferschlange
Meerschlange
Netzschlange
Nothschlange
Opferschlange
Riesenschlange
Ringelschlange
Rollschlange
Schauerschlange
Schieſsschlange
Schleuderschlange
Schneckenschlange
Schneeschlange
Schooſsschlange
Schuppenschlange
Seeschlange
Speyschlange
Spritzschlange
Stockschlange
Waldschlange
Walzenschlange
Wasserschlange
Wurfschlange
Wurmschlange
Zauberschlange
die Schrange
im Schwange
die Spange
Armspange
Busenspange
Gürtelspange
Haarspange
Hakenspange
Halbspange
Hauptspange
Hutspange
Kleiderspange
Leibspange
Schildspange
Stirnspange
Vorspange
ich umspange
im Ansprange
— Vorsprange
die Stange
Abdrucksstange
Abgleichstange
Aescherstange
Allarmstange
Angelstange
Ankerstange
Aufsatzstange
Balancirstange
Bleystange
Bohnenstange
Bohrstange
Brechstange
Bremsstange
Brunnenstange
Bruststange
Dochtstange
Eſsstange
Fachstange
Fahnenstange
Fahrtstange
Falkenstange
Fauststange
Feldstange
Flaggenstange
Fockstange
Füllstange
Gabelstange
Gährstange
Garnstange
Gewichtstange
Gewitterstange
Gitterstange
Gleichgewichts-
Hebestange
Heberstange
Helmstange
Herdstange
Hopfenstange
Kastenstange
Kernstange
Kletterstange
Klopfstange
Kolbenstange
Korbstange
Lanstange
Langstange
Lärmstange
Leimstange
Leiterstange
Meſsstange
Mühlstange
Netzstange
Preſsstange
Probestange
Pumpstange
Quandelstange
Querstange
Räderstange
Rauchfangsstange
Reifstange
Reitstange
Richtstange
Roſsstange
Ruderstange
Rückstange
Rührstange
Rüststange
Schachtstange
Scheibstange
Schlagstange
Schwertstange
Schwungstange
Segelstange
Seiltänzerstange
Setzstange
Siegellackstange
Silberstange
Spreizstange
Springstange
Stellstange
Steuerstange
Steuerungsstange
Stichstange
Stochelstange
Störstange
Stoſsstange
Strebestange
Streichstange
Tagstange
Tauchstange
Tragstange
Treibstange
Vorhangstange
Wäschstange
Wagestange
Wasserstange
Wendestange
Wetterstange
Windestange
Wulststange
Zeigestange
Zeltstange
Ziehstange
Zielstange
Zopfstange
Zündstange
Zugstange
Zwerchstange
am Strange
dem Tange
die Tange
— Wange
Feuerwange
Frühlingswange
Gluthwange
Jugendwange
Kropfwange
Lilienwange
Mädchenwange
Mastenwange
Morgenwange
Purpurwange
Rosenwange
Strahlenwange
Treppenwange
ich wange
die Wrange
Bodenwrange
Deckwrange
Flurwrange
— Spiegelwrange
ich wrange
die Zange
Adlerzange
Aufzweckzange
Auswärmzange

Beiſszange
Biegzange
Blechzange
Bleyzange
Bordzange
Botenzange
Brechzange
Dachszange
Drathzange
Drehzange
Druckzange
Eisenzange
Falzzange
Federzange
Feuerzange
Fitzzange
Freſszange
Geburtszange
Gieſszange
Glaszange
Goldzange
Grieſszange
Haarzange
Halszange
Hebezange
Hinterzange
Hochzange
Hornzange
Hufzange
Kapellenzange
Kneipzange
Kohlenzange
Kräuselzange
Krummzange
Ladezange
Löthzange
Maulzange
Nagelzange
Ofenzange
Ohrzange
Portzange
Probezange
Putzzange
Quetschzange
Radezange
Reifzange
Richtzange
Rumpfzange
Rupfzange
Schiebezange
Schienzange
Schlackenzange
Schlichtzange
Schmiedezange
Schnabelzange
Schnellzange
Schraubenzange
Schraubstockzange
Schusterzange
Setzeisenzange
Spannzange
Spargelzange
Spitzzange
Stabzange
Stauchzange
Steinzange
Stockzange
Tiegelzange
Treckzange
Vorderzange
Wärmzange
Wasserzange
Wechselzange
Werkzange
Zahnzange
Ziehzange
Zuckerzange
Zwerchzange
ich zange
den Zwange
die Zwange

ángel

die Angel (hamus)
Fischangel
Fuſsangel
Grundangel
Legangel
Nachtangel
Schmuckangel
Wolfsangel
Wurfangel
Zugangel
— Angel (cardo)
Erdangel
Thürangel
Weltangel
das Geangel
Archangel
der Grangel
das Gekrangel
die Mangel
Handmangel
Wäschmangel
das Gemangel
der Mangel
Brotmangel
Erbmangel
Fleischmangel
Freſsmangel
Fruchtmangel
Futtermangel
Gedächtnismangel
Gedankenmangel
Gefühlsmangel
Gehörsmangel
Geistesmangel
Geldmangel
Geruchsmangel
Getreidemangel
Hauptmangel
Holzmangel
Kornmangel
Leibesmangel
Nahrungsmangel
Nebenmangel
Obstmangel
Pferdemangel
Scheinmangel
Schönheitsmangel
Tugendmangel
Unterhaltsmangel
Wassermangel
Weibermangel
Weinmangel
Zeitmangel
der Prangel
— Quadrangel
das Gerangel
die Spangel
das Gestangel
die Tangel
der Triangel
Wrangel

ángeln

die Angeln
aus den Angeln
angeln
aufangeln
ausangeln
erangeln
nachangeln
vorangeln
wegangeln
thürangeln
die *Angeln*
den Grangeln
krangeln
die Mangeln
mangeln (laevigare)
abmangeln
aufmangeln
ausmangeln
durchmangeln
fortmangeln
mitmangeln
übermangeln
vermangeln
vormangeln
zermangeln
mangeln (carere)
ermangeln
den Prangeln
— Quadrangeln
rangeln
die Spangeln
stangeln
die Tangeln
in Triangeln

ángelnd

angelnd
thürangelnd

krangelnd
mangelnd
ermangelnd
rangelnd
stangelnd

ángelns

des Angelns
— Thürangelns
— Krangelns
— Mangelns
— Ermangelns
— Rangelns
— Stangelns

ángels

des Geangels
— Grangels
— Gekrangels
— Gemangels
— Mangels
— Prangels
— Quadrangels
— Gerangels
— Gestangels
— Triangels

ángelst

du angelst
— thürangelst
— krangelst
— mangelst
— ermangelst
— rangelst
— stangelst

ángelt

er angelt
— thürangelt
— krangelt
— mangelt
— ermangelt
— rangelt
— stangelt

ángem

bangem
gedrangem
langem

ángen

bangen
abbangen
ausbangen
entbangen
erbangen
fortbangen
nachbangen
zerbangen
die bangen
— Brangen
sie drangen
die gedrangen
empfangen
nachempfangen
vorempfangen
vorausempfangen
fangen
abfangen
anfangen
auffangen
ausfangen
einfangen
mitfangen
nachfangen
umfangen
unterfangen
verfangen
vorfangen
wegfangen
zusammenfangen
befangen
unbefangen
gefangen
kriegsgefangen
mitgefangen
staatsgefangen
genickfangen
das Unterfangen
begangen
ergangen
gegangen
übergangen
umgangen
vergangen
zergangen
hangen
dahangen
einhangen
enthangen
nachhangen
niederhangen
ohrhangen
überhangen
umhangen
umherhangen
vorhangen
weghangen
zuhangen
zusammenhangen
die Hangen
behangen
nachtbehangen
schlechtbehangen
wohlbehangen
gehangen
mitgehangen
sie klangen
— erklangen
— verklangen
die langen
langen
ablangen
anlangen
auflangen
auslangen
darlangen
durchlangen
einlangen
handlangen
herlangen *etc.*
hinlangen *etc.*
nachlangen
überlangen
unterlangen
zulangen
belangen
anbelangen
erlangen
miterlangen
nacherlangen
vorerlangen
wiedererlangen
gelangen
angelangen
zurückgelangen
verlangen
abverlangen
anverlangen
wiederverlangen
zurückverlangen
das Anlangen
— Verlangen
in äonenlangen *etc.*
es gelangen
— mißlangen
Erlangen
die Mangen
mangen
den Orangutangen
die Parasangen
den Phalangen
— Pisangen
— Prangen
prangen
daherprangen
einherprangen
nachprangen
siegprangen
silberprangen
verprangen
vorprangen
überprangen
die Rangen
der Rangen
sie rangen
errangen
die Sangen
sie sangen
besangen
sangen
den Singsangen
die Schlangen

sie schlangen
— verschlangen
die Schrangen
sie schwangen
die Spangen
anspangen
aufspangen
umspangen
zuspangen
sie sprangen
— besprangen
— entsprangen
— zersprangen
die Stangen
— Wangen
wangen
Wangen
Ellwangen
Feuchtwangen
die Wrangen
wrangen
— Zangen
zangen
sie zwangen
bezwangen

ángend

bangend
empfangend
fangend
feuerfangend
genickfangend
verfangend
hangend
langend
anlangend
erlangend
handlangend
verlangend
mangend
prangend
sangend
anspangend
wangend
wrangend
zangend

ángens

des Bangens
— Empfangens
— Fangens
— Genickfangens
— Hangens
— Langens
— Anlangens
— Handlangens
— Verlangens
— Mangens
— Prangens
— Rangens
— Sangens
— Anspangens
— Wangens
— Wrangens
— Zangens
sie empfangens *etc.*

ánger

der Anger
Baumanger
Blumenanger
Feldanger
Gemeinanger
Grasanger
Hutanger
Pfingstanger
Schieſsanger
Schindanger
Wiesenanger
ein Banger
in banger
ein gedranger
— langer
der Auflanger
Eſsauflanger
Toppauflanger
— Behanger
— Handlanger
— Zulanger
— Manger
— Pranger
schwanger
blitzschwanger
früchteschwanger
gedankenschwanger
gewitterschwanger
glutschwanger
grobschwanger
ideenschwanger
klugheitsschwanger
kräfteschwanger
pulverschwanger
segenschwanger
seuchenschwanger
thatenschwanger
unglücksschwanger
unheilschwanger
verderbenschwanger
sanger
Stavanger
Starkanger
Tanger
tanger
der Tanger
— Wolkfanger
zanger
verschlang er *etc.*

ángern

den Angern
— banger'n
— Auflangern
den Handlangern
handlangern
— Mangern
— Prangern
prangern
mit sangern
sangern
den schwangern
schwangern
tangern
— Tangern
— Wolkfangern
die zangern

ángernd

handlangernd
prangernd
sangernd
schwangernd

ángerns

des Handlangerns
— Prangerns
— Sangerns
— Schwangerns

ángers

des Angers
ein banger's
— gedranger's
des Auflangers
— Handlangers
— Mangers
— Prangers
ein Schwanger's
— tanger's
des Tangers
— Wolkfangers
ein zangers

ángerſt

du handlangerst
— prangerst
— sangerst
— schwangerst

ángert

er handlangert
— prangert
— sangert
sie schwangert

ánges

ein banges
— gedranges
des Dranges
— Empfanges
— Fanges
— Gefanges
— Ganges

der *Ganges*
des Ginganges
— Hanges
— Klanges
— Klingklanges
ein Langes (und ein Breites)
des Gelanges
— Manges
— Gemanges
— Orangutanges
— Pisanges
— Pranges
— Gepranges
— Ranges
— Sanges
— Singsanges
— Schwanges
— Vorspranges
— Stranges
— Tanges
— Zwanges

ángeſt

du bangest
bangest
gedrangest
— drangest
— empfangest
— fangest
— hangest
— mangest
— langest
— gelangest
— prangest
— rangest
— sangest
— schlangest
— schwangest
— sprangest
— zangest
— zwangest

ánget

ihr banget
— dranget
— empfanget
— fanget
— hanget
— langet
— miſslanget
— manget
— pranget
— ranget
— sanget
— schlanget
— schwanget
— spranget
— zanget
— zwanget

ángig

bangig
vierhangig
zweyhangig
vielgangig
wohlklangig
blaſswangig
dickwangig
erzwangig
hohlwangig
rosenwangig
rundwangig
schönwangig
vollwangig
tanggig

ángle

ich angle
— thürangle
— krangle
— mangle
— ermangle
— rangle
— stangle

ángler

ein Angler
— Mangler
— Ermangler
— Ruhmermangler

ánglern

den Anglern
— Manglern
— Ruhmermanglern

ánglers

des Anglers
— Manglers
— Ruhmermanglers

ánglich

banglich
ablanglich
unablanglich
erlanglich
unerlanglich
verlanglich
sanglich
gesanglich
ungesanglich

ánglos

klanglos
ranglos
sanglos
zwanglos
Dr. Panglos

ánglung

die Anglung
— Thüranglung
— Manglung
in Ermanglung
die Stanglung

ángne

der Gefangne
Abgefangne
Angefangne *etc.*
Baugefangne
Kriegsgefangne
das Begangne
— Vergangne
der Gehangne
Aufgehangne *etc.*

ángnen

die Gefangnen
Baugefangnen
Kriegsgefangnen
— begangnen
— vergangnen
— Gehangnen

ángner

ein Gefangner
— begangner
— vergangner
— Gehangner

ángnes

ein gefangnes
— angefangnes
— begangnes
— vergangnes
— gehangnes

ángo

der *Fandango*
— *Rango*
frango
plango
clango

ángs

des Drangs
— Gedrangs
— Empfangs
— Fangs
anfangs
uranfangs
— Gangs
eingangs
— Gingangs
— Hangs
— Klangs
— Klingklangs
— Belangs

des Handlangs
— Lebelangs
umlangs
— Mangs
— Gemangs
— Orangutangs
— Pisangs
— Prangs
— Rangs
— Sangs
— Gesangs
— Singsangs
— Schwangs
— Vorsprangs
— Strangs
— Tangs
— Zwangs
er errang's *etc.*
des *Abonnements etc.*
— *Bonvivants*
— *Brigands*
— *Garants*
— *Gourmands*
— *Transparents etc.*

(*französ.* ançe - ençe)

die *Abondance*
— *Advertance*
— *Aisance*
— *Alliance*
Bell - Alliance
— *Apparence*
— *Assistance*
— *Assurance*
— *Avance*
— *Balance*
— *Cadence*
— *Chance*
— *Clairvoyence*
— *Complaisance*
— *Concomitance*
— *Confiance*
— *Connoissance*
— *Consequence*
— *Contenance*
— *Contre - balance*
— *Contre - danse*
— *Correspondence*
— *Creance*
— *Decadence*
— *Defiance*
— *Depense*
— *Deplaisance*
— *Desobeissance*
— *Diligence*
— *Distance*
— *Durance*
— *Empirance*
— *Faisance*
— *Fayence*
— *Florence*
die *France*
— *Isle de France*
— *Hony soit, qui mal y pense!*
— *Impuissance*
— *Incomplaisance*
— *Insuffisance*
— *Intendance*
— *Jouissance*
— *Lettre de Creance*
— *Medisance*
— *Mefiance*
— *Mesalliance*
— *Mesintelligence*
— *Naissance*
— *Negligence*
— *Nonchalance*
— *Nuance*
— *Obligeance*
— *Ordonnance*
per avance
— *Patience*
Grand - Patience
— *Preference*
— *Preponderance*
— *Presence*
— *Prevoyance*
— *Provence*
— *Puissance*
— *Recompense*
— *Reconnoissance*
— *Regence*
— *Roulance*
— *Seance*
— *Sequence*
— *Souffrance*
— *Suffisance*
— *Surintendance*
— *Surveillance*
— *Survivance*
— *Usance*
— *Valence*

ángsche

(*französ.* ange - anche)

mon Ange!
Branche
Charte blanche
Change
Echange
Melange
Orange
Planche
Rechange
Revanche

ángschen

die *Branchen*
— *Changen*
— *Melangen*
— *Orangen*
— *Revanchen*

[das Hangsel]

(*französ.* ançen - ençen)

Avancen
Cadencen
Chancen
Connoissancen
Confiancen
Depensen
Diligencen
Mesalliancen
Nuancen
Puissancen
Seancen
Usancen

ánson

Granson
M. Manson

ángst

die Angst
Fieberangst
Gebärerinangst
Gewissensangst
Grabesangst
Herzensangst
Höllenangst
Liebesangst
Menschenangst
Mutterangst
Schmerzensangst
Schreckensangst
Sterbensangst
Sündenangst
Todesangst
Vaterangst
Weiberangst
Zitterangst
Zweifelsangst
angst
du bangst
bangst
— drangst
gedrangst
— empfangst
— fang'st
— hangst
— mangst
— langst
— gelangst
— prangst
— rangst
— sangst
— schlangst
— schwangst
— sprangst
— zangst
— zwangst

ángste

die bangste
— gedrangste

ángsten

die bangsten
— gedrangsten

ángster

der Angster
in bangster
— gedrangster

ángstes

bangstes
gedrangstes

ángt

ihr bangt
— drangt
— empfangt
— fangt
— hangt
— langt
— erlangt
— gelangt
— mangt
— prangt
— rangt
— sangt
— schlangt
— schwangt
— bespangt
— sprangt
— wangt
— wrangt
— zangt
— zwangt

ángte

euch bangte
das Belangte
Gegenbelangte
Wiederbelangte
er gelangte
das Verlangte
er mangte
— prangte
— bespangte
— wangte
— wrangte
— zangte

ángtem

belangtem
verlangtem
gemangtem
umspangtem
gezangtem

ángten

sie bangten
— langten
— mangten
— prangten
sie bespangten
— wangten
— wrangten
— zangten

ángter

ein erlangter
— verlangter
— gemangter
— umspangter
— gezangter

ángtes

ein erlangtes
— verlangtes
— gemangtes
— bespangtes
— gezangtes

ángtest

du bangtest
— langtest
— mangtest
— prangtest
— umspangtest
— wangtest
— wrangtest
— zangtest

ángtet

ihr bangtet
— langtet
— mangtet
— prangtet
— bespangtet
— wangtet
— wrangtet
— zangtet

ángung

die Erbangung
— Empfangung
— Fangung
— Erlangung
— Niederhangung
— Mangung
— Prangung
— Umspangung
— Wangung
— Zangung

Anhalt
Manheim
Spanheim

ānheit

die Planheit
— Wahnheit

āni

Albani
Castracani
Catalani
Cignani
Cypriani
Elbondokani
Galiani
Galvani
Gorani
Giustiniani
Isolani
Mani
Sirani
Trapani
Viviani

ānia

Acarnania
Afrania
Albania
Andania
Aquitania
Ascania
Bethania
Campania
Caramania
Catania
Christiania
Cumania
Dania
Epiphania
die *Gerania*
Germania
Hispania
Hyrcania
Lucania
Lusitania
Mauritania
Melania
Mevania
Pensylvania
Quindania
Stephania
Theophania
Titania
Toffania
Transsylvania
Urania
Vipsania

ánja

Britannia
Zephanja
die *Romagna*

ānich

Peter Anich
der Kranich

ānicht

thranicht
kahnicht

ānie

die Kastanie
Eſskastanie
Erdkastanie
Roſskastanie
Melanie
Stephanie
Theophanie
Uranie

ánje

Baranje
die *Campagne*
Sommercampagne
Wintercampagne
— *Champagne*
pays de Cocagne
— *Cerdagne*
Grand d'Espagne
— Parasange
dem Phalange
ich lanche
das Gelanche
ich tangge

ānien

Acarnanien
Albanien
Aquitanien
Ascanien
Bethanien
Campanien
Caramanien
Cumanien
die *Geranien*
Germanien
Hispanien
Hyrcanien
— Kastanien
Lucanien
Lusitanien
Mauritanien
Oranien
Pensylvanien
Spanien
Altspanien
Neuspanien
Transsylvanien

ánjen

die Baranjen
Britannien
Groſsbritannien
— Campagnen
— Parasangen
— Phalangen
— Rampangen
lanchen
tanggen

ánjend

lanchend
tanggend

āniens

Acarnaniens
Albaniens
Aquitaniens
Arcaniens
Bethaniens
Campaniens
Caramaniens
Cumaniens
Germaniens
Hispaniens
Hyrcaniens
Lucaniens
Lusitaniens
Mauritaniens
Oraniens
Spaniens

ánjens

des Lanchens
— Tanggens

ānier

ein *Acarnanier*
— *Albanier*
— *Aquitanier*
— *Ascanier*
— *Bucanier*
— *Campanier*
— *Caramanier*
— *Germanier*
— *Hispanier*
— *Hyrcanier*
— *Lusitanier*
— *Mauritanier*
— *Oranier*
— *Pensylvanier*
— *Spanier*
— *Transsylvanier*

ánjer

der *Britannier*
— *Champagner*

āniern

den *Acarnaniern etc. bis*
Transsylvaniern
siehe anier

āniers

des *Acarnaniers etc. bis*
Transsylvaniers
siehe anier

ānig — āhnig

etwanig
sothanig
thranig
bahnig
kahnig
rahnig
zahnig
scharfzahnig
weiſszahnig
weitzahnig
[der Bagno]

ānik

Botanik
Mechanik

ānisch

afghanisch
afrikanisch
ambrosianisch
amerikanisch
nordamerikanisch
südamerikanisch
anastasianisch
anglikanisch
antediluvianisch
arminianisch
arundelianisch
astrakanisch
birmanisch
botanisch
brachmanisch
brasilianisch
brownianisch
cartesianisch
christianisch
cisrhenanisch
constantinopolitan.
corsikanisch
cumanisch
gallikanisch
galvanisch
germanisch
gordianisch
hindostanisch
hyrcanisch
indianisch
julianisch
justinianisch
kastilianisch
kopernikanisch
lateranisch
lemanisch
lucianisch
lusitanisch
lutheranisch
magellanisch
mahomedanisch
mallorkanisch
marianisch

metropolitanisch
minorkanisch
neapolitanisch
nestorianisch
novatianisch
oceanisch
organisch
unorganisch
orkanisch
osmanisch
ossianisch
ottomanisch
panisch
paganisch
papinianisch
parmesanisch
parochianisch
paulianisch
pelagianisch
pensylvanisch
persianisch
peruvianisch
photinianisch
pisanisch
plebanisch
prätorianisch
presbyterianisch
priscianisch
puritanisch
ragusanisch
der Ranisch
republikanisch
romanisch
samaritanisch
satanisch
schamanisch
sicilianisch
spanisch
spartanisch
sultanisch
talismanisch
thebanisch
titanisch
titianisch
toskanisch
trajanisch
transrhenanisch
transsylvanisch
trojanisch
ultramontanisch
vaticanisch
venetianisch
veteranisch
vulkanisch
weigelianisch
yvikanisch
zwinglianisch

ánium

das Cranium
— Geranium

ániums

des Craniums
— Geraniums

ānius

Afranius
Ascanius
Canius
Libanius
Vipsanius

[Canitz
die Granitz]

ánk

die Bank
ABCbank
Abtropfbank
Anleihbank
Anrichtebank
Anweisebank
Auftrittbank
Ausleerbank
Austerbank
Beerbank
Bettbank
Bierbank
Bindebank
Blumenbank
Bohrbank
Bottigbank
Brackbank
Brechbank
Brotbank
Deichbank
Delinquentenbank
Dingbank
Dochtbank
Dockenbank
Doggersbank
Drathbank
Drechselbank
Drehbank
Eisbank
Falzbank
Felgenbank
Fensterbank
Feuerburschenbank
Fischbank
Fleischbank
Folterbank
Formbank
Freybank
Fügebank
Fürstenbank
Fuſsbank
Gelehrtenbank
Gerichtsbank
Gieſsbank
Girobank
Grafenbank
Grasbank
Hackbank
Häckerlingsbank
Hänselbank
Haubank
Hechelbank
Heinzelbank
Herrenbank
Hobelbank
Kalfatbank
Kalkbank
Kammbank
Klopfbank
Krämpelbank
Küchenbank
Kurfürstenbank
Kuttelbank
Ladebank
auf die lange Bank
Laſsbank
Laufbank
Lehnebank
Leihbank
Leimbank
Löschbank
Malterbank
Marsbank
Marterbank
Maſsbank
Mehlbank
Metzelbank
Moosbank
Nagelbank
Nebelbank
Ofenbank
Oerterbank
Orgelbank
Peinbank
Perlenbank
Pharobank
Pochbank
Polsterbank
Prälatenbank
Prügelbank
Querbank
Rasenbank
Rauhbank
Rechenbank
Reckbank
Reiſsbank
Richtbank
Riſsbank
Ritterbank
Rojebank
Rollbank
Rückbank
Ruderbank
Ruhebank
Sandbank
Schabebank
Scheibenbank
Scheidebank
Schichtbank

Schiebebank
Schiffsbank
Schildbank
Schillbank
Schlachtbank
Schlächterbank
Schlafbank
Schleifbank
Schneidebank
Schnellbank
Schnitzebank
Schöppenbank
Schoſsbank
Schuhbank
Schulbank
Schwitzbank
Siedebank
Siegelbank
Sitzbank
Sparbank
Speckbank
Spielbank
Staatsbank
Stadtbank
Steinbank
Stoſsbank
Treckbank
Tummelbank
Unterbank
va banque!
Wachsbank
Wallbank
Wandbank
Waschbank
Waschscheidebank
Wasserbank
Wechselbank
Weinbank
Weitbank
Wellbank
Werkbank
Zehentbank
Zeigebank
Zettelbank
Ziehbank
Zollbank
Zuspitzbank
blank
platthlank
silberblank
spiegelblank
unblank
Montblanc
der Dank
Ehrendank
Frauendank
Herzensdank
Miſsdank
Reisedank
Rettungsdank
Ritterdank
Stechdank
Treffdank
Turnierdank
Undank
Verdank
Vordank
Weltdank
ein Gott dank!
— Habedank
der Schöndank
Theuerdank
frank
— Frank
Nordfrank
Schildfrank
Kalmank
krank
alterskrank
augenkrank
bauchnervenkrank
beutelkrank
blatterkrank
drehkrank
einbildungskrank
fieberkrank
geisteskrank
gemüthskrank
gichtkrank
gliederkrank
grillenkrank
grübelkrank
heimkrank
herzenskrank
hirnkrank
jammerkrank
kriebelkrank
kummerkrank
landkrank
leberkrank
liebeskrank
lungenkrank
magenkrank
milzkrank
modekrank
nervenkrank
nierenkrank
pestkrank
saufkrank
scheinkrank
schulkrank
schwermuthskrank
seekrank
seelenkrank
sterbenskrank
todtkrank
wundkrank
der Mank
— Piank
— Plank
— Rank
Advokatenrank
Hofrank
Staatsrank
Teufelsrank
Weiberrank
rank
das Gerank
Epheugerank
Hopfengerank
Rebengerank
Weingerank
ich sank
— entsank
— versank
sank
der Schank
Abschank
Ausschank
Bierschank
Brantweinschank
Oelschank
Reiheschank
Salzschank
Weinschank
schlank
geschlank
unschlank
ungeschlank
— Schlinkschlank
— Schrank
Actenschrank
Brotschrank
Brunnenschrank
Bücherschrank
Eckschrank
Fliegenschrank
Gewehrschrank
Gitterschrank
Glasschrank
Kleiderschrank
Küchenschrank
Mauerschrank
Schmuckschrank
Schreibeschrank
Schriftschrank
Schüsselschrank
Silberschrank
Speiseschrank
Tellerschrank
Tischschrank
Trockenschrank
Urkundenschrank
Vorrathsschrank
Waffenschrank
Wäschschrank
Wandschrank
Würzschrank
Zinnschrank
— Schwank
Faschingsschwank
Hochzeitsschwank
Jugendschwank
Kirmesschwank

Liebesschwank
Ueberschwank
schwank
es stank
der Stank
— Gestank
Aasgestank
Höllengestank
Teufelsgestank
er trank
— betrank
— ertrank
— vertränk
der Trank
Abendtrank
Abschiedstrank
Aepfeltrank
Arzneytrank
Brantweintrank
Brechtrank
Brusttrank
Chinatrank
Credenztrank
Engeltrank
Falltrank
Feyertrank
Fiebertrank
Gallentrank
Gerstentrank
Gifttrank
Göttertrank
Hafertrank
Heiltrank
Herdtrank
Himmelstrank
Holztrank
Honigtrank
Höllentrank
Kakaotrank
Kamillentrank
Kräutertrank
Kühltrank
Labetrank
Leibtrank
Lusttrank
Magentrank
Mischtrank
Morgentränk
Muthtrank
Nectartrank
Opfertrank
Purgirtrank
Queckentrank
Rhabarbertrank
Sautrank
Schierlingstrank
Schlaftrank
Schlummertrank
Schütteltrank
Schweifstrank
Schwitztrank
Speytrank
Stärkungstrank
Tischtrank
Viehtrank
Wermuthstrank
Wundtrank
Wundertrank
Würztrank
Zaubertrank
der Wank
— Zank
Gassenzank
Höllenzank
Mägdezank
Schulzank
Strafsenzank
Sylbenzank
Weiberzank
Wortzank

anke

die Anke
Illanke
Rheinanke
— Baranke
blanke
— Blanke
— Klavierblanke
ich danke
bedanke
verdanke
dem Danke
zu danke
der Gedanke
Abendgedanke
Alltagsgedanke
Donnergedanke
Ehegedanke
Ernstgedanke
Festgedanke
Festtagsgedanke
Flittergedanke
Friedensgedanke
Gewittergedanke
Göttergedanke
Gottgedanke
Grabgedanke
Grundgedanke
Hauptgedanke
Heirathsgedanke
Hochgedanke
Hochzeitsgedanke
Höllengedanke
Jugendgedanke
Kindergedanke
Kraftgedanke
Lichtgedanke
Liebesgedanke
Lieblingsgedanke
Mifsgedanke
Mittagsgedanke
Mordgedanke
Morgengedanke
Muthgedanke
Nachtgedanke
Nebengedanke
Rachegedanke
Schlufsgedanke
Schöpfungsgedanke
Siegesgedanke
Sonnengedanke
Sterbegedanke
Sturmgedanke
Taggedanke
Todesgedanke
Trauergedanke
Vorgedanke
Wahngedanke
Wonnegedanke
die Flanke
Hauptflanke
Nebenflanke
der *Franke*
Neufranke
Nordfranke
Ostfranke
Sechsfranke
Südfranke
Westfranke
die Hanke
der Hanke
ich janke
das Gejanke
dem Kalmanke
der Kranke
ich erkranke
die Lanke
dem Manke
die Palanke
ich panke
das Gepanke
dem Pianke
— Planke
die Planke
Bodenplanke
Bortplanke
Bretplanke
Dammplanke
die Pranke
— Ranke
Achselranke
Alpenranke
Epheuranke
Geisblattranke
Hopfenranke
Jelängerjelieber
Nesselranke
Wasserranke
Weinranke
Wurzelranke
der Ranke
das Geranke
ich ranke
ranke
sanke

dem Schanke
die schlanke
ich schlanke
das Geschlanke
dem Schlinkschlanke
die Schranke
Lebensschranke
Turnierschranke
Wortschranke
im Schranke
dem Schwanke
die schwanke
ich schwanke
das Geschwanke
die Spranke
dem Stanke
— Gestanke
die Topanke
dem Tranke
die Wanke
dem Wanke
ich wanke
das Gewanke
dem Zanke
ich zanke
das Gezanke
die Ziganke

ánkel

das Gerankel
der Schlankel
das Geschlankel
wankel
— Gewankel

ánkeln

rankeln
schlankeln
den Schlankeln
wankeln

ánkelnd

rankelnd
schlankelnd
wankelnd

ánkels

des Gerankels
— Schlankels
— Geschlankels
— Gewankels

ánkelst

du rankelst
— schlankelst
— wankelst

ánkelt

er rankelt
— schlankelt
— wankelt

ánkem

blankem
frankem
rankem
sankem
schlankem
schwankem

ánken

die Anken
— Baranken
— blanken
— Blanken
danken
abdanken
aufdanken
bedanken
empordanken
mißdanken
nachdanken
verdanken
vordanken
die Gedanken
nach Gedanken
die Flanken
— Franken
Franken
Ostfranken
Rheinfranken
Westfranken
in franken
die Hanken
janken
kalmanken
— Kranken
abkranken
auskranken
erkranken
mitkranken
den Lanken
die Palanken
panken
— Planken
planken
beplanken
— Pranken
— Ranken
ranken
abranken
anranken
aufranken
ausranken
beranken
durchranken
emporranken
erranken
festranken
fortranken
losranken
nachranken
überranken
umranken
umherranken
verranken
vorranken
zuranken
zusammenranken
sie sanken
die sanken
den Schanken
die schlanken
schlanken
schlinkschlanken
— Schranken
— schwanken
schwanken
abschwanken
anschwanken
aufschwanken
ausschwanken
daherschwanken
durchschwanken
einherschwanken
entschwanken
entgegenschwanken
herschwanken
hin- *etc.* schwanken
nachschwanken
niederschwanken
überschwanken
umschwanken
vorschwanken
wegschwanken
zuschwanken
— Spranken
sie stanken
die Topanken
sie tranken
— betranken
— ertranken
die Wanken
wanken
abwanken
anwanken
aufwanken
auswanken
beyherwanken
durchwanken
einherwanken
entwanken
entgegenwanken
fortwanken
hin- u. her- *etc.*
mitwanken
nachwanken
niederwanken
überwanken
umwanken
wegwanken
zuwanken
zurückwanken
zanken

auszanken
bezanken
durchzanken
erzanken
fortzanken
mitzanken
nachzanken
niederzanken
wegzanken
die Ziganken

ánkend

dankend
jankend
erkrankend
pankend
plankend
rankend
schlankend
schlinkschlankend
schwankend
wankend
zankend

ánkens

des Dankens
— Jankens
— Erkrankens
— Pankens
— Rankens
— Schlankens
— Schlinkschlankens
— Schwankens
— Wankens
— Zankens
ein kalmanken's

ánker

der Anker
Balkenanker
Bordanker
Bortanker
Buganker
Deichanker
Drachenanker
Ebbanker
Eisanker
Fluthanker
Gabelanker
Hafenanker
Hauptanker
Katzanker
Kettenanker
Mühlenanker
Nachtanker
Nothanker
Ofenanker
Pflichtanker
Raumanker
Riedanker
Ringanker
Schiffsanker
Schliefsanker
Seeanker
Sitzanker
Springanker
Stopfanker
Stromanker
Teianker
Treibanker
Wallanker
Warpanker
Werpanker
Wurfanker
Zuganker
Sebaldus Nothanker
ein blanker
der *Chancre*
ein franker
— Kanker
Kreuzkanker
Spinnenkanker
Wasserkanker
ein kalmanker
— kranker
— Ranker
— ranker
das Geranker
ein sanker
— schlanker
— schwanker
der Schwanker
ein Wanker
[d'Ancre]

ánkern

den Ankern
ankern
anankern
einankern
entankern
verankern
die blanker'n
— franker'n
den Kankern
rankern
— Rankern
einen schlanker'n
den Schwankern
— Wankern

ánkernd

ankernd
rankernd

ánkerns

des Ankerns
— Rankerns

ánkers

des Ankers
ein blanker's
ein franker's
des Kankers
— Gerankers
— Rankers
ein schlanker's
des Schwankers
— Wankers

ánkerst

du ankerst
— rankerst

ánkert

er ankert
der Bankert
er rankert

ánkerts

ankert's
des Bankerts
was rankert's?

ánkes

ein blankes
des Dankes
— Theuerdankes
ein frankes
des Kalmankes
ein krankes
des Gejankes
— Mankes
— Piankes
— Plankes
— Gepankes
— Rankes
— Gerankes
ein rankes
— sankes
des Schankes
— Schlinkschlankes
— Schrankes
— Schwankes
— Geschwankes
— Trankes
— Wankes
— Zankes
— Gezankes

ánkest

du dankest
— jankest
— erkrankest
— pankest
— beplankest
— rankest
— sankest
— schlankest
— schlinkschlankest
— schwankest
— stankest
— trankest

du wankest
— zankest

ánket

ihr danket
— janket
— erkranket
— panket
— beplanket
— ranket
— sanket
— schlanket
— schlinkschlanket
— schwanket
— stanket
— tranket
— wanket
— zanket

ánkhaft

krankhaft
schwankhaft
zankhaft

ánkheit

die Blankheit
— Frankheit
— Krankheit
Augenkrankheit
Bauchkrankheit
Blutkrankheit
Brustkrankheit
Büschelkrankheit
Drehkrankheit
Einbildungskrankh.
Erbkrankheit
Familienkrankheit
Faulkrankheit
Feldkrankheit
Fettkrankheit
Feuerkrankheit
Fieberkrankheit
Franzosenkrankheit
Freſskrankheit
Gallenkrankheit
Geisteskrankheit
Gemüthskrankheit
Gliederkrankheit
Grillenkrankheit
Grübelkrankheit
Harnkrankheit
Hauptkrankheit
Hautkrankheit
Heimkrankheit
Herrenkrankheit
Herzenskrankheit
Hirnkrankheit
Hirschkrankheit
Jungferkrankheit
Kinderkrankheit
Kriebelkrankheit
Lagerkrankheit
Landkrankheit
Landeskrankheit
Lausekrankheit
Leberkrankheit
Lendenkrankheit
Liebeskrankheit
Lungenkrankheit
Magenkrankheit
Marschkrankheit
Milzkrankheit
Modekrankheit
Mutterkrankheit
Nebenkrankheit
Nervenkrankheit
Nesselkrankheit
Nierenkrankheit
Pestkrankheit
Schlafkrankheit
Schneiderkrankheit
Schulkrankheit
Schweizerkrankheit
Seekrankheit
Seelenkrankheit
Venuskrankheit
Viehkrankheit
Vogelkrankheit
Wanderkrankheit
Weiberkrankheit
Weinkrankheit
Wurmkrankheit
die Schlankheit
Geschlankheit
— Schwankheit

ánkig

rankig
hochrankig
niederrankig
willwankig
zankig

[Nanking]

ánkle

ich rankle
— schlankle
— wankle
Zankle

[Tankmar]

ánkre

ich ankre
eine blank're
— frank're
ich rankre
eine schlank're
— schwank're

[Tankred]

ánks

des Danks
— Theuerdanks
des Franks
— Kalmanks
— Manks
— Pianks
— Planks
— Ranks
— Geranks
— Schanks
— Schlinkschlanks
— Schranks
— Schwanks
— Stanks
— Gestanks
— Tranks
— Wanks
— Zanks

[der Phalanx]

ánkst

du dankst
— jankst
— erkrankst
— pankst
— beplankst
— rankst
— sankst
— schlankst
— schlinkschlankst
— schwankst
— stankst
— trankst
— wankst
— zankst

ánkste

der blankste
— frankste
— rankste
— sankste
— schlankste
— geschlankste
— schwankste

ánkstem

blankstem
frankstem
rankstem
sankstem
schlankstem
schwankstem

ánksten

die blanksten
— franksten
— ranksten
— sanksten
— schlanksten
— schwanksten

ánkster

blankster
frankster

rankster
sankster
schlankster
schwankster

ánkstes

blankstes
frankstes
rankstes
sankstes
schlankstes
schwankstes

ánkt

er dankt
— bedankt
gedankt
— jankt
— erkrankt
— pankt
— beplankt
— rankt
umrankt
ihr sankt
er schlankt
— schlinkschlankt
— schwankt
ihr stankt
— trankt
er wankt
— zankt

ánkte

er dankte
— jankte
— erkrankte
— pankte
— beplankte
— rankte
— schlankte
— schlinkschlankte
— schwankte
— wankte
— zankte

ánkten

sie dankten
— jankten
— erkrankten
— pankten
— beplankten
— rankten
— schlankten
— schlinkschlankten
— schwankten
— zankten

ánkter

ein verdankter
— erkrankter
— gepankter
ein beplankter
— umrankter
— ausgezankter

ánktes

ein verdanktes
— erkranktes
— gepanktes
— beplanktes
— umranktes
— ausgezanktes

ánktest

du danktest
— janktest
— erkranktest
— panktest
— beplanktest
— ranktest
— schlanktest
— schlinkschlanktest
— schwanktest
— wanktest
— zanktest

ánktet

ihr danktet
— janktet
— erkranktet
— panktet
— beplanktet
— ranktet
— schlanktet
— schlinkschlanktet
— schwanktet
— wanktet
— zanktet

ánkung

die Abdankung
— Verdankung
— Erkrankung
— Pankung
— Beplankung
— Umrankung
— Schwankung
— Auszankung

ānlos

organlos
planlos
bahnlos
zahnlos

ánn *siehe* án

ánna — ána

Anna
Ganna
Hanna
Hosianna
Johanna
das Manna
Röhrenmanna
Thränenmanna
Nanna
Susanna
Havannah
Savannah
Ipecacuanha

ánnbar

mannbar
bespannbar

ánnchen — ánchen

Annchen
Hannchen
Susannchen
lanchen
die *Campagnen*
— *Rampagnen etc.*

ánnchens

Annchens
Hannchens
Susannchens
des Lanchens [Cannae]

ánne — áne

Anne
der Alemanne
im Banne
ich banne
— verbanne
die *Barbacanne*
— Granne
Dreygranne
ich granne
Hanne
Johanne
die Kanne
Baumkanne
Bierkanne
Bornkanne
Chocoladenkanne
Deckelkanne
Füllkanne
Gieſskanne
Harzkanne
Kaffeekanne
Klippkanne
Maaſskanne
Meſskanne
Messingkanne
Milchkanne
Nutschkanne
Pfützkanne
Pullkanne
Rahmkanne
Röhrkanne
Saukanne
Schenkkanne
Schleifkanne

Schnauzkanne
Schneppkanne
Schöpfkanne
Senfkanne
Silberkanne
Sprengkanne
Spritzkanne
Stechkanne
Sturmkanne
süſse Kanne
Theekanne
Trinkkanne
Wasserkanne
Weinkanne
Wochenkanne
die Lanne
Lausanne
— Manne
dem Manne
ich bemanne
— entmanne
— übermanne
Marianne
der *Markomanne*
die Panne
— Pfanne
Abtropfpfanne
Abwerfpfanne
Alaunpfanne
Amtspfanne
Apfelpfanne
Backpfanne
Bettpfanne
Beypfanne
Blechpfanne
Bratpfanne
Braupfanne
Brennpfanne
Dachpfanne
Eierpfanne
Feuerpfanne
Fischpfanne
Frischpfanne
Garpfanne
Gelenkpfanne
Gieſspfanne
Glühpfanne
Gluthpfanne
Hinterpfanne
Hirnpfanne
Hüftpfanne
Kochpfanne
Kohlenpfanne
Kreuzpfanne
Kühlpfanne
Laufpfanne
Läuterpfanne
Läuterungspfanne
Leichtpfanne
Löthpfanne
Mörtelpfanne
Mühlpfanne

Muſspfanne
Pastetenpfanne
Pechpfanne
Pfefferpfanne
Plinzenpfanne
Probepfanne
Räucherpfanne
Rauchpfanne
Reibepfanne
Röstpfanne
Salzpfanne
Sandpfanne
Schlammpfanne
Schmalzpfanne
Schmelzpfanne
Schmierpfanne
Schwefelpfanne
Seigepfanne
Seigerpfanne
Setzpfanne
Siedepfanne
Sogpfanne
Stovpfanne
Talgpfanne
Testpfanne
Topfpfanne
Tortenpfanne
Tropfpfanne
Wärmpfanne
Wasserpfanne
Zinnpfanne
Zündpfanne
die Ranne
- Schanne
— Schranne
Brotschranne
Fleischschranne
— Spanne
ich spanne
das Gespanne
dem Gespanne
Ehegespanne
Herzgespanne
Susanne
die Tanne
Balsamtanne
Brachtanne
Edeltanne
Hemlockstanne
Kreuztanne
Pechtanne
Riesentanne
Rothtanne
Sautanne
Schierlingstanne
Schwarztanne
Seetanne
Silbertanne
Taxtanne
Weiſstanne
Zuckertanne

die Wanne
Absüſswanne
Badewanne
Fischwanne
Fuſswanne
Futterwanne
Handwanne
Kühlwanne
Löschwanne
Schwanzwanne
Sohlwanne
Waschwanne
Wasserwanne
ich wanne
— zanne
das Gezanne
Cannes
M. *Lannes*
Vannes
Lettres Persannes
dem Aldermane
— Dragomane
— Gespane
Obergespane
Vicegespane
— Hetmane
— Talismane
[Terouanne]

ánnen

die *Annen*
— Annen (Ageln)
— *Alemannen*
bannen
abbannen
anbannen
aufbannen
ausbannen
einbannen
entbannen
festbannen
fortbannen
herbannen
hin- *etc.* bannen
herabbannen
hinabbannen
niederbannen
verbannen
wegbannen
zurückbannen
zusammenbannen
von dannen
sie begannen
grannen
die Grannen
— *Hannen*
— *Johannen*
— Lannen
— Mannen
bemannen
durchmannen

entmannen
ermannen
schiemannen
übermannen
vermannen
die *Markomannen*
— Pannen
— Pfannen
— Rannen
sie rannen
entrannen
verrannen
— sannen
besannen
entsannen
ersannen
die Schannen
— Schrannen
sie spannen
die Spannen
spannen
abspannen
anspannen
aufspannen
ausspannen
bespannen
beyspannen
einspannen
entspannen
erspannen
losspannen
mifsspannen
nachspannen
niederspannen
überspannen
umspannen
unterspannen
verspannen
vorspannen
wegspannen
zerspannen
zurückspannen
zusammenspannen
das Spannen
Gliederspannen
Stierabspannen
den Spannen
— Gespannen
die Tannen
— Tyrannen
von wannen?
die Wannen
wannen
auswannen
sie gewannen
liebgewannen
zannen
anzannen

ánnend

bannend
grannend
bemannend
entmannend
spannend
wannend
zannend

ánnens

des Bannens
— Grannens
— Bemannens
— Spannens
— Wannens
— Zannens

ánner

das Banner
Feldbanner
Siegesbanner
der Banner
Geisterbanner
Hexenbanner
Teufelsbanner
— Verbanner
das Panner
Hasenpanner
der Spanner
Bogenspanner
Silberbogenspann.
Büchsenspanner
Federspanner
Gaumenspanner
Handflechsenspann.
Paukenspanner
Paukenfellspanner
die Spanner (Phalaenae geometrae)
ein *Lausanner*
Banner
Girtanner
Kolmanner
kann er?

ánnern

den Bannern
— Spannern
— *Lausannern*

ánners

des Banners
— Spanners
— *Lausanners*
kann er's?

ánnes — ánes

des Bannes
— Mannes
— Gundermannes
Johannes
Schinderhannes
— Spannes
— Gespannes
des Aldermanes
— Dragomanes
— Obergespanes
— Vicegespanes
— Hetmanes
— Talismanes

ánnest

du bannest
— begannest
— grannest
— bemannest
— entrannest
— sannest
— spannest
— wannest
— gewannest
— zannest

ánnet

er bannet
ihr begannet
er grannet
— bemannet
ihr entrannet
— sannet
er spannet
— wannet
ihr gewannet
er zannet
[die Mannheit]

ánni

Luigi Alamanni
Gianni
Giovanni
Franc. Nanni
Liquor Hofmanni
Fanny
Nanny

ánnia

Allemannia
Annia
Britannia
Fannia
Marcomannia
Zephanja
die *Romagna*

ánnien

Allemannien
Britannien
Grofsbritannien
Markomannien

ánniens

Allemanniens
Britanniens
Markomanniens

ánnig

mannig
spannig
1- 2- 3- *etc.* spannig

ánnisch

allemannisch
britannisch
markomannisch
Hahnemannisch
Salzmannisch
Winkelmannisch etc.
tyrannisch

ánnius

Annius
Fannius
Vannius
[der Bannling]

ánno

Anno (Christi – curr. – praes. – praet.)
sine anno
das *Danno*
Hanno
St. Anno

ánns — áns

des Banns
— Manns
— Gundermanns
— *Johanns*
— jedermanns
— Spanns
— Gespanns
— Ehegespanns
— Herzgespanns
er kann's *etc.*
des *Alcorans*
— Aldermans
— Dragomans
die Gans
Baumgans
Brentgans
Eidergans
Eisengans
Embergans
Fettgans
Flickgans
Fuchsgans
Gaggans
Hagelgans
Heergans
Kropfgans
Waldkropfgans
Lachgans
Lichtgans
Lochgans
Löffelgans
Martinsgans
Mastgans
Meergans
Mutter Gans
Nonnengans
Nordgans
Piepgans
Rauchgans
Riedgans
Riesengans
Riesenfettgans
Ringelgans
Rothgans
Rottgans
Sackgans
Schlackergans
Schleckergans
Schneegans
Schwanengans
Schwemmergans
Solandgans
Spatelgans
Spickgans
Spielgans
Sporngans
Stoppelgans
Tauchergans
Trappgans
Weidegans
Wildgans
Zinsgans
Zuchtgans
der Grans
Vordergrans
Hintergrans
Hans
ein Alberhans
— Fabelhans
— Faselhans
— Gakelhans
— Junker Hans
— Papelhans
— Paperhans
— Pathhans
— Plapperhans
— Prachthans
— Prahlhans
— Schmalhans (Küchen meister)
— Schnapphans
— Schnarchhans
— Schraphans
— Springhans
des Hetmans
Jonathans
— *Kaimakans*
— Obergespans
— Vicegespans
— Talismans
ein *Coindicans*
— *Contra-indicans*
der *Commodans*
der *Delegans*
ein *Roborans*
— *Stimulans*
temere litigans
— *Temperans*

ánnst — ánst

du bannst
— begannst
— grannst
— kannst
— bemannst
— entrannst
— sannst
— spannst
— bespannst
— wannst
— gewannst
— zannst
er banst
— franst
— prahlhanst
der Wanst
Dickwanst
Fettwannst
Freſswanst
Schmeerwanst
Schwepperwanst
Speckwanst

ánnt — ándt — ánt

er bannt
gebannt
festgebannt
verbannt
gebrannt
abgebrannt
angebrannt
entbrannt
wuthentbrannt
zornentbrannt
verbrannt
mordverbrannt
sonnenverbrannt
er grannt
bekannt
allbekannt
altbekannt
jugendbekannt
schulbekannt
vielbekannt
unbekannt
weltbekannt
wohlbekannt
erkannt
anerkannt
allanerkannt
unerkannt
zuerkannt
gekannt
verkannt

bemannt
entmannt
übermannt
gemannt
ungemannt
benannt
nachbenannt
unbenannt
vorbenannt
ernannt
mehrernannt
ofternannt
vielernannt
genannt
obgenannt
vorgenannt
ihr rannt
— entrannt
— gerannt
— durchrannt
ist hergerannt
ihr sannt
— spannt
er spannt
bespannt
gespannt
abgespannt
hochgespannt
überspannt
er wannt
ihr gewannt
— liebgewannt
— zannt
angezannt

gesandt
abgesandt
gottgesandt
himmelgesandt
bewandt
gewandt
abgewandt *etc.*
leichtgewandt
sprachgewandt
schlaugewandt
vielgewandt
zungengewandt
verwandt
anverwandt
blutsverwandt
bürschverwandt
bundesverwandt
dienstverwandt
gastverwandt
geistesverwandt
glaubensverwandt
heyrathsverwandt
kunstverwandt
landesverwandt
nachverwandt
nahverwandt
religionsverwandt
schutzverwandt
seitenverwandt
sendverwandt
sprachverwandt
stammverwandt
stiefverwandt
wohlverwandt
unverwandt
zehentverwandt
zentverwandt

abundant
der Acceptant
— Accisant
accommodant
— Adjutant
Generaladjutant
Regimentsadjutant
— Adjuvant
— Adstant
nach advenant
der Aeromant
äquidistant
— Affirmant
— Alant
Flöhalant
Ruhralant
— Amant
— Amarant
ambulant
— Amiant
amüsant
— Appellant
appetissant
— Arrestant
— Asant
Stinkasant
arrogant
— Aspirant
— Assignant
— Auscultant
— Bacchant
bastant
Brabant
Sebastian Brant
— Brillant
brillant
— Calcant
— Calumniant
— Capitulant
caressant
chagrinant
charmant
chocant
— Chiromant
clairvoyant
Cleanth
— Collectant
— Combattant
— Commandant
Etapencommandant
Festungscommand.
Platzcommandant
Schiffscommandant
Schloſscommandant
Stadtcommandant
der Commerciant
— Communicant
— Comödiant
complaisant
comptant
— Conjurant
consolant
— Consonant
constant
contant
coulant
courant
das Courant
Grobcourant
Preuſsischcourant
Wechselcourant
Wienercourant
Contocourant
criant
der Damnificant
— Dechant
Domdechant
Stiftsdechant
— Defraudant
degoutant
— Demant
— Denunciant
desobligeant
— Diamant
böhmische Diamant
Glanzdiamant
Glasdiamant
Krondiamant
Schweizerdiamant
— Diffamant
— Dilettant
— Discant
discrepant
— Disputant
divertissant
dominant
— Duellant
echauffant
eclatant
effrayant
elegant
— Elephant
embarassant
— Emigrant
engageant
ennüyant
entreprenant
epochant
equidistant
ein Equitant
etonnant
etouffant
exorbitant

der Expectant
extravagant
exuberant
— Exulant
— Fant
— Fabrikant
Handschuhfabrikant
Linnenfabrikant
Spitzenfabrikant
Tuchfabrikant
Wollfabrikant
Zeuchfabrikant *etc.*
— Fabulant
— Famulant
— Febricitant
fichant
— Fierant
Marktfierant
Meſsfierant
— Flagellant
flagrant
florissant
— Foliant
— Fornicant
frappant
fulminant
die Gant
galant
ungalant
der Galgant
Wassergalgant
— Garant
Friedensgarant
— *Garamant*
— Gastromant
genant
— Geomant
— Gerant
— Gigant
— Girant
— Gratulant
ein Habitant
— Haselant
— Hierophant
— Hospitant
humiliant
der Ignorant
— Impetrant
— Implorant
imposant
important
impuissant
incomplaisant
incourant
— Inculpant
inelegant
— Infant
— Injuriant
insignifiant
insinuant
integrant
— Intendant
Hafenintendant
Mauthintendant
Schloſsintendant
Stadtintendant *etc.*
interessant
intolerant
intriguant
irrelegant
Kant
ein Labberant
— Laborant
— Leuterant
Oberleuterant
— Licitant
— Lieferant
Erzlieferant
Getraidelieferant
Pferdelieferant
Weinlieferant *etc.*
— Lieutenant
Gardelieutenant
Generallieutenant
Jägerlieutenant
Oberlieutenant
Premierlieutenant
Polizeylieutenant
Schützenlieutenant
Souslieutenant
Stadtlieutenant
Unterlieutenant
— Liquidant
— Maleficant
der Mandant
markant
mechant
medisant
ein Mendicant
meprisant
— Ministrant
der Montant
moquant
— Mordant
— Musicant
Bergmusicant
Bettelmusicant
Dorfmusicant
Lohnmusicant
Stadtmusicant *etc.*
— Negotiant
— Nekromant
— Nigromant
— Obscurant
— Octant
oderint dum metuant
— Officiant
— Participant
— Pasquillant
— Passant
— Pedant
penetrant
pesant
petulant
pikant
der Postulant
präcipitant
— Prädicant
prägnant
— Prämiant
— Pränumerant
— Präsentant
Repräsentant
Gemeinderepräs.
Volksrepräsentant
prävenant
pressant
— Prosopomant
— Protestant
— Proviant
Schiffsproviant
— Provokant
— Pulsant
— Pyromant
— Quadrant
Mauerquadrant
— Quant
quant
— Quartant
— Querulant
— Rant
ramollissant
rasant
rebütant
recalcitrant
ein Recapitulant
reconnoissant
relevant
irrelevant
der Remonstrant
Contreremonstrant
— Rendant
repugnant
— Resignant
resonant
— Restant
— Rhabdomant
Rhadamanth
riskant
saillant
— Schmant
Salzschmant
— Secundant
sekkant
semillant
— Sergeant
— Sextant
Spiegelsextant
significant
— Sollicitant
— Speculant
— Spikant
— Spoliant
— Sportulant
— Stichomant
— Stipulant

strapazant
der Sublevant
— Suppleant
— Supplicant
— Surintendant
sürprenant
— Sykophant
tanterlantant!
— Terminant
Tharandt
— Theophant
tolerant
intolerant
— Toppenant
touchant
— Trabant
Erdentrabant
Haustrabant
Hoftrabant
Leibtrabant
Schloſstrabant
Sonnentrabant
Stadttrabant
Gummi Tragant
— Traitant
— Trant
— Trassant
— Tremulant
— Tumultuant
— Uromant
vacant
vigilant
— Vindikant
— Wisant

ánnte — ándte — ánte

ich bannte
— verbannte
— brannte
— entbrannte
— verbrannte
— grannte
— kannte
die bekannte
ich erkannte
— verkannte
— bemannte
— nannte
— benannte
— ernannte
die genannte
ich rannte
— spannte
die gespannte
ich wannte
— zannte
ich sandte
— versandte
der Gesandte
Abgesandte
Bekehrungsgesandte
Ehrengesandte
Friedensgesandte
Reichstagsgesandte
ich wandte
— verwandte
der Verwandte
Anverwandte
Blutsverwandte
Brotverwandte
Confessionsverw.
Geistesverwandte
Glaubensverwandte
Handwerksverw.
Innungsverwandte
Kunstverwandte
Rathsverwandte
Schirmverwandte
Schutzverwandte
Seelenverwandte
Sinnverwandte
Vorverwandte
Wahlverwandte
Zeitverwandte
Zunftverwandte
abundante
accommodante
äquidistante
dem Alante
Alicante
die Aliquante
dem Amante
— Amaranthe
ambulante
— Amiante
amüsante
das *Andante*
appetissante
dem Asante
arrogante
bastante
Bouffante
Bradamante
Bramante
die Brante
brillante
caressante
chagrinante
charmante
— Charmante
chocante
clairvoyante
complaisante
consolante
— Consonante
constante
contante
— Cosecante
courante
dem Courante
criante
die Croquante
Dante
degoutante
dem Demante
desobligeante
— Discante
divertissante
dominante
die Dominante
Durante
durante (lite - matrimonio)
echauffante
eclatante
effrayante
elegante
— Elegante
embarassante
engageante
ennüyante
entreprenante
epochante
equidistante
etonnante
etouffante
exorbitante
extravagante
— Extravagante
exuberante
dem Fante
fichante
flagrante
florissante
frappante
fulminante
ich vergante
galante
dem Galgante
genante
das Gewante
die Gouvernante
humiliante
imposante
importante
impuissante
incomplaisante
incourante
der *Infante*
inelegante
insignifiante
insinuante
integrante
interessante
intolerante
intriguante
irrelevante
die Kante
Balkenkante
Blumenkante
Dreckkante
Felsenkante
Goldkante
Netzkante
Nordkante

Ostkante
Schmelzkante
Seidenkante
Silberkante
Spitzenkante
Stoſskante
Stumpfkante
Südkante
Tischkante
Wahnkante
Wasserkante
Westkante
die Vierkante
— Levante
mechante
— Mediante
Mediante
medisante
dem Montante
moquante
— Mordante
penetrante
die *Persante*
pesante
petulante
pikante
eine *Poco Curante*
präcipitante
prägnante
prävenante
pressante
dem Proviante
— Quante
quante
— Rante
die Rante
ramollissante
rasante
rebütante
recalcitrante
reconnoissante
relevante
irrelevante
repugnante
resonante
riskante
— Rosinante
dem Schmante
ich schmante
saillante
die Sekante
sekkante
semillante
der Servante
significante
die Sprante
stante (pede)
stimulante
strapazante
sürprenante
— Tante
Groſstante
tolerante
intolerante
dem Toppenante
— Tragante
— Trante
vacante
sede vacante
die Variante
vigilante
sub sigillo volante
dem Wisante
Zante

ánntem — ándtem — ántem

gebanntem
verbanntem
gebranntem
entbranntem
verbranntem
bekanntem
erkanntem
verkanntem
bemanntem
benanntem
genanntem
ernanntem
durchranntem
gespanntem
gewanntem
angezanntem
gesandtem
gottgesandtem
bewandtem
gewandtem
verwandtem
wahlverwandtem
abundantem *etc. bis* vigilantem *siehe* anten

ánnten — ándten — ánten

sie bannten
die Verbannten
sie brannten
die Abgebrannten
sie kannten
die Bekannten
sie ermannten
— nannten
die Genannten
sie durchrannten
— spannten
— wannten
— zannten
die Gesandten
sie sandten
— wandten
die Verwandten
— Anverwandten
— Wahlverwandten
die abundanten
— Acceptanten
— Accisanten
— accomodanten
— Adjutanten
— Adjuvanten
— Adstanten
— Aeromanten
— äquidistanten
— Affirmanten
— Amanten
— ambulanten
— amüsanten
— Appellanten
— appetissanten
— Arrestanten
— arroganten
— Aspiranten
— Assignanten
— Auscultanten
— Bacchanten
— bastanten
— Brillanten
— brillanten
— Calcanten
— Calumnianten
— Capitulanten
— caressanten
— chagrinanten
— charmanten
— chocanten
— Chiromanten
— clairvoyanten
— Collectanten
— Collegianten
— Combattanten
— Commandanten
— Commercianten
— Communicanten
— Comödianten
— complaisanten
— Conjuranten
— consolanten
— Consonanten
— constanten
— contanten
— coulanten
— couranten
— crianten
— Damnificanten
— Dechanten
— Defraudanten
— degoutanten
— Demanten
— Denuntianten
— desobligeanten
— Diamanten
— diamanten
— Diffamanten
— Dilettanten
den Discanten
die discrepanten

die Disputanten
— divertissanten
— dominanten
— Duellanten
— echauffanten
— eclatanten
— effrayanten
— eleganten
— Elephanten
— embarassanten
— Emigranten
— engageanten
— ennüyanten
— entreprenanten
— epochanten
— equidistanten
— Equitanten
— etonnanten
— etouffanten
— exorbitanten
— Expectanten
— extravaganten
— Extravaganten
— exuberanten
— Exulanten
den Fanten
die Fabrikanten
— Fabulanten
— Famulanten
— Febricitanten
— fichanten
— Fieranten
— Flagellanten
— flagranten
— florissanten
— Folianten
— Fornikanten
— frappanten
— fulminanten
— galanten
— ungalanten
den Garanten
die Garamanten
— Gastromanten
— genanten
— Geomanten
der Ganten
die Geranten
— Giganten
— Giranten
— Gratulanten
— Habitanten
— Haselanten
— Hierophanten
— Hospitanten
— humilianten
— Ignoranten
— Impetranten
— Imploranten
— importanten
— imposanten

die impuissanten
— incomplaisanten
— incouranten
— Inculpanten
— ineleganten
— Infanten
— Injurianten
— insignifianten
— insinuanten
— integranten
— Intendanten
— interessanten
— intriguanten
— Kanten
kanten
abkanten
bekanten
überkanten
umkanten
zukanten
— *Korybanten*
— Labberanten
— Laboranten
— Leuteranten
— Licitanten
— Lieferanten
den Lieutenanten
die Liquidanten
— Maleficanten
— Mandanten
— markanten
— mechanten
— Medianten
— medisanten
den Montanten
— moquanten
— Mordanten
die Musikanten
— Negotianten
— Nekromanten
— Nigromanten
— Obscuranten
— Observanten
— Octanten
— Officianten
— Participanten
— Pasquillanten
— Passanten
— Pedanten
— penetranten
— pesanten
— petulanten
— pikanten
— Postulanten
— präcipitanten
— Prädicanten
— prägnanten
— Prämianten
— Pränumeranten
— Präsentanten
— Repräsentanten

die Prästanten
— prävenanten
— pressanten
— Prosopomanten
— Protestanten
— Provokanten
— Pulsanten
— Pyromanten
— Quadranten
den Quanten
quanten
verquanten
die quanten
— Querulanten
— Ranten
— ramollissanten
— rasanten
— rebütanten
— recalcitranten
— Recapitulanten
— reconnoissanten
— relevanten
— irrelevanten
— Remonstranten
— Contreremonstranten
— Rendanten
— repugnanten
— Resignanten
— resonanten
— Restanten
— Rhabdomanten
— riskanten
— saillanten
der Schanten
schmanten
die Secundanten
— Sekanten
— sekkanten
— semillanten
— Sentionanten
— Sergeanten
— Servanten
— Sextanten
— significanten
— Sollicitanten
— Speculanten
— Spolianten
— Sportulanten
— Spranten
— Stichomanten
— Stipulanten
— strapazanten
— Sublevanten
— Suppleanten
— Supplicanten
— Surintendanten
— surprenanten
— Sykophanten
— Tanten
— Terminanten
— Theophanten
— toleranten

die intoleranten
— touchanten
— Trabanten
— Traitanten
— Trassanten
— Tremulanten
— Tumultuanten
— Uromanten
— vacanten
— Varianten
— vigilanten
— Vindicanten
wranten
Xanten

ánnter — ándter — ánter

ein gebannter
— Verbannter
— gebrannter
— Verbrannter
— Abgebrännter
— begrannter
— bekannter
— verkannter
— benannter
— genannter
— durchrannter
— gespannter
— gewannter
— angespannter
— gesandter
— gewandter
— verwandter
— abundanter
— accomodanter
— äquidistanter
— ambulanter
— amüsanter
— appetissanter
— arroganter
— bastanter
— brillanter
— caressanter
— chagrinanter
— charmanter
— chocanter
— clairvoyanter
— complaisanter
— consolanter
— constanter
— contanter
— couranter
— crianter
— degoutanter
— desobligeanter
— divertissanter
— dominanter
— echauffanter
— eclatanter
— effrayanter
ein eleganter
— embarassanter
— engageanter
— ennüyanter
— entreprenanter
— epochanter
— etonnanter
— etouffanter
— exorbitanter
— extravaganter
— exuberanter
— fichanter
— flagranter
— florissanter
— frappanter
— fulminanter
der Verganter
ein galanter
— genanter
— humilianter
— imposanter
— importanter
— impuissanter
— incomplaisanter
— incouranter
— ineleganter
— insignifianter
— insinuanter
— *instanter*
— integranter
— interessanter
— intoleranter
— intriguanter
— irrelevanter
— markanter
— mechanter
— medisanter
— meprisanter
— moquanter
der Panter
— Panther
ein penetranter
— pesanter
— petulanter
— pikanter
— präcipitanter
— prägnanter
— prävenanter
— pressanter
— quanter
aliquanter
— ramollissanter
— rasanter
— rebütanter
— recalcitranter
— reconnoissanter
— relevanter
— repugnanter
— riskanter
— saillanter
— sekkanter
— semillanter
ein significanter
— strapazanter
— surprenanter
Tanterlantanter!
— *Tharandter*
— toleranter
— intoleranter
— touchanter
— vacanter
— vigilanter

ánntern — ándtern — ántern

den verbrannter'n
— bekannter'n
— gespannter'n
— gewandter'n
— verwandter'n
— abundanter'n *etc. bis* vigilanter'n *siehe* anter
— Vergantern
— Panthern
— *Tharandtern*

ánnters — ándters — ánters

ein verbrannter's
— bekannter's
— gespannter's
— gewandter's
— verwandter's
— abundanter's *etc. bis* vigilanter's *siehe* anter
des Verganters
— Panters
— Panthers
— *Tharandters*

ánntes — ándtes — ántes

ein gebanntes
— verbanntes
— gebranntes
— verbranntes
— begranntes
— bekanntes
— verkanntes
— bemanntes
— benanntes
— genanntes
— durchranntes
— gespanntes
— gewanntes
— angezanntes
— gesandtes
— gewandtes
— verwandtes
— abundantes *etc. bis* vigilantes *s.* anter
Abrantes

des Alantes
— Amarantes
— Amiantes
— Asantes
— Brillantes
Cervantes
— Consonantes
— Courantes
— Dechantes
— Demantes
— Diamantes
— Discantes
— Fantes
— Galgantes
— Garantes
— Lieutenantes
— Montantes
— Mordantes
— Proviantes
— Quantes
— Rantes
— Schmantes
die Sententionantes
des Toppenantes
— Gummi Tragantes
— Trantes
— Wisantes

ánnteſt — ándteſt — ánteſt

du banntest
— branntest
— granntest
— kanntest
— bemanntest
— nanntest
— ranntest
— spanntest
gespanntest
— wanntest
— zanntest
— sandtest
— wandtest
wahlverwandtest
abundantest *etc. bis*
vigilantest *s.* anter
du kantest
— umkantest
— verquantest
— schmantest
— wrantest

ánntet — ándtet — ántet

ihr banntet
— branntet
— granntet
— kanntet
— bemanntet
— nanntet
— ranntet
ihr spanntet
— wanntet
— zanntet
— sandtet
— wandtet
— kantet
bekantet
— verquantet
— schmantet
— wrantet

ánntheit — ándtheit

die Bekanntheit
— Unbekanntheit
— Gespanntheit
— Abgespanntheit
— Gewandtheit
— Sprachgewandtheit
— Stylgewandtheit

ánntlich

bekanntlich
benanntlich
verwandtlich

ánntſchaft — ándtſchaft

die Bekanntschaft
Jugendbekanntsch.
Spielbekanntschaft
Universitäts-
— Unbekanntschaft
— Gesandtschaft
Bekehrungs-
Friedensgesandtsch.
— Verwandtschaft
Anverwandtschaft
Blutsverwandtschaft
Brotverwandtschaft
Geistesverwandts.
Glaubensverwandts.
Heyrathsverwandts.
Herzensverwandts.
Nachverwandtsch.
Seitenverwandtsch.
Sinnverwandtschaft
Stammverwandtsch.
Stoffverwandtschaft
Vorverwandtschaft
Wahlverwandtsch.
Wortverwandtsch.

ánnum

das *Pannum* (molendarium)
per annum

ánnung

die Bannung
— Verbannung
— Bemannung
die Ermannung
— Spannung
Geistespannung

ánnus

Annus
Apollo Grannus
Mannus
Pannus (oculi)
Vannus (criticus)

ánny

Fanny
Nanny

āno

Agnano
Albano
Bassano
Alonzo Cano
Cordano
Conegliano
Fano
Giordano
cum grano (salis)
piano
das *Fortepiano*
Politiano
Giulio Romano
mens sana in corpore sano
Soprano

ānon

der Canon
— *Cranon*
Almanon

áns *siehe* ánns

āns — āhns

Adrians etc.
Aegipans
des Alcorans
— Allophans
— Altans
— Augenbrans
— *Bans*
— Baldrians
— Broihans
— *Busogans*
— Capellans
— Castellans
— Chans
— Charlatans
— Chlorans
— Chlorophans
— Clans
— Corduans
— Courtisans
— Decans
— Diöcesans
— Dulcians

des Dummerjans
— Entians
— Fasans
— Filigrans
— Galans
— Gossans
— Grans
— Grobians
— Grünspans
— Guardians
— Hydrophans
— Indians
— Kabestans
— Kumpans
— Laberdans
— Laterans
— Lipstullians
— Lucullans
— Majorans
— Mänakans
— Mangans
— Marzipans
— Medians
— Meridians
— Metropolitans
— Nikolans
— Nosians
— Obsidians
— Oceans
— Organs
— Orkans
— Parmesans
— Partisans
— Pavians
— Pelikans
— Plans
— Porzellans
— Romans
— Sacristans
— Saffians
— Safrans
— Schlendrians
— Schwans
— Soprans
— Spans
— Spinellans
— Stolprians
— Strontians
— Suffragans
— Sultans
— Thans
— Thrans
— Thymians
— Titans
— Trepans
— Triphans
— Tympans
— Unterthans
— Urans
— Urians
— Urracans
— Vaticans

des Vesuvians
— Vulkans
— Balbahns
— Hahns
— Jahns
— Kahns
— Krahns
— Lahns
— Mahns
— Wahns
— Zahns

ánsa

die Hansa
Sancho Pansa
Pansa
Herzog *von Ansa*

ánsch

der Bansch
— Mansch
— Pansch
— Plansch

ánsche

ich mansche
das Gemansche
dem Mansche
ich pansche
das Gepansche
dem Pansche
ich plansche
das Geplansche
dem Plansche
die Plansche
Winkelmann'sche etc.

ãnsche

afghan'sche *etc. bis*
zwinglian'sche *siehe* anisch

ánschen

den Banschen
manschen
anmanschen
ausmanschen
bemanschen
beymanschen
einmanschen
fortmanschen
mitmanschen
untermanschen
vermanschen
zumanschen
zusammenmanschen
panschen
anpanschen
auspanschen
fortpanschen
mitpanschen
unterpanschen
verpanschen
zupanschen
zusammenpanschen
den Panschen
planschen
die Planschen
den Planschen

ãnschen

afghan'schen *etc. bis*
zwinglianschen *siehe* anisch

ánschend

manschend
panschend
planschend

ánschens

des Manschens
— Panschens
— Planschens

ánscher

ein Manscher
— Panscher
— Planscher
das Geplanscher

ãnscher

ein afghan'scher *etc. bis*
zwinglian'scher
siehe anisch

ánschers

des Manschers
— Panschers
— Planschers
— Geplanschers

ánschern

den Manschern
— Panschern
— Planschern
planschern

ánsches

des Bansches
— Mansches
— Gemansches
— Pansches
— Gepansches
— Plansches
— Geplansches

ãnsches

ein afghan'sches *etc. bis*
vulkan'sches *siehe*
anisch

ánschest

du manschest
— panschest
— planschest

ánschet

ihr manschet
— panschet
— planschet

ánschig

manschig
panschig
tanschig

ánschs

des Banschs
— Manschs
— Gemanschs
— Panschs
— Gepanschs
— Planschs
— Geplanschs

ánschst

du manschst
— panschst
— planschst

ánscht

er manscht
— panscht
es planscht

ánschte

er manschte
gemanschte
— panschte
gepanschte
es planschte

ánschtem

gemanschtem
gepanschtem

ánschten

sie manschten
— panschten
— planschten

ánschter

ein gemanschter
— gepanschter

ánschtes

ein gemanschtes
— gepanschtes

ánschtest

du manschtest
— panschtest
— planschtest

ánschtet

ihr manschtet
— panschtet
— planschtet

ánse

die Banse
ich banse
das Gebanse
die Franse
ich franse
— befranse
das Gefranse
die *Hanse*
dem *Hanse*
ich prahlhanse
die Panse
— Wanse

ánsel

die Bansel
ein Gansel
Hansel
das Spannsel

ánseln

die Banseln
den Ganseln
— *Hanseln*
— Spannseln

ánsels

des Gansels
— *Hansels*
— Spannsels

ánsen

der Bansen
die Bansen
bansen
abbansen
aufbansen
einbansen
fortbansen
nachbansen
unterbansen
verbansen
vorbansen
wegbansen
zusammenbansen
die Fransen
fransen
ausfransen
befransen
nachfransen
dem Hansen
dem großen Hansen
prahlhansen
Jansen
ein Mannsen

ánsend

bansend
fransend

ánsens

des Bansens
— Fransens
— Prahlhansens
— Mannsens

ánser

Anser
der Ganser
[der Gansert]

ánses

des Gebanses
— Gefranses
— *Hanses*
— Prahlhanses

ánsest

du bansest
— fransest
— prahlhansest

ánset

ihr banset
— befranset
— prahlhanset

ánsig

fransig
prahlhansig
[Manso]
[ransken]

ánst *siehe* **ánnst**

ánste

ich banste
— franste
ein Lanste
ich prahlhanste
dem Wanste

ánsten

sie bansten
— fransten
die Lansten
sie prahlhansten

ánster

ein eingebanster
— befranster
das Panster
Stockpanster
Ziehpanster

ánſtes

ein eingebanstes
— befranstes

ánſteſt

du banstest
— franstest
— prahlhanstest

ánſtet

ihr banstet
— franstet
— prahlhanstet

ánſtig

branstig
wanstig
dickwanstig
fettwanstig

ánt *siehe* **ánnt**

ānt — āhnt

er plant
geplant
es schwant
er spant
— thant
es thrant
er verporzellant
— ahnt
— bahnt
gebahnt
hahnt
hojahnt
jahnt
kahnt
— mahnt
vermahnt
es gemahnt
er rahnt
— yahnt
— zahnt
abgezahnt

ánta

Atalanta
Jolanta
Planta
Neoplanta
Quae-qualis-quanta!
Violanta

ántal

der Antal
— *Cantal*
Tantal

ántlals

des Antals
— *Cantals*
Tantals

[Antar]

ántchen

ein Elephantchen
— Fantchen
— Lieutenantchen
Nantchen
das Tantchen

ántchens

des Elephantchens
— Fantchens
— Lieutenantchens
Nantchens
— Tantchens

ánte *siehe* **ánnte** *u.* **ándte**

ānte — āhnte

er plante
geplante
uns schwante
er spante
— thante
es thrante
er verporzellante
— ahnte
— bahnte
— hahnte
— hojahnte
— jahnte
— kahnte
— mahnte
es gemahnte
er rahnte
die abgesahnte
— yahnte
— zahnte

ántel

ein Antel
— Mantel
Bademantel
Bettlermantel
Bienenmantel
Bischofsmantel
Churmantel
Deckmantel
Doppelmantel
Filzmantel
Flügelmantel
Frauenmantel
Frieſsmantel
Fürstenmantel
Gekrösmantel
Gewehrmantel
Glockenmantel
Haarmantel
Hermelinmantel
Jägermantel
Kaminmantel
Kappmantel
Königsmantel
Kriegsmantel
Krönungsmantel
Larvenmantel
Marienmantel
Mauermantel
Mummenmantel
Nachtmantel
Pelzmantel
Pilgermantel
Pistolenmantel
Predigermantel
Priestermantel
Pudermantel
Purpurmantel
Radmantel
Redoutenmantel
Regenmantel
Reisemantel
Reitermantel
Rittermantel
Rothmantel
Safranmantel
Saumantel
Schleyermantel
Schleppmantel
Schlitzmantel
Schnabelmantel
Schorsteinmantel
Schulmantel
Schutzmantel
Schwarzmantel
Seidenmantel
Siechenmantel
Soldatenmantel
Sommermantel
Sonnenmantel
Spitzenmantel
Staubmantel
Sternenmantel
Trauermantel
Tuchmantel
Wappenmantel
Weibermantel
das Gekantel
Pantel
die Tarantel

änteln

den Anteln
kanteln
— *Panteln*
die Taranteln

ántels

des Antels
— Gekantels
— Mantels
Pantels

ántem *siehe* **ánn-tem**

āntem — āhntem

mit geplantem
— gespantem
— gethantem
— verporzellantem
— geahntem
— gebahntem
— gemahntem
— gerahntem
— abgesahntem
— gezahntem

ánten *siehe* **ánnten**

ānten — āhnten

sie planten
— spanten
— thanten
— thranten
— verporzellanten
— ahnten
— bahnten
gebahnten
— hahnten
— hojahnten
— jahnten
— kahnten
— mahnten
— gemahnten
— vermahnten
— rahnten
— absahnten
— yahnten
— zahnten

ánter *s.* **ánnter-ándter**

ānter — āhnter

ein geplanter
— gespanter
— gethanter
— verporzellanter
— geahnter
— gebahnter
— gemahnter
— vermahnter
— gerahnter
— abgesahnter
— gezahnter
ahnt er *etc.*

āntes — āhntes

ein geplantes
— gespantes
— gethantes
— verporzellantes
— geahntes
— gebahntes
— gemahntes
— vermahntes
— gerahntes
ein abgesahntes
— gezahntes
mich gemahnt es *etc.*
uns schwant es *etc.*

āntest — āhntest

du plantest
— spantest
— thantest
— verporzellantest
— ahntest
— bahntest
gebahntest
— hahntest
— hojahntest
— jahntest
— kahntest
— mahntest
— gemahntest
— rahntest
— absahntest
— yahntest
— zahntest

āntet — āhntet

ihr plantet
— spantet
— thantet
— thrantet
— verporzellantet
— ahntet
— bahntet
— hahntet
— hojahntet
— jahntet
— kahntet
— mahntet
— gemahntet
— rahntet
— absahntet
— zahntet

ánth

Amianth
Eisenamianth
Amaranth
Kleanth
Rhadamanth
Timanth

ánthe

dem Amianthe
— Amaranthe
Euryanthe

ánnthier

das Mannthier
— Spannthier

ánthus

Cheiranthus
Erymanthus
Galanthus
Panthus
Rhadamanthus
Xanthus

ánti

Cavalcanti
Fieravanti
Galanti
in flagranti
in instanti
quanti
tanti
tutti quanti
Ypsilanti

āntiā

Agglutinantia etc. bis Vesicantia siehe **a**
Bantia
Calamantia
Constantia
Numantia
Pallantia

ántig

alantig
asantig
diamantig
kantig
balkenkantig
baumkantig
1 - 2 - *etc.* kantig
scharfkantig
stumpfkantig
vielkantig
wahnkantig

ántik

die Mantik
— Arithmantik
— Romantik

ándtinn — ántinn

die Gesandtinn
— Verwandtinn
— Acceptantinn
— Accisantinn
— Adjutantinn
— Adjuvantinn
— Adstantinn
— Aëromantinn
— Affirmantinn
— Amantinn
— Appellantinn
— Arrestantinn
— Aspirantinn
— Assignantinn
— Auscultantinn
— Bacchantinn
— Calcantinn

die Calumniantinn
— Capitulantinn
— Chiromantinn
— Collectantinn
— Combattantinn
— Commandantinn
— Commerciantinn
— Communicantinn
— Comödiantinn
— Conjurantinn
— Damnificantinn
— Defraudantinn
— Denuntiantinn
— Diffamantinn
— Dilettantinn
— Disputantinn
— Duellantinn
— Elephantinn
— Exspectantinn
— Exulantinn
— Fabrikantinn
— Fabulantinn
— Famulantinn
— Febricitantinn
— Fierantinn
— Flagellantinn
— Fornicantinn
— Garantinn
— Gastromantinn
— Geomantinn
— Gerantinn
— Gigantinn
— Girantinn
— Gratulantinn
— Habitantinn
— Haselantinn
— Hierophantinn
— Hospitantinn
— Ignorantinn
— Impetrantinn
— Implorantinn
— Inculpantinn
— Infantinn
— Injuriantinn
— Intendantinn
— Intrigantinn
— Labberantinn
— Laborantinn
— Leuterantinn
— Licitantinn
— Lieferantinn
— Lieutenantinn
— Liquidantinn
— Maleficantinn
— Mandantinn
— Mendicantinn
— Ministrantinn
— Musikantinn
— Negotiantinn
— Nekromantinn
— Nigromantinn

die Obscurantinn
— Officiantinn
— Participantinn
— Pasquillantinn
— Passantinn
— Pedantinn
— Postulantinn
— Prädicantinn
— Prämiantinn
— Pränumerantinn
— Präsentantinn
— Repräsentantinn
— Prosopomantinn
— Protestantinn
— Provokantinn
— Pulsantinn
— Pyromantinn
— Querulantinn
— Recapitulantinn
— Remonstrantinn
— Rendantinn
— Resignantinn
— Restantinn
— Rhabdomantinn
— Secundantinn
— Sergeantinn
— Sollicitantinn
— Speculantinn
— Spoliantinn
— Sportulantinn
— Stichomantinn
— Stipulantinn
— Sublevantinn
— Suppleantinn
— Supplikantinn
— Sürintendantinn
— Sykophantinn
— Terminantinn
— Trabantinn
— Traitantinn
— Trassantinn
— Tumultuantinn
— Uromantinn
— Vindikantinn

ántio

Brabantio
Raphael Sanzio

ántis

Atlantis
Elephantis
Galanthis
Mantis

ántisch

aliquantisch
arithmantisch
atlantisch
bacchantisch
brabantisch
chiromantisch
corybantisch
comödiantisch
denuntiantisch
diffamantisch
dilettantisch
erymanthisch
emigrantisch
gastromantisch
geomantisch
gigantisch
impetrantisch
implorantisch
kantisch
leuterantisch
nekromantisch
nigromantisch
numantisch
obscurantisch
pasquillantisch
pedantisch
polyanthisch
protestantisch
pyromantisch
querulantisch
remonstrantisch
rhabdomantisch
romantisch
stichomantisch
sykophantisch

ántium

Antium
Bratuspantium
Brigantium
Byzantium

ántius

Cantius
Constantius
Lactantius
Venántius

[der Antlaſs]

ánto

Allegro non tanto
Canto
Lepanto
Otranto
in quali et quanto
Manto
Monte Santo

ánton

Anton
Canton
ein *Santon*

ántor

der Cantor
Domcantor

Dorfcantor
Schloſscantor
Stadtcantor
Stiftscantor
Crantor
[die Plantsche trantseln]

ántum

Limbus infantum
das *Quantum*
Abfindungsquantum
Entschädigungs-
Geldquantum
Steuerquantum
in quantum
alterum tantum

ántung

die Vergantung
— Umkantung
— Quantung

ānu

in anu
brevi manu
longa manu
[Franul]

ānum

das Arcanum
ein *Ciceronianum*
— *Fanum*
Galbanum
Herculanum
— *Horatianum*
Mediolanum
— *Ovidianum*
— *Planum*
Senatus consultum Trebellianum
Senatus consultum Vellejanum
— *Suburbanum*
Tusculanum
— *Ulpianum*
— *Virgilianum*

ānums

des Arcanums
— *Herculanums etc.*
siehe anum

ānus

Adrianus
Aelianus
Aemilianus
Africanus
Flos Africanus
Scipio Africanus
Albanus
Ammianus
Apianus
Appianus
Arrianus
Aurelianus
Avianus
der *Banus*
Cajetanus
Canus
Cardanus
Cassianus
Christianus
Claudianus
Corbinianus
Coriolanus
Cyprianus
— *Decanus*
— *Diöcesanus*
Diocletianus
Eobanus
Fabianus
Felicianus
Florianus
Gordianus
Gratianus
Hadrianus
Herodianus
Hyrcanus
Janus
Jovianus
Julianus
Justinianus
Kapistranus
Kilianus
Mons Lateranus
Lucanus
Lucianus
Lucilianus
Marcianus
Maximilianus
Metropolitanus
Nemesianus
Nesisanus
Numesianus
Ocellanus
Octavianus
Oppianus
Papinianus
Priscianus
Quintilianus
Regiomontanus
Romanus
Sebastianus
Sejanus
Silvanus
Soranus
Spartianus
Suburbanus
Summanus
Tatianus
Tertullianus
Trajanus
Tribonianus
Ulpianus
Urbanus
Valerianus
M. Vaticanus
Vespasianus
Vulcanus
[Kanut]

ánz

die Abundanz
Superabundanz
der Alfanz
die Allianz
heilige Allianz
Quadrupelallianz
Tripelallianz
— Arroganz
— Assecuranz
Brandassecuranz
Cascoassecuranz
Feuerassecuranz
Hagelassecuranz
Lebensassecuranz
Reassecuranz
Seeassecuranz
— Assonanz
der Astranz
Kloster Banz
die Bilanz
Handelsbilanz
Bisanz
Byzanz
— Circumstanz
Concordanz
— Consonanz
— *Constanz*
— Discordanz
— Discrepanz
— Dissonanz
— Distanz
Focaldistanz
— Eleganz
— Exorbitanz
— Expectanz
— Extravaganz
— Exuberanz
— Finanz
der Firlefanz
Franz
ganz
eichelganz
unganz
— Glanz
Abglanz
Abendglanz
Anglanz
Atlasglanz
Aussenglanz
Beyglanz
Blümchensglanz
Blumenglanz
Dichterglanz
Ehrenglanz
Eisenglanz
Engelglanz

Farbenglanz
Fettglanz
Feuerglanz
Feyerglanz
Flitterglanz
Frühlingsglanz
Fürstenglanz
Gestirnglanz
Götterglanz
Goldglanz
Heiligenglanz
Himmelsglanz
Hochzeitsglanz
Jubelglanz
Jugendglanz
Kobaltglanz
Kupferglanz
Lichtglanz
Liebesglanz
Mittagsglanz
Mondenglanz
Morgenglanz
Nebelglanz
Opferglanz
Prachtglanz
Preſsglanz
Purpurglanz
Rohrglanz
Rosenglanz
Rubinglanz
Schönheitsglanz
Schneeglanz
Seidenglanz
Silberglanz
Sonnenglanz
Spätglanz
Spieſsglanz
Sterbeglanz
Sternenglanz
Strahlenglanz
Tagesglanz
Thauglanz
Thronglanz
Ueberglanz
Vollglanz
Vorglanz
Waffenglanz
Wasserglanz
Wiederglanz
Wismuthglanz
Zinnoberglanz
die Ignoranz
— Impeccanz
— Importanz
— Intendanz
— Intoleranz
der Kranz
Aderkranz
Aehrenkranz
Bierkranz
Blumenkranz
Blüthenkranz
Brautkranz
Brunnenkranz
Bürgerkranz
Charadenkranz
Cyanenkranz
Dornenkranz
Ehrenkranz
Eichelkranz
Eichenkranz
Epheukranz
Eppichkranz
Festkranz
Feuerkranz
Feyerkranz
Flammenkranz
Fruchtkranz
Frühlingskranz
Haarkranz
Heldenkranz
Hochzeitkranz
Jungferkranz
Knospenkranz
Laubkranz
Liederkranz
Lilienkranz
Lorberkranz
Mutterkranz
Scheibenmutter-
Myrthenkranz
Ofenkranz
Opferkranz
Pastetenkranz
Pechkranz
Perlenkranz
Räthselkranz
Rautenkranz
Rebenkranz
Rohrkranz
Rosenkranz
Rüsselkranz
Säulenkranz
Schwellerkranz
Siegerkranz
Siegeskranz
Silberkranz
Sonettenkranz
Speckkranz
Stachelkranz
Sternenkranz
Strahlenkranz
Strohkranz
Sturmkranz
Tafelkranz
Todtenkranz
Tragkranz
Ueberkranz
Ueberwinderkranz
Veilchenkranz
Völkerkranz
Weihekranz
Weinkranz
Weinlaubkranz
Wolkenkranz
die Laxanz
— Monstranz
der Mummenschanz
die Observanz
— Ordonnanz
— Oscitanz
— Petulanz
der Popanz
die Präponderanz
— Prästanz
— Protuberanz
— Purganz
der Ranz
die Recalcitranz
— Redundanz
— Resonanz
Schenkenschanz
der Schranz
Hofschranz
— Schwanz
Ackerschwanz
Affenschwanz
Biberschwanz
Breitschwanz
Brumbeerschwanz
Darmschwanz
Drachenschwanz
Dünnschwanz
Eidechsenschwanz
Fettschwanz
Fischschwanz
Fuchsschwanz
Wiesenfuchsschw.
Gabelschwanz
Gelbschwanz
Goldschwanz
Grünschwanz
Haarschwanz
Hirschschwanz
Hochschwanz
Hundeschwanz
Kahlschwanz
Kammschwanz
Karpfenschwanz
Katzenschwanz
Kuhschwanz
Kurzschwanz
Lämmerschwanz
Löwenschwanz
Mäuseschwanz
Notenschwanz
Pfahlschwanz
Pfauenschwanz
Pfeilschwanz
Pferdeschwanz
Ringelschwanz
Rollschwanz
Roſsschwanz
Rothschwanz
Ruderschwanz
Schlangenschwanz

Schuppenschwanz
Schwalbenschwanz
Schwarzschwanz
Schweinsschwanz
Seidenschwanz
Skorpionschwanz
Spitzschwanz
Stachelschwanz
Sternschwanz
Stutzschwanz
Sylbenschwanz
Tastenschwanz
Vogelschwanz
Wedelschwanz
Weichschwanz
Weiſsschwanz
Wickelschwanz

stranz

die Substanz
— Supernatanz

der Tanz
Affentanz
Bärentanz
Ballettanz
Betteltanz
Brauttanz
Bühnentanz
Cirkeltanz
Contretanz
Drehtanz
Ehrentanz
Eintanz
Elfentanz
Erntetanz
Eyertanz
Fackeltanz
Faunentanz
Festtanz
Feyertanz
Frauentanz
Freudentanz
Frohntanz
Frühlingstanz
Führtanz
Gaukeltanz
Geistertanz
Gesellschaftstanz
Gesindetanz
Groſsvatertanz
Hexentanz
Hirtentanz
Hochzeittanz
Hopstanz
Jubeltanz
Kabeltanz
Kammertanz
Kettentanz
Kirmestanz
Kreistanz
Kriegestanz
Larventanz
Lauftanz
Liedertanz
Maskentanz
Meisentanz
Mohrentanz
Nachttanz
Narrentanz
Opfertanz
Ostertanz
Pferdetanz
Reiftanz
Reigentanz
Reihentanz
Reitertanz
Ringtanz
Ringeltanz
Roſstanz
Schäfertanz
Schaffertanz
Schautanz
Scheerentanz
Schlangentanz
Schottentanz
Schwerdtertanz
Seiltanz
Singetanz
Solotanz
Sphärentanz
Springtanz
Tirreltanz
Todtentanz
Veitstanz
Vortanz
Waffentanz
Wandeltanz
Wassertanz
Wechseltanz
Wirbeltanz
Wogentanz
Wolkentanz
Wollusttanz
Zaubertanz
Zigeunertanz

die Toleranz
Intoleranz
— Usanz
Handelsusanz
— Usurpanz
— Vakanz
Sedisvakanz
— Verbianz
— Vigilanz

[Cranz
Quanz]

ánza

Braganza
Casalanza
Capo di b. Esperanza

ánze

dem Alfanze
ich alfanze
Constanze
die Fanze
ich fanze
das Gefanze
ich finanze
dem Firlefanze
der *Franze*
das Ganze
Theilganze
dem Glanze
die Granze
dem Kranze
ich kuranze
die Lanze
Feuerlanze
Kosakenlanze
Turnierlanze
Uhlanenlanze
Wasserlanze
ich pflanze
das Gepflanze
die Pflanze
Aaspflanze
Alpenpflanze
Aschenpflanze
Balsampflanze
Baumwollenpflanze
Beilpflanze
Bergpflanze
Bürstenpflanze
Campherpflanze
Cappflanze
Demuthpflanze
Doldenpflanze
Drachenpflanze
Eispflanze
Flohpflanze
Frühlingspflanze
Futterpflanze
Gartenpflanze
Giftpflanze
Haarpflanze
Hafenpflanze
Harzpflanze
Herbstpflanze
Indigopflanze
Johannspflanze
Lackmuspflanze
Leuchterpflanze
Liebespflanze
Luftpflanze
Maypflanze
Mauerpflanze
Moorpflanze
Muſspflanze
Oelpflanze
Pfefferpflanze
Reispflanze
Ruhrpflanze
Sandruhrpflanze
Salzpflanze
Sandpflanze

Saugepflanze
Schampflanze
Schellenpflanze
Schirmpflanze
Schmarozerpflanze
Seidenpflanze
Setzpflanze
Sinnpflanze
Sommerpflanze
Sonnenpflanze
Spargelpflanze
Spierpflanze
Staubpflanze
Steinpflanze
Sternpflanze
Sumpfpflanze
Tabakpflanze
Teichpflanze
Theepflanze
Thierpflanze
Thimberpflanze
Topfpflanze
Treibhauspflanze
tropische Pflanze
Urpflanze
Waldpflanze
Wasserpflanze
Wiesenpflanze
Winterpflanze
Wucherpflanze
Wurmpflanze
Zwitterpflanze
Zierpflanze
die Pomeranze
Halbpomeranze
Harnpomeranze
Meerpomeranze
Straufspomeranze
bittre - süfse - Pom.
dem Popanze
ich ranze
das Geranze
die Romanze
Ritterromanze
— Schanze
Afterschanze
Brückenschanze
Eckschanze
Eckenschanze
Feldschanze
Flaschenschanze
Hauptschanze
Hinterschanze
Mummenschanze
Rheinschanze
Rückenschanze
Schreckschanze
Sternschanze
Viereckschanze
Vorderschanze
Vorschanze
Wartschanze
Wehrschanze
ich schanze
das Geschanze
ich schranze
das Geschranze
die Schranze
Hofschranze
— Stanze
Flachstanze
ich stranze
das Gestranze
die Stranze
am Schwanze
ich tanze
das Getanze
im Tanze
die Wanze
Bachwanze
Baumwanze
Beerenwanze
Bettwanze
Birkenwanze
Feldwanze
Fichtenwanze
Fliegenwanze
Gartenwanze
Hauswanze
Holzwanze
Kammwanze
Kothwanze
Kreuzwanze
Mückenwanze
Nesselwanze
Pappelwanze
Pfützenwanze
Pockenwanze
Rindenwanze
Ringelwanze
Ritterwanze
Ruderwanze
Rüsterwanze
Sandwanze
Saumwanze
Schleyerwanze
Seewanze
Springwanze
Steinwanze
Trauerwanze
Uferwanze
Ulmenwanze
Wachholderwanze
Waldwanze
Wasserwanze
Wiesenwanze

ánzel

das Gebanzel
die Banzel
das Gefanzel
die Kanzel
Feldkanzel
Lehrkanzel
Teufelskanzel
das Gekanzel
Stanzel

ánzeln

banzeln
einbanzeln
fanzeln
kanzeln
abkanzeln
den Kanzeln

ánzelnd

banzelnd
fanzelnd
kanzelnd
abkanzelnd

ánzelns

des Banzelns
— Fanzelns
— Abkanzelns

ánzels

des Gebanzels
— Gefanzels
— Gekanzels

ánzelst

du banzelst
— fanzelst
— kanzelst

ánzelt

eingebanzelt
er fanzelt
abgekanzelt

ánzem

von ganzem
— stranzem

ánzen

alfanzen
veralfanzen
den Alfanzen
— Allianzen
— Assecuranzen
— Assonanzen
— Bilanzen
— Circumstanzen
— Concordanzen
— Consonanzen
— Discordanzen
die Dissonanzen
— Distanzen
— Expectanzen
— Extravaganzen

die Exuberanzen
fanzen
— Finanzen
den Firlefanzen
die *Franzen*
im Ganzen
die ganzen
— Intendanzen
kuranzen
herumkuranzen
— Laxanzen
— Lanzen
— Monstranzen
den Mummenschanzen
die Observanzen
— Ordonnanzen
der Panzen
die Pflanzen
pflanzen
anpflanzen
aufpflanzen
auspflanzen
bepflanzen
durchpflanzen
einpflanzen
fortpflanzen
herpflanzen
hinpflanzen
mitpflanzen
nachpflanzen
überpflanzen
umpflanzen
unterpflanzen
verpflanzen
vorpflanzen
wegpflanzen
zupflanzen
zurückpflanzen
zusammenpflanzen
— Pomeranzen
den Popanzen
die Protuberanzen
— Purganzen
den Ranzen
der Ranzen
Bettelranzen
Büchsenranzen
Dachsranzen
Doppelranzen
Jagdranzen
Soldatenranzen
Wanderranzen
ranzen
nachranzen
verranzen
wegranzen
die Resonanzen
— Romanzen
— Schanzen
schanzen
anschanzen
aufschanzen
einschanzen
entgegenschanzen
mitschanzen
nachschanzen
überschanzen
umschanzen
verschanzen
vorschanzen
zuschanzen
die Schranzen
schranzen
— Sperranzen
— Substanzen
— Stanzen
— Stranzen
— stranzen
stranzen
im Tanzen
tanzen
abtanzen
antanzen
auftanzen
austanzen
durchtanzen
eintanzen
entgegentanzen
ertanzen
forttanzen
hertanzen
herumtanzen
heruntertanzen
hintanzen
hinabtanzen
hinaus- *etc.* tanzen
mittanzen
nachtanzen
niedertanzen
übertanzen
umtanzen
umhertanzen
vertanzen
vortanzen
wegtanzen
zertanzen
zutanzen
zurücktanzen
zusammentanzen
die Usanzen
— Usurpanzen
— Vakanzen
— Wanzen

ánzend

alfanzend
fanzend
kuranzend
pflanzend
ranzend
schanzend
schranzend
stranzend
tanzend

ánzens

des Alfanzens
— Fanzens
— Kuranzens
— Panzens
— Pflanzens
— Ranzens
Bettelranzens
— Schanzens
— Schranzens
— Stranzens
— Tanzens
sie pflanzen's *etc.*

ánzer

ein Alfanzer
— Finanzer
— Firlefanzer
— ganzer
— Panzer
Kettenpanzer
Löwenpanzer
Ringpanzer
Schuppenpanzer
Stahlpanzer
Strahlenpanzer
— Pflanzer
Anpflanzer
Fortpflanzer
Indigpflanzer
Kohlpflanzer
Tabakpflanzer *etc.*
Verpflanzer
— Schanzer

ánzern

den Alfanzern
— Finanzern
— Firlefanzern
— Panzern
panzern
bepanzern
entpanzern
überpanzern
umpanzern
verpanzern
— Pflanzern
— Schanzern

ánzers

des Alfanzers
— Finanzers
— Firlefanzers
— Panzers
— Pflanzers
— Schanzers

ánzes

des Alfanzes
— Gefanzes
— Firlefanzes
ein Ganzes
des Glanzes
— Kranzes
— Mummenschanzes
— Gepflanzes
— Popanzes
— Ranzes
— Geranzes
— Schwanzes
— Geschranzes
ein stranzes
des Gestranzes
— Tanzes
— Getanzes

ánzest

du alfanzest
— fanzest
— kuranzest
— pflanzest
— ranzest
— schanzest
— schranzest
— stranzest
— tanzest

ánzet

er alfanzet
— fanzet
— kuranzet
— pflanzet
— ranzet
— schanzet
— schranzet
— stranzet
— tanzet

ánz'gen

ein ranz'gen
— wanz'gen
zu zwanz'gen

ánz'ger

ein ranz'ger
— wanz'ger
der Zwanz'ger
— *Danz'ger*

ánz'gern

einen ranz'gern
— wanz'gern
mit Zwanz'gern
den *Danz'gern*

ánz'gers

des Zwanz'gers
— *Danz'gers*

ánz'ges

ein ranz'ges
— wanz'ges

ánzhaft

pflanzhaft
tanzhaft

ánzig

Danzig
Nanzig
ranzig
wanzig
zwanzig
Schuppanzig

ánzle

ich banzle
— fanzle
— kanzle
das Gebanzle
— Gefanzle
— Gekanzle

ánzler

der Einbanzler
— Fanzler
— Kanzler
Erzkanzler
Kurerzkanzler
Landeserzkanzler
Reichserzkanzler
Staatserzkanzler
Großkanzler
Hofkanzler
Ordenskanzler
Reichskanzler
Staatskanzler
Stiftskanzler
Unterkanzler
Vicekanzler

ánzlern

den Einbanzlern
— Fanzlern
— Kanzlern

ánzlers

des Einbanzlers
— Fanzlers
— Kanzlers

ánzlos

glanzlos
kranzlos
schwanzlos
tanzlos

ánzlung

die Einbanz'lung
— Abkanzlung

[Avanzo]

ánzs

des Alfanzs
— Firlefanzs
— Glanzs
— Kranzs
— Mummenschanzs
— Gepflanzs
— Ranzs
— Geranzs
— Geschranzs
— Schwanzs
— Gestranzs
— Tanzs
— Getanzs

ánzst

du alfanzst
— fanzst
— kuranzst
— pflanzst
— ranzst
— schanzst
— schranzst
— stranzst
— tanzst

ánzt

er alfanzt
— fanzt
— kuranzt
— pflanzt
— ranzt
— schanzt
— schranzt
— stranzt
— tanzt

ánzte

er alfanzte
— fanzte
— kuranzte
— pflanzte
— ranzte
— schanzte
— schranzte
— stranzte
— tanzte

ánztem

kuranztem
gepflanztem
verschanztem
getanztem

ánzten

sie alfanzten
— fanzten
— kuranzten
— pflanzten
— ranzten

sie schanzten
— schranzten
— stranzten
— tanzten

ánzter

ein kuranzter
— gepflanzter
— verschanzter
— vertanzter

ánztes

ein kuranztes
— gepflanztes
— verschanztes
— umtanztes

ánztest

du alfanztest
— fanztest
— kuranztest
— pflanztest
— ranztest
— schanztest
— schranztest
— stranztest
— tanztest

ánztet

ihr alfanztet
— fanztet
— kuranztet
— pflanztet
— ranztet
— schanztet
— schranztet
— stranztet
— tanztet

ánzung

die Alfanzung
— Kuranzung
— Pflanzung
Baumpflanzung
Indigpflanzung
Kirschpflanzung
Maulbeerpflanzung
Obstpflanzung
Pappelpflanzung
Tabakspflanzung
Verpflanzung
Waldanpflanzung
Weidenpflanzung
Zuckerpflanzung
Zuckerrohrpfl. *etc.*
die Schanzung
Verschanzung
Gegenverschanz.
Umschanzung
Uferumschanzung
— Umtanzung

āo

Bilbao
Callao
Curassao
Kakao
Macao

āon

Lycaon
Machaon
Phaon
Poseidaon

āons

Lycaons
Machaons
Phaons
Poseidaons

āos

Agesilaos
Archelaos
das Chaos
Menelaos
Protesilaos

áp — ápp

das Cap
Gap
der Julap
— Schulap
— Tilltap
— Happ
— Klapp
klipp-klapp
knapp
— Knapp'
— Krapp
Blumenkrapp
Mühlkrapp
Mullkrapp
lapp
— Alpenlapp
— Bärlapp
— Nachtrapp
— Papp
— Quapp'
das Schapp
— Brotschapp
schlapp
der Schlapp
— Schnapp
schnipp-schnapp
— Schwapp
schwapp!
— Tapp
tapp!
— Trapp
Urtrapp
— Waldrapp
— Zapp
die *Garde-Nappe*

āp

Aesculap
Priap
der Satrap
schrap
Drap (de dames-d'argent-d'or)

ápa — áppa

der Papa
das *Kappa*
Jalappa
die *Mappa*
{ Pāpa
Antipāpa
Japan

ápas — áppas

des Papas
— *Kappas*

āpe

dem *Aesculape*
die *Agape*
ich jape
das Gejape
dem *Priape*
der Satrape
die Schrape
Pferdeschrape
Salzschrape
ich schrape
das Geschrape
ich tape
das Getape
ich bewaldrape

āpel

der Apel
Apel
das Gepapel
Papelpapel!
der Schapel
ein Schnapel
das Schrapel
— Geschrapel
der Stapel
Heckstapel
Richtstapel
Springstapel
das Gestapel
— Getapel
Neapel
Gros de Naples
Mal de Naples

āpeln

den Apeln
papeln
verpapeln
vorpapeln

den Schapeln
— Schnapeln
— Schrapeln
schrapeln
erschrapeln
zusammenschrapeln
— Stapeln
stapeln
abstapeln
anstapeln
aufstapeln
ausstapeln
fortstapeln
niederstapeln
überstapeln
umstapeln
unterstapeln
verstapeln
vorstapeln
voranstapeln
vorbey- *etc.* stapeln
wegstapeln
zustapeln
tapeln

āpelnd

papelnd
schrapelnd
stapelnd
tapelnd

āpelns

des Papelns
— Schrapelns
— Stapelns
— Tapelns

āpels

des Apels
— Gepapels
— Schapels
— Schnapels
— Schrapels
— Geschrapels
— Stapels
— Gestapels
— Getapels
Neapels

āpelst

du papelst
— schrapelst
— stapelst
— tapelst

āpelt

er papelt
— schrapelt
— stapelt
— tapelt

āpen

den *Aesculapen*
die *Agapen*
bewaldrapen
der Grapen
japen
den *Priapen*
— Rapen
die Satrapen
der Schapen
schrapen
beschrapen
erschrapen
verschrapen
zerschrapen
zusammenschrapen
tapen
der Tapen
das Wapen (*besser* Wappen)

āpend

bewaldrapend
japend
schrapend
tapend

āpens

des Bewaldrapens
— Grapens
— Rapens
— Schrapens
— Tapens
— Wapens

āper

der Caper
Nordcaper
Seelencaper
Diaper
das Gehaper
die Kaper
Bohnenkaper
Brammkaper
Salzkaper
Waldkaper
das Gepaper
der Schraper
Posenschraper
Pumpenschraper

āpern

den Capern
Nordcapern
Seelencapern
capern
wegcapern
hapern
die Kapern
papern
aufpapern
auspapern
fortpapern
mitpapern
verpapern
vorpapern
den Schrapern

āpernd

capernd
hapernd
papernd

āperns

des Caperns
— Haperns
— Paperns

āpers

des Gecapers
— Nordcapers
— Gehapers
— Gepapers
— Schrapers

āperst

du caperst
— paperst

āpert

er capert
es hapert
er papert
der Rapert

āperts

des Raperts
da hapert's *etc.*

āpes

des Aesculapes
— Priapes
ein schrapes
des Geschrapes
— Getapes
Sta pes!

āpest

schrapest
du schrapest
— tapest

āpet

er schrapet
— tapet

ápf

der Krapf
— Napf
Backnapf
Feuernapf
Finkennapf
Käsenapf

Kobaltnapf
Löschnapf
Milchnapf
Netznapf
Punschnapf
Suppennapf
der Zapf
— Tannzapf
— Vollzapf

ápfe

dem Krapfe
— Napfe
die Stapfe
ich stapfe
das Gestapfe
die Tapfe
Fuſstapfe
ich tapfe
das Getapfe
ich zapfe
das Gezapfe
[der Apfel]

ápfen

der Krapfen
Apfelkrapfen
Faschingskrapfen
Mandelkrapfen
Oelkrapfen
Schlickkrapfen
der Rapfen
die Stapfen
Fuſsstapfen
Hinterstapfen
Vorderstapfen
stapfen
anstapfen
daherstapfen
einherstapfen
fortstapfen
mitstapfen
niederstapfen
überstapfen
umstapfen
voranstapfen
vorbey - *etc.* stapfen
wegstapfen
zustapfen
die Tapfen
tapfen
der Zapfen
Bierzapfen
Bläuelzapfen
Bleyzapfen
Blumenzapfen
Eiszapfen
Fichtenzapfen
Fleischzapfen
Gieſszapfen
Grundzapfen
Hakzapfen
Halszapfen
Hebezapfen
Hopfenzapfen
Kieferzapfen
Krummzapfen
Laſszapfen
Lerchenzapfen
Milchzapfen
Mutterzapfen
Radzapfen
Samenzapfen
Schildzapfen
Seifenzapfen
Sicherheitszapfen
Spindelzapfen
Spundzapfen
Striegelzapfen
Stuhlzapfen
Tannenzapfen
Teichzapfen
Tropfzapfen
Vitriolzapfen
Walzzapfen
Weidenzapfen
Weinzapfen
Weltzapfen
Winkelzapfen
zapfen
abzapfen
anzapfen
auszapfen
einzapfen
entzapfen
mitzapfen
verzapfen
wegzapfen

ápfend

stapfend
tapfend
zapfend

ápfens

des Krapfens
— Rapfens
— Stapfens
— Tapfens
— Zapfens

ápfer

tapfer
ein Zapfer
Abzapfer
Bierzapfer
Harnzapfer
Luftzapfer
Verzapfer
Weinzapfer

ápfern

die Tapfern
den Zapfern

ápfes

des Krapfes
— Napfes
— Zapfes
— Vollzapfes

ápfest

du stapfest
— tapfest
— zapfest

ápfet

ihr stapfet
— tapfet
— zapfet
[ein Zapfner]

āph

der *Agraph*
— Bibliograph
— Bibliotaph
— Biograph
— Chalkograph
— Entomograph
— Epigraph
— Epistolograph
das Epitaph
der Ethnograph
— Geograph
— Hagiograph
— Historiograph
— Hydrograph
— Kalligraph
das Kenotaph
der Kosmograph
— Lexicograph
— Lithograph
— Meteorograph
— Monograph
— Neograph
— Numismatograph
— Orograph
— Orthograph
— Oryktograph
— Pantograph
— Paragraph
— Pasigraph
— Phytograph
— Polygraph
— Potamograph
— Rhypograph
— Rhyparograph
— Scenograph
— Selenograph
— Sillograph
— Steganograph
— Stenograph
— Stereograph
— Tachygraph
— Telegraph
— Topograph

der Typograph
— Xylograph
— Zoograph

áph

Assaph
der *Seraph*

āphe

der *Agraphe*
dem Epitaphe
— Kenotaphe
die Paraphe

āphen

die *Agraphen*
— Bibliographen
— Bibliotaphen
— Biographen
— Chalkographen
— Entomographen
— Epigraphen
— Epistolographen
den Epitaphen
die Ethnographen
— Geographen
— Hagiographen
— Historiographen
— Hydrographen
— Kalligraphen
den Kenotaphen
die Kosmographen
— Lexicographen
— Lithographen
— Meteorographen
— Monographen
— Neographen
— Numismatographen
— Orographen
— Orthographen
— Oryktographen
— Pantographen
— Paragraphen
— Paraphen
— Pasigraphen
— Phytographen
— Polygraphen
— Potamographen
— Rhypographen
— Rhyparographen
— Scenographen
— Selenographen
— Sillographen
— Steganographen
— Stenographen
— Stereographen
— Tachygraphen
— Telegraphen
— Topographen
— Typographen
— Xylographen
— Zoographen

ápher

die Anapher
— Metapher

áphern

die Anaphern
— Metaphern

āphik

die Diagraphik
— Epigraphik
— Graphik
— Orthographik

[der Saphir]

āphisch

agraphisch
anepigraphisch
autographisch
bibliographisch
biographisch
chalkographisch
dexiographisch
epigraphisch
ethnographisch
ethographisch
graphisch
geographisch
heterographisch
historiographisch
hydrographisch
kalligraphisch
kosmographisch
kryptographisch
lithographisch
monographisch
orographisch
orthographisch
paphisch
pasigraphisch
polygraphisch
scenographisch
seraphisch
steganographisch
stenographisch
stereographisch
tachygraphisch
telegraphisch
topographisch
typographisch
xylographisch
zoographisch

áphisch

assaphisch
seraphisch
sapphisch

{Daphne
Daphnis
Sappho
Paphos
Naphta

áphte

die *Aphte*
— *Naphte*
Bergnaphte

āpis

Apis
Lapis (lazuli – infernalis – philosophorum *etc.*)
Serapis

āpisch

aesculapisch
priapisch
satrapisch

āple

ich paple
das Gepaple
ich schraple
das Geschraple
ich staple
das Gestaple
ich taple
das Getaple

āpler

ein Papler
— Schrapler
— Aufstapler
— Tapler

āplern

den Paplern
— Schraplern
— Aufstaplern
— Taplern

āplers

des Paplers
— Schraplers
— Aufstaplers
— Taplers

āplig

paplig
schraplig
staplig
taplig

[Misokapnos
da Capo]

āpor

Sapor
Vapor

ápp *siehe* áp

áppe — ápe

ich grappe
das Gegrappe

ich happe
dem Happe
das Gehappe
ich jappe
das Gejappe
ich kappe
das Gekappe
ich bekappe
— verkappe

die Kappe
Badekappe
Bauerkappe
Bergkappe
Bergmannskappe
Bienenkappe
Blechkappe
Deichkappe
Falkenkappe
Federkappe
Filzkappe
Fischerkappe
Flegelkappe
Florkappe
Formkappe
Haarkappe
Hängekappe
Harzkappe
Helmkappe
Holfterkappe
Judenkappe
Kinnkettenkappe
Lederkappe
Matrosenkappe
Mönchskappe
Narrenkappe
Nebelkappe
Oberkappe
Pechkappe
Pelzkappe
Pfaffenkappe
Pistolenkappe
Priesterkappe
Pustkappe
Raketenkappe
Regenkappe
Reisekappe
Reiterkappe
Rothkappe
Ruthenkappe
Sammtkappe
Schachtkappe
Scharlachkappe
Scheitelkappe
Schellenkappe
Schleyerkappe
Schließkappe
Schlotkappe
Schockenkappe
Schwarzkappe
Spitzkappe
Stiefelkappe
Stückkappe
Stuhlkappe
Tarnkappe
Thürleinkappe
Tischkappe
Trauerkappe
Unterkappe
vom Klappe
die Klappe
Bartklappe
Einlaßklappe
Fahrklappe
Fallklappe
Fensterklappe
Fliegenklappe
Flötenklappe
Grauklappe
Grimmdarmsklappe
Gurgelklappe
Halbklappe
Hirnklappe
Hosenklappe
Luftklappe
Pumpenklappe
Samenklappe
Scheuklappe
Schwanzklappe
Sehnenklappe
Sperrklappe
Springklappe
Ueberklappe
Windklappe
Hauptwindklappe
Ziegenklappe
ich klappe
das Geklappe
der Knappe
Bergknappe
Edelknappe
Mühlenknappe
Salzknappe
Schildknappe
Speerknappe
Tuchknappe
Weberknappe
ich knappe
das Geknappe
die knappe
am Krappe
der *Lappe*
die lappe
ich lappe
das Gelappe
ich verlappe
die Mappe
Malermappe
Schülermappe
Studentenmappe
Zeichenmappe
dem Nachtrappe
die Pappe
Brandpappe
Goldpappe
Mehlpappe
Schusterpappe
Steinpappe
ich pappe
das Gepappe
dem Pappe
ich plappe
das Geplappe
die Quappe
Aalquappe
Kaulquappe
Meerquappe
Moorquappe
dem Quappe
der Rappe
Apfelrappe
Oelrappe
Sommerrappe
Spiegelrappe
Schusters Rappe
die Rappe
ich rappe
— berappe
das Gerappe
die Sappe
Contresappe
Demisappe
sappe couverte
— *double*
— *tournante*
— *volante*
ich sappe
dem Schappe
ein Schappe
die Schlappe
ich schlappe
das Geschlappe
dem Schnappe
die Schnappe
ich schnappe
das Geschnappe
die Schrappe
ich schrappe
das Geschrappe
dem Schwappe
ich schwappe
das Geschwappe
ich stappe
das Gestappe
die Tappe
Bärentappe
Löwentappe
dem Tappe
der Tappe
ich tappe
das Getappe
der Trappe
Ackertrappe

Grieltrappe
Trieltrappe
Zwergtrappe
die Trappe
Roſstrappe
Wolfstrappe
ich trappe
das Getrappe
der Waltrappe
dem Zappe

dem Lape
— Julape
— Schulape
— Tilltape

áppel

der Happel
das Gekrappel
die Pappel
Augenpappel
Balsampappel
Baumpappel
Bisampappel
Feldpappel
Flitterpappel
Gänsepappel
Graspappel
Hasenpappel
italienische Pappel
Judenpappel
Käsepappel
Melkerpappel
Oelpappel
Rosenpappel
Sammtpappel
Schneepappel
Schwarzpappel
Silberpappel
Weiſspappel
Zitterpappel
das Gequappel
der Rappel
die Rappel
das Gerappel
— Geschnappel
die Schwappel
das Geschwappel
— Gestrappel
die Trappel
das Getrappel
Westcappel
— Gezappel

áppeln

den Happeln
krappeln
die Pappeln
pappeln
quappeln
rappeln
aufrappeln
ausrappeln
fortrappeln
mitrappeln
nachrappeln
vorrappeln
zurappeln
schnappeln
den Schwappeln
schwappeln
strappeln
— Trappeln
trappeln
abtrappeln
antrappeln
auftrappeln
betrappeln
forttrappeln
hin- und hertrappeln *etc.*
mittrappeln
nachtrappeln
niedertrappeln
übertrappeln
umtrappeln
umhertrappeln
vertrappeln
vortrappeln
vorantrappeln
vorbeytrappeln *etc.*
wegtrappeln
zertrappeln
zutrappeln
zurücktrappeln
zusammentrappeln
zappeln
abzappeln
anzappeln
auszappeln
mitzappeln
nachzappeln
verzappeln
vorzappeln
voranzappeln
vorbeyzappeln *etc.*

áppelnd

krappelnd
quappelnd
rappelnd
schnappelnd
schwappelnd
strappelnd
trappelnd
zappelnd

áppelns

des Krappelns
ein pappeln's
des Quappelns
— Rappelns
— Schnappelns
des Schwappelns
— Strappelns
— Trappelns
— Zappelns

áppels

des Happels
— Gekrappels
— Gequappels
— Rappels
— Gerappels
— Geschnappels
— Geschwappels
— Getrappels
— Gezappels

áppelſt

du krappelst
— quappelst
— rappelst
— schnappelst
— schwappelst
— strappelst
— trappelst
— zappelst

áppelt

er krappelt
— quappelt
— rappelt
— schnappelt
— schwappelt
— strappelt
— trappelt
— zappelt

áppem

knappem
lappem
schlappem

áppen

grappen
happen
der Happen
jappen
die Kappen
kappen
abkappen
aufkappen
auskappen
bekappen
einkappen
überkappen
verkappen
vorkappen
die Klappen
klappen
abklappen
aufklappen

einklappen
erklappen
niederklappen
überklappen
umklappen
verklappen
vorklappen
zuklappen
zurückklappen
zusammenklappen
das Zähneklappen
die Knappen
knappen
abknappen
beknappen
verknappen
die knappen
— *Lappen*
Finnlappen
der Lappen
Bärlappen
Bohnlappen
Büchsenlappen
Färberlappen
Federlappen
Fegelappen
Filzlappen
Fleischlappen
Flicklappen
Gehirnlappen
Groſslappen
Hirnlappen
Leberlappen
Lungenlappen
Reibelappen
Rotzlappen
Scheuerlappen
Schmutzlappen
Schnitzlappen
Spindellappen
Spinnlappen
Spüllappen
Tuchlappen
Wachslappen
Waschlappen
Wischlappen
Zunderlappen
die lappen
lappen
anlappen
belappen
einlappen
überlappen
unterlappen
verlappen
vorlappen
zerlappen
— Mappen
— Nachtrappen
— Pappen
pappen

pappen
anpappen
aufpappen
auspappen
bepappen
einpappen
festpappen
fortpappen
überpappen
umpappen
unterpappen
wegpappen
zupappen
zusammenpappen
plappen
die Quappen
— Rappen
Schusters Rappen
rappen
berappen
überrappen
— Sappen
sappen
— Schappen
— Schlappen
schlappen
aufschlappen
ausschlappen
erschlappen
hineinschlappen
mitschlappen
nachschlappen
wegschlappen
— schlappen
schnappen
abschnappen
anschnappen
aufschnappen
ausschnappen
einschnappen
erschnappen
fehlschnappen
mitschnappen
nachschnappen
überschnappen
umschnappen
unterschnappen
verschnappen
vorschnappen
vorbeyschnappen
wegschnappen
zuschnappen
zurückschnappen
schrappen
abschrappen
überschrappen
schwappen
stappen
der Stappen
das Tarocktappen
die Tappen

tappen
antappen
auftappen
austappen
betappen
durchtappen
eintappen
ertappen
forttappen
mittappen
nachtappen
übertappen
umtappen
untertappen
vortappen
zutappen
die Trappen
Pferdetrappen
trappen
abtrappen
antrappen
auftrappen
betrappen
forttrappen
mittrappen
nachtrappen
niedertrappen
umtrappen
vertrappen
vortrappen
vorantrappen
vorbeytrappen *etc.*
wegtrappen
zutrappen
zurücktrappen
zusammentrappen
das Wappen
Amtswappen
Anspruchswappen
Erbschaftswappen
Familienwappen
Gemeindewappen
Geschlechtswappen
Gesellschaftswapp.
Grenzwappen
Heirathswappen
Herrschaftswappen
Landeswappen
Reichswappen
Schiffswappen
Stadtwappen
Stammwappen
Standeswappen
Zechwappen

áppend

grappend
happend
jappend
kappend

klappend
knappend
lappend
pappend
plappend
rappend
sappend
schlappend
schnappend
schrappend
schwappend
stappend
tappend
trappend

áppens

des Grappens
— Happens
— Jappens
— Kappens
— Knappens
— Lappens
— Verlappens
— Pappens
ein pappen's
des Plappens
— Rappens
— Sappens
— Schlappens
— Schnappens
— Schrappens
— Schwappens
— Stappens
— Tappens
— Tarocktappens
— Trappens
— Wappens

ápper

das Gegnapper
der Kapper
die Klapper
Daumenklapper
Handklapper
Kesselklapper
Kinderklapper
Kirschklapper
Siechenklapper
Wiesenklapper
das Geklapper
ein knapper
das Geknapper
ein lapper
der Lapper
Altlapper
ein Papper
das Geplapper
der Rapper
der Sapper
ein schlapper
das Geschlapper
der Schnapper
Fliegenschnapper
Sylbenschnapper
das Geschnapper
— Geschwapper
der Tapper
— Wapper
das Gewapper

áppern

den Kappern
die Klappern
klappern
anklappern
aufklappern
ausklappern
erklappern
fortklappern
mitklappern
nachklappern
das Zähneklappern
knappern
abknappern
beknappern
einen knapper'n
den Lappern
einen lapper'n
den Pappern
plappern
anplappern
herplappern
nachplappern
verplappern
vorplappern
zerplappern
zuplappern
den Rappern
— Sappern
schlappern
einen schlappern
den Schnappern
schnappern
aufschnappern
ausschnappern
beschnappern
durchschnappern
einschnappern
fortschnappern
überschnappern
umschnappern
vorschnappern
zuschnappern
schwappern
den Tappern
— Wappern
wappern

áppernd

gnappernd
klappernd
knappernd
plappernd
schlappernd
schnappernd
schwappernd
wappernd

ápperns

des Gnapperns
— Klapperns
— Knapperns
— Plapperns
— Schlapperns
— Schnapperns
— Schwapperns
— Wapperns

áppers

des Gegnappers
— Kappers
— Geklappers
ein knapper's
des Geknappers
— Lappers
ein lapper's
des Pappers
— Geplappers
— Rappers
— Sappers
ein schlapper's
des Geschlappers
— Schnappers
— Geschnappers
— Geschwappers
— Tappers
— Wappers
— Gewappers

ápperst

du gnapperst
— klapperst
— knapperst
— plapperst
— schlapperst
— schnapperst
— schwapperst
— wapperst

áppert

der Blappert
er gnappert
— plappert
der Plappert
er schlappert
— schnappert
— schwappert
der Tschappert
er wappert

áppert s

des Blapperts
— Plapperts
— Tschapperts
er schlappert's *etc.*
siehe áppert

áppes — ápes

des Gegrappes
— Gehappes
— Happes
— Gejappes
der Kappes
des Gekappes
— Klappes
— Geklappes
ein knappes
des Geknappes
— Krappes
ein lappes
des Gelappes
— Alpenlappes
— Nachtrappes
— Pappes
— Gepappes
— Geplappes
— Quappes
— Gerappes
— Schappes
ein schlappes
des Schlappes
— Geschlappes
— Schnappes
— Geschnappes
— Geschrappes
— Schwappes
— Geschwappes
— Gestappes
— Tappes
— Getappes
— Trappes
— Getrappes
— Waldrappes
— Zappes
— Capes
— Julapes
— Schulapes
— Tilltapes

áppest

du grappest
— happest
— jappest
— kappest
— klappest
— beknappest
knappest
lappest
— verlappest
— pappest
— plappest
— rappest
— sappest
— schlappest
schlappest
— schnappest
— schrappest
— schwappest
du stappest
— tappest
— trappest

áppet

er grappet
— happet
— jappet
— kappet
— klappet
— knappet
— lappet
— pappet
— plappet
— rappet
— sappet
— schlappet
— schnappet
— schrappet
— schwappet
— stappet
— tappet
— trappet

áppheit

die Knappheit
— Lappheit
— Schlappheit

áppicht

lappicht
pappicht

áppig

happig
schwarzkappig
klappig
2-, 3-, 4- *etc.* klappig
unklappig
ungleichklappig
vielklappig
lappig
2-, 3-, 4- *etc.* lappig
pappig
quappig
schlappig
tappig

áppie

ich krapple
das Gekrapple
ich quapple
das Gequapple
ich rapple
das Gerapple
ich schnapple
das Geschnapple
ich schwapple
das Geschwapple
ich strapple
das Gestrapple
ich tapple
das Getapple
ich trapple
das Getrapple
ich zapple
das Gezapple

áppler

ein Rappler
— Tappler
— Trappler
— Zappler

äpplern

den Rapplern
— Tapplern
— Trapplern
— Zapplern

ápplers

des Rapplers
— Tapplers
— Trapplers
— Zapplers

ápplig

rapp'lig
trapp'lig
zapp'lig

[wappnen
der Wappner]

áppre

ich gnappre
das Gegnappre
ich klappre
das Geklappre
ich knappre
das Geknappre
eine knapp're
— lapp're
ich plappre
das Geplappre
ich schlappre
das Geschlappre
eine schlapp're
ich schnappre
das Geschnappre
ich schwappre
das Geschwappre
ich wappre
das Gewappre

áppríg

klapprig
plapprig
schlapprig
schnapprig
schwapprig

áppruug

die Gnapp'rung
— Klapp'rung

die Knapp'rung
— Plapp'rung
— Schlapp'rung
— Schnapp'rung
— Schwapp'rung
— Wapp'rung

ápps — áps

des Gegrapp's
— Happs
— Gehapps
happs happs!
ein Happs
des Gejapp's
der Kapps
des Gekapp's
des Klapps
ein Klapps
Fingerklapps
klipps klapps!
— knapp's
des Geknapp's
knapps!
Krapps
kripps krapps!
ein lapp's
des Alpenlapps
— Nachtrapps
— Papps
ein Papps
der Kuhpapps
— Freſspapps
des Gepapp's
— Geplapp's
— Quapps
der Quapps
quapps!
ein Rapps
ripps rapps!
des Gerapp's
— Schapps
ein schlapp's
des Schlapps
ein Schlapps
des Geschlapp's
— Geschnapps
— Schnapps
der Schnapps
des Geschrapps
— Schwapps
— Geschwapp's
schwapps!
— Gestapp's
ein *Stapps*
des Tapps
— Getapps
Hans Tapps (ins Muſs)
— Trapps
— Getrapp's
— Waldrapps
— Zapps

des Caps
— Julaps
Laelaps
der Raps
des Schulaps
— Tilltaps

áppſe — ápſe

das Gehappse
ich happse
mit einem Happse
das Gejappse
dem Kappse
ich klappse
das Geklappse
dem Klappse
— Pappse
Freſspappse
— Quappse
ich quappse
das Gequappse
im Rappse
ich rappse
das Gerappse
dem Schlappse
— Schnappse
ich schnappse
das Geschnappse
dem *Stappse*
— *Tappse*
ich tappse
das Getappse
ich trappse
das Getrappse
ich grapse
das Gegrapse
die Grapse
ich kapse
das Gekapse
ich knapse
das Geknapse
ich napse
das Genapse
ich papse
das Gepapse
dem Rapse

ápſel

die Kapsel
Balgkapsel
Fruchtkapsel
Gelenkkapsel
Porzellankapsel
Samenkapsel
Schleimkapsel
Siegelkapsel
Zeitungskapsel
der Tapsel

ápſeln

die Kapseln
einkapseln
den Tapseln

áppſen — ápſen

happsen
herumhappsen
hin- u. herhappsen
überhappsen
klappsen
abklappsen
anklappsen
aufklappsen
ausklappsen
durchklappsen
den Klappsen
— Freſspappsen
— Quappsen
quappsen
— Rappsen
rappsen
— Schlappsen
schnappsen
aufschnappsen
ausschnappsen
beschnappsen
— *Stappsen*
— *Tappsen*
tappsen
abtappsen
antappsen
auftappsen
durchtappsen
herumtappsen
hin- u. hertappsen
nachtappsen
trappsen
die Grapsen
grapsen
abgrapsen
aufgrapsen
ausgrapsen
begrapsen
durchgrapsen
weggrapsen
zergrapsen
zugrapsen
zusammengrapsen
kapsen
wegkapsen
zusammenkapsen
knapsen
abknapsen
napsen
papsen

áppſer — ápſer

ein Rappser
— Schnappser
— Tappser
— Trappser
— Grapser

ein Kapser
— Papser

áppsern

den Rappsern
— Schnappsern
— Tappsern
— Trappsern
— Grapsern
— Kapsern
— Papsern

áppsers — ápsers

des Rappsers
— Schnappsers
— Tappsers
— Trappsers
— Grapsers
— Kapsers
— Papsers

áppses — ápses

des Happses
— Gehappses
— Kappses
— Klappses
— Geklappses
— Pappses
— Freßpappses
— Quappses
— Gequappses
— Rappses
— Gerappses
— Schlappses
— Schnappses
— Geschnappses
— *Stappses*
— *Tappses*
— Getrappses
— Getappses
— Gegrapses
— Gekapses
— Geknapses
— Genapses
— Gepapses
— Rapses

áppsest — ápsest

du happsest
— klappsest
— quappsest
— rappsest
— schnappsest
— tappsest
— trappsest
— grapsest
— hapsest
— knapsest
— papsest

áppset — ápset

er happset
— klappset
er quappset
— rappset
— schnappset
— tappset
— trappset
— grapset
— kapset
— knapset
— papset

áppsig — ápsig

schnappsig
tappsig
trappsig
grapsig
papsig

áppst — ápst

du grappst
— happst
er happst
du jappst
— kappst
— klappst
er klappst
du beknappst
knapp'st
lapp'st
— verlappst
— pappst
— plappst
— rappst
er rappst
du sappst
— schlappst
schlapp'st
— schnappst
er schnappst
beschnappst
du schrappst
— schwappst
— stappst
— tappst
er tappst
du trappst
er trappst
— grapst
— kapst
— knapst
— napst
— papst

āpst

der Papst
Afterpapst
Gegenpapst
Widerpapst
du schrapst
— erschrapst
— tapst

áppste — ápste

er happste
— klappste
der knappste
— lappste
er rappste
der schlappste
er schnappste
— tappste
— trappste
— grapste
— kapste
— knapste
— napste
— papste

āpste

dem Papste
der schrapste

áppstem

knappstem
lappstem
schlappstem

áppsten — ápsten

sie happsten
— klappsten
die knappsten
— lappsten
sie rappsten
die schlappsten
sie schnappsten
— tappsten
— trappsten
— grapsten
— kapsten
— knapsten
— napsten
— papsten

áppster

knappster
lappster
schlappster

áppstes

knappstes
lappstes
schlappstes

āpstes

des Papstes
schrapstes

áppstest — ápstest

du happstest
— klappstest
— rappstest
— schnappstest
— tappstest

du trappstest
— grapstest
— kapstest
— knapstest
— napstest
— papstest

áppſtet — ápſtet

ihr happstet
— klappstet
— rappstet
— schnappstet
— tappstet
— trappstet
— grapstet
— kapstet
— knapstet
— napstet
— papstet

áppſung — ápſung

die Ueberhappsung
— Ausklappsung
— Beschnappsung
— Tappsung
— Trappsung
— Grapsung
— Wegkapsung
— Abknapsung
— Papsung

ápſus

Lapsus
Prolapsus
Relapsus
Thapsus

áppt — ápt

er grappt
— happt
— jappt
— kappt
— klappt
— knappt
— lappt
— pappt
— plappt
— rappt
— sappt
— schlappt
— schnappt
— schrappt
— schwappt
— stappt
— tappt
— trappt
— bewaldrappt
adapt
der Abt

āpt

er schrapt
— tapt

áppte — ápte

er grappte
— happte
— jappte
— kappte
— klappte
— knappte
— lappte
— verlappte
— pappte
— plappte
— rappte
— sappte
— schlappte
— schnappte
— schrappte
— schwappte
— stappte
— tappte
— trappte
— bewaldrappte
adapte
dem Abte

āpte

er schrapte
— tapte

ápptem — áptem

gegrapptem
gehapptem
gekapptem
geklapptem
beknapptem
verlapptem
gepapptem
geplapptem
gerapptem
gesapptem
geschlapptem
geschnapptem
geschrapptem
geschwapptem
ertapptem
betrapptem
adaptem

āptem

erschraptem
betaptem

áppten — ápten

sie grappten
— happten
— jappten
— kappten
— klappten
sie knappten
— lappten
— pappten
— plappten
— rappten
— sappten
— schlappten
— schnappten
— schrappten
— schwappten
— stappten
— tappten
— trappten
— bewaldrappten
die *adapten*

āpten

sie schrapten
— tapten

áppter — ápter

ein gegrappter
— gehappter
— verkappter
— geklappter
— beknappter
— verlappter
— gepappter
— geplappter
— berappter
— gesappter
— geschlappter
— erschnappter
— geschrappter
— geschwappter
— ertappter
— durchtrapper
— *adapter*

āpter

ein erschrapter
— betapter

ápptes — áptes

ein gegrapptes
— gehapptes
— gekapptes
— geklapptes
— beknapptes
— verlapptes
— gepapptes
— geplapptes
— berapptes
— gesapptes
— geschlapptes
— erschnapptes
— geschrapptes
— geschwapptes
— ertapptes
— übertrapptes
— *adaptes*
des Abtes

ăptes

ein erschraptes
— betaptes

ắpptest — ăptest

du grapptest
— happtest
— japptest
— kapptest
— klapptest
— knapptest
— lapptest
— papptest
— plapptest
— rapptest
— sapptest
— schlapptest
— schnapptest
— schrapptest
— schwapptest
— stapptest
— tapptest
— trapptest
— bewaldrapptest
adaptest

ăptest

du sohraptest
— taptest

ắpptet

ihr grapptet
— happtet
— japptet
— kapptet
— klapptet
— knapptet
— verlapptet
— papptet
— plapptet
— rapptet
— sapptet
— schlapptet
— schnapptet
— schrapptet
— schwapptet
— stapptet
— tapptet
— trapptet

ăptet

ihr schraptet
— taptet

ắptus

captus
Mente captus
der *Raptus*
Crimen raptus

ắppung

die Grappung
— Happung
— Jappung
— Kappung
— Klappung
— Beknappung
— Verlappung
— Pappung
— Plappung
— Berappung
— Sappung
— Schlappung
— Schnappung
— Schrappung
— Schwappung
— Stappung
— Ertappung
— Uebertrappung

ăpung

die Erschrapung
— Betapung

ăpus

Messapus
Priapus
Papus
die *Papou's*

ăr — ăar — ăhr

die Aar
der Aar
Bussaar
Fischaar
Gänseaar
Hühneraar
— Actuar
Alcmaar
— Altar
Baualtar
Blutaltar
Brandaltar
Brautaltar
Choraltar
Feldaltar
Felsaltar
Festaltar
Freyaltar
Frohnaltar
Götzenaltar
Hauptaltar
Hochaltar
Kunstaltar
Opferaltar
Brandopferaltar
Rasenaltar
Rauchaltar
Reisealtar
Schandaltar
Sühnaltar
Tragaltar
Weihaltar

der Antiquar
— Archivar
auxiliar
bar
baar
die Baar
Bar
der Barbar
— *Bedeguar*
Belisar
Berengar
— Bibliothekar
binocular
— Bojar
bolar
canicular
— Capitular
Domcapitular
— Cessionar
— Commentar
— Commissar
— Confessionar
— consular
das Corollar
der Corsar
— Czaar
dar
immerdar
nimmerdar
ein Denar
der Defterdar
— Dignitar
— Domicellar
— Donatar
das Dromedar
Schafdromedar
elementar
— Exemplar
Freyexemplar
Prachtexemplar
Probeexemplar
Verkaufsexemplar
familiar
der Februar
— Fideicommissar
das Formular
Betformular
Klagformular
gar
sogar
gar
alaungar
fellgar
fettgar
lohgar
rauchgar
reitergar
rothgar
schmackgar
schwarzgar
ungar
warmgar

weiſsgar
gare!
sie gebar
Grossular
das Haar
Barthaar
Bauchhaar
Biberhaar
Bleichhaar
Blüthenhaar
Brechhaar
Bürstenhaar
Erstlingshaar
Flachshaar
Flammenhaar
Frauenhaar
Fuchshaar
Füllhaar
Geiſshaar
Goldhaar
Grundhaar
Halbhaar
Hasenhaar
Seidenhasenhaar
Haupthaar
Heidenhaar
Hinterhaar
Jungfernhaar
Kammelhaar
Kammhaar
Kastanienhaar
Keifhaar
Kopfhaar
Kraushaar
Kuhhaar
Langhaar
Leithaar
Lockenhaar
Menschenhaar
Milchhaar
Mittelhaar
Nackenhaar
Nasenhaar
Pferdehaar
Rabenhaar
Rauberhaar
Rehhaar
Rindshaar
Ringelhaar
Roſshaar
Rothhaar
Rückenhaar
Salamanderhaar
Schamhaar
Scheitelhaar
Schirlhaar
Schlangenhaar
Schneehaar
Schwanzhaar
Seidenhaar
Seitenhaar
Silberhaar
Sommerhaar
Spieſshaar
Spinnhaar
Stachelhaar
Stammhaar
Staubhaar
Steifhaar
Strupphaar
Venushaar
Vorderhaar
Vorhaar
Wolkhaar
Weiberhaar
Winterhaar
Wollhaar
Wulsthaar
Zankhaar
Zecklerhaar
Ziegenhaar
Zopfhaar
Zottelhaar
Zottenhaar
das Honorar
der Hospodar
— Husar
Comitatshusar
Leibhusar
— Januar
— Janitschar
das Inventar
der Jubilar
— Justitiar
— Kasuar
Strauſskasuar
— Kaviar
klar
düsterklar
dunkelklar
goldenklar
himmelklar
mondklar
silberklar
sonnenklar
spiegelklar
sternenklar
weiſsklar
das Klar
Capellenklar
Eyerklar
Katzenklar
Segelklar
— Kolkothar
lapidar
literar
Lothar
der *Magyar*
Malabar
— Mandatar
manipular
— Notar
— Nachbar
Deichnachbar
Feldnachbar
Furchnachbar
Gartennachbar
Grenznachbar
Guthsnachbar
Hausnachbar
Kirchennachbar
Schnürnachbar
Tellernachbar
Tischnachbar
Wandnachbar
ocular
das Paar
Augenpaar
Brautpaar
Brüderpaar
Ehepaar
Flügelpaar
Fürstenpaar
Heldenpaar
Hochzeitpaar
Jubelpaar
Liebespaar
Miſspaar
Säulenpaar
Schwesterpaar
Schwingenpaar
Stammpaar
Taubenpaar
Verspaar
Zwillingspaar
particular
perpendicular
ein Plagiar
— Plenipotentiar
polar
ein Präbendar
der Primipilar
ein Referendar
regular
— Revolutionar
säcular
Sannazar
die Schaar
Dichterschaar
Drittelschaar
Engelschaar
Geisterschaar
Häscherschaar
Halbschaar
Heerschaar
Heimschaar
Heldenschaar
Leibschaar
Musenschaar
Nymphenschaar
Pilgerschaar
Räuberschaar
Ritterschaar
Schwesterschaar
Sklavenschaar

Söldnerschaar
Sternenschaar
Teufelsschaar
Trabantenschaar
Triumphschaar
Unterweltschaar
Volksschaar
Wasserschaar
die Schar (vomer)
Hakenschar
Oberschar
Pflugschar
— Schar (Scharte)
Haarschar
Hackenschar
der Scholar
ein Schwar
— *Schypetar*
das Seminar
der *Silidar*
— Singular
— Spar
die Spar
der Staar (sturnus)
Rinderstaar
Rohrstaar
Wasserstaar
— Staar (cataracta)
Aderhautstaar
Augenstaar
Balgstaar
Balkenstaar
Blutstaar
Glashautstaar
graue Staar
Kapselstaar
Milchstaar
Nachstaar
Schleimstaar
schwarze Staar
ein Star
— Stationar
der Talar
Festtalar
Krönungstalar
Leichentalar
Opfertalar
Purpurtalar
ein *Tartar*
Temesvar
titular
— *Torcular*
Tranquebar
der Trokar
— *Tschokadar*
die Ueberschar
das Urbar
Brauurbar
Var
der Vicar
ich war

Zanguebar
zwar

(*die Adjectiven in* bar)
abdringbar
abhörbar
ablehnbar
abschlagbar
abstreifbar
abtrennbar
abwandelbar
abwehrbar
abwendbar
abweisbar
abzugbar
abzwingbar
accisbar
ackerbar
achtbar
hochachtbar
wohlachtbar
änderbar
ätzbar
afficirbar
anbaubar
anbringbar
anfahrbar
anführbar
angebbar
angreifbar
anklagbar
anlandbar
annehmbar
anrührbar
antastbar
anwendbar
athembar
auffindbar
aufführbar
aufhaltbar
aufsprengbar
auftreibbar
ausdenkbar
ausdeutbar
ausdünstbar
ausfindbar
ausführbar
ausgebbar
ausgleichbar
aushaltbar
auslegbar
auslöschbar
ausrottbar
aussöhnbar
baubar
bearbeitbar
befahrbar
begreifbar
begrenzbar
behaltbar
beherrschbar
bekehrbar

belachbar
belaubbar
belehnbar
berauschbar
berechbar
berechenbar
bereichbar
bereisbar
berührbar
beschaubar
beschränkbar
beschreibbar
beschreitbar
besiegbar
besingbar
bestechbar
besteigbar
bestellbar
bestimmbar
bestreitbar
betrachtbar
bewegbar
beweisbar
bewirkbar
bewohnbar
bezähmbar
bezahlbar
bezweifelbar
bezwingbar
biegbar
bildbar
brauchbar
cultivirbar
dankbar
darstellbar
dauerbar
dehnbar
denkbar
druckbar
durchdringbar
durchführbar
durchschaubar
durchsehbar
ehrbar
ehrfurchtbar
einbar
empfehlbar
empfindbar
entdeckbar
entfliehbar
entrinnbar
entscheidbar
entschuldbar
entsetzbar
entwohnbar
entzifferbar
entzündbar
erblehnbar
erbrechbar
erfechtbar
erfindbar
erforschbar

erfragbar
erfüllbar
ergetzbar
ergreifbar
ergründbar
erhaltbar
erheizbar
erhörbar
erkämpfbar
erkaufbar
erkennbar
erklärbar
erkletterbar
erklimmbar
erlangbar
erlaſsbar
erlernbar
erlösbar
ermüdbar
errathbar
erregbar
erreichbar
errettbar
errichtbar
erringbar
erschlieſsbar
erschöpfbar
erschreckbar
erschwingbar
ersetzbar
ersteigbar
ertragbar
erwehrbar
erweichbar
erweisbar
erweckbar
erzählbar
erzeugbar
erzwingbar
eſsbar
fällbar
fahrbar
fangbar
faſsbar
faulbar
fehlbar
feilbar
fischbar
fliehbar
foderbar
formbar
forschbar
frachtbar
frohnbar
fruchtbar
fühlbar
füllbar
furchtbar
gangbar
gastbar
gedenkbar
gehbar
genieſsbar
gerinnbar
gewährbar
gieſsbar
glättbar
glaubbar
gleichmeſsbar
greifbar
hackbar
hämmerbar
haltbar
handelbar
handlohnbar
haſsbar
haubar
heilbar
heizbar
hemmbar
herstellbar
heuchelbar
hinderbar
hobelbar
hörbar
hoffbar
holzbar
hutbar
jagdbar
altjagdbar
überjagdbar
kaubar
kaufbar
kehrbar
kennbar
kirrbar
kittbar
klagbar
verklagbar
kochbar
kostbar
krystallbar
kürzbar
kundbar
lachbar
landbar
lastbar
läugbar
lautbar
lehnbar
lehrbar
leidbar
leihbar
leimbar
leistbar
leitbar
lenkbar
lernbar
lesbar
letzbar
lieferbar
lobebar
lockbar
lockerbar
lösbar
löschbar
löthbar
lohnbar
lustbar
machbar
mannbar
meidbar
melkbar
mengbar
merkbar
meſsbar
mischbar
mittelbar
mittheilbar
müdbar
nachahmbar
nachbildbar
nachsprechbar
nehmbar
nennbar
nieſsbar
nutznieſsbar
nietbar
nutzbar
offenbar
opferbar
pfändbar
pfandbar
pflanzbar
pflegbar
pflichtbar
pflückbar
pflugbar
preſsbar
redebar
regbar
regierbar
reibbar
reimbar
reiſsbar
reisebar
reitbar
reizbar
rentbar
rettbar
richtbar
riechbar
ruchtbar
rückbar
rügbar
rügebar
rührbar
sägbar
sagbar
sangbar
schadbar
schälbar
schätzbar
schandbar
schatzbar
schaubar

scheidbar
scheinbar
scheltbar
schenkbar
scherbar
scheuchbar
schickbar
schiebbar
schiffbar
schildbar
schieſsbar
schlachtbar
schlagbar
schleifbar
schlieſsbar
schlingbar
schmauſsbar
schmeckbar
schmelzbar
schmerzbar
schmiedbar
schmierbar
schöpfbar
schöppenbar
schonbar
schoſsbar
schreckbar
schützbar
schwächbar
cchwenkbar
segelbar
sehbar
sendbar
seſsbar
setzbar
sichtbar
siegbar
siegelbar
singbar
söhnbar
sonderbar
speisbar
spielbar
spinnbar
sprechbar
sprengbar
spürbar
staffelbar
stapelbar
stattbar
stehlbar
steigbar
steigerbar
stellbar
steuerbar
stickbar
stillbar
stimmbar
störbar
stoſsbar
strafbar
streckbar
streitbar
stürzbar
stützbar
sühnbar
tadelbar
tastbar
theilbar
tilgbar
tödtbar
tränkbar
tragbar
treffbar
trennbar
trinkbar
tröstbar
tropfbar
trugbar
übbar
überführbar
überhörbar
überschaubar
übersehbar
übersetzbar
übersteigbar
übertragbar
überzählbar
umänderbar
umendbar
umgehbar
umtastbar
unterhaltbar
unterscheidbar
urbar

(Alle vorstehende und nachfolgende Adjective in **bar** *sind mit* **un** *zusammenzusetzen.)*

verachtbar
veränderbar
verbietbar
verbindbar
verbrauchbar
verbrennbar
verbürgbar
verdenkbar
verderbbar
verdeutschbar
verdrängbar
vereinbar
verfälschbar
verfahrbar
verfluchbar
verführbar
vergeſsbar
vergleichbar
verhauchbar
verhinderbar
verhüllbar
verirrbar
verjährbar
verkalkbar
verkennbar
verlangbar
verletzbar
verlierbar
verlöschbar
vermählbar
vermehrbar
vermeidbar
vermiethbar
vermuthbar
vernehmbar
vernichtbar
verpflegbar
verrathbar
verrückbar
versäumbar
verschleiſsbar
verschlieſsbar
verschlingbar
versehrbar
versiegbar
versöhnbar
versorgbar
verstehbar
versteigerbar
vertheilbar
vertilgbar
verwehrbar
verweigerbar
verwüstbar
verwundbar
verwunderbar
verzehrbar
verzeihbar
vogtbar
vorachtbar
voraussehbar
vorführbar
vorlesbar
vorsetzbar
vortragbar
vorzeigbar
wachbar
wägbar
wählbar
wahrnehmbar
wandelbar
wankelbar
waschbar
wechselbar
wegräumbar
weibbar
weichbar
weinbar
welkbar
wendbar
widerlegbar
widerstehbar
wiederholbar
wirthbar
wiſsbar
wohlanlandbar

wohnbar
wonnebar
wünschbar
wunderbar
zählbar
zähmbar
zäumbar
zahlbar
zehentbar
zeigbar
zentbar
zerhackbar
zerhaubar
zerlegbar
zerreiſsbar
zerschneidbar
zersetzbar
zersprengbar
zerstörbar
zertheilbar
zertrennbar
ziehbar
zimmerbar
zinsbar
zollbar
zündbar
zugangbar
zupfbar
zurückziehbar
zusammensetzbar
zweifelbar
zwingbar
die Bahr'
— Fahr
— Gefahr
Feuersgefahr
Hauptgefahr
Herzensgefahr
Kriegsgefahr
Lebensgefahr
Leibesgefahr
Meergefahr
Prügelgefahr
Seegefahr
Seelengefahr
Todesgefahr
Wassergefahr
fahr!
der Vorfahr
das Jahr
Ablaſsjahr
Blüthenjahr
Dienstjahr
Discretionsjahr
Druckjahr
Ehejahr
Entscheidungsjahr
Erlaſsjahr
Fehljahr
Feyerjahr
Flegeljahr
Flitterjahr
Folgejahr
Freudenjahr
Freyjahr
Friedensjahr
Frühjahr
Spätfrühjahr
Frühlingsjahr
Fünfjahr
Futterjahr
Geburtsjahr
Gesellenjahr
Getraidejahr
Glücksjahr
Gnadenjahr
Gräueljahr
Halbjahr
Sommerhalbjahr
Winterhalbjahr
Halljahr
Hauptjahr
Heiljahr
Heuerjahr
Hungerjahr
Jubeljahr
Judenjahr
Jugendjahr
Jungenjahr
Kinderjahr
Kirchenjahr
Kohljahr
Kornjahr
Kriegsjahr
Kummerjahr
Lebensjahr
Lehrjahr
Leidensjahr
Mangeljahr
Miethjahr
Miſsjahr
Mitteljahr
Mondenjahr
Muthjahr
Nachjahr
Naturjahr
Neujahr
Oberneujahr
hohe Neujahr
Normaljahr
Nothjahr
Obstjahr
Pachtjahr
Priesterjahr
Probejahr
Prüfungsjahr
Rosenjahr
Ruhejahr
Sabbathjahr
Schaltjahr
Schluſsjahr
Schmerzensjahr
Schneejahr
Schoſsjahr
Schreyjahr
Schuljahr
Seuchenjahr
Sonnenjahr
Spätjahr
Sterbejahr
Sternjahr
Stiftungsjahr
Studentenjahr
Stufenjahr
Thränenjahr
Todesjahr
Tölpeljahr
Trauerjahr
Unglücksjahr
Universitätsjahr
Unterscheidungs-
Versuchsjahr
Vierjahr
Vierteljahr
Frühlingsviertel-
Sommervierteljahr
Herbstvierteljahr
Wintervierteljahr
Vorjahr
Wanderjahr
Wechseljahr
Weinjahr
Weltjahr
Wittwenjahr
Wittwerjahr
Wüstlingsjahr
Zweyjahr
die Kahr
der Kahr
— Mahr
Nachtmahr
wahr
fürwahr
gewahr
halbwahr
scheinwahr
traurigwahr
unwahr
er nimmt es wahr
— saget wahr
wahr'!
bewahr'!
der Verwahr

(*Endungen in* ar *aus dem französ.* ard - ars - art - oir *etc.*)

Abelard
Bastard
Batard
Billard
Brancard
Brocard
Boulevard
Camisard

Campagnard
Colin-Maillard
Egard
Folard
Hazard
Liard
Lombard
Regard
Rempart
Trainard
Battoir
Comptoir
Conservatoir
Crachoir
Devoir
Dressoir
Entonnoir
Eteignoir
Lavoir
moir
Miroir
Noir (d'Allemagne-de Cerf ¬ de Terre)
Parloir
Plioir
Pouvoir (executif - legislativ - plein)
Ratisoir
Repertoir
Reservoir
Rouge et noir
Sautoir
Savoir (faire - vivre)
Trottoir
Bande noire
Gregoire
Histoire
die *Loire*
Memoire
Champ de Mars
Bayard
Villars

ár — árr

Adebar
Ademar
Adolar
Adular
Balthasar
Bolivar
Escobar
Giaffar
Gibraltar
Hadamar
Hamilcar
Isaschar
der *Lar*
Ottocar
Ottomar
Potiphar

schnar
bigarr
bizarr
der Farr
Opferfarr
— Katarrh
— Narr
Aprilnarr
Bildernarr
Blumennarr
Büchernarr
Erznarr
Fastnachtsnarr
Hauptnarr
Hofnarr
Hühnernarr
Hundenarr
Kindernarr
Kleidernarr
Liebesnarr
Modenarr
Putznarr
Ruhmnarr
Schalksnarr
Schellennarr
Schoosnarr
Soldatennarr
Spielnarr
Stocknarr
Titelnarr
Wegenarr
Weibernarr
Weisheitsnarr
Weltnarr
— Pfarr
Dompfarr
Dorfpfarr
Landpfarr
Stadtpfarr
starr
felsenstarr
feststarr
fichtenstarr
— Wirrwarr

āra

Abraham a Sta Clara
die *Ara*
Azara
Caprara
Cara (mama)
Carrara
Dulcamara
Ferrara
Klara
Mara
Nogara
Novara
ein *Para*
Cosa rara
Sara

Solfatara
das *Tara*
die *Tiara*
trarara!
Wara
Zara [Aral]

āran

Aldebaran
dáran
Haran

āras

des *Para's*
Tara's
Zonaras

ārat

Gárat
Marat [Aarau]

ārauf

darauf
ein Haarrauf

āraus

daraus
der Garaus
Aarau's

árb

darb!
er starb
ungarb
— verdarb
marb
— warb
— bewarb
— erwarb
(farb
aschenfarb *etc. siehe* farbig *u.* Farbe)

árbas

Bramarbas
Jarbas
Narbas
ein *Sarbas*

árbe

die Barbe
Riesenbarbe
Steinbarbe
ich darbe
die Farbe
Aschenfarbe
Bärenhaarfarbe
Bergfarbe
Blaufarbe
Bleyfarbe
Blutfarbe
Cyanenfarbe

Dachfarbe
Darmsaitenfarbe
Deckfarbe
Dickfarbe
Druckerfarbe
Buchdruckerfarbe
Kupferdruckerfarbe
Steindruckerfarbe
Eichenholzfarbe
Eisenfarbe
Erdfarbe
Färberfarbe
Federfarbe
Fehlfarbe
Feuerfarbe
Fieberfarbe
Flammenfarbe
Fleischfarbe
Flohfarbe
Freyfarbe
Freiheitsfarbe
Gemsenfarbe
Gesichtsfarbe
Giftfarbe
Glanzfarbe
Glasfarbe
Glühfarbe
Glücksfarbe
Gluthfarbe
Goldfarbe
Granatblüthenfarbe
Grasfarbe
Grundfarbe
Haarfarbe
Haselnuſsfarbe
Hauptfarbe
Hautfarbe
Heuchelfarbe
Himmelfarbe
Hirschfarbe
Hoffarbe
Holzfarbe
Honigfarbe
Hornfarbe
Irisfarbe
Isabellenfarbe
Jonquillenfarbe
Kalchfarbe
Kaffeefarbe
Kakaofarbe
Kirschfarbe
Königsfarbe
Kupferfarbe
Lackfarbe
Lasurfarbe
Lauchfarbe
Leberfarbe
Lederfarbe
Leibfarbe
Leimfarbe
Leinblühfarbe
Lippenfarbe

Lohfarbe
Luftfarbe
Lügenfarbe
Malerfarbe
Mausefarbe
Meerfarbe
Milchfarbe
Mischfarbe
Miſsfarbe
Mittelfarbe
Modefarbe
Müllerfarbe
Nagelfarbe
Narcissenfarbe
Nebenfarbe
Nelkenfarbe
Nelkenblühfarbe
Nuſsfarbe
Ocherfarbe
Ockerfarbe
Olivenfarbe
Oelfarbe
Pastellfarbe
Perlfarbe
Pfirsigblüthfarbe
Pflanzenfarbe
Pflaumenfarbe
Pistazienfarbe
Pomeranzenfarbe
Porzellanfarbe
Prinzenfarbe
Purpurfarbe
Quittenfarbe
Rauchfarbe
Regenbogenfarbe
Rehfarbe
Rindshaarfarbe
Ringelblumenfarbe
Ringelblumenblättrf.
Rosenfarbe
Rosinenfarbe
Rostfarbe
Röthelfarbe
Rubinenfarbe
Rundfarbe
Ruſsfarbe
Safranfarbe
Saftfarbe
Scharlachfarbe
Schattenfarbe
Schieferfarbe
Schillerfarbe
Schmelzfarbe
Schmutzfarbe
Schwanenfarbe
Schwefelfarbe
Schwellfarbe
Silberfarbe
Smaragdfarbe
Sonnenfarbe
Spanfarbe
Steinfarbe

Stiftfarbe
Stopffarbe
Strohfarbe
Taubenfarbe
Teufelsfarbe
Todfarbe
Todtenfarbe
Treibfarbe
Trockenfarbe
Tünchfarbe
Tuschfarbe
Wachsfarbe
Waidfarbe
Wappenfarbe
Wasserfarbe
Wechselfarbe
Wolfsfarbe
Ziegelfarbe
Ziehfarbe
Zimmtfarbe
Zitronenfarbe

die Farbe (fabrica tinctoria)
Schönfarbe
Schwarzfarbe
ich farbe
das Gefarbe
ich befarbe
die Garbe
Betgarbe
Feuergarbe
Flossengarbe
Forstgarbe
Gänsegarbe
Gerstengarbe
Hafergarbe
Korngarbe
Landgarbe
Schafgarbe
Stockgarbe
Strohgarbe
Waizengarbe
Wassergarbe
Wildgarbe
Zehentgarbe
Zinsgarbe
ich garbe
die Narbe
Blatternarbe
Ehrennarbe
Hiebnarbe
Pockennarbe
Schuſsnarbe
ich narbe
das Genarbe
die Scharbe
ich scharbe
das Gescharbe
ich starbe
das Gestarbe

[der Marbel
marbeln]

árben

die Arben
— Barben
darben
abdarben
erdarben
fortdarben
nachdarben
zusammendarben
die Farben
farben
befarben (impastiren)
aschfarben *etc.* *siehe*
arbig
die Garben
garben
— marben
— Narben
narben
benarben
obnarben
übernarben
vernarben
scharben
— Scharben
sie starben
erstarben
verstarben
starben
— verdarben
— warben
bewarben
erwarben

árbend

darbend
farbend
befarbend
garbend
scharbend
starbend

árbens

des Darbens
— Farbens
— Befarbens
— Garbens
— Scharbens
— Starbens

árber

ein marber
der Rhabarber
Wasserrhabarber
starb er *etc.*

árbers

ein marber's
des Rhabarbers
verdarb er's *etc.*

árbes

des Gedarbes
— Gefarbes
ein marbes
des Genarbes
— Gescharbes
— Gestarbes

árbest

du darbest
— befarbest
— garbest
marbest
— benarbest
— scharbest
— starbest
— verstarbest
— verdarbest
— warbest
— erwarbest

árbet

ihr darbet
— befarbet
— gefarbet
— garbet
— benarbet
— scharbet
— starbet
— erstarbet
— verdarbet
— warbet

[narbicht]

árbien

Algarbien
Soprarbien

árbig

farbig
1-, 2-, 3- *etc.* farbig
allfarbig
aschenfarbig
bisamfarbig
bleichfarbig
bleyfarbig
blumenfarbig
blutfarbig
chocoladenfarbig
coquelicofarbig
cyanenfarbig
dickfarbig
dunkelfarbig
eisenfarbig
erdfarbig
erzfarbig
feuerfarbig
flohfarbig
gelbfarbig
gemsenfarbig
gleichfarbig
goldfarbig
granatblüthenfarbig
haselnußfarbig
hellfarbig
himmelfarbig
hirschfarbig
hochfarbig
holzfarbig
honigfarbig
hornfarbig
hundertfarbig
irisfarbig
kaffeefarbig
kakaofarbig
kirschfarbig
kupferfarbig
lauchfarbig
leberfarbig
lederfarbig
leibfarbig
leinblüthfarbig
lippenfarbig
lohfarbig
mannigfarbig
mausefarbig
meerfarbig
milchfarbig
mischfarbig
mißfarbig
modefarbig
müllerfarbig
nebelfarbig
nelkenfarbig
nelkenblühfarbig
nußfarbig
ocherfarbig
olivenfarbig
ölfarbig
perlfarbig
pfirsichblüthfarbig
pflaumenfarbig
pistazienfarbig
pomeranzenfarbig
purpurfarbig
quittenfarbig
rauchfarbig
regenbogenfarbig
rehfarbig
ringelblumenfarbig
rosenfarbig
rosinenfarbig
rostfarbig
röthelfarbig
rothfarbig
rubinfarbig
rußfarbig
safranfarbig
scharlachfarbig
schieferfarbig
schildpattfarbig
schmutzfarbig

schwanenfarbig
schwarzfarbig
schwefelfarbig
silberfarbig
smaragdfarbig
strohfarbig
taubenfarbig
tausendfarbig
todfarbig
todtenfarbig
ungleichfarbig
veilchenfarbig
veilfarbig
verschiedenfarbig
vielfarbig
violenfarbig
wachsfarbig
wasserfarbig
wechselfarbig
weiſsfarbig
wonnefarbig
ziegelfarbig
zimmtfarbig
zitronenfarbig
narbig
blatternarbig
braunnarbig,
dreynarbig
ganznarbig
gleichnarbig
kleinnarbig
pockennarbig
unnarbig
wundnarbig
[con Garbo]

árbs

des Gedarbs
— Gefarbs
ein marb's
des Genarbs
— Gescharbs
— Gestarbs
den starb's

árbſt

du darbst
— befarbst
marbst
— garbst
— benarbst
— scharbst
— starbst
— erstarbst
— verdarbst
— warbst

árbt

er darbt
es farbt
er befarbt
er garbt
— benarbt
— scharbt
— starbt
ihr erstarbt
— verdarbt
— verstarbt
— warbt

árbte

er darbte
es farbte
er befarbte
es garbte
er benarbte
— scharbte
— starbte

árbtem

abgedarbtem
befarbtem
benarbtem
gescharbtem

árbten

sie darbten
— farbten
— garbten
— befarbten
— benarbten
— scharbten
— starbten

árbter

ein abgedarbter
— befarbter
— benarbter
— gescharbter

árbtes

ein abgedarbtes
— befarbtes
— benarbtes
— gescharbtes

árbteſt

du darbtest
— farbtest.
— befarbtest
— garbtest
— narbtest
— scharbtest
— starbtest

árbtet

ihr darbtet
— farbtet
— befarbtet
— garbtet
— narbtet
— scharbtet
— starbtet

árbung

die Abdarbung
— Befarbung
— Benarbung
— Scharbung

ārburg

Harburg
Marburg

[Jeanne d'Arc]

árca

Barca
Calderon de la Barca
Marca
Petrarca

árcas

Arcas
Hamilcar Barcas
Petrarca's

[das Carcer]

árch

ein Agonistarch
Aristarch
— Chiliarch
— Coenobiarch
— Dämonarch
Dicaearch
— Dodekarch
— Eparch
— Ethnarch
der Exarch
ein Häresiarch
— Heptarch
— Hierarch
Hipparch
— Hippiarch
die *March*
der Monarch
ein Novarch
— Nomarch
— Oligarch
der Patriarch
ein Pentarch
Plutarch
— Polemarch
— Scholarch
— Protoscholarch
— Symposiarch
— Tetrarch

árche

die Arche
Flutharche
Hauptarche
Oberarche
Unterarche
Wasserarche
die Aristarche

ich schnarche
beschnarche
das Geschnarche
Plutarche

árchen

die Archen
Freyarchen
Milcharchen
Oberarchen
Unterarchen
— Agonistarchen
den Aristarchen
die Chiliarchen
— Cönobiarchen
— Dämonarchen
— Dodekarchen
— Eparchen
— Ethnarchen
dem Exarchen
die Häresiarchen
— Heptarchen
— Hierarchen
— Hippiarchen
— Monarchen
— Navarchen
— Nomarchen
— Oligarchen
— Patriarchen
— Pentarchen
— Polemarchen
schnarchen
anschnarchen
aufschnarchen
ausschnarchen
beschnarchen
einschnarchen
fortschnarchen
mitschnarchen
nachschnarchen
verschnarchen
wegschnarchen
— Scholarchen
— Symposiarchen
— Tetrarchen

árchend

schnarchend
der Barchent
Bettbarchent
Futterbarchent
Kleiderbarchent

árchends

schnarchends
des Barchents
[der Schnarcher]

árches

des Aristarches
— Geschnarches
— Plutarches

árchet

der Barchet
er schnarchet

árchisch

anarchisch
aristarchisch
hierarchisch
monarchisch
oligarchisch
plutarchisch

árchon

der *Archon*
Tarehon

árchs

des *Aristarchs*
— *Plutarchs*

árchus

Aristarchus
Dicaearchus
Hipparchus
Plutarchus

árco

Arco
Senza l'Arco
con arco
Barco
al marco

árcos

Alarcos
los arcos

árct

arct
der Infarct *siehe* **arkt**

árctisch

arctisch
antarctisch
infarctisch

árd

Abelard
Asgard
der Bastard
Canarienbastard
ein Beghard
Bernhard
das Billard
Burkhard
der Bußhard
Eberhard
Eduard
Eginhard
Engelhard
Gotthard
ein Hazard
Hildegard
Irmengard
Laukhard
Lenhard
Leonhard
Lienhard
der Leopard
Kameelleopard
— Wolfpard
ein Lollhard
das Mard
Midgard
Mümpelgard
der Neidhard
Reichardt
— Reichhard
Stuttgard
[corps de Garde]

ārd

das Paard
es ward

árda

Lago di Garda
die *Gagliarda*
Lisarda

árde

der Barde
Minnebarde
dem Bastarde
die Begharde
dem Billarde
eine Bisarde
Picott-bisarde
die Bombarde
— Garde
alte Garde
Arrieregarde
Avantgarde
Bürgergarde
Contregarde
Ehrengarde
junge Garde
Leibgarde
Nationalgarde
Nobelgarde
Salvegarde
ich garde
die Harde
dem Hazarde
die Hellebarde
— Karde
Saatkarde
Strohkarde
Tuchkarde
Weberkarde
ich karde
die Kokarde

Nationalkokarde
Volkskokarde
der Leoparde
Lisarde,
Lombarde
Longobarde
die Mansarde
dem Marde
Moutarde (apres diner)
die Narde
Feldnarde
Spikenarde
dem Neidharde
Oudenarde
die Petarde
ein *Picarde*
die Poissarde
— Poularde
ein *Sarde*
der *Savoyarde*
ich warde

ārde

die Flahrde
Eisflahrde
Speckflahrde
dem Paarde

árdel

das Fardel
der Pardel

árdeln

den Fardeln
— Pardeln

árdels

des Fardels
— Pardels

árden

die Barden
den Bastarden
die Begharden
den Billarden
die Bisarden
— Bombarden
— Garden
garden
— Karden
karden
— Kokarden
— Leoparden
— Lollharden
— *Lombarden*
— Mansarden
den Marden
die Narden
den Neidharden
die Petarden
— Picarden
— Poissarden
die Poularden
— *Sarden*
— *Savoyarden*
warden

ārden

die Flahrden
den Paarden
sie warden
Naarden

árdend

gardend
kardend
wardend

árdens

des Gardens
— Kardens
— Wardens

árder

der Harder
Goldharder
— Marder
Baummarder
Buchmarder
Dachmarder
Edelmarder
Feldmarder
Fichtenmarder
Goldmarder
Hausmarder
Kiefermarder
Lichtmarder
Stänkermarder
Steinmarder
Tannenmarder
Viehmarder
Waldmarder
Wildmarder
der Parder
Kameelparder
das Quarder
Hemdquarder
Hosenquarder
der Sarder
Nagel-Sarder

árdern

den Hardern
— Mardern
— Pardern
— Quardern
— Sardern

árders

des Harders
— Marders
— Parders
— Quarders
— Sarders

árdes

des Bastardes
— Billardes
— Hazardes
— Mardes
— Neidhardes
Sardes

árdest

du gardest
— kardest
— wardest

árdet

ihr gardet
— kardet
— wardet

árdinn

die Leopardinn
— *Lombardinn*
— *Picardinn*
— *Sardinn*
— *Savoyardinn*

árdisch

abelardisch
asgardisch
bastardisch
camisardisch
lombardisch
midgardisch
pikardisch
sardisch
stuttgardisch

árdo

Bardo
Bernardo
Bojardo
Lenardo
Odoardo
tardo

árds

Abelards etc.
des Bastards
— Billards
— Hazards
— Mards
— Neidhards

ārds

des Paards
er wards

árdst

du gardst
— kardst
— wardst

ărdung
die Kardung
— Wardung
[Irmengardur]

ărdus
Bernhardus etc. s. ard
Medardus

āre — āare — ähre
die Are
Centi-are
Hectare
dem Aare
die Actuare
dem Altare
die Antiquare
— Archivare
auxiliare
der *Avare*
die Bare
das baare
die *Baidare*
der *Baleare*
— Barbare
die Bibliothekare
binoculare
der *Bojare*
bolare
— *Bulgare*
caniculare
— Capitulare
Castellamare
Cellamare
dem Cessionare
— Commentare
— Confessionare
consulare
— Corollare
der Corsare
dem Czaare
Delaware
— Denare
— Dignitare
— Domicellare
— Donatare
— Dromedare
elementare
ich entbrennbare
die Exemplare
familiare
— Fanfare
dem Februare
— Fideicommissare
die Formulare
gare
— Gare
Beutlergare
Kürschnergare
Kupfergare
Sattlergare
Silbergare
ich gebare
dem Grossulare
die Haare
ich behaare
— enthaare
die Honorare
— Hospodare
der Husare
die immerdare
dem Januare
der Janitschare
dem Inventare
— Jubilare
die Justitiare
dem Kasuaré
— Kaviare
— Klare
die Klare
ins klare
ich klare
das Geklare
dem Kolkothare
Laetare
lapidare
literare
der *Magyare*
— *Malabare*
die Mandatare
manipulare
mobiliare
das Mobiliare
die Notare
dem Nachbare
ich benachbare
oculare
— offenbare
veroffenbare
dem Paare
ich paare
particulare
perpendiculare
die Plagiare
— Plenipotentiare
polare
— Präbendare
dem Primipilare
die Referendare
rare
ich rare
das Gerare
regulare
der Regulare
revolutionare
säculare
dem Pflugschare
die Schare
sich anschare
— schaare
der Scholare
dem Schware
— *Schypetare*
— Seminare
die *Silidare*
im Singulare
dem Spare
der Spare
ich spare
das Gespare
die Stare
dem Staare
— Stare
die Stationare
ich tare
das Getare
die Talare
der Tartare
die Tiare
titulare
die Torculare
— Trokare
der Ueberschare
dem Urbare
ich beurbare
— verbare
— vereinbare
— verlautbare
— versichtbare
— verunsichtbare
die Vicare
— Waare
Ausfuhrwaare
Ballenwaare
Bandwaare
Bannwaare
Beinwaare
Blechwaare
Böttcherwaare
Brockwaare
Drechslerwaare
Durchgangswaare
Einfuhrwaare
Eisenwaare
Ellenwaare
Eſswaare
Farbenwaare
Faſswaare
Fettwaare
Fischwaare
Fleischwaare
Formwaare
Gelehrtenwaare
Genieſswaare
Gieſswaare
Glaswaare
Goldwaare
grüne Waare
Guſswaare
Gypswaare
Hökerwaare
Holzwaare
Kaufmannswaare
Kinderwaare
Kleinwaare
Krystallwaare
Kunstwaare

Kurzwaare
kurze Waare
Lackwaare
Lehnwaare
Erblehnwaare
Lumpenwaare
Margarethenwaare
Marktwaare
Jahrmarktwaare
Marienwaare
Messingwaare
Meſswaare
Modewaare
Nahrungswaare
nürnberger Waare
Pelzwaare
Porzellanwaare
Putzwaare
Schleichwaare
Schmuckwaare
Schnittwaare
Schofelwaare
Schreinerwaare
Schusterwaare
Seidenwaare
Silberwaare
Spielwaare
Stahlwaare
Stempelwaare
Strohwaare
Töpferwaare
Trödelwaare
Verfallwaare
Wahnwaare
Wollenwaare
Würzwaare
Zinnwaare
Zuckerwaare
abdringbare *etc. bis*
zwingbare *siehe* ar
die Bahre
Fallbahre
Handbahre
Leichenbahre
Mistbahre
Nadelbahre
Plattenbahre
Radebahre
Roſsbahre
Todtenbahre
Tragebahre
Trauerbahre
ich fahre
befahre
das Gefahre
die Fahre
Brachfahre
Wildfahre
der Vorfahre
die Gahre
— Jahre
Flegeljahre

Unjahre
dem Kahre
die Kahre
dem Mahre
die Wahre
ich wahre
Gott bewahre!
dem Verwahre
wahre
das Wahre

ārem — āhrem

auxiliarem
baarem
binocularem
bolarem
canicularem
consularem
elementarem
familiarem
garem
das *Harem*
Sommerharem
Winterharem
klarem
lapidarem
literarem
manipularem
mobiliarem
ocularem
particularem
perpendicularem
polarem
regularem
revolutionarem
säcularem
titularem
abdringbarem *etc. bis*
zwingbarem *siehe* ar
wahrem
halbwahrem
unwahrem

āren — āaren — āhren

die Aren
den Aaren
— Actuaren
— Antiquaren
— Archivaren
die Auxiliaren
— *Avaren*
— Baren
der Baren
die baaren
— *Baidaren*
— *Balearen*
— Barbaren
den Bibliothekaren
die binocularen
— Bojaren
— bolaren
— *Bulgaren*

die canicularen
— Capitularen
den Cessionaren
— Commentaren
— Confessionaren
die consularen
den Corollaren
die Corsaren
den Czaaren
— Denaren
— Dignitaren
die Domicellaren
den Donataren
— Dromedaren
die elementaren
entbrennbaren
den Exemplaren
die familiaren
— Fanfaren
den Fideicommissaren
— Formularen
die garen
— Garen
gebaren
den Haaren
haaren
abhaaren
behaaren
enthaaren
— Honoraren
— Hospodaren
die Husaren
— Janitscharen
den Inventaren
— Jubilaren
— Justitiaren
die immerdaren
den Kasuaren
im Klaren
klaren
den Klaren
die Laren
lapidaren
literaren
— *Magyaren*
— *Malabaren*
den Mandataren
die manipularen
— mobiliaren
den Notaren
— Nachbaren
benachbaren
ocularen
offenbaren
veroffenbaren
die Oviparen
den Paaren
paaren
entpaaren
miſspaaren
verpaaren
zusammenpaaren

particularen
perpendicularen
den Plagiaren
— Plenipotentiaren
die polaren
den Präbendaren
— Primipilaren
— Referendaren
die raren
raren
— Regularen
— revolutionaren
— säcularen
den Pflugscharen
— Scharen
sich anscharen
schaaren
entschaaren
zuschaaren
zusammenschaaren
die Schaaren
Heerschaaren
— Scholaren
den Schwaren
der Schwaren
in Seminaren
den *Silidaren*
— Singularen
die Sparen
den Sparen
sparen
absparen
aufsparen
aussparen
besparen
ersparen
fortsparen
mitsparen
nachsparen
übersparen
versparen
vorsparen
die Staren
den Staaren
— Stationaren
taren
— Talaren
— Tataren
— Tiaren
— titularen
— Torcularen
— Trokaren
— Ueberscharen
— Urbaren
beurbaren
verbaren
vereinbaren
verlautbaren
versichtbaren
verunsichtbaren
— Vicaren

die Viviparen
— Waaren
— abdringbaren *etc. bis* zwingbaren *siehe* ar
die Bahren
abbahren
aufbahren
— Fahren
fahren
abfahren
anfahren
auffahren
ausfahren
befahren
daherfahren
dahinfahren
davonfahren
durchfahren
einfahren
emporfahren
entfahren
entgegenfahren
erfahren
fehlfahren
festfahren
fortfahren
heimfahren
herfahren
hinfahren *etc.*
losfahren
lustfahren
mitfahren
nachfahren
niederfahren
schlittenfahren
spazierenfahren
überfahren
umfahren
unterfahren
verfahren
vollfahren
vorfahren
voranfahren
vorbeyfahren *etc.*
wegfahren
widerfahren
zerfahren
zufahren
zurückfahren
zusammenfahren
erfahren
allerfahren
diensterfahren
geschäftserfahren
hocherfahren
kriegserfahren
kunsterfahren
rechtserfahren
schlechterfahren
staatserfahren
streiterfahren

traumerfahren
unerfahren
vielerfahren
welterfahren
wohlerfahren
das Grubenfahren
— Verfahren
Appellationsverf.
Beweisverfahren
Criminalverfahren
Hauptverfahren
Läuterungsverfahr.
Productionsverfahr.
Reproductionsverf.
die Vorfahren
— Gefahren
— Gahren
in Jahren
erjahren
verjahren
die Kahren
den Kahren
— Mahren
die Wahren
wahren
bewahren
erwahren
gewahren
verwahren
vorwahren
— wahren

arend — ahrend

entbrennbarend
gebarend
haarend
klarend
benachbarend
offenbarend
paarend
rarend
schaarend
sparend
tarend
beurbarend
verbarend
vereinbarend
verlautbarend
versichtbarend
verunsichtbarend
abbahrend
aufbahrend
fahrend
auffahrend
erfahrend
erjahrend
verjahrend
wahrend
gewahrend

arens — ahrens

des Barens

des Entbrennbarens
— Gebarens
— Haarens
— Klarens
— Benachbarens
— offenbarens
— Paarens
— Rarens
— Anscharens
— Schaarens
— Schwarens
— Sparens
— Tarens
— Beurbarens
— Verbarens
— Vereinbarens
— Verlautbarens
— Versichtbarens
— Verunsichtbarens
— Abbahrens
— Aufbahrens
— Fahrens
— Verfahrens
— Grubenfahrens
— Schlittenfahrens
— Erjahrens
— Verjahrens
— Wahrens
— Gewahrens

ārer — āhrer

ein auxiliarer
— barer
— baarer
— binocularer
— bolarer
— canicularer
— consularer
— elementarer
— familiarer
— garer
— immerdarer
— klarer
— Katharer
— lapidarer
— literarer
— manipularer
— mobiliarer
— ocularer
— Verpaarer
— particularer
— perpendicularer
der Plarer
ein polarer
— rarer
— regularer
— säcularer
— Sparer
— titularer
— abdringbarer *etc. bis*
zwingbarer *siehe* ar

der Fahrer
Berganfahrer
Bergnachfahrer
Betfahrer
Chinafahrer
Commiſsfahrer
Einfahrer
Frachtfahrer
Franzfahrer
Gondelfahrer
Grönlandsfahrer
Kauffahrer
Kreuzfahrer
Küstenfahrer
Landfahrer
Luftfahrer
Meerfahrer
Nachtfahrer
Oberfahrer
Ostindienfahrer
Schifffahrer
Schlittenfahrer
Schlittschuhfahrer
Schonenfahrer
Schnellfahrer
Schütenfahrer
Seefahrer
Straſsenfahrer
Ueberfahrer
Wallfahrer
Westindienfahrer
Willfahrer
der Vorfahrer
ein wahrer
der Bewahrer
Buchbewahrer
Gallbewahrer
Küstenbewahrer
Schriftsbewahrer
Siegelbewahrer
Groſssiegelbewahr.
Urkundenbewahrer
Urschriftsbewahrer
— Verwahrer

ārern — āhrern

einen familiarer'n
den Katharern
— Verpaarern
— Plarern
einen rarer'n
den Sparern
— Fahrern
— Vorfahrern
die wahrer'n
den Bewahrern
— Verwahrern

ārers — āhrers

ein familiarer's
des Katharers
— Verpaarers
des Plarers
ein rarer's
des Sparers
— Fahrers
— Vorfahrers
ein wahrer's
des Bewahrers
— Verwahrers

āres — āhres

des Aares
Ares
— Actuares
— Altares
Antares
— Antiquares
— Archivares
ein auxiliares
— bares
— baares
Benares
— Bibliothekares
ein binoculares
— bolares
— caniculares
des Capitulares
— Cessionares
Chares
— Commentares
— Confessionares
ein consulares
des Corollares
— Czaares
ein immerdares
des Denares
— Dignitares
— Donatares
— Dromedares
ein elementares
des Exemplares
ein familiares
des Februares
— Fideicommissares
— Formulares
ein gares
des Grossulares
— Haares
— Honorares
— Hospodares
— Januares
— immerdares
— Inventares
— Jubilares
— Justitiares
— Kasuares
— Kaviares
ein klares
des Klares
— Geklares
— Kolkothares

ein lapidares
— literares
des Mandatares
ein manipulares
— mobiliares
des Mobiliares
— Nachbares
— Notares
ein oculares
des Paares
— Gepaares
primus inter pares
ein particulares
— perpendiculares
des Plagiares
— Plenipotentiares
ein polares
des Präbendares
— Referendares
ein regulares
— revolutionares
— säculares
des Geschaares
— Schwares
— *Schypetares*
— Seminares
— *Silidares*
— Singulares
— Spares
— Gespares
— Stares
— Staares
— Stationares
— Talares
ein titulares
des Torculares
— Trokares
— *Tschokadares*
— Urbares
— Vicares
ein abdringbares *etc. bis* zwingbares *siehe* ar
des Gefahres
— Jahres
— Kahres
— Mahres
ein wahres
des Verwahres

ăreſt — āhreſt

barest
baarest
du entbrennbarest
familiarest
— gebarest
— wiedergebarest
— haarest
— klarest
— benachbarest
— offenbarest
— paarest
du rarest
— schaarest
— sparest
— tarest
— beurbarest
— verbarest
— vereinbarest
— verlautbarest
— versichtbarest
— verunsichtbarest
— warest
— abbahrest
— aufbahrest
— fahrest
— erjahrest
— verjahrest
— wahrest
— gewahrest

ăret — āhret

der Claret
ihr entbrennbaret
— gebaret
— haaret
— klaret
— benachbaret
— offenbaret
— paaret
— raret
— schaaret
— sparet
— taret
— beurbaret
— verbaret
— vereinbaret
— verlautbaret
— versichtbaret
— verunsichtbaret
— waret
— abbahret
— aufbahret
— fahret
— erjahret
— verjahret
— wahret
— gewahret

ărf

ich darf
— bedarf
der Bedarf
Baubedarf
Bergbedarf
Bierbedarf
Brotbedarf
Bücherbedarf
Hausbedarf
Kriegsbedarf
Mundbedarf
Rechtsbedarf
Schießbedarf
Schreibbedarf
Tagbedarf
Tischbedarf
Zeitbedarf
das Scharf
scharf
haarscharf
messerscharf
überscharf
unscharf
er warf
bewarf
entwarf
der Warf

ărfe

dem Bedarfe
die Harfe
Aeolsharfe
Davidsharfe
Doppelharfe
Engelsharfe
Meerharfe
Mundharfe
Pedalharfe
Riesenharfe
Spitzharfe
Tritthfarfe
Windharfe
ich harfe
das Geharfe
die scharfe
ich schlarfe
die Schlarfe
das Geschlarfe
dem Warfe [der Warfel]

ărfen

den Bedarfen
die Harfen
harfen
— scharfen
— Schlarfen
schlarfen
abschlarfen
anschlarfen
ausschlarfen
nachschlarfen
wegschlarfen
zurückschlarfen
sie warfen

ărfend

harfend
schlarfend

ărfens

des Harfens
— Schlarfens

ărfes

des Bedarfes
— Geharfes

des Scharfes
ein scharfes
des Geschlarfes
— Warfes
ich darf es *etc.*

árfest

du harfest
— schlarfest
— warfest

árfet

ihr harfet
— schlarfet
— warfet

[der Harfner]

árfs

des Bedarfs
— Geharfs
ein scharf's
des Scharfs
— Geschlarfs
— Warfs
ich warf's *etc.*

árfst

du darfst
— harfst
— schlarfst
— warfst

árft

er harft
— schlarft
ihr warft

árfte

er harfte
— schlarfte

árften

sie harften
— schlarften

árfter

ein geharfter
— geschlarfter

árftes

ein geharftes
— geschlarftes

árftest

du harftest
— schlarftest

árftet

ihr harftet
— schlarftet

árfung

die Harfung
— Schlarfung

árg

arg
er barg
verbarg
der Barg
karg
hellerkarg
überkarg
unkarg
wortkarg
zeitkarg
— Quarg
— Sarg
Kindersarg
Klappersarg
Marmorsarg
Steinsarg
Todtensarg
Jungfer *Warg*

árga

die Carga
Lithomarga
Parga
larga (manu)

árge

die arge
ich verarge
dem Barge
die Darge
— karge
ich karge
das Gekarge
dem Quarge
die Radbarge
im Sarge
ich einsarge
— targe
das Getarge
ich tscharge
das Getscharge
die Zarge
Fensterzarge
Geigenzarge
Schachtelzarge
— *Passarge*

árgel

das Quargel
— Gequargel
der Spargel
Ackerspargel
Feldspargel
Fichtenspargel
Gartenspargel
Hopfenspargel
Meerspargel
Strandspargel
Waldspargel
Wiesenspargel
die Wargel
das Gewargel

árgeln

quargeln
den Spargeln
die Wargeln
wargeln

árgelnd

quargelnd
wargelnd

árgelns

des Quargelns
— Wargelns

árgels

des Quargels
— Gequargels
— Spargels
— Gewargels

árgelt

er quargelt
— wargelt

árgem

argem
kargem

árgen

die argen
im Argen
verargen
sie bargen
— verbargen
die Dargen
— kargen
kargen
abkargen
auskargen
erkargen
nachkargen
zukargen
zusammenkargen
— Radbargen
einsargen
targen
tschargen
— Zargen

árgend

verargend
kargend
einsargend
targend
tschargend

ärgens

des Verargens
— Kargens
— Einsargens
— Targens
— Tschargens

ärger

ein Arger
— karger
der Targer
— Tscharger

ärgern

den Targern
— Tschargern

ärgers

des Targers
— Tschargers

ärges

ein arges
des Barges
ein karges
des Gekarges
— Quarges
— Sarges
— Getarges
— Getscharges
er verbarg es

ärgest

du verargest
— bargest
— kargest
— einsargest
— targest
— tschargest

ärget

ihr verarget
— barget
— verbarget
— karget
— einsarget
— target
— tscharget

ärgheit

die Argheit
— Kargkeit

ärgig

quargig
tschargig

ärgisch

argisch
lethargisch

ärgo

die *Argo*
der *Cargo*
— Supercargo
das *Embargo*
ein *Largo*

ärgos

Argos
des Cargos
— Supercargos
— Embargo's
— Largo's

ärgs

ein arg's
ich verarg's
des Bargs
er verbarg's
ein karg's
des Gekargs
— Quargs
— Sargs
— Getarg's
— Getschargs

ärgst

du verargst
— bargst
— verbargst
— kargst
— einsargst
— targst
— tschargst

ärgt

er verargt
ihr bargt
— verbargt
er kargt
eingesargt
ihr targt
— tschargt

ärgte

er verargte
— kargte
eingesargte
— targte
— tschargte

ärgten

sie verargten
— kargten
die eingesargten
sie targten
— tschargten

ärgter

ein verargter
— erkargter
ein eingesargter
— getargter
— getschargter

ärgtes

ein verargtes
— erkargtes
— eingesargtes
— getargtes
— getschargtes

ärgtest

du verargtest
— kargtest
— einsargtest
— targtest
— tschargtest

ärgtet

ihr verargtet
— kargtet
— einsargtet
— targtet
— tschargtet

[der Targüm]

ärgung

die Verargung
— Erkargung
— Einsargung
— Targung
— Tschargung

[Argus]

ärheit

die Barheit
— Baarheit
— Garheit
— Klarheit
Mittagsklarheit
Sonnenklarheit
— Offenbarheit
— Rarheit
— Sonderbarheit
— Wunderbarheit
— Wahrheit
Geschichtswahrheit
Glaubenswahrheit
Gotteswahrheit
Grundwahrheit
Halbwahrheit
Hauptwahrheit
Herzenswahrheit
Nebenwahrheit
Vernunftwahrheit

āri

Cagliari (Stadt)
Cagliari (Paul Veron.)
die *Calderai*
— *Carbonari*
Charavari

Chiari
Demerary
Ferrari
Larifari
Mundelfari
Nagelfari
al pari
die Scharivari
in singulari
Tipperary
Vasari

āria

die Aria
Lex Agraria
Antiquaria
Auxiliaria
Barattaria
Catilinaria
Capraria
Caria
Faria (de Sousa)
Icaria
Literaria
der *Paria*
vota paria
Pandataria
Particularia
Samaria
Singularia
Varia
[haaricht]

ārien

die Arien
— Actuarien
— Antiquarien
— Archivarien
— Auxiliarien
— *Canarien*
— Capitularien
Carien
— Cessionarien
— Columbarien
— Commentarien
— Commissarien
— Confessionarien
— Corollarien
Darien
— Dignitarien
— Domicellarien
— Donatarien
— Emissarien
— Exemplarien
— Fideicommissarien
— Formularien
— Herbarien
— Honorarien
— Icarien
— Inventarien
— Justitiarien
die Mandatarien
— Notarien
— Ostiarien
— Palmarien
— Plagiarien
— Planetarien
— Plenipotentiarien
— Präbendarien
— Promtuarien
— Referendarien
— Secretarien
— Seminarien
— Stationarien
— *Samarien*
— Summarien
— Urbarien
— Vikarien

āriens

Cariens
Dariens
Icariens

ārier

ein *Bajuvarier*
— *Canarier*
— *Carier*
— Proletarier
— Ripuarier
— Tertiarier
— Triarier
— Trinitarier
— Unitarier

āriern

den *Bajuvariern*
— *Canariern*
— *Cariern*
— Proletariern
— Ripuariern
— Tertiariern
— Triariern
— Trinitariern
— Unitariern

āriers

des *Bajuvariers*
— *Canariers*
— *Cariers*
— Proletariers
— Ripuariers
— Tertiariers
— Triariers
— Trinitariers
— Unitariers

ārig

fahrig
haarig
blondhaarig
braunhaarig
drachenhaarig
dünnhaarig
dunkelhaarig
flachshaarig
flatterhaarig
gelbhaarig
goldhaarig
grauhaarig
grobhaarig
harthaarig
hellhaarig
kraushaarig
kurzhaarig
langhaarig
rauchhaarig
rothhaarig
schlangenhaarig
schlichthaarig
schwarzhaarig
seidenhaarig
silberhaarig
stachelhaarig
stammhaarig
steifhaarig
stickelhaarig
stichelhaarig
unhaarig
vielhaarig
vollhaarig
weichhaarig
weißhaarig
widerhaarig
ziegenhaarig
zottelhaarig
falschpaarig
mißpaarig
sandscharig

ārinn

die Actuarinn
— Antiquarinn
— Archivarinn
— Barbarinn
— Bojarinn
— Capitularinn
— Cessionarinn
— Corsarinn
— Czaarinn
— darinn
— Donatarinn
— Fideicommissarinn
— Hospodarinn
— Jubilarinn
— Justitiarinn
— *Magyarinn*
— *Malabarinn*
— Notarinn
— Referendarinn
— Scholarinn
— Vicarinn

āris

Sidonius Apollinaris
Glaris
intercalaris (annus, dies)
Paris
Primipilaris
Semilunaris
der *Singularis*
pro focis et aris
inspectio } *ocularis*
testis }

ārisch

El Arisch
ärarisch
agrarisch
anniversarisch
antiquarisch
archivarisch
auffahrisch
barbarisch
hyperbarbarisch
bibliothekarisch
canarisch
capitularisch
cararisch
carisch
catilinarisch
commentarisch
commissarisch
compendiarisch
complimentarisch
consularisch
corollarisch
corsarisch
czaarisch
elementarisch
epistolarisch
exemplarisch
ferrarisch
fideicommissarisch
fiduciarisch
husarisch
hypothecarisch
intercalarisch
lapidarisch
liparisch
literarisch
magyarisch
malabarisch
mandatarisch
megarisch
nectarisch
parisch
parlamentarisch
plagiarisch
polarisch
pupillarisch
säcularisch
sannazarisch
scenarisch
sedentarisch
solidarisch
statarisch
statutarisch
sublunarisch
subsidiarisch
summarisch
tabellarisch
tatarisch
trinitarisch
tumultuarisch
unitarisch
urbarisch
veterinarisch
vicarisch

ārium

ein *Armarium*
— *Armamentarium*
— *Calendarium*
— *Columbarium*
— *Congiarium*
— *Corollarium*
— *Diarium*
— *Glossarium*
— *Granarium*
— *Herbarium*
— *Honorarium*
— Inventarium
Erbschaftsinventar.
Pachtinventarium
Nachlaſsinventar.
— *Itinerarium*
— *Locarium*
— *Mortarium*
— *Palmarium*
— *Planetarium*
— *Promtuarium*
— *Salarium*
— *Urbarium*

āriums

des Armariums
— Armamentariums
— Calendariums
— Columbariums
— Congiariums
— Corollariums
— Diariums
— Glossariums
— Granariums
— Herbariums
— Honorariums
— Inventariums
— Itinerariums
— Locariums
— Mortariums
— Palmariums
— Planetariums
— Promtuariums
des Salariums
— Urbariums

ārius

der Actuarius
— Antiquarius
— Archivarius
Belisarius
Camerarius
ein *Cancellarius*
Cellarius
— Cessionarius
— *Commentarius*
— Commissarius
— Complimentarius
Cornarius
— *Denarius*
— Dignitarius
— *Donatarius*
— *Falsarius*
Februarius
— *Fideicommissarius*
Hilarius
honorarius (tutor)
Januarius
der Justitiarius
— Mandatarius
Marius
— Notarius
Olearius
— Pestilentiarius
— Plagiarius
— Plenipotentiarius
— Präbendarius
Proletarius
— Referendarius
Retiarius
— Silentiarius
— *Triarius*
Varius

árk

die Mark (Goldes und Silbers)
— Probemark
— 2, 3, 4 Mark
— Zwiemark
— Mark (finis)
Altmark
Dänemark
Dorfmark
Feldmark
Finnmark
Gartenmark
Hofmark
Holzmark
Kurmark
Landmark
Lappmark
Mittelmark

Neumark
Prignitzermark
Steyermark
Trevisermark
Ukermark
Windischmark
Grafschaft *Mark*
das Gemark
— Mark
Beinmark
Binsenmark
Engelsmark
Fruchtmark
Hafermark
Hausmark
Heldenmark
Hirnmark
Knochenmark
Löwenmark
Rindsmark
Rückenmark
Steinmark
Bismark
Käsmark
Königsmark
Krusemark
Lettres de Marque
der Park
Jagdpark
Hydepark
Mungo Park
— Quark
— Schwark
Gewitterschwark
Regenschwark
— Spark
Sumpspark
stark
baumstark
engelsstark
glaubensstark
heldenstark
hünenstark
jugendstark
löwenstark
muskelstark
riesenstark
seelenstark
überstark
unstark
wunderstark
Jeanne d'Arc

árke

die Arke
— Barke
Fischerbarke
Fluthbarke
Lootsenbarke
Ruderbarke
Wasserbarke
Clarke
die Harke
Hungerharke
Schlappharke
Schlickharke
Schmachtharke
Streuharke
Tretharke
ich harke
das Geharke
die Marke
Contremarke
Landmarke
Schiedmarke
Spielmarke
Stundenmarke
— *Remarque*
ich marke
brandmarke
vermarke
entmarke
das Gemarke
im Parke
— Quarke
das Gequarke
dem Schwarke
es schwarke
dem Sparke
es sparke
die starke
ich erstarke

árken

die Arken
— Barken
— Harken
harken
abharken
anharken
aufharken
ausharken
beharken
durchharken
fortharken
nachharken
überharken
umharken
unterharken
vorharken
wegharken
zerharken
zurückharken
— Marken
marken
abmarken
ausmarken
brandmarken
einmarken
entmarken
ummarken
untermarken
vermarken
die Remarquen
den Parken
quarken
— Schwarken
schwarken
— Sparken
sparken
die starken
starken
erstarken

árkend

harkend
markend
brandmarkend
entmarkend
quarkend
schwarkend
sparkend
starkend
erstarkend

árkens

des Harkens
— Markens
Brandmarkens
Entmarkens
— Quarkens
— Schwarkens
— Sparkens
— Erstarkens

árker

ein Harker
— Marker
— Quarker
— starker

árkern

den Harkern
— Markern
— Quarkern

árkers

des Harkers
— Markers
— Quarkers

árkes

des Geharkes
— Markes
— Gemarkes
— Parkes
— Quarkes
— Gequarkes
— Schwarkes
— Sparkes
— starkes

árkest

du harkest
— markest

du brandmarkest
— entmarkest
— quarkest
— starkest
— erstarkest

ärket

er harket
— market
— brandmarket
— entmarket
— quarket
es schwarket
— sparket
er starket
— erstarket

ärkig

markig
quarkig

ärks

des Geharks
— Marks
— Gemarks
— Parks
— Quarks
— Gequarks
— Schwarks
— Sparks
ein stark's

ärkst

du harkst
— markst
— brandmarkst
— entmarkst
— quarkst
— starkst
— erstarkst

ärkt

er harkt
der Infarkt
er markt
— brandmarkt
— entmarkt
der Markt
Abendmarkt
Ablaſsmarkt
Bannmarkt
Besenmarkt
Blumenmarkt
Brotmarkt
Büchermarkt
Eismarkt
Fettmarkt
Fischmarkt
Flachsmarkt
Fleischmarkt
Freymarkt
Fruchtmarkt
Frühlingsmarkt
Gemüsemarkt
Gerumpelmarkt
Getraidemarkt
Herbstmarkt
Heumarkt
Hühnermarkt
Jahrmarkt
Kindelmarkt
Kindermarkt
Kleidermarkt
Kornmarkt
Kräutermarkt
Meſsmarkt
Milchmarkt
Morgenmarkt
Naschmarkt
Neumarkt
Alterneumarkt
Ochsenmarkt
Ostermarkt
Pferdemarkt
Plaudermarkt
Plundermarkt
Roſsmarkt
Salzmarkt
Saumarkt
Schlickmarkt
Schloſsmarkt
Schuhmarkt
Schwatzmarkt
Schweinmarkt
Schwingmarkt
Sklavenmarkt
Sommermarkt
Speisemarkt
Stadtmarkt
Tändelmarkt
Taubenmarkt
Topfmarkt
Trödelmarkt
Viehmarkt
Vogelmarkt
Vormarkt
Waschmarkt
Weihnachtsmarkt
Weinmarkt
Wintermarkt
Wochenmarkt
Wollmarkt
er quarkt
es schwarkt
— sparkt
er starkt
erstarkt

ärkte

er harkte
dem Infarkte
er markte
— brandmarkte
— entmarkte
im Markte
ich markte
es schwarkte
— sparkte
er starkte
— erstarkte

ärkten

sie harkten
den Infarkten
sie markten
— brandmarkten
— entmarkten
markten
abmarkten
ausmarkten
einmarkten
nachmarkten
verfreymarkten
— quarkten
— starkten
— erstarkten

ärkter

ein geharkter
— gemarkter
— gebrandmarkter
— entmarkter
— erstarkter

ärktes

ein beharktes
— gemarktes
— gebrandmarktes
— entmarktes
des Marktes
ein erstarktes

ärktest

du harktest
— brandmarktest
— entmarktest
— marktest
— quarktest
— erstarktest

ärktet

ihr harktet
— brandmarktet
— entmarktet
er marktet
ihr quarktet
— erstarktet

ärktisch

arktisch
antarktisch
infarktisch

ärkts

er beharkt's
— bemarkt's
des Markt's

wie quarkt's!
— schwarkt's!
— sparkt's!

árkung

die Harkung
— Markung
— Gemarkung
Feldgemarkung
Holzgemarkung
— Brandmarkung
— Entmarkung
— Erstarkung

árl

Carl
der *Jarl*
Harl
Albemarle
den Quarl
— Tarl
Arles
Charles

árle

die *Carle*
— *Jarle*
ich marle
das Gemarle
dem Quarle
ich tarle
das Getarle
dem Tarle
[der Scharlei]

árlen

den *Carlen*
— *Jarlen*
marlen
— Quarlen
tarlen
— Tarlen

árles

des Gemarles
— Quarles
— Getarles
— Tarles

árlest

du marlest
— tarlest

árlet

ihr marlet
— tarlet

ārlich

dankbarlich
ehrbarlich
nachbarlich
freundnachbarlich
offenbarlich
paarlich
urbarlich
vereinbarlich
wunderbarlich

árlich

warlich
beharrlich

árling

der Marling
— Scharling

árlings

des Marlings
— Scharlings
[S. Carlo]

ārlos

haarlos
gefahrlos
[Carlos]

árln

den *Carln*
— *Jarln*
— Quarl'n
— Tarl'n

árls

Carls
des *Jarls*
— Gemarls
— Quarls
— Tarls
— Getarls

árlt

man marlt
— tarlt

árlte

man marlte
— tarlte

árlten

sie marlten
— tarlten

árlter

gemarlter
vertarlter

árltes

gemarltes
vertarltes

árltest

du marltest
— tarltest

árltet

ihr marltet
— tarltet

árlung

die Marlung
— Tarlung [Marly]

árm

arm
ausdrucksarm
bettelarm
blutarm
freudenarm
futterarm
geistesarm
geldarm
getraidearm
glaubensarm
hausarm
holzarm
hülfsarm
kenntnißarm
lebensarm
lichtarm
mutharm
quellenarm
seelenarm
spracharm
trostarm
tugendarm
volksarm
wasserarm
wertharm
witzarm
wortarm
der Arm
Ankerarm
Balgenarm
Beutelarm
Bruderarm
Deichselarm
Eisenarm
Flußarm
Frauenarm
Haspelarm
Hauptarm
Heeresarm
Hebearm
Heldenarm
Helfarm
Hinterarm
Hundertarm
Kinderarm
Kurzarm
Langarm
Leitarm
Leuchterarm
Lilienarm
Mädchenarm
Männerarm
Meeresarm

Mutterarm
Oberarm
Pohlarm
Radarm
Räderarm
Schiftarm
Schloſsarm
Schluſsarm
Schneearm
Schwanenarm
Strahlenarm
Tausendarm
Vaterarm
Vielarm
Vorarm
Wollustarm
Zieharm
Zugarm
der Allarm
daſs Gott erbarm!
der Darm
Afterdarm
Blindedarm
Dickdarm
Felddarm
Fettdarm
Fischdarm
Grimmdarm
Hühnerdarm
Feldhühnerdarm
Katzendarm
Krummdarm
Leerdarm
Mäusedarm
Magendarm
Mastdarm
Packdarm
Quergeldarm
Scharfdarm
Schlickdarm
Wasserdarm
Weidedarm
Windedarm
Wurstdarm
Zwölffingerdarm
Place d'armes
Gensd'armes
der Harm
Herzensharm
Liebesharm
Seelenharm
der Schwarm
Bienenschwarm
Wasserbienen-
Dichterschwarm
Festschwarm
Fliegenschwarm
Geisterschwarm
Heideschwarm
Ichschwarm
Kunstschwarm
Menschenschwarm
Mutterschwarm
Mückenschwarm
Nachbeterschwarm
Räuberschwarm
Reiterschwarm
Soldatenschwarm
Stammschwarm
Volksschwarm
Wasserschwarm
warm
badewarm
brühwarm
feuchtwarm
fieberwarm
freyheitswarm
glaubenswarm
herzwarm
liebewarm
mattwarm
naſswarm
schluckwarm
sonnenwarm
überwarm
weinwarm

árma

ad arma!
Parma

árme

der Arme
ich verarme
im Arme
ich umarme
im Allarme
die Barme
ich barme
das Gebarme
ich erbarme
dem Darme
— Harme
— Schwarme
die warme
ich erwarme

ármel

Carmel
die Harmel
der Marmel
das Gemarmel

ármeln

die Harmeln
den Marmeln
marmeln

ármels

Carmels
des Marmels
— Gemarmels

ármen

die Armen
erarmen
verarmen
den Armen
bearmen
umarmen
das Wiederumarmen
barmen
erbarmen
— Erbarmen
Allerbarmen
Barmen
das Carmen
Geburtstagscarmen
Hochzeitscarmen
Leichencarmen
Neujahrscarmen
Trauercarmen
die *Gensd'armen*
— warmen
warmen
erwarmen
nachwarmen

ármend

erarmend
verarmend
umarmend
barmend
erbarmend
allerbarmend
warmend
erwarmend

ármens

des Verarmens
— Umarmens
— Barmens
— Erbarmens
— Carmens
— Erwarmens

ármer

ein Armer
der Barmer
— Erbarmer
Allerbarmer
— Marmer (Marmor)
Augenmarmer
Bandmarmer
Bildermarmer
Drusenmarmer
Eisenmarmer
Gypsmarmer
Salzmarmer
Schneckenmarmer
v. Carmer

ármern

den Barmern
— Erbarmern
— Marmern

ármers
des Barmers
— Erbarmers
— Marmers

ármes
ein armes
des Armes
— Allarmes
— Gebarmes
— Darmes
— Harmes
— Schwarmes
ein warmes

ármeſt
du verarmest
— umarmest
— barmest
— erbarmest
— erwarmest

ármet
er verarmet
— umarmet
— barmet
— erbarmet
— erwarmet

ármig
armig
1-, 2-, 3- *etc.* armig
gleicharmig
hundertarmig
kurzarmig
langarmig
lilienarmig
schönarmig
tausendarmig
weiſsarmig
barmig

ármlos
armlos
harmlos

árms
des Arms
— Allarms
— Gebarms
Gott erbarms!
— Darms
— Harms
— Schwarms
ein warm's
[Harms]

ármt
er verarmt
— umarmt
— barmt
er erbarmt
— erwarmt

ármte
er verarmte
— umarmte
— barmte
— erbarmte
— erwarmte

ármten
sie verarmten
— umarmten
— barmten
— erbarmten
— erwarmten

ármter
ein verarmter
— umarmter
— erwarmter

ármtes
ein verarmtes
— umarmtes
— erwarmtes

ármteſt
du verarmtest
— umarmtest
— barmtest
— erbarmtest
— erwarmtest

ármtet
ihr verarmtet
— umarmtet
— barmtet
— erbarmtet
— erwarmtet

ármung
die Verarmung
— Umarmung
— Barmung
— Erbarmung
— Erwarmung
[Epicharmus]

árn
der Barn
Heubarn
Bearn
— Farn
Aehrenfarn
Brassenfarn
Eichfarn
Eselsfarn
Flügelfarn
Fühlfarn
Gitterfarn
Kammfarn
Knöpfchenfarn
Milchfarn
Pillenfarn
Punctfarn
Rainfarn
Saumfarn
Schwanzfarn
Spitzfarn
Steinfarn
Strauſsfederfarn
Streifenfarn
Sumpffarn
Süſsfarn
Traubenfarn
Troſsfarn
Tupfelfarn
Waldfarn
Weinfarn
Wurmfarn
das Garn
Beutelgarn
Bügelgarn
Deckgarn
Dochtgarn
Finkengarn
Fischgarn
Fischergarn
Flachgarn
Fliegengarn
Flieſsgarn
Floſsgarn
Glockengarn
Groſsgarn
Grundgarn
Hanfgarn
Hängegarn
Hasengarn
Hirschgarn
Hochgarn
Hühnergarn
Ingarn
Jägergarn
Kameelgarn
Karduſsgarn
Klebegarn
Klöppelgarn
Klopfgarn
Koffergarn
Lauschgarn
Leingarn
Leinengarn
Lerchengarn
Lichtgarn
Liengarn
Linnengarn
Löthgarn
Mardergarn
Mariengarn
Mückengarn
Nachlenkgarn
Nachtgarn
Nesselgarn

Nonnengarn
Packgarn
Plattgarn
Prellgarn
Radgarn
Rinnengarn
Sackgarn
Salmgarn
Saugarn
Schiemannsgarn
Schnakengarn
Schnappgarn
Schneegarn
Schustergarn
Schwefelgarn
Stoſsgarn
Streichgarn
Stickgarn
Strickgarn
Strumpfgarn
Tagegarn
Takelgarn
Trachtgarn
Treibgarn
Trensgarn
Wadstelgarn
Wassergarn
Wildgarn
Wirrgarn
Wolfsgarn
Wurfgarn
Ziehgarn
Zubuſsgarn
Zuggarn
der Harn
— Karn
— Scharn
— Schmarn
— Sparr'n
— *Tarn*

árne

dem Barne
— Farne
— Garne
ich umgarne
dem Harne
ich harne
das Geharne
im Karne
ich karne
das Gekarne
die *Marne*
dem Scharne
— Schmarne
ich warne
das Gewarne

árnen

den Barnen
— Farnen
— Garnen
garnen
eingarnen
ergarnen
umgarnen
vergarnen
harnen
ausharnen
beharnen
mitharnen
überharnen
umharnen
unterharnen
wegharnen
das Blutharnen
karnen
nachkarnen
warnen
abwarnen
verwarnen

árnend

garnend
umgarnend
harnend
karnend
warnend

árnens

des Umgarnens
— Harnens
— Karnens
— Warnens

árner

ein *Bearner*
— *Glarner*
— Karner
der Marner
— Warner
— Verwarner
— Umgarner

árnern

den *Bearnern*
— *Glarnern*
— Karnern
— Marnern
— Warnern
— Umgarnern

árners

des *Bearners*
— *Glarners*
— Karners
— Marners
— Warners
— Umgarners

árnes

des Barnes
— Farnes
— Garnes
— Harnes
des Geharnes
— Karnes
— Gekarnes
— Scharnes
— Schmarnes
— Gewarnes

árneſt

du umgarnest
— harnest
— karnest
— warnest

árnet

er umgarnet
— harnet
— karnet
— warnet

árnig

feingarnig
grobgarnig
harnig
blutharnig

ārnis

die Ersparnis
Holzersparnis
Lichtersparnis
Zeitersparnis
— Fahrniſs

árniſch

bearnisch
glarnisch
der Harnisch
Allermannsharnisch
Beinharnisch
Brustharnisch
Damastharnisch
Goldharnisch
Mannsharnisch
Wasserharnisch

árno

der *Arno*
Jarno
Locarno
d'Arnaud
Carnot

árns

Bearns
des Barns
— Farns
— Garns
— Geharn's
— Harns
— Karns
— Gekarn's
— Scharns
— Schmarns
— Gewarn's
— Sparr'ns

árnſt

du umgarnst
— harnst
— karnst
— warnst

árnt

er umgarnt
— harnt
— karnt
— warnt
Arndt

árnte

er umgarnte
— harnte
— karnte
— warnte

árntem

umgarntem
beharntem
gewarntem

árnten

sie umgarnten
— beharnten
— karnten
— warnten

árnter

ein umgarnter
— beharnter
— gewarnter

árntes

ein umgarntes
— beharntes
— gewarntes

árnteſt

du umgarntest
— harntest
— karntest
— warntest

árntet

ihr umgarntet
— harntet
— karntet
— warntet

árnung

die Umgarnung
— Beharnung
— Warnung
— Verwarnung
— Pfandwarnung

āro

Baro
Bolongaro
mio Caro
ein *Calderaro*
— *Carbonaro*
Cattaro
Cornaro
der *Faro*
Gennaro
Lopez de Haro
Maro
Sannazaro
[Carreau]

āron

Aaron
der Aron
Bergaron
Charon
Saron

ārons

Aarons
des Arons
Charons
Sarons
[Aroph]

āros

des *Calderaro's*
— *Carbonaro's*
— *Faro's*
Maro's
Paros
Pharos

árp

Polycarp
la Harpe
die *Contrescarpe*
Echarpe
Escarpe
Scarpe

árpe

die *Harpe*
ich knarpe
das Geknarpe
ich schnarpe
das Geschnarpe
ich warpe
das Gewarpe
die *Contrescarpe*
[knarpeln]

árpen

die *Harpen*
— *Contrescarpen*
knarpen
schnarpen
warpen

árpend

knarpend
schnarpend
warpend

árpens

des Knarpens
— Schnarpens
— Warpens

árpes

des *Polycarpes*
— Geknarpes
— Geschnarpes
— Gewarpes

árpeſt

du knarpest
— schnarpest
— warpest

árpet

es knarpet
er schnarpet
ihr warpet

árpfen

harpfen
der Karpfen
Bartkarpfen
Deputatkarpfen
Donaukarpfen
Dornkarpfen
Fahrkarpfen
Fischerkarpfen
Flußkarpfen
Goldkarpfen
Grundkarpfen
Hauptkarpfen
Karauschenkarpfen
Königskarpfen
Lederkarpfen
Leichkarpfen
Mooskarpfen
Pfuhlkarpfen
Rheinkarpfen
Samenkarpfen
Satzkarpfen
Schusterkarpfen
Schneiderkarpfen
Seekarpfen
Setzkarpfen
Sittigkarpfen
Spiegelkarpfen
Stachelkarpfen
Streichkarpfen
Strichkarpfen
Stromkarpfen
Teichkarpfen
Karpfen

árps

Polycarps
des Geknarps
— Gescharps
— Gewarps

árpst

du knarpst
— schnarpst
— warpst

árpt

es knarpt
er schnarpt
— warpt

árpte

er knarpte
— schnarpte
— warpte

árpten

sie knarpten
— schnarpten
— warpten

árpter

ein zerknarpter
— gewarpter

árptes

ein zerknarptes
— gewarptes

árptest

du knarptest
— schnarptest
— warptest

árpung

die Knarpung
— Schnarpung
— Warpung

árpus

der *Carpus*
— *Polycarpus*

árr *siehe* **ár**

árra

der *Arra*
die *Arrha*
Ibarra
Lasarra
Navarra

árras

Arras
Barras
der *Harras*
— *Sarras*
— Tarras

árre

die Barre
Eisbarre
Felsenbarre
Goldbarre
Sandbarre
Silberbarre
— bigarre
— bizarre
— Cigarre
— Darre
Cichoriendarre
Hanfdarre
Hopfendarre
Malzdarre
Obstdarre
Pflaumendarre
Rückendarre
ich darre
das Gedarre
der Farre
Opferfarre
die Gabarre
ich gnarre
das Gegnarre
die Guitarre
ich harre
das Geharre
die Harre
— Karre
Rackerkarre
Schäferkarre
ich karre
das Gekarre
dem Katarrhe
ich knarre
das Geknarre
die Knarre
Wiesenknarre
der Narre
ich narre
das Genarre
die Pfarre
Buſspfarre
Consistorialpfarre
Darbpfarre
Grundherrnpfarre
Hauptpfarre
Herrenpfarre
Landpfarre
Nachpfarre
Nebenpfarre
Patronatspfarre
Pönitenzpfarre
Schloſspfarre
Stadtpfarre
Stiftspfarre
Strafpfarre
Tochterpfarre
Wechselpfarre
ich pfarre
der Pfarre
die Plarre
— Quarre
das Gequarre
ich scharre
das Gescharre
die Scharre
Harzscharre
Holzscharre
Pechscharre
Pflugscharre
Ruſsscharre
Trogscharre
ich schlarre
das Geschlarre
die Schlarre
— Schmarre
ich schmarre
das Geschmarre
ich schnarre
das Geschnarre
die Schnarre
Heckenschnarre
Thauschnarre
ich zusparre
das Gesparre
ich starre
erstarre
das Gestarre
die starre
— Halsstarre
— Tabarre
ich tarre
das Getarre
ich verglarre
im Wirrwarre

árrem

bigarrem
bizarrem
starrem

árren

die Barren
verbarren
— bigarren
— bizarren
— Cigarren
— Darren
darren
abdarren
nachdarren
überdarren
— Farren
— Gabarren
gnarren
— Guitarren
harren
abharren
ausharren
beharren
durchharren

entgegenharren
erharren
nachharren
verharren
karren
abkarren
ankarren
aufkarren
auskarren
einkarren
fortkarren
nachkarren
niederkarren
überkarren
umkarren
unterkarren
verkarren
vorkarren
vorankarren
vorbey- *etc.* karren
wegkarren
der Karren
Bergkarren
Bierkarren
Brotkarren
Dreckkarren
Klippkarren
Kummkarren
Laufkarren
Müllerkarren
Munitionskarren
Pferdekarren
Pulverkarren
Salzkarren
Sandkarren
Scherbenkarren
Schiebekarren
Schiefskarren
Schinderkarren
Schubkarren
Schüttekarren
Stollenkarren
Stückkarren
Stürzkarren
Thespiskarren
den Katarrhen
knarren
aufknarren
erknarren
mitknarren
nachknarren
verknarren
vorknarren
die Knarren
— Narren
narren
abnarren
ausnarren
fortnarren
mitnarren
nachnarren
vernarren
die Pfarren
pfarren
auspfarren
einpfarren
zusammenpfarren
der Pfarren
die Plarren
— Quarren
quarren
— Scharren
scharren
abscharren
aufscharren
ausscharren
durchscharren
einscharren
entscharren
erscharren
hervorscharren
hineinscharren
mitscharren
nachscharren
überscharren
umscharren
unterscharren
verscharren
vorscharren
wegscharren
zerscharren
zuscharren
zusammenscharren
der Scharren
Brotscharren
Fleischscharren
schlarren
die Schlarren
— Schmarren
schmarren
— Schnarren
schnarren
anschnarren
ausschnarren
fortschnarren
überschnarren
umschnarren
vorschnarren
zuschnarren
der Sparren
Bindesparren
Dachsparren
Ecksparren
Füllsparren
Gegensparren
Gradsparren
Grathsparren
Halbsparren
Katzsparren
Kehlsparren
Lehrsparren
Rohrsparren
Schiftsparren
Schindelsparren
Strohsparren
Thürsparren
Walmsparren
Windsparren
Winkelsparren
Ziegelsparren
zusparren
starren
abstarren
anstarren
aufstarren
ausstarren
durchstarren
emporstarren
erstarren
hinstarren
nachstarren
niederstarren
überstarren
umstarren
umherstarren
unterstarren
verstarren
vorstarren
vorbeystarren
wegstarren
zustarren
zurückstarren
die starren
— Tabarren
tarren
der Tarren

árrend

verbarrend
darrend
gnarrend
harrend
fehlerharrend
karrend
knarrend
narrend
pfarrend
quarrend
scharrend
schlarrend
schmarrend
schnarrend
zuscharrend
starrend
borstenstarrend
erzstarrend
verglarrend
tarrend

árrens

des Verbarrens
— Darrens
— Gnarrens
— Harrens

des Karrens
— Pulverkarrens
— Knarrens
— Vernarrens
— Einpfarrens
— Pfarrens
— Quarrens
— Scharrens
— Verscharrens
— Schlarrens
— Schmarrens
— Schnarrens
— Sparrens
— Zusparrens
— Starrens
— Tarrens

árrer

ein bigarrer
— bizarrer
— Narrer
— Pfarrer
Dompfarrer
Dorfpfarrer
Landpfarrer
Oberpfarrer
Ortspfarrer
Schloſspfarrer
Stadtpfarrer
Stiftspfarrer
Unterpfarrer
— Quarrer
— Scharrer
— Harzscharrer
— Schnarrer
— starrer
— Tarrer

árrern

mit bigarrer'n
— bizarrer'n
den Narrern
— Pfarrern
— Quarrern
— Scharrern
— Schnarrern
mit starrer'n
den Tarrern

árrers

ein bigarrer's
— bizarrer's
des Narrers
— Pfarrers
— Quarrers
— Scharrers
— Schnarrers
ein starrer's
des Tarrers

árres

ein bigarres
— bizarres
des Gedarres
— Gegnarres
— Geharres
— Gekarres
— Katarrhes
— Geknarres
— Genarres
— Gequarres
— Gescharres
— Geschlarres
— Geschmarres
— Geschnarres
— Gesparres
— Gestarres
ein starres
des Getarres
— Wirrwarres

árrest

bigarrest
bizarrest
du verbarrest
— darrest
— gnarrest
— harrest
— karrest
— knarrest
— narrest
— pfarrest
— quarrest
— scharrest
— schlarrest
— schmarrest
— schnarrest
— zusparrest
— starrest
starrest
— verglarrest
— tarrest

árret

er verbarret
— darret
— gnarret
— harret
— karret
— knarret
— narret
— pfarret
— quarret
— scharret
— schlarret
— schmarret
— schnarret
zugesparret
— starret
— verglarret
— tarret

árrheit

die Bizarrheit
— Narrheit
— Starrheit

árrig

knarrig
scharrig
schmarrig
schnarrig
sparrig
starrig
halsstarrig

árrisch

katarrhisch
navarrisch
pizarrisch

árrlich

beharrlich
verharrlich
unbeharrlich
pfarrlich
warlich!

árro

Pizarro
Varro
Carreau

árros

Pizarro's
Varro's
Carreau's

árrs — árs

ein bigarr's
— bizarr's
des Gedarr's
— Gegnarr's
— Geharr's
— Gekarr's
— Katarrhs
— Geknarrs
— Genarrs
— Gequarrs
— Gescharrs
— Geschlarrs
— Geschmarrs
— Geschnarrs
— Gestarrs
ein starr's
des Gestarrs
— Wirwarrs
Ars
— *Adebars*
Ademars
Bolivars
Isaschars
Potiphars
Mars
der Mars
Besanmars
Fockmars
Vormars

árrst

bigarr'st
bizarr'st
du verbarrst
— darrst
— gnarrst
— harrst
— karrst
— knarrst
— narrst
— pfarrst
— quarrst
— scharrst
— schlarrst
— schmarrst
— schnarrst
— zusparrst
— verglarrst
— tarrst
er barst
— zerbarst
der Karst

árrste — árste

der bigarrste
— bizarrste
— starrste
dem Karste
der schnarste

árrstem

mit bigarrstem
— bizarrstem
— starrstem
— schnarstem

árrsten

die bigarrsten
— bizarrsten
— starrsten
— schnarsten

árrster

mit bigarrster
— bizarrster
— starrster
— schnarster

árrstes

bigarrstes
bizarrstes
starrstes
des Karstes
schnarstes

árrt — árt

er verbarrt
— darrt
es gnarrt
er harrt
— karrt
— knarrt
— narrt
eingepfarrt
— quarrt
er scharrt
— schlarrt
— schmarrt
— schnarrt
zugesparrt
— starrt
— verglarrt
— tarrt
alart
apart
der Eisengart
Engelhart
die Gegenwart
Allgegenwart
Geistesgegenwart
hart
beinhart
demanthart
demantberghart
eisenhart
federhart
felsenhart
glashart
hornhart
kieselhart
krieghart
lindhart
marmorhart
prasselhart
rothhart
stahlhart
steinhart
wasserhart
der Hagart
— Juchart
Malepart
— Neidhart
— Part
Contrepart
Gegenpart
Schiffspart
Widerpart
ein Quart
Füllquart
die *Quarte*
der Spart
— Wart
Aufwart
Bannwart
Büchersaalwart
Minnewart
Münzwart
Rechtswart
Ritterwart
Schulwart
Stockwart
Stückwart
Waldwart
Zeitwart
Zeugwart
Zimmerwart
— Wegewart
der Widerwart
Descartes

árrte — árte

er verbarrte
— darrte
es gnarrte
er harrte
— karrte
— knarrte
— narrte
der eingepfarrte
er quarrte
— scharrte
— schlarrte
— schmarrte
— schnarrte
das zugesparrte
er starrte
— verglarrte
— tarrte
arte et marte
alarte
aparte
Astarte
Bonaparte
die Barte
Bergbarte
Handbarte
Maatbarte
Mahlbarte
Schiebbarte
Unterbarte
Wallfischbarte
— harte
ich erharte
Huarte
dem Jucharte
die Karte
Abschiedskarte
Aufenthaltskarte
Bergkarte
Beykarte
Einladungskarte
Einlaſskarte
Eintrittskarte
Erdkarte
Erdkugelkarte
Fehlkarte
Fluhrkarte
Fluſskarte
Forstkarte
Freykarte
Generalkarte
Gesteinkarte
Hexenkarte
Himmelskarte
Himmelskugelkarte
Höhenkarte
Karniffelkarte
Kaufkarte
Kriegskarte

Kugelkarte
Halbkugelkarte
Länderkarte
Landkarte
l'Hombrekarte
Mondkarte
Musterkarte
Paſskarte
Piquetkarte
Postkarte
Seekarte
Sicherheitskarte
Specialkarte
Spielkarte
Stammkarte
Sternkarte
Stromkarte
Tarockkarte
Trapolirkarte
Türkenkarte
Visitenkarte
Wasserkarte
Weltkarte
Whistkarte
Zählkarte
ich karte
das Gekarte
proprio marte
dem Neidharte
— Parte
ich parte
das Geparte
dem Quarte
die Quarte
in Quarte
dem Sparte
die Sparte
— Standarte
— Warte
Burgwarte
Feuerwarte
Hochwarte
Lichtwarte
Sternwarte
Wasserwarte
der Warte
dem Warte
Minnewarte
ich warte
das Gewarte
dem Wegewarte
— Widerwarte
Yriarte

árrtem — ártem

verbarrtem
gedarrtem
erharrtem
vernarrtem
eingepfarrtem
verscharrtem
geschmarrtem
angeschnarrtem
zugesparrtem
erstarrtem
vertarrtem
fiat secundum artem
alartem
apartem
hartem
ad partem

árrten — árten

sie verbarrten
— darrten
— gnarrten
— harrten
— karrten
— knarrten
— narrten
die eingepfarrten
sie quarrten
— scharrten
— schlarrten
— schmarrten
— schnarrten
die zugesparrten
sie starrten
— verglarrten
— tarrten
— alarten
die aparten
— Barten
der Garten
Auferstehungs-
Baumgarten
Bienengarten
Blumengarten
Burggarten
Egegarten
Eichelgarten
Fasanengarten
Feigengarten
Feldgarten
Fohlengarten
Fruchtgarten
Füllengarten
Gemüsegarten
Gestütgarten
Grasgarten
Hetzgarten
Heuergarten
Hirschgarten
Hopfgarten
Irrgarten
Kaninchengarten
Klostergarten
Kohlgarten
Krätzgarten
Krautgarten
Kuchengarten
Küchengarten
Landgarten
Lustgarten
Nuſsgarten
Obstgarten
Oelgarten
Palmengarten
Pappelgarten
Paradiesgarten
Pfarrgarten
Pflanzengarten
Pflanzgarten
Prinzengarten
Rosengarten
Rübengarten
Saugarten
Schönheitsgarten
Setzgarten
Sommergarten
Thiergarten
Todtengarten
Vogelgarten
Waldgarten
Weingarten
Wildgarten
Wintergarten
Wolfsgarten
Wonnegarten
Zaubergarten
Zehrgarten
Ziergarten
Zuchtgarten
Zwingergarten
Kosegarten
Morgarten
die harten
erharten
verharten
— Karten
karten
abkarten
erkarten
nachkarten
verkarten
den Parten
parten
ausparten
die Quarten
in Quarten
die Standarten
— Warten
warten
abwarten
anwarten
aufwarten
auswarten
einwarten
erwarten
zurückerwarten
gewarten
miſswarten
nachwarten
umwarten
verwarten
vorwarten

árrter — ärter

ein verbarrter
— gedarrter
— erharrter
— vernarrter
— eingepfarrter
— verscharrter
— geschmarrter
— angeschnarrter
— zugesparrter
— erstarrter
— vertarrter
— alarter
— aparter
— harter
— Karter
die Marter
Höllenmarter
Leibesmarter
Seelenmarter
das Gemarter
der Parter
— *Parther*
das Quarter
ein *Sparter*
der Sarter
— Warter
Anwarter
Seelwarter
Vorwarter
— Ehezarter
Chartres
Montmartre

árrter'n — ärtern

einen ausgedarrter'n
— vernarrter'n
— erstarrter'n
— alarter'n
— aparter'n
den Kartern
die Martern
martern
abmartern
ausmartern
entmartern
ermartern
mitmartern
nachmartern
zermartern
den Partern
— *Parthern*
in Quartern
den *Spartern*
— Sartern
— Wartern
— Ehezartern

árrter's — ärters

ein ausgedarrter's
— vernarrter's
ein erstarrter's
— alarter's
— aparter's
des Karters
— Gemarters
— Parters
— *Parthers*
— Quarters
— *Sparters*
— Sarters
— Warters
— Ehezarters

árrtes — ärtes

ein verbarrtes
— gedarrtes
— erharrtes
— vernarrtes
— eingepfarrtes
— verscharrtes
— geschmarrtes
— angeschnarrtes
— zugesparrtes
— erstarrtes
— vertarrtes
septem sunt artes
— alartes
— apartes
— hartes
des Juchartes
— Gekartes
— Neidhartes
— Partes
Itio in partes
ad partes
— Quartes
— Spartes
— Wegewartes
— Widerwartes
— Gewartes

árrtest — ärtest

du verbarrtest
— darrtest
— gnarrtest
— harrtest
— karrtest
— knarrtest
— narrtest
— pfarrtest
— quarrtest
— scharrtest
— schlarrtest
— schmarrtest
— schnarrtest
— zusparrtest
— starrtest
— verglarrtest
— tarrtest
alartest
apartest
du erhartest
— kartest
— partest
— wartest

árrtet — ärtet

ihr verbarrtet
— darrtet
— gnarrtet
— harrtet
— karrtet
— knarrtet
— narrtet
— pfarrtet
— quarrtet
— scharrtet
— schlarrtet
— schmarrtet
— schnarrtet
— zusparrtet
— starrtet
— verglarrtet
— tarrtet
— erhartet
— kartet
— partet
— wartet

árrung

die Verbarrung
— Abdarrung
— Erharrung
— Karrung
— Vernarrung
— Einpfarrung
— Verscharrung
— Schmarrung
— Anschnarrung
— Zusparrung
— Erstarrung

ārs — āhrs

der Ars
des Aars
— Actuars
— Altars
— Antiquars
der Baars
Flußbaars
Giftbaars
Goldbaars
Hechtbaars
Kaulbaars
Weißbaars
des Bibliothekars
— Capitulars
— Cessionars
— Commentars
— Confessionars
— Corollars
— Czaars

des Defterdars
— Denars
— Dignitars
— Donatars
— Dromedars
— Exemplars
— Februars
— Fideicommissars
— Formulars
— Grossulars
— Haars
— Honorars
— Hospodars
— Januars
— Inventars
— Jubilars
— Justitiars
— Kasuars
— Kaviars
— Klars
— Geklars
— Kolkothars
— Mandatars
— Mobiliars
— Notars
— Nachbars
— Paars
— Gepaar's
— Plagiars
— Plenipotentiars
— Präbendars
— Referendars
— Geschaars
— Schwars
— *Schypetars*
— Seminars
— *Silidars*
— Singulars
— Spars
— Gespar's
— Stars
— Staars
— Stationars
— Talars
— Torculars
— Trokars
— *Tschokodars*
— Urbars
— Vicars
etwas auxiliar's
ein baar's
— binocular's
— bolar's
— canicular's
— consular's
— immerdar's
— elementar's
— familiar's
— gar's
— klar's
— lapidar's
ein literar's
— manipular's
— mobiliar's
— ocular's
— particular's
— perpendicular's
— polar's
— regular's
— säcular's
— titular's
was war's?
— abdringbar's *etc. bis* zwingbar's *siehe* ar
fahr's!
des Vorfahrs
— Jahrs
— Kahrs
— Mahrs
ein wahr's
bewahr's!
des Verwahrs
Abelards
— Bastards
— *Batards*
— *Bayards*
— *Billards*
— *Brancards*
— *Broucards*
die *Boulevard's*
des *Camisards*
— *Compagnards*
— *Egards*
Hazards
— *Liards*
— *Lombards*
— *Regards*
— *Remparts*
— *Trainards*
— *Battoirs*
— *Comptoirs*
— *Conservatoirs*
— *Crachoirs*
— *Devoirs*
— *Dressoirs*
— *Entonnoirs*
— *Eteignoirs*
— *Lavoirs*
— *Moirs*
— *Miroirs*
— *Rouge et Noirs*
— *Parloirs*
— *Plioirs*
— *Pouvoirs*
— *Ratisoirs*
— *Repertoirs*
— *Reservoirs*
— *Sautoirs*
— *Savoirs*
— *Trottoirs*

árs *siehe* árrs

ārsam — āhrsam

sparsam
gesparsam
fahrsam
nahrsam
wahrsam
der Gewahrsam
— Verwahrsam

ārsams

ein sparsam's
— fahrsam's
— nahrsam's
— wahrsam's
des Gewahrsams
— Verwahrsams

ārsamst

sparsamst
fahrsamst
nahrsamst
wahrsamst

ársch

barsch
harsch
die Marsch
marsch!
vorwärtsmarsch!
der Marsch
Abmarsch
Anmarsch
Aufmarsch
Ausmarsch
Brautmarsch
Contremarsch
Durchmarsch
Eilmarsch
Einmarsch
Ergebungsmarsch
Fahnenmarsch
Flankenmarsch
Fortmarsch
Freudenmarsch
Friedensmarsch
Gegenmarsch
Geschwindmarsch
Grenadiermarsch
Hermarsch
Hinmarsch
Leichenmarsch
Nachmarsch
Nachtmarsch
Parademarsch
Reitermarsch
Rückmarsch
Seitenmarsch
Siegesmarsch
Tagemarsch
Todtenmarsch
Trauermarsch
Trompetenmarsch

Vormarsch
Vorbeymarsch
Vorübermarsch
Zurückmarsch
au large
Charge
Decharge
Demarche

ārsch

der Arsch
Kaularsch
Leckarsch
Weiſsarsch
der Barsch
Fluſsbarsch
Giftbarsch
Goldbarsch
Kaulbarsch
Weiſsbarsch
ärar'sch *etc.* *bis* vicar'sch *siehe* **arisch**

ársche

die barsche
— harsche
das Geharsche
in der Marsche
im Marsche
ich marsche
das Gemarsche
die Sarsche
Kronsarsche
Landsarsche
Strichsarsche
die *Bolivarsche etc.*

ārsche

im Arsche
dem Barsche
die ärar'sche *etc.* *bis* vicar'sche *siehe* **arisch**

árschen

die barschen
— harschen
harschen
beharschen
erharschen
überharschen
verharschen
zusammenharschen
die Marschen
marschen
— *Bolivarschen etc.*

ārschen

den Barschen
die ärar'schen *etc.* *bis* vicar'schen *siehe* **arisch**

árschend

harschend
verharschend
marschend

árschens

des Harschens
— Verharschens
— Marschens

árscher

ein barscher
— harscher

ārscher

ein ärar'scher *etc.* *bis* vicar'scher *siehe* **arisch**

árschern

einen barscher'n
— harscher'n

ārschern

einen ärar'schern *etc.* *bis* vicar'schern *siehe* **arisch**

árschers

ein barscher's
— harscher's

ārschers

ein ärar'scher's *etc.* *bis* vicar'scher's *siehe* **arisch**

ársches

ein barsches
— harsches
des Geharsches
— Marsches
— Gemarsches
ein *Bolivarsches etc.*

ārsches

des Arsches
— Barsches
ein ärar'sches *etc.* *bis* vicar'sches *s.* **arisch**

árschest

barschest
harschest
du harschest
verharschest
— marschest

árschet

ihr harschet
ihr verharschet
— marschet

árschheit

die Barschheit
— Harschheit

árschs

ein barsch's
— harsch's
des Geharsch's
— Marschs
— Gemarsch's

ārschs

des Arschs
— Barschs
ein ärar'sch's *etc.* *bis* vicar'sch's *siehe* **arisch**

árschst

barschst
harschst
du harschst
— verharschst
— marschst

ārschst

ärar'schs't *etc.* *bis* vicar'schst *siehe* **arisch**

árscht

er harscht
— verharscht
— marscht

árschte

es harschte
— verharschte
er marschte

árschten

sie harschten
— verharschten
— marschten

[verharschter
verharschtes]

árschtest

du harschtest
— verharschtest
— marschtest

árschtet

ihr harschtet
— verharschtet
— marschtet

árschung

die Verharschung
— Durchmarschung

árse

der Comparse
die *Farce*
der *Marse*
— *Parse*

ársen

die Comparsen
— *Dithmarsen*
— *Farcen*
— *Marsen*
— *Parsen*

ársim

Sparsim
mene mene tekel apharsim!

ársis

die *Arsis*
Anacharsis

ársisch

dithmarsisch
marsisch
parsisch

ārst — āhrst

bar'st
baar'st
du entbrennbarst
familiar'st
— gebar'st
— wiedergebar'st
— haarst
— klar'st
klar'st
— benachbarst
— offenbarst
— paarst
— rar'st
— schaarst
— sparst
— tarst
— beurbarst
— verbarst
— vereinbarst
— verlautbarst
— versichtbarst
— verunsichtbarst
— warst
abdringbar'st *etc. bis* zwingbar'st *s.* ar
— abbahrst
— aufbahrst
— fahrst
— erjahrst
du verjahrst
— wahrst
— verwahrst
wahrst

árst *siehe* árrst

ārste

die barste
— baarste
— elementarste
— familiarste
— garste
— klarste
— particularste
— perpendicularste
— polarste
— regularste
— säcularste
— abdringbarste *etc. bis* zwingbarste *s.* ar
— wahrste

árste *siehe* árrste

ārstem

barstem
baarstem
elementarstem
familiarstem
garstem
klarstem
particularstem
perpendicularstem
polarstem
rarstem
regularstem
säcularstem
abdringbarstem *etc. bis* zwingbarstem *siehe* ar
wahrstem

árstem *siehe* árrstem

ārsten

die barsten
— baarstem
— elementarsten
— familiarsten
— garsten
— klarsten
— particularsten
— perpendicularsten
— polarsten
— rarsten
— regularsten
— säcularsten
— abdringbarsten *etc. bis* zwingbarsten *siehe* ar
— wahrsten

ársten *siehe* árrsten

ārster

in barster
— baarster
— elementarster
— familiarster
— garster
— klarster
— particularster
— perpendicularster
— polarster
— rarster
— regularster
— säcularster
— abdringbarster *etc. bis* zwingbarster *siehe* ar
— wahrster

árster *siehe* árrster

ārstes

barstes
baarstes
elementarstes
familiarstes
garstes
klarstes
particularstes
perpendicularstes
polarstes
rarstes
regularstes
säcularstes
abdringbarstes *etc. bis* zwingbarstes *siehe* ar
wahrstes
du warst es *etc.*

árstes *siehe* árrstes

[gárstig]

ārt

die Art
Abart
Ausdrucksart
Auslegungsart
Aeusserungsart
Bauernart
Bereicherungsart
Bereitungsart
Bestellungsart
Bezifferungsart
Bildungsart
Bleyart
Bösart
Bohnenart
Darstellungsart
Denkart
Denkungsart
Dichtart
Hirtendichtart

Dichterart
Dichtungsart
Endart
Endungsart
Engelart
Entstehungsart
Erbart
Erdart
Erklärungsart
Feldart
Flammenart
Frauenart
Frühart
Frühlingsart
Gangart
Gebirgsart
Gedenkungsart
Gemüthsart
Geschlechtsart
Getraideart
Götterart
Granitart
Gurkenart
Halbart
Handlungsart
Hauptart
Herbstart
Hirtenart
Hofart
Jagdart
Jünglingsart
Jugendart
Jungfernart
Kinderart
Knabenart
Kürbisart
Landart
Landesart
  Vaterlandsart
Lebensart
Lehrart
  Schullehrart
Leibesart
Luftart
Mädchenart
Männerart
Marmorart
Menschenart
Mittelart
Mundart
Nebenart
Nymphenart
Obstart
Pelzart
Pfefferart
Pflanzenart
Rabenart
Radart
Rechnungsart
  Hauptrechnungsart
Redart
Redensart

Regierungsart
Reimart
Reizart
Ritterart
Rohrart
Scheinart
Schlußart
Schreibart
  Kanzleyschreibart
  Steinschreibart
Sehart
Setzart
Sinnesart
Sommerart
Spätart
Spielart
Sprechart
Steinart
  Quarzsteinart
Thonart
Todesart
Tonart
Türkenart
Unart
Vaterart
Verfahrungsart
Verhaltungsart
Versart
Vorstellungsart
Vortragsart
Wahnart
Weiberart
Weinart
Winterart
Wortart
Wunderart
Zauberart
Zeugart
Zinnart
Zwergart
die Art (aratio)
— Ueberart
der Unart
— Bart
  Austerbart
  Backenbart
  Blaubart
  Bocksbart
    Waldbocksbart
    Wiesenbocksbart
  Borstenbart
  Donnerbart
  Dummbart
  Eisenbart
  Flachsbart
  Flaumenbart
  Fuchsbart
  Gauchbart
  Geiferbart
  Geißbart
  Graubart
  Grießbart

Grimbart
Grünbart
Hahnenbart
Isenbart
Judasbart
Judenbart
Jünglingsbart
Jupitersbart
Kahlbart
Kaiserbart
Kinnbart
Knasterbart
Knebelbart
Krausbart
Langbart
Mannsbart
Philosophenbart
Rattenbart
Rauchbart
Rothbart
Rotzbart
Sabbebart
Sabbelbart
Saddelbart
Schnauzbart
Schnurrbart
Schönbart
Schwarzbart
Schweizerbart
Seitenbart
Silberbart
Spaltbart
Spitzbart
Stachelbart
Stoppelbart
Strauchbart
Stutzbart
Stutzerbart
Venusbart
Wackerbart
Waldbart
Waldgeißbart
Weißbart
Wolfsbart
Wurzelbart
Ziegelbart
Zottelbart
Zwickelbart
er gebart
Jean Bart
— entbrennbart
— haart
  behaart
    graubehaart
    schlangenbehaart
  enthaart
— klart
— benachbart
— offenbart
— paart
— rart

er schaart
— spart
der *Spessart*
er tart
— beurbart
— verbart
— vereinbart
— verlautbart
— versichtbart
— verunsichtbart
ihr wart
zart
gaumenzart
ohrenzart
überzart
unzart
abgebahrt
aufgebahrt
Bahrdt
ihr fahrt
die Fahrt
Abfahrt
Anfahrt
Auffahrt
Ausfahrt
Bachfahrt
Betfahrt
Bogenfahrt
Bornfahrt
Caninchenfahrt
Dachsfahrt
Diebsfahrt
Durchfahrt
Einfahrt
Haupteinfahrt
Nebeneinfahrt
Eisfahrt
falsche Fahrt
Flaggefahrt
Fuchsfahrt
Galgenfahrt
Gegenfahrt
Geisselfahrt
Gottesfahrt
Handfahrt
Hamsterfahrt
Heeresfahrt
Heimfahrt
Herfahrt
Hexenfahrt
Himmelfahrt
Hinfahrt
Höllenfahrt
Irrfahrt
Kirchfahrt
Kreuzfahrt
Krüppelfahrt
Küstenfahrt
Landfahrt
Lebensfahrt
Luftfahrt
Lustfahrt
Mäusefahrt
Mannsfahrt
Maulwurfsfahrt
Meerfahrt
Nachfahrt
Naufahrt
Nebenfahrt
Niederfahrt
Ostindienfahrt
Pilgerfahrt
Rheinfahrt
Röhrenfahrt
Rückfahrt
Schifffahrt
Schlittenfahrt
Schlittschuhfahrt
Seefahrt
Siegesfahrt
Spazierfahrt
Tagfahrt
Thorfahrt
Ueberfahrt
Umfahrt
Vorausfahrt
Vorbeyfahrt
Vorüberfahrt
Wallfahrt
Wasserfahrt
Westindienfahrt
Wegfahrt
Wolkenfahrt
Zufahrt
Zurückfahrt
gelahrt
hochgelahrt
kunstgelahrt
rechtsgelahrt
er erjahrt
— verjahrt
bejahrt
hochbejahrt
vielbejahrt
überjahrt
— wahrt
— bewahrt
wohlverwahrt
unverwahrt

árt *siehe* **árrt**

árta

Arta
Magna Charta
Quarta
Sparta
die *Warta*
Martha

ārte

ich arte
— entarte
— arte (aro)
das Gearte
er bearte
— dreyarte
— drittarte
dem Unarte
— Barte
ich bebarte
er gebarte
— entbrennbarte
— haarte
die behaarte
er klarte
die benachbarte
er offenbarte
— paarte
— verpaarte
— rarte
— schaarte
die Scharte
Deichscharte
Hasenscharte
Ringscharte
Schiessscharte
Seigerscharte
ich scharte
das Gescharte
die Scharte (Pflanze)
Alpenscharte
Bergscharte
Färberscharte
Feldscharte
Heftscharte
Wiesenscharte
die Schwarte
Dachsschwarte
Flötzschwarte
Haarschwarte
Schweinschwarte
Speckschwarte
er sparte
— tarte
— beurbarte
— verbarte
— vereinbarte
es verlautbarte
er versichtbarte
— verunsichtbarte
die zarte
— Zarte
ich zarte
— verzarte
das Gezarte
die abgebahrte
— aufgebahrte
ich heerfahrte
— tagefahrte
— wallfahrte
das Gewallfahrte
die gelahrte
— Jahrte
er erjahrte
— verjahrte
die bejahrte

die Mahrte
Biermahrte
Brotmahrte
Honigmahrte
er wahrte
— gewahrte
— verwahrte

árte *siehe* árrte

ártel

Barthel
der Bartel
Dreckbartel
Schmuzbartel
Schufsbartel
Schweinbartel
Bonapartel
das Quartel
— Gespartel
— Getartel
eine Tartel

árteln

den Barteln
Dreckbarteln
Schmuzbarteln
Schufsbarteln
Schweinbarteln
in Quarteln
sparteln
die Tarteln
tarteln

ártels

des Bartels
Dreckbartels
Schmuzbartels
Schufsbartels
Schweinbartels
— Quartels
— Gespartels
— Getartels

ártelst

du spartelst
— tartelst

ártelt

er spartelt
— tartelt

ārtem — āhrtem

gebartem
entbrennbartem
behaartem
geklartem
benachbartem
offenbartem
gepaartem
geschaartem
gespartem
vertartem
beurbartem
verbartem
vereinbartem
verlautbartem
versichtbartem
verunsichtbartem
zartem
abgebahrtem
aufgebahrtem
gelahrtem
bejahrtem
verjahrtem
bewahrtem

ártem *siehe* árrtem

ārten — āhrten

die Arten
arten
anarten
entarten
mifsarten
nacharten
verarten
arten (arare)
bearten
dreyarten
drittarten
fortarten
vierarten
vorarten
bebarten
sie gebarten
— entbrennbarten
— haarten
— klarten
die benachbarten
sie offenbarten
— paarten
— rarten
— schaarten
die Scharten
scharten
ausscharten
erscharten
— Schwarten
schwarten
ausschwarten
sie sparten
— tarten
— beurbarten
— verbarten
— vereinbarten
— verlautbarten
— versichtbarten
— verunsichtbarten
die zarten
zarten
verzarten
— abgebahrten
— aufgebahrten
die Fahrten
heerfahrten
tagefahrten
wallfahrten
— gelahrten
— Jahrten
sie verjahrten
die bejahrten
— Mahrten
sie wahrten
— gewahrten

árten *siehe* árrten

ārtend — āhrtend

artend
entartend
beartend
schartend
schwartend
zartend
verzartend
heerfahrtend
tagefahrtend
wallfahrtend

ártend

erhartend
verhartend
kartend
abkartend
partend
auspartend
wartend
erwartend

ārtens — āhrtens

des Entartens
— Beartens
— Schartens
— Schwartens
— Verzartens
— Heerfahrtens
— Tagefahrtens
— Wallfahrtens

ártens

des Gartens
— Erhartens
— Verhartens
— Kartens
— Partens
— Wartens
— Erwartens
Martens

ārter — āhrter

ein entbrennbarter
— behaarter
— geklarter
— benachbarter
— offenbarter

ein gepaarter
— geschaarter
— gesparter
— vertarter
— beurbarter
— verbarter
— vereinbarter
— verlautbarter
— versichtbarter
— verunsichtbarter
— zarter
— abgebahrter
— aufgebahrter
— Wallfahrter
— gelahrter
— verjahrter
— bejahrter
— verwahrter

árter *siehe* **árrter**

ārtern — āhrtern

Artern
die behaarter'n
— geklarter'n
— geschaarter'n
— gesparter'n
— vereinbarter'n
— verlautbarter'n
— versichtbarter'n
— zarter'n
den Wallfahrtern
— gelahrter'n
— bejahrter'n
— verwahrter'n

ártern *siehe* **árrtern**

ārters — āhrters

ein behaarter's
— geklarter's
— geschaarter's
— gespaarter's
— vereinbarter's
— verlautbarter's
— versichtbarter's
— zarter's
des Wallfahrters
ein gelahrters
— bejahrter's
— verwahrter's

árters *siehe* **árrters**

ārtes — āhrtes

des Geartes
— Unartes
— Bartes
ein entbrennbartes
— behaartes
— geklartes
— benachbartes
ein offenbartes
— gepaartes
— geschartes
des Geschartes
— Geschwartes
ein gespartes
— vertartes
— beurbartes
— verbartes
— vereinbartes
— verlautbartes
— versichtbartes
— verunsichtbartes
— zartes
des Gezartes
ein abgebahrtes
— aufgebahrtes
— gelahrtes
— bejahrtes
— verjahrtes
— bewahrtes
— verwahrtes

ártes *siehe* **árrtes**

ārteſt — āhrteſt

du artest
— entartest
— beartest
— bebartest
— gebartest
— entbrennbartest
— haartest
— klartest
— benachbartest
— offenbartest
— paartest
— rartest
— schaartest
— schartest
— schwartest
— spartest
— tartest
— zartest
— verzartest
zartest
— aufbahrtest
— abbahrtest
— heerfahrtest
— tagefahrtest
— wallfahrtest
gelahrtest
— erjahrtest
— verjahrtest
bejahrtest
— wahrtest
— gewahrtest

árteſt *siehe* **árrteſt**

ārtet — āhrtet

ihr artet
— entartet
geartet
ausgeartet
gleichgeartet
wohlgeartet
ihr beartet
bebartet
unbebartet
— gebartet
— entbrennbartet
— haartet
— klartet
— benachbartet
— offenbartet
— paartet
— rartet
— schaartet
— schartet
— schwartet
— spartet
— tartet
— zartet
— verzartet
— abbahrtet
— aufbahrtet
— heerfahrtet
— tagefahrtet
— wallfahrtet
— erjahrtet
— verjahrtet
— wahrtet
— gewahrtet

ártet *siehe* **árrtet**

ārtheit

die Zartheit
Ohrenzartheit
— Gelahrtheit
Arzneygelahrtheit
Gottesgelahrtheit
Hochgelahrtheit
Rechtsgelahrtheit
Vielgelahrtheit
— Bejahrtheit
— Verwahrtheit

ártheit

die Alartheit
— Apartheit
— Hartheit
— Vernarrtheit

ārtig

artig
abartig
alaunartig
beinartig
bergglasartig
bernsteinartig
bisamartig
bleyartig
blitzartig
borstenartig

bösartig
breygeschwulstartig
bruchartig
buschartig
büschelartig
dachziegelartig
damastartig
doldenartig
doppelartig
eichenartig
einartig
eisenartig
epheuartig
erdartig
federartig
felsenartig
fieberartig
fistelartig
flachsartig
flechsenartig
fluſsartig
freyartig
freundartig
gallertartig
gichtartig
glasartig
gleichartig
goldartig
grasartig
grauenartig
gutartig
harnartig
hofartig
holzartig
hornartig
kalkartig
katzenartig
knorpelartig
kornartig
krampfartig
krautartig
krebsartig
kronenartig
kupferartig
laugenartig
lederartig
leichenartig
lustspielartig
marmorartig
mehlartig
metallartig
milchartig
mohnartig
mützenartig
nelkenartig
pappelartig
pergamenartig
perlartig
pestartig
pfefferartig
plüschartig
reisartig

ringartig
rosenartig
rübenartig
ruhrartig
sägenartig
sammetartig
säulenartig
spitzsäulenartig
salzartig
bruchsalzartig
schauspielartig
scheibenartig
schimmelartig
schlagartig
schlangenartig
schlauchartig
schleimartig
schmetterlingsartig
schnupfenartig
schopfartig
schwammartig
seidenartig
siebartig
silberartig
spinnewebartig
spreuartig
staubartig
staudenartig
steinartig
steinfruchtartig
stengelartig
strauchartig
tausendartig
thonartig
traubenartig
trauerspielartig
triebartig
unartig
verschiedenartig
vielartig
wahnartig
widerartig
wimperartig
windmühlflügelartig
wolkenartig
wurzelartig
zwergartig
zwiebelartig
bartig
schartig
schwartig
[der Schmarting]

ártisch

kathartisch
parthisch
spartisch

ártle

ich spartle
— tartle
das Gespartle
— Getartle

ártner

der Gartner
— Partner

ártnern

den Gartnern
— Partnern

ártners

des Gartners
— Partners

ártre

ich martre
das Gemartre
der gedarrt're
— vernarrt're
— erstarrt're

ārtre — āhrtre

die behaartre
— gespartre
— zartre
— bejahrtre
— verwahrtre

ārts — āhrts

des Unarts
— Barts
— Geschart's
— Gezart's
er offenbart's
ihr wart's *etc.*
er bewahrt's
des *Spessarts*

árts

ein alart's
etwas apart's
ein hart's
des Jucharts
— Gekart's
— Neidharts
— Parts
— Quarts
— Sparts
— Warts
— Minnewarts
— Wegewarts
— Widerwarts *siehe* arz
[der Martsch]

ártsche

ich martsche
im Martsche
die Tartsche
Rundtartsche
Sturmtartsche

ártschen

martschen
die Tartschen

ārtſt — āhrtſt

du art'st
— entart'st
— beart'st
— bebartst
— gebart'st
— entbrennbart'st
— behaart'st
— klart'st
— benachbart'st
— offenbart'st
— paart'st
— rart'st
— schaart'st
— schart'st
— schwart'st
— spart'st
— tart'st
— verzart'st
zart'st
— abbahrt'st
— aufbahrt'st
— heerfahrt'st
— tagefahrt'st
— wallfahrt'st
— gelahrt'st
— bejahrt'st
— verjahrt'st
— wahrt'st
— gewahrt'st
der Arzt *siehe* arzt

ártſt

alartst
apartst
du erhart'st
— kart'st
— wart'st
ausgedarrt'st
vernarrt'st
erstarrt'st *siehe* arzt

ārtſte — āhrtſte

der behaart'ste
— gespartste
— zartste
— gelahrtste
— bejahrtste
— verwahrtste

ártſte — árrtſte

der alartste
— apartste
— ausgedarrtste
— vernarrtste
— erstarrtste

ārtſtem — āhrtſtem

behaartstem
gespartstem
zartstem
gelahrtstem
bejahrtstem
verwahrtstem

ártſtem — árrtſtem

alartstem
apartstem
ausgedarrtstem
vernarrtstem
erstarrtstem

ārtſten — āhrtſten

die behaartsten
— gespartsten
— zartsten
— gelahrtsten
— bejahrtsten
— verwahrtsten

ártſten — árrtſten

die alartsten
— apartsten
— ausgedarrtsten
— vernarrtsten
— erstarrtsten

ārtſter — āhrtſter

behaartster
gespartster
zartster
gelahrtster
bejahrtster
verwahrtster

ártſter — árrtſter

alartster
apartster
ausgedarrtster
vernarrtster
erstarrtster

ārtſtes — āhrtſtes

behaartstes
gespartstes
zartstes
gelahrtstes
bejahrtstes
verwahrtstes
des Arztes

ártſtes — árrtſtes

alartstes
apartstes
ausgedarrtstes
vernarrtstes
erstarrtstes

ártung

die Erhartung
— Abkartung
— Auspartung
— Aufwartung
Morgenaufwartung
— Erwartung

ārtung — āhrtung

die Beartung
— Entartung
— Ausschartung
— Ausschwartung
— Verzartung
— Heerfahrtung
— Tagefahrtung
— Wallfahrtung

[Arthur]

ártus

Artus
Malepartus
Partus (ancillae - immaturus - legitimus - suppositus - vulgo quaesitus)
der *Quartus*

ārum

der Arum
Wasserarum
Director } *causarum*
Patronus }
darum
lirum larum
Marum (verum)
nervus rerum gerendarum
Palmarum
Actio repetundarum
Summa Summarum
warum

ārums

des Arums
die darums
des Marums
die warums

ārung — āhrung

die Entbarbarung
— Entbrennbarung
— Gebarung
— Behaarung
— Klarung
— Benachbarung
— Offenbarung
— Naturoffenbarung
— Uroffenbarung
— Paarung
— Verpaarung
— Anscharung
— Schaarung
— Sparung
— Ersparung
— Versparung

die Holzsparung
— Zeitsparung
— Beurbarung
— Verbarung
— Vereinbärung
— Verlautbarung
— Versichtbarung
— Verunsichtbarung
— Abbahrung
— Aufbahrung
— Fahrung
— Erfahrung
Amtserfahrung
Berufserfahrung
Geisteserfahrung
Geschäftserfahrung
Kriegserfahrung
Kunsterfahrung
Lebenserfahrung
Welterfahrung
— Befahrung
— Hauptbefahrung
— Umfahrung
— Nahrung
Biernahrung
Braunahrung
Leibesnahrung
Seelennahrung
Winternahrung
— Verjahrung
— Wahrung
— Bewahrung
— Aufbewahrung
— Verwahrung
— Gegenverwahrung

ārus

Carus
Glarus
ein *Pharus*
Varus

árva

Arva
Narva
parva

árve

die *Arve*
Garve
— Karve
— Larve
Ameisenlarve
Halblarve
Insectenlarve
Käferlarve
Schmetterlingslarve
Schrecklarve
Wachslarve
ich entlarve
— verlarve
die Schwarve
ich schwarve
das Geschwarve
der Tarve
ich tarve
das Getarve

árven

die Larven
anlarven
entlarven
verlarven
— Schwarven
schwarven
tarven

árvend

anlarvend
entlarvend
verlarvend
schwarvend
tarvend

árvens

des Anlarvens
— Entlarvens
— Verlarvens
— Schwarvens
— Tarvens

árver

der Entlarver
— Schwarver

árvern

den Entlarvern
— Schwarvern

árvers

des Entlarvers
— Schwarvers

árves

des Geschwarves
— Getarves
ich entlarv' es *etc.*

árvest

du entlarvest
— verlarvest
— schwarvest
— tarvest

árvet

er entlarvet
— verlarvet
— schwarvet
— tarvet

árvs

des Geschwarvs
— Getarvs
ich entlarv's

árvst

du entlarvst
— verlarvst
— schwarvst
— tarvst

árvt

angelarvt
entlarvt
verlarvt
geschwarvt
getarvt

árvte

die angelarvte
— entlarvte
— verlarvte
er schwarvte
— tarvte

árvten

die angelarvten
sie entlarvten
— verlarvten
— schwarvten
— tarvten

árvter

ein angelarvter
— entlarvter
— verlarvter
— verschwarvter
— betarvter

árvtes

ein angelarvtes
— entlarvtes
— verlarvtes
— verschwarvtes
— betarvtes

árvtest

du entlarvtest
— verlarvtest
— schwarvtest
— tarvtest

árvtet

ihr entlarvtet
— verlarvtet
— schwarvtet
— tarvtet

árvung

die Entlarvung
— Verlarvung
— Schwarvung
— Tarvung

árynx

Larynx
Pharynx

ārz

der *Harz*
Oberharz
Unterharz
das Harz
Ammoniakharz
Ammonsharz
Balsamharz
Balsampappelharz
Baumharz
Bergharz
Bienenharz
Bocksbartsharz
Epheuharz
Erdharz
Euphorbienharz
Federharz
Fichtenharz
Fließharz
Galbanumharz
Geigenharz
Gelbharz
Gummiharz
Judenharz
Kirschharz
Kübelharz
Lerchenharz
Mutterharz
Oelbaumharz
Schellharz
Schleimharz
Schnellharz
Schwefelharz
Schweinsharz
Spiegelharz
Stinkharz
Tannenharz
Tropfharz
Wachholderharz
Weißharz
Windenharz
Zederharz
der Quarz
Faserquarz
Fettquarz
Gelenkquarz
Goldquarz
Kugelquarz
Milchquarz
Rosenquarz
Stangenquarz
Stinkquarz

árz

das Gebarz'
— Gefarz'
— Geknarz'
— Geparz'
— Gequarz'
— Geschnarz
schwarz
das Beinschwarz
— Biberschwarz
— Degenschwarz
— Druckschwarz
— Druckerschwarz
— Gänseschwarz
— Hasenschwarz
— Lampenschwarz
— Pfirsichkernschwarz
— Rauchschwarz
— Tuschschwarz
— Weinrebenschwarz
braunschwarz
dintenschwarz
dunkelschwarz
erdschwarz
grünlichschwarz
grünschwarz
holzschwarz
kohlenschwarz
nachtschwarz
pechschwarz
kohlpechschwarz
rabenschwarz
kohlpechraben-
rappenschwarz
rußschwarz
sammetschwarz
schieferschwarz
wolkenschwarz

ārze

ich arze
am *Harze*
dem Harze
ich harze
— verharze
dem Quarze
ich starze
das Gestarze
die Warze
Brustwarze
Dörrwarze
Feigwarze
Fleischwarze
Hängewarze
Nervenwarze
Nierenwarze
Saugwarze
Spinnwarze
Steinwarze
Stirnwarze
Stuhlwarze
Thränenwarze
Zungenwarze

árze

ich barze
das Gebarze
ich farze
das Gefarze
ich knarze
das Geknarze
ich parze
das Geparze
die Parze
ich quarze
das Gequarze
ich schnarze
das Geschnarze
— Schwarze
ich schwarze
— erschwarze
— verschwarze
das Geschwarze
die Schwarze
ich verflarze

ārzen

arzen
ausarzen
fortarzen
den Harzen
beharzen
entharzen
verharzen
— Quarzen
starzen
die Warzen

árzen

barzen
farzen
anfarzen
knarzen
parzen
den Parzen
quarzen
schnarzen
die schwarzen
schwarzen
erschwarzen
verschwarzen
verflarzen

ārzend

arzend
beharzend
starzend
ein Jahrzehnd

árzend

barzend
farzend
knarzend
parzend
quarzend
schnarzend
schwarzend
verschwarzend
verflarzend

ārzens

des Arzens
— Beharzens
— Starzens

árzens

des Barzens
— Farzens
— Knarzens
— Parzens
— Quarzens
— Schnarzens
— Schwarzens
— Verschwarzens
— Verflarzens

ārzer

der Arzer
ein *Harzer*
Oberharzer
Unterharzer
der Harzer

árzer

ein Farzer
— Knarzer
— Schnarzer
— Schwarzer
das Carcer

ārzern

den Arzern
— *Harzern*
— Harzern

árzern

den Farzern
— Knarzern
— Schnarzern
— Carcern

ārzers

des Arzers
— *Harzers*
— Harzers

árzers

des Farzers
— Knarzers
— Schnarzers
— Carcers

ārzes

des *Harzes*
— Harzes
— Quarzes
— Gestarzes

árzes

des Gebarzes
— Gefarzes
— Geknarzes
— Geparzes
des Gequarzes
— Geschnarzes

ārzest

du harzest
— verharzest
— starzest

árzest

du barzest
— farzest
— knarzest
— parzest
— quarzest
— schnarzest

ārzet

er arzet
— verharzet
— starzet

árzet

er barzet
— farzet
— knarzet
— parzet
— quarzet
— schnarzet

ārzicht

harzicht
quarzicht

ārzig

harzig
quarzig
warzig

ārzs

des *Harz's*
— Harz's
— Quarz's

árzs

des Gebarz's
— Gefarz's
— Geknarzs
— Geparz's
— Gequarz's
— Geschnarz's

ārzst

du arzst
— verharzst
— starzst

árzst

du barzst
— farzst
— knarzst
— parzst
— quarzst
— schnarzst
— verschwarzst

ārzt

er arzt
der Arzt
Afterarzt
Augenarzt
Badearzt
Brucharzt
Brunnenarzt
Dorfarzt
Dutzendarzt
Erfahrungsarzt
Harnarzt
Hausarzt
Hebarzt
Hofarzt
Impfarzt
Kammerarzt
Kreisarzt
Kuhpockenarzt
Landarzt
Landesarzt
Lazaretharzt
Leibarzt
Militairarzt
Mühlenarzt
Mundarzt
Oberarzt
Pestarzt
Pferdearzt
Priesterarzt
Schiffarzt
Schmierarzt
Seelenarzt
Staatsarzt
Stabsarzt
Stadtarzt
Steinarzt
Theaterarzt
Thierarzt
Unterarzt
Vieharzt
Wundarzt
Feldwundarzt
Leibwundarzt
Oberwundarzt
Stadtwundarzt
Unterwundarzt
Wunderarzt
Wurmarzt
er beharzt
— verharzt
— starzt
— bewarzt

árzt

er barzt
— farzt
— knarzt
— parzt
— quarzt
— schnarzt

er verflarzt
— verschwarzt

ārzte

er arzte
dem Arzte
er verharzte
— starzte

árzte

er barzte
— farzte
— knarzte
— parzte
— quarzte
— schnarzte
— verflarzte
— verschwarzte

ārztem

verharztem
gestarztem

árztem

angefarztem
angeschnarztem
verflarztem
verschwarztem

ārzten

sie arzten
— verharzten
— starzten

árzten

sie barzten
— farzten
— knarzten
— parzten
— quarzten
— schnarzten
— verflarzten
— verschwarzten

ārzter

ein verharzter
— gestarzter

árzter

ein angefarzter
— angeschnarzter
— verflarzter
— verschwarzter

ārztes

des Arztes
ein beharztes
— gestarztes

árztes

ein angefarztes
— angeschnarztes
— verflarztes
— verschwarztes

ārzteſt

du arztest
— beharztest
— starztest

árzteſt

du barztest
— farztest
— knarztest
— parztest
— quarztest
— schnarztest
— schwarztest
— verflarztest

ārztet

ihr arztet
— verharztet
— starztet

árztet

ihr barztet
— farztet
— knarztet
— parztet
— quarztet
— schnarztet
— schwarztet
— verflarztet

ārzung

die Arzung
— Verharzung
— Starzung

árzung

die Barzung
— Farzung
— Knarzung
— Parzung
— Quarzung
— Schnarzung
— Verflarzung
— Verschwarzung

ās — āß — āhs

des A's
das Aaſs
Pieraaſs
Rabenaaſs
Sauaaſs
Schabaaſs
Schindaaſs
Schweinaaſs
Sprockaaſs
Steinaaſs
Straſsenaaſs
Teufelsaaſs
Uferaaſs
ich aſs
blas!
Gil Blas
der Chrysopras
das *Euclas*
ich fraſs
verfraſs
zerfraſs
der Fraſs
Beinfraſs
Bienenfraſs
Eiterfraſs
Knochenfraſs
Mäusefraſs
Mauerfraſs
Mottenfraſs
Pfefferfraſs
Raupenfraſs
Salpeterfraſs
Saufraſs
Schneckenfraſs
Schweinfraſs
Vielfraſs
Meervielfraſs
Wasservielfraſ
Vögelfraſs
Vollfraſs
Wallfischfraſs
Wildfraſs
Wurmfraſs
er genas
das Glas
Arsenikglas
Arzneyglas
Auffangeglas
Augenglas
Beinglas
Bergglas
Bierglas
Blaufarbenglas
Blauglas
Bleyglas
Blitzfeuerglas
Blumenglas
Brennglas
Brillenglas
Champagnerglas
Collectivglas
Concavglas
Convexglas
Deckelglas
Dintenglas
Doppelglas
Eisenglas
Essigglas
Fensterglas
Fernglas
Kriegsfernglas
Taschenfernglas
Fliegenglas
Flintglas
Frauenglas
Gegenstandsglas
Gesundheitsglas
Glättglas

Gluckglas
Goldflimmerglas
Guckglas
Harnglas
Herdglas
Hohlglas
Katzenglas
Knallglas
Knochenglas
Kobaltglas
Kreidenglas
Kronenglas
Krystallglas
Kupferglas
Linsenglas
Logglas
Marienglas
Maaſsglas
Metallglas
Milchglas
Minutenglas
Mückenglas
Nonnenglas
Objectivglas
Oelglas
Opernglas
Paſsglas
Porzellanglas
Punschglas
Rautenglas
Rubinglas
Sammelglas
Saugeglas
Schallglas
Schauglas
Scheibenglas
Scheideglas
Schiedsprobenglas
Schmalzglas
Schmierglas
Schnappsglas
Schöpsglas
Schoppenglas
Schröpfglas
Sehglas
Senfglas
Silberglas
Sonnenglas
Spähglas
Sperrglas
Spiegelglas
Spieſsglas
Spieſsglanzglas
Spieſsglasglas
Spitzglas
Springglas
Spritzglas
Stengelglas
Sternglas
Stundenglas
Tafelglas
Taumelglas

Thränenglas
Trinkglas
Tropfglas
Tummelglas
Uhrglas
Uringlas
Vergrösserungsglas
Handvergrösser. –
Sonnenvergrösser.–
Vorderglas
Wachtglas
Wasserglas
Weinglas
Weiſsglas
Wetterglas
Wismuthglas
Zauberglas
Zinnglas
Zuckerglas

das Gras
Ackernelkengras
Ackerriedgras
Augentrostgras
Bandgras
Bartgras
Beinbrechgras
Beingras
Berggras
Bergriedgras
Berstgras
Binsengras
Blutgras
Bobartsgras
Borstengras
Brachgras
Brenngras
Bürstengras
Canariengras
Cypergras
Darrgras
Dünengras
Düngras
Entengras
Fadengras
Färbergras
Federgras
Feldgras
Felsenriedgras
Fenchgras
Filzgras
Fingergras
Fladergras
Flittergras
Flockgras
Flottgras
Fuchschwanzgras
Füllhorngras
Futtergras
Gätgras
Galgantgras
Gartengras
Glanzgras

Goldgras
Haargras
Hadelgras
Hafergras
Hasengras
Herzgras
Hirsengras
Honiggras
Hundsgras
Jungferngras
Kammgras
Kappengras
Katzenschwanzgras
Kniegras
Knollengras
Knöpfleingras
Knopfgras
Knospengras
Knotengras
Kochgras
Kolbengras
Krötengras
Läusegras
Lauchelgras
Lavendelgras
Lebensgras
Ledergras
Liebesgras
Lieschgras
Linsengras
Löchergras
Löthegras
Mäusegras
Mannagras
Mariengras
Meergras
Meerpfriemengras
Melotengras
Moorgras
Nadelgras
Nägeleingras
Nardengras
Nervengras
Nuſsgras
Paddengras
Papiergras
Perlengras
Pferdegras
Pfriemengras
Plätengras
Plaggras
Platzgras
Poggengras
Quaſsgras
Queckengras
Quellgras
Rabisgras
Raigras
Rauchgras
Rauhkölbleingras
Raupengras
Rehegras

Reihergras
Reihgras
Reitgras
Riedgras
Riegras
Riffelgras
Rispengras
Rockengras
Rohrgras
Rohrstraufsgras
Rofsgras
Ruchgras
Saatgras
Salzgras
Sammetgras
Sandgras
Sandhaargras
Sandkölbleingras
Sandlieschgras
Sandriedgras
Sauergras
Saugras
Schafgras
Schafkölbleingras
Schalottengras
Scheidengras
Schelmengras
Schilfgras
Schilfstraufsgras
Schlangengras
Schnittgras
Schöngras
Schofsgras
Schuppengras
Schwadengras
Schwertelgras
Seegras
Seidengras
Silbergras
Skorpiongras
Sommerviehgras
Sorggras
Spartogras
Spiergras
Spiefsgras
Spitzgras
Sprenggras
Stachelgras
Steinfadengras
Steingras
Sterbegras
Stoppelgras
Strandgras
Strandriedgras
Strafsengras
Straufsfedergras
Straufsgras
Strickgras
Stumpfgras
Sumpfkrötengras
Tännegras
Tamgras

Taugras
Tennegras
Thränengras
Timotheusgras
Tonkagras
Torfgras
Trichtergras
Untergras
Viehgras
Vipergras
Vogelgras
Waldgras
Waldhirsengras
Waldkrötengras
Wassergras
Wasserriedgras
Wasserreihgras
Wassercypergras
Weddegras
Wegegras
Weidegras
Weizengras
Wiesengras
Wildgras
Wildmannsgras
Wollgras
Wurmgras
Zehrgras
Zittergras
Zwiebelgras
ich lafs
— durchlafs
— erlafs
— verlafs
das Maafs
Abmaafs
Aufmaafs
Aufsetzmaafs
Augenmaafs
Balkenmaafs
Biermaafs
Blechmaafs
Bleymaafs
Consistorialmaafs
Cubikmaafs
Decimalmaafs
Dickmaafs
Drathmaafs
Dreymaafs
Duodecimalmaafs
Ebenmaafs
Unebenmaafs
Echtmaafs
Eichmaafs
Einmaafs
Eisensteinmaafs
Ellenmaafs
Fahrtmaafs
Flächenmaafs
Feldmaafs
Fruchtmaafs
Fufsmaafs

Futtermaafs
Gährmaafs
Getraidemaafs
Geviertmaafs
Gichtmaafs
Gleichmaafs
Gliedermaafs
Glockenmaafs
Hohltriebmaafs
Holzmaafs
Juchtmaafs
Kannenmaafs
Klaftermaafs
Kohlenmaafs
Krämermaafs
Kraftmaafs
Kreuzmaafs
Küchenmaafs
Lachtermaafs
Lademaafs
Längenmaafs
Meilenmaafs
Milchmaafs
Mittelmaafs
Nachmaafs
Nelkenmaafs
Nummermaafs
Papiermaafs
Perlenmaafs
Pulvermaafs
Quellmaafs
Regenmaafs
Reifsmaafs
Riemenmaafs
Ringmaafs
Salzmaafs
Satzmaafs
Scheitmaafs
Schenkmaafs
Schiebemaafs
Schiefmaafs
Schiffmaafs
Schneidermaafs
Schönmaafs
Schrägemaafs
Schrittmaafs
Schuhmaafs
Schustermaafs
Sipmaafs
Soldatenmaafs
Sperrmaafs
Spiegelmaafs
Stadtmaafs
Stangenmaafs
Stichmaafs
Stiefelmaafs
Streichmaafs
Strickmaafs
Stückwinkelmaafs
Stundenmaafs
Sündenmaafs
Sylbenmaafs

Thurmmaaſs
Tonmaaſs
Tonnenmaaſs
Triebmaaſs
Uebermaaſs
Ummaaſs
Untermaaſs
Urmaaſs
Vergrösserungs-
Versmaaſs
Viermaaſs
Viertelmaaſs
Vollmaaſs
Vormaaſs
Wachmaaſs
Wärmemaaſs
Wahnmaaſs
Wassermaaſs
Weinmaaſs
Widemmaaſs
Winkelmaaſs
Würfelmaaſs
Zängelmaaſs
Zehenmaaſs
Zeitmaaſs
Zielmaaſs
Zollmaaſs
Zumaaſs
Zwölfmaaſs
Klaas
ich maſs
— ermaſs
— übermaſs
— vermaſs
die *Maas*
Mardigras
Niclas
— *Pas*
der Quaaſs
ich saſs
— besaſs
— versaſs
der Spaſs
Bauernspaſs
Comödienspaſs
Faschingsspaſs
Fastnachtsspaſs
Hauptspaſs
Hochzeitsspaſs
Kindtaufsspaſs
Kirmesspaſs
Pöbelspaſs
Schenkenspaſs
Soldatenspaſs
Studentenspaſs
Theaterspaſs
Weihnachtsspaſs
der Topas
Aftertopas
Rauchtopas
Zapfentopas
— Ukas

ich vergaſs
— empfah's
wo geschah's?
er sah's
Abyssinia's
Acadia's
Acarnania's
Acidalia's
Adama's
Adria's
Aeolia's
Aetolia's
Afanasia's
Afrania's
Afrika's
Agatha's
Agapia's
Agricola's
die Aha's
Alha's
Alcala's
Alexandria's
Allemannia's
Allia's
Altena's
Altona's
des Amalgama's
Amalia's
Amathusia's
Amerika's
Anastasia's
— Anathema's
Andalusia's
Andromeda's
Angelica's
Antiochia's
Apollonia's
Aquitania's
Arabia's
Arcadia's
Aricia's
Armenia's
Arria's
Asia's
Aspasia's
Assyria's
Atala's
Athalia's
Athanasia's
Attila's
Austrasia's
Austria's
Bahia's
Bassora's
Bastia's
Batavia's
Bathseba's
Bavaria's
Bethania's
Betulia's
Bithynia's
Blandusia's

Bohemia's
Borgia's
Borussia's
Bosnia's
Brescia's
Britannia's
Bulgaria's
Burgundia's
Cäcilia's
Cäsonia's
Caledonia's
Caligula's
Calpurnia's
Campania's
Canada's
Candia's
Canidia's
Caprea's
Capua's
Carinthia's
Caria's
Carniola's
Castalia's
Cephalonia's
des Chiragra's
— Cholagra's
Cilicia's
Circassia's
Claudia's
Clelia's
Cleopatra's
Columbia's
Constantia's
Cordelia's
Cordova's
Cordula's
Corsika's
Cremona's
Creta's
Croatia's
Cumanias
Cynthia's
Cypria's
Cyrenaica's
Dacia's
Dalmatia's
Delia's
Delila's
Delta's
Denderah's
Doria's
— *Douze-levas*
Ecbatana's.
— *Eclats*
— Egeria's
Emerentia's
— *Entrechat's*
die *etcaetera's*
des *Etat's*
Eudoxia's
Eulalia's
Euphemia's

Eusebia's
Euthanasia's
Pater familias
Mater familias
Filius familias
Feodosia's
Feronia's
Flavia's
Florida's
Fulgentia's
Galata's
Gallia's
Genua's
Georgia's
Getulia's
Gisela's
des Gloria's
Golgatha's
— Gonagra's
Grenada's
— Grofspapa's
— Ha's
die Haha's
des Halleluja's
Hecuba's
Hegyallya's
Helena's
Helvetia's
Hetruria's
Hippolyta's
Horja's
Hortensia's
Hungaria's
— Hurra's
— Huzza's
Hydra's
Hydria's
Hypatias
Iberia's
Idalia's
Idria's
Ignatia's
Ilia's
Illyria's
India's
Interamnia's
Ipsara's
Isauria's
Ischia's
Istria's
Italia's
Ithaka's
— Ja's
Jamaica's
Jehova's
Jojada's
Josua's
Julia's
Junia's
— Ka's
Kolyma's
Laconia's

Lapponia's
Lerida's
Lesbia's
Libya's
Livadia's
Livia's
Loyola's
Lucia's
Lucilia's
Lucretia's
Lutetia's
Lycia's
Macedonia's
Magnesia's
Malaga's
Malvasia's
Mantua's
Massylia's
Mauritania's
Medina's
Melania's
Mesopotamia's
Messenia's
Methusala's
Misitra's
Modena's
Monomotapa's
Murcia's
Novaja Semlia's
Nubia's
Obadja's
Ogygia's
Olbia's
Olympia's
des Omega's
— Odontogra's
— Ostagra's
Ottilia's
— Padischah's
Padua's
Panama's
— Papa's
— Paria's
Parma's
Pasithea's
Perugia's
Philadelphia's
Pisa's
Podagra's
— Podesta's
Polonia's
Polyxena's
Portia's
Proserpina's
Prussia's
Pultawa's
Pythia's
— *Quinze - leva's*
Quiroga's
Quivira's
— Ratafia's
Rhätia's

Rhamnusia's
Rustica's
des Tausendsasa's
Sahara's
Sakontala's
Sardinia's
Saturnia's
Saxonia's
Scävola's
Scandinavia's
Scapula's
— Scindiahs
Scholastica's
Seleucia's
Seneca's
Sicilia's
Silesia's
Silistria's
— *Six - leva's*
Sophronia's
Spinola's
Suecia's
Suevia's
Sumatra's
Sylvia's
Syria's
Taprobana's
Terentia's
Teutonia's
Thalia's
Theodosia's
Theophania's
Theresia's
Thessalia's
Thessalonica's
Thraica's
Titania's
Thitonia's
Tlaskala's
Totila's
Transsylvania's
Trikala's
Trinakria's
Trivia's
Tullia's
Tuscia's
Tyrrhenia's
Ulema's
Upsala's
Urania's
Urraka's
Ursula's
Utika's
Utopia's
Valencia's
Valeria's
Velleda's
Venetia's
Verona's
Veronica's
Veturia's
Virginia's

Vittoria's
Volta's
Volumnia's
Wratislavia's
Yvica's
Zenobia's

(*französ.* ace)
en Face
Glace
mit *Grace*
Disgrace
Lovelace
Henace
Populace
Race
Trace
vivace
Gaze

ás — áß

das Aſs
Carreauaſs
Coeuraſs
Herzaſs
Piqueaſs
Treffleaſs
Trumpfaſs
ein Aſs
die Ananas
der Antlas
— Atlas
Handatlas
Himmelsatlas
Schulatlas
Sternatlas
— Atlas
Balgenatlas
Doppelatlas
Halbatlas
— Baſs
Bierbaſs
Blasebaſs
Brummbaſs
Contrebaſs
Füllbaſs
Generalbaſs
Groſsbaſs
Grundbaſs
Hauptbaſs
Hornbaſs
Kammerbaſs
Kleinbaſs
Kleinflötenbaſs
Mittelbaſs
Posaunenbaſs
Schnurrbaſs
Schweizerbaſs
Singebaſs
Subbaſs
Unterbaſs
Trommelbaſs
Zifferbaſs

baſs
fürbaſs
vorbaſs
der Ballaſs
Rubinballaſs
blaſs
leichenblaſs
lilienblaſs
mondblaſs
silberblaſs
sündenblaſs
todtenblaſs
— Boreas
die *Borussias*
der Braſs
Caracas
eine Chilias
die *Christias*
der Compaſs
Abweichungscomp.
Bergcompaſs
Grubencompaſs
Hängecompaſs
Handcompaſs
Neigungscompaſs
Peibcompaſs
Schiffscompaſs
Seecompaſs
Setzcompaſs
Steuercompaſs
Strichcompaſs
Sturmcompaſs
das
ohnedas
überdas
daſs
der *Elsas*
die *Erysipelas*
etwas
das Faſs
Abflaufaſs
Abläuterfaſs
Abzugsfaſs
Alaunfaſs
Aeschenfaſs
Aschenfaſs
Aufwaschfaſs
Bandfaſs
Beuchfaſs
Beutelfaſs
Bierfaſs
Blackfaſs
Blatzfaſs
Butterfaſs
Dintenfaſs
Taschendintenfaſs
Doppelfaſs
Eichfaſs
Eimerfaſs
Erzfaſs
Essigfaſs
Farbenfaſs

Feuerfaſs
Fischfaſs
Flaufaſs
Fleischfaſs
Fuderfaſs
Füllfaſs
Garfaſs
Geldfaſs
Gieſsfaſs
Gurkenfaſs
Häringsfaſs
Handfaſs
Hütfaſs
Jauchenfaſs
Kalkfaſs
Krautfaſs
Kühlfaſs
Lagerfaſs
Laugenfaſs
Leerfaſs
Löschfaſs
Maischfaſs
Mehlfaſs
Melkfaſs
Meſsfaſs
Milchfaſs
Molkenfaſs
Mutterfaſs
Netzfaſs
Oberfaſs
Oelfaſs
Oesfaſs
Packfaſs
Pfefferfaſs
Platzfaſs
Pletzfaſs
Pökelfaſs
Potaschfaſs
Pulverfaſs
Quarkfaſs
Räucherfaſs
Rauchfaſs
Reibefaſs
Reiſsfaſs
Rollfaſs
Rührfaſs
Ruſsfaſs
Salzfaſs
Schenkfaſs
Schnurfaſs
Schienenfaſs
Schlagfaſs
Schlemmfaſs
Schlickfaſs
Schlotterfaſs
Schmalzfaſs
Scheuerfaſs
Schrotfaſs
Schwärmerfaſs
Schweinfaſs
Schwödefaſs
Seigefaſs

Seihfaſs
Setzfaſs
Siedefaſs
Sohlfaſs
Speckfaſs
Sprengfaſs
Spülfaſs
Spüligfaſs
Stinkfaſs
Stippfaſs
Stückfaſs
Sturmfaſs
Tabakfaſs
Thranfaſs
Trankfaſs
Trauffaſs
Treibfaſs
Tropffaſs
Ueberfaſs
Umfaſs
Unterfaſs
Vierfaſs
Waidfaſs
Waschfaſs
Abwaschfaſs
Wasserfaſs
Weichfaſs
Weihrauchfaſs
Weinfaſs
Brantweinfaſs
Windfaſs
Zapfenfaſs
Zuckerfaſs
faſs!
per fas et nefas
das Gas
Ammoniumgas
Cyanogengas
Hydrothiongas
Kohlengas
Kohlenoxydgas
Phosgengas
Salpetergas
Salzäthergas
Sauerstoffgas
fluſsboraxsaures -
kieselfluſssaures -
kohlensaures Gas
salzsaures Gas
schwefligsaures -
Stickgas
Wasserstoffgas
Arsenikwasserstoff-
Jodwasserstoffgas
Kohlenwasserstoff -
Phosphorwasserst.
Schwefelwasserst.
Tellurwasserstoff -
Wasserstoffphosph.
graſs
der Haſs
Christenhaſs

Despotenhaſs
Franzosenhaſs
Frauenhaſs
Freyheitshaſs
Judenhaſs
Lebenshaſs
Männerhaſs
Menschenhaſs
Preussenhaſs
Priesterhaſs
Römerhaſs
Schlangenhaſs
Selbsthaſs
Todhaſs
Türkenhaſs
Weiberhaſs
Halicarnaſs
der Harraſs
— Hoppaſs
die *Ilias*
Ischias
der Kannevas
— Küraſs
laſs
laſs!
— Ablaſs
Mönchsablaſs
Sündenablaſs
Wasserablaſs
— Aderlaſs
Hauptaderlaſs
— Anlaſs
— Auslaſs
— Belaſs
— Durchlaſs
— Einlaſs
— Erlaſs
Alterserlaſs
Cabinetserlaſs
Canzleyerlaſs
Rathserlaſs
Regierungserlaſs
Schulderlaſs
Steuererlaſs
Sündenerlaſs
— Gelaſs
— Hinterlaſs
— Nachlaſs
— Niederlaſs
Hinterniederlaſs
— Ueberlaſs
— Unterlaſs
— Verlaſs
Madras
das Naſs
Götternaſs
Rabennaſs
Silbernaſs
naſs
madennaſs
pfützennaſs
pladdernaſs

pudelnaſs
regennaſs
thaunaſs
thränennaſs
traufnaſs
träuschnaſs
träutnaſs
triefnaſs
trischetnaſs
tropfnaſs
wolkennaſs
zährennaſs
der Paſs
Abschiedspaſs
Bergpaſs
Bürschpaſs
Durchpaſs
Engpaſs
Felsenpaſs
Freypaſs
Gebirgspaſs
Gesundheitspaſs
Laufpaſs
Reisepaſs
Reiterpaſs
Salzpaſs
Schliespaſs
Wasserpaſs
unpaſs
es kömmt zu paſs
wasserpaſs
die *Pancreas*
der *Parnaſs*
Patras
— Praſs
— Quaſs
— Sassafras
— Saſs
Hintersaſs
Kothsaſs
Landsaſs
— Taffetas
die *Tunisias*
verpraſs!
der Verpraſs
Geldverpraſs
was
das was für das
— Taſs
ein Taugewas
der Traſs
Adamas
Anaxagoras
Artigas
Athamas
Athenagoras
Babylas
Barnabas
Barrabas
Bitias
Caiphas
Callicratidas

Cleophas
Clinias
Critias
Ctesias
Diagoras
Epaminondas
Evagoras
Felicitas
Gobryas
Gorgias
Gurias
Herodias
Hippias
Hippocras
Kalidas
Leonidas
Lysias
Marsyas
Nicias
Olympias
Pallantias
Pausanias
Pelias
Pelopidas
Perdiccas
Phanias
Phidias
Phlegyas
Protagoras
Pythagoras
Rugendas
Sophonias
Sthenias
Tiresias
Ulphilas
ago gratias
das *Gratias*
alias
Haereditas (jacens - fideicommissaria - pactitia)
Largitas (sponsalitia)
Necessitas (dira - gravis - urgens)
o sancta simplicitas
per literas
per omnes instantias!
plena proprietas
Societas (Jesu-Leonina)
Veritas (documenti - juridica - forensis)

āsa

della Casa
die *Santa Casa*
tabula rasa
— *Vasa* (chylifera-lactea-sacra - spermatica)
Gustav Wasa

āsas

las Casas
Gustav Wasa's

āscar

Huascar
Madagascar
[die Fasces]

ásch

der Asch
Blumenasch
Milchasch
Nelkenasch
Reibasch
Beschiktasch
der Fasch
das Fasch
hasch!
die Masch
der Mischmásch
die Nasch
der Pasch
Jungfernpasch
Wunderpasch
— Pallasch
— Rasch
Goldrasch
Krämpelrasch
Kronrasch
Seidenrasch
Silberrasch
Tollrasch
Tuchrasch
Walkrasch
rasch
schenkelrasch
— Aufwasch
— Wischwasch
die *Dispache*
Gouache
lache
Moustache
Pannache
Patache
— *Pissevache*
Raud de Vache
Relache

āsch

er drasch
— zerdrasch
der Drasch
— Masch
— Prasch
— Taasch
— Trasch
(*französ.* age)
die *Abordage*
— *Affinage*
— *Affutage*
— *Agiotage*
— *Ajustage*
— *Arbitrage*
— *Arrerage*
— *Attelage*
— *Avantage*
Desavantage
die *Bagage*
Armeebagage
Lumpenbagage
— *Badinage*
— *Ballotage*
— *Bandage*
— *Barbouillage*
— *Barrage*
— *Bavardage*
— *Blindage*
— *Bocage*
— *Boisage*
— *Boscage*
— *Bossage*
— *Cabotage*
— *Campagnage*
— *Carambolage*
— *Carnage*
— *Cavage*
— *Channage*
— *Cirage*
— *Coffrage*
— *Commarage*
— *Coulage*
— *Courage*
Schneidercourage
— *Courtage*
— *Dorage*
— *Emballage*
— *Emmagasinage*
— *Entoilage*
— *Entourage*
— *Equipage*
Hofequipage
Jagdequipage
— *Eremitage*
— *Espionage*
— *Etablage*
— *Etage*
Bel - etage
— *Etalage*
— *Feuillage*
— *Fourage*
— *Fusillage*
— *Fustage*
— *Gage* (d'amitié - d'amour)
Gratisgage
Monatsgage
Wochengage
— *Gargotage*
— *Gribouillage*
— *Griffonage*
— *Grillage*
— *l'Hermitage*
— *Hommage*
— *Jambage*
— *Lage*
— *Leccage*
— *Legage*
— *Libertinage*

die *Magasinage*
— *Mariàge*
bonne Mariage
— *Mariage de consciënce*
— *Maronage*
— *Menage*
— *Moulinage*
— *Ombrage*
— *Outrage*
der *Page*
die *Partage*
— *Passage*
— *Persiflage*
— *Personnage*
— *Pilotage*
— *Placage*
— *Plantage*
— *Platmenage*
— *Plumage*
— *Portage*
— *Potage*
— *Pucillage*
— *Radotage*
— *Raffinage*
— *Rage*
— *Ravage*
— *Reservage*
— *Spendage*
— *Staffage*
— *Takelage*
— *Tapago*
— *Tonnage*
— *Treillage*
— *Tripotage*
— *Usage*
Le Sage

ascha

der *Pascha*
Kapudan-Pascha
des *Pascha*
[Kaschau]
[Raschau]

asche

im Asche
die Asche
Beinasche
Bleyasche
Brandasche
Bückelasche
Capellenasche
Drusenasche
Erzasche
Flockasche
Glasasche
Grieſsasche
Gruasche
Heerdasche
Holzasche
Kesselasche
Knochenasche
Kupferasche
Laugenasche
Loderasche
Löthasche
Menschenasche
Metallasche
Perlasche
Pflanzenasche
Potasche
Rebenasche
Schlüsselasche
Sechtelasche
Seifenasche
Seifensiederasche
Sinterasche
Spathasche
Spieſsglasasche
Tabaksasche
Todtenasche
Topfasche
Torfasche
Tresterasche
Waidasche
Weidenasche
Windasche
Wismuthasche
Zinkasche
Zinnasche
ich beasche
— verasche
dem Fasche
die Fasche
ich fasche

die Flasche
Bettflasche
Bettelflasche
Bierflasche
Blitzfeuerflasche
Burgunderflasche
Champagnerflasche
Credenzflasche
Cyperflasche
Dintenflasche
Essigflasche
Feldflasche
Feuerflasche
Formflasche
Fuſsflasche
Gieſsflasche
Glasflasche
Henkelflasche
Korbflasche
Kürbisflasche
Meerflasche
Milchflasche
Oelflasche
Pilgerflasche
Pulverflasche
Reiseflasche
Rettungsflasche
Riechflasche
Schnappsflasche
Strohflasche
Sturmflasche
Tokaierflasche
Verstärkungsflasche
Wärmflasche
Wasserflasche
Weinflasche
Brantweinflasche
ich hasche
— erhasche
das Gehasche
ich kalasche
die Kamasche
Jagdkamasche
Stiefelkamasche
— Lasche
ich lasche
das Gelasche
er bekommt Lasche
die Masche
Garnmasche
Gegenmasche
Hutmasche
Kettelmasche
Laufmasche
Reitmasche
Strickmasche
Strumpfmasche
ich masche
das Gemasche
dem Mischmasche
ich mischmasche
das Gemischmasche
ich nasche
— benasche
das Genasche
dem Pasche
ich pasche
— verpasche
das Gepasche
dem Pallasche
die Parasche
dem Rasche
die rasche
ich rasche
— überrasche
die Tasche
Angeltasche
Backentasche
Bedarftasche
Beschlagstasche
Beytasche
Bohnentasche
Brieftasche
Bügeltasche
Erbstasche
Gaukeltasche
Geldtasche
Granatentasche
Grenadiertasche
Hirtentasche

Hosentasche
Jagdtasche
Knipptasche
Ladetasche
Leimtasche
Linkstasche
Markscheidetasche
Maultasche
Margar. Maultasche
Meertasche
Pauketasche
Pflaumentasche
Pilgertasche
Plappertasche
Plaudertasche
Räteltasche
Ratteltasche
Reisetasche
Reittasche
Rocktasche
Säbeltasche
Satteltasche
Schäfertasche
Schicktasche
Schießtasche
Schmiertasche
Schotentasche
Schrifttasche
Seetasche
Seitentasche
Spieltasche
Uhrtasche
Wagentasche
Weidtasche
Westentasche
ich eintasche
— wasche
das Gewasche
dem Aufwasche
— Wischwasche
die Wasche
Senkwasche

ăsche

dem Drasche
— Masche
— Prasche
ich prasche
das Geprasche
die Schmasche
— Taasche
dem Taasche
ich daasche
das Gedaasche
dem Trasche
ich trasche
das Getrasche

(asche und age)

die Agiotage
— Arbitrage
— Avantage
die Bagage
— Badinage
— Ballotage
— Bandage
— Boscage
— Carambolage
— Courage
— Emballage
— Equipage
— Eremitage
— Etage
— Fourage
— Gage
— Lage
— Leccage
— Mariage
— Menage
der Page
Jagdpage
Leibpage
Silberpage
Trauerpage
die Passage
— Persiflage
— Personnage
— Plantage
Baumplantage
Caffeeplantage
Indigoplantage
Obstplantage
Tabaksplantage
Zuckerplantage
— Platmenage
— Potage
— Rage
— Ravage
— Spendage
— Staffage
— Stellage
— Takelage
— Visage
der *Alba'sche*
— *Altona'sche*
— *Attila'sche*
— *Caligula'sche*
— *Horja'sche*
— *Loyola'sche*
— *Methusala'sche*
— *Obadja'sche*
— *Scaevola'sche*
— *Scapula'sche*
— *Seneca'sche*
— *Spinola'sche*
— *Totila'sche*
Volta'sche

ăschel

das Flaschel
— Ohrwaschel
— Geraschel
die Raschel

ăscheln

den Flascheln
— Ohrwascheln
rascheln
— Rascheln

ăschels

des Flaschels
— Ohrwaschels
— Geraschels

ăschem

Alba'schem
Altona'schem
Attila'schem
Caligula'schem
Horja'schem
Loyola'schem
Methusala'schem
Obadja'schem
Scaevola'schem
Scapula'schem
Seneca'schem
Spinola'schem
Totila'schem
Volta'schem

ăschen

die Aschen
beaschen
veraschen
den Faschen
die Faschen
faschen
— Flaschen
haschen
abhaschen
aufhaschen
einhaschen
enthaschen
erhaschen
nachhaschen
vorhaschen
weghaschen
wiederhaschen
zuhaschen
zusammenhaschen
kalaschen
auskalaschen
zusammenkalaschen
— Kamaschen
— Laschen
ablaschen
anlaschen
laschen
auslaschen
— Maschen
maschen
anmaschen
verhauptmaschen
— Naschen

naschen
abnaschen
aufnaschen
benaschen
fortnaschen
mitnaschen
vernaschen
wegnaschen
die Paschen
paschen
abpaschen
auspaschen
durchpaschen
einpaschen
erpaschen
fortpaschen
herauspaschen
hereinpaschen
hinauspaschen
hineinpaschen
mitpaschen
nachpaschen
überpaschen
verpaschen
wegpaschen
zupaschen
den Pallaschen
die Paraschen
den Raschen
die raschen
raschen
überraschen
— Taschen
eintaschen
waschen
abwaschen
anwaschen
aufwaschen
auswaschen
durchwaschen
entwaschen
loswaschen
mitwaschen
nachwaschen
überwaschen
unterwaschen
umwaschen
verwaschen
vorwaschen
wegwaschen
zerwaschen
das Aufwaschen
— Fuſswaschen
— Kopfwaschen
die Waschen
gewaschen
ungewaschen

āschen

sie draschen
— zerdraschen

den Maschen
praschen
die Schmaschen
— Taaschen
den taaschen
daaschen
traschen
die Arbitragen
— Badinagen
— Ballotagen
— Bandagen
— Boscagen
— Carambolagen
— Equipagen
— Eremitagen
— Etagen
— Gagen
— Mariagen
— Pagen
— Passagen
— Personagen
— Plantagen
— Platmenagen
— Potagen
— Ravagen
— Spendagen
— Staffagen
— Stellagen
— Takelagen
— Visagen
— *Altona'schen*
— *Attila'schen*
— *Caligula'schen*
— *Horja'schen*
— *Loyola'schen*
— *Methusala'schen*
— *Obadja'schen*
— *Scaevola'schen*
— *Scapula'schen*
— *Seneca'schen*
— *Spinola'schen*
— *Totila'schen*
— *Volta'schen*

áschend

beaschend
veraschend
faschend
haschend
erhaschend
kalaschend
anlaschend
auslaschend
maschend
mischmaschend
naschend
paschend
verpaschend
raschend
überraschend
eintaschend
waschend

āschend

praschend
daaschend
traschend

áschens

des Beaschens
— Veraschens
— Faschens
— Haschens
— Kalaschens
— Anlaschens
— Auslaschens
— Maschens
— Mischmaschens
— Naschens
— Paschens
— Raschens
— Ueberraschens
— Eintaschens
— Waschens
— Aufwaschens
— Fuſswaschens
— Kopfwaschens

āschens

des Draschens
— Praschens
— Traschens

áscher

der Ascher
— Hascher
Kleinigkeitshascher
— Erhascher
— Mischmascher
— Nascher
— Topfnascher
— Zuckernascher
— Benascher
— Pascher
ein rascher
der Ueberrascher
es geht rascher
der Wascher

āscher

ein Prascher
— Trascher
— *Alba'scher*
— *Altona'scher*
— *Attila'scher*
— *Caligula'scher*
— *Horja'scher*
— *Loyola'scher*
— *Methusala'scher*
— *Obadja'scher*
— *Scaevola'scher*
— *Scapula'scher*
— *Seneca'scher*
— *Spinola'scher*

ein *Totila'scher*
— *Volta'scher*

ásches

des Asches
— Fasches
— Gehasches
— Gelasches
— Gemasches
— Mischmasches
— Gemischmasches
— Genasches
— Pasches
— Gepasches
— Pallasches
— Rasches
ein rasches
des Gewasches
— Aufwasches
— Wischwasches
ich hasch' es *etc.*

āsches

des Drasches
— Masches
— Prasches
— Geprasches
— Taasches
— Getaasches
— Trasches
— Getrasches
ein *Alba'sches*
— *Altona'sches*
— *Attila'sches*
— *Caligula'sches*
— *Horja'sches*
— *Loyala'sches*
— *Methusala'sches*
— *Obadja'sches*
— *Scaevola'sches*
— *Scapula'sches*
— *Seneca'sches*
— *Totila'sches*
— *Volta'sches*

áschest

du beaschest
— veraschest
— faschest
— haschest
— kalaschest
— laschest
— maschest
— mischmaschest
— naschest
— paschest
— raschest
— überraschest
raschest
— waschest

āschest

du draschest
— praschest
— daaschest
— traschest

áschet

er beaschet
— veraschet
— faschet
— haschet
— kalaschet
— laschet
— maschet
— mischmaschet
— naschet
— paschet
— überraschet
ihr waschet

āschet

ihr draschet
er praschet
— daaschet
— traschet

áschhaft

naschhaft
waschhaft

áschheit

die Lache-heit
— Raschheit

áschi

der *Bimbaschi*
— *Capidgibaschi*
— *Subaschi*
das *Wischiwaschi*
Braschi

áschig

aschig
maschig
engmaschig
feinmaschig
grobmaschig
großmaschig
kleinmaschig
weitmaschig
waschig

ásching

der Fasching
— Nasching

áschings

des Faschings
— Naschings

áschis

des *Bimbaschi's*
— *Capidgibaschi's*
— *Subaschi's*
— *Wischiwaschi's*

áschlich

erhaschlich
unerhaschlich
paschlich
einpaschlich
uneinpaschlich
verpaschlich
raschlich
waschlich
abwaschlich
unabwaschlich

áschner

ein Flaschner
— gewaschner
— ungewaschner

áschs

des Aschs
— Faschs
— Gehaschs
— Gelaschs
— Gemaschs
— Mischmaschs
— Gemischmaschs
— Genaschs
— Paschs
— Gepaschs
— Raschs
ein rasch's
des Gewaschs
— Aufwaschs
— Wischwaschs
ich benasch's *etc.*

āschs

des Draschs
— Praschs
— Taaschs
— Traschs
er drasch's

áschst

du braschst
— veraschst
— faschst
— haschst
— kalaschst'
— laschst
— maschst
— mischmaschst
— naschst
— pascht
— überrascht
rasch'st
wasch'st

āſchſt

du draschst
— praschst
— daaschst
— traschst

áſcht

er beascht
— verascht
— fascht
— hascht
— kalascht
— lascht
— mascht
— mischmascht
— nascht
— pascht
— überrascht
ihr wascht
Nádasd
Zerdascht

āſcht

ihr drascht
er prascht
— daascht
— trascht

áſchte

er beaschte
— veraschte
— faschte
— haschte
— kalaschte
— laschte
— maschte
— mischmaschte
— naschte
— paschte
— überraschte
der eingetaschte

āſchte

er praschte
— daaschte
— traschte

áſchten

sie beaschten
— veraschten
— faschten
— haschten
— kalaschten
— laschten
— maschten
— mischmaschten
— naschten
— paschten
— überraschten
die eingetaschten

āſchten

sie praschten
— daaschten
— traschten

áſchter

ein beaschter
— veraschter
— gehaschter
— kalaschter
— angelaschter
— ausgelaschter
— gemaschter
— gemischmaschter
— benaschter
— gepaschter
— überraschter
— eingetaschter

āſchter

ein gepraschter
— gedaaschter

áſchtes

ein beaschtes
— veraschtes
— gehaschtes
— kalaschtes
— angelaschtes
— ausgelaschtes
— gemaschtes
— gemischmaschtes
— benaschtes
— gepaschtes
— überraschtes
— eingetaschtes

āſchtes

ein gepraschtes
— gedaaschtes

áſchteſt

du beaschtest
— veraschtest
— faschtest
— haschtest
— kalaschtest
— laschtest
— maschtest
— mischmaschtest
— naschtest
— paschtest
— überraschtest
— eintaschtest

āſchteſt

du praschtest
— daaschtest
— traschtest

áſchtet

ihr beaschtet
— veraschtet
— faschtet
— haschtet
— kalaschtet
— laschtet
— maschtet
— mischmaschtet
— naschtet
— paschtet
— überraschtet
— eintaschtet

āſchtet

ihr praschtet
— daaschtet
traschtet

áſcht's

ein beascht's
— verascht's
— gehascht's
— kalascht's
— angelascht's
— gemascht's
— gemischmascht's
— benascht's
— gepascht's
— überrascht's
— eingetascht's
er hascht's *etc.*

āſcht's

ein geprascht's
— gedaascht's
ihr drascht's

áſcht'ſt

du beascht'st
— verascht'st
— fascht'st
— hascht'st
— kalascht'st
— lascht'st
— mascht'st
— mischmascht'st
— nascht'st
— pascht'st
— überrascht'st
— eintascht'st

āſcht'ſt

du prascht'st
— daascht'st
— trascht'st

áſchung

die Beaschung
— Veraschung

die Erhaschung
— Kalaschung
— Auslaschung
— Maschung
— Mischmaschung
— Benaschung
— Paschung
— Ueberraschung
— Eintaschung

āſchung

die Praschung
— Daaschung
— Traschung

[ein Nasda]
[was da!]

āſe

ein *Ase*
vom Aase
ich aase
das Geaase
die Anaklase
— Antispase
— Apostase
— Base
Groſsbase
— Base
Operationsbase
Rückzugsbase
die Blase
Abziehblase
Backenblase
Brandblase
Branntweinblase
Brennblase
Eiterblase
Feuerblase
Fischblase
Gallenblase
Giftblase
Harnblase
Hausblase
Hausenblase
Hitzblase
Honigblase
Kegelblase
Luftblase
Lungenblase
Nesselblase
Oelblase
Ofenblase
Pestblase
Rindsblase
Samenblase
Schälblase
Schweinsblase
Seeblase
Seifenblase
Tabaksblase
Urinblase
Wasserblase
Windblase
das Geblase
ich blase
dem Chrysoprase
die Dase
— Ecstase
— Emphase
— Fase
ich zerfase
dem Fraſse
im Gase
— Glase
ich beglase
— verglase
im Grase
ich grase
das Gegrase
die Gräcostase
der Hase
Afterhase
Bachhase
Bauerhase
Berghase
Bönhase
Eichhase
Erdhase
Feldhase
Grundhase
Halbhase
Holzhase
Klippenhase
Königshase
Landhase
Märzhase
Meerhase
Mutterhase
Sackhase
Sandhase
Satzhase
Schneehase
Seidenhase
Setzhase
Springhase
Steinhase
Streifhase
Sumpfhase
Wasserhase
Wildhase
Zwerghase
die Hypostase
— Lase
Bierlase
Wasserlase
— Mase
Blattermase
Pockenmase
die Maaſse
— Uebermaaſse
dem Maaſse
ich maaſse
die Nase
Adlernase
Affennase
Brillennase
Buttelnase
Dachnase
Doppelnase
Flachnase
Gelbnase
Groſsnase
Habichtsnase
Häringsnase
Hufeisennase
Kalbsnase
Kartoffelnase
Königsnase
Krebsnase
Krummnase
Kupfernase
Langnase
Mandelkernnase
Meernase
Pflugnase
Pfumpfnase
Plattnase
Rammsnase
Rothnase
Rotznase
Rumpfnase
Schafsnase
Schiefnase
Schnudernase
Spitznase
Stinknase
Strahlnase
Stulpnase
Stumpfnase
Stutznase
Tellernase
Triefnase
Tropfnase
Vogelnase
Wachsnase
Weiſsnase
Wundernase
ich nase
das Genase
ich entnase
— vernase
die Oase
— Pase
ich pfase
das Gepfase
die Phase
Mondphase
— Phrase
Dichterphrase
Rednerphrase
Antiphrase
Metaphrase
Paraphrase
Periphrase
— Quase

dem Quase
ich quase
das Gequase
ich rase
das Gerase
ich berase
dem Spaſse
ich spaſse
das Gespaſse
die Stase
— Straſse
Behringsstraſse
Bergstraſse
Bollwerksstraſse
Davisstraſse
Etapenstraſse
Fahrstraſse
Frachtstraſse
Fuhrstraſse
Fuhrmannsstraſse
Hauptstraſse
Heerstraſse
Heimstraſse
Hudsonsstraſse
Jacobsstraſse
Königsstraſse
Kriegsstraſse
Kunststraſse
Landstraſse
Landesstraſse
Lebensstraſse
Legstraſse
Leinstraſse
Lindenstraſse
Meerstraſse
Milchstraſse
Militärstraſse
Mittelstraſse
Nebenstraſse
Poststraſse
Querstraſse
Reichsstraſse
Sandstraſse
Seitenstraſse
Silberstraſse
Sonnenstraſse
Steinstraſse
Wanderstraſse
Wasserstraſse
Weinstraſse
Zollstraſse
Zwerchstraſse
die Tase
ich tase
das Getase
dem Topase
die Ukase
— Vase
Alabastervase
Blumenvase
Marmorvase
Ofenvase
Porzellanvase
Thränenvase
Trauervase
die Wase
— *Oise*
Amboise
Bavaroise
— *Toise*

āſel

Basel
die Casel
der Fasel
die Fasel
das Gefasel
die Hasel
— Masel
das Gequasel
— Wasel

āſeln

den Caseln
— Faseln
faseln
nachfaseln
überfaseln
umfaseln
vorfaseln
— Haseln
haseln
— Maseln
quaseln
— Waseln

āſelnd

faselnd
quaselnd

āſelns

des Faselns
— Quaselns
ein haseln's

āſen

die Asen
abaasen
sie aſsen
die Anaklasen
— Antispasen
— Apostasen
— Basen
— Blasen
blasen
abblasen
anblasen
aufblasen
ausblasen
beblasen
durchblasen
einblasen
emporblasen
entblasen
entgegenblasen
erblasen
fortblasen
herblasen
hinblasen
nachblasen
niederblasen
überblasen
umblasen
umherblasen
unterblasen
verblasen
vorblasen
wegblasen
zerblasen
zublasen
zurückblasen
zusammenblasen
geblasen
aufgeblasen
hingeblasen
verblasen
das Flötenblasen
— Glasblasen
— Hornblasen
— Trompetenblasen
den Chrysoprasen
die Dasen
— Ecstasen
— Emphasen
— Fasen
der Fasen
sich fasen
abfasen
auffasen
ausfasen
zerfasen
sie fraſsen
den Gasen
beglasen
überglasen
verglasen
grasen
abgrasen
aufgrasen
ausgrasen
begrasen
mitgrasen
nachgrasen
übergrasen
vergrasen
vorgrasen
weggrasen
zugrasen
zusammengrasen
sich begrasen
die Hasen
— Hypostasen
— Lasen
sie lasen
— durchlasen
— erlasen

sie überlasen
— verlasen
die Masen
Blattermasen
den Maaſsen
maaſsen
anmaſsen
muthmaſsen
sie maſsen
maaſsen
allermaſsen
bekanntermaſsen
bestermaſsen
billigermaſsen
dermaſsen
einigermaſsen
gebührendermaſsen
gedachtermaſsen
gehörigermaſsen
gewöhnlichermaſs.
gewohntermaſsen
gleichermaſsen
herrischermaſsen
immaſsen
leichtermaſsen
oberflächlicher-
schuldigermaſsen
triftigermaſsen
überdiemaſsen
der Maſsen
die Nasen
nasen
aufnasen
entnasen
vernasen
weiſsnasen
zunasen
sie genasen
die Oasen
— Pasen
pfasen
— Phasen
Mondphasen
— Phrasen
— Quasen
den Quasen
quasen
verquasen
der Rasen
Blumenrasen
Deckrasen
Eckrasen
Feldrasen
Gartenrasen
Holzrasen
Sammetrasen
Veilchenrasen
Winterrasen
abrasen
berasen
entrasen
verrasen

das Rasen
rasen
abrasen
aufrasen
ausrasen
durchrasen
entrasen
entgegenrasen
fortrasen
mitrasen
nachrasen
niederrasen
überrasen
umrasen
umherrasen
vorrasen
vorausrasen
vorbey- *etc.* rasen
wegrasen
zurasen
zurückrasen
sie saſsen
besaſsen
spaſsen
die Stasen
— Straſsen
— Tasen
tasen
— Topasen
— Ukasen
— Vasen
sie vergaſsen
der Wasen
die *Toisen*

āſend

abaasend
blasend
fasend
beglasend
überglasend
verglasend
grasend
maaſsend
anmaſsend
muthmaſsend
nasend
pfasend
quasend
rasend
berasend
spaſsend
tasend

āſens

des Abaasens
— Blasens
ein geblasen's
des Fasens
— Zerfasens
— Beglasens

des Ueberglasens
— Verglasens
— Grasens
— Maaſsens
— Anmaſsens
— Muthmaſsens
— Maſsens
— Nasens
— Pfasens
— Quasens
— Rasens
— Berasens
— Rasens
— Umherrasens
— Spaſsens
— Tasens
— Wasens

āſer

der Blaser
Aschenblaser
Flötenblaser
Glasblaser
Hornblaser
Trompetenblaser
Vorblaser
Wasserblaser
die Faser
Fleischfaser
Haarfaser
Hautfaser
Holzfaser
Pflanzenfaser
Wurzelfaser
das Gefaser
der Glaser
Bleyglaser
Pfeifenglaser
— Graser
— Maser
Birkenmaser
Holzmaser
Pappelmaser
Weidenmaser
Wurzelmaser
die Maser
der Praser
Goldpraser
Smaragdpraser
— Quaser
— Raser
Glaubensraser
— Spaſser
aus waser
die Zaser
— Wurzelzaser
das Gezaser

āſern

den Blasern
Flötenblasern

die Fasern
fasern
abfasern
auffasern
ausfasern
entfasern
verfasern
zerfasern
den Glasern
glasern
— Grasern
die Masern
den Masern
sich masern
den Prasern
— Quasern
— Rasern
— Spaſsern
die Zasern
zasern
abzasern
zerzasern

āſernd

fasernd
glasernd
masernd
zasernd

āſerns

des Faserns
— Glaserns
— Maserns
— Zaserns

āſers

des Blasers
— Gefasers
— Glasers
— Masers
— Prasers
— Quasers
— Rasers
— Spaſsers
— Gezasers

āſerſt

du faserst
— glaserst
— maserst
— zaserst

āſert

er fasert
— glasert
— masert
gemasert
— zasert

āſert's

ein gefasert's
— gemasert's
— gezasert's

āſes

des Aases
— Geaases
— Geblases
— Chrysoprases
— Euclases
— Fraſses
— Gases
— Glases
— Grases
— Gegrases
— Maaſses
— Genases
— Gepfases
die *Phrases*
des Quaaſses
— Gequases
— Gerases
— Spaſses
— Gespaſses
— Getases
— Topases
— Ukases
ich vergaſs es *etc.*

āſeſt

du aſsest
— aasest
— blasest
— fasest
— fraſsest
— genasest
— verglasest
— grasest
— lasest
— maaſsest
— nasest
— pfasest
— quasest
— rasest
— berasest
— spaſsest
— tasest
— vergaſsest

āſet

ihr aſset
er aaset
ihr blaset
er faset
ihr fraſset
— genaset
er verglaset
— graset
ihr laset
— maaſset
er maaſset
— naset
— pfaset
— quaset
— raset
— beraset
er spaſset
— taset
ihr vergaſset
[der Wasgau]

āſeyn

das Daseyn
— Fern'seyn
— Nah'seyn

āſeyns

des Daseyns
— Fern'seyns
— Nah'seyns

āsge

die aas'ge
— blas'ge
— das'ge
— fas'ge
— glas'ge
— gras'ge
— mas'ge
— groſsnas'ge
— ras'ge
— spaſs'ge
— was'ge

āsgen

die aas'gen
— blas'gen
— das'gen
— fas'gen
— glas'gen
— gras'gen
— mas'gen
— groſsnas'gen
— ras'gen
— spaſs'gen
— was'gen

āsger

ein aas'ger
— blas'ger
— das'ger
— fas'ger
— glas'ger
— gras'ger
— mas'ger
— groſsnas'ger
— ras'ger
— spaſs'ger
— was'ger
— *Pelasger*

āsgern

einen aas'gern
— blas'gern
— das'gern
— fas'gern
— glas'gern
— gras'gern
— mas'gern

einen grofsnas'gern
— ras'gern
— spafs'gern
— was'gern
den *Pelasgern*

āsgers

ein aas'ger's
— blas'ger's
— das'ger's
— fas'ger's
— glas'ger's
— gras'ger's
— mafs'ger's
— grofsnas'ger's
— ras'ger's
— spafs'ger's
— was'ger's
des *Pelasgers*

āsges

ein aas'ges
— blas'ges
— das'ges
— fas'ges
— glas'ges
— gras'ges
— mas'ges
— grofsnas'ges
— ras'ges
— spafs'ges
— was'ges

āshaft

aashaft
glashaft
grashaft
spafshaft

āsi

in basi
Cambiasi
Gehasi
quasi
Thomasi
Esterhazy
Illeshazy etc.

āsia

Asia
Afanasia
die *Amasia*
Anastasia
Aspasia
Damasia
Euthanasia
Gymnasia

āsias

Asias
Afanasias
Anastasias
Aspasias
Damasias
Euthanasias

āsicht

fasicht
glasicht
bergglasicht
grasicht

āsien

Asien
Kleinasien
Mittelasien
die *Amasien*
— *Aspasien*
Austrasien
— *Gymnasien*

āsiens

Asiens
Aspasiens
Austrasiens

āsig

aasig
blasig
dasig
fasig
glasig
bergglasig
grasig
meergrasig
weichgrasig
masig
blattermasig
nasig
affennasig
breitnasig
doppelnasig
geradnasig
grofsnasig
kurznasig
langnasig
plattnasig
rothnasig
schiefnasig
spitznasig
stumpfnasig
triefnasig
tropfnasig
rasig
spafsig
gespafsig
wasig

āsig's

ein aasig's
— blasig's
— dasig's
ein fasig's
— glasig's
— grasig's
— masig's
— grofsnasig's
— rasig's
— spafsig's
— wasig's

āsis

die *Anaclasis*
— *Antispasis*
— *Basis*
— *Krasis*
der *Phasis*
die *Phlasis*
— *Rhasis*
— *Thlasis*

āsius

Asius
Anastasius
Athanasius
Blasius
Gelasius
Gervasius
Masius
Mathanasius
Parrhasius
Salmasius
Thomasius
Zasius

ásk

der *Bask'*
— *Bergamask'*
Damask
— Kask
Tscherkask
Ball en masque
en masque

áske

der *Baske*
— *Bergamaske*
dem Kaske
die Maske
Halbmaske
Narrenmaske
Theatermaske
Wachsmaske
ich maske
das Gemaske
ich quaske
das Gequaske

ásken

die *Basken*
— *Bergamasken*
den Kasken
die Masken

masken
entmasken
vermasken
quasken

áskend

maskend
quaskend

áskens

des Maskens
— Quaskens

ásker

ein *Damasker*
— *Somasker*

áskern

den *Damaskern*
— *Somaskern*

áskers

des *Damaskers*
— *Somaskers*

áskes

des Kaskes
— Gemaskes
— Gequaskes

áskest

du maskest
— quaskest

###ásket

er masket
— quasket

áskisch

baskisch
bergamaskisch
damaskisch
somaskisch

ás'le

ich fas'le
— quas'le

ásler

ein *Basler*
— Fas'ler

áslern

den *Baslern*
— Fas'lern

áslers

des *Baslers*
— Fas'lers

áslich

faslich
anmaſslich
muthmaſslich

ásma

das *Melasma*
— *Miasma*
— *Pasma*
Diapasma
Katapasma
Phantasma
— *Plasma*
Diaplasma
Epiplasma
Hysteroplasma
Kataplasma
Protoplasma
— *Progymnasma*
— *Schediasma*
— *Spasma*

{ Faſsmann
Pazmann
Raſsmann

ásmen

die Miasmen
— Phantasmen
— Kataplasmen
— Marasmen
— Pleonasmen
— Sarkasmen
— Schediasmen

ásmus

Asmus
Asmus cum puncto
der *Chiliasmus*
Diplasiasmus
Enthusiasmus
Erasmus
Marasmus
Metaplasmus
Orgasmus
Pleonasmus
Polyplasiasmus
Sarkasmus
Spasmus
Blepharospasmus

ásner

ein geblas'ner
der Maſsner

áso

Naso
Thraso

áson

die *Diapason*
— *Disdiapason*
Jason [der Trasp]

áspe

die Aspe
Ariaspe
der *Arimaspe*
Campaspe
die Haspe
Fahrthaspe
Fensterhaspe
Pfannenhaspe
ich anhaspe
die Raspe
Zoriaspe

áspel

der Haspel
Berghaspel
Beyhaspel
Darmhaspel
Federhaspel
Garnhaspel
Hornhaspel
Kreuzhaspel
Preſshaspel
Radehaspel
Riffelhaspel
Seidenhaspel
Speckhaspel
Sturmhaspel
Trethaspel
Zahlhaspel
Zughaspel
Zwirnhaspel
die Haspel
das Gehaspel
die Gekraspel
— Naspel
— Raspel
Feinraspel
Holzraspel
Hornraspel
das Geraspel
die Zaspel

áspeln

den Haspeln
haspeln
abhaspeln
anhaspeln
aufhaspeln
aushaspeln
loshaspeln
weghaspeln
zurückhaspeln
verkaspeln
kraspeln
die Naspeln
raspeln
abraspeln
anraspeln
aufraspeln
beraspeln

durchraspeln
erraspeln
fortraspeln
losraspeln
mitraspeln
überraspeln
verraspeln
vorraspeln
wegraspeln
zerraspeln
zuraspeln
zusammenraspeln
die Raspeln
den Zaspeln

áspelnd

haspelnd
verkaspelnd
kraspelnd
raspelnd

áspelns

des Haspelns
— Verkaspelns
— Kraspelns
— Raspelns

áspels

des Haspels
— Gehaspels
— Gekraspels
— Geraspels

áspelst

du haspelst
— verkaspelst
— kraspelst
— raspelst

áspelt

er haspelt
— verkaspelt
— kraspelt
— raspelt

áspen

die Aspen
— *Arimaspen*
der Haspen
Thorhaspen
Thürhaspen
anhaspen
aushaspen
vorhaspen
zuhaspen
abraspen

áspend

anhaspend *etc.* bis
abraspend siehe
aspen

áspens

des Anhaspens *etc.* bis
Abraspens siehe
aspen

áspet

ein Asper
Spiritus asper
— Gasper
— Platzcasper

áspern

den Aspern
Aspern
— Caspern
— Platzcaspern
platzcaspern

áspers

des Aspers
— Caspers
— Platzcaspers

áspes

des Gehaspes
— Traspes
Darius Hystaspes

áspest

du haspest
— verhaspest
— abraspest

áspet

er haspet
— verhaspet
— abraspet

[Aspic]

áspis

der *Hydaspis*
— Jaspis
Bänderjaspis
Blutjaspis
Feldjaspis
Rötheljaspis
Schriftjaspis
Seidenjaspis

áspisch

arimaspisch
caspisch

áspIe

ich hasple
das Gehasple
ich verkasple
— krasple
das Gekrasple
ich rasple
das Gerasple

áspler

ein Haspler
— Raspler

ásplern

den Hasplern
— Rasplern

áspIers

des Hasplers
— Rasplers

áspIig

hasplig
rasplig

[Heinrich Raspo]

ásps

des Gehasp's
— Trasp's

áspst

du haspst
— abraspst

áspt

er haspt
abgeraspt

áspte

er haspte
abgeraspte

áspten

sie haspten
abgeraspten

áspter

ein abgehaspter
— abgeraspter

ásptes

ein abgehasptes
— abgerasptes

ásptest

du hasptest
— abrasptest

ásptet

ihr hasptet
— abrasptet

áspung

die Abhaspung
— Abraspung

áß siehe ás

áſſa

Assa (foetida)
Assa (König)
der Bassa
die Cassa
per cassa
Iphianassa
Lanassa
lega bassa
— *Massa* (bonorum-concursus - hereditatis)
Mylassa
Chevalier d'Assas
crassa (Minerva)

áſſan

Elbassan
Hassan

áſſau

Nassau
Passau

áſſaus

Nassau's
Passau's
laſs aus!

áſſe

dem Asse
heres ex asse
— Atlasse
— Basse
— Ballasse
die Barcasse
— Becasse
— Blasse
— blasse
ich erblasse
dem Boreasse
ich brasse
das Gebrasse
die Brasse
Lufbrasse
dem Brasse
— Bramarbasse
ich bramarbasse
die Calebasse
— Carcasse
die Casse
Armencasse
Baucasse
Brandversicherungs-
Brautcasse
Bürschcasse
Feldcasse
Feuercasse
Forstcasse
Gemeindecasse
Glascasse
Handelscasse
Hauptcasse
Hauscasse
Heilandscasse
Hofcasse
Hülfscasse
Jagdcasse
Kämmereycasse
Kammercasse
Kegelcasse
Kirchencasse
Kreiscasse
Kriegscasse
Feldkriegscasse
Landescasse
Landschaftscasse
Leihcasse
Leihhauscasse
Liebescasse
Losungscasse
Lotteriecasse
Lottocasse
Montirungscasse
Nebencasse
Privatcasse
Regimentscasse
Reichscasse
Schmauscasse
Schürfgeldercasse
Schützencasse
Schuldentilgungs-
Sparcasse
Spielcasse
Spitalcasse
Sportelcasse
Staatscasse
Stadtcasse
Sterbecasse
Steuercasse
Stiftscasse
Strafcasse
Tilgungscasse
Unterhaltungscasse
Unterstützungscasse
Verwehrcasse
Waisencasse
Wendecasse
Wirthschaftscasse
Wittwencasse
ich eincasse
— chasse
das Gechasse
à la chasse
dem Compasse
die Drehbasse
im Elsasse
dem Fasse
ich fasse
das Gefasse
dem Gaſse
die Gasse
Brandgasse
Dreckgasse
Glättgasse
Hauptgasse
Judengasse
Kreuzgasse
Nasengasse
Nebengasse
Quergasse
Sackgasse
Sandgasse
Schnepfengasse
Schulgasse
Schustergasse
Seitengasse
Stadtgasse
Stinkgasse
Stumpfgasse
Winkelgasse
— Galeasse
— Ganasse
es gnasse
das Grasse
die Grimasse
dem Hasse
ich hasse
das Gehasse
die Hasse
dem Harrasse
— Hoppasse
ich hoppasse
das Gehoppasse
die Klasse
Adelsklasse
Bauerklasse
Bettelklasse
Bürgerklasse
Ehrenklasse
Menschenklasse
Mittelklasse
Oberklasse
Schulklasse
Thierklasse
Unterklasse
Volksklasse
ich verklasse
dem Kannevasse
— Kürasse
die lasse
ich lasse
das Gelasse
dem Ablasse
— Aderlasse
— Anlasse
— Auslasse
— Belasse
— Durchlasse
— Einlasse
— Erlasse
— Gelasse
— Hinterlasse

dem Nachlasse
— Niederlasse
— Ueberlasse
— Unterlasse
— Verlasse
— Vorlasse
die Masse
Blutmasse
Circulationsmasse
Concursmasse
Creditmasse
Debitmasse
Erbmasse
Erbschaftsmasse
Erdmasse
Eismasse
Eisenmasse
Felsenmasse
Feuermasse
Fleischmasse
Gantmasse
Geldmasse
Glasmasse
Gütermasse
Hausmasse
Hirnmasse
Hodenmasse
Kieselmasse
Körpermasse
Marmormasse
Nebelmasse
Papiermasse
Pillenmasse
Pulvermasse
Schattenmasse
Schneemasse
Schuldenmasse
Steinmasse
Theilungsmasse
Thiermasse
Truppenmasse
Vermögensmasse
Wassermasse
Wolkenmasse
— Melasse
— Milliasse
die nasse
dem Nasse
ich nasse
dem Passe
zu passe
ich passe
das Gepasse
eine wasserpasse
— unpasse
dem Parnasse
die Pinasse
dem Prasse
ich prasse
das Geprasse
die Rasse
Hunderasse
Menschenrasse
Pferderasse
Volksrasse
der Sasse
Amtssasse
Beysasse
Einsasse
Festungssasse
Freysasse
Gerichtssasse
Haussasse
Himmelssasse
Insasse
Kanzleysasse
Kothsasse
Erbkothsasse
Pfandsasse
Schloſssasse
Schriftsasse
Umsasse
Untersasse
Vorsasse
Wassersasse
die Tasse
Bechertasse
Bouillontasse
Caffeetasse
Chocoladentasse
Glühtasse
Henkeltasse
Mundtasse
Obertasse
Porzellantasse
Theetasse
Untertasse
ich tasse
das Getasse
dem Sarrasse
— Tasse
— Tarrasse
die Terrasse
Blumenterrasse
Felsenterrasse
Rasenterrasse
der *Tscherkasse*
dem Taugewasse
— Trasse
Levée en Masse
Liasse
Bergasse
l'Espinasse
Paillasse
passe-passe

áſſel

die Assel
Glanzassel
Kellerassel
Mauerassel
Meerassel
Steinassel
Wallfischassel
Wasserassel
die Assel (alte Perücke)
Cassel
ein Blassel
Dassel
der Hassel
die Nassel (Vielfuſs Oniscus)
— Rassel
das Geprassel
— Gerassel
Kettengerassel
Schellengerassel
Speergerassel
der Trassel

áſſeln

die Asseln
den Blasseln
gasseln
— Hasseln
die Nasseln
prasseln
abprasseln
anprasseln
aufprasseln
durchprasseln
einprasseln
entprasseln
erprasseln
fortprasseln
losprasseln
mitprasseln
nachprasseln
niederprasseln
überprasseln
umprasseln
umherprasseln
verprasseln
vorprasseln
vorbeyprasseln *etc.*
wegprasseln
zerprasseln
zuprasseln
zurückprasseln
zusammenprasseln
— Rasseln
rasseln
abrasseln
anrasseln
aufrasseln
ausrasseln
durchrasseln
entrasseln
entgegenrasseln
errasseln
hin- u. herrasseln
losrasseln
mitrasseln
nachrasseln

niederrasseln
überrasseln
umrasseln
umherrasseln
vorrasseln
vorüberrasseln *etc.*
wegrasseln
zerrasseln
zurückrasseln
zusammenrasseln
den Trasseln

äſſelnd

gasselnd
prasselnd
rasselnd

äſſelns

des Gasselns
— Prasselns
— Rasselns

äſſels

des Blassels
Cassels
— Hassels
— Gerassels
— Geprassels

äſſelſt

du gasselst
— prasselst
— rasselst

äſſelt

es gasselt
— prasselt
— rasselt

äſſem

grassem
lassem
nassem
unpassem
wasserpassem

äſſen

den Assen
— Ananassen
— Atlassen
atlassen
die Bassen
den Ballassen
die Barcassen
— Becassen
— blassen
— Blassen
blassen
abblassen
erblassen
nachblassen
verblassen
den Boreassen
— Bramarbassen
bramarbassen
brassen
abbrassen
anbrassen
aufbrassen
umbrassen
der Brassen
Brandbrassen
Dornbrassen
Fluſsbrassen
Goldbrassen
Meerbrassen
Steinbrassen
Zahnbrassen
die Cassen
eincassen
— Calebassen
— Carcassen
chassen
den Compassen
die Drehbassen
fassen
abfassen
verabfassen
anfassen
auffassen
befassen
einfassen
erfassen
miſsfassen
nachfassen
umfassen
unterfassen
verfassen
vorfassen
zufassen
zusammenfassen
das Armumfassen
— Fouragefassen
den Gaſsen
die Gassen
— Galeassen
— Ganassen
gnassen
— grassen
— Grimassen
den Harrassen
hassen
forthassen
verhassen
wiederhassen
hoppassen
nachhoppassen
voranhoppassen
— Kannevassen
kannevassen
die Klassen
klassen
abklassen
einklassen
verklassen
zusammenklassen
den Kürassen
die lassen
lassen
ablassen
herablassen
aderlassen
anlassen
auflassen
auslassen
belassen
beylassen
dortlassen
durchlassen
einlassen
hineinlassen
entlassen
erlassen
fortlassen
freylassen
herlassen
hinlassen
lediglassen
loslassen
mitlassen
nachlassen
niederlassen
überlassen
umlassen
unterlassen
verlassen
veranlassen
vorlassen
voranlassen *etc.*
weglassen
zerlassen
zulassen
zurücklassen
zusammenlassen
gelassen
abgelassen
angelassen
ausgelassen
freygelassen *etc.*
das Aderlassen
trostverlassen
weisheitsverlassen
die Massen
— Melassen
— Milliassen
— nassen
den Nassen
nassen
vernassen
passen
abpassen
anpassen
aufpassen
auspassen
einpassen

erpassen
fortpassen
mitpassen
nachpassen
umpassen
verpassen
vorpassen
zusammenpassen
die unpassen
wasserpassen
— Paperassen
— Pinassen
prassen
aufprassen
ausprassen
durchprassen
erprassen
verprassen
— Rassen
— Sassen
Beysassen
Kothsassen
Landsassen
Schriftsassen
Untersassen
den Sarrassen
die Tassen
tassen
antassen
auftassen
forttassen
mittassen
übertassen
untertassen
vortassen
wegtassen
zutassen
zusammentassen
— Terrassen
— *Tscherkassen*

áſſend

blassend
erblassend
bramarbassend
brassend
eincassend
chassend
fassend
gnassend
hassend
hoppassend
klassend
lassend
nassend
passend
prassend
tassend

áſſens

des Erblassens
— Bramarbassens
— Brassens
— Umbrassens
— Eincassens
— Chassens
— Fassens
— Gnassens
— Hassens
— Hoppassens
— Klassens
— Lassens
— Nassens
— Passens
— Prassens
— Tassens

áſſer

Asser
ein blasser
der Fasser
Abfasser
Bienenfasser
Erdumfasser
Kartätschenfasser
Verfasser
Schriftverfasser
Urthelsverfasser
Zeitungsverfasser
Winkelfasser
ein grasser
— Hasser
Franzosenhasser
Freudenhasser
Mädchenhasser
Menschenhasser
Preussenhasser
Selbsthasser
Weiberhasser
Weinhasser
— lasser
der Erblasser
— Ueberlasser
— Veranlasser
— Verlasser
Weinverlasser
ein nasser
— Passer
Aufpasser
Mastenpasser
Verpasser
Winkelpasser
unpasser
wasserpasser
Passer (Catulli)
— Prasser
Verprasser
das Wasser
Abklärwasser
Abspülwasser
Ackernuſswasser
Aderwasser
Aetzwasser
Alaunwasser
Altwasser
Aniswasser
Aufschlagewasser
Aufsüſswasser
Augenwasser
Bachwasser
Badewasser
Bannwasser
Barbierwasser
Beizwasser
Bergwasser
Bergfettwasser
Binnenwasser
Birkenwasser
Bitterwasser
Blasenwasser
Blauwasser
Blutwasser
Brackwasser
Brandwasser
Brotwasser
Bruchwasser
Brühwasser
Brunnenwasser
Brustwasser
Cementwasser
Dillwasser
Donauwasser
Drängwasser
Druckwasser
Dupfwasser
Egerwasser
Eiswasser
Eisenwasser
Elbwasser
Erdwasser
Essigwasser
Fahrwasser
Fallwasser
Fenchelwasser
Feldwasser
Fettwasser
Fischwasser
Fliegenwasser
Flieſswasser
Flöſswasser
Floſswasser
Fluchwasser
Fluſswasser
Freywasser
Fuſswasser
Gebirgswasser
Gehirnwasser
Geistwasser
Gelenkwasser
Gerstenwasser
Gesundwasser
Gichtwasser

Gieſswasser
Giftwasser
Gliedwasser
Goldwasser
Granatwasser
Grenzwasser
Grieswasser
Grimmenwasser
Grubenwasser
Grundwasser
Gurgelwasser
Hägewasser
Handwasser
Hartwasser
Harzwasser
Hauptwasser
Heilwasser
Herrenwasser
Herrscherwasser
Herzbeutelwasser
Herzwasser
Himbeerwasser
Hirnwasser
Hirschkolbenwasser
Holunderwasser
Holunderblätter -
Holunderblüthen -
Käsewasser
Kalkwasser
Kielwasser
Kieselwasser
Kindswasser
Kirschwasser
Kirschlorbeerwasser
Kölnerwasser
Königswasser
Königinnenwasser
Kraftwasser
Krebswasser
Kreiſswasser
Krystallisations -
Kümmelwasser
Kupferwasser
Kuttelwasser
Laugenwasser
Lavendelwasser
Leibenswasser
Lebwasser
Leimwasser
Löschwasser
Lootsenwasser
Lootsmannsfahr -
Lühwasser
Luftwasser (Danziger)
Märzenwasser
Magenwasser
Meerwasser
Meteorwasser
Milchwasser
Mineralwasser
Minerwasser
Mistwasser

Moderwasser
Moorwasser
Mühlenwasser
Mundwasser
Mutterwasser
Nardenwasser
Netzwasser
Nordwasser
Oberwasser
Osterwasser
Perlenwasser
Petersilienwasser
Pfefferwasser
Pfeffermünzwasser
Pfützenwasser
Pochwasser
Quecksilberwasser
Quellenwasser
Quellwasser
Quickwasser
Rabelwasser
Rautenwasser
Rebenwasser
Regenwasser
Riechwasser
Röhrwasser
Rosmarinwasser
Salpeterwasser
Salzwasser
Sandwasser
Sauerwasser
Schafwasser
Scheidewasser
Schlagwasser
Schlehblüthwasser
Schminkwasser
Schneewasser
Schneidwasser
Schönheitswasser
Schreckwasser
Schüsselwasser
Schuſswasser
Schuſswundwasser
Schwalbenwasser
Schwarzwasser
Schwefelwasser
Schwenkwasser
Seewasser
Seifenwasser
Selterwasser
Silberwasser
Sinterwasser
Sodwasser
Spickwasser
Springwasser
Sprudelwasser
Stahlwasser
Stärkwasser
Standwasser
Stauchwasser
Stauwasser
Stollenwasser

Stopfwasser
Stromwasser
Sudwasser
Sumpfwasser
Sündwasser
Tagewasser
Taufwasser
Tausendblumen -
Teichwasser
Thauwasser
Theerwasser
Theewasser
Thränenwasser
Trankwasser
Traufwasser
Trinkwasser
Unterwasser
Vitriolwasser
Wachholderwasser
Waldwasser
Waschwasser
Wehrwasser
Weidewasser
Weiherwasser
Weihwasser
Weiſswasser
Wiesenwasser
Wunderwasser
Wundwasser
Zauberwasser
Ziegerwasser
Zimmtwasser
Zitronenwasser

der Tasser

áſſern

einen blasser'n
den Fassern
— Verfassern
einen grasser'n
den Hassern
einen lasser'n
den Erblassern
— Verlassern
einen nasser'n
den Passern
— Aufpassern
einen unpasser'n
— wasserpasser'n
den Prassern
— Wassern
— Tassern

áſſers

ein blasser's
des Fassers
— Verfassers
ein grasser's
des Hassers
ein lasser's
des Erblassers

ein nasser's
des Passers
— Aufpassers
ein unpasser's
— wasserpasser's
des Prassers
— Wassers
— Tassers

äſſes

des Asses
— Antlasses
— Atlasses
— Basses
— Ballasses
ein blasses
des Boreasses
— Brasses
— Gebrasses
— Bramarbasses
— Gechasses
— Compasses
— *Elsasses*
— Fasses
— Gefasses
— Gaſses
ein grasses
des Hasses
— Gehasses
— Harrasses
— Hoppasses
— Gehoppasses
— Kannevasses
— Kürasses
ein lasses
des Ablasses
— Aderlasses
— Belasses
— Durchlasses
— Einlasses
— Erlasses
— Gelasses
— Hinterlasses
— Nachlasses
— Ueberlasses
— Unterlasses
— Verlasses
— Vorlasses
ein nasses
des Nasses
— Passes
— Gepasses
ein unpasses
— wasserpasses
des Parnasses
— Prasses
— Geprasses
— Verprasses
— Quaſses
— Sassafraſses
— Sarrasses

des Taffetasses
— Tarrasses
— Tasses
— Getasses
— Taugewasses
— Trasses
laſs es! *etc.*

äſſeſt

blassest
du erblassest
— brassest
— bramarbassest
— eincassest
— chassest
— fassest
— gnassest
grassest
— hassest
— hoppassest
— verklassest
lassest
— lassest
nassest
— nassest
— passest
unpassest
wasserpassest
— prassest
— tassest

äſſet

er erblasset
— brasset
— bramarbasset
— eincasset
— chasset
— fasset
es gnasset
er hasset
— hoppasset
eingeklasset
ihr lasset
er nasset
— passet
— prasset
— tasset

äßheit

die Blaſsheit
— Graſsheit
— Laſsheit
— Naſsheit
— Wasserpaſsheit

äſſi

Grassi
Jassy

äſſia

die *Cassia*
Cassia
Circassia
Hassia
Massia
die *Quassia*

äſſias

Cassia's
Circassia's
Hassia's

äſſie

die Cassie
— Quassie

äſſig

bramarbassig
passig
trassig

äſſiſch

circassisch
klassisch
parnassisch
sassisch
landsassisch
tscherkassisch

äßle

ich gaſsle
— praſsle
das Gepraſsle
ich raſsle
das Geraſsle

äßler

ein Gaſsler
— Praſsler
— Raſsler

äßlern

den Gaſslern
— Praſslern
— Raſslern

äßlers

des Gaſslers
— Praſslers
— Raſslers

äßlich

faſslich
gemeinfaſslich
verklaſslich
laſslich
unlaſslich
ablaſslich
unablaſslich
erlaſslich
unerlaſslich

nachlaſslich
unnachlaſslich.
unterlaſslich
verlaſslich
zerlaſslich
paſslich
unpaſslich
praſslich
raſslich

áßlung

die Praſs'lung
— Raſs'lung

áßne

die atlaſs'ne
— kannevaſsne
— gelaſsne
abgelaſsne
aufgelaſsne
hinterlaſsne
nachgelaſsne
überlaſsne
unterlaſsne
verlaſsne

áßnen

die atlaſs'nen
kannevaſsnen
— gelaſsnen
abgelaſsnen *etc. bis*
verlaſsnen *s.* **áßne**

áßner

ein atlaſsner
— kannevaſsner
— gelaſsner
— verlaſsner
Gaſsner

áßnern

die gelaſsnern
— verlaſsnern
den *Gaſsnern*

áßners

ein gelaſsner's
— verlaſsner's
Gaſsners

áßnes

ein atlaſsnes
— kannevaſsnes
— gelaſsnes
— verlaſsnes

áſſo

Basso (continuo – ripieno)
der *Chimborasso*
Galeasso
Garcilàsso
Ribasso
Tasso

áßt *etc. siehe* **áſt** *etc.*

[pari passu]

áſſung

die Erblassung
— Brassung
— Eincassung
— Chassung
— Fassung
Geistesfassung
Gemüthsfassung
Juwelenfassung
Ringfassung
Seelenfassung
— Abfassung
— Einfassung
Fenstereinfassung
— Verfassung
Gemüthsverfassung
Gerichtsverfassung
Gildeverfassung
Glaubensverfassung
Grundverfassung
Handwerksverfass.
Hausverfassung
Innungsverfassung
Kirchenverfassung
Kreisverfassung
Kriegsverfassung
Landesverfassung
Lehnsverfassung
Nervenverfassung
Ortsverfassung
Rechtsverfassung
Reichsverfassung
Schulverfassung
Zunftverfassung
— Lassung
Ablassung
Anlassung
Auflassung
Auslassung
Durchlassung
Einlassung
Erlassung
Straferlassung
Zulassung
Zurücklassung

[Assur]

áſſus

Bassus
Crassus
Halicarnassus
Jassus
Parnassus
Passus (concernens – geometricus)

áſt

ihr aſst
er aast
ihr blas't
er fas't
ihr fraſst
— genast
es verglast
er grast
ihr last
er maſst
ihr maaſst
anmaſst
muthmaſst
er nast
— pfast
— quast
— rast
es berast
er spaſst
— tast
ihr vergaſst

áſt — áßt

Adrast
Arbogast
der Ast
Fruchtast
Gabelast
Hauptast
Hohlast
Holzast
Kehlkopfsast
Luftröhrenast
Mittelast
Mutterast
Nasenast
Nebenast
Nervenast
Oberast
Querast
Schattenast
Seitenast
Sommerast
Sparrast
Treibast
Unterast
Wasserast
der Bast
das Bast
Baumbast
Lindbast
Lindenbast
Seidelbast
Seidenbast
Süſsbast
Weidenbast
Wolfsbast
Zeidelbast

der Ballast
Schiffsballast
Belfast
er erblaſst
der Bombast
— Brast
— braſst
— bramarbaſst
eingecaſst
er chaſst
der Chiliast
— Damast
Rammeldamast
— Dynast
— Enthusiast
Erast
fast
er faſst
umfaſst
gefaſst
silbergefaſst
verfaſst

der Gast
Abendgast
Abendmahlsgast
Alltagsgast
Backgast
Badegast
Ballgast
Biergast
Brunnengast
Freygast
Hafengast
Hochzeitsgast
Hörgast
Hofgast
Hüttengast
Kapergast
Kindtaufsgast
Kochsgast
Leichengast
Mahlgast
Marktgast
Jahrmarktsgast
Marsgast
Meſsgast
Mittagsgast
Mühlengast
Opfergast
Raumgast
Salzgast
Schiemannsgast
Schlafgast
Schmalzgast
Sölgast
Sonntagsgast
Spielgast
Tischgast
Trinkgast
Trollgast
Ungast
Weingast
Wimpelgast
Zechgast

es gnaſst
der Gymnasiast
— Gymnast
du hast
die Hast
er haſst
verhaſst
— hoppaſst
der Ikonoklast
eingeklaſst
— Knast
— Kontrast
— *Kynast*
ihr laſst
— verlaſst

die Last
Amtslast
Arbeitslast
Berufslast
Beylast
Bleylast
Centnerlast
Deichlast
Einquartirungslast
Erdenlast
Erdlast
Haftlast
Hinterlast
Kriegslast
Oberlast
Oblast
Sacklast
Schmerzenslast
Schneelast
Sündenlast
Tageslast
Ueberlast

die Mast
Baummast
Branntweinmast
Brutmast
Buchmast
Eichelmast
Erbsenmast
Erdäpfelmast
Erdmast
Gänsemast
Halbmast
Hausmast
Herbstmast
Holzmast
Kernmast
Ochsenmast
Saumast
Schweinmast
Sprengmast
Untermast
Viehmast
Viertelmast
Vollmast
Waldmast
Wintermast

der Mast
Besanmast
Fockmast
Gabelmast
Hauptmast
Hintermast
Mittelmast
Pfahlmast
Schnaumast
Topmast
Vordermast
Vormast
mast
— Morast
— Nast
es naſst
er paſst
es paſst

der Palast
Feenpalast
Gartenpalast
Glanzpalast
Goldpalast
Marmorpalast
Prunkpalast
Sommerpalast
Vaterpalast
Weiberpalast
Winterpalast
Wunderpalast
Zauberpalast
— Pentaspast
— Phantast
— Polyspast
— Prast
er praſst

der Quast
Aalquast
Badequast
Bandquast
Bettquast
Degenquast
Eichenquast
Glockenquast
Goldquast
Heidequast
Kühlquast
Kutschquast
Mahrquast
Pferdequast
Puderquast
Silberquast
Sprengquast
Stiefelquast
Theerquast

die Rast
Hinterrast
Mittelrast
Oberrast
Unrast
Vorderrast
der Rast
— Unrast
Radegast
— Scholiast
— Skast
— Tast
er taſst

áſta

basta!
Giorgio Basta
Casta
sub hasta [Bastchen]

áſte — áßte

dem Aste
— Baste
die *Baste*
dem Ballaste
ich verballaste
er erblaſste
dem Bombaste
— Braste
or braſste
— bramarbaſste
— chaſste
der Chiliaste
das eingecaſste
dem Damaste
der Enthusiaste
die Faste
ich faste
das Gefaste
er faſste
dem Gaste
zu Gaste
es gnaſste
der Gymnasiaste
— Gymnaste
ich haste
— überhaste
er haſste
— hoppaſste
der Ikonoklaste
Jocaste
die Kaste
Kriegerkaste
Pariakaste
Priesterkaste
— eingeklaſste
dem Knaste
— Kontraste
ich laste
der veranlaſste
am Maste
die maste
ich bemaste
ich entmaste
Medesicaste
im Moraste
dem Naste
es naſste
die Paste
es paſste
er paſste
im Palaste
dem Pentaspaste
der Phantaste
dem Polyspaste
— Praste
er praſste
die Quaste
Bettquaste
Fensterquaste
Gardinenquaste
Klingelquaste
Kopfquaste
Mützenquaste
Pfeifenquaste
Trompetenquaste
ich raste
das Geraste
dem Raste
— Unraste
die Raste
— Postraste
der Scholiaste
dem Skaste
— Taste
die Taste
Fuſstaste
Handtaste
ich taste
das Getaste

āſte — āßte

er aaste
— faste
— verglaste
— graste
— maaſste
— muthmaſste
— naste
— pfaste
— quaste
— raste
— beraste
— spaſste
— taste

áſtel

Bastel
der Pastel
ein Rastel
Wastel (Tyroler)

áſteln

den Pasteln
— Rasteln

áſtels

des Pastels
— Rastels

áſtem — áßtem

erblaſstem
gebraſstem
eingecaſstem
gechaſstem
gefaſstem
verhaſstem
eingeklaſstem
veranlaſstem
vernaſstem
angepaſstem
verpraſstem
getaſstem

āſtem — āßtem

abgeaastem
gefastem
verglastem
begrastem
gemaaſstem
angemaſstem
genastem
gepfastem
verquastem
durchrastem
berastem
getastem

áſten — áßten

verasten
basten
abbasten
verbasten
verballasten
den Ballasten
die Geoblasten
sie braſsten
— bramarbaſsten
die eingecaſsten
sie chaſsten
die Chiliasten
damasten
den Damasten
die Dynasten
— Enthusiasten
sie faſsten
die Fasten
Frohnfasten
Kirchenfasten
Sonnabendfasten
Vorfasten
Weichfasten
Weihefasten
fasten
abfasten
ausfasten
fortfasten
mitfasten

überfasten
verfasten
vorfasten
gasten
vergasten
die Gymnasiasten
— Gymnasten
hasten
überhasten
verhasten
sie haſsten
die Hesychiasten
sie hoppaſsten
die Ikonoklasten
— Kasten
der Kasten
Aalkasten
Abklopfkasten
Abwährkasten
Aetzkasten
Armenkasten
Aschkasten
Bettkasten
Beutelkasten
Bienenkasten
Blakkasten
Blutkasten
Brennkasten
Brunnenkasten
Dachkasten
Eisenkasten
Erzkasten
Farbenkasten
Federkasten
Finsterkasten
Fischkasten
Flintenkasten
Flügelkasten
Fruchtkasten
Fuchskasten
Futterkasten
Ganzzeugkasten
Geldkasten
Gemengekasten
Geräthkasten
Gerümpelkasten
Gezähkasten
Gezeugzeugkasten
Glaskasten
Gnadenkasten
Gotteskasten
Guckkasten
Haferkasten
Hahnenkasten
Halbzeugkasten
Hasenkasten
Hirnkasten
Hirschkasten
Hobelkasten
Jökelkasten
Kalkkasten
Kartätschenkasten
Kelterkasten
Kirchenkasten
Kleiderkasten
Kornkasten
Krahnkasten
Kugelkasten
Kutschkasten
Laugekasten
Läuterkasten
Leimkasten
Leitkasten
Malzkasten
Mehlkasten
Meisenkasten
Metzkasten
Obstkasten
Opferkasten
Orgelkasten
Pappkasten
Pfeifenkasten
Pflasterkasten
Pochkasten
Polterkasten
Puderkasten
Pumpenkasten
Putzkasten
Radekasten
Rehkasten
Reisearzneykasten
Reisekasten
Riedkasten
Riesenkasten
Ritterkasten
Röhrkasten
Rollkasten
Rüstkasten
Rüttelkasten
Rumpelkasten
Salzkasten
Sammelkasten
Sammetkasten
Sandkasten
Sauberkasten
Saukasten
Schatzkasten
Schiebekasten
Schlafkasten
Schleppkasten
Schlischkasten
Schlittenkasten
Schlotterkasten
Schmuckkasten
Schnurkasten
Schorsteinkasten
Schriftkasten
Schubkasten
Schüttelkasten
Schüttkasten
Schutzkasten
Schwitzkasten
Setzkasten
Siebkasten
Siedekasten
Sitzkasten
Speisekasten
Speykasten
Spiegelkasten
Spreukasten
Springkasten
Spülkasten
Staarkasten
Steinkasten
Tabakskasten
Tabakspfeifenkast.
Tischkasten
Trauerkasten
Treibkasten
Trommelkasten
Tropfkasten
Uhrkasten
Verstandeskasten
Vorkasten
Vorrathskasten
Wachskasten
Wagenkasten
Wärmkasten
Wäschkasten
Wasserkasten
Wellenrollkaster
Wetterkasten
Windkasten
Wirbelkasten
Wolfskasten
Wollkasten
Zapfenkasten
Zeugkasten
die eingeklaſsten
den Knasten
— Kontrasten
die Lasten
lasten
belasten
entlasten
nachlasten
überlasten
— veranlaſsten
— Masten
bemasten
entmasten
übermasten
vermasten
masten
— masten
den Nasten
sie vernaſsten
die Pasten
sie paſsten
den Pentaspasten
die Phantasten
den Polyspasten
— Prasten
sie praſsten

prasten
den Quasten
die Quasten
bequasten
den Rasten
— Unrasten
die Rasten
— Postrasten
rasten
ausrasten
nachrasten
überrasten
die Scholiasten
den Skasten
die Tasten
tasten
antasten
auftasten
austasten
betasten
ertasten
forttasten
nachtasten
übertasten
umtasten
umhertasten
vertasten
vortasten
zutasten

āſten — āßten

sie aasten
— fasten
— verglasten
— grasten
— maaſsten
— muthmaſsten
— nasten
— pfasten
— quasten
— rasten
— berasten
— spaſsten
— tasten

áſtend

verastend
bastend
abbastend
verbastend
verballastend
fastend
gastend
vergastend
hastend
überhastend
verhastend
lastend
bemastend
mastend
prastend
bequastend
rastend
tastend

áſtens

des Verastens
— Bastens
— Abbastens
— Verbastens
— Verballastens
— Fastens
— Gastens
— Vergastens
— Hastens
— Ueberhastens
— Verhastens
— Kastens
— Lastens
— Bemastens
— Mastens
— Prastens
— Bequastens
— Rastens
— Tastens

áſter — áßter

die Aster
der Aesthetikaster
die Aglaster
der Alabaster
Afteralabaster
Bandalabaster
Bernsteinalabaster
Kattunalabaster
Perlmutteralabaster
— Ambrosiaster
ein gebraſster
— eingecaſster
— gechaſster
der Drathbaster
— Faster
ein gefaſster
— verhaſster
— eingeklaſster
der Kaster
das Kataster
der Knaster (*auch* Kanaster)
Galgenknaster
Muſsknaster
Stangenknaster
Veilchenknaster
das Geknaster
der Kritikaster
das Laster
Hauptlaster
Jugendlaster
Lieblingslaster
Modelaster
Schandlaster
ein veranlaſster
— Belaster
ein maſster
der Dreymaster
— Einmaster
— Gabelmaster
— Zweymaster
— Medikaster
— Myrmyrovaster
ein vernaſster
der Oleaster
ein verpaſster
der Herr *Paster*
das Pflaster
Baumpflaster
Bilsenpflaster
Bleypflaster
Brandpflaster
Brotpflaster
Brotrindenpflaster
Bruchpflaster
Brustpflaster
Cantharidenpflaster
Fliegenpflaster
Fluſspflaster
Froschlaichpflaster
Frostpflaster
Gichtpflaster
Giftpflaster
Hauptpflaster
Heftpflaster
Heilpflaster
Honigpflaster
Klebepflaster
Kräuterpflaster
Kühlpflaster
Kümmelpflaster
Leberpflaster
Magenpflaster
Melotenpflaster
Milzpflaster
Mutterpflaster
Nervenpflaster
Pechpflaster
Quecksilberpflaster
Schleimpflaster
Schminkpflaster
Schönheitspflaster
Schwefelpflaster
Seifenpflaster
Senfpflaster
Wachspflaster
Wallrathpflaster
Wassersuchtpflaster
Weichpflaster
Wundpflaster
Wurmpflaster
Ziehpflaster
Zugpflaster
— Pflaster
Grundpflaster
Hochpflaster
Marmorpflaster
Steinpflaster

Straſsenpflaster
der Philosophaster
— Piaster
ein Pilaster
der Poetaster
ein verpraſster
— Raster
Raster
der Scholaster
— Taster
ein Betaster
Zoroaster
der *Desastre*

áſter — áßter

ein abgeaaster
— zerfaster
— verglaster
— begraster
— gemaaſster
— angemaſster
— genaster
— gepfaster
— verquaster
— beraster
— durchraster
— getaster
Herr Master!

áſtern

die Astern
den Aesthetikastern
die Aglastern
den Alabastern
alabastern
— Ambrosiastern
— Drathbastern
verbastern
— Fastern
einen gefaſster'n
— verhaſstern
den Kastern
— Katastern
klabastern
— Knastern
knastern
abknastern
aufknastern
mitknastern
— Kritikastern
— Lastern
— Belastern
einen master'n
den Dreymastern
— Einmastern
— Gabelmastern
— Zweymastern
— Medikastern
— Myrmyrovastern
einen vernaſster'n
den Oleastern
einen angepaſster'n
den Pflastern
pflastern
aufpflastern
auspflastern
bepflastern
durchpflastern
nachpflastern
überpflastern
umpflastern
zupflastern
zusammenpflastern
— Philosophastern
— Piastern
— Pilastern
— Poetastern
— Rastern
— Scholastern
— Tastern
— Betastern

áſtern — áßtern

die abgeaaster'n
— zerfaster'n
— verglaster'n
— begraster'n
— gemaaſstern
— angemaſster'n
— berastern
rastern
den Herrn Mastern

áſternd

verbasternd
klabasternd
knasternd
pflasternd

áſterns

ein alabastern's
des Verbasterns
— Klabasterns
— Knasterns
— Pflasterns

áſters — áßters

des Aesthetikasters
— Alabasters
— Ambrosiasters
— Drathbasters
— Fasters
ein gefaſster's
— verhaſster's
— Kasters
— Katasters
— Knasters
— Geknasters
— Kritikasters
— Lasters
— Belasters
ein master's
des Dreymasters
des Einmasters
— Gabelmasters
— Zweymasters
— Medikasters
— Myrmyrovasters
ein vernaſster's
des Oleasters
ein angepaſster's
des Herrn *Pasters*
— Pflasters
— Gepflasters
— Philosophasters
— Piasters
— Poetasters
— *Rasters*
— Rasters
— Scholasters
— Tasters
— Betasters

áſters — áßters

ein abgeaaster's
— zerfaster's
— verglaster's
— begraster's
— gemaaſster's
— angemaſster's
— genaster's
— beraster's
des Herrn Masters

áſterſt

du verbasterst
— klabasterst
— knasterst
— pflasterst

áſtes — áßtes

des Astes
— Bastes
— Ballastes
ein verblaſstes
des Bombastes
— Brastes
ein gebraſstes
— eingecaſstes
— gechaſstes
des Damastes
Ecclesiastes
ein gefaſstes
des Gefastes
— Gastes
ein verhaſstes
— eingeklaſstes
— *Ikonoklastes*
— Knastes
— Kontrastes
ein veranlaſstes
des Mastes
ein mastes
des Morastes
— Nastes

ein vernaſstes
— angepaſstes
des Palastes
— Pentaspastes
— Polyspastes
— Prastes
ein verpraſstes
des Quastes
— Rastes
— Unrastes
— Gerastes
— Skastes
— Tastes
— Getastes
er faſst es *etc.*
du hast es *etc.*

āſtes — āſstes

ein abgeaastes
— zerfastes
— verglastes
— begrastes
— gemaaſstes
— angemaſstes
— genastes
— gepfastes
— verquastes
— berastes
— durchrástes
— getastes

áſteſt — áſsteſt

du verastest
— bastest
— abbastest
— verbastest
— verballastest
— braſstest
— bramarbaſstest
— fastest
— faſstest
gefaſstest
— gastest
— vergastest
— hastest
— überhastest
— verhastest
verhaſstest
du haſstest
— hoppaſstest
— klaſstest
— lastest
— veranlaſstest
— bemastest
— entmastest
— vernaſstest
— paſstest
— prastest
— praſstest
— bequastest
— rastest
— tastest

āſteſt — āſsteſt

du aastest
— fastest
— verglastest
— grastest
— maaſstest
— muthmaſstest
— nastest
— pfastest
— quastest
— rastest
— berastest
— spaſstest
— tastest

áſtet — áſstet

er verastet
— bastet
— verbastet
— verballastet
ihr braſstet
— bramarbaſstet
er fastet
ihr faſstet
er gastet
— vergastet
— hastet
— überhastet
ihr haſstet
— hoppaſstet
— klaſstet
er lastet
ihr veranlaſstet
er bemastet
— entmastet
ihr vernaſstet
— paſstet
er prastet
ihr praſstet
er bequastet
— rastet
— tastet

āſtet — āſstet

ihr aastet
— fastet
— verglastet
— grastet
— maaſstet
— muthmaſstet
— nastet
— pfastet
— quastet
— rastet
— berastet
— spaſstet
— tastet

áſtheit

die Verblaſstheit
— Gefaſstheit
die Verhaſstheit
— Angepaſstheit

āſtheit

die Zerfastheit
— Verglastheit
— Begrastheit
— Angemaſstheit
— Verrastheit

áſtholz

Astholz
Bastholz
Mastholz

áſti

Asti
Casti
Fasti
Vasti

áſtig

astig
bastig
hastig
knastig
lastig
hinterlastig
oberlastig
steuerlastig
überlastig
vorlastig
mastig
dreymastig
einmastig
hochmastig
zweymastig
morastig
quastig

áſtik

die Anaklastik
— Dokimastik
— Gymnastik
— Hygiastik
— Phantastik
— Plastik
Ceroplastik
Phelloplastik
Rhinoplastik
— Scholastik
— Stochastik

áſtiſch

anaklastisch
drastisch
ecclesiastisch
elastisch
enkomiastisch
enthusiastisch
gymnastisch

phantastisch
paraphrastisch
periphrastisch
phonoklastisch
plastisch
phelloplastisch
unplastisch
pleonastisch
scholastisch
spastisch
epispastisch
stochastisch
[gastlich tastlings]

áſtlos

astlos
gastlos
lastlos
mastlos
rastlos
[das Asthma der Kastme]

áſtor

Alastor
Kastor
der Pastor
Dorfpastor
Hauptpastor
Stadtpastor
Pastor (loci – primarius – secundarius)
Pastor (fido)

áſtre — äſtre

ich verbastre
— klabastre
— knastre
das Geknastre
ich pflastre
das Gepflastre
eine gefaſst're
— verhaſst're
— mast're

áſtrer

ein Pflastrer
— gefaſst'rer
— verhaſst'rer
— mast'rer

áſtres

des Geknastres
— Gepflastres
ein gefaſst'res
— verhaſst'res
— mast'res
— angepaſst'res

áſtriſch

gastrisch
digastrisch
hypogastrisch
kritikastrisch
lankastrisch
medikastrisch
zoroastrisch

áſtro

Capodastro
Ines de Castro
Policastro
Sarastro

áſtrum

Castrum (doloris)
Ocimastrum
Plastrum
Emplastrum (adhaesivum – consolidans – defensivum)
Rastrum

áſts

des Asts
— Basts
— Ballasts
ein verblaſst's
des Bombasts
— Brasts
ein gebraſst's
— eingecaſst's
— gechaſst's
des Damasts
ein gefaſst's
des Gefast's
— Gasts
ein verhaſst's
— eingeklaſst's
des Knasts
— Kontrasts
ein veranlaſst's
des Masts
ein mast's
des Morasts
— Nasts
ein vernaſst's
die Gummats
ein angepaſst's
des Palasts
— Pentaspasts
— Polyspasts
— Prasts
ein verpraſst's
des Quasts
— Rasts
— Unrasts
— Gerast's
— Skasts
— Tasts
— Getast's
du hast's *etc.*

āſts — äſts

ein abgeaast's
— zerfast's
— verglast's
— begrast's
— gemaaſst's
— angemaſst's
— genast's
— gepfast's
— verquast's
— berast's
— durchrast's
— getast's

áſtung

die Gastung
— Belastung
— Mastung
Hausmastung
Holzmastung
— Bemastung
— Entmastung
— Rastung
Ueberrastung
— Betastung
[casu per casum]

āſung — äſung

die Aasung
— Blasung
— Zerfasung
— Verglasung
— Grasung
— Begrasung
— Maaſsung
— Anmaſsung
— Muthmaſsung
— Gewaltanmaſsung
— Aufnasung
— Verquasung
— Berasung
— Durchrasung
— Tasung

āſus

Casus (dabilis – fortuitus – inevitabilis – in terminis – merus – mixtus – reservatus)
Thasus

āt — äht — äth

das Abigeat
der Ablegat
accurat
— Achat
Augenachat
Baumachat
Bilderachat
Blutachat
Dendritenachat
Dendrachat

Eisachat
Felsachat
Festungsachat
Hornachat
Jaspisachat
Korallenachat
Krystallachat
Landschaftsachat
Milchachat
Moosachat
Pantherhautachat
Punctachat
Quarzachat
Regenbogenachat
Ringachat
Ringelachat
Röhrenachat
Sardachat
Staarachat
Sternachat
Traubenachat
Tropfachat
Trümmerachat
Zwiebelachat
adäquat
der Advokat
Amtsadvokat
Armenadvokat
Bürschadvokat
Consistorialadvokat
Hausadvokat
Hofadvokat
Regierungsadvokat
Teufelsadvokat
— Aërobat
— Aërostat
das Agglomerat
— Aggregat
der Agnat
Lehnsagnat
— Akrobat
das Allegat
— Annotat
der Apostat
— Apparat
Bühnenapparat
Entbindungsapparat
Krönungsapparat
Löschapparat
Theaterapparat
— Appellat
— Aristokrat
das Assassinat
— Assessorat
der Assignat
das Attentat
— Attestat
der Autokrat
— Automat
er bat
— verbat
das Baccalaureat
das Banat
der Beneficiat
— Brocat
Goldbrocat
Sammetbrocat
Seidenbrocat
Silberbrocat
— Bureaukrat
— *Burat*
— Candidat
Ehecandidat
Hochzeitscandidat
Todescandidat
das Canonicat
— Cantorat
— Carat
— Cardinalat
der Castrat
das Centumvirat
— Cerat
— Certificat
Cervelat
— Cicisbeat
— Citat
der Citronat
das Clericat
— Cölibat
der Cölibat
— Cognat
— Collegiat
das Collegiat
— Comitat
— Commissariat
Etapencommissariat
Feldcommissariat
Kriegs- *etc.*
der Commodat
das Communicat
— Compactat
der Conat
das Concordat
der — das Concubinat
das Conglomerat
— Conglutinat
der Conjurat
das Consulat
cordat
der *Croat*
das Custodiat
der Damnificat
— Dardanariat
das Decanat
— Decemvirat
der Delegat
Subdelegat
delicat
undelicat
— Demokrat
— Denuntiat
das Deputat
Gelddeputat
Holzdeputat
Korn- *etc.* Deputat
das Desiderat
desolat
desperat
— Diakonat
der Diemat (*auch* Demat)
— Diffamat
— Diplomat
das Directorat
disparat
das Doctorat
der Donat
das Duplikat
— Duumvirat
der Engelsat
das Ephorat
— Episcopat
Archiepiscopat
— Exarchat
der Exitat
das Extravasat
— Fiscalat
— Format
Duodezformat
Folioformat
Lexiconformat
Octavformat
Quartformat
Querformat
Regalformat
Sedezformat
der Gagat
das Generalat
der Girat
— Granat
Eisengranat
Flußgranat
Goldgranat
Hiacynthgranat
Zirkongranat
ein Gummat
das Hagestolziat
Herostrat
der Honorat
— Hydrat
Schwefelhydrat
Thonhydrat
— Illuminat
immaculat
immediat
immoderat
imparat
— Impetrat
— Implorat
incarnat
— Incolat
inconsiderat
das Incrustat
der Inculpat
das Indicat
der Indigenat
das Informat

ingrat
der Ingrossat
— Injuriat
inobligat
das Inserat
— Inspectorat
— Intermediat
— Intimat
intricat
— Judicat
der Jurat
das Kalifat
der Kossat
das Landsassiat
der Legat
Cardinallegat
das Legat
— Prälegat
der Leuterat
Oberleuterat
— Licentiat
— Liquidat
— Maat
Bootsmaat
Grönlandsmaat
Kochsmaat
Schiemannsmaat
Segelmachersmaat
Steuermannsmaat
Zimmermannsmaat
— Magistrat
— Magnat
das Majorat
— Mandat
Armenmandat
Bettelmandat
Contomandat
Spiel- *etc.* Mandat
— Marschallat
mediat
— Minorat
— Mithridat
moderat
ein Muriat
der Nominat
ein Nostrat
das Notariat
— Noviziat
obligat
obstinat
der Ochlokrat
das Offizialat
der Oligokrat
das Opiat
der Optimat
— Ornat
Kirchenornat
Kriegsornat
Krönungsornat
Leichenornat
Meſsornat
Mönchsornat
Ordensornat
Priesterornat
Trauerornat
der Oxykrat
— Pagat
das Palatinat
parat
der Parabat
das Passulat
— Pastorat
— Patriarchat
— Patriciat
— Patronat
der Peculat
das Pensionat
— Pentarchat
der Philostrat
— Physiokrat
das Physikat
der Pirat
Antipirat
das Placat
— Plagiat
— Pontificat
— Postulat
der Potentat
de Pradt
das Präceptorat
der Präcipitat
das Präcipitat
— Prädicat
der Prälat
Reichsprälat
das Präparat
Wachspräparat
— Präsentat
der Primat
— Principat
das Priorat
privat
probat
— Professorat
— Protectorat
— Provisorat
der Provokat
das Publicat
der Quat
das Quadrat
— Quinquevirat
rabiat
der Reat
das Receptorat
— Rectorat
Conrectorat
Prorectorat
Subrectorat
— Referat
der Renegat
das Reservat
— Resultat
— Retardat
die Saat
Abersaat
Aftersaat
Aussaat
Einsaat
Frühlingssaat
Frühsaat
Gerstensaat
Gipfelsaat
Hafersaat
Herbstsaat
Kugelsaat
Leinsaat
Menschensaat
Mondensaat
Nachsaat
Pferdesaat
Rettigsaat
Roggensaat
Rübensaat
Ruchsaat
Ruhesaat
Schmalsaat
Sommersaat
Sternensaat
Thausaat
Waizensaat
Wintersaat
der Salat
Ackersalat
Blattsalat
Blättersalat
Bohnensalat
Erdäpfelsalat
Eyersalat
Feldsalat
Fohrensalat
Forellensalat
Frühlingssalat
Frühsalat
Gartensalat
Gurkensalat
Happelsalat
Hauptsalat
Herbstsalat
Heringssalat
Hopfensalat
Kaisersalat
Kartoffelsalat
Kochsalat
Kopfsalat
Kraussalat
Krautsalat
Kräutersalat
Lämmersalat
Melksalat
Miſsleinsalat
Pfennigsalat
Prahlsalat
Rettigsalat
Rübſensalat
Sardellensalat

Sausalat
Schlieſssalat
Schnittsalat
Schraubensalat
Sommersalat
Spargelsalat
Stechsalat
Strunksalat
Struppsalat
Waldsalat
Wassersalat
Weingartensalat
Wintersalat
der Scabinat
— Schnat
Heimschnat
das Scholarchat
der Schriftsassiat
das Secretariat
sedat
der Senat
Blutsenat
Reichssenat
das Seniorat
der Seniorat
separat
das Septemvirat
Servelat
der Skat
Naturskat
— Soldat
Bürgersoldat
Feldsoldat
Fuſssoldat
Grenzsoldat
Landsoldat
Schiffssoldat
Schloſssoldat
Seesoldat
Stadtsoldat
Zwangsoldat
spat
Spagat
der Spinat
Erdbeerspinat
Feldspinat
Winterspinat
— Staat
Amazonenstaat
Ballstaat
Bettelstaat
Brautstaat
Bundesstaat
Civilstaat
Commerzstaat
Continentalstaat
Erbstaat
Flinderstaat
Flitterstaat
Föderativstaat
Frauenstaat
Freystaat
Freyheitsstaat
Friedensstaat
Gemeinstaat
Handelsstaat
Hausstaat
Heldenstaat
Hochzeitsstaat
Hofstaat
Inselstaat
Kaiserstaat
Kriegsstaat
Krönungsstaat
Küchenstaat
Kurstaat
Leichenstaat
Mitstaat
Mittelstaat
Mutterstaat
Nachbarstaat
Pflanzstaat
Piratenstaat
Pöbelstaat
Pracherstaat
Priesterstaat
Raubstaat
Räuberstaat
Seeräuberstaat
Riesenstaat
Schulenstaat
Seestaat
Sittenstaat
Sonntagsstaat
Tochterstaat
Tugendstaat
Vernunftstaat
Völkerstaat
das Staggernat
der Stellionat
— Stipendiat
— Stylobat
das Sublimat
Eisensublimat
Quecksilbersublimat
— Substrat
— Superiorat
— Supremat
— Surrogat
Caffeesurrogat
Zuckersurrogat
— Syndikat
die That
Auſsenthat
Blutthat
Bürgerthat
Ehrenthat
Frevelthat
Freyheitsthat
Gewaltthat
Götterthat
Gottesthat
Grauenthat
Gräuelthat
Groſsthat
Gutthat
Heldenthat
Heuchelthat
Hochthat
Kriegsthat
Liebesthat
Machtthat
Meinthat
Menschenthat
Minnethat
Missethat
Mitthat
Mordthat
Nachtthat
Nichtthat
Raubthat
Schandthat
Schauerthat
Schlechtthat
Schreckensthat
Schurkenthat
Sündenthat
Todesthat
Uebelthat
Ueberthat
Unthat
Urthat
Verzweiflungsthat
Waffenthat
Wohlthat
Rechtswohlthat
Wunderthat
Wuththat
Zuthat
er that
— verthat
das Tabulat
— Tetrarchat
der Togat
— Tractat
Barrieretractat
Friedenstractat
Handelstractat
— Trassat
er trat
— zertrat
das Tribunat
— Triangulat
— Triumvirat
— Ultimat
— Vicariat
Reichsvicariat
der Wat
das Wat
Leinwat
die Wimmat
ihr fah't
— empfaht
— flah't

ihr bejah't
— krah't
— nah't
— saht

Bath

der Drath (*auch* Draht)
Abdrath
Absatzdrath
Achtdrath
Banddrath
Bestechdrath
Doppeldrath
Dreydrath
Eisendrath
Flachsdrath
Golddrath
Grobdrath
Haubendrath
Hürdendrath
Kartätschendrath
Knopfdrath
Kratzdrath
Kupferdrath
Meiseldrath
Messingdrath
Nadeldrath
Nähdrath
Ohrendrath
Pechdrath
Schaftdrath
Schillingsdrath
Schuhdrath
Schwertfegerdrath
Silberdrath
Stahldrath
Steppdrath
Thondrath
Vierdrath
Wachsdrath
Weiserdrath
Windedrath
Zweydrath
— Flath
— Unflath
— Grath
Felsgrath
Rückgrath
die Nath (*auch* Naht)
Achselnath
Anstofsnath
Bauchnath
Bestechnath
Bildernath
Flammennath
Gaumennath
Hausnath
Hinternath
Kappnath
Kettelnath
Kettennath
Kopfnath
Kranznath
Kreuznath
Kronennath
Kürschnernath
Lambdanath
Mahlernath
Pfeilnath
Prügelnath
Quernath
Saumnath
Schulternath
Schuppennath
Schusternath
Siebbeinnath
Staatsnath
Steppnath
Stichelnath
Stopfnath
Stofsnath
Strichnath
Stricknath
Ueberwindlingsnath
Unternath
Vordernath
Vorstichnath
Wangennath
Winkelnath
Zitzennath
Zwickelnath
der Rath
Abrath
Ahitophelsrath
Amtsrath
Anrath
Anrufungsrath
Appellationsrath
Oberappellations
Assistenzrath
Ausbreitungsrath
Balleyrath
Baurath
Bergrath
Beyrath
Blutrath
Cabinetsrath
Cammerrath
Hofcammerrath
Landcammerrath
Rechencammer-
Canzleyrath
Collegienrath
Commerzienrath
Commissionsrath
Consistorialrath
Criminalrath
Deichrath
Deichheimrath
Erbrath
Erziehungsrath
Etatsrath
Familienrath
Finanzrath
Forstrath
Freundschaftsrath
Friedensrath
Fürstenrath
Churfürstenrath
Galgenrath
Geheimrath
Geheimderath
Gemeinderath
Gerichtsrath
Gesammtrath
Gesandtschaftsrath
Gesundheitsrath
Gewissensrath
Götterrath
Handelsrath
Hausrath
Hofrath
Reichshofrath
Höllenrath
Jagdrath
Judenrath
Justizrath
Kirchenrath
Feldkirchenrath
Klosterrath
Kriegsrath
Hofkriegsrath
Landrath
Legationsrath
Liebesrath
lustiger Rath
Magistratsrath
Medicinalrath
Meinrath
Mifsrath
Mordrath
Mündelrath
Postrath
Provincialrath
Pupillenrath
Rechnungsrath
Regierungsrath
Reichsrath
Reitrath
Ritterrath
Schalksrath
Schatzrath
Schiffsrath
Schulrath
Seerath
Staatsrath
Stadtrath
Stautenrath
Steuerrath
Sündenrath
Tischrath
Titelrath
Titularrath
Tribunalrath
Universitätsrath
Verwaltungsrath

Volksrath
Vollziehungsrath
Vormundschaftsrath
Obervormundsch.
Wahlrath
Waisenrath
Winkelrath
der Gutberath
— Hausrath
die Heyrath
Doppelheyrath
Geldheyrath
Gewissensheyrath
Glücksheyrath
Miſsheyrath
Nothheyrath
Vermögensheyrath
Verstandesheyrath
Winkelheyrath
der Unrath
— Verrath
Hauptverrath
Hochverrath
Landesverrath
Liebesverrath
Mordverrath
Reichsverrath
Seelenverrath
Staatsverrath
— Vorrath
Ergänzungsvorrath
Getraidevorrath
Holzvorrath
Kriegsvorrath
Mundvorrath
Proviantvorrath
Waarenvorrath
Weinvorrath
Wintervorrath
Wortvorrath
Zehrvorrath
— Spath (morbus)
Beinspath
Blutspath
Hahnenspath
Kerbspath
Ochsenspath
— Spath (lapis)
Bitterspath
Bleyspath
Braunspath
Demantspath
Doppelspath
Eisspath
Eisenspath
Federspath
Feldspath
Fluſsspath
Formspath
Gitterspath
Glasspath
Glinzerspath
Gypsspath
Hohlspath
Kalkspath
Kanonenspath
Mengspath
Perlspath
Rautenspath
Rhomboidalspath
Rosenspath
Rothspath
Säulenspath
Schaumspath
Schieferspath
Schillerspath
Sedativspath
Spiegelspath
Stangenspath
Sternenspath
Stinkspath
Tafelspath
Talkspath
Titanspath
Uranitspath
Würfelspath
Zinnspath
Zinkspath
der Wallrath
— Weiſsath
die Zierrath
Bauzierrath
Gartenzierrath
Glockenzierrath
Helmzierrath
Kopfzierrath
Modezierrath
Säulenzierrath
Schluſszierrath
Spiegelzierrath

át — átt

Ath
Almucantharat
Amurat
Ararat
Arelat
das *Cattegat*
Bis dat, qui cito dat
der *Euphrat*
das Gat
Halsgat
Hennegat
Hummergat
Kabelgat
Königsgat
Ladegat
Lockgat
Loggat
Mäusegat
Nüstergat
Oesgat
Pumpengat
Riffgat
Rudergat
Riesengat
Scheibengat
Schieſsgat
Schlieſsgat
Schloſsgat
Scholgat
Seegat
Seelengat
Soggat
Soldatengat
Speygat
Spillgat
Splintgat
Teumgat
Tolgat
Treckgat
Goliath
er hat
habeat (sibi)
Josaphat
das *Magnificat*
Mithridat
der Monát
Aprilmonat
Augustmonat
Blüthenmonat
Blumenmonat
Brachmonat
Christmonat
Decembermonat
Eismonat
Februarmonat
Flittermonat
Frostmonat
Fruchtmonat
Frühlingsmonat
Herbstmonat
Heumonat
Hitzmonat
Honigmonat
Hundstagsmonat
Januarmonat
Junymonat
Julymonat
Keimmonat
Kothmonat
Märzmonat
Maymonat
Mistmonat
Mondenmonat
Nachtmonat
Novembermonat
Obstmonat
Octobermonat
Ochsenmonat
Ostermonat
Papstmonat

Pfingstmonat
Rebmonat
Regenmonat
Rosenmonat
Saumonat
Schafmonat
Schaltmonat
Schlachtmonat
Schneemonat
Septembermonat
Sommermonat
Sonnenmonat
Speltmonat
Sprickelmonat
Sterbemonat
Trauermonat
Wachsmonat
Wandelmonat
Weidemonat
Weinmonat
Windmonat
Wolfsmonat
Wonnemonat
pereat
ein *Pereat*
der *Phrat*
proficiat!
sapienti sat!
transeat! (cum caeteris)
das *Transeat*
— Blatt
Abendblatt
Acanthusblatt
Afterblatt
Altarblatt
Amblatt
Amtsblatt
Anblatt
Anisblatt
Astblatt
Aufenblatt
Axtblatt
Bärenklaublatt
Baumblatt
Beyblatt
Beylageblatt
Birkenblatt
Bleyblatt
Blüthblatt
Blüthenblatt
Blumenblatt
Bodenblatt
Breitblatt
Brustblatt
Carreaublatt
Coeurblatt
Conversationsblatt
Deckblatt
Degenblatt
Denkblatt
Dickblatt
Doppelblatt
Dreyblatt
Wasserdreyblatt
Eichenblatt
Einblatt
Epheublatt
Espenblatt
Fehlblatt
Feigenblatt
Flugblatt
Frauenblatt
Freyblatt
Fünfblatt
Fuſsblatt
Stiefelfuſsblatt
Geigenblatt
Geiſsblatt
Glanzblatt
Goldblatt
Griffblatt
Hakenblatt
Handblatt
Hangeblatt
Haukenblatt
Hauptblatt
Herbstblatt
Herzblatt
Himmelsblatt
Hornblatt
Hüftblatt
Immenblatt
Kammblatt
Kartenblatt
Kirschblatt
Klebeblatt
Kleeblatt
Krautblatt
Krötenblatt
Kronblatt
Krückenblatt
Kunstblatt
Kupferblatt
Landesblatt
Lanzenblatt
Leinblatt
Leseblatt
Lichtblatt
Lilienblatt
Lindenblatt
Linienblatt
Literaturblatt
Löwenblatt
Märzblatt
Mahlblatt
Mayenblatt
Metallblatt
Ministerialblatt
Modeblatt
Mönchsblatt
Morgenblatt
Muffelblatt
Nabelblatt
Nadelblatt
Nebenblatt
Nelkenblatt
Notenblatt
Oberblatt
Oelblatt
Ohmblatt
Ohnblatt
Ohrblatt
Palmenblatt
Papierblatt
Pergamenblatt
Pfefferblatt
Pfirsichblatt
Pflaumenblatt
Piqueblatt
Probeblatt
Provinzialblatt
Rautenblatt
Rebenblatt
Regierungsblatt
Rockenblatt
Rohrblatt
Rosenblatt
Sägeblatt
Samenblatt
Schaufelblatt
Schenkelblatt
Schleusenblatt
Schönblatt
Schuhblatt
Schulterblatt
Secundenblatt
Seitenblatt
Siebblatt
Silberblatt
Sonntagsblatt
Spiegelblatt
Stammblatt
Stammbuchsblatt
Stengelblatt
Stichblatt
Stielblatt
Stirnblatt
Tabaksblatt
Tageblatt
Tausendblatt
Wassertausendblatt
Theaterblatt
Tischblatt
Titelblatt
Tollblatt
Trauerblatt
Treffleblatt
Treibblatt
Treublatt
Ueberblatt
Unterblatt
Unterhaltungsblatt
Veilchenblatt
Verbesserungsblatt

Vergeblatt
Vierblatt
Volksblatt
Vollmachtsblatt
Vorderblatt
Wachsblatt
Wasserblatt
Weberblatt
Wegeblatt
Weidenblatt
Weinblatt
Weiſsblatt
Wickelblatt
Wochenblatt
Wurzelblatt
Zackenblatt
Zapfenblatt
Zauberblatt
Zeitblatt
Zeitungsblatt
Zifferblatt
Zinnblatt
Zuckerblatt
Zungenblatt
Zweigblatt
Zweyblatt
fratt
der Fratt
glatt
lilienglatt
marmorglatt
schlangenglatt
spiegelglatt
unglatt
die Katt
Katt
matt
fiebermatt
lebensmatt
schachmatt
übermatt
zugmatt
Schach und Matt!
das Matt
adliche Matt
Alexandersmatt
allerwürdigste Matt
anmuthige Matt
ehrliche Matt
erzwungene Matt
närrische Matt
schändliche Matt
schimpfliche Matt
unglückliche Matt
das Zugmatt
patt
das Patt
der Patt
— Pfatt
platt
glattplatt

der Rabatt
Buchhändlerrabatt
Verkaufsrabatt
satt
essenssatt
honigsatt
kriegssatt
lebenssatt
liebessatt
schlachtensatt
sturmsatt
trinkenssatt
übersatt
— Immersatt
— Nimmersatt
das Schildpatt
statt
anstatt
die Statt
Amtsstatt
Baustatt
Bettstatt
Brandstatt
Dingstatt
Fehmstatt
Gerichtsstatt
Haltstatt
Hattstatt
Hofstatt
Hornstatt
Lagerstatt
Lappstatt
Leichenstatt
Mahlstatt
Mauthstatt
Meierstatt
Meilerstatt
Münzstatt
Obstatt
Pflanzstatt
Poststatt
Rahmstatt
Rathsstatt
Rechtsstatt
Richtstatt
Ruhestatt
Schädelstatt
Schenkstatt
Schieſsstatt
Schlachtstatt
Setzstatt
Stellstatt
Strohstatt
Sturzstatt
Urstatt
Wahlstatt
Werkstatt
Wohnstatt
Zielstatt
Zollstatt
an Kindesstatt

an Mutterstatt
— Sohnesstatt
— Tochterstatt
— Vaterstatt
die Stadt
Altstadt
Bergstadt
Bundesstadt
Donaustadt
Dreckstadt
Elbstadt
Erbstadt
Freystadt
Fürstenstadt
Gebirgsstadt
Geburtsstadt
Gerichtsstadt
Gewerbsstadt
Gewerkstadt
Grenzstadt
eine gute Stadt
Hafenstadt
Handelsstadt
Hansestadt
Harzstadt
Hauptstadt
Heidenstadt
die heilige Stadt
Heldenstadt
Hofstadt
Inselstadt
Judenstadt
Kaufstadt
Kaufmannsstadt
Kayserstadt
Königsstadt
Kreisstadt
Küstenstadt
Landesstadt
Landstadt
Lasterstadt
Lebestadt
Legestadt
Levitenstadt
Lieblingsstadt
Meerstadt
Mittelstadt
Münzstadt
Mutterstadt
Nachbarstadt
Nebenstadt
Neustadt
Oberstadt
Palmenstadt
Papststadt
Pfalzstadt
Pflanzstadt
Prachtstadt
Raizenstadt
Residenzstadt
Rheinstadt

Riesenstadt
Schulstadt
Seestadt
Staffelstadt
Stapelstadt
Stiftsstadt
Thalstadt
Tochterstadt
Uferstadt
Vaterstadt
Wahlstadt
Waldstadt
Wasserstadt
Weinstadt
Werkeltagsstadt
Wohnstadt
Wunderstadt
Zauberstadt
Zollstadt
Arnstadt
Canstadt
Capstadt
Darmstadt
Duderstadt
Fraustadt
Glücksstadt
Halberstadt
Heiligenstadt
Hermannstadt
Ingolstadt
Johanngeorgenstadt
Josephsstadt
Kronstadt
Leopoldstadt
Neustadt
Nystadt
Rastadt
Rudolstadt
Schlettstadt
Seeligenstadt
Theresienstadt
Ystadt

āta

Allegata
Amata
Basilicata
Beata
Calamata
die *Cavata*
— *Data*
— *Deflorata*
— *Derivata*
— *Desponsata*
— *Dictata*
— *Errata*
— *Fata*
— *Fermata*
— *Fortunata*
— *Gallia braccata*
— — *comata*
— — *togata*

die *Illata*
— *inopinata*
manu armata
— *stipulata*
die *Narrata*
— *Nata*
pro re nata
— *Nudata*
— *Peccata*
— *Pileata* (major-minor)
— *Plumbata*
der *Plata* (Rio della)
die *Rata*
pro rata
Renata
Samosata
— *Stuprata*
— *Terminata*
Terra ferrata
— *sigillata*
— *Toccata*
— *Violata*
— *Vulgata*

ātan

Satan
Dathan
Leviathan
Nathan

ātas

Amata's
Beata's
Calamata's
Fortunata's
des *Plata's*
Renata's
Samosata's

āte — āthe

Ate
der *Abbate*
dem Abigeate
der accurate
dem Achate
der adäquate
dem Agglomerate
— Aggregate
— Allegate
— Annotate
— Apparate
der *Asiate*
dem Assassinate
— Assessorate
— Assignate
— Attentate
— Attestate
auctoritate (propria - salva)
— Baccalaureate
— Banate
Beate
ich bräte

das Gebrate
die Bracteate
dem Brocate
— Canonicate
die Cantate
Festcantate
Hochzeitscantate
Jubelcantate
Leichencantate
Trauercantate
Sonntag *Cantate*
dem Cantorate
— Carate
— Cardinalate
— Centumvirate
— Cerate
— Certificate
— Cicisbeate
die Citate
dem Citronate
— Clericate
— Cölibate
— Collegiate
— Comitate
— Commissariate
— Communicate
— Compactate
— Conate
— Concordate
— Concubinate
— Conglomerate
— Conglutinate
— Consulate
der cordate
die Cravate
dem Custodiate
Damiate
— Dardanariate
— Decanate
— Decemvirate
der delicate
dem Deputate
— Desiderate
der desolate
— desperate
dem Diakonate
— Diemate
— Directorate
der disparate
dem Doctorate
— Donate
— Duplikate
— Duumvirate
der *Eleate*
dem Engelsate
— Ephorate
— Episcopate
— Exarchate
— Extravasate
die *Fermate*
dem Fiscalate
— Formate

dem Gagate
— Generalate
— Granate
die Granate
Fallgranate
Handgranate
Haubitzgranate
Legegranate
Sturmgranate
— Granate (Baum)
Zwerggranate
— Gummate
Guzurate
dem Hagestolziate
der *Hanseate*
dem *Hydrate*
die immaculate
— immediate
— immoderate
— imparate
eine incarnate
dem Incarnate
— Incolate
die inconsiderate
dem Incrustate
— Indicate
— Indigenate
— Informate
der ingrate
— inobligate
dem Inserate
— Inspectorate
— Intermediate
— Intimate
die intricate
inusitate
Sonntag *Jubilate*
dem Judicate
— Kalifate
die Kemnate
dem Landsassiate
— Legate
— Prälegate
die Legate
dem Magistrate
— Majorate
— Mandate
der *Mantineate*
dem Marschallate
Maskate
die mediate
dem Minorate
— Mithridate
die moderate
dem Muriate
die Muskate
dem Notariate
— Noviziate
die Oblate
— obligate
— obstinate

dem Officialate
— Opiate
— Ornate
die Pate
ich pate
das Gepate
dem Pagate
— Palatinate
die parate
dem Passulate
— Pastorate
die Patate
dem Patriarchate
— Patronate
— Peculate
— Pensionate
— Pentarchate
— Physikate
— Placate
— Plagiate
die Plate
dem Pontificate
— Postulate
in potestate
die Prate
ich prate
das Geprate
dem Praeceptorate
— Präcipitate
— Prädicate
— Präparate
— Präsentate
— Primate
— Principate
— Priorate
der private
— probate
dem Professorate
— Protectorate
— Provisorate
— Publicate
— Quate
— Quadrate
— Quinquevirate
ich rate
das Gerate
die Rate
der rabiate
dem Reate
— Receptorate
— Rectorate
— Referate
— Reservate
— Resultate
— Retardate
Sonntag *Rogate*
das *Rorate*
dem Salate
der *Sarmate*
dem Scabinate
— Schnate

dem Scholarchate
— Schriftsassiate
— Secretariate
der sedate
dem Senate
— Seniorate
die separate
dem Septemvirate
die Serenate
im Skate
ich verskate (mich)
die Sonate
dem Spagate
— Spinate
die Sprate
dem Staate
im Staate
ich verstaate
dem Staggernate
— Stellionate
eine Subärate
dem Sublimate
— Substrate
— Superiorate
— Supremate
Surate
— Surrogate
— Syndicate
der Tate
dem Tabulate
der *Tegeate*
Ternate
dem Tetrarchate
— Tractate
— Triangulate
— Tribunate
— Triumvirate
— Ultimate
eine Umbellate
dem Vicariate
— Wate
die Wate
Aalwate
Fischwate
Streichwate
ich wate
das Gewate
am Drathe
ich flah'te
dem Grathe
Rückgrathe
— Flathe
Unflathe
ich bejah'te
er nah'te
ich krah'te
der Pathe
Firmelpathe
Taufpathe
dem Rathe
ich rathe
das Gerathe

ich gerathe
dem Hausrathe
ich heyrathe
das Geheyrathe
dem Unrathe
— Verrathe
ich verrathe
dem Vorrathe
— Spathe
— Wallrathe
— Weifsathe
— Zierrathe

ätel

Kathel
das Gekratel
— Gepratel
die Ratel
das Geratel
der Spatel
Farbenspatel
Hohlspatel
Mundspatel
Pflasterspatel
Salbenspatel
Streichspatel
das Gespatel
der Spratel
das Getatel
Vatel
das Cravatel

äteln

die Cravateln
krateln
prateln
rateln
— Rateln
den Spateln
spateln
tateln

ätelnd

kratelnd
pratelnd
ratelnd
spatelnd
tatelnd

ätels

des Cravatels
— Gekratels
— Gepratels
— Geratels
— Spatels
— Gespatels
— Getatels

ätelst

du kratelst
— pratelst
— ratelst
— spatelst
— tatelst

ätelt

er kratelt
— pratelt
— ratelt
— spatelt
— tatelt

ätem — ähtem

accuratem
adäquatem
cordatem
delicatem
desolatem
desperatem
disparatem
immaculatem
immediatem
immoderatem
imparatem
incarnatem
inconsideratem
ingratem
inobligatem
intricatem
mediatem
moderatem
obligatem
obstinatem
privatem
probatem
rabiatem
sedatem
der Athem
abgeflah'tem
herzugenah'tem

äten — ähten

die Abbaten
— Ablegaten
— accuraten
den Achaten
achaten
die adäquaten
— Advokaten
— Aërobaten
— Aërostaten
den Agglomeraten
— Aggregaten
die Agnaten
— Akrobaten
— Allegaten
— Anaten
die Annotaten
— Apostaten
— Apparaten
— Appellaten
— Applicaten
— Aristokraten
— *Asiaten*
— Assassinaten
— Assessoraten
— Assignaten
den Attentaten
— Attestaten
— Autokraten
— Automaten
sie baten
— erbaten
— verbaten
den Baccalaureaten
die Beneficiaten
braten
abbraten
aufbraten
ausbraten
durchbraten
einbraten
mitbraten
nachbraten
überbraten
verbraten
vorbraten
wegbraten
zerbraten
zusammenbraten
gebraten
halbgebraten
schnirrbraten
der Braten
Essigbraten
Fasanenbraten
Festbraten
Froschbraten
Galgenbraten
Gänsebraten
Gesellenbraten
Grapenbraten
Halsbraten
Hammelbraten
Hasenbraten
Hirschbraten
Höllenbraten
Hühnerbraten
Judenbraten
Jungfernbraten
Kälberbraten
Kammbraten
Kehlbraten
Lämmerbraten
Lehrbraten
Lendenbraten
Lichtbraten
Mehrbraten

Mörbraten
Mürbbraten
Mutzbraten
Nierenbraten
Ochsenbraten
Puterbraten
Rehbraten
Rinderbraten
Rostbraten
Sauerbraten
Schlenkerbraten
Schöpsenbraten
Schmorbraten
Schneiderbraten
Schweinbraten
Sonntagsbraten
Spickbraten
Teufelsbraten
Wildbraten
Wildpretsbraten
die Bracteaten
den Brocaten
brocaten
die Büreaukraten
— *Buraten*
— Candidaten
den Canonicaten
die Cantaten
den Cantaraten
— Caraten
die Castraten
den Ceraten
— Certificaten
— Cicisbeaten
— Citaten
die Cognaten
— Collegiaten
den Comitaten
— Commissariaten
— Communicaten
die Compactaten
den Conaten
— Concordaten
— Concubinaten
— Conglomeraten
— Conglutinaten
die Conjuraten
den Consulaten
die cordaten
— Cravaten
— *Croaten*
Wassercroaten
den Custodiaten
die Damnificaten
den Decanaten
— Decemviraten
die Delegaten
— Subdelegaten
— delicaten
— undelicaten
— Demokraten
— Denuntiaten

den Deputaten
die Desideraten
— desolaten
— desperaten
den Diakonaten
— Diematen
die Diffamaten
— Diplomaten
den Directoraten
die disparaten
den Doctoraten
der Ducaten
Breslauerducaten
Doppelducaten
Halbducaten
Henkelducaten
Husarenducaten
Kreuzducaten
Krönungsducaten
Lammsducaten
Passirducaten
Rabenducaten
Randducaten
Silberducaten
Vicariatsducaten
Viertelsducaten
den Duplikaten
— Duumviraten
die *Eleaten*
den Ephoraten
— Episcopaten
den Exarchaten
die Exitaten
— Extravasaten
den Fiscalaten
die *Fermaten*
den Formaten
— Generalaten
die Giraten
den Granaten
die Granaten
den Gummaten
die *Hanseaten*
— Honoraten
den Hydraten
die Illuminaten
— immaculaten
— immediaten
— immoderaten
— imparaten
— Impetraten
— Imploraten
— incarnaten
— inconsideraten
den Incrustaten
die Inculpaten
den Indicaten
— Informaten
die ingraten
— Ingrossaten
— Injuriaten
— inobligaten

den Inseraten
— Inspectoraten
— Intermediaten
— Intimaten
die intricaten
den Judicaten
die Juraten
den Kalifaten
die Kemnaten
— Kossaten
— Legaten
den Legaten
die Leuteraten
— Licentiaten
— Liquidaten
den Maaten
— Grönlandsmaaten
— Magistraten
die Magnaten
den Majoraten
— Mandaten
die *Mantineaten*
den Marschallaten
die mediaten
den Minoraten
die moderaten
den Muriaten
die Nominaten
— Nostraten
den Notariaten
— Noviziaten
die Oblaten
— obligaten
— obstinaten
— Ochlokraten
den Offizialaten
die Oligokraten
den Opiaten
die Optimaten
den Ornaten
die Oxykraten
paten
— Paten
— paraten
— Parabaten
— Parastaten
den Pastoraten
die Pataten
den Patriarchaten
— Patronaten
die Penaten
— Pensionaten
— Physiokraten
den Physikaten
die Piraten
— Platen
den Placaten
— Plagiaten
— Pontificaten
die Postulaten
— Potentaten

praten
die Praten
den Präceptoraten
— Präcipitaten
— Prädicaten
die Prälaten
den Präparaten
die Primaten
den Principaten
— Prioraten
die privaten
— probaten
den Professoraten
— Protectoraten
— Provisoraten
— Publicaten
— Quaten
— Quadraten
die quadraten
raten
— Raten
— rabiaten
den Receptoraten
— Rectoraten
— Referaten
die Renegaten
den Reservaten
— Resultaten
die Retardaten
— Saaten
den Salaten
die *Sarmaten*
den Scabinaten
der Schaten
den Schnaten
— Scholarchaten
— Schriftsassiaten
— Secretariaten
die sedaten
den Senaten
— Senioraten
die separaten
— skaten
sich verskaten
die Soldaten
— Sonaten
der Spaten
Gartenspaten
Packspaten
Reutspaten
Senkspaten
Torfspaten
den Spagaten
— Spinaten
die Spraten
— Staaten
Generalstaaten
vereinigten Staaten
— Stipendiaten
— Stylobaten
— Subäraten

den Sublimaten
— Substraten
— Superioraten
— Suprematen
— Surrogaten
— Syndicaten
die Taten
sie thaten
die Thaten
den Tabulaten
die *Tegeaten*
— Togaten
— Tractaten
— Trassaten
sie traten
den Triangulaten
— Tribunaten
— Triumviraten
— Ultimaten
die Umbellaten
den Vicariaten
— Waten
waten
durchwaten
erwaten
fortwaten
hineinwaten
umwaten
vorwaten
zurückwaten
die Waten
sie flahten
den Grathen
— Rückgrathen
sie bejahten
die *Karpathen*
sie krahten
— nahten
die Pathen
rathen
abrathen
anrathen
berathen
beyrathen
einrathen
entrathen
errathen
gerathen
hin- und herrathen
mißrathen
mitrathen
überrathen
verrathen
widerrathen
zerrathen
zurathen
gerathen
heyrathen
einheyrathen
erheyrathen
mißheyrathen
verheyrathen

die Zierrathen
robathen

ätend — äthend

bratend
schnirrbratend
patend
pratend
ratend
skatend
watend
rathend
gerathend
heyrathend
robathend

ätens

des Bratens
— Schnirrbratens
— Ducatens
— Patens
— Pratens
— Ratens
— Schatens
— Skatens
— Spatens
— Watens
— Rathens
— Gerathens
— Heyrathens
— Robathens
sie thaten's *etc.*

äter — äther

ein accurater
— adäquater
der Archiater
— Brater
— Schnirrbrater
ein delicater
— desolater
— desperater
— disparater
der *Frater*
ein Casernendrater
— Confrater
— *Gastrolater*
das Gerater
— Getater
ein Hippiater
— Idolater
— Ikonolater
— immaculater
— immediater
— immoderater
— imparater
— incarnater
— inconsiderater
— ingrater
— inobligater
— intricater
der Kater

Cyperkater
Knurrkater
Mausekater
Meerkater
Murrkater
gestiefelte Kater
der Krater
Lavater
Mater (alma - dolorosa - dura - pia)
das *Stabat Mater*
ein mediater
— moderater
— obligater
— obstinater
Pater (familias - patriae - peccavi)
der Pater
— Feldpater
ein parater
— *Philiater*
— *Poliater*
der Prater
ein privater
— probater
— quadrater
— rabiater
der Sabbater
ein sedater
— separater
das Theater
Amphitheater
Dilettantentheater
Hoftheater
Kindertheater
Kreuzertheater
Liebhabertheater
Marionettentheater
Nationaltheater
Puppentheater
Schloſstheater
Stadttheater
der Vater
Adoptivvater
Aeltervater
Urältervater
Ahnvater
Allvater
Altvater
Uraltvater
Bienenvater
Brautvater
Erzvater
Familienvater
Findelvater
Groſsvater
Urgroſsvater
Urugroſsvater
Hausvater
Heldenvater
Herbergsvater
Herzensvater
Hochzeitsvater
Kindelvater
Kindervater
Kindtaufsvater
Kirchenvater
Kirmesvater
Klostervater
Kohlenvater
Ladenvater
Landesvater
Liebevater
Menschenvater
Nährvater
Pflegevater
Rabenvater
Rebènvater
Schwiegervater
Seelvater
Stiefvater
Sündenvater
Taubenvater
Urvater
Vaterlandsvater
Vorvater
Wahlvater
Waisenvater
Weltvater
Weltenvater
ein Zoolater
— Rather
Berather
Rechtsberather
Reichsberather
Staatsberather
— Widerrather
— Heyrather
— Robather
— abgeflah'ter
— gekrah'ter
— herangenah'ter
das that er *etc.*
Opiniatre

āṫern

einen accurater'n
— adäquater'n
den Archiatern
— Bratern
einen delicater'n
— desolater'n
— desperater'n
den Confratern
— Gastrolatern
— Hippiatern
— Idolatern
— Ikonolatern
einen immaculater'n
— immediater'n
— immoderater'n
— imparater'n
— inconsiderater'n
— ingrater'n
einen inobligater'n
— intricater'n
den Katern
kalfatern
— Kratern
einen mediater'n
— moderater'n
— obligater'n
— obstinater'n
den Patern
einen paratern
den Philiatern
— Poliatern
einen privater'n
— probater'n
— rabiater'n
ratern
den Sabbatern
einen sedater'n
— separater'n
tatern
den Theatern
vatern
bevatern
den Zoolatern
— Rathern
— Berathern
— Heyrathern
— Robathern
einen abgeflah'tern

āternd

kalfaternd
raternd
vaternd
bevaternd
taternd

āterns

des Kalfaterns
— Raterns
— Vaterns
— Bevàterns
— Taterns

āters

ein accurater's
— adäquater's
des Braters
— Schnirrbraters
— Archiaters
ein delicater's
— desolater's
— desperater's
— disparater's
des Fraters
— Confraters
— Gastrolaters
— Hippiaters
— Idolaters
— Ikonolaters

ein immaculater's
— immediater's
— immoderater's
— imparater's
— inconsiderater's
— ingrater's
— inobligater's
— intricater's
des Katers
— Kraters
ein mediater's
— moderater's
— obligater's
— obstinater's
des Paters
— Feldpaters
ein parater's
des Philiaters
— Poliaters
— Praters
ein privater's
— probater's
— rabiater's
des Geraters
— Sabbaters
ein sedater's
— separater's
des Getaters
— Theaters
— Vaters
— Zoolaters
— Rathers
— Berathers
— Heyrathers
— Robathers
ein abgeflahter's
doch that er's *etc.*

äterst

du kalfaterst
— raterst
— taterst
— vaterst
— bevaterst

ätert

er kalfatert
— ratert
— tatert
— vatert
— bevatert

ätes — ähtes

des Abbates
— Abigeates
ein accurates
des Achates
fidus Achates
ein adäquates
des Agglomerates
— Aggregates
— Allegates

des Annotates
— Apparates
— Assassinates
— Assessorates
— Assignates
— Attentates
— Attestates
— Baccalaureates
— Banates
— Gebrates
— Brocates
— Canonicates
— Cantorates
— Carates
— Cardinalates
— Centumvirates
— Cerates
— Certificates
— Cicisbeates
— Citates
— Citronates
— Clericates
— Cölibates
— Comitates
— Commissariates
— Communicates
— Compactates
— Conates
— Concordates
— Concubinates
— Conglomerates
— Conglutinates
— Consulates
ein cordates
des Custodiates
— Dardanariates
— Decanates
— Decemvirates
ein delicates
des Deputates
— Desiderates
ein desolates
— desperates
des Diakonates
— Diemates
— Directorates
ein disparates
des Doctorates
— Donates
— Duplikates
— Duumvirates
— Engelsates
— Ephorates
— Episcopates
der *Euphrates*
des Exarchates
— Extravasates
— Fiscalates
— Formates
— Gagates
— Generalates
— Granates

des Gummates
— Hagestolziates
— Hydrates
ein immaculates
— immediates
— immoderates
— imparates
— incarnates
des Incarnates
— Incolates
ein inconsiderates
des Incrustates
— Indicates
— Indigenates
— Informates
ein ingrates
— inobligates
des Inserates
— Inspectorates
— Intermediates
— Intimates
ein intricates
des Judicates
— Kalifates
— Landsassiates
— Legates
— Magistrates
— Majorates
— Mandates
— Marschallates
ein mediates
des Minorates
Mithridates
ein moderates
des Muriates
lambe mihi nates!
— Notariates
— Noviziates
ein obligates
— obstinates
des Offizialates
— Opiates
— Ornates
— Gepates
— Pagates
— Palatinates
ein parates
des Passulates
— Pastorates
— Patriarchates
— Patronates
— Peculates
— Pensionates
— Pentarchates
— Physikates
— Placates
— Plagiates
— Pontificates
— Postulates
— Geprates
— Präceptorates
— Präcipitates

des Prädicates
— Präparates
— Präsentates
— Primates
— Principates
— Priorates
ein privates
— probates
des Professorates
— Protectorates
— Provisorates
— Publicates
— Quates
— Quadrates
ein quadrates
des Quinquevirates
— Gerates
ein rabiates
des Reates
— Receptorates
— Rectorates
— Referates
— Reservates
— Resultates
— Retardates
— Salates
— Scabinates
— Schnates
— Scholarchates
— Schriftsassiates
— Secretariates
ein sedates
des Senates
— Seniorates
ein separates
des Septemvirates
— Skates
— Spagates
— Spinates
— Staates
— Staggernates
— Stellionates
— Sublimates
— Substrates
— Superiorates
— Supremates
— Surrogates
— Syndicates
— Tetrarchates
Tiridates
— Tractates
— Triangulates
— Tribunates
— Triumvirates
— Ultimates
— Vicariates
— Gewates
— Drathes
ein abgeflah'tes
des Flathes
— Unflathes
des Grathes
— Rückgrathes
ein bejah'tes
— gekrah'tes
— genah'tes
des Rathes
— Gerathes
— Hausrathes
— Geheyrathes
— Verrathes
— Vorrathes
— Unrathes
— Spathes
— Wallrathes
— Zierrathes
er that es *etc.*

ātest

accuratest
adäquatest
du batest
— bratest
cordatest
delicatest
desolatest
desperatest
disparatest
immaculatest
immediatest
immoderatest
imparatest
inconsideratest
ingratest
inobligatest
intricatest
mediatest
moderatest
obligatest
obstinatest
— patest
paratest
— pratest
privatest
probatest
— ratest
rabiatest
sedatest
separatest
— skatest
— thatest
— tratest
— watest
— flahtest
— bejahtest
— krahtest
— nah'test
— rathest
— heyrathest

ātet

ihr batet
— bratet
er patet
— pratet
— ratet
— skatet
ihr thatet
— tratet
er watet
ihr flah'tet
— bejah'tet
— krah'tet
— nah'tet
— rathet
— heyrathet

ātheit

die Accuratheit
— Adäquatheit
— Cordatheit
— Delicatheit
— Desolatheit
— Desperatheit
— Disparatheit
— Immaculatheit
— Immediatheit
— Imparatheit
— Inconsideratheit
— Ingratheit
— Intricatheit
— Mediatheit
— Moderatheit
— Obligatheit
— Obstinatheit
— Paratheit
— Privatheit
— Probatheit
— Rabiatheit
— Sedatheit
— Separatheit

āti

die *Deputati*
Donati
Frascati
Gabati
das *Manati*
fruges consumere nati
Pilati
sub spe rati

āti͡a — ātien *siehe* āzia — āzien

ātig

caratig
20caratig
24caratig
drathig
dreydrathig
vier- *etc.* drathig
monatig
1—12monatig

doppelnathig
abrathig
zurathig
spathig

ātik

die Diplomatik
— Dogmatik
— Grammatik
Handgrammatik
— Gromatik
— Mathematik
— Numismatik
— Pneumatik
— Pragmatik
— Sokratik
— Statik
Aërostatik
Geostatik
Hydrostatik

ātim

acervatim
affatim
alternatim
articulatim
gassatim
generatim
gradatim
gregatim
guttatim
herbatim
particulatim
paullatim
pedatim
sigillatim
stellatim
stillatim

ātinn

die Ablegatinn
— Advokatinn
— Aërostatinn
— Apostatinn
— Appellatinn
— Aristokratinn
— Autokratinn
— Automatinn
— Beneficiatinn
— Büreaukratinn
— *Buratinn*
— Candidatinn
— Conjuratinn
— *Croatinn*
— Damnificatinn
— Demokratinn
— Denuntiatinn
— Diffamatinn
— Diplomatinn
— *Eleatinn*
— *Hanseatinn*
— Illuminatinn
die Impetratinn
— Imploratinn
— Inculpatinn
— Kossatinn
— Leuteratinn
— Licentiatinn
— Magnatinn
— *Mantineatinn*
— Ochlokratinn
— Oligokratinn
— Optimatinn
— Oxykratinn
— Physiokratinn
— Potentatinn
— Provokatinn
— Renegatinn
— Soldatinn
— Stylobatinn
— *Tegeatinn*

ātis

Atys
Atargatis
ademtio civitatis
expensis compensatis
Datis
aus diesen *datis*
poculum hilaritatis
Parysatis
mens pietatis
ohe! jam satis
quantum satis
post Trinitatis

ātisch — āthisch

änigmatisch
akroamatisch
aristokratisch
aromatisch
asiatisch
asthmatisch
antasthmatisch
axiomatisch
banatisch
chromatisch
achromatisch
climatisch
croatisch
dalmatisch
demokratisch
diastematisch
diplomatisch
dogmatisch
dramatisch
eleatisch
emblematisch
emphatisch
empyreumatisch
erratisch
exstatisch
fanatisch
grammatisch
epigrammatisch
lipogrammatisch
polygrammatisch
hanseatisch
hieratisch
karpathisch
katagmatisch
lunatisch
lymphatisch
magistratisch
mathematisch
melismatisch
miasmatisch
morganatisch
muriatisch
numismatisch
ochlokratisch
oligokratisch
pantokratisch
paradigmatisch
pathisch
allopathisch
anthropathisch
homoöpathisch
idiopathisch
philomatisch
phlegmatisch
physiokratisch
piratisch
antipiratisch
pneumatisch
pragmatisch
primatisch
prismatisch
problematisch
quadratisch
rheumatisch
sarmatisch
schismatisch
skommatisch
sokratisch
soldatisch
spermatisch
angiospermatisch
statisch
aërostatisch
geostatisch
hämostatisch
hydrostatisch
parastatisch
systematisch

ātle

ich kratle
das Gekratle
ich pratle
das Gepratle
ich ratle
das Geratle
ich spatle

das Gespatle
ich tatle
das Getatle

ātlich

staatlich
watlich

átlich

monatlich
gattlich
stattlich
erstattlich

ātlos

nathlos
rathlos
thatlos
{ athmen
Stathmik
Pathmus }

āt'ne

eine gebrat'ne
— brocat'ne
— gerath'ne
— ungerath'ne
— verrath'ne

ātnen

gebratnen
brocatnen
gerathnen
ungerathnen
verrathnen

ātner

ein gebratner
— brocatner
— gerathner
— ungerathner
— verrathner

ātnes

ein gebratnes
— brocatnes
— gerathnes
— ungerathnes
— verrathnes

āto

agitato
allentato
arpeggiato
Cato
dato
a dato
dem *Fato*
glissicato
ab intestato
ab irato
loco laudato
legato
Maurocordato
moderato
passato
pizzicato
Plato
pro rato et grato
rinforzato
rivoltato
rubato
sforzato
smorzato
spiccato
spirato
staccato
stentato
Strato
in substrato
suagliato
temporeggiato
toccato

āton

Platon
Sanchoniathon

ātor

der Actionator
— Administrator
— Adoptator
— Adstipulator
— Aequator
— Aestimator
— Alligator
— Apaltator
— Arbitrator
— Arendator
— Assassinator
— Auscultator
— Autokrator
Stephan Bathor
— Collator
— Collaborator
— Commentator
— Commodator
— Compilator
— Concionator
— Condensator
— Conservator
— Continuator
— Conversator
— Cooperator
— Copulator
— Creator
Fabius Cunctator
— Curator (absentis - bonorum - litis - ventris - sexus)
— Decimator
— Declamator
der Declinator
— Delator
— Denominator
— Dictator
— Diffamator
— Disputator
— Donator
— Educator
— Emendator
— Epitomator
— Examinator
— Expilator
— Explorator
— Fundator
— Gladiator
— Glossator
— Imperator
— Imprägnator
— Improvisator
— Informator
— Ingrossator
— Instigator
— Isolator
— *Laudator* (temporis acti)
— Legator
— Legislator
— Literator
— Liquidator
— Locator
— Ludimoderator
Mercator
— Multiplicator
— Nomenclator
— Observator
— Obstrigilator
— Obtrectator
— Occultator
— Pantokrator
— Parentator
— Perambulator
— Pignorator
— Prämonstrator
— Prävaricator
— Proclamator
— Procrastinator
— Procurator
— Receptator
— Reformator
— Registrator
— Restaurator
— Senator
— Sequestrator
— Stuprator
— Taxator
— Testator
— Turbator
— Usurpator
— Ventilator
— Versificator
— Visitator

ātors

des Actionators *etc.* *bis* Visitators *siehe* ator

ātos — āthos

Athos
des *Agitato's etc.*
— *Toccato's*
— *Bathos*
Cato's
— *Pathos*
— *Plato's*
— *Strato's*
inter privatos (parietes)

ātra

die *Fatra*
— *Matra*
— *Patra*
— *Tatra*
} ungarische Gebirge

ātre

eine accurat're
— adäquat're
— delicat're
— desolat're
— desperat're
— immaculat're
— immediat're
— immoderat're
— imparat're
— inconsiderat're
— ingrat're
— inobligat're
— intricat're
ich kalfatre
das Gekalfatre
eine mediat're
— moderat're
— obligat're
— obstinat're
— parat're
— privat're
— probat're
— rabiat're
ich rat're
das Gerat're
eine sedat're
— separat're
ich tat're
das Getat're
ich vat're
— bevat're
eine abgeflah't're

āt'rer

ein accurat'rer *etc.* *bis* abgeflah't'rer *siehe* atre

ātres

ein accurat'res *etc.* *bis* abgeflah't'res *s.* atre
ad patres [Atreus]

ātrik

die Hippiatrik
— Pädiatrik
Patrik

ātrisch

archiat'risch
gastrolatrisch
hippiatrisch
idolatrisch
ikonolatrisch
lavat'risch
philiatrisch
poliatrisch
zoolatrisch

ātrix

Beatrix
Bellatrix
Legio fulminatrix
Imperatrix
die *Matrix*
— *Quadratrix*
Vindemiatrix
[a quatro]

ātron

das *Malobathron*
— *Natron*

ātrons

des *Malobathrons*
— *Natrons*

ātrum

das *Barathrum*
— *Malobathrum*
— *Natrum*
— *Theatrum* (Europaeum)
— *Amphitheatrum*
par nobile fratrum
limbus patrum

āts

des Abigeat's
ein accurat's
des Achats
ein adäquat's
des Agglomerats
— Aggregats
— Allegats
— Annotats
— Apparats
— Assassinats
— Assessorats
— Assignats
— Attentats
des Attestats
— Baccalaureats
— Banats
— Gebrat's
— Brocats
— Canonicats
— Cantorats
— Carats
— Cardinalats
— Centumvirats
— Cerats
— Certificats
— Cicisbeats
— Citats
— Citronats
— Clericats
— Cölibats
— Comitats
— Commissariats
— Communicats
— Compactats
— Conats
— Concordats
— Concubinats
— Conglomerats
— Conglutinats
— Consulats
ein cordats
des Custodiats
— Dardanariats
— Decanats
— Decemvirats
ein delicat's
des Deputats
— Desiderats
ein desolat's
— desperat's
des Diakonats
— Diemats
— Directorats
ein disparat's
des Doctorats
— Donats
— Duplicats
— Duumvirats
— Engelsats
— Ephorats
— Episcopats
— Euphrats
— Exarchats
— Extravasats
— Fiscalats
— Formats
— Gagats
— Generalats
— Granats
— Gummats
— Hagestolziats
— Hydrats
ein immaculat's
— immediat's
— immoderat's

ein imparat's
des Incarnats
— Incolats
ein inconsiderat's
des Incrustats
— Indicats
— Indigenats
— Informats
ein ingrat's
— inobligat's
des Inserats
— Inspectorats
— Intermediats
— Intimats
ein intricat's
des Judicats
— Kalifats
— Landsassiats
— Legats
— Magistrats
— Majorats
— Mandats
— Marschallats
ein mediat's
des Minorats
— Mithridats
ein moderat's
des Muriats
— Notariats
— Noviziats
ein obligat's
— obstinat's
des Offizialats
— Opiats
— Ornats
— Gepat's
— Pagats
— Palatinats
ein parat's
des Passulats
— Pastorats
— Patriarchats
— Patronats
— Peculats
— Pensionats
— Pentarchats
— Physikats
— Placats
— Plagiats
— Pontificats
— Postulats
— Geprat's
— Präceptorats
— Präcipitats
— Prädicats
— Präparats
— Primats
— Principats
— Priorats
ein privat's
— probat's

des Professorats
— Protectorats
— Provisorats
— Publicats
— Quats
— Quadrats
— Gerat's
ein rabiat's
des Reats
— Receptorats
— Rectorats
— Referats
— Reservats
— Resultats
— Retardats
— Salats
— Scabinats
— Schnats
— Scholarchats
— Schriftsassiats
— Secretariats
ein sedat's
des Senats
— Seniorats
ein separat's
des Septemvirats
— Skats
— Spagats
— Staats
— Staggernats
— Stellionats
— Sublimats
— Substrats
— Superiorats
— Supremats
— Surrogats
— Syndicats
— Tetrarchats
— Tractats
— Triangulats
— Tribunats
— Triumvirats
— Ultimats
— Vicariats
— Gewat's
— Draths
ein abgeflah't's
des Flaths
— Unflaths
— Graths
— Rückgraths
ein bejaht's
— gekrah't's
— genah'ts
des Raths
— Gerath's
— Hausraths
— Geheyrath's
— Verraths
— Vorraths
— Unraths
— Spaths

des Wallraths
— Zierraths
er that's *etc. ferner* s. **az**

áts *siehe* **atts**

ātsch

der Hatsch
— Latsch
rietsch-ratsch!
— Statsch
staatsch
ein Tatsch
der Tarliwatsch
ein Zatsch
änigmat'sch *etc. bis* systemat'sch *siehe* **atisch**

átsch

der Klatsch
— Matsch
Durchmatsch
— Patsch
— Pfatsch
— Pflatsch
— Platsch
— Quatsch
quatsch!
— *Tolpatsch*

átscha

die *Arakatscha*
Awatscha

ātsche

die Bratsche
— Hatsche
ich hatsche
das Gehatsche
dem Hatsche
die Karbatsche
ich karbatsche
das Gekarbatsche
ich knatsche
das Geknatsche
ich kratsche
das Gekratsche
die Latsche
Burlatsche
Gänselatsche
ich latsche
das Gelatsche
dem Latsche
ich natsche
das Genatsche
die Ratsche
ich ratsche
das Geratsche
dem Statsche
die staatsche
dem Tatsche
ich tatsche

das Getatsche
dem Tarliwatsche
die Watsche
Ohrwatsche
ich watsche
das Gewatsche
dem Zatsche
ich zatsche
das Gezatsche
ich verzatsche
die änigmat'sche *etc. bis*
systemat'sche *siehe*
atisch
papodage

átsche

die Batsche
ich batsche
das Gebatsche
der Flatsche
dem Klatsche
ich klatsche
das Geklatsche
Stadtgeklatsche
Weibergeklatsche
die Klatsche
Fliegenklatsche
Sommerklatsche
ich beklatsche
im Matsche
ich matsche
das Gematsche
ich natsche
das Genatsche
ich patsche
das Gepatsche
die Patsche
dem Pfatsche
— Pflatsche
ich platsche
das Geplatsche
dem Platsche
— Quatsche
ich quatsche
das Gequatsche
ich schatsche
das Geschatsche
die Tatsche
ich tatsche
das Getatsche

ātschel

das Gewatschel
der Watschel
das Gefratschel

átschel

das Gepatschel
— Gequatschel

ātscheln

fratscheln
den Watscheln
watscheln
abwatscheln
anwatscheln
auswatscheln
durchwatscheln
einherwatscheln
entwatscheln
entgegenwatscheln
fortwatscheln
hin- und herwatscheln
mitwatscheln
nachwatscheln
niederwatscheln
überwatscheln
umwatscheln
unterwatscheln
vorwatscheln
voranwatscheln *etc.*
wegwatscheln
zurückwatscheln
verzwatscheln

átscheln

patscheln
quatscheln

ātschelnd

fratschelnd
watschelnd
verzwatschelnd

átschelnd

patschelnd
quatschelnd

ātschelns

des Fratschelns
— Watschelns
— Verzwatschelns

átschelns

des Patschelns
— Quatschelns

ātschels

des Gefratschels
— Gewatschels
— Watschels

átschels

des Gepatschels
— Gequatschels

ātschelst

du fratschelst
— watschelst
— verzwatschelst

átschelst

du patschelst
— quatschelst

ātschelt

er fratschelt
— watschelt
— verzwatschelt

átschelt

er patschelt
es quatschelt

ātschen

die Bratschen
— Hatschen
hatschen
— Karbatschen
karbatschen
knatschen
kratschen
— Latschen
latschen
anlatschen
auslatschen
durchlatschen
einherlatschen
fortlatschen
mitlatschen
nachlatschen
niederlatschen
vorlatschen
voranlatschen *etc.*
weglatschen
zerlatschen
zurücklatschen
zusammenlatschen
natschen
— Ratschen
ratschen
— staatschen
den Tatschen
tatschen
— Tarliwatschen
die Watschen
Ohrwatschen
watschen
den Zatschen
zatschen
verzatschen
verzwatschen
die änigmat'schen *etc. bis*
systemat'schen *siehe*
atisch

átschen

die Batschen
batschen
der Flatschen
die Klatschen

das Klatschen
klatschen
abklatschen
anklatschen
aufklatschen
ausklatschen
beklatschen
erklatschen
fortklatschen
mitklatschen
nachklatschen
überklatschen
verklatschen
vorklatschen
zuklatschen
zerklatschen
das Beyfallsklatschen
— Händeklatschen
matschen
durchmatschen
vermatschen
zermatschen
natschen
patschen
anpatschen
aufpatschen
auspatschen
durchpatschen
fortpatschen
mitpatschen
nachpatschen
überpatschen
wegpatschen
zupatschen
zurückpatschen
platschen
quatschen
schatschen
die Tatschen
tatschen
den *Tolpatschen*

ātſchend

hatschend
karbatschend
knatschend
kratschend
latschend
natschend
ratschend
tatschend
watschend
zatschend
verzwatschend

átſchend

batschend
klatschend
beklatschend
matschend
vermatschend
natschend
patschend
platschend
quatschend
schatschend
tatschend

ātſchens

des Hatschens
— Karbatschens
— Knatschens
— Kratschens
— Latschens
— Natschens
— Ratschens
— Tatschens
— Watschens
— Zatschens
— Verzwatschens

átſchens

des Batschens
— Flatschens
— Klatschens
— Matschens
— Natschens
— Patschens
— Platschens
— Quatschens
— Schatschens
— Tatschens

ātſcher

der Hatscher
— Karbatscher
— Latscher
— Natscher
ein änigmat'scher *etc. bis* systemat'scher *siehe* atiſch

átſcher

der Matscher
— Natscher
— Patscher
— Platscher
das Gewatscher

ātſchern

den Hatschern
— Karbatschern
— Latschern
— Natschern
einen änigmat'schern *etc. bis* systemat'schern *siehe* atiſch

átſchern

den Matschern
— Natschern
— Patschern
— Platschern
watschern

ātſchers

des Hatschers
— Karbatschers
— Latschers
— Natschers
ein änigmat'scher's *etc. bis* systemat'scher's *siehe* atiſch

átſchers

des Matschers
— Natschers
— Patschers
— Platschers
— Gewatschers

ātſches

des Hatsches
— Gehatsches
— Gekarbatsches
— Geknatsches
— Gekratsches
— Latsches
— Gelatsches
— Genatsches
— Geratsches
— Statsches
ein staatsches
des Tatsches
— Getatsches
— Tarliwatsches
— Gewatsches
— Zatsches
— Gezatsches
ein änigmat'sches *etc. bis* systemat'sches *siehe* atiſch

átſches

des Gebatsches
— Klatsches
— Geklatsches
— Matsches
— Gematsches
— Genatsches
— Patsches
— Gepatsches
— Pfatsches
— Pflatsches
— Platsches
— Geplatsches
— Quatsches
— Gequatsches
— Geschatsches
— Getatsches
— Tolpatsches

ātſcheſt

du hatschest
— karbatschest
— knatschest

du kratschest
— latschest
— natschest
— ratschest
— tatschest
— watschest
— zatschest
— verzwatschest

átschest

du batschest
— klatschest
— matschest
— natschest
— patschest
— platschest
— quatschest
— schatschest
— tatschest

ātschet

er hatschet
— karbatschet
— knatschet
— kratschet
— latschet
— natschet
— ratschet
— tatschet
— watschet
— zatschet
— verzwatschet

átschet

er batschet
— klatschet
— matschet
— natschet
— patschet
— platschet
— quatschet
— schatschet
— tatschet

ātschig

hatschig
latschig
tatschig
zatschig

átschig

klatschig
matschig
patschig
quatschig
tolpatschig

ātschle

ich fratschle
das Gefratschle
ich watschle
das Gewatschle
ich verzwatschle

átschle

ich patschle
das Gepatschle
ich quatschle
das Gequatschle

atschlich

quátschlich
wātschlich

ātschs

des Hatschs
— Gehatschs
— Gekarbatschs
— Geknatschs
— Gekratschs
— Latschs
— Gelatschs
— Genatschs
— Geratschs
— Statschs
ein staatschs
— Tatschs
— Getatschs
— Tarliwatschs
— Gewatschs
— Zatschs
— Gezatschs
ein änigmatsch's *etc. bis* systematsch's *siehe* atisch

átschs

des Gebatschs
— Klatschs
— Geklatschs
— Matschs
— Gematschs
— Genatschs
— Patschs
— Pfatschs
— Pflatschs
— Platschs
— Geplatschs
— Quatschs
— Gequatschs
— Geschatschs
— Getatschs
— Tolpatschs

ātschst

du hatschst
— karbatschst
— knatschst
— kratschst
— latschst
— natschst
— ratschst
— tatschst
du watschst
— zatschst
— verzwatschst
änigmatsch'st *etc. bis* systematsch'st *siehe* atisch

átschst

du batschst
— klatschst
— matschst
— natschst
— patschst
platschst
— quatschst
— tatschst

ātschste

der änigmat'sch'ste *etc. bis* systemat'sch'ste *siehe* atisch

ātschsten

die änigmat'sch'sten *etc. bis* systemat'sch'sten *siehe* atisch

ātschster

änigmat'sch'ster *etc. bis* systemat'sch'ster *siehe* atisch

ātschstes

änigmat'sch'stes *etc. bis* systemat'sch'stes *siehe* atisch

ātscht

er hatscht
— karbatscht
— knatscht
— kratscht
— latscht
— natscht
— ratscht
— tatscht
— watscht
— zatscht
— verzwatscht

átscht

er batscht
— klatscht
— matscht
— gematscht
— natscht
— patscht
es platscht
— quatscht
er tatscht

ātſchte

er hatschte
— karbatschte
— knatschte
— kratschte
— latschte
— natschte
— ratschte
— tatschte
— watschte
— zatschte
— verzwatschte

átſchte

er batschte
— klatschte
— matschte
— natschte
— patschte
es platschte
— quatschte
er schatschte
— tatschte

ātſchten

sie hatschten
— karbatschten
— knatschten
— kratschten
— latschten
— natschten
— ratschten
— tatschten
— watschten
— zatschten
— verzwatschten

átſchten

sie batschten
— klatschten
— matschten
— natschten
— patschten
— platschten
— quatschten
— schatschten
— tatschten

ātſchter

ein karbatschter
— geknatschter
— gekratschter
— zerlatschter
— gewatschter

átſchter

ein gebatschter
— beklatschter
— gematschter
— durchpatschter
ein verschatschter
— getatschter

ātſchtes

ein karbatschtes
— geknatschtes
— gekratschtes
— zerlatschtes
— gewatschtes

átſchtes

ein gebatschtes
— beklatschtes
— gematschtes
— durchpatschtes
— verschatschtes
— getatschtes

ātſchteſt

du hatschtest
— karbatschtest
— knatschtest
— kratschtest
— latschtest
— natschtest
— ratschtest
— tatschtest
— watschtest
— zatschtest
— verzwatschest

átſchteſt

du batschtest
— klatschtest
— matschtest
— natschtest
— patschtest
— platschtest
— quatschtest
— schatschtest
— tatschtest

ātſchtet

ihr hatschtet
— karbatschtet
— knatschtet
— kratschtet
— latschtet
— natschtet
— ratschtet
— tatschtet
— watschtet
— zatschtet
— verzwatschtet

átſchtet

ihr batschtet
— klatschtet
— matschtet
— natschtet
— patschtet
— platschtet
ihr quatschtet
— schatschtet
— tatschtet

ātſchung

die Karbatschung
— Knatschung
— Zerkratschung
— Zerlatschung
— Watschung
— Verzwatschung

átſchung

die Batschung
— Beklatschung
— Vermatschung
— Durchpatschung
— Schatschung
— Tatschung

ātſt

accurat'st
adäquat'st
du batst
— bratst
cordat'st
delicat'st
desolat'st
desperat'st
disparat'st
immaculat'st
immediat'st
immoderat'st
imparat'st
inconsiderat'st
ingrat'st
inobligat'st
intricat'st
mediat'st
moderat'st
obligat'st
obstinat'st
du pat'st
parat'st
— prat'st
privat'st
probat'st
— rat'st
rabiat'st
sedat'st
separat'st
— skat'st
— thatst
— tratst
— watst
— flaht'st
— bejaht'st
— kraht'st
— naht'st
— rath'st
— heyrath'st *siehe* aʒt

ātſte

der accuratste
— adäquatste
— cordatste
— delicatste
— desperatste
— disparatste
— immaculatste
— immediatste
— immoderatste
— imparatste
— inconsideratste
— ingratste
— inobligatste
— intricatste
— mediatste
— moderatste
— obligatste
— obstinatste
— paratste
— privatste
— probatste
— rabiatste
— sedatste
— separatste *siehe* azte

ātſten

die accuratsten *etc. bis* separatsten *siehe* azten

ātſter

ein accuratster *etc. bis* separatster *siehe* azter

ātſtes

accuratstes *etc. bis* separatstes *siehe* aztes

átt *siehe* **át**

átta

ebatta
eine *Natta*
Paramatta
die *Regatta*
ritratta
Tröllhatta

átte

es batte
dem Blatte
ich blatte
das Geblatte
die Casematte
— Debatte
Parlamentsdebatte
— fratte
dem Fratte
die Fregatte
der Gatte
Ehegatte
Heldengatte
ich gatte
— begatte
der glatte
ich hatte
der *Katte*
ich verkatte
die Klatte
— Latte
Dachlatte
Gegenlatte
Hebelatte
Kammerlatte
Lachterlatte
Lauflatte
Leselatte
Mauerlatte
Querlatte
Reiſslatte
Satzlatte
Saumlatte
Schachtlatte
Scheidelatte
Scherlatte
Schieferlatte
Schlummerlatte
Sommerlatte
Sparrlatte
Strohlatle
Sturzlatte
Waldlatte
Wasserlatte
Wehrlatte
Weinlatte
Windlatte
— Matte
Bartmatte
Binsenmatte
Blumenmatte
Bodenmatte
Faulmatte
Hängematte
Ostermatte
Packmatte
Stoſsmatte
Strohmatte
Stubenmatte
Tischmatte
Wandelmatte
die matte
ich matte
— ermatte
dem Matte
— Zugmatte
der Mahratte
— *Mulatte*
die Patte
Rockpatte
Westenpatte
der patte
dem Patte
— Pfatte
die Platte
Aufsatzplatte
Bleyplatte
Deckplatte
Druckplatte
Eisenplatte
Feuerplatte
Filzplatte
Füllplatte
Glasplatte
Glättplatte
Goldplatte
Grundplatte
Heerdplatte
Vorheerdplatte
Hornplatte
Kammplatte
Kellhammerplatte
Knochenplatte
Knopfplatte
Knorpelplatte
Kopfplatte
Kupferplatte
Marmorplatte
Mauerplatte
Messingplatte
Mönchsplatte
Muffelplatte
Notenplatte
Oberplatte
Ofenplatte
Preſsplatte
Probeplatte
Riſsplatte
Röhrenplatte
Siebplatte
Steinplatte
Tischplatte
Unterplatte
Wäschplatte
Zinkplatte
Zinnplatte
die platte
ich platte
das Geplatte
ich pratte
das Gepratte
die Quatte
— Ratte
Alpenratte
Beutelratte
Bisamratte
Buschratte
Erdratte
Haselratte
Hausratte
Flederratte
Moschusratte
Palmenratte
Schwanzratte
Schweinratte

Springratte
Stinkratte
Sumpfratte
Waldratte
Wanderratte
Wasserratte
Ziebetratte
Ziselratte
ich ratte
das Geratte
die Rabatte
Blumenrabatte
dem Rabatte
die satte
— Satte
— Milchsatte
ich satte
— übersatte
dem Nimmersatte
die Savatte
— Sauerkratte
ich schatte
das Geschatte
ich beschatte
die Schabatte
dem Schildpatte
die Schnatte
— Statte
ich statte
— bestatte
— gestatte
der Tatto
die Tratte
Ritratte
— Watte
Schlickwatte
Seidenwatte
ich watte
das Gewatte
dem Gate
— Goliathe
— Mithridate
— Monate

áttel

die Dattel
Meerdattel
das Gepattel
— Gequattel
die Rattel
Wächterrattel
das Gerattel
der Sattel
Damensattel
Frauensattel
Fuhrsattel
Geigensattel
Hundssattel
Husarensattel
Jagdsattel
Kleppersattel
Nufssattel
Packsattel
Pferdesattel
Quersattel
Reitsattel
Vorreitsattel
Saumsattel
Schulsattel
Stechsattel
Tragsattel
Türkensattel
Tummelsattel
Weibersattel
Zwerchsattel
das Gesattel
— Geschwattel

átteln

die Datteln
patteln
nachpatteln
quatteln
ratteln
die Ratteln
satteln
absatteln
aufsatteln
entsatteln
hinaufsatteln
umsatteln
versatteln
vorsatteln
schwatteln

áttelnd

pattelnd
quattelnd
rattelnd
sattelnd
schwattelnd

áttelns

des Pattelns
Quattelns
— Rattelns
— Sattelns
— Schwattelns

áttels

des Gepattels
— Gequattels
— Gerattels
— Sattels
— Gesattels
— Geschwattels

áttelst

du pattelst
— quattelst
— rattelst
— sattelst
— schwattelst

áttelt

er pattelt
— quattelt
— rattelt
— sattelt
— schwattelt

áttem

frattem
glattem
mattem
pattem
plattem
sattem

átten

batten
blatten
abblatten
anblatten
nachblatten
überblatten
verblatten
rehblatten
die Casematten
— Debatten
— fratten
— Fregatten
die Gatten
gatten
angatten
begatten
vergatten
zusammengatten
— glatten
sie hatten
— verkatten
die Latten
— Sommerlatten
latten
ablatten
anlatten
auflatten
belatten
nachlatten
verlatten
matten
abmatten
ermatten
nachmatten
einen matten
den matten
die Matten
— Mahratten
— Masematten
— Mulatten
— patten
— Patten
— Platten
— platten

platten
ausplatten
beplatten
nachplatten
verplatten
das Drathplatten
pratten
die Ratten
— Rabatten
ratten
— satten
satten
übersatten
— Savatten
der Schatten
Aderschatten
Baumschatten
Eichenschatten
Eselsschatten
Halbschatten
Meersobatten
Mondschatten
Nachschatten
Nachtschatten
Waldnachtschatten
Nebelschatten
Rabenschatten
Riesenschatten
Schlagschatten
Silberschatten
Weihschatten
Wendeschatten
Wortschatten
Zauberschatten
schatten
abschatten
ausschatten
beschatten
entschatten
nachschatten
überschatten
umschatten
verschatten
die Schnatten
von statten
zu statten
statten
abstatten
ausstatten
bestatten
erstatten
gestatten
nachstatten
verstatten
wiederstatten
wiedererstatten
des Unstatten
die Tatten
— Tratten
— Ritratten
— Watten
watten
auswatten

áttend

battend
blattend
gattend
verkattend
lattend
mattend
ermattend
plattend
prattend
rattend
sattend
übersattend
schattend
stattend
gestattend
wattend

áttens

des Battens
— Blattens
— Gattens
— Verkattens
— Lattens
— Mattens
— Ermattens
— Plattens
— Prattens
— Rattens
— Sattens
— Uebersattens
— Schattens
— Beschattens
— Stattens
— Verstattens
— Wattens

átter

die Atter
— Blatter
Aasblatter
Brandblatter
Eiterblatter
Feuerblatter
Giftblatter
Hitzblatter
Hundsblatter
Kinderblatter
Kuhblatter
Liebesblatter
Nachtblatter
Pestblatter
Schafblatter
Schölblatter
Windblatter
das Geflatter
— Gatter
Ausfallgatter
Eisengatter
Fallgatter
Feuergatter
Hofgatter
Maulgatter
Panstergatter
Sägengatter
Schlaggatter
Schuſsgatter
Schutzgatter
Sturmgatter
Thorgatter
Ziehgatter
Zinngatter
das Gegatter
der Gevatter
Altgevatter
Arschgevatter
ein glatter
das Geknatter
der Gegenlatter
ein matter
die Natter
Ameisennatter
Bandnatter
Durstnatter
Gänsenatter
Kettennatter
Korallennatter
Kupfernatter
Pfeilnatter
Ringelnatter
Salznatter
Sandnatter
Schildnatter
Schleimnatter
Schleppennatter
Schleyernatter
Spieſsnatter
Spitznatter
Teufelsnatter
Trauernatter
Vipernatter
Wassernatter
Wickelnatter
Zischnatter
ein platter
das Geratter
ein satter
das Geschlatter
— Geschnatter
die Schnatter
der Erstatter
— Berichtabstatter
— Berichterstatter
das Getatter
der Vatter
— Stertvatter

áttern

die Attern

die Blattern
Fließblattern
Kinderblattern
Schutzblattern
Schweinblattern
Steinblattern
Tannenblattern
Venusblattern
Wasserblattern
blattern
abblattern
ausblattern
aufblattern
flattern
abflattern
anflattern
aufflattern
ausflattern
davonflattern
durchflattern
emporflattern
entflattern
entgegenflattern
fortflattern
hin- und herflattern *etc.*
mitflattern
nachflattern
niederflattern
überflattern
umflattern
umherflattern
unterflattern
verflattern
vorflattern
voranflattern *etc.*
zerflattern
zuflattern
zurückflattern
den Gattern
gattern
abgattern
aufgattern
ausgattern
ergattern
nachgattern
übergattern
zugattern
die Gevattern
einen glatter'n
knattern
abknattern
aufknattern
zerknattern
den Gegenlattern
einen matter'n
die Nattern
einen platter'n
rattern
einen satter'n
schlattern
schnattern
abschnattern
anschnattern
aufschnattern
ausschnattern
beschnattern
fortschnattern
mitschnattern
nachschnattern
umschnattern
vorschnattern
zuschnattern
den Erstattern
— Berichtabstattern
— Berichterstattern
tattern
die Tattern

átternd

blatternd
aufblatternd
flatternd
gatternd
ergatternd
knatternd
ratternd
schlatternd
schnatternd
tatternd

átterns

des Blatterns
— Aufblatterns
— Flatterns
— Gatterns
— Ergatterns
— Knatterns
— Ratterns
— Schlatterns
— Schnatterns
— Tatterns

átters

des Geflatters
— Gatters
— Gegatters
— Gevatters
ein glatter's
des Geknatters
— Gegenlatters
ein matter's
— platter's
des Geratters
ein satter's
des Geschlatters
— Geschnatters
— Erstatters
— Berichtabstatters
— Berichterstatters
— Getatters
— Vatters
— Stertvatters

átterst

du blatterst
— aufblatterst
— flatterst
— gatterst
— knatterst
— ratterst
— schlatterst
— schnatterst
— tatterst

áttert

er blattert
— aufblattert
— flattert
abgeflattert
— gattert
— vergattert
— knattert
— rattert
— schlattert
— schnattert
— tattert

áttes

des Blattes
— Geblattes
— Frattes
ein frattes
— glattes
— mattes
des Mattes
— Pattes
— Pfattes
ein plattes
des Geplattes
— Geprattes
— Gerattes
— Rabattes
ein sattes
des Nimmersattes
— Schildpattes
— Geschattes
— Gewattes
— Gates
— Goliathes
— Monates

áttest

du blattest
— rehblattest
— gattest
— hattest
— verkattest
— lattest
— mattest
— ermattest
— plattest
— prattest
— rattest
— sattest

du schattest
— stattest
— wattest

áttet

er blattet
— rehblattet
— gattet
ihr hattet
er verkattet
— lattet
— mattet
— ermattet
— plattet
— rattet
— sattet
— schattet
— stattet
— wattet

áttheit

die Glattheit
— Mattheit
— Plattheit
— Sattheit
Menschensattheit

átti

Maratti
Scarlatti

áttig

der Attig
blattig
1 - 100 - *etc.* blattig
nebenblattig
rauhblattig
schönblattig
silberblattig
vielblattig
— Lattig
Ackerlattig
Alpenlattig
Brandlattig
Brustlattig
Feldlattig
Haferlattig
Hasenlattig
Heidelattig
Hirschlattig
Huflattig
Hundslattig
Mauerlattig
Meerlattig
Schließlattig
Schorflattig
Stripplattig
Waldlattig
Wiesenlattig
Wundlattig
mattig
schattig
beydschattig
breitschattig
doppelschattig
einschattig
kreisschattig
kurzschattig
langschattig
ohnschattig
schwarzschattig
unschattig

átting

der Platting
die Schlatting

áttinn

die Gattinn
Ehegattinn
— *Kattinn*
— *Mahrattinn*
— *Mulattinn*

áttisch

attisch
kattisch
mahrattisch
mulattisch

[die Mattke]

áttle

ich pattle
das Gepattle
ich quattle
das Gequattle
ich rattle
das Gerattle
ich sattle
das Gesattle
ich schwattle
das Geschwattle

áttler

ein Pattler
— Rattler
— Sattler
— Umsattler

áttlern

den Pattlern
— Rattlern
— Sattlern
— Umsattlern

áttlers

des Pattlers
— Rattlers
— Sattlers
— Umsattlers

áttlich

gattlich
ungattlich
stattlich
erstattlich
unerstattlich
monatlich

[der Plattling]

áttlung

die Pattlung
— Rattlung
— Sattlung
— Umsattlung

[plattnen]
[der Plattner]

átto

das *Baratto*
Estratto
Hatto
Rabatto

áttre

ich blattre
das Geblattre
ich aufblattre
— flattre
das Geflattre
ich gattre
das Gegattre
ich knattre
das Geknattre
ich rattre
das Gerattre
ich schlattre
das Geschlattre
ich schnattre
das Geschnattre
ich tattre
das Getattre
eine glatt're
— matt're
— platt're
— satt're

áttrer

ein Flattrer
— Schnattrer
ein glatt'rer
— matt'rer
— platt'rer
— satt'rer

áttrern

den Flattrern
— Schnattrern

áttrers

des Flattrers
— Schnattrers

ättrig

blattrig
flattrig
der Flattrig
gattrig

ättrung

die Abblattrung
— Aufblattrung
— Verflattrung
— Ergattrung
— Vergattrung
— Herschnattrung

ätts

des Blatts
— Geblatt's
— Fratts
— Matts
— Patts
— Pfatts
— Geplatt's
— Gepratt's
— Geratt's
— Rabatts
— Nimmersatts
— Schildpatts
— Geschatt's
— Gat's
— *Goliaths*
— Monato
— *Phraths*
er hat's (*siehe ferner* az)

ättst

du blatt'st
— rehblattst
— gattst
— hattst
— verkattst
— lattst
— mattst
— plattst
— prattst
— rattst
— sattst
— schattst
— stattst
— wattst (*siehe f.* azt)

ättste

der frattste
— glattste
— mattste
— plattste
— sattste

ättsten

die frattsten
— glattsten
die mattsten
— plattsten
— sattsten

ättster

frattster
glattster
mattster
plattster
sattster

ättstes

frattstes
glattstes
mattstes
plattstes
sattstes

ättung

die Blattung
Abblattung
Anblattung
— Gattung
Hauptgattung
Menschengattung
Mischlingsgattung
Mittelgattung
Nebengattung
Pflanzengattung
Thiergattung
Untergattung
Zwittergattung
— Verkattung
— Belattung
— Abmattung
— Ermattung
— Abplattung
— Ausplattung
— Schattung
Abschattung
Beschattung
Umschattung
Verschattung
— Abstattung
— Bestattung
— Erstattung
Berichtserstattung
Gegenerstattung
Wiedererstattung
— Verstattung

ātum

Attestatum
das *Commodatum*
— *Compactatum*
— *Conclamatum*
— *Datum*
— *Derivatum*
— *Duplicatum*
— *Enuntiatum*
— *Erratum*
das *Intimatum*
ad mandatum (principis - serenissimi - speciale *etc.*)
— *Materiatum*
— *Mensuratum*
opus operatum
Peccatum
post Christum natum
praesentatum
probatum
— *Ratum*
ratum gratum
Signatum
den *Statum*
in pristinum statum
das *Stratum*
— *Substratum*
— *instratum*
— *Ultimatum*

ātums

des Datums
— Substratums
— Ultimatums

ātur

addatur
admittatur
approbatur
audiatur
concedatur
conferatur
deleatur
exequatur
expediatur
imprimatur
reimprimatur
inseratur
misceatur
procedatur
non procedatur
vertatur
videatur

ātus

Advocatus (diaboli - ecclesiae - fisci)
Aratus
Beatus
Cincinnatus
damnatus
Demaratus
Cur. Dentatus
Desponsatus
Fortunatus
gravatus
der *Hiatus*
Latus (per se)
ad latus
Poeta laureatus

Literatus
Illiteratus
Odenatus
ein *Obaeratus*
Pilatus
— *Privatus*
der *Reatus*
rogatus
Senatus
Status (activus — passivus)
Stratus
Viriatus

átʒ ꝛc. *siehe bey* áʒ ꝛc.

au

Au!
die Au' (*siehe* Aue)
Aarau
der Bau
Ackerbau
Anbau
Geistesanbau
Anisbau
Aufbau
Ausbau
Bergbau
Biberbau
Bienenbau
Blumenbau
Brückenbau
Canalbau
Caninchenbau
Chausseebau
Dachsbau
Deichbau
Einbau
Erbbau
Erbsenbau
Erdbau
Erdäpfelbau
Feldbau
Festungsbau
Firstenbau
Flachsbau
Flözbau
Fluchtbau
Fortbau
Freybau
Fuchsbau
Futterbau
Gangbau
Gartenbau
Gemüsebau
Gerstenbau
Gesellenbau
Getraidebau
Gliederbau
Grubenbau
Grundbau
Haarbau
Hafenbau
Haferbau
Hanfbau
Hauptbau
Hausbau
Hirsenbau
Hohlbau
Holzbau
Honigbau
Hopfenbau
Hüttenbau
Kartoffelbau
Kirchenbau
Kleebau
Kornbau
Körperbau
Kröpelbau
Kunstbau
Landbau
Leibesbau
Leinbau
Lockenbau
Luftbau
Maiſsbau
Mühlenbau
Nebenbau
Nervenbau
Neubau
Obstbau
Oelbau
Orgelbau
Periodenbau
Prachtbau
Querbau
Raubbau
Reiſsbau
Riesenbau
Roggenbau
Rübenbau
Scheunenbau
Schiffsbau
Schöpfungsbau
Schloſsbau
Seidenbau
Sielenbau
Sommerbau
Sprachbau
Steinbau
Stollenbau
Straſsenbau
Landstraſsenbau
Studelbau
Sylbenbau
Tabaksbau
Teichbau
Tempelbau
Thurmbau
babylon. Thurmbau
Ueberbau
Uferbau
Unterbau
Urbau
Versbau
Waidbau
Waizenbau
Wasserbau
Wegebau
Weinbau
Weltbau
Weltenbau
Wortbau
Wunderbau
Zuckerbau
Zwischenbau
auf den Bau
bau'!
der Bakeljau
— Bärenklau
blau
aschblau
ätherblau
azurblau
beerenblau
bergblau
berlinerblau
blaſsblau
bleichblau
blitzbau
braun und blau
cyanenblau
dunkelblau
düsterblau
eschblau
fliederblau
franzblau
graublau
grünblau
grünlichblau
hechtblau
hellblau
himmelblau
hochblau
holzblau
indigblau
königsblau
kornblumenblau
küpenblau
kupferblau
lichtblau
mattblau
mineralblau
morgenblau
müllerblau
nachtblau
neublau
ölblau
pariserblau
perlblau
pfauenblau
porzellanblau
preuſsischblau
sächsischblau
saftblau
sauerblau
schieferblau

schlagblau
schmaltenblau
schmelzblau
schwarzblau
stahlblau
stärkenblau
streublau
türkisblau
veilblau
veilchenblau
wasserblau
weiſsblau
das Blau
— Brau
brau!
Breslau
die *Drau*
Eipeldau
flau
Ferräu
die Frau
Ahnenfrau
Angstfrau
Aschfrau
Bandfrau
Bankfrau
Bauerfrau
Beamtenfrau
Bettelfrau
Bettfrau
Beyfrau
Bürgerfrau
Chorfrau
Dienstfrau
Domfrau
Edelfrau
Ehefrau
Ehrenfrau
Erbfrau
Erdenfrau
Freyfrau
Gerichtsfrau
Goldfrau
Grützfrau
Handwerksfrau
Hauptfrau
Hausfrau
Hechelfrau
Heldenfrau
Herzensfrau
Hirtenfrau
Hoffrau
Hökerfrau
Hühnerfrau
Jägersfrau
Judenfrau
Jungfrau
Heldenjungfrau
Himmelsjungfrau
Meerjungfrau
Ritterjungfrau
Sonnenjungfrau
Sternjungfrau
Jungefrau
Käsefrau
Kammerfrau
Kauffrau
Kaufmannsfrau
Kebsfrau
Kernfrau
Kinderfrau
Klagefrau
Kochfrau
Kostfrau
Kräuterfrau
Kuchenfrau
Landfrau
Landesfrau
Lehensfrau
Lehrfrau
Leichenfrau
Leidfrau
Lumpenfrau
Marktfrau
Meerfrau
Miethfrau
Milchfrau
Nebenfrau
Neinfrau
Obstfrau
Pachtfrau
Pfarrfrau
Reitersfrau
Rittersfrau
Sabbatfrau
Schlaffrau
Schleyerfrau
Schloſsfrau
Schutzfrau
Seelfrau
Semmelfrau
Sohnsfrau
Soldatenfrau
Stadtfrau
Standesfrau
Stiftsfrau
Tagfrau
Todtenfrau
Trödelfrau
Wachfrau
Wartfrau
Waschfrau
Wehefrau
Weinfrau
Weltfrau
Wickelfrau
Wittfrau
Wurzelfrau
Zigeunerfrau
der Gau
Aargau
Allgau
Breisgau
Hennegau
Pintzgau
Pleissengau
Rheingau
Sundgau
Thurgau
Vintzschgau
genau
glau
Gneisenau
grau
altergrau
apfelgrau
aschgrau
blaſsgrau
blaugrau
bleygrau
dachsgrau
dunkelgrau
dunstgrau
eisgrau
eisengrau
erdgrau
eselsgrau
grau in grau
greisgrau
grünlichgrau
hechtgrau
hellgrau
holztaubengrau
katzengrau
lavendelgrau
leingrau
lichtgrau
mäusegrau
meergrau
mohrengrau
moosgrau
nebelgrau
nuſsgrau
perlgrau
rattengrau
rauchgrau
rehfahlgrau
schiefergrau
schimmelgrau
schwarzgrau
silbergrau
spieſsglasgrau
stahlgrau
turteltaubengrau
weingrau
weinhefengrau
weiſsgrau
der Grau
— Hau
Aushau
Birkenhau
Buchenhau
Eichenhau
Holzhau
Lindenhau

Ueberhau
Verhau
das Gehau
Floſsgehau
Kohlengehau
hau! hau!
Hägenau
Hanau
— Hohenau
Ilmenau
der Kabliau
Zwergkabliau
Kaschau
lau
Landau
Lindau
Lindenau
die *Lobau*
miau!
nau
der Nau
— Pfau
Erdpfau
Feldpfau
Hahnenpfau
Meerpfau
Wasserpfau
— Pippau
rauh
klippenrauh
die Sau
Bratsau
Eisensau
Erzsau
Gerbersau
Kupfersau
Meersau
Muttersau
Schmalzsau
Schweinsau
Specksau
Stechsau
Zuchtsau
schau!
— Schau
Bauschau
Bierschau
Bilderschau
Bogenschau
Brautschau
Brotschau
Bücherschau
Deichschau
Erdschau
Feuerschau
Fleischschau
Gemäldeschau
Güterschau
Heeresschau
Kleiderschau
Leichenschau
Luftschau
Mühlenschau
Pfadschau
Pfattenschau
Rahmenschau
Todtenschau
Tuchschau
Umschau
Vogelschau
Waarenschau
Wachschau
Waffenschau
Wappenschau
Wegschau
Wehrschau
die Beschau
schlau
katzenschlau
— Schnau
der Silau
— Sinau
Spandau
die Sprau
— Stau
das Tau
Ankertau
Pflichtankertau
Teiankertau
Werpankertau
Wurfankertau
Bootstau
Dicktau
Falltau
Fischtau
Geitau
Gietau
Glockentau
Halttau
Haupttau
Hintertau
Hiſstau
Jölltau
Kabeltau
Leittau
Leutau
Marltau
Meertau
Pforttau
Puttingtau
Racktau
Reihtau
Reitau
Ringtau
Rödeltau
Saumtau
Schiffstau
Schlepptau
Schrottau
Sorrtau
Spanntau
Spriettau
Springtau
Sterttau
Stropptau
Takeltau
Vordertau
Wandtau
Windetau
Zeptertau
Zugtau
das *Tau* (τ)
der Thau
Abendthau
Balsamthau
Frühthau
Frühlingsthau
Himmelsthau
Honigthau
Liebesthau
Mayenthau
Mehlthau
Mittagsthau
Morgenthau
Perlenthau
Segensthau
Seelenthau
Silbertau
Sonnenthau
Wiesenthau
trau!
vertrau!
die Trau
der Unau
wau
— Wau
— Wauwau
wau! wau!
Warschau
die *Wetterau*

aub

Caub
glaub'
das Laub
Akazienlaub
Apfellaub
Birkenlaub
Birnlaub
Buchenlaub
Cypressenlaub
Eichenlaub
Erlenlaub
Espenlaub
Fliederlaub
Geiſsblattlaub
Hauslaub
Jasminlaub
Ibenlaub
Kirschlaub
Myrthenlaub
Nuſslaub
Rebenlaub
Schaflaub

Siegeslaub
Silberlaub
Trauerlaub
Ulmenlaub
Wasserlaub
Weidenlaub
Weinlaub
der Erlaub
— Verlaub
— Urlaub
erlaub'!
das Ilaub
Röschlaub
der Raub
Bücherraub
Ehrenraub
Frauenraub
Gedankenraub
Gewaltraub
Heiligthumsraub
Husarenraub
Jungfernraub
Kassenraub
Kinderraub
Kirchenraub
Knabenraub
Liebesraub
Lockenraub
Machtraub
Mädchenraub
Menschenraub
Mundraub
Nachraub
Nachtraub
Prinzenraub
Sabinerraub
Schiffsraub
Seeraub
Siegesraub
Straſsenraub
Viehraub
Waldraub
— Schaub
— Hainschaub
— Heuschaub
— Staub
Abstaub
Actenstaub
Blumenstaub
Blüthenstaub
Bücherstaub
Darrenstaub
Demantenstaub
Drescherstaub
Erdenstaub
Erzstaub
Federstaub
Feilstaub
Glutstaub
Goldstaub
Haarstaub
Kohlenstaub
Malzstaub
Märzenstaub
Mehlstaub
Mühlstaub
Ofenstaub
Pferdestaub
Samenstaub
Sandstaub
Schneestaub
Schulstaub
Siebstaub
Silberstaub
Sonnenstaub
Spreustaub
Straſsenstaub
Striegelstaub
Wasserstaub
Wegstaub
Winterstaub
taub
halbtaub
stocktaub

aube

die Daube
Brustdaube
Faſsdaube
der Glaube
Aberglaube
Afterglaube
Allgemeinglaube
Altglaube
Bedürfnisglaube
Bibelglaube
Blindglaube
Catechismusglaube
Christenglaube
Dreyeinigkeits-
Fetischglaube
Gemeinglaube
Gespensterglaube
Gottglaube
Heidenglaube
Heilsglaube
Herzensglaube
Heuchelglaube
Hexenglaube
Irrglaube
Judenglaube
Kinderglaube
Kirchenglaube
Köhlerglaube
Leichtglaube
Meinungsglaube
Miſsglaube
Mundglaube
Naturglaube
Neuglaube
Offenbarungsglaube
Pöbelglaube
Quäkerglaube
Raseglaube
Reinglaube
Scheinglaube
Schnellglaube
Selbstglaube
Sterbeglaube
Stockglaube
Todesglaube
Traumglaube
Ueberglaube
Unglaube
Volksglaube
Vorbestimmungs-
Wahnglaube
Wunderglaube
ich glaube
das Geglaube
die Haube
Backenhaube
Badehaube
Bauerhaube
Bienenhaube
Blechhaube
Bodenhaube
Brauthaube
Bundhaube
Bürgerhaube
Dachshaube
Deckelhaube
Falkenhaube
Fehhaube
Flechsenhaube
Flitterhaube
Florhaube
Flügelhaube
Gatterhaube
Haarhaube
Judenhaube
Kammertuchhaube
Krepphaube
Lerchenhaube
Modehaube
Morgenhaube
Nachthaube
Pechhaube
Perückenhaube
Pickelhaube
Purpurhaube
Rauschhaube
Schlafhaube
Schneehaube
Schnapphaube
Schopfhaube
Spitzenhaube
Sturmhaube
Thurmhaube
Weiberhaube
ich behaube
— enthaube
— klaube
das Geklaube
dem Laube

die Laube
Baumlaube
Blüthenlaube
Bohnenlaube
Buchenlaube
Citronenlaube
Emporlaube
Eſslaube
Gartenlaube
Geiſsblattlaube
Holunderlaube
Jasminlaube
Lindenlaube
Myrthenlaube
Nachtlaube
Porlaube
Säulenlaube
Sommerlaube
Strahlenlaube
Vorlaube
Weinachtslaube
Weinlaube
Zauberlaube
ich belaube
— entlaube
— erlaube
mit Erlaube
— Urlaube
— Verlaube
ich beurlaube
— raube
das Geraube
dem Raube
die Schaube
Dachschaube
Strohschaube
— Schlaube
ich schnaube
das Geschnaube
ich schraube
das Geschraube
die Schraube
Beinschraube
Bodenschraube
Brechschraube
Daumenschraube
Dillschraube
Eisenschraube
Federschraube
Flaschenschraube
Flügelschraube
Gurtschraube
Handschraube
Hinterschraube
Holzschraube
Kokerschraube
Kreuzschraube
Leinenschraube
Linksschraube
Mehlschraube
Mundschraube
Ofenschraube
Paukenschraube
Preſsschraube
Schwanzschraube
Spitzschraube
Steckelschraube
Steinschraube
Stellschraube
Stockschraube
Trommelschraube
Vaterschraube
Vorderschraube
Wandschraube
Wasserschraube
Ziehschraube
Zimmermanns-
Zugschraube
Zwingschraube
aus dem Staube
ich staube
das Gestaube
ich bestaube
— verstaube
die Straube
der taube
ich taube
die Taube
Aeztaube
Blautaube
Blocktaube
Brieftaube
Ducktaube
Engeltaube
Feldtaube
Felsentaube
Flugtaube
Frauentaube
Haubentaube
Haustaube
Helmtaube
Hohltaube
Holztaube
Kappentaube
Kropftaube
Lachtaube
Latschtaube
Lochtaube
Mandeltaube
Maskentaube
Meertaube
Mewentaube
Mohrentaube
Monatstaube
Muscattaube
Nonnentaube
Pastetentaube
Perückentaube
Pfautaube
Plochtaube
Posttaube
Purzeltaube
Ringeltaube
Rittertaube
Scharlachtaube
Schlagtaube
Schleyertaube
Schnippentaube
Schopftaube
Schwalbentaube
Schweizertaube
Sperlingstaube
Spiegeltaube
Steintaube
Stocktaube
Strichtaube
Strobeltaube
Strupptaube
Tauchertaube
Taumeltaube
Thurmtaube
Trommeltaube
Tummeltaube
Turteltaube
Venustaube
Waldtaube
Wandertaube
Wildtaube
Zittertaube
Zugtaube
die Traube
Bärentraube
Bechertraube
Canonentraube
Damascenertraube
Doldentraube
Eichtraube
Frühtraube
Fuchstraube
Johannistraube
Johannisbeertraube
Katzentraube
Kieſstraube
Korinthentraube
Kümmeltraube
Lambertstraube
Maytraube
Meertraube
Müllertraube
Muscatellertraube
Nectartraube
Nuſstraube
Perlentraube
Petersilientraube
Purpurtraube
Schirmtraube
Schlehentraube
Seetraube
Wachstraube
Weintraube
Wolfstraube

auben

die Dauben
der Glauben (*s.* Glaube)

glauben
beglauben
miſsglauben
nachglauben
verglauben
zuglauben
die Hauben
abhauben
aufhauben
behauben
enthauben
umhauben
verhauben
klauben
abklauben
aufklauben
ausklauben
beklauben
fortklauben
nachklauben
wegklauben
zusammenklauben
der Lauben
— Weiſslauben
— Windlauben
die Lauben
lauben
ablauben
auslauben
belauben
einlauben
überlauben
umlauben
erlauben
verlauben
beurlauben
enturlauben
rauben
abrauben
anrauben
aufrauben
ausrauben
berauben
errauben
fortrauben
mitrauben
nachrauben
wegrauben
zurauben
zusammenrauben
die Schauben
— Schlauben
schnauben
anschnauben
aufschnauben
ausschnauben
beschnauben
durchschnauben
fortschnauben
nachschnauben
überschnauben
umschnauben
verschnauben
vorschnauben
voran - *etc.*
wegschnauben
zerschnauben
zuschnauben
die Schrauben
schrauben
abschrauben
anschrauben
aufschrauben
ausschrauben
einschrauben
festschrauben
losschrauben
mitschrauben
nachschrauben
niederschrauben
überschrauben
unterschrauben
verschrauben
vorschrauben
wiederschrauben
zerschrauben
zuschrauben
zurückschrauben
zusammenschrauben
stauben
anstauben
aufstauben
ausstauben
bestauben
durchstauben
einstauben
fortstauben
nachstauben
niederstauben
überstauben
umstauben
umherstauben
unterstauben
verstauben
vorstauben
wegstauben
zerstauben
zustauben
die Strauben
strauben
aufstrauben
— Tauben
— tauben
tauben
ertauben
— Trauben

aubend

glaubend
behaubend
klaubend
belaubend
erlaubend
beurlaubend
raubend
schnaubend
schraubend
staubend
straubend
ertaubend

aubens

des Glaubens
— Behaubens
— Klaubens
— Laubens
— Belaubens
— Erlaubens
— Beurlaubens
— Raubens
— Schnaubens
— Schraubens
— Staubens
— Straubens
— Aufstraubens
— Ertaubens

auber

Glauber
der Klauber
Erzklauber
Haarklauber
Sylbenklauber
Wortklauber
— Entlauber
— Berauber
Kassenberauber
sauber
unsauber
— Schauber
— Schnauber
— Schrauber
— Stauber
Abstauber
ein tauber
der Tauber
die *Tauber*
der Zauber
Augenzauber
Gegenzauber
Herzenszauber
Liebeszauber
Seelenzauber
Sinnenzauber
das Gezauber

aubern

den Klaubern
— Entlaubern
— Beraubern
die saubern
den Schaubern
— Schnaubern
— Schraubern

den Staubern
einen tauber'n
den Taubern
zaubern
abzaubern
anzaubern
aufzaubern
auszaubern
bezaubern
einzaubern
entzaubern
festzaubern
herzaubern
hin- *etc.* zaubern
loszaubern
nachzaubern
niederzaubern
überzaubern
umzaubern
unterzaubern
verzaubern
vorzaubern
wegzaubern
zuzaubern
zurückzaubern
zusammenzaubern
— Zaubern

aubers

des Klaubers
— Entlaubers
— Beraubers
ein sauber's
des Schaubers
— Schnaubers
— Schraubers
— Staubers
ein tauber's
des Taubers
— Zaubers
— Gezaubers

auberst

sauberst
du zauberst

aubert

der Taubert
er zaubert
bezaubert
Naubert
Schnaubert

aube

des Geglaubes
— Geklaubes
— Laubes
— Erlaubes
— Urlaubes
— Verlaubes
— Raubes
des Geraubes
— Geschnaubes
— Geschraubes
— Staubes
— Gestaubes
ein taubes
ich glaub' es *etc.*

aubest

du glaubest
— behaubest
— klaubest
— belaubest
— erlaubest
— beurlaubest
— raubest
— schnaubest
— schraubest
— bestaubest
— straubest
— ertaubest

aubet

er glaubet
— behaubet
— klaubet
— belaubet
— erlaubet
— beurlaubet
— raubet
— schnaubet
— schraubet
— staubet
— straubet
— ertaubet

aubge – aubgen – aubger – aubges

die glaub'ge *etc.*
ich beglaub'ge
die haub'ge
— laub'ge
— raub'ge
— schnaub'ge
— schraub'ge
— staub'ge
— straub'ge
— traub'ge

aubhaft

glaubhaft
klaubhaft
raubhaft
schraubhaft
[die Taubheit]
[laubicht]

aubig

glaubig
unglaubig
haubig
laubig
dicklaubig
dichtlaubig
grünlaubig
schönlaubig
weinlaubig
raubig
schnaubig
schraubig
straubig
traubig
großtraubig
[beglaubigt]

aublich

glaublich
unglaublich
klaublich
erlaublich
unerlaublich
raublich
traublich
[Erlaubnis]

aubre

die saubre
eine taub're
ich zaubre
das Gezaubre

aubren

die saubren
einen taub'ren

aubrer

ein saubrer
— taub'rer
der Zaubrer

aubrers

ein saubrer's
des Zaubrers

aubres

ein saubres
— taub'res
des Gezaubres
ich bezaubr' es

aubrisch

glaub'risch (Salz)
schraub'risch
zaub'risch

aubs

des Geglaubs
— Geklaubs
— Laubs
— Erlaubs
— Urlaubs
— Verlaubs
— Raubs

des Geraubs
— Geschnaubs
— Geschraubs
— Staubs
— Gestaubs
ich glaub's *etc.*

aubst

du glaubst
— behaubst
— klaubst
— belaubst
— erlaubst
— beurlaubst
— raubst
— schnaubst
— schraubst
— staubst
— straubst
— ertaubst

aubt

er glaubt
— behaubt
— klaubt
— belaubt
— erlaubt
— beurlaubt
— raubt
— schnaubt
— schraubt
— staubt
— straubt
— ertaubt

aubte

er glaubte
— behaubte
— klaubte
— belaubte
— erlaubte
— beurlaubte
— raubte
— schnaubte
— schraubte
— staubte
— straubte
— ertaubte

aubten

sie glaubten
— behaubten
— klaubten
— belaubten
— erlaubten
— beurlaubten
— raubten
— schnaubten
— schraubten
— staubten
— straubten
— ertaubten

aubter

ein geglaubter
— behaubter
— ausgeklaubter
— belaubter
— erlaubter
— beurlaubter
— geraubter
— angeschnaubter
— geschraubter
— bestaubter
— ertaubter
das glaubt er *etc.*

aubtern

einen ausgeklaubter'n
— belaubter'n
— erlaubter'n
— beraubter'n
mit ausgeschnaubter'n
einen geschraubter'n
— bestaubter'n
— ertaubter'n

aubters

ein ausgeklaubter's
— belaubter's
— erlaubter's
— beraubter's
— geschraubter's
— bestaubter's
— ertaubter's
glaubt er's?

aubtes

ein geglaubtes
— behaubtes
— ausgeklaubtes
— belaubtes
— erlaubtes
— beurlaubtes
— geraubtes
— angeschnaubtes
— geschraubtes
— bestaubtes
— ertaubtes

aubtest

du glaubtest
— behaubtest
— klaubtest
— belaubtest
— erlaubtest
— beurlaubtest
— raubtest
— schnaubtest
— schraubtest
— staubtest
— straubtest
— ertaubtest

aubtet

ihr glaubtet
— behaubtet
— klaubtet
— belaubtet
— erlaubtet
— beurlaubtet
— raubtet
— schnaubtet
— schraubtet
— bestaubtet
— straubtet
— ertaubtet

aubtheit

die Beglaubtheit
— Behaubtheit
— Ausgeklaubtheit
— Belaubtheit
— Erlaubtheit
— Beraubtheit
— Geschraubtheit
— Bestaubtheit
— Ertaubtheit

aubung

die Beglaubung
— Behaubung
— Ausklaubung
— Belaubung
— Erlaubung
— Beurlaubung
— Beraubung
Besitzraubung
Eheberaubung
Kassenberaubung
— Ausschnaubung
— Zerschraubung
— Bestaubung
— Aufstraubung
— Ertaubung

auch

auch
ob auch
wenn auch
wie auch
der Bauch
Beilbauch
Bürgermeisterbauch
Dickbauch
Domherrnbauch
Drachenbauch
Faſsbauch
Fettbauch
Freſsbauch
Gänsebauch
Groſsbauch
Grünbauch
Hängebauch
Häringsbauch

Herrnbauch
Kahlbauch
Katzenbauch
Kuhbauch
Lammsbauch
Oberbauch
Prälatenbauch
Rothbauch
Schiffsbauch
Schlappbauch
Schmeerbauch
Schwappelbauch
Schwarzbauch
Speckbauch
Stachelbauch
Strotzbauch
Trommelbauch
Unterbauch
Weiſsbauch

der Brauch
— Gebrauch
Alltagsgebrauch
Altersgebrauch
Andachtsgebrauch
Badegebrauch
Berggebrauch
Bergmannsgebrauch
Brunnengebrauch
Canzleygebrauch
Christengebrauch
Dorfgebrauch
Familiengebrauch
Festgebrauch
Feyergebrauch
Forstgebrauch
Gemeingebrauch
Handelsgebrauch
Handwerksgebrauch
Handgebrauch
Hausgebrauch
Heidengebrauch
Hochzeitgebrauch
Hofgebrauch
Jagdgebrauch
Judengebrauch
Jugendgebrauch
Jungferngebrauch
Kirchengebrauch
Kirmsgebrauch
Klostergebrauch
Kriegsgebrauch
Kunstgebrauch
Landgebrauch
Landesgebrauch
Lehensgebrauch
Liebesgebrauch
Mädchengebrauch
Männergebrauch
Manngebrauch
Minnegebrauch
Müllergebrauch
Nothgebrauch
Opfergebrauch
Ordensgebrauch
Ortsgebrauch
Pfaffengebrauch
Priestergebrauch
Rechtsgebrauch
Religionsgebrauch
Rittergebrauch
Sammtgebrauch
Gesammtgebrauch
Schiffsgebrauch
Schiffergebrauch
Seegebrauch
Soldatengebrauch
Sprachgebrauch
Landesprachgebr.
Taufgebrauch
Teufelsgebrauch
Türkengebrauch
Ungebrauch
Vernunftgebrauch
Volksgebrauch
Weltgebrauch
Zunftgebrauch

der Miſsbrauch
— Nieſsbrauch
— Verbrauch
— Holzverbrauch
— Gauch
— Hauch
Aetherhauch
Anhauch
Athemhauch
Aushauch
Balsamhauch
Blumenhauch
Dufthauch
Feuerhauch
Flammenhauch
Frühlingshauch
Gifthauch
Gluthhauch
Gotteshauch
Lebenshauch
Liebeshauch
Lippenhauch
Lufthauch
Mayenhauch
Miſshauch
Nachthauch
Nasenhauch
Nebelhauch
Pesthauch
Pöbelhauch
Rosenhauch
Schöpferhauch
Seufzerhauch
Sturmhauch
Todeshauch
Westhauch
Windhauch
Winterhauch
Zarthauch
Zauberhauch
Zephyrhauch

der Lauch
Ackerlauch
Aschlauch
Berglauch
Bisamlauch
Feldlauch
Fleischlauch
Groslauch
Hauslauch
Hohllauch
Hundslauch
Jacobslauch
Knicklauch
Narzissenlauch
Otterlauch
Preislauch
Rosenlauch
Sandlauch
Schnittlauch
Spaltlauch
Waldlauch
Wasserlauch
Waſslauch
Weinlauch
Wiesenlauch
Wildlauch
Zauberlauch
Ziegenlauch
Zuckerlauch
Zwerglauch
Zwiebellauch
— Knoblauch
Hundsknoblauch
Lachenknoblauch
Schlangenknoblauch
Waldknoblauch
Wasserknoblauch
— Rauch
Alprauch
Bienenrauch
Bleyrauch
Erdrauch
Blasenerdrauch
Fasanenrauch
Feldrauch
Frostrauch
Heerrauch
Heiderauch
Höhenrauch
Hüttenrauch
Kerzenrauch
Königsrauch
Küchenrauch
Kupferrauch
Lampenrauch
Landrauch
Nebelrauch

Oelrauch
Ofenrauch
Opferrauch
Pechrauch
Pulverrauch
Schwarzrauch
Schwefelrauch
Silberrauch
Sonnenrauch
Stubenrauch
Tabaksrauch
Waldrauch
Weihrauch
Erdweihrauch
Wirbelrauch
Wismuthrauch
Zauberrauch
Zechenrauch
rauch
der Schlauch
Bierschlauch
Bocksschlauch
Garnschlauch
Oelschlauch
Satyrschlauch
Spritzenschlauch
Sturmschlauch
Wasserschlauch
Weinschlauch
Windschlauch
Ziegenschlauch
— Schmauch
Tabaksschmauch
— Stauch
— Strauch
Apfelstrauch
Balsamstrauch
Beerenstrauch
Beilstrauch
Berberisstrauch
Blüthenstrauch
Brombeerstrauch
Dintenbeerstrauch
Dorlstrauch
Dornstrauch
Duftstrauch
Erlenstrauch
Felsenstrauch
Fruchtstrauch
Geiſselstrauch
Gerberstrauch
Gewürzstrauch
Halbstrauch
Hammerstrauch
Haselstrauch
Heckenstrauch
Himbeerstrauch
Holunderstrauch
Hülststrauch
Jasminstrauch
Johannisbeerstr.
Kapernstrauch
Kerzenbeerstrauch
Klammerstrauch
Kleestrauch
Lattenstrauch
Meerstrauch
Mehlbeerstrauch
Mehlstrauch
Myrthenstrauch
Nesselstrauch
Nuſsstrauch
Oelstrauch
Pfefferstrauch
Raspelstrauch
Rautenstrauch
Rosenstrauch
Rosmarinstrauch
Salpeterstrauch
Salzstrauch
Schlehenstrauch
Spezereystrauch
Stachelbeerstrauch
Stinkstrauch
Theestrauch
Traubenstrauch
Wachholderstrauch
Wasserstrauch
Weidenstrauch
Weihrauchsstrauch
Werftstrauch
Wunderstrauch
Zauberstrauch

aucha

Glaucha
Taucha

auche

dem Bauche
ich ausbauche
dem Brauche
— Gebrauche
— Miſsbrauche
— Nieſsbrauche
— Verbrauche
ich brauche
das Gebrauche
ich gebrauche
— miſsbrauche
— nieſsbrauche
— verbrauche
— fauche
das Gefauche
dem Gauche
— Hauche
ich hauche
das Gehauche
die Jauche
— Mistjauche
ich bejauche
dem Lauche
— Knoblauche
dem Schnittlauche
ich vermauche
— pfauche
das Gepfauche
dem Rauche
ich rauche
die rauche
das Gerauche
dem Schlauche
ich ausschlauche
dem Schmauche
ich schmauche
das Geschmauche
dem Stauche
ich stauche
das Gestauche
dem Strauche
ich strauche
das Gestrauche
ich tauche
das Getauche
ich zauche
das Gezauche
die Zauche

auchel

die Mauchel
das Gemauchel
— Gestrauchel

aucheln

maucheln
vermaucheln
die Maucheln
straucheln
ausstraucheln
mitstraucheln
niederstraucheln

auchelnd

mauchelnd
strauchelnd

auchelns

des Mauchelns
— Strauchelns

auchels

des Gemauchels
— Gestrauchels

auchelst

du mauchelst
— strauchelst

auchelt

er mauchelt
— strauchelt

auchen

ausbauchen

brauchen
gebrauchen
ausgebrauchen
durchgebrauchen
fortgebrauchen
mitgebrauchen
nachgebrauchen
miſsbrauchen
nieſsbrauchen
verbrauchen
fauchen
anfauchen
den Gauchen
das Grauchen
hauchen
abhauchen
anhauchen
aufhauchen
aushauchen
behauchen
beyhauchen
durchhauchen
einhauchen
emporhauchen
enthauchen
entgegenhauchen
forthauchen
hinhauchen
nachhauchen
niederhauchen
überhauchen
umhauchen
umherhauchen
unterhauchen
verhauchen
vorhauchen
vorbeyhauchen *etc.*
weghauchen
zuhauchen
zurückhauchen
zusammenhauchen
den Hauchen
die Jauchen
bejauchen
nachjauchen
den Lauchen
— Knoblauchen
— Schnittlauchen
vermauchen
pfauchen
anpfauchen
rauchen
abrauchen
anrauchen
aufrauchen
ausrauchen
berauchen
durchrauchen
einrauchen
emporrauchen
entrauchen
entgegenrauchen
fortrauchen
mitrauchen
nachrauchen
niederrauchen
überrauchen
umrauchen
unterrauchen
verrauchen
vorrauchen
wegrauchen
zurauchen
die rauchen
schlauchen
ausschlauchen
schmauchen
anschmauchen
aufschmauchen
ausschmauchen
beschmauchen
durchschmauchen
mitschmauchen
nachschmauchen
umschmauchen
verschmauchen
vorschmauchen
wegschmauchen
zuschmauchen
stauchen
aufstauchen
ausstauchen
einstauchen
emporstauchen
nachstauchen
niederstauchen
umstauchen
verstauchen
zerstauchen
zurückstauchen
der Strauchen
strauchen
tauchen
abtauchen
auftauchen
austauchen
eintauchen
emportauchen
enttauchen
hervortauchen
hinuntertauchen
niedertauchen
untertauchen
zauchen
die Zauchen

auchend

ausbauchend
brauchend
gebrauchend
miſsbrauchend
nieſsbrauchend
verbrauchend
fauchend
hauchend
bejauchend
vermauchend
pfauchend
rauchend
schlauchend
schmauchend
stauchend
strauchend
tauchend
zauchend

auchens

des Ausbauchens
— Brauchens
— Fauchens
— Grauchens
— Hauchens
— Bejauchens
— Vermauchens
— Pfauchens
— Rauchens
— Schlauchens
— Schmauchens
— Stauchens
— Strauchens
— Tauchens
— Zauchens

aucher

ein Miſsbraucher
— Nieſsbraucher
— Raucher
Sonntagsraucher
Tabaksraucher
— raucher
— Schmaucher
Tabaksschmaucher
— Taucher
Haubentaucher
Kappentaucher
Perlentaucher
Schwanentaucher
Schwarztaucher
Seetaucher
Strauſstaucher
Wassertaucher

auchern

den Miſsbrauchern
— Nieſsbrauchern
— Rauchern
einen rauchern
den Schmauchern
— Tauchern

auchers

des Miſsbrauchers
— Nieſsbrauchers

des Rauchers
ein raucher's
des Schmauchers
— Tauchers

auches

des Bauches
— Brauches
— Gebrauches
— Miſsbrauches
— Nieſsbrauches
— Verbrauches
— Gefauches
— Gauches
— Hauches
— Gehauches
— Lauches
— Knoblauches
— Schnittlauches
— Gepfauches
— Rauches
— Gerauches
ein rauches
des Schlauches
— Schmauches
— Geschmauches
— Stauches
— Gestauches
— Strauches
— Gestrauches
— Getauches
— Gezauches
ich brauch' es *etc.*

auchest

du ausbauchest
— brauchest
— gebrauchest
— miſsbrauchest
— nieſsbrauchest
— verbrauchest
— fauchest
— hauchest
— bejauchest
— vermauchest
— pfauchest
— rauchest
— schlauchest
— schmauchest
— stauchest
— strauchest
— tauchest
— zauchest

auchet

er ausbauchet
— brauchet
— gebrauchet
— miſsbrauchet
— nieſsbrauchet
— verbrauchet
er fauchet
— hauchet
— bejauchet
— vermauchet
— pfauchet
— rauchet
— schlauchet
— schmauchet
— stauchet
— strauchet
— tauchet
— zauchet

auchicht

bauchicht
rauchicht
schlauchicht
strauchicht

auchig

bauchig
weiſsbauchig
weitbauchig
rauchig
schlauchig
strauchig

auchle

ich mauchle
das Gemauchle
ich strauchle
das Gestrauchle

auchler

der Mauchler
— Strauchler

auchlern

den Mauchlern
— Strauchlern

auchlers

des Mauchlers
— Strauchlers

auchlich

brauchlich
unbrauchlich
verbrauchlich
verhauchlich
rauchlich

auchlung

die Mauchlung
— Strauchlung

auchs

des Bauchs
— Brauchs
— Gebrauchs
des Miſsbrauchs
— Nieſsbrauchs
— Verbrauchs
— Gefauchs
— Gauchs
— Hauchs
— Gehauchs
— Lauchs
— Knoblauchs
— Schnittlauchs
— Gepfauchs
— Rauchs
— Gerauchs
— Schlauchs
— Schmauchs
— Geschmauchs
— Stauchs
— Gestauchs
— Strauchs
— Gestrauchs
— Getauchs
— Gezauchs
ich brauch's *etc.*

auchst

du ausbauchst
— brauchst
— gebrauchst
— miſsbrauchst
— nieſsbrauchst
— verbrauchst
— fauchst
— hauchst
— bejauchst
— vermauchst
— pfauchst
— rauchst
— schlauchst
— schmauchst
— stauchst
— strauchst
— tauchst
— zauchst

aucht

ausgebaucht
er braucht
— gebraucht
— miſsbraucht
— nieſsbraucht
— verbraucht
— faucht
— haucht
— bejaucht
die Durchlaucht
erlaucht
er vermaucht
— pfaucht
— raucht
— schlaucht
— schmaucht

er staucht
— straucht
— taucht
— zaucht

auchte

der ausgebauchte
er brauchte
— gebrauchte
— mißbrauchte
— nießbrauchte
— verbrauchte
— fauchte
— hauchte
— bejauchte
— vermauchte
— pfauchte
— rauchte
— schlauchte
— schmauchte
— stauchte
— strauchte
— tauchte
— zauchte

auchten

die ausgebauchten
sie brauchten
— gebrauchten
— mißbrauchten
— nießbrauchten
— verbrauchten
— fauchten
— hauchten
— bejauchten
— vermauchten
— pfauchten
— rauchten
— schlauchten
— schmauchten
— stauchten
— strauchten
— tauchten
— zauchten

auchter

ein ausgebauchter
— gebrauchter
— gemißbrauchter
— genießbrauchter
— verbrauchter
— angefauchter
— gehauchter
— bejauchter
— erlauchter
— angepfauchter
— gerauchter
— ausgeschlauchter
— geschmauchter
— gestauchter
— bestrauchter
— getauchter
— gezauchter

auchter'n

einen ausgebauchter'n
— gebrauchter'n
— gemißbrauchter'n
— verbrauchter'n
— erlauchter'n
— verrauchter'n
— verstauchter'n
— bestrauchter'n

auchter's

ein ausgebauchter's
— gebrauchter's
— gemißbrauchter's
— verbrauchter's
— erlauchter's
— verrauchter's
— verstauchter's
— bestrauchter's

auchtes

ein ausgebauchtes
— gebrauchtes
— gemißbrauchtes
— genießbrauchtes
— verbrauchtes
— angefauchtes
— hingehauchtes
— bejauchtes
— erlauchtes
— gerauchtes
— ausgeschlauchtes
— geschmauchtes
— gestauchtes
— bestrauchtes
— eingetauchtes
— gezauchtes
er braucht es *etc.*

auchtest

du ausbauchtest
— brauchtest
— gebrauchtest
— mißbrauchtest
— nießbrauchtest
— verbrauchtest
— fauchtest
— hauchtest
— bejauchtest
— erlauchtest
— vermauchtest
— pfauchtest
— rauchtest
— schlauchtest
— schmauchtest
— stauchtest
— strauchtest
— tauchtest
— zauchtest

auchtet

ihr ausbauchtet
— brauchtet
— gebrauchtet
— mißbrauchtet
— nießbrauchtet
— verbrauchtet
— fauchtet
— hauchtet
— bejauchtet
— vermauchtet
— pfauchtet
— rauchtet
— schlauchtet
— schmauchtet
— stauchtet
— strauchtet
— tauchtet
— zauchtet
[durchlauchtig
bräucht' ich *etc.*]

auchung

die Ausbauchung
— Gebrauchung
— Mißbrauchung
— Nießbrauchung
— Verbrauchung
— Anfauchung
— Anhauchung
— Bejauchung
— Vermauchung
— Anpfauchung
— Verrauchung
— Ausschlauchung
— Verschmauchung
— Verstauchung
— Strauchung
— Eintauchung
— Zauchung

auchze

ich fauchze
das Gefauchze
ich jauchze
das Gejauchze
ich pfauchze
das Gepfauchze

auchzen

fauchzen
anfauchzen
jauchzen
abjauchzen
anjauchzen
aufjauchzen
ausjauchzen
bejauchzen
durchjauchzen
entjauchzen
entgegenjauchzen
erjauchzen

überjauchzen
umjauchzen
verjauchzen
vorjauchzen
voranjauchzen
zujauchzen
pfauchzen
anpfauchzen

auchzend

fauchzend
jauchzend
pfauchzend

auchzens

des Fauchzens
— Jauchzens
— Pfauchzens

auchzes

des Gefauchzes
— Gejauchzes
— Gepfauchzes

auchzest

du fauchzest
— jauchzest
— pfauchzest

auchzet

er fauchzet
— jauchzet
— pfauchzet

auchzst

du fauchzst
— jauchzst
— pfauchzst

auchzt

er fauchzt
— jauchzt
— pfauchzt

auchzte

er fauchzte
— jauchzte
— pfauchzte

auchzten

sie fauchzten
— jauchzten
— pfauchzten

auchzter

ein angefauchzter
— bejauchzter
— angepfauchzter

auchztes

ein angefauchztes
— bejauchztes
— angepfauchztes

auchztest

du fauchztest
— jauchztest
— pfauchztest

auchztet

ihr fauchztet
— jauchztet
— pfauchztet

auchzung

die Anfauchzung
— Bejauchzung
— Anpfauchzung

aucus

der *Caucus*
Daucus
Glaucus

aud

Gertraud
Irmentraud

auda

Alauda
Cauda
die *Lauda*

aude

die Baude
— Kaude
Flachskaude
Wergkaude
— Raude
Fuchsraude
— Staude
Amberstaude
Apfelstaude
Balsamstaude
Brombeerstaude
Berberisstaude
Distelstaude
Eyerstaude
Gewürzstaude
Haselstaude
Heidelbeerstaude
Holunderstaude
Johannisbeerst.
Kapernstaude
Kleestaude
Kohlstaude
Krantstaude
Markrispelstaude
Meerstaude
Mehlbeerstaude
Mispelstaude
Myrthenstaude
Nesselstaude
Nuſsstaude
Papierstaude
Pappelstaude
Pfefferstaude
Rosenkranzstaude
Rosenstaude
Salatstaude
Seestaude
Seidenstaude
Spierstaude
Stachelbeerstaude
Steinsamenstaude
Theestaude
Wachholderstaude
Wildkatzenstaude
die Hinterstaude
— Vorderstaude
es bestaude
die Waude

audem

in fraudem
in laudem

auden

die Bauden
— Kauden
— Rauden
— Stauden
sich bestauden
stauden

auder

das Gehauder
der Kauder
kauder! kauder!
das Gekauder
— Geplauder
der Schauder
Fieberschauder
das Geschauder
die Schlauder
das Geschlauder
— Gezauder

audern

haudern
nachhaudern
kaudern
plaudern
anplaudern
aufplaudern
ausplaudern
beplaudern
durchplaudern
einplaudern
fortplaudern
mitplaudern
nachplaudern
überplaudern
umplaudern
verplaudern

vorplaudern
wegplaudern
zerplaudern
zuplaudern
zusammenplaudern
schaudern
aufschaudern
entgegenschaudern
mitschaudern
niederschaudern
umschaudern
verschaudern
zurückschaudern
zusammenschaud.
schlaudern
durchschlaudern
nachschlaudern
überschlaudern
umschlaudern
unterschlaudern
verschlaudern
wegschlaudern
zuschlaudern
zurückschlaudern
zaudern
auszaudern
mitzaudern
nachzaudern
verzaudern

audernd

haudernd
kaudernd
plaudernd
schaudernd
schlaudernd
zaudernd

auderns

des Hauderns
— Kauderns
— Plauderns
— Schauderns
— Schlauderns
— Zauderns

auders

des Gehauders
— Gekauders
— Geplauders
— Schauders
— Geschauders
— Geschlauders
— Gezauders

auderst

du hauderst
— kauderst
— plauderst
— schauderst
du schlauderst
— zauderst

audert

er haudert
— kaudert
— plaudert
— schaudert
— schlaudert
— zaudert

[laudes Merobaudes]

audet

similis simili gaudet
bestaudet
audet

[Exaudi]

augig

raudig
staudig
hochstaudig

audium

Caudium
Gaudium

audre

ich haudre
das Gehaudre
ich kaudre
das Gekaudre
ich plaudre
das Geplaudre
ich schaudre
das Geschaudre
ich schlaudre
das Geschlaudre
ich zaudre
das Gezaudre

audrer

ein Haudrer
— Kaudrer
— Plaudrer
— Schlaudrer
— Zaudrer

audrern

den Haudrern
— Kaudrern
— Plaudrern
— Schlaudrern
— Zaudrern

audrers

des Haudrers
— Kaudrers
— Plaudrers
— Schlaudrers
— Zaudrers

audrig

kaudrig
plaudrig
schaudrig
schlaudrig
zaudrig

audrung

die Kaudrung
— Verplaudrung
— Verschlaudrung
— Zaudrung

aue

die Aue
Blumenaue
Bürgeraue
goldne Aue
Rosenaue
Seegensaue
ich baue
im Baue
das Gebaue
dem Bakeliaue
— Bärenklaue
ins Blaue
ich blaue
das Geblaue
die blaue
— Braue
Augenbraue
Ueberbraue
ich braue
das Gebraue
dem Braue
ich daue
— verdaue
die flaue
ich flaue
das Geflaue
ich verfraue
dem Gaue
die genaue
— glaue
— graue
ich ergraue
— haue
das Gehaue
im Haue
die Haue
Auswechselhaue
Berghaue
Erdhaue
Gartenhaue
Gerinnhaue
Hakenhaue
Hammerhaue
Jäthaue
Keilhaue
Krummhaue
Lattenhaue
Mörtelhaue

Pflasterhaue
Radehaue
Reuthaue
Weinhaue
Zimmerhaue
dem Hohenaue
ich kaue
das Gekaue
die Kaue
Hühnerkaue
Stollenkaue
dem Kabliaue
die Klaue
Aberklaue
Afterklaue
Adlersklaue
Bärenklaue
Drachenklaue
Elendsklaue
Fuchsklaue
Geyerklaue
Greifenklaue
Hirschklaue
Katzenklaue
Laufklaue
Lerchenklaue
Löwenklaue
Oberklaue
Ochsenklaue
Rindsklaue
Schöpsklaue
Teufelsklaue
Tigerklaue
Vogelklaue
Wolfsklaue
ich klaue
— kraue
das Gekraue
die Laue
der laue
ich erlaue
die Maue
ich maue
das Gemaue
ich miaue
das Gemiaue
dem Naue
die naue
ich paue
das Gepaue
dem Pfaue
— Pippaue
die rauhe
— Rauhe
ich rauhe
das Gerauhe
die Saue
ich saue
— besaue
— versaue
das Gesaue
ich schaue
das Geschaue
die Schaue
— schlaue
ich ausschlaue
die Schnaue
ich schnaue
das Geschnaue
ich schraue
das Geschraue
dem Silaue
— Sinaue
die Staue
ich staue
das Gestaue
dem Taue
— *Taue* (τ)
ich taue
das Getaue
dem Thaue
ich thaue
das Gethaue
ich traue
das Getraue
dem Unaue
der waue
dem Waue
— Wau-waue
ich zaue
das Gezaue

auel

der Blauel
Waschblauel
das Geblauel
der Grauel
das Gegrauel
des Gejauel
der Knauel
das Geknauel
— Gekrauel
— Getauel

aueln

blaueln
den Blaueln
— Graueln
graueln
jaueln
knaueln
verknaueln
zusammenknaueln
— Knaueln
kraueln
taueln

auelnd

blauelnd
grauelnd
jauelnd
knauelnd
krauelnd
tauelnd

auelns

des Blauelns
— Grauelns
— Jauelns
— Knauelns
— Krauelns
— Tauelns

auels

des Blauels
— Geblauels
— Gegrauels
— Gejauels
— Knauels
— Geknauels
— Gekrauels
— Getauels

auelst

du blauelst
— grauelst
— jauelst
— knauelst
— krauelst
— tauelst

auelt

er blauelt
— grauelt
— jauelt
— knauelt
— krauelt
— tauelt

auem

blauem
flauem
genauem
glauem
grauem
lauem
nauem
rauhem
schlauem
wauem

auen

die Auen
bauen
abbauen
anbauen
aufbauen
ausbauen
bebauen
durchbauen
einbauen
emporbauen
erbauen
auferbauen
fortbauen
herbauen

hin- *etc.* bauen
nachbauen
überbauen
umbauen
umherbauen
unterbauen
verbauen
vorbauen
wegbauen
zubauen
zusammenbauen
die blauen
blauen
abblauen
einblauen
erblauen
verblauen
— Brauen
Augenbrauen
Oberbrauen
brauen
abbrauen
aufbrauen
ausbrauen
einbrauen
mitbrauen
nachbrauen
verbrauen
zubrauen
zusammenbrauen
das Brauen
Bierbrauen
Broihanbrauen
Ehrenbrauen
Freybrauen
Kesselbrauen
Landbrauen
Selbstbrauen
dauen
abdauen
verdauen
verundauen
die flauen
flauen
abflauen
ausflauen
— Frauen
verfrauen
den Gauen
die genauen
— glauen
— grauen
das Grauen
Abendgrauen
Fiebergrauen
Kriegsgrauen
Morgengrauen
Nachtgrauen
Nebelgrauen
Todesgrauen
Unterweltgrauen
Waldgrauen
grauen
angrauen
aufgrauen
begrauen
ergrauen
vergrauen
weggrauen
hauen
abhauen
anhauen
aufhauen
aushauen
behauen
durchhauen
einhauen
enthauen
erhauen
fehlhauen
forthauen
herhauen
hin- *etc.* hauen
loshauen
mithauen
nachhauen
niederhauen
überhauen
umhauen
unterhauen
verhauen
vorhauen
vorbey- *etc.* hauen
weghauen
wiederhauen
zerhauen
zuhauen
zurückhauen
zusammenhauen
das Hauen
Groſshauen
den Hauen
die Hauen
kauen
abkauen
aufkauen
auskauen
bekauen
durchkauen
einkauen
fortkauen
mitkauen
nachkauen
überkauen
verkauen
vorkauen
wiederkauen
zerkauen
zukauen
die Kauen
den Kabliauen
die Klauen
klauen
einklauen
krauen
auskrauen
bekrauen
fortkrauen
mitkrauen
umkrauen
die lauen
erlauen
— Lauen
Lithauen
— Mauen
mauen
mitmauen
nachmauen
miauen
— nauen
pauen
den Pfauen
Plauen
die rauhen
— Rauhen
rauhen
— Sauen
sauen
besauen
einsauen
versauen
schauen
abschauen
anschauen
aufschauen
ausschauen
beschauen
bogenschauen
durchschauen
einschauen
emporschauen
entgegenschauen
erschauen
herschauen
hin- *etc.* schauen
nachschauen
niederschauen
schierschauen
überschauen
umschauen
unterschauen
verschauen
vorschauen
vorbey- *etc.* schauen
wahrschauen
wegschauen
zuschauen
zurückschauen
— Schauen
— schlauen
ausschlauen
schnauen
schrauen
stauen

aufstauen
zurückstauen
den Tauen
tauen
thauen
abthauen
aufthauen
austhauen
bethauen
durchthauen
losthauen
niederthauen
überthauen
umthauen
wegthauen
zerthauen
trauen
antrauen
betrauen
forttrauen
miſstrauen
mittrauen
nachtrauen
vertrauen
anvertrauen
das Miſstrauen
— Vertrauen
— Selbstvertrauen
— Wahntrauen
— Zutrauen
— Gegenzutrauen
die wauen
den Wauen
zauen

auend

bauend
blauend
erblauend
brauend
dauend
verdauend
flauend
verfrauend
grauend
hauend
kauend
klauend
krauend
erlauend
mauend
miauend
pauend
rauhend
sauend
schauend
ausschlauend
schnauend
schrauend
stauend
tauend
thauend
trauend
zauend

auens

des Bauens
— Blauens
— Erblauens
— Verdauens
— Flauens
— Verfrauens
— Grauens
— Hauens
— Kauens
— Klauens
— Krauens
— Erlauens
— Mauens
— Miauens
— Pauens
— Rauhens
— Sauens
— Schauens
— Ausschlauens
— Schnauens
— Schrauens
— Stauens
— Tauens
— Thauens
— Trauens
— Miſstrauens
— Vertrauens
— Zutrauens

auer

der Bauer
Ackerbauer
Adelbauer
Anbauer
Aufbauer
Ausbauer
Bebauer
Bergbauer
Buttermilchsbauer
Eckerbauer
Edelmannsbauer
Erbauer
Welterbauer
Feldbauer
Festebauer
Flügelbauer
Freybauer
Frohnbauer
Gartenbauer
Groſsbauer
Grünbauer
Halbbauer
Heubauer
Holzbauer
Jagdbauer
Kleinbauer
Klosterbauer
Kohlenbauer
Königsbauer
Kornbauer
Kronbauer
Kühbauer
Landbauer
Lauferbauer
Lehnsbauer
Lohnbauer
Mistbauer
Nachbauer
Neubauer
Neuenbauer
Ochsenbauer
Orgelbauer
Pachtbauer
Pfahlbauer
Pferdebauer
Reichsbauer
Schiffsbauer
Schildbauer
Schillingsbauer
Springerbauer
Steppenbauer
Stiftsbauer
Strandbauer
Tabakbauer
Thurmbauer
Torfbauer
Viertelbauer
Wagenbauer
Waldbauer
Waizenbauer
Waldbauer
Weinbauer
Wiesenbauer
Zeitbauer
Zinsbauer
der Vogelbauer
Drathbauer
Finkenbauer
Papageyenbauer
Schlagbauer
Wiederbauer
das Gebauer
ein blauer
der Blauer
— Brauer
Bierbrauer
Weiſsbierbrauer
Broihanbrauer
Essigbrauer
Bieressigbrauer
Fruchtessigbrauer
Weinessigbrauer
Freybrauer
die Dauer
Aufdauer
Ausdauer
Fortdauer
Lebensdauer
Ueberdauer
Undauer

ein flauer
— genauer
— glauer
— grauer
der Hauer
Aufhauer
Auswechselhauer
Aushauer
Balkenhauer
Bildhauer
Eishauer
Feilenhauer
Felgenhauer
Fleischhauer
Gassenhauer
Holzhauer
Jahnenhauer
Knochenhauer
Lattenhauer
Moorhauer
Pechhauer
Raspelhauer
Scheibhauer
Schieferhauer
Schindelhauer
Schrämhauer
Speckhauer
Steinhauer
der Hauer (verres)
das Gekauer
— Geklauer
der Klauer
— Knauer
— Hirseknauer
ein lauer
die Lauer
das Gelauer
der Lauer
— Schneelauer
die Mauer
Bogenmauer
Brandmauer
Brustmauer
Erdmauer
Felsenmauer
Festungsmauer
Feuermauer
Futtermauer
Gartenmauer
Gegenmauer
Giebelmauer
Grabenmauer
Grenzmauer
Grundmauer
Hauptmauer
Klostermauer
Lehmmauer
Mittelmauer
Moosmauer
Nebenmauer
Ofenmauer
Quermauer
Riegelmauer
Riesenmauer
Ringmauer
Scheidemauer
Schiedmauer
Schildmauer
Schirmmauer
Schleuſsenmauer
Schloſsmauer
Schutzmauer
Stadtmauer
Stirnmauer
Strebemauer
Teufelsmauer
Umfassungsmauer
Vormauer
Wassermauer
Wellermauer
Ziegelmauer
Zwischenmauer
das Gemauer
ein nauer
Pfotenhauer
der Pittauer
ein rauher
sauer
ameisensauer
apfelsauer
arseniksauer
bernsteinsauer
blausauer
blutsauer
boraxsauer
citronensauer
essigsauer
fettsauer
fluſssauer
fluſsspathsauer
grundsauer
kamphersauer
kleesauer
knochensauer
kohlensauer
korksauer
milchsauer
pflanzensauer
salpetersauer
salzsauer
schleimsauer
schwefelsauer
vitriolsauer
wahnsauer
wasserbleysauer
weinsauer
weinsteinsauer
zuckersauer
der Krümelsauer
— Schauer (horror)
Andachtsschauer
Ahnungsschauer
Empfindungs-
Erinnerungsschauer
Fieberschauer
Freudenschauer
Grabesschauer
Lustschauer
Milchschauer
Mitternachts-
Nachtschauer
Schreckensschauer
Todesschauer
Wehmuthsschauer
Wollustschauer
Wonneschauer
der Schauer (grando)
Hagelschauer
Luftschauer
Regenschauer
Sonnenschauer
Windschauer
— Schauer (aspiciens)
Beschauer
Amtsbeschauer
Blaubeschauer
Brotbeschauer
Bücherbeschauer
Deichbeschauer
Fleischbeschauer
Güterbeschauer
Hochbeschauer
Leichenbeschauer
Metallbeschauer
Nachbeschauer
Pfattenbeschauer
Schweinbeschauer
Sternenbeschauer
Stundenbeschauer
Tiefbeschauer
Todtenbeschauer
Unschlittbeschauer
Vogelbeschauer
Zuschauer
das Geschauer
ein Schlauer
Schopenhauer
der Stauer
den Tauer
— Ledertauer
das Getauer
die Trauer
Abschiedstrauer
Familientrauer
Halbtrauer
Haustrauer
Herzenstrauer
Hoftrauer
Kammertrauer
Kleidertrauer
Landtrauer
Landestrauer
Wittwentrauer
das Getrauer
der Vertrauer

der *Breslauer*
— *Nassauer etc.*

auern

die Bauern
abbauern
halbbauern
verbauern
einen blauer'n
den Blauern
— Brauern
dauern
andauern
aufdauern
ausdauern
bedauern
durchdauern
fortdauern
fürdauern
nachdauern
überdauern
einen flauer'n
— genauer'n
— glauer'n
— grauer'n
grauern
das Grauern
den Hauern
kauern
herkauern
hinkauern
niederkauern
unterkauern
klauern
den Klauern
— Knauern
einen lauer'n
lauern
ablauern
auflauern
auslauern
belauern
durchlauern
erlauern
fortlauern
mitlauern
nachlauern
umlauern
verlauern
die Mauern
mauern
anmauern
aufmauern
ausmauern
bemauern
durchmauern
einmauern
empormauern
fortmauern
festmauern
mitmauern
nachmauern
übermauern
ummauern
untermauern
vermauern
vormauern
zumauern
zusammenmauern
einen nauern
— rauhern
die sauern
sauern
aussauern
ersauern
versauern
den Schauern
schauern
abschauern
aufschauern
ausschauern
durchschauern
einschauern
erschauern
herabschauern
lustschauern
nachschauern
niederschauern
überschauern
umschauern
wonneschauern
zusammenschauern
einen schlauer'n
den Stauern
tauern
der *Tauern*
den Tauern
trauern
abtrauern
austrauern
betrauern
durchtrauern
entgegentrauern
forttrauern
mittrauern
nachtrauern
umtrauern
vertrauern
— Vertrauern

auernd

abbauernd
halbbauernd
verbauernd
dauernd
bedauernd
grauernd
kauernd
klauernd
lauernd
mauernd
versauernd
schauernd
tauernd
trauernd

auerns

des Abbauerns
— Halbbauerns
— Verbauerns
— Dauerns
— Bedauerns
— Grauerns
— Kauerns
— Klauerns
— Lauerns
— Mauerns
— Versauerns
— Schauerns
— Tauerns
— Trauerns

auers

des Bauers
— Vogelbauers
— Erbauers
— Gebauers
ein blauer's
des Blauers
— Brauers
ein flauer's
— genauer's
— glauer's
— grauer's
des Hauers
— Gekauers
— Geklauers
— Klauers
— Knauers
ein lauer's
des Gelauers
— Lauers
— Gemauers
ein nauer's
— rauher's
— sauer's
des Krümelsauers
— Schauers
— Geschauers
— Zuschauers
ein schlauer's
des Stauers
— Tauers
— Getauers
— Getrauers
— Vertrauers

auerst

du halbbauerst
— verbauerst
— dauerst
— bedauerst
— kauerst
— klauerst

du lauerst
— mauerst
— versauerst
— schauerst
— tauerst
— trauerst

auert

er halbbauert
— verbauert
— dauert
— bedauert
es grauert
er kauert
— klauert
— lauert
— mauert
— versauert
es schauert
er tauert
— trauert

aues

des Baues
— Gebaues
— Bärenklaues
— Bakeliaues
ein blaues
des Geblaues
— Braues
— Gebraues
ein flaues
des Geflaues
— Gaues
ein genaues
— glaues
— graues
des Haues
— Gehaues
— Hohenaues
— Gekaues
— Kabliaues
— Gekraues
— Gemaues
— Gemiaues
— Naues
ein naues
des Gepaues
— Pippaues
ein rauhes
des Gerauhes
— Gesaues
— Geschaues
ein schlaues
des Geschnaues
— Geschraues
— Silaues
— Sinaues
— Gestaues
— Taues
— *Taues* (r)
des Getaues
— Thaues
— Gethaues
— Getraues
— Unaues
— Waues
— Wau-waues
— Gezaues

auest

du bauest
— blauest
— brauest
— dauest
— verdauest
— flauest
flauest
— verfrauest
genauest
glauest
grauest
— ergrauest
— hauest
— kauest
— klauest
— krauest
— erlauest
lauest
— mauest
— miauest
nauest
— pauest
— rauhest
rauhest
— sauest
— schauest
schlauest
— ausschlauest
— schnauest
— schrauest
— stauest
— tauest
— thauest
— trauest
— vertrauest
wauest
— zauest

auet

er bauet
— blauet
— brauet
— dauet
— verdauet
— flauet
— verfrauet
— ergrauet
— hauet
— kauet
— klauet
— krauet
er erlauet
— mauet
— miauet
— pauet
— rauhet
— sauet
— schauet
ausgeschlauet
— schnauet
— schrauet
— stauet
— tauet
— thauet
— trauet
— vertrauet
— zauet

auf

auf
auf auf!
bergauf
darauf
d'rauf
ein Frühauf
gradauf
glückauf!
haltauf!
der Helfauf
herauf
himmelauf
hinauf
hügelauf
— Klaubauf
obenauf
ein Räumauf
— Schlaged'rauf
— Springauf
— Stehauf
der Thauhaltauf
vollauf
das Vollauf
vorauf
wohlauf
wolkenauf
worauf
der Auf
— Gauf
zu Hauf
kauf!
der Kauf
Abkauf
Ackerkauf
Allkauf
Ankauf
Aufkauf
Auskauf
Bauschkauf
Buschkauf
Dingkauf
Durchkauf
Einkauf

Fehlkauf
Feldkauf
Friedekauf
Gartenkauf
Güterkauf
Handkauf
Hauskauf
Holzkauf
Leihkauf
Loskauf
Marktkauf
Meinkauf
Menschenkauf
Mißkauf
Rathkauf
Rückkauf
Samtkauf
Schadekauf
Schandkauf
Scheinkauf
Spottkauf
Steigerkauf
Todkauf
Verkauf
Alleinverkauf
Dienstverkauf *etc.*
Vorkauf
Waarenkauf
Wechselkauf
Wiederkauf
Wucherkauf
Zukauf
Zurückkauf
Zusammenkauf

der Knauf
Säulenknauf

lauf!
— Lauf
Ablauf
Anlauf
Sturmanlauf
Auflauf
Volksauflauf
Auslauf
Belauf
Blutlauf
Durchlauf
Einlauf
Eislauf
Flintenlauf
Flügellauf
Fortlauf
Freylauf
Gassenlauf
Geradlauf
Geschäftslauf
Gleichlauf
Glückslauf
Haarlauf
Hasenlauf
Heldenlauf
Herlauf
Himmelslauf
Hinlauf
Hinterlauf
Hirschlauf
Kanonenlauf
Kessellauf
Kreislauf
Lebenslauf
Lehrlauf
Mitlauf
Mondlauf
Mühllauf
Nachlauf
Oberlauf
Pistolenlauf
Postenlauf
Querlauf
Rosseslauf
Roßlauf
Rothlauf
Rücklauf
Schlußlauf
Schnelllauf
Seitenlauf
Siegeslauf
Sonnenlauf
Sternenlauf
Streitlauf
Stundenlauf
Umlauf
Blutumlauf
Geldumlauf
Mondumlauf
Unterlauf
Verlauf
Vorlauf
Wasserlauf
Wechsellauf
Weltlauf
Wettlauf
Wunderlauf
Zeitlauf
Zeitverlauf
Zulauf
Zurücklauf
Zusammenlauf

der Rauf
Haarrauf

sauf!
— Sauf
— Schlauf
— Stauf

tauf!

aufbrief

der Kaufbrief
— Laufbrief

aufe

dem Aufe
dem Frühaufe
— Helfaufe
— Klaubaufe
— Springaufe
— Stehaufe
— Thauhaltaufe
— Vollaufe
zu haufe
— Gaufe
der Haufe (*siehe* Haufen)
ich kaufe
dem Kaufe
das Gekaufe
dem Knaufe
ich laufe
dem Laufe
das Gelaufe
ich raufe
dem Raufe
das Geraufe
die Raufe
Flachsraufe
Futterraufe
Heuraufe
ich saufe
dem Saufe
das Gesaufe
ich schlaufe
dem Schlaufe
die Schlaufe
das Geschlaufe
ich schnaufe
das Geschnaufe
dem Staufe
ich straufe
das Gestraufe
ich taufe
das Getaufe
die Taufe
Fahnentaufe
Feuertaufe
Frauentaufe
Glockentaufe
Gnadentaufe
Haustaufe
Kindertaufe
Korntaufe
Nothtaufe
Umtaufe
Wassertaufe
Wiedertaufe
ich traufe
das Getraufe
die Traufe
Dachtraufe
Regentraufe
ich zaufe
das Gezaufe

aufel

die Laufel
— Raufel

die Schaufel
Ankerschaufel
Aufschlageschaufel
Backschaufel
Einfangeschaufel
Einlegeschaufel
Feuerschaufel
Gartenschaufel
Gieſsschaufel
Glutschaufel
Grabschaufel
Grappschaufel
Gypsschaufel
Hängeschaufel
Heerdschaufel
Holzschaufel
Kalkschaufel
Kohlenschaufel
Kothschaufel
Kropfschaufel
Ladeschaufel
Raketenladeschauf.
Löschschaufel
Malzschaufel
Mistschaufel
Mühlenschaufel
Ofenschaufel
Riegelschaufel
Sackschaufel
Salzschaufel
Sandschaufel
Schöpfschaufel
Schürschaufel
Schwungschaufel
Stoſsschaufel
Stürzschaufel
Wasserschaufel
Wendeschaufel
Windschaufel
Winkelschaufel
Worfschaufel
Wurfschaufel
das Geschaufel

aufeln

den Laufeln
— Raufeln
— Schaufeln
schaufeln
abschaufeln
anschaufeln
aufschaufeln
ausschaufeln
beschaufeln
durchschaufeln
einschaufeln
entschaufeln
hineinschaufeln
herausschaufeln
losschaufeln
mitschaufeln
nachschaufeln
niederschaufeln
überschaufeln
umschaufeln
unterschaufeln
verschaufeln
wegschaufeln
zuschaufeln
zurückschaufeln
zusammenschaufeln

aufen

den Aufen
— Frühaufen
— Helfaufen
— Klaubaufen
— Springaufen
— Stehaufen
— Gaufen
der Haufen
Afterhaufen
Alltagshaufen
Ameisenhaufen
Aschenhaufen
Baumhaufen
Diethaufen
Dreckhaufen
Erdhaufen
Geldhaufen
Getraidehaufen
Goldhaufen
Grenzhaufen
Heerhaufen
Heldenhaufen
Heuhaufen
Holzhaufen
Inselhaufen
Kehrighaufen
Kriegshaufen
Leichenhaufen
Leimenhaufen
Mahlhaufen
Maulwurfshaufen
Mengelhaufen
Misthaufen
Naſshaufen
Pfahlhaufen
Pöbelhaufen
Reiterhaufen
Scheiterhaufen
Schlachthaufen
Schneehaufen
Schutthaufen
Silberhaufen
Stampfhaufen
Stechhaufen
Steinhaufen
Sternhaufen
Trümmerhaufen
Volkshaufen
Waidhaufen
Waizenhaufen
Wetterhaufen
Windhaufen
Zellenhaufen
kaufen
abkaufen
ankaufen
aufkaufen
auskaufen
bekaufen
durchkaufen
einkaufen
erkaufen
fehlkaufen
loskaufen
miſskaufen
mitkaufen
nachkaufen
überkaufen
umkaufen
verkaufen
vorkaufen
wegkaufen
wiederkaufen
zukaufen
zurückkaufen
zusammenkaufen
laufen
ablaufen
anlaufen
auflaufen
auslaufen
belaufen
botenlaufen
botschaftlaufen
davonlaufen
durchlaufen
einlaufen
entlaufen
entgegenlaufen
fehllaufen
fortlaufen
gleichlaufen
herlaufen
hin- *etc.* laufen
hinterlaufen
miſslaufen
mitlaufen
nachlaufen
niederlaufen
überlaufen
umlaufen
unterlaufen
verlaufen
vorlaufen
voran- *etc.* laufen
weglaufen
wettlaufen
zerlaufen
zulaufen
zurücklaufen
zusammenlaufen
das Laufen
Botenlaufen

Gassenlaufen
Sturmlaufen
Wettlaufen
raufen
abraufen
ausraufen
beraufen
durchraufen
entraufen
erraufen
fortraufen
mitraufen
nachraufen
niederraufen
überraufen
umraufen
verraufen
wegraufen
zerraufen
zuraufen
die Raufen
den Saufen
das Saufen
Vollsaufen
saufen
absaufen
ansaufen
aufsaufen
aussaufen
besaufen
ersaufen
fortsaufen
mitsaufen
nachsaufen
niedersaufen
übersaufen
untersaufen
versaufen
vollsaufen
vorsaufen
wegsaufen
wettsaufen
zusammensaufen
schlaufen
den Schlaufen
die Schlaufen
schnaufen
anschnaufen
aufschnaufen
ausschnaufen
beschnaufen
nachschnaufen
umherschnaufen
umschnaufen
verschnaufen
vorschnaufen
den Staufen
Hohenstaufen
straufen
die Traufen
traufen
abtraufen
antraufen
auftraufen
durchtraufen
nachtraufen
niedertraufen
vertraufen
wegtraufen
zutraufen
die Taufen
taufen
mittaufen
nothtaufen
umtaufen
wiedertaufen
zaufen

aufend

kaufend
laufend
raufend
saufend
schlaufend
schnaufend
straufend
traufend
taufend
zaufend

aufens

des Haufens
— Kaufens
— Laufens
— Raufens
— Saufens
— Schlaufens
— Schnaufens
— Straufens
— Taufens
— Traufens
— Zaufens

aufer

aufer
der Laufer
Dreylaufer
Katzlaufer
Königslaufer
Königinnlaufer
Nachtlaufer
Schnelllaufer
schwarze Laufer
Sieblaufer
Sternlaufer
Ueberlaufer
Umlaufer
Verlaufer
Wasserlaufer
weisse Laufer
Wettlaufer
— Raufer
Haarraufer
— Saufer
— Weintaufer

aufern

aufern
den Laufern
— Raufern
— Saufern
— Weintaufern

aufers

des Laufers
— Raufers
— Saufers
— Weintaufers

aufes

des Aufes
— Frühaufes
— Helfaufes
— Klaubaufes
— Springaufes
— Stehaufes
— Vollaufes
— Gaufes
— Kaufes
— Gekaufes
— Knaufes
— Laufes
— Gelaufes
— Raufes
— Geraufes
— Saufes
— Gesaufes
— Schlaufes
— Geschlaufes
— Geschnaufes
— Staufes
— Gestraufes
— Getaufes
— Getraufes
— Gezaufes

aufest

du kaufest
— laufest
— raufest
— saufest
— schlaufest
— schnaufest
— straufest
— taufest
— traufest
— zaufest

aufet

ihr kaufet
— laufet
— raufet
— saufet
— schlaufet
— schnaufet
— straufet

ihr taufet
— traufet
— zaufet

aufgeld

das Aufgeld
— Draufgeld
— Kaufgeld
— Laufgeld
— Saufgeld

aufig

knaufig
raufig
schnaufig

[der Schaufler
2 - 4 - 6 - Sch.]

aufne

ich aufne
das Geaufne

aufnen

aufnen
die Verlaufnen

aufrecht

aufrecht
das Traufrecht

aufs

auf's
des Aufs
— Frühaufs
— Helfaufs
— Klaubaufs
— Springaufs
— Stehaufs
— Vollaufs
— Gaufs
— Kaufs
— Gekaufs
— Knaufs
— Laufs
— Gelaufs
— Raufs
— Geraufs
— Saufs
— Gesaufs
— Schlaufs
— Geschlaufs
— Geschnaufs
— Staufs
— Gestraufs
— Getaufs
— Getraufs
— Gezaufs
ich kauf's *etc.*

aufst

du kaufst
— laufst
— raufst
— saufst
— schlaufst
— schnaufst
— straufst
— taufst
— traufst
— zaufst

auft

ihr kauft
— lauft
— rauft
— sauft
— schlauft
— schnauft
— strauft
— tauft
— trauft
— zauft

aufte

er kaufte
— raufte
— schlaufte
— schnaufte
— straufte
— taufte
— traufte
— zaufte

auften

sie kauften
— rauften
— schlauften
— schnauften
— strauften
— tauften
— trauften
— zauften

aufter

ein gekaufter
— gerauften
— geschlaufter
— angeschnaufter
— gestraufter
— getaufter
— abgetraufter
— gezaufter

auftes

ein gekauftes
— gerauftes
— geschlauftes
— angeschnauftes
— gestrauftes
— getauftes
— abgetrauftes
— gezauftes

auftest

du kauftest
— rauftest
— schlauftest
— schnauftest
— strauftest
— tauftest
— trauftest
— zauftest

auftet

ihr kauftet
— rauftet
— schlauftet
— schnauftet
— strauftet
— tauftet
— trauftet
— zauftet

aufung

die Kaufung
Einkaufung
Loskaufung
Verkaufung
— Laufung
Unterlaufung
Blutunterlaufung
— Zerraufung
— Saufung
Vollsaufung
— Schlaufung
— Verschnaufung
— Straufung
— Umtaufung
— Traufung
— Zaufung
[Kunz von Kaufungen]

aug

das Aug'
— Bienensaug
Haug
das Gelaug'
— Gesaug'
saug'!

auge

das Auge
Adlerauge
Aelsterauge
Ankerauge
Basiliskenauge
Blattauge
Blauauge
Blödauge
Blutauge
Christauge

Diebsauge
Drachenauge
Eiterauge
Elephantenauge
Erzauge
Falkenauge
Faltenauge
Fasanenauge
Federauge
Fettauge
Feuerauge
Fieberauge
Finkenauge
Flammenauge
Fruchtauge
Gänseauge
Glasauge
Glanauge
Glippauge
Glotzauge
Glutauge
Goldauge
Grauauge
Großauge
Grünauge
Guckauge
Hammerauge
Hasenauge
Himmelauge
Hohlauge
Hundsauge
Hühnerauge
Hurenauge
Kalbsauge
Katzenauge
Kennerauge
Kleinauge
Krähenauge
Krebsauge
Kristauge
Krötenauge
Kuhauge
Lichtauge
Liebesauge
Löwenauge
Luchsauge
Mädchenauge
Malerauge
Marmorauge
Menschenauge
Milchauge
Minenauge
Mondauge
Mutterauge
Nebenauge
die Neunauge
das Ochsenauge
Rundochsenauge
Ostenauge
Paardauge
Pfauenauge
Abendpfauenauge
Nachtpfauenauge
Tagpfauenauge
Pferdeauge
Plärrauge
Rabenauge
Rachauge
Richterauge
Rinnauge
Rothauge
Rundauge
Sauauge
Schafsauge
Schaftauge
Schalksauge
Schellfischauge
Schelmenauge
Schielauge
Schlangenauge
Schlitzauge
Schneckenauge
Schützenauge
Schwarzauge
Schweinsauge
Seelenauge
Silberauge
Sonnenauge
Spähauge
Späherauge
Sprühauge
Stagauge
Staarauge
Sternauge
Sternenauge
Stierauge
Strahlenauge
Taubenauge
Teufelsauge
Thränenauge
Tragauge
Trauerauge
Triefauge
Trotzauge
Vaterauge
Wasserauge
Weiberauge
Weißauge
Weltauge
Wolfsauge
Zauberauge
Ziegerauge
Zornauge
Zwiebelauge
ich beglasauge
— starrauge
die Lauge
Afterlauge
Aschenlauge
Blutlauge
Holzlauge
Kalklauge
Kernlauge
Kieslauge
Meisterlauge
Mutterlauge
Salpeterlauge
Salzlauge
Schlammlauge
Seifenlauge
Setzlauge
Thränenlauge
Treiblauge
Vitriollauge
Waschlauge
Zwaglauge
ich lauge
das Gelauge
ich sauge
das Gesauge
die Sauge
ich tauge

augen

die Augen
beglasaugen
starraugen
— Laugen
laugen
ablaugen
auslaugen
einlaugen
nachlaugen
saugen
absaugen
ansaugen
aufsaugen
aussaugen
besaugen
einsaugen
entsaugen
festsaugen
fortsaugen
mitsaugen
nachsaugen
umsaugen
vollsaugen
wegsaugen
— Saugen
taugen

augend

beglasaugend
starraugend
laugend
saugend
taugend

augens

des Beglasaugens
— Starraugens
— Laugens
— Saugens
— Taugens

auger

der Beglasauger
— Auslauger
— Sauger
Augensauger
Aussauger
Baumsauger
Blitzfeuersauger
Blutsauger
Fichtensauger
Honigsauger
Lichtsauger
Nesselsauger
Pflanzensauger
Pumpensauger
Steinsauger
Ulmensauger
Weidensauger
Wettersauger
Wiesensauger
Wurzelsauger

augern

den Beglasaugern
— Auslaugern
— Saugern

augers

des Beglasaugers
— Auslaugers
— Saugers

auges

des Auges
— Gelauges
— Gesauges
taug' es *etc.*

augeſt

du beglasaugest
— starraugest
— laugest
— saugest
— taugest

auget

ihr beglasauget
— starrauget
— lauget
— sauget
— tauget

augig

augig
blau- *etc.* augig
laugig

auglich

auslauglich
einsauglich
tauglich
diensttauglich
untauglich
vieltauglich
werktauglich

augraf

der Gaugraf
— Rauhgraf

aug's

des Aug's
— Gelaug's
— Gesaug's
ich saug's *etc.*

augſt

du beglasaugst
— starraugst
der Augst
du laugst
— saugst
— taugst

augt

er beglasaugt
— starraugt
geaugt
blaugeaugt
groſsgeaugt *etc.*
— laugt
— saugt
— taugt

augte

er beglasaugte
— starraugte
der geaugte
er laugte
— saugte
— taugte

augtem

beglausaugtem
geaugtem
ausgelaugtem
ausgesaugtem

augten

sie beglasaugten
— starraugten
die geaugten
sie laugten
— saugten
— taugten

augter

ein beglasaugter
— geaugter
— ausgelaugter
— ausgesaugter
taugt er *etc.*

augter'n

einen blaugeaugter'n
einen ausgelaugter'n
— ausgesaugter'n

augtes

ein beglasaugtes
— geaugtes
— ausgelaugtes
— ausgesaugtes

augteſt

du beglasaugtest
— starraugtest
— laugtest
— saugtest
— taugtest

augtet

ihr beglasaugtet
— starraugtet
— laugtet
— saugtet
— taugtet

augtheit

die Ausgelaugtheit
— Ausgesaugtheit

augung

die Beglasaugung
— Auslaugung
— Aussaugung

auig

auig
verdauig
unverdauig
einhauig
zweyhauig
dreyhauig
leichtkauig
schwerkauig
klauig
ein- 2- *etc.* klauig
scharfklauig
thauig
trauig
miſstrauig

auiſch

breslauisch
nassauisch etc.
schnauisch
miſstrauisch

auk

der Hauk
— Mauk

auke

dem Hauke
— Mauke
die Mauke

die Pauke
Heerpauke
Kesselpauke
ich pauke
das Gepauke
die Rauke
Landrauke
Mauerrauke
Sandrauke
Senfrauke
Uferrauke
Waldrauke
Wasserrauke
— Schauke
— Zauke

aukel

der Gaukel
das Gegaukel
die Schaukel
das Geschaukel

aukeln

gaukeln
abgaukeln
ausgaukeln
begaukeln
entgegengaukeln
hergaukeln
hin- *etc.* gaukeln
mitgaukeln
nachgaukeln
übergaukeln
umgaukeln
vergaukeln
vorgaukeln
vorbey- *etc.* gaukeln
den Gaukeln
die Schaukeln
schaukeln
abschaukeln
aufschaukeln
ausschaukeln
einschaukeln
herschaukeln
hin- *etc.* schaukeln
mitschaukeln
nachschaukeln
überschaukeln
umschaukeln
verschaukeln
vorschaukeln
wegschaukeln

aukelnd

gaukelnd
schaukelnd

aukels

des Gaukels
— Gegaukels
— Geschaukels

aukelst

du gaukelst
— schaukelst

aukelt

er gaukelt
— schaukelt

auken

den Hauken
die Mauken
— Pauken
pauken
abpauken
aufpauken
auspauken
daraufpauken
durchpauken
einpauken
fortpauken
mitpauken
nachpauken
umpauken
vorpauken
wegpauken
zerpauken
zupauken
zusammenpauken
— Rauken
— Schauken
— Zauken
{der Pauker}

aukle

ich gaukle
das Gegaukle
ich schaukle
das Geschaukle

aukler

der Gaukler
— Schaukler

auklern

den Gauklern
— Schauklern

auklers

des Gauklers
— Schauklers

auklung

die Umgauklung
— Schauklung

auks

des Hauks
— Mauks
— Gepauks
[er paukt
die Auspaukung]

aul

der Blaul
Waschblaul
faul
beutelfaul
faſsfaul
fickenfaul
grundfaul
kernfaul
krautfaul
lungenfaul
magenfaul
maulfaul
mundfaul
prügelfaul
redefaul
rothfaul
schlagefaul
schreibfaul
stinkendfaul
Friaul
der Gaul
Ackergaul
Fuhrmannsgaul
Handgaul
Kampfgaul
Karrengaul
Kutschgaul
Paradegaul
Reisegaul
Reitgaul
Sattelgaul
Schlittengaul
Steckengaul
Streitgaul
Turniergaul
Gaul
— Knaul
Garnknaul
Menschenknaul
Seidenknaul
Volksknaul
Zwirnknaul
das Maul
Breitmaul
Dickmaul
Drosselmaul
Fischmaul
Fleischmaul
Flötzmaul
Fluchmaul
Geifermaul
Gienmaul
Groſsmaul
Haarmaul
Hasenmaul
Hochmaul
Honigmaul
Hundsmaul
Hurenmaul

Kerbenmaul
Klappermaul
Klatschmaul
Krötenmaul
Lästermaul
Leckermaul
Lügenmaul
Milchmaul
Naschmaul
Ochsenmaul
Pfeffermaul
Plappermaul
Roſsmaul
Rotzmaul
Runzelmaul
Sauermaul
Schandmaul
Scharfmaul
Schiefmaul
Schlabbermaul
Schleckermaul
Schreymaul
Schwatzmaul
Schwertmaul
Sperrmaul
Spitzmaul
Spottmaul
Taschenmaul
Trollmaul
Trotzmaul
Vielmaul
Warzenmaul
Waschmaul
Weitmaul
Wurstmaul
Zahnmaul
Zimmtmaul
Zuckermaul
Zungenmaul
Nepaul
Paul
Saul

aule

dem Blaule
— Waschblaule
der Faule
ich faule
das Gefaule
dem Gaule
ich grau'le
das Gegrau'le
ich jaule
das Gejaule
die Kaule
Schnellkaule
dem Knaule
ich knau'le
das Geknaule
ich krau'le
das Gekrau'le
dem Maule
ich maule
das Gemaule
die Saule
ich tau'le
das Getaule

aulen

den Blaulen
die Faulen
faulen
abfaulen
anfaulen
ausfaulen
durchfaulen
einfaulen
losfaulen
mitfaulen
nachfaulen
verfaulen
wegfaulen
zerfaulen
den Gaulen
jaulen
die Kaulen
den Knaulen
maulen
anmaulen
ausmaulen
fortmaulen
nachmaulen
die Saulen

aulend

faulend
jaulend
maulend

aulens

des Faulens
— Jaulens
— Maulens

auler

ein fauler
— Mauler

aulern

einen fauler'n
den Maulern

aulers

ein fauler's
des Maulers

aules

des Blaules
ein faules
des Gefaules
— Gaules
— Gegrau'les
des Gejaules
— Knaules
— Geknaules
— Gekraules
— Maules
— Gemaules
— Getaules
Candaules

aulest

du faulest
— jaulest
— maulest

aulet

er faulet
— jaulet
— maulet [Faulheit]

aulich

baulich
anbaulich
aufbaulich
erbaulich
auferbaulich
unerbaulich
vorbaulich
daulich
verdaulich
unverdaulich
fraulich
graulich
schwarzgraulich
weiſsgraulich
kaulich
laulich
schaulich
anschaulich
beschaulich
durchschaulich
fernschaulich
traulich
liebetraulich
miſstraulich
vertraulich
zutraulich
zaulich

aulicht

blaulicht
faulicht
kaulicht
knaulicht

aulig

faulig
kaulig
maulig
dickmaulig
groſsmaulig
hartmaulig
weichmaulig

auling

der Blauling
— Lauling

aulings

des Blaulings
— Laulings

aulis

Aulis
Daulis

aulisch

hydraulisch
nepaulisch
paulisch

auls

des Blaul's
ein faul's
des Gefaul's
— Gauls
— Gegrauls
— Gejauls
— Knauls
— Geknauls
— Gekrauls
— Mauls
— Gemauls
— Getauls

aulst

du faulst
— jaulst
— knau'lst
— krau'lst
— maulst
— tau'lst

ault

er fault
es grau'lt
er jault
— knau'lt
— krau'lt
— mault
— tau'lt

aulte

er faulte
ihm grau'lte
er jaulte
— knau'lte
— krau'lte
— maulte
— tau'lte

aulten

sie faulten
— jaulten
sie knau'lten
— krau'lten
— maulten
— tau'lten

aulter

ein verfaulter
— geknau'lter
— gekrau'lter
jault er
mault er

aultes

ein verfaultes
— geknau'ltes
— gekrau'ltes
jault es
mault es

aultest

du faultest
— jaultest
— knau'ltest
— krau'ltest
— maultest
— tau'ltest

aultet

ihr faultet
— jaultet
— knau'ltet
— krau'ltet
— maultet
— tau'ltet

aulthier

das Faulthier
— Maulthier

aulthiers

des Faulthiers
— Maulthiers

aulung

die Verfaulung
— Knaulung
— Maulung

aulus

Aulus
Paulus
Saulus

aulust

die Baulust
— Sau-lust
— Schaulust

aum

der Baum
Aalbaum
Abrahamsbaum
Abstoſsbaum
Abstreichbaum
Affenbaum
Affenbrotbaum
Ahlbaum
Ahornbaum
Akazienbaum
Allerbaum
Altbaum
Amberbaum
Ammerbaum
Ampherbaum
Ananasbaum
Anisbaum
Apfelbaum
Aprikosenbaum
Aspenbaum
Aschenbaum
Balsambaum
Baumwollenbaum
Becherbaum
Behenbaum
Behennuſsbaum
Benjaminsbaum
Berberisbaum
Berghimbeerbaum
Bertrambaum
Biberbaum
Bienenbaum
Bindebaum
Binnbaum
Birkenbaum
Birnbaum
Birnquittenbaum
Bitterbaum
Bitterholzbaum
Blasenbaum
Bleybaum
Blochbaum
Blutbaum
Blüthenbaum
Bohnenbaum
Böttcherbaum
Brandholzbaum
Bremsbaum
Bretbaum
Brotbaum
Johannisbrotbaum
Brückenbaum
Brustbaum
Brustbeerbaum
Buchbaum
Buchsbaum
Burzelbaum
Buschbaum
Christbaum
Citronenbaum
Cocosbaum
Cypressenbaum
Dattelbaum
Deichselbaum

Dianenbaum
Dorlenbaum
Dornbaum
Dörnleinbaum
Dosenbaum
Drachenbaum
Drachenblutbaum
Dreckbaum
Drehbaum
Druckbaum
Drudenbaum
Ebenbaum
Egelnbaum
Eibischbaum
Eichbaum
Eisenbaum
Eisenbeerbaum
Eisenholzbaum
Eisbaum
Elephantenlausbaum
Elsebaum
Elsterbaum
Erbsenbaum
Erdbeerbaum
Erkenntnisbaum
Erlenbaum
Eschenbaum
Espenbaum
Essigbaum
Ewischbaum
Eyerbaum
Eyerlingsbaum
Fachbaum
Mühlenfachbaum
Fächerbaum
Fackelbaum
Fallbaum
Färberbaum
Färbermaulbeer-
Faſsbaum
Faulbaum
Federharzbaum
Feigenbaum
Feldbaum
Feldbirnbaum
Feuerbaum
Fichtenbaum
Fieberrindenbaum
Filzbaum
Firniſsbaum
Fischbeerbaum
Fischerbaum
Flaschenbaum
Fleischbaum
Fliederbaum
Fliegenbaum
Flügelfruchtbaum
Forstbaum
Franzbaum
Freyheitsbaum
Fruchtbaum
Frühlingsbaum

Füllbaum
Gabelbaum
Gabelnbaum
Gaffelbaum
Ganiterbaum
Gänsebaum
Garnbaum
Gartenbaum
Gartenmispelbaum
Geigenholzbaum
Geiſsbaum
Geländerbaum
Gelbharzbaum
Gerbebaum
Gerberbaum
Geschlechtsbaum
Gesparrbaum
Gewebebaum
Gewürznelkenbaum
Gezeltbaum
Giebelbaum
Giftapfelbaum
Giftbaum
Glücksbaum
Glutbaum
Goldbaum
Goldruthenbaum
Gottesbaum
Granatenbaum
Grandelbaum
Grenzbaum
Griffelbaum
Grubenbaum
Grundbaum
Grünfaulbaum
Güldenbaum
Haarbaum
Halbpomeranzen-
Haareschbaum
Harzbaum
Hagapfelbaum
Haselnuſsbaum
Haspelbaum
Hauptbaum
Hausbaum
Hebebaum
Heckenbaum
Hengelbaum
Herdbaum
Herzbaum
Heubaum
Heuschreckenbaum
Hexenbaum
Hinterbaum
Hirschbaum
Holunderbaum
Holzapfelbaum
Holzschuhbaum
Honigbaum
Hornbaum
Hülsenbaum
Hundsbaum

Hundsbeerbaum
Ibenbaum
Jungfraubaum
Kaffeebaum
Kakaobaum
Kalinkenbaum
Kastanienbaum
Kienbaum
Kirschbaum
Kirschlorbeerbaum
Klapperbaum
Kleebaum
Kleiderbaum
Kletterbaum
Klüverbaum
Knopfbaum
Kohlbaum
Kopfbaum
Korallenbaum
Korkbaum
Kothbaum
Krachbaum
Krammetsbaum
Kreuzbaum
Krummholzbaum
Krüppelbaum
Kugelbaum
Kürbisbaum
Kutschbaum
Lachbaum
Lachterbaum
Langbaum
Lattenbaum
Laubbaum
Läusebaum
Lebensbaum
Leerbaum
Leimbaum
Leinbaum
Leinwandsbaum
Leiterbaum
Lerchenbaum
Leuchterbaum
Lichtbaum
Liebesbaum
Lienbaum
Lierbaum
Lindenbaum
Linsenbaum
Lochbaum
Löcherbaum
Löffelbaum
Lorbeerbaum
Lorchbaum
Lufbaum
Luftbaum
Mädelbaum
Mahlbaum
Malvenbaum
Malzbaum
Mammelbaum
Mandelbaum

Mändelbaum
Mangebaum
Mangelbaum
Markbaum
Mastbaum
Maulbeerbaum
Mausbaum
Maybaum
Meerbaum
Meerkirschbaum
Mehlbaum
Mehlbeerbaum
Melonenbaum
Metallbaum
Milchbaum
Minnebaum
Mispelbaum
Mittelbaum
Mückenbaum
Muskatenbaum
Musterbaum
Mutterbaum
Myrtenbaum
Nadelbaum
Nägeleinbaum
Nelkenbaum
Netzbaum
Nierenbaum
Nufsbaum
Oberbaum
Obstbaum
Olantbaum
Oelbaum
Otterbaum
Oxelbaum
Palmbaum
Pantoffelbaum
Papierbaum
Pappelbaum
Papstbaum
Paradiesbaum
Pechbaum
Perückenbaum
Pfaffenbaum
Pfahlbaum
Pfannenbaum
Pfefferbaum
Pfeifenbaum
Pferdebaum
Pferdegiftbaum
Pfirsichbaum
Pflaumenbaum
Pflugbaum
Pfuhlbaum
Pinienbaum
Pinnebaum
Plattbaum
Pomeranzenbaum
Portulakbaum
Prefsbaum
Purzelbaum
Qualsterbaum
Querbaum
Quittenbaum
Räderbaum
Rahmbaum
Rankenbaum
Rauchbaum
Rauschbaum
Regenbaum
Reckbaum
Rehbaum
Reisbaum
Rennbaum
Refsbaum
Rhabarberbaum
Richtbaum
Riesenbaum
Riffebaum
Rindenbaum
Rindsbaum
Rinnbaum
Röhrleinbaum
Rollbaum
Rosenbaum
Rofsröhrleinbaum
Rofsschwanzbaum
Rothbaum
Rübenbaum
Rumpelbaum
Rundbaum
Rüstbaum
Säbenbaum
Sadebaum
Sadelbaum
Safranbaum
Salamanderbaum
Salatbaum
Salbenbaum
Salbnufsbaum
Samenbaum
Sandbüchsenbaum
Sandelbaum
Sattelbaum
Sauerampferbaum
Säulenbaum
Schabebaum
Schaftbaum
Schalmbaum
Scharlachbaum
Schattenbaum
Scheidebaum
Schellenbaum
Schildbaum
Schillerbaum
Schirmbaum
Schlagbaum
Schlangenbaum
Schlangenbeerbaum
Schlehbaum
Schleifbaum
Schleimapfelbaum
Schlufsbaum
Schliefsbaum
Schlingbaum
Schlittenbaum
Schmarozerbaum
Schmierbaum
Schmitzerleinsbaum
Schneebaum
Schönbaum
Schraubenbaum
Schrotbaum
Schürbaum
Schufsbaum
Schusserbaum
Schwalbenbeerbaum
Schwalberbaum
Schwangbaum
Schwelgenbaum
Schwelkenbaum
Schwellenbaum
Schwenkbaum
Sebenbaum
Seebaum
Segelbaum
Seidenwollenbaum
Seifenbaum
Senesbaum
Sensenbaum
Siebenbaum
Siegenbaum
Silberbaum
Sippschaftsbaum
Sogbaum
Sommerbaum
Sonnenbaum
Sonnenschirmbaum
Sorbenbaum
Spannbaum
Spargelbaum
Sparrenbaum
Speierbaum
Speierlingsbaum
Sperbaum
Sperberbaum
Spiefsbaum
Spillbaum
Spindelbaum
Splotterbaum
Sporgelbeerbaum
Spreizbaum
Spulbaum
Spundbaum
Staffelbaum
Stahlbaum
Stallbaum
Stammbaum
Standbaum
Stechbaum
Steckbaum
Steigbaum
Steinbaum
Steinobstbaum
Sternbaum
Sternleberbaum

Stollbaum
Storaxbaum
Stotzbaum
Straſsbaum
Streichbaum
Streubüchsenbaum
Stroſsbaum
Stubenbaum
Stürzbaum
Talgbaum
Tannenbaum
Tauerbaum
Terpentinbaum
Teufelsbaum
Teusenbaum
Theebaum
Thekabaum
Thierleinbaum
Thomasbaum
Thorbaum
Tinusbaum
Todtenbaum
Todtenkopfbaum
Tölpelchensbaum
Topfbaum
Torkelbaum
Tragbaum
Trambaum
Traubenbaum
Trauerbaum
Traufbaum
Tristbaum
Trogbaum
Trompetenbaum
Trottbaum
Tulpenbaum
Tummelbaum
Ueberlegebaum
Ulmbaum
Unglücksbaum
Unterbaum
Vogelbeerbaum
Vorderbaum
Wachholderbaum
Wachsbaum
Wagebaum
Waldbaum
Walkenbaum
Wallnuſsbaum
Wandelbaum
Wasserbaum
Weberbaum
Wehrbaum
Weidenbaum
Weihnachtsbaum
Weihrauchbaum
Weiſsbaum
Weiſshaarbaum
Wellbaum
Wendelbaum
Wetterbaum
Wiedebaum

Wieſsbaum
Wieselbaum
Wildbaum
Windebaum
Wirbelbaum
Wisbaum
Wolkenbaum
Wollbaum
Wollenbaum
Wonnebaum
Wundbaum
Wunderbaum
Wundholzbaum
Wünnebaum
Wurstbaum
Wurströhrenbaum
Wurzelbaum
Zahnwehbaum
Zapfenbaum
Zauberbaum
Zederbaum
Zeidelbaum
Zemberbaum
Zepterbaum
Zeugbaum
Zierbaum
Zimmtbaum
Zirbelbaum
Zirgelbaum
Zirnenbaum
Zoberbaum
Zollbaum
Zuckerbaum
Zuckerhülsenbaum
Zuckerschotenbaum
Zugbaum
Zunderbaum
Zwergbaum
Zwergbuchsbaum
Zwetschkenbaum
der Daum
Diebesdaum
— Faum
— Flaum
Bartflaum
Erstlingsflaum
Federflaum
Wangenflaum
— Gaum
kaum
— Raum
Abraum
Holzabraum
Tafelabraum
Brennraum
Dunstraum
Flächenraum
Himmelsraum
Hinterraum
Hofraum
Höllenraum
Holzraum

Kabelraum
Kampfraum
Kellerraum
Lastraum
Luftraum
Mittagsraum
Mittelraum
Nachraum
Nebenraum
Oberraum
Ofenraum
Packraum
Säulenraum
Schiffsraum
Seitenraum
Spielraum
Stockraum
Strahlenraum
Sternenraum
Stürzraum
Trockenraum
Ueberraum
Umraum
Unterraum
Vorderraum
Wachraum
Wagenraum
Wasserraum
Weltraum
Weltenraum
Wolkenraum
Zeitraum
Zwischenraum
geraum
der Saum
Drecksaum
Fadensaum
Faltensaum
Glockensaum
Handsaum
Obersaum
Purpursaum
Quersaum
Rocksaum
Untersaum
Vorsaum
Windsaum
Wolkensaum
Wurzelsaum
— Schaum
Abschaum
Badeschaum
Bleyschaum
Erzschaum
Eyerschaum
Frühlingsschaum
Glasschaum
Goldschaum
Meerschaum
Milchschaum
Mundschaum
Perlenschaum

Purpurschaum
Salzschaum
Seifenschaum
Silberschaum
Wasserschaum
Wellenschaum
Wogenschaum
Wuthschaum
der Taum
— Traum
Ahnungstraum
Angsttraum
Dichtertraum
Erdentraum
Erinnerungstraum
Fiebertraum
Freudentraum
Freyheitstraum
Frühlingstraum
Gedankentraum
Gespenstertraum
Hoffnungstraum
Himmelstraum
Jugendtraum
Jünglingstraum
Kindertraum
Knabentraum
Lebenstraum
Liebestraum
Lieblingstraum
Morgentraum
Mitternachtstraum
Nachttraum
Sommernachts-
Reisetraum
Schöpfungstraum
Schwindeltraum
Todestraum
Todtentraum
Wahnsinnstraum
Warnungstraum
Wonnetraum
Zweifelstraum
das Traum
der Zaum
Eselszaum
Kappzaum
Kettenzaum
Laufzaum
Leitzaum
Lenkzaum
Pferdezaum
Reitzaum
Roſszaum
Spangenzaum
Stangenzaum

auma

Auma
das *Epikauma*

aumburg

Baumburg
Naumburg
Schaumburg

aume

dem Baume
ich abbaume
— aufbaume
— lochbaume
— purzelbaume
dem Daume
ich verdaume
dem Faume
— Flaume
— Gaume
ich vergaume
die Pflaume
Apfelpflaume
Aprikosenpflaume
Damascenerpflaume
Dattelpflaume
Eyerpflaume
Gerstenpflaume
Haferpflaume
Hundspflaume
Hundstagspflaume
Jungfernpflaume
Kaiserpflaume
Katharinenpflaume
Kirschpflaume
Königspflaume
Mandelpflaume
Michaelspflaume
Roſspflaume
Säbelpflaume
Schweinpflaume
Schweizerpflaume
Spindelpflaume
Wachspflaume
Weinpflaume
Wunderpflaume
Zuckerpflaume
dem Raume
die geraume
dem Saume
das Gesaume
dem Schaume
das Geschaume
dem Taume
das Getaume
dem Traume
— Zaume

aumel

das Gebaumel
der Taumel
Festtaumel
Freudentaumel
Freyheitstaumel
Liebestaumel
Lusttaumel
Siegestaumel
Sinnentaumel
Weintaumel
Wogentaumel
Wollusttaumel
Wonnetaumel
Zaubertaumel
das Getaumel
die Traumel

aumeln

baumeln
aufbaumeln
ausbaumeln
herabbaumeln
herunter- *etc.*
nachbaumeln
niederbaumeln
taumeln
abtaumeln
antaumeln
auftaumeln
austaumeln
betaumeln
beyhertaumeln
dahertaumeln
dahintaumeln
durchtaumeln
entgegentaumeln
forttaumeln
hertaumeln
hin- *etc.* taumeln
mittaumeln
nachtaumeln
niedertaumeln
übertaumeln
umtaumeln
umhertaumeln
untertaumeln
vortaumeln
voran- *etc.* taumeln
wegtaumeln
zutaumeln
zurücktaumeln
den Traumeln

aumelnd

baumelnd
taumelnd
wonnetaumelnd

aumelns

des Baumelns
— Taumelns

aumels

des Gebaumels
— Taumels
— Getaumels

aumelst

du baumelst
— taumelst

aumelt

er baumelt
— taumelt

aumen

abbaumen
aufbaumen
fortbaumen
lochbaumen
purzelbaumen
der Daumen
Diebsdaumen
Handschuhdaumen
Hebedaumen
Mannsdaumen
verdaumen
abfaumen
die Flaumen
der Gaumen
vergaumen
die Pflaumen
beraumen
anberaumen
verraumen
— geraumen
saumen
schaumen
abschaumen
meerschaumen
taumen

aumend

abbaumend
aufbaumend
lochbaumend
purzelbaumend
verdaumend
abfaumend
vergaumend
beraumend
anberaumend
verraumend
saumend
schaumend
taumend

aumens

des Abbaumens
— Aufbaumens
— Lochbaumens
— Purzelbaumens
— Daumens
— Verdaumens
— Abfaumens
— Gaumens
— Vergaumens
— Beraumens
— Anberaumens
— Verraumens
— Saumens
— Schaumens
ein meerschaumen's
des Taumens

aumer

der Gaumer
— Saumer
— Schaumer
Raumer

aumern

den Gaumern
— Saumern
— Schaumern

aumers

des Gaumers
— Saumers
— Schaumers

aumes

des Baumes
— Daumes
— Faumes
— Flaumes
— Gaumes
— Raumes
ein geraumes
des Saumes
— Gesaumes
— Schaumes
— Geschaumes
— Taumes
— Getaumes
— Traumes
— Zaumes

aumest

du abbaumest
— aufbaumest
— lochbaumest
— purzelbaumest
— verdaumest
— abfaumest
— vergaumest
— beraumest
— anberaumest
— verraumest
— saumest
— schaumest
— taumest

aumet

er abbaumet
— aufbaumet
— lochbaumet
— purzelbaumet
— verdaumet
— abfaumet
— vergaumet
— beraumet
— anberaumet
— verraumet
er saumet
— schaumet
— taumet

aumig

faumig
flaumig
schaumig

aumle

ich baumle
das Gebaumle
ich taumle
das Getaumle

aumlig

baumlig
taumlig
traumlig

aums

des Baums
— Daums
— Faums
— Flaums
— Gaums
— Raums
ein geraum's
des Saums
— Gesaum's
— Schaums
— Geschaum's
— Taums
— Getaum's
— Traums
— Zaums

[gaumsen]

aumst

du abbaumst
— aufbaumst
— lochbaumst
— purzelbaumst
— verdaumst
— abfaumst
— vergaumst
— beraumst
— anberaumst
— verraumst
— saumst
— schaumst
— taumst

aumt

er abbaumt
— aufbaumt
— lochbaumt
— purzelbaumt
— verdaumt
abgefaumt
— vergaumt
— beraumt

anberaumt
er verraumt
— saumt
— schaumt
— taumt

aumte

er abbaumte
— aufbaumte
— lochbaumte
— purzelbaumte
— verdaumte
abgefaumte
— vergaumte
— beraumte
— anberaumte
— verraumte
— saumte
— schaumte
— taumte

aumten

sie abbaumten
— aufbaumten
— lochbaumten
— purzelbaumten
— verdaumten
abgefaumten
— vergaumten
— beraumten
— anberaumten
— verraumten
— saumten
— schaumten
— taumten

aumter

ein gelochbaumter
— verdaumter
— abgefaumter
— vergaumter
— anberaumter
— verraumter
— gesaumter

aumtes

ein gelochbaumtes
— verdaumtes
— abgefaumtes
— vergaumtes
— anberaumtes
— verraumtes
— gesaumtes

aumtest

du abbaumtest
— aufbaumtest
— lochbaumtest
— purzelbaumtest
— verdaumtest
— abfaumtest
du vergaumtest
— beraumtest
— anberaumtest
— verraumtest
— saumtest
— schaumtest
— taumtest

aumtet

ihr abbaumtet
— aufbaumtet
— lochbaumtet
— purzelbaumtet
— verdaumtet
— abfaumtet
— vergaumtet
— beraumtet
— anberaumtet
— verraumtet
— saumtet
— schaumtet
— taumtet

aumung

die Abbaumung
— Aufbaumung
— Verdaumung
— Abfaumung
— Vergaumung
— Anberaumung
— Saumung

aun

der Alaun
Bergalaun
Eisalaun
Federalaun
Felsalaun
Haaralaun
Katharinenalaun
Rotzalaun
Schieferalaun
Schüsselalaun
Steinalaun
Zuckeralaun
— Alraun
die Au'n
sie bau'n
Beraun
— blau'n
braun
bergbraun
blaſsbraun
blutbraun
dunkelbraun
erdbraun
feuerbraun
flohbraun
gelbbraun
gelblichbraun
gemeinbraun
goldbraun
graubraun
hellbraun
kaffeebraun
kastanienbraun
kästenbraun
kesselbraun
kirschbraun
kupferbraun
leberbraun
lederbraun
lichtbraun
mispelbraun
nagelbraun
nelkenbraun
nuſsbraun
pechbraun
purpurbraun
rindenbraun
rostbraun
rothbraun
röthlichbraun
ruſsbraun
schwarzbraun
sommersprossen-
spiegelbraun
tiefbraun
umbraun
violenbraun
zimmtbraun
das Ruſsbraun
sie brau'n
Brown
Daun
— verdau'n
der Faun
sie abflau'n
die Frau'n
— Gau'n
das Grau'n
Graun
sie hau'n
— kau'n
der Kalkaun
— Kapaun
Halbkapaun
die Klau'n
sie krau'n
— erlau'n
Laun
— miau'n
die Pfaun
sie pau'n
posaun'!
raun'!
der Rodaun
die Sau'n
sie schau'n
— ausschlau'n
— schnau'n
— schrau'n
Spaun
— stau'n

erstaun'!
sie tau'n
— thau'n
traun!
— trau'n
Traun
— zau'n
der Zaun
Bannzaun
Blüthenzaun
Breterzaun
Buchenzaun
Dornenzaun
Etterzaun
Feldzaun
Fischzaun
Flechtzaun
Flurzaun
Friedzaun
Gartenzaun
Gitterzaun
Grenzzaun
Hegezaun
Heckenzaun
Lattenzaun
Lindenzaun
Nätherzaun
Pfahlzaun
Schlickzaun
Schrankzaun
Spriegelzaun
Steckenzaun
Strichzaun
Weidenzaun
Wildzaun
Zwischenzaun
[Fauna]

aune

dem Alaune
ich alaune
dem Alraune
die Alraune
— braune
ich abbraune
die Augenbraune
— Daune
Eiderdaune
Schwanendaune
— Falkaune
dem Faune
das gehau'ne
die Kaldaune
dem Kalkaune
— Kapaune
ich kapaune
die Karthaune
Doppelkarthaune
Halbkarthaune
Steinkarthaune
Viertelkarthaune
Dreyviertelkarth.
die Laune
Abendlaune
Alltagslaune
Despotenlaune
Herrscherlaune
Hundstagslaune
Hundelaune
Kinderlaune
Liebeslaune
Mädchenlaune
Männerlaune
Mißlaune
Mittagslaune
Modelaune
Morgenlaune
Mutterlaune
Scherzlaune
Sonntagslaune
Sultanslaune
Tyrannenlaune
Uebellaune
Unlaune
Wankellaune
Wechsellaune
Weiberlaune
Wetterlaune
ich entlaune
das Gelaune
— Gemaune
die Posaune
Altposaune
Auferstehungs-
Baßposaune
Discantposaune
Donnerposaune
Jubelposaune
Tenorposaune
Todesposaune
Weltposaune
ich posaune
das Geposaune
ich raune
das Geraune
dem Rodaune
ich staune
das Gestaune
am Zaune
[maunelṇ]

aunen

alaunen
die Alraunen
— braunen
abbraunen
erbraunen
verbraunen
— Augenbraunen
— Daunen
Eiderdaunen
Schwanendaunen
— Falkaunen
— Faunen
— gehau'nen
die Kaldaunen
den Kalkaunen
die Kapaunen
kapaunen
die Karthaunen
— Launen
launen
entlaunen
maunen
— Posaunen
posaunen
abposaunen
anposaunen
aufposaunen
ausposaunen
einposaunen
fortposaunen
mitposaunen
nachposaunen
vorposaunen
zusammenposaunen
raunen
einraunen
nachraunen
vorraunen
zuraunen
zurückraunen
schlaunen
staunen
anstaunen
aufstaunen
ausstaunen
bestaunen
emporstaunen
erstaunen
überstaunen
verstaunen
das Erstaunen
Erstlingserstaunen
Wonneerstaunen

aunend

alaunend
abbraunend
erbraunend
verbraunend
kapaunend
entlaunend
maunend
posaunend
raunend
schlaunend
staunend

aunens

des Alaunens
— Abbraunens
— Erbraunens
— Verbraunens
— Kapaunens
— Entlaunens
— Maunens

des Posaunens
— Raunens
— Schlaunens
— Staunens
— Erstaunens

auner

ein brauner
— Gauner
Erzgauner
— Kapauner
— Launer
— Ausposauner
— Rauner
— Anstauner
— Zauner

auner n

einen brauner'n
den Gaunern
gaunern
abgaunern
ausgaunern
begaunern
herumgaunern
übergaunern
vergaunern
vorgaunern
weggaunern
— Kapaunern
— Launern
launern
— Ausposaunern
— Raunern
— Anstaunern
— Zaunern

auernd

gaunernd
launernd

auners

des Gaunerns
— Launerns

auners

ein brauner's
des Gauners
— Kapauners
— Launers
— Ausposauners
— Rauners
— Anstauners
— Zauners

auner ſt

du gaunerst
— launerst

auner t

er gaunert
— launert

aunes

des Alaunes
— Alraunes
ein braunes
des Faunes
ein behau'nes
des Kapaunes
— Gelaunes
— Geposaunes
— Geraunes
— Rodaunes
— Gestaunes
— Zaunes

aune ſt

du alaunest
— abbraunest
— erbraunest
— verbraunest
— kapaunest
— entlaunest
— maunest
— posaunest
— raunest
— staunest

aunet

er alaunet
— abbraunet
— erbraunet
— verbraunet
— kapaunet
— entlaunet
— maunet
— posaunet
— raunet
es schlaunet
er staunet

aunicht

alaunicht
daunicht

aunig

alaunig
daunig
launig
gleichlaunig
gutlaunig
mißlaunig
scherzlaunig
übellaunig
wohllaunig

aunisch

catalaunisch
faunisch
launisch
mißlaunisch
übellaunisch
wetterlaunisch

brownisch
antibrownisch
taunisch

aunlich

braunlich
erstaunlich

auns

des Alauns
— Alrauns
— Baun's
— Braun's
— Brauns
ein braun's
Browns
des Verdau'ns
— Fauns
— Abflau'ns
— Verfrau'ns
— Grau'ns
— Ergrau'ns
— Hau'ns
ein behau'n's
des Kau'ns
— Kapauns
— Klau'ns
— Krau'ns
— Erlau'ns
— Miau'ns
— Pau'ns
— Rodauns
— Versau'ns
— Schau'ns
— Ausschlau'ns
— Schnau'ns
— Schrau'ns
— Stau'ns
— Thau'ns
— Trau'ns
— Mißtrau'ns
— Vertrau'ns
— Zutrau'ns
— Zau'ns
— Zauns

aunsche

die *catalaun'sche*
— faun'sche
— *laun'sche*
— *brown'sche*
— Raunsche

aunschen

die *catalaun'schen*
— faun'schen
— laun'schen
— *brown'schen*
— Raunschen

aunscher

ein faun'scher
— laun'scher
— *brown'scher*

aunsches

ein faun'sches
— laun'sches
— *brown'sches*

aunst

du alaunst
— abbraunst
— erbraunst
— verbraunst
— kapaunst
— entlaunst
— maunst
— posaunst
— raunst
— staunst
— erstaunst

aunt

er alaunt
abgebraunt
— erbraunt
— verbraunt
— kapaunt
— entlaunt
gelaunt
gutgelaunt
mißgelaunt
schlechtgelaunt
übelgelaunt
wohlgelaunt
— maunt
— posaunt
— raunt
es schlaunt
er staunt
— erstaunt

aunte

er alaunte
der abgebraunte
er erbraunte
— verbraunte
— kapaunte
— entlaunte
der gelaunte
er maunte
— posaunte
— raunte
es schlaunte
er staunte
der Erstaunte

aunten

sie alaunten
die abgebraunten
sie erbraunten
— verbraunten
— kapaunten
— entlaunten
die gelaunten
sie maunten
— posaunten
— raunten
— staunten
die Erstaunten

aunter

ein alaunter
— abgebraunter
— erbraunter
— verbraunter
— gekapaunter
— entlaunter
— gelaunter
— ausposaunter
— zugeraunter
— erstaunter

auntern

einen verbraunter'n
— mißgelaunter'n
— ausposaunter'n
— angestaunter'n

aunters

ein verbraunter's
— mißgelaunter's
— ausposaunter's
— angestaunter's

auntes

ein alauntes
— abgebrauntes
— erbrauntes
— verbrauntes
— gekapauntes
— entlauntes
— gelauntes
— ausposauntes
— zugerauntes
— erstauntes

auntest

du alauntest
— abbrauntest
— erbrauntest
— verbrauntest
— kapauntest
— entlauntest
— mißgelauntest
— mauntest
— posauntest
— rauntest
— stauntest

auntet

ihr alauntet
— abbrauntet
— erbrauntet
— verbrauntet
— kapauntet
— entlauntet
— mauntet
— posauntet
— rauntet
— stauntet

auntste

der abgebraunt'ste
— mißgelaunt'ste
— ausposaunt'ste
— angestaunt'ste

auntstem

abgebraunt'stem
mißgelaunt'stem
ausposaunt'stem
angestaunt'stem

auntsten

die verbraunt'sten
— mißgelaunt'sten
— ausposaunt'sten
— angestaunt'sten

auntster

verbraunt'ster
mißgelaunt'ster
ausposaunt'ster
angestaunt'ster

auntstes

abgebraunt'stes
mißgelaunt'stes
ausposaunt'stes
angestaunt'stes

aunung

die Alaunung
— Abbraunung
— Erbraunung
— Verbraunung
— Kapaunung
— Entlaunung
— Ausposaunung
— Zuraunung
— Erstaunung

aunus

Caunus
Daunus
Faunus
Taunus

aunwerk

das Alaunwerk
— Zaunwerk

aunze

das Gemaunze
ich maunze
— raunze
das Geraunze
die Hintergraunse

aunzen

maunzen
raunzen

aunzend

maunzend
raunzend

aunzens

des Maunzens
— Raunzens

aunzes

des Gemaunzes
— Geraunzes

aunzest

du maunzest
— raunzest

aunzet

er maunzet
— raunzet

[raunzig]

aunzst

du maunzst
— raunzst

aunzt

er maunzt
— raunzt

aunzte

er maunzte
— raunzte

aunzten

sie maunzten
— raunzten

aunztest

du maunztest
— raunztest

aunztet

ihr maunztet
— raunztet

aup

der Raup
das Geraup'
— Geschnaup'

aupe

die Graupe
Bleygraupe
Brechgraupe
Eisengraupe
Gerstengraupe
Holzgraupe
Kobaltgraupe
Mehlgraupe
Palmgraupe
Perlgraupe
Seifengraupe
Setzgraupe
Stangengraupe
Sterngraupe
Waizengraupe
Wismuthgraupe
Zinngraupe
die Naupe
dem Raupe
die Raupe
Aalraupe
Afterraupe
Bärenraupe
Blattraupe
Buchenraupe
Bürstenraupe
Dillraupe
Dornraupe
Fichtenraupe
Graberaupe
Grasraupe
Heerraupe
Holzraupe
Käferraupe
Kameelraupe
Kernraupe
Knopfraupe
Krautraupe
Mordraupe
Nestraupe
Pelzraupe
Pferderaupe
Prozessionsraupe
Rindenraupe
Ringelraupe
Sattelraupe
Seidenraupe
Spannraupe
Weinraupe
Wolfsmilchsraupe
ich raupe
das Geraupe
die Schnaupe
ich schnaupe
das Geschnaupe
die Staupe
Blutstaupe
böse Staupe
— Taupe

aupel

die Graupel
das Gegraupel
— Gekaupel
— Geknaupel
die Taupel

aupeln

die Graupeln
graupeln
kaupeln
abkaupeln
auskaupeln
fortkaupeln
nachkaupeln
verkaupeln
zukaupeln
knaupeln
abknaupeln
aufknaupeln
ausknaupeln
beknaupeln
losknaupeln
nachknaupeln
zerknaupeln
die Taupeln

aupelnd

graupelnd
kaupelnd
knaupelnd

aupelns

des Graupelns
— Kaupelns
— Knaupelns

aupels

des Gegraupels
— Gekaupels
— Geknaupels

aupelt

es graupelt
er kaupelt
— knaupelt

aupen

die Graupen
Graupen
— Raupen
raupen
abraupen
beraupen
fortraupen
mitraupen
nachraupen
schnaupen
die Schnaupen
— Staupen

aupend

raupend
schnaupend

aupens

des Raupens
— Schnaupens

auper

das Geauper
der Rauper
ein Schnauper
pauper

aupern

sich aupern
den Raupern
— Schnaupern

aupers

des Geaupers
— Raupers
— Schnaupers

aupes

des Raupes
— Geraupes
— Geschnaupes

aupest

du raupest
— schnaupest

aupet

er raupet
— schnaupet

aupig

graupig
feingraupig
grobgraupig
schnaupig
staupig

auple

es grauple
das Gegrauple
ich kauple
das Gekauple
ich knauple
das Geknauple

aupler

ein Kaupler
— Knaupler

auplern

den Kauplern
— Knauplern

auplers

des Kauplers
— Knauplers

aups

des Raups
— Geraups
— Geschnaups

aupst

du raupst
— schnaupst

aupt

das Haupt
Balgenhaupt
Balghaupt
Barhaupt
Berghaupt
Brockenhaupt
Brückenhaupt
Drachenhaupt
Eishaupt
Eselshaupt
Voreselshaupt
Familienhaupt
Feldhaupt
Felsenhaupt
Gorgonenhaupt
Heldenhaupt
Hinterhaupt
Hopfenhaupt
Hunderthaupt
Kaulhaupt
Ketzerhaupt
Kirchenhaupt
Krauthaupt
Lockenhaupt
Löwenhaupt
Lorbeerhaupt
Mannshaupt
Marmorhaupt
Medusenhaupt
Mohnhaupt
Oberhaupt
Reichsoberhaupt
Staatsoberhaupt
Parteyhaupt
Pflughaupt
Platthaupt
Priesterhaupt
Rasenhaupt
Räuberhaupt
Rathshaupt
Reichshaupt
Riesenhaupt
Rosenhaupt
Rundhaupt
Salathaupt
Säulenhaupt
Schlangenhaupt
Schneehaupt
Siegerhaupt
Silberhaupt
Staatshaupt
Sterbehaupt
Strahlenhaupt
Strauchhaupt
Unterhaupt
Unwitterhaupt
Vorhaupt
Vorderhaupt
Wackelhaupt
Widderhaupt
Wolkenhaupt
Wollenhaupt
Löwenhaupt
barhaupt
überhaupt
er raupt
geraupt
— schnaupt

aupte

dem Haupte
ich behaupte
— enthaupte
der barhaupte
ich raupte
— schnaupte

aupten

behaupten
enthaupten
die barhaupten
sie raupten
— schnaupten

aupter

der Behaupter
ein barhaupter
— abgeraupter

auptes

des Hauptes
ein barhauptes
— abgerauptes

auptest

du behauptest
— enthauptest
— rauptest
— schnauptest

auptet

er behauptet
— enthauptet
ihr rauptet
— schnauptet

{hauptig, 1 - 100-
barhauptig
behauptlich
Behauptung

aupts

des Haupts
ein abgeraupt's

aupt'st

du behaupt'st
— enthaupt'st
— raupt'st
— schnaupt'st

aur

Auf der Maur
der *Bucentaur*
— *Centaur*
— *Giaur*
— *Hippocentaur*
— *Maur'*
— *Minotaur*
sau'r

aura

Aura (popularis)
Isaura
Laura
St. Maura
Rosaura
[der Saurach]
[— Taurant]

aura's

Isaura's
Laura's
Rosaura's

au're

ich verbau're
— dau're
— bedau're
— lau're
das Gelau're
ich mau're
das Gemau're
der *Maure*
die sau're
ich versau're
— schau're
das Geschau're
ich trau're
das Getrau're
eine blau're
— flau're
— genau're
— glau're
— grau're
— lau're
— nau're
— rauh're
— schlau're

aurem

saurem
blau'rem
flau'rem
genau'rem
glau'rem
grau'rem
lau'rem
nau'rem
rauh'rem
schlau'rem
ad aurem

auren

die Bau'ren
— verbau'ren
Clauren
— dauren
— bedauren
— Centauren
Hippocentauren
lauren
mauren
— *Mauren*
— nauren
— sauren
versauren
schauren
trauren
— blau'ren
— flau'ren
— genau'ren
— glau'ren
— grau'ren
— lau'ren
— nau'ren
— rauh'ren
— schlau'ren

aurend

verbaurend
daurend
bedaurend
laurend
maurend
naurend
versaurend
schaurend
traurend

aurens

des Verbaurens
— Daurens
— Bedaurens
— Laurens
— Maurens
— Naurens
— Versaurens
— Schaurens
— Traurens

aurer

ein Bedaurer
— Laurer
Auflaurer
ein Maurer
Bergmaurer
Freymaurer
schottischer Maurer
Winkelmaurer
— saurer
— Traurer
— blau'rer
— flau'rer
— genau'rer
— glau'rer
— grau'rer
— lau'rer
— nau'rer
— rauh'rer
— schlau'rer

aurern

den Bedaurern
— Laurern
— Maurern
— Freymaurern
einen saurer'n
den Traurern

aurers

des Bedaurers
— Laurers
— Maurers
— Freymaurers
ein saurer's
des Traurers

aures

ad surdas aures
des Gelau'res
— Gemau'res
— Geschau'res
— Getrau'res
ein saures
— blau'res
— flau'res
— genau'res
— glau'res
— grau'res
— lau'res
— nau'res
— rauh'res
— schlau'res

aurest

du verbau'rest
— dau'rest
— bedau'rest
— laurest
— maurest
— naurest
— versaurest
— schaurest
— traurest

auret

er verbauret
— dauret
— bedauret
— lauret
— mauret
— nauret
— versauret
— schauret
— trauret

auria

Calauria
Isauria

aurien

Daurien
Isaurien
Taurien

auriens

Dauriens
Isauriens
Tauriens

aurig

laurig
maurig
hochmaurig
schaurig
traurig
der Taurich

auris

Kauris
Tauris

aurisch

centaurisch
daurisch
isaurisch
maurisch
taurisch

aurung

die Verbau'rung
— Dau'rung
— Bedau'rung
— Belau'rung
— Vermau'rung
— Versau'rung
— Ueberschau'rung
— Betrau'rung

aurus

Bucentaurus
Caurus
Epidaurus
Laurus
Maurus
Metaurus
Minotaurus
Scaurus
Taurus

aus

aus
daraus
geradaus
heraus
hinaus
obenaus
thalaus
überaus
voraus
bevoraus
woraus
der Garaus
— Kehraus
— Reißaus
— Saufaus
— Trumpfaus
— Applaus
Bogislaus
Boleslaus
— Braus
das Gebraus
— Daus
Eicheldaus
Gründaus
Kleedaus
Rothdaus
Saudaus
Schellendaus
d'raus
der Flaus
pia fraus
graus
— Graus
Gluthgraus
Nachtgraus
Mitternachtgraus
Schlachtgraus
Steingraus
Wonnegraus
das Haus
Abdünstungshaus
Absteigehaus
Allerleyhaus
Amthaus
Ananashaus
Andachtshaus
Arbeitshaus
Armenhaus
Aussichtshaus
Backhaus
Badehaus
Bauerhaus
Beinhaus
Berghaus
Bereithaus
Besserungshaus
Bethaus
Bienenhaus
Bierhaus
Blatternhaus
Bluthaus
Blockhaus
Branntweinhaus
Brauthaus
Brauhaus
Brennhaus
Brockenhaus
Brückenhaus
Bürgerhaus
Chausseehaus
Churhaus
Commandantenhaus
Darrhaus
Diebshaus
Dienerhaus
Diensthaus
Dirnenhaus
Donnerhaus
Drescherhaus
Drillhaus
Durchhaus
Durchgangshaus
Eckhaus
Einkehrhaus
Entbindungshaus
Entenhaus
Erbhaus
Erkerhaus
Erziehungshaus
Fallhaus
Färbehaus
Fasanenhaus
Fechthaus
Federhaus
Felsenhaus
Findelhaus
Fischhaus
Fischerhaus
Forsthaus
Freyhaus
Freudenhaus
Fruchthaus
Fürstenhaus
Ganerbenhaus
Gänsehaus
Ganthaus
Gartenhaus
Gasthaus
Gebärhaus
Geleitshaus
Gemeinhaus
Gemeindehaus
Geneshaus
Gerberhaus
Gerichtshaus
Gesetzgebungshaus
Gestüthaus
Gewächshaus

Gewandhaus
Gewerkhaus
Gichthaus
Giebelhaus
Gießhaus
Glashaus
Glockenhaus
Götzenhaus
Gotteshaus
Grashaus
Grenzhaus
Grudenhaus
Handelshaus
Handlungshaus
Harnischhaus
Heiligenhaus
Herrenhaus
Himmelshaus
Hinterhaus
Hirtenhaus
Hochzeithaus
Horchhaus
Hühnerhaus
Hundehaus
Hurenhaus
Huthaus
Irrenhaus
Jägerhaus
Jammerhaus
Judenhaus
Kackhaus
Kaffeehaus
Kartenhaus
Kaufhaus
Kaufmannshaus
Kayserhaus
Kellerhaus
Kernhaus
Klagehaus
Königshaus
Knochenhaus
Kornhaus
Kosthaus
Krämerhaus
Krankenhaus
Kriegerhaus
Lagerhaus
Landhaus
Landschafthaus
Leichenhaus
Leidhaus
Leihhaus
Liegehaus
Löwenhaus
Lusthaus
Malzhaus
Marmorhaus
Metzenhaus
Miethhaus
Mühlenhaus
Muhmenhaus
Münzhaus
Mußhaus
Nachbarhaus
Nachthaus
Narrenhaus
Nebenhaus
Oberhaus
Obsthaus
Offenhaus
Opernhaus
Pachthaus
Pfaffenhaus
Pfarrhaus
Pflegehaus
Pfründhaus
Pfundhaus
Planhaus
Pochhaus
Pockenhaus
Posthaus
Preßhaus
Priesterhaus
Privathaus
Querhaus
Raspelhaus
Rathhaus
Rathshaus
Reithaus
Richterhaus
Ritterhaus
Rösthaus
Rüsthaus
Salzhaus
Schachthaus
Schäferhaus
Schaubenhaus
Schauspielhaus
Scheißhaus
Schenkhaus
Schießhaus
Schilderhaus
Schlachthaus
Schlafhaus
Schmelzhaus
Schmerzenshaus
Schnappshaus
Schnickhaus
Schönsichtshaus
Schulhaus
Schütthaus
Schützenhaus
Schweinhaus
Schwörhaus
Seitenhaus
Sicherungshaus
Siechhaus
Soldatenhaus
Sommerhaus
Sonnenhaus
Speisehaus
Spielhaus
Spinnhaus
Sprachhaus
Sprallhaus
Spritzenhaus
Spülhaus
Stadthaus
Stammhaus
Stampfhaus
Stehhaus
Steinhaus
Sterbehaus
Sternhaus
Stiftshaus
Stockhaus
Striegelhaus
Strohhaus
Sündenhaus
Tanzhaus
Taubenhaus
Teichhaus
Tempelhaus
Thalhaus
Thierhaus
Thurmhaus
Tollhaus
Traghaus
Traiteurhaus
Trauerhaus
Treibehaus
Treppenhaus
Trinkhaus
Trockenhaus
Tuchhaus
Uebungshaus
 Waffenübungshaus
Unterhaus
Unzuchthaus
Urkundenhaus
Vaterhaus
Versammlungshaus
Viehhaus
Vogelhaus
Vorderhaus
Vorhaus
Vorrathshaus
 Seevorrathshaus
Waarenhaus
Wachhaus
Wachthaus
Waffenhaus
Wagehaus
Waisenhaus
Waldhaus
Warthaus
Waschhaus
Wechselhaus
Wasserhaus
Weiberhaus
Weiherhaus
Weinhaus
Weiserhaus
Werkhaus
Winterhaus
Winzerhaus

Wirthshaus
Wohnhaus
Zapfenhaus
Zechenhaus
Zechhaus
Zellenhaus
Zelthaus
Zergliederungshaus
Zeughaus
Seezeughaus
Zinnhaus
Zinshaus
Zollhaus
Zuchthaus
Zunfthaus
Zwerchhaus
Brockhaus
kraus
krüppkraus
die Laus
Ahornlaus
Baumlaus
Bienenlaus
Blattlaus
Bücherlaus
Citronenlaus
Distellaus
Elephantenlaus
Fichtenlaus
Filzlaus
Gänselaus
Holzlaus
Hühnerlaus
Hundslaus
Kellerlaus
Kleiderlaus
Kopflaus
Leiblaus
Lindenlaus
Meldenlaus
Nelkenlaus
Nessellaus
Papierlaus
Pappellaus
Pastinaklaus
Pfaffenlaus
Plattlaus
Pomeranzenlaus
Reitlaus
Rosenlaus
Schaflaus
Scharlachlaus
Schildlaus
Lockschildlaus
Lindenschildlaus
Ulmenschildlaus
Weidenschildlaus
Schildkrötenlaus
Seelaus
Spinnlaus
Stachelbeerlaus
Staublaus
Stollenlaus
Ulmenlaus
Vogellaus
Wandlaus
Wasserlaus
Wegelaus
Weidenlaus
Wermuthlaus
Wickenlaus
Zimmerlaus
Laus (Deo)
propria laus (sordet)
die Maus
Alpmaus
Bärmaus
Bergmaus
Bilchmaus
Blindmaus
Blinzelmaus
Buchmaus
Buschmaus
Erdmaus
Fahrmaus
Feldmaus
Fledermaus
Blattfledermaus
Brillenfledermaus
Gebirgsmaus
Gegenmaus
Gelenkmaus
Goldmaus
Haselmaus
Hasenmaus
Hausmaus
Kaninchenmaus
Kirchmaus
Kleppmaus
Maulwurfsmaus
Meermaus
Perlmaus
Pfeilmaus
Pharaonsmaus
Raitmaus
Rosselmaus
Rollmaus
Rothmaus
Rüsselmaus
Schermaus
Schnarrmaus
Schnorrmaus
Schormaus
Schrotmaus
Schurmaus
Schwertelmaus
Seemaus
Speckmaus
Speiseröhrenmaus
Spitzmaus
Springmaus
Stadtmaus
Stockmaus
Stofsmaus
Streifmaus
Sumpfmaus
Tulpenmaus
Untermaus
Uralmaus
Waldmaus
Wandermaus
Wassermaus
Wasserschaufelmaus
Wasserspitzmaus
Wühlmaus
Wurzelmaus
Zibetmaus
Zieschmaus
Zischmaus
'naus
'raus
der Saus
Saus und Braus
— Schmaus
Abendschmaus
Abschiedsschmaus
Antrittsschmaus
Augenschmaus
Auszugsschmaus
Bauerschmaus
Begräbnisschmaus
Bettelschmaus
Bürgerschmaus
Cramerschmaus
Doctorschmaus
Einweihungsschm.
Einzugsschmaus
Ernteschmaus
Faschingsschmaus
Fastnachtsschmaus
Festschmaus
Friedensschmaus
Frühlingsschmaus
Geburtstagsschmaus
Gevatterschmaus
Hebeschmaus
Herbstschmaus
Hochzeitsschmaus
Jahresschmaus
Neujahrsschmaus
Jubelschmaus
Kindtaufschmaus
Kirmesschmaus
Krönungsschmaus
Leichenschmaus
Martinsschmaus
Mittagsschmaus
Nachschmaus
Nachtschmaus
Ohrenschmaus
Opferschmaus
Pfannenschmaus
Richtschmaus
Schnitterschmaus
Schützenschmaus
Seelenschmaus

Siegesschmaus
Taufschmaus
Weihnachtsschmaus
Weinschmaus
der Strauſs
Blumenstrauſs
Blüthenstrauſs
Busenstrauſs
Demantstrauſs
Federstrauſs
Gevatterstrauſs
Frühlingsstrauſs
Helmstrauſs
Hochzeitsstrauſs
Nelkenstrauſs
Rosenstrauſs
Samenstrauſs
Veilchenstrauſs *etc.*
— Strauſs (pugna)
Ehrenstrauſs
Ritterstrauſs
— Strauſs (struthio)
Kameelstrauſs
Vogelstrauſs
— Taus
— Vogelfiraus
Agesilaus
Amphiaraus
Archelaus
Arcesilaus
Bogislaus
Boleslaus
Claus
Ladislaus
Menelaus
Miecislaus
Primislaus
Protesilaus
Stanislaus
Uladislaus
Wenzeslaus
des Bau's
— Gebau's
— Bärenklau's
— Bakeliau's
ein blau's
des Geblau's
— Brau's
— Gebrau's
ein flau's
des Geflau's
— Gau's
ein genau's
— glau's
— grau's
des Hau's
— Gehau's
— Hohenau's
— Gekau's
— Kabliau's
— Gekrau's
— Gemau's

des Gemiau's
— Nau's
ein nau's
des Gepau's
— Pippau's
ein rauh's
des Gerauh's
— Gesau's
— Geschau's
ein schlau's
des Geschnau's
— Geschrau's
— Silau's
— Sinau's
— Geschau's
— Gestau's
— Tau's
— Getau's
— Thau's
— Gethau's
— Gotrau's
— Unau's
— Wau's
— Wau-wau's
— Gezau's
ich schau's *etc.*

ausa

Amausa
Causa

ausam

bausam
grausam
trausam
ad causam

ausch

der Bausch
Vorderbausch
— Flausch
— Lausch
— Rausch
Bierrausch
Brantweinrausch
Champagnerrausch
Faschingsrausch
Festrausch
Freyheitsrausch
Jugendrausch
Liebesrausch
Minnerausch
Punschrausch
Seelenrausch
Siegesrausch
Sinnenrausch
Sonntagsrausch
Taumelrausch
Vergnügensrausch
Weinrausch
Wollustrausch
Wonnerausch
Zornrausch

der Tausch
Abtausch
Austausch
Eintausch
Gegentausch
Gütertausch
Herzenstausch
Kleidertausch
Namenstausch
Seelentausch
Umtausch
Vertausch
Waarentausch
Wechseltausch
Worttausch
— *Tschausch*

ausche

im Bausche
es bausche
das Gebausche
die Brausche
dem Flausche
die Kausche
— Karausche
Goldkarausche
Karpfenkarausche
Rothkarausche
Steinkarausche
Strandkarausche
ich knausche
das Geknausche
ich lausche
das Gelausche
dem Lausche
ich pausche
das Gepausche
ich plausche
das Geplausche
ich prausche
das Geprausche
dem Rausche
ich rausche
das Gerausche
ich berausche
ich tausche
das Getausche
dem Tausche
die Tausche
dem *Tschausche*

[Mauschel mauscheln]

auschen

den Bauschen
bauschen
aufbauschen
durchbauschen
überbauschen
die Brauschen
den Flauschen

die Kauschen
— Karauschen
knauschen
zusammenknausch.
lauschen
ablauschen
auflauschen
auslauschen
belauschen
erlauschen
mitlauschen
nachlauschen
überlauschen
umlauschen
umherlauschen
vorlauschen
zulauschen
pauschen
auspauschen
plauschen
anplauschen
ausplauschen
nachplauschen
vorplauschen
prauschen
rauschen
anrauschen
aufrauschen
berauschen
daherrauschen
dahinrauschen
durchrauschen
einherrauschen
emporrauschen
entrauschen
entgegenrauschen
errauschen
fortrauschen
herrauschen
hin- *etc.* rauschen
mitrauschen
nachrauschen
niederrauschen
überrauschen
umrauschen
verrauschen
vorrauschen
vorbey- *etc.* rausch.
wegrauschen
zerrauschen
zurückrauschen
lustberauschen
tauschen
abtauschen
austauschen
eintauschen
ertauschen
nachtauschen
umtauschen
vertauschen
den *Tschauschen*

auschend

bauschend
knauschend
lauschend
pauschend
plauschend
prauschend
rauschend
tauschend

auschens

des Bauschens
— Knauschens
— Lauschens
— Pauschens
— Plauschens
— Prauschens
— Rauschens
— Tauschens

auscher

kauscher
das Gekauscher
ein Lauscher
— Plauscher
— Tauscher

auschern

die kauschern
kauschern
den Lauschern
— Plauschern
— Tauschern

auschers

ein kauscher's
des Gekauschers
— Lauschers
— Plauschers
— Tauschers

ausches

des Bausches
— Gebausches
— Flausches
— Geknausches
— Lausches
— Gelausches
— Gepausches
— Geplausches
— Geprausches
— Rausches
— Gerausches
— Tausches
— Getausches
— Tschausches

auschest

du bauschest
— knauschest
du lauschest
— pauschest
— plauschest
— prauschest
— rauschest
— berauschest
— tauschest

auschet

es bauschet
er knauschet
— lauschet
— pauschet
— plauschet
— prauschet
— rauschet
— berauschet
— tauschet

auschig

bauschig
plauschig
rauschig

auschs

des Bauschs
— Gebauschs
— Flauschs
— Geknauschs
— Lauschs
— Gelauschs
— Gepauschs
— Geplauschs
— Geprauschs
— Rauschs
— Gerauschs
— Tauschs
— Getauschs
— Tschauschs

auschst

du bauschst
— knauschst
— lauschst
— pauschst
— plauschst
— prauschst
— rauschst
— berauschst
— tauschst

auscht

es bauscht
er knauscht
— lauscht
der Pauscht
er pauscht
— plauscht
— prauscht
— rauscht
— berauscht
— tauscht

auschte

es bauschte
er knauschte
— lauschte
dem Pauschte
er pauschte
— plauschte
— prauschte
— rauschte
— berauschte
— tauschte

auschtem

aufgebauschtem
zusammengeknauscht.
belauschtem
gepauschtem
angeplauschtem
geprauschtem
berauschtem
vertauschtem

auschten

sie bauschten
— knauschten
— lauschten
— pauschten
— plauschten
— prauschten
— rauschten
— tauschten

auschter

ein aufgebauschter
— zusammengeknauscht.
— belauschter
— gepauschter
— angeplauschter
— geprauschter
— berauschter
— getauschter

auschtes

ein aufgebauschtes
— zusammengeknauscht.
— belauschtes
des Pauschtes
ein gepauschtes
— angeplauschtes
— geprauschtes
— berauschtes
— vertauschtes

auschtest

du bauschtest
— knauschtest
— belauschtest
— pauschtest
— plauschtest
— prauschtest
— rauschtest
— berauschtest
— tauschtest

auschtet

ihr bauschtet
— knauschtet
— lauschtet
— pauschtet
— plauschtet
— prauschtet
— rauschtet
— berauschtet
— tauschtet

auschung

die Aufbauschung
— Zusammenknausch.
— Belauschung
— Pauschung
— Anplauschung
— Prauschung
— Berauschung
— Vertauschung

ause

dem Applause
die Bause
es bause
das Gebause
der *Banause*
die Brause
ich brause
das Gebrause
Schaumgebrause
Wogengebrause
dem Dause
die Flause
dem Grause
es grause
der grause
im Hause
zu Hause
ich hause
das Gehause
ich jause
das Gejause
die Karthause
— Klause
Eremitenklause
Ehrenbergerklause
ich krause
das Gekrause
der krause
die Krause
Busenkrause
Faltenkrause
Haarkrause
Halskrause
Handkrause
Hemdkrause
Kinderkrause
Narrenkrause
Priesterkrause
Spitzenkrause
ich lause
das Gelause
ich mause
das Gemause
die Mause
— Pause
Lebenspause
Musikpause
Taktpause
Tanzpause
Viertelpause
$\frac{1}{2}$-$\frac{1}{8}$-$\frac{1}{16}$-$\frac{1}{32}$-$\frac{1}{64}$pause
ich pfause
das Gepfause
ich rause
das Gerause
im Sause
ich sause
das Gesause
dem Schmause
ich schmause
das Geschmause
dem Strauſse
ich strauſse
das Gestrauſse
ich tause
das Getause
ich zause
das Gezause

ausel

das Blausel
— Geblausel
die Clausel
das Gemausel

auseln

den Blauseln
blauseln
die Clauseln
verclauseln
mauseln

auselnd

blauselnd
verclauselnd
mauselnd

auselns

des Blauselns
— Verclauselns
— Mauselns

auselt

er blauselt
— verclauselt
— mauselt

ausem

grausem
krausem

ausen

die *Amausen*
— Bausen
bausen
aufbausen
— *Banausen*
brausen
abbrausen
aufbrausen
ausbrausen
daherbrausen
dahinbrausen
durchbrausen
einherbrausen
emporbrausen
entbrausen
erbrausen
fortbrausen
hin- und her- *etc.* brausen
nachbrausen
niederbrausen
überbrausen
umbrausen
umherbrausen
verbrausen
vorbrausen
voran- *etc.* brausen
wegbrausen
das Ohrenbrausen
die Causen
— Flausen
der Grausen
die grausen
grausen
angrausen
ergrausen
nachgrausen
umgrausen
hausen
behausen
einhausen
verhausen
der Hausen
die Jausen
jausen
die Klausen
— Krausen
— krausen
krausen
aufkrausen
lausen
ablausen
auslausen
fortlausen
nachlausen
überlausen
verlausen
mausen
ausmausen
bemausen
fortmausen
mitmausen
nachmausen
vormausen
wegmausen
zusammenmausen
die Pausen
pfausen
rausen
sausen
absausen
aufsausen
aussausen
dahersausen
dahinsausen
durchsausen
einsausen
entsausen
ersausen
hin- und her- *etc.* sausen
nachsausen
niedersausen
übersausen
umsausen
umhersausen
versausen
vorsausen
vorbey- *etc.* sausen
das Ohrensausen
schmausen
abschmausen
aufschmausen
ausschmausen
beschmausen
durchschmausen
fortschmausen
mitschmausen
nachschmausen
überschmausen
verschmausen
wegschmausen
zuschmausen
tausen
zausen
auszausen
durchzausen
fortzausen
mitzausen
niederzausen
überzausen
umzausen
unterzausen
verzausen
wegzausen
zerzausen
zurückzausen
außen
d'raußen
von haußen
haußen
den Straußen
straußen
Frankenhausen
Mühlhausen
Schaffhausen
Münchhausen
Tschirnhausen etc.

ausend

bausend
brausend
grausend
hausend
jausend
krausend
lausend
mausend
pfausend
rausend
sausend
schmausend
tausend
das Tausend
Großtausend
Jahrtausend
Meilentausend
der Tausend!
potz Tausend!
zausend
haußend
straußend

ausens

des Bausens
— Brausens
— Grausens
— Behausens
— Hausens
— Jausens
— Krausens
— Lausens
— Mausens
— Pfausens
— Rausens
— Sausens
— Schmausens
— Tausens
— Zausens
— Haußens
— Straußens

auser

ein Brauser
— grauser
— Knauser
Erzknauser
das Geknauser

ein krauser
— Lauser
die Mauser
das Gemauser
ein Mauser
— Sauser
— Schmauser
auſser

auſerm

grauser'm
krauser'm
auſser'm

auſern

den Brausern
einen grauser'n
den Knausern
knausern
abknausern
beknausern
erknausern
nachknausern
zusammenknausern
einen krauser'n
den Lausern
— Mausern
sich mausern
ausmausern
herausmausern
nachmausern
den Sausern
— Schmausern
auſser'n

auſernd

knausernd
mausernd

auſerns

des Knauserns
— Mauserns

auſers

des Brausers
ein grauser's
des Knausers
— Geknausers
ein krauser's
des Lausers
— Mausers
— Gemausers
— Sausers
— Schmausers
auſser's

auſerſt

du knauserst
— mauserst

auſert

er knausert
— mausert

auſes

des Applauses
— Gebauses
— Gebrauses
— Dauses
— Grauses
ein grauses
des Hauses
— Gehauses
— Gejauses
— Gekrauses
— Gelauses
— Gemauses
— Gepfauses
— Gerauses
— Sauses
— Gesauses
— Schmauses
— Geschmauses
— Getauses
— Gezauses
— Strauſses
— Gestrauſses

auſeſt

du bausest
— brausest
grausest
— hausest
— jausest
— krausest
krausest
— lausest
— mausest
— pfausest
— rausest
— sausest
— schmausest
— tausest
— zausest
— strauſsest

auſet

er bauset
— brauset
es grauset
er hauset
— jauset
— krauset
— lauset
— mauset
— pfauset
— rauset
— sauset
— schmauset
— tauset
— zauset
— strauſset

auſig

brausig
grausig
lausig
mausig
sausig
strauſsig
Auſsig

auſiſch

brockhausisch
münchhausisch
tschirnhausisch etc.

ausle

ich blausle
das Geblausle
ich verclausle
— mausle
das Gemausle

auslich

grauslich
krauslich
mauslich

auſre

ich knaus're
das Geknaus're
ich maus're
das Gemaus're
der auſs're

auſt

der Aust
er baust
— braust
die Faust
Heldenfaust
Riesenfaust
Faust
es graust
er haust
— jaust
der Knaust
er kraust
— laust
— maust
— pfaust
— raust
— saust
— schmaust
— zaust
— strauſst
du bau'st
— blau'st
blau'st
— brau'st
— dau'st
— verdau'st
— flau'st
flau'st
— verfrau'st
genau'st

glau'st
grau'st
du ergrau'st
— hau'st
— kau'st
— klau'st
— krau'st
— erlau'st
lau'st
— mau'st
— miau'st
nau'st
— pau'st
— rauh'st
rauh'st
— versau'st
— schau'st
— ausschlau'st
schlau'st
— schnau'st
— schrau'st
— stau'st
— tau'st
— thau'st
— trau'st
— vertrau'st
wau'st
— zau'st

auste

dem Auste
er bauste
— brauste
ich fauste
das Gefauste
es grauste
er hauste
— jauste
dem Knauste
er krauste
— lauste
— mauste
ich pauste
das Gepauste
er pfauste
— rauste
— sauste
— schmauste
— zauste
— straufste
der blau'ste
— flau'ste
— genau'ste
— glau'ste
— grau'ste
— lau'ste
— nau'ste
— rauh'ste
— schlau'ste
— wau'ste

austem

blau'stem
flau'stem
genau'stem
glau'stem
grau'stem
lau'stem
nau'stem
rauh'stem
schlau'stem
wau'stem

austen

sie bausten
— brausten
fausten
ausfausten
— grausten
— hausten
— jausten
— krausten
— lausten
— mausten
— pausten
pfausten
— rausten
— sausten
— schmaústen
— zausten
— straufsten
die blau'sten
— flau'sten
— genau'sten
— glau'sten
— grau'sten
— lau'sten
— nau'sten
— rauh'sten
— schlau'sten
— wau'sten

austend

faustend
paustend

austens

des Faustens
— Paustens

auster

die Auster
Arsenalauster
Baumauster
Bergauster
Holzauster
Kernauster
Meerauster
Perlenauster
Pfützenauster
Sandauster
Scheibenauster
Steinauster
Thonauster
Topfauster
ein ausgebrauster
— behauster
— gekrauster
— verlauster
— gemauster
— durchsauster
— beschmauster
— zerzauster
das Gezauster
ein blau'ster
— flau'ster
— genau'ster
— glau'ster
— grau'ster
— lau'ster
— nau'ster
— rauh'ster
— schlau'ster
— wau'ster
Auster

austern

die Austern
ausmaustern
zaustern
einen ausgebrauster'n
— gekrauster'n
— verlauster'n
— zerzauster'n

austernd

ausmausternd
zausternd

austers

ein ausgebrauster's
— gekrauster's
— verlauster's
— zerzauster's
des Gezausters

austert

er ausmaustert
— zaustert

austes

des Austes
ein ausgebraustes
— behaustes
des Gefaustes
Faustes
— Knaustes
ein gekraustes
— verlaustes
— gemaustes
des Gepaustes
ein durchsaustes
— beschmaustes
— zerzaustes

blau'stes
flau'stes
genau'stes
glau'stes
grau'stes
lau'stes
nau'stes
rauh'stes
schlau'stes
wau'stes
du schaust es *etc.*
Tithraustes

austest

du baustest
— braustest
— faustest
— graustest
— haustest
— jaustest
— kraustest
— laustest
— maustest
— paustest
— pfaustest
— raustest
— saustest
— schmaustest
— zaustest
— strauſstest

austet

ihr baustet
— braustet
er faustet
ihr graustet
— haustet
— jaustet
— laustet
— maustet
er paustet
ihr pfaustet
— raustet
— saustet
— schmaustet
— zaustet
— strauſstet

austheit

die Verlaustheit
— Zerzaustheit

austik

Kaustik
Enkaustik
faustdick
Baustück
Schaustück

austisch

Faustisch
kaustisch
enkaustisch

austre

ich ausmaustre
— zaustre
das Gezaustre
eine ausgebraust're
— gekraust're
— verlaust're
— zerzaust're

austrer

ein ausgebraust'rer
— gekraust'rer
— verlaust'rer
— zerzaus'trer

austres

ein ausgebraust'res
— gekraust'res
— verlaust'res
— zerzaust'res
des Gezaustres

auste

der ausgebraust'ste
— gekraust'ste
— verlaust'ste
— zerzaust'ste

austem

ausgebrauststem
gekrauststem
verlauststem
zerzauststem

austen

die ausgebrauststen
— gekrauststen
— verlauststen
— zerzauststen

auster

ausgebraustster
gekraustster
verlaustster
zerzaustster

austes

ausgebrauststes
gekrauststes
verlauststes
zerzauststes

austung

die Faustung
— Paustung

austus

Haustus
exhaustus
Faustus

aut

aut! aut!
der Aëronaut
— Argonaut
— Arnaut
er baut
erbaut
— blau't
— braut
gebrau't
die Braut
Ankenbraut
Eisenbraut
Fürstenbraut
Geisterbraut
Himmelsbraut
Jubelbraut
Seelenbraut
Silberbraut
Soldatenbraut
Teufelsbraut
Wasserbraut
Windsbraut
er dau't
— verdaut
— flau't
— verfrau't
es grau't
mir graut
ergrau't
er hau't
die Haut
Aalhaut
Aderhaut
Schlagaderhaut
Augenhaut
Augenliedhaut
Bärenhaut
Bauchhaut
Berghaut
Biberhaut
Blinzelhaut
Bockshaut
Darmhaut
Drachenhaut
ehrliche Haut
Elendhaut
Eselshaut
faule Haut
Fetthaut
Fischhaut
Flechsenhaut
Fleischhaut
Flughaut
Fruchthaut

Gänsehaut
Gaumenhaut
Gebärmutterhaut
Geburtshaut
Gefäſshaut
Gegenhaut
Gekröshaut
Glashaut
Goldschlägerhaut
Hängehaut
Harnhaut
Heidenhaut
Herzhaut
Himmelhaut
Hirnhaut
Hirschhaut
Hodenhaut
Hornhaut
Hundehaut
Kahlhaut
Kiemenhaut
Kehlkopfshaut
Knochenhaut
Knorpelhaut
Knospenhaut
Kopfhaut
Kuhhaut
Leberhaut
Lederhaut
Lilienhaut
Luftröhrenhaut
Magenhaut
Markhaut
Marmorhaut
Menschenhaut
Milchhaut
Muskelhaut
Nasenhaut
Nasenschleimhaut
Nervenhaut
Nickhaut
Nierenhaut
Oberhaut
Ochsenhaut
Oelhaut
Pantherhaut
Pelzhaut
Pergamenhaut
Pferdehaut
Preſshaut
Rechenhaut
Regenbogenhaut
Rehhaut
Rindshaut
Rippenhaut
Rückenhaut
Runzelhaut
Samenhaut
Schädelhaut
Schafhaut
Schalhaut
Scheidenhaut
Schlangenhaut
Schleimhaut
Schmerhaut
Schnabelhaut
Schneehaut
Schuppenhaut
Schwanenhaut
Schweinshaut
Schwimmhaut
Speckhaut
Spickhaut
Spikerhaut
Spinnewebenhaut
Staubhaut
Stirnhaut
Tigerhaut
Traubenhaut
Trommelhaut
Unterhaut
Vereinigungshaut
Vorhaut
Wachshaut
Wasserhaut
Wildhaut
Wurmhaut
Zellhaut
Zungenhaut
Zwiebelhaut

er kau't
— klau't
— krau't
das Kraut
Achillenkraut
Ackerkraut
Adlerkraut
Aglarkraut
Alpenkraut
Alpkraut
Altmannskraut
Ambrosiakraut
Amberkraut
Ampferkraut
Anbiskraut
Angerkraut
Aschkraut
Augenkraut
Badekraut
Bähekraut
Balsamkraut
Bangekraut
Barbenkraut
Bärenkraut
Barzenkraut
Baselkraut
Becherkraut
Beilkraut
Beinkraut
Beinbrechkraut
Benediktenkraut
Bergbienenkraut
Berggliedkraut
Bergkraut
Bergmeyerkraut
Bergruhrkraut
Berstkraut
Berufkraut
Besenkraut
Bettlerläusekraut
Bettlerkraut
Beutelschneider-
Biberkraut
Bienenkraut
Bilsenkraut
Bingelkraut
Bisamkraut
Bitterkraut
Blasenkraut
Blatterkraut
Bleykraut
Blutkraut
Bockskraut
Bohnenkraut
Brennkraut
Brillenkraut
Bruchkraut
Bubenkraut
Bürgelkraut
Bürstenkraut
Burzelkraut
Butterkraut
Cabiskraut
Chinakraut
Christophskraut
Citronenkraut
Conradskraut
Cypressenkraut
Degenkraut
Dillkraut
Dockenkraut
Donnerkraut
Dörrkraut
Dostenkraut
Dotterkraut
Drachenkraut
Drehkraut
Egelkraut
Eibischkraut
Eichenkraut
Eisenkraut
Erdkraut
Erdbeerkraut
Estrichkraut
Fackelkraut
Fadenkraut
Fahrenkraut
Fallkraut
Färbekraut
Färberkraut
Farnkraut
Fasanenkraut
Federkraut
Ackerfederkraut
Fegekraut

Feigwarzenkraut
Feldkraut
Ferkelkraut
Fettkraut
Feuerkraut
Fieberkraut
Fierkraut
Filzkraut
Fingerkraut
Fischkraut
Fistelkraut
Flatterkraut
Fleckenkraut
Fliegenkraut
Flockenkraut
Flöhkraut
Freisamkraut
Frauenfingerkraut
Frauenkraut
Fühlkraut
Füllkraut
Fünffingerkraut
Futterkraut
Gabelkraut
Galbenkraut
Gallenkraut
Gänsekraut
Ganserkraut
Gartenkraut
Gartkraut
Geckelkraut
Geiſskraut
  Ackergeiſskraut
Gelkkraut
Gemsenkraut
Genesungskraut
Georgenkraut
Gertelkraut
Geschwulstkraut
Gichtkraut
Giftkraut
Gilbenkraut
Glaskraut
Gliederkraut
Gnadenkraut
Goldkraut
Götterkraut
Grabekraut
Grieskraut
Grindkraut
Grünkraut
Gundelkraut
Gürtelkraut
Gypskraut
  Mauergypskraut
Haarkraut
Habichtskraut
  Berghabichtskraut
  Mauerhabichtskraut
  Sandhabichtskraut
  Sumpfhabichtskraut
Hachelkraut
Hacketkraut
Händelkraut
Hanfkraut
Harmelkraut
Harnkraut
Harzkraut
Hechtkraut
Heidekraut
Heidenbienkraut
Heilkraut
Helenenkraut
Helfkraut
Hellerkraut
Helmkraut
Herzkraut
Hexenkraut
Himmelskraut
Hintschkraut
Hirnkraut
Hirschwundkraut
Hirschzungenkraut
Hochkraut
Hodenkraut
Hornkraut
  Ackerhornkraut
Hufeisenkraut
Hufkraut
Hungerkraut
Hustenkraut
Igelskraut
Ingwerkraut
Isenkraut
Jacobskraut
Johannskraut
Jungferkraut
Kabuskraut
Kahlkraut
Kalkkraut
Kammkraut
Kampferkraut
Kannenkraut
  Ackerkannenkraut
  Fluſskannenkraut
  Sumpfkannenkraut
Kantenkraut
Karbekraut
Karpfenkraut
Kartoffelkraut
Kätzelkraut
Katzenkraut
Kehlkraut
Keilkraut
Kellerkraut
Kerbelkraut
Kernkraut
Kernleinkraut
Kerzenkraut
Klaffenkraut
Klappenkraut
Klapperkraut
Klarenkraut
Klatschkraut
Klettenkraut
Knabenkraut
Knollenkraut
Knopfkraut
Knorpelkraut
Knörrkraut
Köhlerkraut
Kohlkraut
Kölbleinkraut
Kolmarkraut
Königskraut
Korallenkraut
Kostkraut
Krampfkraut
Kranichkraut
Kratzkraut
Krebskraut
Kreuzkraut
Kronenkraut
Krötenkraut
Krystallkraut
Küchenkraut
Kuhkraut
Kunigundenkraut
Kuttelkraut
Labkraut
  Felsenlabkraut
  Sumpflabkraut
Lachkraut
Lämmerkraut
Lanzenkraut
Laserkraut
Laufkraut
Laugenkraut
Läusekraut
  Sumpfläusekraut
Leberkraut
  Brunnenleberkraut
  Edelleberkraut
  Erdleberkraut
  Steinleberkraut
Leichenkraut
Leimkraut
Leinkraut
Lendenkraut
Lichtkraut
Liebekraut
Lingenkraut
Linsenkraut
Löffelkraut
Löffleinkraut
Lorbeerkraut
Lorenzkraut
Lünekraut
Lungenkraut
  Strandlungenkraut
Luzianskraut
Machtkraut
Mädchenkraut
Madenkraut
Mägdekraut
Mählerkraut

Mahlkraut
Maikraut
Maienkraut
Maienunkraut
Mannskraut
Marienkraut
Markkraut
Mastixkraut
Mälkraut
Mattenkraut
Mauerkraut
Mauzenkraut
Meersamkraut
Meerstachelkraut
Megelkraut
Megerkraut
Mehlkraut
Meierkraut
Mennikenskraut
Milchkraut
Milchwundkraut
Milzkraut
Mistkraut
Mittelkraut
Mohrenkraut
Möhrenkraut
Mollenkraut
Mondkraut
Moorspinnenkraut
Mottenkraut
Mückenkraut
Mummelkraut
Mundfaulkraut
Münzkraut
Muskatellerkraut
Mufskraut
Mutterkraut
Nabelkraut
 Sumpfnabelkraut
Nabelsamenkraut
Nachtleimkraut
Nadelkraut
Nagelkraut
Narbenkraut
Nardenkraut
Nasenkraut
Natterkraut
Nelkenkraut
Nesselkraut
Neunkraut
Niederkraut
Niesekraut
Nonnenkraut
Ochsenkraut
Ohmkraut
 Ackerohmkraut
Ohrlöffleinkraut
Orgelkraut
Osterkraut
Ottilienkraut
Papagaykraut
Pappelkraut
Pariskraut
Perlenkraut
Pestilenzkraut
Peterskraut
Pfaffenkraut
Pfannkuchenkraut
Pfannenkraut
Pfauenkraut
Pfefferkraut
Pfeilkraut
Pfennigkraut
Pferdewurmkraut
Pfifferkraut
Pfirschkraut
Platzkraut
Postkraut
Prophetenkraut
Queckenkraut
Questenkraut
Rattenkraut
Raumundkraut
Raupenkraut
Rebhühnerkraut
Rehkraut
Reifskraut
Reiterskraut
Rheinfallkraut
Riedkraut
Ringelkraut
Rippstangenkraut
Robertskraut
Rödelkraut
Röhrkraut
Röhrleinkraut
Rohkraut
Rothlaufkraut
Rothkraut
Rübenkraut
Rufkraut
Ruhrkraut
Rupprechtskraut
Ruthenkraut
Säckelkraut
Saftkraut
Sägekraut
Salatkraut
Salsekraut
Salzkraut
Salzsamenkraut
Samenkraut
Samkraut
Sandkraut
Safskraut
Sauerkraut
Saukraut
Säusamkraut
Schabenkraut
Schabziegerkraut
Schachkraut
Schachtelkraut
Schachtkraut
Schafgrindkraut
Schafkraut
Schallkraut
Schamkraut
Schändleinkraut
Scharbockskraut
Scharfkraut
Scharlachkraut
Schartekraut
Schattenkraut
Schauerkraut
Schaumkraut
Scheibenkraut
Scheifskraut
Schellkraut
Schelmenkraut
Scherkraut
Scheuerkraut
Schielkraut
Schierlingskraut
Schildbesenkraut
Schildkraut
Schildkrötenkraut
Schimmelkraut
Schinnkraut
Schirmkraut
Schlafkraut
Schlagkraut
Schlangenkraut
Schliefskraut
Schlingkraut
Schlofskraut
Schlummerkraut
Schlüsselkraut
Schmalzkraut
Schmerkraut
Schneckenkraut
Schneerkraut
Schofskraut
Schraudenkraut
Schusterkraut
Schwabenkraut
Schwalbenkraut
Schwammkraut
Schwärkraut
Schweifskraut
Schwemmenkraut
Schwindelkraut
Schwulstkraut
Seckelkraut
Seekraut
Seemelkraut
Seesternkraut
Seidenkraut
Seifenkraut
Seihkraut
Seilkraut
Semmelkraut
Senfkraut
Sergenkraut
Sesamkraut
Seselkraut
Sichelkraut

Sichtkraut
Siebenfingerkraut
Siegmannskraut
Silberkraut
Simeonskraut
Sinnkraut
Skartenkraut
Skorpionkraut
Skortenkraut
Sodakraut
Sommerkraut
Sonchenkraut
Sonnenkraut
Spargelkraut
Sparrkraut
Spätkraut
Speerkraut
Speichelkraut
Speykraut
Speisekraut
Speiskraut
Sperberkraut
Spergelkraut
Sperlingkraut
Spickkraut
Spindelkraut
Spinnenkraut
Spitzfrühkraut
Springkraut
Stahlkraut
Stallkraut
Stangenkraut
Stärkkraut
Stechapfelkraut
Stechkraut
Steckenkraut
Steckkraut
Steiffenkraut
Steinkraut
Stephanskraut
Sternkraut
Ackersternkraut
Stichkraut
Stinkkraut
Stöbenkraut
Stocheskraut
Stockkraut
Stolzkraut
Strandkraut
Streichkraut
Strichkraut
Ströpfelkraut
Studentenkraut
Stuhlkraut
Stundenkraut
Suchtkraut
Sumpfkraut
Suppenkraut
Susannenkraut
Süſskraut
Tackenkraut
Tag und Nachtkraut
Tamkraut
Täschelkraut
Taschenkraut
Taubenkraut
Taubengrindkraut
Tausendgüldenkraut
Thalkraut
Theekraut
Theerkraut
Thönkraut
Thurmkraut
Tobkraut
Todtenkraut
Tollkraut
Tönkraut
Tortschenkraut
Traubenkraut
Traufkraut
Trauskraut
Treibkraut
Tropfkraut
Uferkraut
Umorkenkraut
Unholdenkraut
Unkraut
Unstätkraut
Untreukraut
Verfangkraut
Vernunftkraut
Verstandkraut
Viehkraut
Violenkraut
Vogelkraut
Waldbenediktskraut
Waldbienenkraut
Waldbingelkraut
Waldgöttinkraut
Waldkraut
Waldlausekraut
Waldmutterkraut
Walpurgiskraut
Wälschkraut
Walzenkraut
Wandkraut
Wandläusekraut
Wanzenkraut
Warzenkraut
Waschkraut
Wasserbenedikt-
Wasserfallkraut
Wasserhalmkraut
Wasserkraut
Wasserleberkraut
Wassersternkraut
Wasserwundkraut
Wasserzehrkraut
Wattenkraut
Weiberkraut
Weidenkraut
Weidkraut
Weihekraut
Weihrauchkraut
Weinkraut
Weiſsgöpkelkraut
Weiſskraut
Weiſsmehlbeerkraut
Wermuthkraut
Wetterkraut
Wetzsteinkraut
Wiedehopfkraut
Wiedekraut
Wiegenkraut
Wiesenkraut
Wildenkraut
Wildmannskraut
Windekraut
Windkraut
Windsamenkraut
Winterbraunkraut
Winterkannenkraut
Winterkraut
Wirbelkraut
Wirtelkraut
Wolfskraut
Wollenkraut
Wollhabichtkraut
Wollkraut
Wrangkraut
Wucherkraut
Wuhlkraut
Wunderkraut
Wundkraut
Wurgkraut
Wurmkraut
Wurstkraut
Wuthkraut
Zackenkraut
Zahnkraut
Zankkraut
Zapfenkraut
Zauberkraut
Zaunkraut
Zehrkraut
Zeischenkraut
Zeisigkraut
Ziegenkraut
Ziegerkraut
Zigeunerkraut
Zinnkraut
Zipperleinskraut
Zirselkraut
Zitwerkraut
Zitzenkraut
Zumpenkraut
Zündkraut
Zungenkraut
Zwangkraut

laut
einlaut
fährtenlaut
freylaut
karglaut
kleinlaut

sturmlaut
überlaut
unlaut
vorlaut
der Laut
Bestimmungslaut
Blaselaut
Brummlaut
Doppellaut
Dreylaut
Empfindungslaut
Gähnlaut
Gegenlaut
Geisterlaut
Gleichlaut
Halblaut
Hauchlaut
Hauptlaut
Hochlaut
Hülfslaut
Jubellaut
Kehllaut
Klagelaut
Knalllaut
Lalllaut
Lippenlaut
Mifslaut
Mitlaut
Mittellaut
Mutterlaut
Nachlaut
Näsellaut
Nasenlaut
Sauselaut
Schellenlaut
Schmeichellaut
Schwanenlaut
Selbstlaut
Silberlaut
Sprachlaut
Trauerlaut
Uebellaut
Urlaut
Verlaut
Vorlaut
Wehlaut
Wohllaut
Wonnelaut
Wortlaut
Wüstenlaut
Wurzellaut
Zischlaut
Zungenlaut
das Gelaut
er erlau't
— mau't
die Mauth
Brückenmauth
Hauptmauth
Pflastermauth
Schiffsmauth
Strafsenmauth
Waarenmauth
Wassermauth
Wegemauth
Ausgangsmauth
Durchgangsmauth
Eingangsmauth
er miau't
— pau't
— rauh't
— sau't
— schau't
ausgeschlau't
— schnau't
— schrau't
— stau't
— tau't
— thau't
— trau't
— vertrau't
traut
liebetraut
minnetraut
betraut
hochbetraut
— zau't

aute

der Aeronaute
— Argonaute
— *Arnaute*
die Baute
ich bau'te
er blau'te
— brau'te
caute
— dau'te
— verdau'te
— flau'te
die Flaute
er verfrau'te
es grau'te
mir grau'te
der Ergrau'te
er hau'te
— kau'te
die Kaute
er klau'te
— krau'te
dem Kraute
die Kraute
Beerkraute
Reinkraute
ich abkraute
— bekraute
die Laute
Glockenlaute
Silberlaute
Morgenlaute
der laute
dem Laute
ich laute
das Gelaute
ich erlau'te
laute
er mau'te
die Maute
ich vermauthe
— miau'te
— pau'te
— rauh'te
die Raute
Aberraute
Ackerraute
Alpraute
Beerraute
Bergraute
Eberraute
Färberaute
Feldraute
Gartenraute
Geifsraute
Färbergeifsraute
Harmelraute
Hühnerraute
Hundsraute
Kreuzraute
Mauerraute
Pockenraute
Rofsraute
Weinraute
Wundraute
eine Raute
Demantraute
Fensterraute
Glasraute
er versau'te
— schau'te
ausgeschlau'te
— schnau'te
— schrau'te
die Schwaute
er stau'te
— tau'te
— thau'te
— traute
die Traute
der Geschäftsbetraute
— Vertraute
er zau'te

autel

das Getautel
— Trautel

auteln

tauteln
vertauteln
den Trauteln

autels

des Getautels
— Trautels

autem

gebau'tem
geblau'tem
gebrau'tem
verdau'tem
abgeflau'tem
verfrau'tem
ergrau'tem
gehau'tem
gekau'tem
eingeklau'tem
gekrau'tem
lautem
erlau'tem
gepau'tem
berauh'tem
versau'tem
geschau'tem
ausgeschlau'tem
geschnau'tem
geschrau'tem
gestau'tem
getau'tem
bethau'tem
trautem
vertrautem
gezau'tem

auten

die Aeronauten
— Argonauten
— *Arnauten*
— Bauten
sie bau'ten
— blau'ten
— brau'ten
— dau'ten
— verdau'ten
— flau'ten
die Flauten
sie grau'ten
die Ergrau'ten
sie hau'ten
die Kauten
sie kauten
— klau'ten
— krau'ten
die Krauten
abkrauten
bekrauten
verkrauten
— Lauten
sie erlau'ten
die lauten
lauten
auslauten
nachlauten
verlauten
sie mau'ten
die Mauten
die Mauthen
vermauthen
sie miau'ten
— pau'ten
— rauh'ten
die Rauten
sie versau'ten
— schau'ten
ausgeschlau'ten
— schnau'ten
— schrau'ten
die Schwauten
sie stau'ten
— tau'ten
die bethau'ten
— trauten
sie trau'ten
die Vertrauten
sie zau'ten

autend

krautend
abkrautend
bekrautend
lautend
hochlautend
übellautend
wohllautend
vermauthend

autens

des Krautens
— Abkrautens
— Bekrautens
— Lautens
— Vermauthens

auter

ein gebau'ter
— geblau'ter
— gebrau'ter
— verdau'ter
— abgeflau'ter
— verfrau'ter
der Grauter
ein ergrau'ter
— gehau'ter
— gekau'ter
— geklau'ter
— gekrau'ter
der Krauter
das Gekrauter
ein lauter
— erlau'ter
lauter
goldlauter
unlauter
urlauter
der Lauter
Bestimmungslauter
Blaselauter
Doppeltlauter
Gaumenlauter
Grundlauter
Halblauter
Hauchlauter
Hauptlauter
Hülfslauter
Kehllauter
Lippenlauter
Mitlauter
Mittellauter
Selbstlauter
Urlauter
Zischlauter
Zweylauter
ein gepau'ter
— berauh'ter
— versau'ter
— geschau'ter
— ausgeschlau'ter
— geschnau'ter
— geschrau'ter
der Spiauter
ein gestau'ter
— getau'ter
— bethau'ter
— trauter
— getrau'ter
— Vertrauter
— gezau'ter

autern

einen verfrau'tern
den Grautern
— Krautern
krautern
einen lautern
— lauter'n
— erlau'ter'n
den Lautern
einen trauter'n
— vertrauter'n

auters

des Grauters
— Krauters
— Gekrauters
ein lauter's
— erlau'ter's
des Lauters
— Spiauters
ein trauter's
— vertrauters

auterst

du krauterst
lauterst

autes

ein gebau'tes
— geblau'tes
— gebrau'tes
— verdau'tes
— abgeflau'tes
— verfrau'tes
— ergrau'tes
— gehau'tes
— gekau'tes
— geklau'tes
— gekrau'tes
des Krautes
ein lautes
— erlau'tes
des Lautes
ein gepau'tes
— berauh'tes
— versau'tes
— geschau'tes
— ausgeschlau'tes
— geschnau'tes
— geschrau'tes
— getau'tes
— bethau'tes
— trautes
— getrau'tes
— vertrautes
— gezau'tes

autest

du bau'test
— blau'test
— brau'test
— dau'test
— verdau'test
— flau'test
— verfrau'test
— ergrau'test
— hau'test
— kau'test
— klau'test
— krau'test
— krautest
— bekrautest
lautest
— lautest
— mau'test
— miau'test
— pau'test
— berauh'test
— versau'test
— schau'test
— ausschlau'test
— schnau'test
— schrau'test
— tau'test
— thau'test
trautest
— trau'test
— vertrau'test
— zau'test

autet

ihr bau'tet
— blau'tet
— brau'tet
— dau'tet
— verdau'tet
— flau'tet
— verfrau'tet
— ergrau'tet
— hau'tet
— kau'tet
— klau'tet
— krau'tet
er krautet
— bekrautet
ihr erlau'tet
es lautet
— verlautet
ihr mau'tet
er vermauthet
ihr miau'tet
— pau'tet
— gerautet
— berauh'tet
— versau'tet
— schau'tet
— ausschlau'tet
— schnau'tet
— schrau'tet
— tau'tet
— thau'tet
— trau'tet
— zau'tet

autheit

die Erbautheit
— Verdautheit
— Verfrau'theit
— Ergrautheit
— Lautheit
— Erlau'theit
— Vertrautheit

[der Mauthner]

autig

hautig
krautig
unkrautig
gleichlautig
ungleichlautig
selbstlautig
viellautig
wohllautig
rautig
vielrautig

[Nautik
Aeronautik]

autisch

nautisch
arnautisch
aeronautisch
argonautisch
philautisch
plautisch

autor

der Autor
ein *Fautor*

autors

des Autors
— *Fautors*

autre

ich krautre
das Gekrautre
eine lautre
— laut're
— erlau't're
— traut're
— vertraut're

autrem

lautrem
laut'rem
erlau't'rem
traut'rem
vertraut'rem

autren

lautren
laut'ren
erlau't'ren
traut'ren
vertraut'ren

autrer

lautrer
laut'rer
erlau't'rer
traut'rer
vertraut'rer

autres

des Gekrautres
ein lautres
— laut'res
— erlau't'res
— traut'res
— vertraut'res

auts

des Krauts
— Gekrauts
— Lauts
— Gelauts
ein gebau't's *etc. bis* gezau't's *siehe* austem
mir grau't's *etc.*
(*siehe ferner auch* auz)

[der Mautsch]

autsche
ich gautsche
das Gegautsche
ich kautsche
das Gekautsche
ich knautsche
das Geknautsche
dem Mautsche
ich zautsche
das Gezautsche

autschen
gautschen
kautschen
knautschen
zerknautschen
den Mautschen
zautschen

autschend
gautschend
kautschend
knautschend
zautschend

autschens
des Gautschens
— Kautschens
— Knautschens
— Zautschens

autsches
des Gegautsches
— Gekautsches
— Geknautsches
— Mautsches
— Gezautsches

autschest
du gautschest
— kautschest
— knautschest
— zautschest

autschet
er gautschet
— kautschet
— knautschet
— zautschet

autschs
des Gegautschs
— Gekautschs
— Geknautschs
— Mautschs
— Gezautschs

autschst
du gautschst
— kautschst
— knautschct
— zautschst

autscht
er gautscht
— kautscht
— knautscht
— zautscht

autschte
er gautschte
— kautschte
— knautschte
— zautschte

autschten
sie gautschten
— kautschten
— knautschten
— zautschten

autschter
ein gekautschter
— zerknautschter
— zerzautschter

autschtes
ein gekautschtes
— geknautschtes
— zerzautschtes

autschtest
du gautschtest
— kautschtest
— knautschtest
— zautschtest

autschtet
ihr gautschtet
— kautschtet
— knautschtet
— zautschtet

autschung
die Gautschung
— Kautschung
— Zerknautschung
— Zerzautschung

autst
lautst
traut'st
vertraut'st
du bau't'st *etc. siehe* auzt

autste
der lautste
— trautste
— vertrautste
— wohlgebautste *etc.*
bis gezau't'ste
siehe austem
(*siehe auch* auzte)

autstem
lautstem
trautstem
vertrautstem
wohlgebautstem *etc.*
bis gezau't'stem
siehe austem
(*siehe auch* auztem)

autsten
die lautsten
— trautsten
— vertrautsten
— wohlgebautsten *etc.*
bis gezau't'sten
siehe austem
(*siehe auch* auzten)

autster
ein lautster
— trautster
— vertrautster
— wohlgebautster *etc.*
bis gezau't'ster
siehe austem
(*siehe auch* auzter)

autstes
lautstes
trautstes
vertrautstes
wohlgebautstes *etc.*
bis gezau't'stes
siehe austem
(*siehe auch* auztes)

autung
die Bekrautung
— Verkrautung
— Verlautung
— Vermauthung

autus
cautus
lautus
Plautus

auung
die Bauung
— Erbauung
— Abblauung
— Brauung
— Dauung
— Verdauung
— Abflauung
— Verfrauung
— Ergrauung
— Behauung
— Kauung
— Einklauung
— Krauung
— Erlauung
— Pauung
— Berauhung
— Versauung

die Beschauung
Güterbeschauung
Mühlenbeschauung
Selbstbeschauung
Wechselbeschauung
— Ausschlauung
— Schnauung
— Schrauung
— Stauung
— Tauung
— Bethauung
— Trauung
Haustrauung
— Vertrauung
— Zauung

auwerk

Bauwerk
Grauwerk

auz

Bauz!
das Gebauz
— Gedauz
dauz!
der Kauz
Ohrkauz
Steinkauz
Waldkauz
närrische Kauz
das Gekauz
der Mauz
das Gemauz
Pardauz!
— Gepfauz
— Geplauz
plauz!
— Geschnauz

auze

ich bauze
das Gebauze
ich dauze
das Gedauze
dem Kauze
ich kauze
das Gekauze
die Mauze
ich mauze
das Gemauze
die Bleypauze
ich pfauze
das Gepfauze
ich plauze
das Geplauze
die Plauze
ich schnauze
das Geschnauze
die Schnauze
Hohlschnauze
Hundeschnauze
Plattschnauze
— Stauze

auzen

Bauzen
bauzen
dauzen
kauzen
niederkauzen
zusammenkauzen
mauzen
den Mauzen
pfauzen
plauzen
anplauzen
aufplauzen
nachplauzen
niederplauzen
die Plauzen
— Schnauzen
schnauzen
anschnauzen
— Stauzen

auzend

bauzend
dauzend
kauzend
mauzend
pfauzend
plauzend
schnauzend

auzens

des Bauzens
— Dauzens
— Kauzens
— Mauzens
— Pfauzens
— Plauzens
— Schnauzens

auzes

des Gebauzes
— Gedauzes
— Kauzes
— Gekauzes
— Mauzes
— Gemauzes
— Gepfauzes
— Geplauzes
— Geschnauzes

auzest

du bauzest
— dauzest
— kauzest
— mauzest
— pfauzest
— plauzest
— schnauzest

auzet

er bauzet
— dauzet
er kauzet
— mauzet
— pfauzet
— plauzet
— schnauzet

auzig

kauzig
schnauzig

auzs

des Gebauz's
— Gedauz's
— Kauz's
— Gekauz's
— Mauz's
— Gemauz's
— Gepfauz's
— Geplauz's
— Geschnauz's

auzst

du bauzst
— dauzst
— kauzst
— mauzst
— pfauzst
— plauzst
— schnauzst

auzt

er bauzt
— dauzt
— kauzt
— mauzt
— pfauzt
— plauzt
— schnauzt

auzte

er bauzte
— dauzte
— kauzte
— mauzte
— pfauzte
— plauzte
— schnauzte

auzten

sie bauzten
— dauzten
— kauzten
— mauzten
— pfauzten
— plauzten
— schnauzten

auzter

ein niedergekauzter
— angepfauzter
— herabgeplauzter
— angeschnauzter

auztes

ein zusammengekauztes
— angepfauztes
— niedergeplauztes
— angeschnauztes

auzteſt

du bauztest
— dauztest
— kauztest
— mauztest
— pfauztest
— plauztest
— schnauztest

auztet

ihr bauztet
— dauztet
— kauztet
— mauztet
— pfauztet
— plauztet
— schnauztet

auzung

die Bauzung
— Dauzung
— Niederkauzung
— Anpfauzung
— Herabplauzung
— Anschnauzung

āv

der Architrav
Bav
Bogislav
Boleslav
brav
grundbrav
kernbrav
kreuzbrav
concav
concav - concav
convex - concav
plan - concav
Gustav
Jaroslav
Ladislav
Miecislav
das Octav
octav
groſsoctav
kleinoctav
Primislav
der Sclav
— Slav
Wenzeslav
Wratislav

āva

Ava
all' ottava
Brava
Galatrava
Cassava
Cava
Java
die Lava
Augitlava
Feldspatlava
Glaslava
Kryptolava
Leucitlava
Punctlava
Viterbolava

āve

Ave!
die Agave
dem Architrave
die *Bave*
Boerhave
brave
cave!
— Cassave
— concave
das Conclave
die *Drave*
— Enclave
fave!
Grave
omne principium grave!
Vin de Graves
Have!
— Lave
— Octave
— Rave
— *Save*
der *Scandinave*
— Sclave
Fürstensclave
Galeerensclave
Geldsclave
Lastersclave
Liebessclave
Lieblingssclave
Mohrensclave
Negersclave
Rudersclave
Sinnensclave
Sündensclave
Untersclave
Weibersclave
Suave
die *Trave* (*siehe* abe)
[die Havel]

āven

die Agaven
den Architraven
den *Baven*
die braven
— Cassaven
— concaven
— Conclaven
Cuxhaven
— Enclaven
— Laven
— Octaven
— Raven
— *Scandinaven*
— Sclaven
— *Slaven* (*siehe* aben)

āver

die *Bataver*
ein braver
das Cadaver
ein concaver
Papaver (*siehe* aber)

āvern

den *Batavern*
— bravern
— Cadavern
— concavern
— *Papavern* (*s.* abern)

āvers

des *Batavers*
ein braver's
des Cadavers
ein concaver's
des *Papavers* (*siehe* abers)

āves

des *Ave's*
— Architraves
— *Baves*
ein braves
die *Claves*
ein concaves
des Conclaves
ein octaves (*siehe* abes)

āveſt

bravest
concavest (*siehe* abeſt)

āvheit

die Bravheit
— Concavheit

āvi

die *Bravi*
bravi
pater peccavi
dixi et salvavi (animam)
Kohlrabi *etc.* (*siehe* abi)

āvia

Batavia
Flavia
Juvavia
Octavia
Scandinavia
Wratislavia
Ratafia

āvis

rara avis
Orden von *St. Avis*
die *Clavis* (Ciceroniana)
der *Gravis*
die Straſse *Davis*

āviſch

bavisch
batavisch
boerhavisch
flavisch
juvavisch
scandinavisch
sclavisch
slavisch

āvit

affidavit
Invocavit
David

āvius

Bavius
Flavius
Octavius

āvo

der *Bravo*
bravo!
in *octavo*
Pavo

āvre

Gavre
Havre
Wavres

āvs

des Architravs
Bavs
Bogislav's etc. siehe **av**
ein brav's
— concav's
des Conclav's.
— Octavs

āvſt

brav'st
concav'st

āvſte

der bravste
— concavste

āvſtem

bravstem
concavstem

āvſten

die bravsten
— concavsten

āvſter

bravster
concavster

āvſtes

bravstes
concavstes

āvus

Avus
Clavus
Davus
Juvavus
Octavus
Timavus

āw

Law
Paw
Pilaw

der Tawer
die Trawe
trawen
Shawl

áx

Astyanax
Borax
Corax
Contumax
Demonax
ein *Disputax* (animal)
Fax (et tuba)
Fairfax
Freſspax
weder Gix noch Gax
Halifax
Hierax
Hipponax
Koax
lax
Max
Nomophylax
Pax (imperii – publica – vobiscum!)
Pertinax
Phylax
πὺξ καὶ λάξ
Sycorax

die *Syntax*
der Tax (*s.* **achs** u. **axe**)

áxa

Calimpaxa
Cunaxa
die *Taxa*

áxall

Wraxall
Vauxhall

áxas

Calimpaxa's
Cunaxa's
Abraxas

áxe

die Axe (*siehe* **achſe**)
ich baxe
das Gebaxe
die Braxe
— Faxe
— Haxe
ich koaxe
das Gekoaxe
ich kraxe
das Gekraxe
die laxe
— Maxe
dem *Maxe*
die Parallaxe
dem Syntaxe
die Taxe
Apothekertaxe
Brottaxe
Canzleytaxe
Fleischtaxe
Gerichtstaxe
Gütertaxe
Hoftaxe
Holztaxe
Kammertaxe
Kobalttaxe
Korntaxe
Lehnstaxe
Mahltaxe
Salztaxe
Schmiedetaxe
Sportultaxe
Stempeltaxe
Stufentaxe
Waarentaxe
ich taxe
das Getaxe

áxel

Axel
Maxel
die Achsel
das Gekraxel

áxeln

kraxeln
die Achseln

áxen

die Axen
aufaxen
baxen
herumbaxen
zerbaxen
— Braxen
— Faxen
den Fairfaxen
die Haxen
koaxen
kraxen
hinaufkraxen
nachkraxen
— laxen
— Maxen
Maxen
— Parallaxen
— Taxen
taxen
betaxen (*siehe* achsen u. ackſen)

áxend

baxend
koaxend
kraxend
taxend

áxens

des Baxens
— Koaxens
— Kraxens
— Taxens

áxer

ein Baxer
— Koaxer
— laxer

áxern

den Baxern
— Koaxern
einen laxer'n

áxers

des Baxers
— Koaxers
ein laxers

áxes

der *Araxes*
des Gebaxes
— Gekoaxes
— Gekraxes
ein laxes
der *Oaxes*
des Syntaxes
— Taxes
— Getaxes

áxeſt

du baxest
— koaxest
— kraxest
laxest
— taxest

áxet

er baxet
— koaxet
— kraxet
— taxet

áxi

der *Cotopaxi*
in praxi

áxis

Axis
die Emphraxis
— Praxis
Armenpraxis
Kanzleypraxis
Privatpraxis
Prozeſspraxis
Thurn u. Taxis
— *Taraxis*

áxiſch

ataxisch
thurn u. taxisch

áxo

Faxo
Saxo

áxt

die Axt
Bindaxt
Bohnaxt
Breitaxt
Bundaxt
Donneraxt
Hammeraxt
Holzaxt
Kreuzaxt
Lattenaxt
Mahlaxt
Mordaxt
Mülleraxt
Queraxt
Radeaxt
Schellaxt
Schlichtaxt
Schrotaxt
Spaltaxt
Stammaxt
Stempelaxt
Stichaxt
Stoſsaxt
Streitaxt
Waldaxt
Zimmeraxt
er baxt
— koaxt
— kraxt
— taxt

áxte

er baxte
— koaxte
— kraxte
— taxte

áxten

sie baxten
— koaxten
— kraxten
— taxten

áxter

ein niedergebaxter
— betaxter

áxtes

ein niedergebaxtes
— betaxtes

áxteſt

du baxtest
— koaxtest
— kraxtest
— taxtest

áxtet

ihr baxtet
— koaxtet
— kraxtet
— taxtet

áxum

Axum
Saxum

áxung

die Baxung
— Koaxung
— Betaxung

[Taxus]

ãz

die Az
Boccaz
Bonifaz
— *Contumaz*
Cujaz
Glaz
Horaz
Ignaz
Joaz
Naz
Neusaz

de la Paz
Pankraz
riz - raz
der Raz
Saez
Servaz
— Spaz
Feldspaz
Hausspaz
Meerspaz
Ringelspaz
Rohrspaz
Weidenspaz
Lesbiasspaz
verliebter Spaz
Trebaz (*siehe* ads u. ats)

átz

der Atz
— Ankratz
— Fratz
die Hatz
Bärenhatz
Fuchshatz
Hasenhatz
Sauhatz
Schweinhatz
Stierhatz
Thierhatz
Wolfshatz
der Latz
Bänderlatz
Brustlatz
Hemdlatz
Hosenlatz
Vorstecklatz
— Matz
Plappermatz
Plaudermatz
Spielmatz
Staarmatz
Steifmatz
Tändelmatz
Trödelmatz
— Patz
Mehlpatz
— Platz
Allarmplatz
Ankerplatz
Badeplatz
Bauplatz
Bleichplatz
Blohmplatz
Brunftplatz
Eckplatz
Ehrenplatz
Erdplatz
Ergehungsplatz
Erholungsplatz
Exercirplatz
Eyerplatz
Fechtplatz
Fischplatz
Flöſsplatz
Floſsplatz
Gemeinplatz
Gerichtsplatz
Gnadenplatz
Göpelplatz
Graseplatz
Grenzplatz
Handelsplatz
Hauptplatz
Hausplatz
Herrscherplatz
Hetzplatz
Hofplatz
Holzplatz
Judenplatz
Kampfplatz
Kaufplatz
Kegelplatz
Kohlenplatz
Kriegsplatz
Lärmplatz
Lagerplatz
Landungsplatz
Lauferplatz
Laufplatz
Lieblingsplatz
Löschplatz
Losplatz
Luderplatz
Lustplatz
Mahlplatz
Marktplatz
Melkplatz
Musterplatz
Nebenplatz
Oberplatz
Oelplatz
Paradeplatz
Rasenplatz
Reichsplatz
Reitplatz
Richtplatz
Ringplatz
Ruheplatz
Rüstplatz
Rundplatz
Sammelplatz
Schattenplatz
Schauplatz
Kriegsschauplatz
Naturschauplatz
Weltschauplatz
Schieſsplatz
Schiffplatz
Schloſsplatz
Schüttplatz
Schützenplatz
Spazierplatz
Spielplatz
Standplatz
Stechplatz
Streitplatz
Stürzplatz
Tanzplatz
Tretplatz
Treugplatz
Trockenplatz
Tummelplatz
Turnierplatz
Turnplatz
Ueberplatz
Uebungsplatz
Unterplatz
Versammlungsplatz
Vorplatz
Vorsitzerplatz
Vorsteherplatz
Wachsplatz
Wachtplatz
Waffenplatz
Waffnungsplatz
Wahlplatz
Walplatz
Waldplatz
Wandelplatz
Wasserplatz
Wechselplatz
Weideplatz
Werbeplatz
Wohnplatz
Zimmerplatz
pritz - pratz!
der Ratz
Alpenratz
Bergratz
Schlafratz
— Satz
Absatz
Marktabsatz
Meſsabsatz
Schuhabsatz
Stiefelabsatz
Treppenabsatz
Waarenabsatz
Aeschersatz
Allgemeinsatz
Ansatz
Ausgabeansatz
Blätteransatz
Blattansatz
Blüthenansatz
Einnahmeansatz
Flötenansatz
Frachtansatz
Knochenansatz
Knorpelansatz
Rechnungsansatz
Trompetenansatz
Zinsansatz
— Aufsatz

Haaraufsatz
Kopfaufsatz
Ofenaufsatz
Spitzenaufsatz
Tafelaufsatz
Tischaufsatz
der Aussatz
— Besatz
Bandbesatz
Goldbesatz
Sammtbesatz
Schnürenbesatz
Silberbesatz
Spitzenbesatz
Tressenbesatz
— Bedingungssatz
— Beysatz
— Bodensatz
— Brotsatz
— Bruchsatz
— Caffeesatz
— Dreysatz
— Einsatz
Lotterieeinsatz
Lottoeinsatz
Schleußeneinsatz
Spieleinsatz
— Entsatz
— Erfahrungssatz
— Ersatz
Kostenersatz
Schadensersatz
Werthersatz
Zeitersatz
— Erziehungsatz
— Faustsatz
— Fehlsatz
— Fingersatz
— Fischsatz
— Folgesatz
— Forderungssatz
— Fortsatz
Felsenfortsatz
Gaumenfortsatz
Gelenkfortsatz
Griffelfortsatz
Halsblutaderfortsatz
Keilbeinfortsatz
Keilfortsatz
Kieferfortsatz
Knopffortsatz
Kronenfortsatz
Sattelfortsatz
Schläfenfortsatz
Scheidenfortsatz
Spitzsäulenfortsatz
Stirnfortsatz
Thränenfortsatz
Wangenfortsatz
Warzenfortsatz
Wurmfortsatz
Zahnfortsatz
Zitzenfortsatz
der Freudensatz
— Fünfsatz
— Gesatz
— Gegensatz
— Gemeinsatz
— Glassatz
— Glaubenssatz
— Gliedersatz
— Grundsatz
Erziehungsgrunds.
Freyheitsgrundsatz
Regierungsgrunds.
Vernunftgrundsatz
Zwittergrundsatz
— Hauptsatz
— Heischesatz
— Hechtsatz
— Helfersatz
— Herbstsatz
— Hintersatz
— Hornsatz
— Hülfssatz
— Irrsatz
— Kapellensatz
— Karpfensatz
— Keltersatz
— Kirchensatz
— Klammersatz
— Lehnsatz
— Lehrsatz
— Lieblingssatz
— Meistersatz
— Merksatz
— Nachsatz
— Nebensatz
— Obersatz
— Pfandsatz
— Preissatz
— Pulversatz
— Raketensatz
— Redesatz
— Reimsatz
— Ringelsatz
— Schlußsatz
— Schraubensatz
— Siebensatz
— Singesatz
— Spitzsatz
— Stachelsatz
— Strafsatz
— Thatsatz
— Tonsatz
— Trauersatz
— Trugsatz
— Uebersatz
— Uebungssatz
— Umsatz
Geldumsatz
Waarenumsatz
der Unsatz
— Untersatz
— Ursatz
— Vernunftsatz
— Versatz
— Verssatz
— Vordersatz
— Vorsatz
— Wagesatz
— Widersatz
— Zusammensatz
— Zusatz
— Zwischensatz
— Schatz
Achtschatz
Bilderschatz
Bodenschatz
Brautschatz
Bücherschatz
Deichschatz
Eheschatz
Ehrenschatz
Ehrschatz
Friedeschatz
Geisterschatz
Glaubensschatz
Gnadenschatz
Goldschatz
Heerschatz
Herzensschatz
Kronschatz
Kunstschatz
Landesschatz
Lehensschatz
Mahlschatz
Münzenschatz
Mundschatz
Perlenschatz
Pfandschatz
Pflugschatz
Prägschatz
Rauchschatz
Reichsschatz
Schafschatz
Scheffelschatz
Schlagschatz
Schriftschatz
Schweinschatz
Seelenschatz
Sielschatz
Sprachschatz
Staatsschatz
Stadtschatz
Tausendschatz
Trauschatz
Treuschatz
Urkundenschatz
Viehschatz
Voigtschatz
Weltschatz
Zehentschatz

der Schmatz
— Schwatz
— Tatz (*auch* Tāz) *siehe*
atts
[Gaza]

ázza

mazza
die Populazza

āzar

der *Bazar*
Eleazar

āzars

des *Bazars*
Eleazars

āze

ich aze
das Geaze
die Gaze
der Raze
ich raze
das Geraze
dem Spaze
ich staze
das Gestaze
ich straze
das Gestraze
die Strapaze
in pace
in bona pace
requiescat in pace
die *Stomacace*
tace!

átze

ich atze
das Geatze
— Gebatze
die Fatze
— Fratze
Affenfratze
Alltagsfratze
Höllenfratze
Schulfratze
Teufelsfratze
Zauberfratze
— Glatze
Mönchsglatze
Pfaffenglatze
— Gnatze
— Hatze
— Katze
Bergkatze
Bisamkatze
Busekatze
Cyperkatze
Elbkatze
Feldkatze
Feuerkatze
Geldkatze
Haderkatze
Hauskatze
Hirschkatze
Hüttenkatze
Karthäuserkatze
Mausekatze
Maykatze
Naschkatze
Pantherkatze
Regenkatze
Schilfkatze
Schmeichelkatze
Spielkatze
Steinkatze
Steppenkatze
Strebekatze
Tigerkatze
Waldkatze
Wallkatze
Zibetkatze
ich kratze
das Gekratze
die Kratze
Bankkratze
Faumkratze
Mooskratze
Reutkratze
Teigkratze
Wollkratze
am Latze
die Matze
Judenmatze
dem Matze
die Matratze
ich ausmatratze
— platze
das Geplatze
die Platze
dem Platze
die Populazze
— Pratze
— Ratze
Bisamratze
Buschratze
Erdratze
Haschratze
Hausratze
Schlafratze
Stinkratze
Wasserratze
dem Satze
das Geschatze
ich schmatze
das Geschmatze
dem Schmatze
die Schratze
ich schwatze
das Geschwatze
dem Schwatze
ich spratze
das Gespratze
die Strazze
— Tatze
Bärentatze
Hebetatze
Löwentatze
Räubertatze
ich tratze
das Getratze

átzel

die Atzel
— Hatzel
das Pratzel
— Spatzel
— Gespratzel
— Tatzel
der Watzel

átzeln

die Atzeln
— Hatzeln
— Pratzeln
— Spatzeln
spratzeln
— Tatzeln
den Watzeln

átzels

des Pratzels
— Spatzels
— Gespratzels
— Tatzels
— Watzels

āzen

azen
den Contumazen
die Gazen
razen
— Razen
den Spazen
stazen
strazen
die Strapazen

átzen

atzen
batzen
abbatzen
der Batzen
Petersbatzen
Silberbatzen
die Fatzen
— Fratzen
— Glatzen
— Gnatzen
— Hatzen
— Katzen
katzen
verkatzen

kratzen
abkratzen
ankratzen
aufkratzen
auskratzen
bekratzen
durchkratzen
einkratzen
erkratzen
fortkratzen
loskratzen
mitkratzen
nachkratzen
überkratzen
umkratzen
unterkratzen
verkratzen
vorkratzen
wiederkratzen
zerkratzen
zukratzen
zusammenkratzen
die Matratzen
ausmatratzen
— Matzen
ein Patzen
Mehlpatzen
Rasenpatzen
die Patzen
platzen
abplatzen
anplatzen
aufplatzen
ausplatzen
sich beplatzen
durchplatzen
fortplatzen
herausplatzen
mitplatzen
nachplatzen
verplatzen
vorplatzen
zerplatzen
zuplatzen
zurückplatzen
die Pratzen
— Ratzen
schatzen
brandschatzen
nachschatzen
verschlagschatzen
schmatzen
abschmatzen
anschmatzen
aufschmatzen
ausschmatzen
fortschmatzen
nachschmatzen
verschmatzen
vorschmatzen

schwatzen
abschwatzen
anschwatzen
aufschwatzen
ausschwatzen
beschwatzen
einschwatzen
erschwatzen
fortschwatzen
hin- u. her *etc.*
losschwatzen
mitschwatzen
nachschwatzen
überschwatzen
verschwatzen
vorschwatzen
wegschwatzen
zerschwatzen
zuschwatzen
zurückschwatzen
zusammenschwatzen
spratzen
die Stratzen
— Tatzen
tratzen

āzend

azend
razend
stazend
strazend

átzend

atzend
batzend
katzend
kratzend
ausmatratzend
platzend
schatzend
schmatzend
schwatzend
spratzend
tratzend

āzens

des Azens
— Razens
— Stazens
— Strazens

átzens

des Atzens
— Batzens
— Abbatzens
— Verkatzens
— Kratzens
— Ausmatratzens
— Platzens
— Schatzens
— Schmatzens

des Schwatzens
— Spratzens
— Tratzens

āzer

Belsazer
ein Razer
— Stazer
Macer
Odoacer
Sacer

átzer

ein Beschwatzer
das Geschwatzer
ein Kratzer
Bartkratzer
Dornkratzer
Mooskratzer
Wollkratzer
— Platzer
Bauernplatzer
— Schatzer
— Brandschatzer
— Schmatzer

āzern

den Razern
— Stazern

átzern

den Beschwatzern
— Kratzern
— Platzern
— Schatzern
— Schmatzern

āzers

des *Belsazers*
— Razers
— Stazers
— *Odoacers*

átzers

des Beschwatzers
— Geschwatzers
— Kratzers
— Platzers
— Schatzers
— Schmatzers

āzes

des Geazes
— Boccazes
— Horazes
— Gerazes
— Spazes
— Gestazes
— Gestrazes
places
taces

átzes

des Geatzes
— Gebatzes
— Ankratzes
— Gekratzes
— Latzes
— Matzes
— Platzes
— Geplatzes
— Satzes
— Schatzes
— Geschatzes
— Geschmatzes
— Schmatzes
— Schwatzes
— Geschwatzes
— Gespratzes
— Getratzes

āzest

du azest
— razest
— stazest
— strazest

átzest

du atzest
— batzest
— verkatzest
— kratzest
— ausmatratzest
— platzest
— schatzest
— schmatzest
— schwatzest
— spratzest
— tratzest

āzet

er azet
— razet
— stazet
— strazet

átzet

er atzet
— batzet
— katzet
— kratzet
— ausmatratzet
— platzet
— schatzet
— schmatzet
— schwatzet
— spratzet
— tratzet

āzi

Lazi
Nazi

átzi — ázzi

die *Bajazzi*
— *Lazzi*
Migazzi
Pazzi
Piazzi

āzig

razig
spazig

átzig

batzig
bettelbatzig
katzig
kratzig
pratzig
langpratzig
schwatzig
tatzig
rauhtatzig
[der Alguazil]

āzisch

boccazisch
horazisch
razisch
[der Hatzler]

átzlich

katzlich
schwatzlich
[hatzlich
der Sprazling]

āzt

er azt
— razt
— stazt
— strazt

átzt

er atzt
— batzt
— katzt
— kratzt
— ausmatratzt
— platzt
— schatzt
— schmatzt
— schwatzt
— spratzt
— tratzt

āzte

er azte
— razte
— stazte
— strazte

átzte

er atzte
— batzte
— katzte
— kratzte
— ausmatratzte
— platzte
— schatzte
— schmatzte
— schwatzte
— spratzte
— tratzte

āztem

geaztem
geraztem
gestaztem
gestraztem

átztem

geatztem
gebatztem
gekratztem
ausmatratztem
geplatztem
geschatztem
geschmatztem
beschwatztem

āzten

sie azten
— razten
— stazten
— strazten

átzten

sie atzten
— batzten
— katzten
— kratzten
— ausmatratzten
— platzten
— satzten
— schatzten
— schmatzten
— schwatzten
— spratzten
— tratzten

āzter

ein geazter
— gerazter
— gestazter
— gestrazter

átzter

ein geatzter
— gebatzter
— gekratzter
— ausmatratzter
— geplatzter
— geschatzter
— geschmatzter
— beschwatzter
— getratzter

äztes

ein geaztes
— geraztes
— gestaztes
— gestraztes

ätztes

ein geatztes
— gebatztes
— gekratztes
— ausmatratztes
— geplatztes
— geschatztes
— geschmatztes
— Beschwatztes
— getratztes

äztest

du aztest
— raztest
— staztest
— straztest

ätztest

du atztest
— batztest
— verkatztest
— kratztest
— ausmatratztest
— platztest
— schatztest
du schwatztest
— tratztest

äztet

ihr aztet
— raztet
— staztet
— straztet

ätztet

ihr atztet
— batztet
— verkatztet
— kratztet
— ausmatratztet
— platztet
— schatztet
— schmatztet
— schwatztet
— tratztet

äzzo

Azzo
Bajazzo
Durazzo
Milazzo

äzu

dazu
er sah zu

äzung

die Azung
— Razung
die Stazung
— Strazung

ätzung

die Atzung
— Abbatzung
— Verkatzung
— Zerkratzung
— Ausmatratzung
— Zerplatzung
— Satzung
Besatzung
Stadtbesatzung
Schloſsbesatzung
Glaubenssatzung
Kirchensatzung
Lehrsatzung
Menschensatzung
Priestersatzung
Reichssatzung
Tagsatzung
Versatzung
— Abschmatzung
— Beschwatzung
— Tratzung

äzus

Artabazus
Pharnabazus
Tiribazus

E.

e — ee — eh

das E
— ABC
EhestandsABC
goldne ABC
HandwerksABC
KunstABC
die Abende
— Aberle
Stechaberle
— Acrimonie
— Actie
Bankactie
Compagnieactie
Theateractie
ade!
das Ade
— A-e
die Akazie
Rosenakazie
die Albele
— Allee
Lindenallee
Pappel- *etc.* Allee
das Allerheiligste
die Aloe
Perlaloe
Pferdealoe
Polsteraloe
Prachtaloe
Rosenaloe
Roſsaloe
Schwertaloe
Seifenaloe
Stachelaloe
Stammaloe
Stengelaloe
Traubenaloe
Warzenaloe
Wasseraloe
Zungenaloe
Zwergaloe
die Amphibie
— Anerle
— Angelike
— Anime
— *Apocope*
— *Apostrophe*
— Arterie
das Aufheberle
— *Auto da fé*
— B
die Bankerte
— Benzoe
Mandelbenzoe
— Bestie
— Betonie
Wiesenbetonie

die Bittere
Wermuthsbittere
— Breccie
Porphyrbreccie
— Bottiche
— Brosame
das C
— silberne C
die Calumnie
— Camee
— Castanie
Erdcastanie
Efscastanie
Meercastanie
Rofscastanie
Saucastanie
Seecastanie
Zwergcastanie
— Centifolie
— Centurie
— Cerimonie
— Cichorie
Feldcichorie
Gartencichorie
Schweincichorie
— Conchylie
— Confinie
das Curcume
— D
de! de!
die Decime
— Decurie
— Delicie
— Diarrhee
Adiarrhee
— *Diastole*
Paradiastole
— *Diploe*
der Domine
Domine!
die Duodecime
— Dutzende
eh'
die Ebene
Brechungsebene
Sandebene
Schwerebene
Spiegelebene
Wasserebene
— *Enallage*
— *Encephale*
— Endivie
Sandendivie
— *Epirrhoe*
— *Epitome*
— *Epopee*
— Essige
Evan! Evoe!
das *Fac simile*
die Familie
Adelsfamilie
Bauerfamilie
Bettlerfamilie
Bürgerfamilie
Herrscherfamilie
Privatfamilie
Sonnenfamilie
Wortfamilie
Zigeunerfamilie
die Fee
— Finstere
— Fittige
— Flittige
— Folie
— Fossilie
— Furie
Höllenfurie
Kriegsfurie
das G
die Gallerte
Chinagallerte
Schwemmgallerte
Seegallerte
Thongallerte
das Geackerte
die Glorie
Himmelsglorie
Madonnenglorie
der Geistliche
Dorfgeistliche
Klostergeistliche
Ordensgeistliche
Ortsgeistliche
Stadtgeistliche
Weltgeistliche
— Gläubige
Irrgläubige
Kleingläubige
Offenbarungsgläub.
Rechtgläubige
die Gorgonie
— Grazie
— Habichte
das Hangende
die Harnische
he!
der Heilige
Alltagsheilige
Calenderheilige
Schiffsheilige
Schutzheilige
die Heitere
Himmelsheitere
Jugendheitere
— *Helice*
der Hintere
die Historie
Kirchenhistorie
Staatenhistorie
Stadthistorie
Universalhistorie
Welthistorie
dem Honige
hoppe!
die Hostie
— *Hypallage*
— Idee
Glaubensidee
Grundidee
Hauptidee
Heldenidee
Heyrathsidee
Kunstidee
Lieblingsidee
Nebenidee
— Ignominie
— Indelte
— Injurie
Realinjurie
Verbalinjurie
je!
Herr je!
o je!
Jemine!
der Kaffee
Blümchenskaffee
Cichorienkaffee
deutsche Kaffee
Domingokaffee
Eichelkaffee
Frühkaffee
Husarenkaffee
Martiniquekaffee
Milchkaffee
Moccakaffee
Morgenkaffee
Möhrenkaffee
Runkelrübenkaffee
Scorzonerenkaffee
Stragelkaffee
das Kanape
die Könige
der Klee
Ackerklee
Alpenklee
Bärenklee
Bergklee
Biberklee
Bisamklee
Bitterklee
Blasenklee
Buchklee
Dreyfaltigkeitsklee
Erdbeerklee
Erdfruchtklee
Fieberklee
Gauchklee
Geifsklee
Güldenklee
Hahnenkammklee
Hasenklee
Herzklee
Hirschklee.
Honigklee
Hopfenklee
Hühnerklee

Igelklee
Katzenklee
Kleberklee
Kreiselklee
Kronenklee
Kuckuksklee
Leberklee
Lucernerklee
Lungenklee
Magenklee
Mannaklee
Mondklee
Purpurklee
Raupenklee
Samenklee
Sauerklee
Scharbocksklee
Schneckenklee
Schotenklee
Gartenschotenklee
Schweizerklee
Seelotenklee
Sichelklee
spanischer Klee
Spargelklee
Spitzklee
Staudenklee
Stechklee
Steinklee
Sternklee
Strandklee
Strauchklee
Sumpfklee
Süſsklee
Wasserklee
Wetterklee
Wickenklee
Wiesenklee
Wirbelklee
Wirtelklee
Wundklee
Ziegenklee
Zwergklee
die Komödie
Puppenkomödie
— Kraniche
— Kürbisse
der Kundige
Erdkundige
Erzkundige
Fischkundige
Gesetzkundige
Gebirgskundige
Geschlechtskundige
Gestirnkundige
Gewächskundige
Gezieferkundige
Naturkundige
Rechtskundige
Staatenkundige
Staatskundige
Sternkundige
Vogelkundige
Wappenkundige
das *Kyrie*
die Lamie
— Lappalie
— Larie
das Lee
— Liegende
die Lilie
Balsamlilie
Baumlilie
Berglilie
Blutlilie
Dornlilie
Drecklilie
Feldlilie
Feuerlilie
Gartenlilie
Geiſslilie
Goldlilie
Jacobslilie
Knolllilie
Krolllilie
Maylilie
Marmorlilie
Meerlilie
Nachtlilie
Narziſslilie
Osterlilie
Pomeranzenlilie
Prachtlilie
Sandlilie
Scharlachlilie
Schlaflilie
Schwertlilie
Wasserschwertlilie
Seelilie
Silberlilie
Specklilie
Tagelilie
Teichlilie
Thallilie
Tolllilie
Tropfnarzissenlilie
Waldlilie
Wasserlilie
Zaunlilie
— Limonie
— Linie
Achslinie
Anfangslinie
Aussenlinie
Bauchlinie
Bogenlinie
Brennlinie
Demarcationslinie
Deichlinie
Ehrenlinie
Erdlinie
Eylinie
Gesichtslinie
Gleichlinie
Gleichungslinie
Grenzlinie
Grundlinie
Handlinie
Hauptlinie
Heyrathslinie
Kegellinie
Kegelschnittlinie
Kehllinie
Kettenlinie
Knotenlinie
Kreislinie
Krummlinie
Ladewasserlinie
Längslinie
Lebenslinie
Leistlinie
Loglinie
Magenlinie
Marklinie
Marschlinie
Mittagslinie
Mittellinie
Nabellinie
Nebenlinie
Nebenschnittlinie
Notenlinie
Punctlinie
Querlinie
Radlinie
Richtungslinie
Rothlinie
Schachtlinie
Schattenlinie
Scheidelinie
Scheitellinie
Scheitelwinkellinie
Schiedlinie
Schlachtlinie
Schlangenlinie
Schneckenlinie
Schneelinie
Schnittlinie
Schönheitslinie
Schraubenlinie
Schuſslinie
Schweblinie
Schwerlinie
Schwunglinie
Segellinie
Seigerlinie
Seitenlinie
Senklinie
Setzlinie
Sohllinie
Sonnenlinie
Spinnenlinie
Stachellinie
Stammlinie
Standlinie
Streichlinie
Stricklinie

Stundenlinie
Tanzlinie
Umfanglinie
Umschanzungslinie
Vaterlinie
Verbindungslinie
Vereinigungslinie
Vertheidigungslinie
Wasserlinie
Wehrlinie
Wellenlinie
Winkellinie
Zackenlinie
Zirkellinie
Zwerchlinie
Zwischenlinie
das Löhmige
die Mammele
— Materie
Auswurfsmaterie
Perlmaterie
— Mennige
der *Minare*
die Minime
der Minime
die Minutie
das Mokele
der Musjé
ne!
die Nänie
— Nüchtere
das O-e
die Obene
der Oberste
Bürschoberste
Feldoberste
Kreisoberste
Kriegsoberste
Stadtoberste
o weh!
die *Odyssee*
das P
die Panacee
Quecksilberpanacee
— Päonie
— *Paraphrosyne*
— *Parasceve*
— Pfennige
— Pfirsige
der Peperle
die Penurie
— Petersilie
Hundspetersilie
Krautpetersilie
Wasserpetersilie
Wurzelpetersilie
das Pfeiferle
die Pinie
— Pistazie
das Pockerle
die *Pöcile*
— *Polypragmosyne*

der Porree
die Prämie
— Psittiche
das Puselke
dem Püstriche
ein *Que*
die Quassie
— Quisquilie
— Quintipsie
re
rere!
— Ree
das Reh
Hirschreh
Schmalreh
reh
der Reiſsige
dem Reiſsige
die Reliquie
Reminiscere
— Rettige
— Robinie
se
per se
Latus per se
— Sammete
— Sävitie
die See
hohe See
Kabbelsee
Klopfsee
Muhrsee
Nordsee
Ostsee
Ostersee
Salzsee
Stampfsee
Sturzsee
Südsee
Südersee
Westsee
Wiedersee
der See
Bielersee
Binnensee
Bodensee
Feldsee
Goldsee
Landsee
Mälersee
Plattensee
Salzsee
Schwefelsee
Silbersee
Spiegelsee
Thalsee
Thränensee
Waldsee
die Scharbeje
der Schnee
Alpenschnee

Blüthenschnee
Eisenschnee
Frühlingsschnee
Herbstschnee
Jungferschnee
Lilienschnee
Mariaschnee
Mägdeschnee
Märzenschnee
Mayenschnee
Quittenschnee
Schwalbenschnee
Silberschnee
Spieſsglanzschnee
Spürschnee
Storchschnee
Winterschnee
die Scholie
— Seemaräneke
— Sepie
— Septime
— Serie
— Sestertie
— *Spree*
dem Spülige
die Stellige
das Suckele
die *Syndrome*
— *Synekdoche*
— *Synkope*
— *Syzygie*
das T
— S-T
die Tabelke
— Tertie
der Thee
Blumenthee
Brustthee
Camillenthee
Fenchelthee
Haysanthee
Holländerthee
Holunderthee
Karavanenthee
Kayserthee
Kräuterthee
Melissenthee
Schieſspulverthee
die Tragödie
— Treibete
— Trockene
— Tschiffere
der Verständige
Bergverständige
Kunstverständige
Rechtsverständige
Sachverständige
Schriftverständige
Sprachverständige
Wappenverständige
Werkverständige

die Vigilie
das W
— Weh
Augenweh
Bauchweh
Darmweh
Erdenweh
Fuſsweh
Geburtsweh
Gliederweh
Halsweh
Hauptweh
Heimweh
Herzensweh
Herzweh
Hüftweh
Kerbweh
Kopfweh
Seitenkopfweh
Kreuzweh
Lendenweh
Magenweh
Meerweh
Milzweh
Mutterweh
Nachweh
Rippenweh
Rückenweh
Seelenweh
Seitenweh
Steinweh
Todesweh
Trennungsweh
Weltweh
Zahnweh
die *Xenie*
— Zeh'
Fuſszeh'
— Zeisige
— Zwilliche

(*Endungen in gelindes* e *aus Zeitwörtern in erster und dritter Person:*)

abcrande
abcrete
ich/er } ackere
ackernde
ackerte
achtete
achtende
ächtete
ächtende
adele
adelnde
adelte
ächzende
ächzete
äffende
äffete
ähnelnde
ähnelte
ährende
ährete
älternde
älterte
ändere
ändernde
änderte
ängstende
ängstete
ängstige
ängstigte
ärgere
ärgernde
ärgerte
äschere
äschernde
äscherte
ätzende
ätzete
äugele
äugelnde
äugelte
äussere
äussernde
äusserte
agonisirende
ahndende
ahndete
ahnende
ahnete
albere
albernde
alberte
altere
alternde
alterte
andächtele
andächtelnde
andächtelte
angele
angelnde
angelte
ankere
ankernde
ankerte
antwortende
antwortete
argwöhnende
athmende
athmete
atzende
atzete
backende
badende
badete
bäffende
bähende
bändige
bändigte
bahnende
balgende
ballende
balzende
bannende
bansende
bauende
bäumende
baumele
baumelnde
baumelte
bauschende
baxende
beaugenscheinige
beaugenscheinigte
bebende
bedauernde
bedauerte
bedeutende
bedeutete
bedienende
beerdige
beerdigte
befehlende
befeuchtende
befeuchtete
befiederte
beflügelnde
beflügelte
befremdende
befremdete
befreundende
befreundete
befriedige
befriedigte
befugende
begabende
begegnende
begegnete
begehrende
begeistere
begeisternde
begeisterte
beginnende
beglaubige
beglaubigte
begleitende
begleitete
begnadige
begnadigte
begünstige
begünstigte
begütige
begütigte
behändige
behändigte
behauptende
behauptete
behellige
behelligte

beherzige
beherzigte
beichtende
beichtete
beissende
beizende
bejahende
bejahete
bekleibende
beköstige
beköstigte
belästige
belästigte
belagere
belagernde
belagerte
belangende
beleidige
beleidigte
belfere
belfernde
belferte
belistende
belistete
bellende
belustige
belustigte
bemächtige
bemächtigte
bemäntele
bemäntelte
bemäntelnde
bemakele
bemakelnde
bemakelte
bemastete
bemitleidete
bemüſsige
bemüſsigte
benachrichtige
benachrichtigte
benedeiete
berechtige
berechtigte
bereichere
bereichernde
bereicherte
bereitende
bereitete
bereuende
bereuete
bergende
berichtende
berichtete
berstende
berüchtige
berüchtigte
berücksichtige
berücksichtigte
beruhige
beruhigte
beschädige
beschädigte
beschäftige
beschäftigte
bescheinige
bescheinigte
beschleunige
beschleunigte
beschönige
beschönigte
beschränkende
beschuldige
beschuldigte
beschwerende
beschwichtige
beschwichtigte
beselige
beseligte
besichtige
besichtigte
besoldende
besoldete
bessere
bessernde
besserte
bestätige
bestätigte
bestattende
bestattete
betende
betete
bethätige
bethätigte
betitele
betitelnde
betitelte
bettele
bettelnde
bettelte
bettende
bettete
beugende
beurlaubende
beutele
beutelnde
beutelte
bevölkere
bevölkernde
bevölkerte
bevormundende
bevormundete
bevortheilende
bewegende
beweibende
bewerkstellige
bewerkstelligte
bewillkommende
bewillkommete
bewirthende
bewirthete
beziffere
beziffernde
bezifferte
bezweckende
biegende
bietende
bildende
bildete
bildere
bildernde
bilderte
billige
billigte
bindende
bittende
blähende
blähete
blättere
blätternde
blätterte
bläuende
bläuete
blasende
bleibende
bleichende
blendende
blendete
blickende
blinkende
blinzele
blinzelnde
blinzelte
blitzende
blökende
blokirende
blühende
blühete
blümele
blümelnde
blümelte
blutende
blutete
bockende
bohnende
bohrende
borgende
bosselnde
bosselte
brachende
bräunende
brandmarkende
bratende
brauchende
brauende
brauete
brausende
brechende
breitende
breitete
brennende
bringende
brockende

brudelnde
brudelte
brühende
brühete
brüllende
brütende
brütete
brummende
brüstende
brüstete
bückende
büffele
büffelnde
büffelte
bügele
bügelnde
bügelte
bürgende
bürstende
bürstete
büſsende
buhlende
burzele
burzelnde
burzelte
buttere
butternde
butterte
capere
capernde
caperte
credenzende
dämmende
dämmere
dämmernde
dämmerte
dämpfende
dahlende
dampfende
dankende
darbende
dauere
dauernde
dauerte
deckende
dehnende
demüthige
demüthigte
denkende
deutele
deutelnde
deutelte
deutende
deutete
dichtende
dichtete
dielende
dienende
dingende
dörrende
donnere
donnernde
donnerte
doppele
doppelnde
doppelte
drängende
dräuende
dräuete
drechsele
drechselnde
drechselte
drehende
drehete
dreschende
drillende
dringende
drönende
drohende
drohete
drückende
druckende
drucksende
duckende
düftende
düftete
duftende
duftete
düngende
dürfende
dürstende
dürstete
durstende
durstete
dütende
dütete
dutende
dutete
duldende
duldete
dunkele
dunkelnde
dunkelte
dünstende
dünstete
dunstende
dunstete
dussele
dusselnde
dusselte
dutzende
ebnende
ebnete
eggende
eh'liche
eh'lichte
ehrende
eifere
eifernde
eiferte
eigene
eig'nende
eig'nete
eilende
einende
einige
einigte
eisende
eitere
eiternde
eiterte
ekele
ekelnde
ekelte
empfangende
empfehlende
empfindele
empfindelnde
empfindelte
empfindende
empörende
endende
endete
endige
endigte
engende
entädere
entädernde
entäderte
entbehrende
entblödende
entblödete
entblöſsende
entere
enternde
enterte
entgegnende
entgegnete
entgöttere
entgötternde
entgötterte
entkräftende
entkräftete
entlarvende
entlastende
entlastete
entledige
entledigte
entlehnende
entleibende
entmenschende
entmuthige
entmuthigte
entnervende
enträthsele
enträthselnde
enträthselte
entrinnende
entschädige
entschädigte
entschuldige
entschuldigte
entvölkere
entvölkerte
entwöhnende
entwölkende

entziffere
entziffernde
entzifferte
entzweyende
entzweyete
erbarmende
erbarmete
erbende
erbeutende
erbeutete
erbittere
erbitternde
erbitterte
erblassende
erbleichende
ereignende
ereignete
erhöhende
erhöhete
erinnere
erinnernde
erinnerte
erkaltende
erkaltete
erkrankende
erkrankete
erkrummende
erkühnende
erkühnete
erkundige
erkundigte
erlahmende
erlaubende
erledige
erledigte
erleichtere
erleichternde
erleichterte
erlistende
erlistete
erlustige
erlustigte
ermächtige
ermächtigte
ermüdende
ermüdete
ermuntere
ermunternde
ermunterte
ermuthige
ermuthigte
erneuende
erneuete
erneuere
erneuernde
erneuerte
erniedrige
erniedrigte
erntende
erntete
erobere
erobernde
eroberte
erörtere
erörternde
erörterte
erprobende
erprobete
erquickende
erquickete
erröthende
erröthete
ersäufende
ersäufete
erschöpfende
erschöpfete
erschwarzende
erschwerende
erschwerete
erstarkende
erstarkete
erstattende
erstattete
erweitere
erweiternde
erweiterte
erwiedere
erwiedernde
erwiederte
esele
eselnde
eselte
essende
fabele
fabelnde
fabelte
fackele
fackelnde
fackelte
fächele
fächelnde
fächelte
fädele
fädelnde
fädelte
fällende
fälschende
fältele
fältelnde
fältelte
färbende
fäumende
fahrende
fallende
faltende
faltete
falzende
fangende
fasele
faselnde
faselte
fasende
fassende
fastende
fastete
faulende
faulenzende
fechtende
federnde
federte
fegende
fehlende
feilende
felgende
ferkele
ferkelnde
ferkelte
fernende
fertige
fertigte
fessele
fesselnde
fesselte
feuchtende
feuchtete
feuere
feuernde
feuerte
feyere
feyernde
feyerte
fiedele
fiedelnde
fiedelte
filzende
findende
fingere
fingernde
fingerte
fipsende
firmele
firmelnde
firmelte
firmende
fischende
fispere
fispernde
fisperte
fitschele
fitschelnde
fitschelte
fitzende
fixirende
flackere
flackernde
flackerte
flaggende
flammende
flattere
flatternde
flatterte
flechtende
fleckende

flegele
flegelnde
flegelte
flehende
flehete
flennende
fletschende
flickende
fliegende
fliehende
flieſsende
flimmere
flimmernde
flimmerte
flinkere
flinkernde
flinkerte
flösende
flöſsende
flötende
fluchende
flüchtende
flüstere
flüsternde
flüsterte
flutende
flutete
fodere
fodernde
foderte
fördere
fördernde
förderte
fordere
fordernde
forderte
fohlende
folgende
folgere
folgernde
folgerte
foltere
folternde
folterte
foppende
forschende
fragende
fressende
freuende
freuete
frevele
frevelnde
frevelte
freyende
freyete
frierende
fristende
fristete
fröhnende
frömmele
frömmelnde
frömmelte
fröstele
fröstelnde
fröstelte
frommende
fruchtende
fruchtete
fuchsschwänzende
fügende
fühlende
führende
füllende
funkele
funkelnde
funkelte
fürchtende
fürchtete
fürstende
fürstete
füttere
fütternde
fütterte
furchende
fuſsende
gabele
gabelnde
gabelte
gackere
gackernde
gackerte
gähnende
gährende
gängele
gängelnde
gängelte
gärtnere
gärtnernde
gärtnerte
gäschende
gätende
gätete
gaffende
gattende
gattete
gattere
gatternde
gatterte
gaukele
gaukelnde
gaukelte
gaunere
gaunernde
gaunerte
gebärende
gebende
gebenedeyete
geberdende
geberdete
gebietende
gebrechende
gebührende
gedeihende
gefährdende
gefährdete
gefallende
geifere
geifernde
geiferte
geigende
geiſsele
geiſselnde
geiſselte
geizende
geliefernde
gelingende
gelobende
geltende
gelüstende
gelüstete
genesende
genesete
genieſsende
genügende
gerbende
geschehende
gesellende
gestaltende
gestaltete
gestattende
gestattete
gesundende
gesundete
gewährende
gewinnende
gewöhnende
gewohnende
gieſsende
girrende
gittere
gitternde
gitterte
glänzende
glättende
glättete
glaubende
gleichende
gleissende
gleitende
gleitete
glimmende
glimmere
glimmernde
glimmerte
glitschende
glossirende
glotzende
gluckende
glucksende
glückende
glühende
gnadende
gnadete

gönnende
grabende
grämende
grätschende
grätschele
grätschelnde
grätschelte
granirende
grasende
grauende
grauete
grausende
greifende
greinende
greisende
grenzende
griechele
griechelnde
griechelte
grimmende
grinsende
grölende
grollende
grübele
grübelnde
grübelte
gründende
gründete
grüſsende
grunzende
guckende
gürtende
gürtete
gurgele
gurgelnde
gurgelte
gypsende
haarende
habende
hackende
hadere
hadernde
haderte
häkele
häkelnde
häkelte
hämmere
hämmernde
hämmerte
hängende
hänsele
hänselnde
hänselte
härende
härmende
härtende
härtete
hätschele
hätschelnde
hätschelte
häufele
häufelnde
häufelte
häufende
häutende
häutete
haftende
haftete
hagele
hagelnde
hagelte
hakende
hallende
haltende
hamstere
hamsternde
hamsterte
handele
handelnde
handelte
handthierende
hangende
hapere
hapernde
haperte
harfende
harnende
harnische
harnischte
harrende
harzende
haschende
haspele
haspelnde
haspelte
hassende
hastende
hastete
haubende
hauchende
haudere
haudernde
hauderte
hauende
hauete
hausende
hebende
hechele
hechelnde
hechelte
heckende
heftele
heftelnde
heftelte
heftende
heftete
hegende
hehlende
heilende
heilige
heiligte
heirathende
heirathete
heischende
heitere
heiternde
heiterte
heizende
helfende
hellende
hemmende
henkele
henkelnde
henkelte
henkende
herbergende
herrschende
herzende
heuchele
heuchelnde
heuchelte
heuere
heuernde
heuerte
hexende
hetzende
himmele
himmelnde
himmelte
hindere
hindernde
hinderte
hinkende
hissende
hitzende
hobele
hobelnde
hobelte
hockende
höhende
höhete
höhlende
höhnende
hökende
hörende
hörnende
hoffende
holende
holpere
holpernde
holperte
holzende
horchende
horstende
horstete
hudele
hudelnde
hudelte
hüllende
hülsende
hüpfende
hüstele
hüstelnde

hüstelte
hütende
hütete
huldige
huldigte
humpele
humpelnde
humpelte
hungernde
hungerte
hurende
huschende
hustende
hustete
hutschende
huzele
huzelnde
huzelte
ihrzende
impfende
jachtere
jachternde
jachterte
jagende
jammere
jammernde
jammerte
jodele
jodelnde
jodelte
jubele
jubelnde
jubelte
juckende
jüdele
jüdelnde
jüdelte
kackende
kälbere
kälbernde
kälberte
kältende
kältete
kämmende
kämpfende
käsende
käuende
käuete
kahmende
kalbende
kalfatere
kalfaternde
kalfaterte
kalmäusere
kalmäusernde
kalmäuserte
kampele
kampelnde
kampelte
kannegieſsere
kannegieſsernde
kannegieſserte
kappende
kardätschende
kargende
karrende
kartende
kasteyende
kasteyete
katzbalgende
kauende
kauete
kauere
kauernde
kauerte
kaufende
kauzende
kegele
kegelnde
kegelte
kehlende
kehrende
keifende
keilende
keimende
kellere
kellernde
kellerte
keltere
kelternde
kelterte
kennende
kerbende
kernende
kettende
kettete
keuchende
kichere
kichernde
kicherte
kielende
kielholende
kindele
kindelnde
kindelte
kindere
kindernde
kinderte
kippende
kittende
kitzele
kitzelnde
kitzelte
kläffende
klaffende
klaftere
klafternde
klafterte
klagende
klammere
klammernde
klammerte
klappende
klappere
klappernde
klapperte
klatschende
klaubende
klebende
kleckende
kleidende
kleistere
kleisternde
kleisterte
klemmende
klettere
kletternde
kletterte
klimmende
klimpere
klimpernde
klimperte
klingele
klingelnde
klingelte
klingende
klinkende
klippere
klippernde
klipperte
klirrende
klitschende
klöppele
klöppelnde
klöppelte
klopfende
klüftende
klüftete
klügele
klügelnde
klügelte
klümpere
klümpernde
klümperte
knackende
knallende
knarpele
knarpelnde
knarpelte
knarrende
knastere
knasternde
knasterte
knattere
knatternde
knatterte
knäuele
knäuelnde
knäuelte
knaupele
knaupelnde
knaupelte
knausere

knausernde
knauserte
knebele
knebelnde
knebelte
kneifende
kneipende
knetende
knetete
knickende
knickere
knickernde
knickerte
knieende
knieete
knippsende
knirrende
knirschende
knistere
knisternde
knisterte
knöpfende
knospende
knötele
knötelnde
knötelte
knöllende
knüpfende
knüttele
knüttelnde
knüttelte
knurrende
knutende
kochende
ködere
ködernde
köderte
kökende
könnende
köpfende
körnende
kohlende
kollere
kollernde
kollerte
kommende
koppele
koppelnde
koppelte
kosende
kostende
kostete
kotzende
krabbele
krabbelnde
krabbelte
krachende
krächzende
kräftige
kräftigte
krähende
krähete
krällende
krämere
krämernde
krämerte
krämpele
krämpelnde
krämpelte
kränkele
kränkelnde
kränkelte
kränkende
kränzende
kräusele
kräuselnde
kräuselte
krallende
kramende
krampfende
krankende
kratzende
krauende
krauete
krausende
krebsende
kreidende
kreidete
kreischende
kreisende
kreiſsende
kreuzende
kreuzige
kreuzigte
kribbele
kribbelnde
kribbelte
krickele
krickelnde
krickelte
kriechende
kriegende
krimpende
krippende
kritisirende
krittele
krittelnde
krittelte
kritzele
kritzelnde
kritzelte
krönende
krückende
krümele
krümelnde
krümelte
krümmende
krummende
kühlende
kührende
kümmere
kümmernde
kümmerte
künstele
künstelnde
künstelte
kürzende
küssende
kugele
kugelnde
kugelte
kuppele
kuppelnde
kuppelte
kuranzende
kurzweilende
küschende
kuschende
labende
lachende
ladende
ladete
lächele
lächelnde
lächelte
lächere
lächernde
lächerte
lähmende
läppere
läppernde
läpperte
lärmende
lästere
lästernde
lästerte
läugnende
läugnete
läutende
läutete
läutere
läuternde
läuterte
lagere
lagernde
lagerte
laichende
lallende
lammende
landende
landete
langende
lassende
lastende
lastete
latschende
lattende
lattete
lauere
lauernde
lauerte
laufende
laugende

lauschende
lautende
lautete
lebende
lechzende
leckende
leerende
legende
lehmende
lehnende
lehrende
leidende
leihende
leimende
leistende
leistete
leitende
leitete
lenkende
lernende
lesende
leuchtende
leuchtete
leyere
leyernde
leyerte
lichtende
lichtete
liebende
liebele
liebelnde
liebelte
liebedienere
liebedienernde
liebedienerte
liedele
liedelnde
liedelte
liefere
liefernde
lieferte
liegende
lindere
lindernde
linderte
lispele
lispelnde
lispelte
lobende
lockende
lockere
lockernde
lockerte
lodere
lodernde
loderte
löffele
löffelnde
löffelte
löschende
losende
löthende
löthete
lohnende
losende
ludere
ludernde
luderte
lüftende
lüftete
lügende
lümmele
lümmelnde
lümmelte
lüstere
lüsternde
lüsterte
lumpende
lutherle
lutherlnde
lutherlte
machende
mähende
mäkele
mäkelnde
mäkelte
mäſsige
mäſsigte
mästende
mästete
magere
magernde
magerte
mahlende
mahnende
malende
malzende
mandele
mandelnde
mandelte
mangele
mangelnde
mangelte
manschende
martere
marternde
marterte
masere
masernde
maserte
mauende
mauete
mauere
mauernde
mauerte
maulende
mausende
mausere
mausernde
mauserte
meckere
meckernde
meckerte
mehrende
meidende
meinende
meiſsele
meiſselnde
meiſselte
meistere
meisternde
meisterte
meldende
meldete
melkende
mengende
merkende
messende
metzele
metzelnde
metzelte
meuchele
meuchelnde
meuchelte
miethende
miethete
milchende
mildere
mildernde
milderte
mindere
mindernde
minderte
minirende
minnende
mischende
missende
miſslingende
mistende
mistete
mittele
mittelnde
mittelte
modere
modernde
moderte
mordende
mordete
mostele
mostelnde
mostelte
muckende
mucksende
müffende
mühende
mühete
mündende
mündete
münzende
müssende
müſsige
müſsigte
mummele

mummelnde
mummelte
murmele
murmelnde
murmelte
murrende
mustere
musternde
musterte
muthende
muthete
mutzende

nachtende
nachtete
nähere
nähernde
näherte
nährende
nähende
nähete
närrende
nässende
nagele
nagelnde
nagelte
nagende
nahende
nahete
narbende
narrende
naschende
nebele
nebelnde
nebelte
neckende
nehmende
neidende
neidete
neigende
nennende
nestele
nestelnde
nestelte
netzende
niesende
nietende
nietete
nistende
nistete
nöthige
nöthigte
nudele
nudelnde
nudelte
nützende
nussende
nutzende
öffnende
öffnete
öhrende
ölende

offenbarende
ohmende
ohrfeigende
opfere
opfernde
opferte
ordnende
ordnete
orgele
orgelnde
orgelte

paarende
pachtende
pachtete
packende
päckele
päckelnde
päckelte
panschende
panzere
panzernde
panzerte
papele
papelnde
papelte
papere
papernde
paperte
papierele
papierelnde
papierelte
pappende
paschende
passende
patschende
paukende
peinige
peinigte
peitschende
pelzende
perlende
perlete
pfählende
pfändende
pfändete
pfeffere
pfeffernde
pfefferte
pfeifende
pferchende
pflanzende
pflastere
pflasternde
pflasterte
pflegende
pflöckende
pflückende
pflügende
pfropfende
pfuschende
pichende

pickende
pilgere
pilgernde
pilgerte
pimpele
pimpelnde
pimpelte
pinsele
pinselnde
pinselte
pipende
pispere
pispernde
pisperte
pissende
plackende
plänkele
plänkelnde
plänkelte
plärrende
plätschere
plätschernde
plätscherte
plättende
plättete
plagende
plappere
plappernde
plapperte
plattende
plattete
plaudere
plaudernde
plauderte
plündere
plündernde
plünderte
plumpende
pochende
polstere
polsternde
polsterte
poltere
polternde
polterte
posaunende
prachere
prachernde
pracherte
prägende
prahlende
prallende
prangende
prassele
prasselnde
prasselte
prassende
predige
predigte
pregele
pregelnde

pregelte
preisende
prellende
pressende
pritschende
prophezeyende
prophezeyete
prüfende
prügele
prügelnde
prügelte
prunkende
psalmende
publicirende
pudele
pudelnde
pudelte
pudere
pudernde
puderte
pülvere
pülvernde
pülverte
puffende
pumpende
punschende
putzende
quacksalbere
quacksalbernde
quacksalberte
quäkende
quälende
quakende
quellende
quetschende
quirlende
quirlete
rächende
rädere
rädernde
räderte
rändele
rändelnde
rändelte
rändere
rändernde
ränderte
räuchere
räuchernde
räucherte
räumende
räuspere
räuspernde
räusperte
raffende
rahmende
rammele
rammelnde
rammelte
rankende
ranzende

rappele
rappelnde
rappelte
rasende
raspele
raspelnde
raspelte
rassele
rasselnde
rasselte
rastende
rastete
rathende
raubende
rauchende
raufende
raunende
raupende
rauschende
rechende
rechnende
rechnete
rechtende
rechtete
rechtfertige
rechtfertigte
reckende
redende
redete
regele
regelnde
regelte
regende
regnende
regnete
reibende
reichende
reifende
reihende
reihete
reimende
reinige
reinigte
reisende
reissende
reitende
reizende
rekele
rekelnde
rekelte
renkende
rennende
rettende
rettete
reuende
reuete
reutende
reutete
richtende
richtete
riechende

riegele
riegelnde
riegelte
riesele
rieselnde
rieselte
riffele
riffelnde
riffelte
rigolende
rindere
rindernde
rinderte
ringele
ringelnde
ringelte
ringende
rinnende
rippele
rippelnde
rippelte
ritzende
rodende
rodete
röchele
röchelnde
röchelte
röstende
röstete
röthende
röthete
rohrende
rollende
rossende
rostende
rostete
rottende
rottete
ruckende
rudere
rudernde
ruderte
rückende
rügende
rühmende
rührende
rülpsende
rümpfende
ründende
ründete
rüstende
rüstete
rüttele
rüttelnde
rüttelte
rufende
ruhende
ruhete
ruhrende
rumorende
rumpele

rumpelnde
rumpelte
rundende
rundete
runzele
runzelnde
runzelte
rupfende
rutschende
sackende
säbele
säbelnde
säbelte
säckende
säende
säete
sägende
sänftige
sänftigte
sättige
sättigte
säubere
säubernde
säuberte
säuere
säuernde
säuerte
säugende
säumende
säusele
säuselnde
säuselte
saftende
saftete
sagende
salbende
salzende
sammele
sammelnde
sammelte
sandende
sandete
sappirende
sattele
sattelnde
sattelte
sauende
sauete
sauere
sauernde
sauerte
saufende
saugende
sausende
schabende
schachere
schachernde
schacherte
schadende
schadete
schächtende
schächtete
schäftende
schäftete
schälende
schämende
schändende
schändete
schärfende
schäumende
schätzende
schaffende
schallende
schaltende
schaltete
schanzende
scharbende
scharmützele
scharmützelnde
scharmützelte
scharrende
schattende
schattete
schattirende
schaudere
schaudernde
schauderte
schauende
schauete
schauere
schauernde
schauerte
schaufele
schaufelnde
schaufelte
schaukele
schaukelnde
schaukelte
scheffele
scheffelnde
scheffelte
scheidende
scheinende
scheiſsende
scheitele
scheitelnde
scheitelte
scheitere
scheiternde
scheiterte
scheltende
schenkende
scherende
scherzende
scheuchende
scheuende
scheuete
scheuere
scheuernde
scheuerte
schichtende
schichtete
schickende
schiebende
schiefere
schiefernde
schieferte
schielende
schienende
schieſsende
schiffende
schildere
schildernde
schilderte
schillere
schillernde
schillerte
schimmele
schimmelnde
schimmelte
schimmere
schimmernde
schimmerte
schimpfende
schindende
schirmende
schlachtende
schlachtete
schläfere
schläfernde
schläferte
schlämmende
schlängele
schlängelnde
schlängelte
schlafende
schlaffende
schlagende
schlappende
schleckere
schleckernde
schleckerte
schleichende
schleifende
schleimende
schleiſsende
schlemmende
schlendere
schlendernde
schlenderte
schleppende
schleudere
schleudernde
schleuderte
schleyere
schleyernde
schleyerte
schlichtende
schlichtete
schlieſsende
schlingende
schlitzende
schloſsende

schlottere
schlotternde
schlotterte
schluchzende
schluckende
schludere
schludernde
schluderte
schlüpfende
schlürfende
schlummere
schlummernde
schlummerte
schlumpende
schmachtende
schmachtete
schmadere
schmadernde
schmaderte
schmähende
schmähete
schmählende
schmälere
schmälernde
schmälerte
schmäuchende
schmalzende
schmarozende
schmauchende
schmausende
schmatzende
schmeckende
schmeichele
schmeichelnde
schmeichelte
schmeiſsende
schmelzende
schmerzende
schmettere
schmetternde
schmetterte
schmiedende
schmiegende
schmierende
schminkende
schmitzende
schmollende
schmorende
schmückende
schmuggele
schmuggelnde
schmuggelte
schmunzele
schmunzelnde
schmunzelte
schmuzende
schnäbele
schnäbelnde
schnäbelte
schnäuzende
schnallende
schnalzende
schnappende
schnappere
schnappernde
schnapperte
schnappsende
schnarchende
schnarrende
schnattere
schnatternde
schnatterte
schnaubende
schnaufende
schneidele
schneidelnde
schneidelte
schneidende
schneidere
schneidernde
schneiderte
schnellende
schniebende
schniegele
schniegelnde
schniegelte
schnippele
schnippelnde
schnippelte
schnippende
schnitzele
schnitzelnde
schnitzelte
schnitzende
schnitzele
schnitzernde
schnitzerte
schnörkele
schnörkelnde
schnörkelte
schnürende
schnupfende
schnurrende
schökere
schökernde
schökerte
schönende
schöpfende
schonende
schossende
schränkende
schraubende
schreckende
schreibende
schreitende
schriftstellere
schriftstellernde
schriftstellerte
schröpfende
schrotende
schrotete
schrumpfende
schrundende
schrundete
schürende
schürfende
schürzende
schüttele
schüttelnde
schüttelte
schüttere
schütternde
schütterte
schützende
schuldende
schuldete
schultere
schulternde
schulterte
schuppende
schustere
schusternde
schusterte
schwadronirende
schwächende
schwängere
schwängernde
schwängerte
schwänzele
schwänzelnde
schwänzelte
schwänzende
schwärende
schwärmende
schwärzende
schwanende
schwankende
schwatzende
schwebende
schwefele
schwefelnde
schwefelte
schweifende
schweigende
schweimele
schweimelnde
schweimelte
schweiſsende
schwelgende
schwellende
schwemmende
schwenkende
schwimmende
schwindele
schwindelnde
schwindelte
schwindende
schwingende
schwirrende
schwitzende
schwörende
seckele
seckelnde

seckelte
segele
segelnde
segelte
segnende
segnete
sehende
sehnende
seifende
seigere
seigernde
seigerte
seihende
seihete
sendende
sendete
sengende
senkende
seufzende
setzende
seyende
sichere
sichernde
sicherte
sichtende
sichtete
sickere
sickernde
sickerte
siebende
siechende
siedende
siegele
siegelnde
siegelte
siegende
singende
sinkende
sinnende
sintere
sinternde
sinterte
sitzende
sömmere
sömmernde
sömmerte
sollende
sondere
sondernde
sonderte
sonnende
sorgende
spähende
spähete
spaltende
spaltete
spannende
sparende
spaſsende
speisende
spellende
sperrende
speyende
speyete
spickende
spiegele
spiegelnde
spiegelte
spielende
spieſsende
spinnende
spitzende
splittere
splitternde
splitterte
spöttele
spöttelnde
spöttelte
spornende
sportele
sportelnde
sportelte
spottende
spottete
sprechende
spreitende
spreitete
spreizende
sprengende
sprenkele
sprenkelnde
sprenkelte
springende
spritzende
sprossende
sprudele
sprudelnde
sprudelte
sprühende
sprühete
spuckende
spudende
spudete
spülende
spündende
spündete
spürende
spukende
spulende
stäbele
stäbelnde
stäbelte
stachele
stachelnde
stachelte
stählende
stängele
stängelnde
stängelte
stänkere
stänkernde
stänkerte
stärkende
stäubende
stäubere
stäubernde
stäuberte
stäupende
stallende
stammele
stammelnde
stammelte
stampfende
stapele
stapelnde
stapelte
starrende
staubende
stauende
stauete
staunende
stechende
steckende
stehende
stehlende
steifende
steigende
steigere
steigernde
steigerte
steinige
steinigte
stellende
stemmende
stempele
stempelnde
stempelte
steppende
sterbende
steuere
steuernde
steuerte
stichele
stichelnde
stischelte
stickende
stiftende
stiftete
stillende
stimmende
stinkende
stochere
stochernde
stocherte
stockende
stöbere
stöbernde
stöberte
stöhnende
störende
stolpere
stolpernde
stolperte

stopfende
stoppele
stoppelnde
stoppelte
stoſsende
stottere
stotternde
stotterte
strafende
strahlende
strampfende
strandende
strandete
strauchele
strauchelnde
strauchelte
strebende
streckende
streichele
streichelnde
streichelte
streichende
streifende
streitende
streuende
streuete
strickende
striegele
striegelnde
striegelte
strömende
strotzende
strudele
strudelnde
strudelte
stückele
stückelnde
stückelte
stückende
stülpende
stümmele
stümmelnde
stümmelte
stümpere
stümpernde
stümperte
stürmende
stürzende
stützende
stumpfende
stundende
stundete
stutzende
suchende
sudele
sudelnde
sudelte
sühnende
sündige
sündigte
süſsende
summende
sumsende
tadele
tadelnde
tadelte
täfele
täfelnde
täfelte
tändele
tändelnde
tändelte
täuschende
tafele
tafelnde
tafelte
tagende
takele
takelnde
takelte
tanzende
tappende
tastende
tastete
tauchende
taufende
taugende
taumele
taumelnde
taumelte
tauschende
taxirende
thauende
theerende
theilende
thierende
thränende
thronende
thürmende
thuende
tiefende
tigere
tigernde
tigerte
tilgende
tobende
tödtende
tödtete
tölpele
tölpende
tölpete
tönende
tollende
torkele
torkelnde
torkelte
trabende
trällere
trällernde
trällerte
tränkende
träufele
träufelnde
träufelte
träufende
träumende
tragende
trauende
trauete
trauere
trauernde
trauerte
treckende
treffende
treibende
trennende
tretende
treugende
trichtere
trichternde
trichterte
triefende
triftende
triftete
trillete
trinkende
trippele
trippelnde
trippelte
trippende
trocknende
trocknete
trödele
trödelnde
trödelte
tröpfele
tröpfelnde
tröpfelte
tröstende
tröstete
trotzende
trübende
trügende
trumpfende
tückende
tünchende
tüpfele
tüpfelnde
tüpfelte
tummele
tummelnde
tummelte
tunkende
turnende
tuschende
übende
urtheilende
veraccisende
verbuttende
verbuttete
verdächtige
verdächtigte
verdammende

verdauende
verdauete
verderbende
verdeutschende
verdrieſsende
verdünnende
verdüstere
verdüsternde
verdüsterte
verringele
verringelnde
verringelte
vereitele
vereitelnde
vereitelte
verfeindende
verfeindete
verfeinere
verfeinernde
verfeinerte
vergegenwärtige
vergegenwärtigte
vergiftende
vergiftete
vergittere
vergitternde
vergitterte
vergröſsere
vergröſsernde
vergröſserte
vergünstige
vergünstigte
verharschende
verheerende
verheimliche
verheimlichte
verheiſsende
verherrliche
verherrlichte
verhunzende
verjährende
verjüngende
verkalkende
verkalkete
verkappende
verketzere
verketzernde
verketzerte
verkittende
verkittete
verkleibende
verkleinere
verkleinernde
verkleinerte
verknorpele
verknorpelnde
verknorpelte
verkörpere
verkörpernde
verkörperte
verkrüppele

verkrüppelnde
verkrüppelte
verlängere
verlängernde
verlängerte
verlarvende
verleckere
verleckernde
verleckerte
verleidende
verleidete
verletzende
verleumdende
verleumdete
vermaledeyende
vermaledeyete
vernachläſsige
vernachläſsigte
vernarbende
verneinende
vernichtende
vernichtete
vernünftele
vernünftelnde
vernünftelte
verödende
verödete
verpallisadirende
verplempere
verplempernde
verplemperte
verreimende
verschelmende
verschilfende
verschlackende
verschlämmende
verschlechtere
verschlechternde
verschlechterte
verschönere
verschönernde
verschönerte
verschrumpfende
verschüchtere
verschüchternde
verschüchterte
verschwägere
verschwägernde
verschwägerte
verschwendende
verschwendete
verschwestere
verschwesternde
verschwesterte
verschwistere
verschwisternde
verschwisterte
versilbere
versilbernde
versilberte
versinnliche

versinnlichte
versohlende
verspätende
verspätete
versteinere
versteinernde
versteinerte
verstümmele
verstümmelnde
verstümmelte
vertheidige
vertheidigte
vertheuere
vertheuernde
vertheuerte
vertuschende
verübele
verübelnde
verübelte
verunglimpfende
verunstaltende
verunstaltete
veruntreuende
veruntreuete
verursachende
vervielfältige
vervielfältigte
verwahrlosende
verwaisende
verweichliche
verweichlichte
verwildere
verwildernde
verwilderte
verwirrende
verwittere
verwitternde
verwitterte
verwittwende
verwittwete
verwöhnende
verwüstende
verwüstete
verwundende
verwundete
verzärtele
verzärtelnde
verzärtelte
verzäumende
verzeihende
verzettele
verzettelnde
verzettelte
verzinnende
verzinsende
vierende
viertele
viertelnde
viertelte
viertheilende
vögele

vögelnde
vögelte
vollendende
vollendete
vomirende
votirende
wachende
wachsende
wackele
wackelnde
wackelte
wadende
wadete
wägende
wählende
wähnende
währende
wälzende
wärmende
wässere
wässernde
wässerte
waffnende
waffnete
wagende
wahrende
wahrnehmende
walgere
walgernde
walgerte
walkende
wallende
waltende
waltete
walzende
wandele
wandelnde
wandelte
wankende
wappnende
wappnete
warnende
wartende
wartete
waschende
webende
wechsele
wechselnde
wechselte
weckende
wedele
wedelnde
wedelte
wehende
wehete
wehrende
weichende
weidende
weidete
weifende
weigere
weigernde
weigerte
weihende
weihete
weilende
weinende
weisende
weißende
weitende
weitete
welkende
wendende
wendete
werbende
werdende
werfende
wettende
wettete
wettere
wetternde
wetterte
wetzende
wichsende
wickele
wickelnde
wickelte
widere
widernde
widerte
wiebele
wiebelnde
wiebelte
wiegende
wiehere
wiehernde
wieherte
wiesele
wieselnde
wieselte
willige
willigte
wimmele
wimmelnde
wimmelte
wimmere
wimmernde
wimmerte
windele
windelnde
windelte
windende
winkende
winsele
winselnde
winselte
wipfele
wipfelnde
wipfelte
wippende
wirbele
wirbelnde
wirbelte
wirkende
wirrende
wirthschaftende
wirthschaftete
wischende
wispere
wispernde
wisperte
wissende
wittere
witternde
witterte
witzele
witzelnde
witzelte
wölbende
wölkende
wogende
wohnende
wolgere
wolgernde
wolgerte
wollende
worfele
worfelnde
worfelte
worgende
wuchere
wuchernde
wucherte
wühlende
wünschende
würdige
würdigte
würfele
würfelnde
würfelte
würgende
würzende
wüstende
wüstete
wüthende
wüthete
wundere
wundernde
wunderte
wurfele
wurfelnde
wurfelte
wurfende
wurmende
wurzele
wurzelnde
wurzelte
zackende
zählende
zähmende
zähnele
zähnelnde
zähnelte

zärtele
zärtelnde
zärtelte
zäumende
zäunende
zagende
zahlende
zahnende
zankende
zapfende
zappele
zappelnde
zappelte
zasere
zasernde
zaserte
zaubere
zaubernde
zauberte
zaudere
zaudernde
zauderte
zauende
zauete
zausende
zechende
zehrende
zeichnende
zeichnete
zeidele
zeidelnde
zeidelte
zeigende
zeihende
zeitige
zeitigte
zettele
zettelnde
zettelte
zeugende
zickele
zickelnde
zickelte
ziehende
zielende
ziemende
zierende
zimmere
zimmernde
zimmerte
zinsende
zipfele
zipfelnde
zipfelte
zirkele
zirkelnde
zirkelte
zischele
zischelnde
zischelte
zischende

zittere
zitternde
zitterte
zögere
zögernde
zögerte
zollende
zottele
zottelnde
zottelte
züchtige
züchtigte
zuckende
zuckere
zuckernde
zuckerte
zügele
zügelnde
zügelte
züngele
züngelnde
züngelte
zürnende
zwackende
zwängende
zweckende
zweifele
zweifelnde
zweifelte
zwickende
zwiebele
zwiebelnde
zwiebelte
zwingende
zwirnende
zwitschere
zwitschernde
zwitscherte

aasige
abendländische
abergläubische
abermalige
abgöttische
abhängige
abhelfliche
äbichte
abredige
abrindige
abscheuliche
abscheulichste
abschlägige
abschlägliche
abschüſsige
abseitige
äbtliche
abtrünnige
abwendige
abwesende
academische
accuratere
accurateste

achtzigste
adliche
ächtere
ächteste
ähnliche
ältere
älteste
Aelteste
Ackerälteste
Bergälteste
Handwerksälteste
Kirchenälteste
Landesälteste
Mitälteste
Oberälteste
ältliche
ängstliche
ärgere
ärgeste
ärmere
ärmeste
ärmliche
ärztliche
ästige
ätherische
äuſsere
äussere
akustische
alaunige
alberne
alleinige
allmählige
amtssässige
analogische
anapästische
anarchische
anatomische
anbrüchige
andächtige
andere
anfängliche
angebliche
angemessene
angenehmere
anhängige
anmaſsliche
anmuthige
annehmliche
anrüchige
ansäſsige
anschauliche
anscheinliche
anschlägige
anschlägliche
anschlieſsliche
ansehnliche
anständige
anstöſsige
antheilige
anwendliche
anwesende

anzügliche
apodiktische
apokalyptische
apokryphische
apoplektische
appetitliche
arctische
antarctische
armselige
artige
abartige *etc.*
aufsässige
aufsätzige
aufstößige
aufstützige
augenblickliche
augenscheinliche
ausgiebige
ausländische
aussätzige
ausständige
austerere
austereste
auswärtige
auswendige
authentische
azurene

bacchantische
bändige
bängliche
bärtige
bäurische
baldige
balsamische
baltische
barschere
barscheste
batzige
bauchige
bauliche
bauschige
bedächtige
bedächtliche
bedenkliche
beflissene
befremdliche
begehrliche
behäbige
behagliche
behörige
beinerne
beißige
bekanntliche
belesene
bequemliche
bergmännische
beschauliche
beschwerliche
besondere
bessere
beständige

bethuliche
beträchtliche
betroffene
beutlige
bewegliche
beweisliche
biblische
biedere
bildliche
bisherige
bittere
bittliche
bläßliche
blättrige
bläuliche
blasige
blauäugige
blecherne
bleyerne
bleyige
blindere
blindeste
blödere
blödeste
blondere
blondeste
blumige
blutige
bockige
bösere
böseste
bösliche
bogige
bollige
borstige
bräuchliche
bräunliche
bräutliche
brandige
breitere
breiteste
breterne
breyige
briefliche
brocatende
bröcklige
brotige
brüchige
brünstige
buchstäbliche
bucklige
bübische
bündige
buntere
bunteste

calixtinische
calvinische
canonische
carolinische
cederne
chastische

chemische
chimärische
chirurgische
christliche
chronische
civilere
civileste
commodere
commodeste
complettere
completteste
compressere
compresseste
concavere
concaveste
concretere
concreteste
conformere
conformeste
connexere
connexeste
controversere
controverseste
convexere
convexeste
coquettere
coquetteste
correctere
correcteste
cylindrische

dämische
dämmrige
dämpfige
dänische
damalige
damastene
dampfige
darstellige
daselbstige
dasige
dasjenige
derjenige
diejenige
defectere
defecteste
deinige
demantene
demüthige
derbere
derbeste
dermalige
desfallsige
despotische
deutliche
devotere
devoteste
dialectische
dichterische
dickbäckige
dickbäuchige
dickbeinige

dickhälsige
dickhäutige
dickhülsige
dickschälige
dickrindige
dictatorische
didactische
diebische
dienliche
diesfalsige
diesseitige
dingliche
directere
directeste
discretere
discreteste
distinctere
distincteste
dithyrambische
diversere
diverseste
doldige
donlagige
donische
doppelte
dornige
dortige
doucere
douceste
drätherne
drallere
dralleste
dramaturgische
drastische
draußige
dreckige
dreyeinige
dreyfädige
dreyfaltige
dreyförmige
dreyfüßige
dreygablige
dreygliedrige
dreyhäutige
dreyjährige
dreyknotige
dreyleibige
dreylöthige
dreymalige
dreymastige
dreypfündige
dreyseitige
dreyschneidige
dreyßigste
dreysitzige
dreyspännige
dreyspaltige
dreysylbige
dreystündige
dreytägige
dreytheilige

dreyzackige
dreyzeilige
dreyzinkige
dreyzöllige
dreistere
dreisteste
dringliche
drollige
dümmere
dümmeste
dünnere
dünneste
dürftige
dürrere
dürreste
düstere
duftige
dumpfere
dumpfeste
dumpfige
dunkele
dunstige
durstige
ebene
ebenbürtige
eckige
edele
ehliche
ehmalige
ehere
eheste
ehrliche
ehrerbietige
eibene
eifrige
eigene
eigennützige
eigensinnige
eigenthümliche
eilige
einbildische
eindeutige
eindringliche
einfältige
einfärbige
einförmige
eingängige
eingezogene
einhändige
einhauige
einheimische
einhellige
einhörnige
einhüfige
einige
einlitzige
einmähdige
einmännische
einmalige
einmüthige
einschalige

einschläfrige
einsichtige
einsitzige
einsöhlige
einspännige
einstämmige
einstimmige
einträchtige
einträgliche
einzelne
einzige
eiserne
eisige
eitele
eit'rige
ekele
eklektische
elegische
elektrische
elendere
elendeste
elfenbeinerne
ellige
empfängliche
empfindliche
empirische
emsige
endemische
endliche
energische
engbrüstige
englische
entbehrliche
entsetzliche
entomologische
enkaustische
epidemische
epileptische
epische
equivoquere
equivoqueste
erbärmliche
erbauliche
erbliche
erdenkliche
erdige
erfahrene
erfindliche
erfrorene
ergiebige
ergötzliche
erhebliche
erkenntliche
erklärliche
erlauchtere
erleuchteste
ernstere
ernsteste
ernstliche
erpichtere
erpichteste

erquickliche
erschreckliche
erschrockene
erschwingliche
ersetzliche
ersichtliche
ersprießliche
erstere
erstaunliche
ersteigliche
erträgliche
erweckliche
erweichliche
erweisliche
etliche
etymologische
eurige
evangelische
ewige
exactere
exacteste
excentrische
expeditere
expediteste
exquisitere
exquisiteste
factische
fadere
fadeste
fadige
fähige
fährliche
fällige
fahrige
falschere
falscheste
faltige
farbige
fasige
faslige
fasrige
faßliche
faulere
fauleste
faulige
fed'rige
feigere
feigeste
feilere
feileste
feinere
feineste
feindliche
feindselige
feistere
feisteste
felsige
fernere
ferneste
fertige
festere
festeste
festliche
fettere
fetteste
feuchtere
feuchteste
feurige
figürliche
filzige
finnige
finnische
finstere
fixere
fixeste
flächsene
flämische
flammige
flaumige
fleckige
fleischerne
fleischige
fleischliche
fleißige
flockige
flöhige
flottere
flotteste
flüssige
förmliche
folgliche
fräßige
fragliche
fragselige
französische
frechere
frecheste
fremdere
fremdeste
fressige
freudige
freundliche
freundschaftliche
freyere
freyeste
freymüthige
freysinnige
friedfertige
friedliche
frischere
frischeste
frivolere
frivoleste
fröhliche
frömmere
frömmeste
frostige
frühere
früheste
fügliche
fündige
fürstliche
füßige
gablige
gallige
gallische
gänzliche
garstige
gastliche
gebrechliche
gebürtige
gebührliche
gedeihliche
gediegene
gedrungene
geduldige
gefährliche
gefällige
gefängliche
gefangene
geflissene
gefräßige
gefügige
gefürstete
gegentheilige
gegenwärtige
gehaltene
geharnischte
gehässige
geheimere
geheimeste
gehörige
geilere
geileste
geistige
geistliche
geizige
geladene
geläufige
gelahrtere
gelahrteste
gelassene
gelbere
gelbeste
gelbliche
gelegene
gelehrtere
gelehrteste
gelindere
gelindeste
gelungene
gemächliche
gemäßere
gemäßeste
gemäßigte
gemeinere
gemeineste
gemessene
gemüthliche
genäschige
genauere
genaueste
genehmere
genehmeste

geneigtere
geneigteste
genesene
genießliche
genügliche
geodäsische
geognostische
geradere
geradeste
geräumige
geräumliche
gerathene
gerechtere
gerechteste
gerichtliche
geringere
geringeste
geringhaltige
geringschätzige
geruhige
geschäftige
geschäftliche
geschichtliche
geschicktere
geschickteste
geschmeidige
geschwätzige
geschwindere
geschwindeste
gesellige
gesellschaftliche
gesetzliche
gesetztere
gesetzteste
gesittete
gespenstische
gesprächige
gesündere
gesündeste
getreuliche
getrostere
getrosteste
gewachsene
gewäschige
gewaltige
gewandtere
gewandteste
gewichtige
gewissere
gewisseste
gewöhnliche
gewogene
gewürzige
geziertere
gezierteste
gichtbrüchige
gichtische
gierige
giftige
gilbliche
gläserne
glättere
glätteste
gläubige
glaubliche
glatzige
gleichere
gleicheste
gleichförmige
gleichmüthige
gleichstimmige
gleißende
glimpfliche
glückliche
gnädige
gnomische
gnostische
göttliche
goldene
goldige
gordische
gothische
gottesdienstliche
gottesfürchtige
gottvergessene
gottlosere
gottloseste
gräffliche
grämliche
gräßliche
grätige
gräuliche
grandiosere
grandioseste
granitene
grasige
grauere
graueste
grauliche
grausere
grauseste
grausliche
greifliche
grellere
grelleste
griechische
grießige
grillige
grimmige
grindige
gröbere
gröbeste
gröbliche
größere
größeste
grollige
großmögende
großmüthige
großnasige
großohrige
groteskere
groteskeste
grubige
grünere
grüneste
gründliche
grünliche
güldene
gültige
günstige
gütige
gütliche
gurkige
gypsene
haarichte
haarige
häklige
hämische
hänfene
hänfliche
härtliche
härtere
härteste
häßliche
häufige
häusliche
häutige
hakige
halsstarrige
harthörige
harthufige
hartlehrige
hartleibige
hartmäulige
hartnäckige
hartrindige
hartschäbige
harzige
haselne
hastige
hebridische
heckige
hefige
heftige
heidnische
heilige
heimathliche
heimische
heimliche
heisere
heißere
heißeste
heitere
hektische
heiklige
hellere
helleste
hellenische
helvetische
herbere
herbeste
herbliche
herbstliche
heroische

herrische
herrliche
herrschaftliche
herzige
herzliche
hesperische
heterogenere
heterogeneste
heurige
heutige
hiebige
hiesige
himmlische
hintere
hinterste
historische
hitzige
höhere
höheste
hochzeitliche
hochländische
höchliche
höfische
höfliche
höhnische
höllische
hölzerne
hörnerne
hohlere
hohleste
holdere
holdeste
holdselige
holprige
holzige
homogenere
homogeneste
honnetere
honneteste
hornige
hübschere
hübscheste
hüglige
hülfliche
hülsige
humanere
humaneste
hündische
hundertste
hungrige
hurtige
hydraulische
hyperbolische
hysterische
iberische
identische
idiotische
ihrige
indische
infamere
infameste

inländische
innere
innerste
innige
inständige
intimere
intimeste
invalidere
invalideste
inwendige
irdene
irdische
irische
ironische
irrige
itzige
jähere
jäheste
jählinge
jährige
jährliche
jambische
jedesmalige
jemalige
jenseitige
jetzige
jüdische
jütische
jüngere
jüngeste
julische
jungfräuliche
kälberne
kältere
kälteste
kältliche
kärgere
kärgeste
kärgliche
käsige
käufliche
kahlere
kahleste
kahmige
kalkige
kalmäusrige
kalmuckische
kantige
kantische
kategorische
katholische
kauderwälschere
kauderwälscheste
kaufmännische
kaustische
keckere
keckeste
keckliche
kenntliche
kernige
keuschere

keuscheste
ketzerische
kiesige
kindische
kindliche
kirchliche
kirgisische
kirrere
kitzliche
klärere
kläreste
klassische
klattrige
klätschige
klebrige
kleinere
kleineste
kleinliche
kleinmüthige
kleinstädtische
kleyige
klippige
kloſsige
klüftige
klügere
klügeste
klügliche
knarrige
knausrige
knechtische
knickrige
knöcherne
knochige
knoflige
knollige
knorplige
knorrige
knotige
knurrige
köllnische
körnige
köstliche
kohlige
kolbige
konische
korinthische
korkene
korsische
kosakische
koschere
kosmische
kothige
kräftige
kränkere
kränkeste
kränkliche
krätzige
kräutrige
krampfige
krausere
krauseste

kreidige
kriegische
kriegrische
kritische
kropfige
krümmere
krümmeste
krüpp'lige
krustige
krystallinische
kubische
kühlere
kühleste
kühlige
kühnere
kühneste
künftige
künstliche
kürzere
kürzeste
kürzliche
küſsliche
kufische
kuglige
kundige
kupferne
kupfrige
kurische
kurrige
kurzweilige
ländliche
längere
längeste
längliche
läppische
lärmige
lässige
lästige
läufige
lahmere
lahmeste
landsmännische
landständische
langarmige
langbeinige
langfädige
langfasige
langfüſsige
langhändige
langmüthige
langöhrige
langsamere
langsameste
langweilige
langwierige
lappige
lassere
lasseste
lateinische
laubige
lauere
laueste
lauliche
launige
launische
lausige
lautere
lauteste
lebendige
leckere
leckeste
lederne
ledige
leerere
leereste
lehmerne
lehmige
leibliche
leichtere
leichteste
leichtfertige
leichtliche
leidenschaftliche
leidige
leidliche
leimige
leinene
leinwandene
leisere
leiseste
lesliche
lettige
leutselige
letztere
lichtere
lichteste
liebere
liebliche
linkere
linkeste
linkische
listige
liturgische
lockere
lockige
löbliche
löchrige
lösliche
löthige
logarithmische
logische
logogriphische
losere
loseste
lübische
lückige
lüsterne
luftige
lumpige
lustige
lutherische
lyrische
madige
mächtige
mählige
mährische
männliche
märkische
mäſsige
mättere
mätteste
mättliche
magdliche
magere
magische
magnetische
malabarische
malayische
malthesische
manchmalige
manierliche
mannigfaltige
markige
marodige
mas'rige
mastige
mausige
medicinische
mehlige
mehrere
mehreste
mehrmalige
meinige
meineidige
melancholische
melodische
menschliche
mephitische
merkliche
metallene
metallische
metallurgische
metaphorische
metaphysische
methodische
metonymische
milbige
milchige
mildere
mildeste
milesische
militärische
milzige
mimische
mindere
mindeste
mischliche
miſshellige
miſsliche
miſsmüthige
miſstrauische
mistige
mittägige
mittägliche

mitternächtige
mitternächtliche
mittlere
mittelste
mnemonische
mobilere
mobileste
modernere
moderneste
modische
mod'rige
modestere
modesteste
mögliche
mönchische
mörd'rische
mohrische
mondliche
moorige
moosige
mopsige
morastige
morphische
morschere
morscheste
mosaische
mostige
mottige
müdere
müdeste
mühselige
mündige
mündliche
mürbere
mürbeste
mürrische
müſsige
muffige
muhlige
muldige
mulmige
muntere
muschlige
muthige
mythische
mythologische
nachahmliche
nachdenkliche
nachdrückliche
nachgiebige
nachmalige
nachrichtliche
nachsichtige
nachstellige
nachtheilige
nachträgliche
nackete
nächtliche
nähere
näheste
nämliche

närrische
näschige
nässere
nässeste
naivere
naiveste
narbige
natürliche
nautische
neblige
neckische
neidische
neologische
nervige
nettere
netteste
neuere
neueste
neuliche
neunjährige
neunzigste
neutralere
neutraleste
nichtige
nichtsnutzige
niedere
niedliche
niedrigste
noblere
nobelste
nochmalige
nördliche
nöthige
nordische
notorische
nüchterne
nützliche
nuſsbäumene
obere
oberflächliche
obige
ochsige
ödere
ödeste
öftere
ölige
örtliche
östliche
offene
oftmalige
oligarchische
optische
orthodoxere
orthodoxeste
otaheitische
päbstische
päbstliche
pädagogische
panische
papierene
papistische
pappelne

pappene
päpstliche
parabolische
paradiesische
paradoxere
paradoxeste
parallelere
paralleleste
paralytische
paritätische
parteyische
parteyliche
passirliche
pathetische
pathologische
patriotische
pauſsbäckige
pechige
peinliche
pelzige
peremtorische
perfectere
perfecteste
periodische
persönliche
pfäffische
pfiffige
pflegliche
pflichtige
pfündige
phantastische
pharmaceutische
pharsalische
philologische
philosophische
physiognomische
physiologische
physische
piemontesische
planere
planeste
plastische
plattere
platteste
plötzliche
pludrige
plumpere
plumpeste
podagrische
poetische
polemische
politische
polizeyliche
poltrige
polygamische
pomologische
porzellanene
possirliche
prächtige
praktische
prallere
pralleste

preiſsliche
preuſsische
prinzliche
privatere
privateste
profanere
profaneste
propere
prosaische
protestantische
protzige
psychische
psychologische
pseudonymische
publikere
publikeste
pünctliche
purpurne
pumplige
punische
quarzige
quatschlige
quellige
räthliche
räubrische
räuchrige
räudige
räumige
räumliche
raizische
rankige
ranzige
raschere
rascheste
raphaelische
rasige
rauchere
raucheste
rauhere
rauheste
rechtliche
redliche
redselige
regere
reichere
reicheste
reichhaltige
reichliche
reifere
reifeste
reifliche
reinere
reineste
reinliche
reisige
reputirliche
reuige
rhapsodische
rheinische
rhetorische
rhythmische
richtige
riesige
rindige
rissige
robustere
robusteste
röthere
rötheste
röthliche
rohere
roheste
rohrige
rosige
rostige
rothwangige
rotzige
rühmliche
rührige
rüstige
ruhige
rundere
rundeste
rundliche
runzliche
ruppige
ruſsige
sabinische
sachliche
sachtere
sachteste
sächsische
sämische
sämmtliche
sättere
sätteste
säuische
säumige
saftige
salinische
salpetrige
salzige
sammtene
samojedische
sandige
sanftere
sanfteste
saporogische
sarazenische
sardanapalische
sardinische
sardonische
sarkastische
sarmatische
satanische
satyrische
saubere
sauere
saumselige
scenische
schäbige
schädliche
schändliche
schärfere
schärfeste
schafige
schalere
schaleste
schalkere
schalkeste
scharlachene
schartige
schattige
schaurige
scheckige
scheibige
schelmische
scheuere
scheueste
scheuſsliche
schickliche
schilfige
schimmliche
schimpfliche
schlackige
schläfrige
schlaffere
schlaffeste
schlammige
schlampete
schlankere
schlankeste
schlappige
schlaudrige
schlauere
schlaueste
schlechtere
schlechteste
schleimige
schleunige
schleyrige
schlichtere
schlichteste
schlieſsliche
schliffige
schlimmere
schlimmeste
schlitzige
schlottrige
schludrige
schlüpfrige
schlüssige
schlumpige
schmächtige
schmählige
schmalbäckige
schmeidige
schmerzliche
schmierige
schmuzige
schnakische
schneeige
schneidige
schnellere
schnelleste

schnödere
schnödeste
schnörkliche
schnupfige
schnurrige
schönere
schöneste
schofele
scholastische
schottische
schrägere
schrägeste
schreckliche
schriftliche
schrumpfige
schüchterne
schuftige
schuldige
schuppige
schurkische
schwabblige
schwächere
schwächeste
schwärzere
schwärzeste
schwärzliche
schwammige
schwangere
schwartige
schweflige
schweifige
schweimliche
schweinerne
schweinische
schweiſsige
schwerere
schwereste
schwerliche
schwermüthige
schwielige
schwierige
schwindlige
schwitzige
schwülere
schwüleste
schwülstige
scientifische
sclavische
sclavonische
scorbutische
scottische
sechzigste
sehnliche
seichtere
seichteste
seidene
seinige
selbstische
selbstständige
selige
soltene

sibirische
sibyllinische
sichere
siebente
siebzigste
siechere
siecheste
silberne
simplere
simpelste
sinnige
sinnliche
sittige
sittliche
sitzliche
skeptische
skoptische
slavische
slowakische
smaragdene
sofortige
sokratische
soldatische
solennere
solenneste
solidere
solideste
sonnige
sonstige
sorgliche
sorgfältige
souveränere
souveräneste
spärliche
spätere
späteste
spaltige
spanische
spaſsige
speckige
sperrige
sphärische
spieſsige
spissige
spitzige
spitzfindige
spitzköpfige
splittrige
spöttische
sponsirliche
sporadische
sprenkliche
stachlige
städtische
stählerne
stämmige
ständische
stärkere
stärkeste
stätere
stäteste

stätige
starrere
starreste
stattliche
staubige
staudige
steifere
steifeste
steilere
steileste
steinerne
steinige
sterbliche
stereotypische
steyrische
sthenische
stiftische
stillere
stilleste
stinkige
stockige
stöſsige
stolprige
stolzere
stolzeste
strackliche
sträfliche
straffere
straffeste
strahlige
strammere
strammeste
straubige
strauchige
streifige
streitige
strengere
strengeste
striemige
strittige
stroherne
stromige
struppige
stündliche
stürmische
stufige
stummere
stummeste
stutzige
subalternere
subalterneste
süchtige
südliche
sündige
sündliche
süſsere
süſseste
süſsliche
sulzige
sumpfige
sweltere
swelteste

symbolische
symmetrische
syntactische

tactische
tägliche
täppische
talgige
talkete
talmudische
tatarische
taubere
taubeste
taugliche
tausendste
technische
technologische
teigere
teigeste
teigige
terminliche
teuflische
thätige
thätliche
thauige
thebaische
theerige
theologische
theuere
thierische
thörigte
thunliche
tiefere
tiefeste
tödtliche
tölpische
töpferne
tollere
tolleste
torklige
trächtige
trägere
trägeste
traubige
trauliche
traurige
trautere
trauteste
treffliche
treuere
treueste
treuliche
triftige
trockene
trödlige
tröstliche
tropische
trotzige
trübere
trübeste
trübselige
trunkene

tuchene
tückische
tüpflige
türkische
tyrannische
tyrische

übele
übermüthige
übernächtige
überschlächtige
überschwengliche
überseeische
übliche
üblichte
übrige
umsichtige
umständliche
umstöſsliche
unausstehliche
unbändige
unentgeltliche
unflätige
ungestaltere
ungestalteste
ungestaltete
ungestümere
ungestümeste
unnützere
unnützeste
untadlige
untere
unterste
unwirschere
unwirscheste

vaterländische
venerische
verächtliche
verbindliche
verblümtere
verblümteste
verdächtige
verdammliche
verdauliche
verderbliche
verdienstliche
verdorbene
verdrieſsliche
verdrossene
verfängliche
vergängliche
vergebliche
vergeſsliche
vergleichliche
vergnügliche
verkäufliche
verlegene
verlustige
vermeidliche
vermeintliche
vermiethliche
vermögende

vermuthliche
vernünftige
verräthrische
verruchtere
verruchteste
verrücktere
verrückteste
verschiebliche
verschiedene
verschlafene
verschlagene
verschlieſsliche
verschmitztere
verschmitzteste
verschrobene
versöhnliche
verständige
verständliche
verträgliche
vertrauliche
verwandtere
verwandteste
verwelkliche
verwendliche
verwerfliche
verwesliche
verzehrliche
verzeihliche
verzinsliche
verzügliche

viehische
vierzigste
virgilische
virginische
völlige
vollere
volleste
vollblütige
vollbürtige
vollkommene
vollständige
vollstimmige
vollzählige

vordere
vorgebliche
vorherige
vorige
vormalige
vornehmere
vornehmeste
vornehmliche
vorräthige
vorsätzliche
vorsichtige
vorstellige
vorzügliche

wachere
wacheste
wackere
wacklige
wächserne

wählige
wärmere
wärmeste
wäss'rige
wahrere
wahreste
wahrscheinliche
waldige
walzige
wankelmüthige
wanzige
warzige
wehere
weheste
wehmüthige
weibische
weibliche
weichere
weicheste
weichliche
weidliche
weinige
weisere
weiseste
weisliche
weiſsere
weiſseste
weiſsliche
weitere
weiteste
weitläufige
wellige
weltliche
wenige
werthere
wertheste
westliche
wichtige
widerwärtige
widrige
wildere
wildeste
willige
windige
winklige
wirblige
wirkliche
wirthliche
wirthschaftliche
witzige
wörtliche
wohlere
wohleste
wolkige
wollige
wollüstige
wonnige
wuchrische
würdige
würflige
würzige
wüstere

wüsteste
wuthige
wulstige
wundere
wundeste
wurmige
wurstliche
wurzlige
zackige
zächere
zacheste
zähere
zäheste
zähnige
zänkische
zärtere
zärteste
zärtliche
zahmere
zahmeste
zasrige
zaubrische
zaudrige
zehente
zeilige
zeitige
zeitliche
zellige
zerbrechliche
zierliche
zipflige
zollige
zoologische
zornige
zotige
zottige
zottlige
züchtige
zünftige
zufriedene
zwanzigste
zwillchene
zwistige

NB. *Es folgen nun einige Endungen in* e *von mehrern zahlreichen sich gleichendenden Adjectiven entnommen.*

ābele — ābelſte — āblere

abominabele
abominabelste
abominablere *etc. siehe die Adjective in* abel

äeiſche — äeiſchre — äeiſchſte

aramäische *etc. siehe die Adjective in* äeiſch

äerere — äereſte

arbiträrere *etc. siehe die Adjective in* aer

äetiſche — äetiſch're — äetiſchſte

autoritätische *etc. siehe die Adjective in* aetiſch

áftere — áfteſte — áftige ꝛc.

aashaftere *etc. siehe die Adjective in* aft *u.* aftig

ālere — āleſte

äqualere *etc. siehe die Adjective in* al

āliſche — āliſch're — āliſchſte

acephalische *etc. siehe die Adjective in* aliſch

āmere — āmeſte

achtsamere *etc. siehe die Adjective in* am

āniſche

afganische *etc. siehe die Adjective in* aniſch

ántere — ánteſte

abundantere *etc. siehe die Adjective in* ant

āphiſche

agraphische *etc. siehe die Adjective in* aphiſch

ārere — āreſte

abdringbarere *etc. siehe die Adjective in* ar

āriſche — āriſch're — āriſchſte

ärarische *etc. siehe die Adjective in* ariſch

ātere — āteſte

accuratere *etc siehe die Adjective in* at

ātische — ātisch're — āteste
achromatische *etc. siehe die Adjective in* atisch

éllere — élleste
actuellere *etc. siehe die Adjective in* ell

éntere — énteste
abstinentere *etc. siehe die Adjective in* ent

ētisch — ētischre — ētischste
ästhetische *etc. siehe die Adjective in* etisch

ībele — ībelste — īblere
accessibele *etc. s. die Adjective in* ibel

īrende — īrend're — īrendste
abandonnirende *etc. siehe die Verba in* iren

írtere — írteste
absolvírtere *etc. siehe die Adjective und Participia in* irt *u.* irte

ístische — ístisch're — ístischste
alchymistische *etc. siehe die Adjective in* istisch

itische — itisch're — itischste
abderitische *etc. siehe die Adjective in* itisch

īvere — īveste
activere *etc. siehe die Adjective in* iv

ōsere — ōseste
ambitiösere *etc. siehe die Adjective in* ōs

Namen in e

Agathe
Alcyone
Alkathoe
Amalie
Amphinome
Antigone
Antiope
Arsinoe
Asterie
Beroe
Canace
Cäcilie
Cyane
Cybele
Danae
Deiphobe
Dryope
Dorothé
Emilie
Erigone
Eugenie
Euphemie
Euphrosyne
Euridice
Euryale
Eurynome
Flavie
Galathe
Gethsemane
Hekate
Hermione
Hersilie
Hesione
Hippothoe
Hortensie
Hylonome
Hypsipyle
Julie
Kalliope
Kallirrhoe
Klymene
Klytie
Laodice
Leukothoe
Liriope
Lydie
Melpomene
Meroe
Merope
Mnemosyne
Monime
Nephele
Ninive
Niobe
Ocypete
Ocyrrhoe
Omphale
Ophelie
Ottilie
Parthenope
Penelope
Persephone
René
Rosalie
Semele
Sylvie
Terpsichore
Tisiphone
Valerie
Victorie
Virginie

Lateinische in deutscher Schrift und Rede bräuchliche Wörter

antichretice
apage!
Lector benevole!
candide
citissime
congrue
in corpore
debite
beneficium flebile
illicite
immodice
impie
implicite
improprie
incongrue
indebite
juridice
a latere
legitime
maxime
medice et modice
me hercule!
minime
perpetuum mobile
nefarie
obreptitie
optime
arrige aures, Pamphile!
par nobile
pessime
plaudite!
plenarie
praepostere
praeliminarie
precarie
privatissime
das *Procedere*
procul a Jove procul a fulmine
promiscue
proprie
improprie
publice
recipe
reciproce
per se
Latus per se
sine die et consule
subreptitie

specifice
spectatissime
splendide
suppletorie
tacite
utile
voluntarie

Andere im Deutschen bräuchliche ausländische Wörter in **e - ee - er** *u.* **et,** *welche in den Endsylben wie* ē *lauten.*

der *Abbé*
das *Abregé*
die *Acreté*
der *Aërostier*
amitié
die *Ancienneté*
— *Armée*
Hauptarmee
Hülfsarmee
das *Arrêt*
— *Arreté*
die *Assemblée*
der *Associé*
— *Attaché*
das *Atelier*
der *Avanturier*
— *Avoué*
Bal parée
pas balancée
— *Balancier*
— *Banquier*
Privatbanquier
Staatsbanquier
das *Bandelier*
die *Beauté*
— *Bergamée*
ein *Bidet*
das *Bilboquet*
— *blanc manger*
der *Boucanier*
— *Bouts rimés*
— *Brigadier*
das *Buffet*
caché
Lettre de cachet
der *Caffetier*
das *Cahier*
der *Carabinier*
cendré
die *Charité*
Pas chassé
— *Chaussée*
Kiesschaussée
Rez de Chaussée
der *Chevalier*
— *d'honneur*
— *d'industrie*
Chevaux legers
der *Cicisbé*

cinque premiers
die *Comité*
— *Franche Comté*
collé
das *Collier*
Condé
Condorcet
der *Confiturier*
pour prendre congé
— *Cordelier*
— *Coupé*
coupez!
das *Couplet*
der *Creancier*
del credere
— *Croupier*
— *Curée*
Cuvier
Dacier
die *Dauphiné*
ein *Debauché*
das *Debouché*
— *Defilée*
degagé
degouté
— *Dejeuner*
— *dansant*
— *dinatoire*
— *à la fourchette*
— *Demelé*
ein *Depensier*
das *Deshabillé*
dessiné
— *Diner*
— *Dragée*
der *Douanier*
Dumourier
en echiquier
ecoutez!
ecrasé
effronté
die *Egalité*
— *Emigré*
— *Employé*
— *Enragé*
das *Entrée*
— *Entremet*
der *Envoyé*
— *Epicier*
— *Etapier*
— *Exposé*
— *Fermier*
— *general*
die *Fermeté*
fier
— *Fierté*
das *Filet*
der *Financier*
— *Flibustier*
foncé
die *Fraternité*
das *Fricassé*

der *Fripier*
Fouqué
— *Gabier*
gagné!
gardé
gardez le roi!
— *la reine!*
ein *Gargotier*
— *Gazettier*
— *Gelée*
die *Generosité*
ein *Gilet*
der *Grand-Aumonier*
— *Greffier*
— *Grenadier*
— *a cheval*
eine *Guinée*
das *Haché*
die *Honnêteté*
der *Huissier*
die *Insensibilité*
ein *Jouaillier*
die *Joyeuse entrée*
— *Lacheté*
der *Lancier*
Lansquenet
die *Legereté*
— *Livrée*
Staatslivrée
— *Loyauté*
der *Magazinier*
die *Malhonnêteté*
— *Malpropreté*
— *Marechaussée*
der *Marinier*
— *Marronier*
die *Mechanceté*
das *Melée*
Mercier
— *Metier*
moiré
moitié
der *Mortier*
die *Moschée*
das *Moulinet*
moussé
non moussé
die *Naiveté*
— *Netteté*
Olivier
das *Opposé*
der *Ouvrier*
das *Parapet*
par exprés
par curiosité
en particulier
der *Particulier*
Passé
passez!
die *Pauverté*
au pavé

die *Pensée*
der *Peruquier*
— *Petardier*
— *Pionnier*
Piqué
das *Pis-aller*
Pisé
die *Plongée*
der *Pompier*
die *Pontlevé*
der *Pontonnier*
die *Portée*
das *Port d'Epée*
der *Portier*
posé
das *Prejugé*
Premier
der *Prisonnier*
die *Propreté*
— *Protegé*
das *Quarrée*
der *Rapé*
das *Reassumé*
der *Refugié*
das *Renommée*
— *Disrenommée*
der *Rentier*
retiré
das *Ricochet*
Roi depouillé
der *Roturier*
— *Roué*
die *Royauté*
— *Santé*
der *Semainier*
ein *Sifflet*
die *Societé*
— *Soirée*
das *Souper*
— *Souper fin*
— *Tabouret*
— *Toupet*
— *Tourniquet*
die *Trenchée*
— *Vendée*

eh (*apostrophirt*)

ich dreh'
— geh'
— seh'
— steh'
gesteh'!
— weh'

ēa

Adrastea
Aegialea
Alexandrea
Althea
Amalthea
Bibliopea
Caesarea
Cassiopea
Chaeronea
Cytherea
Dea
Dorothea
Dulcinea
Galathea
Guinea
Hosea
Hygea
Laodicea
Lea
die *Lycea*
Mantinea
mea
Medea
Morea
— *Musea*
Nicea
Panacea
Penthesilea
Rhea
Rosa thea
— *Trachea*
Tragea
Zea
Schultheiſs v. *Zalamea*

ēas

Aeneas
Andreas
Creas
Adrastea's etc.

ēb

Aurengzeb
Babelmandeb
Caleb
Haleb
Zeb
der Bestreb
Euseb
— Leutgeb
— Spinneweb
ich beb'
geb'
heb'
kleb'
leb'
schweb'
streb'
web'

ēba

Gleba
Seba

[adscriptus glebae]

ebbe

die Ebbe
es ebbe
ich rebbe
das Gerebbe

ebben

ebben
rebben

ebbend

ebbend
rebbend

ebbens

des Ebbens
— Rebbens

[der Rebbes]

ebbet

es ebbet
er rebbet

ēbchen

das Cibebchen
— Rebchen
— Violebchen

ēbchens

des Cibebchens
— Rebchens
— Violebchens

ēbe

ich bebe
das Gebebe
die Cibebe
— Cubebe
Cybebe
e-b
d-b (Noten)
der *Ephebe*
ich gebe
das Gegebe
dem Leutgebe
die Grebe
ich hebe
das Gehebe
die Hebe
Baumhebe
Drescherhebe
Handhebe
Hosenhebe
das Gehebe
Hebe
ich klebe
das Geklebe
ich lebe
das Gelebe
die Pfebe
Melonenpfebe
— Rebe
Baumrebe
Donnerrebe

Fruchtrebe
Grundrebe
Holzrebe
Jochrebe
Knollenrebe
Korbrebe
Lagerrebe
Müllerrebe
Saurebe
Schleifrebe
Seeweinrebe
Seidenrebe
Senkrebe
Setzrebe
Speckrebe
Tragrebe
Viehrebe
Vielrebe
Waldrebe
Wasserrebe
Weinrebe
Zaunrebe
Zugrebe
die Schebe
ich schwebe
das Geschwebe
die Schwebe
ich strebe
dem Bestrebe
das Gestrebe
ich webe
das Gewebe
Aderngewebe
Eingewebe
Glanzgewebe
Grundgewebe
Kunstgewebe
Laubgewebe
Listgewebe
Luftgewebe
Lumpengewebe
Menschengewebe
Mettengewebe
Prachtgewebe
Rankengewebe
Schleyergewebe
Schlußgewebe
Staubgewebe
Strahlengewebe
Traumgewebe
Truggewebe
Urgewebe
Vernunftgewebe
Zellgewebe
die Webe
Honigwebe
Sommerwebe
Spinnewebe

ēbel

Ebel

der Hebel
Beinhebel
Druckhebel
Fadenhebel
Grundhebel
Kammhebel
Staatshebel
Traghebel
Winkelhebel
— Knebel
das Geknebel
der Nebel
Eisnebel
Erdnebel
Frühnebel
Frühlingsnebel
Herbstnebel
Jugendnebel
Märzennebel
Morgennebel
Nachtnebel
Schneenebel
Seenebel
Tabaksnebel
Wolkennebel
Zaubernebel
das Genebel
— Gesprebel
der Webel
Feldwebel
das Webel
— Gewebel

ēbeln

den Hebeln
— Knebeln
knebeln
anknebeln
ausknebeln
festknebeln
losknebeln
verknebeln
— Nebeln
nebeln
abnebeln
annebeln
benebeln
durchnebeln
einnebeln
entnebeln
fortnebeln
übernebeln
umnebeln
vernebeln
vornebeln
sprebeln
webeln
— Webeln
Feldwebeln

ēbelnd

knebelnd
nebelnd
sprebelnd
webelnd

ēbelns

des Knebelns
— Nebelns
— Sprebelns
— Webelns

ēbels

des Knebels
— Geknebels
— Nebels
— Genebels
— Gesprebels
— Webels
— Feldwebels
— Gewebels

ēbelst

du knebelst
— nebelst
— sprebelst
— webelst

ēbelt

er knebelt
— nebelt
— sprebelt
— webelt

ēben

eben
schnureben
spiegeleben
topfeben
beben
durchbeben
erbeben
zusammenbeben
das Beben
Erbeben
Erdbeben
Wollustbeben
Wonnebeben
die Cibeben
— Cubeben
— *Epheben*
geben
abgeben
angeben
anheimgeben
aufgeben
ausgeben
begeben
beygeben
blosgeben

dargeben
durchgeben
eingeben
ergeben
fortgeben
freygeben
heimgeben
hingeben
her- *etc.* geben
losgeben
mitgeben
nachgeben
niedergeben
übergeben
umgeben
untergeben
vergeben
verleutgeben
vorgeben
weggeben
weitergeben
wiedergeben
zugeben
zurückgeben
zusammengeben

das Geben
Ballgeben
Blosgeben
Fortgeben
Freygeben
Gastgeben

ergeben
dienstergeben
treuergeben

heben
abheben
anheben
aufheben
ausheben
einheben
entheben
erheben
fortheben
losheben
nachheben
überheben
umheben
unterheben
verheben
wegheben

die Hosenheben

kleben
ankleben
aufkleben
auskleben
bekleben
beykleben
einkleben
festkleben
überkleben
umkleben
verkleben
vorkleben
zukleben
zusammenkleben

leben
ableben
aufleben
ausleben
beleben
durchleben
erleben
fortleben
geleben
mitleben
nachleben
überleben
verleben
vorleben
wegleben
zurückleben
zusammenleben

das Leben
Ableben
Alltagsleben
Alpenleben
Anachoretenleben
Aufleben
Autorleben
Badeleben
Bauerleben
Bedientenleben
Bergleben
Bergmannsleben
Bettlerleben
Blumenleben
Bühnenleben
Bürgerleben
Burschenleben
Canzleyleben
Canzlistenleben
Carnevalsleben
Cavalierleben
Ceremonienleben
Comödiantenleben
Dichterleben
Diebsleben
Dienstleben
Doppelleben
Dorfleben
Einsiedlerleben
Eintagsleben
Einzelleben
Eremitenleben
Familienleben
Faschingsleben
Fiacreleben
Fischerleben
Frauenleben
Freudenleben
Fröhnerleben
Frühlingsleben
Fürstenleben
Gartenleben
Gaunerleben
Geisterleben
Gelehrtenleben
Gemeinleben
Geschäftsleben
Gesellenleben
Götterleben
Halunkenleben
Handwerksleben
Hausleben
Heidenleben
Heldenleben
Heroenleben
Hirtenleben
Höllenleben
Hofleben
Hottentottenleben
Hundeleben
Hungerleben
Hurenleben
Husarenleben
Ideenleben
Idyllenleben
Jägerleben
Jagdleben
Jammerleben
Judenleben
Jünglingsleben
alte Jungferleben
Junkerleben
Kasernenleben
Kaufmannsleben
Katzenleben
Kinderleben
Kindheitsleben
Kirmesleben
Klosterleben
Knabenleben
Krämerleben
Kriegsleben
Küchenleben
Künstlerleben
Kunstleben
Lagerleben
Landleben
Landstreicherleben
Lasterleben
Leibesleben
Leib und Leben
Luderleben
Mädchenleben
Marterleben
Matrosenleben
Menschenleben
Modeleben
Mönchsleben
Mordleben
Morgenleben
Müheleben
Musikantenleben

Mutterleben
Nachleben
Nachtleben
Nomadenleben
Nonnenleben
Papierleben
Pfaffenleben
Pfarrerleben
Pflanzenleben
Philisterleben
Philosophenleben
Pilgerleben
Plackleben
Prachtleben
Predigerleben
Priesterleben
Prinzenleben
Qualleben
Räuberleben
Raupenleben
Redoutenleben
Reiseleben
Ritterleben
Romanenleben
Sauleben
Saufleben
Schäferleben
Schandleben
Schattenleben
Schauspielerleben
Scheinleben
Schelmenleben
Schifferleben
Schiffsleben
Schinderleben
Schlaraffenleben
Schmarozerleben
Schülerleben
Schulleben
Schurkenleben
Schweinleben
Schweizerleben
Schwelgerleben
Seeleben
Seemannsleben
Sitzleben
Sklavenleben
Soldatenleben
Sommerleben
Sonnensternleben
Spielerleben
Spitzbubenleben
Stadtleben
Stillleben
Stubenleben
Stubensitzerleben
Studentenleben
Stuhlleben
Sündenleben
Tagleben
Tagelöhnerleben
Taumelleben
Thatenleben
Theaterleben
Thierleben
Thränenleben
Trabantenleben
Trauerleben
Traumleben
Treibhausleben
Tugendleben
Universitätsleben
Unleben
Unschuldsleben
Vaterleben
Vernunftleben
Viehleben
Waldleben
Weiberleben
Weltleben
Wittwenleben
Wittwerleben
Wohlleben
Wollustleben
Wonneleben
Zankleben
Zauberleben
Zeitleben
Zigeunerleben
Zusammenleben
im gemeinen Leben
der Sachtleben
Eisleben
Memmleben
Roſsleben etc.
neben
beyneben
daneben
hierneben
woneben
die Pfeben
— Reben
— Scheben
schweben
aufschweben
durchschweben
entschweben
entgegenschweben
erschweben
fortschweben
herschweben
hin- *etc.* schweben
nachschweben
niederschweben
obschweben
überschweben
umschweben
verschweben
vorschweben
zurückschweben
zuschweben
streben
abstreben
anstreben
aufstreben
bestreben
entstreben
erstreben
fortstreben
losstreben
nachstreben
niederstreben
überstreben
vorstreben
zustreben
zurückstreben
das Streben
Menschenstreben
Selbststreben
— Bestreben
Theben
weben
abweben
anweben
aufweben
ausweben
beweben
durchweben
einweben
erweben
fortweben
losweben
nachweben
überweben
umweben
verweben
vorweben
zuweben
zusammenweben
den Geweben
die Weben
Spinneweben
das Windesweben

ēbend

bebend
wonnebebend
gebend
gesetzgebend
selbstgesetzgebend
hebend
erhebend
herzerhebend
klebend
lebend
schwebend
gleichschwebend
hochschwebend
luftschwebend
strebend
hochstrebend
webend

ēbens

des Bebens
— Erbebens

des Erdbebens
— Gebens
— Hebens
— Klebens
— Lebens
— Schwebens
— Strebens
— Bestrebens
Thebens
— Webens
vergebens
taglebens
zeitlebens
sie geben's *etc.*

ēber

Eber (*auch* Heber)
der Eber
Hirscheber
Meereber
Waldeber
— Zitter und Beber
Ezeongeber
— Feber
das Gebeber
der Geber
Achtgeber
Allmosengeber
Angeber
Aufgeber
Ausgeber
Ballgeber
Bodmereygeber
Eingeber
Freudengeber
Gastgeber
Geldgeber
Geschenkgeber
Gesetzgeber
Selbstgesetzgeber
Gewaltgeber
Heilgeber
Lebengeber
Maaſsgeber
Machtgeber
Namengeber
Rathgeber
Winkelrathgeber
Ruhegeber
Stimmengeber
Stundengeber
Tongeber
Trostgeber
Vergeber
Wonnegeber
Zinsgeber
Leibgeber
ein *Gueber*
der Heber
Augenliedheber
Ausheber
Baumheber
Bierheber
Einheber
Erheber
Gaumenheber
Harnischheber
Hosenheber
Meerheber
Rippenheber
Stechheber
Stichheber
Urheber
Vierheber
Weinheber
Zäpfchenheber
Zinsheber
der Leger und Heber
— Kleber
Bienenkleber
Klippkleber
Lehmkleber
Muſskleber
Rindenkleber
Tängelkleber
Verkleber
Kleber
die Leber
Arsenikleber
Gänseleber
Hirschleber
Kalbsleber
Kalkleber
Menschenleber
Mutterleber
Rehleber
Rindsleber
Schwefelleber
Schweinsleber
Spieſsglasleber
eine durstige Leber
er spricht von der Leber
ein Lustigleber
— Wohlleber
der Beleber
— Neber
— Schweber
— Streber
Widerstreber
die Treber
der Weber
Atlasweber
Bandweber
Barchentweber
Baumwollweber
Damastweber
Florweber
Garnweber
Hirnweber
Kannevasweber
Leinweber
Raschweber
Sammtweber
Schwabenweber
Seidenweber
Baumseidenweber
Strumpfweber
Taffetweber
Zeugweber
C. Maria v. Weber
Veit Weber

ēbern

den Ebern
bebern
— Gebern
die *Guebern*
den Hebern
— Klebern
— Lebern
lebern
— Lustiglebern
— Wohllebern
— Belebern
— Nebern
— Schwebern
— Strebern
die Trebern
den Webern
webern

ēbernd

bebernd
webernd

ēberns

des Beberns
— Weberns
ein lebern's

ēbers

des Ebers
— Febers
— Gebebers
— Gebers
— *Guebers*
— Hebers
— Klebers
— Belebers
— Lustiglebers
— Wohllebers
— Nebers
— Schwebers
— Strebers
— Webers

ēberst

du beberst
— weberst

ēbert

Ebert
er bebert
— webert

ēbes

des Gebebes
Cebes
Cybebe's
— Gegebes
— Gehebes
Hebe's
— Geklebes
— Gelebes
— Geschwebes
— Gestrebes
— Gewebes
ich geb' es *etc.*

ēbest

du bebest
— gebest
— hebest
— klebest
— lebest
— schwebest
— strebest
— webest

ēbet

er bebet
ihr gebet
er hebet
— klebet
— lebet
— schwebet
— strebet
— webet
debet

ēbig

aufgebig
ausgebig
ehrgebig
freygebig
gastfreygebig
landgebig
mildgebig
vergebig
überhebig
vierhebig
beydlebig
doppellebig
langlebig
zweylebig

ēbisch

erebisch
thebisch
wohllebisch

ēble

ich kneble
das Gekneble
ich neble
das Geneble
ich spreble
das Gespreble
ich weble
das Geweble

ēbler

ein Knebler
— Nebler
— Schwebler

ēblern

den Kneblern
— Neblern
— Schweblern

ēblers

des Kneblers
— Neblers
— Schweblers

ēblich

handgeblich
maaſsgeblich
unmaaſsgeblich
vergeblich
vorgeblich
zugeblich
heblich
unheblich
erheblich
unerheblich
leblich
neblich
bestreblich
erstreblich
unerstreblich
widerstreblich

ēbling

der Hebling
— Strebling
— Webling

ēblings

des Heblings
— Streblings
— Weblings

ēbne

die Eb'ne
Sandeb'ne
Waldeb'ne
Wieseneb'ne
ich eb'ne
das Geebne
— gegebne
der Ergebne
— Untergebne

ēbnen

ebnen
einebnen
die Ebnen
— gegebnen
— Ergebnen
— Untergebnen

ēbner

ein ebner
— gegebner *etc.*
— *Eislebner*
— *Roſslebner etc.*

ēbnern

einen ebner'n
— gegebner'n
— untergebner'n *etc.*

ēbners

ein ebner's
— gegebner's
— ergebner's *etc.*

ēbnis

das Begebnis
Jahrsbegebnis
Tagsbegebnis
Zeitbegebnis
— Ergebnis
— Erhebnis
— Erlebnis
die Strebnis
Bestrebnis

ēbra

die Algebra
das Zebra

Cause celebre
Febris
Hebron
Hebrus

ēbs

der Krebs
Ackerkrebs
Augenkrebs
Bachkrebs
Bärenkrebs
Baumkrebs
Beinkrebs
Bernhardtskrebs
Beutelkrebs
Brustkrebs
Butterkrebs
Elephantenkrebs
Erdkrebs
Eremitenkrebs
Eyerkrebs
Flohkrebs
Fluſskrebs
Knochenkrebs

Kornkrebs
Landkrebs
Magenkrebs
Marterkrebs
Meerkrebs
Moorkrebs
Muschelkrebs
Mutterkrebs
Runzelkrebs
Salzkrebs
Sandkrebs
Schlafkrebs
Schmarozerkrebs
Schneckenkrebs
Schwanenkrebs
Seekrebs
Spinnenkrebs
Stachelkrebs
Steinkrebs
Sumpfkrebs
Taschenkrebs
Teichkrebs
Wasserkrebs
Zungenkrebs
Zwergkrebs
Plebs
der Tebs
— Trebs
Gott geb's!
des Gebeb's
— Gegeb's
— Leutgebs
— Geheb's
— Gekleb's
— Geleb's
— Geschweb's
— Bestrebs
— Gestreb's
— Geweb's
ich erleb's *etc.*

ēbse

ich verkebse
die Krebse
ich krebse
das Gekrebse
im Tebse
ich tebse
das Getebse
dem Trebse

ēbsen

verkebsen
den Krebsen
krebsen
auskrebsen
durchkrebsen
nachkrebsen
tebsen
austebsen

ēbsend

verkebsend
krebsend
tebsend

ēbsens

des Verkebsens
— Krebsens
— Tebsens

ēbser

ein Verkebser
— Krebser
— Tebser

ēbsern

den Verkebsern
— Krebsern
— Tebsern

ēbsers

des Verkebsers
— Krebsers
— Tebsers

ēbses

des Krebses
— Gekrebses
— Tebses
— Getebses
— Trebses

ēbsest

du verkebsest
— krebsest
— tebsest

ēbset

ihr verkebset
— krebset
— tebset

ēbsig

krebsig
tebsig

ēbst

du bebst
— geb'st
— hebst
er verkebst
du klebst
er krebst
du lebst
nebst
benebst
danebst
hiernebst
wonebst
du schwebst
— strebst
er tebst
du webst

ēbste

er verkebste
— krebste
— tebste

ēbsten

sie verkebsten
— krebsten
— tebsten

ēbstet

ihr verkebstet
— krebstet
— tebstet

ēbt

er bebt
ihr gebt
er hebt
— klebt
— lebt
abgelebt
sattgelebt
— schwebt
— strebt
— webt

ēbte

er bebte
— klebte
— lebte
— schwebte
— strebte
— webte

ēbtem

beklebtem
belebtem
abgelebtem
durchschwebtem
erstrebtem
gewebtem

ēbten

sie bebten
— klebten
— lebten
— schwebten
— strebten
— webten

ēbter

ein beklebter
— belebter
— abgelebter

ein entschwebter
— erstrebter
— gewebter

ēbtes

ein beklebtes
— belebtes
— abgelebtes
— entschwebtes
— erstrebtes
— gewebtes
ihr gebt es *etc.*

ēbtest

du bebtest
— klebtest
— lebtest
— schwebtest
— strebtest
— webtest

ēbtet

ihr bebtet
— klebtet
— lebtet
— schwebtet
— strebtet
— webtet

ēbtre — ēbtrem — ēbtrer — ēbtres

beklebt're *etc.*
belebt're *etc.*
abgelebt're *etc.*
feingewebt're *etc.*

ēbt's

wie bebt's
ihr gebt's
er hebt's
— klebt's
ihr erlebt's
ein abgelebt's
dort schwebt's
er erstrebt's
— webt's
ein feingewebt's

ēbtsste — ēbtsstem — ēbtsster — ēbtsstes

die abgelebtsste *etc.*
— belebtsste *etc.*
— festgewebtsste *etc.*

ēbung

die Bebung
Erbebung
— Gebung
Abgebung *etc.*
Eingebung
Ergebung
Farbengebung
Freygebung
Gesetzgebung
Selbstgesetzgebung
Jahrgebung
Losgebung
Machtgebung
Maſsgebung
Namengebung
Rathgebung
Schattengebung
Stimmengebung
Umgebung
Bergumgebung
Vergebung
Sündenvergebung
Zielgebung
die Hebung
Abhebung *etc.*
— Geisteshebung
— Erhebung
Lobeserhebung
Selbsterhebung
— Baulebung
— Belebung
Redebelebung
— Erlebung
— Ueberlebung
— Schwebung
— Strebung
Bestrebung
— Webung
Verwebung

ēbus

Nectanebus
rebus
est modus in rebus
Turnebus

ĕcca

Agandecca
Mecca
Rebecca

ecce
vino secco
faeces
fecit

ĕch

das Blech
Abzugsblech
Ansetzblech
Aschlochblech
Ausguſsblech
Ausreibeblech
Bergblech
Besehblech
Bleyblech
Bodenblech
Bordblech
Bortenblech
Darrblech
Dörrblech
Deichselblech
Doppelblech
Einhornsblech
Eisenblech
Erhellungsblech
Fallblech
Federblech
Filzblech
Flintenschloſsblech
Forderblech
Gieſsblech
Gitterblech
Goldblech
Groſsblech
Hakenblech
Handblech
Herdblech
Kastenblech
Klapperblech
Klempnerblech
Kothblech
Kratzblech
Kreuzblech
Kronenblech
Kuchenblech
Kupferblech
Löffelblech
Lothblech
Messingblech
Mützenblech
Oberblech
Ofenstaubblech
Pfannenblech
Plinsenblech
Probeblech
Reibblech
Richtblech
Röhrenblech
Rohrblech
Rollenblech
Schabeblech
Schalblech
Schieſsblech
Sehloſsblech
Schlosserblech
Schraubenblech
Schubblech
Schulterblech
Schürblech
Schwarzblech
Seigerblech
Seitenblech
Senkelblech
Senklerblech
Silberblech
Spundblech
Stahlblech
Steckelblech
Stirnblech
Streichblech
Striegelblech

Stürzblech
Talgerlblech
Tortenblech
Trommelblech
Unterblech
Unterschwanzrie-
gelblech
Vorderblech
Vorhängeblech
Vorsetzeblech
Walzblech
Weißblech
Zinkblech
du altes Blech!
das Eisenbrech
gebrech
— Gebrech
der Ochsenbrech
— Schwefelbrech
— Steinbrech
Rasensteinbrech
Sandsteinbrech
Schneesteinbrech
Wassersteinbrech
Wiesensteinbrech
frech
das Lech
Anreiherlech
Dünnlech
Oberlech
Rohlech
der *Lech*
Melchisedech
das Pech
Bergpech
Erdpech
Faßpech
Judenpech
Kindspech
Schiffpech
Schusterpech
Schwarzpech
Steinpech
Tonnenpech
Treibpech
Waldpech
Weißpech
— Schech
— Sech
Pflugsech
Czech
zech'!

[Recha
Schwechat]

éche

ich bleche
das Gebleche
dem Bleche
die Breche
Flachsbreche
Halsbreche
Hanfbreche
Nudelbreche
Strohbreche
Wallbreche
ich breche
das Gebreche
die freche
ich erfreche
— leche
das Geleche
dem Leche
— Peche
ich peche
das Gepeche
ich preche
das Gepreche
dem Scheche
ich seche
das Geseche
dem Seche
die Spreche
ich spreche
das Gespreche
ich steche
das Gesteche
der *Czeche*
ich zeche
das Gezeche
die Zeche
Ausbeutezeche
Bierzeche
Brantweinzeche
Eisensteinzeche
Fristzeche
Gemeinzeche
Herrenzeche
Kieszeche
Kobaltzeche
Weinzeche
Zubußzeche

échel

die Hechel
Flachshechel
Hanfhechel
Ziehhechel
das Gehechel
die Hauhechel
Ackerhauhechel
— Karechel
— Wechel
das Gewechel

écheln

die Hecheln
hecheln
aushecheln
durchhecheln
— Hauhecheln
— Karecheln
Mecheln
— Wecheln
wecheln

échelnd

hechelnd
wechelnd

échelns

des Hechelns
— Wechelns

échels

des Gehechels
— Gewechels

échelst

du hechelst
— wechelst

échelt

er hechelt
es wechelt

échen

den Blechen
blechen
aufblechen
beblechen
verblechen
brechen
abbrechen
anbrechen
aufbrechen
ausbrechen
durchbrechen
einbrechen
entbrechen
losbrechen
nachbrechen
niederbrechen
umbrechen
unterbrechen
verbrechen
vorbrechen
wegbrechen
zerbrechen
zusammenbrechen
bailbrechen
ehebrechen
gebrechen
radebrechen
das Brechen
Blutbrechen
— Erbrechen
— Flachsbrechen
— Gebrechen
Landesgebrechen
Leibesgebrechen
Seelengebrechen
Staatsgebrechen
Zeitgebrechen
— Kopfbrechen

das Verbrechen
Forstverbrechen
Halsverbrechen
Hauptverbrechen
Hochverbrechen
Jugendverbrechen
Majestätsverbrech.
Staatsverbrechen
Todesverbrechen
Waldverbrechen
die frechen
sich erfrechen
den Lechen
lechen
pechen
bepechen
— Pechen
prechen
rechen
abrechen
anrechen
aufrechen
ausrechen
berechen
durchrechen
einrechen
nachrechen
überrechen
wegrechen
zusammenrechen
hungerrechen
der Rechen
Deckenrechen
Floſsrechen
Groſsrechen
Heurechen
Höschelrechen
Holzrechen
Hungerrechen
Hutrechen
Kleiderrechen
Laubrechen
Moosrechen
Mützenrechen
Nachrechen
Spieſsrechen
Streurechen
Teichrechen
das Rechen
Gersterechen
Haferrechen
Heurechen
Laubrechen
Streurechen
den Schechen
— Sechen
sechen
sprechen
absprechen
ansprechen
aufsprechen
aussprechen
besprechen
dareinsprechen
durchsprechen
einsprechen
entsprechen
fortsprechen
freysprechen
hersprechen
hin- *etc.* sprechen
lossprechen
missprechen
mitsprechen
nachsprechen
niedersprechen
übersprechen
versprechen
vorsprechen
wegsprechen
widersprechen
zusprechen
zusammensprechen
das Sprechen
Freysprechen
Heiligsprechen
Lossprechen
Urthelssprechen
Vielsprechen
— Versprechen
Eheversprechen
Gegenversprechen
Heyrathsversprech.
stechen
abstechen
anstechen
aufstechen
ausstechen
bestechen
beystechen
durchstechen
einstechen
erstechen
fehlstechen
fortstechen
hin- *etc.* stechen
losstechen
mitstechen
nachstechen
niederstechen
überstechen
umstechen
unterstechen
verstechen
vorstechen
zerstechen
zustechen
zurückstechen
zusammenstechen
das Stechen
Aalstechen
Augenstechen
Blattstechen
Fischerstechen
Bruststechen
Fischstechen
Jungferstechen
Käsestechen
Kernstechen
Lanzenstechen
Milzstechen
Riemenstechen
Ringelstechen
Seitenstechen
Sylbenstechen
Torfstechen
Turnierstechen
die *Czechen*
— Zechen
zechen
abzechen
auszechen
bezechen
fortzechen
mitzechen
niederzechen

échend

blechend
brechend
bailbrechend
ehebrechend
erbrechend
gebrechend
radebrechend
das Dechend
erfrechend
lechend
pechend
prechend
rechend
sechend
sprechend
versprechend
vielversprechend
stechend
seitenstechend
zechend

échens

des Blechens
— Brechens
— Blutbrechens
— Erbrechens
— Ehebrechens
— Flachsbrechens
— Gebrechens
viel Kopfbrechens
des Verbrechens
— Erfrechens
— Lechens
— Pechens
— Prechens
— Rechens
Floſsrechens *etc.*

des Sechens
— Sprechens
Freysprechens *etc.*
— Versprechens
— Stechens
Aalstechens *etc.*
— Zechens
sie sprechen's *etc.* (*s.* echen)

echer

der Becher
Abschiedsbecher
Brechbecher
Bundesbecher
Chocoladenbecher
Doppelbecher
Ehrenbecher
Einsetzbecher
Eisbecher
Essigbecher
Freudenbecher
Freundschaftsbech.
Friedensbecher
Gastbecher
Giftbecher
Hänselbecher
Hochzeitsbecher
Jubelbecher
Korallenbecher
Labebecher
Lebensbecher
Leerbecher
Leidensbecher
Liebesbecher
Märzbecher
Mundbecher
Nierenbecher
Punschbecher
Rosenbecher
Scheidebecher
Spafsbecher
Sprengbecher
Stürzebecher
Taumelbecher
Thränenbecher
Todesbecher
Trinkbecher
Tummelbecher
Versöhnungsbecher
Vexirbecher
Wasserbecher
Weinbecher
Wermuthsbecher
Willkommsbecher
Wollustbecher
Wonnebecher
Würfelbecher
Zauberbecher
das Gebecher
der Brecher
Apfelbrecher
Bahnbrecher
Bataillenbrecher
Beinbrecher
Bundesbrecher
Durchbrecher
Ehebrecher
Einbrecher
Eisbrecher
Flachsbrecher
Friedensbrecher
Hanfbrecher
Hasenbrecher
Hirnbrecher
Käsebrecher
Knochenbrecher
Kopfbrecher
Kupferbrecher
Marmorbrecher
Mauerbrecher
Nachbrecher
Nufsbrecher
Obstbrecher
Quintenbrecher
Radebrecher
Reihenbrecher
Schilddurchbrecher
Schildezerbrecher
Sorgenbrecher
Spatbrecher
Steinbrecher
Treubrecher
Unterbrecher
Weifsbrecher
Wellenbrecher
Wildbrecher
Wogenbrecher
Zahnbrecher
Zerbrecher
Zuckerbrecher
der Verbrecher
Forstverbrecher
Hauptverbrecher
Landesverbrecher
Majestätsverbrech.
Staatsverbrecher
Waldverbrecher
ein Decher
— frecher
der Lecher
— Pecher
— Recher
Gerstenrecher
Haferrecher
Heurecher
Holzrecher
Laubrecher
— Sprecher
Absprecher
Ansprecher
Aufsprecher
Bauchsprecher
Besprecher
Einsprecher
Freysprecher
Grofssprecher
Gutsprecher
Hauptsprecher
Hochsprecher
Hohnsprecher
Lobsprecher
Lossprecher
Machtsprecher
Mifssprecher
Nachsprecher
Rechtssprecher
Schönsprecher
Seeligsprecher
Segensprecher
Spruchsprecher
Toastsprecher
Trostsprecher
Trunksprecher
Urthelssprecher
Versprecher
Volkssprecher
Widersprecher
der Stecher
Abstecher
Apfelstecher
Ausstecher
Bachstecher
Bildstecher
Briefstecher
Butterstecher
Dintenstecher
Durchstecher
Eisstecher
Feigenstecher
Fliegenstecher
Käsestecher
Kardenausstecher
Kartenstecher
Kunststecher
Kupferstecher
Mückenstecher
Nachstecher
Notenstecher
Panzerstecher
Petschaftstecher
Petschirstecher
Pfefferstecher
Potzenstecher
Rasenstecher
Rebenstecher
Riemenstecher
Saustecher
Schlangenstecher
Siegelstecher
Sodenstecher
Spinnenstecher
Staarstecher
Sylbenstecher
Torfstecher
Trogstecher
Umstecher

Wadenstecher
Wasenstecher
Weinstecher
der Zecher
Hauptzecher
Hefenzecher
Wasserzecher
Weinzecher

échern

den Bechern
bechern
ausbechern
blechern
— Brechern
— Verbrechern
— Dechern
einen frecher'n
den Lechern
— Pechern
— Sechern
— Sprechern
— Stechern
— Zechern

écherns

des Becherns
ein blechern's

échers

des Bechers
— Gebechers
— Brechers
— Verbrechers
— Dechers
ein frecher's
des Lechers
— Pechers
— Sechers
— Sprechers
— Stechers
— Zechers

éches

des Bleches
— Gebleches
— Gebreches
ein gebreches
des Eisenbreches
— Ochsenbreches
— Schwefelbreches
— Steinbreches
ein freches
des Leches
— Geleches
— Peches
— Gepeches
— Gepreches
— Scheches
— Seches
des Geseches
— Gespreches
— Gesteches
— Gezeches

échest

du blechest
— brechest
— erfrechest
— lechest
— pechest
— prechest
— sechest
— sprechest
— stechest
— zechest

échet

er blechet
ihr brechet
er erfrechet
— lechet
ihr pechet
er prechet
— sechet
ihr sprechet
— stechet
er zechet

échig

blechig
pechig
sprechig
ansprechig
stechig
umzechig

échle

ich hechle
das Gehechle
ich wechle
das Gewechle

échler

der Hechler
— Pechler

échlern

den Hechlern
— Pechlern

échlers

des Hechlers
— Pechlers

échlich

brechlich
gebrechlich
zerbrechlich
frechlich
pechlich
sprechlich
aussprechlich
unaussprechlich
widersprechlich
unwidersprechlich
bestechlich
unbestechlich

échling

der Rechling
— Stechling

échlings

des Rechlings
— Stechlings

échne

das blechne
ich rechne
das Gerechne

échnen

die blechnen
rechnen
abrechnen
anrechnen
aufrechnen
ausrechnen
berechnen
durchrechnen
einrechnen
fortrechnen
mitrechnen
nachrechnen
überrechnen
verrechnen
vorrechnen
wegrechnen
zurechnen
zurückrechnen
zusammenrechnen
das Fingerrechnen
— Kopfrechnen

échner

ein blech'ner
der Blechner
ein Rechner
Buchstabenrechner
Berechner
Zeitberechner
Gegenrechner
Gleichungsrechner
Kopfrechner
Oberrechner
Zeitrechner

échnern

den Blechnern
— Rechnern

echners

des Blechners
— Rechners

echnes

ein blechnes
des Gerechnes
ich berechn'es
technisch
polytechnisch
Rechnung
Berechnung.

echs

des Blechs
— Geblech's
— Gebrech's
— Eisenbrechs
— Ochsenbrechs
— Schwefelbrechs
— Steinbrechs
— Lechs
— Gelech's
— Pechs
— Gepech's
— Geprech's
— Schechs
— Sechs
die Sechs
sechs
des Gesech's
— Gesprech's
— Gestech's
— Gezech's
ich stech's *etc.*

echse

die Eidechse
Aftereidechse
Gifteidechse
Goldeidechse
Kammeidechse
Königseidechse
Kropfeidechse
Kupfereidechse
Löweneidechse
Meereidechse
Natheidechse
Nileidechse
Salamandereidechse
Schillereidechse
Schlangeneidechse
Schuppeneidechse
Stacheleidechse
Sterneidechse
Sumpfeidechse
Waldeidechse
Wassereidechse
ich fechse
das Gefechse
die Fechse
Fersenflechse
Handflechse
Spannflechse
— Hechse
ich pfrechse
das Gepfrechse
die Sechse
Carreausechse
Coeursechse
Eichelsechse
Grünsechse
Piquesechse
Rothsechse
Schellensechse
Trefflesechse
Trumpfsechse
— Hexe *etc. siehe* exe

echsel

das Gedrechsel
der Hechsel
das Gehechsel
der Wechsel
Amtswechsel
Aufwechsel
Auswechsel
Briefwechsel
Dienstwechsel
Farbenwechsel
Fieberwechsel
Frohnwechsel
Gedankenwechsel
Gegenwechsel
Geldwechsel
Glückswechsel
Handwechsel
Jahreswechsel
Krankheitswechsel
Kreuzwechsel
Luftwechsel
Marktwechsel
Meſswechsel
Monatswechsel
Mondwechsel
Münzwechsel
Namenwechsel
Pferdewechsel
Planwechsel
Platzwechsel
Postenwechsel
Primawechsel
Rathswechsel
Regierungswechsel
Reiterwechsel
Retourwechsel
Rückwechsel
Schriftwechsel
Secundawechsel
Sinneswechsel
Solawechsel
Stundenwechsel
Tageswechsel
Tertiawechsel
trockner Wechsel
Verbürgungswechs.
Waarenwechsel
Wasserwechsel
Wetterwechsel
Wiederwechsel
Witterungswechsel
Wonnewechsel
Wortwechsel
Zahnwechsel
Zeitwechsel
das Gewechsel
der *Texel*

echseln

drechseln
abdrechseln
ausdrechseln
bedrechseln
zusammendrechseln
hechseln
wechseln
abwechseln
aufwechseln
auswechseln
briefwechseln
einwechseln
umwechseln
verwechseln
wortwechseln

echselnd

drechselnd
hechselnd
wechselnd
glanzwechselnd

echselns

des Drechselns
— Hechselns
— Wechselns

echsels

des Gedrechsels
— Hechsels
— Gehechsels
— Wechsels
— Gewechsels
— *Texels*

echsen

die Eidechsen
fechsen
einfechsen
— Flechsen
— Hechsen
pfrechsen
mit sechsen
die Hexen
behexen *etc. s.* exen

echsend

fechsend
pfrechsend
hexend

echsens

des Fechsens
— Pfrechsens
— Hexens

echser

der Fechser
Hopfenfechser
Weinfechser
— Sechser
Arschbackensechser
F-A-Sechser

echsern

den Fechsern
— Sechsern

echsers

des Fechsers
— Sechsers

[flechsig]

echsle

ich drechsle
das Gedrechsle
ich hechsle
das Gehechsle
ich wechsle
das Gewechsle

echsler

der Drechsler
Beindrechsler
Bernsteindrechsler
Elfenbeindrechsler
Holzdrechsler
Horndrechsler
Korallendrechsler
Kunstdrechsler
Rothschmied-
Versdrechsler
— Wechsler
Briefwechsler
Farbenwechsler
Geldwechsler
Handwechsler

echslern

den Drechslern
— Wechslern

echslers

des Drechslers
— Wechslers

echslung

die Drechslung
— Hechslung
— Wechslung
Abwechslung
Auswechslung
Umwechslung
Verwechslung

echst

du blechst
er fechst
du erfrechst
— lechst
— pechst
— prechst
— sechst
zu sechst
du zechst

echste

er fechste
der frechste
— sechste
— gesechste

echstem

gefechstem
frechstem
gesechstem
sechstem

echsten

gefechsten
sie fechsten
die frechsten
— sechsten

echster

ein gefechster
in frechster
ein sechster

echstes

ein gefechstes
frechstes
sechstes

echt

echt
unecht
er blecht
beblecht
goldbeblecht
ihr brecht
— ehebrecht
geradebrecht
das Gefecht
Cavalleriegefecht
Faustgefecht
Hahnengefecht
Hauptgefecht
Infanteriegefecht
Kanonengefecht
Lanzengefecht
Lustgefecht
Nachgefecht
Nebengefecht
Schiffsgefecht
Seegefecht
Sklavengefecht
Spiegelgefecht
Stiergefecht
Thiergefecht
Todtengefecht
Vorgefecht
Vordergefecht
Vorpostengefecht
Wortgefecht
Wuthgefecht

das Geflecht
Aderngeflecht
Armgeflecht
Bechergeflecht
Beckengeflecht
Binsengeflecht
Gekrösgeflecht
Goldgeflecht
Haargeflecht
Halsgeflecht
Herznervengeflecht
Hirsengeflecht
Kunstgeflecht
Lebergeflecht
Lungengeflecht
Magengeflecht
Milzgeflecht
Nervengeflecht
Nierengeflecht
Perlengeflecht
Rohrgeflecht
Ruthengeflecht
Samengeflecht
Silbergeflecht
Speiseröhrengefl.
Strohgeflecht
er erfrecht
der Hecht
Backhecht
Blauhecht
(blau ist der Hecht)
Froschhecht
Frühhecht
Grashecht
Grundhecht
Hornungshecht
Krummhecht
Märzhecht
Maaſshecht
Meerhecht
Mittelhecht
Nadelhecht
Pfeilhecht

Plumphecht
Poggenhecht
Pökelhecht
Rogenhecht
Schildhecht
Schüsselhecht
Seehecht
Spieſshecht
Stromhecht
Tonnenhecht
Zahnhecht
der Knecht
Ackerknecht
Altknecht
Aschknecht
Badeknecht
Bäckerknecht
Ballenknecht
Bauknecht
Bauerknecht
Bergknecht
Beschälknecht
Besuchknecht
Beyknecht
Bierknecht
Bilderknecht
Bindeknecht
Bleyknecht
Bockknecht
Börsenknecht
Bootsknecht
Bornknecht
Brauknecht
Brennknecht
Brückenknecht
Brunnenknecht
Damenknecht
Dienstknecht
Dirnenknecht
Edelknecht
Eisenknecht
Färberknecht
Fallknecht
Feuerknecht
Fischerknecht
Fleischerknecht
Floſsknecht
Flutknecht
Forstknecht
Frauenknecht
Freyknecht
Frischknecht
Frohnknecht
Fürstenknecht
Fuhrknecht
Fuhrmannsknecht
Fuſsknecht
Futterknecht
Gaffelknecht
Garknecht
Gartenknecht
Gastelknecht
Gerichtsknecht
Gildeknecht
Göpelknecht
Gottesknecht
Groſsknecht
Halbknecht
Hammelknecht
Haspelknecht
Hausknecht
Heideknecht
Helfersknecht
Henkersknecht
Herrenknecht
Hirtenknecht
Hofknecht
Holzknecht
Hundsknecht
Jägerknecht
Jahrknecht
Jungfernknecht
Karierknecht
Kellerknecht
Kelterknecht
Kleinknecht
Kohlknecht
Kothknecht
Kramknecht
Kriegsknecht
Krippenknecht
Kunstknecht
Lämmerknecht
Landknecht
Landsknecht
Lanzenknecht
Lasterknecht
Lehenknecht
Lehrknecht
Leibknecht
Lichtknecht
Lohnknecht
Marienknecht
Marktknecht
Meisterknecht
Miethknecht
Mittelknecht
Mönchsknecht
Mordknecht
Mörderknecht
Mühlknecht
Müllersknecht
Nachtigallknecht
Nebenknecht
Nothknecht
Oberknecht
Ochsenknecht
Peitschenknecht
Pfaffenknecht
Pfannenknecht
Pfarrknecht
Pferdeknecht
Placherknecht
Platzknecht
Pochknecht
Polizeyknecht
Postknecht
Preſsknecht
Prügelknecht
Rathsknecht
Rauchknecht
Rauhknecht
Rechenknecht
Reiseknecht
Reitknecht
Reitersknecht
Rinderknecht
Rüdenknecht
Salzknecht
Sattelknecht
Schafknecht
Schäferknecht
Schaiderknecht
Schalksknecht
Scheinknecht
Scheunenknecht
Schifferknecht
Schiffsknecht
Schildknecht
Schinderknecht
Schmelzerknecht
Schmiedeknecht
Schraubenknecht
Schürknecht
Schüsselknecht
Schuhknecht
Schusterknecht
Schwarzkünstler-
Schwepenknecht
Schwertknecht
Seelknecht
Senkknecht
Silberbrennknecht
Silberknecht
Spatknecht
Spieſsknecht
Spleiſsknecht
Stadtknecht
Stallknecht
Steckenknecht
Stiefelknecht
Stockknecht
Stubelknecht
Stückknecht
Stutereyknecht
Sündenknecht
Thürknecht
Tischknecht
Trottknecht
Tuchknecht
Tyrannenknecht
Unterknecht
Viehknecht
Viertelknecht
Vitriolsiederknecht
Vorwerksknecht

Waffenknecht
Wageknecht
Wagenknecht
Waidknecht
Waldknecht
Warteknecht
Wasserknecht
Weberknecht
Weiberknecht
Weidknecht
Zeugknecht
Zwangsknecht
er lecht
ihr pecht
er precht
das Recht
Abtrittsrecht
Abzuchtsrecht
Abzugsrecht
Ackerrecht
Adeſsrecht
Aeltestenrecht
Ahnenrecht
Allodialrecht
Altersrecht
Amtsrecht
Anfallsrecht
Anflöſsungsrecht
Ankerrecht
Anrecht
Anschwemmungs-
Anwachsrecht
Armenrecht
Aurecht
Auschuhungsrecht
Auswandrungsrecht
Azungsrecht
Bahrrecht
Balkenrecht
Bankrecht
Bauerrecht
Beamtenrecht
Begnadigungsrecht
Behutungsrecht
Bergrecht
Bergerecht
Bergwerksrecht
Berufsrecht
Berufungsrecht
Besatzungsrecht
Besetzungsrecht
Besteuerungsrecht
Besuchsrecht
Bienenrecht
Waldbienenrecht
Bischofsrecht
Braurecht
Bürgerrecht
canonische Recht
Civilrecht
Collateralrecht
Cramerrecht
Criminalrecht
Dachrecht
Damenrecht
Deichrecht
Deichselrecht
Dienstrecht
Domanialrecht
Dorfrecht
Eherecht
Ehrenrecht
Einlagerrecht
Einstandsrecht
Einzöglingsrecht
Elendsrecht
Enterbungsrecht
Erbrecht
Erbfolgerecht
Erbgangsrecht
Erblassungsrecht
Erlaſsrecht
Erlassungsrecht
Ernennungsrecht
Erstgeburtsrecht
Fährrecht
Fahrrecht
Falkenrecht
Familienrecht
Faustrecht
Fegerecht
Fehderecht
Fehmrecht
Feldrecht
Fensterrecht
Feudalrecht
Findungsrecht
Fischrecht
Floſsrecht
Fluſsrecht
Forstrecht
Fraischrecht
Frauenrecht
Fremdlingsrecht
Freundrecht
Freundschaftsrecht
Freyrecht
Freyungsrecht
Friedensrecht
Frohnrecht
Fuchsrecht
Fürstenrecht
Fundrecht
Gantrecht
Gartenrecht
Gastrecht
Geburtsrecht
Gegenrecht
Geleitsrecht
Gemeinrecht
Gemeinderecht
Gesandtschaftsrecht
Gesellschaftsrecht
Gesellenrecht
Gesinderecht
Gespilderecht
Gewerbsrecht
Gewohnheitsrecht
Grafenrecht
Grenzrecht
Grundrecht
Gutsherrnrecht
Hagestolzenrecht
Halsrecht
Handelsrecht
Handwerksrecht
(Bäcker- Fleischer *etc.*)
Hauptrecht
Hausrecht
Hausgenossenrecht
Hausherrnrecht
Heimrecht
Heimathrecht
Heimfallsrecht
Helfrecht
Herdrecht
Herrenrecht
Herrschaftsrecht
Heurecht
Heyrathsrecht
Hirtenrecht
Hofrecht
Hoheitsrecht
Berghoheitsrecht
Landeshoheitsrecht
Hülfsrecht
Hufenrecht
Hundsrecht
Hutrecht
Innungsrecht
Jagdrecht
Jägerrecht
Judenrecht
Kanonenrecht
Kaufrecht
Vorkaufrecht
Kaufmannsrecht
Kaiserrecht
Kellerrecht
Kelterrecht
Kielrecht
Kindesrecht
Knappenrecht
Königsrecht
Körrecht
Kolbenrecht
Kopfrecht
Koppelrecht
Krämerrecht
Krahnrecht
Kurrecht
Landrecht
Landesrecht
Landschaftsrecht
Lehnrecht
Leibrecht

Lichtrecht
Märkerrecht
Majestätsrecht
Majoratsrecht
Mannrecht
Markrecht
Marktrecht
Mastrecht
Mauthrecht
Meilenrecht
Meisterrecht
Meſsrecht
Miethsrecht
Mühlenrecht
Münzrecht
Mutterrecht
Nachrecht
Nachbarrecht
Nationalrecht
Naturrecht
Nebenrecht
Nothrecht
Oberrecht
Oeffnungsrecht
Offenrecht
Osterrecht
Pachtrecht
Papstrecht
Parteyrecht
Patrimonialrecht
Patronatsrecht
Pfänderecht
Pfändungsrecht
Pfaffenrecht
Pfarrrecht
Pfarrbesitzungsrecht
Pferchrecht
Pfingstrecht
Pflugrecht
Platzrecht
Postrecht
Priesterrecht
Privatrecht
Provinzialrecht
Quasirecht
Räumungsrecht
Rainrecht
Rathsrecht
Reiterrecht
Römerrecht
Rückgangsrecht
Ruherecht
Rutscherrecht
Sachrecht
Sachenrecht
Sachsenrecht
Schäferrecht
Schätzrecht
Schaufelrecht
Scheinrecht
Schenkrecht
Schifferrecht
Schiffsrecht
Schillingsrecht
Schirmrecht
Schlittenrecht
Schöppenrecht
Schüttrecht
Schulrecht
Schutzrecht
Schwabenrecht
Seerecht
  Völkerseerecht
Selbstrecht
Sendrecht
Sohnesrecht
Soldatenrecht
Spaltungsrecht
Spatelandsrecht
Spatenrecht
Spielrecht
Sprachrecht
Staatenrecht
Staatsrecht
Stadtrecht
Standrecht
Stangenrecht
Stapelrecht
Stimmrecht
Stockerrecht
Stollenrecht
Strafrecht
Strandrecht
Straſsenrecht
Streifrecht
Studentenrecht
Theilungsrecht
Thierrecht
Tochterrecht
Tramrecht
Trattrecht
Traufrecht
Triftrecht
Turnierrecht
Ueberzimmerrecht
Uferrecht
Unrecht
Vaterrecht
Veräuſserungsrecht
Verbietungsrecht
Vererbungsrecht
Verfangrecht
Verfassungsrecht
  Grundverfassungs-
Vergeltungsrecht
  Wiedervergeltungs-
Verjährungsrecht
Verkaufsrecht
Verlagsrecht
Verleihrecht
Vermiethungsrecht
Vernunftrecht
Verpachtungsrecht
Verschreibungsrecht
Verwaltungsrecht
Vogtrecht
Volksrecht
Völkerrecht
Vorgangsrecht
Vorkaufsrecht
Vormundsrecht
Vormundschaftsrecht
Vorstellungsrecht
Vorzugsrecht
Waffenrecht
Wahlrecht
Waisenrecht
Wässerungsrecht
Waldrecht
Wasserrecht
Wechselrecht
Weiberrecht
Weichbildsrecht
Weiderecht
Weidmannsrecht
Widemrecht
Widerspruchsrecht
Wiedereinlösungs-
Wiederkaufsrecht
Wiesenrecht
Wildfangsrecht
Winkelrecht
Wirthsrecht
Wittwenrecht
Wittwerrecht
Zapfenrecht
Zaudenrecht
Zaumrecht
Zaunrecht
Zentrecht
Zimmerrecht
Zugrecht
Zweigrecht

recht
  bleyrecht
  denkrecht
  fadenrecht
  folgerecht
  geschmackrecht
  gewaltrecht
  kernrecht
  kunstrecht
  lothrecht
  maulrecht
  mundrecht
  rebenrecht
  regelrecht
  scheitelrecht
  schenkrecht
  schluſsrecht
  schnurrecht
  schulrecht
  schuſsrecht

blickschufsrecht
seigerrecht
senkelrecht
senkrecht
spinnrecht
stemrecht
unrecht
vernunftrecht
wasserrecht
wegerecht
winkelrecht
wurfrecht
gerecht
fährtgerecht
faustgerecht
feldgerecht
formgerecht
forstgerecht
gewehrgerecht
hirschgerecht
holzgerecht
hundsgerecht
jagdgerecht
kunstgerecht
maulgerecht
plangerecht
reisegerecht
schlufsgerecht
schulgerecht
schufsgerecht
ungerecht
waldgerecht
weidgerecht
werkgerecht
schlecht und recht
zurecht
ein Haberecht
ihr rech't
gerech't
schlecht
blutschlecht
mordschlecht
vogelschlecht
das Schlecht
— Geschlecht
Adelsgeschlecht
Berggeschlecht
Brüdergeschlecht
Erdgeschlecht
Folgegeschlecht
Göttergeschlecht
Gottesgeschlecht
Heldengeschlecht
Männergeschlecht
Menschengeschlecht
Muttergeschlecht
Pflanzengeschlecht
Rathsgeschlecht
Riesengeschlecht
Rittergeschlecht
Ruhmgeschlecht
Stäublingsgeschlecht
Staubgeschlecht
Sündergeschlecht
Thiergeschlecht
Traumgeschlecht
Vogelgeschlecht
Waldgeschlecht
Weibergeschlecht
er secht
der Specht
Baumspecht
Blauspecht
Bienenspecht
Buntspecht
Grasspecht
Grauspecht
Grünspecht
Haubenspecht
Kleinspecht
Kletterspecht
Krähenspecht
Mayspecht
Mauerspecht
Rothspecht
Schwarszpecht
ihr sprecht
— stecht
— zecht
bezecht
Albrecht
Dordrecht
Engelbrecht
Leberecht
Ruprecht
Knecht *Ruprecht*
Utrecht
die *Vecht*

echtchen

ein Gefechtchen
— Geflechtchen
— Flechtchen
— Hechtchen
— Knechtchen
— Geschlechtchen
— Spechtchen

echtchens

des Gefechtchens
— Geflechtchens
— Flechtchens
— Hechtchens
— Knechtchens
— Geschlechtchens
— Spechtchens

echte

die echte
— beblechte
er blechte
ich fechte
das Gefechte
ich flechte
das Geflechte
die Flechte
Baumflechte
Baumschuppen –
Becherflechte
Blatterflechte
Dachflechte
Fadenflechte
Färbeflechte
Farbeflechte
Haarflechte
Hautflechte
Hirschhornflechte
Hirsenflechte
Hundsflechte
Islandsflechte
Kalkflechte
Kelchflechte
Korallenflechte
Korbflechte
Kugelflechte
Landkartenflechte
Laubflechte
Leberflechte
Lederflechte
Lichtflechte
Lungenflechte
Mähnenflechte
Mahrflechte
Mauerflechte
Mehlflechte
Moosflechte
Nabelflechte
Netzflechte
Oelbeerflechte
Perlenflechte
Pfeifenflechte
Rennthierflechte
Rohrflechte
Rüsselflechte
Sackflechte
Schildflechte
Schlehdornflechte
Schlehenflechte
Schneeflechte
Schriftflechte
Schuppenflechte
Schwämmchen –
Schwindflechte
Staubflechte
Steinflechte
Steinschuppen –
Sternflechte
Tuschflechte
Wachholderflechte
Wagenflechte
Waldflechte
Wandflechte
Warzenflechte
Wasserflechte
Wickelflechte

Wimperflechte
Windflechte
er erfrechte
dem Hechte
— Knechte
ich knechte
das Geknechte
er lechte
— prechte
dem Rechte
der Rechte
ich rechte
das Gerechte
— zusammengerechte
gerechte
zurechte
dem Haberechte
der schlechte
dem Geschlechte
die Schlechte
Querschlechte
er sechte
die Sechte
dem Spechte
er zechte
der Bezechte
[sechteln]

echtem

echtem
beblechtem
geradebrechtem
bepechtem
rechtem
gerechtem
schlechtem
bezechtem

echten

die echten
sie blechten
die beblechten
sie radebrechten
fechten
anfechten
ausfechten
befechten
durchfechten
einfechten
fortfechten
hin- und her- *etc.*
fechten
mitfechten
spiegelfechten
verfechten
vorfechten
zufechten
zusammenfechten
den Gefechten
flechten
anflechten
aufflechten
ausflechten
beflechten
durchflechten
einflechten
überflechten
umflechten
verflechten
vorflechten
zuflechten
zusammenflechten
den Geflechten
die Flechten
sie erfrechten
den Hechten
— Knechten
knechten
sie lechten
— prechten
— rechten
rechten
ausrechten
berechten
bevorrechten
haberechten
vererbrechten
verrechten
verunrechten
waldrechten
bewaldrechten
die Rechten
in der Rechten
die gerechten
— Schlechten
— schlechten
den Geschlechten
sie sechten
die Sechten
den Spechten
sie zechten
die Bezechten

echtend

fechtend
flechtend
knechtend
rechtend

echtens

des Fechtens
— Flechtens
— Knechtens
— Rechtens
es ist rechtens

echter

ein echter
— beblechter
— geradebrechter
der Fechter
Anfechter
Federfechter
Freyfechter
Klopffechter
Schwertfechter
Spiegelfechter
sterbende Fechter
Verfechter
Vorfechter
Widerfechter
Wortfechter
der Flechter
Deckenflechter
Korbflechter
Kranzflechter
Mattenflechter
Pferdehaarflechter
Stuhlflechter
Rohrstuhlflechter
ein rechter
der Rechter
ein gerechter
— schlechter
es ist schlechter
die Geschlechter
der Geschlechter
Stadtgeschlechter
— Sechter
ein gesechter
der Spechter
— Trechter
ein Bezechter
wie zecht er!

echterm

mit echter'm
beblechter'm
geradebrechter'm
rechter'm
gerechter'm
schlechter'm

echtern

die echter'n
— beblechter'n
— geradebrechter'n
den Fechtern
— Flechtern
— rechter'n
— gerechter'n
— Rechtern
— schlechter'n
— Geschlechtern
verschlechtern
— Sechtern
— Spechtern
— Trechtern
— bezechter'n

echters

ein echter's
— beblechter's

ein geradebrechter's
des Fechters
— Flechters
— Rechters
ein rechter's
— gerechter's
— schlechter's
des Geschlechters
— Spechters
— Trechters
ein bezechter's

echtes

ein echtes
— beblechtes
– geradebrechtes
des Gefechtes
— Geflechtes
— Hechtes
— Knechtes
— Geknechtes
ein rechtes
— gerechtes
des Rechtes
— Gerechtes
ein schlechtes
des Geschlechtes
ein gesechtes
des Spechtes
ein bezechtes
ihr sprecht es *etc.*

echtest

echtest
beblechtest
geradebrechtest
du fechtest
— flechtest
— erfrechtest
— knechtest
— lechtest
— prechtest
— rechtest
gerechtest
schlechtest
— sechtest
— zechtest

echtet

ihr blechtet
— radebrechtet
— fechtet
— flechtet
— erfrechtet
— knechtet
— lechtet
— prechtet
— rechtet
— rech'tet
— sechtet
— zechtet

echtig

schlechtig
spechtig

echtigt

berechtigt
brau- *etc.* berecht.
verschlechtigt

echtisch

knechtisch
albrechtisch etc.
[der Holzrechtler]

echtlich

echtlich
erfechtlich
flechtlich
knechtlich
rechtlich
bergrechtlieh
eherechtlich
forstrechtlich
grundrechtlich
jagdrechtlich
landrechtlich
staatsrechtlich
unrechtlich
widerrechtlich
schlechtlich
geschlechtlich

echtre

eine echt're
— beblecht're
— geradebrecht're
— gerecht're
— schlecht're
ich verschlecht're
eine bezecht're

echtrem

mit echt'rem
— beblecht'rem
— geradebrecht'rem
— gerecht'rem
— schlecht'rem
— bezecht'rem

echtren

einen echt'ren
— beblecht'ren
— geradebrecht'ren
— gerecht'ren
— schlecht'ren
— bezecht'ren

echtrer

ein echt'rer
— beblecht'rer
ein geradebrecht'rer
— gerecht'rer
— schlecht'rer
— bezecht'rer

echtres

ein echt'res
— beblecht'res
— geradebrecht'res
— gerecht'res
— schlecht'res
— bezecht'res

echts

etwas echt's
ein beblecht's
— geradebrecht's
des Gefechts
— Geflechts
— Knechts
— Rechts
ein recht's
— gerecht's
rechts
des Gerechts
ein schlecht's
des Geschlechts
— Spechts
ein bezecht's
ihr sprecht's *etc.*

echtste

der echtste
— beblechtste
— geradebrechtste
— rechtste
— gerechtste
— schlechtste
— bezechtste

echtstem

mit echtstem
— beblechtstem
— geradebrechtstem
— rechtstem
— gerechtstem
— schlechtstem
— bezechtstem

echtsten

die echtsten
— beblechtsten
— geradebrechtsten
— rechtsten
— gerechtsten
— schlechtsten
— bezechtsten

echtster

echtster
beblechtster

geradebrechtster
rechtster
gerechtster
schlechtster
bezechtster

echtstes

echtstes
beblechtstes
geradebrechtstes
rechtstes
gerechtstes
schlechtstes
bezechtstes

echtung

die Anfechtung
— Verfechtung
— Flechtung
— Verflechtung
— Bevorrechtung
— Verrechtung

echung

die Beblechung
— Brechung
Farbenbrechung
Radebrechung
Strahlenbrechung
Tonbrechung
Unterbrechung
Zerbrechung
— Erfrechung
— Sprechung
Besprechung
Freysprechung
Lossprechung
Heiligsprechung
Mündigsprechung
Rechtssprechung
Seligsprechung
Tonsprechung
Versprechung
— Bestechung
— Vorstechung

(lechzen *s.* ächzen)

eck

das Eck
1 - 2 - 3 - *etc.* Eck
— Vieleck
Fadendreyeck
Farbendreyeck
Feuerdreyeck
Dr. *Eck*
der Beck
das Deck
Hüttendeck
Oberdeck
Sonnendeck
Ueberdeck
Vorderdeck
das Gedeck
Tafelgedeck
Tischgedeck
— Verdeck
Halbverdeck
Hinterverdeck
Oberverdeck
Streckverdeck
Unterverdeck
Vorderverdeck
der Dreck
Bärendreck
Cameeldreck
Entendreck
Fliegendreck
Flohdreck
Fuchsdreck
Gänsedreck
Hundedreck
Hühnerdreck
Kuhdreck
Mäusedreck
Menschendreck
Mewendreck
Mückendreck
Ochsendreck
Pferdedreck
Rattendreck
Saudreck
Schafdreck
Scheifsdreck
Schnepfendreck
Schweinsdreck
Taubendreck
Teufelsdreck *etc.*
— Fleck
Achselfleck
Badefleck
Brandfleck
Brustfleck
Dintenfleck
Doppelfleck
Dreckfleck
Ehrenfleck
Eisenfleck
Fallfleck
Farbenfleck
Faulfleck
Fettfleck
Filzfleck
Flickfleck
Grasefleck
Grasfleck
Grenzfleck
Halbfleck
Hinterfleck
Leberfleck
Magerfleck
Maserfleck
Mastfleck
Mehlfleck
Moderfleck
Mützenfleck
Nebelfleck
Oelfleck
Osterfleck
Rasenfleck
Rostfleck
Schandfleck
Schmuzfleck
Schoberfleck
Schuhfleck
Schurzfleck
Seidenfleck
Seitenfleck
Sommerfleck
Staubfleck
Stockfleck
Todtenfleck
Tuchfleck
Vorderfleck
Vorfleck
Wasserfleck
der Geck
Modegeck
Pumpengeck
das Geheck
der Gräseck
keck
— Kleck
Dintenkleck
leck
— Leck
Schiffsleck
meck! meck!
— Schleck
— Schneck
— Schreck
Feuerschreck
Geisterschreck
Gespensterschreck
Todesschreck
— Speck
Robbenspeck
Schrotspeck
Schweinspeck
Spickspeck
Wallfischspeck
das Besteck
Barbierbesteck
Deichbesteck
Gabelbesteck
Messerbesteck
Tafelbesteck
— Gesteck
— Versteck
— Bettvorsteck
der Treck
— Weck
Butterweck
Mundweck
Scheideweck

Seelenweck
Spitzweck
der Zweck
Endzweck
Mittelendzweck
Nebenendzweck
Zwischenendzweck
Handelszweck
Hauptzweck
Lebenszweck
Mittelzweck
Naturzweck
Nebenzweck
Urzweck
Zwischenzweck
Amaleck
Bouterweck
en echec
a la Grecque
Melchisedeck
Teck
[Eckart
der Scheckart]

eckchen

ein Eckchen
— Dreckchen
— Fleckchen
Schminkfleckchen
Schönfleckchen
— Kleckchen
— Scheckchen
— Schneckchen
— Steckchen
— Streckchen
— Weckchen
— Zweckchen

eckchens

des Eckchens
— Dreckchens
— Fleckchens
— Kleckchens
— Scheckchens
— Schneckchens
— Steckchens
— Streckchens
— Weckchens
— Zweckchens

ecke

die Ecke
Feuerecke
Gartenecke
Gassenecke
Hausecke
Markteck
Ohrecke
Regenecke
Schläfenecke
Stirnecke
Straſsenecke
Stubenecke

Tafelecke
Tischecke
Wahnecke
Zimmerecke
Zitzenecke
am Ecke
dem Ecke
— Einecke
2- 3- 4- *etc.*
ich einbecke
— blecke
das Geblecke
ich decke
das Gedecke
dem Gedecke
— Verdecke
die Decke
Balgendecke
Bärendecke
Bastdecke
Bettdecke
Billarddecke
Binsendecke
Blockdecke
Blüthendecke
Blumendecke
Bockdecke
Breterdecke
Brunnendecke
Eisdecke
Erddecke
Felddecke
Felderdecke
Flügeldecke
Friesdecke
Fuſsdecke
Haardecke
Handdecke
Hauptdecke
Helmdecke
Kopfdecke
Kummetdecke
Kutschendecke
Meilendecke
Nebeldecke
Packdecke
Pelzdecke
Pferdedecke
Plattdecke
Prunkdecke
Reitdecke
Rohrdecke
Roſsdecke
Saaldecke
Samendecke
Sammtdecke
Satteldecke
Schilfdecke
Schneedecke
Schuppendecke
Soddecke
Spiegeldecke

Stalldecke
Steppdecke
Sternendecke
Streichdecke
Streifdecke
Strohdecke
Stubendecke
Stuhldecke
Tigerdecke
Tischdecke
Ueberdecke
Unterdecke
Vordecke
Wagendecke
Wappendecke
Wolkendecke
Zeltdecke
Zimmerdecke
Zudecke
im Drecke
vom Flecke
es flecke
ich beflecke
die Flecke
Kuttelflecke
das Geflecke
dem Gecke
ich gecke
das Gegecke
die Hecke
Baumhecke
Brombeerhecke
Brusthecke
Buchenhecke
Canarienhecke
Dornenhecke
Fruchthecke
Gartenhecke
Hainhecke
Jasminhecke
Lindenhecke
Pfahlhecke
Rosenhecke
Taxushecke
Vogelhecke
eine Wiederhecke
ich hecke
das Gehecke
die Heuschrecke
Fangheuschrecke
Flohheuschrecke
Kammheuschrecke
Klapperheuschrecke
Lerchenheuschreck.
Säbelheuschrecke
Schmetterheuschr.
Schnarrheuschrecke
Seeheuschrecke
Zugheuschrecke
die kecke
ich erkecke
die Kecke

dem Klecke
ich klecke
das Geklecke
es erklecke
dem Lecke
die lecke
das Gelecke
die Lecke
Salzlecke
Schaflecke
Rindslecke
— Lümecke
— Mutecke
ich necke
das Genecke
die Palmecke
— Quecke
Ackerquecke
Laufquecke
Schnurquecke
ich ausquecke
— verquecke
— recke
das Gerecke
die Recke
Kugelrecke
Frau von der Recke
der Recke
Mordrecke
die Schecke
Blauschecke
Braunschecke
Fuchsschecke
Gelbschecke
Porzellanschecke
Schwarzschecke
ich schecke
das Geschecke
die Schebecke
ich schlecke
das Geschlecke
dem Schlecke
ich schmecke
das Geschmecke
die Schmecke
— Schnecke
Achatschnecke
Ackerschnecke
Ammonsschnecke
Augenschnecke
Backenschnecke
Baumschnecke
Bergschnecke
Birnschnecke
Bohrschnecke
Blasenschnecke
Buchstabenschneck.
Citronenschnecke
Dattelschnecke
Deckelschnecke
Distelschnecke
Dotterschnecke
Dreyeckschnecke
Dutenschnecke
Egelschnecke
Erdschnecke
Faltenschnecke
Feigenschnecke
Feldschnecke
Fingerschnecke
Fleischschnecke
Flügelschnecke
Flufsschnecke
Froschschnecke
Gartenschnecke
Gegenschnecke
Gitterschnecke
Grasschnecke
Gürtelschnecke
Haferschnecke
Hautschnecke
Holzschnecke
Hornschnecke
Igelschnecke
Iltenschnecke
Käferschnecke
Kahnschnecke
Kanarienschnecke
Hökerkanariensch.
Zahnkanarienschn.
Kapschnecke
Kegelschnecke
Perlenkegelschn.
Prachtkegelschn.
Klappenschnecke
Knotenschnecke
Kothschnecke
Krabbenschnecke
Krausschnecke
Krötenschnecke
Kugelschnecke
Landkartenschnecke
Lappenschnecke
Larvenschnecke
Lefzenschnecke
Meerschnecke
Mondschnecke
Strandmondschn.
Moosschnecke
Nabelschnecke
Nadelschnecke
Nagelschnecke
Napfschnecke
Netzschnecke
Notenschnecke
Ohrschnecke
Perlmutterschnecke
Pfeilschnecke
Pfriemschnecke
Pharaoschnecke
Porphyrschnecke
Porzellanschnecke
Sternporzellansch.
Tigerporzellansch.
Posaunenschnecke
Purpurschnecke
Rechtsschnecke
Regenschnecke
Röhrenschnecke
Rollenschnecke
Rotzschnecke
Rudolphsschnecke
Sammtschnecke
Sandschnecke
Sattelschnecke
Scheibenschnecke
Schellenschnecke
Schildschnecke
Schlammschnecke
Schnirkelschnecke
Schraubenschnecke
Schweinschnecke
Schwimmschnecke
Flufsschwimmsch.
Seeschnecke
Segelschnecke
Skorpionschnecke
Smaragdschnecke
Spindelschnecke
Spitzschnecke
Stachelschnecke
Steinschnecke
Straubschnecke
Strichschnecke
Sturmschnecke
Teichschnecke
Tellerschnecke
Teufelsklauenschn.
Theerschnecke
Topfschnecke
Toppschnecke
Traumschnecke
Trödelschnecke
Venusschnecke
Vielfufsschnecke
Waldschnecke
Walzenschnecke
Warzenschnecke
Wasserschnecke
Wegeschnecke
Weinbergsschnecke
Wellenschnecke
Wendelschnecke
Wirbelschnecke
Wolkenschnecke
Zackenschnecke
Zahnschnecke
Zauberschnecke
ich schnecke
das Geschnecke
ich schrecke
das Geschrecke
die Schrecke
Mattenschrecke
Vogelschrecke
Wiesenschrecke

ich erschrecke
dem Specke
die Sprecke
ich stecke
das Gestecke
dem Bestecke
— Gestecke
— Verstecke
ich strecke
das Gestrecke
Fettgestrecke
die Strecke
Erdstrecke
Förderstrecke
Gezeugstrecke
Landstrecke
Sandstrecke
Seestrecke
Stollenstrecke
Wasserstrecke
Wegestrecke
Wetterstrecke
— Tecke
— Tewecke
ich trecke
das Getrecke
dem Trecke
ich wecke
das Gewecke
dem Wecke
die Wecke
Tigerwecke
— Witecke
— Zecke
Schafzecke
Winterzecke
dem Zwecke
ich bezwecke
— erzwecke
die Zwecke
Kammzwecke
Sattelzwecke
Schiefszwecke
Schlofszwecke
Schuhzwecke
Schusterzwecke
Sohlenzwecke

eckel

der Deckel
Augendeckel
Balgendeckel
Büchsendeckel
Drathdeckel
Glasdeckel
Gluthdeckel
Hafendeckel
Kammdeckel
Kannendeckel
Kastendeckel
Kehldeckel
Kieferdeckel
Kiemendeckel
Krugdeckel
Luftröhrendeckel
Lukendeckel
Ohrendeckel
Pappendeckel
Pastetendeckel
Pfannendeckel
Schildpfannen-
Pfeifendeckel
Schachteldeckel
Schalksdeckel
Schanddeckel
Scheindeckel
Schiebdeckel
Schneckendeckel
Stimmritzendeckel
Stückpfortendeckel
Sündendeckel
Taschendeckel
Tiegeldeckel
Topfdeckel
Uhrdeckel
Vorsetzdeckel
das Gedeckel
— Gefleckel
— Geschneckel
der Seckel
Armenseckel
Gemeindeseckel
Judenseckel
Kirchenseckel
Landseckel
Steuerseckel
Wucherseckel
das Geseckel
— Gespreckel
der Teckel
das Getreckel
— Vorsteckel
der Zeckel

eckeln

deckeln
ausdeckeln
bedeckeln
eindeckeln
den Deckeln
fleckeln
seckeln
ausseckeln
einseckeln
schneckeln
spreckeln
— Teckeln
treckeln
— Vorsteckeln
— Zeckeln

eckelnd

deckelnd
fleckelnd
schneckelnd
seckelnd
spreckelnd
treckelnd

eckelns

des Deckelns
— Fleckelns
— Schneckelns
— Seckelns
— Spreckelns
— Treckelns

eckels

des Deckels
— Gedeckels
— Gefleckels
— Geschneckels
— Seckels
— Geseckels
— Gespreckels
— Teckels
— Getreckels
— Vorsteckels
— Zeckels

eckelst

du deckelst
— fleckelst
— schneckelst
— seckelst
— spreckelst
— treckelst

eckelt

er deckelt
eingedeckelt
— fleckelt
— schneckelt
— seckelt
eingeseckelt
— spreckelt
— treckelt

eckem

mit keckem
— leckem

ecken

die Ecken
den Einecken *etc.*
anecken
ausecken
beecken
verecken
das Becken
Aderlafsbecken
Armenbecken
Barbierbecken
Bartbecken

Brunnenbecken
Cammerbecken
Felsenbecken
Feuerbecken
Füllbecken
Fuſsbecken
Gieſsbecken
Hafenbecken
Kohlenbecken
Marmorbecken
Nachtbecken
Netzbecken
Nierenbecken
Putzbecken
Schambecken
Scheerbecken
Schwefelbecken
Speybecken
Strullbecken
Taufbecken
Wärmbecken
Waschbecken
Wasserbecken
die Becken
einbecken
blecken
anblecken
entblecken
decken
abdecken
aufdecken
ausdecken
bedecken
eindecken
entdecken
losdecken
nachdecken
überdecken
umdecken
verdecken
vordecken
zudecken
— Decken
den Decken
— Gedecken
— Verdecken
bedrecken
der Flecken
Bergflecken
Burgflecken
Grenzflecken
Marktflecken
die Flecken
Augenflecken
Brandflecken
Dintenflecken
Eisenflecken
Erdflecken
Fettflecken
Geburtsflecken
Honigflecken

Kalkflecken
Leberflecken
Marmorflecken
Moderflecken
Mutterflecken
Nagelflecken
Obstflecken
Oelflecken
Rostflecken
Schweiſsflecken
Sommerflecken
Sonnenflecken
Spiegelflecken
Sterbeflecken
Stockflecken
Tadelflecken
Wachsflecken
Weinflecken
Zankflecken
(*siehe auch* Fleck)
flecken
beflecken
es will nicht flecken
gecken
ausgecken
den Gecken
hecken
aushecken,
die Hecken
— Heuschrecken
— kecken
sich erkecken
klecken
abklecken
anklecken
beklecken
durchklecken
erklecken
überklecken
verklecken
vollklecken
den Klecken
lecken
ablecken
anlecken
auflecken
auslecken
belecken
nachlecken
umlecken
weglecken
zerlecken
zusammenlecken
die Lecken
den Lecken
die lecken
— Lümecken
— Mutecken
necken
hohnnecken
wiedernecken
— Palmecken

die Quecken
ausquecken
verquecken
— Recken
recken
anrecken
aufrecken
ausrecken
darrecken
emporrecken
herrecken
hin- *etc.* recken
nachrecken
niederrecken
verrecken
vorrecken
zusammenrecken
— Schecken
schecken
— Schebecken
schlecken
einschlecken
hinunterschlecken
den Schlecken
schmecken
abschmecken
anschmecken
ausschmecken
durchschmecken
übelschmecken
wohlschmecken
die Schnecken
schnecken
ausschnecken
schrecken
abschrecken
anschrecken
aufschrecken
erschrecken
fortschrecken
niederschrecken
wegschrecken
zerschrecken
zusammenschrecken
der Schrecken
das Schrecken
Allschrecken
Flugschrecken
Freudeschrecken
Gemeinschrecken
Todesschrecken
panische Schrecken
die Schrecken
Mattenschrecken
Wiesenschrecken
Vogelschrecken
der Secken
die Sprecken
stecken
abstecken
anstecken
aufstecken

ausstecken
bestecken
beystecken
durchstecken
einstecken
fehlstecken
feststecken
fortstecken
herstecken
hin- *etc.* stecken
nachstecken
überstecken
umstecken
unterstecken
verstecken
vorstecken
wegstecken
zustecken
zurückstecken
zusammenstecken
das Stecken
den Bestecken
— Gestecken
— Verstecken
der Stecken
Beutelstecken
Birkenstecken
Gemengstecken
Haselstecken
Klapperstecken
Klepperstecken
Klippstecken
Ochsenstecken
Quandelstecken
Ruhrstecken
Weidenstecken
Wendestecken
Zaunstecken
strecken
ausstrecken
darstrecken
erstrecken
fortstrecken
herstrecken
hin- *etc.* strecken
nachstrecken
niederstrecken
verstrecken
vollstrecken
vorstrecken
wegstrecken
zustrecken
zurückstrecken
das Plattstrecken
die Strecken
— Tecken
— Tewecken
trecken
auftrecken
wecken
aufwecken
erwecken
auferwecken
die Wecken
den Zwecken
die Zwecken
zwecken
abzwecken
bezwecken
erzwecken
anzwecken
festzwecken

éckend

aneckend *etc.*
einbeckend
bleckend
deckend
bedreckend
fleckend
befleckend
geckend
heckend
erkeckend
kleckend
leckend
neckend
ausqueckend
reckend
verreckend
scheckend
schleckend
schmeckend
schneckend
schreckend
steckend
streckend
treckend
weckend
zweckend
anzweckend

éckens

des Aneckens *etc.*
— Einbeckens
— Beckens
— Bleckens
— Deckens
— Bedreckens
— Fleckens
— Befleckens
— Geckens
— Heckens
— Erkeckens
— Kleckens
— Leckens
— Neckens
— Ausqueckens
— Reckens
— Verreckens
— Scheckens
— Schleckens
— Schmeckens
— Schneckens
des Schreckens
— Erschreckens
— Seckens
— Steckens
— Versteckens
— Streckens
— Treckens
— Weckens
— Erweckens
— Bezweckens
— Festzweckens
sie decken's *etc.*

écker

die Ecker
— Buchecker
der Becker (*auch* Bäcker)
Anblattbecker
Ausbecker
Semmelausbecker
Brezelbecker
Brotbecker
Commisbecker
Dorfbecker
Faſsbecker
Feilbecker
Feldbecker
Freybecker
Frischbecker
Hausbecker
Hostienbecker
Kuchenbecker
Honigkuchenbeck.
Landbecker
Leibbecker
Losbecker
Mundbecker
Nudelbecker
Oblatenbecker
Obstbecker
Pastetenbecker
Pfefferkuchenbeck.
Platzbecker
Plinsenbecker
Pottbecker
Schwarzbecker
Schweizerbecker
Semmelbecker
Stollenbecker
Straubenbecker
Stutenbecker
Tortenbecker
Fleischtortenbeck.
Waffelbecker
Weiſsbecker
Zuckerbecker
das Geblecker
der Decker
Abdecker
Bleydecker
Dachdecker
Dreydecker

Entdecker
Schieferdecker
Schindeldecker
Strohdecker
Tafeldecker
Thurmdecker
Tischdecker
Ziegeldecker
Zweydecker
der Junghecker
— Nesthecker
ein kecker
der Klecker
Dintenklecker
Farbenklecker
das Geklecker
der Lecker
Federlecker
Hoflecker
Pfefferlecker
Pottlecker
Schüssellecker
Speichellecker
Staublecker
Tellerlecker
Topflecker
Traubenlecker
Zuckerlecker
lecker
das Gelecker
— Gemecker
der Mecker
— Necker
— Hohnnecker
Necker
— Seckker
— Schlecker
Tellerschlecker
Topfschlecker
das Geschlecker
der Schmecker
Feinschmecker
— Schrecker
— Secker
— Anstecker
— Vorstecker
— Strecker
Daumenstrecker
Fingerstrecker
Zeigefingerstrecker
Rückgrathsstrecker
— Vollstrecker
Gesetzvollstrecker
Rachevollstrecker
Testamentsvollstr.
Urthelsvollstrecker
— Zehenstrecker
— Auftrecker
— Wecker
Aufwecker
Erwecker
Auferwecker

Todtenerwecker
Hahnenwecker
Morgenwecker
Uhrwecker
der Zecker

eckerm

mit kecker'm
— lecker'm

eckern

Eckern
die Eckern
den Beckern
bleckern
— Deckern
sich bedreckern
den Jungheckern
— Nestheckern
die kecker'n
den Kleckern
kleckern
bekleckern
verkleckern
die lecker'n
den Leckern
leckern
meckern
aufmeckern
— Neckern
— Seckkern
— Schleckern
schleckern
— Schmeckern
— Schreckern
— Seckern
— Ansteckern
— Vorsteckern
— Streckern
— Vollstreckern
— Auftreckern
— Weckern
— Zeckern

eckernd

bleckernd
bedreckernd
kleckernd
leckernd
meckernd
schleckernd

eckerns

des Bleckerns
— Bedreckerns
— Kleckerns
— Leckerns
— Meckerns
— Schleckerns

eckers

des Beckers
— Gebleckers

des Deckers
— Jungheckers
— Nestheckers
ein kecker's
des Kleckers
— Gekleckers
ein lecker's
des Leckers
— Gemeckers
— Neckers
— Seckkers
— Schleckers
— Geschleckers
— Schmeckers
— Schreckers
— Seckers
— Ansteckers
— Vorsteckers
— Streckers
— Vollstreckers
— Auftreckers
— Weckers
— Zeckers

eckerst

du bleckerst
— bedreckerst
— kleckerst
— leckerst
— meckerst
— schleckerst

eckes

des Eckes
— Dreyeckes *etc.*
— Deckes
— Gedeckes
— Verdeckes
— Dreckes
— Fleckes
— Gefleckes
— Geckes
— Gegeckes
— Geheckes
— Grüseckes
ein keckes
des Kleckes
— Gekleckes
ein leckes
des Leckes
— Geleckes
— Geneckes
— Gereckes
— Gescheckes
— Geschleckes
— Schleckes
— Geschmeckes
— Geschneckes
— Schreckes
— Geschreckes
— Speckes

des Bestecks
— Gesteckes
— Versteckes
— Bettvorsteckes
— Gestreckes
— Treckes
— Weckes
— Geweckes
— Zweckes
— Endzweckes

eckest

du anecktest
— beeckest
— einbeckest
— bleckest
— fleckest
— befleckest
— geckest
— heckest
— keckest
— erkeckest
— kleckest
— leckest
— neckest
— ausqueckest
— reckest
— scheckest
— schleckest
— schmeckest
— schneckest
— schreckest
— steckest
— streckest
— treckest
— weckest
— anzweckest
— bezweckest

ecket

er anecket
— beecket
— einbecket
— blecket
— flecket
— beflecket
— gecket
— hecket
— erkecket
— klecket
— lecket
— necket
— ausquecket
— recket
— schecket
— schlecket
— schmecket
— schnecket
— schrecket
— stecket
— strecket

er trecket
— wecket
— anzwecket
— bezwecket
Thomas Becket

eckicht

fleckicht
geckicht
speckicht

eckig

eckig
ein- 2- 3- *etc.* eckig
langviereckig
rechteckig
scharfeckig
stumpfeckig
dreckig
fleckig
brandfleckig
buntfleckig
kahlfleckig
rostfleckig
rothfleckig
schwarzfleckig
sommerfleckig
stockfleckig
todtenfleckig
queckig
neckig
scheckig
braunscheckig
buntscheckig
grauscheckig
schwarzscheckig
speckig
ziegenspeckig

eckisch

geckisch
neckisch

eckle

ich deckle
das Gedeckle
ich fleckle
das Gefleckle
ich schneckle
das Geschneckle
ich seckle
das Geseckle
ich spreckle
das Gespreckle
ich treckle
das Getreckle
[der Szeckler]

ecklich

beflecklich
unbeflecklich

kecklich
erklecklich
schrecklich
erschrecklich
strecklich
erstrecklich
erwecklich
unerwecklich
erzwecklich

eckling

der Fleckling
— Schreckling
— Steckling
— Streckling

ecklings

des Flecklings
— Schrecklings
— Stecklings
— Strecklings

ecklos

flecklos
schrecklos
zwecklos
[die Schrecknis]

eckre

ich bleckre
das Gebleckre
ich bedreckre
die keck're
ich kleckre
das Gekleckre
ich leckre
das Geleckre
— leck're
ich meck're
das Gemeckre
ich schleckre
das Geschleckre

eckrem

keck'rem
leck'rem

eckren

keck'ren
leck'ren

eckres

keck'res
leck'res

ecks

des Ecks
— Vierecks *etc.*
— Decks
— Gedecks
— Verdecks

des Drecks
— Flecks
— Gefleck's
— Gecks
— Gegeck's
— Geheck's
— Grüsecks
ein keck's
des Klecks
— Gekleck's
der Klecks
Dintenklecks
Farbenklecks
des Lecks
— Geleck's
ein leck's
des Geneck's
— Gereck's
— Reck's
der Recks
des Gescheck's
— Geschleck's
— Schlecks
— Geschmeck's
— Geschneck's
— Schrecks
— Geschreck's
— Specks
— Bestecks
— Gestecks
— Verstecks
— Gestreck's
— Trecks
— Wecks
— Geweck's
— Zweck's
ich deck's *etc.*

éckse

ich kleckse
dem Kleckse
das Geklecks
dem Reckse

écksen

klecksen
beklecksen
den Recksen

éckses

des Kleckses
— Gekleckses
— Reckses

éckst

du aneckst
— beeckst
— einbeckst
— bleckst
— fleckst
— befleckst
— geckst
du heckst
keckst
— erkeckst
— kleckst
er kleckst
— bekleckst
du leckst
leck'st
— neckst
— ausqueckst
— reckst
— scheckst
— schleckst
— schmeckst
— schneckst
— schreckst
— erschreckst
— steckst
— treckst
— weckst
— anzweckst
— bezweckst

éckste

der keckste
er kleckste
der bekleckste
— leckste

éckstem

keckstem
bekleckstem
leckstem

écksten

die kecksten
sie klecksten
die beklecksten
— lecksten

éckster

keckster
bekleckster
leckster

éckstes

keckstes
bekleckstes
leckstes
du versteckst es *etc.*

éckt

er hat angeeckt
er beeckt
einbeckt
— bleckt
— deckt
bedeckt
ruhmbedeckt
schmachbedeckt
schneebedeckt
es fleckt
er befleckt
blutbefleckt
gefleckt
roth- schwarz- *etc.*
unbefleckt
— heckt
— erkeckt
— kleckt
es erkleckt
er leckt
wie geleckt
ungeleckt
er neckt
es verqueckt
er reckt
verreckt
— scheckt
gescheckt
— schleckt
— schmeckt
— schneckt
— schreckt
— steckt
— streckt
gestreckt
— treckt
— weckt
geweckt
aufgeweckt
— bezweckt
angezweckt

éckte

er aneckte
— beeckte
— einbeckte
— bleckte
— deckte
es fleckte
er befleckte
— heckte
— erkeckte
— kleckte
— leckte
— neckte
— reckte
— verreckte
— scheckte
— schleckte
— schmeckte
— schneckte
— schreckte
— steckte
— streckte
— treckte
— weckte
— bezweckte
die angezweckte

écktem

mit beecktem

eingebecktem
angeblecktem
gedecktem
befleckten
ausgehecktem
beklecktem
genecktem
gerecktem
verrecktem
geschecktem
geschlecktem
geschmecktem
geschnecktem
geschrecktem
gestecktem
gestrecktem
getrecktem
geweckten
bezwecktem
angezwecktem

ěďten

sie anechten
— beeckten
— einbeckten
— bleckten
— deckten
— fleckten
— befleckten
— heckten
— erkeckten
— kleckten
— leckten
— neckten
— reckten
— verreckten
— scheckten
— schleckten
— schmeckten
— schneckten
— schreckten
— steckten
— streckten
— treckten
— weckten
— bezweckten
die angezweckten

ěďter

ein beeckter
— eingebeckter
— angebleckter
— bedeckter
— gefleckter
— ausgeheckter
— bekleckter
— gelleckter
— geneckter
— gereckter
— verreckter
— gescheckter
ein geschleckter
— geschmeckter
— geschneckter
— geschreckter
— gesteckter
— gestreckter
— getreckter
— geweckter
— bezweckter
— angezweckter

ěďtes

ein beecktes
— eingebecktes
— angeblecktes
— bedecktes
— beflecktes
— geflecktes
— ausgehecktes
— beklecktes
— gelecktes
— genecktes
— gerecktes
— verrecktes
— geschecktes
— geschlecktes
— geschmecktes
— geschnecktes
— gestecktes
— gestrecktes
— getrecktes
— gewecktes
— bezwecktes
— angezwecktes

ěďteſt

du beecktest
— einbecktest
— blecktest
— decktest
— beflecktest
— gecktest
— hecktest
— erkecktest
— klecktest
— lecktest
— necktest
— recktest
— verrecktest
— schecktest
— schlecktest
— schmecktest
— schnecktest
— schrecktest
— stecktest
— versteoktest
— strecktest
— trecktest
— wecktest
— aufgewecktest
— anzwecktest
— bezwecktest

ěďtet

ihr beecktet
— einbecktet
— blecktet
— decktet
— beflecktet
— gecktet
— hecktet
— erkecktet
— klecktet
— lecktet
— necktet
— recktet
— verrecktet
— schecktet
— schlecktet
— schmecktet
— schnecktet
— schrecktet
— stecktet
— strecktet
— trecktet
— wecktet
— anzwecktet
— bezwecktet

ěďung

die Beeckung
— Einbeckung
— Anbleckung
— Deckung
— Nothdeckung
— Bedeckung
Deichbedeckung
Erdbedeckung
Fuſsbedeckung
Hautbedeckung
Kopfbedeckung
Körperbedeckung
Knöchelbedeckung
Leibesbedeckung
Mondbedeckung
Sternbedeckung
— Entdeckung
— Befleckung
Selbstbefleckung
— Ausheckung
— Erkeckung
— Bekleckung
— Beleckung
— Neckung
— Ausreckung
— Verreckung
— Ausschleckung
— Schreckung
— Absteckung
— Versteckung
— Streckung
Gegenstreckung
Vollstreckung
Gesetzvollstreck.
Hülfsvollstreckung

Testamentsvollstr.
Urthelsvollstreck.
die Erweckung
Auferweckung
Wiedererweckung
— Bezweckung

ēcla

der *Hecla*
per omnia secla
Thecla

éct

abject
der Affect
— Architect
— Aspect
circumspect
das Confect
der Conspect
correct
incorrect
— Defect
Brustdefect
Cassendefect
Hirndefect
Lungendefect
defect
— Despect
— Dialect
Provincialdialect
Stadtdialect
Volksdialect
direct
indirect
der Effect
Knalleffect
Musikeffect
Theatereffect
das Insect
— Object
Erkennungsobject
Sehobject
perfect
imperfect
der Präfect
Chorpräfect
Hafenpräfect
Schulpräfect
Stadtpräfect
das Project
Handelsproject
Heyrathsproject
Reiseproject
der Prospect
— Respect
Amtsrespect
Dienstrespect
— Sect
Muscatensect
das Subject
suspect

écta

Analecta
Invecta
Objecta
recta (via)
in linea recta
in classe selecta
Subjecta [Nectar]

éctchen

ein Affectchen
— Defectchen
— Effectchen
— Insectchen
— Objectchen
— Präfectchen
— Projectchen
— Subjectchen

éctchens

des Affectchens
— Defectchens
— Effectchens
— Insectchens
— Objectchens
— Präfectchens
— Projectchens
— Subjectchens

écte

dem Affecte
— Aspecte
der circumspecte
die Collecte
Armencollecte
Hauscollecte
Kirchencollecte
dem Confecte
— Conspecte
der correcte
dem Defecte
der defecte
dem Dialecte
der directe
dem Effecte
— Insecte
— Objecte
der perfecte
dem Projecte
— Prospecte
recte\
— Respecte
— Secte
die Secte
Selecte
dem Subjecte
der suspecte
tecte

éctem

circumspectem
correctem
defectem
directem
perfectem
suspectem

écten

die Affecten
— Analecten
— Aspecten
— circumspecten
— Collecten
den Confecten
die correcten
den Defecten
die defecten
den Dialecten
die directen
den Effecten
die Insecten
den Objecten
die *Pandecten*
— perfecten
den Projecten
— Prospecten
die Secten
den Subjecten
die suspecten

écter

ein circumspecter
— correcter
— defecter
— perfecter
— suspecter

éctes

ein circumspectes
— correctes
— defectes
— perfectes
— suspectes

éctest

circumspectest
correctest
defectest
perfectest
suspectest

éction

die Affection
— Correction
— Direction
— Insurrection
— Resurrection
— Transvection

éctisch

analectisch
apoplectisch
architectisch

hectisch
katalectisch
brachykatalectisch
kachectisch
antikachectisch
paraplectisch

éctor

Benevolus lector
der Collector
— Corrector
— Director
Baudirector
Cammerdirector
Canzleydirector
Landschaftsdirector
Polizeydirector
Prodirector
Regierungsdirector
Schuldirector
Hector
der Inspector
Bauinspector
Coinspector
Kircheninspector
Schuleninspector
Wirthschaftsinspect.
— Lector
— Praelector
— Protector
— Rector
Conrector
Subconrector
Prorector
Schulrector
Spiritus rector
— Sector
— Prosector

éctors

des Collectors
— Correctors
— Directors
Hectors
— Inspectors
— Lectors
— Prälectors
— Protectors
— Rectors
— Sectors
— Prosectors

éctrum

das *Plectrum*
— *Spectrum*

éctrums

des *Plectrums*
— *Spectrums*

éctu

in defectu
— *effectu*
in conspectu
respectu

éctum

per directum
— *indirectum*
ob defectum
in effectum
— *rectum*

éctus

der *Conspectus*
Dominus directus
— *Intellectus*
Profectus
Fugae suspectus

ēcum

mecum
das *Vademecum*
secum
tecum

ēcus

der *Necus*
das *Pecus* (campi)

ēd

Archimed
Diomed
Ganymed
Antiganymed
Lycomed
Mohammed
Palamed
(*Lacepede*)
reed
wreed

ēda

Abulfeda
Beda
Breda
heda!
Leda
die *Scheda*
Sepulveda

ēdam

erga schedam
der *Vedam*

ēdas

Abulfeda's
Beda's
Breda's
Leda's
Sepulveda's
[die Edda]

èdde

ich pedde
das Gepedde
die Redde
die Tredde
— Wedde

èdden

pedden
die Redden
— Tredden
— Wedden
[der Peddig
— Meddick]

ēde

dem *Archimede etc.*
die Bede
Freybede
Landbede
Leibbede
Oberbede
Urbede
— Fehde
Urfehde
— Glede
— Hede
Kretzhede
Schlenkerhede
jede
jedwede
— Kurmede
— Lehde
stante pede
ich rede
— berede
das Gerede
die Rede
Abrede
Abendmahlsrede
Abschiedsrede
Anrede
Antrittsrede
Ausrede
Baurede
Behelfrede
Beichtrede
Bettelrede
Bewillkommungs-
Bilderrede
Dankrede
Denkrede
Donnerrede
Drohrede
Ehrenrede
Eiferrede
Einrede
Einsegnungsrede
Einweihungsrede
Empfangsrede
Endrede
Erbauungsrede
Ermahnungsrede
Ernterede
Eröffnungsrede

Festrede
Feyerrede
Friedensrede
Gedächtnisrede
Gegenrede
Gelegenheitsrede
Gleichnisrede
Grabrede
Hausrede
Helfrede
Heuchelrede
Hochzeitrede
Hohnrede
Honigrede
Hülfrede
Irrrede
Jubelrede
Kampfrede
Kanzelrede
Kindtaufsrede
Kirchenrede
Kunstrede
Landtagsrede
Leichenrede
Lobrede
Logenrede
Meisterrede
Miſsrede
Morgenrede
Nachrede
Narrenrede
Nothrede
Prahlrede
Prunkrede
Sangrede
Schandrede
Schelmenrede
Scherzrede
Schimpfrede
Schirmrede
Schluſsrede
Schmährede
Schmeichelrede
Schmuckrede
Schmuzrede
Schulrede
Schutzrede
Schwungrede
Sinnrede
Spitzrede
Spottrede
Spruchrede
Stachelrede
Standrede
Stichelrede
Stiftungsrede
Strafrede
Streitrede
Strohkranzrede
Tadelrede
Taufrede
Tischrede
Traurede
Trauerrede
Trauungsrede
Trennungsrede
Trostrede
Trotzrede
Umrede
Verantwortungs-
Vertheidigungsrede
Volksrede
Vorbereitungsrede
Wankelrede
Wechselrede
Widerrede
Wiederrede
Wunderrede
Zornrede
Zurede
Zwischenrede
die reede
— Rhede
Auſsenrhede
Hafenrhede
der *Samajode*
— *Schwede*
die Seede
— wreede
Wrede

edel

edel
altedel
gutedel
hochedel
unedel
wohledel
hochwohledel
der Gutedel
das Hedel
die Schedel
der Schedel
Menschenschedel
Thierschedel
Todtenschedel
das Nachtsedel
der Spedel
das Getedel
der Wedel
Aschenwedel
Feuerwedel
Fliegenwedel
Venusfliegenwedel
Geiſswedel
Johannswedel
Katzenwedel
Küchenwedel
Löschwedel
Luftwedel
Mückenwedel
Pfauenwedel
Roſswedel
Schwöckwedel
Seewedel
Sonnenwedel
Sprengwedel
Spritzwedel
Staubwedel
Strauſswedel
Tannenwedel
Weihwedel
Wiesenwedel
Windwedel
das Gewedel

edeln

edeln
veredeln
verunedeln
die Edeln
den Hedeln
die Schedeln
den Schedeln
— Nachtsedeln
— Spedeln
tedeln
vertedeln
wedeln
abwedeln
anwedeln
auswedeln
bewedeln
wegwedeln
zuwedeln
— Wedeln

edelnd

edelnd
veredelnd
verunedelnd
tedelnd
vertedelnd
wedelnd

edelns

des Veredelns
— Verunedelns
— Tedelns
— Vertedelns
— Wedelns

edels

des Gutedels
— Hedels
— Schedels
— Nachtsedels
— Spedels
— Getedels
— Wedels
— Gewedels
ich veredel's *etc.*

edelst

edelst
du veredelst
— verunedelst
— tedelst
— vertedelst
— wedelst

edelt

veredelt
er veredelt
— verunedelt
— tedelt
— vertedelt
— wedelt

edem

jedem
jedwedem
reedem
wreedem

eden

Eden
den *Archimeden*
— *Ganymeden etc.*
die Beden
— Fehden
— Urfehden
befehden
urfehden
— Fissipeden
— Gleden
— Heden
heden
jeden
jedweden
— Kurmeden
— Lehden
verleden
— Quadrupeden
reden
abreden
afterreden
anreden
aufreden
ausreden
bereden
durchreden
einreden
fortreden
gereden
herreden
hin- *etc.* reden
mitreden
nachreden
niederreden
trotzreden
überreden
unterreden
verreden
vorreden
bevorreden
zerreden
zureden
zusammenreden
die Reden
— reeden
— Rheden
rheden
ausrheden
— *Samojeden*
— Seeden
der Scheden
Schweden
die *Schweden*
— wreeden

edend

befehdend
urfehdend
hedend
verledend
redend
rhedend
ausrhedend

edens

das *Antecedens*
Edens
des Befehdens
— Urfehdens
— Hedens
— Verledens
— Redens
— Rhedens
— Ausrhedens
— Schedens
— *Schwedens*
sie verreden's

eder

der Besteder
die Ceder
Libanonsceder
Menschenceder
der *Cuboctaeder*
— *Dodekaeder*
— *Heptaeder*
— *Hexaeder*
— *Ikosaeder*
— *Octaeder*
— *Pentaeder*
— *Polyeder*
— *Rhomboeder*
— *Tetraeder etc.*
die Feder
Achselfeder
Adlersfeder
Afterfeder
Autorfeder
Bleyfeder
Deckelfeder
Deckfeder
Drathfeder
Dürrfeder
Fettfeder
Fischfeder
Flaumfeder
Floſsfeder
Afterfloſsfeder
Fockfeder
Gänsefeder
Gauchfeder
Glasfeder
Goldfeder
Helmfeder
Hutfeder
Kackfeder
Klepperfeder
Kutschenfeder
Linienfeder
Mastfeder
Mausefeder
Mittelfeder
Nadelfeder
Nageleisenfeder
Nestfeder
Notenfeder
Ortfeder
Papageyenfeder
Pfaufeder
Rabenfeder
Rauffeder
Reiherfeder
Reiſsfeder
Sandfeder
Scheinfeder
Schlagfeder
Schlagstückfeder
Schleiſsfeder
Schlieſsfeder
Schloſsfeder
Schmalzfeder
Schnappfeder
Schneckenfeder
Schreibfeder
Schwanenfeder
Schwanzfeder
Schwefelfeder
Schweinsfeder
Schwimmfeder
Schwingfeder
Schwungfeder
Seefeder
Sommerfeder
Spannfeder
Spiegelfeder
Spreiſsfeder
Springfeder
Stahlfeder
Stangenfeder
Staubfeder

Steckfeder
Steinfeder
Stellfeder
Steuerfeder
Stockfeder
Stoppfeder
Sträffeder
Straußfeder
Stuhlfeder
Teichfeder
Triebfeder
Trommelfeder
Uhrfeder
Vogelfeder
Wagenfeder
Wasserfeder
Weppenfeder
Windfeder
Wollfeder
Zahnfeder
Zeichenfeder
das Gefeder
der Fehder
das Gefleder
jeder
jedweder
— Katheder
— Leder
Afterleder
Alaunleder
Augenleder
Ballenleder
Beinleder
Bergleder
Bergmannsleder
Bleyleder
Blendleder
Bockleder
Bogenleder
Brustleder
Büffelleder
Corduanleder
Daumenleder
Elendsleder
Eselsleder
Fahlleder
Fahrleder
Fersenleder
Fleckleder
Fuchsleder
Garleder
Geißleder
Gemsenleder
Gerstenleder
Glanzleder
Goldleder
Grasleder
Blasengrasleder
Quellgrasleder
Hackenleder
Handleder
Handschuhleder
Hinterleder
Hühnerleder
Hundeleder
Hutleder
Juchtenleder
Juftenleder
Kalbleder
Katzenleder
Kernleder
Körnerleder
Kornleder
Kuhleder
Kunstleder
Landleder
Leimleder
Lohbrühleder
Lohgarleder
Menschenleder
Narbenleder
Oberleder
Ochsenleder
Pferdeleder
Pfundleder
Rauchleder
Rehleder
Riemenleder
Rindsleder
Roßleder
Rothleder
Rumpfleder
Saffianleder
Sämischleder
Sauleder
Schafleder
Schaftleder
Schauleder
Scheuleder
Schleuderleder
Schmalleder
Schmerleder
Schmierleder
Schneideleder
Schreibleder
Jungferschreib-
Schuhleder
Schurzleder
Schwanzleder
Schweinsleder
Schwerleder
Silberleder
Sohlleder
Wildsohlleder
Zahmsohlleder
Spannleder
Spornleder
Spritzleder
Steifleder
Steißleder
Stiefelleder
Strangleder
Streichleder
Unterleder
Vorleder
Vorderleder
Waschleder
Weißleder
Wichsleder
Wildleder
Zapfenleder
Ziegenleder
Zugleder
das Geleder
der *Meder*
das Queder
Handqueder
der Reder
Afterreder
Aufreder
Bauchreder
Bereder
Einreder
Hartreder
Nachreder
Schlafreder
Schönreder
Ueberreder
Vielreder
Vorreder
Wortreder
Zureder
ein reeder
der Rheder
Schiffsrheder
das Geschweder
— Getweder
teder
weder
entweder
ein wreeder

edern

den Bestedern
die Cedern
den *Cuboctaedern*
— *Dodekaedern etc.*
— Federn
federn
abfedern
einfedern
entfedern
verfedern
die Falkenfedern
den Fehdern
fledern
abfledern
ausfledern
herunterfledern
zusammenfledern
— Kathedern
— Ledern

ledern
abledern
ausledern
beledern
durchledern
verledern
zusammenledern
den *Medern*
— Quedern
— Redern
einen reeder'n
den Rhedern
schwedern
twedern
einen wreeder'n

ēdernd

federnd
fledernd
ledernd
schwedernd
twedernd

ēderns

ein cedern's
des Federns
— Flederns
— Lederns
ein ledern's
des Schwederns
— Twederns

ēders

des Besteders
— *Cuboctaeders*
— *Octaeders*
— *Tetraeders etc.*
— Gefeders
— Fehders
— Gefleders
— Katheders
— Leders
— Geleders
— *Meders*
— Queders
— Reders
ein reeder's
des Rheders
— Geschweders
— Getweders
ein teder's
— wreeder's

ēderst

du federst
— flederst
— lederst
— schwederst
— tederst
— twederst

ēdert

er federt
— fledert
— ledert
— schwedert
— twedert

ēdes

Archimedes
Diomedes
Epimedes
Ganymedes
Lycomedes
Palamedes
Thrasymedes
ein jedes
jedwedes
per pedes (apostolor.)
des Geredes

ēdest

du befehdest
— urfehdest
— redest

ēdet

er befehdet
— urfehdet
— redet [Edgar]

ēdge

die led'ge
ich entled'ge
— pred'ge
das Gepred'ge

ēdgen

die led'gen
entled'gen
pred'gen
auspred'gen
vorpred'gen
ein (*Ganymedchen*)

ēdgend

entled'gend
pred'gend

ēdgens

des Entled'gens
— Pred'gens
— (*Ganymedchens*)

ēdger

ein led'ger
— Pred'ger

ēdgers

ein led'ger's
des Pred'gers

ēdges

ein led'ges
des Gepred'ges

ēdi

der *Maravedi*
Tancredi
(*Mylady*)

ēdig

kurmedig
ledig
freyledig
redig
freyredig
lobredig
nachredig
ruhmredig
schmeichelredig
süſsredig
vielredig
Venedig

ēdigs

ein ledig's
Venedigs
predig's!

ēdigst

ledigst
du erledigst
— predigst

ēdigt

er entledigt
— erledigt
— predigt
die Predigt
Abtrittspredigt
Amtspredigt
Antrittspredigt
Anzugspredigt
Bekehrungspredigt
Bergpredigt
Brandpredigt
Buſspredigt
Circularpredigt
Buſstagspredigt
Controverspredigt
Einweihungspredigt
Erntepredigt
Fastenpredigt
Feldpredigt
Festpredigt
Friedenspredigt
Frühpredigt
Gastpredigt
Gelegenheitspred.
Hochzeitpredigt
Jubelpredigt
Kirmespredigt
Kreuzpredigt
Leichenpredigt
Marterpredigt
Mettepredigt
Mittagspredigt

Nachmittagspred.
Vormittagspredigt
Osterpredigt
Passionspredigt
Pfingstpredigt
Probepredigt
Schulpredigt
Sittenpredigt
Sonnabendspredigt
Sonntagspredigt
Strafpredigt
Streitpredigt
Tischpredigt
Trostpredigt
Vernunftpredigt
Vesperpredigt
Weihnachtspredigt
Winkelpredigt
Wochenpredigt
[die Teding]

ēdisch

archimedisch
ganymedisch
samojedisch
schwedisch
venedisch

ēdium

das *Epicedium*
— *Medium*
— *Remedium*

ēdle

die edle
ich veredle
— verunedle
ich tedle
das Getedle
ich wedle
das Gewedle

ēdler

ein Edler
Veredler
der Schwedler
— Fliegenwedler

ēdlern

den edler'n
— Veredlern
— Schwedlern
— Fliegenwedlern

ēdlers

ein edler's
des Veredlers
— Schwedlers
— Fliegenwedlers

ēdlich

fehdlich
redlich
unredlich
[der Fehdling]
[der Redner]

ēdo

concedo
das *Credo*
tenthredo
teredo
Toledo
Uredo

ēdon

Bustrophedon
Medon
Sarpedon

ēdria

der *Cedria*
— *Sedria*

ēdrium

Cedrium
Synedrium

ēdro

Pedro
Polledro

ēds

Archimed's
Diomed's
Ganymed's etc.
ein jed's
jedwed's
des Gered's
ich red's

ēdt

beredt
hochberedt
wohlberedt
Schwedt

ēdung

die Beredung
Eheberedung
— Ueberredung
— Unterredung
— Rhedung
Ausrhedung

ēe *siehe* ē-eh

ēechen

ein Alleechen
Dorotheechen
Galatheechen
— Ideechen
— Seechen
— Theechen

ēechens

des Alleechens
Dorotheechens etc.
— Ideechens
— Seechens
— Theechens

ēede *siehe* ēde

ē-e — ēe-e

die Ee
— ABCee
ich abcee
die Bee
— Cee
— Dee
— Gee
— Pee
— Tee
— Stee
— Wee
Dorothee
Dulcinee
Galathee

ē-en — ēe-en

den Eeen
— ABCeen
abceen
die Alleen
— Armeen
— *Assembleen*
den *Autodafeen*
— Been
die *Bergameen*
den Ceen
die *Cameen*
— *Cetaceen*
— *Chariteen*
— *Chausseen*
den *Cicisbeen*
— *Cüreen*
— Deen
die *Defileen*
die Feen
den Geen
die *Guineen*
— *Gynäceen*
— Ideen
den Kanapeen
die Livreen
— *Lyceen*
— *Moscheen*

die *Museen*
den Peen
die Panaceen
— Penseen
— Seen
den Schneen
die *Scireen*
den Teen
— Steen
— Theen
die *Trencheen*
den Ween

ē-er — ēe-er

ein *Gottscheeer*
— *Königsseeer*

ē-es — ēe-es

des Ees
— Abcees
— *Autodafees*
— Bees
— Cees
— *Cürees*
— Dees
— *Defilees*
— Gees
— Kanapees
— Klees
— Pees
— Sees
— Schnees
— Tees
— Stees
— Thees
— Wees

ēef *siehe* **ēf**

ēeig

schneeig
vielseeig

eet — eel — een — eer
ees — eet *siehe* **ēt — ēl**
ēn — ēr — ēs — ēt

éf — éff — éph

das *F*
— *ff*
beff!
der *Chef*
Bataillonschef
Bureauchef
Compagniechef
Escadronschef
General en Chef
en chef
meff
A. Neff
das Reff
das Sandreff
— Tragreff
— *Reliéf*
Basreliéf
Hautreliéf
Seph
Joseph
— Teff
tref
Treff
— Treff
der Treff
in Betreff
Bestucheff
Czernitscheff
Kiew
Tatischeff
Koreff

ēf

das Reef
der Schleef

ēfa

Josepha
Eva

ēfas

Nefas
Kephas
Eva's
Josepha's

éffchen

das Beffchen
— Reffchen
ein Treffchen

ēfchen

das Reefchen
Josephchen
Evchen

éffchens

des Beffchens
— Reffchens
— Treffchens

ēfchens

des Reefchens
Josephchens
Evchens

éfe — éffe

aus dem *F-e*
— — *ff-e*
ich beffe
das Gebeffe
ich bleffe
das Gebleffe
dem Chefe
ich kleffe
das Gekleffe
ich meffe
das Gemeffe
einem Meffe
der Neffe (aphis)
Groſsneffe
die Neffe
dem Reffe
ich reffe
dem Reliéfe
das Gereffe
dem *Sephe*
— *Josephe*
der Scheffe
Kurscheffe
dem Teffe
der trefe
dem Treffe
im Betreffe
ich treffe
das Getreffe

ēfe

Eve
die Glefe
— Hefe
Bierhefe
Weiſsbierhefe
Bodenhefe
Bottighefe
Essighefe
Faſshefe
Hopfenhefe
Oberhefe
Oelhefe
Schmalhefe
Schmalzhefe
Spundhefe
Stellhefe
Theerhefe
Unterhefe
Weinhefe
Josephe
der *Xefe*
Cleve

ēfel

die Hefel
der Schwefel
Badeschwefel
Bergschwefel
Erdschwefel
Goldschwefel
Haarschwefel
Höllenschwefel
Jungferschwefel
Kohlenschwefel
Luftschwefel
Pferdeschwefel
Quecksilberschwef.

Rosssschwefel
Rotzschwefel
Rubinschwefel
Salpeterschwefel
Spiessglasschwefel
Stangenschwefel
Treibschwefel
Triebschwefel
Tripschwefel
Tropfschwefel
Wasserschwefel
das Geschwefel
— Gesefel
— Wefel
— Gewefel
der Frevel

éffel

Pfeffel
das Gereffel
der Scheffel
Heitscheffel
Marktscheffel
Probescheffel
Richtscheffel
Streichscheffel
Wachscheffel
Wahnscheffel
Weihscheffel
der Schneffel
Steffel
Treffle

ēfeln

den Hefeln
schwefeln
sefeln
— Wefeln
wefeln
freveln

éffeln

reffeln
den Scheffeln
scheffeln
— Schneffeln
— Steffeln

ēfelnd

schwefelnd
sefelnd
wefelnd
frevelnd

éffelnd

reffelnd
scheffelnd

ēfelns

des Schwefelns
— Sefelns
des Wefelns
— Frevelns

éffelns

des Reffelns
— Scheffelns

ēfels

des Hefels
— Schwefels
— Geschwefels
— Gesefels
— Wefels
— Gewefels
— Frevels

éffels

des Gereffels
— Scheffels
— Schneffels
— Steffels

ēfelst

du schwefelst
— sefelst
— wefelst
— frevelst

éffelst

du reffelst
— scheffelst

ēfelt

er schwefelt
geschwefelt
— sefelt
— wefelt
— frevelt

éffelt

er reffelt
es scheffelt

ēfen

die *Even*
— Glefen
— Hefen
— *Josephen*
— *Xefen*

éffen

beffen
bleffen
verbleffen
kleffen
ankleffen
die Neffen
verpleffen
den Reffen
reffen
einreffen
zusammenreffen
den Scheffen
Steffen
— Teffen
treffen
antreffen
auftreffen
betreffen
eintreffen
fehltreffen
hin- *etc.* treffen
misstreffen
nachtreffen
niedertreffen
übertreffen
vortreffen
zutreffen
zurücktreffen
zusammentreffen
das Treffen
Haupttreffen
Hintertreffen
Landtreffen
Mitteltreffen
Nachtreffen
Seetreffen
Vortreffen
Vordertreffen
Zusammentreffen
den Treffen

éffend

beffend
bleffend
verbleffend
verpleffend
reffend
treffend

éffens

des Beffens
— Bleffens
— Verbleffens
— Verpleffens
— Steffens
teffens
— Treffens
sie treffen's *etc.*

éffer

der Keffer
— Kleffer
— Pfeffer
Bauernpfeffer
Bergpfeffer
Brotpfeffer
Cayennepfeffer
Flohpfeffer
Froschpfeffer
Gänsepfeffer
Hasenpfeffer
Kappenpfeffer
Kaupfeffer
Klosterpfeffer

Mäusepfeffer
Mauerpfeffer
Mohrenpfeffer
Mönchspfeffer
Nelkenpfeffer
Rattenpfeffer
Schotenpfeffer
Schwanzpfeffer
Spezereypfeffer
Steinpfeffer
Taschenpfeffer
Taumelpfeffer
Vogelpfeffer
Wasserpfeffer
Wunderpfeffer
das Gepfeffer
der Treffer
Dreytreffer
Fünftreffer
Haupttreffer
Nachtreffer
Nebentreffer
Viertreffer
Vortreffer
Zweytreffer
die Fernhintreffer

éffern

den Keffern
— Kleffern
pfeffern
auspfeffern
bepfeffern
durchpfeffern
einpfeffern
überpfeffern
verpfeffern
zusammenpfeffern
den Treffern

éffers

des Keffers
— Kleffers
— Pfeffers
— Gepfeffers
— Treffers

éfes — éffes

des Gebeffes
— Gebleffes
— Chefes
— Reliéfes
— Reffes
— Gereffes
— Teffes
— Treffes
— Betreffes
— Getreffes

éffest

du beffest
— bleffest
du verpleffest
— reffest
— treffest

éffet

er beffet
— bleffet
— verpleffet
— reffet
ihr treffet

éfflich

schefflich
trefflich
übertrefflich
unübertrefflich
vortrefflich

ēfig

hefig
der Kefig
[der Refken]

ēfle

ich sefle
das Gesefle
ich schwefle
das Geschwefle
ich wefle
das Gewefle
ich frevle
das Gefrevle
Gefle

ēflich

schweflich
frevlich

éfs — éffs

des *Fs*
— *ffs*
— Gebeff's
— Gebleff's
— *Chefs*
— Reffs
— Gereff's
— Reliéfs
Sephs
Josephs
— Teffs
ein Treffs
des Treffs
— Betreffs
— Getreff's
ich treff's *etc.*

éffst

du beffst
— bleffst
— verpleffst
— reffst
— treff'st

éft — éfft

der Heft
das Heft
Actenheft
Bücherheft
Collegienheft
Jahresheft
Monatsheft
Messerheft
Nachheft
Wochenheft
er befft
— blefft
— verplefft
— refft
der Steft
ihr trefft
Markt Steft

éftchen

ein Heftchen
— Steftchen
— Säftchen *etc.*

éftchens

des Heftchens
— Steftchens
— Säftchens *etc.*

éfte — éffte

dem Hefte
ich hefte
das Gehefte
eine Hefte
dem Stefte
er beffte
— bleffte
— verpleffte

éftel

der Heftel
Schlagheftel
Schwangheftel
Spannheftel
das Geheftel
ein Säftel
— Geschäftel

éfteln

den Hefteln
hefteln
abhefteln
anhefteln
aushefteln
einhefteln
enthefteln
zuhefteln
zusammenhefteln
— Säfteln
— Geschäfteln

éftels

des Heftels
— Geheftels
— Säftels
— Geschäftels

éften — éfften

in Heften
heften
abheften
anheften
aufheften
ausheften
beyheften
durchheften
einheften
nachheften
umheften
verheften
vorheften
zuheften
zusammenheften
den Steften
sie befften
— blefften
— verplefften

éfter — éffter

ein Hefter
Actenhefter
— verbleffter
— verpleffter

éftern — éfftern

den Heftern
einen verbleffter'n *etc.*

éfters — éffters

des Hefters
ein verbleffter's *etc.*

éftes — éfftes

des Heftes
— Geheftes
— Steftes
ein verblefftes
ihr trefft es *etc.*

éftest — éfftest

du heftest
— befftest
— blefftest
— verblefftest
— verplefftest

éftet — éfftet

ihr heftet
verheftet
— befftet
— blefftet
ihr verblefftet
— verplefftet

éftig

heftig
kräftig *etc.*

éfts — éffts

des Hefts
— Geheft's
— Stefts
ihr trefft's
ein verblefft's *etc.*

éffung

die Verbleffung
— Verpleffung
— Uebertreffung
— Zusammentreffung

éfze

die Lefze
Oberlefze
Schamlefze
Unterlefze
— Schwefze
— Treffze

éfzen

die Lefzen
verlefzen
— Schwefzen
— Treffzen

ég

der *Beg*
Beglerbeg
Scanderbeg
— Dreg
das Leg
der Scheg
weg
geradeweg
hinweg
kurzweg
schlechtweg
vorweg
— Putzweg

ēg

der Beleg
Ausgabebeleg
Einnahmebeleg
Rechungsbeleg
Spiegelbeleg
— Choreg
— Colleg
das Kugelleg
— Kupferleg
— Privileg
reg
der Steg
Anlegesteg
Bachsteg
Brückensteg
Bundsteg
Cithersteg
Deichselsteg
Dornensteg
Felsensteg
Formsteg
Fuſssteg
Geigensteg
Göpelsteg
Guitarrensteg
Hauersteg
Karrensteg
Kreuzsteg
Lautensteg
Mittelsteg
Quersteg
Reitersteg
Sattelsteg
Violinensteg
Wolkensteg
— Besteg
— Strateg
— Weg
Abweg
Ackerweg
Amtsweg
Aufweg
Ausweg
Bergweg
Berufsweg
Beyweg
Blumenweg
Bogenweg
Canalweg
Commerzweg
Dämmerungsweg
Dammweg
Deichweg
Diebsweg
Dorfweg
Dornenweg
Dreyweg
Durchweg
Ehrenweg
Ernteweg
Fahrweg
Falkenweg
Feldweg
Felsenweg
Filialweg
Flammenweg
Fluſsweg
Fuhrweg
Fuhrmannsweg
Fuſsweg
Gabelweg
Galgenweg
Gartenweg

Gebirgsweg
Geleitsweg
Glanzweg
Gnadenweg
Grenzweg
Handelsweg
Harnweg
Hauptweg
Heerweg
Heimweg
Heldenweg
Hellweg
Herweg
Herrenweg
Hexenweg
Himmelsweg
Hinweg
Hochweg
Höllenweg
Holzweg
Teufelsholzw
Hülfsweg
Irrweg
Jagdweg
Jammerweg
Kieſsweg
Kirchweg
Kothweg
Kreisweg
Kreuzweg
Kunstweg
Landweg
Lasterweg
Lebensweg
Lehrweg
Leichenweg
Leidensweg
Lichtweg
Liebesweg
Lieblingsweg
Lindenweg
Luftweg
Lustweg
Mittelweg
Mordweg
Mühlenweg
Nachweg
Nachbarweg
Nachtweg
Nebenweg
Nothweg
Oberweg
Pfarrweg
Pflasterweg
Plagweg
Postweg
Proceſsweg
Prügelweg
Querweg
Rasenweg
Rechtsweg
Reiseweg

Reiterweg
Rettungsweg
Riedweg
Riesenweg
Rosenweg
Rückweg
Sandweg
Sauweg
Schattenweg
Scheideweg
Schlangenweg
Schleichweg
Schleifweg
Schloſsweg
Schmerzensweg
Schneckenweg
Schulweg
Seitenweg
Sinnenweg
Sonnenweg
Staubweg
Steilweg
Steinweg
Stellweg
Sternenweg
Stufenweg
Sturzweg
Sündenweg
Teufelsweg
Thalweg
Thorweg
Thränenweg
Todesweg
Treckweg
Treibweg
Triftweg
Tugendweg
Ueberweg
Umweg
Unweg
Unterweg
Viehweg
Vierweg
Vorweg
Waldweg
Wanderweg
Wasserweg
Weideweg
Wiesenweg
Wildweg
Wolkenweg
Zickzackweg
Ziehweg
Zwerchweg
Zweyweg
Zwischenweg

halbweg

ēga

der *Collega*
die *Lega*
Si fecisti nega!
das *Omega*
Onega
die *Wega*
Lopez de Vega
Zoega

ēgbar

legbar
widerlegbar
unwiderlegbar
zerlegbar
regbar
erregbar
bewegbar
unbewegbar

égde

die Egde
— Legde

égden

die Egden
— Legden

ége

dem *Bege*
— *Beglerbege*
— Drege
— Lege
— Schege
— Putzwege

ēge

der Buschrege
— College
Amtscollege
Schulcollege
ich ege
das Geege
ich fege
das Gefege
die Fege
Kornfege
Pulverfege
Staubfege
Windfege
ich hege
das Gehege
Fasanengehege
Feldgehege
Gartengehege
Hirtengehege
Jagdgehege
Kaninchengehege
Sichelgehege
Thiergehege
Wildgehege
die Schwierigkeitshege
ich lege

das Gelege
— Vorgelege
die Lege
Donlege
Holzlege
Westerlege
das Belege
zum Belege
ich pflege
das Gepflege
die Pflege
Ackerpflege
Almosenpflege
Amtspflege
Armenpflege
Augenpflege
Bartpflege
Blumenpflege
Gartenpflege
Geistespflege
Gerechtigkeits-
Gesundheitspflege
Hautpflege
Justizpflege
Krankenpflege
Leibespflege
Rechtspflege
Reichspflege
Seelenpflege
Stadtpflege
Unpflege
rege
ich rege
das Gerege
die Rege
Anrege
Hüttenrege
Stangenrege
Urrege
— Sege
Sturmege
— Stege
ich verstege
die Wege
ich bewege
das Gewege
— Angewege
allewege

ēgel

der Egel
Blutegel
Bohnenegel
Fischegel
Geldegel
Glasegel
Leberegel
Mohregel
Pferdeegel
Roſsegel
Saugegel

Schafegel
Schaafleberegel
Sugegel
der Boſsegel
— Flegel
Bauernflegel
Capitalflegel
Dreschflegel
Erzflegel
Hauptflegel
Sturmflegel
das Geflegel
der Kegel
Afterkegel
Bandkegel
Bierkegel
Denkkegel
Eckkegel
Filzkegel
Gefäſskegel
Hurenkegel
Kind und Kegel
Lichtkegel
Mauerkegel
Mittelkegel
Mondglanzkegel
Nebenkegel
Ortkegel
Prachtkegel
Schneckenkegel
Seitenkegel
Sperrkegel
Spielkegel
Spitzkegel
Sternenkegel
Strahlenkegel
Teufelskegel
Thorkegel
Wasserkegel
das Gekegel
der Kregel
ein Legel
der Pegel
das Gepegel
die *Pregel*
das Gepregel
die Regel
Advokatenregel
Aehnlichkeitsregel
Allregel
Baderegel
Ballregel
Bauernregel
Bergmannsregel
Dichterregel
Erziehungsregel
Fechterregel
Forstregel
Frauenregel
Gärtnerregel
Gesellschaftsregel

Gesundheitsregel
Glaubensregel
Grundregel
Handelsregel
Hauptregel
Hausregel
Haushaltungsregel
Hofregel
Innungsregel
Jägerregel
Kampfregel
Kaufmannsregel
Kernregel
Kettenregel
Kirchenregel
Krankheitsregel
Kriegsregel
Kunstregel
Lebensregel
Leitungsregel
Liebesregel
Maaſsregel
Exceptionsmaaſsr.
Vorsichtsmaaſsregel
Männerregel
Maurerregel
Musikregel
Nebenregel
Ordensregel
Priesterregel
Rechnungsregel
Rechtsregel
Reimregel
Reiseregel
Reitregel
Religionsregel
Ritterregel
Saufregel
Schäferregel
Schiffsregel
Schifferregel
Schülerregel
Schulregel
Sittenregel
Spielregel
Sprachregel
Staatsregel
Sylbenregel
Tafelregel
Theaterregel
Tischregel
Trinkregel
Tugendregel
Turnierregel
Verhältnisregel
Verhaltungsregel
Vermischungsregel
Versetzungsregel
Vorsichtsregel
Wirthschaftsregel

Zahlenregel
Zollregel
das Geregel
der Schlegel
Kalbsschlegel
Hammel- *etc.* (*siehe* Schlägel)
Schlegel
— Schwegel
das Segel
Besansegel
Beysegel
Bramsegel
Kreuzbramsegel
Oberbramsegel
Vorbramsegel
Voroberbramsegel
Winterbramsegel
Focksegel
Gabelsegel
Gaffelsegel
Gieksegel
Hauptsegel
Hintersegel
Kreuzsegel
Leesegel
Leisegel
Luftsegel
Marssegel
Vormarssegel
Obersegel
Pfortsegel
Raasegel
Raubsegel
Ruthensegel
Schnausegel
Schoversegel
Spreitsegel
Sprietsegel
Stagsegel
Vorstengenstagseg.
Vorbramstengen-stagsegel
Stopfsegel
Sturmsegel
Topsegel
Treibsegel
Untersegel
Vordersegel
Wassersegel
— Gesegel
der Stegel

ēgeln

den Egeln
Blutegeln
— Bofsegeln
— Flegeln
flegeln
aufflegeln
dahinflegeln
hinflegeln
herflegeln
den Kegeln
kegeln
abkegeln
ankegeln
aufkegeln
auskegeln
einkegeln
erkegeln
mitkegeln
nachkegeln
niederkegeln
überkegeln
umkegeln
verkegeln
den Kregeln
— Legeln
— Pegeln
pegeln
pregeln
die Regeln
regeln
beregeln
den Schlegeln
— Schwegeln
— Segeln
segeln
absegeln
aussegeln
besegeln
beyhersegeln
durchsegeln
einsegeln
fortsegeln
hersegeln
hin- *etc.* segeln
nachsegeln
übersegeln
umsegeln
versegeln
vorsegeln
voran- *etc.* segeln
wegsegeln
zurücksegeln
den Stegeln

ēgelnd

flegelnd
kegelnd
regelnd
segelnd

ēgelns

des Flegelns
— Kegelns
— Regelns
— Segelns

ēgen

der Bregen
— Choregen
die Collegen
der Degen
Ballendegen
Cavaliersdegen
Ehrendegen
Faustdegen
Fechtdegen
Fechtschuldegen
Felddegen
Galanteriedegen
Haudegen
Hofdegen
Hofmannsdegen
Kammerdegen
Prunkdegen
Raufdegen
Ritterdegen
Schabedegen
Schlagdegen
Schwertdegen
Siegerdegen
Soldatendegen
Stabdegen
Stahldegen
Stechdegen
Steckendegen
Stockdegen
Stofsdegen
Stutzerdegen
Trauerdegen
Zauberdegen
die Egen
egen
ausegen
einegen
nachegen
überegen
umegen
zuegen
fegen
abfegen
ausfegen
durchfegen
herumfegen
hineinfegen
losfegen
nachfegen
vorfegen
wegfegen
zerfegen
zusammenfegen
panzerfegen
teuterfegen
die Fegen
gegen
allgegen
dagegen
entgegen

herentgegen
hergegen
hiergegen
hingegen
wogegen
zugegen
hegen
einhegen
verhegen
den Gehegen
legen
ablegen
anlegen
auflegen
auslegen
belegen
beylegen
einlegen
erlegen
festlegen
fortlegen
herlegen
hin- *etc.* legen
hinterlegen
loslegen
nachlegen
niederlegen
schaulegen
überlegen
umlegen
unterlegen
verlegen
vorlegen
weglegen
wiederlegen
widerlegen
zerlegen
zulegen
zurücklegen
zusammenlegen
belegen
entlegen
gelegen
abgelegen
bestgelegen
ungelegen
wohlgelegen
verlegen
den Legen
— Belegen
Nimwegen
Norwegen
pflegen
verpflegen
die Pflegen
— regen
— Regen
regen
anregen
aufregen
beregen
erregen
der Regen
Abendregen
Aprilregen
Blüthenregen
Blutregen
Brandregen
Ducatenregen
Feuerregen
Froschregen
Frühregen
Frühlingsregen
Gewitterregen
Giftregen
Gnadenregen
Goldregen
Guſsregen
Hagelregen
Herbstregen
Kugelregen
Landregen
Lichtregen
Märzregen
Mannaregen
Mayregen
Mittagsregen
Mondregen
Morgenregen
Nachtregen
Nebelregen
Pfeilregen
Platzregen
Rieselregen
Sabberegen
Sandregen
Schlackerregen
Schlagregen
Schloſsenregen
Schmuderegen
Schneeregen
Schockregen
Schüttregen
Silberregen
Sommerregen
Sonnenregen
Spatregen
Spreuregen
Spritzregen
Sprühregen
Staubregen
Steinregen
Strahlenregen
Strichregen
Thauregen
Tropfregen
Wachtelregen
Waizenregen
Wetterregen
Winterregen
Wunderregen
die Segen
der Segen
Abendsegen
Abendmahlssegen
Arbeitssegen
Bergsegen
Ehesegen
Erntesegen
Feuersegen
Freudensegen
Friedenssegen
Gnadensegen
Gottessegen
Grabsegen
Hexensegen
Himmelssegen
Kindersegen
Kirchensegen
Morgensegen
Muttersegen
Priestersegen
Schlangensegen
Taufsegen
Tischsegen
Unsegen
Vatersegen
Waffensegen
Weinsegen
Wettersegen
Wundersegen
die Sturmegen
den Stegen
verstegen
die Strategen
tegen
den Wegen
wegen
allerwegen
deinetwegen
derowegen
deswegen
dieserwegen
euretwegen
ihretwegen
meinetwegen
seinetwegen
unsertwegen
weswegen
von Amtswegen
— Magistratswegen
— Rathswegen
— Rechtswegen
Alterswegen
Krankheitswegen *etc.*
bewegen
fortbewegen
herbewegen
hin- *etc.* bewegen
mitbewegen
nachbewegen

vorbewegen
zurückbewegen
verwegen

ēgend

egend
fegend
die Gegend
Abendgegend
Bauchgegend
Mittelbauchgegend
Oberbauchgegend
Unterbauchgegend
Berggegend
Brustgegend
Dammgegend
Donaugegend
Elbgegend
Erdgegend
Gebirgsgegend
Grenzgegend
Harzgegend
Hauptgegend
Herzgegend
Himmelsgegend
Hintergegend
Holzgegend
Kriegsgegend
Küstengegend
Lendengegend
Luftgegend
Magengegend
Lustgegend
Mayngegend
Meergegend
Mittagsgegend
Mitternachtsgegend
Moorgegend
Morgengegend
Nabelgegend
Nebengegend
Nordgegend
Ostgegend
Rheingegend
Rippengegend
Unterrippengegend
Sandgegend
Schamgegend
Schlafgegend
Seegegend
Stirngegend
Südgegend
Sumpfgegend
Vordergegend
Waldgegend
Weingegend
Weltgegend
Westgegend
Wiesengegend
Wintergegend
Wirbelgegend
Zaubergegend

hegend
legend
pflegend
regend
verstegend
tegend
bewegend

ēgens

des Bregens
— Degens
— Egens
— Fegens
— Hegens
— Legens
legens (Doctor - Magister *etc.*)
— Regens
Chori Regens
— Verstegens
tegens
allerwegens
— Bewegens

ēger

Eger
der Feger
Bachfeger
Beutelfeger
Brunnenfeger
Kaminfeger
Schachtfeger
Schlotfeger
Schornsteinfeger
Schwertfeger
Schundfeger
Straſsenfeger
Taschenfeger
— Heber und Leger
— Ausleger
Bibelausleger
Gesetzausleger
Schriftausleger
Traumausleger
Wortausleger
— Beschlagleger
— Einleger
— Hinterleger
— Holzleger
— Straferleger
— Unterleger
— Verleger
Bierverleger
— Vorleger
— Zerleger
Speisezerleger
— Neger
Buschneger
Freyneger
ein *Norweger*
der Pfleger
Almosenpfleger
Armenpfleger
Bartpfleger
Bergpfleger
Findelpfleger
Kirchenpfleger
Krankenpfleger
Reichspfleger
Spitalpfleger
Verpfleger
Waisenpfleger
Werkpfleger
ein reger
— Anreger
— Erreger
der Schweger
das Gesteger
der *Wareger*
— Weger
Beweger
Lippenbeweger
Nimweger
Schuhweger
Setzweger
Stauchweger
Streichweger
das Geweger

ègern

den Fegern
Schlotfegern
Schwertfegern
— Hebern und Legern
— Auslegern
— Verlegern *etc. etc.*
— Negern
— *Norwegern*
— Pflegern
einen reger'n
den Anregern
— Erregern
— Schwegern
sich stegern
den *Waregern*
— Wegern
— Bewegern
sich wegern

ēgernd

sich stegernd
— wegernd

ēgerns

des Stegerns
— Wegerns

ēgers

des Fegers
Schlotfegers
Schwertfegers
— Hebers und Legers
— Auslegers
— Verlegers *etc. etc.*
— Negers
— *Norwegers*

des Pflegers
ein reger's
des Anregers
— Erregers
— Schwegers
— Gestegers
— *Waregers*
— Wegers
— Bewegers
— Gewegers

ēgerst

du stegerst
— wegerst

ēgert

der Egert
sich stegert
— wegert

ēges

des Geeges
— Gefeges
— Geheges
— Geleges
— Beleges
— Kugelleges
— Kupferleges
— Gepfleges
— Privileges
ein reges
des Gereges
— Steges
— Besteges
— Weges
— Geweges
allerweges
halbweges
keinesweges
unterweges

ēgest

du egest
— fegest
— hegest
— legest
— pflegest
— regest
regest
— verstegest
— bewegest

ēget

er eget
— feget
— heget
— leget
— pfleget
— reget
— versteget
— beweget

égge

die Egge
das Geegge
die Legge
— Segge
Märzsegge
Rasensegge
Sandsegge
Wiesensegge
Wintersegge
das Gesegge

éggen

eggen
eineggen
zueggen
die Eggen
— Leggen
— Seggen
seggen

éggend

eggend
seggend

éggens

des Eggens
— Seggens

égges

des Geegges
— Gesegges
ich egg' es *etc.*

éggest

du eggest
— seggest

égget

er egget
— segget

éggio

Correggio
das *Harpeggio*
Reggio
— *Solfeggio*

ēgig

donlegig
abwegig
irrwegig
vielwegig

égien

die Collegien
— Privilegien
— Sacrilegien
— Spicilegien

égion

die Legion
— Region

ēgisch

choregisch
elegisch
fregisch
norwegisch
strategisch

égium

das Collegium
— Privilegium
— Sacrilegium
— Spicilegium
— *Placitum regium*
Rhegium

égiums

des Collegiums
— Privilegiums
— Sacrilegiums
— Spicilegiums
Rhegium's

ēgle

Egle
der Egle
Kräbegle
Landegle
Renkernegle
Rohregle
Trichteregle
ich flegle
das Geflegle
ich kegle
das Gekegle
ich regle
das Geregle
ich segle
das Gesegle

ēgler

ein Flegler
der Gegler
— Kegler
— Pegler
— Regler
— Segler
Luftsegler
Schnellsegler
Sturmsegler
Erdumsegler
Weltumsegler

ēglern

den Fleglern
— Geglern

den Keglern
— Peglern
— Reglern
— Seglern

ēglers

des Fleglers
— Geglers
— Keglers
— Peglers
— Reglers
— Seglers

ēglich

jeglich
leglich
ausleglich
unausleglich
widerleglich
unwiderleglich
pfleglich
unpfleglich
reglich
erreglich
weglich
unweglich
beweglich
leichtbeweglich
schwerbeweglich
unbeweglich

[der Pflegling]

ēglung

die Reglung
— Seglung
Umseglung
Weltumseglung

égma

ein *Apophtegma*
das *Pegma*
— *Phlegma*
Leibesphlegma
Seelenphlegma

égmas

des *Apophtegma's*
— *Pegma's*
— *Phlegma's*

ēgne

ich begegne
— entgegne
— ergegne
die belegne
— entlegne
— gelegne
— verlegne
ich regne
das Geregne
ich segne
das Gesegne
eine verweg'ne

ēgnem

belegnem
entlegnem
gelegnem
verlegnem
verwegnem

ēgnen

begegnen
entgegnen
ergegnen
die beleg'nen
— entleg'nen
— geleg'nen
— verleg'nen
regnen
abregnen
beregnen
fortregnen
platzregnen
staubregnen
segnen
besegnen
einsegnen
gesegnen
die verweg'nen

ēgnend

begegnend
entgegnend
ergegnend
regnend
segnend

ēgnens

des Begegnens *etc.*
— Regnens
— Segnens

ēgner

der Gegner
Dreyeinigkeits-
Hauptgegner
Prozeſsgegner
Spielgegner
ein belegner
— entlegner
— gelegner
— verlegner
— verwegner
Regner

ēgnerm

belegner'm
gelegner'm
entlegner'm
verlegner'm
verwegner'm

ēgnern

den Gegnern
belegner'n
entlegner'n
gelegner'n
verlegner'n
verwegner'n

ēgners

des Gegners
ein belegner's
— entlegner's
— gelegner's
— verlegner's
— verwegner's

ēgnes

ein belegnes
— entlegnes
— gelegnes
— verlegnes
des Geregnes
— Gesegnes
ein verwegnes
Gott gesegn' es!

ēgnest

du begegnest
— entgegnest
— ergegnest
— regnest
— beregnest
— segnest
— gesegnest

ēgnet

er begegnet
— entgegnet
— ergegnet
es regnet
er segnet
— gesegnet
gottgesegnet

ēgnis

das Begegnis
die Pflegnis
das Bewegnis

ēgnung

die Begegnung
— Entgegnung
— Ergegnung
— Beregnung
— Segnung
— Einsegnung

ēgo

ego

Alter ego
Graf *ego*
Diego
Lego
nego
Oswego
Riego
der *Tuttanego*

ēgos

Diego's
Riego's
des *Tuttanego's*
Choregos
Strategos

[die Allegra]

ēgro

das *Allegro*
Montenegro
Rio negro
der *Negro*

ēgros

des *Allegro's*
— *Negro's*

égs

des *Begs*
— *Beglerbegs*
Scanderbegs
— Dregs
— Legs
— Schegs
— Putzwegs

ēgs

des Geeg's
— Gefeg's
— Geheg's
— Belegs
— Kugellegs
— Kupferlegs
— Gelegs
— Gepfleg's
— Privilegs
ein reg's
des Gereg's
— Stegs
— Bestegs
— Wegs
— Geweg's
abwegs
allerwegs
halbwegs
keineswegs

[das Fegsel]

ēgst

du egst
— fegst
du hegst
— legst
— pflegst
— regst
reg'st
— verstegst
— bewegst

ēgt

er egt
— fegt
— hegt
— legt
gelegt
aufgelegt
— überlegt
unüberlegt
— pflegt
— regt
— verstegt
— bewegt

ēgte

er egte
— fegte
— hegte
— legte
— pflegte
— regte
— verstegte
— bewegte

ēgtem

geegtem
gefegtem
gehegtem
gelegtem
überlegtem
erregtem
verstegtem
bewegtem

ēgten

sie egten
— fegten
— hegten
— legten
— pflegten
— regten
— verstegten
— bewegten

ēgter

ein geegter
— gefegter
— gehegter
— gelegter
— gepflegter
— geregter
— verstegter
— bewegter
legt er *etc.*

ēgtern

einen geegter'n
— gefegter'n
— gehegter'n
— aufgelegter'n
— gepflegter'n
— erregter'n
— verstegter'n
— bewegter'n

ēgter's

ein geegter's
— gefegter's
— gehegter's
— überlegter's
— gepflegter's
— aufgeregter's
— verstegter's
— bewegter's
legt er's *etc.*

ēgtes

ein geegtes
— gefegtes
— gehegtes
— gelegtes
— gepflegtes
— geregtes
— verstegtes
— bewegtes
er fegt es *etc.*

ēgtest

du egtest
— fegtest
— hegtest
— legtest
— pflegtest
— regtest
— verstegtest
— bewegtest

ēgtet

ihr egtet
— fegtet
— hegtet
— legtet
— pflegtet
— regtet
— verstegtet
— bewegtet

ēgts

ihr egt's
— fegt's *etc.*

ēgum

die *Begum*
libro I. regum

egung

die Egung
— Fegung
Straſsenfegung
— Hegung
Einhegung
— Legung
— Auslegung
Bibelauslegung
Gesetzauslegung
Schriftauslegung
Traumauslegung
Wortauslegung
— Belegung
— Beschlaglegung
— Grablegung
— Handanlegung
— Ueberlegung
— Zerlegung
Knochenzerlegung
Nervenzerlegung
— Verpflegung
Armenverpflegung
Brotverpflegung
Feldverpflegung
Heerverpflegung
Krankenverpflegung
— Regung
Gemüthsregung
— Erregung
Kräfteerregung
— Bewegung
Gegenbewegung
Gemüthsbewegung
Handbewegung
Heerbewegung
Herzbewegung
Kreisbewegung
Mittelpunctsbeweg.
Rückbewegung
Schiffsbewegung
Schwingungsbeweg.
Schwungbewegung
Seelenbewegung
Seitenbewegung
Wurfbewegung

[der Negus]

eh *siehe* **e – ee** *etc.*

ehe

ehe
die Ehe
Alltagsehe
Doppelehe
Gewissensehe
Kebsehe
Neigungsehe
Priesterehe
Scheinehe
Soldatenehe
Standesehe
Unehe
Verstandesehe
Vorehe
Winkelehe
Zwangsehe
ich drehe
die Drehe
das Gedrehe
die Fehe
ich flehe
das Geflehe
ich gehe
die Gehe
das Gegehe
die Vergehe
dem Rehe
die Rehe
Futterrehe
Wasserrehe
Wetterrehe
Windrehe
rehe
es geschehe
die Schlehe
Haferschlehe
Pflaumenschlehe
Wasserschlehe
ich sehe
das Gesehe
die Sehe
ich stehe
das Gestehe
ich wehe
das Gewehe
wehe!
dem Wehe
die Wehe
Freſswehe
Schneewehe
Wiegwehe
Windwehe
— Zehe
Afterzehe
Dreyzehe
Fuſszehe
Knoblauchzehe
Krähenzehe
Mannszehe
Zwiebelzehe

[weheln]

ehem

rehem
wehem

ehen

die Ehen
den Behen
Zwergbehen
drehen
abdrehen
andrehen
aufdrehen
ausdrehen
beydrehen
eindrehen
festdrehen
fortdrehen
herdrehen
hin- *etc.* drehen
losdrehen
nachdrehen
überdrehen
umdrehen
verdrehen
vordrehen
zerdrehen
zudrehen
zurückdrehen
zusammendrehen
die Drehen
— Fehen
flehen
anflehen
erflehen
gehen
abgehen
angehen
aufgehen
ausgehen
begehen
beygehen
durchgehen
eingehen
entgehen
entgegengehen
ergehen
wohlergehen
fehlgehen
fortgehen
*gassatim*gehen
hergehen
hin- *etc.* gehen
hintergehen
irrgehen
kossatengehen
losgehen
lustgehen
miſsgehen
mitgehen
nachgehen
niedergehen
rückgehen
spazierengehen
*stellatim*gehen
übergehen
umgehen
untergehen
vergehen
vorgehen
weggehen
weitergehen
zergehen

zugehen
zurückgehen
zusammengehen
das Gehen
Bettelgehen
Lustgehen
Schlafengehen
Selbstgehen
Vonstattengehen
Vergehen
Hauptvergehen
Jugendvergehen
Wohlergehen
die Gehen
Vergehen
das Lehen
die Lehen (*siehe* Lehn)
den Rehen
die rehen
— Rehen
— Schlehen
schlehen
sehen
absehen
ansehen
aufsehen
aussehen
besehen
durchsehen
einsehen
emporsehen
entgegensehen
ersehen
fehlsehen
hersehen
hin- *etc.* sehen
magersehen
nachsehen
niedersehen
obsehen
übersehen
umsehen
versehen
vorsehen
wegsehen
wiedersehen
zusehen
zurücksehen
das Sehen
Absehen
Ansehen
Amtsansehen
Priesteransehen
Aufsehen
Aussehen
Doppeltsehen
Einsehen
Farbensehen
Finstersehen
Halbsehen
Lichtsehen
Nachsehen
Netzsehen
Scharfsehen
Tagsehen
Versehen
Vorsehen
Zusehen
abgesehen
angesehen
vorgesehen!
die Sehen
stehen
abstehen
anstehen
aufstehen
ausstehen
bestehen
beystehen
dafürstehen
einstehen
emporstehen
entstehen
entgegenstehen
erstehen
auferstehen
feststehen
gestehen
eingestehen
zugestehen
nachstehen
obstehen
rückstehen
überstehen
umstehen
unterstehen
verstehen
misſverstehen
vorstehen
zustehen
zurückstehen
zusammenstehen
das Stehen
Auferstehen
Entstehen
Gevatterstehen
Prangerstehen
Stillstehen
wehen
abwehen
anwehen
auswehen
bewehen
durchwehen
nachwehen
umwehen
verwehen
zuwehen
zurückwehen
zusammenwehen
das Wehen
Frühlingswehen
Morgenwehen
die Wehen
Geburtswehen
Nachwehen
— wehen
— Zehen
Fuſszehen
— Zehen (10)
Carreauzehen
Coeurzehen
Eichelzehen
Piquezehen
Rothzehen
Schellenzehen
Trefflezehen
Trumpfzehen
13 — 19

ēhend

drehend
flehend
gehend
schlehend
sehend
stehend
wehend

ēhends

ehends
gehends
beygehends
durchgehends
nachgehends
sehends
versehends
unversehends
zusehends
stehends
beystehends
nachstehends
vorstehends

ēhens

des Drehens
— Flehens
— Gehens
— Lehens
— Schlehens
— Sehens
— Stehens
— Wehens

ēher

eher
der Dreher
Beindreher
Bernsteindreher
Daumendreher
Dorndreher
Dütchendreher
Halsdreher

Horndreher
Knochendreher
Lurdendreher
Lurrendreher
Margendreher
Nasendreher
Pillendreher
Rechtsdreher
Rückwärtsdreher
Schraubendreher
Seidendreher
Seildreher
Spieſsdreher
Spilldreher
Spillendreher
Steindreher
Thürdreher
Wildrufdreher
der Verdreher
Bibelverdreher
Rechtsverdreher
Sinnverdreher
Sylbenverdreher
Wortverdreher
— Fleher
— Geher
Begeher
Uebergeher
Waldübergeher
Vorgeher
— Heher
Königsheher
Meerheher
Nuſsheher
Paradiesheher
Seeheher
Staarheher
Steinheher
Tannerheher
ein reher
— schleher
der Seher
Aufseher
Bauaufseher
Bibliothekaufseher
Bilderaufseher
Bücheraufseher
Deichaufseher
Forstaufseher
Gartenaufseher
Gefangenaufseher
Gegenaufseher
Gehegeaufseher
Gesetzaufseher
Hafenaufseher
Handelsaufseher
Landschaftsaufseh.
Oberaufseher
Pfarraufseher
Oberpfarraufseher
Polizeyaufseher
Postaufseher
Rabischaufseher
Schloſsaufseher
Schulaufseher
Staatsaufseher
Stiftsaufseher
Uebelaufseher
Unteraufseher
Weiberaufseher
Zollaufseher
Beseher
Zollbeseher
Dreyschrittseher
Geisterseher
Gespensterseher
Hellseher
Krystallseher
Nachseher
Obseher
Unglücksseher
Sternseher
Zuseher
der Steher
Einsteher
Frühaufsteher
Säulensteher
Thürsteher
Vorsteher
Gegenvorsteher
Gemeindevorsteh.
Handlungsvorsteh.
Hüttenvorsteher
Kirchenvorsteher
Klostervorsteher
Kreisvorsteher
Obervorsteher
Schulvorsteher
Untervorsteher
— Grasweher
— Wonnenweher
dreh' er *etc.*

ēhern

ehern
den Drehern
— Verdrehern
— Flehern
— Gehern
— Hehern
einen reher'n
— schleher'n
den Sehern
— Aufsehern
— Stehern
— Vorstehern
einen weher'n
den Graswehern
— Wonnenwehern

ēhers

des Drehers
— Verdrehers
des Flehers
— Gehers
— Hehers
ein reher's
— schleher's
des Sehers
— Aufsehers
— Stehers
— Vorstehers
ein weher's
des Graswehers
— Wonnenwehers
gesteh' er's! *etc.*

ēhes

des Gedrehes
— Geflehes
— Gegehes
ein rehes
— schlehes
des Geschlehes
— Gesehes
— Gestehes
— Wehes
— Gewehes
ein wehes
ich dreh' es *etc.*

ēhest

ehest
du drehest
— flehest
— gehest
rehest
schlehest
— schlehest
— sehest
— stehest
— wehest
wehest

ēhet

er drehet
— flehet
— gehet
— schlehet
ihr sehet
er stehet
es wehet

ēhig

drehig
umdrehig
wehig
zehig
3- 4- 5- *etc.* zehig

ēhl — ēhle *etc. siehe* ēl — ēle *etc.*

ēhm — ēhme *etc. siehe* ēm — ēme *etc.*

ēhn—ēhne *etc. siehe* ēn—ēne *etc.*

ēhr *etc. siehe* ēr *etc.*

ēhs *etc. siehe* ēs *etc.*

ēht *etc. siehe* ēt *etc.*

ēhung

die Drehung
— Verdrehung
— Anflehung
— Uebergehung
— Vergehung
— Sehung
— Ansehung
— Bestehung
— Durchwehung

ei *etc. siehe* ey *etc.*

ēi

Agnus dei
Forum rei

eia

Aletheia
Freia

ēib

bleib!
der Verbleib
— Leib
Brustleib
Erdenleib
Felsenleib
Hinterleib
Lilienleib
Mittelleib
Nymphenleib
Schlangenleib
Schneeleib
Schnürleib
Schwanenleib
Speckleib
Staubleib
Strahlenleib
Unterleib
Vorleib
Vorderleib
Ziegenleib
das Oleib
reib!
schreib!
treib!
die Treib
der Treib
— Vertreib
Zeitvertreib
Jugendzeitvertreib
Lieblingszeitvertr.
Modezeitvertreib
Winterzeitvertreib
das Weib
Allerweltsweib
Altweib
Angstweib
Austerweib
Badeweib
Bauerweib
Bettelweib
Beyweib
Bürgerweib
Eheweib
Fischweib
Fratscherweib
Freudenweib
Götterweib
Hausweib
Hechelweib
Heldenweib
Hofweib
Hökerweib
Höllenweib
Hühnerweib
Hurenweib
Kammerweib
Kebsweib
Kindsweib
Klageweib
Kräuterweib
Leichenweib
Lumpenweib
Mannweib
Marketenderweib
Meerweib
Milchweib
Mordweib
Nebenweib
Sabbathweib
Schandweib
Schneiderweib
Schusterweib *etc.*
Seelweib
Semmelweib
Soldatenweib
Spinnweib
Stintweib
Teufelsweib
Trauerweib
Trödelweib
Unweib
Waschweib
Wasserweib
Zauberweib
Zigeunerweib

ēibchen

das Leibchen
Aermelleibchen
Sammtleibchen
Schnürleibchen
Taffetleibchen
das Scheibchen
— Schreibchen
— Zeitvertreibchen
— Weibchen
Affenweibchen *etc.*
Donauweibchen
Hanfweibchen
Knabenkraut-Waldweibchen

eibchens

des Leibchens
— Scheibchens
— Schreibchens
— Zeitvertreibchens
— Weibchens

eibe

die Eibe
— Bleibe
ich bleibe
das Gebleibe
dem Verbleibe
ich kleibe
— bekleibe
das Gekleibe
dem Leibe
bey Leibe
ich beleibe
— einverleibe
— entleibe
— reibe
die Reibe
das Gereibe
die Scheibe
Apfelscheibe
Baumscheibe
Biegscheibe
Bohrscheibe
Bremsscheibe
Brotscheibe
Brustscheibe
Brutscheibe
Drehscheibe
Drillingsscheibe
Drohnenscheibe
Dünnscheibe
Eisenscheibe
Erdscheibe
Fensterscheibe
Flachscheibe
Formscheibe
Garscheibe
Getriebscheibe
Glasscheibe
Hakenscheibe
Halbscheibe
Handscheibe
Honigscheibe

Hornscheibe
Kegelscheibe
Kittscheibe
Kniescheibe
Knorpelscheibe
Kompafsscheibe
Korkscheibe
Kuchenscheibe
Kupferscheibe
Lienscheibe
Lochscheibe
Malerscheibe
Malzscheibe
Mefsscheibe
Metallscheibe
Mondscheibe
Radscheibe
Randscheibe
Richtscheibe
Rostscheibe
Rundscheibe
Salzscheibe
Schiefsscheibe
Schleifscheibe
Schleuderscheibe
Schneiderscheibe
Schwebscheibe
Seescheibe
Semmelscheibe
Silberscheibe
Sonnenscheibe
Spiegelscheibe
Stellscheibe
Sternscheibe
Stofsscheibe
Strahlenscheibe
Stundenscheibe
Talgscheibe
Theilscheibe
Töpferscheibe
Treibescheibe
Wachsscheibe
Wachslichtscheibe
Wangenscheibe
Wetterscheibe
Winkelscheibe
Wirbelscheibe
Wurfscheibe
Zielscheibe
ich scheibe
das Gescheibe
ich schreibe
das Geschreibe
ich treibe
das Getreibe
Menschengetreibe
dem Treibe
— Weibe
ich beweibe
— überweibe
— verweibe

eibel

das Leibel
— Oleibel
der Speibel
— Treibel
Reiftreibel
— Weibel
Feldweibel
Steckenweibel
das Weibel
Geweibel

eibeln

den Leibeln
— Oleibeln
— Speibeln
— Treibeln
— Weibeln
— Feldweibeln
weibeln

eibels

des Leibels
— Oleibels
— Speibels
— Treibels
— Weibels
— Feldweibels
— Geweibels

eiben

die Eiben
eiben
bleiben
aufbleiben
ausbleiben
aussenbleiben
dableiben
fortbleiben
hierbleiben
nachbleiben
überbleiben
unterbleiben
verbleiben
wegbleiben
zurückbleiben
zusammenbleiben
sich beleiben
einleiben
einverleiben
— entleiben
verleiben
den Oleiben
kleiben
bekleiben
reiben
abreiben
anreiben
aufreiben
ausreiben
bereiben
durchreiben
einreiben
klarreiben
losreiben
nachreiben
überreiben
umreiben
verreiben
wegreiben
zerreiben
zusammenreiben
den Scheiben
scheiben
schreiben
abschreiben
anschreiben
aufschreiben
ausschreiben
beschreiben
beyschreiben
einschreiben
erschreiben
fehlschreiben
fortschreiben
herschreiben
hin- *etc.* schreiben
misschreiben
mitschreiben
nachschreiben
niederschreiben
obschreiben
überschreiben
umschreiben
unterschreiben
verschreiben
vorschreiben
wegschreiben
zuschreiben
zurückschreiben
zusammenschreiben
das Schreiben
Amtsschreiben
Anhaltungsschreib.
Ansuchungsschreib.
Antreibungsschreib.
Antwortschreiben
Aufforderungsschr.
Aufkündigungsschr.
Auftragsschreiben
Ausschreiben
Kreisausschreiben
Beglaubigungsschr.
Belobungsschreiben
Bettelschreiben
Beyleidsschreiben
Bittschreiben
Circularschreiben
Condolenzschreiben
Dankschreiben
Darstellungsschreib.

Eilschreiben
Einschreiben
Empfehlungsschr.
Erinnerungsschreib.
Ermahnungsschreib.
Glückwünschungs-
Gratulationsschreib.
Handschreiben
Handlungsschreiben
Kanzleyschreiben
Klagschreiben
Kreisschreiben
Laufschreiben
Mahnschreiben
Nebenschreiben
Präsentationsschr.
Rückschreiben
Rückrufschreiben
Sendschreiben
Trauerschreiben
Verbotschreiben
Widmungsschreib.
Willkommenschr.
Zirkelschreiben
das Briefschreiben
— Einschreiben
— Notizenschreiben
— Wohlschreiben
— Zeitungsschreiben
treiben
abtreiben
antreiben
auftreiben
austreiben
betreiben
beytreiben
durchtreiben
eintreiben
entgegentreiben
forttreiben
heimtreiben
hertreiben
hin- *etc.* treiben
hintertreiben
nachtreiben
niedertreiben
übertreiben
umtreiben
vertreiben
vortreiben
wegtreiben
widertreiben
zutreiben
zurücktreiben
zusammentreiben
das Thun und Treiben
— Treiben
Fuchstreiben
Hasentreiben
Haupttreiben
Jagdtreiben
Kesseltreiben
Menschentreiben
den Treiben
— Zeitvertreiben
weiben
sich beweiben
— überweiben
verweiben

eibend

bleibend
beleibend
einleibend
einverleibend
entleibend
verleibend
kleibend
bekleibend
scheibend
schreibend
kreisausschreibend
ortbeschreibend
völkerbeschreibend
treibend
abtreibend
giftabtreibend
harntreibend
schweißtreibend
stammtreibend
urintreibend
windtreibend
wurmtreibend
beweibend
[bleibends]

eibens

des Bleibens
— Beleibens
— Einleibens
— Einverleibens
— Entleibens
— Verleibens
— Kleibens
— Verkleibens
— Scheibens
— Schreibens
— Treibens
— Beweibens
sie treiben's *etc.*

eiber

der Kleiber
die Leiber
der Reiber
Aufreiber
Einreiber
Farbenreiber
Fensterreiber
Haarreiber
Mohnreiber
Salbenreiber
Vorreiber
der Schreiber
Abschreiber
Alltagsschreiber
Almanachsschreiber
Amtsschreiber
Anschreiber
Aufschreiber
Ausschreiber
Bankschreiber
Bauschreiber
Bergschreiber
Betschreiber
Bevorrechtigungs-
Bornschreiber
Briefschreiber
Brückenschreiber
Bücherschreiber
Bundesschreiber
Comödienschreiber
Deichschreiber
Erziehungschreiber
Feldschreiber
Fernschreiber
Floßschreiber
Forstschreiber
Futterschreiber
Gegenschreiber
Berggegenschreib.
Zehentgegenschr.
Geheimschreiber
Gemeinschreiber
Gerichtsschreiber
Gernschreiber
Gesandschaftsschr.
Geschichtschreiber
Geschirrschreiber
Geschwindschreib.
Grundschreiber
Holzschreiber
Hüttenschreiber
Jagdschreiber
Jahrbuchschreiber
Journalschreiber
Kammerschreiber
Kanzleyschreiber
Kastenschreiber
Kellerschreiber
Kelterschreiber
Kohlenschreiber
Kornschreiber
Krahnschreiber
Küchenschreiber
Hofküchenschreib.
Landschreiber
Lichtschreiber
Lochschreiber
Magazinschreiber
Meisterschreiber
Mühlenschreiber
Münzschreiber
Musterschreiber

Nachschreiber
Nachtschreiber
Notenschreiber
Notizenschreiber
Novellenschreiber
Oberschreiber
Offenschreiber
Paſsschreiber
Pfennigschreiber
Pflegeschreiber
Pfundschreiber
Postschreiber
Randschreiber
Rathsschreiber
Rentschreiber
Rentrechnungsschr.
Romanenschreiber
Rügeschreiber
Schiffsschreiber
Schlechtschreiber
Schnellschreiber
Schönschreiber
Schöppenschreiber
Segenschreiber
Silberschreiber
Speicherschreiber
Spittelschreiber
Stadtschreiber
Stallschreiber
Steinschreiber
Steuerschreiber
Stuhlschreiber
Testamentschreiber
Thorschreiber
Umschreiber
Urbührschreiber
Urschreiber
Vogteyschreiber
Vielschreiber
Wachschreiber
Wageschreiber
Waisenschreiber
Waldschreiber
Wellenschreiber
Wiederschreiber
Wirthschaftsschr.
Hofwirthschafts-
Zehentschreiber
Zeitungsschreiber
Zentschreiber
Zettelschreiber
Zeugschreiber
Zollschreiber
Zotenschreiber
der Beschreiber
Bilderbeschreiber
Bücherbeschreiber
Erdbeschreiber
Gebirgsbeschreiber
Geschichtbeschr.
Geschlechtsbeschr.
Himmelsbeschreib.
Meerbeschreiber
Mondbeschreiber
Naturbeschreiber
Ortbeschreiber
Pflanzenbeschreib.
Reisebeschreiber
Steinbeschreiber
Volkbeschreiber
Völkerbeschreiber
Wasserbeschreiber
Weltbeschreiber
Zeitbeschreiber
der Treiber
Abtreiber
Seigerabtreiber
Antreiber
Auftreiber
Austreiber
Betreiber
Eintreiber
Steuereintreiber
Schuldeneintreiber
Elephantentreiber
Eselstreiber
Gänsetreiber
Göpeltreiber
Heimtreiber
Maulthiertreiber
Ochsentreiber
Pfauentreiber
Pflugtreiber
Roſstreiber
Sautreiber
Scherztreiber
Schweintreiber
Schwepentreiber
Spieſstreiber
Viehtreiber
Zeitvertreiber
die Weiber
der Vielweiber
das Geweiber

eibern

den Kleibern
— Leibern
— Reibern
— Schreibern
— Treibern
— Weibern
weibern

eibers

des Kleibers
— Reibers
— Schreibers
— Treibers
— Geweibers
treib' er's! *etc.*

eibes

des Gebleibes
— Verbleibes
— Gekleibes
— Leibes
— Oleibes
— Gereibes
— Gescheibes
— Geschreibes
— Getreibes
— Treibes
— Weibes
— Geweibes

eibest

du bleibest
— kleibest
— bekleibest
— beleibest
— einleibest
— einverleibest
— entleibest
— verleibest
— scheibest
— schreibest
— treibest
— beweibest

eibet

er bleibet
— kleibet
— bekleibet
— beleibet
— einleibet
— einverleibet
— entleibet
— verleibet
— scheibet
— schreibet
— treibet
— beweibet

eibig

leibig
dickleibig
dreyleibig
dünnleibig
glattleibig
hartleibig
kurzleibig
langleibig
schmalleibig
schwerleibig
starkleibig
vollleibig
zartleibig
scheibig
dünnscheibig
rundscheibig
dreyweibig
einweibig
zweyweibig

ēibisch

das Eibisch
der Eibisch
Sumpfeibisch
Wassereibisch
— Reibisch
weibisch

ēibischs

des Eibischs
— Reibischs
ein weibisch's

ēiblich

ausbleiblich
unausbleiblich
leiblich
eheleiblich
unleiblich
zerreiblich
beschreiblich
unbeschreiblich
auftreiblich
eintreiblich
weiblich
eheweiblich
hausweiblich
unweiblich

ēibling

der Reibling
— Scheibling
— Treibling
— Weibling

ēiblings

des Reiblings
— Scheiblings
— Treiblings
— Weiblings

ēibs

des Gebleib's
— Verbleibs
— Gekleib's
— Leibs
— Gescheib's
— Geschreib's
— Treibs
— Zeitvertreibs
— Getreib's
— Weibs
— Geweib's
schreib's! *etc.*

ēibsel

das Nachbleibsel
— Rückbleibsel
— Ueberbleibsel
— Gereibsel
— Geschreibsel

ēibseln

den Nachbleibseln
— Rückbleibseln
— Ueberbleibseln
— Gereibseln
— Geschreibseln

ēibsels

des Nachbleibsels
— Rückbleibsels
— Ueberbleibsels
— Gereibsels
— Geschreibsels
[das Weibsen]

ēibst

du bleibst
— kleibst
— bekleibst
— beleibst
— einverleibst
— entleibst
— reibst
— scheibst
— schreibst
— treibst
— beweibst

ēibt

er bleibt
— kleibt
— bekleibt
wie er leibt (und lebt)
er beleibt
— einverleibt
— entleibt
wohlbeleibt
— reibt
— scheibt
— schreibt
— treibt
— beweibt
unbeweibt

ēibte

er kleibte
— bekleibte
— beleibte
— einverleibte
— entleibte
der wohlbeleibte
— beweibte

ēibtem

bekleibtem
wohlbeleibtem
beweibtem

ēibten

sie kleibten
— bekleibten
die beleibten
sie einverleibten
— entleibten
— beweibten

ēibter

ein bekleibter
— entleibter
— beleibter
— beweibter
was schreibt er? *etc.*

ēibtern

einen bekleibter'n
— beleibter'n

ēibters

ein bekleibter's
— beleibter's
so treibt er's *etc.*

ēibtes

ein bekleibtes
— beleibtes
— beweibtes
wo bleibt es? *etc.*

ēibtest

du kleibtest
— einverleibtest
— entleibtest
beleibtest
— beweibtest

ēibtet

ihr kleibtet
— bekleibtet
— beleibtet
— einverleibtet
— entleibtet
— beweibtet

ēibtheit

die Beleibtheit
— Einverleibtheit
— Beweibtheit
— Unbeweibtheit

ēibts

ein bekleibt's
— beleibt's
— einverleibt's
— beweibt's
er treibt's *etc.*

ēibung

die Ausbleibung
— Verkleibung
— Bekleibung
— Einverleibung

die Entleibung
— Reibung
Ausreibung
Einreibung
Zerreibung
— Schreibung
Abschreibung
Anschreibung
Aufschreibung
Ausschreibung
Gegenschreibung
Geschichtschreib.
Rechtschreibung
Beschreibung
Augenbeschreibung
Bergbeschreibung
Bilderbeschreibung
Bücherbeschreib.
Erdbeschreibung
Fischbeschreibung
Gebirgsbeschreib.
Himmelsbeschreib.
Knochenbeschreib.
Krystallbeschreib.
Länderbeschreib.
Landbeschreibung
Meerbeschreibung
Mondbeschreibung
Münzenbeschreib.
Naturbeschreibung
Erdnaturbeschreib.
Nervenbeschreib.
Ortbeschreibung
Pflanzenbeschreib.
Reisebeschreibung
Schlachtbeschreib.
Steinbeschreibung
Tanzbeschreibung
Thierbeschreibung
Volkbeschreibung
Völkerbeschreibung
Wasserbeschreib.
Weltbeschreibung
Windbeschreibung
Zeitbeschreibung
die Verschreibung
Antheilsverschreib.
Arzneyverschreib.
Gegenverschreib.
Pfandverschreibung
Schuldverschreib.
Seelenverschreib.
Wechselverschreib.
— Vertreibung
— Beweibung

ëich

bleich
aschenbleich
geisterbleich
jammerbleich
leichenbleich
lilienbleich
mondbleich
schreckensbleich
schwarzbleich
schweifsbleich
sünderbleich
todbleich
todtenbleich
der Deich
Banndeich
Bauerndeich
Binnendeich
Elbdeich
Erbdeich
Flügeldeich
Flutdeich
Gefahrdeich
Grenzdeich
Haffdeich
Hauptdeich
Heidedeich
Holzdeich
Kaideich
Landdeich
Mitteldeich
Moordeich
Nothdeich
Pfanddeich
Poggendeich
Rheindeich
Ringdeich
Schardeich
Schartedeich
Schenkeldeich
Schlafdeich
Schlickdeich
Seedeich
Sieldeich
Sodenteich
Sommerdeich
Stackdeich
Staudeich
Steindeich
Strohdeich
Sturmdeich
Tummeldeich
Ueberdeich
Vordeich
Wasserdeich
Winkeldeich
gleich
ähnlichgleich
altergleich
angelgleich
donnergleich
engelgleich
flammengleich
göttergleich
gottgleich
menschengleich
nachtgleich
nebelgleich
schneckengleich
sonnengleich
staubgleich
sturmgleich
thiergleich
thürengleich
ungleich
wassergleich
wundergleich
zedergleich
zeitgleich
gleich!
obgleich
sogleich
zugleich
das Gleich
der Vergleich
Ehevergleich
Erbvergleich
Grenzvergleich
Schlufsvergleich
Triftvergleich
das Kegelleich
— Leich
Austerleich
Fischleich
Froschleich
Heringsleich
Karpfenleich
Mundleich
— Reich
Ahnenreich
Amazonenreich
Blumenreich
Bürgerreich
Despotenreich
deutsche Reich
Ehrenreich
Elfenreich
Erbreich
Erdreich
Erdenreich
Fabelreich
Feenreich
Feuerreich
Frankenreich
Frankreich
Freudenreich
Friedensreich
Fruchtreich
Gedankenreich
Geisterreich
Gesammtreich
Gespensterreich
Gesteinreich
Gewächsreich
Gnadenreich
Götterreich
Gottesreich
Handelsreich
Heidenreich

Herrscherreich
Himmelreich
Hirtenreich
Höllenreich
Ideenreich
Inselreich
Judenreich
Kaiserreich
Königreich
  Erbkönigreich
  Wahlkönigreich
Kräuterreich
Krautreich
Kreuzreich
Kunstreich
Lichtreich
Lügenreich
Luftreich
Menschenreich
Minerreich
Mineralreich
Nachtreich
Naturreich
Nebenreich
Oesterreich
Pfaffenreich
Pflanzenreich
Priesterreich
römische Reich
Räuberreich
Schattenreich
Schlaraffenreich
Schneereich
Seelenreich
Sinnenreich
Sittenreich
Sklavenreich
Soldatenreich
Sonnenreich
Steinreich
Sternenreich
Teufelsreich
Thierreich
Todtenreich
Tonreich
Tugendreich
Tyrannenreich
Unreich
Unterreich
Wahlreich
Waldreich
Wasserreich
Wechselreich
Weiberreich
Wellenreich
Weltreich
Westerreich
Zauberreich
Zwischenreich
der Dornreich
— Schilfdornreich
— Heidenreich

reich
ackerreich
aderreich
ahnenreich
ahnungsreich
anspruchsreich
bachreich
bändereich
bänderreich
balsamreich
baumreich
bedeutungsreich
belohnungsreich
bergwerkreich
beyspielreich
bilderreich
blätterreich
blattreich
blüthenreich
blumenreich
blutreich
buschreich
dorfreich
ehrenreich
einflußreich
eisenreich
erfahrungsreich
erfindungsreich
fabelreich
faltenreich
farbenreich
feldreich
fischreich
flammenreich
folgenreich
freudenreich
fruchtreich
füllereich
futterreich
gebüschreich
gefühlreich
gehaltreich
geheimnisreich
gehölzreich
geistreich
geldreich
genußreich
gesangreich
geschreyreich
gestaltenreich
getraidereich
getümmelreich
gewächsreich
gewerbreich
gewitterreich
giftreich
gipfelreich
glanzreich
glorreich
gnadenreich
goldreich
großreich

grundreich
grußreich
güterreich
heldenreich
helfreich
herdenreich
hoffnungsreich
holzreich
honigreich
hopfenreich
hülfreich
huldreich
ideenreich
inhaltsreich
inselreich
jagdreich
judenreich
kernreich
kinderreich
klagereich
klippenreich
körnerreich
kornreich
kraftreich
kräuterreich
kunstreich
kupferreich
kummerreich
laubreich
lebensreich
lehrreich
lichtreich
liebreich
liederreich
listenreich
lobreich
lockenreich
lorberreich
lustreich
mastenreich
mehlreich
menschenreich
metallreich
milchreich
mildreich
muschelreich
muthreich
nahrungsreich
namenreich
naturreich
nervenreich
nutzreich
obstreich
  apfelobstreich
  birnenobstreich *etc.*
ölreich
perlenreich
pfeilreich
pflanzenreich
quellenreich
rebenreich
regenreich

ruhmreich
sachreich
saftreich
salbungsreich
sandreich
schallreich
schattenreich
schiffreich
schilfreich
schimmerreich
schmerzensreich
schneereich
schönheitsreich
schonungsreich
schriftreich
schwefelreich
schwungreich
seelenreich
segensreich
seidenreich
siegreich
silberreich
sinnreich
sittreich
sklavenreich
sonnenreich
sorgenreich
spreureich
stärkungsreich
steinreich
sternenreich
strahlenreich
thatenreich
thierreich
thränenreich
titelreich
tonreich
torfreich
traubenreich
trostreich
tugendreich
überreich
vergnügungsreich
verstandreich
viehreich
völkerreich
volkreich
wälderreich
waldreich
wasserreich
weiberreich
weinreich
weizenreich
wipfelreich
witzreich
wolkenreich
wollreich
wollustreich
wortreich
wunderreich
wurzelreich
würzreich

zahlreich
zauberreich
zuckerreich
zweifelreich
der Bereich
— Erreich
— Kanonenerreich
— *Scheich*
schleich!
— Laufschleich
— Unterschleich
schmeich!
seich!
— Streich
Backenstreich
Bocksstreich
Diebsstreich
Eselsstreich
Eulenspiegelstreich
Fauststreich
Fechterstreich
Fehlstreich
Flammenstreich
Freundschaftsstr.
Gaunerstreich
Geiſselstreich
Gevatterstreich
Gewaltstreich
Halunkenstreich
Handstreich
Hanswurststreich
Hauptstreich
Hurenstreich
Husarenstreich
Judenstreich
Jugendstreich
Jungenstreich
Kälberstreich
Keulenstreich
Kinderstreich
Knabenstreich
Kolbenstreich
Luftstreich
Mädchenstreich
Meisterstreich
Mordstreich
Narrenstreich
Pagenstreich
Peitschenstreich
Pfaffenstreich
Priesterstreich
Querstreich
Räuberstreich
Ritterstreich
Rückenstreich
Ruthenstreich
Schelmenstreich
Schulstreich
Schurkenstreich
Schwabenstreich
Schwertstreich
Soldatenstreich

Staatsstreich
Staupenstreich
Steckenstreich
Stockstreich
Studentenstreich
Teufelsstreich
Theaterstreich
Todesstreich
Wasserstreich
Widerstreich
Wiederstreich
Zapfenstreich
Zauberstreich
Zigeunerstreich
Zuchtstreich
streich!
der Teich
Badeteich
Beckenteich
Bergwerksteich
Besetzteich
Brutteich
Dorfteich
Einsetzteich
Ententeich
Erlenteich
Feldteich
Fischteich
Floſsteich
Forellenteich
Hechtteich
Holzteich
Karpfenteich
Leichteich
Moorteich
Mühlteich
Pappelteich
Röhrteich
Rohrteich
Satzteich
Schloſsteich
Schutzteich
Schwanenteich
Schwemmteich
Setzteich
Silberteich
Spiegelteich
Stadtteich
Strickteich
Streichteich
Waldteich
Wiesenteich
Zeugteich
weich
breyweich
butterweich
lederweich
markweich
pflaumenweich
prallweich
pumpelweich
sammetweich

schwanenweich
seidenweich
semmelweich
wachsweich
warmweich
windelweich
wollenweich
weich!
das Gliedweich

ēiche

die Eiche
Achseneiche
Augusteiche
Bergeiche
Brenneiche
Breteiche
Bundeseiche
Feyereiche
Fruchteiche
Goldeiche
Grenzeiche
Hageiche
Haseleiche
Hermannseiche
Kahneiche
Kermeseiche
Knoppereiche
Kohleneiche
Königseiche
Korkeiche
Lebenseiche
Locheiche
Loheiche
Mahleiche
Maſseiche
Meereiche
Nabeneiche
Nutzeiche
Pfahleiche
Raseneiche
Raumeiche
Rotheiche
Seeeiche
Serreiche
Sommereiche
Spateiche
Stecheiche
Steineiche
Stieleiche
Sumpfeiche
Tanneiche
Teufelseiche
Treufeleiche
Trufeiche
Vereiche
Viereiche
Wassereiche
Zehreiche
das Geeiche
ich bleiche
das Gebleiche
die Bleiche
Cattunbleiche
Federbleiche
Garnbleiche
Geisterbleiche
Gesichtsbleiche
Haarbleiche
Leinwandbleiche
Lilienbleiche
Mondbleiche
Silberbleiche
Sonnenbleiche
Todtenbleiche
Wachsbleiche
— bleiche
dem Deiche
ich bedeiche
— gleiche
eine gleiche
die Gleiche
Gewichtsgleiche
Göttergleiche
Nachtgleiche
Frühlingsnachtgl.
Herbstnachtgleich.
Rechnungsgleiche
Wassergleiche
dem Kegelleiche
ich keiche
das Gekeiche
die Keiche
— Leiche
Armenleiche
arme Sünderleiche
Balsamleiche
Beierleiche
Dörrleiche
Freudenleiche
Frühleiche
Gnadenleiche
Kinderleiche
Scheinleiche
Soldatenleiche
Studentenleiche
Tageleiche
dem Leiche
ich leiche
das Geleiche
die Pleiche
ich reiche
das Gereiche
dem Bereiche
— Erreiche
— Reiche
die reiche
dem *Scheiche*
ich schleiche
das Geschleiche
die Blindschleiche
ich schmeiche
das Geschmeiche
die Schmeiche
— Seiche
— Hundeseiche
ich seiche
das Geseiche
die Speiche
— Radspeiche
ich speiche
das Gespeiche
ich streiche
das Gestreiche
dem Streiche
die Streiche
— Anstreiche
— Kniestreiche
— Teiche
ich teiche
das Geteiche
ich weiche
das Geweiche
ich erweiche
das weiche
die Weiche
Prallweiche
Sammetweiche

ēichel

die Eichel
Bucheichel
Dachseichel
Erdeichel
Feyereichel
Grundeichel
Hageichel
Klumpeichel
Meereichel
Seeeichel
Speiseeichel
Warzeneichel
das Gequeichel
— Geschmeichel
— Geseichel
der Speichel
Bauchspeichel
Kukuksspeichel
Mundspeichel
das Gespeichel
— Gestreichel
der Teichel
— Wasserteichel
das Geteichel
— Getreichel
die Weichel

ēicheln

den Eicheln
queicheln
schmeicheln
abschmeicheln
anschmeicheln
aufschmeicheln

beschmeicheln
einschmeicheln
entschmeicheln
erschmeicheln
umschmeicheln
seicheln
speicheln
bespeicheln
streicheln
den Teicheln
teicheln
treicheln
— Weicheln
verweicheln

eichelnd

queichelnd
schmeichelnd
seichelnd
speichelnd
streichelnd
teichelnd
treichelnd
verweichelnd

eichelns

des Queichelns
— Schmeichelns
— Seichelns
— Speichelns
— Streichelns
— Teichelns
— Treichelns
— Verweichelns

eichels

des Gequeichels
— Geschmeichels
— Geseichels
— Speichels
— Gespeichels
— Gestreichels
— Teichels
— Geteichels
— Getreichels

eichelst

du queichelst
— schmeichelst
— seichelst
— speichelst
— streichelst
— teichelst
— treichelst
— verweichelst

eichelt

er queichelt
— schmeichelt
— seichelt
— speichelt
er streichelt
— teichelt
— treichelt
— verweichelt

eichem

bleichem
gleichem
reichem
weichem

eichen

die Eichen
eichen
bleichen
abbleichen
ausbleichen
erbleichen
nachbleichen
verbleichen
die Bleichen
den bleichen
— Deichen
aufdeichen
bedeichen
eindeichen
umdeichen
verdeichen
gleichen
abgleichen
ausgleichen
vergleichen
deinesgleichen
dergleichen
desgleichen
desselbengleichen
euresgleichen
ihresgleichen
imgleichen
meinesgleichen
ohnegleichen
seinesgleichen
sondergleichen
unsresgleichen
— gleichen
die Gleichen
— *drei Gleichen*
den Kegelleichen
keichen
leichen
die Leichen
— Pleichen
reichen
abreichen
verabreichen
anreichen
aufreichen
ausreichen
bereichen
beyreichen
darreichen
durchreichen
einreichen
erreichen
fortreichen
gereichen
herreichen
hin - *etc.* reichen
nachreichen
verreichen
vorreichen
überreichen
wegreichen
zureichen
zurückreichen
den *Scheichen*
schleichen
anschleichen
ausschleichen
beschleichen
beyherschleichen
einschleichen
entschleichen
erschleichen
fortschleichen
mitschleichen
nachschleichen
überschleichen
umschleichen
verschleichen
vorschleichen
wegschleichen
zuschleichen
zurückschleichen
zusammenschleich.
die Blindschleichen
— Schmeichen
schmeichen
seichen
anseichen
beseichen
— Speichen
speichen
ausspeichen
einspeichen
verspeichen
den Streichen
streichen
abstreichen
anstreichen
aufstreichen
ausstreichen
bestreichen
beyherstreichen
durchstreichen
einstreichen
entstreichen
erstreichen
fortstreichen
herstreichen
hin - *etc.* streichen
mitstreichen

nachstreichen
überstreichen
umstreichen
umherstreichen
unterstreichen
verstreichen
vorstreichen
wegstreichen
zustreichen
zusammenstreichen
das Streichen
Anstreichen
Hauptstreichen
Landstreichen
Lerchenstreichen
Nebenstreichen
Torfstreichen
Ziegelstreichen
den Teichen
teichen
weichen
abweichen
aufweichen
ausweichen
durchweichen
einweichen
entweichen
erweichen
fortweichen
verweichen
wegweichen
zerweichen
zurückweichen
zusammenweichen
die weichen
— Weichen
das Abweichen
— Zeichen
Abzeichen
Absonderungszeich.
Abtheilungszeichen
Aderlaſszeichen
Anzeichen
Anfangszeichen
Aushaltungszeichen
Ausrufungszeichen
Begrüſsungszeichen
Bergzeichen
Beschieſszeichen
Bewillkommungs-
Beyfallszeichen
Bierzeichen
Bindezeichen
Blattzeichen
Blaufarbenzeichen
Bleyzeichen
Blutzeichen
Bogenzeichen
Brandzeichen
Brechungszeichen
Brechzeichen
Cainszeichen
Christenzeichen
Dehnzeichen
Denkzeichen
Diebszeichen
Ehrenzeichen
Eigenschaftszeichen
Einschiebezeichen
Entscheidungszeich.
Ergebungszeichen
Erinnerungszeichen
Erkennungszeichen
Erläuterungszeichen
Feldzeichen
Feuerzeichen
Frostzeichen
Fragzeichen
Freudenzeichen
Friedenszeichen
Frühlingszeichen
Gegenzeichen
Geheimzeichen
Geleitszeichen
Geschlechtszeichen
Gewichtzeichen
Gnadenzeichen
Goldschmidtszeichen
Götterzeichen
Grabzeichen
Graszeichen
Grenzzeichen
Hammerzeichen
Häringszeichen
Hauchzeichen
Hauptzeichen
Helmzeichen
Herbstzeichen
Himmelszeichen
Hülfszeichen
Hüttenzeichen
Hundezeichen
Hutzeichen
Kennzeichen
Krankheitszeichen
Kriegszeichen
Kürzungszeichen
Lärmzeichen
Laſszeichen
Lebenszeichen
Leibzeichen
Leibeszeichen
Leitzeichen
Lesezeichen
Liebeszeichen
Loszeichen
Luftzeichen
Machtzeichen
Mahlzeichen
Markzeichen
Mauthzeichen
Merkzeichen
Mistzeichen
Mittelzeichen
Mordzeichen
Münzzeichen
Musikzeichen
Nachtzeichen
Namenszeichen
Nebelzeichen
Nebenzeichen
Nothzeichen
Ordenszeichen
Rastzeichen
Redezeichen
Regenzeichen
Rettungszeichen
Ritterzeichen
Rückzeichen
Ruhezeichen
Schärfzeichen
Schandzeichen
Scheidezeichen
Schlachtzeichen
Schluſszeichen
Schmerzenszeichen
Schmiedezeichen
Schriftzeichen
Siegelzeichen
Siegeszeichen
Sonderungszeichen
Stadtzeichen
Standeszeichen
Stempelzeichen
Sternzeichen
Strafzeichen
Stundenzeichen
Sylbenzeichen
Tagezeichen
Theilzeichen
Theilungszeichen
Abtheilungszeichen
Thorzeichen
Tonzeichen
Tonnenzeichen
Trauerzeichen
Trennungszeichen
Unterscheidungs-
Urzeichen
Verbindungszeichen
Vereinigungszeichen
Vereinzelungszeich.
Verkürzungszeichen
Verwunderungs-
Vogelzeichen
Vorzeichen
Wahrzeichen
Waldzeichen
Warnungszeichen
Wasserzeichen
Weichbildszeichen
Weinzeichen
Widerrufzeichen
Wiederherstellungs-

Wiederholungszeich.
Winterzeichen
Wunderzeichen
Zahlzeichen
Zauberzeichen
Zeidelzeichen
Zinnzeichen
Zollzeichen

eichend

eichend
bleichend
aufdeichend
bedeichend *etc.*
gleichend
keichend
leichend
reichend
ausreichend
handreichend
hinreichend
zureichend
schleichend
schmeichend
seichend
speichend
streichend
hauptstreichend
landstreichend
teichend
weichend

eichens

des Eichens
— Bleichens
— Aufdeichens
— Bedeichens *etc.*
— Gleichens
— Keichens
— Leichens
— Reichens
— Schleichens
— Schmeichens
— Seichens
— Speichens
— Streichens
— Lerchenstreichens
— Teichens
— Weichens
— Abweichens
— Zeichens

eicher

der Eicher
— Thraneicher
— Bleicher
Haarbleicher
Wachsbleicher
ein bleicher
der Deicher
— Gleicher
Ausgleicher
Saumausgleicher
Förderheißgleicher
Himmelsgleicher
Münzgleicher
Sehmheißgleicher
ein gleicher
— *Oesterreicher*
— Reicher
das Gereicher
der Schleicher
Amtsschleicher
Doppelschleicher
Durchschleicher
Erbschleicher
Postschleicher
Strandschleicher
— Schmeicher
ein Seicher
Bettseicher
Hosenseicher
das Geseicher
der Speicher
Fruchtspeicher
Holzspeicher
Kornspeicher
Waarenspeicher
das Gespeicher
der Streicher
Anstreicher
Baumwollenstreich.
Darmstreicher
Fuchsschwanzstr.
Fußabstreicher
Kutzenstreicher
Landstreicher
Landdurchstreicher
Luftstreicher
Pflasterstreicher
Rückenstreicher
Torfstreicher
Wollstreicher
Ziegelstreicher
ein Weicher

eicherm

bleicher'm
gleicher'm
reicher'm
weicher'm

eichern

den Eichern
— Thraneichern
— Bleichern
einen bleicher'n
den Deichern
— Gleichern
einen gleicher'n
den *Oesterreichern*
einen reicher'n
reichern
anreichern
bereichern
den Schleichern
— Schmeichern
— Seichern
seichern
speichern
aufspeichern
einspeichern
— Speichern
— Streichern
einen weicher'n

eichernd

reichernd
bereichernd
seichernd
speichernd

eicherns

des Reicherns
— Bereicherns
— Seicherns
— Speicherns

eichers

des Eichers
— Thraneichers
— Bleichers
ein bleicher's
des Deichers
— Gleichers
ein gleicher's
des *Oesterreichers*
ein reicher's
des Gereichers
— Schleichers
— Schmeichers
— Seichers
— Geseichers
— Speichers
— Gespeichers
— Streichers
ein weicher's

eicherst

du reicherst
— bereicherst
— seicherst
— speicherst

eichert

der Bleichert
er reichert
— bereichert
— seichert
— speichert

eicherts

des Bleicherts
er speichert's *etc.*

eiches

des Geeiches
ein bleiches
des Gebleiches
— Deiches
ein Gleiches
des Vergleiches
— Kegelleiches
— Gekeiches
— Leiches
— Geleiches
ein reiches
des Reiches
— Bereiches
— Erreiches
— Scheiches
— Geschleiches
— Geschmeiches
— Geseiches
— Gespeiches
— Streiches
— Gestreiches
— Teiches
— Getreiches
ein weiches
des Geweiches
ich bleich' es *etc.*

eichest

du eichest
— bleichest
bleichest
— bedeichest
— gleichest
gleichest
— keichest
— leichest
— reichest
reichest
— schleichest
— schmeichest
— seichest
— speichest
— streichest
— teichest
— weichest
weichest

eichet

er eichet
— bleichet
— bedeichet
— gleichet
— keichet
— leichet
— reichet
— schleichet
— schmeichet
— seichet
— speichet
— streichet
er teichet
— weichet

eichle

ich queichle
das Gequeichle
ich schmeichle
das Geschmeichle
ich speichle
— bespeichle
das Gespeichle
ich streichle
das Gestreichle
ich teichle
das Geteichle
ich treichle
das Getreichle
die Treichle
ich verweichle

eichler

der Queichler
— Schmeichler
Erbschmeichler
Selbstschmeichler

eichlern

den Queichlern
— Schmeichlern

eichlers

des Queichlers
— Schmeichlers

eichlich

vergleichlich
unvergleichlich
reichlich
ausreichlich
erreichlich
unerreichlich
hinreichlich
überreichlich
zureichlich
unzureichlich
schmeichlich
einschmeichlich
bestreichlich
unbestreichlich
weichlich
ausweichlich
unausweichlich
erweichlich
unerweichlich

eichling

der Bleichling
— Speichling
— Weichling

eichlings

des Bleichlings
— Speichlings
— Weichlings

eichne

die eichne
ich zeichne
das Gezeichne

eichnen

die eichnen
zeichnen
abzeichnen
anzeichnen
aufzeichnen
auszeichnen
bezeichnen
beyzeichnen
durchzeichnen
einzeichnen
fehlzeichnen
kennzeichnen
merkzeichnen
mißzeichnen
nachzeichnen
unterzeichnen
verzeichnen
vorzeichnen

eichner

ein eichner
der Eichner
— Zeichner
Auszeichner
Federzeichner
Landschaftszeichn.
Nachzeichner
Unterzeichner
Vorzeichner

eichnern

den Eichnern
— Zeichnern

eichners

des Eichners
— Zeichners

eichnes

ein eichnes
des Gezeichnes

eichnis

das Gleichnis
Bibelgleichnis
— Verzeichnis
Ausgabeverzeichnis
Beschälverzeichnis
Bücherverzeichnis
Eisenverzeichnis

Gantverzeichnis
Inhaltsverzeichnis
Kostenverzeichnis
Meſsverzeichnis
Namenverzeichnis
Ortverzeichnis
Sachverzeichnis
Samenverzeichnis
Schuldenverzeichnis
Stückverzeichnis
Stundenverzeichnis
Sündenverzeichnis
Wäschverzeichnis
Wortverzeichnis
Zollverzeichnis *etc.*

ēichnung

die Zeichnung
Abzeichnung
Aufzeichnung
Auszeichnung
Bezeichnung
Blattbezeichnung
Bogenbezeichnung
Gegenbezeichnung
Lesebezeichnung
Bleystiftzeichnung
Charakterzeichnung
Crayonzeichnung
Federzeichnung
Gewandzeichnung
Handzeichnung
Kohlenzeichnung
Kreidenzeichnung
Meisterzeichnung
Merkzeichnung
Nachzeichnung
Persönlichkeits-
Röthelzeichnung
Schmuzzeichnung
Standzeichnung
Tanzzeichnung
— Eignung
Zueignung
— Verleugnung

ēichs

des Geeich's
— Gebleich's
ein bleich's
des Deichs
— Vergleichs
ein gleich's
des Kegelleichs
— Gekeich's
— Leichs
— Geleich's
ein reich's
des Reichs
— Bereichs
— Erreichs
— *Scheichs*
des Geschleich's
— Geschmeich's
— Geseich's
— Gespeich's
— Streichs
— Gestreich's
sporenstreichs
— Teichs
— Geteich's
ein weich's
des Geweich's
ich bleich's *etc.*

ēichsel

die Deichsel
Flachdeichsel
Gabeldeichsel
Hohldeichsel
Klobendeichsel
Schlittendeichsel
Wagendeichsel
der Weichsel
Erdweichsel
Frühweichsel
Holzweichsel
spanische Weichsel
Spatweichsel
Steinweichsel
türkische Weichsel
Zwergweichsel
die *Weichsel*

ēichseln

den Deichseln
— Weichseln

ēichst

du eichst
— bleichst
— bedeichst
— gleichst
— keichst
— leichst
— reichst
— schleichst
— schmeichst
— seichst
— speichst
— streichst
— teichst
— weichst

ēicht

er eicht
— bleicht
— bedeicht
— gleicht
— keicht
— leich't
leicht
federleicht
kinderleicht
vogelleicht
windleicht
vielleicht
er reicht
— schleicht
— schmeicht
— seich't
seicht
— speicht
— streicht
— teicht
— weicht

ēichte

er eichte
die Beichte
Hausbeichte
Kirchenbeichte
Krankenbeichte
Ohrenbeichte
Privatbeichte
Scheinbeichte
Selbstbeichte
Sündenbeichte
ich beichte
das Gebeichte
er bleichte
— bedeichte
— keichte
ich leichte
er leichte
eine leichte
die Leichte
er reichte
— schmeichte
— seichte
ich seichte
— verseichte
eine seichte
er speichte
— teichte
— weichte

ēichtem

geeichtem
gebleichtem
eingedeichtem
leichtem
gereichtem
geschmeichtem
beseichtem
seichtem
gespeichtem
geteichtem
eingeweichtem

ēichten

sie eichten
beichten
ausbeichten

herbeichten
nachbeichten
ohrbeichten
vorbeichten
sie bleichten
— bedeichten
— keichten
— leichten
einen leichten
leichten
die Leichten
sie reichten
— schmeichten
— seichten
einen seichten
seichten
verseichten
sie speichten
— teichten
— weichten

eichtend

beichtend
leichtend
seichtend
verseichtend

eichtens

des Beichtens
— Leichtens
— Seichtens
— Verseichtens

eichter

ein geeichter
— gebleichter
— eingedeichter
— leichter
— erreichter
— geschmeichter
— beseichter
— seichter
— eingespeichter
— geteichter
— eingeweichter
streicht er *etc.*

eichterm

leichter'm
seichter'm

eichtern

einen leichter'n
erleichtern
— seichter'n

eichters

ein leichter's
— seichter's
ich erleichter's

eichtes

ein geeichtes
des Gebeichtes
ein gebleichtes
— eingedeichtes
— leichtes
— erreichtes
— geschmeichtes
— beseichtes
— seichtes
— eingespeichtes
— geteichtes
— erweichtes
streicht es *etc.*

eichtest

du eichtest
— beichtest
— bleichtest
— bedeichtest
— keichtest
— leichtest
leichtest
— reichtest
— schmeichtest
— beseichtest
seichtest
— speichtest
— teichtest
— weichtest

eichtet

ihr eichtet
er beichtet
ihr bleichtet
— bedeichtet
— keichtet
— leichtet
er leichtet
ihr reichtet
— schmeichtet
— beseichtet
er seichtet
— verseichtet
ihr speichtet
— teichtet
— weichtet

[Reichthum]

eichtlich

beichtlich
leichtlich

eichtling

der Beichtling
— Leichtling
— Seichtling

eichtlings

des Beichtlings
— Leichtlings
— Seichtlings

eichtre

die leicht're
ich erleicht're
die seicht're
— erweicht're

eichtrer

ein leicht'rer
— seicht'rer
— erweicht'rer

eichts

ein geeicht's
des Gebeicht's
ein gebleicht's
— eingebleicht's
— leicht's
— erreicht's
— geschmeicht's
— beseicht's
— seicht's
— geteicht's
— eingeweicht's
er bestreicht's *etc*

eichtst

du eicht'st
— beicht'st
— bleicht'st
— bedeicht'st
— keicht'st
leicht'st
leicht'st
— reicht'st
— schmeicht'st
— beseicht'st
seicht'st
— speicht'st
— teicht'st
— weicht'st

eichtste

der leichtste
— seichtste
— erweichtste

eichtstem

leichtstem
seichtstem
erweichtstem

eichtsten

die leichtsten
am leichtsten
die seichtsten
— erweichtsten

eichtster

leichtster
seichtster
erweichtster

eichtstes

leichtstes
seichtstes
erweichtstes

eichung

die Beeichung
— Bleichung
— Bedeichung
— Gegendeichung
— Pfanddeichung
— Ausgleichung
Kostenausgleichung
— Vergleichung
— Leichung
— Ueberreichung
— Beschleichung
— Erschleichung
Amtserschleichung
Gunsterschleichung
— Schmeichung
— Beseichung
— Einspeichung
— Bestreichung
— Teichung
— Abweichung
— Erweichung
— Rückweichung

[der Speick]

eid

der Eid
Advokateneid
Amtseid
Armeneid
Armuthseid
Beglaubigungseid
Bekräftigungseid
Bestallungseid
Bürgereid
Diensteid
Erfüllungseid
Färbereid
Fahneneid
falscher Eid
Flucheid
Friedenseid
Fundeid
Gefährdeeid
Glaubenseid
Gerichtseid
gestabter Eid
Huldigungseid
Judeneid
Königseid
Krönungseid
Lehenseid
Meineid
Maurereid
Priestereid
Probeeid
Reinigungseid
Religionseid
Schöppeneid
Schösseleid
Schoſseid
Schotteleid
Schreckeid
Sicherungseid
Soldateneid
Treueid
Unterthaneneid
Versprechungseid
Verzichteid
Voreid
Zeugeneid
Adelheid
das Kleid
Achselkleid
Aermelkleid
Alltagskleid
Amazonenkleid
Arbeitskleid
Badekleid
Ballkleid
Bauerkleid
Bedientenkleid
Beinkleid
Frieſsbeinkleid
Tuchbeinkleid
Unterbeinkleid
Unterziehbeinkleid
Bettlerkleid
Bräutigamskleid
Bratenkleid
Brautkleid
Brustkleid
Büsserkleid
Buſskleid
Damenkleid
Dienstkleid
Dorfkleid
Ehrenkleid
Engelkleid
Faltenkleid
Faschingskleid
Festkleid
Feyerkleid
Florkleid
Flügelkleid
Frauenkleid
Freudenkleid
Friedenskleid
Frühlingskleid
Galakleid
Hauskleid
Herbstkleid
Heunenkleid
Himmelskleid
Hochzeitkleid
Hofkleid
Hünenkleid
Hurenkleid
Jagdkleid
Judenkleid
Kabelkleid
Kantenkleid
Kehrkleid
Kinderkleid
Kirchenkleid
Knabenkleid
Köhlerkleid
Krankenkleid
Kriegskleid
Leichenkleid
Leidkleid
Lieblingskleid
Luftkleid
Mädchenkleid
Männerkleid
Mannskleid
Maskenkleid
Modekleid
Mönchskleid
Morgenkleid
Mummenkleid
Musterkleid
Nachtkleid
Narrenkleid
Nebelkleid
Niederkleid
Nonnenkleid
Oberkleid
Opferkleid
Ordenskleid
Paradekleid
Pathenkleid
Pfarrerkleid
Pferdekleid
Pilgerkleid
Prachtkleid
Priesterkleid
Prunkkleid
Pumpenkleid
Purpurkleid
Redoutenkleid
Regenkleid
Reisekleid
Reitkleid
Rosakleid
Rosenkleid
Sammetkleid
Schafskleid
Schanzkleid
Schleppkleid
Schnürkleid
Schulterkleid
Schwimmkleid
Segelkleid
Seidenkleid
Silberkleid
Soldatenkleid
Sommerkleid
Sonntagskleid
Spitzenkleid

Staatskleid
Stadtkleid
Sterbekleid
Sternenkleid
Stutzerkleid
Taffetkleid
Taufkleid
Todtenkleid
Trauerkleid
Ueberkleid
Unterkleid
Waffenkleid
Weiberkleid
Weibskleid
Westerkleid
Wochenkleid
Wochentagskleid
Wolkenkleid
Wollenkleid
Zeugkleid
Züchtlingskleid
Zuchtkleid
das Leid
Beyleid
Erdenleid
Herzeleid
Jammerleid
Menschenleid
Mitleid
Winterleid
leid
der Neid
Amtsneid
Brotneid
Handelsneid
Handwerksneid
Kunstneid
Rollenneid
Ruhmneid
die Scheid
der Bescheid
Amtsbescheid
Ausbescheid
Endbescheid
Gerichtsbescheid
Götterbescheid
Nebenbescheid
Rechtsbescheid
Regierungsbescheid
Schlufsbescheid
Zwischenbescheid
— Entscheid
— Federscheid
das Gescheid
die Halbscheid
der Hinscheid
— Unterscheid
die Schneid
der Seid
das Treid

der Weid
Färberweid
ihr seyd

eida

Heida!
Obeida [der Eidam]

eidchen

das Kleidchen
— Scheidchen
— Schneidchen
— Weidchen

eidchens

des Kleidchens
— Scheidchens
— Schneidchens
— Weidchens

eide

die Eide
ich beeide
— vereide
beide
die Hameide
der Heide
blinde Heide
Stockheide
die Heide
Beerheide
Rauschbeerheide
Besenheide
Beutenheide
Hasenheide
Kelchheide
Kleinheide
Lavendelheide
Moorheide
Myrthenheide
Rehheide
Rohrheide
Rosmarinheide
Sandheide
Stadtheide
Steinheide
Sumpfheide
Tannenheide
Thierheide
Torfheide
Waldheide
ich verheide
dem Kleide
ich kleide
das Gekleide
die Kreide
doppelte Kreide
Goldschmidtskreide
Mehlkreide
Röthelkreide
Rufskreide
Schneiderkreide
schwarze Kreide
Silberkreide
Steinkreide
Zeichenkreide
ich ankreide
das Gekreide
ich leide
das Geleide
ich bemitleide
— meide
das Gemeide
ich neide
das Geneide
dem Neide
ich scheide
— entscheide
dem Bescheide
das Gescheide
die Scheide
Bayonnetscheide
Bindescheide
Blattscheide
Blumenscheide
Briefscheide
Degenscheide
Dolchscheide
Fuchsscheide
Gatterscheide
Glättscheide
Kammscheide
Keulenscheide
Knotenscheide
Kugelscheide
Meerscheide
Messerscheide
Muschelscheide
Muskelscheide
Mutterscheide
Pflaumenscheide
Rahmscheide
Reitscheide
Rübenscheide
Rüsselscheide
Schleimscheide
Schweifscheide
Schwertscheide
Seescheide
Stachelscheide
Steckmuschelsch.
Steinscheide
Stockscheide
Strahlscheide
Strickscheide
Walzenscheide
Warzenscheide
Wolfsscheide
das Gescheide
die Bergscheide
— Flurscheide
— Gewitterscheide
— Grenzscheide
— Landscheide

die Markscheide
— Wasserscheide
— Wegscheide
— Wetterscheide
das Geschmeide
Armgeschmeide
Brautgeschmeide
Busengeschmeide
Festgeschmeide
Fuſsgeschmeide
Handgeschmeide
Halsgeschmeide
Hochzeitgeschm..
Kriegsgeschmeide
Lichtgeschmeide
Panzergeschmeide
Perlgeschmeide
Roſsgeschmeide
Schlachtgeschmeide
Silbergeschmeide
Stahlgeschmeide
Stirngeschmeide
Todtengeschmeide
Waffengeschmeide
Wehrgeschmeide
die Schneide
Degenschneide
Dolchschneide
Einschneide
Fadenschneide
Futterschneide
Heckerlingsschn.
Messerschneide
Säbelschneide
Schwertschneide
Siedeschneide
Tabaksschneide
Thonschneide
Zweyschneide
das Geschneide
Gänsegeschneide
— Geschweide
die Seide
Abseide
Baumseide
Binsenseide
Coconseide
Einschlagsseide
Flachsseide
Flockseide
Floretseide
Florseide
Flottseide
Haarseide
Halbseide
Hopfenseide
Kämmlingseide
Kettenseide
Knopfseide
Landseide
Matzenseide

Moorseide
Muschelseide
Nähseide
Nesselseide
Packseide
Perlenseide
Purpurseide
Quastenseide
Rauchseide
Schwenkseide
Sinaseide
Sparseide
Spinnseide
Stechseide
Steppseide
Stickseide
Tafelseide
Thymseide
Tramseide
Vogelseide
Zupfseide
Zwirnseide
dem Seide
— Treide
das Getreide
Aftergetreide
Amtsgetreide
Brandgetreide
Deputatgetreide
Dienstgetreide
Halbgetreide
Linsengetreide
Mischgetreide
Sommergetreide
Wintergetreide
ich weide
das Geweide
Eingeweide
ich ausweide
dem Weide
die Weide (pastus)
Augenweide
Bergweide
Blumenweide
Fettweide
Fischweide
Frühlingsweide
Gänseweide
Gemeinweide
Harzweide
Hegeweide
Hutweide
Johannisweide
Kleeweide
Koppelweide
Kuhweide
Lämmerweide
Ochsenweide
Pachtweide
Pferdeweide
Pfingstweide

Schafweide
Schnabelweide
Seeweide
Seelenweide
Sinnenweide
Stadtweide
Viehweide
Vogelweide
Zeidelweide
Ziegenweide
die Weide (salix)
Bachweide
Bandweide
Baumwollenweide
Bergweide
Besetzweide
Bindweide
Brechweide
Bruchweide
Buschweide
Dotterweide
Erdweide
Faulweide
Feldweide
Flechtweide
Glasweide
Gräberweide
Grendelweide
Haarweide
Hägeweide
Hängeweide
Kampfweide
Kappweide
Kaudelweide
Kieferweide
Kimmweide
Klettweide
Knackerweide
Knickweide
Köpfweide
Korbweide
Krautweide
Krebsweide
Lanzenblattweide
Lilischweide
Lorbeerweide
Mandelweide
Markweide
Mattenweide
Moorweide
Mundweide
Palmweide
Pappelweide
Papstweide
Pfahlweide
Pfingstweide
Pfirsichweide
Pottweide
Rainweide
Reinweide
Rheinweide

Röhrenweide
Röhrweide
Rosenweide
Rosmarinweide
Roſsweide
Rothweide
Sahlweide
Salbeyweide
Sandweide
Satzweide
Schafweide
Schalweide
Schlickweide
Schulweide
Schuſsweide
Seeweide
Seilweide
Setzweide
Silberweide
Spitzweide
Sprockweide
Stechweide
Steinackerweide
Steinweide
Strauchweide
Strohweide
Thränenweide
Trauerweide
Uferweide
Wasserweide
Werftweide
Wollweide
Wurmweide
Zähweide
Zaunweide

eidel

der Heidel
das Seidel
— Geseidel
— Geschneidel
der Schneidel
— Speidel
das Getreidel
— Gezeidel
der Zeidel

eideln

den Heideln
— Schneideln
schneideln
— Seideln
seideln
— Speideln
speideln
treideln
zeideln
auszeideln

eidelnd

schneidelnd
seidelnd
speidelnd
treidelnd
zeidelnd

eidelns

des Schneidelns
— Seidelns
— Speidelns
— Treidelns
— Zeidelns

eidels

des Schneidels
— Geschneidels
— Seidels
— Geseidels
— Speidels
— Gespeidels
— Getreidels
— Zeidels
— Gezeidels

eidelst

du schneidelst
— seidelst
— speidelst
— treidelst
— zeidelst

eidelt

er schneidelt
— seidelt
— speidelt
— treidelt
— zeidelt
ausgezeidelt

eiden

den Eiden
beeiden
meineiden
vereiden
die beiden
— Hameiden
— Heiden
verheiden
das Heiden
kleiden
ankleiden
auskleiden
bekleiden
einkleiden
entkleiden
mitkleiden
überkleiden
umkleiden
verkleiden
die Kreiden
kreiden
ankreiden
verkreiden
leiden
ausleiden
erleiden
mitleiden
bemitleiden
verleiden
das Leiden
Amtsleiden
Augenleiden
Erdenleiden
Herzensleiden
Körperleiden
Menschenleiden
Mitleiden
Seelenleiden
Leiden
meiden
vermeiden
neiden
beneiden
die Scheiden
scheiden
abscheiden
verabscheiden
ausscheiden
bescheiden
vorbescheiden
einscheiden
entscheiden
unterscheiden
verscheiden
bescheiden
unbescheiden
das Scheiden
Erzscheiden
Hinscheiden
den Geschmeiden
schneiden
abschneiden
anschneiden
aufschneiden
ausschneiden
beschneiden
durchschneiden
einschneiden
fehlschneiden
losschneiden
nachschneiden
umschneiden
verschneiden
vorschneiden
wegschneiden
zerschneiden
zuschneiden
zusammenschneiden
das Schneiden
Demantschneiden
Formschneiden
Grasschneiden
Kornschneiden
Leibschneiden
Steinschneiden

schweiden
die Seiden
seiden
— Weiden
weiden
abweiden
beweiden
mitweiden
nachweiden
niederweiden
überweiden
den Eingeweiden
ausweiden

ēidend

beeidend
meineidend
vereidend
verheidend
kleidend
kreidend
leidend
einzelleidend
bemitleidend
verleidend
meidend
neidend
scheidend
grenzscheidend
markscheidend
schneidend
herzdurchschneid.
schweidend
weidend
ausweidend
völkerweidend

ēidens

des Beeidens
— Meineidens
— Vereidens
— Verheidens
— Kleidens
— Kreidens
— Leidens
— Mitleidens
— Bemitleidens
— Verleidens
— Meidens
— Neidens
— Scheidens
— Erzscheidens
— Hinscheidens
— Markscheidens
ein bescheiden's
des Schneidens
— Schweidens
ein seiden's
des Weidens
— Ausweidens
sie leiden's *etc.*

ēider

die *Eider*
beider
der Vereider
die Kleider
der Bekleider
Hutbekleider
— Leider
Hungerleider
Mitleider
leider!
— Neider
Brotneider
Ruhmneider
— Scheider
Beckerscheider
Bergwerkscheider
Bescheider
Entscheider
Erzscheider
Feldscheider
Goldscheider
Grenzscheider
Ladenscheider
Landscheider
Markscheider
Schachtscheider
Silberscheider
Stockscheider
Windscheider
— Schneider
Abschneider
Ehrenabschneider
Haarabschneider
Kopfabschneider
Altschneider
Anschneider
Aufschneider
Ausschneider
Bankschneider
Beschneider
Beutelschneider
Bilgenschneider
Blechschneider
Bleyweißsschneider
Bretschneider
Brotschneider
Bruchschneider
Damenschneider
Demantschneider
Dochtschneider
Dorfschneider
Drathschneider
Edelsteinschneider
Einschneider
Eisenschneider
Federschneider
Fistelschneider
Formenschneider
Frauenschneider
Futterschneider
Garderobeschneid.
Gesichterschneider
Gewandschneider
Gezeltschneider
Glasschneider
Häckerlingsschneid.
Haderschneider
Hausschneider
Hexelschneider
Hofschneider
Holzschneider
Hosenschneider
Jahrschneider
Kinderschneider
Korkschneider
Kugelschneider
Laufschneider
Lederschneider
Leibschneider
Leistenschneider
Mannsschneider
Messingschneider
Minutenschneider
Modeschneider
Modelschneider
Musterschneider
Nadelknopfschneid.
Nagelschneider
Pfeifenschneider
Riemenschneider
Sauschneider
Schaftschneider
Schalenschneider
Schiedschneider
Schieferschneider
Schriftschneider
Schweinschneider
Seckelschneider
Segelschneider
Siekschneider
Speckschneider
Spillenschneider
Stahlschneider
Steinschneider
Stempelschneider
Strandschneider
Strohschneider
Tabaksschneider
Tafelschneider
Wappenschneider
Wasserschneider
Weiberschneider
Winkelschneider
Wurmschneider
Zeltschneider
Zeugschneider
Zweyschneider
das Geschneider
der Seider
ein Völkerweider

eidern

den Vereidern
— Kleidern
— Bekleidern
— Leidern
— Hungerleidern
— Mitleidern
— Neidern
— Scheidern
— Schneidern
schneidern
— Seidern

eiders

des Vereiders
— Bekleiders
— Leiders
— Hungerleiders
— Mitleiders
— Neiders
— Scheiders
— Schneiders
— Geschneiders
— Seiders
vermeid' er's! *etc.*

eides

des Eides
beides
— Kleides
— Gekleides
— Gekreides
— Leides
— Mitleides
— Geleides
— Gemeides
— Neides
— Geneides
— Bescheides
— Gescheides
— Geschmeides
— Geschneides
— Geschweides
— Treides
— Getreides
— Geweides
— Eingeweides
ich leid' es *etc.*

eidest

du beeidest
— meineidest
— vereidest
— verheidest
— kleidest
— bekleidest
— kreidest
— leidest
— bemitleidest
— meidest
— neidest
du scheidest
— schneidest
— schweidest
— weidest

eidet

ihr beeidet
— meineidet
— vereidet
— verheidet
— kleidet
— kreidet
— leidet
— bemitleidet
— meidet
— neidet
— scheidet
— schneidet
— schweidet
— weidet
ausgeweidet

eidge

ich beeid'ge
die heid'ge
— kreid'ge
— leid'ge
— mitleid'ge
ich beleid'ge
die neid'ge
— scheid'ge
— schmeid'ge
— schneid'ge
— schweid'ge
ich vertheid'ge
im Weid'ge

eidgem

heid'gem
leid'gem
mitleid'gem
neid'gem
scheid'gem
schmeid'gem
schneid'gem
schweid'gem

eidgen

beeid'gen
den heid'gen
— leid'gen
— mitleid'gen
beleid'gen
die neid'gen
— scheid'gen
— schmeid'gen
— schneid'gen
— schweid'gen
vertheid'gen
den Weid'gen

eidgend

beeid'gend
beleid'gend
vertheid'gend

eidgens

des Beeid'gens
— Beleid'gens
— Vertheid'gens

eidger

ein Beeid'ger
— heid'ger
— leid'ger
— mitleid'ger
— Beleid'ger
— neid'ger
— scheid'ger
— schmeid'ger
— schneid'ger
— schweid'ger
der Vertheid'ger

eidgerm

heid'ger'm
mitleid'ger'm
neid'ger'm
scheid'ger'm
schmeid'ger'm
schneid'ger'm
schweid'ger'm

eidgern

den Beeid'gern
einen heid'ger'n
— mitleid'ger'n
den Beleid'gern
einen neid'ger'n
— schmeid'ger'n
— schneid'ger'n
— schweid'ger'n
den Vertheid'gern

eidgers

des Beeid'gers
ein heid'ger's
— mitleid'ger's
des Beleid'gers
ein neid'ger's
— schmeid'ger's
— schneid'ger's
— schweid'ger's
des Vertheid'gers

eidges

ein heid'ges
— leid'ges
— mitleid'ges
— neid'ges
— scheid'ges
— schmeid'ges
— schneid'ges

ein schweid'ges
ich vertheid'g'es *etc.*

eidgest

du beeid'gest
— beleid'gest
— vertheid'gest

eidget

er beeid'get
— beleid'get
— vertheid'get

eid'gung

die Beeid'gung
— Beleid'gung
— Vertheid'gung
— Selbstvertheid'gung
[der Neidhart]

eidicht

heidicht
kreidicht
das Weidicht
— Geweidicht

eidichts

ein heidicht's
— kreidicht's
des Weidicht's
— Geweidichts

eidig

heidig
kreidig
leidig
eigenleidig
mitleidig
neidig
scheidig
vierscheidig
schmeidig
geschmeidig
schneidig
doppelschneidig
1-, 2-, 3- *etc.* 1000-
hochschneidig
scharfschneidig
schweidig
das Weidig

eidigs

ein heidig's
— kreidig's
— leidig's
— mitleidig's
— neidig's
— scheidig's
— schmeidig's
— schneidig's
— schweidig's
des Weidigs
ich vertheidig's *etc.*

eidigt

er beeidigt
— beleidigt
— vertheidigt

eiding

das Freyding
die Theiding
— Narrentheiding

eidisch

meineidisch
neidisch

eidle

ich schneidle
das Geschneidle
ich seidle
das Geseidle
ich speidle
das Gespeidle
ich zeidle
das Gezeidle
[der Zeidler]

eidlich

eidlich
leidlich
mitleidlich
unleidlich
vermeidlich
unvermeidlich
bescheidlich
unterscheidlich
weidlich

eidling

der Kreidling
— Weinscheidling
— Weidling
— türkische Weidling

eidlings

des Kreidlings
— Weinscheidlings
— Weidlings

eidner

ein bescheidner
der Weidner

eidnern

einen bescheidnern
den Weidnern

eidners

ein bescheidner's
des Weidners
[heidnisch]

eids

des Eids
Adelheids
— Kleids
— Gekleid's
— Leids
— Mitleids
— Geleid's
— Gemeid's
— Neids
— Geneid's
— Bescheids
— Gescheid's
— Geschmeid's
— Geschneid's
— Seids
— Treids
— Getreid's
— Weids
— Geweid's
— Eingeweid's
ihr seyd's
ich beeid's *etc.*
[das Abschneidsel]

eidst

du beeid'st
— meineid'st
— vereid'st
— verheid'st
— kleid'st
— kreid'st
— leid'st
— meid'st
— neid'st
— scheid'st
— schneid'st
— schweid'st
— weid'st

eidtste

der wohlgekleidtste
— beneidtste
— gescheidtste

eidtstem

dem wohlgekleidtstem
— beneidtstem
— gescheidtstem

eidtsten

die wohlgekleidtsten
— beneidsten
— gescheidtsten

eidtster

wohlgekleidtster
beneidtster
gescheidtster

eidtstes

wohlgekleidtstes
beneidtstes
gescheidtstes

eidung

die Beeidung
— Vereidung
— Kleidung
— Amtskleidung
— Bekleidung
Altarbekleidung
Bühnenbekleidung
Fensterbekleidung
Fuſsbekleidung
Schiffbekleidung
Wandbekleidung
— Bergkleidung
— Dienerkleidung
— Einkleidung
— Formkleidung
— Hauskleidung
— Verkleidung
Schiffsverkleidung
Thürverkleidung
— Winterkleidung
— Bemitleidung
— Erleidung
— Scheidung
Ehescheidung
Entscheidung
Waffenentscheid.
Markscheidung
Sielscheidung
Steinscheidung
Wasserscheidung
Wetterscheidung
— Schneidung
Beschneidung
— Steinschneidung
— Theidung
— Narrentheidung
— Beweidung
— Ausweidung

eie *siehe* eye

eif

der Greif
Vogel Greif
greif!
keif!
— Kneif
Schusterkneif
kneif!
pfeif!
reif
erntereif
frühreif
liebereif
nothreif
spätreif
todtreif
überreif
unreif
der Reif (pruina)
Aprilreif
Decemberreif
Frühreif
Frühlingsreif
Herbstreif
Mayreif
Morgenreif
Nachtreif
Novemberreif
Octoberreif
Rauhreif
Rohreif
Silberreif
Sommerreif
Wasserreif
Winterreif
— Reif (annulus)
Bandreif
Blattreif
Bleyreif
Bottichreif
Doppelreif
Eisenreif
Fallreif
Faſsreif
Fingerreif
Goldreif
Hauptreif
Helmreif
Holzreif
Kinnreif
Krugreif
Mittelreif
Mundreif
Nothreif
Plattreif
Säulenreif
Schluſsreif
Schraubenreif
Silberreif
Spannreif
Springreif
Stegreif
Steigereif
Sturmreif
Tonnenreif
das Schleif
— Geschleif
der Unterschleif
— Verschleif
schleif!
— Schweif
Abschweif
Anschweif
Ausschweif
Bleyschweif
Eisenschweif
Endschweif
Feuerschweif
Fuchsschweif
Katzenschweif
Kometenschweif
Oberschweif
Pfauenschweif
Pferdeschweif
Rattenschweif
Roſsschweif
Schlangenschweif
Schwalbenschweif
Seidenschweif
Ueberschweif
Umschweif
Unterschweif
Waldrothschweif
schweif!
steif
bocksteif
gelenksteif
gliedersteif
halssteif
kerzensteif
schulsteif
stocksteif
das Schiffssteif
steif!
der Streif
Achselstreif
Backenstreif
Balkenstreif
Bandstreif
Battiststreif
Bruststreif
Busenstreif
Dunststreif
Farbenstreif
Feuerstreif
Goldstreif
Halsstreif
Haubenstreif
Hemdenstreif
Leinwandstreif
Lichtstreif
Mittelstreif
Musselinstreif
Mützenstreif
Nebelstreif
Purpurstreif
Querstreif
Rauchstreif
Rückenstreif
Sehnenstreif
Silberstreif
Spitzenstreif
Wasserstreif
Wolkenstreif
weif!

eifchen

das Pfeifchen
Papagenopfeifchen
Vogelschwanz-

das Reifchen
— Schleifchen
— Schweifchen
— Streifchen
— Weifchen

eifchens

des Pfeifchens
— Reifchens
— Schleifchens
— Schweifchens
— Streifchens
— Weifchens

eife

dem Greife
ich greife
das Gegreife
ich keife
das Gekeife
ich kneife
das Gekneife
dem Kneife
die Neife
ich neife
das Geneife
ich pfeife
das Gepfeife
die Pfeife
Alltagspfeife
Bärenpfeife
Baſspfeife
Bastpfeife
Baumpfeife
Blockpfeife
Bockspfeife
Bootsmannspfeife
Defensionspfeife
Diebspfeife
Feldpfeife
Flötenpfeife
Friedenspfeife
Gesichtspfeife
Halmpfeife
Hellpfeife
Hirtenpfeife
Honigpfeife
Jägerpfeife
Kinderpfeife
Lerchenpfeife
Lockpfeife
Meerschaumpfeife
Meisenpfeife
Morgenpfeife
Mutterpfeife
Orgelpfeife
Panpfeife
Papagenopfeife
Paradepfeife
Querpfeife
Rauschpfeife
Reitpfeife
Rohrpfeife
Rückenpfeife
Sackpfeife
Sandpfeife
Schäferpfeife
Schlangenpfeife
Schnellpfeife
Schnurrpfeife
Schreyerpfeife
Schweizerpfeife
Seepfeife
Signalpfeife
Sonntagspfeife
Staatspfeife
Stimmpfeife
Stockpfeife
Studentenpfeife
Stufenpfeife
Tabakspfeife
Thonpfeife
Türkenpfeife
Vogelpfeife
Voglerpfeife
Wachspfeife
Wachtelpfeife
Waldpfeife
Wichtelpfeife
Windpfeife
Zinnpfeife
Zwerchpfeife
ich pfeife
das Gepfeife
ich reife
die Reife
Altersreife
Frühreife
Geschlechtsreife
Unreife
dem Reife
die Schleife (nodus)
Achselschleife
Aermelschleife
Armschleife
Atlasschleife
Bandschleife
Brillantschleife
Brustschleife
Busenschleife
Corsetschleife
Florschleife
Gazeschleife
Gürtelschleife
Haarschleife
Halsschleife
Halstuchschleife
Haubenschleife
Hutschleife
Kopfschleife
Miederschleife
Mützenschleife
Registerschleife
Rockschleife
Schürzenschleife
Schuhschleife
Strumpfbandschl.
die Schleife (traha)
Holzschleife
Steinschleife
Strangschleife
Waarenschleife
ich schleife
das Geschleife
dem Schleife
— Unterschleife
— Verschleife
— Schweife
ich schweife
das Geschweife
die Seife
Bartseife
Bergseife
Bocksseife
Erdseife
Glasseife
Goldseife
Handseife
Harzseife
Kakaoseife
Kaliseife
Kalkseife
Mandelseife
Milchseife
Natrumseife
Quecksilberseife
Schmierseife
Schönheitsseife
Schwammseife
Schwefelseife
Thonseife
Thranseife
venetianische Seife
Wachsseife
Waschseife
*Windsor*seife
Wollseife
Zinnseife
ich steife
das Gesteife
die Steife
Gelenksteife
Gliedersteife
Halssteife
Mauersteife
Wandsteife
ich streife
das Gestreife
dem Streife
die streife
ich weife
das Geweife
die Weife
Garnweife
Schnappweife
Zahlweife

eifel

die *Eifel*
die Feifel
Halsfeifel
das Geneifel
— Pfeifel
— Reifel
— Schleifel
— Streifel
— Gestreifel
— Geweifel
der Zweifel
Amtszweifel
Berufszweifel
Gedankenzweifel
Geschichtszweifel
Gemüthszweifel
Gesundheitszweifel
Gewissenszweifel
Glaubenszweifel
Herzenszweifel
Lebenszweifel
Rechnungszweifel
Rechtszweifel
Religionszweifel
Seelenzweifel
Sündenzweifel
Todeszweifel
Tugendzweifel
das Gezweifel

eifeln

begreifeln
neifeln
auspfeifeln
den Pfeifeln
— Reifeln
— Schleifeln
— Streifeln
streifeln
abstreifeln
aufstreifeln
ausstreifeln
losstreifeln
wegstreifeln
zurückstreifeln
weifeln
zweifeln
bezweifeln
verzweifeln
— Zweifeln

eifelnd

begreifelnd
neifelnd
auspfeifelnd
streifelnd
weifelnd
zweifelnd
verzweifelnd

eifelns

des Begreifelns
— Neifelns
— Auspfeifelns
— Streifelns
— Weifelns
— Zweifelns
— Verzweifelns

eifels

des Geneifels
— Pfeifels
— Schleifels
— Streifels
— Gestreifels
— Geweifels
— Zweifels
— Gezweifels
ich bezweifel's *etc.*

eifelst

du begreifelst
— neifelst
— auspfeifelst
— streifelst
— weifelst
— zweifelst

eifelt

er begreifelt
— neifelt
ausgepfeifelt
— streifelt
— weifelt
— zweifelt

eifelts

er begreifelt's
ein ausgeneifelt's
— ausgepfeifelt's
— aufgestreifelt's
— geweifelt's
— verzweifelt's
er bezweifelt's *etc.*

eifen

den Greifen
greifen
abgreifen
angreifen
aufgreifen
ausgreifen
begreifen
durchgreifen
eingreifen
ergreifen
fehlgreifen
nachgreifen
übergreifen
umgreifen
untergreifen
vergreifen
vorgreifen
zergreifen
zugreifen
zurückgreifen
zusammengreifen
keifen
auskeifen
bekeifen
durchkeifen
zerkeifen
den Kneifen
kneifen
auskneifen
zerkneifen
zusammenkneifen
die Neifen
neifen
die Pfeifen
pfeifen
abpfeifen
anpfeifen
aufpfeifen
auspfeifen
bepfeifen
durchpfeifen
entpfeifen
mitpfeifen
nachpfeifen
verpfeifen
vorpfeifen
wegpfeifen
zusammenpfeifen
— Reifen
den Reifen
reifen
nachreifen
überreifen
bereifen
durchreifen
einreifen
zusammenreifen
die Schleifen
den Unterschleifen
schleifen
abschleifen
anschleifen
aufschleifen
ausschleifen
beschleifen
durchschleifen
einschleifen
fortschleifen
herschleifen
hin- *etc.* schleifen
mitschleifen
nachschleifen
überschleifen
umschleifen
wegschleifen
zerschleifen
zusammenschleifen

das Schleifen
Demantschleifen
Glasschleifen
Hohlschleifen
schweifen
abschweifen
ausschweifen
beschweifen
durchschweifen
herschweifen
hin- *etc.* schweifen
umschweifen
den Schweifen
die Seifen
einseifen
die Steifen
steifen
absteifen
ansteifen
aufsteifen
aussteifen
besteifen
durchsteifen
versteifen
streifen
abstreifen
anstreifen
aufstreifen
ausstreifen
bestreifen
durchstreifen
herstreifen
hin- *etc.* streifen
losstreifen
mitstreifen
nachstreifen
überstreifen
umstreifen
vorstreifen
zurückstreifen
zusammenstreifen
— Streifen
der Streifen
Atlasstreifen
Glasstreifen
Längsstreifen
Mittelstreifen
Oberstreifen
Randstreifen
Schlangenstreifen
Seitenstreifen
Silberstreifen
Taffetstreifen
Unterstreifen
die Weifen
weifen
abweifen
anweifen
aufweifen
ausweifen
losweifen

ēifend

greifend
angreifend
ehrangreifend
eingreifend
ergreifend
herzergreifend
keifend
kneifend
neifend
pfeifend
reifend
schleifend
schweifend
ausschweifend
einseifend
steifend
streifend
weifend

ēifens

des Greifens
— Keifens
— Kneifens
— Neifens
— Pfeifens
— Reifens
— Schleifens
— Schweifens
— Einseifens
— Steifens
— Streifens
— Weifens
sie begreifen's *etc.*

ēifer

der Eifer
Amtseifer
Andachtseifer
Bekehrungseifer
Berufseifer
Casteneifer
Cathedereifer
Constitutionseifer
Diensteifer
Ehreifer
Feuereifer
Freyheitseifer
Glaubenseifer
Handwerkseifer
Kampfeifer
Ketzereifer
Kunsteifer
Lehreifer
Lerneifer
Mönchseifer
Nacheifer
Pfaffeneifer
Priestereifer
Recensenteneifer
Religionseifer
Richtereifer
Schuleifer
Schwärmereifer
Tugendeifer
Vaterlandseifer
Wahrheitseifer
Wetteifer
eifer
das Geeifer
der Geifer
Drachengeifer
Giftgeifer
Hundsgeifer
Otterngeifer
Schlangengeifer
Viperngeifer
das Gegeifer
der Greifer
Angreifer
Ergreifer
Besitzergreifer
Zugreifer
— Keifer
— Kneifer
— Pfeifer
Auspfeifer
Bockspfeifer
Clarinettenpfeifer
Dudelsackspfeifer
Hochzeitpfeifer
Kunstpfeifer
Feldkunstpfeifer
Querpfeifer
Regenpfeifer
Regimentspfeifer
Sackpfeifer
Sandpfeifer
Schalmeypfeifer
Stadtpfeifer
Strandpfeifer
Zwergpfeifer
— Reifer
ein reifer
der Schleifer
Abschleifer
Augenglasschleifer
Brillenschleifer
Demantschleifer
Edelsteinschleifer
Glasschleifer
Juwelenschleifer
Marmorschleifer
Rauchschleifer
Scheerenschleifer
Schwertschleifer
Steinschleifer
ein Schleifer (Tanz)
der Schweifer
— Umschweifer
— Seifer
das Geseifer
der Steifer
Aufsteifer
Hutsteifer

der Streifer
Abstreifer
Herumstreifer
Landstreifer
Umherstreifer
— Weifer

eiferm

reifer'm
steifer'm

eifern

eifern
abeifern
aneifern
aufeifern
beeifern
ereifern
miteifern
nacheifern
übereifern
voreifern
wetteifern
bewetteifern
zereifern
geifern
angeifern
ausgeifern
begeifern
übergeifern
zergeifern
den Greifern
Angreifern
Besitzergreifern
— Keifern
— Kneifern
— Pfeifern
— Reifern
einen reifer'n
den Schleifern
— Schweifern
— Seifern
seifern
— Reifern
einen steifer'n
den Streifern
— Weifern

eifernd

eifernd
geifernd
seifernd

eiferns

des Eiferns
— Geiferns
— Seiferns

eifers

des Eifers
— Geeifers
des Geifers
— Gegeifers
— Greifers
— Keifers
— Kneifers
— Pfeffers
— Reifers
ein reifer's
des Schleifers
— Schweifers
— Seifers
— Geseifers
— Steifers
ein steifer's
des Streifers
— Weifers

eiferst

du eiferst
— geiferst
— seiferst

eifert

er eifert
— geifert
— seifert

eifes

des Greifes
— Gegreifes
— Gekeifes
— Kneifes
— Gekneifes
— Geneifes
— Gepfeifes
— Reifes
ein reifes
des Schleifes
— Geschleifes
— Unterschleifes
— Verschleifes
— Schweifes
— Geschweifes
— Gesteifes
ein steifes
des Streifes
— Gestreifes
— Geweifes

eifest

du greifest
— keifest
— kneifest
— neifest
— pfeifest
— reifest
reifest
— schleifest
— schweifest
— einseifest
— steifest
steifest
du streifest
— weifest

eifet

er greifet
— keifet
— kneifet
— neifet
— pfeifet
— reifet
— schleifet
— schweifet
— seifet
— steifet
— streifet
— weifet

eifig

greifig
angreifig
eingreifig
keifig
schleifig
schweifig
bleyschweifig
eisenschweifig
kurzschweifig
langschweifig
umschweifig
seifig
streifig
breitstreifig
buntstreifig
kurzstreifig
langstreifig
rothstreifig
schmalstreifig
schwarz- *etc.*
wasserstreifig
wurfstreifig

eifle

ich begreifle
— neifle
das Geneifle
ich auspfeifle
— streifle
das Gestreifle
ich weifle
das Geweifle
ich zweifle
das Gezweifle

eifler

der Reifler
— Rothreifler
— Zweifler
Bezweifler
Glaubenszweifler
Offenbarungszweifl.
Verzweifler

eiflern

den Reiflern
— Zweiflern

eiflers

des Reiflers
— Zweiflers
begreifl' er's! *etc.*

eiflich

greiflich
begreiflich
unbegreiflich
ergreiflich
vorgreiflich
unvorgreiflich
auspfeiflich
reiflich
unterschleiflich
abstreiflich
bezweiflich
unbezweiflich

eifling

der Reifling
— Unreifling
— Ausschweifling
— Steifling
— Streifling
— Zweifling

eiflings

des Reiflings
— Unreiflings
— Ausschweiflings
— Steiflings
— Streiflings
— Zweiflings

[seifnen
der Seifner]

eifre

ich eifre
das Geeifre
ich geifre
das Gegeifre
eine reif're
ich seifre
das Geseifre
eine steif're

eifrem

reif'rem
steif'rem

eifren

reif'ren
steif'ren

eifrer

der Eifrer
— Geifrer
ein reif'rer
— steif'rer

eifrern

den Eifrern
— Geifrern

eifrers

des Eifrers
— Geifrers

eifrig

eifrig
geifrig

eifrung

die Eif'rung
Beeif'rung
Nacheif'rung
— Begeif'rung

eifs

des Greifs
— Gegreifs
— Gekeifs
— Kneifs
— Gekneifs
— Geneifs
— Gepfeifs
— Reifs
ein reif's
des Schleifs
— Geschleifs
— Unterschleifs
— Verschleifs
— Schweifs
— Geschweifs
— Gesteifs
ein steif's
des Streifs
— Gestreifs
— Geweifs
ich begreif's *etc.*

eifsel

das Schleifsel
— Abschleifsel
— Steifsel

eifseln

den Schleifseln
— Abschleifseln
— Steifseln

eifsels

des Schleifsels
— Abschleifsels
— Steifsels

eifst

du greifst
— keifst
— kneifst
— neifst
— pfeifst
— reifst
reifst
— schleifst
— schweifst
— einseifst
— steifst
steif'st
— streifst
— weifst

eifste

der reifste
— steifste

eifstem

reifstem
steifstem

eifsten

die reifsten
— steifsten

eifster

reifster
steifster

eifstes

reifstes
steifstes
du greifst es *etc.*

eifsts

du begreifst's *etc. bis*
weifst's *siehe* **eifst**

eift

er greift
— keift
— kneift
— neift
— pfeift
— reift
— schleift
— schweift
— einseift
— steift
— streift
— weift

eifte

er neifte
— reifte
— schleifte
— schweifte

er einseifte
— steifte
— streifte
— weifte

eiftem

ausgeneiftem
verschleiftem
ausgeschweiftem
eingeseiftem
gesteiftem
gestreiftem
geweiftem

eiften

sie neiften
— reiften
— schleiften
— schweiften
die eingeseiften
sie steiften
— streiften
— weiften

eifter

ein ausgeneifter
— gereifter
— verschleifter
— ausgeschweifter
— eingeseifter
— gesteifter
— gestreifter
— geweifter
das begreift er *etc.*

eifterm

gereifter'm
verschleifter'm
ausgeschweifter'm
gesteifter'm

eiftern

gereifter'n
verschleifter'n
ausgeschweifter'n
gesteifter'n

eifters

ein gereifter's
— verschleifter's
— ausgeschweifter's
— gesteifter's
nun begreift er's *etc.*

eiftes

ein ausgeneiftes
— gereiftes
— geschleiftes
— geschweiftes
— eingeseiftes
— gesteiftes
ein gestreiftes
— geweiftes
er begreift es *etc.*

eiftest

du neiftest
— reiftest
— schleiftest
— schweiftest
— einseiftest
— steiftest
— streiftest
— weiftest

eiftet

ihr neiftet
— reiftet
— schleiftet
— schweiftet
— einseiftet
— steiftet
— streiftet
— weiftet

eifts

ein ausgeneift's
— gereift's
— geschleift's
— geschweift's
— eingeseift's
— gesteift's
— gestreift's
— geweift's
er begreift's *etc.*

eiftst

gereift'st
verschleift'st
geschweift'st
gesteift'st

eiftste

der gereift'ste
— verschleift'ste
— geschweift'ste
— gesteift'ste
ich schweifzte
— seufzte

eiftstem

gereift'stem
verschleift'stem
geschweift'stem
gesteift'stem

eiftsten

die gereift'sten
— verschleift'sten
— geschweift'sten
— gesteift'sten
sie schweifzten
— seufzten

eiftster

gereift'ster
verschleift'ster
geschweift'ster
gesteift'ster

eiftstes

gereift'stes
verschleift'stes
geschweift'stes
gesteift'stes

eifung

die Greifung
— Ergreifung
— Auskeifung
— Zerkneifung
— Ausneifung
— Auspfeifung
— Reifung
— Schleifung
— Schweifung
— Ausschweifung
— Einseifung
— Steifung
— Streifung
— Weifung

[schweifzen]
[schweifzig]

eig

feig
mordfeig
todesfeig
geig!
neig!
das Scheig
schweig
schweig!
Braunschweig
der Steig
Alpensteig
Bergsteig
Blumensteig
Dohnensteig
Felsensteig
Fufssteig
Gebirgssteig
Gemsensteig
Holzsteig
Lachsteig
Marktsteig
Nebensteig
Rasensteig
Reitersteig
Richtsteig
Seitensteig
Waldsteig

Wandelsteig
Weinbergssteig
Wiesensteig
steig!
der Teig
Bärenteig
Blätterteig
Bodenteig
Brezelteig
Brotteig
Butterteig
Gährteig
Goldteig
Honigteig
Kuchenteig
Mandelteig
Mehlteig
Nonnenteig
Nudelteig
Papierteig
Pastetenteig
Pfannenteig
Pillenteig
Sauerteig
Semmelteig
Senfteig
Straubenteig
Süſsteig
Tortenteig
Waſſelteig
Weiſsgerberteig
Zuckerteig
teig
kernteig
zeig!
der Fingerzeig
— Zweig
Adernzweig
Aepfelzweig
Augenzweig
Baumzweig
Birken- Buchen- *etc.*
Blüthenzweig
Blumenzweig
Corallenzweig
Cypressenzweig
Erwerbszweig
Familienzweig
Felsenzweig
Fingerzweig
Friedenszweig
Fruchtzweig
Gebirgszweig
Gehörzweig
Handelszweig
Handflächenzweig
Hauptzweig
Hinterhauptzweig
Hautzweig
Ellbogenhautzweig
Herzzweig
Herzbeutelzweig
Hohlhandzweig
Holzzweig
Kunstzweig
Lilienzweig
Lorbeerzweig
Muskelzweig
Zwergmuskelzweig
Myrthenzweig
Nackenzweig
Nahrungszweig
Nebenzweig
Nervenzweig
Oberkieferzweig
Oelzweig
Ohrenzweig
Palmenzweig
Querzweig
Riemenzweig
Rosmarinzweig
Rückenzweig
Schläfenzweig
Seitenzweig
Setzzweig
Stirnzweig
Thränenzweig
Tragzweig
Traubenzweig
Unteraugenliedszw.
Wiederkehrzweig
Wissenszweig
Zahnzweig
Zehenzweig
Zungenzweig
Zungenbeinzweig
Zwischenrippenzw.
das Gezweig

eige

der Eige
Biereige
— Feige
die Feige
Adamsfeige
Dattelfeige
Erdfeige
Faſsfeige
Kelchfeige
Korkfeige
Laubfeige
Maulbeerfeige
Meerfeige
Ohrfeige
Paradiesfeige
Pferdefeige
Pharaofeige
Rosenfeige
Seefeige
Stachelfeige
Teufelsfeige
Zwergfeige
ich ohrfeige
das Geohrfeige
die Geige
Altgeige
Armgeige
Baſsgeige
Bretgeige
Doppelgeige
Filzgeige
Kniegeige
Mittelgeige
Nagelgeige
Sackgeige
Stockgeige
ich geige
das Gegeige
die Neige
Bartneige
Bierneige
Punschneige
Weinneige *etc.*
ich neige
das Geneige
ich schweige
das Geschweige
die Schweige
geschweige
ich seige
das Geseige
die Seige
Wasserseige
ich steige
das Gesteige
die Steige
Bodensteige
Gänsesteige
Hühnersteige
dem Steige
— Teige
eine teige
ich teige
das Geteige
ich weige
das Geweige
ich zeige
das Gezeige
dem Fingerzeige
die Anzeige
Gegenanzeige
Hauptanzeige
Inhaltsanzeige
Rückanzeige
Schriftanzeige
Todesanzeige
— Vorzeige
ich bezeige
— erzeige
dem Zweige
ich verzweige
das Gezweige

ēigel

der Rofsreigel
— Seigel
— Veigel
Seeveigel
Sommerveigel
Winterveigel
das Geweigel

ēigeln

den Rofsreigeln
— Seigeln
— Veigeln
weigeln

ēigels

des Rofsreigels
— Seigels
— Veigels
— Geweigels

ēigem

feigem
schweigem
teigem

ēigen

den Eigen
eigen
alleigen
freyeigen
grundeigen
halseigen
hocheigen
leibeigen
seeleneigen
selbsteigen
die feigen
— Feigen
Ohrfeigen
ohrfeigen
die Geigen
geigen
abgeigen
angeigen
aufgeigen
ausgeigen
durchgeigen
losgeigen
vorgeigen
weggeigen
— Neigen
ausneigen
neigen
abneigen
entgegenneigen
herneigen
hin - *etc.* neigen
niederneigen
verneigen
vorneigen
wegneigen
zuneigen
zurückneigen
der Reigen
Brautreigen
Hochzeitreigen
Kuhreigen
Weltenreigen
Wirbelreigen
den Scheigen
die Schweigen
schweigen
abschweigen
stillschweigen
verschweigen
das Stillschweigen
Todesstillschweigen
Todtenstillschweig.
seigen
abseigen
durchseigen
die Seigen
steigen
absteigen
ansteigen
aufsteigen
aussteigen
besteigen
beyhersteigen
durchsteigen
einsteigen
entsteigen
entgegensteigen
ersteigen
fortsteigen
herabsteigen
heraufsteigen
heruntersteigen
mitsteigen
nachsteigen
niedersteigen
übersteigen
umsteigen
versteigen
vorsteigen
wegsteigen
zusteigen
zurücksteigen
das Bergsteigen
den Steigen
die Hühnersteigen
— teigen
den Teigen
teigen
einteigen
weigen
zeigen
anzeigen
aufzeigen
bezeigen
erzeigen
herzeigen
hin - *etc.* zeigen
nachzeigen
niederzeigen
vorzeigen
wegzeigen
zurückzeigen
die Anzeigen
den Fingerzeigen
— Zweigen
bezweigen
durchzweigen
überzweigen
verzweigen

ēigend

ohrfeigend
geigend
neigend
schweigend
seigend
steigend
teigend
weigend
zeigend
verzweigend

ēigends

eigends
schweigends

ēigens

ein eigen's
des Ohrfeigens
— Geigens
— Neigens
— Reigens
— Schweigens
Stillschweigens
— Seigens
— Steigens
— Teigens
— Weigens
— Zeigens
— Verzweigens

ēiger

ein feiger
der Geiger
Bafsgeiger
Biergeiger
Kniegeiger
Vorgeiger
— Reiger
— Schweiger
— *Braunschweiger*
— Seiger
Mückenseiger
seiger
— Seiger
Glockenseiger
Stundenseiger
Thurmseiger
Uhrseiger

der Steiger
Ausschlagsteiger
Baumsteiger
Bergsteiger
Brunnensteiger
Doppeltsteiger
Einsteiger
Fahrsteiger
Gemsensteiger
Grabensteiger
Grubensteiger
Hüttensteiger
Jungensteiger
Klippensteiger
Krippensteiger
Kunststeiger
Mühlsteiger
Obersteiger
Pochsteiger
Schiefssteiger
Untersteiger
Vorsteiger
Waschsteiger
Zimmersteiger
das Gesteiger
der Weiger
das Geweiger
der Zeiger
Anzeiger
Blattanzeiger
Blitzstoffanzeiger
Bolzenanzeiger
Buchanzeiger
Feueranzeiger
Reichsanzeiger
Schriftanzeiger
Verhältnisanzeiger
Wurzelanzeiger
Blattzeiger
Datumszeiger
Erzeiger
Feuerzeiger
Flachzeiger
Folgezeiger
Kunstzeiger
Landzeiger
Mattzeiger
Messerzeiger
Minutenzeiger
Monatszeiger
Schattenzeiger
Schneidezeiger
Secundenzeiger
Seitenzeiger
Sonnenzeiger
Steinzeiger
Stellzeiger
Stundenzeiger
Uhrzeiger
Vorzeiger
Wärmezeiger
Wegzeiger
Wetterzeiger
Windzeiger
Wurzelzeiger
schweig' er! *etc.*

eigerm

feiger'm
schweiger'm
teiger'm

eigern

einen feigern
den Geigern
— Reigern
— Schweigern
— *Braunschweigern*
seigern
durchseigern
— Seigern
Mückenseigern
Uhrseigern
— Steigern
steigern
ansteigern
aufsteigern
ersteigern
hinansteigern
hinaufsteigern
übersteigern
versteigern
einen teiger'n
weigern
den Zeigern
Anzeigern
Vorzeigern

eigernd

seigernd
steigernd
weigernd

eigerns

des Seigerns
— Steigerns
— Weigerns

eigers

ein feiger's
des Geigers
— Reigers
ein schweiger's
des Schweigers
— *Braunschweigers*
— Seigers
— Geseigers
— Steigers
— Gesteigers
ein teigers
des Weigers
des Geweigers
— Zeigers
ich verweiger's *etc.*
zeig' er's! *etc.*

eigerst

du seigerst
— steigerst
— weigerst

eigert

er seigert
— steigert
— weigert

eiges

ein feiges
des Geohrfeiges
— Gegeiges
— Geneiges
— Geschweiges
ein schweiges
des Scheiges
— Geseiges
— Steiges
— Gesteiges
— Teiges
— Geteiges
ein teiges
des Geweiges
— Gezeiges
— Zweiges
— Gezweiges
ich verschweig' es *etc.*

eigest

feigest
du ohrfeigest
— geigest
— neigest
— schweigest
schweigest
— seigest
— steigest
— teigest
teigest
— weigest
— zeigest
— verzweigest

eiget

er ohrfeiget
— geiget
— neiget
— schweiget
— seiget
— steiget
— zeiget
— verzweiget

eigicht

der Seigicht
teigicht

eigichts

des Seigichts
ein teigichts

eigig

steigig
teigig
zweigig
dichtzweigig
doppeltzweigig
vielzweigig

eiglich

verschweiglich
steiglich
besteiglich
unbesteiglich
ersteiglich
unersteiglich
übersteiglich
unübersteiglich
zeiglich
erzeiglich
vorzeiglich

eigling

der Feigling (*s.* eichling)
[der Steiglitz]

eignen *etc.*

die eignen
sich ereignen (*s.* eichnen)

eigner

ein eigner
der Eigner
Braueigner
Deichseigner
Zueigner (*s.* eichner)

eignis

das Ereignis
Lebensereignis
Naturereignis
Tagesereignis
Zeitereignis (*siehe* eichnis)

eigre

ich seigre
das Geseigre
ich steig're
das Gesteig're
ich weig're
das Geweig're
ich verweigre

eigs

ein feig's
des Geohrfeigs
— Gegeigs
— Geneigs
— Geschweigs
ein schweig's
des Scheigs
— Geseigs
— Steigs
— Gesteigs
— Teigs
— Geteigs
ein teig's
des Geweigs
— Gezeigs
— Zweigs
— Gezweigs
verschweig's!

eigst

feig'st
du ohrfeigst
— geigst
— neigst
— schweigst
schweig'st
— seigst
— steigst
— teigst
teig'st
— weigst
— zeigst
— verzweigst

eigste

der feigste
— schweigste
— teigste

eigstem

feigstem
schweigstem
teigstem

eigsten

die feigsten
— schweigsten
— teigsten

eigster

feigster
schweigster
teigster

eigstes

feigstes
schweigstes
teigstes

eigt

er ohrfeigt
— geigt
— neigt
geneigt
abgeneigt
— schweigt
— seigt
— steigt
— teigt
— weigt
— zeigt
— verzweigt

eigte

er ohrfeigte
— geigte
— neigte
— schweigte
— seigte
— teigte
— weigte
— zeigte
— verzweigte

eigtem

geohrfeigtem
gegeigtem
geneigtem
geschweigtem
durchgeseigtem
geteigtem
gezeigtem
verzweigtem

eigten

sie ohrfeigten
— geigten
— neigten
— schweigten
— seigten
— teigten
— zeigten
— verzweigten

eigter

ein geohrfeigter
— gegeigter
— geneigter
— geschweigter
— durchgeseigter
— geteigter
— gezeigter
— verzweigter
besteigt er *etc.*

eigtern

einen abgegeigter'n
— geneigter'n
— verzweigter'n

ẽigters

ein abgegeigter's
— geneigter's
— verzweigter's

ẽigtes

ein geohrfeigtes
— gegeigtes
— geneigtes
— geschweigtes
— durchgeseigtes
— geteigtes
— gezeigtes
— verzweigtes
er besteigt es *etc.*

ẽigtest

du ohrfeigtest
— geigtest
— neigtest
geneigtest
— schweigtest
— seigtest
— teigtest
— weigtest
— zeigtest
— verzweigtest

ẽigtet

ihr ohrfeigtet
— geigtet
— neigtet
— schweigtet
— seigtet
— teigtet
— weigtet
— zeigtet
— verzweigtet

ẽigts

ein geohrfeigt's
— gegeigt's
— geneigt's
— geschweigt's
— durchgeseigt's
— geteigt's
— gezeigt's
— verzweigt's
er besteigt's *etc.*

ẽigtst

du ohrfeigt'st
— geigt'st
— neigt'st
geneigt'st
— schweigt'st
— seigt'st
— teigt'st
— weigt'st
— zeigt'st
— verzweigt'st

ẽigtste

der abgegeigt'ste
— geneigt'ste
— verzweigt'ste

ẽigtstem

abgegeigt'stem
geneigt'stem
verzweigt'stem

ẽigtsten

die abgegeigt'sten
— geneigt'sten
— verzweigt'sten

ẽigtster

abgegeigt'ster
geneigt'ster
verzweigt'ster

ẽigtstes

abgegeigtstes
geneigtstes
verzweigt'stes

ẽigung

die Ohrfeigung
— Abgeigung
— Neigung
Abneigung
Naturabneigung
Gemüthsneigung
Grundneigung
Hinneigung
Lieblingsneigung
Schoofsneigung
— Verschweigung
— Durchseigung
— Besteigung
— Teigung
— Weigung
— Zeigung
Bezeigung
Ehrenbezeigung
Freudenbezeigung
Freundschaftsbez.
Gunstbezeigung
Höflichkeitsbezeig.
Erzeigung
Diensterzeigung
Vorzeigung
— Verzweigung

ẽih *siehe* **ẽi** *u.* **ẽy**

ẽihe

die Bleihe
Leitbleihe
Schofsbleihe
ich gedeihe
— fleihe
das Gefleihe
ich leihe
das Geleihe
die Anleihe
Zwangsanleihe
— Darleihe
ich verleihe
— prophezeihe
das Geprophezeihe
ich reihe
das Gereihe
die Reihe
Baumreihe
Bergreihe
Braureihe
Doppelreihe
Ehrenreihe
Folgereihe
Folgenreihe
Gedankenreihe
Gröfsenreihe
Häuserreihe
Heerreihe
Hinterreihe
Jahrreihe
Mittelreihe
Namenreihe
Nebenreihe
Oberreihe
Pappelreihe
Perlenreihe
Pflanzenreihe
Ringelreihe
Säulenreihe
Schlachtreihe
Schlufsreihe
Soldatenreihe
Stammreihe
Stimmreihe
Tänzerreihe
Tonreihe
Unterreihe
Vorderreihe
Wesenreihe
Wörterreihe
Zahlenreihe
Zahnreihe
Zimmerreihe
ich seihe
das Geseihe
die Seihe
Hopfenseihe
Kornseihe
Milchseihe
Strohseihe
Wachsseihe
Wasserseihe
— Schleihe
Goldschleihe
ich weihe
das Geweihe
die Weihe
Altarweihe

Fahnenweihe
Frühlingsweihe
Haferweihe
Johannisweihe
Kirchweihe
Narrenkirchweihe
Krautweihe
Lichtweihe
Priesterweihe
Tempelweihe
Vorweihe
Wasserweihe
Würzweihe
der Weihe
Eschweihe
Fischweihe
Hühnerweihe
Lachweihe
Maſsweihe
Mausweihe
Meerweihe
Moosweihe
Rittelweihe
Röthelweihe
Rüttelweihe
Sumpfweihe
Taubenweihe
die Geweihe
ich zeihe
das Gezeihe
ich verzeihe

eihen

die Bleihen
gedeihen
angedeihen
wohlgedeihen
zugedeihen
das Gedeihen
Ungedeihen
Wohlgedeihen
fleihen
leihen
ableihen
anleihen
aufleihen
ausleihen
beleihen
darleihen
einleihen
entleihen
herleihen
hin- *etc.* leihen
nachleihen
verleihen
vorleihen
wegleihen
die Anleihen
Darleihen
prophezeihen
reihen
anreihen
aufreihen
einreihen
zusammenreihen
die Reihen
der Reihen
Bergreihen
Doppelreihen
Festreihen
Kuhreihen
Sternenreihen
die Schleihen
seihen
abseihen
ausseihen
durchseihen
— Seihen
weihen
einweihen
entweihen
— Weihen
das Weihen
den Geweihen
zeihen
bezeihen
verzeihen

eihend

gedeihend
fleihend
leihend
prophezeihend
reihend
seihend
weihend
zeihend
verzeihend

eihens

des Gedeihens
Ungedeihens
Wohlgedeihens
— Fleihens
— Leihens
— Prophezeihens
— Reihens
Kuhreihens
— Seihens
— Weihens
— Zeihens
Verzeihens

eiher

der Leiher
Aufleiher
Darleiher
Roſsleiher
Verleiher
Bücherverleiher
Geldverleiher
Pfandverleiher
Pferdeverleiher
der Reiher
Fischreiher
Flammenreiher
Kammreiher
Keuchreiher
Korallenreiher
Löffelreiher
Moosreiher
Nilreiher
Perlreiher
Pfaureiher
Purpurreiher
Rallenreiher
Rohrreiher
Schildreiher
Schittreiher
Seereiher
Silberreiher
Sternreiher
Sumpfreiher
Tigerreiher
Violenreiher
Zickzackreiher
Zwergreiher
— Einreiher
— Sprachseiher
— Weiher
Badeweiher
Fischweiher
Herrenweiher
— Zeiher
prophezeih' er!

eihern

den Leihern
— Reihern
Einreihern
— Sprachseihern
— Weihern
— Zeihern

eihers

des Leihers
— Reihers
Einreihers
— Sprachseihers
— Weihers
— Zeihers

eihes

des Gefleihes
— Geleihes
— Darleihes
— Geprophezeihes
— Geseihes
— Geweihes
Hirschgeweihes
— Gezeihes
so gedeih' es!

eihest

du gedeihest
— fleihest
— leihest
— prophezeihest
— reihest
— seihest
— weihest
— zeihest
— verzeihest

eihet

er gedeihet
— fleihet
— leihet
— prophezeihet
— reihet
— seihet
— weihet
— zeihet
— verzeihet

eihets

ein gefleihet's
— prophezeihet's
— gereihet's
— durchgeseihet's
— geweihet's
er verzeihet's *etc.*

eihig

reihig
doppelreihig
1- 2- 3- *etc.* reihig
hochgeweihig

eihlich — eihn — eihs — eiht *siehe* **eilich — ein — eis — eit** 2c.

eihung

die Gedeihung
— Fleihung
— Leihung
Beleihung
Verleihung
Pfandverleihung
Pfarrverleihung
— Prophezeihung
Lügenprophezeih.
— Einreihung
— Durchseihung
— Weihung
Einweihung
— Zeihung
Verzeihung

eik

das Leik
Hinterleik
Oberleik
Raaleik
Unterleik
Vorleik
der Scheik
das *Scheik*
ein *Peik*
van Dyck
van Eyk

eike

dem Leike
ich leike
das Geleike
dem *Scheike* [schneikeln]

eiken

den Leiken
leiken
— *Scheiken*

eikes

des Leikes
— Geleikes
— *Scheikes*

eiks

des Leiks
— Geleik's
— *Scheiks*

eil

in Eil
eil!
das Beil
Blattbeil
Breitbeil
Ehrenbeil
Enterbeil
Ehrenenterbeil
Fallbeil
Fleischbeil
Grubenbeil
Hackebeil
Hammerbeil
Handbeil
Henkersbeil
Hohlbeil
Küchenbeil
Langbeil
Mordbeil
Opferbeil
Pflugbeil
Richtbeil
Schirrbeil
Schlachtbeil
Schlächterbeil
Schlichtbeil
Schrotbeil
Streitbeil
Würgebeil
Zimmerbeil
feil
wohlfeil
spottwohlfeil
das Eisenfeil
— Kupferfeil
feil!
geil
— Bibergeil
— Hasengeil
heil
heil!
— Heil
Allheil
Beinheil
Gartenheil
Gauchheil
Wassergauchheil
Geckheil
Giftheil
Gottheil
Grundheil
Hirschheil
Krätzheil
Landesheil
Leibesheil
Machtheil
Menschenheil
Narrenheil
Neunheil
Scharbocksheil
Seelheil
Seelenheil
Selbstheil
Unheil
Wasserheil
Weltheil
der Keil
Donnerkeil
Ladenkeil
Lösekeil
Mastenkeil
Nasenkeil
Pfandkeil
Prefskeil
Richtkeil
Schleifkeil
Schlufskeil
Schufskeil
Spaltkeil
Steinkeil
Stellkeil
Sternkeil
Stofskeil
Strahlkeil
Sturmkeil
Treibkeil
Vorkeil
Wetterkeil
Zapfenkeil
das Peil
peil!

der Pfeil
Brandpfeil
Feuerpfeil
Fitschepfeil
Flitschpfeil
Flitzpfeil
Flügelpfeil
Giftpfeil
Kalksteinpfeil
Lästerpfeil
Liebespfeil
Schmerzenspfeil
Sonnenpfeil
Strahlpfeil
Todespfeil
Venuspfeil
Wurfpfeil
quell!
das Seil
Achselseil
Affenseil
Anhaltseil
Ankerseil
Aermelseil
Bastseil
Bauchseil
Bergseil
Boiseil
Bootsseil
Bornseil
Brunnenseil
Fährseil
Folterseil
Gabelseil
Glockenseil
Göpelseil
Haarseil
Haltseil
Hängeseil
Heinzenseil
Heuseil
Hopfenseil
Jochseil
Klobenseil
Knotenseil
Krahnseil
Langseil
Lertseil
Lenkseil
Luftseil
Narrenseil
Querseil
Raaseil
Riemenseil
Schaukelseil
Schiffsseil
Schleppseil
Schnellseil
Schockseil
Schrotseil
Schutzseil
Schwangseil
Schwingseil
Schwungseil
Segelseil
Straffseil
Strohseil
Stückseil
Tragseil
Treckseil
Trottseil
Umseil
Wagenseil
Waldseil
Weinbergseil
Windseil
Zeltseil
Ziehseil
Zugseil
seil!
der Speil
— Spreil
steil
felsensteil
steil!
— Teil
theil!
— Theil
Ackertheil
Altentheil
Antheil
Deichantheil
Erbantheil
Losantheil
Verhältnißantheil
Außentheil
Bergtheil
Bestandtheil
Grundbestandtheil
Urbestandtheil
Beuttheil
Budtheil
Drit- (4-, 5- *etc.* 1000) theil
Elterntheil
Erbtheil
Erdtheil
Feldtheil
Felsentheil
Feuertheil
Frauentheil
Gegentheil
Gelenktheil
Gemeindetheil
Gemengtheil
Gewinntheil
Grundtheil
Haupttheil
Hinterhaupttheil
Vorderhaupttheil
Heertheil
Hintertheil
Hundstheil
Kabeltheil
Kalktheil
Käsetheil
Kindestheil
Kuxtheil
Landestheil
Lendentheil
Mannstheil
Mehrtheil
Mengtheil
Mischtheil
Mitteltheil
Mundtheil
Mußtheil
Muttertheil
Nebentheil
Nordtheil
Obertheil
Osttheil
Ostertheil
Pfannentheil
Pflanzentheil
Pflichttheil
Pflugtheil
Redetheil
Rippentheil
Salztheil
Schuppentheil
Schwerttheil
Seitentheil
Sipptheil
Spindeltheil
Stadttheil
Stammtheil
Stirntheil
Südtheil
Untertheil
Schiffsuntertheil
Vatertheil
Vermehrtheil
Vortheil
Geldvortheil
Hauptvortheil
Nebenvortheil
Vordertheil
Schiffsvordertheil
Wassertheil
Weibstheil
Welttheil
Westtheil
Widertheil
Zeittheil
Zwischentheil
das Urtheil
Appellationsurtheil
Belehrungsurtheil
Bestätigungsurtheil
Boyurtheil
Bluturtheil
Endurtheil
Entbindungsurtheil
Entehrungsurtheil

Erklärungsurtheil
Erstigkeitsurtheil
Erweiterungsurth.
Fluchurtheil
Geschmacksurtheil
Gottesurtheil
Marterurtheil
Mifsurtheil
Nachurtheil
Rügeurtheil
Scherbenurtheil
Schlufsurtheil
Selbsturtheil
Todesurtheil
Todtenurtheil
Veräufserungsurth.
Verbannungsurtheil
Verdammungsurth.
Verknüpfungsurth.
Vorurtheil
Geburtsvorurtheil
Standesvorurtheil
Volksvorurtheil
Wasserurtheil
Welturtheil
der Treil
Stofstreil
— Veil
weil
dieweil
demnach u, alldieweil
die Kurzweil
— Langweil
verweil!
[das Leilach]

eiland

das Eiland
— Beyland
— Freyland
der Heiland
Weltheiland
Mayland
weiland
— Zeiland

eilands

des Eilands
— Beylands
— Freylands
— Heilands
— Zeilands

eilchen

das Beilchen
— Feilchen
— Keilchen
— Meilchen
— Pfeilchen
— Seilchen
das Theilchen
Lufttheilchen
Wärmetheilchen *etc.*
— Veilchen
Blauveilchen
Bergveilchen
Frauenveilchen
Hundsveilchen
Märzveilchen
Mayveilchen
Meerveilchen
Mondveilchen
Moosveilchen
Mutterveilchen
Osterveilchen
Rofsveilchen
Schneeveilchen
Sommerveilchen
Sumpfveilchen
Waldveilchen
Wasserveilchen
Weifsveilchen
Winterveilchen
ein weilchen
das Zeilchen

eilchens

des Beilchens
— Feilchens
— Keilchens
— Meilchens
— Pfeilchens
— Seilchens
— Theilchens
— Veilchens
— Weilchens
— Zeilchens

eile

ich eile
das Geeile
die Eile
Blitzeseile
Sturmeseile
Taschenspielereile
Windeseile
dem Beile
ich verbeile
die Feile
Abziehfeile
Armfeile
Beinfeile
Bestofsfeile
Bogenfeile
Eckfeile
Fitzfeile
Glattfeile
Grobfeile
Gröfserfeile
Handfeile
Hohlfeile
Hornfeile
Knochenfeile
Krugfeile
Messerfeile
Nadelfeile
Plattenfeile
Räderfeile
Raumfeile
Riffelfeile
Schlichtfeile
Spitzfeile
Zahnspitzfeile
Stabfeile
Stofsfeile
Vorfeile
Zinnfeile
ich feile
das Gefeile
dem Eisenfeile
— Kupferfeile
eine feile
— wohlfeile
die Wohlfeile
— Geile
Bocksgeile
Geburtsgeile
eine geile
dem Bibergeile
— Hasengeile
— Heile
ich heile
das Geheile
eine heile
dem Keile
ich keile
das Gekeile
die Meile
Bannmeile
Biermeile
Flächenmeile
geographische Meile
Geviertmeile
Landmeile
Postmeile
Quadratmeile
Seemeile
Sonnenmeile
Teufelsmeile
Viertelmeile
Würfelmeile
Zwangmeile
dem Pelle
ich peile
das Gepeile
die Pfeile
ich queile
das Gequeile
dem Seile
ich seile
das Geseile
die Seile
dem Speile
— Spreile
die steile

die Steile
ich steile
das Gesteile
dem Teile
ich theile
das Getheile
die Theile
Schamtheile
Zeugungstheile
dem Urtheile
ich urtheile
das Geurtheile
dem Treile
— Veile
die Weile
Langeweile
Kurzweile
Sitzweile
das Geweile
die Verweile
ich weile
das Geweile
alleweile
die Zeile
Anfangszeile
Endzeile
Häuserzeile
Hauptzeile
Kehrzeile
Reimzeile
Schaltzeile
Schlufszeile
Titelzeile
Trauerzeile
Zwischenzeile

ēilem

feilem
geilem
heilem
steilem

ēilen

eilen
abeilen
beeilen
durcheilen
enteilen
entgegeneilen
ereilen
forteilen
hereilen
hin- *etc.* eilen
nacheilen
übereilen
voreilen
wegeilen
zueilen
zurückeilen
zusammeneilen
den Beilen
verbeilen
die Feilen
feilen
abfeilen
ausfeilen
befeilen
durchfeilen
einfeilen
losfeilen
nachfeilen
überfeilen
umfeilen
vorfeilen
zerfeilen
einen feilen
— wohlfeilen
— geilen
— heilen
heilen
abheilen
anheilen
ausheilen
nachheilen
verheilen
zuheilen
zusammenheilen
den Keilen
keilen
abkeilen
ankeilen
aufkeilen
auskeilen
bekeilen
durchkeilen
einkeilen
festkeilen
loskeilen
nachkeilen
verkeilen
vorkeilen
wegkeilen
zerkeilen
zukeilen
zusammenkeilen
die Meilen
den Peilen
peilen
verpeilen
— Pfeilen
queilen
vorqueilen
— Seilen
seilen
abseilen
anseilen
ausseilen
beseilen
einseilen
— Speilen
— Spreilen
die steilen
steilen
den Theilen
Vorurtheilen
theilen
abtheilen
austheilen
betheilen
eintheilen
ertheilen
mifstheilen
mittheilen
nachtheilen
untertheilen
vertheilen
vortheilen
zertheilen
zutheilen
benachtheilen
bevortheilen
viertheilen
urtheilen
aburtheilen
beurtheilen
mifsurtheilen
nachurtheilen
vorurtheilen
zu gleichen Theilen
den Treilen
treilen
— Veilen
weilen
eilweilen
einweilen
kurzweilen
langweilen
entlangweilen
verweilen
bisweilen
derweilen
einstweilen
unterweilen
zuweilen
jezuweilen
die Zeilen

ēilend

eilend
verbeilend
feilend
heilend
keilend
peilend
queilend
seilend
steilend
theilend
gleichtheilend
urtheilend
weilend

ēilens

des Eilens
— Verbeilens
— Feilens
— Heilens
— Keilens

des Peilens
— Queilens
— Seilens
— Steilens
— Theilens
— Urtheilens
— Weilens

eiler

ein feiler
— wohlfeiler
der Messingfeiler
— Rohrfeiler
— Schönfeiler
— Zeugfeiler
ein geiler
der Geiler
— Heiler
— Wundenheiler
ein heiler
der Keiler
— Meiler
Kohlenmeiler
Scheitmeiler
— Pfeiler
Brückenpfeiler
Eckpfeiler
Eispfeiler
Felsenpfeiler
Fensterpfeiler
Feuerpfeiler
Galgenpfeiler
Gegenpfeiler
Halbpfeiler
Hauptpfeiler
Hauspfeiler
Marmorpfeiler
Mauerpfeiler
Mittelpfeiler
Nebenpfeiler
Spiegelpfeiler
Staatspfeiler
Straſsenpfeiler
Strebepfeiler
Tempelpfeiler
Tragpfeiler
Wandpfeiler
Winkelpfeiler
das Gepfeiler
der Queiler
— Schmeiler
— Seiler
— Speiler
Nierenspeiler
Wurstspeiler
das Gespeiler
ein steiler
der Theiler
Austheiler
Bergaustheiler
Preisaustheiler
Dammtheiler
Eintheiler
Ertheiler
Preisertheiler
Erztheiler
Gleichtheiler
Linientheiler
Urtheiler
Beurtheiler
Schriftbeurtheiler
Vorurtheiler
Vertheiler
der Treiler
— Weiler
das Weiler

eilerm

feiler'm
geiler'm
heiler'm
steiler'm

eilern

einen feiler'n
— wohlfeiler'n
den Messingfeilern
— Rohrfeilern
— Schönfeilern
— Zeugfeilern
einen geiler'n
den Geilern
einen heiler'n
den Heilern
— Keilern
— Meilern
— Pfeilern
pfeilern
— Queilern
— Schmeilern
— Seilern
— Speilern
speilern
verspeilern
einen steiler'n
den Theilern
— Treilern
— Weilern

eilernd

pfeilernd
speilernd

eilerns

des Pfeilerns
— Speilerns

eilers

ein feiler's
— wohlfeiler's
des Messingfeilers
— Rohrfeilers
des Schönfeilers
— Zeugfeilers
ein geiler's
des Geilers
ein heiler's
des Heilers
— Keilers
— Meilers
— Pfeilers
— Gepfeilers
— Queilers
— Schmeilers
— Seilers
— Speilers
— Gespeilers
ein steiler's
des Theilers
— Treilers
— Weilers
so heil' er's *etc.*

eilerst

du pfeilerst
— speilerst

eiles

des Geeiles
— Beiles
— Gefeiles
ein feiles
— wohlfeiles
des Eisenfeiles
— Kupferfeiles
ein geiles
des Bibergeiles
— Hasengeiles
ein heiles
des Geheiles
— Heiles
— Keiles
— Gekeiles
— Peiles
— Gepeiles
— Pfeiles
— Gequeiles
— Seiles
— Geseiles
— Speiles
— Spreiles
ein steiles
des Gesteiles
— Theiles
— Getheiles
— Urtheiles
— Geurtheiles
— Treiles
— Veiles
— Geweiles
so heil' es!
dieweil es *etc.*

eilest

du eilest
— verbeilest
feilest
wohlfeilest
— feilest
geilest
- heilest
— keilest
— peilest
— queilest
— seilest
— steilest
steilest
— theilest
— urtheilest
— weilest

eilet

er eilet
— verbeilet
— feilet
— heilet
— keilet
— peilet
— queilet
— seilet
— steilet
— theilet
— beurtheilet
— weilet

eilich — eihlich *etc.*

gedeihlich
ausleihlich
verleihlich
verzeihlich
unverzeihlich
freylich
[das Feilicht
— Eisenfeilicht]

eilig

eilig
voreilig
heilig
allheilig
dreymalheilig
hochheilig
jungfrauheilig
liebeheilig
scheinheilig
unheilig
werkheilig
das Dreymalheilig
vielmeilig
1-, 100-, 1000meilig
queilig
theilig
abtheilig
antheilig
eintheilig
gegentheilig
gleichtheilig
halbtheilig
mittheilig
nachtheilig
vortheilig
zwey- 3- 1000 theil.
weilig
alleweilig
bisweilig
derweilig
einstweilig
kurzweilig
langweilig
unterweilig
zuweilig
zeilig
1- 8- 10 - *etc.* 1000-
zeilig
engzeilig
kurzzeilig
langzeilig
schrägzeilig
vielzeilig
weitzeilig
zwischenzeilig

eiligs

ein eilig's
— voreilig's
— heilig's
— vielmeilig's
— queilig's
— theilig's
— kurzweilig's
— langweilig's
— vielzeilig's
so heilig's!

eiligst

du beeiligst
— heiligst
heiligst
— betheiligst

eiligt

er beeiligt
— heiligt
geheiligt
— betheiligt

eiling

der Weiling
— Dreyling
— Zweyling

eilings

des Weilings
— Dreylings
— Zweylings
{vortheilisch
der Steilitsch
beilken

eils

des Geeil's
— Beils
— Gefeil's
ein feil's
— wohlfeil's
des Eisenfeils
— Kupferfeils
ein geil's
des Bibergeils
— Hasengeils
ein heil's
des Heils
— Geheils
— Keils
— Gekeils
— Peils
— Gepeils
— Pfeils
— Gequeils
— Seils
— Geseils
— Speils
— Spreils
ein steil's
des Gesteils
— Theils
— Getheils
— Urtheils
— Geurtheils
theils
anderntheils
besserntheils
bestentheils
deinestheils
eines-, 2- 3- *etc.*
euerntheils
gegentheils
grofsentheils
gröfserntheils
gröfstentheils
gutentheils
ihrentheils
jedentheils
keinestheils
mehrentheils
mehrerntheils
meinestheils
meistentheils
seinestheils
unserntheils
— Treils
— Veils
— Geweils
ich heil's *etc.*
weil's
[das Feilsel
feilschen]

eilst

du eilst
— verbeilst

du feilst
feil'st
wohlfeilst
geil'st
heil'st
— heilst
— keilst
— peilst
— queilst
— seilst
— steilst
steil'st
— theilst
— urtheilst
— weilst

eilste

der feilste
— geilste
— heilste
— steilste

eilstem

feilstem
geilstem
heilstem
steilstem

eilsten

die feilsten
— geilsten
— heilsten
— steilsten

eilster

feilster
geilster
heilster
steilster

eilstes

feilstes
geilstes
heilstes
steilstes

eilt

er eilt
übereilt
— verbeilt
— feilt
— heilt
— keilt
— peilt
— queilt
— seilt
— steilt
— theilt
— urtheilt
— weilt

eilte

er eilte
— verbeilte
— feilte
— heilte
— keilte
— peilte
— queilte
— seilte
— steilte
— theilte
— urtheilte
— weilte

eiltem

mit übereiltem
— verbeiltem
— gefeiltem
— geheiltem
— gekeiltem
— gepeiltem
— vorgequeiltem
— geseiltem
— gesteiltem
— getheiltem
— beurtheiltem
— unverweiltem

eilten

sie eilten
— verbeilten
— feilten
— heilten
— keilten
— peilten
— queilten
— seilten
— steilten
— theilten
— urtheilten
— weilten

eilter

ein übereilter
— verbeilter
— gefeilter
— geheilter
— gekeilter
— gepeilter
— vorgequeilter
— geseilter
— gesteilter
— getheilter
— verurtheilter
— unverweilter
das heilt er *etc.*

eilterm

übereilter'm
gefeilter'm
getheilter'm

eiltern

einen übereilter'n
— ausgefeilter'n
— getheilter'n

eilters

ein übereilter's
— ausgefeilter's
— getheilter's
so heilt er's *etc.*

eiltes

ein übereiltes
— verbeiltes
— gefeiltes
— geheiltes
— gekeiltes
— gepeiltes
— vorgequeiltes
— geseiltes
— gesteiltes
— getheiltes
— verurtheiltes
— unverweiltes

eiltest

du eiltest
— verbeiltest
— feiltest
— heiltest
— keiltest
— peiltest
— queiltest
— seiltest
— steiltest
— theiltest
— beurtheiltest
— weiltest

eiltet

ihr eiltet
— verbeiltet
— feiltet
— heiltet
— keiltet
— peiltet
— queiltet
— seiltet
— steiltet
— theiltet
— beurtheiltet
— weiltet

eilung

die Beeilung
— Uebereilung
— Voreilung
— Wettereilung
— Verbeilung
— Feilung
— Grundtheilung

die Heilung
— Keilung
— Peilung
— Verqueilung
— Seilung
— Steilung
— Theilung
Abtheilung
Gradabtheilung
Querabtheilung
Aposteltheilung
Austheilung
Brotaustheilung
Preisaustheilung
Betheilung
Deichtheilung
Dreytheilung
Eintheilung
Gradeintheilung
Ertheilung
Gnadenertheilung
Erbtheilung
Erbschaftstheilung
Feldtheilung
Ländertheilung
Mittheilung
Schichttheilung
Schmaltheilung
Tottheilung
Beurtheilung
Schriftbeurtheil.
Vertheilung
Beutevertheilung
Brotvertheilung
Erbvertheilung
Gewinnvertheil.
Grundvertheilung
Wasservertheil. *etc.*
Bevortheilung
Zertheilung
Zutheilung

ēim

beym
der Feim
die Feim
heim
anheim
geheim
insgeheim
Gleim
der Keim
Blattkeim
Bohnenkeim
Einschnittskeim
Erdkeim
Fadenkeim
Fruchtkeim
Graskeim
Hautkeim
Hoffnungskeim
Hopfenkeim
Kugelkeim
Lebenskeim
Leibeskeim
Lustkeim
Pflanzenkeim
Samenkeim
Spargelkeim
Wurzelkeim
Anwurzelkeim
Zwietrachtskeim
der Leim
Beutenleim
Buchbinderleim
Fischleim
Fleischleim
Fugenleim
Goldleim
Handschuhleim
Hökerleim
Honigleim
Hornleim
Judenleim
Lederleim
Löthleim
Magenleim
Mehlleim
Mundleim
Pappenleim
Pergamentleim
Seeleim
Spießchenleim
Tischerleim
Tischlerleim
Vogelleim
Wasserleim
der Oheim
— Großoheim
— Reim
Afterreim
Bilderreim
Denkreim
Doppelreim
Endreim
Hauptreim
Irrreim
Kettenreim
Knittelreim
Leberreim
männlicher Reim
Räthselreim
reicher Reim
reiner Reim
Ringelreim
Rundreim
Schlußreim
Schusterreim
Stachelreim
Wechselreim
weiblicher Reim
Zahlreim
— Schleim
Augenschleim
Darmschleim
Drüsenschleim
Gerstenschleim
Graupenschleim
Haferschleim
Magenschleim
Nasenschleim
Pflanzenschleim
der Seim
Gerstenseim
Graupenseim
Honigseim
— Teim
Hildesheim
Hochheim
Laubenheim
Mergentheim
Oppenheim
Pappenheim
Rüdesheim
[die Heimath]

ēimchen

das Johannisgleimchen
— Heimchen
— Meerheimchen
— Stoppelheimchen
— Keimchen
— Hopfenkeimchen
— Reimchen

ēimchens

des Johannisgleimchens
— Heimchens
— Keimchens
— Reimchens

ēimde

die Heimde
der geheimde

ēime

dem Feime
ich feime
das Gefeime
der geheime
die Heime
Rückheime
ich heime
die Keime
ich keime
das Gekeime
dem Leime
ich leime
das Geleime
die Reime
ich reime
das Gereime
dem Schleime
ich schleime

das Geschleime
ich schweime
das Geschweime
dem Seime
die Seime
— Spannseime
ich seime
das Geseime
die Streime
dem Teime
die Weime

eimel

der Feimel
— Heufeimel
— Strohfeimel
das Geheimel
— Geschleimel
der Schweimel
das Geschweimel

eimeln

den Feimeln
auffeimeln
heimeln
anheimeln
schleimeln
schweimeln

eimelnd

auffeimelnd
heimelnd
schleimelnd
schweimelnd

eimelns

des Auffeimelns
— Heimelns
— Schleimelns
— Schweimelns

eimels

des Feimels
— Geheimels
— Geschleimels
— Schweimels
— Geschweimels

eimelst

du auffeimelst
— heimelst
— schleimelst
— schweimelst

eimelt

aufgefeimelt
er heimelt
— schleimelt
— schweimelt

eimen

den Feimen
der Feimen
feimen
heimen
die Heimen
— geheimen
den Keimen
keimen
ankeimen
aufkeimen
auskeimen
bekeimen
emporkeimen
entkeimen
fortkeimen
nachkeimen
hervorkeimen
der Leimen
den Leimen
leimen
anleimen
aufleimen
einleimen
festleimen
zuleimen
zusammenleimen
— Oheimen
— Reimen
reimen
bereimen
nachreimen
vorreimen
zusammenreimen
schleimen
abschleimen
verschleimen
schweimen
verschweimen
seimen
ausseimen
die Seimen
ein *Seymen*
die Streimen
der Streimen
den Teimen
die Weimen

eimend

feimend
heimend
keimend
leimend
reimend
schleimend
schweimend
seimend

eimens

des Feimens
— Heimens
des Keimens
— Leimens
— Reimens
— Schleimens
— Schweimens
— Seimens
— Streimens

eimer

der Eimer
Bergeimer
Brunneneimer
Feuereimer
Fülleimer
Handeimer
Ketteneimer
Kühleimer
Löscheimer
Melkeimer
Milcheimer
Notheimer
Pferdeeimer
Pfützeimer
Schmiereimer
Schöpfeimer
Sodeimer
Zieheimer
— Feimer
— Heimer
ein geheimer
der Leimer
— Reimer
— Schleimer
— Schweimer
— Zeimer
— Hirschzeimer
— Ochsenzeimer
Hochheimer
Laubenheimer
Pappenheimer
Rüdesheimer

eimern

den Eimern
— Heimern
einen geheimer'n
den Leimern
— Reimern
— Schleimern
— Schweimern
— Zeimern
— Hirschzeimern
— Ochsenzeimern
— *Pappenheimern*

eimers

des Eimers
— Heimers
ein geheimer's
des Leimers
— Reimers

des Schleimers
— Schweimers
— Zeimers
— Hirschzeimers
— Ochsenzeimers
— *Hochheimers*
— *Laubenheimers*
— *Pappenheimers*
— *Rüdesheimers*

ēimes

des Feimes
— Gefeimes
ein geheimes
des Keimes
— Gekeimes
— Leimes
— Geleimes
— Reimes
— Gereimes
— Schleimes
— Geschleimes
— Geschweimes
— Seimes
— Geseimes
— Teimes
ich reim' es *etc.*

ēimest

du feimest
— heimest
geheimest
— keimest
— leimest
— reimest
— schleimest
— schweimest
— seimest

ēimet

er feimet
abgefeimet
— heimet
— keimet
— leimet
— reimet
— schleimet
— schweimet
— seimet

ēimicht

leimicht
schleimicht
seimicht

ēimichts

ein leimicht's
— schleimicht's
— seimicht's

ēimig

graskeimig
leichtkeimig
schwerkeimig
leimig
leichtreimig
reichreimig
schwerreimig
unreimig
schleimig
seimig

ēimigs

ein graskeimig's
— leichtkeimig's
— schwerkeimig's
— leimig's
— leichtreimig's
— reichreimig's
— schwerreimig's
— unreimig's
— schleimig's
— seimig's

ēimigst

leimigst
schleimigt
seimigst

ēimisch

heimisch
ausheimisch
einheimisch
unheimisch
reimisch
unreimisch
hildesheimisch etc.

ēimle

ich auffeimle
— heimle
das Geheimle
ich schleimle
das Geschleimle
ich schweimle
das Geschweimle

ēimlich

heimlich
unheimlich
leimlich
unleimlich
oheimlich
reimlich
unreimlich
schweimlich

ēimnis

das Geheimnis
Cabinetsgeheimnis
Familiengeheimnis
Gartengeheimnis
Kunstgeheimnis
Staatsgeheimnis
Tempelgeheimnis
Urgeheimnis
die Säumnis
Versäumnis

ēims

des Feims
— Gefeim's
ein geheim's
des Keims
— Gekeim's
— Leims
— Geleim's
— Reims
— Gereim's
— Schleims
— Geschleim's
— Geschweim's
— Seims
— Geseim's
— Teims
ich reim's *etc.*

[das Gereimsel
einheimsen]

ēimst

du feimst
— heimst
geheim'st
er einheims't
du keimst
— leimst
— reimst
— schleimst
— schweimst
— seimst

ēimste

der geheimste
er einheimste

ēimsten

die geheimsten
sie einheimsten

ēimster

geheimster
eingeheimster

ēimstes

mein geheimstes
— eingeheimstes
du reimst es *etc.*

ēimsts

mein geheimst's
du reimst's *etc.*

eimt

er feimt
abgefeimt
— heimt
— keimt
— leimt
— reimt
gereimt
ungereimt
— schleimt
verschleimt
— schweimt
— seimt

eimte

er feimte
der abgefeimte
er heimte
— keimte
— leimte
— reimte
der gereimte
— ungereimte
er schleimte
der verschleimte
er schweimte
— seimte

eimtem

gefeimtem
abgefeimtem
gekeimtem
geleimtem
gereimtem
ungereimtem
verschleimtem
ausgeseimtem

eimten

sie feimten
die abgefeimten
sie heimten
— keimten
— leimten
— reimten
die gereimten
— ungereimten
sie schleimten
des verschleimten
sie schweimten
— seimten

eimter

ein gefeimter
— abgefeimter
— gekeimter
— geleimter
— gereimter
— ungereimter
— verschleimter
— ausgeseimter
das reimt er *etc.*

eimterm

mit abgefeimter'm
— ungereimter'm
— verschleimter'm
— ausgeseimter'm

eimtern

einen abgefeimter'n
— ungereimter'n
— verschleimter'n
— ausgeseimter'n

eimters

ein abgefeimter's
— ungereimter's
— verschleimter's
— ausgeseimter's
so reimt er's *etc.*

eimtes

ein gefeimtes
— abgefeimtes
— gekeimtes
— geleimtes
— gereimtes
— ungereimtes
— verschleimtes
— ausgeseimtes
er reimt es *etc.*

eimtest

du feimtest
abgefeimtest
— heimtest
— keimtest
— leimtest
— reimtest
ungereimtest
— schleimtest
verschleimtest
— schweimtest
— seimtest
ausgeseimtest

eimtet

ihr feimtet
— heimtet
— keimtet
— leimtet
— reimtet
— schleimtet
— schweimtet
— seimtet

eimtst

du feimt'st
abgefeimt'st
— heimt'st
— keimt'st
— leimt'st
du reimt'st
ungereimt'st
— schleimt'st
verschleimt'st
— schweimt'st
— seimt'st
ausgeseimt'st

eimtste

der abgefeimtste
— ungereimtste
— verschleimtste
— ausgeseimtste

eimtstem

abgefeimtstem
ungereimtstem
verschleimtstem
ausgeseimtstem

eimtsten

die abgefeimtsten
— ungereimtsten
— verschleimtsten
— ausgeseimtsten

eimtster

abgefeimtster
ungereimtster
verschleimtster
ausgeseimtster

eimtstes

abgefeimtstes
ungereimtstes
verschleimtstes
ausgeseimtstes
du reimst es *etc.*

eimung

die Feimung
— Heimung
— Keimung
— Leimung
— Zusammenreimung
— Verschleimung
— Schweimung
— Auseimung

[der Heimzen]

ein — eihn

ein
allein
mutterallein
seelenallein
mutterseelenallein
todtenallein
bergein
darein
feldein
querfeldein

geradein
herein
hinein
hinterdrein
mitein
nebenein
obenein
querein
thalein
überein
untenein
waldein
worein
das Steck-mich-ein
— Stelldichein
— Bein
Achselbein
Apfelbein
Armbein
Oberarmbein
Unterarmbein
Bankbein
Beckenbein
Brustbein
Darmbein
Dickbein
Dreybein
Eisbein
Ellbogenbein
Elfenbein
Falzbein
Felsenbein
Fersenbein
Fingerbein
Fischbein
Folterbein
Frauenbein
Gänsebein
Gaumenbein
Gedächtnisbein
Gedankenbein
Gelbbein
Gelenkbein
Gesäſsbein
Gewerbebein
Glättbein
Gleichbein
Grätschbein
Grundbein
Gurgelbein
Hakenbein
Halsbein
Hasenbein
Hammenbein
Heiligenbein
heilige Bein
Herzbein
Hinkebein
Hinterbein
Hinterhauptsbein
Hirschbein
Holzbein
Hüftbein
Hühnerbein
Hufbein
Jochbein
Kahnbein
Kalbsbein
Keilbein
Kinnbein
Klapperbein
Kopfbein
Kopfkeilbein
Köthenbein
Kranzbein
Kreuzbein
Kronenbein
Kropfbein
Krummbein
Kurzbein
Langbein
Latschbein
Linsenbein
Mägdebein
Männerbein
Markbein
Menschenbein
Mittelbein
Mondbein
Mückenbein
Mutterbein
Nagelbein
Nasenbein
Nebenbein
Nervenbein
Nuſsbein
Oberbein
Ofenbein
Pelzbein
Pferdebein
Pfropfbein
Pfundbein
Querbein
Rehbein
Riechbein
Riemenbein
Riesenbein
Rindsbein
Röhrbein
Rothbein
Rückgrathsbein
Säbelbein
Sattelbein
Schafbein
Schambein
Schaufelbein
Scheidebein
Scheitelbein
Schemelbein
Schenkelbein
Schiefbein
Schienbein
Schiffbein
Schinkenbein
Schläfenbein
Schlafbein
Schleifbein
Schloſsbein
Schlüſselbein
Schluſsbein
Schnabelbein
Schnappbein
Schoosbein
Schränkebein
Schulterbein
Schuppenbein
Schwanzbein
Seitenbein
Sesambein
Sesselbein
Sichelbein
Siebbein
Sitzbein
Speichenbein
Spillenbein
Sprenkelbein
Sprungbein
Steckenbein
Steinbein
Steiſsbein
Stelzbein
Stiefelbein
Stirnbein
Storchbein
Streckebein
Stuhlbein
Tausendbein
Tausendpfeilbein
Tausendscheren-
Tausendseebein
Thränenbein
Tiegelbein
Tigerbein
Tischbein
Todtenbein
Ueberbein
Vorderbein
Vorderhauptsbein
Wadenbein
Wallfischbein
Wandbein
Wangenbein
Wespenbein
Wirbelbein
Wirtelbein
Wolfsbein
Würfelbein
Ziegenbein
Zungenbein
Seitenzungenbein
Zweybein
das Gebein
Erdegebein
Menschengebein

Todtengebein
Todesgebein
Langbein
Tischbein
dein
d'rein
hintendrein
obendrein
fein
bergfein
haarfein
superfein
überfein
kein
klein
haarklein
klimperklein
klipperklein
kurz und klein
das Klein
Erdkohlenklein
Gänseklein
Hasenklein
Kobaltklein
Schlackenklein
der Lein
Klanglein
Samenlein
Wiesenlein
das Latein
Husarenlatein
Küchenlatein
Mönchslatein
mein
gemein
allgemein
handgemein
insgemein
stockgemein
ungemein
nein
das Janein
die Pein
Augenpein
Feuerpein
Fieberpein
Herzenspein
Höllenpein
Kopfpein
Liebespein
Schmerzenspein
Schreckenspein
Seelenpein
Zahnpein
rein
engelrein
fehlerrein
himmelrein
kinderrein
lichtrein
schneerein
schwanenrein
silberrein
spiegelrein
sündenrein
urrein
der *Rhein*
Hinterrhein
Mittelrhein
Niederrhein
Oberrhein
Unterrhein
Vorderrhein
Vater *Rhein*
sein
der Schein
Abendschein
Afterschein
Anschein
Antheilsschein
Armuthsschein
Aufnahmeschein
Augenschein
Augustschein
Aussenschein
Backenschein
Bankschein
Beglaubigungssch.
Beichtschein
Besichtigungsschein
Beweisschein
Brachschein
Bürgschein
Christschein
Dämmerschein
Doppelschein
Drittschein
Einhändigungssch.
Einkömmlingssch.
Einlösungsschein
Eintrittsschein
Empfangschein
Engelsschein
Entbindungsschein
Erlaſsschein
Erlaubnisschein
Erledigungsschein
Fackelschein
Fernschein
Feuerschein
Flammenschein
Flitterschein
Frachtschein
Schiffsfrachtschein
Frühlingsschein
Frühröthschein
Fundschein
Befundschein
Geburtsschein
Gegenschein
Geleitsschein
Gesellschaftsschein
Gesundheitsschein
Gewährschein
Gnadenschein
Gunstschein
Heiligenschein
Heirathsschein
Herbstschein
Heuchelschein
Heuschein
Himmelsschein
Hornschein
Irrlichtsschein
Jännerschein
Kassenschein
Kaufschein
Kirchenschein
Labeschein
Ladungsschein
Verladungschein
Lampenschein
Lehnsschein
Lehrschein
Leistenschein
Lichtschein
Lieferungsschein
Luftschein
Märzschein
Mayschein
Mondschein
Vollmondschein
Morgenschein
Nachschein
Nebenschein
Nordschein
Nordlichtschein
Nothschein
Opferschein
Pfandschein
Pflichtschein
Postschein
Purpurschein
Regenbogenschein
Rosenschein
Rückschein
Schatzkammersch.
Schatzschein
Schnittschein
Schuldschein
Staatsschuldschein
Silberschein
Sonnenschein
Spätschein
Spitzschein
Stechschein
Sterbeschein
Sternenschein
Steuerschein
Strahlenschein
Tagesschein
Taufschein
Theilnehmungssch.
Tilgungsschein
Todtenschein
Trauschein

Trauungsschein
Tresorschein
Tugendschein
Verpflichtungssch.
Versicherungssch.
Viertschein
Geviertschein
Vorspannschein
Wageschein
Wahrschein
Wiederschein
Rosenwiedersch.
Zauberwiedersch.
Weinschein
Wetterschein
Winterschein
Wunderschein
Zahlschein
Zahlungsschein
Zauberschein
Zitterschein
Zweifelschein
Zwischenschein
schein!
erschein!
der Schrein
Urschriftenschrein
(*siehe* Schrank)
das Schwein
Bisamschwein
Dornschwein
Eberschwein
Eichelschwein
Elephantenschwein
Erdschwein
Erzschwein
Faselschwein
Fehmschwein
Hauptschwein
Hausschwein
Kielschwein
Kolschwein
Küchenschwein
Mastschwein
Meerschwein
Mittelschwein
Moschschwein
Moschusschwein
Schildkrötenschw.
Schlichtschwein
Schmalzschwein
Schrotschwein
Sölschwein
Speckschwein
Stachelschwein
Stammschwein
Stechschwein
Stoppelschwein
Sumpfschwein
Waldschwein
Wasserschwein
Wildschwein
Zaunschwein
Zuchtschwein
der Stein
Abziehstein
Adlerstein
Aehrenstein
Aetzstein
Affenstein
Afterstein
Alabasterstein
Alaunstein
Alpstein
Alpschoſsstein
Amazonenstein
Anreicherstein
Arendalstein
Armstein
Arsenikstein
Atramentstein
Aufsatzstein
Augenstein
Austerstein
Azurstein
Bachstelzenstein
Backstein
Badestein
Balkenstein
Bandstein
Bannstein
Barnstein
Baumstein
Baustein
Beilstein
Bernstein
Bilderstein
Bildstein
Bimsstein
Bindestein
Bitterstein
Blasenstein
Blattstein
Blatterstein
Blaustein
Blecherstein
Blendstein
Bleystein
Blitterstein
Blumenstein
Blutstein
Böckelstein
Bocksstein
Bodenstein
Bologneserstein
Bordstein
Brandstein
Braunstein
Bretstein
Brillenstein
Bruchstein
Ofenbruchstein
Bunzenstein
Calamitstein
Centnerstein
Constitutionsstein
Dachstein
Damenstein
Darmstein
Deckstein
Deichselstein
Denkstein
Dickstein
Dintenstein
Donnerstein
Doppelstein
Dornstein
Drachenstein
Dreckstein
Duckstein
Dünnstein
Eckstein
Edelstein
Glanzedelstein
Glasedelstein
Halbedelstein
Scheinedelstein
Einkehlstein
Eisstein
Eisenstein
Brauneisenstein
Magneteisenstein
Manganeisenstein
Opaleisenstein
Raseneisenstein
Rotheisenstein
Schindnageleisen-
Schwarzeisenstein
Thoneisenstein
Erbsenstein
Erdstein
Etterstein
Fadenstein
Fahlstein
Fallstein
Farbenstein
Federstein
Feldstein
Felsenstein
Feuerstein
Feuerfluſsstein
Fingerstein
Firstenstein
Fischstein
Fittigstein
Fliegenstein
Fliesenstein
Flintenstein
Flurstein
Formstein
Forststein
Freſsstein
Freyungsstein
Froschstein
Fruchtstein
Füllstein

Galitzenstein
Gallenstein
Galmeystein
Gangstein
Gänsestein
Garschlackenstein
Gäschstein
Gedächtnifsstein
Gedenkstein
Gehirnstein
Geimstein
Geifsstein
Geisbergerstein
Geleitsstein
Gerichtsstein
Gerinnstein
Gesimsstein
Gestellstein
Gesundheitsstein
Gewichtsstein
Gewölbestein
Geyerstein
Giefsstein
Giftstein
Gillenstein
Glanzstein
Glasstein
Glättstein
Gliedstein
Gniedelstein
Goldstein
Goldstreichstein
Grabstein
Granatstein
 Quarzgranatstein
Grandstein
 Halbgrandstein
Granitstein
Graustein
Greifmuschelstein
Greifstein
Grenzstein
Griefsstein
Grimmstein
 Uebergangsgrimm-
 Urgrimmstein
Grundstein
Gukuckstein
Gummistein
Gufsstein
Güterstein
Gypsstein
Habichtsstein
Hagelstein
Hahnenstein
Hakstein
Handstein
Harnischstein
Harnstein
Hartstein
Hauptstein
Hausenstein
Herdstein
Herzstein
Himmelsstein
Hirschstein
Hirschhornstein
Hohlstein
Höllenstein
Holzstein
Honigstein
Hornstein
Hornfelsstein
Hünenstein
Hutstein
Igelstein
 Meerigelstein
Ingwerstein
Jagdstein
Judenstein
Jungfernstein
Käsestein
Kalkpfeilstein
Kalkstein
 Keilkalkstein
 Kittenkalkstein
 Tripelkalkstein
 Tuffkalkstein
Kammmuschelstein
Kammstein
Kanelstein
Kankerstein
Kapaunenstein
Karpfenstein
Kattunstein
Katzenstein
Kaulbarsstein
Kaulstein
Kegelstein
Kehlstein
Keilstein
Kernstein
Kesselstein
Kettenstein
Kieselstein
Kirschstein
Klangstein
Klapperstein
Kleyenstein
Klingstein
Klopfstein
Knochenstein
Knollenstein
Knopfstein
Kohlenstein
Kopfstein
Korallenstein
Kornblumenstein
Körnerstein
Kornstein
Kraftstein
Kragenstein
Kragstein
Kreuzstein
Krösestein
Krötenstein
Kümmelstein
Kuhstein
Kupferstein
Labradorstein
Lachstein
Lahnstein
Landkartenstein
Landschaftsstein
Landstein
Lasterstein
Laststein
Lasurstein
Leberstein
Lehmstein
Leichenstein
Leichstein
Leimstein
Lendenstein
Lesestein
Leuchtstein
Lilienstein
Lindstein
Linienstein
Linsenstein
Lochortstein
Lochstein
Löthstein
Luchsstein
Luftröhrenstein
Lungenstein
Magenstein
Magnetstein
Mahlstein
Mandelstein
Marbelstein
Markstein
Markungsstein
Marmelstein
Martstein
Mauerstein
Maunzenstein
Mauzenstein
Mehlstein
Meilenstein
Mennicherstein
Menschenstein
Mergelstein
Merkstein
Meteorstein
Milchstein
Mischstein
Mittelstein
Moccastein
Modelstein
Mohnsamenstein
Monatsstein
Mondstein

Moorstein
Moosstein
Moraststein
Mühlstein
Obermühlstein
Untermühlstein
Mundstein
Murkstein
Mutterstein
Nadelstein
Nagelstein
Nanniesserstein
Napfstein
Narrenstein
Nebelstein
Neckstein
Nelkenstein
Nierenstein
Notenstein
Nothstein
Nuſsholzstein
Obrigkeitsstein
Oelbeerstein
Oelstein
Olivenstein
Opferstein
Orgelstein
Ortstein
Pantherstein
Pantoffelstein
Pappelstein
Pechstein
Perlmutterstein
Peilstein
Pfannenstein
Pfauenstein
Pfefferstein
Pfeilerstein
Pfeilstein
Pfennigstein
Pferdeschwanzstein
Pferdestein
Pflanzenstein
Pflasterstein
Pflaumenstein
Piezstein
Plattstein
Pockenstein
Polstein
Porphyrstein
Portlandsstein
Porzellanstein
Prallstein
Preſssulzenstein
Probestein
Probirstein
Prudelstein
Prüfstein
Puddingstein
Punctstein
Putzstein

Pyrmesonstein
Quaderstein
Quarkstein
Quarzstein
Rabenstein
Rädelstein
Rädersäulenstein
Räderstein
Rainstein
Rappenstein
Rasenstein
Raststein
Rauchstein
Schneckenrauch-
Rauhstein
Raupenstein
Rautenstein
Rebhuhnstein
Regenbogenstein
Regenstein
Reibestein
Rennstein
Richtstein
Riederstein
Rimbachstein
Rindenstein
Rindfleischstein
Ringstein
Rinnstein
Rogenstein
Roggenstein
Rohrstein
Rohstein
Rollstein
Rosenstein
Roſsstein
Röthelstein
Rothstein
Rubinstein
Ruhestein
Rundstein
Säulenstein
Salamstein
Salzstein
Samenstein
Sandstein
Quadersandstein
Trappsandstein
Sanduhrstein
Sargstein
Saustein
Schaalstein
Schachstein
Schandstein
Scheidestein
Scherbelstein
Schevelstein
Schiedstein
Schieferstein
Schielerstein
Schiffkuttelstein
Schildkrötenstein

Schillerstein
Schimmerstein
Schlackenstein
Schlagstein
Schlammstein
Schlangenstein
Schleifstein
Schleimstein
Schleiſsstein
Schleuderstein
Schloſsenstein
Schluſsstein
Schmerstein
Schneckenstein
Schneidestein
Schnurenstein
Schnurstein
Schofstein
Schoppstein
Schorstein
Schotenstein
Schragstein
Schraubenstein
Schreckstein
Schriftstein
Schrittstein
Schröckstein
Schuppenstein
Schüsselstein
Schuſsstein
Schütterstein
Schwachstein
Schwalbenstein
Schwammstein
Schwarzstein
Schweinstein
Schwerstein
Schwetterstein
Schwimmstein
Schwingstein
Seeapfelstein
Seeigelstein
Seelausstein
Seenelkenstein
Seespinnenstein
Seestein
Segelstein
Seidenstein
Seifenstein
Seigestein
Seilfischstein
Sensenstein
Serpentinstein
Sicherstein
Siegstein
Silberätzstein
Silberscherstein
Silberstein
Simsstein
Sohlstein
Sonnenstein
Sonnenwendestein

Spangenstein
Spatstein
Speckstein
Speichelstein
Spiegelstein
Spreustein
Sprudelstein
Spülstein
Spurenstein
Spurstein
Stabstein
Stachelschweinstein
Stachelstein
Stängelstein
Staffelstein
Stahlstein
Stahlweinstein
Stangenstein
Stappstein
Starenstein
Stellstein
Stephansstein
Sternstein
Stinkstein
Storchstein
Strahlstein
Strafsenstein
Strauchstein
Streichstein
Strichstein
Täbstein
Tafelstein
Talgstein
Talkstein
Tannzapfenstein
Tappenstein
Taschenmuschel-
Taschenstein
Taufstein
Teufelsstein
Thierstein
Thonstein
Thränenstein
Thumerstein
Tigerstein
Tintenstein
Tipfstein
Todtenstein
Tollstein
Tonnenstein
Topfstein
Tragstein
Trattstein
Traubenstein
Triftstein
Tripelstein
Tropfbernstein
Tropfstein
Trotzstein
Trutstein
Tsireschstein
Tuchstein

Tülpenstein
Tümpelstein
Türkenblutstein
Tuffstein
Tungstein
Tupfstein
Twarfstein
Unkelstein
Urinstein
Urtheilstein
Veilchenstein
Venusstein
Verkehrstein
Violenstein
Vitriolstein
Wachsstein
Wackenstein
Waffelstein
Waffenstein
Wahlstein
Waldstein
Wallstein
Walmstein
Wälzstein
Wärmstein
Walzenstein
Wandelstein
Warzenstein
Waschstein
Wasserstein
Wegestein
Weichstein
Weidenblätterstein
Weidestein
Weinstein
Boraxweinstein
Brechweinstein
Eisenweinstein
Goldweinstein
Kalkweinstein
Quecksilberweinst.
Spiefsglasweinst.
Weisenstein
Weifsstein
Wellenstein
Wellstein
Wendelstein
Wetterstein
Wetzstein
Wickenstein
Wiesenstein
Windstein
Winkelstein
Wrackstein
Würfelstein
Wunderstein
Wurfstein
Wurmstein
Wurststein
Zahlstein
Zapfenstein
Zechstein

Zehentstein
Zeigstein
Ziegelstein
Ziegenstein
Zimmetstein
Zinsstein
Zirnstein
Zirkelstein
Zuckerkantstein
Zuckerstein
Zunderstein
Zungenstein
Zwergstein
Zwickstein
Zwiebelstein
das Gestein
Quergestein
Schiefergestein
Seifengestein
Duckstein
Ehrenbreitstein
Friedenstein
Gastein
Grimmenstein
Königstein
Lilienstein
Nierenstein
Sonnenstein
Teufelsstein
Wallenstein
der Verein
Bruderverein
Bundesverein
Frauenverein
Friedensverein
Fürstenverein
Gelehrtenverein
Handelsverein
Herzverein
Künstlerverein
Tonkünstlerverein
Kunstverein
Malerverein
Musikverein
Staatenverein
Tugendverein
Vierverein
Völkerverein *etc.*
— Mitwaldein
— Wardein
Bergwardein
Münzwardein
Oberschiedswardein
Sprachwardein
— Wein
Abendmahlswein
Alantwein
Alicantewein
Apfelwein
Arzneywein
Ausbruchswein
Bannwein

Beerenwein
Bergwein
Birkenwein
Brechwein
Bordeauxwein
Bundtwein
Burgunderwein
Capwein
Champagnerwein
Chierwein
Citronenwein
Communionwein
Criminalwein
Cyperwein
Damenwein
Desertwein
Ehrenwein
Elbwein
Fenchelwein
Festwein
Firnewein
Frankenwein
Franzwein
Freudenwein
Friedewein
Fruchtwein
Füllwein
Gänsewein
Gebirgswein
Gesindewein
Gewürzwein
Gliederwein
Glühwein
Goldwein
Götterwein
Granatenwein
Heidelbeerwein
Himbeerwein
Hochzeitswein
Johannisbeerwein
Jungferwein
Kelterwein
Kirschwein
Kochwein
Kräuterwein
Krankenwein
Labewein
Lagerwein
Landwein
Leckwein
Leistenwein
Maderawein
Magenwein
Malagawein
Malvasierwein
Meifsnerwein
Melnikerwein
Menescherwein
Mengewein
Mefswein
Mischwein
Moselwein

Müllerwein
Mundwein
Muskatwein
Mutterwein
Nachtwein
Nachwein
Neckarwein
Nierensteinerwein
Obstwein
Opferwein
Palmwein
Petersilienwein
Peter-Simonswein
Pfründwein
Portwein
Prefswein
Rautenwein
Rheinwein
Rohrwein
Rosinenwein
Rosmarinwein
Rothwein
Sandwein
Schenkwein
Schillerwein
Schlehwein
Seewein
Spänwein
Speisewein
Spendewein
Spiefsglaswein
Steinwein
Stichwein
Strohwein
Tafelwein
Thalwein
Thränenwein
Tischwein
Nachtischwein
Tokayerwein
Traufwein
Tresterwein
Trockenbeerwein
Trockenwein
Tropfwein
Ungarwein
Wacholderwein
Wasserwein
Weichselwein
Wendewein
Wermuthwein
Wetterwein
Willkommenwein
Würzwein
Zapfenwein
Zapfwein
Zehentwein
Zuckerwein
der Branntewein
Anisbranntewein
Fruchtbranntewein
Granatbranntewein

Kartoffelbranntew.
Kirschbranntewein
Kornbranntewein
Kümmelbranntewein
Milchbranntewein
Pfirsichbranntewein
Quittenbranntewein
Reifsbranntewein
Sonnenthaubrannt.
Süfsbranntewein
Veilchenbranntew.
Wacholderbrannt.
Weinhefenbrannt.
Zuckerbranntewein
Groswardein
Peterwardein
die Bleih'n
gedeih'n
fleih'n
leih'n
prophezeih'n
der Reih'n
reih'n
seih'n
die Weih'n
weih'n
zeih'n
verzeih'n
(*Die Diminutiven in* **lein**)
das Aebtlein
— Acteurlein
— Actrislein
— Aeckerlein
— Aehrlein
— Advokätlein
— Altärlein
— Aefflein
— Aemtlein
— Apothekerlein
— Aermlein
— Aerztlein
— Aeslein
— Aeugelein
Liebäugelein
— Bächlein
— Bälglein
— Bändlein
— Bärtlein
— Bäslein
— Bäuchlein
— Bäuerlein
— Bäumlein
— Bäuschlein
— Becherlein
— Beinlein
— Berglein
— Bettlein
— Beutellein
— Bienlein
— Bildlein
— Birnlein
— Bifslein

das Blättlein
— Bläslein
— Blicklein
— Blümlein
— Böcklein
— Böhnlein
— Bötlein
— Brätlein
— Bräutlein
— Bretlein
— Brieflein
— Bröcklein
— Brötlein
— Brüderlein
— Brücklein
— Brünnlein
— Brüstlein
— Büblein
— Büchlein
— Buchstäblein
— Büchslein
— Bürgerlein
— Bündlein
— Bürschlein
— Büschlein
— Cabinetlein
— Cadetlein
— Camerädlein
— Candidätlein
— Cantorlein
— Capitänlein
— Cavalierlein
— Censorlein
— Cheflein
— Citrönlein
— Cofferlein
— Commissärlein
— Comptoirlein
— Concertlein
— Confectlein
— Congreſslein
— Contingentlein
— Copistlein
— Cornetlein
— Couvertlein
— Curatorlein
— Cylinderlein
— Dächlein
— Dächslein
— Dämlein
— Dämmlein
— Därmlein
— Däumlein
— Däuslein
— Decanlein
— Decklein
— Defectlein
— Deichlein
— Delphinlein
— Demantlein
— Despotlein

das Diademlein
— Dieblein
— Dienerlein
— Dienstlein
— Dinglein
— Diplomatlein
— Directorlein
— Dirnlein
— Döcklein
— Doctorlein
— Dörflein
— Dörnlein
— Döslein
— Dräthlein
— Drecklein
— Dreyerlein
— Drücklein
— Dukätlein
— Düftlein
— Dürstlein
— Ecklein
der Ehelein
das Eimerlein
— Engelein
— Entlein
— Erbslein
— Erdzeislein
— Eselein
— Fäblein
— Factorlein
— Fädlein
— Fächerlein
— Fähnlein
— Fältlein
— Fälzlein
— Fasänlein
— Fäſslein
— Fäustlein
— Federlein
— Fehlerlein
— Feldlein
— Felslein
— Fensterlein
— Ferklein
— Feuerlein
— Fieberlein
— Figürlein
— Fingerlein
— Finklein
— Fischlein
— Fischerlein
— Flädlein
— Flämmlein
— Fläschlein
— Flecklein
— Flintlein
— Flötlein
— Flörlein
— Flöſslein
— Flügelein
— Flüſslein

das Fräulein
— Fräglein
— Frettlein
— Fröstlein
— Früchtlein
— Füchslein
— Fünklein
— Fürstlein
— Füſslein
— Gäbelein
Weingäbelein
— Gamanderlein
Wiesengamanderlein
— Gänglein
— Gänslein
— Gärtlein
— Gäſslein
— Gästlein
— Gebäudlein
— Gebetlein
— Gedichtlein
— Geiglein
— Gemerklein
— Geschäftlein
— Geschenklein
— Geschichtlein
— Geschöpflein
— Gesetzlein
— Gesichtlein
— Gewehrlein
— Gewichtlein
— Gewölklein
— Gimpelein
— Gitterlein
— Gläslein
— Gliedlein
— Glöcklein
— Gräblein
— Gräflein
— Gräuplein
— Gräslein
— Griechlein
— Grüblein
— Gütlein
— Härlein
— Häcklein
— Hähnlein
— Häklein
— Hälslein
— Hämmerlein
Neunhämmerlein
— Händlein
— Hänslein
— Häslein
— Häublein
— Häuflein
— Häuptlein
— Häuslein
— Heftlein
— Hennlein
— Herrlein
— Herzlein

das Hexlein
— Hieblein
— Hirschlein
— Historlein
— Höflein
— Hölzlein
— Hörnlein
— Hügelein
— Hühnlein
— Hündlein
— Hütlein
— Immlein
— Jährlein
— Jüdlein
— Jüngerlein
— Jünglein
— Jüngferlein
— Käferlein
— Kähnlein
— Kälblein
— Kämmlein
— Kännlein
— Käntlein
— Käpplein
— Kärnlein
— Kärtlein
— Käslein
— Kästlein
— Käterlein
— Kätzlein
— Kayserlein
— Kegelein
— Kehllein
— Keimlein
— Kelchlein
— Kellerlein
— Kennerlein
— Kerblein
— Kernlein
— Kerzlein
— Kesselein
— Kettlein
— Kieselein
— Kiezlein
— Kindlein
— Kirchlein
— Kiſslein
— Kistlein
— Kämmerlein
— Klämmerlein
— Kläpplein
— Klecklein
— Kleidlein
— Klepperlein
— Klöslein
— Klösterlein
— Klötzlein
— Klüftlein
— Klümplein
— Knäblein
— Knechtlein

das Knifflein
— Knipplein
— Knöchlein
— Knöpflein
— Knösplein
— Knötlein
— Köberlein
— Königlein
— Köpflein
— Körperlein
— Körblein
— Körnlein
— Krämerlein
— Kränzlein
— Kräutlein
— Kräglein
— Krämlein
— Kreuzlein
— Krönlein
— Kröpflein
— Krüglein
— Krümlein
— Küchlein
— Küchlein
— Küglein
— Künstlerlein
— Küpferlein
— Küsterlein
— Kütschlein
— Lädlein
— Lämmlein
— Lämplein
— Ländlein
— Läglein
— Läpplein
— Lärvlein
— Läslein
— Laiblein
— Läuslein
— Läuschlein
— Leiblein
— Leiterlein
— Lerchlein
die Leutlein
das Lichtlein
— Liedlein
— Linslein
— Löchlein
— Löcklein
— Löffelein
— Lüftlein
— Lümplein
— Lüstlein
— Mägdlein
— Magisterlein
— Mädlein
— Männlein
— Mäuerlein
— Mäuslein
— Malerlein

das Mäntelein
— Maschinlein
— Mäſslein
— Mättlein
— Meislein
— Meisterlein
— Menschlein
— Messerlein
— Ministerlein
— Mönchlein
— Monarchlein
— Monumentlein
— Moralistlein
— Mücklein
— Mündlein
— Münzlein
— Müfflein
— Mützlein
— Mühmlein
— Müschelein
— Müslein
— Mütterlein
— Nachbarlein
— Nädelein
— Nägelein
Bergnägelein
Feldnägelein
Gewürznägelein
Mutternägelein
Thiernägelein
Weinnägelein
Weiſsnägelein
— Närblein
— Närrlein
— Näthlein
— Näslein
— Naseweislein
— Neiglein
— Nelklein
— Nervlein
— Nesselein
— Nestlein
— Netzlein
— Nichtlein
— Nöselein
— Nötlein
— Nüſslein
— Oechslein
— Oehrlein
— Oeflein
— Opferlein
— Oertlein
— Päcklein
— Päcktlein
— Päpstlein
— Pärlein
— Pantöffelein
— Papierlein
— Pärklein
— Passiönlein
— Pastetlein

das Pastörlein
— Pathlein
— Patschlein
— Pelzlein
— Perlein
— Perrücklein
— Persönlein
— Peterlein
Bergpeterlein
Katzenpeterlein
Krötenpeterlein
Kuhpeterlein
Meerpeterlein
Steinpeterlein
Teufelspeterlein
— Pfählein
— Pfäfflein
— Pfändlein
— Pfännlein
— Pfärrlein
— Pfeiflein
— Pfenniglein
— Pferdlein
— Pflänzlein
— Pflästerlein
— Pfläumlein
— Pförtlein
— Pfötlein
— Pfröpflein
— Pfründlein
— Pilgerlein
— Pilzlein
— Pinselein
— Plänlein
— Plättlein
— Plätzlein
— Poetlein
— Pölsterlein
— Portiönlein
— Pöstlein
— Priesterlein
— Prinzlein
— Prislein
— Pritschlein
— Pröblein
— Procentlein
— Proceſslein
— Professorlein
— Profitlein
— Projectlein
— Prophetlein
— Pülverlein
— Pünctlein
— Püpplein
— Quärklein
— Quartierlein
— Rädlein
— Rändlein
— Ränzlein
— Räthlein
— Räumlein

das Räuschlein
— Rectorlein
— Rehlein
— Reiflein
— Reimlein
— Reislein
— Reiterlein
— Restlein
— Ripplein
— Richterlein
— Riegelein
— Riegerlein
— Riemlein
— Rindlein
— Ringelein
— Riſslein
— Rittlein
— Ritterlein
— Röcklein
— Röhrlein
— Römerlein
— Röslein
— Rosinlein
— Röthelein
— Rücklein
— Rübelein
— Rüsselein
— Runzelein
— Rüthlein
— Sächlein
— Säcklein
— Säbelein
— Säftlein
— Säglein
— Sälblein
— Saitlein
— Sämlein
— Sätzlein
— Säulein
— Schäferlein
— Schätzlein
— Schäflein
— Schänzlein
— Scheiblein
— Scheidlein
— Scheitlein
— Schelmlein
— Scherbelein
— Scheerlein
— Schieberlein
— Schifflein
— Schildlein
— Schirmlein
— Schlängelein
— Schläflein
— Schläuchlein
— Schleiflein
— Schlitzlein
— Schlöſslein
— Schlücklein
— Schlüsselein

das Schmäuslein
— Schmiedlein
— Schnäbelein
— Schnäuzlein
— Schnecklein
— Schneiderlein
— Schnittlein
— Schnitzlein
— Schnörkelein
— Schnürlein
— Schöpslein
— Schöſslein
— Schötlein
— Schränklein
— Schreiblein
— Schriftlein
— Schriftstellerlein
— Schrittlein
— Schrötlein
— Schüchlein
— Schülerlein
— Schüpplein
— Schürzlein
— Schusterlein
— Schwämmlein
— Schwänklein
— Schwänzlein
— Schwärmlein
— Schwätzerlein
— Schweiflein
— Schweinlein
— Schwertlein
— Schwesterlein
— Scribentlein
— Sieblein
— Sitzlein
— Söhnlein
— Soldätlein
— Spältlein
— Späslein
— Spiegelein
— Spieſslein
— Spinnlein
— Spitzlein
— Spötterlein
— Spritzlein
— Sprüchlein
— Spürlein
— Stäblein
— Städtlein
— Stämmlein
— Ständlein
— Stängelein
— Stäublein
— Stäudlein
— Stecklein
— Steglein
— Steinlein
— Sternlein
— Stichlein
— Stiftlein
— Stimmlein

das Stöcklein
— Stöpselein
— Störchlein
— Sträuchlein
— Sträuſslein
— Streichlein
— Stricklein
— Strümpflein
— Studentlein
— Stücklein
— Stümpflein
— Stündlein
— Sümpflein
— Sündlein
— Süpplein
— Sümmlein
— Süſslein
Maaſssüſslein
— Täfelein
— Tänzlein
— Täublein
— Täschlein
— Taucherlein
— Teichlein
— Tempelein
— Teufelein
— Thränlein
— Thürlein
— Thürmlein
— Tischlein
— Töchterlein
— Töpflein
— Tönlein
— Tönnlein
— Törtlein
— Tränklein
— Träublein
— Träpplein
— Trichterlein
— Trieblein
— Trompeterlein
— Trünklein
— Tüchlein
— Uehrlein
— Unthätlein
— Väterlein
— Vögelein
— Völklein
— Wädlein
— Wäldlein
— Wärzlein
— Wägelein
— Wämmslein
— Wännlein
— Wässerlein
— Wechselein
— Weglein
— Weiblein
— Weinlein
— Wiegelein
— Wieselein
— Wieslein

das Windlein
— Winklein
— Wirthlein
— Wisperlein
— Wölflein
— Wölklein
— Wünschlein
— Würfelein
— Würmelein
— Würzelein
— Zähnlein
— Zährlein
— Zänklein
— Zäpflein
— Zäserlein
— Zäunlein
— Zehelein
— Zeisiglein
— Zeltlein
— Zettelein
— Zickelein
— Zimmerlein
— Zipfelein
— Zöpflein
— Zötlein
— Zünglein
— Zwerglein
— Zwiebelein

seyn

das Seyn
Abseyn
Alleinseyn
Aufseyn
Uebelaufseyn
Wohlaufseyn
Bewuſstseyn
Beyseyn
Blindseyn
Daseyn
Erdendaseyn
Nichtdaseyn
Füreinanderdaseyn
Gerngesehenseyn
Gesundseyn
Gutseyn
Hartseyn
Hierseyn
Nichtseyn
Reichseyn
Siegseyn
Stummseyn
Uebelseyn
Wohlseyn
Zusammenseyn
arzeney'n
benedey'n
bley'n
conterfey'n
frey'n
befrey'n
gey'n
hey'n
juchhey'n
kastey'n
vermaledey'n
mey'n
schney'n
schrey'n
schwey'n
spey'n
tacheney'n
entzwey'n
die Abtey'n *etc. siehe* Abtey *sqq.*

einbar

einbar
vereinbar
unvereinbar
verneinbar
unverneinbar
scheinbar
unscheinbar
beweinbar
unbeweinbar

einbau

der Einbau
Wassereinbau
— Scheinbau
— Steinbau
— Weinbau

einbaus

des Einbau's
— Scheinbau's
— Steinbau's
— Weinbau's

einbruch

der Beinbruch
— Einbruch
— Steinbruch

einbruchs

des Beinbruchs
— Einbruchs
— Steinbruchs

einchen

ein Beinchen
Grünbeinchen
Papierbeinchen
— Leinchen
— Peinchen
— Scheinchen
— Schweinchen
Mauerschweinchen
Meerschweinchen
— Steinchen
Lecksteinchen
— Weinchen

einchens

des Beinchens
— Leinchens

des Peinchens
— Scheinchens
-- Schweinchens
— Steinchens
— Weinchens

eind

der Feind
Adelsfeind
Arbeitsfeind
Bauernfeind
Bibelfeind
Bienenfeind
Bürgerfeind
Christenfeind
Erbfeind
Familienfeind
Frauenfeind
Freudenfeind
Freyheitsfeind
Freystaatsfeind
Gelehrtenfeind
Gesetzesfeind
Glaubensfeind
Hauptfeind
Judenfeind
Kartenfeind
Kinderfeind
Kunstfeind
Lichtfeind
Lügenfeind
Mädchenfeind
Menschenfeind
Nationalfeind
Naturfeind
Pfaffenfeind.
Reichsfeind
Ruhefeind
Scheinfeind
Selbstfeind
Soldatenfeind
Sonnenfeind
Spielfeind
Staatsfeind
Theaterfeind
Tugendfeind
Urfeind
Volksfeind
Wahrheitsfeind
Weiberfeind
Weisheitsfeind
Weltfeind
feind
bitterfeind
spinnefeind
seynd
gedeih'nd
fleih'nd
verleih'nd
prophezeih'nd
reih'nd
seih'nd
weih'nd
zeih'nd
verzeih'nd
arzney'nd
benedey'nd
bley'nd
conterfey'nd
befrey'nd
gey'nd
heyn'd
juchhey'nd
kastey'nd
vermaledey'nd
mey'nd
schney'nd
schrey'nd
schwey'nd
spey'nd
tacheney'nd
entzwey'nd
der Freund *etc.* *s.* eund

eindchen

das Feindchen
— Freundchen

eindchens

des Feindchens
— Freundchens

einde

dem Feinde
ich verfeinde
die Gemeinde
Brüdergemeinde
Chorgemeinde
Dorfgemeinde
Hauländergemeinde
Herrnhuthergem.
Kirchgemeinde
Klostergemeinde
Pfarrgemeinde
Religionsgemeinde
Stadtgemeinde
Stiftsgemeinde
— gedeih'nde
— fleih'nde
— verleih'nde
— prophezeih'nde
— reih'nde
— seih'nde
— weih'nde
— zeih'nde
— verzeih'nde
— arzney'nde
— benedey'nde
— bley'nde
— conterfey'nde
— befrey'nde
— gey'nde
die hey'nde
— juchhey'nde
— kastey'nde
— vermaledey'nde
— mey'nde
— schney'nde
— schrey'nde
— schwey'nde
— spey'nde
— tacheney'nde
— entzwey'nde
die Freunde

[das Reindel]

eindem

feindem
gedeih'ndem
fleih'ndem
verleih'ndem
prophezeih'ndem
reih'ndem
seih'ndem
weih'ndem
zeih'ndem
verzeih'ndem
arzney'ndem
benedey'ndem
bley'ndem
conterfey'ndem
befrey'ndem
gey'ndem
heyn'dem
juchhey'ndem
kastey'ndem
vermaledey'ndem
mey'ndem
schney'ndem
schrey'ndem
schwey'ndem
spey'ndem
tacheney'ndem
entzwey'ndem

einden

die feinden
anfeinden
befeinden
verfeinden
— gedeih'nden
— Gemeinden
— fleih'nden
— verleih'nden
— prophezeih'nden
— reih'nden
— seih'nden
— weih'nden
— zeih'nden
— verzeih'nden
— arzney'nden
— benedey'nden
— bley'nden

die conterfey'nden
— befrey'nden
— gey'nden
— hey'nden
— juchhey'nden
— kastey'nden
— vermaledey'nden
— mey'nden
— schney'nden
— schrey'nden
— schwey'nden
— spey'nden
— tacheney'nden
— entzwey'nden
den Freunden
befreunden

eindend

anfeindend
befeindend
verfeindend
befreundend

eindens

des Anfeindens
— Befeindens
— Verfeindens
— Befreundens

einder

ein feinder
— gedeih'nder
— fleih'nder
— verleih'nder
— prophezeih'nder
— reih'nder
— seih'nder
— weih'nder
— zeih'nder
— verzeih'nder
— arzney'nder
— benedey'nder
— bley'nder
— conterfey'nder
— befrey'nder
— gey'nder
— hey'nder
— juchhey'nder
— kastey'nder
— vermaledey'nder
— mey'nder
— schney'nder
— schrey'nder
— schwey'nder
— spey'nder
— tacheney'nder
— entzwey'nder
ein Befreundter

eindes

des Feindes
ein feindes
ein gedeih'ndes
— fleih'ndes
— verleih'ndes
— prophezeih'ndes
— reih'ndes
— seih'ndes
— weih'ndes
— zeih'ndes
— verzeih'ndes
— arzney'ndes
— benedey'ndes
— bley'ndes
— conterfey'ndes
— befrey'ndes
— gey'ndes
— hey'ndes
— juchhey'ndes
— kastey'ndes
— vermaledey'ndes
— mey'ndes
— schney'ndes
— schrey'ndes
— speyn'des
— tacheney'ndes
— entzwey'ndes
des Freundes

eindest

feindest
du befeindest
— verfeindest
— befreundest

eindet

er befeindet
— verfeindet
— befreundet

eindlich

feindlich
götterfeindlich
menschenfeindlich
volksfeindlich
freundlich
vermeyntlich

eindlichs

ein feindlich's
— freundlich's
— vermeintlich's

eindlichst

feindlichst
freundlichst

einds

des Feinds
sie seynd's
des Freunds
ein gedeih'nd's *etc. bis* entzwey'nd's *siehe* eindes

eindst

du befeind'st
— verfeind'st
feindst
— befreundst

eindste

der feindste
— angefeindtste
— befreundtste

eindstem

feindstem
angefeindtstem
befreundtstem

eindsten

die feindsten
— angefeindtsten
— befreundtsten

eindster

feindster
angefeindster
befreundtster

eindstes

feindstes
angefeindtstes
befreundtstes

eindung

die Anfeindung
— Befeindung
— Verfeindung
— Befreundung

eine

eine
das Eine
ich eine
das Geeine
der Dreyeine
dem Vereine
die Beine
— Gebeine
— Todtengebeine
ich verbeine
die Boleine
deine
- Deine
— Feine
— Unfeine
— Wasserfeine
eine feine
ich feine
das Gefeine
ich verfeine
— fischeine

die Gemeine
— allgemeine
ich verallgemeine
— greine
das Gegreine
die Hameine
— Homeine
keine
— Kleine
eine kleine
ich auskleine
— verkleine
dem Lateine
ich verlateine
die Leine
Absteckleine
Ackerleine
Beschlageleine
Boyleine
Fangleine
Gartenleine
Hauptleine
Heuleine
Hundeleine
Kreuzleine
Logleine
Oberleine
Pferdeleine
Rückleine
Rüstleine
Scherleine
Schiffleine
Tragleine
Trockenleine
Trommelleine
Wallleine
Waschleine
Webeleine
Windleine
Ziehleine
Zugleine
ich leine
das Geleine
die *Leine*
meine
die Meine
ich verneine
— peine
das Gepeine
die Reine
— Engelreine
eine reine
ich reine
das Gereine
dem Scheine
ich scheine
das Gescheine
dem Schweine
ich schweine
das Geschweine
ich verschweine
ich schweißeine
seine
die Seine
dem Steine
ich steine
das Gesteine
ich streine
das Gestreine
dem Mitwaldeine
— Wardeine
— Weine
ich weine
das Geweine
ich meyne
das Gemeyne

ēinel

das Beinel
— Gekleinel
— Gelateinel
— Reinel
— Gesteinel
— Gemeynel

ēineln

den Beineln
kleineln
lateineln
— Reineln
steineln
meyneln

ēinelnd

kleinelnd
lateinelnd
steinelnd
meynelnd

ēinelns

des Kleinelns
— Lateinelns
— Steinelns
— Meynelns

ēinels

des Beinels
— Gekleinels
— Gelateinels
— Reinels
— Gesteinels
— Gemeynels

ēinelst

du kleinelst
— lateinelst
— steinelst
— meynelst

ēinelt

er kleinelt
— lateinelt
er steinelt
— meynelt

ēinelts

ein gekleinelt's
— gelateinelt's
— gesteinelt's
er meynelt's *etc.*

ēinem

einem
deinem
feinem
gemeinem
keinem
kleinem
meinem
reinem
seinem

ēinen

einen
einen
vereinen
zusammeneinen
den Beinen
von Kindesbeinen
ausbeinen
verbeinen
die Boleinen
in deinen
die Deinen
einen feinen
feinen
verfeinen
fischeinen
die gemeinen
verallgemeinen
greinen
— Hameinen
— kleinen
auskleinen
verkleinen
— Leinen
leinen
anleinen
das Leinen
Brautleinen
verlateinen
meinen
die Meinen
vermeinen
peinen
— reinen
reinen
den Scheinen
scheinen
anscheinen
bescheinen
durchscheinen
erscheinen

herscheinen
hin- *etc.* scheinen
wiederscheinen
zurückscheinen
den Schweinen
schweinen
verschweinen
schweifseinen
— Steinen
steinen
absteinen
besteinen
einsteinen
ersteinen
versteinen
verlochsteinen
steinen
streinen
— Weinen
weinen
abweinen
ausweinen
beweinen
beyweinen
erweinen
fortweinen
mitweinen
nachweinen
verweinen
vorweinen
wegweinen
zerweinen
das Weinen
Blutweinen
meynen
gutmeynen
schlechtmeynen
übelmeynen
vermeynen
wohlmeynen

einend

einend
vereinend
ausbeinend
verbeinend
feinend
fischeinend
verallgemeinend
greinend
auskleinend
verkleinend
leinend
anleinend
verlateinend
verneinend
peinend
reinend
scheinend
anscheinend
verschweinend
schweifseinend
versteinend
streinend
weinend
meynend
wohlmeynend

einens

des Einens
— Ausbeinens
— Verbeinens
— Feinens
— Fischeinens
— Verallgemeinens
— Greinens
— Verkleinens
— Leinens
ein leinen's
des Verlateinens
— Verneinens
— Peinens
— Reinens
— Scheinens
— Verschweinens
ein schweinen's
des Versteinens
ein steinen's
des Streinens
— Weinens
— Meynens
sie vereinen's *etc.*

einer

einer
der Einer
— Vereiner
die Beiner
deiner
ein feiner
der Verfeiner
ein gemeiner
der Gemeiner
— Greiner
ein kleiner
der Verkleiner
— Lateiner
— Leiner
meiner
— Verneiner
ein reiner
der Reiner
— Schreiner
— Schweiner
seiner
— Steiner
— *Gravensteiner*
— *Nierensteiner*
— Weiner

einerm

feiner'm
gemeiner'm
kleiner'm
reiner'm

einern

den Einern
— Vereinern
— Beinern
beinern
elfenbeinern
fischbeinern
feinern
verfeinern
— Verfeinern
— Gemeinern
einen gemeiner'n
den Greinern
einen kleiner'n
den Verkleinern
verkleinern
— Lateinern
— Leinern
— Verneinern
— Reinern
einen reiher'n
den Schreinern
schreinern
— Schweinern
schweinern
steinern
bernsteinern
versteinern
— Streinern
— Weinern

einernd

feinernd
verfeinernd
verkleinernd
schreinernd
versteinernd

einerns

ein beinern's
des Feinerns
— Verfeinerns
— Verkleinerns
— Schreinerns
ein schweinern's
des Versteinerns

einers

des Einers
— Vereiners
— Beiners
— Verfeiners
ein feiner's
des Gemeiners
ein gemeiner's
des Greiners
— Verkleiners

ein kleiner's
des Lateiners
— Leiners
— Verneiners
— Reiners
ein reiner's
des Schreiners
— Schweiners
— Steiners
— *Gravensteiners*
— *Nierensteiners*

einerst

du verfeinerst
— verkleinerst
— schreinerst
— versteinerst

einert

er verfeinert
— verkleinert
— schreinert
— versteinert

eines

eines
des Vereines
— Geeines
ein dreyeines
des Beines
— Gebeines
deines
ein gemeines
— feines
des Gefeines
— Gegreines
keines
ein kleines
des Lateines
— Geleines
meines
des Gepeines
ein reines
des Gereines
— Scheines
— Gescheines
— Schweines
— Geschweines
seines
— Steines
— Gesteines
— Gestreines
— Wardeines
— Weines
— Geweines
— Gemeynes

einest

du einest
— verbeinest
— feinest
— fischeinest
gemeinest
du verallgemeinest
— greinest
kleinest
— verkleinest
— verlateinest
— leinest
— verneinest
— peinest
reinest
— reinest
— scheinest
— schweinest
— steinest
— streinest
— weinest

einet

er einet
— verbeinet
— verfeinet
— fischeinet
— greinet
— verkleinet
— leinet
— verneinet
— peinet
— reinet
— scheinet
— schweinet
— steinet
— streinet
— weinet
— meynet

einfahrt

die Einfahrt
— Hereinfahrt
— Rheinfahrt
— Maynfahrt

einhart

beinhart
steinhart
Meinhardt
Reinhardt

einheit

die Einheit
— Dreyeinheit
— Feinheit
— Gemeinheit
— Allgemeinheit
— Kleinheit
— Reinheit

einicht

steinicht
wetzsteinicht
weinicht

einig

einig
alleinig
dreyeinig
uneinig
beinig
1 - 2 - *etc.* beinig
barbeinig
bockbeinig
dickbeinig
engbeinig
hochbeinig
knickbeinig
kreuzbeinig
krummbeinig
kurzbeinig
langbeinig
latschbeinig
nacktbeinig
rauchbeinig
rothbeinig
säbelbeinig
schiefbeinig
schleifbeinig
sichelbeinig
sprenkelbeinig
steifbeinig
deinig
meinig
scheinig
durchscheinig
fadenscheinig
fernscheinig
hellscheinig
vollscheinig
weißscheinig
steinig
riesensteinig
weinig

einisch

lateinisch
rheinisch
schweinisch
wallensteinisch

einlaut

der Einlaut
kleinlaut

einle

ich kleinle
das Gekleinle
ich lateinle
das Gelateinle
ich steinle
das Gesteinle
ich meynle
das Gemeynle

einler

der Kleinler
— Lateinler
— Meynler

einlern

den Kleinlern
— Lateinlern
— Meynlern

einlers

des Kleinlers
— Lateinlers
— Meynlers

einlich

vereinlich
kleinlich
verneinlich
unverneinlich
peinlich
nothpeinlich
hochnothpeinlich
reinlich
unreinlich
scheinlich
anscheinlich
augenscheinlich
unscheinlich
wahrscheinlich
unwahrscheinlich
weinlich

einling

der Einling
— Beinling
— Feinling
— Kleinling
— Leinling
— Schweinling
— Weinling

einlings

des Einlings
— Beinlings
— Feinlings
— Kleinlings
— Leinlings
— Schweinlings
— Weinlings

einmal

einmal
keinmal
neunmal

einmuth

der Einmuth
— Kleinmuth

eins

eins
das Einmaleins
uneins
des Vereins
— Geein's
ein dreyein's
des Beins
— Gebeins
deins
ein fein's
des Gefein's
ein gemein's
des Gegreins
kein's
ein klein's
des Lateins
— Geleins
mein's
des Gepein's
ein rein's
des Gerein's
— *Rheins*
sein's
— Scheins
— Geschein's
— Schweins
— Geschwein's
— Steins
— Gestein's
— Gestreins
— Wardeins
— Weins
— Gewein's
— Gemeyn's
ich bewein's *etc.*
des Gedeih'ns
— Fleih'ns
— Leih'ns
— Prophezeih'ns
— Reih'ns
— Seih'ns
— Weih'ns
— Zeih'ns
— Verzeih'ns
— Aebtleins *etc.* *bis* Zwiebeleins *siehe* ein
— Seyns
— Arzney'ns
— Benedey'ns
— Bley'ns
— Conterfey'ns
— Befrey'ns
— Gey'ns
— Hey'ns
— Juchhey'ns
— Vermaledey'ns
— Mey'ns
— Schney'ns
— Schrey'ns
des Spey'ns
— Tacheney'ns
— Entzwey'ns

einsch

latein'sch
rhein'sch
schwein'sch
wallenstein'sch

einsche

latein'sche
rhein'sche
schwein'sche
wallenstein'sche
ich reinsche
das Gereinsche

einschem

latein'schem
rhein'schem
schwein'schem
wallenstein'schem

einschen

latein'schen
rhein'schen
schwein'schen
wallenstein'schen

einscher

ein latein'scher
— *rhein'scher*
— schwein'scher
— *wallenstein'scher*

einsches

ein latein'sches
— *rhein'sches*
— schwein'sches
— *wallenstein'sches*
des Gereinsches

einse

ich deinse
das Gedeinse
die Treinse

einsen

deinsen
die Treinsen

[der Einser]

einst

du einst
einst
dereinst
dermaleinst
untereinst
voreinst
vormaleinst

du verbeinst
er deinst
feinst
du verfeinst
— fischeinst
gemeinst
— verallgemeinst
— greinst
kleinst
— verkleinst
— leinst
— verneinst
— peinst
reinst
— reinst
— scheinst
— schweinst
— steinst
— streinst
— weinst
— meynst

ēinſte

der feinste
— gemeinste
— kleinste
— reinste
er deinste

ēinſtem

feinstem
gemeinstem
kleinstem
reinstem

ēinſten

die feinsten
— gemeinsten
— kleinsten
— reinsten
sie deinsten

ēinſter

feinster
gemeinster
kleinster
reinster
Leinster

ēinſtes

feinstes
gemeinstes
kleinstes
reinstes

ēint

er eint
— vereint
— verbeint
— verfeint
— fischeint
— verallgemeint
er greint
— heint
— verkleint
— verlateint
— leint
— verneint
— peint
— reint
— scheint
— schweint
— steint
— streint
— weint
— beweint
— meynt
wohlgemeynt

ēinte

er einte
— vereinte
— verbeinte
— verfeinte
— fischeinte
— verallgemeinte
— greinte
— verkleinte
— verlateinte
— leinte
— verneinte
— peinte
— reinte
— schweinte
— steinte
— streinte
— weinte
— meynte

ēintem

vereintem
verbeintem
verfeintem
verallgemeintem
verkleintem
verlateintem
angeleintem
verneintem
gepeintem
gereintem
verschweintem
versteintem
beweintem
vermeyntem

ēinten

sie einten
— verbeinten
— verfeinten
— greinten
— verallgemeinten
— verkleinten
— verlateinten
— verleinten
sie verneinten
— peinten
— reinten
— verschweinten
— versteinten
— weinten
— meynten

ēinter

ein vereinter
— verbeinter
— verfeinter
— verallgemeinter
— verkleinter
— verlateinter
— verleinter
— verneinter
— gepeinter
— gereinter
— verschweinter
— versteinter
— beweinter
— vermeynter
— wohlgemeynter
erscheint er *etc.*

ēintern

einen vereinter'n
— verfeinter'n
— verallgemeinter'n
— verkleinter'n
— gepeinter'n
— gereinter'n
— verschweinter'n
— versteinter'n
— beweinter'n
— wohlgemeynter'n

ēinters

ein vereinter's
— verfeinter's
— verallgemeinter's
— verkleinter's
— gepeinter's
— gereinter's
— verschweinter's
— versteinter's
— beweinter's
— wohlgemeynter's
so eint er's *etc.*
so meynt er's *etc.*

ēintes

ein vereintes
— verbeintes
— verfeintes
— verallgemeintes
— verkleintes
— verlateintes
— verleintes
— verneintes
— gepeintes

ein gereintes
— verschweintes
— versteintes
— beweintes
— vermeyntes
so erscheint es *etc.*

eintest

du eintest
— verbeintest
— verfeintest
— fischeintest
— verallgemeintest
— greintest
— verkleintest
— verlateintest
— leintest
— verneintest
— peintest
— reintest
— schweintest
— steintest
— streintest
— weintest
— meyntest

eintet

ihr eintet
— verbeintet
— verfeintet
— fischeintet
— verallgemeintet
— greintet
— verkleintet
— verlateintet
— leintet
— verneintet
— peintet
— reintet
— schweintet
— steintet
— streintet
— weintet
— meyntet

eint's

ein vereint's
— verbeint's
— verallgemeint's
— verkleint's
— verlateint's
— verleint's
— verneint's
— gepeint's
— gereint's
— verschweint's
— versteint's
— beweint's
— vermeynt's
so scheint's
er meynt's *etc.*

der Heinz
— faule Heinz

eint'st

du eint'st
— verbeint'st
— verfeint'st
— fischeint'st
— verallgemeint'st
— greint'st
— verlateint'st
— leint'st
— verneint'st
— peint'st
— reint'st
— schweint'st
— steint'st
— streint'st
— weint'st
— meynt'st
wohlgmeynt'st

eintste

die vereintste
— verfeintste
— verallgemeintste
— verkleintste
— gepeintste
— gereintste
— verschweintste
— versteintste
— beweintste
— wohlgemeyntste

eintstem

vereintstem
verfeintstem
verallgemeintstem
verkleintstem
gepeintstem
gereintstem
verschweintstem
versteintstem
beweintstem
wohlgemeyntstem

eintsten

die vereintsten
— verfeintsten
— verallgemeintsten
— verkleintsten
— gepeintsten
— gereintsten
— verschweintsten
— versteintsten
— beweintsten
— wohlgemeyntsten

eintster

vereintster
verfeintster
verallgemeintster
verkleintster
gepeintster
gereintster
verschweintster
versteintster
beweintster
wohlgemeyntster

eintstes

vereintstes
verfeintstes
verallgemeintstes
verkleintstes
gepeintstes
gereintstes
verschweintstes
versteintstes
beweintstes
wohlgemeyntstes

einung

die Einung
Glaubenseinung
Schützeneinung
Worteinung
— Vereinung
— Verbeinung
— Verfeinung
— Verallgemeinung
— Verkleinung
— Verlateinung
— Verleinung
— Verneinung
— Peinung
— Reinung
— Erscheinung
Furchterscheinung
Geistererscheinung
Gespensterersch.
Lichterscheinung
Lufterscheinung
Naturerscheinung
Nichterscheinung
Prunkerscheinung
Todtenerscheinung
Wundererscheinung
— Verschweinung
— Versteinung
— Beweinung
— Meynung
Gegenmeynung
Glaubensmeynung
Groſsvatermeynung
Grundmeynung
Herzensmeynung
Lehrmeynung
Religionsmeynung
Schulmeynung
Sonderlingsmeyn.
Vermeynung
Wohlmeynung
öffentlicheMeynung

einwand

der Einwand
die Leinwand (*siehe* **and**)
— Steinwand

einwärts

einwärts
hereinwärts
Rheinwärts

einwein

Rheinwein
Steinwein

einwurf

der Einwurf
— Steinwurf

[Heinz]

einze

dem Heinze
die Heinze
— Pleinze
Scheibpleinze
Schleichpleinze

[einzeln]

einzen

den Heinzen
die Heinzen
— Pleinzen

[einzig]

eip

kneip!
bleib! *etc.* (*siehe* **eib**)
ich kneipe
die Kneipe
kneipen
siehe **äupe** – **äupen** *etc.*

eira

Beira
Madeira

[Beiram]
[der Meiran]

eirath

der Beyrath
die Heirath
Doppelheirath
Gewissensheirath
Miſsheirath
Nothheirath

eire ꝛc. *siehe* **eyre ꝛc.**

[der Meirich]

eis — eiß — eihs — eys

das Eis
Alpeneis
Bareis
Bayeis
Fraueneis
Frühlingseis
Fruchteis
Furcheneis
Glatteis
Grundeis
Jungfereis
Herbsteis
Himbeereis *etc.*
Horneis
Krystallisationseis
Marieneis
Teicheis
Treibeis
Zuckereis
beiſs!
der Fleis
Ameisenfleis
Amtsfleis
Arbeitsfleis
Berufsfleis
Dienstfleis
Erwerbsfleis
Gewerbsfleis
Handwerksfleis
Jugendfleis
Kunstfleis
Lernfleis
Nahrungsfleis
Privatfleis
Sammelfleis
Schulfleis
Spendefleis
Ueberfleis
Unfleis
Universitätsfleis
die Geis
Damgeis
Himmelsgeis
Meergeis
Rehgeis
Seegeis
Steingeis
Tanngeis
Vorgeis
Waldgeis
das Gleis
Fahrgleis
Fuhrgleis
Kutschengleis
Radgleis
Schlittengleis
Wagengleis
der Gneis
— Greis
Baldgreis
Jubelgreis
Jugendgreis
greis
das Geheiſs
Gottesgeheiſs
Herrengeheiſs
heiſs
brennendheiſs
brühheiſs
glühendheiſs
höllenheiſs
kochendheiſs
racheheiſs
sehnsuchtsheiſs
siedheiſs
siedendheiſs
brühsiedendheiſs
sommerheiſs
sonnenheiſs
wollustheiſs
der Kreis
Achtelkreis
Spiegelachtelkreis
Alltagskreis
Amtskreis
Anziehungskreis
Aufsichtskreis
Bettelkreis
Beykreis
Breitenkreis
Bundeskreis
Dämmerungskreis
Dunstkreis
Erdkreis
Erfahrungskreis
Erkenntniskreis
Familienkreis
Gedankenkreis
Gegenkreis
Gesandtenkreis
Geschäftskreis
Gesellschaftskreis
Götterkreis
Halbkreis
Hexenkreis
Höhenkreis
Hörerkreis
Ideenkreis
Jagdkreis
Jahrzeitskreis
Jugendkreis
Kammerkreis
Kinderkreis
Kirchenkreis
Kirchkreis
Krebskreis
Langkreis
Lehrkreis
Lesekreis
Lichtkreis
Liederkreis
Luftkreis
Mittagskreis
Nebenkreis
Nordkreis

Rathkreis
Regenbogenkreis
Regenkreis
Reichskreis
Rheinkreis
Ritterkreis
Säulenkreis
Schaukreis
Scheitelkreis
Schmauskreis
Schneckenkreis
Schöpfungskreis
Schulkreis
Sehkreis
Sonnenkreis
Spannenkreis
Spiegelsextelkreis
Steinbockskreis
Sternenkreis
Steuerkreis
Strahlenkreis
Straubenkreis
Stundenkreis
Südkreis
Süderkreis
Tagekreis
Taumelkreis
Thätigkeitskreis
Thierkreis
Umkreis
Viertelkreis
Mauerviertelkreis
Sonnenviertelkreis
Spiegelviertelkreis
Volkskreis
Vorkreis
Waffenkreis
Wahlkreis
Wellenkreis
Weltkreis
Wendekreis
Sonnenwendekreis
Winterwendekreis
Werbekreis
Wirkkreis
Wirkungskreis
Wolkenkreis
Wunderkreis
Zauberkreis
Zeitenkreis
Kyrieleis!
leis
der Neiſs
das Paradeis
der Preis
Affectionspreis
Auctionspreis
Belobungspreis
Ehrenpreis
Ackerehrenpreis
Händleinehren-
Wiesenehrenpreis
Eingangspreis
Einlaſspreis
Einkaufspreis
Fruchtpreis
Geldpreis
Getreidepreis
Handelspreis
Hauptpreis
Holzpreis
Kälberpreis
Kampfpreis
Kaufpreis
Kornpreis
Ladenpreis
Lederpreis
Lieferungspreis
Marktpreis
Mengenpreis
Meſspreis
Minnepreis
Mittelpreis
Nebenpreis
Partiepreis
Schadenpreis
Schätzpreis
Schandpreis
Scheinpreis
Selbstpreis
Siegespreis
Spottpreis
Sündenpreis
Turnierpreis
Unpreis
Verkaufspreis
Verlagspreis
Versicherungspreis
Waarenpreis
Wettlaufpreis
Wiesenpreis
Wollpreis
Zuckerpreis
der Puneis
das Reis
Apfelreis
Beerreis
Besenreis
Birkenreis
Birnreis
Blüthenreis
Eberreis
Fuſsreis
Hegereis
Kirschreis
Lappreis
Laſsreis
Lorberreis
Pappelreis
Pelzreis
Pflanzreis
Pflaumenreis
Pfropfreis
Samenreis
Schleifreis
Steckreis
Thränenreis
Trauerreis
Wasserreis
Wegereis
Wünschelreis
Wurzelreis
Zaunreis
der Reis
Bergreis
Milchreis
Sumpfreis
— *Reis*
scheiſs!
schmeiſs!
das Geschmeiſs
— Fliegengeschmeiſs
der Schultheiſs
Amtsschultheiſs
Dorfschultheiſs
Erbschultheiſs
Feldschultheiſs
Oberschultheiſs
Stadtschultheiſs
Reichsschultheiſs
— Schweis
Angstschweis
Arbeitsschweis
Ballschweis
Blutschweis
Ernteschweis
Fensterschweis
Fieberschweis
Himmelsschweis
Hirschschweis
Judasschweis
Kummerschweis
Mauerschweis
Menschenschweis
Nachtschweis
Sorgenschweis
Todesschweis
Wollustschweis
Wolkenschweis
speis!
der Steis
Aftersteis
Modesteis
die *Theiſs*
er weiſs
weiſs
bläulichweiſs
blüthenweiſs
eiterweiſs
grauweiſs
hagelweiſs
hellweiſs
kreideweiſs

leichenweiſs
lichtweiſs
lilienweiſs
mattweiſs
mehlweiſs
milchweiſs
naseweiſs
perlweiſs
perlmutterweiſs
schieferweiſs
schlehweiſs
schlohweiſs
schloſsenweiſs
schmackweiſs
schneeweiſs
schwanenweiſs
schwanfederweiſs
schwarzweiſs
silberweiſs
spieſsglasweiſs
wismuthweiſs
zinnweiſs
das Weiſs
— Augenweiſs
— Bleyweiſs
— Eyweiſs
— Federweiſs
— Lilienweiſs
— Mehlweiſs
der Naseweiſs
das Schieferweiſs
der Schwarzweiſs
das Silberweiſs
— Troyweiſs
— Wismuthweiſs
der Ausweis
Rechnungsausweis
— Beweis
Aehnlichkeitsbeweis
Bibelbeweis
Erfahrungsbeweis
Freundschaftsbew.
Frevelbeweis
Gegenbeweis
Hauptbeweis
Kunstbeweis
Lügenbeweis
Nebenbeweis
Rasenbeweis
Rechtsbeweis
Sachbeweis
Scheinbeweis
Schriftbeweis
Thatbeweis
Urkundenbeweis
Vernunftbeweis
Wunderbeweis
Zeugenbeweis
— Erweis
— Nachweis
— Verweis

der Verschleis
Salzverschleis
Waarenverschleis
das Webergereis
— Wegweis
der Wegweis
haufenweis' *etc.*
pfundweis' *etc.*

eiſa

Heisa!
Juchheisa!
Geysa

eiſch

das Dreisch
— Fleisch
Aasfleisch
Backfleisch
Fasanenbackfleisch
Hünerbackfleisch
Bärenfleisch
Bergfleisch
Bocksfleisch
Bratenfleisch
Brustfleisch
Büffelfleisch
Caninchenfleisch
Dachsfleisch
Entenfleisch
Eselsfleisch
Fuchsfleisch
Gänsefleisch
Gemsenfleisch
*Gulyas*fleisch
Hammelfleisch
Hasenfleisch
Hühnerfleisch
Jungfernfleisch
Kalbfleisch
Kayserfleisch
Katzenfleisch
Knabenfleisch
Kochfleisch
Kuhfleisch
Lammfleisch
Mädchenfleisch
Männerfleisch
Mischfleisch
Mittelfleisch
Nonnenfleisch
Ochsenfleisch
Opferfleisch
Pastetenfleisch
Petersilienfleisch
Pferdefleisch
Pökelfleisch
Räucherfleisch
Rehfleisch
Riesenfleisch
Rindfleisch
Rippenfleisch
Roſsfleisch
Rostfleisch
Salzfleisch
Saufleisch
Sauerfleisch
Schoffleisch
Schinkenfleisch
Schnittfleisch
Schnitzfleisch
Schöpsenfleisch
Schweinefleisch
Spendefleisch
Stierfleisch
Sulzfleisch
Taubenfleisch
Thierfleisch
Thränenfleisch
Weiberfleisch
Wildfleisch
wilde Fleisch
Wällfleisch
Wurstfleisch
Zahnfleisch
Ziegenfleisch
Zungenfleisch
heisch
erheisch!
kreisch!
das Gekreisch
der Meisch
— Weisch

eischen

das Kreischen
— Meischen
— Preischen
— Reischen
— Steischen
— Naseweischen
— Zeischen
— Kanarienzeischen

eischens

des Kreischens
— Meischens
— Preischens
— Reischens
— Steischens
— Naseweischens
— Zeischens

eiſche

dem Dreische
— Fleische
ich fleische
das Gefleische
die heische
ich heische
das Geheische
die Kleische
— Stachelkleische

ich kreische
das Gekreische
dem Meische
ich meische
das Gemeische
ich pfneische
das Gepfneische
die Pfneische
— Reische
— Fischreische
— Treische
dem Weische
die partey'sche *etc.*
[die Muscheleischel]

ēischen

fleischen
abfleischen
ausfleischen
durchfleischen
verfleischen
zerfleischen
die heischen
heischen
erheischen
— Kleischen
kreischen
aufkreischen
verkreischen
meischen
einmeischen
pfneischen
— Reischen
— Treischen
den Weischen

ēischend

fleischend
heischend
kreischend
meischend
pfneischend

ēischens

des Fleischens
— Heischens
— Kreischens
— Meischens
— Pfneischens

ēischer

der Fleischer
Dorffleischer
Freyfleischer
Hoffleischer
Landfleischer
Stadtfleischer
Zerfleischer
ein heischer
— partey'scher
— unpartey'scher

ēischern

den Fleischern
fleischern
einen heischer'n
— partey'scher'n

ēischers

des Fleischers
ein heischer's
— unpartey'scher's

ēisches

des Fleisches
— Gefleisches
ein heisches
des Gekreisches
— Gemeisches
— Gepfneisches
— Weisches
ein partey'sches
ich erheisch' es *etc.*

ēischest

du zerfleischest
— heischest
heischest
— kreischest
— meischest
— pfneischest

ēischet

er zerfleischet
eingefleischet
— erheischet
— kreischet
— meischet
— pfneischet

ēischig

fleischig
anheischig

ēischlich

fleischlich
erheischlich
unerheischlich

ēischs

des Fleischs
— Gefleisch's
— Geheisch's
ein heisch's
des Gekreisch's
— Gemeisch's
— Gepfneisch's

ēischst

du zerfleischst
— erheischst
heisch'st
— kreischst
du meischst
— pfneischst

ēischste

der heischste
— partey'schste

ēischt

er zerfleischt
eingefleischt
— heischt
— kreischt
— meischt
— pfneischt

ēischte

er zerfleischte
der eingefleischte
er heischte
— kreischte
— meischte
— pfneischte

ēischtem

zerfleischtem
eingefleischtem
erheischtem
eingemeischtem

ēischten

sie fleischten
die eingefleischten
sie heischten
— kreischten
— meischten
— pfneischten

ēischter

ein zerfleischter
— eingefleischter
— geheischter
— eingemeischter
so kreischt er *etc.*

ēischtes

ein zerfleischtes
— eingefleischtes
— erheischtes
— eingemeischtes
so kreischt es *etc.*

ēischtest

du zerfleischtest
— heischtest
— kreischtest
— meischtest
— pfneischtest

ēischtet

ihr zerfleischtet
— heischtet
— kreischtet

ihr meischtet
— pfneischtet

eischung

die Zerfleischung
— Erheischung
— Aufkreischung
— Einmeischung
— Pfneischung

eise — eiße

im Eise
ich eise
das Geeise
ich beiſse
das Gebeiſse
mit Fleiſse
ich befleiſse
im Gleise
das Geleise
Fahrgeleise
Wagengeleise
die Gleiſse
ich gleiſse
das Gegleiſse
dem Gneiſse
— Greise
ich greise
— heiſse
dem Geheiſse
ich verheiſse
eine heiſse
ich kneiſse
das Gekneiſse
die Kreise
ich kreise
das Gekreise
— Tanzgekreise
ich kreiſse
das Gekreiſse
leise
die Leise
— Wagenleise
— Meise
Aschenmeise
Bartmeise
Beutelmeise
Blaumeise
Brandmeise
Finkmeise
Graumeise
Groſsmeise
Hanfmeise
Haubenmeise
Holzmeise
Hundsmeise
Käsemeise
Kobelmeise
Kohlmeise
Kothmeise
Kreuzmeise
Kuppmeise
Mehlmeise
Merlmeise
Mohrmeise
Moormeise
Murrmeise
Nonnenmeise
Pelzmeise
Pfützmeise
Pickmeise
Pimpelmeise
Pinelmeise
Plattenmeise
Pumpelmeise
Riedmeise
Rohrmeise
Schinkenmeise
Schleyermeise
Schneemeise
Schopfmeise
Schwanzmeise
Schwarzmeise
Spechtmeise
Sperrmeise
Spiegelmeise
Spiermeise
Strauſsmeise
Stritmeise
Sumpfmeise
Tannenmeise
Waldmeise
Weidenmeise
Zagelmeise
die Ameise
Baumameise
Bergameise
Besuchameise
Buschameise
Gartenameise
Pferdeameise
Raubameise
Riesenameise
Seichameise
Visitenameise
Waldameise
ich neiſse
das Geneiſse
dem Neiſse
Neiſse
— Paradeise
die Platteise
— *Pleiſse*
dem Preiſse
ich preise
das Gepreiſse
dem Puneiſse
die Reise
Abreise
Andachtsreise
Badereise
Bergreise
Berufsreise
Donaureise
Durchreise
Elbreise
Fortreise
Frühlingsreise
Fuſsreise
Geniereise
Geschäftsreise
Gewerbsreise
Handelsreise
Heimreise
Herreise
Herbstreise
Himmelsreise
Hin- *etc.* reise
Jugendreise
Landreise
Lebensreise
Luſtreise
Lustreise
Marktreise
Meſsreise
Nachreise
Nachhausereise
Nachtreise
Nebenreise
Nothreise
Rheinreise
Rückreise
Schlittenreise
Seereise
Sommerreise
Spazierreise
Streifreise
Studentenreise
Tagereise
Vergnügensreise
Waldreise
Wasserreise
Weltreise
Winterreise
Zwischenreise
ich reise
das Gereise
ich reiſse
das Gereiſse
die Scheiſse
ich scheiſse
das Gescheiſse
ich schleiſse
die Schleiſse
das Geschleiſse
ich schmeiſse
das Geschmeiſse
die Schneiſse
dem Schweiſse
ich schweiſse
das Geschweiſse
die Speise
Abendspeise
Backspeise
Bauernspeise

Bettlerspeise
Engelsspeise
Fastenspeise
Festspeise
Fischspeise
Fleischspeise
Frühlingsspeise
Gartenspeise
Gesindespeise
Glockenspeise
Götterspeise
Hauptspeise
Hausspeise
Herbstspeise
Herrnspeise
Himmelsspeise
Hofspeise
Judenspeise
Kinderspeise
Kobaltspeise
Kolbenspeise
Krankenspeise
Kuchelspeise
Leckerspeise
Lieblingsspeise
Lockspeise
Löffelspeise
Mandelspeise
Mehlspeise
Menschenspeise
Milchspeise
Mischspeise
Mittagsspeise
Morgenspeise
Nachspeise
Nachtspeise
Nebenspeise
Obstspeise
Rahmspeise
Reisspeise
Salsenspeise
Salzspeise
Schaumspeise
Schleckspeise
Seelenspeise
Sommerspeise
Sonnenspeise
Sonntagsspeise
Teigspeise
Thierspeise
Vogelspeise
Vorspeise
Wermuthsspeise
Winterspeise
Würmerspeise
Würzspeise
Zuspeise
Zwischenspeise

ich speise
das Gespeise
die Spleiſse
die Spreiſse
dem Steiſse
die Treise
dem Verschleiſse
ich verschleiſse
die Weise
Alltagsweise
Anfangsweise
Angreifungsweise
Anzeigeweise
Arbeitsweise
Bauerweise
Begrüſsungsweise
Behandlungsweise
Bereicherungsweise
Bestellungsweise
Bewillkommungs-
Denkweise
Dichterweise
Dichtungsweise
Empfangsweise
Empfehlungsweise
Entstehungsweise
Erziehungsweise
Festweise
Frageweise
Frauenweise
Geberdungsweise
Handelsweise
Handlungsweise
Handwerksweise
Hofweise
Kampfweise
Klangweise
Knabenweise
Klosterweise
Künstlerweise
Kunstweise
Landesweise
Lebensweise
Lehrweise
Mädchenweise
Männerweise
Maurerweise
Menschenweise
Naturweise
Ritterweise
Sangweise
Schluſsweise
Schulweise
Schwächungsweise
Seheweise
Singeweise
Soldatenweise
Spielweise
Sprachweise
Streitweise
Studentenweise
Tagesweise
Tanzweise
Tonweise
Unterrichtsweise
Verfahrungsweise
Vorstellungsweise
Vortragsweise
Wandelweise
Wunschweise
Zauberweise

der Weise
Afterweise
Allweise
Alltagsweise
Barweise
Cathederweise
Erfahrungsweise
Gleichmuthsweise
Grübelweise
Halbweise
Hochweise
Hundeweise
Kunstweise
Naseweise
Schulweise
Spähweise
Sprachweise
Staatsweise
Sternweise
Wahnweise
Weltweise
Wohlweise
Zweifelweise

weise
gottweise
hochweise
kampfweise
kunstweise
wohlweise

weise (*adv.*)
adlicherweise
albernerweise
allerweise
angriffsweise
artigerweise
ausnahmsweise
ausschlieſsungsweise
auszugsweise
bachweise
bällchenweise
ballenweise
bäuerischerweise
bedingungsweise
befehlsweise
bejahungsweise
bissenweise
bittweise
blätterweise
blattweise
blickweise
bogenweise
borgweise
brockenweise
bruchstückweise

bündelweise
büschelweise
bundweise
centnerweise
compagnieweise
diebischerweise
drittelweise
dütchenweise
dummerweise
dutzendweise
edlerweise
ehelicherweise
ehrlicherweise
eimerweise
einfältigerweise
einschlufsweise
elenderweise
ellenweise
fachweise
fadenweise
falscherweise
faltenweise
fafsweise
fässerweise
fehlerhafterweise
feindlicherweise
feinerweise
firstenweise
flözweise
freundlicherweise
freventlicherweise
friedlicherweise
fristenweise
frohnweise
frommerweise
fuderweise
fürstlicherweise
furchenweise
gangweise
gassenweise
gastlicherweise
gebieterischerweise
gefälligerweise
gehorsamerweise
gemüthlicherweise
geraderweise
gesangweise
gesellenweise
gesprächsweise
gewandtweise
gleicherweise
gliedweise
gliederweise
glücklicherweise
gnädigerweise
gradweise
granweise
groberweise
gruppenweise
gütlicherweise
guterweise
haufenweise
häuslicherweise
heimlicherweise
herdenweise
herrischerweise
höfischerweise
höflicherweise
hundertweise
irrigerweise
jahnweise
jüdischerweise
jugendlicherweise
jungferlicherweise
jungfräulicherweise
kabelweise
kampfweise
kannenweise
kindlicherweise
kindischerweise
kirchlicherweise
kistenweise
klafterweise
kleinlicherweise
klinkerweise
klüglicherweise
klugerweise
klumpenweise
knechtischerweise
kopfweise
korbweise
krahnbalksweise
kreuzweise
lastenweise
launigerweise
ledigerweise
lehensweise
leichtsinnigerweise
lieblicherweise
löblicherweise
löffelweise
lothweise
lüderlicherweise
lustigerweise
mandelweise
mafsweise
massenweise
maurerischerweise
meisterhafterweise
menschlicherweise
messerspitzenweise
metzenweise
militärischerweise
millionenweise
monatweise
mörderischerweise
musterhafterweise
muthigerweise
myriadenweise
mystischerweise
nachbarlicherweise
närrischerweise
napfweise
natürlicherweise
neckischerweise
nesterweise
niedrigerweise
nierenweise
nöfselweise
nützlicherweise
ortweise
oxhoftweise
paarweise
pachtweise
packtweise
paketweise
parteyenweise
parteylicherweise
pfandweise
pfundweise
planweise
punctweise
quantsweise
quentchenweise
räthlicherweise
rascherweise
rathsamerweise
räuberischerweise
rauherweise
rautenweise
rechtlicherweise
redlicherweise
regimenterweise
reihenweise
reimweise
richtigerweise
ringweise
ritterlicherweise
roherweise
rottenweise
ruckweise
satzweise
schaarenweise
schändlicherweise
scheffelweise
scherzweise
scherzenderweise
schichtweise
schimpfweise
schimpflicherweise
schlagweise
schlauerweise
schlimmerweise
schluckweise
schlumpweise
schlufsweise
schmiedweise
schneckenweise
schockweise
schoppenweise
schränkweise
schrittweise
schubweise
schuldigerweise

schwankweise
schwarmweise
schwärmerischer-
sclavischerweise
spannenweise
spielweise
spottweise
sprichwortsweise
spruchweise
sprungweise
stabweise
staffelweise
stagweise
stellenweise
stichweise
strichweise
stromweise
strossenweise
stückweise
stufenweise
stundenweise
sündhafterweise
sylbenweise
tageweise
tauschweise
tausendweise
testamentsweise
teuflischerweise
theilweise
thierischerweise
titelweise
traubenweise
träumerischerweise
traulicherweise
traurigerweise
tröpfchenweise
tropfenweise
troſsweise
trümmerweise
trunkenerweise
truppweise
tückischerweise
übermüthigerweise
umgangsweise
ungestümerweise
unzenweise
väterlicherweise
verantwortungsweise
verfänglicherweise
verführerischerweise
vergleichsweise
vergleichungsweise
verkehrterweise
vernehmlicherweise
vernünftigerweise
versweise
verschiednerweise
verschrobenerweise
verständigerweise
vertheidigungsweise
viehischerweise

vielfacherweise
vorbaulicherweise
vornehmerweise
vorschuſsweise
vorsichtigerweise
wagenweise
wahrscheinlicher-
wechselsweise
weibischerweise
weiblicherweise
weltweise
weltlicherweise
wochenweise
wunderbarerweise
wunderlicherweise
wundersamerweise
wunschweise
würdigerweise
wurfweise
zänkischerweise
zärtlicherweise
zaghafterweise
zarterweise
zeilenweise
zeitenweise
zettelweise
ziemlicherweise
zierlicherweise
zollweise
züchtigerweise
zugweise
zuverlässigerweise
zuversichtlicherw.
ich weise
das Geweise
dem Ausweise
— Beweise
ich beweise
dem Erweise
— Nachweise
— Verweise
ich weiſse
das Geweiſse
dem Weiſse
— Bleyweiſse
— Eyweiſse *etc.*
der Naseweiſse
dem Webergereiſse
— Wegweise

eiſel — eißel

der Beiſsel
— Geiſsel
— Kriegsgeiſsel
die Geiſsel
Drathgeiſsel
Erdengeiſsel
Flammengeiſsel
Gottesgeiſsel
Kleidergeiſsel
Kriegsgeiſsel
Ländergeiſsel
Schlangengeiſsel
Volksgeiſsel
Weltgeiſsel
das Gegeiſsel
der Kreisel
Brummkreisel
Heulkreisel
Hohlkreisel
Kreuzkreisel
Kugelkreisel
Nabelkreisel
Thurmkreisel
Wolkenkreisel
Wurfkreisel
das Gekreisel
die Meisel
der Meiſsel
Anzugmeiſsel
Aushiebmeiſsel
Aushubmeiſsel
Ballenmeiſsel
Bandmeiſsel
Bankmeiſsel
Baummeiſsel
Blockmeiſsel
Brechmeiſsel
Büchsenmeiſsel
Buckelmeiſsel
Durchbruchsmeiſsel
Durchschlagsmeiſs.
Federmeiſsel
Flachmeiſsel
Flächelmeiſsel
Grabmeiſsel
Grundmeiſsel
Haftmeiſsel
Hartmeiſsel
Haumeiſsel
Hohlmeiſsel
Holzmeiſsel
Kaltmeiſsel
Karniffelmeiſsel
Kreuzmeiſsel
Propfmeiſsel
Putzmeiſsel
Raspelmeiſsel
Reifmeiſsel
Satzmeiſsel
Schlichtmeiſsel
Schrotmeiſsel
Setzmeisel
Spitzmeiſsel
Stopfmeiſsel
Streichmeiſsel
Verziermeiſsel
Ziermeiſsel
die Muttermeiſsel
das Gemeiſsel
— Gereisel
— Pfefferreisel
— Geschweiſsel

der Spreiſsel
— Weisel
Afterweisel
das Mehlweiſsel
der Zeisel
Erdzeisel
das Gezeisel

eiſeln — eiſzeln

den Beiſseln
die Geiſseln
geiſseln
abgeiſseln
ausgeiſseln
durchgeiſseln
zergeiſseln
den Kreiseln
kreiseln
die Meiseln
den Meiſseln
meiſseln
abmeiſseln
ausmeiſseln
durchmeiſseln
einmeiſseln
ermeiſseln
losmeiſseln
nachmeiſseln
vermeiſseln
vormeiſseln
wegmeiſseln
zermeiſseln
— Muttermeiſseln
schweiſseln
— Spreiſseln
— Weiseln
— Zeiseln
zeiseln

eiſelnd — eiſzelnd

geiſseld
kreiselnd
meiſselnd
schweiſselnd
zeiselnd

eiſelns — eiſzelns

des Geiſselns
— Kreiselns
— Meiſselns
— Schweiſselns
— Zeiselns

eiſels — eiſzels

des Geiſsels
— Gegeiſsels
— Kreisels
— Gekreisels
— Meiſsels
— Gemeiſsels
— Coreisels

des Pfefferreisels
— Geschweiſsels
— Spreiſsels
— Weisels
— Mehlweiſsels
— Zeisels
— Gezeisels

eiſelſt — eiſzelſt

du geiſselst
— kreiselst
— meiſselst
— schweiſselst
— zeiselst

eiſelt — eiſzelt

er geiſselt
— kreiselt
— meiſselt
— schweiſselt
— zeiselt

eiſem — eiſzem

greisem
heiſsem
leisem
weisem
weiſsem
der Teisem

eiſen — eiſzen *etc.*

das Eisen
Absteckeisen
Abstreicheisen
Abzieheisen
Achseisen
Aderlaſseisen
Anblatteisen
Anzieheisen
Armeisen
Aufstreicheisen
Auftreibeisen
Augeneisen
Ausbrecheeisen
Auseisen
Ausschartungseisen
Ausspanneisen
Ausstoſseisen
Backeisen
Backeneisen
Bakeleisen
Balleisen
Balleneisen
Bandeisen
Bankeisen
Barteisen
Baucheisen
Baueisen
Bechereisen
Beileisen
Beizeisen

Benedictseisen
Bereiteisen
Bergeisen
Beschneideeisen
Biebereisen
Biegeeisen
Biegeisen
Biegeleisen
Bildhauereisen
Bindeisen
Bläueleisen
Bodeneisen
Bohreisen
Bolleisen
Börteleisen
Brandeisen
Brecheisen
Breiteisen
Brenneisen
Brummeisen
Brusteisen
Buckeleisen
Bügeleisen
Bündcheneisen
Cementeisen
Daumeneisen
Deckeleisen
Deichseleisen
Dichteisen
Doppeleisen
Dratheisen
Drathzieheisen
Dreheisen
Dünneisen
Düteleisen
Einsetzeisen
Elementareisen
Esseeisen
Fadeneisen
Falleisen
Falzeisen
Fangeisen
Farbeneisen
Fausteisen
Fechteisen
Federeisen
Felleisen
Postfelleisen
Fenstereisen
Feuerbeckenricht-
Feuereisen
Filzeisen
Findeisen
Flachhohleisen
Flammeisen
Flascheneisen
Fleischeisen
Flöſseisen
Fluſseisen
Flügelzweckeisen
Formeisen
Forscheisen

Fringeisen
Frischeisen
Fuchseisen
Fugeeisen
Fuſseisen
Gareisen
Gerbeeisen
Gereisen
Gewindeisen
Glätteisen
Glatteisen
Gödeleisen
Grabeisen
Gratheisen
Grobeisen
Grundeisen
Gründungseisen
Guſseisen
Haareisen
Hackeisen
Hakeisen
Halbeisen
Halseisen
Handeisen
Hangeeisen
Haueisen
Haubeneisen
Hebeisen
Hefteisen
Helmeisen
Herdeisen
Hintereisen
Hobeleisen
Hohleisen
Hufeisen
Hufnageleisen
Huteisen
Jagdeisen
Kalfateisen
Kammeisen
Kappeisen
Kappeneisen
Karnieſseisen
Kieseleisen
Kimmeisen
Kleineisen
Kliebeisen
Klopfeisen
Knebeleisen
Kneiſseisen
Knieeisen
Knocheisen
Knopflocheisen
Knoppereisen
Kobereisen
Kranzeisen
Kränzeleisen
Kratzeisen
Krauseisen
Kräuscheisen
Krauteisen
Kreuzeisen
Kroneisen
Kröneleisen
Kropfeisen
Kröseleisen
Krugeisen
Krummeisen
Kücheneisen
Lähmeisen
Laſseisen
Laterneisen
Legeisen
Leisteneisen
Locheisen
Lockeisen
Mahleisen
Mardereisen
Merkeisen
Meſseisen
Meteoreisen
Mordeisen
Münzeisen
Mühleisen
Mundstückeisen
Mundstücklocheisen
Muttereisen
Nageleisen
Naseisen
Nieteisen
Noppeisen
Notheisen
Nummereisen
Nuſseisen
Ohreisen
Opaleisen
Packeisen
Pantoffeleisen
Pfadeisen
Pfahleisen
Pfanneisen
Pfanneneisen
Pfeileisen
Pfluckeisen
Pflugeisen
Pfriemeisen
Pfudeisen
Pfuhleisen
Phosphoreisen
Pickeisen
Plankeisen
Plätteisen
Platteisen
Pocheisen
Pöckeleisen
Polleisen
Prägeeisen
Preſseisen
Probeeisen
Prüfeisen
Puncteisen
Putzeisen
Quetscheisen
Räumeisen
Rahmeisen
Rauheisen
Raupeisen
Reibeisen
Reifeisen
Reifeleisen
Reiſseisen
Renneisen
Richteisen
Riffeleisen
Reimeisen
Ritzeisen
Römereisen
Roheisen
Rohreisen
Rohstahleisen
Rolleisen
Roſseisen
Rühreisen
Rundeisen
Sattlereisen
Sauereisen
Schabeeisen
Schäleisen
Schämeleisen
Scharfeisen
Scharreisen
Scheideeisen
Schelleisen
Schereisen
Schiefereisen
Schieneisen
Schieſseisen
Schindeleisen
Schlageisen
Schlägeleisen
Schlichteisen
Schlitzeisen
Schlittschuheisen
Schloſsblecheisen
Schmelzeisen
Schnabeleisen
Schnarreisen
Schneideeisen
Schnüreisen
Schnürlocheisen
Schoreisen
Schränkeisen
Schrapeisen
Schraubeneisen
Schreinereisen
Schröpfeisen
Schroteisen
Schüreisen
Schutzeisen
Schwalbeneisen
Schwaleisen
Schwammeisen
Schweifeisen

Seckeneisen
Segeisen
Senkeisen
Senseneisen
Setzeisen
Sklaveneisen
Spanneisen
Sperreisen
Spiegeleisen
Spießeisen
Spikereisen
Spitzeisen
Sprungeisen
Spuleisen
Spureisen
Stabeisen
Stafeisen
Stampfeisen
Stangeneisen
Stecheisen
Steineisen
Stemmeisen
Stempeleisen
Stolleisen
Störeisen
Stoßeisen
Streckeisen
Streicheisen
Striegelhaueisen
Stufeisen
Sucheisen
Tellereisen
Tellureisen
Thaueisen
Theileisen
Trageisen
Treibeisen
Treteisen
Tritteisen
Umschlageisen
Untereisen
Unterstecheisen
Vermehrungseisen
Viereisen
Vordereisen
Voreisen
Vorschneideeisen
Wärmeeisen
Waffeleisen
Waideisen
Waldeisen
Wangeneisen
Wascheisen
Wassereisen
Wegeisen
Wehreisen
Wendeeisen
Werkeisen
Windeeisen
Windeisen
Winkeleisen
Wirkeisen

Wolfeisen
Zinkeisen
Zwercheisen
Zwingeisen
eisen
abeisen
aufeisen
beeisen
durcheisen
glatteisen
loseisen
wegeisen
beißen
abbeißen
vorabbeißen
anbeißen
aufbeißen
ausbeißen
durchbeißen
einbeißen
erbeißen
fortbeißen
herbeißen
hin- *etc.* beißen
losbeißen
mitbeißen
nachbeißen
niederbeißen
umbeißen
verbeißen
vorbeißen
wegbeißen
zerbeißen
zubeißen
zurückbeißen
zusammenbeißen
fleißen
sich befleißen
den Geisen
— Gleisen
ausgleisen
eingleisen
gleißen
— Greisen
greisen
die greisen
heißen
anheißen
gutheißen
verheißen
zusammenheißen
— heißen
kneißen
den Kreisen
kreisen
auskreisen
einkreisen
irrkreisen
umkreisen
kreißen
die leisen

die Meisen
— Ameisen
Meißen
den Neißen
neißen
die Platteisen
den Preisen
preisen
anpreisen
auspreisen
hochpreisen
lobpreisen
mißpreisen
vorpreisen
— Puneisen
reisen
abreisen
ausreisen
bereisen
durchreisen
entgegenreisen
fortreisen
heimreisen
herreisen
hin- *etc.* reisen
nachreisen
überreisen
umreisen
verreisen
wegreisen
zurückreisen
zusammenreisen
die Reisen
das Fußreisen
reißen
abreißen
anreißen
aufreißen
ausreißen
durchreißen
einreißen
emporreißen
entreißen
fortreißen
herreißen
hin- *etc.* reißen
losreißen
mitreißen
nachreißen
niederreißen
umreißen
verreißen
vorreißen
wegreißen
zerreißen
zurückreißen
zusammenreißen
das Fischbeinreißen
— Gliederreißen
— Nebelreißen
— Possenreißen
— Zotenreißen

seisen
verseisen
scheifsen
anscheifsen
ausscheifsen
bescheifsen
wegscheifsen
zusammenscheifsen
die Schleifsen
schleifsen
abschleifsen
verschleifsen
federschleifsen
schmeifsen
anschmeifsen
beschmeifsen
vollschmeifsen
schmeifsen
abschmeifsen
anschmeifsen
aufschmeifsen
einschmeifsen
erschmeifsen
fehlschmeifsen
fortschmeifsen
herschmeifsen
hin- *etc.* schmeifsen
losschmeifsen
nachschmeifsen
niederschmeifsen
todtschmeifsen
umschmeifsen
vorschmeifsen
wegschmeifsen
zerschmeifsen
zuschmeifsen
zurückschmeifsen
zusammenschmeifs.
— Schneifsen
schweifsen
anschweifsen
beschweifsen
schweifsen
anschweifsen
aufschweifsen
zusammenschweifsen
den Schweifsen
die Speisen
speisen
abspeisen
aufspeisen
verspeisen
zusammenspeisen
— Spleifsen
spleifsen
verspleifsen
spreifsen
den Steifsen
die Treisen
— Weisen
weisen
abweisen
anweisen
aufweisen
ausweisen
beweisen
einweisen
erweisen
fortweisen
herweisen
hin- *etc.* weisen
misweisen
nachweisen
überweisen
unterweisen
verweisen
vorweisen
wegweisen
zuweisen
zurückweisen
die Tonweisen
— Weifsen
weifsen
abweifsen
anweifsen
ausweifsen
überweifsen

eifend

eisend
beifsend
befleifsend
ausgleisend
gleifsend
greisend
verheifsend
kneifsend
kreisend
kreifsend
neifsend
preisend
reisend
reifsend
zerreifsend
herzzerreifsend
seelzerreifsend
seisend
scheifsend
schleifsend
verschleifsend
schmeifsend
schweifsend
speisend
spleifsend
spreifsend
weisend
weifsend

eifens

des Eisens
— Aufeisens
— Beifsens
— Befleifsens
— Ausgleisens
des Gleifsens
— Greisens
— Verheifsens
— Kneifsens
— Kreisens
— Kreifsens
— Neifsens
— Preisens
— Reisens
— Reifsens
— Seisens
— Scheifsens
— Schleifsens
— Verschleifsens
— Schmeifsens
— Schweifsens
— Speisens
— Spleifsens
— Spreifsens
— Weisens
— Weifsens

eifer

der Beifser
Bärenbeifser
Barnbeifser
Bartbeifser
Bullenbeifser
Kernbeifser
Fichtenkernbeifser
Kirschbeifser
Klippbeifser
Knospenbeifser
Krippenbeifser
Mäusebeifser
Meerbeifser
Mothbeifser
Nufsbeifser
Schellbeifser
Schlammbeifser
Schollbeifser
Steinbeifser
Stillchenbeifser
Wasserbeifser
Zapfenbeisser
ein Breitgleifer
— greiser
heiser
— heifser
der Anheifser
— Gutheifser
— Verheifser
— Kreiser
— Kreifser
ein leiser
der Preiser
Anpreiser
Lobpreiser
die Reiser
ein Seereiser
der Weltbereiser
— Reifser

Anreiſser
Ausreiſser
Coulissenreiſer
Fischbeinreiſser
Herzreiſser
Hechtreiſser
Hengstreiſser
Holzreiſser
Kopfreiſser
Leinwandreiſser
Maulaufreiſser
Nuthenreiſser
Possenreiſser
Schattenreiſser
Stabreiſser
Zotenreiſser
das Gereiſser
der Scheiſser
Bescheiſser
Leutebescheiſser
Bettscheiſser
Dukatenscheiſser
Hosenscheiſser
Zwirnscheiſser
— Schleiſser
Federschleiſser
Scheitschleiſser
Verschleiſser
— Schmeiſser
Pflaumenschmeiſser
Raupenschmeiſser
— Schweiſser
— Speiser
Ausspeiser
Fettspeiser
ein Weiser
der Weiser
Anweiser
Floſsanweiser
Blattweiser
Datumweiser
Drathweiser
Drohnenweiser
Feuerweiser
Handweiser
Minutenweiser
Nachweiser
Nachtweiser
Nothweiser
Secundenweiser
Sonnenweiser
Spruchweiser
Stundenweiser
Uhrweiser
Unterweiser
Urtheilweiser
Winkelweiser
Wegweiser
Windweiser
Wortweiser
Zurechtweiser
— Verweiser

ein Weiſser
der Ausweiſser

eiſerm

greiser'm
heiser'm
heiſser'm
leiser'm
weiser'm
weiſser'm

eiſern

eisern
den Beiſsern
— Breitgleisern
einen greiser'n
— heisern
— heiſser'n
den Anheiſsern
— Gutheiſsern
— Verheiſsern
— Kreisern
— Kreiſsern
einen leisern
den Preisern
— Lobpreisern
— Weltbereisern
— Reisern
verreisern
— Reiſsern
reiſsern
— Scheiſsern
— Schleiſsern
— Verschleiſsern
— Schmeiſsern
— Weisern
einen weisern
— weiſser'n

eiſernd

verreisernd
reiſsernd

eiſerns

ein eisern's
des Verreiserns
— Reiſserns

eiſers

des Beiſsers
— Breitgleisers
ein greiser's
— heiser's
— heiſser's
des Anheiſsers
— Gutheiſsers
— Verheiſsers
— Kreisers
— Kreiſsers
ein leiser's
des Preisers

des Lobpreisers
— Weltbereisers
— Reiſsers
— Gereiſsers
— Scheiſsers
— Schleiſsers
— Verschleiſsers
— Schmeiſsers
— Weisers
ein weiser's
des Ausweiſsers
ein weiſser's

eiſerſt

du verreiserst
— reiſserst

eiſert

er verreisert
— reiſsert

eiſes

des Eises
— Geeises
— Gebeiſses
— Fleiſses
— Gleises
— Gneiſses
— Greises
ein greises
des Geheiſses
ein heiſses
des Kreises
— Gekreises
— Gekreiſses
ein leises
des Neises
— Paradeises
— Preises
— Gepreises
— Puneises
— Reises
— Gereises
— Gereiſses
— Geseises
— Gescheiſses
— Geschleiſses
— Verschleiſses
— Geschmeiſses
— Schultheiſses
— Schweiſses
— Geschweiſses
— Gespeises
— Steiſses
ein weises
des Geweises
ein weiſses
des Geweiſses
ich beiſs' es *etc.*

eiſeſt

du eisest
— beiſsest

du befleiſsest
— ausgleisest
— gleiſsest
— greisest
greisest
— verheiſsest
heiſsest
— kreisest
— kreiſsest
leisest
— neiſsest
— preisest
— reisest
— reiſsest
— seisest
— scheiſsest
— schleiſsest
— verschleiſsest
— schmeiſsest
— schweiſsest
— weisest
weisest
— weiſsest
weiſsest

ēiſet *etc.*

er eiset
— beiſset
— befleiſset
— ausgleiset
— gleiſset
— greiset
— heiſset
— kreiset
— kreiſset
— neiſset
— preiset
— reiset
— reiſset
— seiset
— scheiſset
— schleiſset
— verschleiſset
— schmeiſset
— schweiſset
— weiset
— weiſset

ēisge

die eis'ge
— beiſs'ge
— fleiſs'ge
ich befleiſs'ge
die breitgleis'ge
— gleiſs'ge
— gneiſs'ge
— weitkreis'ge
— lobpreis'ge
der Reis'ge
die scheiſs'ge
— schleiſs'ge
die schmeiſs'ge
— schneiſs'ge
— schweiſs'ge
— speis'ge
— spleiſs'ge
— rothsteiſs'ge
dem Zeis'ge

ēisgem

eis'gem
beiſs'gem
fleiſs'gem
breitgleis'gem
gleiſs'gem
gneiſs'gem
weitkreis'gem
lobpreis'gem
reis'gem
scheiſs'gem
schleiſs'gem
schmeiſs'gem
schneiſs'gem
schweiſs'gem
speis'gem
spleiſs'gem
rothsteiſs'gem

ēisgen

die eis'gen
— beiſs'gen
— fleiſs'gen
sich befleiſs'gen
die breitgleis'gen
— gleiſs'gen
— gneiſs'gen
— weitkreis'gen
— lobpreis'gen
— Reis'gen
— scheiſs'gen
— schleiſs'gen
— schmeiſs'gen
— schneiſs'gen
— schweiſs'gen
— speis'gen
— spleiſs'gen
den Zeis'gen

ēisger

ein eis'ger
— beiſs'ger
— fleiſs'ger
— breitgleis'ger
— gleiſs'ger
— gneiſs'ger
— weitkreis'ger
— lobpreis'ger
— Reis'ger
— scheiſs'ger
— schleiſs'ger
— schmeiſs'ger
— schneiſs'ger
— schweiſs'ger
ein speis'ger
— spleiſs'ger
— rothsteiſs'ger

ēisgerm — ēisgern — ēisgers

eis'ger'm *etc.*
eis'ger'n *etc.*
eis'ger's *etc. wie* eige *etc.*

ēisges

ein eis'ges
— beiſs'ges
— fleiſs'ges
— breitgleis'ges
— gleiſs'ges
— gneiſs'ges
— weitkreis'ges
— lobpreis'ges
— reis'ges
— scheiſs'ges
— schleiſs'ges
— schmeiſs'ges
— schneiſs'ges
— schweiſs'ges
— speis'ges
— spleiſs'ges
— rothsteiſs'ges
des Zeisges

ēiſig

eisig
glatteisig
beiſsig
bärbeiſsig
wolfbeiſsig
dreyſsig
31 - 39
fleiſsig
berufsfleiſsig
dienstfleiſsig
gewerbsfleiſsig
treufleiſsig
überfleiſsig
unfleiſsig
breitgleisig
enggleisig
gleiſsig
gneiſsig
dunstkreisig
ebenkreisig
engkreisig
gleichumkreisig
kleinkreisig
weitkreisig
lobpreisig
das Reisig
Bierreisig
Birkenreisig
Buchenreisig *etc.*
Deckreisig

reisig
scheiſsig
schleiſsig
schmeiſsig
schneiſsig
schweiſsig
speisig
grobspeisig
klarspeisig
kleinspeisig
spleiſsig
rothsteiſsig
der Zeisig
lose Zeisig
Weidenzeisig

eiſigs

ein eisig's
— beiſsig's
— fleiſsig's
— breitgleisig's
— gleiſsig's
— gneiſsig's
— weitkreisig's
— lobpreisig's
des Reisigs
ein reisig's
— schoiſsig's
— schleiſsig's
— schmeiſsig's
— schneiſsig's
— schweiſsig's
— speisig's
— spleiſsig's
— rothsteiſsig's
des Zeisigs
nun weiſs ich's *etc.*

eiſing

die Seising
der Zeising

eisker

der Beisker
Bartbeisker
Steinbeisker
— Reisker
Saureisker

eiskern

den Beiskern
— Reiskern

eiskers

des Beiskers
— Reiskers

eisle

ich geiſsle
das Gegeiſsle
ich meiſsle
das Gemeiſsle
ich schweiſsle
das Geschweiſsle
ich zeisle
das Gezeisle

eisler

ein Geiſsler
— Kreisler
Preisler
Kroneisler

eislern

den Geiſslern
— Kreislern

eislers

des Geiſslers
— Kreislers

eislich

beiſslich
verheiſslich
preislich
hochpreislich
zerreiſslich
unzerreiſslich
scheiſslich
verschleiſslich
weislich
abweislich
beweislich
erweislich
wohlweislich
weiſslich

eisling

der Breisling
— Kreisling
— Reisling
— Weisling
Heckenweisling
Rübenweisling
Senfweisling

eislings

des Breislings
— Kreislings
— Reislings
— Weislings

eislung

die Geiſslung
— Meiſslung

eisner

der Gleiſsner
— *Meiſsner*
ein Verheiſsner

eisnern

den Gleiſsnern
— *Meiſsnern*

eisners

des Gleiſsners
— *Meiſsners*

eiſre

eine greis're
— heis're
— heiſs're
— leis're
ich verreis're
— reiſs're
das Gereiſsre
eine weis're
— weiſs're

eiſren

einen greis'ren
— heis'ren
— heiſs'ren
— weis'ren
— weiſs'ren

eiſrer

ein greis'rer
— heis'rer
— heiſs'rer
— weis'rer
— weiſs'rer

eiſres

ein greis'res
— heis'res
— heiſs'res
— weis'res
— weiſs'res

eißt — eiſt — eihſt

er eist
— beiſst
dreist
dummdreist
tolldreist
feist
küchenfeist
speckfeist
der Feist
er befleiſst
der Geist
Adelsgeist
Advokatengeist
Aethergeist
Ahnengeist
Alaungeist
Alltagsgeist
Altersgeist
Ameisengeist
Anmaſsungsgeist
Aristokratengeist
Balsamgeist
Baugeist

Bauergeist
Baumgeist
Beamtengeist
Bedientengeist
Bekehrungsgeist
Bemerkungsgeist
Beobachtungsgeist
Berggeist
Bernsteingeist
Bleygeist
Blutgeist
Branntweingeist
Brudergeist
Brunnengeist
Büreaugeist
Bürgergeist
Gastengeist
Christengeist
Demokratengeist
Denkgeist
Dichtergeist
Doppelgeist
Duldungsgeist
Eifergeist
Erdgeist
Erfindungsgeist
Eroberergeist
Essiggeist
Familiengeist
Feldgeist
Feuergeist
Flattergeist
Fluſsgeist
Fluſsspathgeist
Forschgeist
Forschergeist
Frauengeist
Freſsgeist
Freygeist
Freyheitsgeist
Friedensgeist
Geldgeist
Gemeingeist
Geschäftsgeist
Gesellschaftsgeist
Göttergeist
Gottesgeist
Groſsgeist
groſse Geist
Grünspangeist
Habegeist
Hadergeist
Handelsgeist
Handwerksgeist
Harngeist
Harnischgeist
Hausgeist
Heiligegeist
Heldengeist
Herrschgeist
Herrschergeist
Himmelsgeist
Hirschhorngeist
Hochgeist
Höllengeist
Hurengeist
Innungsgeist
Irrgeist
Jägergeist
Judengeist
Jugendgeist
Junkergeist
Kamphergeist
Kaufmannsgeist
Kirchengeist
Kirschgeist
Klassengeist
Kleingeist
Kleinigkeitsgeist
Klostergeist
Knechtsgeist
Kraftgeist
Krämergeist
Kriegsgeist
Krötengeist
Kunstgeist
Kupfergeist
Larmgeist
Lavendelgeist
Lebensgeist
Lehrgeist
Lesegeist
Liebesgeist
Luftgeist
Lügengeist
Mädchengeist
Männergeist
Maurergeist
Melissengeist
Menschengeist
Mineralgeist
Mittelgeist
Modegeist
Mordgeist
Mustergeist
Nachtgeist
Nebengeist
Nervengeist
Obergeist
Parteygeist
Pfaffengeist
Pfarrergeist
Philistergeist
Plagegeist
Poltergeist
Pomeranzengeist
Punschgeist
Quälgeist
Rachegeist
Ränkegeist
Räubergeist
Raubgeist
Raufgeist
Reformationsgeist
Reggeist
Reingeist
Religionsgeist
Revolutionsgeist
Riechgeist
Riesengeist
Rittergeist
Römergeist
Romanengeist
Rosmaringeist
Rumpelgeist
Salmiakgeist
Salpetergeist
Salzgeist
Kochsalzgeist
Saufgeist
Schauspielergeist
Schöngeist
Schöpfergeist
Schreckgeist
Schülergeist
Schulgeist
Schutzgeist
Weltschutzgeist
Schwärmgeist
Schwärmergeist
Schwindelgeist
Sectengeist
Seidengeist
Seifengeist
Separationsgeist
Singergeist
Sklavengeist
Soldatengeist
Spielgeist
Spottgeist
Spukgeist
Starkgeist
Strebegeist
Studentengeist
Sündengeist
Theatergeist
Titelgeist
Todesgeist
Trauergeist
Tugendgeist
Ungeist
Untergeist
Unterdrückungsgeist
Unternehmungsgeist
Urgeist
Uringeist
Urtheilsgeist
Vatergeist
Vaterlandsgeist
Verfinsterungsgeist
Verfolgungsgeist
Vitriolgeist
Volksgeist
Wagegeist

Wahrsagegeist
Waldgeist
Wandelgeist
Wassergeist
Weibergeist
Weingeist
Salzätherweingeist
Salzölweingeist
Weinhefengeist
Weinsteingeist
Weltgeist
Weltengeist
Widerspruchsgeist
Wirbelgeist
Wirrgeist
Zankgeist
Zeitgeist
Zeitungsgeist
Zunftgeist
Zwietrachtsgeist
ausgegleist
er gleiſst
— greist
— heiſst
— verheiſst
Kleist
— kreist
— kreiſst
meist
allermeist
zumeist
— neiſst
— preist
— reist
vielgereist
— reiſst
— seist
— scheiſst
— schleiſst
— verschleiſst
— schmeiſst
— schneiſst
— schweiſst
— speist
— spleiſst
— weist
— beweist
— weiſst
du weiſst
der Zeist
du gedeih'st
— leih'st
— reihst
— seihst
— weih'st
— zeih'st
— verzeih'st
— arzeney'st
— benedey'st
— bley'st
— conterfey'st

du befreyst
— gey'st
— hey'st
— juchhey'st
— kastey'st
— vermaledey'st
— mey'st
— schney'st
— sprey'st
— schwey'st
— spey'st
— tacheney'st
— entzwey'st

eiſtchen

ein Geistchen
— Leistchen

eiſtchens

des Geistchens
— Leistchens

eiſte

er eiste
der dreiste
ich erdreiste
— feiste
der feiste
die Feiste
— Hirschfeiste
ich befleiste
dem Geiste
ich geiste
entgeiste
ausgegleiste
ich gleiſste
er greiste
ich umkreiste
sie kreiſste
die Leiste
Balgleiste
Bogenleiste
Bücherleiste
Buchdruckerleiste
Einschiebeleiste
Eyerleiste
Finalleiste
Glockenleiste
Goldleiste
Hirnleiste
Hohlleiste
Hornleiste
Kehlleiste
Kranzleiste
Kreuzleiste
Kropfleiste
Ohrleiste
Querleiste
Raaleiste
Richtleiste
Rinnleiste
Rundleiste
Sahlleiste
Schalkleiste
Schambeinleiste
Schamleiste
Schluſsleiste
Silberleiste
Sperrleiste
Spiegelleiste
Stammleiste
Stemmleiste
Wagenleiste
Wandleiste
Wasserleiste
Zeichenleiste
Zwischenleiste
ich beleiste
— verleiste
— leiste
das Geleiste
— meiste
er neiſste
ich pfneiste
das Gepfneiste
er reiste
die Reiste
Flachsreiste
ich seiste
— schleiſste
— schmeiſste
— schneiſste
— schweiſste
— speiste
— spleiſste
— weiſste
dem Zeiste

eiſtem

beeistem
dreistem
feistem
ausgegleistem
umkreistem
meistem
vielgereistem
verschleiſstem
beschmeiſstem
verschweiſstem
gespeistem
geweiſstem

eiſten

sie eisten
die beeisten
— dreisten
sich erdreisten
die feisten
feisten
sie befleisten
geisten
eingeisten
entgeisten

die ausgegleisten
sie gleiſsten
— greisten
— kreisten
— kreiſsten
die Leisten
der Leisten
Pantoffelleisten
Schuhleisten
Stiefelleisten
beleisten
verleisten
leisten
ableisten
darleisten
dienstleisten
nachleisten
vorleisten
die meisten
sie neiſsten
— pfneisten
— reisten
die Reisten
sie seisten
— schleiſsten
— schmeiſsten
— schneiſsten
— schweiſsten
— speisten
— spleiſsten
— weiſsten

eiſter

ein beeister
der *Deister*
ein dreister
— feister
— ausgegleister
die Geister
der Geister
die Heister
der Strandheister
— Kleister
Buchbinderkleister
Kastanienkleister
Mehlkleister
Schusterkleister
Seelenkleister
Stärkkleister
das Gekleister
ein umkreister
— Gewährleister
— Hülfleister
— Mehrleister
der Meister
Altmeister
Ammeister
Amtmeister
Backmeister
Bäckermeister
Feldbäckermeister
Bakenmeister
Ballmeister
Ballenmeister
Balletmeister
Bankmeister
Bärenmeister
Baumeister
Deichbaumeister
Landbaumeister
Kriegsbaumeister
Schiffsbaumeister
Stadtbaumeister
Wasserbaumeister
Wortbaumeister
Bauermeister
Bergmeister
Beschieſsmeister
Bienenmeister
Bindermeister
Blaufarbenmeister
Blechmeister
Bohrmeister
Bornmeister
Botenmeister
Brandmeister
Bratenmeister
Brauermeister
Brennmeister
Bretmeister
Brotmeister
Brückenmeister
Brunnenmeister
Büchsenmeister
Bühnenmeister
Bürgermeister
Burgmeister
Bürschmeister
Ceremonienmeister
Dammmeister
Deichmeister
Deichrentmeister
Deutschmeister
Dorfmeister
Drechslermeister
Drillmeister
Eichenmeister
Einwanderungsm.
Fährmeister
Falkenmeister
Fallmeister
Farbenmeister
Fasanenmeister
Fechtmeister
Feldmeister
Fischmeister
Floſsmeister
Flügelmeister
Formmeister
Forstmeister
Landforstmeister
Oberforstmeister
Freudenmeister
Freymeister
Futtermeister
Gaffelmeister
Gantmeister
Garnmeister
Gartenmeister
Gassenmeister
Gastmeister
Gehmeister
Gemeindemeister
Gerbermeister
Geschirrmeister
Gestütemeister
Gewerksmeister
Gildemeister
Glasmeister
Glaubensmeister
Gnadenmeister
Groſsmeister
Hafenmeister
Halbmeister
Hammermeister
Handwerksmeister
Haspelmeister
Hausmeister
Hebmeister
Heermeister
Heilmeister
Herrenmeister
Heumeister
Hexenmeister
Hochmeister
Hofmeister
Erbhofmeister
Haushofmeister
Landhofmeister
Mädchenhofmeist.
Pagenhofmeister
Holzmeister
Hufenmeister
Hüttenmeister
Jägermeister
Erbjägermeister
Hofjägermeister
Landjägermeister
Oberjägermeister
Jungmeister
Kaimeister
Kakmeister
Kammermeister
Rentkammermeist.
Kapellmeister
Kellermeister
Hofkellermeister
Keltermeister
Kerkermeister
Kerzenmeister
Kesselmeister
Ketzermeister
Kindermeister
Klaviermeister

Kleinmeister
Klempnermeister
Klügelmeister
Köhlermeister
Körmeister
Kornmeister
Kothmeister
Krahnmeister
Kramermeister
Kreispfennigmeister
Küchenmeister
  Erbküchenmeister
  Groſsküchenmeist.
  Hofküchenmeister
Kunstmeister
Kurmeister
Kürschnermeister
Ladenmeister
Lagermeister
Landmeister
Landhochmeister
Lederermeister
Legemeister
Lehrmeister
Leinmeister
Leinwebermeister
Lesemeister
Märkermeister
Marktmeister
Mastmeister
Mauermeister
Miethmeister
Mühlenmeister
Müllermeister
Münzmeister
  Erbmünzmeister
Nachtmeister
Nadlermeister
Nebenmeister
Obermeister
Ofenmeister
Ordensmeister
Packmeister
Papiermachermeist.
Pfannenmeister
Pfeifermeister
Pfennigmeister
  Deichpfennigmeist.
  Landespfennigm.
  Reichspfennigm.
Pflastermeister
Platzmeister
Postmeister
  Erbpostmeister
  Feldpostmeister
  Hofpostmeister
  Reichspostmeister
Preſsmeister
Pritschmeister
Quartiermeister
  Regimentsquart.
  Reichsquartierm.

Rabischmeister
Rasenmeister
Rathsmeister
Rauchmeister
Rechenmeister
Regelmeister
Reihermeister
Reitmeister
Rentmeister
  Landrentmeister
Riemermeister
Rittmeister
Röhrenmeister
Rostmeister
Rottenmeister
Rudermeister
Rügemeister
Rüstmeister
Sägemeister
Sangmeister
Sattlermeister
Schachtmeister
Schätzmeister
Schafmeister
Scharmeister
Schaumeister
Schatzmeister
  Erbschatzmeister
  Erzschatzmeister
  Groſsschatzmeist.
  Hofschatzmeister
  Kronschatzmeister
Scheidemeister
Schichtmeister
  Bergschichtmeist.
Schirrmeister
Schlachtmeister
Schleuſsenmeister
Schlupmeister
Schmiedemeister
Schneidermeister
Schöffenmeister
Schöppenmeister
Schreinermeister
Schützenmeister
Schuhmachermeist.
Schulmeister
  Dorfschulmeister
  Feldschulmeister
  Landschulmeister
  Winkelschulmeist.
Schustermeister
Schwefelmeister
Schweinmeister
Segelmeister
Selbstmeister
Sesselmeister
Siechmeister
Singemeister
Sittenmeister
Sohlmeister

Speisemeister
Spinnmeister
Spittelmeister
Spleiſsmeister
Sprachmeister
Spritzenmeister
Stackmeister
Stäbelmeister
  Erbstäbelmeister
Stadtmeister
Stallmeister
  Erbstallmeister
  Erzstallmeister
  Groſsstallmeister
Stempelmeister
Stimmmeister
Stockmeister
Stückmeister
Stutenmeister
Tafelmeister
Takelmeister
Tanzmeister
  Schautanzmeister
Taumelmeister
Teichmeister
Tennemeister
Thurmmeister
Tischlermeister
Tonmeister
Triebelmeister
Trottmeister
Turnmeister
Uebungsmeister
Viehmeister
Viermeister
Viertelsmeister
Vitriolmeister
Volksmeister
Vormeister
Wachtmeister
  Feldwachtmeister
  Obristwachtmeist.
  Stadtwachtmeister
Waffenmeister
Wagemeister
  Zinnwagemeister
Wagenmeister
Wägemeister
Waldmeister
  Ackerwaldmeister
  Färberwaldmeister
Wappenmeister
Wasenmeister
Wassermeister
Webermeister
Weinmeister
Weltenmeister
Werkmeister
Wildmeister
Wildenmeister
Winkelmeister
Wirkmeister

Zahlmeister
Kriegszahlmeister
Zaubermeister
Zechmeister
Zechenmeister
Zeichenmeister
Zeidelmeister
Zeugmeister
Erbzeugmeister
Feldzeugmeister
Generalfeldzeugm.
Generaldummzeug-
Zimmermeister
Zinsmeister
Zunftmeister
das Gemeister
Wilhelm Meister
der Reister
ein vielgereister
— verschleiſster
— beschmeiſster
— verschweiſster
— verspeister
— geweiſster
so beiſst er *etc.*

eistерm

dreister'm
feister'm

eistern

einen dreister'n
— feister'n
den Geistern
begeistern
eingeistern
entgeistern
kleistern
ankleistern
aufkleistern
auskleistern
bekleistern
einkleistern
festkleistern
überkleistern
verkleistern
zukleistern
zusammenkleistern
den Gewährleistern
— Meistern
meistern
bemeistern
hofmeistern
kleinmeistern
schulmeistern
verschulmeistern
vorschulmeistern
tanzmeistern
übermeistern
den Reistern

eisternd

begeisternd
kleisternd
meisternd

eisterns

des Begeisterns
— Kleisterns
— Meisterns

eisters

ein dreister's
— feisters
des Kleisters
— Gekleisters
— Gewährleisters
— Meisters
— Gemeisters
— Reisters
so beweist er's *etc.*

eisterst

du begeisterst
— kleisterst
— meisterst

eistert

er begeistert
— kleistert
— meistert

eistes

ein beeistes
— dreistes
— feistes
des Feistes
— Geistes
ein ausgegleistes
— umkreistes
des Geleistes
sein meistes
ein vielgereistes
— verschleiſstes
— beschmeiſstes
— verschweiſstes
— verspeistes
— geweiſstes
er beweist es *etc.*
du weiſst es

eistest

du eistest
— erdreistest
dreistest
— feistest
feistest
— befleiſstest
— entgeistest
— ausgleistest
— gleiſstest
— kreistest
— kreiſstest
du leistest
— neiſstest
— pfneiſstest
— reistest
— seistest
— schleiſstest
— schmeiſstest
— schneiſstest
— schweiſstest
— weiſstest

eistet

ihr eistet
— erdreistet
— feistet
— befleiſstet
— entgeistet
— ausgleistet
— gleiſstet
— kreistet
— kreiſstet
— leistet
— neiſstet
— pfneistet
— reistet
— seistet
— schleiſstet
— schmeiſstet
— schweiſstet
— weiſstet

eistig

geistig
freygeistig
hochgeistig
kleingeistig
reingeistig
schöngeistig
starkgeistig
gewährleistig
vielleistig
pfneistig

eistisch

geistisch
kleistisch

eistlich

geistlich
ungeistlich
weltgeistlich
leistlich
unleistlich
meistlich

eistre

eine dreist're
— feist're
ich begeistre
— kleist're
das Gekleistre
ich meistre
das Gemeistre

ēiſtrem

dreist'rem
feist'rem

ēiſtren

dreist'ren
feist'ren

ēiſtrer

ein dreist'rer
— feist'rer
— Kleistrer
— Hofmeist'rer

ēiſtrern

den Kleistrern
— Hofmeist'rern

ēiſtrers

des Kleistrers
— Hofmeist'rers

ēiſtrig

kleistrig
schulmeistrig

ēiſtrung

die Begeist'rung
— Verkleist'rung
— Hofmeist'rung

ēiſts

ein beeist's
— dreist's
— feist's
des Feists
— Geists
ein ausgegleist's
— umkreist's
des Geleist's
sey meist's
ein vielgereist's
— verschleiſst's
— beschmeiſst's
— verschweiſst's
— geweiſst's
er beweist's *etc.*
du weiſst's

ēiſtſte

der dreistste
— feistste

ēiſtſten

die dreiststen
— feiststen

ēiſtſter

dreistster
feistster

ēiſtſtes

dreiststes
feiststes

ēiſtung

die Erdreistung
— Feistung
— Entgeistung
— Leistung
— Pfneistung

ēiſung — ēiſʒung

die Beeisung
— Durchbeiſsung
— Befleiſsung
— Ausgleisung
— Verheiſsung
— Umkreisung
— Preisung
Anpreisung
Lobpreisung
— Bereisung
— Zerreiſsung
— Tonreiſsung
— Bescheiſsung
— Verschleiſsung
— Beschmeiſsung
— Zerschmeiſsung
— Vorschweiſsung
— Speisung
Abspeisung
Armenspeisung
— Weisung
Abweisung
Anweisung
Baaranweisung
Dienstanweisung
Meſsanweisung
Aufweisung
Ausweisung
Beweisung
Erweisung
Diensterweisung
Pflichterweisung
Nachweisung
Ueberweisung
Unterweisung
Verweisung
Amtsverweisung
Landesverweisung
Vorweisung
Zuweisung
Zurechtweisung
Zurückweisung

ēit

die Arbeit
Abendarbeit
Feyerabendarbeit
Advokatenarbeit
Alltagsarbeit
Amtsarbeit
Anreicherarbeit
Ansetzarbeit
Bankarbeit
Bauarbeit
Bauerarbeit
Bergarbeit
Bernsteinarbeit
Berufsarbeit
Bildhauerarbeit
Bleyarbeit
Bodenarbeit
Bortenarbeit
Böttcherarbeit
Brennarbeit
Damascenerarbeit
Deicharbeit
Dienstarbeit
Dratharbeit
Drechslerarbeit
Dreydrittelarbeit
Ehrenarbeit
Eisenarbeit
Erzarbeit
Eselsarbeit
Feldarbeit
Feuerarbeit
Feueressenarbeit
Fingerarbeit
Flacharbeit
Flickarbeit
Frauenarbeit
Frischarbeit
Frohnarbeit
Frohnbürgerarbeit
Früharbeit
Fuſsarbeit
Gararbeit
Gartenarbeit
Gedächtnisarbeit
Gedingearbeit
Geiſslerarbeit
Geistesarbeit
Gesellenarbeit
Gesteinarbeit
Glasarbeit
Goldarbeit
Grottenarbeit
Grubenarbeit
Gypsarbeit
Häkelarbeit
Handarbeit
Handlangerarbeit
Handwerksarbeit
Hauptarbeit
Hausarbeit
Herbstarbeit
Herrenarbeit
Hofarbeit
Holzarbeit

Hornarbeit
Hüttenarbeit
Jahresarbeit
Jugendarbeit
Jungenarbeit
Kennerarbeit
Kinderarbeit
Klobenarbeit
Klopfarbeit
Knechtsarbeit
Kopfarbeit
Korallenarbeit
Kunstarbeit
Kupferarbeit
Lackarbeit
Landarbeit
Leibesarbeit
Lichtarbeit
Lieblingsarbeit
Lohnarbeit
Lustarbeit
Malerarbeit
Marmorarbeit
Meisterarbeit
Monatsarbeit
Mörtelarbeit
Morgenarbeit
Nacharbeit
Nachtarbeit
Nadelarbeit
Nebenarbeit
Notharbeit
Papparbeit
Pferdearbeit
Probearbeit
Quickarbeit
Rauharbeit
Riemerarbeit
Riesenarbeit
Roharbeit
Roſsarbeit
Sattlerarbeit
Sauhundsarbeit
Schanzarbeit
Schiffsarbeit
Schildkrötenarbeit
Schlosserarbeit
Schmelzarbeit
Schmiedearbeit
Schnitzarbeit
Schürfarbeit
Schularbeit
Schwenkkesselarb.
Seelenarbeit
Seidenarbeit
Seifenarbeit
Seigerarbeit
Seilerarbeit
Siebarbeit
Silberarbeit
Sitzarbeit

Sklavenarbeit
Sommerarbeit
Spielarbeit
Stadtarbeit
Stahlarbeit
Stickerarbeit
Stollenarbeit
Straſsenarbeit
Strickarbeit
Stroharbeit
Stuckarbeit
Stückarbeit
Tagelöhnerarbeit
Tagesarbeit
Sonntagsarbeit
Wochentagsarbeit
Tagarbeit
Teufelsarbeit
Töpferarbeit
Tüncherarbeit
Vorarbeit
Waffenarbeit
Walkarbeit
Wallarbeit
Weberarbeit
Weiberarbeit
Weilarbeit
Winterarbeit
Wochenarbeit
Zimmerarbeit
Züchtlingsarbeit
Zugarbeit
Zweydrittelarbeit

bereit
nadelbereit
schlagbereit
wohlbereit

breit
daumenbreit
ellenbreit
fensterbreit
fingerbreit
fuſsbreit
gassenbreit
gleichbreit
haarbreit
handbreit
klafterbreit
lachterbreit
linienbreit
meilenbreit
schrittbreit
schrotbreit
schuhbreit
spannenbreit
straſsenbreit
stundenbreit
überbreit
weit und breit
wegbreit
zollbreit

das Wegebreit
Alpenwegebreit
Bergwegebreit
die Freith
Fahrenheit
gleit!
begleit!
der Begleit

(*Die Substantiven in* heit)

die Abgebrochenheit
— Abgemessenheit
— Abgeschiedenheit
— Abgeschmacktheit
— Abgestorbenheit
— Abgetragenheit
— Abgetriebenheit
— Abwesenheit
Geistesabwesenheit
Gemüthsabwesenh.
— Accuratheit
— Albernheit
— Allheit
— Allgemeinheit
— Allweisheit
— Allwissenheit
— Altheit
— Angelegenheit
Amtsangelegenheit
Berufsangelegenh.
Bundesangelegenh.
Dienstangelegenh.
Ehrenangelegenh.
Familienangeleg.
Geldangelegenheit
Gemeindeangeleg.
Geschäftsangeleg.
Handelsangelegenh.
Hausangelegenheit
Herzensangelegenh.
Innunganangeleg.
Landesangelegenh.
Liebesangelegenh.
Marktangelegenheit
Meſsangelegenheit
Prozeſsangelegenh.
Rechnungsangeleg.
Rechtsangelegenh.
Regierungsangeleg.
Reiseangelegenheit
Religionsangeleg.
Schulangelegenheit
Staatsangelegenheit
Stadtangelegenheit
Steuerangelegenh.
Verlagsangelegenh.
Vormundschafts -
Wirthschaftsangel.
— Angemessenheit
— Angesessenheit
— Angestrengtheit
— Anwesenheit

die Aufgeblasenheit
— Aufgedunsenheit
— Aufrechtheit
— Auserlesenheit
— Ausgelassenheit
— Ausgeschlossenheit
— Barschheit
— Bedachtheit
— Bederbtheit
— Bedeutenheit
— Bedrängtheit
— Befangenheit
— Beflissenheit
Amtsbeflissenheit
Berufsbeflissenheit
Dienstbeflissenheit
Kunstbeflissenheit
— Begebenheit
Entwickelungs-
Kriegsbegebenheit
Luftbegebenheit
Naturbegebenheit
Staatsbegebenheit
Tagesbegebenheit
Weltbegenheit
Zeitbegebenheit
Zwischenbegebenh.
— Beherztheit
— Beholfenheit
— Bekanntheit
— Beklommenheit
— Beladenheit
— Belebtheit
— Beleibtheit
Wohlbeleibtheit
— Belesenheit
— Bequemheit
— Bereitheit
— Beschaffenheit
Gemüthsbeschaff.
Körperbeschaffenh.
Landesbeschaffenh.
Leibesbeschaffenh.
Luftbeschaffenheit
Ortsbeschaffenheit
Seelenbeschaffenh.
Urbeschaffenheit
— Bescheidenheit
— Beschränktheit
— Besonderheit
insonderheit
— Besonnenheit
— Besorgtheit
— Bestandheit
— Betäubtheit
— Bewährtheit
— Bewuſstheit
— Blaſsheit
— Blankheit
— Bleyernheit

die Blindheit
Nachtblindheit
Staarblindheit
Starrblindheit
Tagblindheit
— Blondheit
— Bosheit
Gemüthsbosheit
Herzensbosheit
— Bravheit
— Buntheit
— Christenheit
— Correctheit
— Derbheit
— Dichtheit
— Dickheit
— Directheit
— Doppeltheit
— Drallheit
— Dreyheit
— Dummheit
Mönchsdummheit
Viehdummheit
— Dunkelheit
— Dünnheit
— Dürrheit
— Durchscheinenheit
— Durchtriebenheit
— Ebenheit
— Eigenheit
Empfindungs-
Gemüthseigenheit
Spracheigenheit
Ureigenheit
— Einfachheit
— Eingezogenheit
— Einheit
Weseneinheit
— Einleuchtenheit
— Einzelheit
— Einzelleidenheit
— Einzelwesenheit
— Entschiedenheit
— Entschlossenheit
— Erfahrenheit
— Ergebenheit
— Erhabenheit
Geisteserhabenheit
Seelenerhabenheit
— Erschöpftheit
— Erschrockenheit
— Falschheit
— Faulheit
— Feigheit
— Feinheit
Geistesfeinheit
— Feistheit
— Feuchtheit
— Finsterheit
— Flachheit
— Flauheit

die Frechheit
Preſsfrechheit
— Freyheit
Abzugsfreyheit
Accisfreyheit
Baufreyheit
Bergfreyheit
Burgfreyheit
Denkfreyheit
Dichterfreyheit
Gastfreyheit
Gedankenfreyheit
Geistesfreyheit
Gemüthsfreyheit
Geschoſsfreyheit
Gewerbsfreyheit
Gewissensfreyheit
Glaubensfreyheit
Halbfreyheit
Handelsfreyheit
Handlungsfreyheit
Handwerksfreyheit
Hoffreyheit
Jägerfreyheit
Jagdfreyheit
Kirchenfreyheit
Kirmesfreyheit
Lebensfreyheit
Lehrfreyheit
Mauthfreyheit
Marktfreyheit
Meinungsfreyheit
Meſsfreyheit
Münzfreyheit
Nahrungsfreyheit
Naturfreyheit
Postfreyheit
Preſsfreyheit
Redefreyheit
Reichsfreyheit
Religionsfreyheit
Ritterfreyheit
Schatzfreyheit
Seelenfreyheit
Steuerfreyheit
Straffreyheit
Triftfreyheit
Unzuchtfreyheit
Wahlfreyheit
Weidefreyheit
Willensfreyheit
Zehrfreyheit
Zollfreyheit
— Freyredenheit
— Frischheit
— Frohheit
Schadenfrohheit
— Ganzheit
— Geborgenheit
— Gebrochenheit
— Gedachtheit
— Gedämpftheit

die Gediegenheit
— Gedrängtheit
— Gedrücktheit
— Gedrungenheit
Nothgedrungenheit
Pflichtgedrungenh.
— Gefaſstheit
— Geflissenheit
— Gefrorenheit
— Gefügheit
— Gehaltenheit
— Geilheit
— Geistreichheit
— Gelahrtheit
Arzneygelahrtheit
Gottesgelahrtheit
Kunstgelahrtheit
Rechtsgelahrtheit
— Gelähmtheit
— Gelassenheit
Ausgelassenheit
Gottgelassenheit
— Gelegenheit
Abgelegenheit
Angelegenheit
Fahrgelegenheit
Marktgelegenheit
Meſsgelegenheit
Ortsgelegenheit
Reisegelegenheit
Spielgelegenheit
Trinkgelegenheit
Ungelegenheit
Zankgelegenheit
— Gelehrtheit
— Gelenkheit
— Gelindheit
— Gelungenheit
— Gemäſsheit
— Gemeinheit
— Gemengtheit
— Gemessenheit
— Gemischtheit
— Genanntheit
— Genauheit
— Geneigtheit
— Gepreſstheit
— Gepriesenheit
— Geradheit
— Gerechtheit
— Geringheit
— Gesammtheit
— Geschliffenheit
Geistesgeschliffenh.
— Geschlossenheit
Abgeschlossenheit
Eingeschlossenheit
— Gescheidtheit
— Geschraubtheit
— Geschwächtheit
— Geschwindheit
— Gesetztheit

die Gesinntheit
Gutgesinntheit
Uebelgesinntheit
Wohlgesinntheit
— Gesittetheit
— Gespanntheit
— Gesperrtheit
— Gestaltheit
Miſsgestaltheit
— Gestütztheit
— Gesuchtheit
— Gesundheit
Festgesundheit
Geburtstagsgesundh.
Leibesgesundheit
Seelengesundheit
Ungesundheit
— Getreuheit
— Getrübtheit
— Gewandheit
— Gewiſsheit
— Gewogenheit
— Gewohnheit
Adelsgewohnheit
Advokatengewohnh.
Amtsgewohnheit
Angewohnheit
Autorgewohnheit
Bauergewohnheit
Berufsgewohnheit
Bürgergewohnheit
Dichtergewohnheit
Dienstgewohnheit
Dorfgewohnheit
Familiengewohnh.
Festgewohnheit
Frauengewohnheit
Gerichtsgewohnheit
Geschlechtsgew.
Gesellschaftsgew.
Handwerksgewohnh.
Handwerkergew.
Hausgewohnheit
Hurengewohnheit
Innungsgewohnheit
Jägergewohnheit
Jagdgewohnheit
Judengewohnheit
Jungferngewohnh.
Kindergewohnheit
Kirchengewohnheit
Kirmesgewohnheit
Knabengewohnheit
Kriegsgewohnheit
Landesgewohnheit
Liebesgewohnheit
Lieblingsgewohnh.
Mädchengewohnh.
Männergewohnheit
Maurergewohnheit
Narrengewohnheit
Ordensgewohnheit

Ortsgewohnheit
Pfarrgewohnheit
Priestergewohnh.
Rechtsgewohnheit
Rittergewohnheit
Schauspielergew.
Schulgewohnheit
Soldatengewohnh.
Spielgewohnheit
Studentengewohnh.
Tafelgewohnheit
Theatergewohnheit
Trinkgewohnheit
Tugendgewohnheit
Universitätsgew.
Vätergewohnheit
Weibergewohnheit
Zunftgewohnheit
die Gewohntheit
— Gezogenheit
Abgezogenheit
Eingezogenheit
Ungezogenheit
Wohlgezogenheit
— Gezwungenheit
— Glattheit
— Gleichheit
Abgabengleichheit
Rechtsgleichheit
Religionsgleichheit
Selbstgleichheit
Standesgleichheit
Steuergleichheit
Ungleichheit
Wesengleichheit
— Gottheit
Feldgottheit
Kriegsgottheit
Schutzgottheit
Untergottheit
— Grauheit
— Greisheit
— Grellheit
— Griechheit
— Grobheit
— Gutheit
— Halbheit
— Hartheit
— Herbheit
— Hohlheit
— Hoheit
Kaiserl. Hoheit
Königl. Hoheit
Landeshoheit
Lehenshoheit
Seelenhoheit
— Hübschheit
— Ichheit
— Infamheit
— Inflammirtheit
— Inficirtheit
— Inspirirtheit

die Isolirtheit
— Jachhei
— Jähheit
— Jungheit
— Kahlheit
— Kargheit
— Keckheit
— Keuschheit
Körperkeuschheit
Scheinkeuschheit
Seelenkeuschheit
— Kindheit
— Klarheit
— Kleinheit
— Klugheit
Geschäftsklugheit
Lebensklugheit
Predigerklugheit
Scheinklugheit
Staatsklugheit
Superklugheit
Ueberklugheit
Unklugheit
Weltklugheit
— Knappheit
— Krankheit
Bauchkrankheit *etc.*
— Kühnheit
Heldenkühnheit
— Lahmheit
— Laſsheit
— Lauheit
— Leckerheit
— Ledernheit
— Leerheit
Gedankenleerheit
— Leichtheit
— Leidenheit
Mitleidenheit
— Lindheit
— Lockerheit
— Losheit
— Lüsternheit
— Magerheit
— Mannheit
— Mannigfachheit
— Mattheit
— Mehrfachheit
— Mehrheit
Stimmenmehrheit
— Menschheit
— Mildheit
— Minderheit
— Mögenheit
— Mönchheit
— Mürbheit
— Nacktheit
— Naivheit
— Narrheit
— Neuheit
Altneuheit
— Nüchternheit

die Obliegenheit
— Offenheit
— Pfaffheit
— Planheit
— Plattheit
— Plumpheit
— Prallheit
— Queerheit
— Raschheit
— Rauhheit
— Rechtschaffenheit
— Reifheit
— Reinheit
Sittenreinheit
— Rischheit
— Rohheit
Sittenrohheit
Thierrohheit
— Rundheit
— Sachheit
— Sachtheit
— Sanftheit
— Sattheit
Menschensattheit
— Schalkheit
— Scheuheit
— Schiefheit
— Schlaffheit
— Schlauheit
— Schlechtheit
— Schlimmheit
— Schmalheit
— Schnellheit
— Schönheit
Jugendschönheit
Körperschönheit
Kunstschönheit
Männerschönheit
Menschenschönheit
Naturschönheit
Seelenschönheit
Sprachschönheit
Weiberschönheit
Weibesschönheit
Wunderschönheit
— Schrägheit
— Schroffheit
— Schwachheit
Altersschwachheit
Gemüthsschwachh.
Herzensschwachheit
Jugendschwachheit
Körperschwachheit
Seelenschwachheit
— Schwerheit
— Seichtheit
— Selbstheit
— Selbstgefallenheit
— Seltenheit
Kunstseltenheit
Naturseltenheit
— Sicherheit

Beleidigungssich.
Bürgschaftssicherh.
Entscheidungsich.
Eidessicherheit
Gegensicherheit
Genehmigungssich.
Gewährschaftssich.
Grundsicherheit
Handelssicherheit
Pfandsicherheit
Schadenssicherheit
— Siechheit
— Sonderheit
— Sottheit
— Spätheit
Zeitspätheit
— Sperrheit
— Starrheit
— Steifheit
Gelenksteifheit
— Steilheit
— Stillheit
— Stolzheit
— Strackheit
— Straffheit
— Strammheit
— Sweltheit
— Taubheit
— Teigheit
— Thierheit
— Thorheit
Jugendthorheit
Lieblingsthorheit
Modethorheit
Altersthorheit
— Thörigtheit
— Tiefheit
— Tollheit
— Trägheit
— Trautheit
— Treuheit
— Trockenheit
Augentrockenheit
— Trübheit
— Trugheit
— Trunkenheit
Freudetrunkenheit
Liebestrunkenheit
Wollusttrunkenheit
Wonnetrunkenheit
— Ueberlegenheit
— Ueberschlagenheit
— Unbedachtheit
— Unbefangenheit
— Unbeholfenheit
— Unbekanntheit
— Unbelesenheit
— Unbequemheit
— Unbescheidenheit
— Unbeschränktheit
— Unbesonnenheit
— Unbesorgtheit

die Unbestandheit
— Unbewährtheit
— Unbewuſstheit
— Uncorrectheit
— Undichtheit
— Unebenheit
— Unentschiedenheit
— Unentschlossenheit
— Unerfahrenheit
— Unerschrockenheit
— Unfeinheit
— Unfreyheit
— Ungelehrtheit
— Ungemeinheit
— Ungemessenheit
— Ungeneigtheit
— Ungerechtheit
— Ungereimtheit
— Ungeschliffenheit
— Ungestaltheit
— Ungesuchtheit
— Ungesundheit
— Ungetreuheit
— Ungewandtheit
— Ungewiſsheit
— Ungewohnheit
— Unkeuschheit
— Unklugheit
— Unmenschheit
— Unreifheit
— Unreinheit
— Unsanftheit
— Unsicherheit
— Unverdorbenheit
— Unverdrossenheit
— Unvermögenheit
— Unvollkommenheit
— Unwahrheit
— Unweibheit
— Unweisheit
— Unwissenheit
— Unzartheit
— Unzufriedenheit
— Unzureichenheit
— Urheit
— Vagheit
— Verblasenheit
— Verblaſstheit
— Verblichenheit
— Verblüfftheit
— Verborgenheit
— Verbotenheit
— Verbranntheit
— Verderbtheit
— Verdorbenheit
— Verdrehtheit
— Verdrossenheit
— Verdutztheit
— Verfehltheit
— Vergangenheit
— Vergessenheit
Pflichtvergessenheit

die Verkanntheit
— Verkehrtheit
— Verkümmertheit
— Verlassenheit
— Verlegenheit
— Verliebtheit
— Verlorenheit
— Vermessenheit
— Vermögenheit
Vielvermögenheit
— Vernageltheit
— Verrücktheit
— Verruchtheit
— Verschiedenheit
— Verschlagenheit
Vielverschlagenheit
— Verschleimtheit
— Verschmitztheit
— Verschmolzenheit
— Verschobenheit
— Verschossenheit
— Verschrieenheit
— Verschrobenheit
— Verschwiegenheit
— Versehenheit
— Versperrtheit
— Verspreiztheit
— Verstecktheit
— Verstohlenheit
— Verstopftheit
— Verstorbenheit
— Verstricktheit
— Versunkenheit
— Verwachsenheit
— Verwegenheit
— Verwiesenheit
— Verwirrtheit
— Verwöhntheit
— Verworfenheit
— Verworrenheit
— Verzagtheit
— Verzogenheit
— Viehheit
— Vielfachheit
— Vielheit
— Vollheit
— Vollkommenheit
Machtvollkommenh.
Scheinvollkommenh.
— Volkheit
— Vonheit
— Voreingenommenheit
— Vorfallenheit
— Vorkommenheit
— Vorliegenheit
— Vornehmheit
— Vorsehenheit
— Wahnheit
— Wahrheit
Geschichtswahrheit
Glaubenswahrheit
Grundwahrheit

Halbwahrheit
Hauptwahrheit
Herzenswahrheit
Nebenwahrheit
Rechtswahrheit
Religionswahrheit
Spähwahrheit
Vernunftwahrheit
die Weibheit
— Weichheit
— Weisheit
Buchweisheit
Fabelweisheit
Grübelweisheit
Lebensweisheit
Naseweisheit
Naturweisheit
Plunderweisheit
Rockenweisheit
Schattenweisheit
Schulweisheit
Vernunftweisheit
Weltweisheit
Wohlweisheit
Zweifelweisheit
— Wesenheit
Ebenwesenheit
— Wildheit
— Wissenheit
Nichtwissenheit
Vielwissenheit
— Wohlheit
— Wohlfeilheit
— Wohlhabenheit
— Wohllebenheit
— Wohlmeynenheit
— Wohlredenheit
— Wohnheit
— Wundheit
— Zachheit
— Zähheit
— Zagheit
— Zartheit
Ohrenzartheit
— Zerschlagenheit
— Zierheit
— Zufriedenheit
Miſszufriedenheit
Selbstzufriedenheit
— Zureichenheit

(*Die Substantiven in* keit)

die Abscheulichkeit
— Abspenstigkeit
— Abtrünnigkeit
— Aehnlichkeit
Gesichtsähnlichkeit
Glaubensähnlichk.
Rechtsähnlichkeit
Sprachähnlichkeit
Vernunftähnlichkeit
Wesenähnlichkeit

die **Aengstlichkeit**
— Aergerlichkeit
— Alberkeit
— Alltäglichkeit
— Anbrüchigkeit
— Anbaulichkeit
— Anmaaſslichkeit
— Annehmlichkeit
— Ansässigkeit
— Anschaulichkeit
— Ansehnlichkeit
— Anständigkeit
— Anstöſsigkeit
— Anzüglichkeit
— Appetitlichkeit
— Arbeitsamkeit
— Armseligkeit
— Artigkeit
— Athemlosigkeit
— Auffälligkeit
— Aufmerksamkeit
— Aufrichtigkeit
— Aufsässigkeit
— Ausdehnbarkeit
— Ausführbarkeit
— Ausführlichkeit
— Ausgiebigkeit
— Auszüglichkeit
— Bündigkeit
— Bangigkeit
Herzensbangigkeit
Trennungsbangigk.
— Barmherzigkeit
Allbarmherzigkeit
— Baulichkeit
Anbaulichkeit
Erbaulichkeit
Vorbaulichkeit
— Bedächtlichkeit
— Bedachtsamkeit
— Bedenklichkeit
— Befugsamkeit
— Behäbigkeit
— Behaglichkeit
— Beharrlichkeit
— Behendigkeit
— Behülflichkeit
— Behutsamkeit
— Bequemlichkeit
— Beredsamkeit
Bindfadenbereds.
Kanzelberedsamkeit
— Bereitsamkeit
— Bereitwilligkeit
— Beschwerlichkeit
— Besinnlichkeit
— Besorglichkeit
— Beständigkeit
— Bethulichkeit
— Betriebsamkeit
— Beweglichkeit

die **Bewegsamkeit**
— Beyhändigkeit
— Beyräthigkeit
— Biederkeit
— Biegsamkeit
— Bildsamkeit
— Billigkeit
— Bisherigkeit
— Bissigkeit
— Bitterkeit
— Bläſslichkeit
— Blödigkeit
Augenblödigkeit
Gesichtsblödigkeit
— Bösartigkeit
— Botmäſsigkeit
— Brüderlichkeit
— Brünstigkeit
— Bündigkeit
— Christlichkeit
— Dankbarkeit
— Dauerhaftigkeit
— Dehnbarkeit
— Demüthigkeit
— Denkwürdigkeit
— Deutlichkeit
— Dichtigkeit
— Dienlichkeit
— Diensamkeit
— Dienstbarkeit
— Dienstfertigkeit
— Diensthaftigkeit
— Doppelzüngigkeit
— Dreyeinigkeit
— Dreyfaltigkeit
Wasserdreyfaltigk.
— Dreistigkeit
Dummdreistigkeit
Stirndreistigkeit
— Dringlichkeit
Andringlichkeit
Aufdringlichkeit
Eindringlichkeit
Zudringlichkeit
— Drolligkeit
— Dünnigkeit
— Dürftigkeit
— Dünkelhaftigkeit
— Duldsamkeit
— Durchdringlichkeit
— Durchlauchtigkeit
— Durchsichtigkeit
— Ehelosigkeit
— Ehrbarkeit
— Ehrerbietigkeit
— Ehrenhaftigkeit
— Ehrlichkeit
— Ehrlosigkeit
— Ehrsamkeit
— Eigennützigkeit

die **Eigenthümlichkeit**
Spracheigenthüml.
— Eilfertigkeit
— Eiligkeit
Voreiligkeit
— Einfältigkeit
— Einförmigkeit
— Einhelligkeit
— Einigkeit
— Einkräftigkeit
— Einmüthigkeit
— Einseitigkeit
— Einsichtigkeit
— Einträchtigkeit
— Einträglichkeit
— Einwendbarkeit
— Einzigkeit
— Eitelkeit
Welteitelkeit
— Ekelhaftigkeit
— Elendigkeit
— Empfänglichkeit
Wärmstoffempfängl.
— Empfindbarkeit
— Empfindlichkeit
— Empfindsamkeit
— Emsigkeit
— Endlichkeit
— Engbrüstigkeit
— Engherzigkeit
— Engigkeit
— Entbehrlichkeit
— Enthaltsamkeit
— Entsetzlichkeit
— Entzündbarkeit
— Entzündlichkeit
— Erbärmlichkeit
— Erbittlichkeit
— Erblichkeit
— Erfindlichkeit
— Erfindsamkeit
— Erforschlichkeit
— Ergiebigkeit
— Ergötzlichkeit
— Ergründlichkeit
— Erheblichkeit
— Erheizbarkeit
— Erkäuflichkeit
— Erkenntlichkeit
— Erklärlichkeit
— Erklecklichkeit
— Ermeſslichkeit
— Ermüdlichkeit
— Ernsthaftigkeit
— Erregbarkeit
— Erreichbarkeit
— Ersättlichkeit
— Erschöpflichkeit
— Erschrecklichkeit
— Ersprieſslichkeit
— Erschütterlichkeit

die Ersetzlichkeit
— Ersteiglichkeit
— Erstigkeit
— Erträglichkeit
— Erweislichkeit
— Erzählbarkeit
— Esbarkeit
— Eselhaftigkeit
— Ewigkeit
Sängerewigkeit
— Fähigkeit
Geistesfähigkeit
Gemüthsfähigkeit
Grundfähigkeit
Kunstfähigkeit
Lehrfähigkeit
Leitungsfähigkeit
Vernunftfähigkeit
Verstandesfähigkeit
Vorstellungsfähigk.
— Fährlichkeit
— Fälschlichkeit
— Fahrbarkeit
— Fahrlässigkeit
— Faselhaftigkeit
— Faslichkeit
— Faslichkeit
— Faunenhaftigkeit
— Fauligkeit
— Feenhaftigkeit
— Fehlbarkeit
— Fehlerhaftigkeit
— Feigherzigkeit
— Feindlichkeit
Menschenfeindl.
— Feindseligkeit
— Feinigkeit
— Fernsichtigkeit
— Fertigkeit
Dienstfertigkeit
Kunstfertigkeit
Leichtfertigkeit
— Festigkeit
Handfestigkeit
— Festlichkeit
Siegesfestlichkeit
— Fettigkeit
— Feuchtigkeit
Augenfeuchtigkeit
Gehirnfeuchtigkeit
Glasfeuchtigkeit
Grundfeuchtigkeit
Kieselfeuchtigkeit
Krätzpustelfeucht.
Lungenfeuchtigkeit
Samenfeuchtigkeit
Thränenfeuchtigk.
— Feyerlichkeit
Beerdigungsfeyerl.
Begräbnisfeyerl.
Hochzeitfeyerlichk.
Hoffeyerlichkeit
Jubelfeyerlichkeit
Kirchenfeyerlichk.
Leichenfeyerlichk.
Schulfeyerlichkeit
Siegesfeyerlichkeit
die Fieberhaftigkeit
— Filzigkeit
— Flatterhaftigkeit
— Fleischigkeit
— Fleischlichkeit
— Fleisigkeit
— Flüchtigkeit
— Flüssigkeit
Blasenflüssigkeit
Cedernflüssigkeit
Knallflüssigkeit
Schwefelkohlenstoff-
Wassersuchtsflüss.
— Folgbarkeit
— Folgsamkeit
— Förderlichkeit
— Förmlichkeit
Kanzleyförmlichkeit
— Fräulichkeit
Jungfräulichkeit
— Frazzenhaftigkeit
— Freshaftigkeit
— Freudigkeit
— Frevelhaftigkeit
— Freventlichkeit
— Freundlichkeit
Bruderfreundlichk
Gastfreundlichkeit
Menschenfreundl.
Sonnenfreundlichk.
— Freygebigkeit
— Freymüthigkeit
— Freysinnigkeit
— Freyzügigkeit
— Friedfertigkeit
— Friedlichkeit
— Friedsamkeit
— Fröhlichkeit
— Frömmigkeit
Dummfrömmigkeit
— Frohnbarkeit
— Frostigkeit
— Füglichkeit
— Fuglosigkeit
— Fühlbarkeit
— Fühllosigkeit
— Fündigkeit
— Fürstlichkeit
— Furchtbarkeit
— Furchtlosigkeit
— Furchtsamkeit
— Gangbarkeit
— Garstigkeit
— Gastlichkeit
— Gebräuchlichkeit
die Gebrechlichkeit
— Gebührlichkeit
— Geckenhaftigkeit
— Gedankenlosigkeit
— Gedeihlichkeit
— Gefährlichkeit
— Gefälligkeit
Gegengefälligkeit
Selbstgefälligkeit
— Gefräsigkeit
— Gefügigkeit
— Gefühllossigkeit
— Gehäbigkeit
— Gehässigkeit
— Gehörigkeit
— Gehorsamkeit
— Gehörlosigkeit
— Geisterhaftigkeit
— Geistigkeit
Schöngeistigkeit
Schwachgeistigkeit
Starkgeistigkeit
— Geistlichkeit
Feldgeistlichkeit
Landgeistlichkeit
Landesgeistlichkeit
Ordensgeistlichkeit
Ortsgeistlichkeit
Stadtgeistlichkeit
Weltgeistlichkeit
— Geistlosigkeit
— Geläufigkeit
— Gelehrigkeit
— Gelehrsamkeit
Brotgelehrsamkeit
Flittergelehrsamk.
Glaubensgelehrs.
Gottesgelehrsamk.
Klostergelehrsamk.
Kriegsgelehrsamk.
Mönchsgelehrsamk.
Schulgelehrsamkeit
Sprachgelehrsamk.
Wortgelehrsamkeit
— Gelenkigkeit
— Gelenksamkeit
— Gelindigkeit
— Gemächlichkeit
— Gemahnsamkeit
— Gemeinnützigkeit
— Gemüthlichkeit
— Genäschigkeit
— Genauigkeit
— Geniesbarkeit
— Genüglichkeit
— Genügsamkeit
— Geräumigkeit
— Geräumlichkeit
— Gerechtigkeit
Adelsgerechtigkeit
Amtsgerechtigkeit

Badegerechtigkeit
Banngerechtigkeit
Bauergerechtigkeit
Beholzungsgerecht.
Braugerechtigkeit
Bürgergerechtigkeit
Burggerechtigkeit
Dorfgerechtigkeit
Durchgangsgerecht.
Einstandsgerecht.
Erbgerechtigkeit
Fährgerechtigkeit
Feldgerechtigkeit
Floſsgerechtigkeit
Forstgerechtigkeit
Fräuleingerechtigk.
Geleitsgerechtigk.
Grundgerechtigkeit
Halbgerechtigkeit
Handwerksgerecht.
Holzgerechtigkeit
Hutgerechtigkeit
Innungsgerechtigk.
Jagdgerechtigkeit
Kirchengerechtigk.
Koppelgerechtigkeit
Krahngerechtigkeit
Kruggerechtigkeit
Marktgerechtigkeit
Mastgerechtigkeit
Meſsgerechtigkeit
Mitgerechtigkeit
Mühlengerechtigk.
Münzgerechtigkeit
Postgerechtigkeit
Schenkgerechtigk.
Schieſsgerechtigk.
Schirmgerechtigk.
Schragengerecht.
Schutzgerechtigkeit
Stadtgerechtigkeit
Staffelgerechtigkeit
Stapelgerechtigkeit
Stollengerechtigkeit
Strafgerechtigkeit
Strandgerechtigkeit
Triftgerechtigkeit
Vierungsgerechtigk.
Wahlgerechtigkeit
Waldgerechtigkeit
Wassergerechtigkeit
Werkgerechtigkeit
Zollgerechtigkeit

die Geredigkeit

— Gerichtsbarkeit
Amtsgerichtsbarkeit
Centgerichtsbarkeit
Civilgerichtsbarkeit
Consistorialgerichts.
Criminalgerichtsb.
Dorfgerichtsbarkeit
Erbgerichtsbarkeit
Handelsgerichtsb.
Lehngerichtsbark.
Marktgerichtsbark.
Militärgerichtsbark.
Meſsgerichtsbarkeit
Obergerichtsbarkeit
Pfahlgerichtsbark.
Pfandgerichtsbark.
Rügegerichtsbark.
Stadtgerichtsbarkeit
Universitätsger.
Untergerichtsbark.
Zaungerichtsbark.

die Geringfügigkeit
— Geringhaltigkeit
— Geringigkeit
— Geringschätzigkeit
— Geschäftigkeit
— Geschäftlichkeit
— Geschicklichkeit
Kunstgeschicklichk.
Leibesgeschickl.
— Geschlankigkeit
— Geschmacklosigkeit
— Geschmeidigkeit
— Geschwätzigkeit
— Geschwindigkeit
Winkelgeschwind.
— Geselligkeit
— Gesetzlichkeit
— Gesetzlosigkeit
— Gesetzmäſsigkeit
— Gesetzwidrigkeit
— Gespensterhaftigkeit
— Gespenstigkeit
— Gesprächigkeit
— Geständigkeit
— Gestrengigkeit
— Gewaltigkeit
— Gewaltsamkeit
— Gewaltthätigkeit
— Gewendigkeit
— Gewerbsamkeit
— Gewinnsüchtigkeit
— Gewissenhaftigkeit
— Gewissenlosigkeit
— Gewöhnlichkeit
— Giebigkeit
— Gierigkeit
Begierigkeit
Blutgierigkeit
Neugierigkeit
Rachgierigkeit
Wiſsbegierigkeit
— Giftigkeit
— Glattigkeit
— Glaubhaftigkeit
— Glaublichkeit
— Glaubwürdigkeit
— Gleichartigkeit

die Gleichförmigkeit
Sprachgleichförm.
— Gleichgültigkeit
Glaubensgleichgült.
— Gleichmäſsigkeit
— Gleichmüthigkeit
— Glücklichkeit
— Göttlichkeit
— Gottlosigkeit
— Gottseligkeit
— Grämlichkeit
— Gräſslichkeit
— Grausamkeit
— Greiflichkeit
Begreiflichkeit
— Gremsigkeit
— Greuelhaftigkeit
— Greulichkeit
— Grimmigkeit
— Grindigkeit
— Groſsherzigkeit
— Groſsjährigkeit
— Groſsmüthigkeit
— Groſsthuigkeit
— Gründlichkeit
— Grundlosigkeit
— Gültigkeit
— Gütigkeit
— Gutmüthigkeit
— Gutthätigkeit
— Gutwilligkeit
— Habseligkeit
— Hagerkeit
— Häklichkeit
— Härtigkeit
Herzenshärtigkeit
— Häſslichkeit
— Häuslichkeit
— Halsstarrigkeit
— Haltbarkeit
— Harthörigkeit
— Hartnäckigkeit
— Harzigkeit
— Hastigkeit
— Heftigkeit
— Heiklichkeit
— Heiligkeit
Scheinheiligkeit
Vaterheiligkeit
Werkheiligkeit
— Heilbarkeit
— Heilsamkeit
— Heimlichkeit
— Heiterkeit
Seelenheiterheit
— Helligkeit
— Herrlichkeit
Dienstherrlichkeit
Geleitsherrlichkeit
Götterherrlichkeit
Grundherrlichkeit

Gutsherrlichkeit
Jugendherrlichkeit
Landesherrlichkeit
Lehnsherrlichkeit
Lichtherrlichkeit
Oberherrlichkeit
Strahlenherrlichk.
die Herzhaftigkeit
— Herzigkeit
Edelherzigkeit
Engherzigkeit
Feigherzigkeit
Groſsherzigkeit
Gutherzigkeit
Hartherzigkeit
Kaltherzigkeit
Kleinherzigkeit
Schwachherzigkeit
Weichherzigkeit
— Herzlichkeit
— Hinderlichkeit
— Hinfälligkeit
— Hinlänglichkeit
— Hintersässigkeit
— Hitzigkeit
— Höflichkeit
Gegenhöflichkeit
Nichthöflichkeit
— Holdseligkeit
— Hörigkeit
Angehörigkeit
Eingehörigkeit
— Hurtigkeit
— Ichsamkeit
— Inbrünstigkeit
— Innigkeit
— Jämmerlichkeit
— Jagdbarkeit
— Jüngferlichkeit
— Junkerhaftigkeit
— Käuflichkeit
Verkäuflichkeit
— Kahlköpfigkeit
— Kalmäuserigkeit
— Kaltblütigkeit
— Kaltsinnigkeit
— Kenntlichkeit
— Kernhaftigkeit
— Kinderhaftigkeit
— Kindlichkeit
— Kirchlichkeit
— Kläglichkeit
— Klagbarkeit
— Klatschhaftigkeit
— Kleidsamkeit
— Kleinigkeit
— Kleinlichkeit
— Kleinmüthigkeit
— Klösterlichkeit
— Köstlichkeit
— Kostbarkeit
— Krankhaftigkeit

die Kränklichkeit
— Küſslichkeit
— Kundbarkeit
— Künftigkeit
— Künstlichkeit
— Kurzsichtigkeit
— Kurzweiligkeit

— Lächerlichkeit
— Ländlichkeit
— Länglichkeit
— Lässigkeit
Fahrlässigkeit
Nachlässigkeit
Zulässigkeit
Zuverlässigkeit
— Lästigkeit
— Langmüthigkeit
— Langsamkeit
— Langschweifigkeit
— Langweiligkeit
— Langwierigkeit
— Lauigkeit
— Laulichkeit
— Launenhaftigkeit
— Launigkeit
— Lausigkeit
— Lauterkeit
— Lebendigkeit
— Lebhaftigkeit
— Leblosigkeit
— Leckerhaftigkeit
— Ledigkeit
— Lehrbarkeit
— Lehrsamkeit
— Leichtfertigkeit
— Leichtigkeit
— Leichtsinnigkeit
— Leidlichkeit
— Leidsamkeit
— Leistbarkeit
— Leitbarkeit
— Lenkbarkeit
— Lenksamkeit
— Leserlichkeit
— Leutseligkeit
— Liebenswürdigkeit
— Lieblichkeit
— Lieblosigkeit
— Lindigkeit
— Listigkeit
— Löblichkeit
— Lösbarkeit
— Löschbarkeit
— Löslichkeit
— Löthbarkeit
— Lüderlichkeit
— Lügenhaftigkeit
— Luftigkeit
— Lumpigkeit
— Lustbarkeit
— Lustigkeit

die Mächtigkeit
Ohnmächtigkeit
— Mädchenhaftigkeit
— Männlichkeit
— Mäſsigkeit
— Magerkeit
— Mangelhaftigkeit
— Mannbarkeit
— Mannhaftigkeit
— Mannigfaltigkeit
— Maſsgeblichkeit
— Mattigkeit
— Meisterhaftigkeit
— Mengsamkeit
— Menschenthümlichk.
— Menschlichkeit
— Merkbarkeit
— Merklichkeit
— Merksamkeit
— Merkwürdigkeit
Zeitmerkwürdigkeit
— Mildigkeit
— Mildthätigkeit
— Minderjährigkeit
— Mischbarkeit
— Miſsfälligkeit
— Miſshelligkeit
— Miſslichkeit
— Mittheilbarkeit
— Mittheilsamkeit
— Modigkeit
— Möglichkeit
— Mondsüchtigkeit
— Müdigkeit
— Mühsamkeit
— Mühseligkeit
— Mündigkeit
— Mündlichkeit
— Mürbigkeit
— Müſsigkeit
— Munterkeit
— Muthigkeit
— Muthwilligkeit

— Nachahmlichkeit
— Nachbarlichkeit
— Nachtheiligkeit
— Nagbarkeit
— Nahrhaftigkeit
— Nahrlosigkeit
— Nämlichkeit
— Näschigkeit
— Naschhaftigkeit
— Natürlichkeit
Uebernatürlichkeit
Widernatürlichkeit
— Nebligkeit
— Neckhaftigkeit
— Neidigkeit
— Nettigkeit
— Neuerlichkeit
— Neuigkeit

Staatsneuigkeit
Stadtneuigkeit
Zeitungsneuigkeit
die Nichtigkeit
— Nichtsnutzigkeit
— Nichtswürdigkeit
— Niedlichkeit
— Niedrigkeit
— Nördlichkeit
— Nöthigkeit
— Nothdürftigkeit
— Nothwendigkeit
— Nützlichkeit
— Nutzbarkeit
— Nymphenhaftigkeit
— Oberflächlichkeit
— Oberschlächtigkeit
— Obrigkeit
Civilobrigkeit
Criminalobrigkeit
Deichobrigkeit
Dorfobrigkeit
Erbobrigkeit
Geleitsobrigkeit
Gerichtsobrigkeit
Grundobrigkeit
Kriegsobrigkeit
Landesobrigkeit
Militairobrigkeit
Ortsobrigkeit
Stadtobrigkeit
— Oeffentlichkeit
— Offenherzigkeit
— Oeligkeit
— Oertlichkeit
— Ordentlichkeit
— Oestlichkeit
— Parteylichkeit
— Parteylosigkeit
— Passirlichkeit
— Peinlichkeit
— Persönlichkeit
— Pfändbarkeit
— Pfiffigkeit
— Pflichtigkeit
Dienstpflichtigkeit
Erbpflichtigkeit
Frohnpflichtigkeit
Lehnspflichtigkeit
Zinspflichtigkeit
— Planmäſsigkeit
— Plapperhaftigkeit
— Plauderhaftigkeit
— Pöbelhaftigkeit
— Possenhaftigkeit
— Possirlichkeit
— Prächtigkeit
— Prahlhaftigkeit
— Preislichkeit
— Preiswürdigkeit
— Preſshaftigkeit
die Priesterlichkeit
— Protzigkeit
— Prunkhaftigkeit
— Pünctlichkeit
— Quäkigkeit
— Quatschlichkeit
— Quelligkeit
— Räthlichkeit
— Räthselhaftigkeit
— Räumigkeit
— Räumlichkeit
— Ranzigkeit
— Rastlosigkeit
— Rathsamkeit
— Rauhigkeit
Augenrauhigkeit
— Rechtlichkeit
Widerrechtlichkeit
— Rechtlosigkeit
— Rechtmäſsigkeit
— Redlichkeit
— Redseligkeit
— Regellosigkeit
— Regelmäſsigkeit
— Regsamkeit
— Reichlichkeit
— Reiflichkeit
— Reinigkeit
— Reinlichkeit
— Reizbarkeit
— Richtigkeit
— Richtsamkeit
— Riesenhaftigkeit
— Ritterlichkeit
— Romanenhaftigkeit
— Rosigkeit
— Rostigkeit
— Röthlichkeit
— Ruchlosigkeit
— Ruchtbarkeit
— Rühmlichkeit
— Rührigkeit
— Rüstigkeit
— Ruhmredigkeit
— Rundlichkeit
— Runzligkeit
— Saftigkeit
— Saftlosigkeit
— Salzigkeit
— Sandigkeit
— Sättigkeit
— Sattsamkeit
— Säuberlichkeit
— Sauberkeit
— Säuerlichkeit
— Sauertöpfigkeit
— Säumigkeit
— Saumseligkeit
— Schäbigkeit
— Schädlichkeit
— Schadhaftigkeit
die Schadlosigkeit
— Schalkhaftigkeit
— Schamhaftigkeit
— Schamlosigkeit
— Schändlichkeit
— Schandhaftigkeit
— Scharfsichtigkeit
— Scharfsinnigkeit
— Schauderhaftigkeit
— Schätzbarkeit
— Scheinbarkeit
— Scherzhaftigkeit
— Scheuseligkeit
— Scheuslichkeit
— Schicklichkeit
— Schimmligkeit
— Schläfrigkeit
— Schlaflosigkeit
— Schlauigkeit
— Schlechtigkeit
— Schleckerhaftigkeit
— Schleunigkeit
— Schlingelhaftigkeit
— Schludrigkeit
— Schlumpigkeit
— Schlüpfrigkeit
— Schlüſsigkeit
— Schmächtigkeit
— Schmackhaftigkeit
— Schmähligkeit
— Schmeidigkeit
— Schmelzbarkeit
— Schmerzlichkeit
— Schmiegsamkeit
— Schmierigkeit
— Schmuzigkeit
— Schneidigkeit
— Schnelligkeit
— Schnödigkeit
— Schnurrigkeit
— Schreckhaftigkeit
— Schrecklichkeit
— Schreibseligkeit
— Schriftmäſsigkeit
— Schülerhaftigkeit
— Schuldigkeit
Rechtsschuldigkeit
— Schwächlichkeit
— Schwärzlichkeit
— Schwatzhaftigkeit
— Schweigsamkeit
— Schwerfälligkeit
— Schwierigkeit
— Schwindlichkeit
— Schwülstigkeit
— Seichtigkeit
— Selbstigkeit
— Selbständigkeit
— Seligkeit
Erdenseligkeit
Götterseligkeit
Jugendseligkeit

die Seltsamkeit
— Seſshaftigkeit
— Sichtbarkeit
— Sichtlichkeit
— Sieghaftigkeit
— Sinnigkeit
— Sinnlichkeit
— Sinnlosigkeit
— Sittlichkeit
— Sittmäſsigkeit
— Sittsamkeit
— Sonderbarkeit
Denksonderbarkeit
Lehrsonderbarkeit
Meynungssonderb.
Sprachsonderbark.
— Sonderlichkeit
— Sorgfältigkeit
— Sorglichkeit
— Sorglosigkeit
— Sorgsamkeit
— Sparsamkeit
Wortsparsamkeit
— Spaſshaftigkeit
— Spendseligkeit
— Spitzfündigkeit
— Spitzigkeit
— Sprachlichkeit
— Sprachlosigkeit
— Sprödigkeit
Scheinsprödigkeit
— Standhaftigkeit
— Statthaftigkeit
— Stattlichkeit
— Sterblichkeit
— Stetigkeit
— Steuerbarkeit
— Stöſsigkeit
— Strafbarkeit
— Strammbulstrigkeit
— Sträubigkeit
— Strebsamkeit
— Streitbarkeit
— Streitigkeit
Bilderstreitigkeit
Ehestreitigkeit
Glaubensstreitigk.
Lehrstreitigkeit
Marktstreitigkeit
Rechtsstreitigkeit
Religionsstreitigk.
— Strittigkeit
— Stümperhaftigkeit
— Stutzerhaftigkeit
— Süchtigkeit
Lungensüchtigkeit
Neusüchtigkeit
Schmähsüchtigkeit
Streitsüchtigkeit
Tadelsüchtigkeit
— Südlichkeit

die Sündhaftigkeit
— Sündlichkeit
— Süſsigkeit
— Süſslichkeit
— Sumpfigkeit
— Tadellosigkeit
— Tapferkeit
Löwentapferkeit
— Tauglichkeit
— Thätigkeit
Dienstthätigkeit
Gutthätigkeit
Menschenthätigkeit
Wechselthätigkeit
Werkthätigkeit
Wohlthätigkeit
— Thätlichkeit
— Theilbarkeit
— Thunlichkeit
— Tiefsinnigkeit
— Tilgbarkeit
— Tödtlichkeit
— Trächtigkeit
Niederträchtigkeit
— Tragbarkeit
— Traulichkeit
— Traurigkeit
— Trefflichkeit
Uebertrefflichkeit
Vortrefflichkeit
— Treubrüchigkeit
— Treuherzigkeit
— Triftbarkeit
— Triftigkeit
— Trinkbarkeit
— Tröstlichkeit
— Trübseligkeit
— Trübsinnigkeit
— Trüglichkeit
— Tüchtigkeit
— Uebelkeit
— Ueberdrüssigkeit
— Uebereinkommlichk.
— Uebereinstimmigkeit
— Ueberlässigkeit
— Ueberlästigkeit
— Ueberlegsamkeit
— Uebermäſsigkeit
— Uebermüthigkeit
— Uebernachtigkeit
— Ueberrechtgläubigk.
— Ueberschwenglichk.
— Uebersehbarkeit
— Ueberseligkeit
— Uebersetzbarkeit
— Uebersichtigkeit
— Ueberständigkeit
— Uebersteigbarkeit
— Uebersteiglichkeit
— Uebertragbarkeit
— Uebertrefflichkeit

die Ueberverdienstlichk.
— Ueberwichtigkeit
— Ueberwindlichkeit
— Ueberzählbarkeit
— Ueberzählichkeit
— Ueberzärtlichkeit
— Ueblichkeit
— Uebrigkeit
— Umendlichkeit
— Umfälligkeit
— Umgänglichkeit
— Umgehbarkeit
— Umständigkeit
— Umständlichkeit
— Umstöſslichkeit
— Umwendigkeit
— Unabänderlichkeit
— Unabsichtlichkeit
— Unähnlichkeit
— Unannehmlichkeit
— Unansehnlichkeit
— Unanständigkeit
— Unappetitlichkeit
— Unartigkeit
— Unaufmerksamkeit
— Unaufrichtigkeit
— Unausführbarkeit
— Unbändigkeit
— Unbarmherzigkeit
— Unbärtigkeit
— Unbedachtsamkeit
— Unbegreiflichkeit
— Unbehaglichkeit
— Unbehülflichkeit
— Unbehutsamkeit
— Unbequemlichkeit
— Unbesorglichkeit
— Unbeständigkeit
— Unbetriebsamkeit
— Unbeweglichkeit
— Unbiegsamkeit
— Unbildsamkeit
— Unbilligkeit
— Unchristlichkeit
— Undankbarkeit
— Undeutlichkeit
— Undichtigkeit
— Undienstfertigkeit
— Unduldsamkeit
— Undurchdringlichk.
— Unehrbarkeit
— Unehrlichkeit
— Uneigennützigkeit
— Uneinigkeit
— Unempfänglichkeit
— Unendlichkeit
— Unentbehrlichkeit
— Unenthaltsamkeit
— Unerbittlichkeit
— Unerfindlichkeit
— Unerforschlichkeit

die Unergiebigkeit
— Unergründlichkeit
— Unerheblichkeit
— Unerkenntlichkeit
— Unerklärlichkeit
— Unermeſslichkeit
— Unermüdlichkeit
— Unersättlichkeit
— Unerschöpflichkeit
— Unerschütterlichkeit
— Unersetzlichkeit
— Unersteiglichkeit
— Unerträglichkeit
— Unerweislichkeit
— Unfähigkeit
— Unfahrbarkeit
— Unfaſslichkeit
— Unfehlbarkeit
— Unfertigkeit
— Unfleiſsigkeit
— Unfolgsamkeit
— Unförmlichkeit
— Unfreundlichkeit
— Unfriedfertigkeit
— Unfruchtbarkeit
— Unfüglichkeit
— Unfürstlichkeit
— Ungangbarkeit
— Ungastlichkeit
— Ungeberdigkeit
— Ungebräuchlichkeit
— Ungebührlichkeit
— Ungefälligkeit
— Ungehorsamkeit
— Ungeistigkeit
— Ungeläufigkeit
— Ungelehrigkeit
— Ungelehrsamkeit
— Ungelenkigkeit
— Ungemächlichkeit
— Ungemüthlichkeit
— Ungenauigkeit
— Ungenieſsbarkeit
— Ungenügsamkeit
— Ungerechtigkeit
— Ungeschäftigkeit
— Ungeschicklichkeit
— Ungeschmeidigkeit
— Ungeselligkeit
— Ungesetzlichkeit
— Ungewissenhaftigk.
— Ungewöhnlichkeit
— Unglaubhaftigkeit
— Unglaublichkeit
— Unglücklichkeit
— Ungründlichkeit
— Ungültigkeit
— Ungütigkeit
— Unhäuslichkeit
— Unheiligkeit
— Unheilbarkeit

die Unheilsamkeit
— Unheimlichkeit
— Unhöflichkeit
— Unkenntlichkeit
— Unkindlichkeit
— Unkirchlichkeit
— Unlauterkeit
— Unleidlichkeit
— Unleistbarkeit
— Unlenkbarkeit
— Unleserlichkeit
— Unleugbarkeit
— Unlieblichkeit
— Unlöblichkeit
— Unlöslichkeit
— Unlöschbarkeit
— Unlustigkeit
— Unmännlichkeit
— Unmäſsigkeit
— Unmenschlichkeit
— Unmerklichkeit
— Unmöglichkeit
— Unmündigkeit
— Unmuthigkeit
— Unnachahmlichkeit
— Unnatürlichkeit
— Unnennbarkeit
— Unnöthigkeit
— Unnützlichkeit
— Unnutzbarkeit
— Unordentlichkeit
— Unparteylichkeit
— Unpäſslichkeit
— Unpassirlichkeit
— Unpflichtigkeit
— Unpünctlichkeit
— Unräthlichkeit
— Unrechtlichkeit
— Unrechtmäſsigkeit
— Unredlichkeit
— Unregelmäſsigkeit
— Unreinigkeit
— Unreinlichkeit
— Unreizbarkeit
— Unrichtigkeit
Sprachunrichtigkeit
— Unrühmlichkeit
— Unsauberkeit
— Unschädlichkeit
— Unschätzbarkeit
— Unscheinbarkeit
— Unschicklichkeit
— Unschlüssigkeit
— Unschmackhaftigkeit
— Unschmeidigkeit
— Unschmelzbarkeit
— Unschmiegsamkeit
— Unseligkeit
— Unseſshaftigkeit
— Unsichtbarkeit
— Unsinnigkeit

die Unsittlichkeit
— Unsorgsamkeit
— Unstätigkeit
— Unstatthaftigkeit
— Unsterblichkeit
— Unsträflichkeit
— Unstrittigkeit
— Unsündlichkeit
— Untadelhaftigkeit
— Untauglichkeit
— Untergänglichkeit
— Untergehörigkeit
— Unterhaltbarkeit
— Unterhaltlichkeit
— Unterlaſslichkeit
— Unternehmigkeit
— Unterscheidbarkeit
— Unterschiedlichkeit
— Unterschlächtigkeit
— Unterthänigkeit
Erbunterthänigkeit
— Unterwürfigkeit
— Unthätigkeit
— Untheilbarkeit
— Unthunlichkeit
— Untilgbarkeit
— Untragbarkeit
— Untrinkbarkeit
— Untröstlichkeit
— Untrüglichkeit
— Unüberschwenglichk.
— Unübersehbarkeit
— Unübersetzbarkeit
— Unübersteigbarkeit
— Unübertrefflichkeit
— Unüberwindlichkeit
— Unumgänglichkeit
— Unumgehbarkeit
— Unumstöſslichkeit
— Unväterlichkeit
— Unveränderlichkeit
— Unveräuſserlichkeit
— Unverantwortlichkeit
— Unverbesserlichkeit
— Unverbindlichkeit
— Unverbrennlichkeit
— Unverbrüchlichkeit
— Unverdächtigkeit
— Unverdaulichkeit
— Unverdenklichkeit
— Unvereinbarkeit
— Unverfänglichkeit
— Unverführbarkeit
— Unvergänglichkeit
— Unvergeblichkeit
— Unvergeſslichkeit
— Unvergleichlichkeit
— Unvergnüglichkeit
— Unvergnügsamkeit
— Unverläſslichkeit
— Unverletzbarkeit

die Unverletzlichkeit
— Unvermeidlichkeit
— Unvermöglichkeit
— Unvernehmbarkeit
— Unvernehmlichkeit
— Unverpfändlichkeit
— Unversehrlichkeit
— Unversetzlichkeit
— Unversöhnlichkeit
— Unverständigkeit
— Unverständlichkeit
— Unverträglichkeit
— Unverwelklichkeit
— Unverwerflichkeit
— Unverweslichkeit
— Unverwindlichkeit
— Unverzeihlichkeit
— Unverzinsbarkeit
— Unverzinslichkeit
— Unverzüglichkeit
— Unvollständigkeit
— Unvollstimmigkeit
— Unvollzähligkeit
— Unvorbaulichkeit
— Unvordenklichkeit
— Unvorsetzlichkeit
— Unvorsichtigkeit
— Unwählbarkeit
— Unwahrhaftigkeit
— Unwahrscheinlichk.
— Unwandelbarkeit
— Unwegsamkeit
— Unweiblichkeit
— Unwichtigkeit
— Unwiderlegbarkeit
— Unwiderleglichkeit
— Unwidersprechlichk.
— Unwiderstehlichkeit
— Unwiederbringlichk.
— Unwiederruflichkeit
— Unwillkürlichkeit
— Unwirksamkeit
— Unwirthbarkeit
— Unwirthlichkeit
— Unwirthschaftlichk.
— Unwohnbarkeit
— Unwürdigkeit
— Unzählbarkeit
— Unzehntbarkeit
— Unzeitigkeit
— Unzerbrechlichkeit
— Unzergänglichkeit
— Unzerlegbarkeit
— Unzerstörlichkeit
— Unzertrennbarkeit
— Unzertrennlichkeit
— Unzielsetzlichkeit
— Unziemlichkeit
— Unzierlichkeit
— Unzinsbarkeit
— Unzüchtigkeit
— Unzündbarkeit

die Unzugänglichkeit
— Unzulänglichkeit
— Unzulässigkeit
— Unzuläſslichkeit
— Unzuverlässigkeit
— Unzweifelhaftigkeit
— Unzweydeutigkeit
— Ueppigkeit

— Väterlichkeit
— Veränderlichkeit
— Veräuſserlichkeit
— Verantwortlichkeit
— Verbesserlichkeit
— Verbindlichkeit
Rechtsverbindlichk.
Vertragsverbindl.
Zahlungsverbindl.
Zwangsverbindl.

— Verbrennlichkeit
— Verdächtigkeit
— Verdammlichkeit
— Verdaulichkeit
— Verderblichkeit
— Verdrieſslichkeit
— Verehrlichkeit
— Vereinbarkeit
— Verfänglichkeit
— Verführbarkeit
— Verführlichkeit
— Vergänglichkeit
— Vergeblichkeit
— Vergeſslichkeit
— Vergleichlichkeit
— Vergnüglichkeit
— Vergnügsamkeit
— Verheblichkeit
— Verhaltbarkeit
— Verlässigkeit
— Verläſslichkeit
— Verletzbarkeit
— Verletzlichkeit
— Vermeidlichkeit
— Vermöglichkeit
— Vernehmbarkeit
— Vernehmlichkeit
— Verpfändlichkeit
— Verschämlichkeit
— Versehrlichkeit
— Versetzlichkeit
— Versöhnlichkeit
— Verständigkeit
— Verständlichkeit
— Verträglichkeit
— Vertraulichkeit
— Verwelklichkeit
— Verwerflichkeit
— Verweslichkeit
— Verwindlichkeit
— Verzehrlichkeit
— Verzeihlichkeit
— Verzinsbarkeit

die Verzinslichkeit
— Verzüglichkeit
— Vielfältigkeit
— Vielgültigkeit
— Vielherrlichkeit
— Vielseitigkeit
— Vielstimmigkeit
— Vogteylichkeit
— Volksthümlichkeit
— Vollgültigkeit
— Vollständigkeit
— Vollstimmigkeit
— Vollzähligkeit
— Vorbaulichkeit
— Voreiligkeit
— Vorschnelligkeit
— Vorsetzlichkeit
— Vorsichtigkeit
— Vortrefflichkeit
— Vorwitzigkeit
— Vorzüglichkeit

— Wachsamkeit
— Wählbarkeit
— Wähligkeit
— Wäſsrigkeit
— Wahrhaftigkeit
— Wahrnehmlichkeit
— Wahrscheinlichkeit
— Wandelbarkeit
— Wankelhaftigkeit
— Wankelmüthigkeit
— Wegsamkeit
— Wehmüthigkeit
— Wehrhaftigkeit
— Weiblichkeit
Mannweiblichkeit
— Weichlichkeit
— Weinigkeit
— Weitläuftigkeit
— Weitschweifigkeit
— Weltlichkeit
— Wenigkeit
— Widerlegbarkeit
— Widerleglichkeit
— Widerspenstigkeit
— Widersprechlichkeit
— Widerstehlichkeit
— Widerwärtigkeit
— Widrigkeit
Geschmackswidr.
— Wiederruflichkeit
— Willfährigkeit
— Willigkeit
— Willkürlichkeit
— Windigkeit
— Winzigkeit
— Wirklichkeit
— Wirksamkeit
Selbstwirksamkeit
— Wirthbarkeit
— Wirthlichkeit

Hauswirthlichkeit
die Wirthschaftlichkeit
— Wiſsbegierigkeit
— Wohligkeit
— Wohnbarkeit
— Wollüstigkeit
— Würdigkeit
Schätzenswürdigk.
Sehenswürdigkeit
— Würzhaftigkeit
— Würzigkeit
— Wulstigkeit
— Wunderbarkeit
— Wunderlichkeit
— Wunderthätigkeit
— Zaghaftigkeit
— Zahlbarkeit
— Zählbarkeit
— Zärtlichkeit
Mutterzärtlichkeit
Taubenzärtlichkeit
Vaterzärtlichkeit
— Zanksüchtigkeit
— Zauberhaftigkeit
— Zauderhaftigkeit
— Zehntbarkeit
— Zeitigkeit
Gleichzeitigkeit
Rechtzeitigkeit
— Zeitlichkeit
— Zerbrechlichkeit
— Zerflieſsbarkeit
— Zerlegbarkeit
— Zertrennbarkeit
— Zertrennlichkeit
— Zielsetzlichkeit
— Ziemlichkeit
— Zierlichkeit
— Zimperlichkeit
— Zinsbarkeit
— Zollbarkeit
— Zottigkeit
— Züchtigkeit
— Zügellosigkeit
— Zündbarkeit
— Zudringlichkeit
— Zufälligkeit
— Zugänglichkeit
— Zulänglichkeit
— Zulässigkeit
— Zuläſslichkeit
— Zuständigkeit
— Zuthätigkeit
— Zuthulichkeit
— Zuträglichkeit
— Zutraulichkeit
— Zuverlässigkeit
— Zuversichtlichkeit
— Zweifelhaftigkeit
— Zwerghaftigkeit
— Zweydeutigkeit

die Zweyherrlichkeit
— Zweyzüngigkeit
— Zwingbarkeit
— Zwingherrlichkeit
— Zwistigkeit
— Zwitterhaftigkeit
Keith
leit!
der Anleit
das Geleit
Beygeleit
Brückengeleit
Gleichgeleit
Hauptgeleit
Kriegsgeleit
Leibgeleit
Marktgeleit
Meſsgeleit
Nebengeleit
Pflastergeleit
Sammtgeleit
Gesammtgeleit
Schiffsgeleit
Schutzgeleit
Sicherheitsgeleit
Straſsengeleit
Todtengeleit
Trauergeleit
Turniergeleit
der Pleit
reit!
die Reit
das Reit
seit
gescheidt
ungescheidt
das Scheit
Blankscheit
Bleyscheit
Böttcherscheit
Floſsscheit
Fuſsscheit
Gleichscheit
Grabescheit
Hakscheit
Holzscheit
Kaufscheit
Kernscheit
Klafterscheit
Kleppelscheit
Klöpfelscheit
Knetscheit
Kochscheit
Lagerscheit
Lenkscheit
Ortscheit
Packscheit
Plackscheit
Rattelscheit
Reibescheit
Richtscheit
Ruhrscheit

Rüsselscheit
Schieſsscheit
Senkscheit
Stockscheit
Trummscheit
Wagenscheit
der Streit
Anstreit
Autorstreit
Bibelstreit
Bilderstreit
Ehestreit
Ehrenstreit
Federstreit
Flammenstreit
Gangstreit
Gedankenstreit
Glaubensstreit
Grenzstreit
Herzensstreit
Hünenstreit
Ideenstreit
Journalistenstreit
Kirchenstreit
Liebesstreit
Meynungsstreit
Nachtstreit
Parteyenstreit
Pflichtenstreit
Rangstreit
Rechtsstreit
Religionsstreit
Sangstreit
Scheinstreit
Schiffsstreit
Schulstreit
Sylbenstreit
Völkerstreit
Vorsitzstreit
Wechselstreit
Wettstreit
Widerstreit
Gesetzeswiderstr.
Wortstreit
Zeitungsstreit
Zungenstreit
streit!
Veit
weit
anderweit
angelweit
sperrangelweit
auenweit
ebenweit
ellenweit
fernerweit
fuſsweit
gassenweit
gleichweit
himmelweit
klafterweit
lachterweit

länderweit
mantelweit
meilenweit
schrittweit
soweit
insoweit
sonnenweit
spannenweit
straſsenweit
thorweit
weltenweit
wolkenweit
zuweit
allzuweit
die Zeit
Abendzeit
Abschiedszeit
Abzugszeit
Aderlaſszeit
Adventszeit
Afterzeit
Anzugszeit
Arbeitszeit
Angstzeit
Backzeit
Badezeit
Balzzeit
Bärzeit
Bedenkzeit
Begattungszeit
Behangzeit
Beschälzeit
Bestandzeit
Bestellzeit
Binnenzeit
Blühezeit
Blüthenzeit
Brachzeit
Brunftzeit
Brunnenzeit
Brunstzeit
Brutzeit
Bürschzeit
Carnevalszeit
Dämmerungszeit
Denkzeit
Dienstzeit
Dreschzeit
Ebbezeit
Einkaufszeit
Einreichungszeit
Eisenzeit
Enkelzeit
Entenzeit
Erntezeit
Essenszeit
Eſszeit
Fabelzeit
Färbezeit
Faschingszeit
Fastenzeit
Fegezeit
Festzeit
Feuerzeit
Feyerzeit
Fischzeit
Fleischzeit
Flitterzeit
Fluthzeit
Folgezeit
Frauenzeit
Freudenzeit
Friedenszeit
Frühzeit
Frühlingszeit
Fruchtzeit
Gantzeit
Gartenzeit
Gebärzeit
Gebetzeit
Gesellenzeit
Gewährzeit
Gnadenzeit
Götterzeit
Gruſszeit
Heckzeit
Hegezeit
Heidenzeit
Heldenzeit
Herbstzeit
Heringszeit
Heuzeit
Hochzeit
Bauernhochzeit
Bettelhochzeit
Bluthochzeit
Bürgerhochzeit
Dorfhochzeit
goldne Hochzeit
Hundehochzeit
Jubelhochzeit
Nachhochzeit
Schenkhochzeit
silberne Hochzeit
Vorhochzeit
Winkelhochzeit
Hundstagszeit
Jagdzeit
Jahreszeit
Jahrmarktszeit
Jammerzeit
Jugendzeit
Jünglingszeit
Jubelzeit
Kalbzeit
Kindheitszeit
Kinderzeit
Kirmeszeit
Kirschzeit
Klagezeit
Knospenzeit
Kolbezeit
Kriegszeit
Kunftzeit
Laufzeit
Lebenszeit
Legezeit
Leichzeit
Lenzzeit
Lernzeit
Lesezeit
Lieferungszeit
Liegezeit
Mahlzeit
Abendmahlzeit
Henkersmahlzeit
Sonntagsmahlz. *etc.*
siehe Mahl
Marktzeit
Marterzeit
Maſszeit
Mausezeit
Mayzeit
Melkzeit
Meſszeit
Miethzeit
Mittagszeit
Nachmittagszeit
Vormittagszeit
Mittelzeit
Mitternachtzeit
Monatszeit
Morgenzeit
Nachtzeit
Nebelzeit
Nothzeit
Obstzeit
Opferzeit
Osterzeit
Pachtzeit
Palmzeit
Paradieszeit
Pfingstzeit
Plattzeit
Postzeit
Probezeit
Prüfzeit
Prüfungszeit
Rammelzeit
Ranzzeit
Raufzeit
Rauhzeit
Regenzeit
Reisezeit
Ritterzeit
Rollzeit
Rosenzeit
Rügezeit
Saatzeit
Säezeit
Saftzeit
Satzzeit
Schafzeit
Schäferzeit
Schlafzeit
Schmerzenszeit

Schnepfenzeit
Schonzeit
Schreckenszeit
Schubzeit
Schulzeit
Schweinhatzzeit
Senkzeit
Setzzeit
Sommerzeit
Sonnenzeit
Spargelzeit
Sperrzeit
Spielzeit
Springzeit
Sterbezeit
Sternenzeit
Stiftzeit
Stiftungszeit
Streichzeit
Strichzeit
Stürmzeit
Sturmzeit
Tändelzeit
Tagzeit
Tageszeit
Taumelzeit
Theaterzeit
Theezeit
Tischzeit
Traubenzeit
Trauerzeit
Ueberdenkzeit
Uebungszeit
Uhrzeit
Unglückszeit
Väterzeit
Vesperzeit
Vollmondzeit
Wachzeit
Wandelzeit
Wanderzeit
Wechselzeit
Weiberzeit
Weihnachtszeit
Weilzeit
Wiederzeit
Winterzeit
Wonnezeit
Wortzeit
Wunderzeit
Zahlungszeit
Zwischenzeit
die Gezeit
allezeit
derzeit
jederzeit
seinerzeit
das Siebengezeit
es gedeih't
er fleih't
— leih't
er prophezeih't
— reih't
— seih't
— weih't
— zeih't
— verzeih't
— arzney't
— benedey't
— bley't
— conterfey't
— befrey't
— gey't
— hey't
— juchhey't
— kastey't
— vermaledey't
— mey't
— schney't
— schrey't
— schwey't
— spey't
— tacheney't
— entzwey't
ihr seyd

ēitbar

bearbeitbar
leitbar
reitbar
beschreitbar
streitbar
bestreitbar
unbestreitbar

ēitchen

ein Arbeitchen
— Gelegenheitchen
— Scheitchen
— Streitchen
Veitchen
— Hochzeitchen
— Mahlzeitchen

ēitchens

des Arbeitchens
— Gelegenheitchens
— Scheitchens
— Streitchens
Veitchens
— Hochzeitchens
— Mahlzeitchens

ēite

ich arbeite
das Gearbeite
die bereite
ich bereite
die Beite
ich beite
das Gebeite
ich breite
das Gebreite
die Breite
Feldbreite
Himmelsbreite
Meeresbreite
Nordbreite
Norderbreite
Südbreite
Strombreite
Waizenbreite
ich gleite
das Gegleite
— Geleite
ich geleite
die Leite
Holzleite
Wasserleite
Winterleite
ich begleite
dem Begleite
Otaheite
ich pleite
das Gepleite
ich reite
das Gereite
die Reite
Hofreite
— Seite
Abseite
Abendseite
Antlitzseite
Aufsenseite
Backbordseite
Bildseite
Blattseite
Blumenseite
Bogenseite
Bratseite
Brustseite
Bundseite
Bufsseite
Deckelseite
Fensterseite
Fleischseite
Gegenseite
Gesichtsseite
Giebelseite
Grofsseite
Haarseite
Halbseite
Hauptseite
Hinterseite
Hirnseite
Innenseite
Kehrseite
Kleinseite
Kopfseite
Landseite
Leeseite
Leitseite
Lichtseite
Meerseite

Mittagsseite
Mitternachtsseite
Morgenseite
Mundseite
Nachtseite
Nebenseite
Nordseite
Oberseite
Ostseite
Rückseite
Schamseite
Schattenseite
Schriftseite
Schwertseite
Seeseite
Sommerseite
Sonnenseite
Speckseite
Spillseite
Stichseite
Stirnseite
Südseite
Ueberseite
Umseite
Unterseite
Vorderseite
Westseite
Wetterseite
Windseite
Winterseite
ich beseite
der gescheidte
die Scheite
dem Scheite
die Schmeite
ich schreite
das Geschreite
die Spreite
ich spreite
das Gespreite
ich streite
das Gestreite
ich thorheite
die Treite
ich treite
das Getreite
ich bewahrheite
die Weite
Abweite
Augenweite
Brennweite
Geschützweite
Himmelweite
Hörweite
Meilenweite
Morgenweite
Pfeilerweite
Säulenweite
Schieſsweite
Schlagweite
Schuſsweite

Seheweite
Sonnenweite
Spannenweite
Stechweite
Stundenweite
Tageweite
Thorweite
Vereinigungsweite
Weltenweite
Wurfweite
Zwischenweite
ins Weite
ich weite
das Geweite
eine weite
er fleihte
— prophezeihte
— reihte
— seihte
— weihte
— arzney'te
— benedey'te
— bley'te
— conterfey'te
— frey'te
die Freyte
er befrey'te
der Gefreyte
er gey'te
— hey'te
— juchhey'te
— kastey'te
— vermaledey'te
— mey'te
— schney'te
— tacheney'te
— entzwey'te
der Zweyte

eitel

eitel
das Gearbeitel
der Beitel
— Breitel
— Reitel
Baureitel
das Gereitel
— Geseitel
der Scheitel
Bergscheitel
Eisscheitel
Felsenscheitel
Schneescheitel
Silberscheitel
das Gescheitel
— Geschneitel
— Eingeschneitel
der Spreitel

eiteln

die eiteln
vereiteln
arbeiteln
den Beiteln
— Breiteln
— Reiteln
reiteln
seiteln
— Scheiteln
scheiteln
abscheiteln
ausscheiteln
schneiteln
ausschneiteln
beschneiteln
— Spreiteln

eitelnd

vereitelnd
arbeitelnd
reitelnd
seitelnd
scheitelnd
schneitelnd

eitelns

des Vereitelns
— Arbeitelns
— Reitelns
— Seitelns
— Scheitelns
— Schneitelns

eitels

ein eitel's
des Gearbeitels
— Beitels
— Breitels
— Reitels
— Gereitels
— Geseitels
— Scheitels
— Gescheitels
— Geschneitels
— Eingeschneitels
— Spreitels
ich vereitel's *etc.*

eitelſt

eitelst
du vereitelst
— arbeitelst
— reitelst
— seitelst
— scheitelst
— schneitelst

eitelt

er vereitelt
— arbeitelt
— reitelt
— seitelt
— scheitelt

gescheitelt
hochgescheitelt
er schneitelt

ēitelts

ein vereitelt's
— gescheitelt's
— geschneitelt's
er reitelt's *etc.*

ēitem

bereitem
breitem
weitem
gescheidtem
gefleihtem
geprophezeihtem
geseihtem
geweihtem
gebenedeytem
gebleytem
befreytem
kasteytem
vermaledeytem
beschneytem
entzweytem
zweytem

ēiten

arbeiten
abarbelten
anarbeiten
aufarbeiten
ausarbeiten
bearbeiten
durcharbeiten
einarbeiten
emporarbeiten
erarbeiten
entgégenarbeiten
fortarbeiten
herarbeiten
hin - *etc.* arbeiten
losarbeiten
mitarbeiten
nacharbeiten
niederarbeiten
überarbeiten
umarbeiten
unterarbeiten
verarbeiten
vorarbeiten
wegarbeiten
zerarbeiten
zusammenarbeiten
die Arbeiten
beiten
bereiten
erbbereiten
nachbereiten
vollbereiten
vorbereiten
zubereiten
die bereiten
das Erbbereiten
breiten
aufbreiten
ausbreiten
darbreiten
herbreiten
hin - *etc.* breiten
niederbreiten
unterbreiten
verbreiten
vorbreiten
die breiten
gleiten
abgleiten
ausgleiten
fortgleiten
hergleiten
hin - *etc.* gleiten
nachgleiten
niedergleiten
übergleiten
vorgleiten
weggleiten
zurückgleiten
die Albernheiten *etc.*
— Abscheulichkeiten *etc.*
leiten
ableiten
anlciton
ausleiten
durchleiten
einleiten
emporleiten
entgegenleiten
fehlleiten
fortleiten
geleiten
hingeleiten
vergeleiten
zugeleiten
herleiten
hin - *etc.* leiten
miſsleiten
nachleiten
niederleiten
verleiten
vorleiten
wegleiten
zuleiten
zurückleiten
zusammenleiten
begleiten
heimbegleiten
herbegleiten
hin - *etc.* begleiten
— Leiten
pleiten
reiten
abreiten
anreiten
aufreiten
ausreiten
bereiten
beyherreiten
durchreiten
einreiten
entgegenreiten
erreiten
fehlreiten
fortreiten
herreiten
hin - *etc.* reiten
lustreiten
mitreiten
nachreiten
niederreiten
stampfreiten
überreiten
umreiten
verreiten
vorreiten
wegreiten
wettreiten
zerreiten
zureiten
zurückreiten
zusammenreiten
das Reiten
— Kirmesreiten
die Seiten
abseiten
beseiten
von Seiten
den Scheiten
die gescheidten
— Schmeiten
schreiten
abschreiten
anschreiten
aufschreiten
ausschreiten
beschreiten
beyherschreiten
durchschreiten
einschreiten
einherschreiten
entgegenschreiten
erschreiten
fortschreiten
losschreiten
nachschreiten
rückschreiten
überschreiten
umschreiten
vorschreiten
wegschreiten
zuschreiten
zurückschreiten
zusammenschreiten
spreiten
aufspreiten

ausspreiten
hinspreiten
verspreiten
streiten
abstreiten
anstreiten
aufstreiten
ausstreiten
bestreiten
durchstreiten
einstreiten
entgegenstreiten
erstreiten
fortstreiten
mitstreiten
niederstreiten
verstreiten
vorstreiten
wegstreiten
wettstreiten
widerstreiten
zerstreiten
zusammenstreiten
thorheiten
die Treiten
treiten
bewahrheiten
— Weiten
weiten
ausweiten
vom weiten
bey weiten
die Zeiten
bey Lebzeiten
— Zeiten
in Zeiten
unterzeiten
vorzeiten
zuzeiten
vor Olims Zeiten
sie fleih'ten
— prophezeih'ten
— reih'ten
— seih'ten
— weih'ten
— arzney'ten
— benedey'ten
— bley'ten
— conterfey'ten
— befrey'ten
die Gefrey'ten
sie frey'ten
— gey'ten
— hey'ten
— juchhey'ten
— kastey'ten
— vermaledey'ten
— mey'ten
— schney'ten
— tacheney'ten
— entzwey'ten
die Zweyten

eitend

arbeitend
beitend
bereitend
breitend
gleitend
leitend
blitzleitend
wärmeleitend
geleitend
begleitend
pleitend
reitend
beseitend
schreitend
spreitend
streitend
thorheitend
treitend
bewahrheitend
weitend

eitens

des Arbeitens
— Beitens
— Bereitens
— Breitens
— Gleitens
— Leitens
— Geleitens
— Begleitens
— Pleitens
— Reitens
— Beseitens
— Schreitens
— Spreitens
— Streitens
— Thorheitens
— Treitens
— Bewahrheitens
— Weitens

eiter

der Eiter
Krebseiter
Wundeneiter
das Geeiter
der Arbeiter
Bankarbeiter
Bearbeiter
Bergarbeiter
Bernsteinarbeiter
Bleyarbeiter
Büttarbeiter
Deicharbeiter
Dratharbeiter
Eisenarbeiter
Erzarbeiter
Farbenarbeiter
Feldarbeiter
Feuerarbeiter
Frohnarbeiter
Gartenarbeiter
Goldarbeiter
Gypsarbeiter
Hammerarbeiter
Handarbeiter
Herrnarbeiter
Hofarbeiter
Holzarbeiter
Hornarbeiter
Hundearbeiter
Hüttenarbeiter
Seigerhüttenarb.
Jahrarbeiter
Lackarbeiter
Lederarbeiter
Lohnarbeiter
Mitarbeiter
Mühlenarbeiter
Nacharbeiter
Nachtarbeiter
Papparbeiter
Schmelzarbeiter
Seidenarbeiter
Seifenarbeiter
Silberarbeiter
Spitzarbeiter
Stahlarbeiter
Stockarbeiter
Straſsenarbeiter
Strohlarbeiter
Stückarbeiter
Tagarbeiter
Vorarbeiter
Wollarbeiter
Zeugarbeiter
Zweydrittelarbeiter
der Bereiter
Alaunbereiter
Arzneybereiter
Fellbereiter
Haarbereiter
Kesselbereiter
Lederbereiter
Mühlbereiter
Salzbereiter
Seidenbereiter
Tuchbereiter
Vorbereiter
Wollbereiter
Zubereiter
bereiter
breiter
— Verbreiter
Glaubensverbreiter
heiter
seelenheiter
sommerheiter
stillheiter
— Begleiter
Gesandtschaftsbegl.
Leichenbegleiter

Sonnenbegleiter
die Leiter
Baumleiter
Bibliotheksleiter
Bodenleiter
Brandleiter
Dachleiter
Diebsleiter
Engelsleiter
Farbenleiter
Feuerleiter
Galgenleiter
Gartenleiter
Gedankenleiter
Gefühlsleiter
Geisterleiter
Geschlechtsleiter
Gradleiter
Halbleiter
Handleiter
Hauptleiter
Hebeleiter
Himmelsleiter
Jacobsleiter
Kellerleiter
Kettenleiter
Laufleiter
Mistleiter
Rumpfleiter
Rüstleiter
Schiffsleiter
Schrotleiter
Singeleiter
Stammleiter
Steckleiter
Steigleiter
Strebeleiter
Strickleiter
Stufenleiter
Sturmleiter
Tactleiter
Tastenleiter
Tonleiter
Treckleiter
Wagenleiter
Weinleiter
Wesenleiter
Wolkenleiter
Wurfleiter
der Leiter
Ableiter
Blitzableiter
Frostableiter
Gewitterableiter
Hagelableiter
Wetterableiter
Wortableiter
Anleiter
Blitzstoffanleiter
Blutleiter
Felsenblutleiter
Hinterhauptsblut-
Kreisblutleiter
Querblutleiter
Sichelblutleiter
Brautleiter
Einleiter
Erkenntnifsleiter
Fadenleiter
Feuerleiter
Blitzfeuerleiter
Frostleiter
Funkenleiter
Gedankenleiter
Gefühlsleiter
Handleiter
Harnleiter
Kälteleiter
Lichtleiter
Nichtleiter
Rohrleiter
Strahlenleiter
Volksleiter
Wärmeleiter
Wasserleiter
Wetterleiter
Zuleiter
der Geleiter
das Geleiter
der Reiter
Actenreiter
Amtsreiter
Ausreiter
Baumreiter
Bereiter
Forstbereiter
Flurbereiter
Grenzbereiter
Landbereiter
Querbereiter
Sandbereiter
Stegbereiter
Steigbereiter
Strandbereiter
Strafsenbereiter
Wegebereiter
Zollbereiter
Bibelreiter
Cürafsreiter
Dachreiter
Ellenreiter
Flurreiter
Freyreiter
Geleitsreiter
Hegereiter
Heidereiter
Hüttenreiter
Jagdreiter
Krippenreiter
Kunstreiter
Musterreiter
Panzerreiter
Polizeyreiter
Postreiter
Eilpostreiter
Reichspostreiter
Postillenreiter
Schüttelreiter
spanischer Reiter
Speerreiter
Splettreiter
Springreiter
Stammbuchreiter
Steckenreiter
Stockreiter
Ueberreiter
Umreiter
Vorreiter
Wechselreiter
das Gereiter
seiter
gescheidter
— Gescheiter
der Streiter
Bestreiter
Bibelbestreiter
Glaubensstreiter
Kirchenstreiter
Schiffsstreiter
Sylbenstreiter
Vorstreiter
Widerstreiter
Wortstreiter
Zungenstreiter
weiter
immerweiter
das Nichtweiter
— Geweiter
der Weiter
— Hochzeiter
— Tagzeiter
ein gefleihter
— prophezeihter
— gereihter
— durchgeseihter
— geweihter
— gebenedeyter
— gebleyter
— abconterfeyter
— befreyter
— Gefreyter
— kasteyter
— vermaledeyter
— beschneyter
— entzweyter
— Zweyter

eiterm

bereiter'm
breiter'm
heiter'm
gescheidterm
weiterm

eitern

eitern

auseitern
vereitern
den Arbeitern
— Bereitern
einen bereiter'n
den Verbreitern
einen breiter'n
des Breiter'n
einen heitern
heitern
abheitern
aufheitern
ausheitern
erheitern
verheitern
den Begleitern
die Leitern
den Leitern
— Geleitern
— Reitern
reitern
durchreitern
siebreitern
— Gescheidter'n
scheitern
zerscheitern
— Streitern
weitern
ausweitern
erweitern
das Weitern
einen weiter'n
den Weitern
— Hochzeitern
— Tagzeitern
einen gefleihter'n
— geseihter'n
— geweihter'n
— gebenedeyter'n
— kasteyter'n
— vermaledeyter'n
— verschneyter'n
— entzweyter'n

eiternd

eiternd
heiternd
reiternd
scheiternd
erweiternd

eiterns

des Eiterns
— Erheiterns
— Reiterns
— Scheiterns
— Erweiterns

eiters

des Eiters
— Geeiters
des Arbeiters
— Bereiters
ein bereiter's
des Verbreiters
ein breiter's
— heiter's
des Begleiters
— Leiters
— Geleiters
— Reiters
— Gereiters
ein gescheidter's
des Gescheiters
— Streiters
ohne weiter's
des Weiters
— Geweiters
— Hochzeiters
— Tagzeiters
ein gefleihter's
— geseihter's
— geweihter's
— gebenedeyter's
— kasteyter's
— vermaledeyter's
— verschneyter's
— entzweyter's

eiterst

du eiterst
— erheiterst
heiterst
— reiterst
— scheiterst
— erweiterst

eitert

es eitert
er erheitert
— reitert
— scheitert
— erweitert

eiterts

ein vereitert's
— erheitert's
— durchreitert's
— gescheitert's
— erweitert's
er erheitert's *etc.*

eites

des Gearbeites
— Gebeites
ein bereites
— breites
des Gebreites
— Wegebreites
— Begleites
— Gegleites
— Anleites
des Geleites
— Gepleites
— Gereites
— Reites
ein gescheidtes
des Scheites
— Geschreites
— Gespreites
— Streites
— Gestreites
— Getreites
ein weites
des Geweites
ein gefleihtes
— prophezeihtes
— gereihtes
— geseihtes
— geweihtes
— gebenedeytes
— gebleytes
— abconterfeytes
— befreytes
— kasteytes
— vermaledeytes
— verschneytes
— entzweytes
— zweytes

eitest

du arbeitest
— beitest
— bereitest
bereitest
— breitest
breitest
— gleitest
— begleitest
— leitest
— geleitest
— pleitest
— reitest
— beseitest
gescheidtest
— schreitest
— spreitest
— streitest
— thorheitest
— treitest
— bewahrheitest
— weitest
weitest
— fleih'test
— prophezeih'test
— reih'test
— seih'test
— weih'test
— arzney'test
— benedey'test
— bley'test
— conterfey'test
— frey'test

du befrey'test
— gey'test
— hey'test
— juchhey'test
— kastey'test
— vermaledey'test
— mey'test
— schney'test
— tacheney'test
— entzwey'test

eitet

er arbeitet
— beitet
— bereitet
— breitet
— gleitet
— begleitet
— leitet
— geleitet
— pleitet
— beseitet
— schreitet
— spreitet
— streitet
— thorheitet
— bewahrheitet
— weitet
ihr fleih'tet
— prophezeih'tet
— reih'tet
— seih'tet
— weih'tet
— arzney'tet
— benedey'tet
— bley'tet
— conterfey'tet
— frey'tet
— befrey'tet
— gey'tet
— hey'tet
— juchhey'tet
— kastey'tet
— vermaledey'tet
— mey'tet
— schney'tet
— tacheney'tet
— entzwey'tet

eit'ge

die abseit'ge *etc.*
ich beseit'ge
die streit'ge
— anderweit'ge
— zeit'ge
ich zeit'ge

eit'gem

abseit'gem *etc.*
streit'gem
anderweit'gem
zeit'gem *etc.*

eit'gen

die abseit'gen *etc.*
beseit'gen
— streit'gen
— anderweit'gen *etc.*
— zeit'gen *etc.*
zeit'gen

eitgend

beseit'gend
zeit'gend

eitgens

des Beseit'gens
— Zeit'gens

eitger

der Beseit'ger
ein gegenseit'ger *etc.*
— streit'ger
— fernerweit'ger *etc.*
— zeit'ger

eitgerm

abseit'ger'm
streit'ger'm
zeit'ger'm

eitgern

den Beseit'gern
— abseit'ger'n
— streit'ger'n
— zeit'ger'n

eitgers

des Beseit'gers
ein abseit'ger's
— streit'ger's
— zeit'ger's

eitges

ein gegenseit'ges
— streit'ges
— anderweit'ges
— zeit'ges
ich beseit'g' es *etc.*

eitgest

du beseit'gest
— zeit'gest

eitget

ihr beseit'get
— zeit'get

eitgung

die Beseit'gung
— Zeit'gung

eitheit

die Bereitheit
— Breitheit
— Gescheidtheit
— Weitheit
— Geweihtheit
— Eingeweihtheit
— Entzweytheit

eitig

abseitig
allseitig
aufsenseitig
beyderseitig
diesseitig
doppelseitig
dortseitig
ein- *etc.* 1000seitig
flachseitig
gegenseitig
inseitig
jenseitig
mehrseitig
nebenseitig
rechtseitig
rothseitig
schwarzseitig
vielseitig
streitig
unstreitig
widerstreitig
anderweitig
ebenweitig
fernerweitig
zeitig
ebenzeitig
frühzeitig
gemeinzeitig
gleichzeitig
gleichlangzeitig
mitzeitig
mittelzeitig
spätzeitig
überzeitig
unzeitig
urzeitig
vollzeitig
vorzeitig

eitigs

ein gegenseitig's *etc.*
— streitig's
— anderweitig's *etc.*
— zeitig's *etc.*

eitigst

du beseitigst
abseitigst
streitigst
— zeitigst
unzeitigst

ĕitigt

er beseitigt
— zeitigt

ĕitigts

ein beseitigt's
— gezeitigt's
er beseitigt's *etc.*

ĕitisch

Fahrenheitisch
Otaheitisch
Veitisch

ĕitle

die eitle
ich vereitle
— arbeitle
das Gearbeitle
ich reitle
das Gereitle
ich seitle
das Geseitle
ich scheitle
das Gescheitle
ich schneitle
das Geschneitle

ĕitler

ein eitler
der Vereitler
ein Arbeitler
— Ausschneitler
der Gleichzeitler

ĕitlern

einen eitler'n
den Vereitlern
— Arbeitlern
— Ausschneitlern
— Gleichzeitlern

ĕitlers

ein eitler's
des Vereitlers
— Arbeitlers
— Ausschneitlers
— Gleichzeitlers

ĕitles

ein eitles
des Gearbeitles
— Gereitles
— Geseitles
— Gescheitles
— Geschneitles
ich vereitl' es *etc.*

ĕitlest

du vereitlest
— arbeitlest
du reitlest
— seitlest
— scheitlest
— schneitlest

ĕitlet

ihr vereitlet
— arbeitlet
— reitlet
— seitlet
— scheitlet
— schneitlet

ĕitlich

vorbereitlich
breitlich
begleitlich
eigenheitlich
freyheitlich
gelegenheitlich
geleitlich
verleitlich
obrigkeitlich
sonderheitlich
streitlich
zeitlich
hochzeitlich
nachzeitlich
urzeitlich
vorzeitlich

ĕitlichs

ein vorbereitlich's
— breitlich's
— begleitlich's
— eigenheitlich's
— freyheitlich's
— gelegenheitlich's
— geleitlich's
— verleitlich's
— obrigkeitlich's
— sonderheitlich's
— streitlich's
— zeitlich's

ĕitlichst

vorbereitlichst
eigenheitlichst
freyheitlichst
verleitlichst
sonderheitlichst
streitlichst
zeitlichst

ĕitling

der Breitling
— Steinreitling
— Seitling
— Weitling
— Unzeitling

ĕitlings

des Breitlings
reitlings
— Steinreitlings
seitlings
— Seitlings
— Weitlings
— Unzeitlings

ĕits

des Gearbeit's
— Gebeit's
ein bereit's
bereits
allbereits
— breit's
des Gebreit's
— Wegebreits
— Begleits
— Gegleit's
— Anleits
— Geleits
— Gepleit's
— Reits
— Gereit's
abseits
allseits
allerseits
beyderseits
deinerseits
diesseits
eurerseits
feindlicherseits
gegenseits
ihrerseits
jederseits
jenseits
keinerseits
meinerseits
seinerseits
unsrerseits
ein gescheidt's
des Scheits
— Geschreit's
— Gespreit's
— Streits
— Gestreit's
— Getreit's
ein weit's
des Geweit's
ein gefleiht's
— prophezeiht's
— gereiht's
— geseiht's
— geweiht's
— gebenedeyt's
— gebleyt's
— abconterfeyt's
— befreyt's
— kasteyt's
— vermaledeyt's

ein beschneyt's
— entzweyt's
— zweyt's (*siehe* eiz)

eitsch

Fahrenheit'sch
Otaheit'sch
peitsch!
das Gepeitsch
deutsch

eitschaft

die Begleitschaft
— Bereitschaft

eitsche

die *Fahrenheit'sche*
— *Otaheit'sche*
ich peitsche
die Peitsche
Dickpeitsche
Dornenpeitsche
Drathpeitsche
Fuhrmannspeitsche
Hetzpeitsche
Hundepeitsche
Reitpeitsche
Schlittenpeitsche
Seepeitsche
Stachelpeitsche
Steinpeitsche
Zuchtpeitsche
Zungenpeitsche
das Gepeitsche
der Deutsche

eitschem

Fahrenheit'schem
Otaheit'schem
deutschem

eitschen

die *Fahrenheit'schen*
— *Otaheit'schen*
peitschen
abpeitschen
aufpeitschen
auspeitschen
durchpeitschen
einpeitschen
fortpeitschen
lospeitschen
verpeitschen
wegpeitschen
zerpeitschen
zupeitschen
zusammenpeitschen
— Peitschen
— Deutschen

eitschend

peitschend
verdeutschend

eitschens

des Peitschens
— Verdeutschens

eitscher

ein *Fahrenheit'scher*
— *Otaheit'scher*
— Peitscher
— Deutscher

eitschern

den Peitschern
— Verdeutschern
einen deutscher'n

eitschers

des Peitschers
— Verdeutschers

eitsches

ein *Fahrenheit'sches*
— *Otaheit'sches*
des Gepeitsches
ein deutsches

eitschest

du peitschest
— verdeutschest
deutschest

eitschet

er peitschet
— verdeutschet

eitscht

er peitscht
— verdeutscht

eitschte

er peitschte
— verdeutschte

eitschtem

gepeitschtem
verdeutschtem

eitschten

sie peitschten
— verdeutschten

eitschter

ein gepeitschter
— verdeutschter

eitschtes

ein gepeitschtes
— verdeutschtes

eitschtest

du peitschtest
— verdeutschtest

eitschtet

ihr peitschtet
— verdeutschtet

eitschung

die Peitschung
— Verdeutschung

eitst

du arbeit'st
— beit'st
— bereit'st
bereitst
— breit'st
breitst
— gleit'st
— begleit'st
— leit'st
— geleit'st
— pleit'st
— reit'st
— beseit'st
gescheidtst
— schreit'st
— spreit'st
streit'st
— thorheit'st
— treit'st
— bewahrheit'st
— weit'st
weitst
— fleiht'st
— prophezeiht'st
— reiht'st
— seiht'st
— weiht'st
— arzneyt'st
— benedeyt'st
— bleyt'st
— conterfeyt'st
— freyt'st
— befreyt'st
— geyt'st
— heyt'st
— juchheyt'st
— kasteyt'st
— vermaledeyt'st
— meyt'st
— schneyt'st
— tacheneyt'st
— entzweyt'st

eitste

der bereitste
— breitste
— gescheidtste
— weitste

der gefleihtste
— geseihtste
— geweihtste
— gebenedeytste
— kasteytste
— vermaledeytste
— verschneytste
— entzweytste

ēitſtem

bereitstem
breitstem
gescheidtstem
weitstem
gefleihtstem
geseihtstem
geweihtstem
gebenedeytstem
kasteytstem
vermaledeytstem
verschneytstem
entzweytstem

ēitſten

die bereitsten
— breitsten
— gescheidtsten
— weitsten
— gefleihtsten
— geseihtsten
— geweihtsten
— gebenedeytsten
— kasteytsten
— vermaledeytsten
— verschneytsten
— entzweytsten

ēitſter

bereitster
breitster
gescheidtster
weitster
gefleihtster
geseihtster
geweihtster
gebenedeytster
kasteytster
vermaledeytster
verschneytster
entzweytster

ēitſtes

bereitstes
breitstes
gescheidtstes
weitstes
gefleihtstes
geseihtstes
geweihtstes
gebenedeytstes
kasteytstes
vermaledeytstes
verschneytstes
entzweytstes

ēitung

die Ausarbeitung
— Bearbeitung
— Bereitung
Alaunbereitung
Arzneybereitung
Blaufarbenbereitung
Flachsbereitung
Kunstbereitung
Lederbereitung
Milchsaftbereitung
Salzbereitung
Samenbereitung
Selbstbereitung
Vorbereitung
Waidbereitung
Wollbereitung
— Breitung
Aufbreitung
Ausbreitung
Verbreitung
Glaubensverbreit.
— Ausgleitung
— Begleitung
Leichenbegleitung
Prachtbegleitung
— Leitung
Ableitung
Ausleitung
Durchleitung
Einleitung
Friedenseinleitung
Fortleitung
Geschäftsleitung
Grabenleitung
Handleitung
Hauptleitung
Herleitung
Hinleitung
Kothleitung
Pochleitung
Wasserleitung
Wegleitung
Wortleitung
Zuleitung
Zusammenleitung
die Schreitung
Ausschreitung
Beschreitung
Einschreitung
Fortschreitung
Vorschreitung
— Bestreitung
— Weitung
— Ausweitung
— Zeitung
Abendzeitung
Amtszeitung
Badezeitung
Bauerzeitung
Dorfzeitung
Gartenzeitung
Gelehrtenzeitung
Handelszeitung
Jugendzeitung
Kirchenzeitung
Kriegszeitung
Kunstzeitung
Landeszeitung
Literaturzeitung
Modezeitung
Monatszeitung
Morgenzeitung
Postzeitung
Reichszeitung
Schifferzeitung
Schulzeitung
Tagzeitung
Theaterzeitung
Volkszeitung

ēitung *siehe* ēyung

[die Endeixis]

ēiz

beiz!
der Geiz
Ehrgeiz
Geldgeiz
Handelsgeiz
Ländergeiz
Liebesgeiz
heiz!
— Reiz
Anreiz
Aufreiz
Augenreiz
Frauenreiz
Frühlingsreiz
Gaumenreiz
Gegenreiz
Huldreiz
Körperreiz
Lebensreiz
Liebreiz
Lustreiz
Mädchenreiz
Männerreiz
Metallreiz
Morgenreiz
Nebenreiz
Nervenreiz
Seelenreiz
Silberreiz
Sinnenreiz
Speichelreiz
Sündenreiz
Tugendreiz
Unschuldreiz
Vorreiz
Weiberreiz

Wollustreiz
Zauberreiz
Zungenreiz
spreiz!
Greiz
Peiz
Schleiz
Schweiz
Zeiz

eize

die Beize
Entenbeize
Falkenbeize
Fasanenbeize
Hasenbeize
Hühnerbeize
Reigerbeize
Vogelbeize
ich beize
die Beize
Darmbeize
Eisenbeize
Gerstenbeize
Holzbeize
Hornbeize
Kleyenbeize
Lohbeize
Tischlerbeize
das Gebeize
ich feize
das Gefeize
ich geize
das Gegeize
dem Geize
ich heize
das Geheize
ich verpeize
— reize
das Gereize
die Reize
ich spreize
das Gespreize
die Spreize
— Korbspreize
— Schiefsspreize

eizel

das Meizel
das Gespreizel

eizeln

den Meizeln
spreizeln

eizels

des Meizels
— Gespreizels

eizen

die Beizen
beizen
ausbeizen
durchbeizen
einbeizen
wegbeizen
zerbeizen
geizen
ausgeizen
begeizen
ehrgeizen
ergeizen
nachgeizen
zusammengeizen
heizen
abheizen
ausheizen
durchheizen
einheizen
nachheizen
überheizen
verheizen
das Rothheizen
verpeizen
den Reizen
reizen
anreizen
aufreizen
überreizen
spreizen
abspreizen
ausspreizen
bespreizen
verspreizen
die Spreizen
der Weizen
Bitzweizen
Brandweizen
Buchweizen
Ackerbuchweizen
Dinkelweizen
Josephsweizen
Kegelweizen
Korallenweizen
Krullweizen
Kuhweizen
Mausweizen
Mohrweizen
Ochsenweizen
Queckweizen
Raiweizen
Rauhweizen
Reichweizen
Rindenweizen
Ringelweizen
Saatweizen
Sandweizen
Schafweizen
Schlafweizen
Schwabenweizen
Schwarzweizen
Sommerweizen
Sorgweizen
Spreitweizen
Taubenweizen
Traubenweizen
Trunkenweizen
türkischer Weizen
Wachtelweizen
Waldwachtelweiz.
Wachweizen
Waldweizen
Wechselweizen
Winterweizen
Wunderweizen
Zinsweizen

eizend

beizend
geizend
heizend
verpeizend
reizend
liebreizend
lustreizend
speichelreizend
spreizend

eizens

des Beizens
— Geizens
— Heizens
— Verpeizens
— Reizens
— Weizens

eizer

der Beizer
— Heizer
Badheizer
Einheizer
Kammerheizer
Ofenheizer
Stubenheizer
Zimmerheizer
— Reizer
— *Schweizer*

eizern

den Beizern
— Heizern
— Reizern
— *Schweizern*

eizers

des Beizers
— Heizers
— Reizers
— *Schweizers*

eizes

des Gebeizes
— Gefeizes
— Geizes

des Gegeizes
— Geheizes
— Reizes
— Gereizes
— Gespreizes

ēizeſt

du beizest
— feizest
— geizest
— heizest
— verpeizest
— reizest
— spreizest

ēizet

er beizet
— feizet
— geizet
— heizet
— verpeizet
— reizet
— spreizet

ēizig

beizig
scharfbeizig
geizig
ehrgeizig
geldgeizig
grundgeizig

ēizigs

ein beizig's
— geizig's

ēizker

der Peizker
— Reizker
— Birkenreizker

ēizkern

den Peizkern
— Reizkern

ēizkers

des Peizkers
— Reizkers

ēizling

der Seizling
— Spreizling
— Weizling

ēizlings

des Seizlings
— Spreizlings
— Weizlings

ēiz's

des Gebeiz's
— Gefeiz's
— Geiz's
— Gegeiz's
— Geheiz's
— Reiz's
— Gereiz's
— Gespreiz's

ēizſt

du beizst
— feizst
— geizst
— heizst
— verpeizst
— reizst
— spreizst

ēizt

er beizt
gebeizt
— feizt
— geizt
— heizt
— verpeizt
— reizt
— spreizt

ēizte

er beizte
— feizte
— geizte
— heizte
— verpeizte
— reizte
— spreizte

ēiztem

gebeiztem
ergeiztem
geheiztem
verpeiztem
gereiztem
gespreiztem

ēizten

sie beizten
— feizten
— geizten
— heizten
— verpeizten
— reizten
— spreizten

ēizter

ein gebeizter
— ergeizter
— geheizter
ein verpeizter
— gereizter
— gespreizter

ēizterm

gebeizter'm
geheizter'm
gereizter'm
gespreizter'm

ēiztern

einen gebeizter'n
— geheizter'n
— gereizter'n
— gespreizter'n

ēizters

ein gebeizter's
— geheizter's
— gereizter's
— gespreizter's

ēiztes

ein gebeiztes
— ergeiztes
— geheiztes
— verpeiztes
— gereiztes
— gespreiztes
er beizt es *etc.*

ēizteſt

du beiztest
— feiztest
— geiztest
— heiztest
— verpeiztest
— reiztest
— spreiztest

ēiztet

ihr beiztet
— feiztet
— geiztet
— heiztet
— verpeiztet
— reiztet
— spreiztet

ēizung

die Beizung
— Ausgeizung
— Heizung
— Verpeizung
— Reizung
Anreizung
Metallreizung
Ueberreizung
— Spreizung

ēja

Aquileja
Saufeja
Tarpeja

ēje

die *plebeje*
— Schobeje

ējen

die *plebejen*
— Schobejen

ējer

ein *Aquilejer*
— *Plebejer*
der *Tejer*

ējern

den *Aquilejern*
— *Plebejern*
— *Tejern*

ējers

des *Aquilejers*
— *Plebejers*
— *Tejers*

ējisch

aquilejisch
plebejisch
tarpejisch

ējo

Alentejo
der *Cortejo*

ējos

Alentejos
der *Cortejos*
Tejos

ējus

Apulejus
Plebejus
Saufejus
Tarpejus

ēk

die Bibliothek
Handbibliothek
Hausbibliothek
Leih'bibliothek
Lesebibliothek
Privatbibliothek
Rathsbibliothek
Reisebibliothek
Schloſsbibliothek
Schulbibliothek
Universitätsbiblioth.
— Dactyliothek
— Glyptothek
— Hierothek
die Hypothek
Generalhypothek
Lehnshypothek
Nachhypothek
Specialhypothek
— Pek
— Pinakothek

ēka

Anasaeka
Areka

ēkchen

das Apothekchen
— Bibliothekchen
— Scartekchen

ēkchens

des Apothekchens
— Bibliothekchens
— Scartekchens

ēke

die Eke
— Apotheke
Feldapotheke
Hausapotheke
Hofapotheke
Landapotheke
Reiseapotheke
Stadtapotheke
ich bleke
das Gebleke
die Kopeke
— Reke
— Scarteke

ēkel

der Ekel
Lebensekel
Speyekel
Vergnügensekel
das Geekel
der Possekel
Kreuzpossekel
Vorpossekel
— Rekel
Bauernrekel
Galgenrekel
Schafrekel
Straſsenrekel
das Gerekel

ēkeln

die ekeln
ekeln
anekeln
beekeln
den Possekeln
— Rekeln
sich rekeln
hinrekeln

ēkelnd

ekelnd
rekelnd

ēkelns

des Ekeins
— Rekelns

ēkels

des Ekels
ein ekel's
des Geekels
— Possekels
— Rekels
— Gerekels

ēkelst

du ekelst
— rekelst

ēkelt

er ekelt
— rekelt

ēken

die Eken
— Apotheken
bleken
anbleken
— Kopeken
— Reken
— Scarteken

ēker

ein Apotheker
— Bibliotheker
— Zähnebleker

ēkern

den Apothekern
— Bibliothekern
— Zähneblekern

ēkers

des Apothekers
— Bibliothekers
— Zähneblekers

ékt *etc. siehe* **éct** *etc.*

ēl — ēhl — ēel

Abdiel
Ahasael
Amuel
Ariel
Athniel
der Caneel
die Cautel
— Clientel
der *Cornel*
die Corruptel
— Curatel

Daniel
Emanuel
Ezechiel
fidel
kreuzfidel
gel
Gabriel
Gamaliel
Goël
Hesekiel
Immanuel
Joël
Israel
Ithuriel
der Juwel
Kronjuwel
das Kameel
Afterkameel
Postkameel
Windkameel
der Krakeel
Manuel
Marc-Aurel
Michael
Nathanael
das Paneel
parallel
die Parentel
— Querel
Raphael
Samiel
Samuel
mein Seel!
scheel
die Tutel
Protutel
Uriel
fehl
der Fehl
— Befehl
Amtsbefehl
Anbefehl
Armeebefehl
Aufhebungsbefehl
Erinnerungsbefehl
Fristbefehl
Gegenbefehl
Glaubensbefehl
Haftbefehl
Herrnbefehl
Magistratsbefehl
Oberbefehl
Rathsbefehl
Regierungsbefehl
Strafbefehl
Tagsbefehl
Untersuchungsbef.
Verhaftbefehl
Verhaltungsbefehl
Vernunftbefehl
Vollstreckungsbef.
Zwangbefehl

der Empfehl
— Hehl
Kehl
das Mehl
Aftermehl
Alaunmehl
Amelmehl
Bergmehl
Billenmehl
Blumenmehl
Bohnenmehl
Bohrmehl
Brandmehl
Brotmehl
Dinkelmehl
Erbsenmehl
Erdmehl
Flugmehl
Gerstenmehl
Giftmehl
Glasmehl
Grandmehl
Griesmehl
Gypsmehl
Hafermehl
Hexenmehl
Himmelsmehl
Holzmehl
Hopfenmehl
Kalkmehl
Kartoffelmehl
Kernmehl
Kieselmehl
Kornmehl
Kraftmehl
Mittelmehl
Mundmehl
Nachmehl
Nudelmehl
Palmmehl
Pochmehl
Pollmehl
Probemehl
Reismehl
Roggenmehl
Sägemehl
Salpetermehl
Satzmehl
Schalmmehl
Scheidemehl
Schönmehl
Schrotmehl
Schwarzmehl
Semmelmehl
Senfmehl
Siebmehl
Spaltmehl
Stärkmehl
Staubmehl
Steifmehl
Steinmehl
Straubenmehl

Streumehl
Wachsmehl
Weckenmehl
Weiſsmehl
Weizenmehl
Ziegelmehl
pele-mele

él *etc. siehe* éll *etc.*

ēla

Arbela
Bela
Cautela
Gangamela
Hela
Pomponius Mela
Pamela
Sela!
[der Selam]

ēlb

die *Elb'*
gelb
blättergelb
blaſsgelb
bleichgelb
bleygelb
brandgelb
braungelb
dottergelb
dunkelgelb
erbsgelb
fahlgelb
feuergelb
flachsgelb
goldgelb
grüngelb
hellgelb
hochgelb
honiggelb
königsgelb
kupfergelb
lichtgelb
neapelgelb
ochergelb
ölgelb
orangengelb
pomeranzengelb
quittengelb
rauschgelb
reisgelb
roſsgelb
rothgelb
safrangelb
sattgelb
schüttgelb
schwarzgelb
schwefelgelb
sittgelb
speisegelb
wachsgelb
weingelb

weißgelb
zitronengelb
selb
schelb [Elba]

élbe

die *Elbe*
Niederelbe
Norderelbe
Oberelbe
Thalelbe
der Rothelbe
die Felbe
— Gelbe
eine gelbe
ich vergelbe
selbe
dasselbe
derselbe
dieselbe
die Schelbe
eine schelbe

élbel

der Felbel
— Melbel
das Gemelbel

élbeln

den Felbeln
— Melbeln
melbeln

élbels

des Felbels
— Melbels
— Gemelbels

élbem

gelbem
schelbem
selbem

élben

die Rothelben
— Felben
den gelben
vergelben
selben
demselben
denselben
derselben
desselben
dieselben

élber

der Felber
Sammtfelber
Wollfelber
die Felber
Wildfelber
ein gelber
der Melber
selber
vonselber

élbern

den Felbern
die Felbern
einen gelber'n
den Melbern

élbig

gelbig
selbig
daselbig
hieselbig

élbing

der Gelbing
Elbing

élblich

gelblich
schwarzgelblich
weiß- *etc.* gelblich
selblich

élbling

der Elbling
Schwarzelbling
— Gelbling

élblings

des Elblings
— Gelblings

der Gelblisch
— Elbner
— Elbricht

élbst

du vergelbst
selbst
das Selbst
Urselbst

élch

der Felch
— Kelch
Abendmahlskelch
Blüthenkelch
Blumenkelch
Bundeskelch
Doppelkelch
Eichelkelch
Feuerkelch
Fruchtkelch
Honigkelch
Kreuzkelch
Labekelch
Leidenskelch
Mooskelch
Nectarkelch
Opferkelch
Samenkelch
Schmerzenskelch
Spülkelch
Sündenkelch
Taumelkelch
Thränenkelch
Weihkelch
Wermuthkelch
Wollustkelch
Zauberkelch
das Geselch'
schelch
— Geschwelch'
der Schelch
— Twelch
welch'
— Zelch

élche

die Felche
dem Felche
— Kelche
ich selche
das Geselche
eine schelche
dem Schelche
ich schwelche
das Geschwelche
dem Twelche
welche
etwolche

élchem

schelchem
welchem

élchen — éllchen

die Felchen
den Kelchen
selchen
die schelchen
den Schelchen
schwelchen
welchen
etwelchen
das Capellchen
— Demoisellchen
— Fellchen
Blaufellchen
Ganzfellchen
Halbfellchen
Hermelinfellchen
Kropffellchen
Maulwurfsfellchen
Sandfellchen
Weißfellchen
Wieselfellchen
— Forellchen
— Libellchen
— Mamsellchen
— Prünellchen
— Quellchen

des Scabellchen
— Schellchen
— Stellchen
— Gestellchen
— Pfluggestellchen
— Wellchen
— Zellchen

ēlchen — ēelchen

ein Fehlchen
— Kehlchen
Blaukehlchen
Bleykehlchen
Braunkehlchen
Fleckkehlchen
Gelbkehlchen
Goldkehlchen
Graukehlchen
Grünkehlchen
Rosenkehlchen
Rothkehlchen
Scharlachkehlchen
Schwarzkehlchen
ein Seelchen

élchens — éllchens

des Capellchens
— Demoisellchens
— Fellchens
— Forellchens
— Libellchens
— Mamsellchens
— Prünellchens
— Quellchens
— Scabellchens
— Schellchens
— Stellchens
— Gestellchens
— Wellchens
— Zellchens

ēlchens

des Fehlchens
— Kehlchens
— Seelchens

élcher

der Selcher
ein schelcher
welcher
etwelcher
Melcher

élchern

den Selchern
einen schelcher'n
den *Melchern*

élchers

des Selchers
ein schlecher's
Melchers

élches

des Felches
— Kelches
— Geselches
ein schelches
des Schelches
— Geschwelches
welches
etwelches

élchest

du selchest
schelchest
— schwelchest

élchet

gekelchet
er selchet
— schwelchet

élchs

des Felchs
— Kelchs
— Geselch's
ein schelch's
des Geschwelch's
welch's
etwelch's

élchst

du selchst
schelchst
— schwelchst

élcht

gekelcht
er selcht
geselcht
— schwelcht

élchte

der gekelchte
er selchte
der geselchte
er schwelchte

élchtem

gekelchtem
geselchtem

élchten

die gekelchten
— geselchten
sie selchten
— schwelchten

élchter

ein gekelchter
— geselchter

élchtes

ein gekelchtes
— geselchtes

élchtest

du selchtest
— schwelchtest

élchtet

ihr selchtet
— schwelchtet

éld

das Feld
Ackerfeld
Aehrenfeld
Amselfeld
Baufeld
Bauerfeld
Bergfeld
Blachfeld
Blumenfeld
Blüthenfeld
Bodenfeld
Brachfeld
Bundesfeld
Damenfeld
Eichsfeld
Eisfeld
Erbfeld
Erbbereitungsfeld
Erbsenfeld
Erdäpfelfeld
Flachfeld
Flachsfeld
Fruchtfeld
Gartenfeld
Gemeindefeld
Gerstenfeld
Gesichtsfeld
Getreidefeld
Giebelfeld
Grasefeld
Grundfeld
Gurkenfeld
Haferfeld
Hanffeld
Heimfeld
Heuerfeld
Hirsenfeld
Hofefeld
Hopfenfeld
Jahrfeld
Kartoffelfeld
Kleefeld
Königsfeld
Kornfeld
Krautfeld
Ladenfeld
Lauferfeld
Lehmfeld

Lehnsfeld
Leichenfeld
Leinfeld
Linsenfeld
Mähfeld
Marsfeld
Mayfeld
Melonenfeld
Mittelfeld
Mohnenfeld
Osterfeld
Querfeld
Rebenfeld
Reisfeld
Ritterfeld
Rochenfeld
Roggenfeld
Rosenfeld
Rübenfeld
Rübsenfeld
Ruhefeld
Saatfeld
Schachfeld
Schlachtfeld
Schwabenfeld
Schwarzfeld
Seitenfeld
Sommerfeld
Sparrenfeld
Spiegelfeld
Springerfeld
der Springinsfeld
das Sternenfeld
Stirnfeld
Stoppelfeld
Tabaksfeld
Thürfeld
Trauerfeld
Waffenfeld
Wahlfeld
Wappenfeld
Wasserfeld
Wechselfeld
Weinfeld
Weitfeld
Weizenfeld
Wickenfeld
Wiesenfeld
Winterfeld
Zapfenfeld
Zehentfeld
Zinsfeld
Mansfeld
Marchfeld
Oldenbarneveld
Winterfeld
das Geld
Abstandsgeld
Abtrittsgeld
Abzugsgeld
Achsengeld
Ackergeld
Alpengeld
Amtgeld
Angeld
Anbringegeld
Anfahrgeld
Anfallsgeld
Anführegeld
Ankergeld
Anläutegeld
Anrittsgeld
Antrittsgeld
Anweisegeld
Anzugsgeld
Arkengeld
Armengeld
Arztgeld
Aufgeld
Bankaufgeld
Auflaſsgeld
Aufsetzgeld
Aufwartegeld
Aufzugsgeld
Ausbeutegeld
Ausgebegeld
Ausschlieſsegeld
Aetzgeld
Azgeld
Azungsgeld
Backgeld
Badegeld
Bakengeld
Baugeld
Begräbnisgeld
Beichtgeld
Beilgeld
Belohnungsgeld
Berggeld
Bergegeld
Beschälgeld
Bestätigungsgeld
Bettelgeld
Beutelgeld
Bewerkgeld
Biergeld
Bischoffsgeld
Blumengeld
Blutgeld
Bodmereygeld
Bohlengeld
Brenngeld
Briefgeld
Brüchengeld
Brüchtengeld
Brückengeld
Büchsengeld
Buhlengeld
Bullengeld
Bunzengeld
Bürgergeld
Bürschgeld
Chorgeld
Chausseegeld
Conventionsgeld
Curgeld
Darrgeld
Deichfreyengeld
Deichselgeld
Dienstgeld
Roſsdienstgeld
Ebergeld
Ehegeld
Ehrengeld
Einmündegeld
Eingangsgeld
Einlagergeld
Einlaſsgeld
Einlegegeld
Einschreibegeld
Einstandsgeld
Eintrittsgeld
Eisenhelmgeld
Entgeld
Entreegeld
Erbgeld
Erbbestandsgeld
Erbsengeld
Erbstandsgeld
Erdengeld
Erlaſsgeld
Essengeld
Fahnengeld
Fährgeld
Fallgeld
Fanggeld
Faselgeld
Fegegeld
Fehmgeld
Fenstergeld
Fergegeld
Fersengeld
Festegeld
Feuergeld
Feyergeld
Findelgeld
Finkengeld
Fluggeld
Fordergeld
Frachtgeld
Franzgeld
Freygeld
Freudengeld
Fristgeld
Frohngeld
Fundgeld
Futtergeld
Gantgeld
Gastgeld
Gattergeld
Gedingegeld
Gegengeld
Geleitsgeld
Geschirrgeld
Gewerbsgeld

Glücksgeld
Gnadengeld
Gottesgeld
Grundgeld
Hafengeld
Haftgeld
Halftergeld
Hallengeld
Haltergeld
Handgeld
Haugeld
Hauptgeld
Häuselgeld
Hausgeld
Heidengeld
Helfgeld
Hengstgeld
Henkergeld
Herdgeld
Holzgeld
Hülfsgeld
Hundegeld
Hütergeld
Hutgeld
Ingeld
Innungsgeld
Jagdgeld
Jahrgeld
Kaigeld
Kamingeld
Kartengeld
Käsegeld
Kassengeld
Kaufgeld
Kaysergeld
Kindergeld
Kirchengeld
Klauengeld
Klebegeld
Knechtgeld
Kopfgeld
Kostgeld
Kühlgeld
Kürgeld
Kupfergeld
Ladegeld
Lagergeld
Lämmergeld
Landgeld
Laufgeld
Lausegeld
Legegeld
Lehngeld
Lehrgeld
Leibgeld
Liegegeld
Lobegeld
Löschgeld
Lösegeld
Losungsgeld
Lootsengeld
Lügengeld

Lumpengeld
Mahlgeld
Manngeld
Markgeld
Marktgeld
Mastgeld
Meistergeld
Meſsgeld
Metzengeld
Miethgeld
Minnegeld
Monatsgeld
Mündelgeld
Mundgeld
Muthgeld
Nabengeld
Nachgeld
Nadelgeld
Nahrungsgeld
Nothgeld
Ofengeld
Opfergeld
Oertergeld
Pachtgeld
Erbpachtgeld
Papiergeld
Pathengeld
Permiſsgeld
Pfahlgeld
Pfändegeld
Pfandgeld
Pfannengeld
Pfeffergeld
Pfenniggeld
Pflastergeld
Pflegegeld
Pflichtgeld
Pfluggeld
Pfriemgeld
Pfründgeld
Pfundgeld
Postgeld
Quatembergeld
Quetschgeld
Raubgeld
Rauchgeld
Rauchfanggeld
Rechnungsgeld
Reisegeld
Reitergeld
Reugeld
Richtgeld
Rückfallgeld
Schadegeld
Schämelgeld
Schandgeld
Schatzgeld
Schatzungsgeld
Schaugeld
Schieſsgeld
Schiffgeld
Schirmgeld

Schirrgeld
Schlachtgeld
Schlafgeld
Schleuſsengeld
Schlieſsgeld
Schlüsselgeld
Schmerzengeld
Schmittelgeld
Schmuckgeld
Schnapsgeld
Schneidegeld
Schnittgeld
Schulgeld
Schürfgeld
Schuſsgeld
Schüttegeld
Schüttgeld
Schutzgeld
Seifengeld
Seelgeld
Siegelgeld
Silbergeld
Sitzgeld
Soldatengeld
Spargeld
Sparrengeld
Sperrgeld
Spielgeld
Spottgeld
Sprachgeld
Spruchgeld
Spundgeld
Stadtgeld
Stallgeld
Stammgeld
Standgeld
Stättegeld
Stechgeld
Stempelgeld
Sterbegeld
Steuergeld
Stimmgeld
Stiftgeld
Stiftsgeld
Strafgeld
Stuhlgeld
Sündengeld
Tagegeld
Taschengeld
Taufgeld
Thorgeld
Tischgeld
Tonnengeld
Trattegeld
Trankgeld
Traugeld
Triftgeld
Trinkgeld
Uebergeld
Ueberfahrgeld
Unschlittgeld
Unterschürgeld

Verhaftgeld
Verpflegungsgeld
Verschreibegeld
Versicherungsgeld
Versprechgeld
Verwahrgeld
Vogtgeld
Vorgeld
Wachgeld
Wachsgeld
Wägegeld
Wagengeld
Währgeld
Waisengeld
Wandergeld
Wartegeld
Waschgeld
Wassergeld
Wassereinfallgeld
Wechselgeld
Wegegeld
Wehrgeld
Weingeld
Werbegeld
Wiesengeld
Wittwengeld
Wochengeld
Wuchergeld
Zählgeld
Zapfgeld
Zapfengeld
Zaumgeld
Zehentgeld
Zehrgeld
Zeitungsgeld
Ziehgeld
Zielgeld
Zuchtgeld
Zweckgeld
Zweifelgeld
der Held
Bierheld
Bücherheld
Bühnenheld
Fabelheld
Federheld
Glaubensheld
Kriegsheld
Maulheld
Meerheld
Namenheld
Romanenheld
Saufheld
Seeheld
Siegesheld
Theaterheld
Turnheld
Turnierheld
Verstandesheld
Wortheld
Wunderheld
Zungenheld

éldchen

ein Feldchen
— Geldchen
— Heldchen

éldchens

des Feldchens
— Geldchens
— Heldchens

élde

im Felde
zu Felde
dem Gelde
ich mich ausgelde
Griselde
die Helde
— Melde
Ackermelde
Beermelde
Duckermelde
Feldmelde
Hirschmelde
Hundsmelde
Krötenmelde
Meermelde
Mistmelde
Portulakmelde
Rosenmelde
Saumelde
Scheißmelde
Schweinmelde
Schweißmelde
Speckmelde
Staudenmelde
Strandmelde
Strauchmelde
Waldmelde
ich melde
— vermelde
das Gemelde
die Selde
— Nachtselde
— Unselde
ich selde
die *Schelde*
das Gespelde
Thusnelde
Van der Velde

élden

sich ausgelden
den Helden
melden
anmelden
bemelden
einmelden
ermelden
nachmelden
vermelden
vormelden
selden

éldend

sich ausgeldend
meldend
seldend

éldens

des Ausgeldens
— Meldens
— Seldens

élder

die Elder
— Felder
— Gelder
der Umgelder
— Ungelder
— *Helder*
— Anmelder
— Vermelder
— Selder

éldern

die Eldern
den Feldern
— Geldern
Geldern
— Umgeldern
— Ungeldern
— Anmeldern
— Vermeldern
— Seldern

élders

des Umgelders
— Ungelders
— Anmelders
— Vermelders
— Selders

éldes

des Feldes
— Geldes
— Gemeldes
— Gespeldes

éldest

du dich ausgeldest
— meldest
— seldest

éldet

er meldet
nachbemeldet
vorbemeldet
— seldet

éldisch

heldisch
eichsfeldisch
mansfeldisch

élds

des Felds
— Gelds
— Gemeld's
ich meld's

éldst

dich ausgeld'st
du meld'st
— seld'st

éldung

die Ausgeldung
— Meldung
— Vergeltung *etc.*

ēle — ēhle

Adele
die Bambele
Meerbambele
— Bachambele
dem Caneele
dele!
eine fidele
— gele
Gabriele
die Garnele
Seegarnele
— *Ghasele*
— Juwele
Prachtjuwele
Thaujuwele
— Kameele
— Kardeele
ich krakeele
das Gekrakeele
dem Krakeele
ich krele
das Gekrele
die Laugele
— Makrele
Pferdemakrele
Seemakrele
Stachelmakrele
Pamele
— Parallele
Philomele
— Quele
Handquele
Tischquele
Plattquele
Putzquele
— Seele
Alltagsseele
Biederseele
Bruderseele
Dreckseele
Engelsseele
Federseele
Feuerseele
Flammenseele
Götterseele
Heldenseele
Heringsseele
Herrscherseele
Himmelsseele
Kothseele
Krämerseele
Mädchenseele
Meerseele
Menschenseele
Mutterseele
Pflanzenseele
Pöbelseele
Reichsseele
Schneiderseele
Schwarzseele
Schwesterseele
Staatenseele
Thierseele
Vaterseele
Veilchenseele
Weltseele
Werktagsseele
Wurmseele
ich seele
— beseele
die scheele
— Schmele
ich schmele
das Geschmele
ich schwele
das Geschwele
ich tele
das Getele
die *Cirsocele*
Epiplocele
Glossoscele
Haematocele
Hydroepiplocele
Hydrophysocele
Hydrocele
Hypogastrocele
Hydrocele
Liparocele
Miroscele
Omphalocele
Oscheocele
Physocele
Pneumatocele
Porocele
Sarkocele
Sarkoepiplocele
Sarkohydrocele
Scrotocele
Spermatocele
Varicocele
ich fehle
dem Fehle
das Gefehle
dem Befehle
ich befehle
ich empfehle
dem Empfehle
ich hehle
das Gehehle
die Kehle
Dachkehle
Einkehle
Felsenkehle
Hohlkehle
Mauerkehle
Nachtigallenkehle
Schwarzkehle
Unterkehle
Zauberkehle
ich abkehle
— einkehle
dem Mehle
ich einmehle
— stehle
das Gestehle
die Wehle
— Zwehle
— Tischzwehle

ēlem

fidelem
gelem
parallelem
scheelem
Belem

ēlen ꝛc.

die Bambelen
— Bachambelen
— Cautelen
— Clientelen
— Curatelen
— fidelen
— gelen
— Garnelen
— Ghaselen
— Juwelen
Kronjuwelen
den Kameelen
die Kardeelen
krelen
bekrelen
krakeelen
auskrakeelen
— Laugelen
— Makrelen
— Parallelen
— Parentelen
— Philomelen
— Quelen
— Querelen
— Seelen
seelen
beseelen
entseelen
— scheelen

die Schmelen
schmelen
schwelen
das Kohlenschwelen
— Theerschwelen
telen
— Tutelen
— Winterhelen
— *Cirsocelen etc.*
fehlen
verfehlen
den Fehlen
befehlen
anbefehlen
nachbefehlen
empfehlen
anempfehlen
ausempfehlen
nachempfehlen
vorempfehlen
hehlen
gehehlen
verhehlen
die Kehlen
abkehlen
einkehlen
verkehlen
den Mehlen
einmehlen
stehlen
abstehlen
ausstehlen
bestehlen
einstehlen
fortstehlen
herstehlen
hin - *etc.* stehlen
mitstehlen
vorstehlen
wegstehlen
zurückstehlen
zusammenstehlen
die Wehlen
— Zwehlen

ēlend

das Elend
Kriegselend
krelend
krakeelend
beseelend
entseelend
schmelend
schwelend
telend
fehlend
befehlend
empfehlend
hehlend
abkehlend
verkehlend
einmehlend
stehlend

ēlens

des Krelens
— Krakeelens
— Beseelens
— Entseelens
— Schmelens
— Schwelens
— Telens
— Fehlens
— Befehlens
— Empfehlens
— Hehlens
— Abkehlens
— Verkehlens
— Stehlens

ēler

ein fideler
— geler
— Krakeeler
— paralleler
der Beseeler
ein scheeler
der Schweler
— Aschenschweler
— Kohlenschweler
— Fehler
Amtsfehler
Augenfehler
Charakterfehler
Dienstfehler
Druckfehler
Erziehungsfehler
Familienfehler
Geburtsfehler
Gedächtnisfehler
Gehörfehler
Geschlechtsfehler
Geschmacksfehler
Gesichtsfehler
Hauptfehler
Herzensfehler
Jagdfehler
Jugendfehler
Kirchenfehler
Kriegsfehler
Lehnsfehler
Leibesfehler
Rechenfehler
Rechnungsfehler
Schreibefehler
Schulfehler
Setzfehler
Setzerfehler
Sittenfehler
Sprachfehler
Staatsfehler
Stichfehler
Uebereilungsfehler
Unterlassungsfehler
Verdauungsfehler
Verfassungsfehler
Verstandesfehler
Wurzelfehler
Zungenfehler
der Befehler
— Empfehler
— Hehler
Diebshehler
Verhehler
— Abkehler
— Stehler
Molkenstehler

ēlerm

fideler'm
geler'm
paralleler'm
scheeler'm

ēlern

einen fideler'n
— geler'n
den Krakeelern
einen parallelern
den Beseelern
einen scheelern
den Schwelern
— Fehlern
— Befehlern
— Empfehlern
— Hehlern
— Abkehlern
— Stehlern

ēlers

ein fideler's
— geler's
des Krakeelers
ein paralleler's
des Beseelers
ein scheeler's
des Schwelers
— Fehlers
— Befehlers
— Empfehlers
— Hehlers
— Abkehlers
— Stehlers

ēles

des Caneeles
ein fideles
— geles
des Juweles
— Kameeles
— Gekreles
— Krakeeles
— Gekrakeeles

ein paralleles
— scheeles
des Geschmeles
— Geschweles
— Geteles
— Fehles
— Gefehles
— Befehles
— Empfehles
— Gehehles
— Mehles
— Gestehles

ēlest

fidelest
gelest
du krelest
— krakeelest
parallelest
— beseelest
— entseelest
scheelest
— schmelest
— schwelest
— telest
— fehlest
— befehlest
— empfehlest
— hehlest
— abkehlest
— stehlest

ēlet

er krelet
— krakeelet
— beseelet
— entseelet
— schmelet
— schwelet
— telet
— fehlet
ihr befehlet
— empfehlet
er hehlet
abgekehlet
ihr stehlet

élf

elf
der Elf
Baumelf
— Gelf
— *Guelf*
Gott helf!
— Behelf
Nothbehelf
Scheinbeheif
Unbehelf
Zeitbehelf
Welf

élfchen

das Elfchen
— Helfchen
— Schelfchen
Welfchen

élfchens

des Elfchens
— Helfchens
— Schelfchens
Welfchens

élfe

die Elfe
Baumelfe
elfe
dem Gelfe
der *Guelfe*
ich helfe
dem Behelfe
das Gehelfe
ich schelfe
das Geschelfe
die Schelfe
Apfelschelfe
Bohnenschelfe *etc.*
der *Philadelphe*
— *Welfe*

élfen

die Elfen
den Elfen
die *Guelfen*
helfen
abhelfen
aufhelfen
aushelfen
behelfen
beyhelfen
durchhelfen
einhelfen
emporhelfen
forthelfen
herhelfen
hin - *etc.* helfen
loshelfen
mithelfen
nachhelfen
verhelfen
— Schelfen
schelfen
— Welfen
— *Philadelphen*
den Zwölfen

élfend

helfend
schelfend

élfens

des Helfens
— Schelfens

élfer

der Elfer
das Geelfer
— Gebelfer
— Gegelfer
der Helfer
Amtshelfer
Aufhelfer
Aushelfer
Diebshelfer
Diensthelfer
Geburtshelfer
Gesanghelfer
Geschäftshelfer
Kampfhelfer
Markthelfer
Meſshelfer
Nothhelfer
Oberhelfer
Spielhelfer
— Helfershelfer
das Geschelfer
der Zwölfer

élfern

den Elfern
elfern
belfern
anbelfern
nachbelfern
gelfern
den Helfern
— Helfershelfern
— 14 Nothhelfern
schelfern
— Zwölfern

élfers

des Elfers
— Geelfers
— Gebelfers
— Gegelfers
— Helfers
— Helfershelfers
— Geschelfers
— Zwölfers

élferst

du elferst
— belferst
— gelferst
— schelferst

élfert

er elfert
— belfert
— gelfert
— schelfert

élfes

des Elfes
— Gelfes

des Behelfes
— Gehelfes
— Geschelfes

élfest

du helfest
— schelfest

élfet

ihr helfet
— schelfet
[behelflich]

élfre

ich elf're
das Geelf're
ich belf're
das Gebelf're
ich gelf're
das Gegelf're
ich schelf're
das Geschelf're

élfs

des Elfs
— Behelfs
— Gelfs
— Gehelf's
— Geschelf's

élfst

du helf'st
— schelf'st

élft

zu elft
Delft
ihr helft
der Helft
er schelft
zu zwölft

élfte

der elfte
die Elfte
dem Helfte
er schelfte
der Zwölfte
die Hälfte

élftel

das Elftel
— Zwölftel

élfteln

den Elfteln
— Zwölfteln

élftels

des Elftels
— Zwölftels

élftem

elftem
geschelftem
zwölftem

élften

die elften
— Elften
den Helften
sie schelften
die Zwölften
— Hälften

élfter

ein elfter
— geschelfter
— zwölfter

élftes

ein elftes
— geschelftes
— zwölftes

élfts

ein elft's
des Helfts
ein geschelft's
— zwölft's

élfung

die Abhelfung
— Schelfung

élg

felg!
verhelg!
schwelg!
welg!

élge

der *Belge*
die Felge
Brustfelge
Kropffelge
Nebenfelge
Radfelge
ich felge
das Gefelge
ich verhelge
— schwelge
die Schwelge
das Geschwelge
die Telge
— Welge
ich welge
— verwelge
die Zelge
Brachzelge
Sommerzelge
Winterzelge

ēlge

die sel'ge
— seel'ge
— krakeel'ge
ich befehl'ge
die mehl'ge

ēlgem

sel'gem
seel'gem
krakeel'gem
mehl'gem

élgen

die *Belgen*
— Felgen
felgen
einfelgen
verhelgen
schwelgen
abschwelgen
ausschwelgen
durchschwelgen
verschwelgen
— Schwelgen
— Telgen
welgen
verwelgen

ēlgen

die sel'gen
besel'gen
— seel'gen
— krakeel'gen
befehl'gen
— mehl'gen

élgend

felgend
verhelgend
schwelgend
welgend
verwelgend

ēlgend

besel'gend
befehl'gend

élgens

des Felgens
— Verhelgens
— Schwelgens
— Welgens
— Verwelgens

ēlgens

des Besel'gens
— Befehl'gens

élger

ein Schwelger
das Gewelger
welcher *etc.*

ēlger

ein sel'ger
— seel'ger
— krakeel'ger
— mehl'ger

élgern

den Schwelgern
welgern
herumwelgern

ēlgern

einen sel'ger'n
— seel'ger'n
— krakeelger'n
— mehl'ger'n

élgers

des Schwelgers
— Gewelgers

ēlgers

ein sel'ger's
— seel'ger's
— krakeel'ger's
— mehl'ger's

élges

des Gefelges
— Geschwelges
— Gewelges
welches *etc.*

ēlges

ein sel'ges
— seel'ges
— krakeel'ges
— mehl'ges

élgest

du felgest
— verhelgest
— schwelgest
— welgest
— verwelgest

ēlgest

du besel'gest
— befehl'gest

élget

er felget
— verhelget
— schwelget
— welget
— verwelget

ēlget

er besel'get
— befehl'get

élgs

des Gefelg's
— Geschwelg's
— Gewelg's
— Kelchs *etc.*

élgst

du felgst
— verhelgst
— schwelgst
— welgst
— verwelgst

élgt

er felgt
— verhelgt
— schwelgt
— welgt
— verwelgt

élgte

er felgte
— verhelgte
— schwelgte
— welgte
— verwelgte

élgtem

gefelgtem
verhelgtem
durchschwelgtem
gewelgtem
verwelgtem

élgten

sie felgten
— verhelgten
— schwelgten
— welgten
— verwelgten

élgter

ein gefelgter
— verhelgter
— verschwelgter
— gewelgter
— verwelgter

élgtes

ein gefelgtes
— verhelgtes
— verschwelgtes
— gewelgtes
— verwelgtes

élgtest

du felgtest
— verhelgtest
— schwelgtest
— welgtest
— verwelgtest

élgtet

ihr felgtet
— verhelgtet
— schwelgtet
— welgtet
— verwelgtet

élgung

die Felgung
— Verschwelgung
— Welgung
— Verwelgung

ēlgung

die Besel'gung
— Befehl'gung

ēli

Eli
Gabrieli
Medina-Celi
der *Spadi-Krakeli*
Delhi

ēlia

Aphelia
Clelia
Cordelia
Cornelia
Delia
Ophelia
Parhelia
Perihelia

ēlie

Clelie
Cordelie
Cornelie
Delie
Ophelie

ēlien

Carelien
die *Clelien etc.*
— *Aphelien*
— *Parhelien*
— *Perihelien*
Mingrelien
Rumelien

ēlig

selig
allselig
alleinselig
anschaunselig
arbeitselig
armselig
empfindselig
feindselig
fragselig

freudenselig
friedselig
genußselig
geräuschselig
glückselig
götterselig
gottselig
habselig
hochselig
holdselig
jubelselig
mühselig
rachselig
redselig
saumselig
scheuselig
schweigselig
schwögselig
spendselig
sprachselig
trübselig
überselig
unselig
wunderselig
seelig
kleinseelig
krakeelig
mehlig
drehlich
umdrehlich
verdrehlich
erflehlich
gehlich
übergehlich
übersehlich
unübersehlich
ausstehlich
unausstehlich
erstehlich
verstehlich
verwehlich

ēligs

ein selig's
— seelig's
— krakeelig's
— mehlig's
— drehlich's *etc.*

ēligst

seligst
du beseligst
seeligst
krakeeligst
— befehligst
mehligst
drehligst *etc.*

ēligt

er beseligt
- befehligt

[Selim]

ēlin

die *Gmelin*
Telyn

ēling

der Greling
die Seeling
der Drehling
— Kehling
— Rehling
die Wehling

ēlings

des Grelings
— Drehlings
— Kehlings
— Rehlings

ēlio

Elio
Ardelio
Fidelio

ēlion

das *Nephelion*
der *Pelion*
Targelion

ēlios

Delios
Helios

ēlis

Elis
Michaelis
Melis

ēlisch

elisch
aphelisch
aristotelisch
arundelisch
carelisch
danielisch
evangelisch
ezechielisch
hesekielisch
mingrelisch
parhelisch
penthelisch
perihelisch
philomelisch
raphaelisch
rumelisch

ēlium

das *Aphelium*
— *Cimelium*
das *Evangelium*
Festevangelium
Sonntagsevangel.
— *Parhelium*
— *Perihelium*
— *Pnigelium*

ēliums

des *Apheliums*
— *Cimeliums*
— *Evangeliums*
— *Parheliums*
— *Periheliums*
— *Pnigeliums*

ēlius

Cornelius
Delius

[Felix]

élk

melk!
melk
Melk
die Saumelk
schwelk
— Schwelk
welk
das Gebälk
— Gewölk

élkchen

das Nelkchen
— Völkchen
— Wölkchen *etc.*

élkchens

des Nelkchens
— Völkchens *etc.*

élke

eine melke
ich melke
das Gemelke
die Nelke
Bartnelke
Baumnelke
Bergnelke
Blumennelke
Blutnelke
Carthäusernelke
Donnernelke
Federnelke
Feldnelke
Gartennelke
Gauchnelke
Grasnelke
Hundsnelke
Jungfernelke
Klebenelke
Knopfnelke

Kornnelke
Margarethennelke
Meernelke
Mutternelke
Nonnennelke
Pechnelke
Pfauennelke
Pflaumnelke
Pichnelke
Prachtnelke
Samennelke
Sammtnelke
Sandnelke
Sinesernelke
Stechnelke
Steinnelke
Strandnelke
Theernelke
Topfnelke
Wassernelke
Wiesennelke
Würznelke
Zwergnelke
die Rofelke
— *Selke*
ich schelke
das Geschelke
die Schwelke
eine schwelke
ich schwelke
das Geschwelke
ich welke
eine welke
die Welke
das Gewelke
Annegelke
das Gebälke
— Gewölke *etc.*
[der Relkel]

élkem

melkem
schwelkem
welkem

élken

melken
abmelken
ausmelken
durchmelken
übermelken
wegmelken
altmelken
neumelken
das Bockmelken
— Frischmelken
— Neumelken
die Nelken
— Rofelken
schelken
schwelken
die Schwelken
einen schwelken
der Rothschwelken
welken
abwelken
hinwelken
verwelken
zusammenwelken
einen welken
die Welken
der Zelken
das Putznellken

élkend

melkend
schelkend
schwelkend
welkend

élkens

des Melkens
ein altmelken's
— neumelken's
des Bockmelkens
— Schelkens
— Schwelkens
— Rothschwelkens
— Welkens
— Zelkens
— Putznellkens

élker

der Melker
Bockmelker
Geifsmelker
Menschenmelker
Ohrenmelker
Ziegenmelker
das Gemelker
der Schwelker
ein schwelker
das Geschwelker
ein welker

élkern

den Melkern
melkern
abmelkern
herummelkern
schwelkern
einen welker'n

élkernd

melkernd
schwelkernd

élkerns

des Melkerns
— Schwelkerns

élkers

des Melkers
— Gemelkers
— Schwelkers
— Geschwelkers
ein welker's

élkerst

du melkerst
— schwelkerst

élkert

er melkert
abgemelkert
— schwelkert

élkes

ein melkes
des Gemelkes
— Geschelkes
ein schwelkes
des Geschwelkes
ein welkes
des Gewelkes
ich melk' es *etc.*

élkest

du melkest
— schelkest
— schwelkest
schwelkest
— welkest
welkest

élket

ihr melket
— schelket
— schwelket
— welket

élklich

melklich
leichtmelklich
schwermelklich
verwelklich

élkre

ich melk're
das Gemelk're
ich schwelk're
das Geschwelk're

élks

ein melk's
des Gemelk's
— Geschelk's
— Geschwelk's
ein schwelk's
des Gewelk's
ein welk's

élkst

du melkst
— schelkst
— schwelkst
schwelkst
— welkst
welkst

élkste

der schwelkste
— welkste

élkstem

schwelkstem
welkstem

élksten

die schwelksten
— welksten

élkster

schwelkster
welkster

élkstes

schwelkstes
welkstes

élkt

er melkt
— schelkt
— schwelkt
— welkt

élkte

er schelkte
— schwelkte
— welkte

élktem

geschelktem
geschwelktem
verwelktem

élkten

sie schelkten
— schwelkten
— welkten

élkter

ein geschelkter
— geschwelkter
— verwelkter

élktes

ein geschelktes
— geschwelktes
— verwelktes

élktest

du schelktest
— schwelktest
— welktest

élktet

ihr schelktet
— schwelktet
— welktet

élkung

die Melkung
— Schelkung
— Schwelkung
— Verwelkung

él — éll

das Achtzigstel
der Appell
das Aquarell
Bel
— Bagatell
— Bordell
— Gebell
Hundegebell
der *Brocatell*
das Capitell
— Caroussell
— Cartell
— Ceremoniell
der *Coloniel*
die *Demoisell*
der Drell
drell
das Dreyſsigstel
— Duell
— Fell
Augenfell
Bärenfell
Bauchfell
Biberfell
Bockfell
Brustfell
Caninchenfell
Dachsfell
Darmfell
Eselsfell
Farbenfell
Fettfell
Fleischfell
Fuchsfell
Geiſsfell
Hammelfell
Hamsterfell
Handschuhfell
Hasenfell
Herzfell
Hirnfell
Hirschfell
Hosenfell
Hundefell
Kalbsfell
Lammfell
Leopardenfell
Löwenfell
Luchsfell
Marderfell
Maulwurfsfell
Mausefell
Menschenfell
Mittelfell
Ochsenfell
Opferfell
Otterfell
Fischotterfell
Meerotterfell
Seeotterfell
Spiegelotterfell
Pantherfall
Parderfell
Paukenfell
Rabenfell
Rehfell
Rennthierfell
Rindsfell
Rippenfell
Robbenfell
Rückenfell
Schaffell
Schooſsfell
Schuppenfell
Schurzfell
Schwanenfell
Seehundsfell
Sommerfell
Staarfell
Sternfell
Thierfell
Trommelfell
Urbarfell
Waschfell
Wasserfell
Winterfell
Wolfsfell
Ziegenfell
Zobelfell
die *Filosell*
das Flagell
der Flanell
Futterflanell
das Fontanell
— Fünfzigstel
ein Gell
der Gesell
Altgesell
Anführegesell
Badergesell
Barbiergesell
Bartscherergesell
Bäckergesell
Beingesell
Bettgesell
Bluttgesell
Bootsgesell

Böttchergesell
Büchsengesell
Büttgesell
Bundsgesell
Diebsgesell
Ehegesell
Feyergesell
Feyerabendsgesell
Fleischergesell
Halbgesell
Handelsgesell
Handwerksgesell
Jahrgesell
Junggesell
Kampfgesell
Kriegsgesell
Landgesell
Meistergesell
Mordgesell
Mittelgesell
Nebengesell
Obergesell
Ortengesell
Riemergesell
Rottgesell
Saalgesell
Schandgesell
Schlafgesell
Schlägelgesell
Schmausgesell
Schulgesell
Spielgesell
Spieſsgesell
Stubengesell
Tischgesell
Ungesell
Unglücksgesell
Untergesell
Waldgesell
Wandergesell
Webergesell
Wochengesell
Zechgesell
Zimmergesell
Zinngesell
grell
hell
blondhell
bluthell
dämmerhell
dunkelhell
feuerhell
freudenhell
geisteshell
glanzhell
glashell
grau'nhell
kerzenhell
krystallhell
lichthell
mondhell
opferhell
perlenhell
purpurhell
quellenhell
schneehell
silberhell
sonnenhell
spiegelhell
sternenhell
strahlenhell
taghell
thränenhell
wasserhell
das Hell
erhell!
Theodor Hell
— Hotel
isabell
Jesabel
— Kastell
Hinterkastell
Vorderkastell
— Libell
— *Mel*
Hydromel
Kalomel
Oxymel
Pikromel
Macchiavell
Antimacchiavell
die Mamsell
Gesellschaftsmams.
Hausmamsell
Marmontel
Carl Martell
der Minstrel
das Modell
Gieſsmodell
Töpfermodell
der Mornell
das Naturell
— Neunzigstel
— Pastell
der Pedell
— Petrel
die Pimpernell
der *Polichinell*
Pulcinell
— Prell
prell!
— Quell (*siehe* Quelle)
— Rappell
— Rebell
das Ritornell
— Rondel
der Rubicell
— Sell
das Scalpell
schnell
adlerschnell
blitzschnell
feuerschnell
flügelschnell
gedankenschnell
lichtschnell
pfeilschnell
sturmschnell
vogelschnell
windschnell
schnell!
schrell
der Blutschwell
das Steingeschwell
— Sechzigstel
— Siebzigstel
der Spinell
das Stell
— Gestell
Ausladegestell
Bettgestell
Bildergestell
Bockgestell
Einlesegestell
Fuſsgestell
Haspelgestell
Hauptgestell
Hintergestell
Kerngestell
Kreuzgestell
Kutschgestell
Ladengestell
Lagergestell
Leuchtergestell
Lichtgestell
Nebengestell
Notengestell
Paukengestell
Pfannengestell
Pflückgestell
Röstgestell
Sägegestell
Stiefelgestell
Stückgestell
Thürgestell
Tischgestell
Untergestell
Vordergestell
Wagengestell
Waschbeckengest.
Weinflaschengestell
die Tell
Wilhelm Tell
das Tausendstel
Titurel
Turturell
— Vierzigstel
der Well
die Well
das Beinwell
— Steinwell
Appenzell
Maria Zell
— Zwanzigstel

(*Die Fremdbeywörter in* ell)
actuell
artificiell
casuell
ceremoniell
circumstantiell
coessentiell
conditionell
confidentiell
constitutionell
consubstantiell
continuell
conventionell
criminell
cruell
defensionell
doctrinell
essentiell
extraessentiell
eventuell
finanziell
generell
graduell
habituell
immortell
irrationell
intellectuell
manuell
materiell
ministeriell
antiministeriell
mutuell
occasionell
offiziell
offizinell
originell
partiell
personell
präcautionell
professionell
providentiell
punctuell
rationell
reell
sensuell
sexuell
speciell
spirituell
superficiell
temporell
usuell
veniell

élla

Arabella
die *Animella*
Bella
der *Brighella*
die *Butta sella*
— *Capella*
a capella
Columella
Compostella
Estrella
Floribella
die *Gabella*
Granvella
Isabella
— *Lumachèlla*
eine *Mitella*
Petronella
die *Tarantella*
— *Umbella*
credat Judaeus Apella!

éllas

Hellas
Bella's etc.

éllchen *etc. siehe* élchen

élle

die Elle
brabanter Elle
Cubikelle
Eichelle
Geviertelle
Kramerelle
Musterelle
Quadratelle
Richtelle
Schneiderelle
Viertelelle
wiener Elle
— Amarelle
— Animelle
— *Apparelle*
dem Appelle
— *Aquarelle*
ich belle
das Gebelle
Hundegebelle
die Belle
Gottesackerbelle
— *Bagatelle*
— Bibernelle
— Boberelle
im Bordelle
die Braunelle
dem Brocatelle
die Brunelle
— *Bouteselle*
— Capelle
Cammercapelle
Dorfcapelle
Hauscapelle
Hofcapelle
Nothcapelle
Probecapelle
Reisecapelle
Sandcapelle
Schloſscapelle
Spathcapelle
Strandcapelle
Waldcapelle
dem Capitelle
die *Caravelle*
dem *Caroussella*
— Cartelle
— Ceremonielle
die *Chanterelle*
— Citadelle
dem Colonelle
das *Compelle*
die *Coquerelle*
— *Demoiselle*
Mademoiselle
dem Drelle
eine drelle
dem Duelle
die *Echelle*
dem Felle
die *Ficelle*
der *Filoselle*
dem Flagelle
— Flanelle
Floribelle
— Fontanelle
Fontenelle
die Forelle
Alpforelle
Augenforelle
Bachforelle
Bergforelle
Grundforelle
Hauchforelle
Lachsforelle
Mayforelle
Schwebforelle
Seeforelle
Silberforelle
Steinforelle
Teichforelle
Waldforelle
— *Fricandelle*
ich gelle
dem Gelle
das Gegelle
die Gabelle
— Gazelle
der Geselle
ich geselle
eine grelle
ich vergrelle
— helle
— erhelle
eine helle
die Helle
Betthelle
Blitzeshelle
Gedankenhelle
Geisteshelle
Graunhelle
Morgenhelle
Sonnenhelle

Spiegelhelle
Sternenhelle
Strahlenhelle
Tageshelle
Helle
dem Hotelle
die Immortelle
Isabelle
— Kelle
Ausgufskelle
Einlegekelle
Faumkelle
Fischkelle
Füllkelle
Giefskelle
Grabekelle
Gypskelle
Kalkkelle
Kochkelle
Kratzkelle
Mauerkelle
Maurerkelle
Mörtelkelle
Probekelle
Punschkelle
Rührkelle
Schaumkelle
Schöpfkelle
Ausschöpfkelle
Schofskelle
Suppenkelle
Taschenkelle
Theerkelle
Vorlegekelle
Wagenkelle
Wasserkelle
ich aufkelle
dem Kastelle
die Kornelle
ich krelle
das Gekrelle
die Kupelle
— Lamelle
— Libelle
dem Libelle
die Marelle
— Maurelle
— Micarelle
— Mirabelle
dem Modelle
die Morelle
Schattenmorelle
Wassermorelle
— Mornelle
— Morselle
Magenmorselle
— Mortadelle
dem Naturelle
die Novelle
— Pelle

ich pelle
das Gepelle
die Parzelle
dem Pastelle
die *Patelle*
dem Pedelle
— Petrelle
Petronelle
die Pfelle
— Pimpernelle
Bockpimpernelle
Steinpimpernelle
Waldpimpernelle
Wiesenpimpernelle
dem *Polichinelle*
ich prelle
das Geprelle
die Prelle
— Prünelle
— *Pucelle*
dem *Pulcinelle*
die Quelle
Alaunquelle
Bereicherungs-
Bergquelle
Brunnenquelle
Cementquelle
Dichterquelle
Eisenquelle
Erkenntnisquelle
Ersatzquelle
Erwerbsquelle
Felsenquelle
Freudenquelle
Geldquelle
Gesundheitsquelle
Glücksquelle
Gnadenquelle
Grundquelle
Heilquelle
Honigquelle
Hülfsquelle
Hungerquelle
Jammerquelle
Krystallquelle
Kupferquelle
Lebensquelle
Leidensquelle
Lichtquelle
Milchquelle
Minerquelle
Murmelquelle
Musenquelle
Nahrungsquelle
Rofsquelle
Rofshufsquelle
Salpeterquelle
Salzquelle
Schattenquelle
Schöpfquelle
Schwefelquelle
Segensquelle

Silberquelle
Sprachquelle
Springquelle
Sprudelquelle
Theerquelle
Thränenquelle
Trostquelle
Unglücksquelle
Urquelle
Vermögensquelle
Waldquelle
Weinquelle
Weisheitsquelle
Wiesenquelle
Winterquelle
Wunderquelle
Zauberquelle
Zwillingsquelle
ich quelle
das Gequelle
die Querelle
dem Rappelle
der Rebelle
dem Ritornelle
Rochelle
— Rondelle
— Rubicelle
— Selle
die Selle
ich selle
das Geselle
der Geselle
ich geselle
die Sardelle
dem Scalpelle
ich schelle
das Geschelle
ich zerschelle
die Schelle
Beinschelle
Bettelschelle
Falkenschelle
Fufsschelle
Glockenschelle
Halsschelle
Handschelle
Knotenschelle
Küchenschelle
Waldküchenschelle
Kühschelle
Maulschelle
Rohrschelle
Sandschelle
Schafschelle
Schlittenschelle
Thorschelle
Thürschelle
Waldschelle
ich schnelle
das Geschnelle
eine schnelle

die Schnelle
Adlerschnelle
Blitzesschnelle
Flügelschnelle
Gedankenschnelle
Hirnschnelle
Pfeilschnelle
Stromschnelle
Sturmschnelle
Vogelschnelle
Wetterschnelle
Windschnelle
eine schrelle
ich schwelle
das Geschwelle
die Schwelle
Blutschwelle
Bodenschwelle
Bremsschwelle
Dachschwelle
Dachstuhlschwelle
Grundschwelle
Hausschwelle
Kropfschwelle
Marmorschwelle
Oberschwelle
Rostschwelle
Saumschwelle
Stofsschwelle
Stuhlschwelle
Tempelschwelle
Thorschwelle
Thürschwelle
Unterschwelle
das Blutgeschwelle
— Steingeschwelle
die *Sentinelle*
— Spelle
ich spelle
das Gespelle
dem Spinelle
die Spinelle
— Spunelle
dem Stelle
— Gestelle
ich stelle
das Gestelle
die Stelle
Amtsstelle
Amtshelferstelle
Anfangsstelle
Anführerstelle
Ankerstelle
Aufseherstelle
Badestelle
Baustelle
Bauerstelle
Beamtenstelle
Befehlshaberstelle
Belegstelle
Betrachtungsstelle
Bettstelle
Beweisstelle
Bibelstelle
Brandstelle
Civilstelle
Dingstelle
Ehrenstelle
Eichenstelle
Feuerstelle
Forststelle
Freystelle
Geburtsstelle
Geleitsstelle
Gerichtsstelle
Gnadenstelle
Grabstelle
Grundstelle
Hauptstelle
Hausstelle
Hofstelle
Kammerstelle
Klosterstelle
Lagerstelle
Landesstelle
Landstelle
Lehrerstelle
Hauslehrerstelle
Hochlehrerstelle
Schullehrerstelle
Lieblingsstelle
Marterstelle
Mauthstelle
Meilerstelle
Militärstelle
Mittelstelle
Mutterstelle
Nebenstelle
Oberstelle
Opferstelle
Pfarrstelle
Posthalterstelle
Postmeisterstelle
Predigerstelle
Propststelle
Rathsstelle
Richtstelle
Richterstelle
Ruhestelle
Schlafstelle
Schlummerstelle
Schlufsstelle
Schriftstelle
Schulstelle
Spruchstelle
Staatsstelle
Staatsberatherstelle
Stiftsstelle
Torfstelle
Unterstelle
Vaterstelle
Vorderstelle
Vorsitzerstelle
Werkstelle
Kleinigkeitswerkst.
die Tabelle
ich telle
das Getelle
die Telle
Sandtelle
Sumpftelle
Wassertelle
— *Tarantelle*
Vaiselle
das *Velle*
die Welle
Abwelle
Anwelle
Augenwelle
Beutelwelle
Daumenwelle
Flügelwelle
Glockenwelle
Haspelwelle
Korbwelle
Langwelle
Lebenswelle
Luftwelle
Meereswelle
Menschenwelle
Mühlwelle
Pansterwelle
Pochwelle
Radewelle
Räderwelle
Rebenwelle
Registerwelle
Reifswelle
Rieselwelle
Schallwelle
Schlägelwelle
Schlagwelle
Schlittenwelle
Setzwelle
Sichtwelle
Silberwelle
Taumelwelle
Wasserwelle
Windwelle
Wolkenwelle
Ziehwelle
ich welle
das Gewelle
dem Welle
die Zelle
Bienenzelle
Brutzelle
Clausnerzelle
Einsiedlerzelle
Eremitenzelle
Fettzelle
Grimmdarmszelle
Honigzelle
Mönchszelle

Nonnenzelle
Riechbeinzelle
Wachszelle
Zelle
die Zinzerelle
— actuelle *etc.*

éllem

drellem
grellem
hellem
schnellem
schrellem
actuellem *etc.*

éllen

die Ellen
— Amarellen
— Animellen
— Appellen
bellen
anbellen
aufbellen
fortbellen
vorbellen
wegbellen
das Bellen
der Bellen
die Bagatellen
den Bordellen
die Capellen
den Capitellen
die Caravellen
den Cartellen
— Ceremoniellen
die Chanterellen
— Citadellen
den Colonellen
die *Dardanellen*
— Demoisellen
einen drellen
drellen
den Duellen
die *Echellen*
den Fellen
— Flagellen
— Flanellen
flanellen
— Fontanellen
die Forellen
— Fricandellen
gellen
durchgellen
— Gabellen
— Gazellen
einen grellen
vergrellen
hellen
anhellen
aufhellen
aushellen
erhellen
umhellen
einen hellen
den Winterhellen
— Hotellen
die Immortellen
isabellen
— *Isabellen*
— Kellen
aufkellen
auskellen
den Kastellen
die Kornellen
krellen
zerkrellen
— Kupellen
— Lamellen
— Libellen
den Libellen
die Marellen
— Maurellen
— Micarellen
— Mirabellen
den Modellen
die Morellen
— Morsellen
— Mortadellen
den Naturellen
die Novellen
— Pellen
pellen
auspellen
— Parzellen
den Pastellen
die Patellen
den Pedellen
die Pfellen
— Pimpernellen
den *Polichinellen*
prellen
anprellen
aufprellen
ausprellen
emporprellen
fortprellen
losprellen
verprellen
das Fuchsprellen
die Prellen
— *Prünellen*
— *Pücellen*
den *Pulcinellen*
die Quellen
quellen
anquellen
aufquellen
einquellen
emporquellen
entquellen
erquellen
nachquellen
überquellen
verquellen
vorquellen
die Querellen
den Rappellen
die Rebellen
den Ritornellen
— Rondellen
— Rubicellen
— Sellen
die Sellen
sellen
versellen
— Gesellen
sich gesellen
beygesellen
zugesellen
zusammengesellen
die Sardellen
den Scalpellen
schellen
anschellen
ausschellen
erschellen
maulschellen
verschellen
zerschellen
die Schellen
— Maulschellen
Schellen
schnellen
abschnellen
aufschnellen
ausschnellen
beschnellen
fortschnellen
herschnellen
hin- *etc.* schnellen
losschnellen
nachschnellen
vorschnellen
zurückschnellen
einen schnellen
— schrellen
schwellen
anschwellen
aufschwellen
ausschwellen
durchschwellen
einschwellen
emporschwellen
entschwellen
geschwellen
überschwellen
umschwellen
unterschwellen
verschwellen
zerschwellen
die Schwellen
— Spellen
spellen
abspellen

aufspellen
ausspellen
durchspellen
fortspellen
losspellen
nachspellen
zerspellen
den Spinellen
die Spinellen
— Spunellen
stellen
abstellen
anstellen
anheimstellen
aufstellen
ausstellen
bestellen
abbestellen
beystellen
bittstellen
blosstellen
einstellen
entstellen
entgegenstellen
fortstellen
herstellen
hin- *etc.* stellen
miſsstellen
nachstellen
niederstellen
schaustellen
umstellen
unterstellen
verstellen
vogelstellen
vorstellen
wegstellen
zustellen
zurückstellen
zusammenstellen
die Stellen
den Gestellen
das Blosstellen
— Gegeneinanderstell.
— Nachtstellen
— Vogelstellen
die Tabellen
— Tellen
tellen
— *Tarantellen*
— *Vaisellen*
— Wellen
wellen
aufwellen
— Reiſswellen
— Zellen
— Zinzerellen
— actuellen *etc.*

éllend

bellend
gellend
vergrellend
hellend
aufkellend
krellend
pellend
prellend
quellend
sellend
gesellend
schellend
schnellend
schwellend
spellend
stellend
tellend
wellend

éllens

des Bellens
ein *Compellens*
— drellen's
— flanellen's
des Gellens
— Vergrellens
— Erhellens
ein isabellen's
des Aufkellens
— Krellens
— Pellens
— Prellens
— Fuchsprellens
— Quellens
— Sellens
— Gesellens
— Schellens
— Maulschellens
— Zerschellens
— Schnellens
— Schwellens
— Spellens
— Stellens
— Blosstellens
— Vogelstellens
— Tellens
— Wellens

éller

die Eller
ein *Appenzeller*
der Beller
Anbeller
Auerhahnbeller
Fasanenbeller
Mistbeller
Saubeller
ein dreller
— greller
— heller
der Erheller
— Heller
Bierheller
Dreyheller
Judenheller
Kupferheller
Mittelheller
Rabenheller
Radeheller
Schlüsselheller
Silberheller
Vierheller
der Keller
Balkenkeller
Bergkeller
Bierkeller
Bleykeller
Blockkeller
Briefkeller
Burgkeller
Eiskeller
Erdkeller
Faſskeller
Feldkeller
Felsenkeller
Flaschenkeller
Fruchtkeller
Fürstenkeller
Hauskeller
Hofkeller
Italienerkeller
Kanonenkeller
Marterkeller
Milchkeller
Mordkeller
Obstkeller
Oelkeller
Rathskeller
Schenkkeller
Schloſskeller
Schnappskeller
Speisekeller
Stadtkeller
Stückkeller
Todtenkeller
Wallkeller
Weinkeller
das Gekeller
der Kneller
das Gekneller
ein Kreller
der Maseller
— Mescheller
die *Meteller*
der Muscateller
Malvasier-Muscat.
— Pfeller
— Pfneller
— Preller
Arschpreller
das Gepreller
der Seller
— Geseller
Scheller

der Scheller
das Gescheller
ein schneller
die Schneller
das Geschneller
der Schneller
Fingerschneller
Harnschneller
Kirschschneller
Lanzenschneller
Nasenschneller
ein schreller
der Schweller
— Steller
Absteller
Ansteller
Aufsteller
Aussteller
Preisaussteller
Besteller
Güterbesteller
Mordbesteller
Berichtsteller
Bittsteller
Briefsteller
Darsteller
Einsteller
Gegensteller
Hersteller
Wiederhersteller
Nachsteller
Sausteller
Schausteller
Schiffssteller
Schriftsteller
Alltagsschriftstell.
Erbauungsschrift-
Erziehungsschrift-
Gartenschriftstell.
Hauptschriftsteller
Lieblingsschriftst.
Modeschriftsteller
Musterschriftstell.
Staatsschriftsteller
Urschriftsteller
Wochenschriftst.
Seigersteller
Uhrsteller
Vogelsteller
der Teller
Bratenteller
Brotteller
Caffeeteller
Confectteller
Credenzteller
Darreichungsteller
Desertteller
Einsetzteller
Fayenceteller
Flachteller
Fruchtteller
Glasteller
Handteller
Holzteller
Kuchenteller
Plattteller
Porzellanteller
Präsentirteller
Schenkteller
Silberteller
Spielteller
Steingutsteller
Strohteller
Suppenteller
Wärmeteller
Weihteller
— Weller
das Geweller
der Urweller
— Zeller
Hundezeller
das Gezeller
ein actueller *etc.*

ellerm

dreller'm
greller'm
heller'm
schneller'm
schreller'm
actueller'm *etc.*

ellern

die Ellern
den *Appenzellern*
— Bellern
einen dreller'n
— grellern
— heller'n
den Erhellern
— Hellern
— Kellern
kellern
einkellern
— Knellern
knellern
— Krellern
— Masellern
— Meschellern
— *Metellern*
— Muskatellern
muskatellern
— Pfellern
— Pfnellern
— Prellern
prellern
abprellern
ausprellern
durchprellern
zerprellern
— Sellern
— Gesellern
den Schellern
schellern
abschellern
aufschellern
zerschellern
die Schnellern
schnellern
einen schneller'n
den Schnellern
einen schrellern
den Stellern
schriftstellern
— Tellern
— Wellern
wellern
auswellern
bewellern
überwellern
unterwellern
zellern
fortzellern
einen actuellern *etc.*

ellernd

kellernd
knellernd
muskatellernd
prellernd
schellernd
schnellernd
schriftstellernd
wellernd
zellernd

ellerns

des Kellerns
— Knellerns
— Muskatellerns
— Prellerns
— Schellerns
— Schnellerns
— Schriftstellerns
— Wellerns
— Zellerns

ellers

des *Appenzellers*
— Bellers
ein dreller's
— greller's
— heller's
des Erhellers
— Hellers
— Kellers
— Gekellers
— Knellers
— Geknellers
— Krellers
— Masellers
— Meschellers
— *Metellers*

des Muskatellers
— Pfellers
— Pfnellers
— Prellers
— Geprellers
— Sellers
— Gesellers
— Schellers
— Geschellers
ein schneller's
des Schnellers
— Geschnellers
ein schreller's
des Schwellers
— Stellers
— Tellers
— Wellers
— Gewellers
— Zellers
— Gezellers
ein actueller's *etc.*

éllerst

du kellerst
— knellerst
— muskatellerst
— prellerst
— schellerst
— schnellerst
— schriftstellerst
— wellerst
— zellerst

éllert

Gellert
er kellert
— knellert
— muskatellert
— prellert
geschellert
— schnellert
— schriftstellert
— wellert
— zellert

éllerts

Gellerts
ein eingekellert's
— angeknellert's
— geprellert's
— geschellert's
— gewellert's
er schriftstellert's

élles

Apelles
des Appelles
— Aquarelles
— Gebelles
— Bagatelles
— Bordelles
— Brocatelles
— Capitelles
— Carousselles
— Cartelles
— Ceremonielles
— Colonelles
— Drelles
ein drelles
des Duelles
— Felles
— Flagelles
— Flanelles
— Fontanelles
— Gelles
— Gegelles
ein grelles
des Helles
ein helles
des Hotelles
— Kastelles
— Krelles
— Gekrelles
— Libelles
— Minstrelles
— Oxymelles
— Modelles
— Mornelles
— Naturelles
— Gepelles
— Pastelles
— Pedelles
— Petrelles
— *Polichinelles*
— Prelles
— Geprelles
— *Pulcinelles*
— Quelles
— Gequelles
— Rappelles
— Ritornelles
— Rondelles
— Rubicelles
— Selles
— Geselles
— Scalpelles
— Geschelles
ein schnelles
des Geschnelles
ein schrelles
des Geschwelles
— Gespelles
— Spinelles
— Gestelles
— Getelles
— Gewelles
ein actuelles *etc.*

éllest

drellest
du gellest
grellest
— vergrellest
hellest
du erhellest
— aufkellest
— krellest
— pellest
— prellest
— quellest
— sellest
— gesellest
— schellest
— zerschellest
schnellest
— schnellest
schrellest
— schwellest
— stellest
— tellest
— wellest
— actuellest *etc.*

éllet

ihr gellet
— vergrellet
— erhellet
— aufkellet
— pellet
— prellet
— quellet
— sellet
— gesellet
— schellet
— zerschellet
— schnellet
— schwellet
— stellet
— tellet
— wellet

élli

Benelli
Bettinelli
die *Domicelli*
Farinelli
Ganganelli
Jomelli
Macchiavelli
Marinelli
Morelli
Pignatelli
Spinelli
Toricelli
— *Vermicelli*
Vercelli
Zuccarelli

éllia

Gellia
Subsellia

éllicht

gellicht
quellicht

ellie (*nach dem französ.* eille)

die *Appareille*
— *Bouteille*
Corneille
Marseille
en Merveille
Nonpareille
Orseille
die *Reveille*
Vaiseille

ellig

ellig
1 - 1000 ellig
kurzellig
langellig
dickfellig
hellig
einhellig
niederhellig
quellig
sellig
gesellig
ungesellig
schellig
doppelschwellig
spellig
stellig
anstellig
ausstellig
darstellig
dingstellig
hinterstellig
nachstellig
rückstellig
vorstellig
werkstellig
wellig
das Zellich

elligs

ein ellig's
— dickfellig's
— hellig's
— einhellig's
— niederhellig's
— quellig's
— sellig's
— gesellig's
— schellig's
— spellig's
— stellig's
— wellig's
des Zellichs

elligst

einhelligst
du behelligst
quelligst
geselligst
spelligst
hinterstelligst
du bewerkstelligst
welligst

elligt

er behelligt
— bewerkstelligt

elling

der Relling
Schelling
— Stelling
— Welling

ellings

des Rellings
— Stellings
— Wellings

ellio

Castellio
Perduellio
Stellio

ellion

Perduellion
Rebellion

ellisch

appenzellisch
macchiavellisch
rebellisch
toricellisch
zellisch

ellium

Bdellium
Subsellium

ellius

A. Gellius
Minellius
Sabellius
Torellius
Tubellius
Vitellius

elln

dr elln
flanelln
isabelln
bell'n
gell'n *etc.*
einen schnell'n *etc.*

ellne

eine drellne
— flanellne
— isabellne

ellnem

drellnem
flanellnem
isabellnem

ellnen

die drellnen
— flanellnen
— isabellnen

ellner

ein drellner
— flanellner
— isabellner
der Kellner
Hauskellner
Hofkellner
Oberkellner
Unterkellner
Weinkellner
Zimmerkellner

ellnes

ein drellnes
— flanellnes
— isabellnes

ello

Ardinghello
Bandello
Bianca Capello
Burchiello
ein *Capitello*
das *Cello*
Granitello
Leporello
Marcello
Masaniello
Othello
Paisiello
Polichinello
Ponticello
ein *Prello*
Pulcinello
Ritornello
Violoncello

ellre

eine drell're
— grell're
— hell're
er kell're
das Gekell're
ich knell're
das Geknell're
er muskatell're
ich prell're
das Geprellre
ich schell're
das Geschell're
ich schnell're

das Geschnell're
eine schnell're
— schrell're
ich schriftstell're
das Geschriftstell're
ich well're
das Gewell're
ich zell're
das Gezellre
eine actuell're *etc.*

éllrer

ein drell'rer
— grell'rer
— hell'rer
— schnell'rer
— schrell'rer
— actuell'rer *etc.*

éllrung

die Einkell'rung
— Knell'rung
— Muskatell'rung
— Prell'rung
— Zerschell'rung
— Schnell'rung
— Schriftstell'rung
— Well'rung
— Zell'rung

élls — éls

die Els
des Achtzigstels
— Appells
Appenzells
— Aquarells
Bel's
— Bagatells
— Gebell's
— Bordells
— Brocatells
— Caroussells
— Cartells
— Ceremoniells
— Colonels
— Drells
ein drell's
des Dreyſsigstels
— Duells
— Fells
ein Fels
Granitfels
Irrfels
Kalkfels
Marmorfels
Schlangensteinfels
Topasfels
Uferfels
Urfels
Zackenfels
des Flagells
des Flanells
— Fontanells
— Funfzigstels
— Gells
— Gegell's
ein grell's
des Hells
ein hell's
des Hotels
— Kastells
— Libells
— Mels
Hydromels
Kalomels
Oxymels
Pikromels
Macchiavells
die Mamsels
des Minstrels
— Modells
— Mornells
— Naturells
— Neunzigstels
— Gepell's
— Pastells
— Pedells
— Petrels
— *Polichinells*
— Prells
— Geprell's
— *Pulcinells*
— Quells
— Gequell's
— Rappells
— Ritornells
— Rondels
— Rubicells
— Sells
— Gesell's
— Scalpells
— Geschell's
ein schnell's
des Geschnells
ein schrell's
des Sechzigstels
— Siebzigstels
— Geschwell's
— Spinells
— Gestells
— Getell's
— Vierzigstels
— Gewell's
der Wels
Froschwels
Katzenwels
Nagelwels
Panzerwels
Rauchwels
Zauberwels
Zitterwels
des Zwanzigstels
ein actuell's *etc.*

éllst

die Elst
du bellst
drellst
— gellst
grellst
— vergrellst
hellst
— erhellst
— aufkellst
— krellst
— pellst
— prellst
— quellst
— sellst
— gesellst
— schellst
— zerschellst
schnellst
— schnellst
schrellst
— schwellst
— stellst
— tellst
— wellst
actuell'st *etc.*

éllste

der drellste
— grellste
— hollste
— schnellste
— schrellste
actuellste *etc.*

éllstem

drellstem
grellstem
hellstem
schnellstem
schrellstem
actuellstem *etc.*

éllsten

die drellsten
— grellsten
— hellsten
— schnellsten
— schrellsten
— actuellsten *etc.*

éllster — élster

die Elster
Bergelster
Hauselster
Krauselster
Krückelster
Meerelster
Seeelster
Speerelster
Tannenelster

Waldelster
Wildelster
die *Elster*
schwarze Elster
drellster
der Gelster
grellster
hellster
schnellster
schrellster
actuellster *etc.*

ellstes

drellstes
grellstes
hellstes
schnellstes
schrellstes
actuellstes *etc.*

ellt — elt

er bellt
der *Belt*
grofse Belt
kleine Belt
es gellt
gelt!
der Entgelt
— Vergelt
— Wiedergelt
gelt
er vergrellt
— erhellt
ausgekellt
— krellt
— pellt
— prellt
— quellt
— sellt
— gesellt
selt
— schellt
— zerschellt
— schnellt
— schwellt
— spellt
der Spelt
Kraftmehlspelt
er stellt
swelt
— tellt
die Welt
alte Welt
Aufsenwelt
Autorwelt
Badewelt
Bühnenwelt
Bürgerwelt
Enkelwelt
Fabelwelt
Feenwelt
Folgewelt
Gedankenwelt
Geisterwelt
Götterwelt
Gotteswelt
Heimathwelt
Hirtenwelt
Hofwelt
Ideenwelt
Innenwelt
Jammerwelt
Jugendwelt
Kaufmannswelt
Kinderwelt
Körperwelt
Kunstwelt
Lesewelt
Lichtwelt
Mangelwelt
Marionettenwelt
Maurerwelt
Menschenwelt
Mefswelt
Mitwelt
Mutterwelt
Nachwelt
Naturwelt
Nebenwelt
neue Welt
Neuwelt
Niederwelt
Nordwelt
Opernwelt
Ostwelt
Regenwelt
Ritterwelt
Sachenwelt
Schäferwelt
Schattenwelt
schöne Welt
Schofelwelt
Schriftstellerwelt
Sinnenwelt
Sittenwelt
Sommerwelt
Sonnenwelt
Stadtwelt
Sternenwelt
Südwelt
Sündenwelt
Theaterwelt
Thierwelt
Thränenwelt
Todtenwelt
Tonwelt
Trauerwelt
Traumwelt
Umwelt
Umgangswelt
Unschuldswelt
Untermondwelt
Unterwelt
Urwelt
Verstandeswelt
Vorwelt
Vorderwelt
Wasserwelt
Westwelt
Winterwelt
Wunderwelt
Zauberwelt
der Zelt
das Zelt
Fischerzelt
Himmelszelt
Hirtenzelt
Jagdzelt
Kriegszelt
Marketenderzelt
Nomadenzelt
Prachtzelt
Reiterzelt
Soldatenzelt
Sternenzelt
Tempelzelt
das Gezelt
Laubgezelt
Schmausgezelt

ellte — elte

die Elte
am Belte
er bellte
der *Celte*
es gellte
ich gelte
eine gelte
dem Entgelte
— Vergelte
— Wiedergelte
die Gelte
Fleischgelte
Füllgelte
Handgelte
Honiggelte
Melkgelte
Milchgelte
Waschgelte
Wassergelte
Weinbeergelte
er vergrellte
— erhellte
die ausgekellte
er krellte
— pellte
— prellte
— quellte
— sellte
— gesellte
ich schelte
das Geschelte
die Schelte
er schellte
— zerschellte
die Schmelte

er schnellte
— schwellte
— spellte
dem Spelte
er stellte
die swelte
er tellte
— wellte
dem Zelte
die Gezelte
ich zelte
das Gezelte

éltem — éltem

angebelltem
geltem
vergrelltem
erhelltem
ausgekelltem
gekrelltem
gepelltem
geprelltem
gequelltem
geselltem
zerschelltem
geschnelltem
geschwelltem
gespelltem
gestelltom
sweltem
getelltem
gewelltem

éllten — élten

die Elten
den *Belten*
sie bellten
die *Celten*
sie gellten
die gelten
— Gelten
gelten
entgelten
gleichgelten
vergelten
verungelten
vorgelten
sie vergrellten
— erhellten
die ausgekellten
sie krellten
— pellten
— prellten
— quellten
— sellten
— gesellten
selten
blutselten
wunderselten
— schellten
— zerschellten
schelten
ausschelten
die Schmelten
sie schnellten
— schwellten
— spellten
spelten
— stellten
die swelten
sie tellten
Velten
— wellten
die Welten
den Zelten
— Gezelten
zelten

éllter — élter

ein angebellter
der Gelter
— Honiggelter
— Selbstgelter
— Vergelter
Wiedervergelter
ein vergrellter
— erhellter
— ausgekellter
die Kelter
Bannkelter
Baumkelter
Hirnkelter
Mostkelter
Obstkelter
Oelkelter
Traubkelter
Weinkelter
das Gekelter
ein zerkrellter
— gepellter
— geprellter
— gequellter
— gesellter
— zugesellter
— zerschellter
der Schelter
ein geschnellter
— geschwellter
— gespellter
— gestellter
— swelter
— getellter
— gewellter
der Zelter
Damenzelter
Krönungszelter
Ritterzelter
— Lebzelter

élltern — éltern

erhellter'm
geprellter'm
zerschellter'm
geschnellter'm
geschwellter'm
verstellter'm
swelter'm

élltern — éltern

die Eltern (*siehe* Aeltern)
den Geltern
— Vergeltern
einen erhellter'n
die Keltern
keltern
auskeltern
einen zerkrellter'n
— geprellter'n
— zerschellter'n
— geschnellter'n
— geschwellter'n
— verstellter'n
— swelter'n
den Zeltern
— Lebzeltern

éllters — élters

des Gelters
— Vergelters
ein erhellter's
des Gekelters
ein zerkrellter's
— geprellter's
— zerschellter's
— geschnellter's
— geschwellter's
— verstellter's
— swelter's
des Zelters
— Lebzelters

élltes — éltes

ein angebelltes
des Beltes
ein geltes
des Entgeltes
— Vergeltes
— Widergeltes
Gott vergelt' es!
ein vergrelltes
— erhelltes
— ausgekelltes
— zerkrelltes
— gepelltes
— geprelltes
— gequelltes
— geselltes
— zugeselltes
— geschnelltes
— geschwelltes
— gespelltes
des Speltes
ein gestelltes
— sweltes

ein getelltes
— gewelltes
des Zeltes
— Gezeltes
Zeltes

éllest — éltest

du belltest
— geltest
— vergrelltest
— erhelltest
— auskelltest
— krelltest
— pelltest
— prelltest
— quelltest
— selltest
— geselltest
— schelltest
— zerschelltest
— scheltest
— schnelltest
— schwelltest
— spelltest
— stelltest
sweltest
— telltest
— welltest
— zeltest

élltet — éltet

ihr belltet
— geltet
— vergrelltet
— erhelltet
— auskelltet
— krelltet
— pelltet
— prelltet
— quelltet
— selltet
— geselltet
— schelltet
— zerschelltet
— scheltet
— schnelltet
— schwelltet
— spelltet
— stelltet
— telltet
— welltet
— zeltet

élltre — éltre

eine erhellt're
ich keltre
das Gekeltre
eine zerkrellt're
— geprellt're
— zerschellt're
— geschnellt're
eihe geschwellt're
— verstellt're
— swelt're

élltrer — éltrer

ein erhellt'rer
der Keltrer
ein zerkrellt'rer
— geprellt'rer
— zerschellt'rer
— geschnellt'rer
— geschwellt'rer
— verstellt'rer
— swelt'rer

éllts — élts

ein angebellt's
des Belts
ein gelt's
des Entgelt's
— Vergelts
— Widergelts
Gott vergelt's!
ein vergrellt's
— erhellt's
— ausgekellt's
— zerkrellt's
— gepellt's
— geprellt's
— gequellt's
— gesellt's
— zugesellt's
— zerschellt's
des Geschelt's
ein geschnellt's
— geschwellt's
— gespellt's
des Spelts
ein verstellt's
— swelt's
— getellt's
— gewellt's
des Zelts
— Gezelts
er bestellt's *etc.*

élltste — éltste

der erhelltste
— zerkrelltste
— geprelltste
— zerschelltste
— geschnelltste
— geschwelltste
— verstelltste
— sweltste

élltstem — éltstem

erhelltstem
zerkrelltstem
geprelltstem
zerschelltstem
geschnelltstem
geschwelltstem
verstelltstem
sweltstem

élltsten — éltsten

die erhelltsten
— zerkrelltsten
— geprelltsten
— zerschelltsten
— geschnelltsten
— geschwelltsten
— verstelltsten
— sweltsten

élltster — éltster

erhelltster
zerkrelltster
geprelltster
zerschelltster
geschnelltster
geschwelltster
verstelltster
sweltster

élltstes — éltstes

erhelltstes
zerkrelltstes
geprelltstes
zerschelltstes
geschnelltstes
geschwelltstes
sweltstes

éllum

Ellum
Bellum
Cerebellum
Flagellum
Scabellum

éllung

die Anbellung
— Vergrellung
— Hellung
Aufhellung
Aushellung
Erhellung
— Auskellung
— Zerkrellung
— Auspellung
— Prellung
— Quellung
Aufquellung
Entquellung
— Sellung
Gesellung
Begriffsgesellung
Zugesellung
— Schellung
Zerschellung

die Schnellung
— Schwellung
Anschwellung
Aufschwellung
Stimmenschwell.
Tonschwellung
— Spellung
Zerspellung
— Stellung
Abstellung
Anstellung
Anheimstellung
Armeestellung
Aufstellung
Ausstellung
Gemäldeausstell.
Kunstausstellung
Prangerausstellung
Preisausstellung
Schauausstellung
Bestellung
Ackerbestellung
Gartenbestellung
Pflegebestellung
Vormundschafts-
Blosstellung
Bogenstellung
Kreuzbogenstell.
Darstellung
Ferndarstellung
Fleischdarstellung
Gegendarstellung
Gewanddarstell.
Leidenschaftsdarst.
Lichtdarstellung
Scheindarstellung
Sittendarstellung
Einstellung
Fortstellung
Freystellung
Gegenstellung
Gegeneinanderstell.
Gleichstellung
Herstellung
Wiederherstellung
Hinstellung *etc.*
Nachstellung
Nebeneinanderstell.
Schaustellung
Sicherstellung
Verstellung
Bockverstellung
Vorstellung
Belehrungsvorst.
Gegenvorstellung
Probevorstellung
Trugvorstellung
Zustellung
Zusammenstellung
— Wellung

éllus

ein *Altellus*
Entellus
Marcellus
Metellus
Ocellus
Tellus

élm

Anselm
der Helm
Ankerhelm
Brennhelm
Eisenhelm
Geburtshelm
Ritterhelm
Schildhelm
Stechhelm
Streithelm
Turnierhelm
Wappenhelm
— Melm
— Schelm
Erzschelm
Halbschelm
Mordschelm
Tausendschelm
Wilhelm
Minna von Barnhelm
[Selma
Selmar]

élmchen

das Helmchen
— Schelmchen
Tausendschelmchen
Anselmchen
Wilhelmchen

élmchens

des Helmchens
— Schelmchens

élme

ich behelme
— enthelme
dem Helme
— Melme
— Schelme
ich schelme
das Geschelme
[schelmeln]

élmen

den Helmen
behelmen
enthelmen
— Schelmen
schelmen
verschelmen

élmend

behelmend
enthelmend
schelmend
verschelmend

élmens

des Behelmens
— Enthelmens
— Schelmens
Verschelmens

élmer

der Helmer
— Verschelmer

élmern

den Helmern
— Verschelmern

élmers

des Helmers
— Verschelmers

élmes

des Helmes
— Melmes
— Schelmes
— Geschelmes

élmest

du behelmest
— enthelmest
— schelmest
— verschelmest

élmet

er behelmet
— enthelmet
— schelmet
— verschelmet

élmisch

schelmisch
anselmisch
wilhelmisch

élmo

St. Elmo
Anselmo
Guglielmo

élms

des Helms
— Melms
— Schelms
— Geschelms

élmst

du behelmst
— enthelmst

du schelmst
— verschelmst

élmt

er behelmt
— enthelmt
— schelmt
— verschelmt

élmte

er behelmte
— enthelmte
— schelmte
— verschelmte

élmtem

behelmtem
enthelmtem
verschelmtem

élmten

sie behelmten
— enthelmten
— schelmten
— verschelmten

élmter

ein behelmter
— enthelmter
— verschelmter

élmtes

ein behelmtes
— enthelmtes
— verschelmtes

élmtest

du behelmtest
— enthelmtest
— schelmtest
— verschelmtest

élmtet

ihr behelmtet
— enthelmtet
— schelmtet
— verschelmtet

élmung

die Behelmung
— Enthelmung
— Verschelmung

élmus

Anselmus
Wilhelmus

éln *etc. siehe* **élln** *etc.*

ēlo

proximus prelo
con zelo

ēlos

Delos
das *Melos*
Polymelos

élp

der Kelp
die Schelp'

élpe

dem Kelpe
die Schelpe

élpel

die Elpel
der Velpel
— Tölpel

élpeln

den Elpeln
— Velpeln
— Tölpeln
hintölpeln
übertölpeln

élpels

des Velpels
— Tölpels

élphia

Philadelphia
Polyadelphia
Menadelphia etc.

élphisch

delphisch
philadelphisch
guelfisch

éls *etc. siehe* **élls** *etc.*

ēls — ēhls

Abdiels etc.
des Caneels
— Cornels
ein fidel's
— gel's
des Juweels
— Kameels
— Krakeels
— Gekrakeel's
— Gekrel's
— Paneels
ein parallel's
— scheel's
des Geschmel's
— Geschwel's
— Getel's
— Fehls
— Gefehl's
— Befehls
des Empfehls
— Hehls
— Gehehl's
— Mehls
— Gestehl's
ich stehl's *etc.*

élse

Else
die Gelse

élsen

der Felsen (*siehe* Fels)
die Gelsen
den Welsen
[Philippine Welser felsern]
[felsig]

élst *etc. siehe* **éllst** *etc.*

ēlst — ēhlst

fidelst
du krakeelst
— krelst
parallelst
— beseelst
— entseelst
scheelst
— schmelst
— schwelst
— telst
— fehlst
— hehlst
— abkehlst
— stehl'st

ēlste

der fidelste
— gelste
— scheelste

ēlstem

fidelstem
gelstem
scheelstem

ēlsten

die fidelsten
— gelsten
— scheelsten

ēlster

fidelster
gelster
scheelster

ēlstes

fidelstes
gelstes
scheelstes

élt *etc. siehe* **éllt** *etc.*

ēlt — ēhlt

er krakeelt
— krelt
— beseelt
— entseelt
— schmelt
— schwelt
— telt
— fehlt
ihr befehlt
— empfehlt
er hehlt
abgekehlt
ihr stehlt

ēlte — ēhlte

er krakeelte
— krelte
— beseelte
— entseelte
— schmelte
— schwelte
— telte
— fehlte
— hehlte
abgekehlte

ēltem — ēhltem

vorgekreltem
beseeltem
entseeltem
verfehltem
verhehltem
abgekehltem

ēlten — ēhlten

sie krakeelten
— krelten
— beseelten
— entseelten
— schmelten
— schwelten
— telten
— verfehlten
— hehlten
die abgekehlten

ēlter — ēhlter

ein vorgekrelter
— beseelter
— entseelter
— verfehlter
— verhehlter
— abgekehlter
krakeelt er *etc.*

ēltern — ēhltern

einen beseelter'n
— verfehlter'n
— verhehlter'n

ēlters — ēhlters

ein beseelter's
- verfehlter's
- verhehlter's

ēltes — ēhltes

ein vorgekreltes
— beseeltes
— entseeltes
— verfehltes
— verhehltes
— abgekehltes
ihr befehlt es *etc.*

ēltest — ēhltest

du krakeeltest
— kreltest
— beseeltest
— entseeltest
— schmeltest
— schweltest
— teltest
— fehltest
— hehltest
— abkehltest

ēltet — ēhltet

ihr krakeeltet
— kreltet
— beseeltet
— entseeltet
— schmeltet
— schweltet
— teltet
— fehltet
— hehltet
— abkehltet

[der Eltis]

éltisch

beltisch
celtisch

éltlich

unentgeltlich
vergeltlich
weltlich
außerweltlich
überweltlich

éltlichs

ein unentgeltlich's
— vergeltlich's
— weltlich's
ich verweltlich's

éltlichst

vergeltlichst
weltlichst
du verweltlichst

éltling

der Geltling
— Weltling

éltlings

des Geltlings
– Weltlings [Suelto]

ēltre — ēhltre

eine beseelt're
— verfehlt're
— verhehlt're

ēltrer — ēhltrer

ein beseelt'rer
— verfehlt'rer
— verhehlt'rer

élts *etc. siehe* **éllts** *etc.*

ēlts — ēhlts

ein vorgekrelt's
— beseelt's
— entseelt's
— verfehlt's
— verhehlt's
— abgekehlt's
ihr befehlt's *etc.*

[die Peltschen]

ēltst — ēhltst

du krakeelt'st
— krelt'st
— beseelt'st
— entseelt'st
— schmelt'st
— schwelt'st
— telt'st
— fehlt'st
— hehlt'st
— abkehlt'st

éltung

die Geltung
— Vergeltung
— Scheltung
— Zeltung

[die Selve
selwen]

élz

der Pelz
Bärenpelz
Caninchenpelz
Ehrenpelz
Faulpelz
Fuchspelz
Hammelpelz
Hosenpelz
Hermelinpelz
Kuppelpelz
Luchspelz

Marderpelz
Nachtpelz
Reisepelz
Sammtpelz
Saupelz
Schafpelz
Schlafpelz
Schweinpelz
Staatspelz
Tigerpelz
Ueberpelz
Weiberpelz
Winterpelz
Wolfspelz
Wollpelz
Zipfelpelz
Zobelpelz
das Gepelz
pelz!
der Schmelz
Blumenschmelz
Farbenschmelz
Glasschmelz
das Geschmelz
schmelz!
der Spelz
Winterspelz
— Stelz
das Gestelz
stelz!

élzchen

ein Pelzchen
— Stelzchen
Bachstelzchen
— Hölzchen
Schwefelhölzchen

élzchens

des Pelzchens
— Stelzchens
Bachstelzchens
— Hölzchens
Schwefelhölzchens

élze

die Gelze
eine Pelze
ich pelze
das Gepelze
ich schmelze
die Schmelze
das Geschmelze
dem Schmelze
— Spelze
die Spelze
Dinkelspelze
— Stelze
Bachstelze
Drehstelze
Rindenstelze
Wasserstelze
ich stelze
dem Stelze

élzen

die Gelzen
gelzen
pelzen
anpelzen
aufpelzen
auspelzen
bepelzen
durchpelzen
einpelzen
verpelzen
den Pelzen
schmelzen
abschmelzen
anschmelzen
aufschmelzen
ausschmelzen
durchschmelzen
einschmelzen
hinschmelzen
losschmelzen
umschmelzen
vorschmelzen
wegschmelzen
zerschmelzen
zusammenschmelzen
das Schmelzen
Fettschmelzen
Frischschmelzen
Reichschmelzen
Stichschmelzen
die Schmelzen
— Spelzen
ausspelzen
— Stelzen
stelzen
auf- und abstelzen
fortstelzen
hin- und herstelzen
herumstelzen
umherstelzen
vorbeystelzen
vorüberstelzen
wegstelzen
zurückstelzen

élzend

gelzend
pelzend
schmelzend
hinschmelzend
seelenschmelzend
ausspelzend
stelzend

élzens

des Gelzens
— Pelzens
— Schmelzens
des Ausspelzens
— Stelzens

élzer

der Gelzer
— Pelzer
— Schmelzer
Gekrätzschmelzer
Glasschmelzer
Goldschmelzer
Nachtschmelzer
Silberschmelzer
— Vierspelzer

élzern

den Gelzern
— Pelzern
— Schmelzern
— Vierspelzern

élzers

des Gelzers
— Pelzers
— Schmelzers
— Vierspelzers

élzes

des Pelzes
— Gepelzes
— Schmelzes
— Geschmelzes
— Spelzes
— Stelzes
— Gestelzes

élzest

du gelzest
— pelzest
— schmelzest
— ausspelzest
— stelzest

élzet

er gelzet
— pelzet
— schmelzet
— ausspelzet
— stelzet

élzig

pelzig
zweyschmelzig
spelzig
einspelzig
dreyspelzig
vielspelzig
vierspelzig
stelzig

[der Schmelzling
— Stelzner]

élzs

des Pelzs
— Gepelz's
— Schmelzs
— Geschmelz's
— Spelzs
— Stelzs
— Gestelz's

élzst

du gelzst
— pelzst
— schmelzst
— ausspelzst
— stelzst

élzt

er gelzt
— pelzt
— schmelzt
— ausspelzt
— stelzt

élzte

er gelzte
der gepelzte
— geschmelzte
— ausgespelzte
er stelzte

élztem

gepelztem
geschmelztem
ausgespelztem

élzten

sie gelzten
— pelzten
— schmelzten
die ausgespelzten
sie stelzten

élzter

ein gepelzter
— geschmelzter
— ausgespelzter
— durchstelzter

élztes

ein gegelztes
— gepelztes
— geschmelztes
— ausgespelztes
— durchstelztes

élztest

du gelztest
— pelztest
— schmelztest
— ausspelztest
— stelztest

élztet

ihr gelztet
ihr pelztet
— schmelztet
— ausspelztet
— stelztet

élzung

die Gelzung
— Pelzung
— Schmelzung
Wochenschmelzung
— Ausspelzung
— Stelzung

ém — émm

das M
Bethlehem
— *Harem*
hemm!
Jerusalem
klemm
geldklemm
klemm!
Methusalem
Sem
der *Slam*
grofse *Slam*
kleine *Slam*
schlemm!
schwemm!
stemm!
in faciem
ad hominem
— *marginem*
in ordinem
per pem
jus ad rem
ad speciem
in succum et sanguinem
terminus ad quem
— Bruum *Zemzem*
abscheulichem
adlichem *etc. siehe die Adjectiven und Participien bey* **e**

ēm — ēhm

Aenesidem
ein *Anathem*
— *Aneilem*
— *Apostem*
— *Apozem*
Aristodem
bequem
unbequem
dem
andem
ausserdem
ehedem
indem
nachdem
ohnedem
seitdem
überdem
vordem
zudem
ein *Diadem*
— *Diapyem*
— *Emblem*
— *Emphysem*
— *Empyem*
— *Enaeorem*
— *Enthymem*
— *Epicherem*
— *Epiphonem*
— *Epithem*
— *Erotem*
— *Exanthem*
das Extrem
— *Glossem*
— *Hypomnem*
— *Hyporchem*
— *Mathem*
— *Melatem*
Nicodem
ein *Ochem*
— *Oedem*
das *Pöem*
ein *Physem*
— *Problem*
— *Strategem*
— *System*
Continentalsystem
Denksystem
Gefäfssystem
Glaubenssystem
Handelssystem
Kirchensystem
Kriegssystem
Lehrsystem
Lymphsystem
Nervensystem
Pflanzensystem
Planetensystem
Rechnungssystem
Regierungssystem
Reproductionssyst.
Requisitionssystem
Retorsionssystem
Schulsystem
Sonnensystem
Staatssystem
Sternensystem
Unterrichtssystem
Verpflegungssystem
Verwaltungssystem
Weltsystem
Wirthschaftssystem
das *Theorem*
— *Tragem*
die Fehm
der Fehm
Heufehm
genehm

angenehm
unangenehm
der Lehm
Badelehm
Baulehm
Decklehm
Fuchslehm
Kernlehm
Kleberlehm
Körlehm
Ofenlehm
Steinlehm
Streichlehm
Strohlehm
vornehm

ēma

Anathema
Aneilema
Apostema
Apozema
Crema
Diadema
Diapyema
Emphysema
Empyema
Enaeorema
Enthymema
Epicherema
Epiphonema
Epithema
Erotema
Exanthema
Glossema
Hypomnema
Hyporchema
Mathema
Meletema
Ochema
Oedema
Physema
Problema
Schema
Strategema
Systema
Thema
Beweisthema
Predigtthema
ein *Theorema*
— *Tragema*
die *Trema*

ēmand

jemand
der Demant

ēmands

jemands
des Demants

ēmas

des *Anathema's etc. bis Trema's siehe* **ema**

émber

der December
— November
— Quatember
— September

émbern

den Decembern
— Novembern
— Quatembern
— Septembern

émbers

des Decembers
— Novembers
— Quatembers
— Septembers

ēmchen

ein Diademchen
— Poëmchen
— Problemchen
— Strategemchen
— Systemchen

ēmchens

des Diademchens
— Poëmchens
— Problemchens
— Strategemchens
— Systemchens

émd

fremd
blutfremd
geflissenfremd
stadtfremd
steinfremd
stockfremd
weltfremd
wildfremd
das Hemd
Achselhemd
Aermelhemd
Badehemd
Brandhemd
Brauthemd
Bufshemd
Chorhemd
Feuerhemd
Frauenhemd
Futterhemd
Halbhemd
Halshemd
Härenhemd
Latzhemd
Lätzchenhemd
Männerhemd
Mefshemd
Nachthemd
Niederhemd
Nothhemd
Oberhemd
Panzerhemd
Priesterhemd
Schlafhemd
Spitzenhemd
Sterbehemd
Sünderhemd
Taufhemd
Todtenhemd
Ueberhemd
Unterhemd
Vorhemd
Waffenhemd
Weiberhemd
Westerhemd

émde

der Fremde
Mefsfremde
die Fremde
im Hemde
die Semde
Wassersemde

émden

Emden
die Fremden
befremden
entfremden
erfremden
— Hemden
behemden
enthemden
— Semden

émdend

befremdend
entfremdend
erfremdend
behemdend
enthemdend

émdens

Emdens
des Befremdens
— Entfremdens
— Erfremdens
— Behemdens
— Enthemdens

émdes

ein fremdes
des Hemdes

émdest

du befremdest
— entfremdest
— erfremdest
fremdest
— behemdest
— enthemdest

émdet

befremdet
entfremdet
erfremdet
behemdet
enthemdet
die Fremdheit
befremdlich
der Fremdling

émds

ein fremd's
des Hemds

émdst

du befremdst
— behemdst

émdung

die Befremdung
— Entfremdung
— Erfremdung
— Behemdung
— Enthemdung

ēme

dem Anatheme *etc.*
die bequeme
ich bequeme
die Bireme
— Breme
Rennthierbreme
Seebreme
— Creme
dem Diademe
— Probleme
— Systeme
die Fehme
ich fehme
das Gefehme
ich ausfehme
— einfehme
— verfehme
die genehme
— angenehme
ich verangenehme
dem Lehme
ich auslehme
— belehme
— verlehme
— nehme
das Genehme
die vornehme
— *Tantième*
Angoulême

ēmel

die Femel
— Memel
Memel
der Remel
semel (pro semper)
— Schemel
Bälgenschemel
Bankschemel
Eisschemel
Fufsschemel
Thronschemel
die Stremel
der Tremel

ēmeln

die Memeln
den Remeln
— Schemeln
— Stremeln
— Tremeln

ēmels

des Remels
— Schemels
— Stremels
— Tremels

ēmem

bequemem
genehmem
angenehmem
vornehmem

ēmen

den Anathemen *etc.*
die bequemen
sich bequemen
die Biremen
— Bremen
Bremen
— Cremen
den Diademen
— Emblemen
— Problemen
Semen
der Schemen
die Schemen
den Systemen
die Tantiemen
— Triremen
— Quadriremen
Yemen
fehmen
ausfehmen
einfehmen
verfehmen
— genehmen
angenehmen
verangenehmen
lehmen
auslehmen
belehmen
nehmen
abnehmen
annehmen
aufnehmen
ausnehmen
benehmen
durchnehmen
einnehmen
vereinnehmen
entnehmen
fortnehmen
hernehmen
hin- *etc.* nehmen
mitnehmen
nachnehmen
übelnehmen
übernehmen
umnehmen
unternehmen
vernehmen
mifsvernehmen
vornehmen
wahrnehmen
wegnehmen
wiedernehmen
zernehmen
zunehmen
zurücknehmen
zusammennehmen
das Abnehmen
— Anlaufnehmen
— Aufnehmen
— Benehmen
— Beschlagnehmen
— Einnehmen
— Unternehmen
— Vernehmen
Mifsvernehmen
— Wohlnehmen
— Zunehmen

ēmend — ēhmend

sich bequemend
fehmend
verfehmend
verangenehmend
belehmend
nehmend

ēmens

des Bequemens
Clemens
Demens
— *Semens*
— Schemens
— Fehmens
Verfehmens
— Verangenehmens
ein lehmen's
des Nehmens
— Abnehmens
— Anlaufnehmens
— Aufnehmens
— Benehmens
— Beschlagnehmens
— Einnehmens
— Unternehmens
— Vernehmens
Mifsvernehmens
— Wohlnehmens

ēmer

ein bequemer
— *Bremer*
das Geschemer
der Fehmer
genehmer
angenehmer
— Lehmer
— Nehmer
Abnehmer
Annehmer
Deichannehmer
Aufnehmer
Beschlagnehmer
Besitznehmer
— Einnehmer
Acciseinnehmer
Allmoseneinnehmer
Bodmereyeinnehm.
Geldeinnehmer
Geleitseinnehmer
Gereuteinnehmer
Geschoſseinnehmer
Mautheinnehmer
Obereinnehmer
Untereinnehmer
Zinseinnehmer
Zolleinnehmer
— Geschenknehmer
— Parteynehmer
— Schenknehmer
— Theilnehmer
Handelstheilnehmer
— Uebernehmer
Schuldübernehmer
— Unternehmer
Ballunternehmer
Theaterunternehm
— Vermächtnisnehmer
— Wahrnehmer
— Wiedernehmer
— Zinsnehmer
ein Vornehmer

ēmern

einen bequemer'n
den *Bremern*
die Insel *Femern*
schemern
den Fehmern
einen genehmer'n
— angenehmer'n
den Lehmern
lehmern
— Nehmern
Abnehmern *etc.*
einen vornehmer'n

ēmers

ein bequemer's
des *Bremers*
des Geschemers
— Fehmers
ein genehmer's
— angenehmer's
des Nehmers
— Abnehmers *etc.*
ein vornehmer's

ēmes

des Anathemes *etc.*
ein bequemes
Chremes
des Diademes
— Emblemes
— Extremes
— Poëmes
— Problemes
— Strategemes
— Systemes
— Gefehmes
ein genehmes
angenehmes
des Lehmes
— Genehmes
ein vornehmes
ich nehm' es

ēmest

du bequemest
bequemest
genehmest
angenehmest
— verunangenehmest
— fehmest
— verfehmest
— belehmest
— nehmest
vornehmest

ēmet

er bequemet
— verangenehmet
— fehmet
— verfehmet
— belehmet
Mehmet
ihr nehmet

ēmig

ehedemig
seitdemig
vordemig
lehmig
rücknehmig
stattnehmig
theilnehmig
unternehmig
wahrnehmig

ēmik

die *Apodemik*
— *Polemik*

ēmisch

academisch
bohemisch
bremisch
chemisch
endemisch
epidemisch
pandemisch
polemisch
übelnehmisch
[der Remitz]

ēmium

das *Gremium*
— *Laudemium*
— *Xeranthemium*

ēmius

ein *Abstemius*
Anthemius
Freinshemius
Phemius
Trithemius

ēmlich

bequemlich
semlich
nehmlich
annehmlich
unannehmlich
ausnehmlich
benehmlich
vernehmlich
unvernehmlich
vornehmlich

ēmling

der Bequemling
— Kremling

ēmlings

des Bequemlings
— Kremlings

émm *siehe* **ém**

émma

Emma
Gemma
ein *Lemma*
Analemma
Dilemma
die *Maremma*
ein *Parastremma*
— *Stemma*
Oberstemma

émmchen

ein Bemmchen
— Stemmchen

emmchens

des Bemmchens
— Stemmchens

emme

die Bemme
Butterbemme
Fettbemme
Honigbemme
Musbemme
— Gemme
ich hemme
das Gehemme
ich klemme
das Geklemme
eine klemme
die Klemme
Geldklemme
Maulklemme
Mundklemme
Ohrenklemme
— Memme
ich schlemme
das Geschlemme
ich schwemme
das Geschwemme
Wogengeschwemme
die Schwemme
Aufschwemme
Pferdeschwemme
Schafschwemme
Viehschwemme
ich stemme
das Gestemme
die Stemme
ich stremme
das Gestremme
ich tremme

emmel

die Emmel
der Dremmel
das Gepemmel
die Semmel
Buttersemmel
Dreyersemmel
Ecksemmel
Griessemmel
Hellersemmel
Honigsemmel
Kreuzersemmel
Mundsemmel
Ortsemmel
Pfennigsemmel
Reihensemmel
Schichtsemmel
Zeilensemmel
das Gesemmel
der Zemmel

emmeln

die Emmeln
den Dremmeln
pemmeln
die Semmeln
semmeln
den Zemmeln

emmelnd

pemmelnd
semmelnd

emmelns

des Pemmelns
— Semmelns

emmels

des Dremmels
— Gepemmels
— Gesemmels
— Zemmels

emmelst

du pemmelst
— semmelst

emmelt

er pemmelt
— semmelt

emmen

die Bemmen
— Gemmen
hemmen
aushemmen
einhemmen
die klemmen
— Klemmen
klemmen
anklemmen
einklemmen
festklemmen
verklemmen
zuklemmen
zusammenklemmen
— Dilemmen
— Memmen
schlemmen
abschlemmen
ausschlemmen
verschlemmen
schwemmen
abschwemmen
anschwemmen
aufschwemmen
ausschwemmen
herschwemmen
hin- *etc.*
überschwemmen
verschwemmen
wegschwemmen
zusammenschw.
die Schwemmen
stemmen
abstemmen
anstemmen
aufstemmen
ausstemmen
einstemmen
entgegenstemmen
vorstemmen
zurückstemmen
die Stemmen
stremmen
tremmen

emmend

hemmend
klemmend
schlemmend
schwemmend
stemmend
stremmend
tremmend

emmens

des Hemmens
— Klemmens
— Schlemmens
— Schwemmens
— Stemmens
— Stremmens
— Tremmens

emmer

der *Bethlehemer*
— Bremmer
das Gebremmer
ein klemmer
der Nasenklemmer
— Pferdeklemmer
das Gelemmer
der *Jerusalemer*
— Schlemmer
— Oberschlemmer
— Schwemmer
Aufschwemmer
— Tremmer

emmern

die Emmern
bremmern
den Bremmern
einen klemmer'n
den Nasenklemmern
— Pferdeklemmern
lemmern
— Schlemmern
— Schwemmern
— Tremmern

émmernd

bremmernd
lemmernd

émmerns

des Bremmerns
— Lemmerns

émmers

des Bremmers
— Gebremmers
ein klemmer's
des Nasenklemmers
— Pferdeklemmers
— Gelemmers
— Schlemmers
— Schwemmers
— Tremmers

émmerst

du bremmerst
— lemmerst

émmert

er bremmert
— lemmert
gelemmert

émmes

des Gehemmes
ein klemmes
des Geklemmes
— Geschlemmes
— Geschwemmes
— Gestemmes
— Gestremmes

émmest

du hemmest
klemmest
— klemmest
— schlemmest
— schwemmest
— stemmest
— stremmest
— tremmest

émmet

er hemmet
— klemmet
— schlemmet
— schwemmet
— stemmet
— stremmet
— tremmet

émmig

klemmig
hartklemmig
stemmig

émmre

ich bremmre
das Gebremmre
ich lemmre
das Gelemmre

émms — éms

Ems
die *Ems*
des Ms
Bethlehems
der Brems
— Gems
die Gems
Waldgems
des Gehemm's
— *Harems*
Jerusalems
ein klemm's
des Geklemm's
Krems
Methusalems
Sems
— Geschlemm's
schlems
— Geschwemms
— *Slams*
— Gestremm's
ich hemm' 's *etc.*

émmst — émst

gebremst
eingebremst
du hemmst
— klemmst
— schlemmst
schlemst
— schwemmst
— stemmst
— stremmst
— tremmst

émmt — émt

exemt
er hemmt
— klemmt
— schlemmt
— schwemmt
— stemmt
— stremmt
— tremmt

émmte — émte

der exemte
er hemmte
— klemmte
— schlemmte
— schwemmte
— stemmte
— stremmte
— tremmte

émmtem — émtem

exemtem
gehemmtem
verklemmtem
geschlemmtem
überschwemmtem
gestemmtem

émmten — émten

die exemtem
sie hemmten
— klemmten
— schlemmten
— schwemmten
— stemmten
— stremmten
— tremmten

émmter — émter

ein exemter
— gehemmter
— verschlemmter
— angeschwemmter
— gestemmter

émmtern — émtern

einen exemter'n
— gehemmter'n
— beklemmter'n
— verschlemmter'n
— überschwemmter'n

émmters — émters

ein exemter's
— gehemmter's
— beklemmter's
— verschlemmter's
— überschwemmter's
so hemmt er's *etc.*

émmtes — émtes

ein exemtes
— gehemmtes
— verklemmtes
— geschlemmtes
— überschwemmtes
— gestemmtes

émmtest — émtest

exemtest
du hemmtest
— klemmtest
— schlemmtest
— schwemmtest
— stemmtest
— stremmtest
— tremmtest

émmtet

ihr hemmtet
— klemmtet
— schlemmtet
— schwemmtet
— stemmtet
— stremmtet
— tremmtet

émmtre — émtre

der exemtre
— gehemmtre
— beklemmt're
— verschlemmt're
— überschwemmt're

émmtrer — émtrer

ein exemt'rer
— gehemmt'rer
— beklemmt'rer
— verschlemmt'rer
— überschwemmt'rer

émmts — émts

ein exemt's
— gehemmt's
— beklemmt's
— geschlemmt's
— überschwemmt's
— gestemmt's
er hemmt's *etc.*

émmtst — émtst

exemtst
du hemmt'st
— klemmt'st
— schlemmt'st
— schwemmt'st
— stemmt'st

émmtste — émtste

der exemtste
— gehemmtste
— beklemmtste
— verschlemmtste
— überschwemmtste

émmtstem — émtstem

exemtstem
gehemmtstem
beklemmtstem
verschlemmtstem
überschwemmtstem

émmtsten — émtsten

die exemtsten
— gehemmtsten
— beklemmtsten
— verschlemmtsten
— überschwemmtsten

émmtster — émtster

exemtster
gehemmtster
beklemmtster
verschlemmtster
überschwemmtster

émmtstes — émtstes

exemtstes
gehemmtstes
beklemmtstes
verschlemmtstes
überschwemmtstes

émmung

die Hemmung
— Klemmung
— Beklemmung
Herzensbeklemmung
— Schlemmung
Verschlemmung
— Schwemmung
Anschwemmung
Ueberschwemmung
— Stemmung

émnitz

Chemnitz
Kremnitz
Schemnitz
die *Temnitz*

émnon

Agamemnon
Memnon [Lemnos]

ēmo

in extremo
der *Nemo*
postremo

émpe

der Grempe
— Kempe
die Krempe
ich krempe
das Gekrempe
nempe
die Plempe
— Schlempe
ich stempe
das Gestempe

émpel

der Drempel
Pfortdrempel
Schleufsendrempel
Seitendrempel
Unterdrempel
das Exempel
Probeexempel
Rechnungsexempel
Strafexempel
Uebungsexempel
der Grempel
Käsegrempel
Kleidergrempel
Korngrempel
das Gegrempel
die Krempel
das Gekrempel
der Sempel
— Stempel
Angelstempel
Aushauestempel
Austragestempel
Blechstempel
Blumenstempel
Briefstempel
Brunnenstempel
Butterstempel
Calenderstempel
Dockenstempel
Druckstempel
Eckstempel
Ehrenstempel
Einstrichstempel
Firstenstempel
Flitterstempel
Formstempel
Glasstempel
Haustempel
Hufstempel
Kappenstempel
Kartenstempel
Knaufstempel
Leitstempel
Mauthstempel
Mittelstempel
Münzstempel
Oberstempel
Pochstempel
Poststempel
Prägestempel
Räderstempel
Schienenstempel
Schrägstempel
Setzstempel
Sparrenstempel
Spitzstempel
Stanzenstempel
Stützstempel
Tragstempel
Unterschürstempel
Unterstempel
Vertiefstempel
Waarenstempel
Wehrstempel
Zeichenstempel
Zollstempel
Zubufsstempel *etc.*
das Gestempel
— Gestrempel
der Tempel

Apollotempel
Bacchustempel
Cerestempel
Dianentempel
Ehrentempel
Eichentempel
Freundschaftstemp.
Freyheitstempel
Friedenstempel
Götzentempel
Heidentempel
Janustempel
Judentempel
Jupiterstempel
Kriegstempel
Marmortempel
Marstempel
Musentempel
Riesentempel
Rundtempel
Siegestempel
Sonnentempel
Todtentempel
Venustempel
Vestatempel
Wonnetempel
das Getempel
der Trempel
das Getrempel

émpeln

den Drempeln
— Exempeln
— Grempeln
grempeln
die Krempeln
krempeln
den Sempeln
— Stempeln
stempeln
abstempeln
aufstempeln
bestempeln
strempeln
— Tempeln
tempeln
auftempeln
— Trempeln
trempeln

émpelnd

grempelnd
krempelnd
stempelnd
tempelnd
trempelnd

émpelns

des Grempelns
— Krempelns
— Stempelns
des Tempelns
— Trempelns

émpels

des Drempels
— Exempels
— Grempels
— Gegrempels
— Gekrempels
— Sempels
— Stempels
— Gestempels
— Gestrempels
— Tempels
— Getempels
— Trempels
— Getrempels

émpelst

du grempelst
— krempelst
— stempelst
— tempelst
— trempelst

émpelt

er grempelt
— krempelt
— stempelt
— tempelt
— trempelt

émpen

die Grempen
— Kempen
— Krempen
krempen
aufkrempen
die Plempen
— Schlempen
stempen

émpend

krempend
stempend

émpens

des Krempens
— Stempens

émper

das Geklemper
— Geplemper
semel pro semper
der Schemper
das Getemper

émpern

klempern
plempern
verplempern
den Schempern
tempern
herumtempern
hin- u. hertempern

émpernd

klempernd
plempernd
verplempernd
tempernd

émperns

des Klemperns
— Plemperns
— Verplemperns
— Temperns

émpers

des Geklempers
— Géplempers
— Schempers
— Getempers

émperst

du klemperst
— plemperst
— verplemperst
— temperst

émpert

er klempert
— plempert
— verplempert
— tempert

émpes

des Gekrempes
— Gestempes

émpest

du krempest
— stempest

émpet

er krempet
— stempet [a Kempis]

émple

ich gremple
das Gegremple
ich kremple
das Gekremple
ich stemple
das Gestemple
ich temple
das Getemple
ich tremple
das Getremple

émpler

ein Grempler
— Krempler

ein Stempler
— Templer

émplern

den Gremplern
— Kremplern
— Stemplern
— Templern

émplers

des Gremplers
— Kremplers
— Stemplers
— Templers

émplum

ein *Exemplum*
ad exemplum
Templum
{der Klempner
das Tempo
Contratempo
a tempo}

émpre

ich klempre
das Geklempre
ich plempre
— verplempre
das Geplempre
ich tempre
das Getempre

émprer

der Klemp'rer
— Verplemp'rer
— Temp'rer

émprern

den Klemp'rern
— Verplemp'rern
— Temp'rern

émprers

des Klemp'rers
— Verplemp'rers
— Temp'rers

émprung

die Verplemp'rung
— Temp'rung

émps

des Gekremp's
— Schlemps
— Gestemp's

émpst

du krempst
— stempst

émpt

er krempt
aufgekrempt
er stempt

émpte

er krempte
— stempte

émptem

gekremptem
gestemptem

émpten

Kempten
sie krempten
— stempten

émpter

ein gekrempter
— gestempter

émptes

ein gekremptes
— gestemptes

émptest

du kremptest
— stemptest

émptet

ihr kremptet
— stemptet

émpung

die Krempung
— Stempung
[ad tempus]

ēmre

eine bequem're
— genehm're
— angenehm're
— vornehm're

ēmrer

ein bequem'rer
— genehm'rer
— angenehm'rer
— vornehm'rer

éms *siehe* **émms**

ēms

des Anathems *etc.*
ein bequem's
des Diadems
— Emblems
— Extrems
— Poëms
— Problems
— Strategems
— Systems
des Gefehm's
ein genehm's
— angenehm's
des Lehms
— Genehm's
ein vornehm's
ich nehm's *etc.*

émse

die Bremse
Blumenbremse
Nasenbremse
Ochsenbremse
Pferdebremse
Rennthierbremse
Rindviehbremse
Schafbremse
Seebremse
Viehbremse
ich bremse
das Gebremse
die Demse
Stubendemse
— Gemse
— Premse
ich premse
das Gepremse
die Semse
Quellsemse
Seesemse
Strandsemse
Sumpfsemse
Torfsemse
Waldsemse
— Temse
— *Themse*
— Tremse
[der Stremsel]

émsen

die Bremsen
bremsen
zusammenbremsen
die Gemsen
— Premsen
premsen
zusammenpremsen
— Semsen
— Temsen
— Tremsen

émsig

emsig
bremsig
demsig
gremsig

émsigs

ein emsig's
— bremsig's
— demsig's
— gremsig's

émſigſt
emsigst
bremsigst
demsigst
gremsigst

émſt *siehe* émmſt

ēmſt
du bequemst
bequemst
genehmst
angenehmst
— verangenehmst
— fehmst
— verfehmst
— belehmst
— nehm'st
vornehmst

ēmſte
der bequemste
— genehmste
— angenehmste
— vornehmste

ēmſtem
bequemstem
genehmstem
angenehmstem
vornehmstem

ēmſten
die bequemsten
— genehmsten
— angenehmsten
— vornehmsten

ēmſter
bequemster
genehmster
angenehmster
vornehmster

ēmſtes
bequemstes
genehmstes
angenehmstes
vornehmstes

émt *siehe* émmt

ēmt
er bequemt
— verfehmt
— verangenehmt
— belehmt
ihr nehmt

ēmte
er bequemte
— verfehmte
er verangenehmte
— belehmte

ēmtem
verfehmtem
verangenehmtem
belehmtem

ēmten
sie bequemten
— verfehmten
— verangenehmten
— belehmten

ēmter
ein verfehmter
— verangenehmter
— belehmter

ēmtes
ein verfehmtes
— verangenehmtes
— belehmtes

ēmteſt
du bequemtest
— verfehmtest
— verangenehmtest
— belehmtest

ēmtet
ihr bequemtet
— verfehmtet
— verangenehmtet
— belehmtet

émtion
die Emtion
— Exemtion
— Redemtion
— Reemtion

émtor
der *Emtor*
bonae fidei emtor
pinguior emtor

ēmts
ein verfehmt's
— verangenehmt's
— belehmts
— bequemt's *etc.*

ēmtſt
du bequemt'st
— verfehmt'st
— verangenehmt'st
— belehmt'st

ēmum
ad extremum
das *Postremum*

ēmung
die Bequemung
— Verfehmung
— Verangenehmung
— Belehmung
— Nehmung
Annehmung *etc.*
— Vernehmung

ēmus
Akademus
Aenesidemus
Aristodemus
Nicodemus
oremus!
Remus

ēmut
die Demuth
— Wehmuth

ēn — ēhn — ēen
den E'n
Athen
Elbathen
Pleiſsathen
Saalathen
— ABCe'n
abce'n
— B'n
Ben
der Been
den C'n
— D'n
den
der Energumen
Eugen
— Floren
den G'n
halogen
heterogen
homogen
hydrogen
das Hydrogen
— Hypersten
— Hyphen
— Indigogen
der Kren
— *Mäcen*
das Oxygen
— Phänomen
— Pergamen
— *Ripien*
der *Saracen*
das Selen
Silen
der Sphen
das Spodumen
den Eh'n
dreh'n
die Dreh'n

das Fehn
die Feh'n
fleh'n
geh'n
das Vergeh'n
— Wohlergeh'n
geschehn
ungeschehn

— Lehn (*resp.* die)
Afterlehn
Altarlehn
Ambachtslehn
Amtslehn
Anlehn
Antrittslehn
Bauerlehn
Becherlehn
Besitzlehn
Beutellehn
Beylehn
Binnenlehn
Brotlehn
Bürgerlehn
Burglehn
Darlehn
Deichlehn
Erblehn
Fahrlehn
Falllehn
Forstlehn
Freylehn
Freymannslehn
Fürstenlehn
Geldlehn
Gerichtslehn
Gesammtlehn
Gnadenlehn
Gotteslehn
Halblehn
Handlehn
Hauptlehn
Helmlehn
Hoflehn
Huldigungslehn
Irrlehn
Jagdlehn
Kammerlehn
Kanzleylehn
Kauflehn
Kellerlehn
Kirchenlehn
Klepperlehn
Koberlehn
Kriegslehn
Kunkellehn
Mannlehn
Erbmannlehn
Meierlehn
Namenlehn
Oeffnungslehn
Pachtlehn
Pfandlehn
Pfarrlehn
Pfefferlehn
Pfundlehn
Quadlehn
Rechtlehn
Reichslehn
Reitlehn
Ritterlehn
Sacklehn
Sattellehn
Schildlehn
Schillingslehn
Schleyerlehn
Schullehn
Schulzenlehn
Schupflehn
Schüssellehn
Schwertlehn
Seckellehn
Seellehn
Seitenverwandschaftslehn
Seſslehn
Soldlehn
Sonderlehn
Sonnenlehn
Sporenlehn
Stammlehn
Sterbelehn
Steuerlehn
Straflehn
Tafellehn
Thronlehn
Tischlehn
Vogtlehn
Volllehn
Waldlehn
Wappenlehn
Weiberlehn
Zeitlehn
Zinslehn
den Reh'n
die reh'n
— Schleh'n
schleh'n
seh'n
das Abseh'n *etc.*
abgeseh'n *etc.*
die Seh'n
steh'n
der Strehn
weh'n
die Weh'n
— Zeh'n
zehn
13 bis 19.
die Allee'n
— Armee'n
— Assemblee'n
— Autodafee'n
— Bergamee'n
die Camee'n
— Cetacee'n
den Charitee'n
die Chaussee'n
— Cicisbee'n
den Cüree'n
die Defilee'n
— Epopee'n
— Guinee'n
— Gynäcee'n
— Idee'n
den Kanapee'n
die Livree'n
— Lycee'n
— Moschee'n
— Musee'n
— Panacee'n
— Pensee'n
— See'n
den Schnee'n
die Soiree'n
den Thee'n
die Trenchee'n

én — énn

das N
denn
(Ländernamen)
Abyssinien
Acadien
Acarnanien
Aeolien
Aetolien
Algarbien
Allemannien
Anatolien
Andalusien
Apulien
Aquitanien
Arabien
Arcadien
Armenien
Arragonien
Asien
Kleinasien
Nordasien
Ostasien
Südasien
Westasien
Assyrien
Asturien
Australien
Austrasien
Austrien
Bactrien
Batavien
Belgien
Bessarabien
Bithynien
Böotien

Bosnien
Brasilien
Britannien
Großbritannien
Bulgarien
Calabrien
Caledonien
Californien
Campanien
Cappadocien
Caramanien
Carelien
Carien
Castilien
Altcastilien
Neucastilien
Catalonien
Cilicien
Circassien
Cölesyrien
Columbien
Croatien
Cumenien
Dacien
Dalecarlien
Dalmatien
Darien
Daurien
Etrurien
Galizien
Gallicien
Gallien
Georgien
Germanien
Getulien
Grusinien
Helvetien
Hesperien
Hetrurien
Hibernien
Histrien
Hyrkanien
Iberien
Illyrien
Indien
Ostindien
Südindien
Westindien
Insubrien
Isaurien
Istrien
Italien
Mittelitalien
Oberitalien
Unteritalien
Japygien
Jonien
Laconien
Libyen
Livadien

Lodomirien
Lusitanien
Lycien
Lydien
Macedonien
Masovien
Mauritanien
Medien
Mesopotamien
Messenien
Mingrelien
Mösien
Mysien
Natolien
Neustrien
Nigritien
Nubien
Numidien
Oenotrien
Ogygien
Pamphylien
Pannonien
Paphlagonien
Patagonien
Pensylvanien
Persien
Phönicien
Phrygien
Pisidien
Podolien
Polynesien
Rascien
Rhätien
Rumelien
Samogitien
Sardinien
Sarmatien
Savoyen
Scandinavien
Schlesien
Sclavonien
Scythien
Servien
Sibirien
Sicilien
Soprarbien
Spanien
Neuspanien
Syrien
Taurien
Thessalien
Thracien
Samothracien
Transsylvanien
Trinakrien
Tuscien
Tyrrhenien
Umbrien
Utopien
Virginien
Volhynien

(*Frauennamen im Plural*)
die *Agathen etc. bis Zenobien siehe die Frauennamen in* ia *und* ie
Alexandrien
Antiochien
Bethanien

den Abenden
die Aberlen
— Abstemien
— Actien
— Actuarien
— Adagien
— Adstringentien
— Adverbien
— Adversarien
— Aequinoctien
— Aerarien
— Agentien
Reagentien
— Akazien
— Akrostichen
— Alkalien
— Allotrien
— Aloen
— Amasien
— Amphibien
— Ancilien
— Angarien
— Antiquarien
— Archivarien
— Argutien
— Arien
— Arterien
— Astrolabien
— Auditorien
— Augurien
— Auspicien
— Authenticen
— Baccalaureen
— Bacchanalien
den Bankerten
die Bathylien
— Bestien
— Betonien
— Bignonien
den Bottigen
die Bromelien
— Brosamen
— Calumnien
— Capitalien
— Capitularien
— Castanien
— Casualien
— Centifolien
— Centurien
— Cerealien
— Cerimonien
— Chroniken

die Chronostichen
— Cichorien
— Circumstantien
— Coätaneen
— Coliken
— Collectaneen
— Collegien
— Colloquien
— Columbarien
— Comitien
— Commentarien
— Commerzien
— Commissarien
— Compendien
— Conchylien
— Concilien
— Confinien
— Consistorien
— Consumtibilien
— Convivien
— Copien
— Coprälien
— Corollarien
— Corroborantien
— Corrodentien
— Criterien
— Curialien
— Decandrien
— Decimen
— Decurien
— Delicien
— Denarien
— Diadelphien
— Diandrien
— Diarien
— Dicasterien
— Didaskalien
— Didynamien
— Dignitarien
— Directorien
— Distichen
— Dodekandrien
— Donatarien
— Duodecimen
in Dutzenden
die Ebenen
— Emissarien
— Emollientien
— Emporien
— Endivien
— Enneandrien
— Epinicien
— Essentien
— Essentialien
den Essigen
die Etesien
— Evacuantien
— Evangelien
— Examinatorien
— Excitatorien
— Exemplarien
die Exequien
— Exercitien
— Exordien
— Expectorantien
— Exsiccantien
— Extraordinarien
— Extraneen
— Exuvien
— Fallacien
— Falsarien
— Familien
— Fatalien
— Ferien
Arbeitsferien
Ernteferien
Gerichtsferien
Hundstagsferien
Kirmesferien
Osterferien
Pfingstferien
Schulferien
Universitätsferien
Weihnachtsferien
— Filatorien
— Fiscalien
den Fittigen
— Flittigen
die Folien
— Formalien
— Formularien
— Fossilien
— Furien
— Gallerten
— Ganglien
— Gegenden
— Geistlichen
— Generalien
— Genien
— Genitalien
— Geranien
— Gerundien
— Gläubigen
— Glorien
— Glossarien
— Gordien
— Grammatiken
— Granarien
— Grazien
— Gremien
— Gymnasien
— Gynandrien
den Habichten
die Hämorrhoidalien
den Harnischen
die Heiligen
Allerheiligen
— Hemistichen
— Heptandrien
— Herbarien
— Hexandrien
— Hierarien
die Historien
— Honorarien
— Hornissen
— Hospitien
— Hostien
— Incidentien
— Incredibilien
— Incuben
— Indeclinabilien
den Indelten
die Indicien
— Indigenen
— Individuen
— Infantagien
— Inflammabilien
— Injurien
— Insignien
Ordensinsignien
Reichsinsignien
— Inventarien
— Involventien
— Irritantien
— Itinerarien
— Judicien
— Juristitien
— Justificatorien
— Komödien
den Königen
— Kranichen
— Kürbissen
die Lamien
— Lappalien
den Lattigen
die Laudemien
— Lectisternien
— Legatarien
— Lerien
— Lilien
— Limonien
— Linien
— Literalien
— Lupercalien
— Mammalien
— Marginalien
— Materien
— Materialien
— Memorabilien
— Millenarien
— Mineralien
— Minimen
— Ministerien
— Minutien
— Miscellaneen
— Missilien
— Mobilien
Hausmobilien
Wirthschaftsmobil.
— Immobilien
— Monadelphien
— Monandrien
— Monitorien

die Monopolien
— Monostichen
— Moratorien
— Mortarien
— Musikalien
— Nänien
— Naturalien
— Nectarien
— Notarien
— Nuntien
— Oblatorien
— Obristen
— Obsequien
— Observabilien
— Observatorien
— Octandrien
— Oratorien
— Ordalien
— Orgien
— Ostiarien
— Pädagogien
— Paganalien
— Palmarien
— Panaritien
— Pastoralien
— Paramythien
— Paraphernalien
— Parömien
— Parentalien
— Participien
— Particularien
— Patrocinien
— Pelargonien
— Pentandrien
— Pentagynien
— Perihelien
— Personalien
— Pertinentien
den Pfennigen
— Pfirsichen
die Philisterien
— Pinien
— Pistazien
— Planetarien
— Planiglobien
— Pönitentiarien
— Pokerlen
— Polyadelphien
— Polyandrien
— Präliminarien
— Prämien
— Präparatorien
— Präsidien
— Prästigien
— Presbyterien
— Primitien
— Principien
— Privilegien
— Prodigien
— Promontorien
— Promtuarien

die Prooemien
— Proscenien
— Proverbien
den Püstrichen
die Quisquilien
— Realien
— Refectorien
— Referendarien
— Refrigerantien
— Regalien
das *Regimen*
die Reiſsigen
— Reliquien
— Remedien
— Repressalien
— Reptilien
— Resolventien
— Resorbentien
— Restaurantien
den Rettigen
die Robinien
— Roborantien
— Sävitien
— Salarien
— Scholien
— Sedantien
— Semitonien
— Serien
— Sestertien
— Skolien
— Solstitien
— Specialien
ein *Specimen*
die Spiritualien
— Sponsalien
— Stipendien
— Suasorien
— Subsellien
— Subsidien
— Suffragien
— Summarien
— Suovetaurilien
— Systylien
— Tänien
— Talarien
— Temporalien
— Tertien
— Tetrandrien
— Tragödien
— Triandrien
— Triclinien
— Trigynien
— Tuniken
— Urbarien
— Usufructuarien
— Utensilien
— Vaticinien
— Vesicatorien
— Vicarien
— Victualien
— Vigilien

die Xenien
den Zeisigen
— Zwillichen
die Abscheulichen
— Abtrünnigen
— Adlichen *etc. siehe die Adjectiven in* e
— Adelnden
sie adelten *etc. siehe die Participien in* e, *desgleichen die Formationen in dritter Person in* e

(*Zeitwörter in* en)
ängstigen
abängstigen
beängstigen
aufenen
aushändigen
bändigen
beabsichtigen
beaugenscheinigen
beerdigen
beeydigen
befestigen
befleiſsigen
befriedigen
beglaubigen
beglückseligen
begnadigen
begünstigen
begütigen
behändigen
behelligen
beherzigen
bekräftigen
beköstigen
belästigen
beleidigen
belinien
belustigen
benöthigen
beredigen
berichtigen
berüchtigen
berücksichtigen
beruhigen
besänftigen
beschädigen
beschäftigen
bescheinigen
beschönigen
beseligen
beseitigen
besichtigen
bethätigen
betheiligen
benachtheiligen
beungnadigen
beunruhigen
bewerkstelligen

bewerkthätigen
bewirklichen
billigen
  mifsbilligen
  zubilligen
christlichen
  verchristlichen
ebenen
  einebenen
  verebenen
ehelichen
  verehelichen
einfältigen
  vereinfältigen
einfriedigen
einigen
  vereinigen
  veruneinigen
endigen
  beendigen
enthonigen
entkönigen
entledigen
entschädigen
entsinnlichen
entsittlichen
entübrigen
entwürdigen
erkundigen
erlustigen
erniedrigen
erübrigen
ewigen
  verewigen
fähigen
  befähigen
fertigen
  abfertigen
  anfertigen
  ausfertigen
  nachfertigen
  rechtfertigen
  unterfertigen
  verfertigen
  zufertigen
festigen
  befestigen
  verfestigen
fittigen
  befittigen
genehmigen
geselligen
gesetzlichen
geständigen
gewaltigen
  übergewaltigen
  vergewaltigen
gewärtigen
  vergegenwärtigen
gichtigen
göttlichen
  vergöttlichen

gültigen
  verungültigen
harfenen
heiligen
  verheiligen
  verunheiligen
hochmüthigen
kreuzigen
  bekreuzigen
kündigen
  abkündigen
  ankündigen
  aufkündigen
  loskündigen
  verkündigen
langweiligen
  belangweiligen
  entlangweiligen
lebendigen
  verlebendigen
mächtigen
  bemächtigen
  ermächtigen
mäfsigen
  ermäfsigen
  rechtmäfsigen
mannigfaltigen
  vermannigfaltigen
mündigen
müfsigen
  abmüfsigen
  bemüfsigen
  vermüfsigen
muthigen
  bemuthigen
  ermuthigen
nervigen
nöthigen
  einnöthigen
  vornöthigen
  zunöthigen
ohnigen
  entohnigen
peinigen
  zerpeinigen
persönlichen
  verpersönlichen
predigen
  auspredigen
  bepredigen
  einpredigen
  vorpredigen
prilleken
pulverten
rahmigen
rechtigen
  berechtigen
reinigen
  ausreinigen
  verunreinigen
richtigen

  berichtigen
  benachrichtigen
  verunrichtigen
säftigen
sänftigen
  besänftigen
sättigen
  ersättigen
  übersättigen
sauerten
schleunigen
  beschleunigen
schmeidigen
schuldigen
  anschuldigen
  beschuldigen
  entschuldigen
  unschuldigen
  verschuldigen
schwichtigen
  beschwichtigen
seeligen
  beseeligen
  unseeligen
seifenen
seltenen
  verseltenen
siebenen
  besiebenen
  übersiebenen
  versiebenen
sittigen
stätigen
  bestätigen
steinigen
  versteinigen
stevenen
sündigen
  entsündigen
  versündigen
tädigen
täglichen
teppichen
  austeppichen
  beteppichen
  verteppichen
theidigen
  vertheidigen
tüderlen
tünkerlen
überlistigen
verannehmlichen
veranschaulichen
verbildlichen
verdächtigen
verdeutlichen
vereigenen
vererblichen
verflüchtigen
vergarstigen
vergrämlichen

vergräſslichen
vergräulichen
vergünstigen
verheimlichen
verherrlichen
verheutigen
verhitzigen
verhundertfältigen
vervielfältigen
verinnigen
verjungfräulichen
verjünglingen
verkindlichen
verkleinlichen
verknotigen
verköstigen
verlästigen
verledigen
verleibeigenen
verleidigen
verlieblichen
vermännlichen
vermenschlichen
vermüſsigen
vermuthwilligen
vernachlässigen
vernachtheiligen
vernämlichen
vernatürlichen
vernichtigen
verniedlichen
vernünftigen
vernützlichen
verpfennigen
verschändlichen
versinnlichen
verspätigen
verständigen
verständlichen
vertausendfältigen
vertraulichen
verumständlichen
verunflätigen
verunglaubigen
verunsterblichen
vervollzähligen
verweiblichen
verweichlichen
verweltlichen
verwissigen
verzierlichen
vollmächtigen
bevollmächtigen
gevollmächtigen
vollständigen
vervollständigen
weltlichen
verweltlichen
willigen
abwilligen
bewilligen
einwilligen
verwilligen
zuwilligen
witzigen
würdigen
abwürdigen
bewürdigen
entwürdigen
herabwürdigen
herunterwürdigen
überwürdigen
zehenten
abzehenten
verzehenten
zeitigen
auszeitigen
überzeitigen
züchtigen
abzüchtigen
durchzüchtigen
nothzüchtigen
zünftigen
zwillingen
verzwillingen

(*Diminutiven in* en)

das Achtelchen
— Aeckerchen
— Aederchen
— Adlerchen
— Aermelchen
— Ankerchen
— Antichamberchen
— Aepfelchen
— Apostelchen
— Aurikelchen
— Bälgelchen
— Bäuerchen
— Becherchen
— Bergelchen
— Blätterchen
— Brüderchen
— Buckelchen
— Büchelchen
— Bündelchen
— Bürgerchen
— Bürzelchen
— Büschelchen
— *Christelchen*
— Cylinderchen
— Cymbelchen
— Dächelchen
— Deckelchen
— Dichterchen
— Dienerchen
— Dingelchen
— Docterchen
— Drittelchen
— Druckerchen
— Einnehmerchen
— Engelchen
das Enkelchen
— Epistelchen
— Erkerchen
— Eselchen
— Exempelchen
— Fäbelchen
— Fächelchen
— Fächerchen
— Fäckelchen
— Fäserchen
— Federchen
— Fehlerchen
— Felderchen
— Fensterchen
— Ferkelchen
— Feuerchen
— Fingerchen
— Flimmerchen
— Flitterchen
— Flügelchen
— Frägelchen
— Frauenzimmerchen
— Fünftelchen
— Gäbelchen
— Gängelchen
— Gätterchen
— Gelderchen
— Gesichterchen
— Gilblichen
— Gimpelchen
— Gläschen
— Gliederchen
— Götterchen
— Gräserchen
— Gukelchen
— *Gustelchen*
— Güterchen
— Hätschelchen
— Häupterchen
— Häuserchen
— Heftelchen
— Hühnerchen
— Inselchen
— Käferchen
Wellenkäferchen
— Käfterchen
— Kämmerchen
— Kennerchen
— Kesselchen
— Kieselchen
— Kirchelchen
— Klämmerchen
— Kläpperchen
— Klingelchen
— Klöppelchen
— Knöchelchen
Sehnenknöchelchen
— Krägelchen
— Krügelchen
— Küchelchen
— Kügelchen

Blutkügelchen
Salpeterkügelchen
Samenkügelchen
Kügelgen
das Kupferchen
— Lägelchen
— Länderchen
— Leiterchen
— Leserchen
— Leuchterchen
— Lichterchen
— Liederchen
— Löchelchen
— Löcherchen
— Mäkelchen
— Mäntelchen
— Mäuerchen
— Meisterchen
— Messerchen
— Miederchen
— Mittelchen
— Müseken
— Mütterchen
— Nädelchen
— Nägelchen
Gewürznägelchen
Hundsnägelchen
— Nebelchen
— Neigelchen
— Neuntelchen
— Oerterchen
— Ohrenwäschelchen
— Pantöffelchen
— Partikelchen
— Pflästerchen
Schminkpflästerch.
Schönpflästerchen
— Pimpelchen
— Poppelchen
— Priesterchen
— Prilleken
— Quakelchen
— Ränderchen
— Räthselchen
— Reichelchen
— Reindelchen
— Reiterchen
Schwarzreiterchen
— Richterchen
— Ringelchen
Ohrenringelchen
— Ruckerchen
— Sächelchen
— Schäferchen
— Schemelchen
— Schimmelchen
— Schimmerchen
— Schlüsselchen
— Schmelichen
— Schneiderchen
— Schnitzelchen

das Schnitzerchen
— Schnörkelchen
— Schrägelchen
— Schreiberchen
— Schülerchen
— Schüsselchen
— Schwägerchen
— Schwätzerchen
— Schwerenötherchen
— Schwimmerchen
— Sechstelchen
— Seckelchen
— Spiegelchen
— Spindelchen
— Splitterchen
— Spötterchen
— Sportulchen
— Sprüchelchen
— Stächelchen
— Stängelchen
— Stengelchen
— Stäffelchen
— Stecherchen
— Steckelchen
— Stegelchen
— Steigelchen
— Stempelchen
— Stichelchen
— Stiefelchen
— Sträußerchen
— Streichelchen
— Strichelchen
— Täfelchen
— Tänzerchen
— Titelchen
— Töchterchen
— Töffelchen
— Tüchelchen
— Tüpfelchen
— Tummlerchen
— Turkelchen
— Uebelchen
— Väterchen
— Viertelchen
— Vögelchen
— Völkerchen
— Vorwitzerchen
— Wägelchen
— Wässerchen
— Wechselchen
— Wedelchen
— Weiberchen
— Weißmüllerchen
— Wieselchen
— Wimpelchen
— Winkelchen
— Würfelchen
— Würzelchen
— Zängelchen
— Zäserchen
— Zehntelchen

das Zelterchen
— Zettelchen
— Zickelchen
— Zimmerchen
— Zipfelchen
— Züngelchen
— Zweifelchen
— Zwergelchen
— Zwiebelchen
— Zwölftelchen
denn
majorenn
minorenn
der Penn
W. Penn
solenn
wenn
κατ᾽ ἐξοχήν
wenn!
trenn! *etc.*
das Geflenn' *etc.*

ēna

die *Arena*
Carthagena
Darsena
Jena
Lena
Magdalena
Probatio plena
— *semiplena*
Sarsena
Scena
Serena
Siena
[Mäcenas]

énch

der Fench
Heidefench
Wiesenfench
— Pfench
— *Elench*

énche

dem Fenche
— Pfenche
— Elenche
[der Fenchel]

ēnchen

Lenchen
Mäcenchen
Magdalenchen
ein Scenchen
— Serenchen

énchen

den Fenchen
die Elenchen

ēnchens

des *Lenchens*
— Mäcenchens
— *Magdalenchens*
— Scenchens
— Serenchens

énches

des Fenches
— Pfenches
— Elenches [Elenchus]

énd

der *Bend*
behend
Danischmend
der *Dulbend*
elend
horrend
— Minnend
— Recipient
— Send
end'!
blend'!
send'!
spend'!
stupend
wend'!
ängstigend *etc. bis*
züchtigend

ēnd — ēhnd

dreh'nd
fleh'nd
geh'nd
gescheh'nd
schleh'nd
seh'nd
steh'nd
weh'nd
der Zehnd

énda

Addenda
Praebenda
Psallenda
Remittenda
Reverenda
Benda

éndbar

endbar
blendbar
sendbar
versendbar
verschwendbar
vollendbar
wendbar
abwendbar
unabwendbar
anwendbar
unanwendbar

éndchen

das Endchen
Lichtendchen
Sparendchen
— Blendchen
— Legendchen
— Präbendchen
— Spendchen

éndchens

des Endchens
— Blendchens
— Legendchens
— Präbendchens
— Spendchens

énde

das Ende
Brustende
Fingerende
Garnende
Gelenkende
Grubenende
Hauptende
Hirnende
Lebensende
Mantelende
Mutterende
Schopfende
Schulterende
Schwanzende
Selbende
Senkende
Stammende
Stielende
Stumpfende
Sturzende
Tauende
Trompetenende
Tuchende
Vorende
Weltende
Wipfelende
Wortende
Wurzelende
Zahlende
Zettelnde
Zopfende
die Agende
Kirchenagende
— Allmende
— *Bende*
behende
— Blende
Augenblende
Bilderblende
Grubenblende
Heil'genblende
Hornblende
Manganblende
Pechblende
Rubinblende
Silberblende
Spiegelblende
Strahlblende
Thürblende
Zinkblende
ich blende
das Geblende
die Commende
— Currende
— Dividende
elende
im Elende
die horrende
die Lende
ich lende
die Legende
Heiligenlegende
Kirchenlegende
Klosterlegende
die Präbende
— Reverende
ich sende
das Gesende
die Sende
— Sumpfsende
— Umsende
ich schwende
— verschwende
— spende
die Spende
Brotspende
Fleischspende
Geldspende
Seelspende
Tuchspende
Watspende
Wunderspende
das Gespende
stupende
ich wende
die Wende
Glückswende
Missewende
Pflugwende
Sommerwende
Sonnenwende
Umwende
Winterwende
der *Wende*
wende
das Gewende
Ackergewende
Feldgewende
Fenstergewende
Gartengewende
Hauptgewende
Holzgewende
Strumpfgewende
Thürgewende

ēnde — ēhnde

die dreh'nde

die fleh'nde
— geh'nde
— gescheh'nde
— schleh'nde
— seh'nde
— steh'nde
— weh'nde
ich zeh'nde

èndel

der Anwendel
der Grendel
Baumgrendel
— Lavendel
Seelavendel
— Natterwendel
— Pendel
Uhrpendel
— Quendel
Bergquendel
Citronenquendel
Feldquendel
Steinquendel
— Sendel
die Spendel
das Gespendel
der Stendel
Nelkenstendel
das Trendel
— Getrendel
St. Wendel
der Zendel

èndeln

den Anwendeln
— Grendeln
— Lavendeln
— Natterwendeln
— Pendeln
— Quendeln
— Sendeln
— Spendeln
spendeln
den Stendeln
— Trendeln
trendeln
vertrendeln
— Zendeln

èndelnd

spendelnd
trendelnd

èndelns

des Spendelns
— Trendelns

èndels

des Anwendels
— Grendels
— Lavendels
— Natterwendels
— Pendels
des Quendels
— Sendels
— Gespendels
— Stendels
— Trendels
— Getrendels
— Zendels

èndelst

du spendelst
— trendelst

èndelt

er spendelt
— trendelt

èndem

behendem
elendem
horrendem
stupendem

ēhndem

dreh'ndem
fleh'ndem
geh'ndem
gescheh'ndem
schleh'ndem
seh'ndem
steh'ndem
weh'ndem

ènden

enden
anenden
beenden
einenden
verenden
vollenden
die Enden
— Agenden
— Allmenden
den *Benden*
die behenden
— Blenden
blenden
verblenden
— Commenden
— Currenden
— Dividenden
— elenden
— horrenden
— Lenden
lenden
— Legenden
den Minuenden
die Präbenden
— Recipienten
— Remittenden
— Reverenden
— Senden
senden
absenden
aussenden
besenden
beysenden
einsenden
emporsenden
entsenden
entgegensenden
fortsenden
heimsenden
hersenden
hin- *etc.* senden
mitsenden
nachsenden
niedersenden
übersenden
versenden
vorsenden
wegsenden
zusenden
zurücksenden
schwenden
verschwenden
spenden
ausspenden
hinspenden
verspenden
wiederspenden
zuspenden
die Spenden
— stupenden
wenden
abwenden
anwenden
aufwenden
bewenden
einwenden
entwenden
herwenden
hin- *etc.* wenden
mifswenden
nachwenden
umwenden
verwenden
vorwenden
wegwenden
zuwenden
zurückwenden
— *Wenden*
— Wenden
den Gewenden
das Bewenden

ēhnden

die drehnden
— flehnden
— gehnden
— geschehnden
— schlehnden
— sehnden
— stehnden

die wehenden
zehnden
abzehnden
verzehnden

endend

endend
blendend
lendend
sendend
schwendend
verschwendend
spendend
wendend

endens

des Endens
— Blendens
— Lendens
— Sendens
— Schwendens
— Verschwendens
— Spendens
— Wendens
— Bewendens

ender

der Ender
Sechszehnender
Vierzehnender *etc.*
Vollender
Bender
ein behender
der Blender
— Calender
Addreſscalender
Bauerncalender
Dorfcalender
Geschichtscalender
Hauscalender
Landcalender
Reichscalender
Sachcalender
Schiffercalender
Schreibecalender
Staatscalender
Spielcalender
Stadtcalender
Taschencalender
Wandcalender
ein elender
— horrender
Kalender
— Barlender (Sanscul.)
— Dürrlender
— Marketender
der Sender
Absender
Einsender
Uebersender
Versender
Frachtversender
Waarenversender
Weiterversender
Zusender
der Verschwender
Geldverschwender
Zeitverschwender
— Schlender
Lehrschlender
das Geschlender
die Scolopender
der Spender
Ausspender
Brotspender
Gnadenspender
ein stupender
der Wender
Abwender
Blattwender
Bratenwender
Entwender
Rostwender
Sorgenwender
Spieſswender
Zuwender

ehnder

ein dreh'nder
— fleh'nder
— geh'nder
— gescheh'nder
— schleh'nder
— seh'nder
— steh'nder
— weh'nder

enderm

behender'm
elender'm
horrender'm
stupender'm

endern

den Endern
— Sechszehnendern
— Vollendern
einen behender'n
den Blendern
— Calendern
einen elender'n
— horrender'n
den *Kalendern*
kalendern
— Barlendern
— Dürrlendern
— Marketendern
marketendern
— Sendern
— Schlendern
schlendern
fortschlendern
herschlendern
hin- *etc.* schlendern
mitschlendern
nachschlendern
verschlendern
den Verschwendern
— Scolopendern
— Spendern
einen stupender'n
den Wendern
— Bratenwendern
— Entwendern

endernd

kalendernd
marketendernd
schlendernd

enderns

des Kalenderns
— Marketenderns
— Schlenderns

enders

des Enders
— Sechszehnenders
— Vollenders
ein behender's
des Blenders
— Calenders
ein elender's
— horrender's
des *Kalenders*
— Barlenders
— Dürrlenders
— Marketenders
— Senders
— Schlenders
— Geschlenders
— Verschwenders
— Scolopenders
— Spenders
— Wenders
— Bratenwenders

enderst

du kalenderst
— marketenderst
— schlenderst

endert

er kalendert
— marketendert
— schlendert

endes

des Endes
— *Bendes*
ein behendes
des Geblendes
ein elendes
— horrendes
des Sendes
— Gesendes

des Gespendes
ein stupendes
des Gewendes

ēhndes

ein dreh'ndes
— fleh'ndes
— geh'ndes
— gescheh'ndes
— schleh'ndes
— seh'ndes
— steh'ndes
— weh'ndes
des Gezehndes

éndest

du endest
behendest
— blendest
elendest
horrendest
— lendest
— schwendest
— verschwendest
— sendest
— spendest
stupendest
— wendest

éndet

er endet
— vollendet
— blendet
— lendet
— schwendet
— verschwendet
— spendet
— wendet

éndi

der *Effendi*
Reiseffendi
Gassendi
Lazarus Schwendi
jus accrescendi
ad statum legendi
causa debendi
correus debendi
modus adquirendi
modus procedendi
spes succedendi

éndig

endig
1-16endig
vielendig
elendig
lebendig
scheinlebendig
barlendig
dürrlendig
lahmlendig
wendig
abwendig
auswendig
gewendig
inwendig
nothwendig
obwendig
umwendig
[die Wendin]

éndis

de concedendis
deductis deducendis
detractis detrahendis
exceptis excipiendis
peractis peragendis
praemissis praemittendis

éndisch

gassendisch
wendisch
wetterwendisch
(*siehe* aendisch)

éndium

Compendium
Decendium
Stipendium

éndiums

des *Compendiums*
— *Decendiums*
— *Stipendiums*

éndix

der *Appendix*
Coxendix
Bendix

éndle

ich spendle
das Gespendle
ich trendle
das Getrendle

éndlich

endlich
unendlich
verblendlich
sendlich
versendlich
wendlich
abwendlich
unabwendlich
verwendlich

éndnis

die Endnis
Stammendnis
Wirkendnis
Zweckendnis
— Bewendnis

éndo

concludendo
crescendo
decrescendo
diluendo
diminuendo
dolendo
intercedendo
interloquendo
recommendo

éndre

eine behend're
— elend're
— horrend're
ich kalendre
— marketendre
— schlendre
das Geschlendre
eine stupend're

éndrer

ein behend'rer
— elend'rer
— horrend'rer
— Schlendrer
— stupend'rer

éndres

ein behend'res
— elend'res
— horrend'res
des Geschlendres
ein stupend'res

éndt *etc. siehe* ént

éndum

ad concludendum
— *exipiendum*
— *legendum*
— *producendum*
— *profitendum*
— *referendum*
est distinguendum

éndung

die Endung
Beendung
Fallendung
Gebeendung
Geschlechtsendung
Klagendung
Nehmendung
Nennendung
Rufendung
Sprachendung
Versendung
Vollendung
Wortendung
Zeugeendung
— Blendung

Verblendung
Augenverblendung
die Sendung
Absendung
Aussendung
Büchersendung
Einsendung
Fortsendung
Marktsendung
Meſssendung
Novitätensendung
Rücksendung
Versendung
Waarensendung
Wegsendung
Zusendung
Zurücksendung
— Verschwendung
Geldverschwendung
Kraftverschwendung
Zeitverschwendung
— Spendung
Ausspendung
Verspendung
Zuspendung
— Wendung
Abwendung
Anwendung
Nutzanwendung
Aufwendung
Einwendung
Gegeneinwendung
Entwendung
Erdewendung
Gedankenwendung
Gegenwendung
Gesichtswendung
Gesprächswendung
Hakenwendung
Körperwendung
Kopfwendung
Rückenwendung
Schlangenwendung
Seitenwendung
Sprachwendung
Umwendung
Verwendung
Vorwendung

éndus

der *Dividendus*
— *Subtrahendus*

ēne — ēhne

Adiabene
Alcmene
Anadyomene
Athene
Atropatene
bene
die *Notabene*
— Cantilene
Cephallene
Cyllene
Cyrene
die Dulcimene
Elisene
— Energumene
— Epilene
dem Florene
Helene
der *Hellene*
die *Hippocrene*
— *Hygiene*
halogene
heterogene
homogene
hydrogene
dem Hydrogene
— Hyperstene
— Hyphene
— Indigogene
Irene
Ismene
jene
— Krene
Lene
die *Maecene*
Magdalene
Messene
Mene mene (teckel opharsin!)
Mitylene
ich mene
dem Oxygene
Pallene
die Patene
dem Pergamene
— Phänomene
Priene
Ptene
die Quene
dem *Ripiene*
der *Saracene*
die Scene
Abendscene
Abschiedsscene
Anfangsscene
Ankunftsscene
Antrittsscene
Badescene
Begrüſsungsscene
Bewillkommnungs-
Dorfscene
Eintrittsscene
Empfangsscene
Erkennungsscene
Erntescene
Familienscene
Faschingsscene
Festscene
Feyerscene
Freudenscene
Götterscene
Hinterscene
Jagdscene
Kriegsscene
Leidensscene
Liebesscene
Marterscene
Mordscene
Morgenscene
Nachtscene
Opferscene
Rettungsscene
Ritterscene
Schäferscene
Schlachtscene
Straſsenscene
Theaterscene
Todesscene
Trauerscene
Trennungsscene
Versöhnungsscene
Zankscene
die Schene
dem Selene
Selene
Paraselene
die Septene
Serene
dem *Silene*
die Sirene
dem Sphene
— Spodumene
Stalimene
die Strene
Suavimene
Syene
die Threne
ich verklene
die Vene
— Zirene
— *Gêne*
ich dehne
das Gedehne
ich lehne
das Gelehne
die Lehne
Ackerlehne
Anlehne
Armlehne
Backenlehne
Banklehne
Berglehne
Brustlehne
Decklehne
Feldlehne
Fensterlehne
Rücklehne
Sessellehne
Sitzlehne
Sommerlehne
Sophalehne
Steglehne
Stuhllehne

Treppenlehne
Vorstecklehne
Widerlehne
dem Lehne
ich belehne
— verlehne
das Geschehne
ich sehne
das Gesehne
— Geseh'ne
die Sehne
Armsehne
Armbrustsehne
Bogensehne
Fuſssehne
Halbsehne
Ochsensehne
— Zehne

ēnem — ēhnem

halogenem
heterogenem
homogenem
hydrogenem
jenem
oxygenem
gescheh'nem
geseh'nem

ēnen — ēhnen

die *Notabenen*
— Cantilenen
denen
— Dulcimenen
— Energumenen
— Epilenen
— Florenen
— *Hellenen*
halogenen
heterogenen
homogenen
hydrogenen
den *Maecenen*
menen
die *Magdalenen*
oxygenen
— Patenen
den Pergamenen
— Phänomenen
die Quenen
— *Sarazenen*
— Scenen
— Schenen
— Paraselenen
— Sirenen
— Strenen
— Threnen
verklenen
— Venen
dehnen
ausdehnen
überdehnen
vordehnen
zurückdehnen
lehnen
ablehnen
anlehnen
auflehnen
entlehnen
herlehnen
hin- *etc.* lehnen
umherlehnen
vorlehnen
zurücklehnen
belehnen
afterbelehnen
verlehnen
die Lehnen
den Lehnen
die gescheh'nen
— geseh'nen
sehnen
ersehnen
fortsehnen
hersehnen
hin- *etc.* sehnen
nachsehnen
wegsehnen
zurücksehnen
besehnen
die Sehnen
zu zehnen

ēnend — ēhnend

menend
verklenend
dehnend
herzausdehnend
lehnend
sehnend
liebesehnend
besehnend

ēnens — ēhnens

des Menens
— Verklenens
— Dehnens
— Lehnens
— Belehnens
— Sehnens
— Besehnens

ēner — ēhner

ein halogener
— heterogener
— homogener
— hydrogener
— oxygener
jener
die *Athener*
ein Cephallener
— *Damascener*
die *Gadarener*
— *Gergesener*
— *Italiener*
— *Messener*
— *Mitylener*
— *Nazarener*
— *Siener*
Spener
ein *Tyrrhener*
der Behner
— Schuhdehner
— Lehner
Afterlehner
— Belehner
Afterbelehner
— Zehner
Dreyzehner *etc.* bis
Neunzehner *siehe*
ehn

ēnern — ēhnern

den *Athenern etc.*
einen heterogener'n
— homogener'n
den Behnern
— Schuhdehnern
— Lehnern
— Belehnern
— Zehnern

ēners — ēhners

des *Atheners etc.*
ein heterogener's
— homogener's
des Behners
— Schuhdehners
— Lehners
— Belehners
— Zehners

ēnes — ēhnes

Athene's
des Florenes
ein halogenes
— heterogenes
— homogenes
— hydrogenes
des Hydrogenes
— Hypostenes
— Hyphenes
— Indigogenes
jenes
— Krenes
— *Maecenes*
— Oxygenes
— Pergamenes
— Phänomenes
— *Ripienes*
— Selenes
— *Silenes*
— Sphenes

des Spodumenes
— Gedehnes
— Gelehnes
— Lehnes
ein gescheh'nes
— geseh'nes
des Gesehnes
sie dreh'n es *etc.*

ēneſt — ēhneſt

heterogenest
homogenest
du menest
— verklenest
— dehnest
— lehnest
— belehnest
— sehnest
— besehnest

ēnet — ēhnet

er menet
— verklenet
— dehnet
— lehnet
— belehnet
— sehnet
— besehnet

énf

Genf'
der Senf
Ackersenf
Bauernsenf
Birnensenf
Brillensenf
Feldsenf
Gartensenf
Meersenf
Mostsenf
Sauersenf
Schnödesenf
Schuttsenf
Stachelsenf
Thurmsenf
Wassersenf
Wegesenf

énfs

Genſs
des Senfs

éng

eng
dumpfigeng
der Leng
Schnetterdeng!
streng
gestreng
überstreng
Zeng
meng'!
das Gemeng
seng
spreng!

(*Französische gebräuchliche Wörter in* en - ein - in - oint *etc.*, *welche wie* eng - aeng *ausgesprochen werden*)

Academicien
Bassin
Bombasin
Canepin
Citoyen
Coquin
Cretin
Dandin
Dessein
à dessein
Dessin
Embonpoint
enfin!
Entretien
Escarpin
Etamin
Faquin
Festin
Harlequin
Libertin
Maintien
Mannequin
Maroquin
Matin
Menin
Mesquin
Muscadin
Parisien
Pasquin
Point
rien
Vau-rien
Soutien
Spadassin
Tambourin
Turlipin
Teint
Vingt-un

énge

die Enge
Erdenge
Landenge
Meerenge
Stromenge
Wegenge
eine enge
ich beenge
— krenge
das Gekrenge
dem Lenge
die Oderlenge
— Menge
Anmenge
Dorfmenge
Marktmenge
Menschenmenge
Meſsmenge
Stadtmenge
Straſsenmenge
Volksmenge
Wortmenge
— groſse Menge
ich menge
das Gemenge
Glasgemenge
Handgemenge
Sprachgemenge
Urgemenge
Wickengemenge
ich plenge
das Geplenge
ich schlenge
das Geschlenge
die Schlenge
— Schwenge
ich senge
das Gesenge
ich spenge
das Gespenge
ich sprenge
das Gesprenge
die Sprenge
das Ausgesprenge
die Stenge
Bramstenge
Kreuzbramstenge
Vorbramstenge
Hinterstenge
Kreuzstenge
Marsstenge
Vorstenge
ich stenge
das Gestenge
ich strenge
das Gestrenge
eine strenge
— gestrenge
die Strenge
Amtsstrenge
Berufsstrenge
Darmstrenge
Dienststrenge
Gemüthsstrenge
Harnstrenge
Sittenstrenge
Ueberstrenge
Vaterstrenge
ich tenge
das Getenge
die Zenge

ēn'ge

die wen'ge
— dehn'ge
— lehn'ge
— sehn'ge
— Kön'ge

éngel

der Engel
Blumenengel
Erzengel
Halbengel
Kirchenengel
Lebensengel
Lichtengel
Racheengel
Satansengel
Schutzengel
Seeengel
Staatsengel
Strafengel
Taufengel
Todesengel
Wachengel
Würgengel
Engel
— Bengel
Bauerbengel
Handbengel
Hundsbengel
Packbengel
Prefsbengel
Ziehbengel
Zierbengel
das Gebengel
Bengel
des Bathengel
Erdbathengel
Wasserbathengel
Wiesenbathengel
der Dengel
das Gedengel
der Grengel
Klengel
— Krengel
die Mengel
das Mengel
— Gemengel
— Gequengel
der Rengel
das Gerengel
der Schlengel
das Geschlengel
der Schwengel
Balgenschwengel
Brennschwengel
Brunnenschwengel
Galgenschwengel
Glockenschwengel
Ladenschwengel
Prefsschwengel
Pumpenschwengel
Sodschwengel
Thorschwengel
Thürschwengel
Uhrschwengel
der Sprengel
Gerichtssprengel
Kirchsprengel
Sprengel
— Stengel
Blüthenstengel
Blumenstengel
Braunstengel
Brunnenstengel
Dornenstengel
Gerstenstengel
Grasstengel
Haferstengel
Herzstengel
Himmelsstengel
Kohlstengel
Kornstengel
Lilienstengel
Mohnstengel
Moosstengel
Pumpstengel
Rohrstengel
Rosmarinstengel
Samenstengel
Schragstengel
Spargelstengel
Traubenstengel
Zuckerstengel
Zwiebelstengel
das Gestengel
der Strengel
— Tengel
das Getengel

éngeln

den Engeln
— Bengeln
bengeln
verbengeln
— Bathengeln
— Dengeln
dengeln
— Grengeln
— Krengeln
— Mengeln
mengeln
quengeln
— Rengeln
rengeln
— Schlengeln
schlengeln
— Schwengeln
— Sprengeln
— Stengeln
stengeln
— Strengeln
— Tengeln
tengeln
betengeln

éngelnd

bengelnd
verbengelnd
dengelnd
mengelnd
quengelnd
rengelnd
schlengelnd
stengelnd
tengelnd
betengelnd

éngelns

des Bengelns
— Verbengelns
— Dengelns
— Mengelns
— Quengelns
— Rengelns
— Schlengelns
— Stengelns
— Tengelns
— Betengelns

éngels

des Engels
— Bengels
— Gebengels
— Bathengels
— Dengels
— Gedengels
— Grengels
— Mengels
— Gemengels
— Gequengels
— Rengels
— Gerengels
— Schlengels
— Geschlengels
— Schwengels
— Sprengels
— Stengels
— Gestengels
— Strengels
— Tengels
— Getengels
ich dengel's *etc.*

éngelst

du bengelst
— verbengelst
— dengelst
— mengelst
— quengelst
— rengelst
— schlengelst
— stengelst
— tengelst
— betengelst

éngelt

er bengelt
— verbengelt
— dengelt
— mengelt
— quengelt
— rengelt
— schlengelt
— stengelt
— tengelt
— betengelt

éngem

engem
strengem
gestrengem

ēn'gem

wen'gem
dehn'gem
lehn'gem
sehn'gem

éngen

die Engen
engen
beengen
einengen
umengen
verengen
zusammenengen
krengen
den Lengen
die Oderlengen
mengen
anmengen
aufmengen
bemengen
beymengen
durchmengen
einmengen
nachmengen
vermengen
vormengen
untermengen
zusammenmengen
plengen
sengen
absengen
ansengen
aussengen
besengen
niedersengen
übersengen
versengen
schlengen
die Schlengen
— Schwengen
spengen
sprengen
absprengen
ansprengen
aufsprengen
aussprengen
besprengen
durchsprengen
einsprengen
ersprengen
fortsprengen
lossprengen
hersprengen
hin- *etc.* sprengen
nachsprengen
umsprengen
übersprengen
versprengen
vorsprengen
vorbey- *etc.*
wegsprengen
zersprengen
zusprengen
zurücksprengen
zusammensprengen
die Sprengen
das Pulversprengen
stengen
die Stengen
— strengen
strengen
anstrengen
überstrengen
tengen
— Zengen

ēn'gen

die wen'gen
— dehn'gen
— lehn'gen
— sehn'gen
den Kön'gen

éngend

engend
krengend
mengend
plengend
sengend
schlengend
spengend
sprengend
stengend
strengend
tengend

éngens

des Beengens
— Krengens
— Mengens
— Plengens
— Sengens
— Schlengens
— Spengens
— Sprengens
des Stengens
— Strengens
— Tengens

énger

enger
der Verenger
die Enger
— Rinderenger
— Schafenger
der Menger
Fischmenger
Glaubensmenger
Kartenmenger
Religionsmenger
Vermenger
Wortmenger
das Gemenger
der Sprenger
Banksprenger
Kohlsprenger
ein strenger
— gestrenger

ēn'ger

wen'ger
dehn'ger
lehn'ger
sehn'ger

éngerm

enger'm
strenger'm
gestrenger'm

ēn'germ

wen'ger'm
dehn'ger'm
sehn'ger'm

éngern

engern
verengern
einen engern
den Verengern
Engern
die Engern
— Rinderengern
— Schafengern
den Mengern
nengern
— Sprengern
einen strengern
— gestrengern

ēn'gern

wen'gern
dehn'gern
sehn'gern

éngernd

engernd

verengernd
nengernd

éngerns

des Engerns
— Verengerns
Engerns
— Nengerns

éngers

ein enger's
des Verengers
— Mengers
— Genengers
— Sprengers
ein strenger's

ēn'gers

ein wen'gers
— dehn'gers
— sehn'gers

éngerst

du engerst
— verengerst
— nengerst

éngert

er engert
— verengert
— nengert

énges

ein enges
des Gekrenges
— Gemenges
— Geplenges
— Gesenges
— Geschlenges
— Gespenges
— Gesprenges
— Gestenges
ein strenges
— gestrenges
des Gestrenges
— Getenges
ich meng' es *etc.*

ēn'ges

ein wen'ges
— dehn'ges
— lehn'ges
— sehn'ges
des Kön'ges

éngest

engest
du engest
— krengest
— mengest
— plengest
— sengest
du schlengest
— spengest
— sprengest
— stengest
— strengest
strengest
gestrengest
— tengest

énget

er enget
— krenget
— menget
— plenget
— schlenget
— senget
— spenget
— sprenget
— stenget
— strenget
— tenget

[Hengist]

éngle

ich bengle
— verbengle
das Gebengle
ich dengle
das Gedengle
ich mengle
das Gemengle
ich quengle
das Gequengle
ich rengle
das Gerengle
ich schlengle
das Geschlengle
ich stengle
das Gestengle
ich tengle
das Getengle
ich betengle

éngler

der Quengler
— Spengler

énglern

den Quenglern
— Spenglern

énglers

des Quenglers
— Spenglers

énglich

vermenglich
versenglich
unversenglich
überschwenglich
sprenglich

énglichs

ein vermenglich's
— versenglich's
— überschwenglich's
— sprenglich's

énglichst

vermenglichst
versenglichst
überschwenglichst
sprenglichst

[England
der Strengling]

énglisch

englisch
altenglisch
neuenglisch
benglisch

égno (*wie* éngno *lautend*)

al Segno
dal Segno
das *Impegno*

éngo

der *Cammerlengo*
Marengo

éng're

die eng're
— streng're
das Geneng're

ēn'g're

das Wen'g're
— dehn'g're
— sehn'g're

éng'rung

die Vereng'rung
— Neng'rung

éngs

ein eng's
des Gekreng's
— Gemengs
— Geplengs
— Gesengs
— Geschlengs
— Gespengs
— Gesprengs
— Gestengs
ein gestrengs
des Gestrengs
— Getengs
ich spreng's *etc.*
Mengs
mon Prince
Quinze [die Sengse]

éngsel

das Mengsel
Einmengsel
Gemengsel
Sprachgemengsel
der Sprengsel
das Gesprengsel

éngseln

mengseln
den Mengseln
— Gemengseln
— Sprengseln
— Gesprengseln

éngsels

des Mengsels
— Gemengsels
— Sprengsels
— Gesprengsels

éngst

du engst
— beengst
engst
der Hengst
Eselshengst
Faselhengst
Hurenhengst
Kameelhengst
Klopfhengst
Mittelhengst
Probehengst
Probirhengst
Prunkhengst
Reithengst
Sardellenhengst
Schellhengst
Schindenhengst
Schulhengst
Springhengst
Spürhengst
Streithengst
Stuthengst
Zuchthengst
du krengst
— mengst
— plengst
— sengst
— schlengst
— spengst
— sprengst
— stengst
— strengst
gestrengst
— tengst

éngste

der engste
dem Hengste
der strengste
— gestrengste

éngstem

engstem
strengstem
gestrengstem

éngsten

die engsten
den Hengsten
die strengsten
— gestrengsten

éngster

engster
strengster
gestrengster
der Engster

éngstes

engstes
des Hengstes
strengstes
gestrengstes

éngt

er engt
— krengt
— mengt
— plengt
— sengt
— schlengt
— spengt
— sprengt
— stengt
— strengt
— tengt

éngte

er engte
— krengte
— mengte
— plengte
— sengte
— schlengte
— spengte
— sprengte
— strengte
— tengte
die *Enceinte*
— *Feinte*
— *Pointe*

éngtem

beengtem
gemengtem
gesengtem
geschlengtem
gespengtem
gesprengtem
gestengtem
gestrengtem
getengtem

éngten

sie engten
— krengten
— mengten
— plengten
— sengten
— schlengten
— spengten
— sprengten
— stengten
— strengten
— tengten

éngter

ein beengter
— gekrengter
— gemengter
— geplengter
— gesengter
— geschlengter
— gespengter
— gesprengter
— gestengter
— gestrengter
angestrengter
— getengter

éngterm

beengter'm
gemengter'm
versengter'm
angestrengter'm

éngtern

beengter'n
gemengter'n
versengter'n
angestrengter'n

éngters

ein beengter's
— gemengter's
— versengter's
— angestrengter's
so mengt er's *etc.*

éngtes

ein beengtes
— gemengtes
— gesengtes
— geschlengtes
— gespengtes
— gesprengtes
— gestengtes
— angestrengtes
— getengtes

éngtest

du engtest
— krengtest
— mengtest

du plengtest
— sengtest
— schlengtest
— spengtest
— sprengtest
— stengtest
— strengtest
— tengtest

éngtet

ihr engtet
— krengtet
— mengtet
— plengtet
— sengtet
— schlengtet
— spengtet
— sprengtet
— stengtet
— strengtet
— tengtet

éngts

ein beengt's
— gemengt's
— versengt's
— versprengt's
— angestrengt's
er mengt's *etc.*

éngtst

du beengt'st
— krengt'st
— mengt'st
— plengt'st
— sengt'st
— schlengt'st
— spengt'st
— sprengt'st
— stengt'st
— strengt'st
— tengt'st

éngtste

der beengtste
— gemengtste
— versengtste
— angestrengtste

éngtstem

beengtstem
gemengtstem
versengtstem
angestrengtstem

éngtsten

die beengtsten
— gemengtsten
— versengtsten
— angestrengtsten

éngtster

beengtster
gemengtster
versengtster
angestrengtster

éngtstes

beengtstes
gemengtstes
versengtstes
angestrengtstes

éngung

die Engung
— Beengung
— Krengung
— Mengung
— Vermengung
— Plengung
— Sengung
— Schlengung
— Spengung
— Sprengung
— Stengung
— Strengung
Anstrengung
Geistesanstreng.
Körperanstrengung
Seelenanstrengung
— Ueberstrengung

ēni

Guido Reni
Seni
veni!

ēnia

Armenia
Eugenia
Quindenia
Selenia
Venia (aetatis)
salva venia
Xenia

ēnien

Armenien
Messenien
Xenien

ēnig

wenig
blutwenig
dehnig
lehnig
sehnig
hartsehnig
Penig
der Penich
— König *etc.*

ēnigs

ein wenig's
— dehnig's
— lehnig's
— sehnig's
des Penichs
— Königs *etc.*

ēnigst

wenigst
dehnigst
sehnigst

ēnik

Arsenik
die Scenik

ēnisch

armenisch
athenisch
cephallenisch
cyllenisch
cyrenisch
galenisch
hellenisch
irenisch
italienisch
mäcenisch
messenisch
mitylenisch
nazarenisch
ökumenisch
saracenisch
scenisch
silenisch
sirenisch
sthenisch
asthenisch
hypersthenisch
syenisch
tyrrhenisch

ēnium

das *Episcenium*
— *Parascenium*
— *Proscenium*
— *Xenium*

ēniums

des *Episceniums etc. bis Xenium's*

énk

denk!
gedenk
eingedenk
wohlgedenk
henk!
das Gehenk
Degengehenk

Gurtgehenk
Nackengehenk
Riemengehenk
Schultergehenk
Siegesgehenk
Wehrgehenk
Zaubergehenk
knenk!
lenk!
das Gelenk
Achselgelenk
Armgelenk
Beingelenk
Daumengelenk
Drehgelenk
Fingergelenk
Fuſsgelenk
Halsgelenk
Handgelenk
Kettengelenk
Kniegelenk
Knochengelenk
Nuſsgelenk
Rückengelenk
Sprunggelenk
Wagengelenk
Wechselgelenk
gelenk
ungelenk
vielgelenk
renk!
senk!
— Gesenk
Nebengesenk
Pumpengesenk
Weingesenk
schenk!
— Schenk
der Schenk
Bierschenk
Branntweinschenk
Caffeeschenk
Chocoladeschenk
Erbschenk
Erzschenk
Mundschenk
Groſsmundschenk
Oberschenk
Salzschenk
Sellschenk
Unterschenk
Weinschenk
das Geschenk
Anzugsgeschenk
Ausgeschenk
Brautgeschenk
Christgeschenk
Eingeschenk
Gastgeschenk
Geburtstagsgesch.
Gegengeschenk
Gelobungsgeschenk
Gnadengeschenk
Göttergeschenk
Herrngeschenk
Krönungsgeschenk
Liebesgeschenk
Lösegeschenk
Mädchengeschenk
Meſsgeschenk
Miſsgeschenk
Nebengeschenk
Neujahrsgeschenk
Pathengeschenk
Prachtgeschenk
Silbergeschenk
Taufgeschenk
Votivgeschenk
Weihgeschenk
Weihnachtsgesch.
Wiegengeschenk
schlenk!
schwenk!
tenk
Trenk

énkchen

das Gelenkchen
— Geschenkchen
— Schenkchen

énkchens

des Gelenkchens
— Geschenkchens
— Schenkchens

énke

der Enke
Groſsenke
Kleinenke
Mittelenke
Oberenke
Unterenke
ich denke
das Gedenke
die eingedenke
ich gedenke
— henke
das Gehenke
die Flegelhenke
Henke
— Klenke
ich knenke
das Geknenke
ich renke
das Gerenke
die Renke
ich senke
das Gesenke
die Senke
Schlüsselsenke
ich schenke
das Geschenke
der Schenke
die Schenke
Bauernschenke
Bettelschenke
Bierschenke
Branntweinschenke
Brauschenke
Breyhanschenke
Dorfschenke
Erbschenke
Gemeinschenke
Herrenschenke
Klippschenke
Kneipschenke
Methschenke
Pfennigschenke
Waldschenke
Weinschenke
Winkelschenke
Zwangschenke
ich schlenke
das Geschlenke
ich schwenke
das Geschwenke
eine tenke

énkel

der Enkel
Groſsenkel
Urenkel
Ururenkel
— Henkel
Glashenkel
Topfhenkel
das Gehenkel
der Senkel
Gerinnsenkel
Hosensenkel
Schnürsenkel
Schuhsenkel
das Gesenkel
der Schenkel
Braſsschenkel
Fahrtschenkel
Frauenschenkel
Froschschenkel
Hinterschenkel
Hirnleinsschenkel
Kreuzschenkel
Mannsschenkel
Nackenschenkel
Oberschenkel
Querschenkel
Rahmenschenkel
Rothschenkel
Schafschenkel
Unterschenkel
Wetterschenkel
das Geschenkel
der Schwenkel
— Sprenkel

Meisensprenkel
Zippensprenkel

énkeln

den Enkeln
— Henkeln
henkeln
anhenkeln
aushenkeln
zuhenkeln
zusammenhenkeln
— Senkeln
senkeln
ansenkeln
entsenkeln
— Schenkeln
schenkeln
— Schwenkeln
— Sprenkeln
sprenkeln
besprenkeln
einsprenkeln

énkelnd

henkelnd
senkelnd
schenkelnd
sprenkelnd

énkelns

des Henkelns
— Senkelns
— Schenkelns
— Sprenkelns

énkels

des Enkels
— Henkels
— Gehenkels
— Senkels
— Gesenkels
— Schenkels
— Geschenkels
— Schwenkels
— Sprenkels
— Gesprenkels

énkelst

du henkelst
— senkelst
— schenkelst
— sprenkelst

énkelt

er henkelt
gehenkelt
— senkelt
— schenkelt
hochgeschenkelt
leichtgeschenkelt
— sprenkelt
gesprenkelt
buntgesprenkelt
schwarzgesprenkelt
weiſsgesprenkelt *etc.*

énkelts

ein gehenkelt's
— gesenkelt's
— hochgeschenkelt's
— gesprenkelt's
er henkelt's *etc.*

énkem

eingedenkem
gelenkem
tenkem

énken

die Enken
denken
ausdenken
bedenken
durchdenken
erdenken
gedenken
herdenken
hin - *etc.* denken
miſsdenken
nachdenken
rückdenken
selbstdenken
überdenken
verdenken
vordenken
wegdenken
zudenken
zurückdenken
das Denken
— Andenken
Angedenken
seit Mannsgedenken
— Menschengedenken
das Nachdenken
— Nichtgedenken
— Selbstdenken
— Tiefdenken
— Verkehrtdenken
die eingedenken
henken
anhenken
aufhenken
aushenken
einhenken
erhenken
festhenken
loshenken
umhenken
vorhenken
zuhenken
zusammenhenken
den Gehenken
— Wehrgehenken
knenken
lenken
ablenken
anlenken
auslenken
einlenken
fortlenken
miſslenken
nachlenken
umlenken
vorlenken
weglenken
zulenken
zurücklenken
zusammenlenken
den Gelenken
die gelenken
renken
ausrenken
einrenken
herrenken
hin - *etc.* renken
losrenken
verrenken
zerrenken
senken
absenken
aussenken
einsenken
nachsenken
niedersenken
versenken
den Gesenken
schenken
aufschenken
ausschenken
beschenken
einschenken
verschenken
wegschenken
die Schenken
den Geschenken
schlenken
abschlenken
schwenken
abschwenken
aufschwenken
ausschwenken
einschwenken
nachschwenken
überschwenken
umschwenken
wegschwenken
zuschwenken
zurückschwenken
zusammenschwenk.
die tenken

énkend

denkend
groſsdenkend

gutdenkend
helldenkend
kleindenkend
nachdenkend
tiefdenkend
henkend
knenkend
lenkend
renkend
senkend
schlenkend
schwenkend

énkens

des Denkens
Andenkens
Nachdenkens *etc.*
— Henkens
— Knenkens
— Lenkens
— Renkens
— Senkens
— Schlenkens
— Schwenkens

énker

der Denker
Afterdenker
Erdenker
Freydenker
Nichtdenker
Selbstdenker
Starkdenker
Tiefdenker
Vordenker
— Henker
Gewissenshenker
— Lenker
Pferdelenker
Roſslenker
Wagenlenker
— Senker
Nelkensenker
Rebensenker
— Versenker
— Zündlochsenker
— Schenker
Verschenker
— Schlenker
— Schwenker
Fahnenschwenker
das Geschwenker
— Gespenker

énkerm

eingedenker'm
gelenker'm
ungelenker'm
tenker'm

énkern

den Denkern
einen eingedenker'n
den Henkern
— Lenkern
einen gelenker'n
den Senkern
— Nelkensenkern
— Versenkern
— Schenkern
— Schlenkern
schlenkern
abschlenkern
ausschlenkern
fortschlenkern
herschlenkern
hin- *etc.* schlenkern
nachschlenkern
umherschlenkern
vorschlenkern
wegschlenkern
zuschlenkern
zurückschlenkern
— Schwenkern
schwenkern
spenkern

énkernd

schlenkernd
schwenkernd
spenkernd

énkerns

des Schlenkerns
— Schwenkerns
— Spenkerns

énkers

des Denkers
ein eingedenker's
des Henkers
— Lenkers
ein gelenker's
des Senkers
— Nelkensenkers
— Versenkers
— Schenkers
— Schlenkers
— Geschlenkers
— Schwenkers
— Geschwenkers
— Gespenkers
ein tenker's
ich schlenker's *etc.*

énkerst

du schlenkerst
— schwenkerst
— spenkerst

énkert

verhenkert
er schlenkert
— schwenkert
— spenkert

énkerts

ein verhenkert's
— geschlenkert's
— geschwenkert's
er schlenkert's *etc.*

énkes

ein eingedenkes
des Gehenkes
— Geknenkes
— Gelenkes
ein gelenkes
des Gerenkes
— Gesenkes
— Geschenkes
— Geschlenkes
— Geschwenkes
ein tenkes
ich denk' es *etc.*

énkest

du denkest
eingedenkest
— henkest
— knenkest
— lenkest
— renkest
— senkest
— schenkest
— schlenkest
— schwenkest
tenkest

énket

er denket.
— henket
— lenket
— renket
— senket
— schenket
— schlenket
— schwenket

énkig

freydenkig
tiefdenkig
gelenkig
doppelgelenkig
vielgelenkig
leichtlenkig
schwerlenkig
senkig
absenkig
schenkig

enkisch

tenkisch
trenkisch

enkle

ich henkle
das Gehenkle
ich senkle
das Gesenkle
ich schenkle
das Geschenkle
ich sprenkle
das Gesprenkle

enkler

ein Denkler
der Senkler
ein Barschenkler
— Dürrschenkler

enklern

den Denklern
— Senklern
— Barschenklern
— Dürrschenklern

enklers

des Denklers
— Senklers
— Barschenklers
— Dürrschenklers

enklung

die Henklung
— Senklung
— Schenklung
— Sprenklung

enkre

eine eingedenk're
— gelenk're
ich schlenkre
das Geschlenkre
ich schwenkre
das Geschwenkre
ich spenkre
das Gespenkre
eine tenk're

enkrung

die Schlenkrung
— Schwenkrung
— Spenkrung

enks

bedenk's!
ein gedenk's
des Gehenks
— Geknenks
— Gelenks
ein gelenk's
des Gerenks
— Gesenks
— Geschenks
— Geschlenks
— Geschwenks
ein tenk's
ich lenk's *etc.*

enkst

du denkst
eingedenkst
— henkst
— knenkst
— lenkst
gelenkst
— renkst
— senkst
— schenkst
— schlenkst
— schwenkst
tenkst

enkste

der eingedenkste
— gelenkste
— tenkste

enkstem

eingedenkstem
gelenkstem
tenkstem

enksten

die eingedenksten
— gelenksten
— tenksten

enkster

eingedenkster
gelenkster
tenkster

enkstes

eingedenkstes
gelenkstes
tenkstes

enkt

er denkt
— henkt
— knenkt
— lenkt
— renkt
— senkt
— schenkt
— schlenkt
— schwenkt

enkte

er henkte
— knenkte
er lenkte
— renkte
— senkte
— schenkte
— schlenkte
— schwenkte

enktem

gehenktem
gelenktem
gerenktem
gesenktem
geschenktem
geschlenktem
geschwenktem

enkten

sie henkten
— knenkten
— lenkten
— renkten
— senkten
— schenkten
— schlenkten
— schwenkten

enkter

ein Gehenkter
— gelenkter
— gerenkter
— gesenkter
— geschenkter
— geschlenkter
— geschwenkter
so denkt er *etc.*

enktern

einen verrenkter'n
— beschenkter'n
— gesenkter'n

enkters

ein verrenkter's
— beschenkter's
— gesenkter's
so bedenkt er's *etc.*

enktes

ein gehenktes
— gelenktes
— gerenktes
— gesenktes
— geschenktes
— geschlenktes
— geschwenktes
er lenkt es *etc.*

enktest

du henktest
— knenktest
— lenktest
— renktest

du senktest
— schenktest
— schlenktest
— schwenktest

énktet

ihr henktet
— knenktet
— lenktet
— renktet
— senktet
— schenktet
— schlenktet
— schwenktet

énkts

ein erhenkt's
— gelenkt's
— verrenkt's
— gesenkt's
— geschenkt's
— geschlenkt's
— geschwenkt's
er denkt's *etc.*

énktst

du henktst
— knenktst
— lenktst
— renktst
— senktst
— schenktst
— schlenktst
— schwenktst

énktste

der verrenktste
— gesenktste
— beschenktste

énktstem

verrenktstem
gesenktstem
beschenktstem

énktsten

die verrenktstem
— gesenktsten
— beschenktsten

énktster

verrenktster
gesenktster
beschenktster

énktstes

verrenktstes
gesenktstes
beschenktstes

énkung

die Ausdenkung
— Ueberdenkung
— Aufhenkung
— Lenkung
— Renkung
Verrenkung
— Senkung
Einsenkung
Versenkung
— Schenkung
Ausschenkung
Einschenkung
Gegenschenkung
Güterschenkung
Kirchenschenkung
Klosterschenkung
Verschenkung
Wechselschenkung
— Schwenkung
Abschwenkung
Aufschwenkung
Ausschwenkung
Einschwenkung
Hauptschwenkung
Heerschwenkung
Mittelschwenkung
Schiffsschwenkung
Seitenschwenkung
Rückschwenkung
Vorschwenkung

[der Spenling
Trenmor]

énn *siehe* én

énna

Enna
Antenna
Avicenna
die *Duenna*
Gehenna
Porsenna
Ravenna
Sisenna

énnchen

das Hennchen
ein Wennchen

énne

die Antenne
— Benne
ich brenne
das Gebrenne
die *Fenne*
ich flenne
das Geflenne
die Henne
Auerhenne
Berghenne
Birkhenne
Bruthenne
Canieſshenne
Erdhenne
Fasanhenne
Feldhenne
Forsthenne
Gluckhenne
Hanfhenne
Haselhenne
Haushenne
Leghenne
Martinshenne
Meerhenne
Nesthenne
Perlhenne
Pfauhenne
Rephenne
Rohrhenne
Schothenne
Seehenne
Straubhenne
Truthenne
Waldhenne
Wasserhenne
Weidehenne
Welthenne
Zinshenne
Zuchthenne
ich kenne
das Gekenne
ich menne
das Gemenne
ich nenne
das Genenne
ich penne
das Gepenne
die Pfenne
— Renne
ich renne
das Gerenne
die Senne (*siehe* Sehne)
Blasensenne
Durchschnittssenne
Meersenne
Tastsenne
der Senne
die Schmenne
— Tenne
Dreschtenne
Haustenne
Malztenne
Reittenne
Scheuertenne
Scheunentenne
Tränktenne
Waldtenne
Worftenne
ich trenne
das Getrenne
Turenne
die Wenne

die *Andrienne*
— *Citoyenne*
— *Parisienne*
— *Prussienne*

énnen

die Antennen
— *Ardennen*
— Bennen
— *Brennen*
brennen
abbrennen
anbrennen
aufbrennen
ausbrennen
durchbrennen
einbrennen
emporbrennen
entbrennen
fortbrennen
losbrennen
mordbrennen
nachbrennen
niederbrennen
umbrennen
verbrennen
vorbrennen
wegbrennen
ziegelbrennen
zusammenbrennen
das Brennen
Augenbrennen
Harnbrennen
Magenbrennen
Messingbrennen
Mordbrennen
Sodbrennen
Stahlbrennen
Toppbrennen
Ziegelbrennen
flennen
anflennen
die Hennen
kennen
auskennen
bekennen
erkennen
mifskennen
nachkennen
verkennen
vorkennen
mennen
nennen
benennen
nachbenennen
vorbenennen
ernennen
pennen
— Pfennen
— Rennen
rennen
anrennen
aufrennen
berennen
einrennen
entgegenrennen
errennen
fehlrennen
fortrennen
herrennen
hin- *etc.* rennen
mitrennen
nachrennen
niederrennen
überrennen
umrennen
unterrennen
verrennen
vorrennen
wegrennen
wettrennen
zerrennen
zurennen
zurückrennen
zusammenrennen
das Rennen
Kopfrennen
Pferderennen
Ringrennen
Ringelrennen
Scharfrennen
Scheibenrennen
Wagenrennen
Wettrennen
die Sennen
— *Sevennen*
— Tennen
trennen
abtrennen
auftrennen
austrennen
lostrennen
mifstrennen
zertrennen

énnend

brennend
flennend
kennend
mennend
nennend
pennend
rennend
trennend
menschentrennend

énnens

des Brennens
Augenbrennens *etc.*
— Flennens
— Kennens
— Mennens
— Nennens
des Pennens
— Rennens
Pferderennens *etc.*
— Trennens

énner

der *Brenner*
— Brenner
Aschenbrenner
Branntweinbrenner
Feinbrenner
Gypsbrenner
Hausbrenner
Kalkbrenner
Kohlenbrenner
Mennigbrenner
Messingbrenner
Mordbrenner
Pechbrenner
Pfeifenbrenner
Rostbrenner
Silberbrenner
Stahlbrenner
Theerbrenner
Thonbrenner
Thranbrenner
Wasserbrenner
Zeichenbrenner
Ziegelbrenner
Zunderbrenner
— Kenner
Afterkenner
Allkenner
Alterthumskenner
Antikenkenner
Blumenkenner
Bilderkenner
Bücherkenner
Gebirgskenner
Gemäldekenner
Geschichtskenner
Gezieferkenner
Grundkenner
Insectenkenner
Krankheitskenner
Kräuterkenner
Kunstkenner
Menschenkenner
Minerkenner
Mineralkenner
Münzkenner
Muschelkenner
Musikkenner
Naturkenner
Naturalienkenner
Nichtkenner
Obstkenner
Pflanzenkenner
Sachkenner
Schalthierkenner
Sprachkenner
Steinkenner

Sternkenner
Unkenner
Vogelkenner
Waarenkenner
Weiberkenner
Weinkenner
Zieferkenner
der Bekenner
Dreyfaltigkeitsbek.
Gottbekenner
Neubekenner
— Erkenner
Rechtserkenner
— Nenner
Hauptnenner
das Pfenner
der Renner
Panzerrenner
Strahlenrenner
Wagenrenner
Wettrenner
— Senner
— Trenner
Zertrenner
Schaarenzertrenn.

énnern

den Brennern
— Kennern
Bekennern
— Nennern
— Rennern
— Sennern
— Trennern

énners

des Brenners
— Kenners
Bekenners
— Nenners
— Renners
— Senners
— Trenners
nenn er's! *etc.*

énnert

ennert
das Pfennert

énnes

des Gebrennes
— Geflennes
— Gekennes
— Gemennes
— Genennes
— Gepennes
— Gerennes
— Getrennes
ich kenn' es *etc.*

énneſt

du brennest
— flennest
— kennest
— mennest
— nennest
— pennest
— rennest
— trennest

énnet

er brennet
— flennet
— kennet
— mennet
— nennet
— pennet
— rennet
— trennet

énnig

der Mennig
die Ackermennig
— Adermennig
— Odermennig
der Pfennig
Adlerpfennig
Apfennig
Balgpfennig
Ballastpfennig
Bärenpfennig
Baupfennig
Begräbnispfennig
Beichtpfennig
Bierpfennig
Blechpfennig
Bockpfennig
Bornpfennig
Brückenpfennig
Büchsenpfennig
Deichselpfennig
Dienstpfennig
Dingepfennig
Drachenpfennig
Drückpfennig
Ehrenpfennig
Fleischpfennig
Freypfennig
Friedepfennig
Frohnpfennig
Glattpfennig
Gnadenpfennig
Gottespfennig
Haftpfennig
Heckpfennig
Hufenpfennig
Innungspfennig
Katzenpfennig
Klapperpfennig
Korallenpfennig
Korbpfennig
Kreuzpfennig
Kupferpfennig
Landpfennig
Leibpfennig
Löwenpfennig
Lug auf den Pfennig
Miethpfennig
Mittelpfennig
Mutterpfennig
Nothpfennig
Opferpfennig
Pathenpfennig
Pfetzpfennig
Pfründpfennig
Rabenpfennig
Rädelpfennig
Räderweiſspfennig
Rauchpfennig
Rechenpfennig
Reisepfennig
Richtpfennig
Schaupfennig
Schlüsselpfennig
Schnitterpfennig
Schoſspfennig
Schüsselpfennig
Schwänzelpfennig
Silberpfennig
Sparpfennig
Spielpfennig
Stiftspfennig
Straubenpfennig
Streichpfennig
Tagpfennig
Taufpfennig
Teufelspfennig
Trinkpfennig
Unpfennig
Verhaftpfennig
Vogtpfennig
Wasserpfennig
Wegepfennig
Weinpfennig
Weiſspfennig
Zahlpfennig
Zehrpfennig
sennig
der Pfennich
— Sandfennich

énnigs

des Mennigs
— Pfennigs
ein sennig's

énning

der Henning
— Pfenning
die Präsenning
Nothpräsenning
Canning

énnings

des Hennings
— Pfennings

énnisch

ardennisch
avicennisch
fescennisch
ravennisch
sevennisch

énnium

den *Ennium*
ad *Herennium*
das *Biennium*
— *Triennium*
— *Quadriennium etc.*

énnius

Ennius
Herennius
Pescennius

énnlich

brennlich
verbrennlich
unverbrennlich
kennlich
nennlich
trennlich
zertrennlich
unzertrennlich

énno

Benno
Menno

énns *etc. siehe* **éns** *etc.*

énnt *etc. siehe* **ént** *etc.*

énntlich

kenntlich
erkenntlich
mißkenntlich
unkenntlich
siehe **endlich** *und* **entlich**

énntnis

die Kenntnis
Anschauungskenntn.
Bibelkenntnis
Bücherkenntnis
Geschichtskenntnis
Gotteskenntnis
Grundkenntnis
Halbkenntnis
Hülfskenntnis
Kräuterkenntnis
Kunstkenntnis
Länderkenntnis
Landeskenntnis
Menschenkenntnis
Mißkenntnis
Münzenkenntnis
Muschelkenntnis
Naturkenntnis
Pflanzenkenntnis
Sachkenntnis
Schiffahrtskenntnis
Schulkenntnis
Sprachkenntnis
Staatskenntnis
Steinkenntеis
Sternkenntnis
Unkenntnis
Vollkenntnis
Waarenkenntnis
Weiberkenntnis
Weltkenntnis
Wirthschaftskenntn.
Wortkenntnis
Zieferkenntnis
das Bekenntnis
Gegenbekenntnis
Glaubensbekenntnis
Lehnsbekenntnis
Sündenbekenntnis
die Erkenntnis
Gotterkenntnis
Grunderkenntnis
Selbsterkenntnis
siehe **endnis**

énnung

die Verbrennung
— Kennung
— Bekennung
— Erkennung
Rechtserkennung
Wiedererkennung
— Seekennung
— Verkennung
— Nennung
— Benennung
Ehrenbenennung
Spottbenennung
— Namensnennung
— Berennung
— Trennung
— Ehetrennung
— Zahlentrennung
[Brennus]

énny

ein *Penny*
Jenny

ēno

meno
pieno
forte pieno
in pleno
ripieno
Meno
Zeno [Enoch]

ēnre

eine heterogen're
— homogen're

ēnrer

ein heterogen'rer
— homogen'rer

ēns — ēhns

Athens
des Beens
Eugēns
— Florens
ein halogen's
— heterogen's
— homogen's
— hydrogen's
des Hydrogens
— Hyperstens
— Hyphens
— Indigogens
— Krens
— *Maecens*
— Oxygens
— Phänomens
— Pergamens
— *Ripien's*
Silens
— Sphens
— Spodumens
Diogen's etc.
— Drehns
— Fehns
— Flehns
— Gehns
Vergehns
ein gescheh'ns
des Lehns
— Seh'ns
unversehns
zusehns
— Steh'ns
— Strehns
— Wehns
ich dehn's *etc.*

éns — énns

ein *Ens*
Nonens
die *Ens*
Oesterreich ob der Ens
— *unter der Ens*
absens
accidens
actu studens

aperiens
competens
der Consens
Lehnsconsens
consequens
— Dissens
die Dispens
efficiens
coefficiens
ehestens
primus eminens
emolliens
expediens
— Expens
frühestens
Gens
höchstens
immens
ingrediens
insequens
interveniens
mens (legis)
mindestens
der *Nonsens*
obstupefaciens
— Recompens
Referens
Correferens
punctum saliens
spätestens
ratio sufficiens
per subsequens
wenigstens
widrigens
ein *Pence*
des Aengstigens *etc. bis*
Züchtigens *siehe* en
Abyssiniens etc. bis
Volhyniens siehe en
Amaliens etc. bis Zenobiens siehe ia *u.* ie
— Achtelchens *etc. bis*
Zwölftelchens *s.* en
ein majorenn's
— minorenn's
des Penns
ein solenn's
des Gebrenn's
— Geflenn's
— Gekenn's
— Gemenn's
— Genenn's
— Gepenn's
— Gerenn's
— Getrenn's
wenn's
ich kenn' 's *etc.*

énſa

Mensa
gratuita mensa
die *Pensa*

énſch

der Mensch
Aftermensch
Alltagsmensch
Angstmensch
Schwerangst-
Blutmensch
Christenmensch
Erdenmensch
Festtagsmensch
Freudenmensch
Gliedermensch
Gottmensch
Groſsmensch
Halbmensch
Herzensmensch
Jammermensch
Kraftmensch
Kunstmensch
Mannsmensch
Meermensch
Mitmensch
Mondmensch
Muttermensch
Nachtmensch
Naturmensch
Nebenmensch
Pferdmensch
Polmensch
Roſsmensch
Seemensch
Sinnenmensch
Sonnenmensch
Stachelschwein-
Stadtmensch
Staubmensch
Sternenmensch
Thiermensch
Uebermensch
Unmensch
Urmensch
Waldmensch
Weltmensch
Werkeltagsmensch
Wochenmensch
Wolfsmensch
Wundermensch
Wuthmensch
Zeitmensch
das Mensch
Bauermensch
Bettelmensch
Frauenmensch
Gassenmensch
Kammermensch
Küchenmensch
Mannsmensch
Saumensch
Scheuermensch
Teufelsmensch
Weibsmensch

wrensch
die *Kingsbench*
ardenn'sch
avicenn'sch
fescenn'sch
ravenn'sch
sevenn'sch

ēnſch

armen'sch
athen'sch
cephallen'sch
cyllen'sch
cyren'sch
galen'sch
hellen'sch
iren'sch
italien'sch
mäcen'sch
messen'sch
mitylen'sch
nazaren'sch
ökumen'sch
scen'sch
silen'sch
siren'sch
sthen'sch
syen'sch
tyrrhen'sch

énſche

das Mensche
ich mensche
— entmensche
— vermensche
eine wrensche
die *ardenn'sche etc.*

ēnſche

die *armen'sche etc. bis tyrrhen'sche s.* enſch
[menscheln]

énſchem

wrenschem
ardenn'schem etc.

ēnſchem

armen'schem etc. bis tyrrhen'schem s. enſch

énſchen

die Menschen
menschen
entmenschen
vermenschen
— wrenschen
— *ardenn'schen etc.*

ēnſchen

die *armen'schen etc. bis tyrrhen'schen s.* enſch

éns-chen

ein Senschen
— Trenschen

énscher

die Menscher
ein wrenscher
— *ardenn'scher etc.*

ēnscher

ein *armen'scher etc. bis*
tyrrhen'scher s. ensch

énsches

des Mensches
ein wrensches
— *ardenn'sches etc.*

ēnsches

ein *armen'sches etc. bis*
tyrrhen'sches s. ensch

énschest

du menschest
entmenschest
vermenschest
wrenschest
[menschlich *etc.*
entmenscht]

énse

dem Consense
— Dissense
der Dispense
die Expense
ich flense
das Geflense
die Impense
dem Nonsense
Orense
— Recompense
Rhense
die Rennse
— Sense
Grassense
Heusense
Kornsense
ich sense
das Gesense
die Trense
Doppeltrense
Fahrtrense
Kühltrense
Stoppeltrense
Uebertrense
Wassertrense
ich trense
das Getrense
medio mense
Concilium Basiliense
— — *Constantiense*
Peculium castrense
— — *forense*

énsel

der Gensel
— Grensel
die Mensel
der Pensel
— Quensel
— Stensel
— Strensel

énseln

den Genseln
— Grenseln
die Menseln
den Penseln
— Quenseln
— Stenseln
— Strenseln

énsels

des Gensels
— Grensels
— Pensels
— Quensels
— Stensels
— Strensels

énsen

die Amanuensen
den Consensen
— Dissensen
— Dispensen
— Expensen
flensen
die Forensen
— Impensen
— Recompensen
— Recensen
— Sensen
sensen
absensen
niedersensen
wegsensen
— Trensen
trensen

énsend

flensend
sensend
trensend

énsens

des Flensens
— Sensens
— Trensens

énser

ein *Albigenser*
— *Athenienser*
ein *Camaldulenser*
— *Carthaginenser*
— *Cistercienser*
— *Comitatenser*
— *Cretenser*
— *Forenser*
— *Hallenser*
— *Jenenser*
— *Megarenser*
— *Prämonstratenser*
— Spenser
— *Waldenser*

énsern

den *Albigensern etc. bis*
Waldensern s. enser

énsers

des *Albigensers etc. bis*
Waldensers s. enser

énses

die *Amanuenses*
des Consenses
— Dissenses
— Geflenses
Forenses
die *Menses*
des Recompenses
des Gesenses
— Nonsenses
— Getrenses

énsest

du flensest
— sensest
— trensest

énset

er flenset
— senset
— trenset

énsing

der Grensing
die Trensing

énsion

Ascension
Rectascension
die Dimension
— Extension
— Pension
— Präpension
— Prätension
— Recension

énsis

der *Amanuensis*
Cautio pro expensis

der *Forensis*
ejusdem mensis

énſo

in extenso
— *suspenso*

énſor

der Censor
Büchercensor
Obercensor
Recensor
Sittencensor
Untercensor
— Defensor
Gerichtsdefensor

énſors

des Censors
— Defensors

énſt — énnſt

er flenst
das Gespenst
Berggespenst
Furchtgespenst
Hirngespenst
Menschengespenst
Nachtgespenst
Riesengespenst
Schreckensgespenst
Seegespenst
Truggespenst
Waldgespenst
er senst
— trenst
du brennst
— flennst
— kennst
— mennst
— nennst
— pennst
— rennst
— trennst
solenn'st

ënſt — ëhnſt

heterogen'st
homogen'st
du menst
— verklenst
— dehnst
— lehnst
— belehnst
— sehnst
— besehnst

énſte — énnſte

er flenste
dem Gespenste
er senste
er trenste
die solennste

ēnſte

die heterogenste
— homogenste

énſtem — énnſtem

geflenstem
niedergesenstem
getrenstem
solennstem

ēnſtem

heterogenstem
homogenstem

énſten — énnſten

sie flensten
— sensten
— trensten
die solennsten

ēnſten

die heterogensten
— homogensten

énſter — énnſter

das Fenster
Blendfenster
Gegenblendfenster
Blindfenster
Bodenfenster
Bogenfenster
Dachfenster
Doppelfenster
Drathfenster
Duckfenster
Eckfenster
Fallfenster
Flurfenster
Gangfenster
Gartenfenster
Gegenfenster
Gewindefenster
Gitterfenster
Glasfenster
Gukfenster
Halbfenster
Hauptfenster
Hausfenster
Helmfenster
Himmelsfenster
Hinterfenster
Hornfenster
Hoffenster
Kammerfenster
Kappfenster
Kellerfenster
Kirchenfenster
Klappfenster
Küchenfenster
Kutschfenster
Ladenfenster
Luftfenster
Nebenfenster
Oberfenster
Papierfenster
Rundfenster
Schaufenster
Scheibenfenster
Schlitzfenster
Schloſsfenster
Schubfenster
Sommerfenster
Sonnenfenster
Sprachfenster
Sprossenfenster
Stubenfenster
Teichfenster
Thürfenster
Thurmfenster
Unterfenster
Vorderfenster
Vorsetzfenster
Wagenfenster
Wetterfenster
Winterfenster
Zugfenster
ein geflenster
der Genster
Färbergenster
Heidegenster
Riedgenster
Stechgenster
die Gespenster
der Kenster
ein abgesenster
— getrenster
solennster

ēnſter

heterogenster
homogenster

énſtern

den Fenstern
ausfenstern
— Genstern
— Gespenstern

énſters

des Fensters
— Gensters
— Kensters

énſtes — énnſtes

ein geflenstes
des Gespenstes
ein niedergesenstes
— getrenstes
solennstes
du kennst es *etc.*

ēnstes — ēhnstes
heterogenstes
homogenstes
du dehnst es *etc.*

énstest
du flenstest
— senstest
— trenstest

énstet
ihr flenstet
— senstet
— trenstet
[gespenstisch
Credenztisch]

énsum
das *Extensum*
— *Pensum*

énsung
die Flensung
— Absensung
— Trensung

énsus
indefensus
sensus
sensus communis
quot capita tot sensus
Consensus
Dissensus

ént — énnt
der Abiturient
— Abonnent
absent
abstinent
— Accent
acescent
— Acquirent
das Additament
der Adhärent
adjacent
adstringent
— Advent
äquipollent
äquivalent
das Aequivalent
der Agent
Handelsagent
Hofagent
Kammeragent
Privatagent
Agrigent
— Ambient
das Apartement
— Argument
Hauptargument
Nebenargument
Scheinargument
kroatischesArgument
der Ascendent
— Assistent
attent
inattent
das Avertissement
— Augment
— Basement
Benevent.
benevolent
die Cent
der Cavent
— Cedent
das Cement
— Ciment
der Client
— Coefficient
coexistent
coincident
— Committent
— Compaciscent
— Comparent
— Competent
competent
incompetent
das Complement
— Compliment
Abschiedscomplim.
Antrittscompliment
Hofcompliment
Seitencompliment
der Concipient
das Concrement
der Concurrent
— Confident
— Confitent
connivent
consequent
inconsequent
consistent
inconsistent
— Constituent
constringent
— Consulent
Handelsconsulent
Rechtsconsulent
— Consument
— Continent
das Contingent
Friedenscontingent
Kriegscontingent
Reichscontingent
der Contradicent
— Contrahent
— Contravenient
— Contribuent
— Convalescent
Reconvalescent
convergent
— Convent
Frühlingsconvent
Hauptconvent
Herbstconvent
Jahresconvent
Kirchenconvent
Klosterconvent
Monatsconvent
Schulenconvent
Sommerconvent
Wahlconvent
Winterconvent
Wochenconvent
Wollzüchterconvent
corpulent
der Correspondent
Handelscorrespond.
Zeitungscorrespond.
current
decent
indecent
decernent
das Decrement
der Defendent
— Deferent
— Deficient
— Delinquent
das Departement
dependent
independent
ein Independent
der Deponent
— Descendent
das Detriment
different
indifferent
der Dissident
divergent
das Divertissement
der Divident
das Document
— Element
Grundelement
Hauptelement
Urelement
potz element!
eloquent
eminent
präeminent
ein Eminent
das Emolument
Amtsemolument
Dienstemolument
evident
ein Excedent
excellent
das Excrement
existent
der Expedient
das Experiment
der Exponent
— Fent

das Falliment
feculent
— Ferment
— Figment
— Filement
— Firmament
flatulent
— Fragment
fraudulent
frequent
— Fundament
Gent
das Gerent
Tagegerent
immanent
imminent
— Impediment
impertinent
— Implement
imprudent
impudent
incident
der Incipient
incohärent
incongruent
incontinent
inconvenient
das Increment
indolent
— Indossament
indulgent
inhärent
der Inquirent
insolent
— Inspicient
das Instrument
Friedensinstrument
Heirathsinstrument
Mordinstrument
Vertragsinstrument
— Integument
intelligent
intent
der Interponent
— Intervenient
— Intervent
jacent
Kent
latent
ein Libament
der Licent
Salzlicent
Waarenlicent
das Ligament
— Lineament
— Liniment
— Losament
luculent
lutulent
malcontent
ein Malcontent
das Medicament

der Moment
grofse Moment
das Monument
Siegsmonument
Trauermonument
— Muniment
— Nutriment
der Obducent
das Oblectament
der Occident
occurrent
das Odorament
omnipotent
— Operment
der Opponent
opulent
— Orient
das Ornament
der Paciscent
das Pagament
— Parlament
Oberparlament
Unterparlament
— Patent
Erfindungspatent
Fähnrichspatent *etc.*
Officierspatent *etc.*
Handelspatent
Münzpatent
Regierungspatent
Steuerpatent
der Patient
das Paviment
der Percipient
Almosenpercipient
das Pergament
Schreibtafelperg.
Stickerpergament
permanent
pertinent
— Pigment
Auripigment
der Piment
das Postament
potent
impotent
— Prädicament
— Präsent
Geburtstagspräsent
Hochzeitspräsent
Krönungspräsent
Mefspräsent
Neujahrspräsent
Weihnachtspräsent
der Präsident
Consistorialpräsid.
Kammerpräsident
Regierungspräsident
Vicepräsident
— Prätendent
Kronprätendent
das Procent

der Producent
Reproducent
— Proponent
ein Quent
der Quotient
recent
— Recensent
Theaterrecensent
Zeitungsrecensent
— Recipient
— Reconvenient
— Reconvent
— Referent
Correferent
— Regent
Mitregent
das Regiment
Artillerieregiment
Cavallerieregiment
Chevauxlegersreg.
Cürassierregiment
Dragonerregiment
Füselierregiment
Fufsregiment
Garderegiment
Hausregiment
Husarenregiment
Infanterieregiment
Lanzierregiment
Pantoffelregiment
Pionnierregiment
Reiterregiment
Weiberregiment
Weltregiment
— Reglement
der Remittent
— Renitent
— Repetent
Correpetent
— Requirent
— Resident
— Respondent
das Retriment
der Revident
das Sacrament
Sauersacrament
— Sackerment!
Tausendsackerment!
Himmeltausendsa-
ckerment!
— Salsament
der Scribent
das Sediment
— Segment
solvent
insolvent
Sorrent
— Sortiment
— Spargement
stringent
der Student
Ackerstudent

Bettelstudent
Klosterstudent
der Subscribent
— Substituent
succulent
sufficient
insufficient
— Supperintendent
Generalsuperintend.
Specialsuperintend.
— Supplent
das Supplement
— Talent
Autortalent
Dichtertalent
Kunsttalent
Musiktalent
Naturtalent
Rednertalent
Sprachtalent
Theatertalent
Tarent
— Tegument
— Temperament
temulent
— Testament
alte Testament
neue Testament
Winkeltestament
— Tractament
Fähnrichs - *etc.*
Offiziers - *etc.*
transparent
transscendent
Trident
Trient
turbulent
urgent
vehement
— Velament
vinolent
violent
virulent
die Zent
Fraischzent

ēnt—ēhnt

er ment
— verklent
— dehnt
— lehnt
— belehnt
— sehnt
— besehnt

énta

die *Brenta*
— *Contenta*
Paramenta
— *Polenta*
prima elementa
prima rudimenta
die *Venta*
Zenta

éntas

die *Pentas*
quid me tentas!

éntchen

ein Entchen
— Argumentchen
— Complimentchen
— Emolumentchen
— Experimentchen
— Fragmentchen
— Instrumentchen
— Monumentchen
— Präsentchen
— Prozentchen
— Quentchen
— Studentchen
— Superintendentchen

éntchens

des Entchens *etc. bis* Superintendentchens
siehe éntchen

énte

die Ente
Aschenente
Baumente
Bergente
Biberente
Bisamente
Bläſsente
Blauente
Brandente
Brillente
Dachente
Fliegenente
Fuchsente
Groſsente
Halbente
Hausente
Käferente
Karminente
Klangente
Klapperente
Knackente
Knarrente
Kobelente
Kolbenente
Königsente
Krachente
Kreuzente
Kriechente
Krückente
Lärmente
Lockente
Löffelente
Mackente
Märzente
Maschente
Meerente
Merchente
Mittelente
Moderente
Mohrente
Mönchente
Moschusente
Mückenente
Nilente
Papagayente
Pfeifente
Pfriemente
Pielente
Plümente
Polente
Quakente
Ratschente
Ringente
Roſsente
Rothente
Sammetente
Schallente
Schaufelente
Scheckente
Schellente
Schillente
Schimmelente
Schlichtente
Schluckente
Schmalente
Schmeichente
Schmüente
Schnarrente
Schnatterente
Schopfente
Schuppenente
Schupsente
Schwarzente
Seeente
Sichelente
Sommerente
Sommerhalbente
Sorente
Spatelente
Speckente
Spiegelente
Spieſsente
Spitzente
Stellente
Sternente
Sterzente
Stockente
Störente
Strauſsente
Tafelente
Tauchente
Töppelente
Trauerente
Vollente
Wildente

Winterente
Winterhalbente
Zirzente
Zuchtente
Zwergente
der absente
— abstinente
die Accente
acescente
— Additamente
— adjacente
— adstringente
dem Advente
die äquipollente
— äquivalente
dem Aequivalente
die Alimente
— Apartemente
— Argumente
die attente
— Augmente
— Basemente
— benevolente
— Brente
dem Cemente
— Cimente
die coexistente
— coincidente
— competente
— Complemente
— Complimente
— Concremente
— concurrente
— connivente
— consequente
— consistente
— constringente
dem Continente
— Contingente
die convergente
— Convente
— conveniente
— corpulente
— currente
— decente
— decernente
im Decremente
— Departemente
die dependente
Diapente
— differente
— Detrimente
— divergente
im Divertissemente
die Documente
— Elemente
— eloquente
— eminente
— Emolumente
— evidente
— excellente

die existente
— Excremente
— Experimente
dem Fente
die Fallimente
— feculente
— Fermente
— Figmente
— Filamente
am Firmamente
die flatulente
— Fragmente
(Wolfenbüttelische)
— fraudulente
— frequente
— Fundamente
dem Gerente
die immanente
— imminente
— Impedimente
— impertinente
— Implemente
— imprudente
— impudente
— incidente
— incohärente
— incongruente
— incontinente
— inconveniente
— Incremente
— indolente
— Indossamente
— indulgente
— inhärente
— insolente
— Instrumente
— Integumente
— intelligente
— intente
— jacente
— latente
— Libamente
dem Licente
ich verlicente
die Ligamente
— Lineamente
— Linimente
— Losamente
— luculente
— lutulente
— malcontente
— Medicamente
— *Menthe*
— Momente
— Monumente
— Munimente
— Nepenthe
— Nutrimente
— Oblectamente
im Occidente
die occurrente

die Odoramente
— omnipotente
dem Opermente
die opulente
im Oriente
die Ornamente
— Pagamente
— Parlamente
— Patente
— Pavimente
— Pergamente
— permanente
— pertinente
— Pigmente
dem Pimente
die Plente
— Postamente
eine potente
die Prädicamente
— Präsente
— Procente
— Provente
dem Quente
die Rente
Geldrente
Jahresrente
Leibrente
Monatsrente
Wochenrente
ich rente
— ramente
die recente
— Recremente
dem Regimente
— Reglemente
die Retrimente
— Rudimente
— Sacramente
— Salsamente
— Sente
— Schwente
— Sedimente
— Segmente
— *Sirvente*
— solvente
insolvente
dem Sortimente
— Spargemente
die stringente
— succulente
— sufficiente
— Supplemente
die Talente
— Tangente
Cotangente
— Tegumente
— Temperamente
— temulente
— Testamente
— Tractamente
— transparente
— transscendente

dem Tridente
die turbulente
— urgente
— vehemente
— Velamente
— vinolente
— violente
— virulente
er brennte
— flennte
— mennte
— nennte
— pennte
— rennte
— trennte

aggiustatamènte
allegramente
commodamente
Conto corrente
dolcimente
Deo favente
dolce far niente
Festina lente!
innocentemente
languente
lite pendente
captus mente
Deo volente

ēnte — ēhnte

er mente
— verklente
— dehnte
— lehnte
— belehnte
— sehnte
— besehnte
der Zehnte

éntel

die Mentel
das Getrentel
die Wentel
das Zehntel

énteln

den Menteln
trenteln
die Wenteln
den Zehnteln

éntels

des Getrentels
— Zehntels

éntem — énntem

absentem
abstinentem
adjacentem
adstringentem
äquipollentem
äquivalentem
attentem
benevolentem
coexistentem
coincidentem
competentem
concurrentem
conniventem
consequentem
consistentem
constringentem
convergentem
corpulentem
currentem
decentem
decernentem
dependentem
differentem
divergentem
eloquentem
eminentem
evidentem
excellentem
existentem
feculentem
flatulentem
fraudulentem
frequentem
immanentem
imminentem
impertinontem
imprudentem
impudentem
incidentem
incohärentem
incongruentem
incontinentem
inconvenientem
indolentem
indulgentem
inhärentem
insolentem
insolventem
intelligentem
intentem
jacentem
latentem
luculentem
lutulentem
malcontentem
occurrentem
omnipotentem
opulentem
permanentem
pertinentem
potentem
recentem
solventem
stringentem
succulentem
sufficientem
temulentem
transparentem
transscendentem
turbulentem
urgentem
vehementem
vinolentem
violentem
virulentem
gebrenntem
angeflenntem
gemenntem
benenntem
berenntem
getrenntem

ēntem — ēhntem

gementem
verklentem
gedehntem
angelehntem
belehntem
ersehntem
besehntem

énten — énnten

die Enten
— absenten
— abstinenten
den Accenten
die acescenten
den Additamenten
die adjacenten
— adstringenten
den Adventen
die äquipollenten
— äquivalenten
den Alimenten
— Apartementen
— Argumenten
die attenten
den Augmenten
— Basementen
die benevolenten
— Brenten
— Caventen
— Cedenten
den Cementen
die Cimenten
— Clienten
— Coefficienten
— coexistenten
— coincidenten
— Compaciscenten
— Committenten
— Comparenten
— Competenten
— competenten
den Complementen
— Complimenten
die Concipienten
den Concrementen

die Concurrenten
— Confidenten
— Confitenten
— conniventen
— consequenten
— consistenten
— Constituenten
— constringenten
— Consulenten
— Consumenten
den Continenten
— Contingenten
— Contradicenten
— Contrahenten
— Contravenienten
— Contribuenten
— Convalescenten
Reconvalescenten
— convergenten
— Conventen
die corpulenten
— Correspondenten
— currenten
— decenten
— decernenten
den Decrementen
die Defendenten
— Deferenten
— Deficienten
— Delinquenten
den Departementen
die dependenten
— Independenten
— Deponenten
— Descendenten
den Detrimenten
die differenten
— Dissidenten
— divergenten
den Divertissementen
die Dividenten
den Documenten
— Elementen
die eloquenten
— eminenten
den Emolumenten
die evidenten
— Excedenten
— excellenten
den Excrementen
die existenten
— Expedienten
den Experimenten
die Exponenten
den Fenten
— Fallimenten
die feculenten
den Fermenten
— Figmenten
— Filamenten
— Firmamenten
die flatulenten
den Fragmenten
die fraudulenten
— frequenten
den Fundamenten
— Gerenten
die immanenten
— imminenten
den Impedimenten
die impertinenten
den Implementen
die imprudenten
— impudenten
— incidenten
— Incipienten
— incohärenten
— incongruenten
— incontinenten
— inconvenienten
den Incrementen
die indolenten
den Indossamenten
die indulgenten
— inhärenten
— Inquirenten
— insolenten
— insolventen
— Inspicienten
den Instrumenten
— Integumenten
die intelligenten
— intenten
— Interponenten
— Intervenienten
— Interventen
— jacenten
— latenten
den Libamenten
— Licenten
verlicenten
— Ligamenten
— Lineamenten
— Linimenten
— Losamenten
die luculenten
— lutulenten
— Malcontenten
den Medicamenten
— Momenten
— Monumenten
— Munimenten
— Nutrimenten
die Obducenten
den Oblectamenten
die occurrenten
den Odoramenten
die omnipotenten
— Opponenten
— opulenten
den Orienten
— Ornamenten
die Paciscenten
den Pagamenten
— Parlamenten
— Patenten
die Patienten
den Pavimenten
die Percipienten
den Pergamenten
pergamenten
die permanenten
— pertinenten
den Pigmenten
die Plenten
den Postamenten
die potenten
den Prädicamenten
— Präsenten
— Präsidenten
— Prätendenten
— Procenten
die Producenten
— Proponenten
— Proventen
den Quenten
die Quotienten
— Renten
renten
berenten
ramenten
— recenten
— Recensenten
— Recipienten
— Reconvenienten
— Reconventen
— Referenten
— Regenten
den Reglementen
die Remittenten
— Renitenten
— Repetenten
— Requirenten
— Residenten
— Respondenten
den Retrimenten
die Revidenten
— Senten
den Sacramenten
— Salsamenten
die Scribenten
den Sedimenten
— Segmenten
die Sirventen
— solventen
den Spargementen
— Sortimenten
die stringenten
— Studenten
— Subscribenten
— Substituenten
— succulenten
— sufficienten
— Superintendenten
— Supplenten

den Supplementen
— Talenten
die Tangenten
den Tegumenten
— Temperamenten
die temulenten
den Testamenten
— Tractamenten
die transparenten
— transscendenten
— turbulenten
— urgenten
— vehementen
den Velamenten
die vinolenten
— violenten
— virulenten
sie brennten
— flennten
— mennten
— nennten
— pennten
— rennten
— trennten

ēnten — ēhnten

sie menten
— verklenten
— dehnten
— lehnten
— belehnten
— sehnten
— besehnten
den Zehnten
zehnten
abzehnten
durchzehnten
verzehnten

éntend

verlicentend
rentend
berentend
ramentend

éntens

des Verlicentens
— Rentens
— Berentens
— Ramentens

énter — énnter

das Geenter
enter'!
ein absenter
— abstinenter
— acescenter
— adjacenter
— adstringenter
— äquipollenter
— äquivalenter
ein attenter
— benevolenter
— coexistenter
— coincidenter
— competenter
— conniventer
— consequenter
— consistenter
— constringenter
— convergenter
— corpulenter
— currenter
— decenter
— decernenter
— dependenter
Deventer
— differenter
— *Dissenter*
— divergenter
der Clementer
ein eloquenter
— eminenter
— evidenter
— excellenter
— existenter
— feculenter
— flatulenter
— fraudulenter
— frequenter
— immanenter
— imminenter
— impertinenter
— imprudenter
— impudenter
— incidenter
incidenter
— incohärenter
inconfidenter
— incongruenter
— incontinenter
— inconvenienter
— indolenter
— indulgenter
— inhärenter
— insolenter
— insolventer
— intelligenter
— intenter
— jacenter
das Gekenter
ein latenter
libenter
— luculenter
— lutulenter
— malcontenter
— occurrenter
— omnipotenter
— opulenter
— permanenter
— pertinenter
das Geplenter
ein potenter
prudenter
ein recenter
die Regimenter
der Sacramenter
ein solventer
— stringenter
— succulenter
— sufficienter
sufficienter
— temulenter
— transparenter
— transscendenter
— turbulenter
der Twenter
ein urgenter
Venter (plenus n. st. l.)
— vehementer
— vinolenter
— violenter
violenter
— virulenter
— gebrennter
— angeflennter
— gemennter
— genennter
— gepennter
— berennter
— getrennter

ēnter — ēhnter

ein gementer
— verklenter
— gedehnter
— angelehnter
— belehnter
— entlehnter
— besehnter
— ersehnter
dehnt er *etc.*

énterm — énnterm

abstinenter'm
acescenter'm
adstringenter'm
attenter'm
benevolenter'm
competenter'm
conniventer'm
consequenter'm
consistenter'm
constringenter'm
convergenter'm
corpulenter'm
currenter'm
decenter'm
dependenter'm
differenter'm
divergenter'm
eloquenter'm
eminenter'm
evidenter'm

excellenter'm
feculenter'm
flatulenter'm
fraudulenter'm
frequenter'm
immanenter'm
impertinenter'm
imprudenter'm
impudenter'm
incohärenter'm
incongruenter'm
incontinenter'm
inconvenienter'm
indolenter'm
indulgenter'm
inhärenter'm
insolenter'm
intelligenter'm
intenter'm
latenter'm
luculenter'm
lutulenter'm
malcontenter'm
omnipotenter'm
opulenter'm
permanenter'm
pertinenter'm
potenter'm
recenter'm
stringenter'm
succulenter'm
temulenter'm
transparenter'm
transscendenter'm
turbulenter'm
urgenter'm
vehementer'm
vinolenter'm
violenter'm
virulenter'm
verbrennter'm
zertrennter'm

ēnterm — ēhnterm

verklenter'm
gedehnter'm
ersehnter'm

éntern — énntern

entern
einen abstinenter'n
— acescenter'n
— adstringenter'n
— attenter'n
— benevolenter'n
— competenter'n
— conniventer'n
— consequenter'n
— consistenter'n
— constringenter'n
— convergenter'n
— corpulenter'n
einen currenter'n
— decenter'n
— dependenter'n
— differenter'n
den *Dissentern*
einen divergenter'n
den Elementern
einen eloquenter'n
— eminenter'n
— evidenter'n
— excellenter'n
— feculenter'n
— flatulenter'n
— fraudulenter'n
— frequenter'n
— immanenter'n
— impertinenter'n
— imprudenter'n
— impudenter'n
— incohärenter'n
— incongruenter'n
— incontinenter'n
— inconvenienter'n
— indolenter'n
— indulgenter'n
— inhärenter'n
— insolenter'n
— intelligenter'n
— intenter'n
kentern
— latenter'n
— luculenter'n
— lutulenter'n
— malcontenter'n
— omnipotenter'n
— opulenter'n
— permanenter'n
— pertinenter'n
plentern
— potenter'n
— recenter'n
den Regimentern
— Sacramentern
einen stringenter'n
— succulenter'n
— temulenter'n
— transparenter'n
— transscendenter'n
— turbulenter'n
den Twentern
einen urgenter'n
— vehementer'n
— vinolenter'n
— violenter'n
— virulenter'n
— verbrennter'n
— zertrennter'n

ēntern — ēhntern

einen verklenter'n
— gedehnter'n
— ersehnter'n

énternd

enternd
kenternd
plenternd

énterns

des Enterns
— Kenterns
— Plenterns

énters — énnters

des Geenter's
ein abstinenter's *etc. bis* virulenter's *s.* ente
des Dissenters
— Elementers
— Gekenters
— Geplenters
— Sacramenters
— Twenters
ein verbrennter's
— zertrennter's
so kennt er's *etc.*

ēnters — ēhnters

ein verklenter's
— gedehnter's
— ersehnter's
so entlehnt er's *etc.*

énterst

du enterst
— kenterst
— plenterst

éntes — énntes

ein absentes
die *Absentes*
— *Abstinentes*
ein abstinentes
des Accentes
— Additamentes
ein adjacentes
— adstringentes
des Adventes
ein äquipollentes
des Aequivalentes
— Apartementes
— Argumentes
ein attentes
des Avertissementes
— Augmentes
— Basementes
ein benevolentes
des Cementes
— Cimentes
ein coexistentes
— coincidentes
— competentes
des Complementes

des Complimentes
— Concrementes
ein conniventes
— consequentes
— consistentes
— constringentes
des Continentes
— Contingentes
ein convergentes
des Conventes
ein corpulentes
— currentes
— decentes
— decernentes
des Decrementes
— Departementes
ein dependentes
— differentes
— divergentes
des Divertissementes
— Documentes
— Elementes
ein eloquentes
— eminentes
des Emolumentes
ein evidentes
— excellentes
des Excrementes
ein existentes
des Experimentes
— Fentes
— Fallimentes
ein feculentes
des Fermentes
— Figmentes
— Filamentes
— Firmamentes
ein flatulentes
des Fragmentes
ein fraudulentes
— frequentes
des Fundamentes
— Gerentes
ein immanentes
— imminentes
des Impedimentes
ein impertinentes
des Implementes
ein imprudentes
— impudentes
— incidentes
— incohärentes
— incongruentes
— inconvenientes
— incontinentes
des Incrementes
ein indolentes
des Indossamentes
ein indulgentes
— inhärentes
— insolentes
— insolventes

des Instrumentes
— Integumentes
ein intelligentes
— intentes
— jacentes
— latentes
des Libamentes
— Licentes
— Ligamentes
— Lineamentes
— Linimentes
— Losamentes
ein luculentes
— lutulentes
— malcontentes
des Medicamentes
— Momentes
— Monumentes
— Munimentes
— Nutrimentes
— Oblectamentes
— Occidentes
ein occurrentes
des Odoramentes
ein omnipotentes
des Opermentes
ein opulentes
des Orientes
— Ornamentes
— Pagamentes
— Parlementes
— Patentes
— Pavimentes
— Pergamentes
ein permanentes
— pertinentes
des Pigmentes
— Pimentes
— Postamentes
ein potentes
des Prädicamentes
— Präsentes
die *praesentes*
des Procentes
— Quentes
ein recentes
des Regimentes
— Reglementes
— Retrimentes
— Sacramentes
— Salsamentes
— Sedimentes
— Segmentes
ein solventes
des Sortimentes
— Spargimentes
ein stringentes
— succulentes
— sufficientes
des Supplementes
— Talentes

des Tegumentes
— Temperamentes
ein temulentes
des Testamentes
— Tractamentes
ein transparentes
— transcendentes
des Tridentes
ein turbulentes
— urgentes
— vehementes
des Velamentes
ein vinolentes
— violentes
— virulentes

— verbrenntes
— gemenntes
— gepenntes
— benenntes
— getrenntes
ihr kennt es *etc.*

ēntes — ēhntes

ein verklentes
— gedehntes
— angelehntes
— belehntes
— ersehntes
— besehntes

éntest — énntest

abstinentest *etc.*
du verlicentest
— rentest
— berentest
— ramentest
— brenntest
— flenntest
— menntest
— nenntest
— penntest
— renntest
— trenntest

ēntest — ēhntest

du mentest
— verklentest
— dehntest
— lehntest
— belehntest
— sehntest
— besehntest
— zehntest

éntet — énntet

ihr verlicentet
es rentet
ihr berentet
— ramentet
— brenntet
— flenntet

ihr menntet
— nenntet
— penntet
— trenntet

ẽntet — ẽhntet

ihr mentet
— verklentet
— dehntet
— lehntet
— belehntet
— sehntet
— besehntet
— zehntet

énti

ejusdem argumenti
Clementi
in continenti
pro praesenti
matrimonium de praesenti
sat sapienti!
Volenti (non fit injuria)

éntia

alle *Entia*
in absentia
die *absorbentia*
— *abstergentia*
ex clementia
die *confluentia*
— *corrigentia*
— *corrodentia*
eine *Essentia*
die *detergentia*
— *digerentia*
— *diluentia*
— *dissolventia*
— *emollientia*
— *incidentia*
— *involventia*
— *lenientia*
Licentia (poetica - concionandi)
— *mollientia*
— *obvolventia*
Patientia
das Kräutlein *Patientia*
in praesentia
die *purulentia*
— *rarefacientia*
— *reagentia*
— *reficientia*
— *repellentia*
— *resolventia*
— *resorbentia*
— *putrefacientia*
salva conscientia
— *sententia*
die *solventia*
— *sopientia*
— *terentia*
— *Emerentia*
— *Reverentia*
— *Terentia*

ẽntiae

die *Ablativi consequentiae*
— *Genitivi consequentiae*
ratione conscientiae
Votum obedientiae

éntian

der Entian
— Gentian

éntians

des Entians
— Gentians

éntien

die Abstergentien *etc.*
— Accidentien
— Attinentien
— Pertinentien
Lehnspertinentien

éntig

prozentig
1 - 2 - 3 *etc.*
quentig
1 - 2 - *etc.* quentig

éntio — éntion

die Convention
Privatconvention
Reconvention
Separatconvention
— Detention
— Intention
— Retention

éntis

Curator absentis
anni currentis
sanae mentis
portare ventis

éntisch

authentisch
elementisch
identisch
tridentisch

éntium

Ubique gentium
Dii majorum gentium
Dii minorum gentium
Silentium!
den *Terentium*
praesentium absentium

éntius

Crescentius
Fulgentius
Gentius
Maxentius
Prudentius
Terentius

éntlich

accentlich
adventlich
agentlich
argumentlich
clientlich
complimentlich
consulentlich
continentlich
contingentlich
conventlich
correspondentlich
delinquentlich
departementlich
documentlich
elementlich
experimentlich
fermentlich
firmamentlich
fragmentlich
fundamentlich
instrumentlich
medicamentlich
momentlich
monumentlich
occidentlich
orientlich
parlamentlich
patentlich
präsentlich
präsidentlich
prätendentlich
prozentlich
1 - 2 - 3 - *etc.*
quentlich
1 - 2 - 3 - *etc.*
recensentlich
referentlich
regentlich
regimentlich
sacramentlich
sortimentlich
superintendentlich
temperamentlich
testamentlich
alttestamentlich
neutestamentlich

entlichs

ein accentlich's *etc.*

éntlichst

accentlich'st *etc.*

éntner

ein Centner
Hüttencentner
Probecentner
der Rentner
Leibrentner
ein pergamentner
der Zentner

éntnern

den Centnern
— Rentnern
— Zentnern

éntners

des Centners
— Rentners
— Zentners

énto

das *Assiento*
ein *Cento*
divertimento
fondamento
das *Lamento*
lento
ein *Paramento*
al piacimento
Sorrento

éntor

ein *Detentor*
— *Mentor*
— *Praecentor*
— *Stentor*

éntors

des Detentors
— Mentors
— Präcentors
— Stentors

éntre — énntre

eine abstinent're *etc.*
— verbrennt're
ich entre
das Geentre
ich kentre
das Gekentre
ich plentre
das Geplentre

ēntre

eine verklent're
eine gedehnt're
— ersehnt're

éntrer — énntrer

ein abstinent'rer *etc.*
— verbrennt'rer

ēntrer

ein verklent'rer
— gedehnt'rer
— ersehnt'rer

éntrisch

centrisch
circumcentrisch
concentrisch
excentrisch
geocentrisch
heliocentrisch
homocentrisch
ländrisch
marketendrisch
[das Centrum wend' 'rum!]

énts — énnts

des Accents
— Additaments
— Advents
— Aequivalents
— Apartements
— Arguments
— Avertissements
— Augments
— Basaments
— Cements
— Ciments
— Complements
— Compliments
— Concrements
— Continents
— Contingents
— Convents
— Decrements
— Departements
— Divertissements
— Documents
— Elements
— Emoluments
— Excrements
— Experiments
— Fents
— Falliments
— Ferments
— Figments
— Filaments
— Firmaments
— Fragments
— Fundaments
— Impediments
— Implements
— Increments
des Indossaments
— Instruments
— Teguments
— Libaments
— Licents
— Ligaments
— Lineaments
— Liniments
— Losaments
— Medicaments
— Moments
— Monuments
— Muniments
— Nutriments
— Oblectaments
— Occidents
— Odoraments
— Operments
— Orients
— Ornaments
— Pagaments
— Parlaments
— Patents
— Paviments
— Pergaments
— Pigments
— Piments
— Postuments
— Prädicaments
— Präsents
— Prozents
— Quents
— Regiments
— Reglements
— Retriments
— Sacraments
— Salsaments
— Sediments
— Segments
— Sortiments
— Spargements
— Supplements
— Talents
— Teguments
— Temperaments
— Testaments
— Tractaments
— Tridents
— Velaments
ein abstinent's *etc.*
— gebrennt's *etc.*
ihr kennt's *etc.*

ēnts — ēhnts

ein gement's
— verklent's
— gedehnt's
— angelehnt's
— entlehnt's
— ersehnt's
er dehnt's *etc.*

éntſt — énntſt

abstinent'st *etc.*
du rennt'st *etc.*

ēntſt — ēhntſt

du ment'st
— verklent'st
— dehnt'st *etc.*

éntſte — éntſtem — éntſten — éntſter — éntſtes

die abstinentste *etc. bis* getrenntste *s.* **ent**

ēntſte — ēntſtem ꝛc.

die gedehnt'ste *etc.*

éntum

Argentum (mussicum-vivum)
Argumentum
commune Argument.
a tuto Argumentum
in omnem eventum
das *Fermentum*
— *Fundamentum*
— *Paludamentum*
Testamentum

éntus

accentus (ecclesiastici)
mictus cruentus
in rem attentus
Conventus

ēnum

das *Duodenum*
sie dreh'n um
— geh'n um *etc.*
den *Galenum etc.*

ēnus

Avienus
Galenus
Gallienus
Genus
Greg. Nanzianzenus
die *Venus*
Schuppenvenus

énz

die Absenz
— Abstinenz
— Accidenz
— Acquiescenz
— Adolescenz
— Aequipollenz
— Aequivalenz
— Affluenz
— Appetenz
die Ascendenz
— Assistenz
— Audienz
Abschiedsaudienz
Antrittsaudienz
Privataudienz
— Benevolenz
Bregenz
Camenz
— Circumferenz
— Clemenz
— Coexistenz
— Cohärenz
— Coincidenz
— Colliquescenz
— Competenz
Incompetenz
— Concrescenz
— Concurrenz
— Condescendenz
— Condolenz
— Conferenz
Friedensconferenz
Handelsconferenz
Privatconferenz
Staatsconferenz
— Confidenz
— Confluenz
— Congruenz
— Connivenz
— Conscienz
— Consequenz
Inconsequenz
— Consistenz
— Continenz
— Contingenz
— Convenienz
Inconvenienz
— Convergenz
— Corpulenz
— Correspondenz
Familiencorrespond.
Geschäftscorresp.
Handelscorrespond.
Theatercorrespond.
Zeitungscorrespond.
— Credenz
— Decenz
— Decidenz
— Deferenz
— Deliquescenz
— Delitescenz
— Dependenz
Independenz
— Descendenz
— Differenz
Indifferenz
Rechnungsdifferenz
— Diffidenz
— Disconvenienz
— Divergenz
die Effervescenz
— Efflorescenz
— Eloquenz
— Emergenz
— Eminenz
— Essenz
Bischofessenz
Magenessenz
Punschessenz
Wermuthessenz
— Evidenz
— Excellenz
— Excrescenz
— Excurrenz
— Exigenz
— Existenz
— Experienz
— Feculenz
— Flatulenz
Florenz
Deutsch-Florenz
— Florescenz
— Fraudulenz
— Frequenz
Infrequenz
— Gage-Carenz
Genz
Graudenz
— Grumescenz
— Impertinenz
— Impotenz
— Imprudenz
— Impudenz
— Inadvertenz
— Inappetenz
— Incidenz
— Inclemenz
— Incohärenz
— Incongruenz
— Inconsistenz
— Incontinenz
— Incumbenz
— Indecenz
— Indigenz
— Indolenz
— Indulgenz
— Inexperienz
— Influenz
— Ingredienz
— Inhärenz
— Innocenz
— Inobedienz
— Inobsequenz
— Inscienz
— Insolenz
— Insolvenz
— Insufficienz
— Intelligenz
— Intumescenz
der Lenz
die Licenz

Lorenz
die Luculenz
— Magnificenz
— Magniloquenz
— Malevolenz
— Manutenenz
— Munificenz
— Nonexistenz
— Obedienz
— Obsequenz
— Obsistenz
— Occurrenz
— Omniscienz
— Omnipotenz
— Opulenz
— Perhorrescenz
— Permanenz
— Persistenz
— Pertinenz
— Pestilenz
— Phosphorescenz
— Plenipotenz
Pludenz
— Pönitenz
— Potenz
— Präcedenz
— Präeminenz
— Präexistenz
— Präferenz
— Präpotenz
— Präscienz
— Präsenz
— Procidenz
— Proeminenz
— Prominenz
— Providenz
— Prudenz
— Purulenz
— Putrescenz
— Quiescenz
— Quintessenz
— Reagenz
— Reconvalescenz
— Recrudescenz
— Regredienz
— Reminiscenz
— Renitenz
— Residenz
— Resipiscenz
— Resistenz
— Reticenz
— Reverenz
— Reviviscenz
der Schlenz
— Schrenz
die Scienz
— Sentenz
— Sequenz
— Solvenz
Peter Squenz
der Strenz
die Subsistenz
— Succulenz
— Succumbenz
— Sufficienz
— Temulenz
der *Terenz*
die Transparenz
— Turgescenz
— Vaniloquenz
— Vehemenz
Vincenz
— Violenz

énza

Accoglienza
Cadenza
die *Influenza*
Clemenza (di Tito)
all occorrenza
— *Scadenza*

énze

ich bockenze
— credenze
— faulenze
— fischenze
die Grenze
Abendgrenze
Feldgrenze
Fluggrenze
Forstgrenze
Freyungsgrenze
Geleitsgrenze
Gerichtsgrenze
Jagdgrenze
Landesgrenze
Morgengrenze
Mittagsgrenze
Mitternachtsgrenze
Nordgrenze
Ostgrenze
Ostergrenze
Reichsgrenze
Schneegrenze
Stromgrenze
Südgrenze
Westgrenze
ich griechenze
— judenze
es lenze
dem Lenze
ich penze
das Gepenze
ich rauchenze
— scharlenze
— schlenze
dem Schlenze
das Geschlenze
dem Schrenze
ich schweiſsenze
— sprenze
das Gesprenze
ich stenze
das Gestenze
dem Strenze
die Trenze
ich trenze
das Getrenze
ich verschrenze
— wildenze

énzel

das Gebrenzel
— Renzel
der Sprenzel
— Stenzel
Stenzel
— Wenzel
Brustwenzel
Buntwenzel
Heckenwenzel
Klosterwenzel
Lausewenzel
— alte Wenzel
— groſse Wenzel
— kleine Wenzel
— Scherwenzel
— Eichelwenzel
— Grünwenzel
— Rothwenzel
— Schellenwenzel
Wenzel

énzeln

brenzeln
den Renzeln
— Sprenzeln
— Stenzeln
— Wenzeln
wenzeln
scherwenzeln

énzels

des Gebrenzels
— Renzels
— Sprenzels
— Stenzels
— Wenzels
— Scherwenzels
— Gewenzels

énzelſt

du brenzelst
— wenzelst
— scherwenzelst

énzelt

es brenzelt
die Karte wenzelt
er scherwenzelt

énzen

die Absenzen *etc.*
bockenzen

credenzen
faulenzen
fischenzen
die Grenzen
grenzen
angrenzen
begrenzen
zusammengrenzen
griechenzen
judenzen
lenzen
den Lenzen
penzen
rauchenzen
scharlenzen
schlenzen
schweißenzen
sprenzen
stenzen
trenzen
verschrenzen
wildenzen

énzend

bockenzend
credenzend
faulenzend
fischenzend
grenzend
griechenzend
judenzend
lenzend
penzend
rauchenzend
scharlenzend
schlenzend
schweißenzend
sprenzend
stenzend
trenzend
verschrenzend
wildenzend

énzens

des Bockenzens
— Credenzens
— Faulenzens
— Fischenzens
— Grenzens
— Griechenzens
— Judenzens
— Lenzens
— Penzens
— Rauchenzens
— Scharlenzens
— Schlenzens
— Schweißenzens
— Sprenzens
— Stenzens
— Trenzens
des Verschrenzens
— Wildenzens

énzer

ein Credenzer
— Faulenzer
— *Florenzer*
Deutschflorenzer
der Grenzer
— Schlenzer
— *Spencer*
Atlasspencer
Sammtspencer
Seidenspencer
Tuchspencer

énzern

den Credenzern
— Faulenzern
— *Florenzern*
— Grenzern
— Schlenzern
— *Spencern*

énzers

des Credenzers
— Faulenzers
— *Florenzers*
— Grenzers
— Schlenzers
— *Spencers*

énzes

des Lenzes
— Gepenzes
— Schlenzes
— Geschlenzes
— Schrenzes
— Gesprenzes
— Gestenzes
— Strenzes
— *Terenzes*
— Getrenzes
ich credenz' es *etc.*

énzest

du bockenzest *etc. bis* wildenzest *siehe* enze

énzet

er bockenzet *etc. bis* wildenzet *siehe* enze

énzig

essenzig
faulenzig
lenzig
pestilenzig
schlenzig

énzisch

florenzisch
lenzisch
pestilenzisch

énzle

ich brenzle
das Gebrenzle
ich scherwenzle

énzlich

brenzlich
credenzlich
begrenzlich
unbegrenzlich
lenzlich

énzs

des Lenz's
— Gepenz's
— Schlenzs
— Geschlenzs
— Schrenzs
— Gesprenzs
— Gestenzs
— Strenzs
— *Terenzs*
— Getrenzs
ich credenz' 's *etc.*

énzst

du bockenzst *etc. bis* wildenzst *siehe* enze

énzt

er bockenzt *etc. bis* wildenzt *siehe* enze

énzte

er bockenzte *etc. bis* wildenzte *siehe* enze

énztem

credenztem
begrenztem
besprenztem
getrenztem
verschrenztem

énzten

sie bockenzten *etc. bis* wildenzten *siehe* enze

énzter

ein credenzter
— begrenzter
— besprenzter
— getrenzter
— verschrenzter
so bockenzt er *etc.*

énztes

ein credenztes
— begrenztes
— besprenztes
— getrenztes
— verschrenztes
so bockenzt es *etc.*

énztest

du bockenztest *etc. bis* wildenztest *siehe* enze

énztet

ihr bockenztet *etc. bis* wildenztet *siehe* enze

énzung

die Credenzung
— Begrenzung
— Sprenzung
— Trenzung
— Verschrenzung

ēo

der *Cicisbeo*
Laus Deo
Leo
modo meo
im *Museo*
— *Seculo Augusteo*
Romeo

ēon

Cleon
Leon [Beor]

ēos

eines *Cicisbeo's*
des *Laus Deo's*
Leo's
Romeo's
Theos

ép — épp

Alep
Hep! Hep!
der Julep
das Gekepp
— Geklepp
der Krepp
— Pepp
Schusterpepp
— Salep
— Schepp
Salzschepp
— Schlepp
das Geschlepp
— Geschwepp
— Gestepp

ēp — ēep

das Rep
— Gerep
der Strep
das Gestrep
— Reep
Fockreep
Marlreep
Spiereep
Steuerreep
Taljereep
Toppreep
Windreep [Crepa!]

ēpe

dem Repe
das Gerepe
die Schwepe
— Strepe
das Gestrepe
Pepe
pp

ēpel

der Schnepel
das Gestrepel
der Tepel
die *Tepel*

ēpeln

den Schnepeln
strepeln
— Tepeln

ēpen

der Epen
den Repen
repen
die Schwepen
— Strepen
strepen

ēpend

repend
strepend

ēpens

des Repens
— Strepens

ēper

der Keper
das Gekeper
der Reper
die Weißeper

ēpern

den Kepern
kepern
— Repern
— Weißepern

ēpers

des Kepers
— Gekepers
— Repers

ēpes

des Repes
— Gerepes
— Strepes
— Gestrepes

ēpest

du repest
— strepest

ēpet

er repet
— strepet

épfe

die Schnepfe
Bergschnepfe
Brachschnepfe
Bruchschnepfe
Buschschnepfe
Domschnepfe
Doppelschnepfe
Feldschnepfe
Fürstenschnepfe
Grasschnepfe
Haarschnepfe
Herrenschnepfe
Holzschnepfe
Krachschnepfe
Kronschnepfe
Lerchenschnepfe
Meerschnepfe
Mittelschnepfe
Moorschnepfe
Moosschnepfe
Nickschnepfe
Pfuhlschnepfe
Pudelschnepfe
Rebhuhnschnepfe
Regenschnepfe
Riedschnepfe
Rohrschnepfe
Seeschnepfe
Strandschnepfe
Streitschnepfe
Sumpfschnepfe
Uferschnepfe
Wachholderschn.
Waldschnepfe
Wasserschnepfe
— Trepfe (leipzig. Volksdialect)
— Köpfe *etc. siehe* äpfe *und* öpfe
— Näpfe

Stephan-
Jephta
episch } der Schwepker

ēpos

das *Epos*
Cornelius Nepos

épp *siehe* ép

[Mazeppa]

éppchen

ein Heppchen
— Schleppchen
— Schneppchen
— Treppchen

éppchens

des Heppchens
— Schleppchens
— Schneppchens
— Treppchens

éppe

die Heppe
— Keppe
das Gekeppe
ich kleppe
das Gekleppe
ich kreppe
das Gekreppe
dem Kreppe
ich peppe
das Gepeppe
dem Peppe
ich reppe
das Gereppe
dem Scheppe
ich schleppe
dem Schleppe
das Geschleppe
die Schneppe
Haubenschneppe
Stirnschneppe
ich schweppe
das Geschweppe
die Schweppe
ich steppe
das Gesteppe
die Steppe
Heidesteppe
Sandsteppe
Torfsteppe
— Treppe
Altartreppe
Aussentreppe
Bodentreppe
Doppeltreppe
Flöztreppe
Freytreppe
Haupttreppe
Haustreppe
Hohltreppe
Kellertreppe
Kirchentreppe
Marmortreppe
Nebentreppe
Puchttreppe
Rasentreppe
Schiffstreppe
Schleichtreppe
Schleiftreppe
Schneckentreppe
Seitentreppe
Thurmtreppe
Vortreppe
Wagentreppe
Wandeltreppe
Wasentreppe
Wendeltreppe
Winkeltreppe

éppel

der Kleppel
Nonnenkleppel
das Gekleppel
Keppel
Seppel

éppen

die Heppen
keppen
überkeppen
umkeppen
zurückkeppen
kleppen
verkleppen
kreppen
peppen
verpeppen
zusammenpeppen
reppen
den Scheppen
schleppen
abschleppen
anschleppen
aufschleppen
ausschleppen
durchschleppen
einschleppen
erschleppen
fortschleppen
herschleppen
hin- *etc.* schleppen
mitschleppen
nachschleppen
verschleppen
vorschleppen
wegschleppen
zuschleppen
zurückschleppen
zusammenschleppen
die Schleppen
das Fuchsschleppen
die Schneppen
schweppen
ausschweppen
überschweppen
verschweppen
die Schweppen
steppen
absteppen
ansteppen
besteppen
einsteppen
zusteppen
— Steppen
— Treppen

éppend

keppend
kleppend
kreppend
peppend
reppend
schleppend
schweppend
steppend

éppens

des Keppens
— Kleppens
— Kreppens
— Peppens
— Reppens
— Schleppens
— Schweppens
— Steppens

épper

der Klepper
Buschklepper
Husarenklepper
Philisterklepper
Postklepper
Purpurklepper
Reitklepper
das Geklepper
der Schepper
— Schlepper
Hundsschlepper
— Schnepper
Aderlaſsschnepper
Armbrustschnepper
das Geschwepper
der Stepper
Hutstepper
das Gestepper

éppern

den Kleppern
kleppern
herumkleppern
— Scheppern
— Schleppern
— Schneppern
schweppern

herausschweppern
überschweppern
verschweppern
den Steppern
steppern
herumsteppern

éppernd

kleppernd
schweppernd
steppernd

épperns

des Klepperns
— Schwepperns
— Stepperns

éppers

des Kleppers
— Gekleppers
— Scheppers
— Schleppers
— Schneppers
— Geschweppers
— Steppers
— Gesteppers
ich verschwepper's *etc.*

épperſt

du klepperst
— schwepperst
— stepperst

éppert

er reppert
der Scheppert
es schweppert
— steppert

épperts

des Schepperts
er verschweppert's

éppes

eppes
des Gekeppes
— Gekleppes
— Kreppes
— Gekreppes
— Gepeppes
— Peppes
— Gereppes
— Scheppes
— Geschleppes
— Geschweppes
— Gesteppes

éppeſt

du keppest
— kleppest
— kreppest
du peppest
— reppest
— schleppest
— schweppest
— steppest

éppet

er keppet
— kleppet
— kreppet
— peppet
— reppet
— schleppet
— schweppet
— steppet [Peppi]

éppig

der Eppig
Bauerneppig
Bergeppig
Froscheppig
Garteneppig
Mauereppig
Roſseppig
Sumpfeppig
Waldeppig
Wassereppig
blattersteppig
schleppig
— Teppig
Blumenteppig
Flockenteppig
Fuſsteppig
Goldteppig
Lebensteppig
Papierteppig
Purpurteppig
Rasenteppig
Silberteppig
Thürteppig
Tischteppig
Wandteppig
Wiesenteppig

éppigs

des Eppigs
ein blattersteppig's
— schleppig's
des Teppigs

éppigſt

blattersteppigst
schleppigst
du beteppigst
der Pepping
kreppisch
die Lepra

éppre

ich kleppre
das Gekleppre
ich schweppre
das Geschweppre
ich steppre
das Gesteppre

épprung

die Klepprung
— Schwepprung
— Stepprung

épps — éps

epp's
des Hepheps
— Juleps
— Gekepps
— Geklepps
— Krepps
— Gekrepps
— Pepps
— Gepepps
der Reps
des Gerepps
— Schepps
— Saleps
der Scheps
des Schlepps
— Geschlepps
— Geschwepps
ein *Steps*
des Gestepps
Plebs

épſe

dem Repse
— Schepse
— Stepse
die Analepse
— Aneilepse
— Epilepse
— Katalepse
— Metalepse
— Prolepse
— Syllepse
— Pepse
— Sympepse
— Skepse

épſen

die Analepsen *etc.*
den Stepsen

épſis

die *Analepsis*
— *Aneilepsis*
— *Epilepsis*
— *Katalepsis*
— *Metalepsis*
— *Prolepsis*
— *Syllepsis*
— *Pepsis*
— *Sympepsis*
— *Skepsis*

éppst

du keppst
— kleppst
— kreppst
— peppst
— reppst
— schleppst
— schweppst
— steppst

éppt — épt

er keppt
— kleppt
— kreppt
— peppt
— reppt
— schleppt
— schweppt
— steppt
der Accept
Wechselaccept
— Adept
das Concept
Briefconcept
Urthelsconcept
präconcept
inept
der Nept
Ackernept
Wassernept
das Präcept
— Recept

ēpt

er rept
— strept

épta

die *Accepta*
Sarepta

ēpte

er repte
— strepte

éppte — épte

er keppte
— kleppte
— kreppte
— peppte
— reppte
— schleppte
— schweppte
— steppte
dem Accepte
— Concepte
der inepte
dem Nepte
— Präcepte
— Recepte

épptem — éptem

gekepptem *etc.*
präconceptem
ineptem
Septem

éppten

sie keppten *etc. bis* steppten *siehe* eppt
den Accepten
die Adepten
den Concepten
die inepten
den Präcepten
— Recepten

ēpten

sie repten
— strepten

éppter — épter

ein gekeppter *etc. bis* gesteppter *siehe* eppt
ein präconcepter
— inepter
— Präcepter
das Zepter
Karlszepter
Königszepter
Reichszepter

éptern

einen inepter'n
den Präceptern
— Zeptern
bezeptern
entzeptern

épters

ein inepter's
des Präcepters
— Zepters

épptes — éptes

ein gekepptes *etc. bis* gestepptes *siehe* eppte
des Acceptes
— Conceptes
ein präconceptes
— ineptes
des Receptes

éppteſt — épteſt

du kepptest *etc. bis* stepptest *siehe* eppt
ineptest

éppttet

ihr kepptet *etc. bis* steppttet *siehe* eppt

éptio — éption

die Conception
— Exception
— Susception
— Perception
— Apperception
— Obreption
— Subreption

éptis

exceptis
die *Kleptis*

éptiſch

adeptisch
kleptisch
analeptisch
epileptisch
kataleptisch
metaleptisch
proleptisch
peptisch
apopeptisch
septisch
antiseptisch
skeptisch
protreptisch

éptor

der *Deceptor*
— *Perceptor*
— *Praeceptor*
— *Receptor*

éptors

des Deceptors
— Perceptors
— Präceptors
— Receptors

éptre

ich entzeptre
— bezeptre
eine ineptre

éppts — épts

ein gekeppts *etc. bis* gesteppt's *siehe* eppt
des Accepts
— Concepts
— Präcepts
— Recepts
ein inept's
er verschleppt's *etc.*

éptum

ein *Praeceptum*
— *ineptum*

éppung

die Keppung
— Kleppung

die Kreppung
— Peppung
— Reppung
— Schleppung
— Schweppung
— Steppung

[Nequam]
[Sequens]

ér — érr

das R
ein aasiger
— abc-ender
— abendländischer
— abergläubischer
— abermaliger
— abgefeumterer
— abgefeumtester
— abgelebterer
— abgelebtester
— abgematteter
— abgemergelter
— abgeschmackterer
— abgeschmacktester
— abgöttischer
— abhängiger
— abhängigster
— abmergelnder
— abonnirender
— abscheulicher
— abscheulichster
— abschlägiger
— abschläglicher
— abschüssiger
— abseitiger
— abspenstiger
— abspenstigster
— abstrahirender
— absurderer
— absurdester
— abtrünniger
— abwesender
— academischer
— accreditirterer
— accreditirtester
— accuraterer
— accuratester
— achtender
— geachteter
— Achtziger
— achtzigster
— ackernder
— geackerter
— activerer
— activester
— adelnder
— geadelter
— ächterer
— ächtester
— älterer
— ältester

ein älternder
— ältlicher
— ändernder
— geänderter
— ängstlicher
— ängstlichster
— ärgerer
— ärmerer
— ärmlicher
— ärmlichster
— ärztlicher
— ästhetischer
— ätherischer
— ätzender
— äugelnder
— äusserer
— äusserster
— äussernder
— geäusserter
— affectionirterer
— affectionirtester
— affectirterer
— affectirtester
— agilerer
— agilester
— agirender
— ahndender
— ahnender
— alarterer
— alartester
— alauniger
— alberner
— albernster
— alleiniger
— allenfalsiger
— altbackener
— alternder
— alterthümlicher
— alterthümlichster
— altvätrischer
— altweibischer
— amtlicher
— amtssässiger
— analogischer
— anarchischer
— anarchischster
— andächtiger
— andächtigster
— andächtelnder
— anderer
— anderweitiger
— anfänglicher
— anfrischender
— angeblicher
— angelnder
— geangelter
— anhängiger
— anhängigster
— animirterer
— animirtester
— ankernder

ein anmaſsender
— anmaſsendster
— annehmlicher
— annehmlichster
— anonymischer
— ansässiger
— anschaulicher
— anschlägiger
— anschläglicher
— ansehnlicher
— ansehnlichster
— anständiger
— anständigster
— anstöſsiger
— anstöſsigster
— antikerer
— antikester
— anwesender
— anzettelnder
— angezettelter
— anzüglicher
— anzüglichster
— apodiktischer
— apokalyptischer
— apokryphischer
— apostolischer
— appetitlicher
— appetitlichster
— arbeitender
— gearbeiteter
— architektonischer
— argwöhnischer
— argwöhnischster
— arktischer
— antarktischer
— artiger
— artigster
— gearteter
— aschiger
— astiger
— astrologischer
— astronomischer
— athmender
— aufsätziger
— aufschieblicher
— auftischender
— augenblicklicher
— augenscheinlicher
— augenscheinlichster
— ausdrücklicher
— ausdrücklichster
— ausgiebiger
— ausgiebigster
— aussätziger
— aussätzigster
— auswendiger
— authentischer
— authentischster
— badender
— gebadeter
— bähender

ein gebäheter
— bändiger
— gebändigter
— bärtiger
— bärtigster
— bäurischer
— bäurischster
— bäumender
— bahnender
— baldiger
— baldigster
— ballender
— geballeter
— balsamischer
— balsamischter
— balzender
— bängerer
— bängester
— bangender
— bannender
— barbarischer
— barbarischster
— barchenter
— barscherer
— barschester
— bastener
— batistener
— bauchiger
— bauender
— gebaueter
— verbauernder
— verbauerter
— baulicher
— bäumender
— baumelnder
— bauschender
— baxender
— beantworteter
— beaugenscheinigter
— bebänderter
— bebender
— bedachterer
— bedachtester
— bedächtiger
— bedächtigster
— bedächtlicher
— bedächtlichster
— bedenklicher
— bedenklichster
— bedingterer
— bedingtester
— bedingender
— befehdender
— befehdeter
— befehlender
— befiedernder
— befiederter
— befindlicher
— beflissener
— beflügelnder
— beflügelter

ein befremdender
— befremdeter
— befreundender
— befreundeter
— befruchteter
— befugender
— befugterer
— befugtester
— begabender
— begabterer
— begabtester
— begegnender
— begegneter
— begehrender
— begehrterer
— begehrtester
— begehrlicher
— begehrlichster
— begeisternder
— begeisterter
— beginnender
— begonnener
— beglaubigter
— begliederter
— beglückterer
— beglücktester
— begnadender
— begnadeter
— begnadigter
— begrabener
— begünstigter
— begüterter
— begütigter
— behaarterer
— behaartester
— behändigter
— behafteter
— behagender
— behaglicher
— behaltener
— beharnischter
— beharrlicher
— beharrlichster
— beharzender
— behauptender
— behaupteter
— behelflicher
— behenderer
— behendester
— beherzterer
— beherztester
— behülflicher
— beichtender
— gebeichteter
— beinerner
— beiniger
— beiſsender
— gebissener
— beiſsiger
— beiſsigster
— beizender

ein bejahender
— bejahrter
— bejahrterer
— bejahrtester
— bekannterer
— bekanntester
— bekanntlicher
— beladener
— belagerter
— beleibterer
— beleibtester
— beleidigter
— belesener
— belfernder
— beliebterer
— beliebtester
— beliebiger
— bellender
— bemäntelnder
— bemannender
— bemastender
— bemitleideter
— bemittelter
— bemüſsigter
— benachbarter
— benamender
— gebenedeieter
— beordernder
— beorderter
— bepurpurter
— bequemender
— bequemerer
— bequemlicher
— bequemlichster
— beredterer
— beredtester
— bereichernder
— bereicherter
— bereitender
— bereiterer
— bereitester
— bereiteter
— bergender
— geborgener
— bergiger
— berichtlicher
— berstender
— geborstener
— berühmterer
— berühmtester
— berufener
— beruhigter
— beruſsender
— besänftigter
— besaitender
— besaiteter
— besamender
— besäufender
— beschädigter
— beschäftigter
— beschaffener

ein bescheidener
— bescheidenster
— bescheinigter
— bescherender
— beschleunigter
— beschönigter
— beschuldigter
— beschwerlicher
— beschwerlichster
— beschwichtigter
— beseelender
— besessener
— besichtigter
— besoffener
— besohlender
— besoldender
— besoldeter
— besonderer
— besonnener
— besserer
— beständiger
— bestätigter
— bestallender
— bestalleter
— bestattender
— bestatteter
— bestaudender
— bestaudeter
— bestehender
— bestimmterer
— bestimmtester
— bestürzterer
— bestürzterer
— betaubender
— betagender
— betagterer
— betagtester
— betender
— angebeteter
— betheuernder
— betheuerter
— bethörender
— bethörtester
— betitelnder
— betitelter
— beträchtlicher
— beträchtlichster
— bettelnder
— erbettelter
— bittender
— gebetteter
— bethulicher
— beugender
— gebogener
— gebeugtester
— beutelnder
— gebeutelter
— bevölkernder
— bevölkertster
— bewährterer
— bewährtester
— bewanderter

ein bewegender
— bewogener
— beweglicher
— beweglichster
— bewilligter
— bewirthender
— bewirtheter
— bewundernder
— bewunderter
— beziffernder
— bezifferter
— bezweckender
— bezwinglicher
— biblischer
— biederer
— biederster
— bietender
— gebotener
— bigotterer
— bigottester
— bildender
— gebildeter
— gebildetste
— bildlicher
— billiger
— billigster
— bindender
— gebundener
— birkener
— bittender
— gebetener
— bitterer
— bitterster
— bittlicher
— bizarrerer
— bizarrester
— blätternder
— geblätterter
— blättriger
— bläuender
— gebläueter
— blasender
— geblasener
— blässerer
— blässester
— blätternder
— blattriger
— blauender
— blauester
— blechender
— blecherner
— bleibender
— gebliebener
— bleichender
— erblichener
— bleicherer
— bleichester
— blendender
— geblendeter
— bleyerner
— bleyiger
— blickender

ein blinderer
— blindester
— blinkender
— blinzelnder
— blitzender
— blöderer
— blödester
— blökender
— blonderer
— blondester
— blühender
— blümelnder
— geblümelter
— blumiger
— blutender
— verbluteter
— blutiger
— blutigster
— bockender
— bockiger
—böserer
— bösester
— böslicher
— bohnender
— bohrender
— bolliger
— borgender
— borstiger
— bräuchlicher
— bräunender
— bräunlicher
— brandiger
— bratender
— gebratener
— brauchender
— brauender
— brausender
— bräutlicher
— braverer
— bravester
— brechender
— gebrochener
— breiterer
— breitester
— breitender
— gebreiteter
— brennender
— breterner
— breyiger
— gebrezelter
— brieflicher
— bringender
— bröckelnder
— bronzener
— brotiger
— brüchiger
— brudelnder
— brühender
— gebrüheter
— brüllender
— brünstiger

ein brünstigster
— brüstender
— gebrüsteter
— brütender
— gebrüteter
— brummender
— brunftender
— bübischer
— buchener
— buchstäblicher
— buckliger
— bückender
— büffelnde
— bügelnder
— gebügelter
— bündiger
— bündigster
— bürgender
— eingebürgerter
— burgschaftlicher
— bürstender
— gebürsteter
— büſsender
— buhlender
— bunterer
— buntester
— burleskerer
— burleskester
— burzelnder
— geburzelter
— buschiger
— butternder
— cadukerer
— cadukester
— canonischer
— capernder
— gecaperter
— christlicher
— allerchristlichster
— classischer
— classischster
— completterer
— complettester
— compresserer
— compressester
— concaverer
— concavester
— concentrischer
— conformerer
— conformester
— confuserer
— confusester
— connexerer
— connexester
— convexerer
— convexester
— coquetterer
— coquettester
— correcterer
— correctester
— credenzender

ein dämischer
— dämmernder
— umdämmerter
— dämmeriger
— dämpfender
— dämpfiger
— dammliger
— dampfiger
— dankender
— darbender
— dasiger
— dauernder
— deckender
— dehnender
— gedehnterer
— gedehntester
— demantener
— demüthiger
— demüthigster
— dengelnder
— gedengelter
— denkender
— derberer
— derbester
— dermaliger
— despotischer
— despotischster
— deutelnder
— gedeuteter
— deutlicher
— deutlichster
— dialectischer
— dichtender
— gedichteter
— dichterer
— dichtester
— dickerer
— dickester
— dicklicher
— didaktischer
— diebischer
— dielender
— dienender
— dienlicher
— dienlichster
— dinglicher
— dingender
— directerer
— directester
— discreterer
— discretester
— distelnder
— dithyrambischer
— dörrender
— donlegiger
— donnernder
— angedonnerter
— doppelnder
— doppelter
— dorniger
— dorrender

ein dortiger
— drätherner
— drängender
— gedrängterer
— gedrängtester
— dräuender
— bedräueter
— drastischer
— drauſsriger
— drechselnder
— gedrechselter
— dreckiger
— dreckigster
— drehender
— gedreheter
— dreisterer
— dreistester
— dreyſsigster
— dreschender
— gedroschener
— drillender
— dringender
— gedrungener
— gedrungenster
— dröhnender
— drohender
— gedroheter
— drolliger
— drolligster
— drückender
— gedrückterer
— gedrücktester
— druckender
— drübriger
— duckender
— dudelnder
— gedudelter
— düngender
— gedüngterer
— gedüngtester
— dünkender
— dünnerer
— dünnester
— dünstender
— gedünsteter
— dürfender
— dürftiger
— dürftigster
— dürrerer
— dürrester
— dürstender
— verdürsteter
— duftender
— verdufteter
— duftiger
— duftigster
— duldender
— geduldeter
— dümmerer
— düsterer
— düsterster

ein dumpferer
— dumpfiger
— dumpfigster
— dunkeler
— dunkelster
— dunkelnder
— verdunkelter
— dunstender
— verdunsteter
— dunstiger
— dunstigster
— durchsichtiger
— durchsichtigster
— durstender
— verdursteter
— durstiger
— durstigster
— duselnder
— dusliger
— dutzender
— ebener
— ebenster
— ebnender
— geebneter
— ebenbürtiger
— eckiger
— edelster
— eggender
— geeggeter
— ehlicher
— eherner
— ehester
— ehrender
— geehrterer
— geehrtester
— ehrlicher
— ehrlichster
— eichener
— eidlicher
— eifernder
— eifriger
— eifrigster
— eigener
— eigenhändiger
— eigenliebiger
— eigennütziger
— eigennützigster
— eigenthümlicher
— eilender
— eiliger
— eiligster
— einbildischer
— einhelliger
— einiger
— einigster
— einender
— einmaliger
— einmüthiger
— einstimmiger
— einstmaliger
— eintöniger

ein einträchtlicher
— einträglicher
— einzelner
— vereinzelter
— einziger
— eiserner
— eisiger
— eiteler
— eitelster
— eiternder
— vereiterter
— eitriger
— ekeler
— ekelster
— ekelnder
— elegischer
— elenderer
— elendester
— empfänglicher
— empfangender
— empfangener
— empfehlender
— empfehlendster
— empfohlener
— empfindelnder
— empfindender
— empfundener
— empfindlicher
— empfindlichster
— empirischer
— empörender
— empörendster
— empörterer
— empörtester
— emsiger
— emsigster
— endemischer
— endender
— geendeter
— endlicher
— energischer
— engbrüstiger
— engbrüstigster
— engerer
— engender
— enghalsiger
— englischer
— enkaustischer
— entbehrender
— entbehrlicher
— entbehrlichster
— entblödender
— entblöſsender
— entblöſsterer
— entblöſstester
— enternder
— geenterter
— entjungfernder
— entkräftender
— entkräfteter
— entlarvender
— entlaubender

ein entledigter
— entlegener
— entlegenster
— entleibender
— entmannender
— entmarkender
— entmastender
— entmasteter
— entmenschender
— entnervender
— entnervterer
— entnervtester
— enträthselnder
— enträthselter
— entschädigter
— entschuldigter
— entseelender
— entsetzlicher
— entsetzlichster
— entsündigter
— entübrigter
— entwöhnender
— entwölkender
— entziffernder
— entzifferter
— entzündlicher
— entzündlichster
— entzweyender
— entzweyeter
— epidemischer
— epileptischer
— epischer
— erbärmlicher
— erbärmlichster
— erbarmender
— erbender
— erbitternder
— erbitterter
— erbittertster
— erblassender
— erblicher
— erblindender
— erblindeter
— erblödender
— erblödeter
— erbötiger
— erboſsender
— erboſsterer
— erboſstester
— erbschaftlicher
— erdenklicher
— erdiger
— erdrosselnder
— erdrosselter
— ereignender
— erfahrener
— erfahrenster
— erfreulicher
— erfreulichster
— ergänzender
— ergebenster

ein ergiebiger
— ergiebigster
— ergötzender
— ergötzlicher
— ergötzlichster
— erhabener
— erhabenster
— erheblicher
— erheblichster
— erhörlicher
— erinnernder
— erinnerter
— erklärlicher
— erklecklicher
— erklecklichster
— erkorener
— erläſslicher
— erlaubender
— erlaubterer
— erlaubtester
— erledigter
— erleichternder
— erleichterter
— erlesener
— erlesenster
— erlistender
— erlisteter
— ermannender
— ermattender
— ermatteter
— ermüdender
— ermüdeter
— ermunternder
— ermunterter
— ermuthigter
— erneuernder
— erneueter
— erniedrigter
— ernsterer
— ernstester
— ernstlicher
— ernstlichster
— erntender
— geernteter
— erobernder
— eroberter
— erörternder
— erörterter
— erotischer
— erotischster
— erprobender
— erquickender
— erquicketer
— erquicklicher
— erquicklichster
— erröthender
— errötheter
— ersäufender
— erschlaffender
— erschlaffterer
— erschlafftester

ein erschwerender
— erschwerterer
— erschwertester
— erschwinglicher
— ersetzlicher
— ersprieſslicher
— ersprieſslichster
— ersterer
— erstarkender
— erstattender
— erstatteter
— erstaunlicher
— erstaunlichster
— erträglicher
— erträglichster
— erübrigter
— erwecklicher
— erweislicher
— erwiedernder
— erwiederter
— erwischender
— eselnder
— essender
— gegessener
— etlicher
— etwaniger
— euerer
— euriger
— evangelischer
— ewiger
— excentrischer
— expediterer
— expeditester
— fabelnder
— gefabelter
— fackelnder
— fächelnder
— gefächelter
— fädelnder
— eingefädelter
— fähiger
— fähigster
— fälliger
— fällender
— fälschender
— fälschlicher
— falscherer
— falschester
— fältelnder
— gefältelter
— färbender
— fäumender
— fahrender
— gefahrener
— fahriger
— fahrigster
— fallender
— gefallener
— faltender
— gefalteter
— fangender

ein gefangener
— farbiger
— faselnder
— fasender
— gefaseter
— fasernder
— fassender
— gefassterer
— gefasstester
— faſslicher
— faſslichster
— fastender
— faulender
— faulerer
— faulester
— faulenzender
— fechtender
— gefochtener
— fedriger
— federnder
— fegender
— fehlender
— verfehlterer
— verfehltester
— feigerer
— feigester
— feilender
— gefeilterer
— gefeiltester
— feilerer
— feilester
— feinerer
— feinester
— feindlicher
— feindlichster
— feindseliger
— feindseligster
— felgender
— felsiger
— felsigster
— fernerer
— fernester
— fernender
— entfernterer
— entferntester
— fertiger
— fertigster
— fesselnder
— gefesselter
— festerer
— festester
— festlicher
— festlichster
— fetterer
— fettester
— fettiger
— feuchterer
— feuchtester
— feuchtender
— angefeuchteter
— feuernder

ein abgefeuerter
— feuriger
— feurigster
— feyernder
— gefeyerter
— fichtener
— figürlicher
— filziger
— filzigster
— findender
— gefundener
— fingernder
— finniger
— finsterer
— finsterster
— firmelnder
— fischender
— fispernder
— fixerer
— fixester
— flacherer
— flachester
— flächsener
— flämischer
— flaggender
— flammender
— flammiger
— flatternder
— abgeflatterter
— flauerer
— flauester
— flaumiger
— flechtender
— geflochtener
— fleckender
— fleckiger
— flehender
— erfleheter
— fleischender
— fleischerner
— fleischiger
— fleischigster
— fleischlicher
— fleischlichster
— fleißiger
— fleißigster
— flennender
— fletschender
— flickender
— geflickterer
— geflicktester
— fliegender
— geflogener
— fliehender
— geflohener
— fliessender
— geflossener
— flimmernder
— flinkerer
— flinkester
— flinkernder
— flockiger

ein flöhender
— geflöheter
— flöhiger
— flößender
— flötender
— flotterer
— flottester
— fluchender
— verfluchterer
— verfluchtester
— flüchtender
— geflüchteter
— flüchtiger
— flüchtigster
— geflügelter
— flüssiger
— flüssigster
— flüsternder
— geflüsterter
— fluthender
— fodernder
— gefoderter
— fördernder
— geförderter
— förmlicher
— förmlichster
— folgender
— folgernder
— gefolgerter
— folglicher
— folternder
— gefolterter
— foppender
— forschender
— fräßiger
— fräßigster
— fragender
— frankerer
— frankester
— französischer
— frecherer
— frechester
— fremderer
— fremdester
— fressender
— freudiger
— freudigster
— freuender
— erfreueter
— freundlicher
— freundlichster
— freundschaftlicher
— freundschaftlichster
— befreundender
— befreundeter
— frevelnder
— gefrevelter
— freyerer
— freyester
— freyender
— freygebiger

ein freygebigster
— freymüthiger
— freymüthigster
— friedlicher
— friedlichster
— frierender
— gefrorener
— frischerer
— frischester
— fristender
— gefristeter
— frivolerer
— frivolester
— fröhlicher
— fröhlichster
— fröhnender
— frömmelnder
— frömmerer
— frömmester
— fröstelnder
— froherer
— frohester
— frohlockender
— frommender
— frostiger
— frostigster
— fruchtender
— früherer
— frühester
— fuchtelnder
— gefuchtelter
— fügender
— füglicher
— füglichster
— fühlender
— führender
— füllender
— fündiger
— fündigster
— fünfzigster
— fürchtender
— gefürchteter
— fürstlicher
— gefürsteter
— füsselnder
— futternder
— gefütterter
— funkelnder
— fußender
— gabelnder
— gegabelter
— gackernder
— gähnender
— gährender
— gegohrener
— gängelnder
— gegängelter
— gänzlicher
gaffender
galliger
garstiger

ein garstigster
— gastlicher
— gattender
— begatteter
— gatternder
— ergatterter
— gaukelnder
— umgaukelter
— gaunernder
— geäderter
gearteter
— gebärender
— geborener
— gebender
— gegebener
— geberdender
— gebietender
— gebietrischer
— gebirgiger
— gebirgigster
— gebirgischer
— gebrechlicher
— gebrechlichster
— gebührender
— gebührlicher
— gebührlichster
— gebürtiger
— gedeihender
— gediehener
— gedeihlicher
— gedeihlichster
— gediegener
— gediegenster
— geduldiger
— geduldigster
— gefährdender
— gefährdeter
— gefährlicher
— gefährlichster
— gefallender
— gefälliger
— gefälligster
— gefänglicher
— gefügiger
— gefügigster
— gegenseitiger
— gegentheiliger
— gegenwärtiger
— gehässiger
— gehässigster
— geheimerer
— geheimester
— gehender
— gegangener
— gehöriger
— gehorchender
— geifernder
— begeifernder
— geigender
— geilerer
— geilester

ein geißelnder
— gegeißelter
— geistiger
— geistigster
— geistlicher
— geiziger
— geizigster
— geizender
— geläufiger
— geläufigster
— gelassener
— gelassenster
— gelberer
— gelbester
— gelblicher
— gelegener
— gelegenster
— gelehrterer
— gelehrtester
— gelenkerer
— gelenkester
— geliefernder
— gelieferter
— gelinderer
— gelindester
— gelingender
— gelungener
— gelungenster
— geltender
— vergoltener
— gelüstender
— gemächlicher
— gemächlichster
— gemäßerer
— gemäßester
— gemäßigter
— gemäßigtster
— gemeinerer
— gemeinester
— gemüthlicher
— gemüthlichster
— genauerer
— genauester
— genehmigter
— geneigterer
— geneigtester
— genesender
— genesener
— genießender
— genossener
— genießlicher
— genießlichster
— genügender
— genüglicher
— geometrischer
— geraderer
— geradester
— geräumiger
— geräumigster
— gerbender
— gerechterer
— gerechtester

ein gerichtlicher
— geringerer
— geringester
— gerinnender
— geronnerer
— geschäftiger
— geschäftigster
— geschäftlicher
— geschehener
— geschehender
— gescheiderer
— gescheidester
— geschichtlicher
— geschickterer
— geschicktester
— geschmeidiger
— geschmeidigster
— geschwätziger
— geschwätzigster
— geschwinderer
— geschwindester
— geselliger
— geselligster
— gesellender
— gesetzlicher
— gesetzlichster
— gesetzterer
— gesetztester
— gesitteter
— gesittetster
— gesprächiger
— gesprächigster
— geständiger
— gestaltender
— gestalteter
— gestattender
— gestatteter
— gestehender
— gestriger
— gesünderer
— gesündester
— getrosterer
— getrostester
— gewährender
— gewärtiger
— gewäschiger
— gewäschigster
— gewaltiger
— gewaltigster
— gewandterer
— gewandtester
— gewiegterer
— gewiegtester
— gewinnender
— gewonnener
— gewisserer
— gewissester
— gewöhnender
— gewöhnlicher
— gewöhnlichster
— gewogener

ein gewogenster
— gewohnender
— gewohnterer
— gewohntester
— gichtischer
— gieriger
— gierigster
— gieſsender
— gegossener
— giftiger
— giftender
— vergiftender
— girrender
— gitternder
— vergitterter
— glänzender
— glänzendster
— gläserner
— glättender
— geglätteter
— gläubiger
— gläubigster
— glätterer
— glättester
— glaubender
— glaublicher
— glaublichster
— gleichender
— verglichener
— gleicherer
— gleichester
— gleitender
— abgeglittener
— gegliederter
— glimmender
— verglommener
— glimpflicher
— glimpflichster
— glimmernder
— glitschender
— gluckender
— glucksender
— glückender
— glücklicher
— glücklichster
— glühender
— glühendster
— geglüheter
— gnädiger
— gnädigster
— gönnender
— göttlicher
— goldener
— vergoldeter
— grabender
— gegrabener
— gräflicher
— grämender
— grämlicher
— grämlichster
— gräſslicher

ein gräſslichster
— grätiger
— grätschelnder
— gräulicher
— gräulichster
— grasender
— grasiger
— grauerer
— grauester
— grauender
— graulicher
— grauserer
— grausester
— grausender
— greifender
— gegriffener
— greinender
— greisender
— grellerer
— grellester
— grenzender
— griechelnder
— griechenzender
— griechischer
— grieſsiger
— grilliger
— grilligster
— grimmiger
— grimmigster
— grindiger
— grinsender
— gröberer
— gröbester
— gröblicher
— gröblichster
— grölender
— gröſserer
— gröſsester
— grollender
— groſsmögender
— groſsmüthiger
— groſsmüthigster
— groteskerer
— groteskester
— grubiger
— grübelnder
— ergrübelter
— grünerer
— grünender
— gründlicher
— gründlichster
— gründender
— gegründeter
— grüſsender
— gukender
— güldener
— gültiger
— gültigster
— günstiger
— günstigster
— gürtender
— gegürteter

ein gütiger
— gütigster
— gütlicher
— gurgelnder
— gypsender
— gypsener
— begypseter
— haariger
— habender
— hackender
— hadernder
— häkelnder
— gehäkelter
— häkliger
— häkligster
— hämischer
— hämischster
— hämmernder
— gehämmerter
— hänfener
— hängender
— gehangener
— hänselnder
— gehänselter
— härender
— härener
— härmender
— härtender
— härterer
— härtester
— gehärteter
— härtlicher
— härtlichster
— häſslicher
— häſslichster
— hätschelnder
— verhältschelter
— häufelnder
— gehäufelter
— häufender
— häufiger
— häufigster
— häuslicher
— häuslichster
— häutender
— gehäuteter
— häutiger
— haftender
— behafteter
— hagelnder
— verhagelter
— hakiger
— hallender
— haltender
— gehaltener
— handelnder
— behandelter
— hangender
— hapernder
— harfender
— harmonischer
— geharnischter

ein haschender
— haspelnder
— gehaspelter
— hassender
— gehaſsterer
— gehaſstester
— hastiger
— hastigster
— hauchender
— haudernder
— hauender
— gehauener
— hausender
— hebender
— gehobener
— hechelnder
— gehechelter
— heckender
— heckiger
— heckigster
— hefiger
— hefigster
— heftelnder
— geheftelter
— heftiger
— heftigster
— hegender
— hehlender
— heidnischer
— heilender
— heiliger
— heiligster
— heimischer
— heimlicher
— heimlichster
— heischender
— heiserer
— heiserster
— heiſserer
— heiſsester
— heiſsender
— geheiſsener
— heiterer
— heiterster
— heiternder
— erheiterter
— heizender
— hektischer
— helfender
— beholfener
— hellerer
— hellester
— hellenischer
— hellender
— hemmender
— henkelnder
— gehenkelter
— verhenkerter
— herberer
— herbester
— herbstlicher

ein heroischer
— herrlicher
— herrischer
— herrlichster
— herrschender
— herziger
— herzlicher
— herzlichster
— herzender
— beherzterer
— beherztester
— heuchelnder
— geheuchelter
— heuernder
— heulender
— heuriger
— heutiger
— hexender
— hetzender
— hiesiger
— himmlischer
— hindernder
— gehinderter
— hinkender
— hinterer
— hinterster
— historischer
— hitzender
— hitziger
— hitzigster
— hobelnder
— gehobelter
— höhender
— erhöheter
— höherer
— höhester
— hochmögender
— hochmüthiger
— hochzeitlicher
— hockender
— höchlicher
— höchlichster
— höckriger
— höfischer
— höflicher
— höflichster
— höhlender
— höhnender
— höhnischer
— hökender
— höllischer
— hölzerner
— hörender
— höriger
— hörnerner
— hoffender
— holderer
— holdester
— holender
— holzender
— horchender
— horniger

ein horstender
— hudelnder
— gehudelter
— hübscherer
— hübschester
— hüllender
— hülsiger
— hündischer
— hütender
— gehüteter
— humpelnder
— hungernder
— verhungerter
— hungriger
— hungrigster
— hurender
— hurtiger
— hurtigster
— hustender
— huzelnder
— verhuzelter
— hydraulischer
— hyperbolischer
— hypochondrischer
— hysterischer
— identischer
— idyllischer
— ihriger
— impfender
— inländischer
— innerer
— innerster
— inniger
— innigster
— invaliderer
— invalidester
— inwendiger
— irdener
— irdischer
— irrender
— irriger
— irrigster
— itziger
— jachternder
— jähliger
— jähriger
— jährlicher
— jagender
— jammernder
— bejammerter
— jauchzender
— jeglicher
— jetziger
— jubelnder
— juchtener
— juckender
— jüdelnder
— jüdischer
— jüngerer
— jüngester
— kälbernder

ein kälberner
— kältender
— erkälteter
— kälterer
— kältester
— kältlicher
— kämmender
— kämpfender
— kärglicher
— kärglichster
— käsender
— käsiger
— käuender
— gekäueter
— käuflicher
— kahlerer
— kahlester
— kahmender
— kahmiger
— kalkiger
— kalmäusernder
— kantiger
— kappender
— kardätschender
— kargender
— karrender
— kartender
— gekarteter
— kasteyender
— katogorischer
— katholischer
— kauender
— kauernder
— gekauerter
— kaufender
— keckerer
— keckester
— kegelnder
— kehlender
— kehrender
— keifender
— ausgekiffener
— keilender
— keimender
— kellernder
— eingekellerter
— kelternder
— gekelterter
— kennender
— kenntlicher
— kerbender
— einkerkernder
— eingekerkerter
— kerniger
— kettender
— verketteter
— verketzernder
— verketzerter
— keuchender
— keuscherer
— keuschester

eiu kichernder
— kieferner
— kielender
— kiesender
— kiesiger
— kindelnder
— kindernder
— kindischer
— kindlicher
— kindlichster
— kippender
— kirchlicher
— kirchlichster
— kittender
— gekitteter
— kitzelnder
— gekitzelter
— kitzlicher
— kitzlichster
— kläffender
— kläglicher
— kläglichster
— klärender
— klärlicher
— klaffender
— klafternder
— umklafterter
— klagender
— klammernder
— geklammerter
— klappender
— klappernder
— geklapperter
— klarerer
— klarester
— klatschender
— klaubender
— klebender
— klebriger
— kleckender
— klecksender
— kleidender
— gekleideter
— kleinerer
— kleinester
— verkleinernder
— verkleinerter
— kleinlicher
— kleinlichster
— kleisternder
— gekleisterter
— kleistriger
— klemmender
— kleppernder
— kletternder
— erkletterter
— klimmender
— klimpernder
— vorgeklimperter
— klingender
— verklungener
— klingelnder

ein geklingelter
— klinischer
— klinkender
— klippiger
— klirrender
— klitschender
— klöppelnder
— geklöppelter
— klopfender
— kloſsiger
— klüftiger
— klügelnder
— ausgeklügelter
— klügerer
— klügester
— klüglicher
— knackender
— knallender
— knapperer
— knappester
— knarpelnder
— knarrender
— knarriger
— knasternder
— knastriger
— knaupelnder
— abgeknaupelter
— knausernder
— knausriger
— knebelnder
— geknebelter
— knechtischer
— kneifender
— gekniffener
— kneipender
— geknippener
— knetender
— gekneteter
— knickender
— knickernder
— knickriger
— knickrigster
— knicksender
— knieender
— knippsender
— knirschender
— knisternder
— knitternder
— knochiger
— knöcherner
— knöpfender
— knötelnder
— geknötelter
— knolliger
— knorpliger
— knorriger
— knospender
— knotiger
— knüllender
— knüpfender
— knüttelnder
— knurrender

ein knurriger
— knutender
— geknuteter
— kochender
— gekochter
— ködernder
— geköderter
— könnender
— köpfender
— körnender
— körniger
— köstlicher
— köstlichster
— kolbiger
— kollernder
— komischer
— komischster
— kommender
— gekommener
— koppelnder
— gekoppelter
— korkener
— kosender
— kostender
— gekosteter
— kothiger
— krabbelnder
— gekrabbelter
— krachender
— krächzender
— kräftiger
— kräftigster
— bekräftigter
— krähender
— krällender
— krämernder
— krämpelnder
— gekrämpelter
— kränkelnder
— kränkender
— kränklicher
— kränkerer
— kränkester
— krätziger
— krätzigster
— kräuslicher
— kräuselnder
— gekräuselter
— kräutriger
— krallender
— kramender
— krampfender
— krampfiger
— kratzender
— krauserer
— krausester
— krautiger
— krebsender
— kreidender
— gekreideter
— kreidiger
— kreisender

ein kreissender
— kreppischer
— kreuzender
— kribbelnder
— krickelnder
— kricklicher
— kriechender
— gekrochener
— kriegender
— kriegischer
— kriegrischer
— krimpender
— krittelnder
— bekrittelter
— kritzelnder
— gekritzelter
— krönender
— kropfiger
— krümelnder
— gekrümelter
— krümmender
— gekrümmeter
— krümmerer
— krümmester
— krüppliger
— verkrüppelter
— kruspiger
— krustiger
— krystallener
— kubischer
— kühlerer
— kühlester
— kühlender
— kühnerer
— kühnester
— kümmernder
— bekümmerter
— künftiger
— künstelnder
— gekünstelter
— künstlicher
— künstlichster
— kürzerer
— kürzester
— kürzlicher
— küssender
— küſslicher
— kugliger
— kugelnder
— gekugelter
— kundiger
— kundigster
— kundschaftender
— kupfriger
— kupferner
— kuppelnder
— gekuppelter
— kurzröckiger
— kurzsichtiger
— kurzsichtigster
— kurzweiliger
— kurzweiligster

ein kuschender
— labender
— labeterer
— labetester
— lachender
— lachendster
— ladender
— geladener
— lächelnder
— angelächelter
— lähmender
— ländlicher
— längerer
— längester
— länglicher
— läppernder
— geläpperter
— läppischer
— läppischster
— lärmender
— läſsiger
— läſsigster
— lästernder
— gelästerter
— lästiger
— lästigster
— läufiger
— läugnender
— geläugneter
— läutender
— eingeläuteter
— läuternder
— geläuterter
— lagernder
— gelagerter
— lahmerer
— lahmester
— laichender
— lallender
— landender
— gelandeter
— langarmiger
— langbeiniger
— langender
— langmüthiger
— langnasiger
— langohriger
— langweiliger
— langweiligster
— langwieriger
— langwierigster
— lappiger
— lassender
— lasserer
— lassester
— lastender
— belasteter
— lateinischer
— lattender
— gelatteter
— lauerer
— lauester

ein laubiger
— lauernder
— belauerter
— laufender
— gelaufener
— laugender
— laulicher
— laulichster
— launiger
— launigster
— launischer
— launischster
— lauschender
— lausender
— lausiger
— lausigster
— lauterer
— lautester
— lautender
— verlauteter
— lauterer
— lauterster
— lebender
— lebendiger
— lebendigster
— lechzender
— leckerer
— leckester
— leckender
— leckerer
— leckerster
— lederner
— ledernder
— lediger
— ledigster
— erledigter
— leerender
— leerester
— legender
— lehmerner
— lehmiger
— lehnender
— lehrender
— gelehrterer
— gelehrtester
— gelehriger
— gelehrigster
— leiblicher
— leichterer
— leichtester
— leidender
— leidiger
— leidlicher
— leidlichster
— leihender
— leimender
— leimiger
— leinener
— leiserer
— leisester
— leistender
— geleisteter

ein leitender
— geleiteter
— lenkender
— gelenketer
— lernender
— lesender
— gelesener
— lettiger
— leuchtender
— erleuchteter
— letzender
— letzterer
— lichterer
— lichtester
— lichtender
— gelichteter
— liebender
— geliebterer
— geliebtester
— lieberer
— liebelnder
— lieblicher
— lieblichster
— liedelnder
— liefernder
— gelieferter
— liegender
— gelegener
— lindernder
— gelinderter
— linkerer
— linkester
— linkischer
— linkischster
— liquiderer
— liquidester
— lispelnder
— gelispelter
— listiger
— listigster
— liturgischer
— lobender
— lockender
— lockerer
— lockerster
— lockernder
— aufgelockerter
— lockiger
— lodernder
— aufgeloderter
— löblicher
— löblichster
— löchernder
— durchlöcherter
— löchriger
— löchrigster
— löffelnder
— gelöffelter
— löschender
— lösender
— löslicher

ein löthender
— gelötheter
— lohnender
— loserer
— losester
— losender
— lückiger
— lüftender
— gelüfteter
— lügender
— gelogener
— lüstelnder
— lüsterner
— lüsternster
— luftiger
— luftigster
— lumpender
— lumpiger
— lumpigster
— lungernder
— lustiger
— lustigster
— lutherischer
— lyrischer
— machender
— mächtiger
— mächtigster
— gemäheter
— mähender
— mähliger
— mäkelnder
— männlicher
— männlichster
— mäſsiger
— mäſsigster
— gemäſsigter
— mästender
— gemästeter
— gemästetster
— magerer
— magernder
— magerster
— abgemagerter
— magischer
— magischster
— mahlender
— gemahlener
— mahnender
— makelnder
— bemakelter
— malender
— malthesischer
— malzender
— mandelnder
— gemandelter
— mangelnder
— bemängelnder
— bemängelter
— manierlicher
— manierlichster
— manschender

ein markiger
— marmorner
— marternder
— gemarterter
— masriger
— massiverer
— massivester
— mattender
— gematteter
— matterer
— mattester
— mauender
— mauernder
— gemauerter
— maulender
— mauliger
— breitmauliger
— mausender
— mausernder
— maufsiger
— meckernder
— hergemeckerter
— medicinischer
— mehliger
— mehrerer
— mehrester
— mehrender
— mehrmaliger
— meiniger
— meineidiger
— meifselnder
— gemeifselter
— meisternder
— gemeisterter
— melancholischer
— meldender
— gemeldeter
— melkender
— gemolkener
— melodischer
— melodischster
— mengender
— gemengterer
— gemengtester
— menschlicher
— menschlichster
— merkender
— messender
— gemessener
— gemessenster
— messingener
— metallischer
— metonymischer
— meuchelnder
— metzender
— metzelnder
— gemetzelter
— miethender
— gemietheter
— milchender
— milchiger
— milderer

ein mildester
— mildernder
— gemilderter
— milziger
— minderer
— mindester
— mindernder
— geminderter
— mischender
— gemischterer
— gemischtester
— mifslicher
— mifslichster
— missender
— mifshelliger
— mifshelligster
— mifsmüthiger
— mifsmüthigster
— mifstrauischer
— mifstrauischster
— mistender
— gemisteter
— mistiger
— mitleidiger
— mitleidigster
— mittelnder
— vermittelter
— mittelster
— modischer
— modischster
— modelnder
— gemodelter
— modernder
— gemoderter
— mögender
— möglicher
— möglichster
— mönchischer
— mördrischer
— möhrischer
— monarchischer
— monatlicher
— mondlicher
— morastiger
— morastigster
— morscherer
— morschester
— mosaischer
— mostiger
— muckender
— mucksender
— müderer
— müdester
— müffender
— mühender
— mündender
— gemündeter
— mündiger
— mündlicher
— münzender
— mürberer

ein mürbester
— mürrischer
— mürrischster
— müssender
— müssiger
— müssigster
— muffiger
— mulmiger
— mundender
— munterer
— munterster
— murmelnder
— gemurmelter
— murrender
— muschliger
— musternder
— gemusterter
— muthiger
— muthigster
— muthender
— gemutheter
— mutzender
— mutziger
— myrthener
— mythischer
— nachahmender
— nachdenklicher
— nachdrücklicher
— nachdrücklichster
— nachgiebiger
— nachgiebigster
— nachheriger
— nachrichtlicher
— nackender
— nacketer
— nächtlicher
— näherer
— nähester
— nähender
— genäheter
— nähernder
— genäherter
— nährender
— genährterer
— genährtester
— nahrlicher
— nämlicher
— närrischer
— närrischster
— näselnder
— näschiger
— näschigster
— nässender
— nässerer
— nässester
— nagelnder
— genagelter
— nagender
— naiverer
— naivester
— narbiger

ein narbigster
— narrender
— naschender
— natürlicher
— natürlichster
— nebelnder
— benebelter
— nebliger
— neckender
— neckischer
— neckischster
— nehmender
— genommener
— neidender
— beneideter
— neidischer
— neidischster
— neigender
— nennender
— nerviger
— nervigster
— nestelnder
— genestelter
— neuerer
— neuester
— neulicher
— neuernder
— erneuerter
— neunzigster
— neutestamentlicher
— netzender
— nichtiger
— nichtigster
— nickender
— niedlicher
— niedlichster
— niedriger
— niedrigster
— niesender
— nippender
— nistender
— genisteter
— nördlicher
— nördlichster
— nöthiger
— nöthigster
— nordischer
— notarischer
— nudelnder
— genudelter
— nüchterner
— nüchternster
— nützender
— nützlicher
— nussender
— oberer
— oberster
— oberflächlicher
— oberflächlichster
— oberschlächtiger
— obrigkeitlicher
— ochsiger

ein öderer
— ödester
— öffnender
— geöffneter
— öfterer
— ökonomischer
— ökonomischster
— öliger
— öligster
— örtlicher
— östlicher
— offener
— offenster
— oftmaliger
— ohrfeigender
— oligarchischer
— opfernder
— geopferter
— optischer
— oratorischer
— ordnender
— geordneter
— orgelnder
— georgelter
— ottomannischer
— paarender
— pachtender
— gepachteter
— packender
— päckelnder
— gepäckelter
— päpstlicher
— pantomimischer
— papernder
— papierener
— papierelnder
— pappender
— paradiesischer
— parteyischer
— parteylicher
— parteylichster
— paschender
— passender
— passiverer
— passivester
— paſslicher
— paſslichster
— patriotischer
— patriotischster
— patschender
— paukender
— pechiger
— pedantischer
— peinlicher
— peinlichster
— peitschender
— pelzender
— pelziger
— pensiverer
— pensivester
— peremtorischer

ein perfecterer
— perfectester
— persönlicher
— persönlichster
— pfäffischer
— pfählender
— pfändender
— gepfändeter
— pfeffernder
— gepfefferter
— pfeifender
— gepfiffener
— pferchender
— pfiffiger
— pfiffigster
— pflanzender
— pflasternder
— gepflasterter
— pflegender
— gepflogener
— pfleglicher
— pfleglichster
— pflichtiger
— pflichtigster
— verpflichteter
— verpflichtetster
— pflockender
— pflückender
— pflügender
— pfropfender
— pfuschender
— phantastischer
— phantastischster
— pharmaceutischer
— philosophischer
— philosophischster
— physiognomischer
— physischer
— pichender
— pilgernder
— pimpelnder
— vorgepimpelter
— pinselnder
— gepinselter
— pispernder
— gepisperter
— plackender
— plänkelnder
— plänkernder
— plättender
— geplätteter
— plätschernder
— plagender
— geplagterer
— geplagtester
— planerer
— planester
— plappernder
— geplapperter
— plattender
— geplatteter

ein plaudernder
— verplauderter
— platzender
— plerrender
— plötzlicher
— plündernder
— geplünderter
— plüschener
— plumpender
— pochender
— podagrischer
— pökelnder
— gepökelter
— polemischer
— polizeylicher
— polsternder
— gepolsterter
— polternder
— gepolterter
— porzellanener
— posaunender
— prachernder
— prächtiger
— prächtigster
— praktischer
— praktischster
— präciserer
— präcisester
— prägender
— prahlender
— prallerer
— prallester
— prallender
— prangender
— prasselnder
— herabgeprasselter
— prassender
— pregelnder
— preisender
— gepriesener
— preislicher
— preislichster
— prellender
— prellernder
— geprellerter
— pressender
— gepreſsterer
— gepreſstester
— prinzlicher
— pritschender
— procentiger (1- 2- *etc.*)
— profanerer
— profanester
— prophezeihender
— prophezeiheter
— prosaischer
— prosaischster
— prosodischer
— protziger
— protzigster
— provisorischer
— prüfender

ein geprüfterer
— geprüftester
— prügelnder
— geprügelter
— prunkender
— pudernder
— gepuderter
— pülvernder
— gepülverter
— pünctlicher
— pünctlichster
— puffender
— pumpender
— punschender
— purpurner
— putzender
— geputzterer
— geputztester
— quacksalbernder
— quäkender
— quälender
— quakender
— quarziger
— quatschliger
— quellender
— gequollener
— quetschender
— quikender
— quirlender
— gequirleter

— rabbinischer
— rackernder
— abgerackerter
— rächender
— gerochener
— rädernder
— geräderter
— rändelnder
— gerändelter
— rändernder
— geränderter
— räthlicher
— räthlichster
— räubrischer
— räuchernder
— geräucherter
— räuchriger
— räudiger
— räudigster
— räumender
— aufgeräumterer
— aufgeräumtester
— räuspernder
— raffender
— ragender
— rahmender
— rammelnder
— gerammelter
— rammender
— rankender
— ranzender

ein ranziger
— ranzigster
— rappelnder
— rascherer
— raschester
— rasender
— rasendster
— rasiger
— raspelnder
— geraspelter
— rasselnder
— rastender
— gerasteter
— rathender
— gerathener
— gerathenster
— raubender
— rauchender
— raucherer
— rauchester
— raufender
— rauherer
— rauhester
— raunender
— raupender
— rauschender
— rauschendster
— rechender
— gerecheter
— rechnender
— gerechneter
— rechtender
— verrechteter
— rechtlicher
— rechtlichster
— rechtschaffener
— rechtschaffenster
— reckender
— gerecketer
— redender
— geredeter
— redlicher
— redlichster
— regerer
— regester
— regender
— regelnder
— geregelter
— regnender
— beregneter
— regniger
— reibender
— geriebener
— reicherer
— reichester
— reichender
— reichhaltiger
— reichhaltigster
— reichlicher
— reichlichster
— reifender
— reiferer

ein reifester
— reiflicher
— reiflichster
— reihender
— gereiheter
— reimender
— ungereimtester
— reinerer
— reinester
— reinlicher
— reinlichster
— reisender
— reissender
— gerissener
— reitender
— gerittener
— reizender
— rekelnder
— gerekelter
— rennender
— rettender
— geretteter
— bereuender
— bereueter
— reuiger
— reuigster
— richtender
— gerichteter
— richtiger
— richtigster
— riechender
— gerochener
— riegelnder
— geriegelter
— rieselnder
— riesiger
— riffelnder
— geriffelter
— rigolender
— rinderner
— rindiger
— rindigster
— ringelnder
— geringelter
— ringender
— gerungener
— rinnender
— geronnener
— rippelnder
— rissiger
— ritzender
— röchelnder
— römischer
— röstender
— gerösteter
— röthender
— gerötheter
— rötherer
— röthester
— röthlicher
— roherer
— rohester

ein rohrender
— rohriger
— rollender
— romantischer
— rosiger
— rossender
— rostender
— gerosteter
— rostiger
— rottender
— gerotteter
— rotziger
— rudernder
— geruderter
— rückender
— verrückterer
— verrücktester
— rückgängiger
— rügender
— rühmender
— rühmlicher
— rühmlichster
— rührender
— gerührterer
— gerührtester
— rülpsender
— rümpfender
— ründender
— geründeter
— rüstender
— gerüsteter
— rüsterner
— rüstiger
— rüstigster
— rüttelnder
— gerüttelter
— rufender
— gerufener
— ruhender
— geruheter
— ruhiger
— ruhigster
— ruhmrediger
— ruhmredigster
— ruhrender
— rumorender
— rumpelnder
— gerumpelter
— runderer
— rundester
— rundlicher
— runzelnder
— gerunzelter
— runzliger
— runzligster
— rupfender
— ruppiger
— ruppigster
— rufsiger
— rutschender
— sachlicher
— sachterer

ein sachtester
— sackender
— säbelnder
— gesäbelter
— säckender
— säender
— gesäeter
— sägender
— sämmtlicher
— gesättigter
— säubernder
— gesäuberter
— säuernder
— gesäuerter
— säugender
— säuischer
— säumender
— säumiger
— säumigster
— säuselnder
— gesäuselter
— saftender
— entsafteter
— saftiger
— saftigster
— sagender
— salbender
— salpetriger
— salzender
— gesalzener
— salziger
— sammelnder
— gesammelter
— sammtener
— versandeter
— sandiger
— sanfterer
— sanftester
— sanftmüthiger
— sanguinischer
— sanguinischster
— sarkastischer
— satterer
— sattester
— sattelnder
— gesattelter
— satyrischer
— sauberer
— sauberster
— sauerer
— sauerster
— sauernder
— versauerter
— saufender
— gesoffener
— saugender
— gesogener
— saumseliger
— saumseligster
— sausender
— scenischer

ein schabender
— schachernder
— verschacherter
— schachtelnder
— geschachtelter
— schadender
— schäbiger
— schäbigster
— schädlicher
— schädlichster
— schäftender
— geschäfteter
— schäkernder
— schälender
— schämender
— verschämterer
— verschämtester
— schämiger
— schämigster
— schändender
— geschändeter
— schändlicher
— schändlichster
— schärfender
— geschärfterer
— geschärftester
— schärferer
— schärfester
— schätzender
— geschätzterer
— geschätztester
— schäumender
— schaffender
— geschaffener
— schalerer
— schalester
— schalkerer
— schalkester
— schallender
— verschollener
— schaltender
— eingeschalteter
— schanzender
— scharbender
— scharlachner
— scharrender
— scharmützelnder
— schartiger
— schartigster
— schattender
— beschatteter
— schattiger
— schattigster
— schaudernder
— schauender
— schauernder
— schaufelnder
— geschaufelter
— schaukelnder
— geschaukelter
— schatzender
ein scheckiger
— scheffelnder
— scheibiger
— scheidender
— geschiedener
— scheinender
— beschienener
— scheitelnder
— gescheitelter
— scheiternder
— gescheiterter
— schellender
— schelmischer
— schelmischster
— scheltender
— gescholtener
— schenkender
— scherender
— geschorener
— scherzender
— scheuender
— scheuerer
— scheuester
— scheuchender
— scheuernder
— gescheuerter
— scheuſslicher
— scheuſslichster
— schichtender
— geschichteter
— schickender
— schicklicher
— schicklichster
— schiebender
— geschobener
— verschieblicher
— schieferer
— schiefester
— schiefernder
— geschieferter
— schiefriger
— schielender
— schienender
— schieſsender
— geschossener
— schiffender
— schildernder
— geschilderter
— schillernder
— schimmelnder
— verschimmelter
— schimmernder
— schimpfender
— schimpflicher
— schimpflichster
— schindender
— geschundener
— schirmender
— schlachtender
— geschlachteter
— schlackiger
ein schläfernder
— schläfriger
— schläfrigster
— schlängelnder
— geschlängelter
— schlafender
— verschlafener
— schlagender
— geschlagener
— schlammiger
— schlammigster
— schlankerer
— schlankester
— schlappender
— schlappiger
— schlauerer
— schlauester
— schlechterer
— schlechtester
— verschlechternder
— verschlechterter
— schleckernder
— schleichender
— erschlichener
— schleifender
— geschliffener
— schleifiger
— schleimender
— schleimiger
— schleiſsender
— verschlissener
— schlemmender
— schlendernder
— schlenkernder
— geschlenkerter
— schleppender
— schleudernder
— geschleuderter
— schleuniger
— schleunigster
— schlichterer
— schlichtester
— schlichtender
— geschlichteter
— schlieſsender
— geschlossener
— schlieſslicher
— schliffiger
— schlimmerer
— schlimmester
— schlingender
— geschlungener
— schlitzender
— schlotternder
— schlottriger
— schluchzender
— schluckender
— schludernder
— schludriger
— schlüpfender
— schlüpfriger

ein schlüpfrigster
— schlürfender
— schlüssiger
— schlummernder
— entschlummerter
— schlumpiger
— schmachtender
— verschmachteter
— schmaddernder
— geschmadderter
— schmächtiger
— schmächtigster
— schmähender
— geschmäheter
— schmähliger
— schmähligster
— schmälender
— schmälernder
— geschmälerter
— schmalerer
— schmalester
— schmalzender
— schmarozender
— schmausender
— schmatzender
— schmeckender
— schmeichelnder
— geschmeichelter
— schmeißender
— geschmissener
— schmelzender
— geschmolzener
— schmerzender
— schmerzlicher
— schmerzlichster
— schmetternder
— geschmetterter
— schmiedender
— geschmiedeter
— schmiegender
— schmierender
— schmieriger
— schmierigster
— schminkender
— schmitzender
— schmollender
— schmorender
— schmückender
— geschmückterer
— geschmücktester
— schmuggelnder
— eingeschmuggelter
— schmunzelnder
— schmuzender
— schmuziger
— schmuzigster
— schnäbelnder
— geschnäbelter
— schnäuzender
— schnackischer
— schnallender

ein schnalzender
— schnappender
— schnappernder
— schnarchender
— schnarrender
— schnatternder
— hergeschnatterter
— schnaubender
— schnaufender
— schneeiger
— schneidelnder
— geschneidelter
— schneidender
— geschnittener
— schneidernder
— schneiender
— beschniener
— beschneieter
— schnellender
— schnellerer
— schnellester
— schniebender
— schnippender
— schnippischer
— schnitzelnder
— schnitzernder
— schnöderer
— schnödester
— schnörkelnder
— geschnörkelter
— schnürender
— schnupfender
— schnurrender
— schnurriger
— schnurrigster
— schönerer
— schönester
— schöpfender
— scholastischer
— schonender
— schorfiger
— schossender
— schrägerer
— schrägester
— schränkender
— beschränkterer
— beschränktester
— schraubender
— geschraubterer
— geschraubtester
— schreckender
— erschrockener
— schrecklicher
— schrecklichster
— schreibender
— geschriebener
— schreitender
— beschrittener
— schreyender
— geschrieener
— schriftlicher

ein schriftstellernder
— schröpfender
— schrofferer
— schroffester
— schrotender
— geschroteter
— schrumpfender
— schrumpfiger
— schüchterner
— schüchternster
— verschüchterter
— schürender
— schürfender
— schürzender
— schüttelnder
— geschüttelter
— schüttender
— geschütteter
— schütternder
— erschütterter
— schützender
— schuftiger
— schuldender
— verschuldeter
— schuldiger
— schuldigster
— schuppender
— schuppiger
— schurkischer
— schusternder
— eingeschusterter
— schwächerer
— schwächester
— schwächender
— schwängernder
— geschwängerter
— schwänzelnder
— schwänzender
— schwärender
— geschworener
— schwärmender
— schwärzender
— schwärzerer
— schwärzester
— schwärzlicher
— schwammiger
— schwammigster
— schwangerer
— schwankender
— schwartiger
— schwatzender
— schwebender
— schwefelnder
— geschwefelter
— schweflicher
— schweifender
— schweigender
— verschwiegener
— schweinerner
— schweinischer
— schweißender
— schweißiger

ein schwelgender
— schwellender
— geschwollener
— schwemmender
— schwenkender
— schwererer
— schwerester
— schwieriger
— schwierigster
— schwimmender
— geschwommener
— schwindelnder
— schwindender
— geschwundener
— schwingender
— geschwungener
— schwirrender
— schwitzender
— schwörender
— geschworener
— schwülerer
— schwülester
— schwülstiger
— schwülstigster
— sclavischer
— sclavischster
— scorbutischer
— sechzigster
— seckelnder
— eingeseckelter
— sectivischer
— segelnder
— übersegelter
— segnender
— gesegneter
— sehender
— gesehender
— sehnener
— sehnlicher
— sehnlichster
— seidener
— seifender
— seigernder
— durchgeseigerter
— seihender
— geseiheter
— seiniger
— seitheriger
— selbiger
— selbstelnder
— selbstischer
— seliger
— seligster
— seltener
— seltenster
— sengender
— senkender
— gesunkener
— setzender
— gesetzterer
— gesetztester

ein seufzender
— beseufzeter
— sichelnder
— abgesichelter
— sicherer
— sicherster
— sichernder
— gesicherter
— sichtlicher
— sickernder
— eingesickerter
— siebender
— siebenter
— siebzigster
— siedender
— gesottener
— siedelnder
— angesiedelter
— siegelnder
— gesiegelter
— siegender
— silberner
— versilbernder
— versilberter
— singender
— gesungener
— sinkender
— gesunkener
— sinnender
— gesonnener
— sinniger
— sinnlicher
— sinnlichster
— sinternder
— gesinterter
— sittiger
— sittlicher
— sittlichster
— sitzender
— besessener
— sitzlicher
— skeptischer
— smaragdener
— sömmernder
— gesömmerter
— sofortiger
— solennerer
— solennester
— sollender
— sondernder
— gesonderter
— sonnender
— sonniger
— sonstiger
— sorgender
— sorglicher
— sorgfältiger
— sorgfältigster
— spähender
— spärlicher
— spärlichster

ein späterer
— spätester
— spaltender
— gespalteter
— spannender
— gespannterer
— gespanntester
— sparender
— spaſsender
— spaſsiger
— speckiger
— speichernder
— gespeicherter
— speisender
— speyender
— spendender
— gespendeter
— sperender
— sperriger
— sphärischer
— spikender
— spiegelnder
— spielender
— spieſsender
— spieſsiger
— spinnender
— gesponnener
— spitziger
— spitzigster
— spitzender
— splitternder
— zersplitterter
— splittriger
— spöttelnder
— bespöttelter
— spöttischer
— spornender
— sportelnder
— spottender
— verspotteter
— sprechender
— gesprochener
— spreizender
— sprengender
— sprenkelnder
— gesprenkelter
— sprenkliger
— springender
— gesprungener
— spritzender
— spröderer
— sprödester
— sprossender
— sprudelnder
— gesprudelter
— sprühender
— spuckender
— spudender
— spülender
— spündender
— gespündeter

ein spürender
— spukender
— stachelnder
— gestachelter
— stachliger
— stachligster
— städtischer
— stählender
— stählerner
— stammender
— stämmiger
— ständischer
— stängelnder
— gestängelter
— stänkernder
— stärkender
— stärkerer
— stärkester
— stäterer
— stätester
— stätiger
— stäubender
— stäubernder
— gestöberter
— stäupender
— stallender
— stammender
— stammelnder
— gestammelter
— stampfender
— stapelnder
— gestapelter
— starrender
— starrerer
— starrester
— stattlicher
— stattlichster
— staubiger
— staubigster
— stauchender
— staudiger
— staunender
— stechender
— bestechlicher
— steckender
— versteckterer
— verstecktester
— stehender
— gestandener
— stehlender
— gestohlener
— steiferer
— steifester
— steigender
— gestiegener
— steigernder
— gesteigerter
— steilerer
— steilester
— steinerner
— versteinernder

ein versteinerter
— steiniger
— steinigster
— gesteinigter
— stellender
— verstellterer
— verstelltester
— stelzender
— stemmender
— stempelnder
— gestempelter
— stengelnder
— steppender
— sterbender
— gestorbener
— sterblicher
— steuernder
— besteuerter
— sthenischer
— stichelnder
— gestichelter
— stickender
— stiefelnder
— gestiefelter
— stiererer
— stierester
— stiftender
— gestifteter
— stiftischer
— stillender
— stillerer
— stillester
— stimmender
— stinkender
— stinkiger
— stochernder
— stockender
— stöbriger
— stöbernder
— stöckischer
— stöhnender
— störender
— störrischer
— stöſsiger
— stolpernder
— stolzerer
— stolzester
— stopfender
— stoppelnder
— zusammengestoppelt.
— storchender
— stoſsender
— gestoſsener
— stotternder
— hergestotterter
— sträflicher
— sträflichster
— sträubender
— strafender
— strafferer
— straffester

ein strahlender
— strahliger
— strampfender
— strandender
— gestrandeter
— strauchelnder
— strauchiger
— strebender
— streckender
— streichelnder
— gestreichelter
— streichender
— gestrichener
— streifender
— streifiger
— streitender
— gestrittener
— streitiger
— streitigster
— strengerer
— strengester
— streuender
— gestreueter
— strickender
— striegelnder
— gestriegelter
— striemiger
— strittiger
— strömender
— stroherner
— stromiger
— strotzender
— strudelnder
— struppiger
— stückelnder
— zerstückelter
— stülpender
— stümpernder
— stümpfender
— stündlicher
— stürmender
— stürmischer
— stürzischer
— stützender
— stummerer
— stummester
— verstummender
— stumpferer
— stumpfester
— stundender
— gestundeter
— stutzender
— stutziger
— suchender
— gesuchterer
— gesuchtester
— sudelnder
— gesudelter
— süchtiger
— südlicher
— entsündigter
— sündlicher

ein sündlichster
— süſserer
— süſsester
— versüſseter
— süſslicher
— summender
— sumpfiger
— symbolischer
— symmetrischer
— syntaktischer
— tadelnder
— getadelter
— täfelnder
— getäfelter
— täglicher
— tändelnder
— vertändelter
— tändliger
— täppischer
— täuschender
— tafelnder
— taffeter
— taktischer
— talgiger
— talmudische
— tannener
— tanzender
— tapferer
— tapferster
— tappender
— tastender
— betasteter
— tauberer
— taubester
— tauchender
— taufender
— taugender
— tauglicher
— taumelnder
— getaumelter
— taumliger
— tauschender
— tausendster
— teigerer
— teigester
— teigiger
— teigigster
— beteppichter
— terminlicher
— testamentlicher
— verteufelter
— teuflischer
— thätiger
— thätigster
— thätlicher
— thauender
— bethaueter
— thaumaturgischer
— thoniger
— theerender
— theeriger

ein theilender
— getheilterer
— getheiltester
— theosophischer
— theuerer
— theuerster
— betheuernder
— vertheuernder
— thierender
— thierischer
— thönerner
— thörigter
— thörigster
— thörender
— bethörterer
— bethörtester
— thränender
— thraniger
— thronender
— thürmender
— thuender
— tieferer
— tiefester
— getiegerter
— tilgender
— auftischender
— betitelnder
— betitelter
— tobender
— tödtlicher
— tödtender
— getödteter
— tölpischer
— tönender
— töpferner
— tollerer
— tollester
— trabender
— trachtender
— betrachteter
— trächtiger
— niederträchtiger
— niederträchtigster
— trägerer
— trägester
— trällernder
— geträllerter
— tränkender
— träufelnder
— beträufelter
— träumender
— trappender
— trauender
— trauernder
— betrauerter
— traulicher
— traulichster
— trauriger
— traurigster
— treckender
— treffender

ein getroffener
— trefflicher
— trefflichster
— treibender
— getriebener
— trennender
— tretender
— getretener
— treuerer
— treuester
— treulicher
— treulichster
— triefender
— triftiger
— triftigster
— trillender
— trillernder
— getrillerter
— trinkender
— getrunkener
— trippelnder
— trockener
— trockenster
— troddelnder
— getroddelter
— trödelnder
— vertrödelter
— tröpfelnder
— getröpfelter
— tröstender
— getrösteter
— tröstlicher
— tröstlichster
— trollender
— trommelnder
— getrommelter
— trompetender
— tropischer
— tropfender
— trotzender
— trotziger
— trotzigster
— trübender
— trüberer
— trübester
— betrübterer
— betrübtester
— trügender
— betrogener
— trüglicher
— trüglichster
— zertrümmernder
— zertrümmerter
— trumpfender
— trunkener
— trunkenster
— tuchener
— tüchtiger
— tüchtigster
— tückender
— tückischer

ein tückischster
— tünchender
— tüpfelnder
— getüpfelter
— türkischer
— tummelnder
— getummelter
— tunkender
— turnender
— tuschender
— tyrischer
— tyrannischer
— übeler
— übelster
— übender
— geübterer
— geübtester
— üblicher
— übliger
— übriger
— üppiger
— üppigster
— umzingelnder
— umzingelter
— unterer
— unterster
— ursprünglicher
— vespernder
— viehischer
— vierzigster
— völliger
— völligster
— vogteylicher
— volksthümlicher
— vollerer
— vollester
— vollkommener
— vollkommenster
— voriger
— wachender
— wacherer
— wachester
— wacholderner
— wachsender
— gewachsener
— wackelnder
— gewackelter
— wackerer
— wackerster
— wackliger
— wadender
— durchwadeter
— wadiger
— wächserner
— wägender
— gewogener
— wählender
— wähliger
— wähnender
— währender
— wälzender

ein wärmender
— wässernder
— gewässerter
— waffnender
— gewaffneter
— wagender
— wahrender
— wahrerer
— wahrester
— bewahrterer
— bewahrtester
— wahrscheinlicher
— wahrscheinlichster
— waldiger
— walgernder
— gewalgerter
— walkender
— wallachischer
— wallender
— waltender
— verwalteter
— wandelnder
— verwandelter
— wandernder
— gewanderter
— wappnender
— gewappneter
— warnender
— wartender
— gewarteter
— warziger
— waschender
— gewaschener
— watschelnder
— watschliger
— webender
— wechselnder
— gewechselter
— weckender
— aufgeweckterer
— aufgewecktester
— wedelnder
— wehender
— geweheter
— wehmüthiger
— wehmüthigster
— wehrender
— weibischer
— weiblicher
— weichender
— gewichener
— erweichender
— weicherer
— weichester
— weichlicher
— weichlichster
— weidender
— geweideter
— weidlicher
— weigernder
— geweigerter
— weihender

ein geweiheter
— weilender
— weinender
— weiniger
— weisender
— gewiesener
— weislicher
— weiſserer
— weiſsester
— weiſsender
— weiſslicher
— weiterer
— weitester
— weiternder
— erweiterter
— welkender
— welkerer
— welkester
— welliger
— weltlicher
— wendender
— gewendeter
— weniger
— wenigster
— werbender
— geworbener
— werdender
— gewordener
— werfender
— geworfener
— wertherer
— werthester
— westlicher
— wettender
— verwetteter
— wetternder
— verwetterter
— wetzender
— wichsender
— wichtiger
— wichtigster
— wickelnder
— gewickelter
— widmender
— gewidmeter
— widriger
— widrigster
— wiehernder
— wilderer
— wildester
— verwildernder
— verwilderter
— williger
— willigster
— willfähriger
— willfährigster
— willkommener
— willkommenster
— wimmelnder
— wimmernder
— windender

ein gewundener
— windiger
— windigster
— winkender
— winkliger
— winselnder
— winziger
— wippender
— wirbelnder
— gewirbelter
— wirkender
— wirklicher
— verwirklichter
— wirrender
— wirrerer
— wirrester
— verwirrterer
— verwirrtester
— bewirthender
— bewirtheter
— wirthlicher
— wirthlichster
— wirthschaftender
— wirthschaftlicher
— wirthschaftlichster
— wischender
— wischernder
— gewischerter
— wissender
— wissenschaftlicher
— witternder
— verwitterter
— verwittweter
— witzelnder
— witziger
— witzigster
— gewitzigter
— wölbender
— wölfischer
— wölkender
— wörtlicher
— wörtlichster
— wogender
— wohlerer
— wohlester
— wohliger
— wohnender
— wohnlicher
— wolgernder
— gewolgerter
— wolkiger
— wollener
— wollender
— wolliger
— wollüstelnder
— wollüstiger
— wonniger
— wonnigster
— worfelnder
— geworfelter
— wuchernder

ein erwucherter
— wühlender
— wünschender
— verwunschener
— würdiger
— würdigster
— gewürdigter
— würfelnder
— gewürfelter
— würgender
— würfliger
— würzender
— gewürzterer
— gewürztester
— würziger
— würzigster
— wüstender
— verwüsteter
— wüsterer
— wüstester
— wüthender
— gewütheter
— wüthiger
— wüthigster
— wulstiger
— wunderer
— wundester
— verwundender
— verwundeter
— wundernder
— verwunderter
— wurmender
— wurmiger
— wurzelnder
— gewurzelter
— zackender
— zackiger
— zäherer
— zähester
— zählender
— zähmender
— zähnelnder
— gezähnelter
— zänkischer
— zänkischster
— zärtelnder
— verzärtelter
— zärtlicher
— zärtlichster
— zäumender
— umzäumender
— zagender
— verzagterer
— verzagtester
— zahlender
— zahmerer
— zahmester
— zahnender
— zankender
— zapfender
— zappelnder

ein zarterer
— zartester
— zasriger
— zaubernder
— bezauberter
— zaubrischer
— zaudernder
— zauender
— zausender
— zechender
— bezechterer
— bezechtester
— zehenter
— zehrender
— abgezehrterer
— abgezehrtester
— zeichnender
— gezeichneter
— zeidelnder
— gezeidelter
— zeigender
— zeitiger
— zeitigster
— gezeitigter
— zeitlicher
— zelliger
— zettelnder
— verzettelter
— zeugender
— zickelnder
— ziehender
— gezogener
— zielender
— zierender
— gezierterer
— geziertester
— zierlicher
— zierlichster
— zimmernder
— gezimmerter
— zinnerner
— zinsender
— gezipfelter
— zipfliger
— zirkelnder
— gezirkelter
— zirpender
— zischender
— zitternder
— zollender
— zolliger
— zorniger
— zornigster
— zotender
— zotiger
— zottelnder
— gezottelter
— zottiger
— zuckender
— zuckernder
— gezuckerter
— züchtiger

ein züchtigster
— zückender
— entzückterer
— entzücktester
— zügelnder
— gezügelter
— zündender
— gezündeter
— zünftiger
— eingezünfteter
— züngelnder
— zürnender
— zwackender
— zwanzigster
— zwängender
— zweckender
— zweifelnder
— verzweifelter
— zwickender
— zwiebelnder
— gezwiebelter
— zwiespältiger
— zwillichner
— zwingender
— gezwungener
— gezwungenster
— zwinkernder
— zwirnender
— zwistiger
— zwitschernder
abominabeler *etc.* *siehe die Adjectiven in* abel
aramäischer *etc.* *siehe die Adjectiven in* aeisch
abendländischer *etc.* *siehe die Adject. in* aendisch
arbiträrerer *etc.* *siehe die Adj. in* aer
aashafterer
aashaftigster *etc.* *siehe die Adj. in* aft *und* aftig
äqualerer *etc.* *siehe die Adj. in* al
acephalischer *etc.* *siehe die Adject. in* alisch
achtsamer *etc.* *siehe die Adject. in* am
africanischer *etc.* *siehe die Adject. in* anisch
abundanterer *etc.* *siehe die Adj. in* ant
agraphischer *etc.* *siehe die Adject. in* aphisch
ärarischer *etc.* *siehe die Adj. in* arisch

achromatischer *etc.* *siehe die Adject. in* atisch
actuellerer *etc.* *siehe die Adj. in* ell
abstinenterer *etc.* *siehe die Adj. in* ent
ästhetischer *etc.* *siehe die Adject. in* etisch
corrigibeler *etc.* *s. die Adj. in* ibel
agilerer *etc.* *siehe die Adject. in* il
abandonnirender *etc.* *s. die Verba in* iren
abandonnirterer *etc.* *siehe die Participien in* irt
alchymistischer *etc.* *siehe die Adject. in* istisch
abderitischer *etc.* *siehe die Adject. in* itisch
activerer *etc.* *siehe die Adject. in* iv
ambitiöserer *etc.* *s. die Adject. in* oes
analogischer *etc.* *siehe die Adject. in* ogisch
andachtsvollerer *etc.* *siehe die Adj. in* oll
animoserer *etc.* *siehe die Adject. in* os

(*Männliche Substantiven in* er)

der Achtziger
— Ackerer
— Aesthetiker
— Alabasterer
— Angeler
— Aufmunterer
— Ausforderer
— Babbeler
— Bakeler
— Bändiger
Löwenbändiger
Pferdebändiger
Riesenbändiger
Rossebändiger
— Beförderer
— Beglaubiger
— Begnadiger
— Begrabbeler
— Begünstiger
— Beichtiger
— Beköstiger
— Belagerer
der Beleidiger
— Belferer
— Belustiger
— Benachrichtiger
— Bereicherer
— Berichtiger
— Beschädiger
— Bescheiniger
— Beschöniger
— Beschuldiger
— Beschwichtiger
— Beseliger
Menschenbeseliger
— Besemer
— Besichtiger
— Beteppicher
— Bevollmächtigter
— Bewunderer
— Blitzfeuerer
— Blitzschleuderer
— Bosseler
Gypsbosseler
Wachsbosseler
— Bötticher
— Botaniker
— Bücherer
— Casuistiker
— Choleriker
— Cyniker
— *Dapifer*
— Doppeler
— Dramatiker
— Dreyruderer
— Dreyſsiger
— Druckberichtiger
— Druckverbesserer
— Dudeler
— Ebener
— Eiferer
— Empiriker
— Entfesseler
— Entheiliger
— Entzifferer
— Epeler
— Erinnerer
— Erneuerer
— Eroberer
Welteroberer
— Erschütterer
Erderschütterer
Höllenerschütterer
Ländererschütterer
— Fanatiker
— Faseler
— Feyerer
— Fertiger
Bücherfertiger
— Verfertiger
Buchverfertiger
Gutverfertiger
Kleiderverfertiger
— Flatterer

der Folterer
— Förderer
— Funfziger
— Futterer
— Trademer
— Gebietiger
— Geiferer
— Geiſseler
— Geognostiker
— Genehmiger
— Gewaltiger
Feldgewaltiger
Obergewaltiger
— Gläubiger
Büchergläubiger
Buchgläubiger
Hauptgläubiger
Miſsgläubiger
Nieſsbrauchsgläub.
Unterpfandsgläub.
— Gnostiker
— Grammatiker
— Haderer
— Hufener
Halbhufener
— Harfener
— Häringer
— Häseler
— Haspeler
— Hauderer
— Häuserer
— Hektiker
— Hefener
— Heraldiker
— Historiker
— Hudeler
— Hünerer
— Huldiger
— Hydrauliker
— Inseler
— *Jupiter*
— Kalfaterer
— Kämmerer
Erbkämmerer
Kunstkämmerer
Landkämmerer
Landeskämmerer
Rathskämmerer
Silberkämmerer
Erbsilberkämmerer
Stadtkämmerer
der Käthener
— Kauderer
— Kaupeler
— Kelterer
— Kesseler
— Kesselbesserer
— Klägeler
— Kletterer
— Klitterer
Geschichtsklitterer

der Klügeler
— Kollerer
— Klüterer
— Köthener
— Komiker
— Kräuseler
— Kräuterer
— Kreuziger
— Kritiker
— Kümmerer
— Lanzener
— Lästerer
Gotteslästerer
— Lauerer
— Lautener
— Läuterer
— Erläuterer
— *Latitudinarier*
— Lederer
— Lehener
— Leyerer
— Lieferer
Erzlieferer
— Länderer
— Linderer
Sorgenlinderer
— Lispeler
— Löcherer
Unlöcherer
— Loderer
— Logiker
— *Lucifer*
— Lungerer
— Lyriker
— Marmeler
— Marterer
— Märtyrer
— Mathematiker
— Mauerer
— Mechaniker
— Meisterer
— Menschenkundiger
— Messerer
— Meuterer
— Milderer
— Milchener
— Mimiker
— Modeler
— Mommeler
— Musiker
— Musterer
— Näbiger
— Naderer
— Nageler
— Neuerer
Glaubensneuerer
— Neunziger
— Nöthiger
— Numismatiker
— Oelerer
— Opferer

der Orgeler
— Partener
Schiffspartener
Whistpartener
— Peiniger
Selbstpeiniger
— Pfenniger
— Pflanziger
— Pflasterer
— Phlogistiker
Antiphlogistiker
— Physiker
Metaphysiker
— Pinseler
— Plapperer
— Plauderer
— Plünderer
— Polsterer
— Praktiker
— Prediger
Bauprediger
Bergprediger
Buſsprediger
Cabinetsprediger
Domprediger
Erbauungsprediger
Fastenprediger
Feldprediger
Festprediger
Freyheitsprediger
Garnisonprediger
Gesetzprediger
Hausprediger
Hofprediger
Höllenprediger
Hülfsprediger
Irrprediger
Jubelprediger
Landprediger
Lügenprediger
Mittagsprediger
Modeprediger
Nachmittagspredig.
Oberprediger
Pestilenzprediger
Schiffsprediger
Schloſsprediger
Sittenprediger
Sonnabendsprediger
Sonntagsprediger
Spittelprediger
Stadtprediger
Stiftsprediger
Strafprediger
Tugendprediger
Unterprediger
Vernunftprediger
Vesperprediger
Vormittagsprediger
Winkelprediger
Wochenprediger
Zimmerprediger

Zopfprediger
Zuchthausprediger
der Proletarier
— Prudeler
— Pullarier
— Rabbeler
— Rasseler
— Rasterer
— Räucherer
— Rechtfertiger
— Regeler
Sprachregeler
— Reiniger
Sprachreiniger
Straſsenreiniger
Verunreiniger
Sprachverunrein.
— Rogener
— Ruhmseler
— Rumpeler
— Säuberer
Straſsensäuberer
— Salier
— Satyriker
— Schacherer
— Schädiger
— Schilderer
— Schismatiker
— Schlabberer
— Schlackerer
— Schlenkerer
— Schleuderer
Blitzschleuderer
— Schlittener
— Schlummerer
— Schmadderer
— Schmälerer
— Schmetterer
— Schmudeler
— Schmuggeler
— Schnatterer
— Schnuderer
— Scholderer
— Schuldiger
— Schüsseler
— Schütterer
— Schnabberer
— Schwaderer
— Schwängerer
— Schweideler
— Schwichtiger
— Schwindeler
— Schwuderer
— Sechziger
— Segeler
Schnellsegeler
— Seifener
— Seitener
— Semmeler
— Siebener
— Siebziger
— Siedeler

der Siegeler
— Silentiarier
— Sipeler
— Skeptiker
— Söldener
— Sonderer
— Statistiker
— Steigerer
— Steiniger
— Steuerer
— Stoiker
— Stoppeler
— Stotterer
— Stüberer
— Sudeler
— Sukkeler
— Sündiger
— Systematiker
— Tädinger
— Tagener
— Takeler
— Tausender
— Techniker
— Teppicher
— Theoretiker
— Tragiker
— Trampeler
— Triarier
— Trinitarier
— Trödeler
— Truggeler
— Tümmeler
— Tüsseler
— Umuferer
— Unitarier
— Unzener
— Verbesserer
Kirchenverbesserer
Lehrverbesserer
Leseverbesserer
Sprachverbesserer
Weltverbesserer
— Verdüsterer
— Vereiniger
Glaubensvereiniger
— Verewiger
— Verfeinerer
— Verfinsterer
— Vergröſserer
— Verherrlicher
— Verheuerer
— Verhinderer
— Verketzerer
— Verkleinerer
— Verkündiger
Heilverkündiger
Stundenverkündiger
Sturmverkündiger
— Verliederer
— Verminderer
— Vernichtiger

der Verschönerer
— Versicherer
— Versiegeler
— Versilberer
Salzversilberer
— Versteigerer
— Vertheidiger
Glaubensvertheidig.
— Vervollständiger
— Verzögerer
— Vielgötterer
— Vierpfenniger
— Vierruderer
— Vierteler
— Vierziger
— Vogeler
— Volkserlustiger
— Vollmächtigter
— Wanderer
Auswanderer
Einwanderer
Länderdurchwand.
— Wasserer
— Wässerer
— Wedeler
— Wegebesserer
— Wegelagerer
— Wehrzertrümmerer
— Weidener
— Weiterer
— Wilderer
— Winseler
— Wucherer
Geldwucherer
Wechselwucherer
— Wunderer
— Würdiger
— Zackerer
— Zauberer
Verzauberer
Wasserzauberer
— Zauderer
— Zeichenforderer
— Zeitiger
— Zeitsplitterer
— Zergliederer
Vorzergliederer
— Zertrümmerer
Weltenzertrümmer.
— Zimmerer
— Zirkeler
— Zitterer
— Züchtiger
Nothzüchtiger
Diespiter
Mulciber
Mortimer
Rüdiger
Scaliger
civiliter
cognitionaliter
conditionaliter

criminaliter
eventualiter
feliciter
finaliter
formaliter
legaliter
leviter
mediocriter
memoriter
obiter
occasionaliter
originaliter
personaliter
proverbialiter
radicaliter
realiter
simpliciter
solenniter
specialiter
taliter qualiter
virtualiter

der Herr
Ahnherr
Bankherr
Bannherr
Bannerherr
Erbbannerherr
Bauherr
Stadtbauherr
Beckenherr
Beckerherr
Bergherr
Bergrechtsherr
Bestandherr
Betriebsherr
Beutelherr
Bornherr
Brandherr
Brauherr
Brotherr
Buchdruckerherr
Burgherr
Chorherr
Deichherr
Deutscher Herr
Diensthherr
Dingeherr
Dinghofsherr
Domherr
Dreyerherr
Dreyherr
Eheherr
Eichherr
Eigenthumsherr
Einsatzherr
Erbherr
Erdenherr
Fabrikherr
Fährherr
Feldherr
Groſsfeldherr
Krongroſsfeldherr
Kronfeldherr
Kronunterfeldherr
Feuerherr
Erbfeuerherr
Finkenherr
Fischherr
Floſsherr
Forstherr
Fraischherr
Freyherr
Reichsfreyherr
Frohnherr
Fruchtherr
Fünfherr
Gabenherr
Gaffelherr
Gasthherr
Gatterherr
Geleitsherr
Gemeindsherr
Gerichtsherr
Erbgerichtsherr
Halsgerichtsherr
Landgerichtsherr
Gesammtherr
Gesangherr
Geschmacksherr
Gestütherr
Gewaltherr
Gewerksherr
Grasherr
Grenzherr
Groſsherr
Grundherr
Erbgrundherr
Gültherr
Gutsherr
Halsherr
Hammerherr
Handelsherr
Handwerksherr
Hausherr
Hofherr
Hofmarksherr
Hüttenherr
Jaherr
Jagdherr
Kapitalherr
Kastenherr
Kaufherr
Kelterherr
Kirchenherr
Kirchherr
Klageherr
Kleinherr
Klingelherr
Klöppelherr
Klosterherr
Körherr
Kostherr
Kreuzherr
Kurherr
Ladenherr
Landherr
Landesherr
Laſsherr
Lehnsherr
Lehrherr
Leibherr
Lohnherr
Losungsherr
Mantelherr
Markherr
Marktherr
Meerherr
Meſsherr
Miethherr
Modeherr
Münzherr
Mühlherr
Mundherr
Musterherr
Neinherr
Nieſsherr
Oberherr
Ordensherr
Pachtherr
Erbpachtherr
Pfandherr
Pfannherr
Pfarrherr
Rathsherr
Reitherr
Revierherr
Rheinherr
Richtherr
Rügeherr
Salzherr
Satzherr
Schanzenherr
Schauherr
Schatzherr
Scheideherr
Schiffsherr
Schildherr
Schirmherr
Erbschirmherr
Schlachtherr
Schloſsherr
Schmeckherr
Schönherr
Schoſsherr
Schulherr
Schuldherr
Schutzherr
Erbschutzherr
Schwachherr
Schwörherr
Sechsherr
Seeherr
Groſsseeherr

Selbstherr
Sendherr
Speicherherr
Spitzenherr
Stabelherr
Stadtherr
Stallherr
Standesherr
Sterbeherr
Stiftsherr
Strandherr
Stuhlherr
Süſsherr
Tädigsherr
Taschenherr
Thurmherr
Tiefherr
Treibherr
Triftherr
Verspruchsherr
Vielherr
Viertelherr
Vogtherr
Wageherr
Wahlherr
Waisenherr
Waldherr
Wasserherr
Wechselherr
Weddeherr
Weinherr
Wetterherr
Zehenherr
Zehendherr
Zentherr
Zeugherr
Zinsherr
Erbzinsherr
Grundzinsherr
Zollherr
Zuchtherr
Zunftherr
Zwangherr
nerr!
das Parterr
— Geplerr
der Schnerr
sperr
das Gesperr
— Gezerr
a la guerre
poire de terre
pomme de terre
ventre à terre

ēr — ēhr

er
auster
der
ephemer
her
anher
aufher
beyher
bisher
einher
fernher
hieher
hinterher
hochher
nachher
nebenher
obenher
ringsher
seither
überher
umher
vorher
weither
woher
zeither
quer
überquer
der Bescher
schwer
alterschwer
bedeutungsschwer
bleyschwer
centnerschwer
dickschwer
donnerschwer
felsenschwer
fruchtschwer
gedankenschwer
gewitterschwer
gleichschwer
ideenschwer
kummerschwer
regenschwer
schuldschwer
segensschwer
sinnschwer
sündenschwer
thränenschwer
wollustschwer
wunderschwer
die Beschwer
sper
ter
twer
wer?
Homer
Tiber
Valer
zu Ehr
eh'r
das Begehr
begehr'!
hehr
kehr'!
die Kehr
— Einkehr
— Heimkehr
die Rückkehr
— Zurückkehr
— Umkehr
das Verkehr
Geistesverkehr
Handelsverkehr
Sprachverkehr
Waarenverkehr
Weltverkehr
die Vorkehr
— Wiederkehr
— Zukehr
das Lehr
die Lehr'
lehr'!
mehr
immermehr
jemehr
nimmermehr
nunmehr
vielmehr
sehr
sosehr
zusehr
das Sehr
— Wehr
Floſswehr
Mühlwehr
Rauchwehr
Seitenwehr
Steinwehr
Ueberfallwehr
Vorwehr
Wasserwehr
die Wehr
Abwehr
Bollwerkswehr
Brustwehr
Gegenwehr
Grenzwehr
Hofwehr
Kriegswehr
Landwehr
Mordwehr
Nothwehr
Schutzwehr
Vorwehr
Waffenwehr
Wurfwehr
Zauberwehr
das Gewehr
Faustgewehr
Feldgewehr
Feuergewehr
Handgewehr
Hofgewehr
Kurzgewehr
Mordgewehr
Obergewehr
Schieſsgewehr
Schlachtgewehr

Seitengewehr
Stofsgewehr
Untergewehr
Wurfgewehr
verzehr!
das Heer
Bannerheer
Beobachtungsheer
Dienerheer
Fastnachtsheer
Flammenheer
Flugheer
Geschützheer
Gestaltenheer
Gestirnheer
Hauptheer
Heldenheer
Himmelsheer
Höllenheer
Hülfsheer
Kaiserheer
Kriegsheer
Kronheer
Landheer
Lichtheer
Männerheer
Mittelheer
Räuberheer
Reichsheer
Rheinheer
Rückenhaltsheer
Schaarenheer
Schiffheer
Seeheer
Siegerheer
Sonnenheer
Sternenheer
Sündenheer
Todtenheer
Traumheer
Triumphheer
Völkerheer
Volksheer
Vorderheer
Weltenheer
Wolkenheer
wüthende Heer
— Leer
leer —
argwohnleer
baumleer
bilderleer
blitzfeuerleer
blitzstoffleer
blutleer
brennstoffleer
empfindungsleer
felsenleer
fischleer
freudenleer
freundschaftsleer
fruchtleer
gedankenleer
gehaltleer
geheimnisleer
grofsleer
kopfleer
lebensleer
lichtleer
luftleer
menschenleer
mondleer
muthleer
sachleer
saftleer
seelenleer
silberleer
sorgenleer
strafenleer
thränenleer
trostleer
volkleer
wasserleer
weihrauchsleer
witzleer
wolkenleer
wonneleer
das Modelgeer
— Meer
Blüthenmeer
Eismeer
Erdmeer
Feuermeer
Flammenmeer
Freudenmeer
Glanzmeer
Gluthmeer
Goldmeer
Grasmeer
Inselmeer
Lichtmeer
Luftmeer
Mittelmeer
Nebelmeer
Nordmeer
Polarmeer
Purpurmeer
Sandmeer
Schilfmeer
Seelenmeer
Spiegelmeer
Sternenmeer
Strahlenmeer
Südmeer
Thränenmeer
Todesmeer
Vertilgungsmeer
Wellenmeer
Weltenmeer
Westermeer
Wolkenmeer
rothe Meer
schwarze Meer
todte Meer
weifse Meer
myn Heer
die Neer
— Randgeer
der Schmeer
Geerdeschmeer
Schweinschmeer
Stofsschmeer
— Speer
Wurfspeer
— Theer
Bergtheer
Birkentheer
Ripptheer
Schiffstheer
Steinkohlentheer
Wagentheer
scheer'!
die *Arriere*
en carriere
— *Charniere*
chemin couvert
à livre couvert
par derriere
das *Desert*
mon frere!
ma mere!
mon pere!
ein *Velocifere*

ĕra

Abdera
Abulfera
die *Cholera*
Fiéra
Formentera
Gera
Madera
Trimadera
Pera
al piacéra
revera
buona sera

ĕraph

der Seraph
— Meeraff'

ĕrb

erb'!
acerb
das Adverb'
derb
biderb
stahlderb
der Erwerb
Broterwerb
Diensterwerb
Gelderwerb
Nahrungserwerb

das Gewerb
Brotgewerb
Dienstgewerb
Geldgewerb
Nahrungsgewerb
gerb'!
herb
der Kerb
kerb'!
süperb
— Verderb
Jugendverderb
Preisverderb
Zeitverderb
das Werb

erba

die *Verba*
— *Acerba*
latet anguis in herba

erbchen

ein Kerbchen
— Scherbchen
— Gewerbchen

erbchens

des Kerbchens
— Scherbchens
— Gewerbchens

erbe

ich erbe
das Geerbe
der Erbe
Aftererbe
Allodialerbe
Brauerbe
Ganerbe
Gesammterbe
Haupterbe
Halberbe
Heilerbe
Holzerbe
Intestaterbe
Kronerbe
Kürerbe
Kurerbe
lachende Erbe
Landerbe
Lehenserbe
Mannlehenserbe
Mannserbe
Miterbe
Nebenerbe
Notherbe
Seitenerbe
Sipperbe
Stammerbe
Stuhlerbe
Testamentserbe
Thronerbe
Trauererbe
Universalerbe
Urerbe
Vatererbe
Vermächtniserbe
Vorerbe
Wahlerbe
das Erbe
Allodialerbe
Anerbe
Bäckerbe
Fischererbe
Ganerbe
Gesammterbe
Lehenserbe
Muttererbe
Vatererbe
Wohnerbe
der acerbe
dem Adverbe
der derbe
die Derbe
ich gerbe
das Gegerbe
die herbe
— Herbe
ich herbe
die Kerbe
Busenkerbe
Fruchtkerbe
ich kerbe
das Gekerbe
ich serbe
das Geserbe
der *Serbe*
die } Scherbe
der } Scherben
Blumenscherben
Gartenscherben
Glasscherben
Langscherben
Porzellanscherben
Potscherben
Probescherben
Thonscherben
Stuvscherben
Testscherben
Treibscherben
Trinkscherben
Wurzscherben
ich verscherbe
ich schwerbe
das Geschwerbe
ich sterbe
das Gesterbe
die Sterbe
ich verderbe
dem Verderbe
ich werbe
das Gewerbe
Brotgewerbe
Badergewerbe
Bäckergewerbe *etc.*
Freygewerbe
Kriegsgewerbe
Kunstgewerbe
Tauschgewerbe
dem Erwerbe

erbel

die Hyperbel
der Kerbel
Aniskerbel
Feldkerbel
Gartenkerbel
Heckenkerbel
Katzenkerbel
Klettenkerbel
Mattenkerbel
Myrrhenkerbel
Nadelkerbel
Schafkerbel
Taubenkerbel
Taumelkerbel
Tollkerbel
Waldkerbel
— Scherbel
Ansiedescherbel
Blumenscherbel
Glasscherbel
Porzellanscherbel
Thonscherbel
Topfscherbel
— Werbel
Ackerwerbel

erbeln

die Hyperbeln
den Kerbeln
— Scherbeln
zerscherbeln

erbels

des Kerbels
— Scherbels
— Werbels

erbem

acerbem
derbem
herbem

erben

die Erben
erben
anerben
beerben
ererben
miterben
nacherben
vererben
verenderben

voererben
zurückerben
zusammenerben
die acerben
den Adverben
die derben
gerben
abgerben
aufgerben
ausgerben
durchgerben
nachgerben
vorgerben
zergerben
zusammengerben
— herben
herben
sich erherben
die Kerben
kerben
auskerben
bekerben
einkerben
den Kerben
serben
die *Serben*
— Scherben
verscherben
der Scherben
Probescherben
Treibscherben
schwerben
sterben
absterben
ansterben
aussterben
ersterben
hinsterben
mitsterben
nachsterben
versterben
vorsterben
wegsterben
zusterben
zurücksterben
das Sterben
Landsterben
Menschensterben
Viehsterben
verderben
— Verderben
Sittenverderben
werben
anwerben
bewerben
erwerben
mitwerben
wettwerben
zusammenwerben
— Falschwerben

erbend

erbend
Derbend
gerbend
herbend
kerbend
serbend
zerscherbend
schwerbend
sterbend
verderbend
werbend

erbens

des Erbens
— Gerbens
— Herbens
— Kerbens
— Serbens
— Scherbens
— Zerscherbens
— Schwerbens
— Sterbens
— Verderbens

erber

ein acerber
— derber
— biderber
der Gerber
Lohgerber
Rothgerber
Sämischgerber
Weißgerber
herber
— Kerber
— Sperber
Lerchensperber
— Verderber
Geschmacksverderb.
Handelsverderber
Heerverderber
Heuverderber
Jugendverderber
Menschenverderber
Sittenverderber
Spielverderber
Sprachverderber
Volksverderber
Weltverderber
Zeitverderber
— Werber
Amtswerber
Bewerber
Kronbewerber
Thronbewerber
Wahlbewerber
Brautwerber
Dienstwerber
Ehewerber
Erwerber
Falschwerber
Freywerber
Gewerber
Glaubenswerber
Mitwerber
Nebenwerber
Thronwerber
Wettwerber

erberm

acerber'm
derber'm
biderber'm
herber'm

erbern

die derbern
— biderbern
den Gerbern
die herbern
den Kerbern
— Sperbern
sperbern
einen süperber'n
den Verderbern
— Werbern

erbers

ein acerber's
— derber's
— biderber's
des Gerbers
ein herber's
des Kerbers
— Sperbers
ein süperber's
des Verderbers
— Werbers

erbes

des Erbes
ein acerbes
des Adverbes
ein derbes
— biderbes
des Gegerbes
ein herbes
des Gekerbes
— Geserbes
— Geschwerbes
ein süperbes
des Gesterbes
— Gewerbes
ich erb' es

erbest

du erbest
acerbest
derbest
biderbest
— gerbest

du herbest
herbest
— kerbest
— serbest
— zerscherbest
— schwerbest
daſs du sterbest
— — verderbest
— — werbest

erbet

er erbet
— gerbet
— herbet
— kerbet
— serbet
ihr schwerbet
— sterbet
— verderbet
— werbet

{ kerbig
serbisch
der Derwisch }

erblich

erblich
herblich
sterblich
unsterblich
verderblich
forstverderblich
jugendverderblich
länderverderblich
sittenverderblich
weltverderblich
zeitverderblich
erwerblich

erblichs

ein erblich's
— herblich's
— sterblich's
— verderblich's
— erwerblich's

erbling

der Kerbling
— Sterbling

erblings

des Kerblings
— Sterblings

erbnis

das Erwerbnis
die Verderbnis
Geschmacksverd.
Sittenverderbnis
Sprachverderbnis

erbre

eine derb're
— biderb're
— herb're
— süperb're

erbrer

ein derb'rer
— biderb'rer
— herb'rer
— süperb'rer

erbs

des Erb's
die Erbs'
ein acerb's
des Adverbs
ein derb's
— biderb's
des Gegerb's
ein herb's
des Gekerbs
— Geserbs
— Geschwerbs
— Gesterbs
— Gewerbs
süperb's
ich erb' 's *etc.*

[die Erbse]

erbst

du erbst
derbst
biderbst
— gerbst
— herbst
herbst
der Herbst
Frühherbst
Nachherbst
Spätherbst
Vorherbst
du kerbst
— serbst
— schwerbst
süperbst
daſs du sterb'st
— — verderb'st
— — werb'st

erbste

der acerbste
— derbste
— biderbste
— herbste
im Herbste
der süperbste

[herbsteln]

erbstem

acerbstem
derbstem
biderbstem
herbstem
süperbstem

erbsten

die acerbsten
— derbsten
— biderbsten
— herbsten
den Herbsten
herbsten
einherbsten
die süperbsten

erbster

acerbster
derbster
biderbster
herbster
süperbster

erbstes

acerbstes
derbstes
biderbstes
herbstes
des Herbstes
süperbstes
du erbst es *etc.*

[herbstlich
der Herbstling]

erbt

er erbt
— gerbt
— erherbt
— kerbt
— serbt
— schwerbt
ihr sterbt
— verderbt
— werbt

erbte

er erbte
— gerbte
— erherbte
— kerbte
— serbte
— schwerbte
der verderbte

erbtem

ererbtem
gegerbtem
erherbtem
gekerbtem
verderbtem

érbten

sie erbten
— gerbten
— erherbten
— kerbten
— serbten
— schwerbten
— verderbten

érbter

ein ererbter
— gegerbter
— erherbter
— gekerbter
— verderbter

érbtes

ein ererbtes
— gegerbtes
— erherbtes
— gekerbtes
— verderbtes

érbtest

du erbtest
— gerbtest
— erherbtest
— kerbtest
— serbtest
— schwerbtest
— verderbtest

érbtet

ihr erbtet
— gerbtet
— erherbtet
— kerbtet
— serbtet
— schwerbtet
— verderbtet

[Verbum]

érbung

die Erbung
— Beerbung
— Vererbung
Lehnsvererbung
— Erherbung
— Gerbung
— Kerbung
— Schwerbung
— Absterbung
— Verderbung
— Werbung
Bewerbung
Amtsbewerbung
Gunstbewerbung
Kronbewerbung
Preisbewerbung
Thronbewerbung
Wahlbewerbung
Brautwerbung
Falschwerbung
Freywerbung
Heuwerbung

érch

der Ferch
das Ferch
der Merch
— Pferch
Geschützpferch
Kanonenpferch
Schafpferch
Stangenpferch
das Gepferch
zwerch
überzwerch

érche

dem Ferche
ich ferche
das Geferche
die Lerche
Ackerlerche
Baumlerche
Berglerche
Brachlerche
Doppellerche
Feldlerche
Gereutlerche
Haubenlerche
Heidelerche
Holzlerche
Hornlerche
Kammlerche
Knobellerche
Kobellerche
Kothlerche
Krautlerche
Luftlerche
Meerlerche
Mittellerche
Pfeiflerche
Piplerche
Riesenlerche
Ringlerche
Ruhrlerche
Saatlerche
Sanglerche
Schleimlerche
Schneelerche
Schopflerche
Seelerche
Spießlerche
Spitzlerche
Sproglerche
Steinlerche
Steppenlerche
Sumpflerche
Taglerche
Töppellerche
Uferlerche
Wachtellerche
Waldlerche
Wegelerche
Weidenlerche
Weinlerche
Wiesenlerche
Winterlerche
Zopflerche
dem Merche
ich pferche
das Gepferche
die Pferche
Wechselpferche
— überzwerche
— Zwerche
ich zwerche
das Gezwerche

érchen

ferchen
die Lerchen
pferchen
einpferchen
überpferchen
— Pferchen
zwerchen
— überzwerchen

ērchen — ēerchen — ēhrchen

das Erchen
— Sterchen
— Beerchen
— Scheerchen
— Begehrchen
— Gewehrchen
— Verkehrchen

érchend

ferchend
pferchend
zwerchend

érchens

des Ferchens
— Pferchens
— Zwerchens

ērchens — ēerchens — ēhrchens

des Erchens
— Sterchens
— Beerchens
— Scheerchens
— Begehrchens
— Gewehrchens
— Verkehrchens

érchèr

der Fercher
ein überzwercher

érches

des Ferches
— Geferches
— Merches
— Pferches
— Gepferches
ein überzwerches
des Gezwerches

érchest

du ferchest
— pferchest
— zwerchest

érchet

er ferchet
— pferchet
— zwerchet

érchs

des Ferchs
— Geferchs
— Merchs
— Pferchs
— Gepferchs
ein überzwerch's
des Gezwerchs

érchst

du ferchst
— pferchst
— zwerchst

ércht

er ferchst
— pfercht
— zwercht

érchte

er ferchte
— pferchte
— zwerchte

érchtem

gepferchtem
gezwerchtem

érchten

sie ferchten
— pferchten
— zwerchten

érchter

ein gepferchter
— gezwerchter

érchtes

ein gepferchtes
— gezwerchtes

érchtest

du ferchtest
— pferchtest
— zwerchtest

érchtet

ihr ferchtet
— pferchtet
— zwerchtet

érchung

die Ferchung
— Pferchung
— Zwerchung

ērd

der Herd
Aschenherd
Bleyherd
Blosherd
Brennherd
Silberbrennherd
Buschherd
Feldherd
Feuerherd
Filzherd
Finkenherd
Flügelherd
Frischherd
Garherd
Gerbherd
Gereutherd
Glauchherd
Hedelherd
Herbstherd
Kanonenherd
Kohlenherd
Küchenherd
Lehmherd
Lerchenherd
Minenherd
Morastherd
Müffelherd
Nebenherd
Oberherd
Opferherd
Pfoschherd
Planenherd
Pochherd
Rinnherd
Sangherd
Schieſsherd
Schlammherd
Mittelschlamm-
Schmelzherd
Schreckherd
Schürherd
Seigerherd
Sicherherd
Silberherd
Sommerherd
Sparherd
Spleiſsherd
Springherd
Spurherd
Staarenherd
Steinherd
Stichherd
Stoſsherd
Strauchherd
Streckherd
Stubenherd
Tempelherd
Tränkherd
Treibherd
Unterherd
Vaterherd
Vogelherd
Vorherd
Waldherd
Waschherd
Zerrenherd

das Pferd
Ackerpferd
Bauerpferd
Beypferd
Courierpferd
Deichselpferd
Dichterpferd
Dienstpferd
Dragonerpferd
Ergänzungspferd
Flügelpferd
Fluſspferd
Freudenpferd
Frohnpferd
Fuhrmannspferd
Gabelpferd
Göpelpferd
Gottespferd
Graspferd
Halbpferd
Handpferd
Heerpferd
Heupferd
Himmelspferd
Hinterpferd
Hottopferd
Hüpfepferd
Husarenpferd
Jagdpferd
Klagepferd
Königspferd
Kosakenpferd
Kummerpferd
Kutschpferd
Lastpferd
Lehnspferd

Leibpferd
Lieblingspferd
Mangelpferd
Meerpferd
Menschpferd
Miethpferd
Mittelpferd
Mühlpferd
Mutterpferd
Nebenpferd
Nilpferd
Nölpferd
Nockpferd
Ochsenpferd
Packpferd
Paradepferd
Parkpferd
Pflugpferd
Postpferd
Prunkpferd
Reisepferd
Reitpferd
Reiterpferd
Remontepferd
Rennpferd
Riemenpferd
Ritterpferd
Rollpferd
Rückenpferd
Sänftenpferd
Sattelpferd
Saumpferd
Schaukelpferd
Schellenpferd
Schieſspferd
Schiffpferd
Schlachtpferd
Schleifenpferd
Schlittenpferd
Schloſspferd
Schöppenpferd
Schulpferd
Seepferd
Soldatenpferd
Sonnenpferd
Spitzpferd
Springpferd
Standpferd
Stangenpferd
Stechpferd
Steckenpferd
Stückpferd
Tampferd
Teufelspferd
Tigerpferd
Trauerpferd
Treibpferd
Troſspferd
Unterlegepferd
Vorderpferd
Vorspannpferd
Vorwerkspferd

Wagenpferd
Waldpferd
Wasserpferd
Wechselpferd
Weidepferd
Wiegenpferd
Wildpferd
Zauberpferd
Zellerpferd
Zelterpferd
Zeltpferd
Ziehpferd
Zuchtpferd
Zuckerpferd
Zugpferd
das Schwerd (*s.* Schwert)
der Werd

ērda

der da!
wer da!
Ripperda
Bischoffswerda
Hoyerswerda
Liebenwerda
so war er da

ērdchen

das Herdchen
— Pferdchen

ērdchens

des Herdchens
— Pferdchens

ērde

die Erde
Ackererde
Alaunerde
Australerde
Baryterde
Bergerde
Beryllerde
Bittererde
Blättererde
Blaseerde
Bleyerde
Wasserbleyerde
Blumenerde
Brauseerde
Brennerde
Bunkerde
Dammerde
Deicherde
Demantspatherde
Eisenerde
Färbererde
Farbenerde
Fluſserde
Fluſsspatherde
Formerde

Fruchterde
Fuchserde
Füllerde
Füllererde
Gartenerde
Gelberde
gelbe Erde
Gewächserde
Gieſserde
Glaserde
Glimmererde
Glykinerde
Goldschmiederde
Gotteserde
Gypserde
Holzerde
Jungfererde
Kalcherde
Kieselerde
Kleyerde
Kobalterde
Kreidenerde
Lehmerde
Lötherde
Loherde
Malthesererde
Mergelerde
Modererde
Moorerde
Muttererde
Nilerde
Ochererde
Ochroiterde
Pecherde
Bergpecherde
Pfeifenerde
Pflanzenerde
Porzellanerde
Rasenerde
Rollerde
Röthelerde
Salpetererde
Sammeterde
Scharrerde
Scheuererde
Schlammerde
Schwefelerde
Schwererde
Schwerspatherde
Seifenerde
Setzerde
Siegelerde
Spanerde
Stampferde
Stauberde
Steinerde
Stoſserde
Strontianerde
Süderde
Süſserde
Tagerde
Talkerde

Thauerde
Thonerde
Thorinerde
Töpfererde
Torferde
Tripelerde
Umbererde
Urerde
Vatererde
Veronesererde
Vitriolerde
Walkererde
Wandererde
Weidenerde
Wascherde
Wiesenerde
Wundererde
Wurferde
Wurzelerde
Yttererde
Ziegelerde
Zirkonerde
Zuckererde
Zuckerbäckererde
ich beerde
— enterde
— vererde
die Geberde
Freudengeberde
Hohngeberde
Misgeberde
Rednergeberde
Spottgeberde
Trauergeberde
Ungeberde
Wuthgeberde
ich berde
— geberde
die Geerde
Stofsgeerde
dem Herde
die Herde
Alpenherde
Büffelherde
Gänseherde
Geifsherde
Gemeindeherde
Hammelherde
Kühherde
Lämmerherde
Menschenherde
Ochsenherde
Rennthierherde
Rinderherde
Rofsherde
Schafherde
Schweinherde
Sclavenherde
Viehherde
Weltenherde
Wollenherde
Ziegenherde

dem Herde
die Pferde
dem Schwerdte
die Beschwerde
Amtsbeschwerde
Berufsbeschwerde
Blasenbeschwerde
Dienstbeschwerde
Erdenbeschwerde
Frohnbeschwerde
Haftbeschwerde
Handelsbeschwerde
Harnbeschwerde
Hauptbeschwerde
Jagdbeschwerde
Kriegsbeschwerde
Landtagsbeschwerde
Lebensbeschwerde
Leberbeschwerde
Liebesbeschwerde
Lungenbeschwerde
Magenbeschwerde
Milzbeschwerde
Mutterbeschwerde
Nierenbeschwerde
Prozefsbeschwerde
Rechtsbeschwerde
Reisebeschwerde
Religionsbeschw.
Staatsbeschwerde
Steinbeschwerde
Steuerbeschwerde
Unterleibsbeschw.
Volksbeschwerde
ich werde
das Werde
die Fertigwerde
Capo Verde

ērden

die Erden
beerden
enterden
vererden
berden
sich geberden
die Herden
den Herden
— Pferden
die Beschwerden
werden
anwerden
auswerden
fertigwerden
hinwerden
loswerden
vollwerden

ērdend

beerdend
enterdend
vererdend
geberdend
berdend
werdend

ērdens

des Beerdens
— Enterdens
— Vererdens
— Geberdens
— Berdens
— Werdens

ērder

der Querder
— Werder
die Schwerdter
Herder
Bischoffswerder
Marienwerder

ērders

des Querders
— Werders

ērdern

den Querdern
— Werdern

ērdes

des Herdes
— Pferdes
— Schwerdtes
ich werd' es

ērdest

du beerdest
— enterdest
— vererdest
— berdest
— geberdest
— werdest

ērdet

ihr beerdet
— enterdet
— vererdet
— berdet
— geberdet
— werdet

ērdig

erdig
alaun- *etc.* erdig
misgeberdig
ungeberdig
wohlgeberdig
pferdig
[der Ferding
pferdisch]

erdner

der Erdner
ein erdner
der Pferdner
Erbpferdner

erdnern

den Erdnern
— Pferdnern

erdners

des Erdners
— Pferdners

erdung

die Beerdung
— Enterdung
— Vererdung
— Geberdung
— Menschwerdung
— Seligwerdung

ere — eere — ehre

die *Anthere*
— *Barriere*
— *Bayadere*
— *Bergere*
— *Bonbonniere*
— *Carriere*
Cythere
— *Ephemere*
— *Fripiere*
— *Frontiere*
der *Gonfaloniere*
die *Glaciere*
Here
— *Limonadiere*
— *Lisiere*
— *Misere*
das *Miserere*
die *Montgolfiere*
— *Panthere*
— *Paratonnere*
— *Pepiniere*
al piacere
ich quere
die Quere
— *Reverbere*
— *Salatiere*
— *Salpetriere*
— *Sauciere*
ich beschere
die Schwere
Bleyschwere
Centnerschwere
Eisenschwere
Körperschwere
Leibesschwere
Luftschwere
Wasserschwere
Zungenschwere
ich beschwere
ich erschwere
eine schwere
die Skorzonere
eine spere
ich tere
die *Tabatiere*
— *Talonniere*
— Twere
— *Voliere*
— Beere
Ackerbeere
Adelbeere
Adlerbeere
Affenbeere
Ahlbeere
Alantbeere
Amselbeere
Arbeere
Arlsbeere
Asperbeere
Atlasbeere
Attigbeere
Beiſselbeere
Bickbeere
Blaubeere
Bocksbeere
Brombeere
Felsenbrombeere
Bruchbeere
Brustbeere
Christbeere
Darmbeere
Dintenbeere
Drosselbeere
Eckbeere
Einbeere
Eisbeere
Elsebeere
Erbselbeere
Erdbeere
Ananaserdbeere
Gartenerdbeere
Monatserdbeere
Riesenerdbeere
Walderdbeere
Fackelbeere
Färberbeere
Faulbeere
Fennbeere
Ferresbeere
Fischbeere
Folkbeere
Frauenbeere
Fuchsbeere
Gelbbeere
Gichtbeere
Giftbeere
Grandenbeere
Griffelbeere
Grünbeere
Haarbeere
Haubeere
Heckenbeere
Heidelbeere
Moosheidelbeere
Himbeere
Berghimbeere
Felsenhimbeere
Waldhimbeere
Hohlbeere
Holunderbeere
Hogelbeere
Hüneraugenbeere
Hundsbeere
Irrbeere
Johannisbeere
Alpenjohannisbeere
Jugelbeere
Kalinkenbeere
Kalkbeere
Kandelbeere
Kaninchenbeere
Kaulbeere
Kellerbeere
Kermesbeere
Kerzenbeere
Kesselbeere
Kintschelbeere
Klosterbeere
Klumpenbeere
Knackbeere
Knellbeere
Knickbeere
Kolkbeere
Korbeere
Korinthenbeere
Kornbeere
Kosbeere
Krackbeere
Krähenbeere
Krammetsbeere
Kranbeere
Kranichbeere
Kranzbeere
Krasselbeere
Krausbeere
Kräuselbeere
Kratzbeere
Kreuzbeere
Kronsbeere
Krullbeere
Kürbeere
Lastbeere
Lausbeere
Leimbeere
Lockbeere
Lorbeere
Kirschlorbeere
Schaflorbeere
Scheiſslorbeere
Madebeere
Mahlbeere
Maselbeere
Maſsbeere

Maulbeere
Papiermaulbeere
Mehlbeere
Mistelbeere
Molterbeere
Moorbeere
Moosbeere
Moschbeere
Moselbeere
Mostbeere
Passelbeere
Pautkebeere
Peselbeere
Pfefferbeere
Pickelbeere
Pilbeere
Prasselbeere
Prellbeere
Preiselbeere
Priselbeere
Prophetenbeere
Purpurbeere
Quakelbeere
Qualsterbeere
Quandelbeere
Queckbeere
Quisselbeere
Rachbeere
Rahmbeere
Rainbeere
Rauchbeere
Rauhbeere
Rauschbeere
Rechbeere
Rehbeere
Reichbeere
Reiſsbeere
Reiſselbeere
Rhabarberbeere
Rheinbeere
Riselbeere
Rosenbeere
Roſsbeere
Rothbeere
Salzbeere
Sandbeere
Saubeere
Scharlachbeere
Scheiſsbeere
Schellbeere
Schiedebeere
Schieſsbeere
Schlabeere
Schlafbeere
Schlagbeere
Schlangenbeere
Schlungbeere
Schmerbeere
Schminkbeere
Schneebeere
Schneiſsenbeere
Schoſsbeere

Schwalbenbeere
Schwalkenbeere
Schwanzbeere
Schwarzbeere
Schweiſsbeere
Schwelgenbeere
Schwindelbeere
Sibbeere
Sohlbeere
Spargelbeere
Sperbeere
Sperberbeere
Spergelbeere
Sporgelbeere
Stachelbeere
Staudelbeere
Staudenbeere
Stechbeere
Steinbeere
Stichbeere
Stickbeere
Stinkbeere
Stinkelbeere
Strauſsbeere
Strickbeere
Stückbeere
Sumpfbeere
Sumfhpudelbeere
Talinkenbeere
Talgbeere
Taubenbeere
Teufelsbeere
Thaubeere
Tollbeere
Tränkelbeere
Traubenbeere
Trieselbeere
Tringelbeere
Trinkelbeere
Trockenbeere
Trumpelbeere
Trunkelbeere
Tunkelbeere
Twisselbeere
Versichbeere
Vogelbeere
Wacholderbeere
Waldbeere
Wasserbeere
Wegedornbeere
Weinbeere
Zuckerweinbeere
Weinscharlings-
Wendelbeere
Werstenbeere
Wesselbeere
Wieselbeere
Windbeere
Winterbeere
Wirbelbeere
Wirtelbeere

Wiſsbeere
Wolfbeere
Wolkenbeere
Wuthbeere
Zeitbeere
Zwieselbeere
ich beere
das Gebeere
die Galeere
ich heere
die Heere
ich verheere
ich leere
das Geleere
eine leere
die Leere
Freudenleere
Gedankenleere
Geistesleere
Herzensleere
Menschenleere
Sachleere
Seelenleere
Volkleere
die Meere
ich meere
die Scheere
Augenscheere
Baumscheere
Benehmscheere
Bettscheere
Bilderscheere
Blätterscheere
Blechscheere
Brunnenscheere
Dornscheere
Drathscheere
Durchschlagssch.
Gartenscheere
Glasscheere
Grabenscheere
Grauwerksscheere
Haarscheere
Heckenscheere
Kälberscheere
Kartenscheere
Knippscheere
Knopfscheere
Krabbenscheere
Krebsscheere
Kupferscheere
Lichtscheere
Nagelscheere
Papierscheere
Pflasterscheere
Putzscheere
Radescheere
Raupenscheere
Riemscheere
Rückenscheere
Schafscheere
Schneiderscheere

Schnitzscheere
Schrotscheere
Seescheere
Silberscheere
Splitterscheere
Stachelscheere
Stockscheere
Stückelscheere
Stutzscheere
Tafelscheere
Tuchscheere
Wachsscheere
Wachsstocksscheere
Wollenscheere
Wollscheere
ich scheere
das Gescheere
dem Schmeere
die Speere
ich theere
das Getheere
dem Theere
ich ehre
das Geehre
die Ehre
Amtsehre
Berufsehre
Burschenehre
Dienstehre
Frauenehre
Hausehre
Jungfrauenehre
Kirchenehre
Königsehre
Kriegsehre
Mädchenehre
Männerehre
Mannesehre
Ritterehre
Scheinehre
Siegesehre
Soldatenehre
Studentenehre
Todtenehre
Unehre
Wahnehre
Weltehre
ich entbehre
die Gehre
ich begehre
dem Begehre
ich gehre
eine hehre
die Hehre
ich kehre
das Gekehre
die Einkehre
— Pflugkehre
dem Verkehre
— Lehre
ich lehre
das Gelehre

die Lehre
Abendmahlslehre
Afterlehre
Arzneylehre
Arzneykraftlehre
Arzneymittellehre
Auflösungslehre
Augenlehre
Augenkrankheitsl.
Augenmittellehre
Ausflufslehre
Lichtausflufslehre
Ausgangslehre
Auswurfslehre
Bänderlehre
Begriffslehre
Beichtlehre
Bestimmungslehre
Bewegungslehre
Bibellehre
Bilderlehre
Bildungslehre
Bogenlehre
Brechmittellehre
Brennstofflehre
Buchstabenlehre
Darstellungslehre
Denklehre
Dichtungslehre
Dienstlehre
Dingerlehre
Dreyeckslehre
Drüsenlehre
Duldungslehre
Durchschnittslehre
Durchsichtlehre
Einbildungslehre
Eingeweidelehre
Eingottslehre
Einheitslehre
Einschachtelungsl.
Entwickelungslehre
Erbauungslehre
Erblehre
Erdbildungslehre
Erdentstehungslehre
Erdlehre
Erregungslehre
Erscheinungslehre
Erziehungslehre
Fabellehre
Farbenlehre
Färberlehre
Fernscheinlehre
Feuerlehre
Fieberlehre
Fischlehre
Fleischlehre
Formenlehre
Fragelehre
Frageunterrichtsl.

Freyheitslehre
Freylehre
Geberdenlehre
Gebirgslehre
Gebirgsentstehungsl.
Gefäfslehre
Blutgefäfslehre
Gefühllehre
Gegenlehre
Geheimlehre
Geheimnislehre
Gehirnlehre
Gehörlehre
Geisterlehre
Geschlechtslehre
Geschmackslehre
Gesichtslehre
Gesteinlehre
Gesundheitslehre
Gewächslehre
Gewissenslehre
Gezieferlehre
Giftlehre
Glaubenslehre
Gleichmuthslehre
Gleichungslehre
Glückseligkeitslehre
Götterlehre
Götterzeugungslehre
Gotteslehre
Gottseligkeitslehre
Grössenlehre
Grundlehre
Haderlehre
Handelslehre
Handwerkslehre
Hauptlehre
Hauslehre
Heilmittellehre
Himmelslehre
Hirnlehre
Hirnschädellehre
Insectenlehre
Irrlehre
Jagdlehre
Jugendlehre
Kammerwissen-
schaftslehre
Kinderlehre
Kirchenlehre
Klanglehre
Wohlklanglehre
Klosterlehre
Klugheitslehre
Knabenlehre
Knifflehre
Knochenlehre
Knorpellehre
Körperlehre
Kraftlehre
Krampflehre
Krankheitslehre

Krankheitsentsteh-
ungslehre
Krankheitsursachenl.
Krankheitszeichenl.
Kräuterlehre
Kriegslehre
Kunstlehre
Kunstwörterlehre
Lebenslehre
Lichtlehre
Liebeslehre
Luftlehre
Lufterscheinungsl.
Lügenlehre
Menschenlehre
Meſslehre
Minerlehre
Mönchslehre
Muskellehre
Mutterlehre
Naturlehre
Menschennaturlehre
Nervenlehre
Neulehre
Oberlehre
Obstlehre
Pflanzenlehre
Pflichtenlehre
Philosophenlehre
Priesterlehre
Privatlehre
Rechtslehre
Reinigungslehre
Reizlehre
Religionslehre
Samenlehre
Saugaderlehre
Schädellehre
Schalthierlehre
Schauspiellehre
Scheidelehre
Scheinlehre
Scheinbestreitungsl.
Schicksalslehre
Schlagaderlehre
Schullehre
Seelenlehre
Selbstlehre
Singlehre
Sinnenlehre
Sinnverwandschaftsl.
Sittenlehre
Sonnenuhrlehre
Spiegellehre
Sprachlehre
Vernunftsprachl.
Staatenlehre
Staatslehre
Staatsrechtslehre
Standlehre
Sternlehre

Straflehre
Streitlehre
Teufelslehre
Thierlehre
Thierarzneylehre
Tonlehre
Träumerlehre
Trostlehre
Tugendlehre
Uebungslehre
Urkundenlehre
Urstoffslehre
Vaterlehre
Verfährungslehre
Verhaltungslehre
Verhängniſslehre
Vernunftlehre
Vertheidigungsl.
Vorbestimmungsl.
Vorherbestimmungs-
Vorbildslehre
Vorlehre
Wägelehre
Wasserstandlehre
Weisheitslehre
Weltlehre
Weltentstehungsl.
Wesenlehre
Wiedertäuferlehre
Wissenschaftslehre
Witterungslehre
Wundarzneylehre
Wundmittellehre
Zahlenlehre
Weisezahlenlehre
Zeichenlehre
Zieferlehre

mehre
ich mehre
das Gemehre
ich sehre
— versehre
ich wehre
das Gewehre
zur Wehre
die Gewehre
dem Wehre
ich zehre
das Gezehre

ērem — ēerem — ēhrem

austerem
ephemerem
querem
schwerem
severem
sincerem
sperem
lehrem
hehrem
mehrem

ēren — ēeren — ēhren

die Antheren
— austeren
— Barrieren
— Bayaderen
— Bergeren
— Bonbonnieren
— Carrieren
— Ephemeren
— Fripieren
— Frontieren
den Gonfalonieren
die Glacieren
— Hemipteren
— Limonadieren
— Lisieren
— Montgolfieren
— Pepinieren
queren
— queren
— Salatieren
— Saucieren
bescheren
— schweren
sich beschweren
erschweren
severen
sinceren
die Skorzoneren
— speren
teren
— Tabatieren
— Tweren
— Volieren
— Beeren
beeren
abbeeren
ausbeeren
Groſsbeeren
— Galeeren
den Heeren
heeren
verheeren
Heeren
die leeren
leeren
ausleeren
den Meeren
meeren
die Scheeren
scheeren
abscheeren
ausscheeren
bescheeren
einscheeren
losscheeren
nachscheeren
überscheeren
verscheeren
webscheeren
wegscheeren

sich scheeren
fortscheeren
herscheeren
hin- *etc.* scheeren
wegscheeren
das Schafscheeren
— Schippscheeren
die *Scheeren*
den Speeren
theeren
austheeren
eintheeren
betheeren
übertheeren
vertheeren
zu Ehren
ehren
beehren
entehren
überehren
verehren
mißverehren
verunehren
entbehren
verbehren
gehren
begehren
aufbegehren
nachbegehren
vorausbegehren
zubegehren
zurückbegehren
vergehren
den Gehren
Honiggehren
die hehren
kehren
abkehren
aufkehren
auskehren
bekehren
durchkehren
einkehren
fortkehren
heimkehren
herkehren
hin- *etc.* kehren
nachkehren
niederkehren
rückkehren
überkehren
umkehren
verkehren
vorkehren
wegkehren
wiederkehren
zukehren
zurückkehren
zusammenkehren
— Lehren
lehren
belehren
einlehren
nachlehren
vorlehren
die mehren
mehren
vermehren
sehren
versehren
wehren
abwehren
bewehren
erwehren
verwehren
zurückwehren
den Gewehren
zehren
abzehren
aufzehren
auszehren
einzehren
herunterzehren
hinaufzehren
mitzehren
nachzehren
verzehren
wegzehren
vorwegzehren
zusammenzehren

ērend — eerend — ehrend

querend
bescherend
beschwerend
erschwerend
terend
beerend
verheerend
leerend
meerend
scheerend
theerend
ehrend
entbehrend
begehrend
minnegehrend
kehrend
lehrend
mehrend
versehrend
wehrend
zehrend

ērens — eerens — ehrens

des Querens
— Bescherens
— Beschwerens
— Erschwerens
— Terens
— Beerens
— Verheerens
des Leerens
— Meerens
— Scheerens
— Schafscheerens
— Theerens
— Ehrens
— Entbehrens
— Gehrens
— Begehrens
— Kehrens
— Lehrens
— Mehrens
— Versehrens
— Wehrens
— Zehrens
sie lehren's *etc.*

ērer — eerer — ehrer

ein austerer
— ephemerer
— querer
— Bescherer
— schwerer
— severer
— sincerer
— sperer
— Verheerer
— leerer
— Bartscheerer
— Feldscheerer
— Hundescheerer
— Leutescheerer
— Schafscheerer
— Tuchscheerer
— Wasserscheerer
— Wollscheerer
— Ehrer
— Entehrer
— Verehrer
Bibelverehrer
Bilderverehrer
Schlangenverehrer
Sonnenverehrer
Thierverehrer
— Begehrer
Vielbegehrer
— hehrer
— Bekehrer
Heidenbekehrer
Judenbekehrer
Ketzerbekehrer
Essenkehrer
Feuermauerkehrer
Gassenkehrer
Logenkehrer
Rahmkehrer
Rauchfangkehrer
Schlotkehrer
Straßenkehrer
Theaterkehrer
— Lehrer
Afterlehrer

Arzneylehrer
Wundarzneylehrer
Denklehrer
Einbildungslehrer
Erscheinungslehrer
Erziehungslehrer
Falschlehrer
Fragelehrer
Frageunterrichtsl.
Freyheitslehrer
Geheimlehrer
Geheimnifslehrer
Geschmackslehrer
Gesichtslehrer
Gesundheitslehrer
Gewissenslehrer
Gezieferlehrer
Glaubenslehrer
Gleichheitslehrer
Gleichmuthslehrer
Glückseligkeitslehr
Gotteslehrer
Gröfsenlehrer
Hauslehrer
Heidenlehrer
Hochlehrer
Irrlehrer
Jugendlehrer
Kammerwissen-
schaftslehrer
Kinderlehrer
Kirchenlehrer
Klugheitslehrer
Knabenlehrer
Krankheitslehrer
Kunstlehrer
Liebelehrer
Lügenlehrer
Mädchenlehrer
Menschenlehrer
Minerlehrer
Mitlehrer
Musiklehrer
Naturlehrer
Neulehrer
Oberlehrer
Obstlehrer
Pflanzenlehrer
Prinzenlehrer
Privatlehrer
Rechtslehrer
Lehnrechtslehrer
Staatsrechts- *etc.*
Religionslehrer
Schauspiellehrer
Scheinlehrer
Schriftlehrer
Schullehrer
Dorfschullehrer
Freyschullehrer
Landschullehrer
Pflanzschullehrer
Stadtschullehrer
Volksschullehrer
Seelenlehrer
Selbstlehrer
Singelehrer
Sittenlehrer
Sprachlehrer
Staatenlehrer
Staatslehrer
Sternlehrer
Streitlehrer
Stundenlehrer
Taubstummenlehrer
Thierlehrer
Tugendlehrer
Unterlehrer
Vernunftlehrer
Volkslehrer
Wahrheitslehrer
Waisenhauslehrer
Weisenlehrer
Weisheitslehrer
Zeichenlehrer
Zieferlehrer
ein Belehrer
der Mehrer
— Vermehrer
ein Zehrer
Allzehrer
Verzehrer

ērerm — ēererm — ēhrerm

austerer'm
schwerer'm
sperer'm
leerer'm
hehrer'm

ērern — ēerern — ēhrern

einen austerern
— ephemerer'n
den Bescherern
einen schwerern
— sperern
den Verheerern
einen leerern
den Hundescheerern *etc.*
— Ehrern
— Verehrern
— Entbehrern
— Begehrern
einen hehrern
den Bekehrern
— Essenkehrern *etc.*
— Lehrern
— Mehrern
— Zehrern

ērers — ēerers — ēhrers

ein austerer's
— ephemerer's
des Bescherers
ein schwerer's
— sperer's
des Verheerers
ein leerer's
des Hundescheerers
— Ehrers
— Verehrers
— Entbehrers
— Begehrers
ein hehrer's
des Bekehrers
— Essenkehrers *etc.*
— Lehrers
— Mehrers
ein mehrer's
des Zehrers

ēres — ēeres — ēhres

Ankteres
ein austeres
Ceres
ein ephemeres
des Misereres
ein queres
— schweres
— speres
Xeres
des Gebeeres
— Heeres
ein leeres
— Geleeres
des Meeres
— Gescheeres
— Schmeeres
— Speeres
— Theeres
— Getheeres
— Geehres
— Begehres
ein hehres
des Gekehres
— Verkehres
— Lehres
— Gelehres
ein mehres
des Gemehres
— Gewehres
— Wehres
— Gezehres
ich erschwer' es
— leer' es
— ehr' es *etc.*

ērest — ēerest — ēhrest

austerest
ephemerest

du bescherest
schwerest
— beschwerest
sperest
— beerest
— verheerest
— leerest
leerest
— meerest
— scheerest
— theerest
— ehrest
— entbehrest
— begehrest
hehrest
— kehrest
— lehrest
— mehrest
— versehrest
— wehrest
— zehrest

ēret — ēeret — ēhret

er queret
— bescheret
— beschweret
— teret
— beeret
— verheeret
— leeret
— meeret
— scheeret
— theeret
— ehret
— entbehret
— gehret
— begehret
— kehret
— lehret
— mehret
— versehret
— wehret
— zehret

érf

der Kerf
— Scherf
— Schnerf
— Schwerf
das Werf
— Gewerf
Noir de cerf

érfchen

ein Kerfchen
— Scherfchen

érfchens

des Kerfchens
— Scherfchens

érfe

dem Kerfe
— Scherfe
— Schwerfe
— Werfe
ich werfe
das Gewerfe
[der Werfel]

érfen

den Kerfen
— Scherfen
— Schwerfen
werfen
abwerfen
anwerfen
aufwerfen
auswerfen
bewerfen
beywerfen
durchwerfen
einwerfen
emporwerfen
entwerfen
erwerfen
fehlwerfen
fortwerfen
herwerfen
hin- *etc.* werfen
loswerfen
mißwerfen
nachwerfen
niederwerfen
überwerfen
umwerfen
unterwerfen
verwerfen
vorwerfen
wegwerfen
zerwerfen
zuwerfen
zurückwerfen
zusammenwerfen
das Werfen
Bombenwerfen
Wellenwerfen

érfer

der Werfer
Bombenwerfer
Einwerfer
Granatenwerfer
Jungwerfer
Kornwerfer
Kugelwerfer
Spießwerfer
— Brückenscherfer
schärfer

érfern

den Werfern
den Brückenscherfern
einen schärfer'n

érfers

des Werfers
— Brückenscherfers
ein schärfer's

érfes

des Kerfes
— Scherfes
— Schnerfes
— Schwerfes
— Werfes
— Gewerfes
ich werf' es
[das Scherflein verwerflich]

érfling

der Nerfling
— Werfling
Dörfling

érflings

des Nerflings
— Werflings

érfs

des Kerfs
— Scherfs
— Schnerfs
— Schwerfs
— Werfs
— Gewerfs

érft

ihr werft
der Werft
Einwerft
Schiffswerft
Sumpfwerft
Zimmerwerft
er schärft

érfte

die Werfte
Sandwerfte
er schärfte

érfung

die Verwerfung
— Schärfung

érg

der Berg
Bankberg
Calvarienberg
Eisberg
Feuerberg
Felsenberg

Flözberg
Fluthberg
Galgenberg
Goldberg
Granatberg
Hauberg
Holzberg
Hopfenberg
Hornberg
Kaninchenberg
Keilberg
Kickerlingsberg
Knochenberg
Lehberg
Leichenberg
Lustberg
Mandelberg
Mühlberg
Musenberg
Nachberg
Nebenberg
Oelberg
Rasenberg
Rebenberg
Rennberg
Riesenberg
Rufenberg
Salzberg
Sandberg
Schalksberg
Scheideberg
Scherbenberg
Schlofsberg
Schneckenberg
Schneeberg
Schwefelberg
Silberberg
Sohlberg
Spitzberg
Steinberg
Venusberg
Vorberg
Waldberg
Wasserberg
Weinberg
Wolkenberg
Zauberberg

Berg
Amberg
Bamberg
Blocksberg
Calenberg
Colberg
Donnersberg
Ebersberg
Eisenberg
Ettersberg
Fellenberg
Fichtelberg
Freyberg
Fürstenberg
Gerstenberg
Guttenberg
Hardenberg
Havelberg
Heidelberg
Inselsberg
Johannisberg
Königsberg
Kuttenberg
Lemberg
Lichtenberg
Marienberg
Mühlberg
Münsterberg
Nürnberg
Ravensberg
Ramberg
Romberg
Schwarzenberg
Seeberg
Silberberg
Stahremberg
Stolberg
Wirtemberg
Wittenberg

der Flamberg
— Scherg'
— Sperg
das Werg
Dichtwerg
Flachswerg
Mittelwerg
Stopfwerg
der Zwerg
gelbe Zwerg
Hofzwerg

érga

erga
Dietberga
Parerga

érge

am Berge
ich berge
— verberge
das Gebirge
die Herberge
Abendherberge
Bäckerherberge *etc.*
Bettelherberge
Handwerksherberge
Heckherberge
Hurenherberge
Nachtherberge
Pracherherberge
Schneiderherberge
Schusterherb. *etc.*
Winkelherberge
ich beherberge
der Ferge
dem Flamberge
die Latwerge
Fieberlatwerge
Giftlatwerge
Magenlatwerge
Quittenlatwerge
Schlaflatwerge
Wacholderlatw.
Zahnlatwerge
— Noberge
— Perge
perge!
— Radeberge
der Scherge
Gerichtsscherge
Todesscherge
ich scherge
das Gescherge
ich verherge
die Werge
dem Werge
ich zerge
das Gezerge
ich verzwerge
die Zwerge

érgel

das Bergel
der Gergel
das Gegergel
der Mergel
Giefsmergel
Gypsmergel
Kalkmergel
Kreidemergel
Lehmmergel
Papiermergel
Pfeifenmergel
Sandmergel
Steinmergel
Stinkmergel
Tutenmergel
das Gemergel
— Genergel
der Schmergel
Pfeifenschmergel
Tabaksschmergel
Waldschmergel
das Geschmergel
der Spergel
Sandspergel
— Wergel
das Gewergel
— Zwergel

érgeln

den Bergeln
— Gergeln
gergeln
— Mergeln
mergeln
abmergeln
ausmergeln

nergeln
hernergeln
vornergeln
schmergeln
einschmergeln
verschmergeln
den Wergeln
wergeln
abwergeln
hin- u. herwergeln
— Zwergeln
zwergeln
verzwergeln

ergelnd

gergelnd
mergelnd
nergelnd
schmergelnd
wergelnd
zwergelnd

ergelns

des Gergelns
— Mergelns
— Nergelns
— Schmergelns
— Wergelns
— Zwergelns

ergels

des Bergels
— Gergels
— Gegergels
— Mergels
— Gemergels
— Genergels
— Schmergels
— Geschmergels
— Wergels
— Gewergels
— Zwergels

ergelst

du gergelst
— mergelst
— nergelst
— schmergelst
— wergelst
— zwergelst

ergelt

er gergelt
— mergelt
ausgemergelt
— nergelt
— schmergelt
— wergelt
es zwergelt

ergen

den Bergen
bergen
verbergen
herbergen
beherbergen
verhergen
die Fergen
— Latwergen
— Nobergen
— Pergen
— Radebergen
schergen
anschergen
ausschergen
zuschergen
— Schergen
— Wergen
wergen
zergen
den Zwergen
verzwergen
Bergen
Kloster Bergen
Spitzbergen

ergend

bergend
verbergend
herbergend
verhergend
schergend
zergend
verzwergend

ergens

des Bergens
— Verbergens
— Herbergens
— Verhergens
— Schergens
ein wergen's
des Verzwergens
Damnum emergens
Novum emergens

erger

der Herberger
— Verberger
— Zuscherger
ein *Berger etc. bis Wittenberger siehe* erg

ergern

den Herbergern
— Verbergern
— Zuschergern
— Schreckenbergern

ergers

des Herbergers
— Verbergers
des Zuschergers
— Schreckenbergers
— Johannisbergers

ergig

bergig
schergig
zwergig

ergisch

energisch
bergisch etc. bis wittenbergisch siehe erg

ergle

ich gergle
das Gegergle
ich mergle
das Gemergle
ich nergle
das Genergle
ich schmergle
das Geschmergle
ich wergle
das Gewergle
ich verzwergle

ergler

ein Ausmergler
— Nergler
— Schmergler

erglern

den Ausmerglern
— Nerglern
— Schmerglern

erglers

des Ausmerglers
— Nerglers
— Schmerglers

erglich

herberglich
verberglich
unverberglich
merglich
nerglich
schmerglich
werglich

ergnis

die Verbergnis
— Verzwergnis

ergo

atqui ergo
in tergo

[das Parergon]

érgs

des Bergs
— Geberg's
— Flambergs
— Spergs
— Gescherg's
— Wergs
— Gezerg's
— Zwergs

érgst

du berg'st
— verberg'st
— beherbergst
— verhergst
— schergst
— zergst
— verzwergst

érgt

ihr bergt
— verbergt
— herbergt
— verhergt
— schergt
— zergt
— verzwergt

érgte

er herbergte
— verhergte
— schergte
— zergte
— verzwergte

érgtem

beherbergtem
verhergtem
zugeschergtem
gezergtem
verzwergtem

érgten

sie herbergten
— verhergten
— schergten
— zergten
— verzwergten

érgter

ein beherbergter
— verhergter
— zugeschergter
— gezergter
— verzwergter

érgtes

ein beherbergtes
— verhergtes
— zugeschergtes
— gezergtes
— verzwergtes
ihr verbergt es *etc.*

érgtest

du herbergtest
— verhergtest
— schergtest
— zergtest
— verzwergtest

érgtet

ihr herbergtet
— verhergtet
— schergtet
— zergtet
— verzwergtet

érgung

die Verbergung
— Herbergung
Beherbergung
— Verhergung
— Zuschergung
— Zergung
— Verzwergung

ērhard

Ehrhard
Gerhard
sehr hart

ēri

Alfieri
Clery
die *Condottieri*
Filangieri
Salieri

ērĭa

die *Arteria*
pia desideria
Leria
— *Materia* (medica - peccans)
Meliceria
Seria (in crastinum)
Valeria

ērich

Erich
der Knerich
— Verich

ērichs

des Knerichs
— Verichs
so erschwer' ich's

ērĭe

die Arterie
— *Einherie*
— Materie
Auswurfsmaterie
Perlmaterie
— Serie
Valerie

ērĭen

die Arterien
— Banderien
— *Einherien*
— Ferien
Arbeitsferien
Bundstagsferien
Ernteferien
Gerichtsferien
Hundstagsferien
Kirmesferien
Osterferien
Pfingstferien
Schulferien
Weihnachtsferien
— Kriterien
— Lerien
— Materien
— Melicerien
— Ministerien
— Mysterien
— Philisterien
— Presbyterien
— Psalterien
— Serien
Iberien
Celtiberien
Siberien

ērĭer — ērn — ērs

ein *Iberier*
— *Celtiberier*
— *Siberier*

ērĭes

die *Series*
Eperies [der Sherif]

ērig — ēerig — ēhrig

beyherig
bisherig
fernherig
hinterherig
nachherig
nebenherig
obenherig
seitherig
umherig
vorherig
zeitherig
terig
groſsbeerig
kleinbeerig
vollbeerig
schmeerig
theerig
gehrig
rückkehrig
überkehrig
vorkehrig

gelehrig
ungelehrig
lehrig
arzneylehrig
arzneymittellehrig
augenlehrig
augenkrankheits-
augenmittellehrig
bestimmungslehrig
bewegungslehrig
denklehrig
dreyeckslehrig
durchsichtslehrig
fabellehrig
fernscheinlehrig
fragelehrig
geheimlehrig
geisterlehrig
geschmackslehrig
gesundheitslehrig
gewächslehrig
gewissenslehrig
gezieferlehrig
glaubenslehrig
gleichungslehrig
götterlehrig
gotteslehrig
gröſsenlehrig
handwerkslehrig
hartlehrig
irrlehrig
klugheitslehrig
knochenlehrig
krankheitslehrig
kunstlehrig
menschenlehrig
meſslehrig
minerlehrig
naturlehrig
neulehrig
obstlehrig
rechtlehrig
rechtslehrig
staatsrechts- *etc.*
schauspiellehrig
scheinlehrig
seelenlehrig
sittenlehrig
sprachlehrig
staatenlehrig
staatslehrig
sternlehrig
tonlehrig
tugendlehrig
vernunftlehrig
weisheitslehrig
nunmehrig
zusehrig
abwehrig
zehrig
abzehrig
vielzehrig

ērigs

ein beyherig's
— terig's
— groſsbeerig's
— schmeerig's
— theerig's
— gehrig's
— rückkehrig's
— gelehrig's
— nunmehrig's
— zusehrig's
— abwehrig's
— zehrig's

ērik

die Ikterik
— Photoskiaterik

[Erin]

ēring

der Hering (*siehe* Häring)
— Vering
— Wering

ērings

des Herings
— Verings
— Werings

ērio

im *Ministerio*
— *Presbyterio etc.*
Valerio

ēris

Eris
primulae veris

ērisch

ätherisch
cholerisch
cimmerisch
dysenterisch
ephemerisch
esoterisch
exoterisch
generisch
homerisch
hysterisch
antihysterisch
iberisch
celtiberisch
klimakterisch
lutherisch
makropterisch
neoterisch
numerisch
peripherisch
philisterisch
presbyterisch
siberisch
siderisch
tiberisch
venerisch
antivenerisch
meerisch
mittelmeerisch
übermeerisch

ērischs

ein ätherisch's *etc. bis* meerisch's *siehe* **erisch**

ērischst

ätherischst *etc. bis* meerischst *siehe* **erisch**

ērium

das *Adulterium*
— *Alipterium*
— *Banderium*
— *Cauterium*
— *Cerium*
— *Cererium*
— *Clavicytherium*
— *Coemeterium*
— *Criterium*
Urocriterium
— *Deleterium*
— *Desiderium* (pium)
— *Dicterium*
— *Elaterium*
— *Magisterium*
— *Mesenterium*
— *Ministerium*
— *Philisterium*
— *Peripterium*
— *Phylanterium*
— *Presbyterium*
— *Psalterium*

ēriums

des *Adulterium's etc. bis* *Psalterium's* *siehe* **erium**

ērius

Desiderius
Laberius
Primicerius
Tiberius
Valerius

érk

merk!
der Merk
Quellenmerk
Wassermerk
Wintermerk

das Merk
Augenmerk
Sichelmerk
Wassermerk
— Gemerk
der Vermerk
— Schwerk
— Sperk
das Werk
Ackerwerk
Afterwerk
Alaunwerk
Astwerk
Aufsenwerk
Backwerk
Zuckerbackwerk
Balkenwerk
Bandwerk
Bannwerk
Bauerwerk
Baumwerk
Bauwerk
Befestigungswerk
Bergwerk
Eisenbergwerk
Goldbergwerk
Kobaltbergwerk
Kohlenbergwerk
Steinkohlen-
Kupferbergwerk
Salzbergwerk
Silberbergwerk
Zinnbergwerk
Beutelwerk
Beywerk
Bibelwerk
Bibliothekenwerk
Bildwerk
Korkbildwerk
Bilderwerk
Bindewerk
Binnenwerk
Blasewerk
Blätterwerk
Bleichwerk
Blendwerk
Blefswerk
Bleywerk
Blumenwerk
Bollwerk
Bortenwerk
Bremswerk
Breterwerk
Brückenwerk
Brustwerk
Bühnenwerk
Buntwerk
Buschwerk
Bufswerk
Dachwerk
Deckwerk

Demantwerk
Dichterwerk
Dielenwerk
Dockenwerk
Drathwerk
Drehwerk
Druckwerk
Blasdruckwerk
Luftdruckwerk
Eimerwerk
Eisenwerk
Eisenschmiedewerk
Entführungswerk
Entschädigungs-
Erbauungswerk
Erdenwerk
Erdwerk
Erzwerk
Efswerk
Fabelwerk
Fachwerk
Farbenwerk
Blaufarbenwerk
Fasenwerk
Fafswerk
Feldwerk
Fellwerk
Felsenwerk
Festungswerk
Feuerwerk
Lustfeuerwerk
Wasserfeuerwerk
Filzwerk
Fingerwerk
Fischwerk
Flachwerk
Flechtwerk
Fleischwerk
Flenswerk
Flickwerk
Flitterwerk
Flötenwerk
Flügelwerk
Flutwerk
Frohnwerk
Fuhrwerk
Zauberfuhrwerk
Fufswerk
Gabelwerk
Gartenwerk
Gatterwerk
Gaukelwerk
Gedächtniswerk
Gehwerk
Geigenwerk
Tastengeigenwerk
Gitterwerk
Glaswerk
Goldwerk
Götterwerk
Gotteswerk

Grauwerk
Griefswerk
Grillenwerk
Grottenwerk
Grundwerk
Gurtwerk
Händewerk
Hängewerk
Hakelwerk
Hammerwerk
Handwerk
Bäckerhandwerk
Brennerhandw. *etc.*
Fechterhandwerk
Hurenhandwerk
Jagdhandwerk
Krämerhandwerk
Kriegshandwerk
Lohnhandwerk
Zimmerhandw. *etc.*
Hartwerk
Mittelhartwerk
Haufwerk
Hauptwerk
Heuchelwerk
Hexenwerk
Hohlwerk
Holzwerk
Hornwerk
Hüttenwerk
Innenwerk
Jugendwerk
Kettenwerk
Kielwerk
Klapperwerk
Klebewerk
Kleiberwerk
Klinkerwerk
Klipperwerk
Klippwerk
Klopfwerk
Kluftwerk
Knochenwerk
Korbwerk
Kothwerk
Krätzwerk
Kräuselwerk
Kunstwerk
Kupferwerk
Landwerk
Lattenwerk
Laubwerk
Laufwerk
Leckwerk
Dachleckwerk
Dornleckwerk
Strohleckwerk
Lederwerk
Lehmwerk
Leistenwerk
Leyerwerk

Liebeswerk
Lockwerk
Luftwerk
Machwerk
Kunstmachwerk
Mannwerk
Mastwerk
Mauerwerk
Maulwerk
Meisterwerk
Mengwerk
Messingwerk
Morgenwerk
Mühlwerk
Münzwerk
Mundwerk
Muschelwerk
Seemuschelwerk
Mußwerk
Musterwerk
Nachwerk
Nachtwerk
Nadelwerk
Narrenwerk
Naschwerk
Naturwerk
Nebenwerk
Netzwerk
Nothwerk
Obenwerk
Ohrwerk
Orgelwerk
Packwerk
Pappwerk
Pastetenwerk
Paternosterwerk
Paukenwerk
Pechwerk
Pelzwerk
Pfaffenwerk
Pfahlwerk
Pfannwerk
Pfeifenwerk
Apfelpfeifenwerk
Knopfpfeifenwerk
Pfeilwerk
Pflasterwerk
Plackwerk
Plankwerk
Pochwerk
Blaufarbenpochw.
Gestubepochwerk
Kratzpockwerk
Naßpochwerk
Rollpochwerk
Trockenpochwerk
Prachtwerk
Prägewerk
Probewerk
Prunkwerk
Pumpwerk

Pumpenwerk
Puppenwerk
Quetschwerk
Räderwerk
Rändelwerk
Räucherwerk
Rauchwerk
Rauschwerk
Reckwerk
Reimwerk
Reisewerk
Reißwerk
Rennwerk
Repetirwerk
Riegelwerk
Riemenwerk
Riesenwerk
Rießwerk
Ritzwerk
Rodenwerk
Rohrwerk
Rollwerk
Rosenkranzwerk
Rösterwerk
Roßwerk
Rückenwerk
Rüstwerk
Rundwerk
Sägenwerk
Säulenwerk
Wassersäulenwerk
Salzwerk
Sammelwerk
Saugewerk
Saumwerk
Schackwerk
Schalwerk
Schandwerk
Schanzwerk
Scharwerk
Handscharwerk
Schattenwerk
Schauwerk
Schaubwerk
Schaufelwerk
Schaumwerk
Scheibenwerk
Scheidewerk
Scheinwerk
Schellenwerk
Scherwerk
Schiebwerk
Schlackenwerk
Garschlackenwerk
Schlagwerk
Schleckerwerk
Schlemmwerk
Schleppwerk
Schmadderwerk
Schmeichelwerk
Schmeißwerk

Schmelzwerk
Schmetterlingswerk
Schmiedewerk
Schnarrwerk
Schnellwerk
Schnitzwerk
Schöpfungswerk
Schöpfwerk
Schrankenwerk
Schraubwerk
Schrotwerk
Schuhwerk
Schulwerk
Schurzwerk
Schwefelwerk
Schwengelwerk
Segelwerk
Seidenwerk
Seifenwerk
Seilwerk
Seitenwerk
Semmelwerk
Senkwerk
Setzwerk
Siebwerk
Silberwerk
Simswerk
Sittenwerk
Sklavenwerk
Sparrwerk
Sperrwerk
Spielwerk
Spinnwerk
Spitzenwerk
Sprachwerk
Fünfsprachenwerk
Vielsprachenwerk
Sprengwerk
Spundwerk
Stackwerk
Stahlwerk
Stampfwerk
Ständerwerk
Stangenwerk
Steckwerk
Steinwerk
Stickwerk
Stockwerk
Zinnstockwerk
Stopfwerk
Stoppelwerk
Stoßwerk
Strauchwerk
Streckwerk
Strenwerk
Strickwerk
Strohwerk
Stückwerk
Stümperwerk
Stufwerk
Sudelwerk

Sündenwerk
Sumpfwerk
Täfelwerk
Tändelwerk
Tagewerk
Takelwerk
Tandwerk
Taschenwerk
Tastenwerk
Tauwerk
Teppichwerk
Teufelswerk
Trägwerk
Tragwerk
Treckwerk
Treibwerk
Triebwerk
Trugwerk
Tuchwerk
Uhrwerk
Unterwerk
Unwerk
Urkundenwerk
Verdauungswerk
Versöhnungswerk
Vitriolwerk
Vollwerk
Vorlegewerk
Vorwerk
Waldvorwerk
Waldwerk
Walkwerk
Walzwerk
Wappenwerk
Waschwerk
Wasserwerk
Wechselwerk
Weckwerk
Weiberwerk
Weidwerk
Groſsweidwerk
Weidelwerk
Weiserwerk
Minutenweiserwerk
Weiſslockwerk
Wiederholwerk
Wollenwerk
Wollwerk
Wortwerk
Wunderwerk
Zackenwerk
Zangenwerk
Zauberwerk
Zeigerwerk
Zeitwerk
Ziehwerk
Zimmerwerk
Zinnwerk
Zuckerwerk
Brechzuckerwerk
Kakaozuckerwerk

Zugwerk
Zwischenwerk
das Gewerk
Bäckergewerk *etc.*
Berggewerk
Bleygewerk
Glasgewerk
Groſsgewerk
Kunstgewerk
Lackgewerk
Salzgewerk
Tuchgewerk
die *Exergue*
Heemskerk

érkchen

das Merkchen
— Gemerkchen
— Werkchen

érkchens

des Merkchens
— Gemerkchens
— Werkchens

érke

ich merke
das Gemerke
dem Merke
die Scherke
dem Schwerke
ich schnerke
das Geschnerke
dem Sperke
— Werke
ich werke
das Gewerke
ich verbollwerke
— vergewerke
— pfannwerke
— räuchwerke
— scharwerke
— schiffswerke
— tagewerke
— weidwerke
Albuquerque

érkel

das Ferkel
Absatzferkel
Eisenferkel
Kornferkel
Meerferkel
Säugeferkel
Sogferkel
Spanferkel
Wasserferkel
der Schmerkel
— Schnörkel
Merkel

érkeln

ferkeln
den Ferkeln
— Schnörkeln
schnörkeln

érkelnd

ferkelnd
schnörkelnd

érkelns

des Ferkelns
— Schnörkelns

érkels

des Ferkels
— Schmerkels
— Schnörkels

érkelst

du ferkelst
— schnörkelst

érkelt

sie ferkelt
er schnörkelt
— geschnörkelt

érken

das Ferken
Spittferken
merken
anmerken
aufmerken
bemerken
beymerken
nachmerken
vermerken
vormerken
den Merken
— Gemerken
die Scherken
schnerken
werken
verbollwerken
vergewerken
pfannwerken
räuchwerken
rauchwerken
scharwerken
schiffswerken
tagewerken
weidwerken

érkend

merkend
bemerkend
schnerkend
werkend *etc.*

erkens

des Ferkens
— Merkens
— Bemerkens
— Schnerkens
— Werkens *etc.*
ein rauchwerken's
sie merken's *etc.*

erker

der Erker
Fenstererker
Gittererker
Straſsenerker
— *Berserker*
— Kerker
Zuchtkerker
— Merker
Anmerker
Randanmerker
Bemerker
Allbemerker
Randbemerker
— Schnerker
— Buntwerker
— Feuerwerker
— Gewerker
Groſsgewerker
Tuchgewerker
— Handwerker
Jagdhandwerker
Kramerhandwerker
— Nothwerker
— Rauchwerker
— Scharwerker
— Schmelzwerker
— Stückwerker
— Tagewerker

erkern

den Erkern
— *Berserkern*
— Kerkern
einkerkern
— Merkern
— Bemerkern
— Schnerkern
— Feuerwerkern
feuerwerkern
— Gewerkern *etc.*

erkernd

einkerkernd
feuerwerkernd

erkerns

des Einkerkerns
— Feuerwerkerns

erkers

des Erkers
des *Berserkers*
— Kerkers
— Merkers
— Bemerkers
— Feuerwerkers *etc.*

erkerst

du einkerkerst
— feuerwerkerst

erkert

eingekerkert
er feuerwerkert

erkes

des Merkes
— Augenmerkes
— Geschnerkes
— Werkes

erkest

du merkest
— schnerkest
— werkest *etc.*

erket

er merket
— schnerket
— werket *etc.*

erklich

merklich
anmerklich
bemerklich
unmerklich
gewerklich
groſsgewerklich
handwerklich

erklichs

ein merklich's
— gewerklich's
— handwerklich's

erklichst

merklichst
handwerklichst

[der Kerkner]

erkre

ich einkerkre
— feuerwerkre

erks

der Merks
des Augenmerks
— Geschnerks
— Werks *etc.*
merk's!

erkst

du merkst
— bemerkst
— schnerkst
— werkst *etc.*

erkt

er merkt
— bemerkt
— schnerkt
— werkt *etc.*

erkte

er merkte
— bemerkte
— schnerkte
— werkte *etc.*

erktem

bemerktem
geschnerktem
verbollwerktem

erkten

sie merkten
— bemerkten
— schnerkten
— werkten
— tagewerkten *etc.*

erkter

ein bemerkter
— geschnerkter
— verbollwerkter *etc.*

erktes

ein gemerktes
— geschnerktes
— verbollwerktes *etc.*
er merkt es *etc.*

erktest

du merktest
— bemerktest
— schnerktest
— werktest *etc.*

erktet

ihr merktet
— bemerktet
— schnerktet
— werktet *etc.*

erkung

die Merkung
Anmerkung
Gegenanmerkung
Randanmerkung
Wortanmerkung
Bemerkung
Gegenbemerkung

Randbemerkung
Sachbemerkung
Schlufsbemerkung
Sprachbemerkung
Wortbemerkung
Zwischenbemerk.
die Schnerkung
— Verbollwerkung
— Scharwerkung
— Verzwerkung

érl

der Kerl
Bauerkerl
Bettelkerl
braver Kerl
guter Kerl
Lumpenkerl
Mannskerl
Postkerl
Rätelkerl
Saukerl
Teufelskerl
Wetterkerl
das Geperl
der Querl
Chocoladenquerl
Suppenquerl
das Gequerl
die Schmerl
der Sterl
Buttersterl
das Gesterl
[Erlau]

érlchen

das Erlchen
— Ferlchen
— Kerlchen
— Querlchen
— Schmerlchen
— Sterlchen

érlchens

des Erlchens
— Ferlchens
— Kerlchens
— Querlchens
— Schmerlchens
— Sterlchens

érle

die Erle
Bergerle
Grauerle
Maserle
Menerle
Mewerle
Rotherle
Wassererle
— Merle
Amselmerle
Bergmerle
Goldmerle
Ringmerle
Seemerle
die Perle
Brockenperle
Franzperle
Glasperle
Kartenperle
Kirschperle
Lothperle
Rundperle
Saatperle
Samenperle
Schnurperle
Stampfperle
Staubperle
Stofsperle
Stückperle
Thauperle
Thränenperle
Unzenperle
Venusperle
Wachsperle
Wasserperle
Zahlperle
ich perle
das Geperle
die Querle
ich querle
das Gequerle
die Serle
— Schmerle
Bachschmerle
Steinschmerle
— Sterle
ich sterle
das Gesterle

érlen

die Erlen
erlen
den Kerlen
die Perlen
perlen
beperlen
emporperlen
herniederperlen
den Querlen
querlen
abquerlen
aufquerlen
ausquerlen
durchquerlen
hin- u. herquerlen
losquerlen
zusammenquerlen
die Serlen
— Schmerlen
den Sterlen
sterlen
ansterlen
aufsterlen
aussterlen
dareinsterlen
durchsterlen
ersterlen
herabsterlen
heruntersterlen
hin- u. hersterlen
hineinsterlen
lossterlen
zersterlen

érlend

perlend
querlend
sterlend

érlens

ein erlen's
des Perlens
— Querlens
— Sterlens

érles

des Kerles
— Geperles
— Gequerles
— Gesterles
ich querl' es *etc.*

érlest

du perlest
— querlest
— sterlest

érlet

er perlet
— querlet
— sterlet
der Sterlet

érlich — éhrlich

schwerlich
beschwerlich
unbeschwerlich
erschwerlich
ehrlich
grundehrlich
unehrlich
verehrlich
entbehrlich
unentbehrlich
begehrlich
bekehrlich
vorkehrlich
lehrlich
sprachlehrlich
vermehrlich
versehrlich
unversehrlich
wehrlich
verwehrlich

unverwehrlich
verzehrlich
unverzehrlich

ērlichs — ēhrlichs

ein beschwerlich's *etc. bis* verzehrlich's *siehe* erlich

ērlichst — ēhrlichst

beschwerlichst *etc. bis* verzehrlichst *siehe* erlich

érlicht

das Erlicht
perlicht
querlicht

érlichts

des Erlichts
ein perlicht's
— querlicht's

érlig

perlig
querlig
schmerlig
sterlig

érling

der Herling
— Merling
— Scherling
— Schmerling
— Sperling
Baumsperling
Bergsperling
Erdsperling
Grassperling
Grünsperling
Holzsperling
Kapsperling
Kornsperling
Moossperling
Muschelsperling
Riedsperling
Rohrsperling
Schilfsperling
Schneesperling
Straussperling
Waldsperling
Weidensperling
Wiesensperling
Wintersperling
der *Sterling*

ērling — ēerling — ēhrling

der Heerling
— Lehrling
Glaubenslehrling
Handelslehrling
Probelehrling
Selbstlehrling
Zauberlehrling
— Zehrling

érlings

des Herlings
— Merlings
— Scherlings
— Sperlings
— Sterlings

ērlings zc.

des Heerlings
— Lehrlings
— Zehrlings

érls

des Kerls
— Geperls
— Querls
— Gequerls
— Sterls
— Gesterls
ich querl' 's *etc.*

érlst

du perlst
— querlst
— sterlst

érlt

er perlt
beperlt
— querlt
— sterlt

érlte

er perlte
— querlte
— sterlte

érltem

beperltem
gequerltem
zersterltem

érlten

sie perlten
— querlten
— sterlten

érlter

ein beperlter
— gequerlter
— zersterlter

érltes

ein beperltes
— gequerltes
ein zersterltes
er querlt es *etc.*

érltest

du perltest
— querltest
— sterltest

érltet

ihr perltet
— querltet
— sterltet

érlung

die Beperlung
— Querlung
— Sterlung

érm

ferm
der Germ
— Schwerm

érma

die *Ferma*
das *Sperma* (ceti)
Lerma
[das Hermchen]

érme

die Berme
— *Ferme*
Tabaksferme
eine ferme
dem Germe
es germe
die Herme
— Perisperme
dem Schwerme
die Terme

érmel

der Ermel (*siehe* Aermel]
die Hermel

érmeln

den Ermeln
umermeln
— Hermeln

érmen

die fermen
— *Fermen*
germen
das *Germen*
die Hermen
den Schwermen
die Termen
— Thermen

ermer

ein fermer
der Germer

ermes

ein fermes
des Germes
Hermes
der Kermes
Alkermes
Mineralkermes
[germig]

ermis

die Epidermis
in thermis

ermo

Canto fermo
Palermo
ein *Sermo*
[die Gmung
Mimnermus]

ern — èrrn

Bern
extern
fern
himmelfern
meilenfern
menschenfern
unfern
wolkenfern
dafern
wiefern
inwiefern
sofern
insofern
wofern
Falern
gern
herzensgern
seelengern
ungern
der Tadelgern
— Trinkgern
Holofern
intern
— Kern
Apricosenkern
Apfelkern
Aschkern
Birnenkern
Bohnenkern
Brustkern
Citronenkern
Dattelkern
Filzkern
Gehirnkern
Gurkenkern
Heerkern
Kerbelkern
Kirschkern
Knochenkern
Kürbiskern
Mandelkern
Mattkern
Melonenkern
Milchkern
Nuſskern
Obstkern
Oelbeerkern
Olivenkern
Pelzkern
Pfirsichkern
Pflaumenkern
Pochkern
Quittenkern
Röhrenkern
Samenkern
Steinkern
Tausendkern
Traubenkern
Vitriolkern
Weiberkern
Weinkern
Weinbeerkern
à la lanterne
Luzern
matern
modern
patern
die Quern
Salern
Sauterne
— *Severn*
der Stern
Abendstern
Angelstern
Augenstern
Bartstern
Blankenstern
Blumenstern
Erdstern
Fixstern
Flammenstern
Folgestern
Geleitsstern
Glücksstern
Unglücksstern
Haarstern
Hauptstern
Hundsstern
Irrstern
Kammstern
Knotenstern
Leitstern
Liebesstern
Medusenstern
Meerstern
Milchstern
Minnestern
Mittagsstern
Morgenstern
Nachbarstern
Nachtstern
Nebelstern
Netzstern
Nordstern
Nothstern
Ordensstern
Pferdestern
Ritterstern
Saatstern
Schimmerstern
Schmalstern
Schwanzstern
Schweifstern
Seestern
Haarseestern
Siebenstern
Sonnenstern
Spatstern
Stachelstern
Standstern
Strobelstern
Tagstern
Unstern
Venusstern
Vesperstern
Vogelstern
Wagenstern
Wandelstern
Warzenstern
Wasserstern
Weisstern
Wunderstern
Zwillingsstern
Zwirnstern
Krusenstern
Arthur v. Nordstern
subaltern
den Achtzigern *etc. bis* Züchtigern *siehe die männl. Substantiven in* er
einen aasigern *etc. bis* zwistigern *siehe die Adjectiven im Nominativ in* er, *in comparativer Form*
die Herrn
— sperr'n
sperr'n
zerr'n *etc.*

ērn — ēern — ēhrn

die schwer'n
beschwer'n
bescher'n
— leer'n *etc.*
sie scheer'n
der Tweern
Ehrn
ehr'n

sie begehr'n
— lehr'n *etc.*

erna

alterna
terna
laverna
materna
paterna
antipherna
parapherna
die *Terna*
[die Hernat]

ernchen

das Kernchen
— Sternchen

ernchens

des Kernchens
— Sternchens

ernd

Bernd
fernd

erne

die Caserne
— Cisterne
— Duerne
eine externe
— ferne
die Ferne
Erdferne
Himmelsferne
Nebelferne
Sonnenferne
Strahlenferne
Wolkenferne
ich ferne
daferne
soferne *etc.*
gerne
eine interne
dem Kerne
ich entkerne
die Laterne
Blendlaterne
Diebslaterne
Gassenlaterne
Glaslaterne
Handlaterne
Hauslaterne
Hinterlaterne
Hornlaterne
Krautlaterne
Marslaterne
Papierlaterne
Schiffslaterne
Schlachtlaterne
Seelaterne
Stalllaterne
Stangenlaterne
Straſsenlaterne
Windlaterne
Zauberlaterne
ich lerne
das Gelerne
die Luzerne
Strandluzerne
eine materne
— moderne
das Moderne
eine paterne
die Poterne
— Querne
— Quaterne
— Quinterne
— Sterne
Sterne
ich besterne
die subalterne
— Terne
— Taberne
— Taverne

ēerne

ich tweerne
dem Tweerne
die ehrne

[das Kernel]

ernem

externem
fernem
internem
maternem
modernem
paternem
subalternem

ernen

bernen
die Casernen
— Cisternen
— Duernen
— externen
— fernen
— Fernen
sich entfernen
die internen
den Kernen
kernen
auskernen
entkernen
verkernen
lernen
ablernen
auslernen
auswendiglernen
durchlernen
einlernen
erlernen
mitlernen
nachlernen
überlernen
verlernen
weglernen
zerlernen
die Laternen
— maternen
— modernen
— paternen
— Poternen
— Quernen
— Quaternen
— Quinternen
den Sternen
sternen
besternen
die Ternen
— Tabernen
— Tavernen

ēernen

tweernen
die ehrnen

ernend

bernend
fernend
entfernend
kernend
lernend
besternend

ernens

des Bernens
— Fernens
— Entfernens
— Kernens
— Lernens
— Besternens

erner

ein *Berner*
— externer
ferner
— ferner
der Ferner
— *Falerner*
ein interner
der Kerner
— Lerner
— Erlerner
— *Luzerner*
ein materner
— moderner
— paterner
der Querner
— *Salerner*
ein subalterner
der Werner
Werner

érnerm

ferner'm
externer'm
interner'm
moderner'm
subalterner'm

érnern

den *Bernern*
einen externer'n
— ferner'n
den Fernern
einen interner'n
den Kernern
— Lernern
— *Luzernern*
einen moderner'n
den Quernern
— *Salernern*
einen subalterner'n
den Wernern

érners

des *Berners*
ein externer's
— ferner's
des Ferners
— *Falerners*
ein interner's
des Kerners
— Lerners
— *Luzerners*
ein moderner's
des Querners
— *Salerners*
ein subalterner's
des Werners

érnes

ein externes
— fernes
Holofernes
— internes
des Kernes
— Gelernes
ein maternes
— modernes
— paternes
des Sternes
ein subalternes
Tissaphernes
ich lern' es *etc.*

ēernes

des Tweernes
ein ehrnes

érnest

externest
fernest
du fernest
du entfernest
gernest
internest
— kernest
— lernest
modernest
— besternest
subalternest

érnet

er fernet
— entfernet
— kernet
— lernet
— besternet

érnhard

Bernhard
Gernhard
Wernhard

érnia

Hernia
Hibernia
Lectisternia

érnien

die Gubernien
— *Hernien*
— *Hibernien*
— *Lectisternien*

érnig

fernig
kernig
gelernig
hartlernig
schwerlernig

érnis

in externis
— *internis*
der Vernis
Bernsteinvernis
Copalvernis
Harzvernis
Oelvernis
Leinölvernis
Mohnölvernis
Succinvernis
die Verzerrnis

ērnis

die Schwernis
— Beschwernis
— Erschwernis
— Verheernis
— Verkehrnis
— Verzehrnis

érnisch

bernisch
falernisch
hibernisch
luzernisch
salernisch

érnium

das *Gubernium*
— *Lectisternium*

érno

das *Governo*
Piperno
Quaterno
Quinterno
Salerno
Terno
Fernow

érnre

die extern're
— fern're
— intern're
— modern're
— subaltern're

érns

ein extern's
— fern's
— intern's
des Kerns
— Gelerns
ein matern's
— modern's
— patern's
des Sterns
ein subaltern's
lern' 's! *etc.*
[die Hernske]

érnst

Ernst
Bet-Ernst
der Ernst
Feyerernst
Schalksernst
Stummenernst
ernst
externst
fernst
du fernst
— entfernst
— gernst
internst
— kernst
— lernst
modernst
— besternst
subalternst

érnste

der ernste
im Ernste
der externste
— fernste
— internste
— modernste
— subalternste

érnstem

ernstem
externstem
fernstem
internstem
modernstem
subalternstem

érnsten

die ernsten
— externsten
— fernsten
— internsten
— modernsten
— subalternsten

érnster

ein ernster
— externster
— fernster
— internster
— modernster
— subalternster

érnstes

des Ernstes
ein ernstes
— externstes
— fernstes
— internstes
— modernstes
— subalternstes

érnt

er bernt
— fernt
entfernt
weitentfernt
weltentfernt
— kernt
— lernt
— besternt
— gesternt

érnte

die Ernte
Gerstenernte
Grummeternte
Haferernte
Heuernte
Hopfenernte
Kornernte
Mannaernte
Mißernte
Nachernte
Obsternte
Oelbeerernte
Olivenernte
Reisernte
Roggenernte
Segensernte
Seidenernte
Späternte
Tabaksernte
Vorernte
Weizenernte
Weinernte
ich ernte
das Geernte
er fernte
der entfernte
er kernte
— lernte
— besternte
der gesternte

érntem

entferntem
entkerntem
gelerntem
besterntem
gesterntem

érnten

ernten
abernten
einernten
mißernten
nachernten
späternten
vorernten
die Ernten
sie fernten
die entfernten
sie kernten
— lernten
— besternten
die gesternten

érnter

der Ernter
ein entfernter
— entkernter
— gelernter
— besternter
— gesternter

érnterm

entfernter'm
ausgekernter'm
ausgelernter'm
besternter'm

érntern

den Erntern
einen entfernter'n
— ausgekernter'n
— ausgelernter'n
— besternter'n

érnters

des Ernters
ein entfernter's
— ausgekernter's
— ausgelernter's
— besternter's

érntes

des Geerntes
ein entferntes
— ausgekerntes
— ausgelerntes
— besterntes
er lernt es

érntest

du erntest
— ferntest
entferntest
— kerntest
— lerntest
— besterntest

érntet

ihr erntet
— ferntet
— entferntet
— kerntet
— lerntet
— besterntet

érnts

ein entfernt's
— ausgekernt's
— gelernt's
— besternt's
ihr lernt 's *etc.*

érntst

du ernt'st
— fernt'st
entfernt'st
— kernt'st
— lernt'st
— besternt'st

érntste — érntstem — érntsten — érntster — érntstes

der entferntste
— ausgekerntste
— ausgelerntste
— besterntste *etc.*

érnum

in aeternum
das *Sternum*

érnung

die Fernung
— Entfernung
— Entkernung
— Erlernung
Geschichtserlern.
— Besternung

ēro

der *Bolero*
Dero
Hochdero
— *Gonfaloniero*
Hero
dahero
wannenhero
Nero
nunmehro
das *Ricovero*
der *Volero*
— *Trocadero*
die *Zero*

ērold

Gerold
der Herold
Turnierherold
Wappenherold

ērolds

Gerolds
des Herolds

ēros

Eros
des *Bolero's etc.*
heros
der *Heros*
Homeros

érpe

Euterpe
die Potscherpe
— Serpe
— Scherpe
Offiziersscherpe
Ritterscherpe
ich werpe
das Gewerpe

érpel

der Erpel
die Scherpel

érpeln

den Erpeln
— Scherpeln

érpen

die Serpen
— Scherpen
der Scherpen
werpen
Antwerpen

érpens

des Scherpens
— Werpens
Antwerpens
[der Tscherper]

érpes

die *Herpes*
des Gewerpes
Euterpe's

érpt

das Excerpt
er werpt

érpte

die Excerpte
er werpte

érpten

den Excerpten
sie werpten

érque

Albuquerque
uterque

érr *siehe* ér

érra

die *Acerra* (philologica)
— *Sierra* (Morena)
Terra (firma - ignota)
— *Viverra*

érrchen

das Herrchen
— Viverrchen
— Närrchen

érrchens

des Herrchens
— Viverrchens
— Närrchens

érre

ich verherre
im Parterre
ich plerre
das Geplerre
die Schnerre
ich sperre
das Gesperre
die Sperre
Augensperre
Fruchtsperre
Gedankensperre
Geistessperre
Getreidesperre
Hafensperre
Katzensperre
Kornsperre
Landessperre
Maulsperre
Radsperre
Thorsperre
Wagensperre
eine sperre
die Twerre
— Viverre
— Werre
ich werre
das Gewerre
ich zerre
das Gezerre
Cap Finisterre
Robespierre
Santerre

érren

die Herren
verherren
den Parterren
plerren
die Schnerren
sperren
absperren
aufsperren
aussperren
einsperren
versperren
zusperren
zusammensperren
die Sperren
einen sperren
die Twerren
— Viverren
— Werren
werren
zerren
abzerren
anzerren
aufzerren
auszerren
beyzerren
durchzerren
einzerren
emporzerren
erzerren
fortzerren
herzerren
hin- *etc.* zerren
loszerren
mitzerren
nachzerren
niederzerren
verzerren
vorzerren
wegzerren

zuzerren
zurückzerren
zusammenzerren

érrend

verherrend
plerrend
sperrend
werrend
zerrend

érrens

des Verherrens
— Plerrens
— Sperrens
— Werrens
— Zerrens

érrer

der Plerrer
— Sperrer
Urinsperrer
ein sperrer
der Zerrer

érrern

den Plerrern
— Sperrern
einen sperrer'n
den Zerrern

érrers

des Plerrers
— Sperrers
ein sperrer's
des Zerrers

érres

des Parterres
— Geplerres
— Gesperres
ein sperres
des Gewerres
— Gezerres
ich sperr' es *etc.*
Verres

érrest

du verherrest
— plerrest
— sperrest
sperrest
— werrest
— zerrest

érret

er plerret
— sperret
— werret
— zerret

érrig

herrig
1- 2- 3- *etc.* herrig
vielherrig
sperrig
werrig
zerrig
das Werrig

érrin

die Herrin
— Grund- *etc.* Herrin
— Närrin

érrisch

herrisch
adelherrisch
gewaltherrisch
großherrisch
hausherrisch
kleinherrisch
machtherrisch
närrisch
pudelnärrisch

érrlich

herrlich
ahnherrlich
bannherrlich
domherrlich
dreyherrlich
dunkelherrlich
eheherrlich
einherrlich
erbherrlich
freyherrlich
frohnherrlich
großherrlich
hausherrlich
hochherrlich
landesherrlich
lehensherrlich
vielherrlich
wunderherrlich
zwingherrlich
versperrlich
erzerrlich

érrn *siehe* **érn**

érror

Error (in calculo)
Terror

érrs — érs

des Parterrs
— Geplerrs
— Gesperrs
ein sperr's
des Gezerrs
die Controvers
divers
pervers

à la renverse
der Commerce
des Achtzigers *etc.* *bis* Züchtigers *siehe die männl. Substantiven in* **er**
ein aasiger's *etc.* *bis* zärtlicher's *siehe die Comparative in* **er**

ērs — ēers — ēhrs

war er's?
ein auster's
des Homers
— Beschers
ein schwer's
— sever's
der Vers
Anfangsvers
Bibelvers
Denkvers
Doppelvers
Fingervers
Folgevers
Halbvers
Knittelvers
Leistenvers
Liedervers
Mittelvers
Ringelvers
Schlußvers
Spottvers
Stachelvers
Stammbuchsvers
Streckvers
Trauervers
Wechselvers
Zahlvers
Jahrzahlvers
des Gebeer's
— Heers
— Leers
ein leer's
des Meers
— Gescheer's
— Schmeers
— Speers
— Theers
— Begehrs
— Lehrs
— Gelehr's
ein mehr's
des Sehrs
— Wehrs
— Gewehrs
— Verkehrs
ich leer' 's *etc.*
ich ehr' 's *etc.*

érsa

vice versa
Aversa

érrsch — érsch

Ersch
herrsch!
die *Auberge*
— *Recherche*

ērsch

der Gersch
— Persch
äther'sch *etc. bis* vener'sch *siehe* erisch
der Heersch
übermeer'sch
[die Herrschaft]

érrsche — érsche

ich herrsche
das Geherrsche
ich lersche
das Gelersche
die Sersche

ērsche

dem Gersche
— Persche
die äther'sche *etc. bis* vener'sche *s.* erisch
dem Heersche
die mittelmeer'sche

ērschem

äther'schem *etc. bis* vener'schem *siehe* erisch
mittelmeer'schem

érrschen — érschen

herrschen
beherrschen
mitherrschen
überherrschen
vorherrschen
zuherrschen
lerschen
den Serschen
die *Aubergen*
— *Recherchen*

ērschen

die äther'schen *etc. bis* vener'schen *s.* erisch
— mittelmeer'schen

érrscher

der Herrscher
Adelherrscher
Alleinherrscher
Mitherrscher
Selbstherrscher
Beherrscher
Allbeherrscher
ein närr'scher

ērscher

ein äther'scher *etc. bis* vener'scher *s.* erisch
— übermeer'scher

érrschern

den Herrschern
einen närr'scher'n

ērschern

einen äther'scher'n *etc. bis* vener'scher'n *s.* erisch

érrschers

des Herrschers
ein närr'scher's

ērschers

ein äther'scher's *etc. bis* vener'scher's *s.* erisch

érrsches

des Geherrsches
— Gelersches
ein närr'sches

ērsches

des Gersches
— Persches
ein äther'sches *etc. bis* vener'sches *siehe* erisch
des Heersches
ein übermeer'sches

érrschest

du herrschest
— lerschest

érrschet

er herrschet
— lerschet
[der Berschling]

ērschs

des Gerschs
— Perschs
ein äther'sch's *etc.*
des Heerschs

érrschst

du herrschst
— lerschst

érrscht

er herrscht
— lerscht

érrschte — érrschten — érrschtest — érrschtet

er herrschte
— lerschte

ērse

die Ferse (calx)
— Verse

érse

die Ferse (bubula)
— Serse
— Controverse
diverse
perverse
die Transverse
— *Traverse*
Herse
per se
[verseln]

ērsen

die Fersen
in Versen
Fersen

érsen

die Fersen
— Sersen
— Controversen
— diversen
— perversen
— Transversen
— Traversen

érser

ein controverser *etc.*
der *Perser*
Altperser
Neuperser

érsern

einen controverser'n *etc.*
den *Persern*

érsers

ein controverser's *etc.*
des *Persers*

érsig

der Persig
— Wersig

érsigs

des Persigs
— Wersigs

érsing

der Persing
— Ringelpersing
— Wersing

érsion

Emersion
Version
Diversion

Eversion
Retroversion
Subversion
[die Perske
der Versler]

érrſt — érſt

du verherrst
— plerrst
— sperrst
sperrst
— werrst
— zerrst
berst!
der Berst
— Werst
Amherst

ērſt — ēerſt — ēhrſt

erst
allererst
vorerst
zuerst
auster'st
du verquerst
schwerst
— beschwerst
— erschwerst
sever'st
sincer'st
— beerst
— verheerst
— leerst
leerst
— meerst
— scheer'st
— theerst
— ehrst
— entbehrst
— begehrst
hehrst
— kehrst
— lehrst
— mehrst
mehrst
— versehrst
— wehrst
— zehrst

érrſte — érſte

der sperrste
ich berste
das Geberste
dem Berste
die Gerste
Bartgerste
Brandgerste
Davidsgerste
Dinkelgerste
Eyergerste
Frühgerste
Futtergerste
Himmelgerste
Kerngerste
Korngerste
Kropfgerste
Linsengerste
Mäusegerste
Muttergerste
Perlgerste
Petersgerste
Plattgerste
Reisgerste
Roggengerste
Rollgerste
Rothgerste
Samengerste
Schwadengerste
Sommergerste
Spätgerste
Stockgerste
Taubgerste
Wiesengerste
Wintergerste
Wolfgerste
Zehentgerste
Zeilengerste
Zielgerste
Zinsgerste
die Werste

ērſte — ēerſte — ēhrſte

der erste
allererste
— austerste
— ephemerste
— legerste
— schwerste
— severste
— sincerste
— hehrste
— leerste
— mehrste
[das Gerstel]

ērſtem ꝛc.

erstem
austerstem
ephemerstem
legerstem
schwerstem
severstem
sincerstem
leerstem
hehrstem
mehrstem

érrſten — érſten

die sperrsten
bersten
zerbersten
— Gersten
gersten
der Gersten
den Wersten

ērſten — ēerſten — ēhrſten

die ersten
am ersten
die austersten
— ephemersten
— legersten
— schwersten
am schwersten
die seversten
— sincersten
— leersten
— hehrsten
— mehrsten

érſtens

des Berstens
— Gerstens
ein gersten's

ērſtens ꝛc.

erstens
schwerstens
mehrstens

érrſter

sperrster
der Förster
Holzförster
Oberförster
Unterförster

ērſter ꝛc.

erster
austerster
ephemerster
legerster
schwerster
severster
sincerster
leerster
hehrster
mehrster

érſtig

erstig
berstig
erstlich
der Erstling
das Universum

érſus

Versus
der *Conversus*
Orbis universus
dispersus

érrt — ért

er plerrt
— sperrt

er werrt
— zerrt
alert
apert
concert
das Concert
Clavierconcert
Dilettantenconcert
Flötenconcert
Flügel- *etc.* Concert
Gartenconcert
Instrumentalconcert
Kammerconcert
Liebhaberconcert
Privatconcert
Vocalconcert
— Couvert
desert
— Desert
disert
ouvert
der Stert
Katzenstert
Quickstert
Roſsstert
Ruchstert
Selkenstert
Swickstert
Adalbert
Albert
Ekbert
Noribert
Philibert

ert — eert — ehrt

ihr beschert
— beschwert
das Schwert
Churschwert
Einsteckschwert
Feuerschwert
Flammenschwert
Henkerschwert
Mordschwert
Racheschwert
Reichsschwert
Richtschwert
Richterschwert
Riesenschwert
Ritterschwert
Schlachtschwert
Siegesschwert
Todesschwert
Zauberschwert
Zungenschwert
der Werth
Affectionswerth
Anwerth
Benutzungswerth
Frauenwerth
Geldwerth
Goldwerth
Kaufwerth
Ladenwerth
Männerwerth
Marktwerth
Mehrwerth
Menschenwerth
Meſswerth
Nennwerth
Nutzungswerth
Pfennwerth
Pfennigswerth
Reichswerth
Sachenwerth
Scheinwerth
Selbstwerth
Ueberwerth
Unwerth
Weltwerth
der Nichtswerth
werth
achtungswerth
anbetenswerth
anmerkenswerth
annehmenswerth
anschauungswerth
aufnehmenswerth
ausführungswerth
auslachungswerth
auspfeifenswerth
beachtenswerth
bedauernswerth
befolgenswerth
begehrungswerth
beherzigungswerth
bejammernswerth
belachenswerth
bemerkenswerth
beneidenswerth
bereuenswerth
beschauenswerth
besehenswerth
betrachtenswerth
beweinenswerth
bewundernswerth
denkenswerth
ehrenwerth
ehrfurchtswerth
empfehlungswerth
erbarmenswerth
erhaltenswerth
findenswerth
fluchenswerth
galgenwerth
geldeswerth
goldeswerth
hassenswerth
henkerswerth
hochwerth
klagenswerth
lesenswerth
liebenswerth
liebwerth
liederwerth
lobenswerth
meldenswerth
merkenswerth
neidenswerth
schätzenswerth
schätzungswerth
schonenswerth
sehenswerth
tadelnswerth
thränenwerth
todeswerth
trinkenswerth
unwerth
verachtungswerth
verabscheuungs-
verbrennenswerth
verdammenswerth
verehrenswerth
verfluchenswerth
vernichtenswerth
vielwerth
weinenswerth
wissenswerth
wundernswerth
wünschenswerth
er beert
— verheert
— leert
— meert
ihr scheert
bespeert
blitzbespeert
der Steert
Twälsteert
Wippsteert
er theert
— ehrt
geehrt
hochgeehrt
— entbehrt
— begehrt
— kehrt
bekehrt
neubekehrt
unbekehrt
verkehrt
— lehrt
gelehrt
altgelehrt
flachgelehrt
gerngelehrt
gottesgelehrt
grundgelehrt
hochgelehrt
kriegsgelehrt
kunstgelehrt
rechtsgelehrt
scheingelehrt
schriftgelehrt
schulgelehrt
seichtgelehrt

sprachgelehrt
sterngelehrt
stockgelehrt
stubengelehrt
supergelehrt
tiefgelehrt
ungelehrt
vielgelehrt
weingelehrt
wohlgelehrt
wortgelehrt
zunftgelehrt
er mehrt
— vermehrt
— wehrt
bewehrt
schwachbewehrt
starkbewehrt
unbewehrt
wohlbewehrt
— zehrt
— verzehrt

érta

Berta
Biserta
Caserta
Herta
Jerta
Tigranocerta

értchen

das Concertchen
— Couvertchen
— Gertchen
Adalbertchen

ērtchen

das Schwertchen
— Bärtchen *etc.*

értchens

des Concertchens
— Couvertchens
— Gertchens

ērtchens

des Schwertchens
— Bärtchens *etc.*

érrte — érte

er plerrte
— sperrte
— werrte
— zerrte
der alerte
— aperte
— concerte
die Concerte
— Couverte
— *Decouverte*
die Deserte
— diserte
— Gerte
Dreygerte
Fachgerte
Haselgerte
Hürdengerte
Kerngerte
Reitgerte
Rührgerte
Spitzgerte
Spieſsgerte
Streifgerte
Weidengerte
Wendelgerte
— Offerte
— *ouverte*
dem Sterte
verte!
die Zerte

ērte — ēerte — ēhrte

er beschorte
dem Schwerte
— Werthe
eine werthe
ich werthe
— verwehrte
— unwerthe
— beerte
— verheerte
— leerte
— meerte
die bespeerte
dem Steerte
ich wippsteerte
— theerte
— ehrte
er entbehrte
— begehrte
— kehrte
der Neubekehrte
er lehrte
der Gelehrte
Aftergelehrte
Altgelehrte
Arzneygelehrte
Brotgelehrte
Geschichtsgelehrte
Gottesgelehrte
Halbgelehrte
Handwerksgelehrte
Nichtgelehrte
Privatgelehrte
Rechtsgelehrte
Schriftgelehrte
Schulgelehrte
Selbstgelehrte
Staatsgelehrte
Sterngelehrte
Stubengelehrte
Zunftgelehrte
er mehrte
— wehrte
— zehrte

értel

das Gertel
der Schmertel
— Schwertel
Ackerschwertel
Himmelschwertel
Kornschwertel
Sternschwertel
Sumpfschwertel
Zwiebelschwertel
— Wertel

érteln

den Gerteln
— Schmerteln
— Schwerteln
— Werteln

értels

des Gertels
— Schmertels
— Schwertels
— Wertels

érrtem — értem

geplerrtem
gesperrtem
verzerrtem
alertem
apertem
concertem
desertem
disertem
ouvertem

ērtem *rc.*

beschertem
werthem
abgebeertem
verheertem
geleertem
bespeertem
getheertem
geehrtem
entbehrtem
begehrtem
gekehrtem
verkehrtem
gelehrtem
vermehrtem
bewehrtem
verzehrtem

érrten — érten

sie plerrten
— sperrten
— werrten
— zerrten

die alerten
— aperten
den Concerten
— Couverten
die Decouverten
— deserten
— diserten
— Gerten
— Offerten
— ouverten
den Sterten
die Zerten

ērten—ēerten—ēhrten

sie bescherten
die werthen
werthen
unwerthen
verwerthen
sie beerten
— verheerten
— leerten
— meerten
die bespeerten
sie theerten
— ehrten
— entbehrten
— begehrten
— kehrten
— lehrten
die Gelehrten
sie mehrten
— wehrten
— zehrten

érrter—érter

ein hergeplerrter
— gesperrter
— verzerrter
— alerter
— aperter
— concerter
— deserter
— diserter
— ouverter
der Zerter
Ehezerter

ērter zc.

ein bescherter
die Schwerter
ein werther
Werther
— abgebeerter
— verheerter
— geleerter
— bespeerter
— getheerter
— geehrter
— entbehrter
— begehrter

ein bekehrter
— verkehrter
— Neubekehrter
— gelehrter
— Gelehrter
— vermehrter
— bewehrter
— verzehrter

érrterm zc.

verzerrter'm
alerter'm
concerter'm
deserter'm
diserter'm
ouverter'm

ērterm zc.

werther'm
verheerter'm
geehrter'm
begehrter'm
verkehrter'm
gelehrter'm
vermehrter'm
abgezehrter'm

érrtern zc.

einen verzerrter'n
— alerter'n
— concerter'n
— deserter'n
— diserter'n
— ouverter'n
den Zertern

ērtern zc.

den Schwertern
einen werther'n
— geehrter'n
— verheerter'n
— begehrter'n
— verkehrter'n
— gelehrter'n
— vermehrter'n
— abgezehrter'n

érrters zc.

ein verzerrter's
— alerter's
— concerter's
— deserter's
— diserter's
— ouverter's
des Zerters

ērters zc.

ein werther's
Werthers
— geehrter's
— begehrter's

ein verheerter's
— verkehrter's
— gelehrter's
— vermehrter's
— abgezehrter's
so lehrt er's *etc.*

érrtes zc.

ein hergeplerrtes
— gesperrtes
— verzerrtes
— alertes
— apertes
des Concertes
ein concertes
des Couvertes
ein desertes
— disertes
Laertes
— ouvertes
er versperrt es *etc.*

ērtes zc.

ein beschertes
des Schwertes
ein beschwertes
— werthes
des Werthes
ein abgebeertes
— verheertes
— geleertes
— bespeertes
— getheertes
— geehrtes
— entbehrtes
— begehrtes
— gekehrtes
— verkehrtes
— gelehrtes
— vermehrtes
— versehrtes
— verwehrtes
— verzehrtes
er lehrt es *etc.*

érrtest zc.

du plerrtest
— sperrtest
— werrtest
— zerrtest
alertest
concertest
desertest
disertest
ouvertest

ērtest zc.

du beschertest
— beschwertest
— werthest
— unwerthest
— verwerthest

werthest
du beertest
— verheertest
— leertest
— meertest
— theertest
— ehrtest
geehrtest
— entbehrtest
— begehrtest
— kehrtest
— lehrtest
gelehrtest
— mehrtest
— versehrtest
— wehrtest
— zehrtest

érrtet

ihr plerrtet
— sperrtet
— werrtet
— zerrtet

ērtet — ēertet 2c.

ihr beschertet
— beschwertet
— werthet
— verwehrtet
— beertet
— verheertet
— leertet
— meertet
— theertet
— ehrtet
— entbehrtet
— begehrtet
— kehrtet
— lehrtet
— mehrtet
— versehrtet
— wehrtet
— zehrtet

érto

in aperto
coperto
in concerto
experto crede Ruperto

érrtre 2c.

eine verzerrt're
— alert're
— concert're
— desert're
— disert're
— ouvert're

ērtre 2c.

eine beschwert're
— werth're
eine verheert're
— geehrt're
— begehrt're
— verkehrt're
— gelehrt're
— vermehrt're
— abgezehrt're

érrtrer 2c.

ein verzerrt'rer
— alert'rer
— concert'rer
— desert'rer
— disert'rer
— ouvert'rer

ērtrer 2c.

ein beschwert'rer
— werth'rer
— verheert'rer
— geehrt'rer
— begehrt'rer
— verkehrt'rer
— gelehrt'rer
— vermehrt'rer
— abgezehrt'rer

érrts

ein hergeplerrt's
— gesperrt's
— verzerrt's
— alert's
— apert's
— concert's
des Concerts
— Couverts
ein desert's
des Deserts
ein disert's
— ouvert's
des Sterts
Adelberts etc.
er versperrt's *etc.*
das Herz *etc.*

ērts 2c.

ein beschert's
des Schwerts
ein beschwert's
— werth's
des Werths
ein abgebeert's
— verheert's
— geleert's
— bespeert's
— getheer's
— geehrt's
— entbehrt's
— begehrt's
— verkehrt's
— gelehrt's
ein versehrt's
— verwehrt's
— verzehrt's
des Steerts
er lehrt's *etc.*
das Erz

érrtst 2c.

du plerrt'st
— sperrt'st
— werrt'st
— zerrt'st
— alert'st
— concert'st
— desert'st
— disert'st
— ouvert'st
beherzt *etc.*

ērtst 2c.

du bescherí'st
— beschwert'st
— verwerth'st
werth'st
— beert'st
— verheert'st
— leert'st
— meert'st
— theert'st
— ehrt'st
— entbehrt'st
— begehrt'st
— kehrt'st
— lehrt'st
— gelehrt'st
— mehrt'st
— versehrt'st
— wehrt'st
— zehrt'st

érrtste — érrtste — em — en — er — es

der verzerrtste
— alertste
— concertste
— desertste
— disertste
— ouvertste
— beherzte *etc.*

ērtste — ēertste 2c. — em — en — er — es

der werthste
— liebwerthste
— beschwertste
— verheertste
— geehrtste
— begehrtste
— verkehrtste
— gelehrtste
— vermehrtste

die abgezehrtste
— vererzte *etc.*
[Peru
der Cherub]

ērum

o jerum!
Ilias post Homerum
in rerum (natura)
ridendo dicere verum
das *Serum*

érrung

die Plerrung
— Sperrung
Strafsensperrung
— Zerrung
Verzerrung
Gesichtsverzerrung

ērung 2c.

die Bescherung
Christbescherung
Geburtstagsbescher.
Weihnachtsbescher.
— Beschwerung
Brustbeschwerung
Herzbeschwerung
Magenbeschwerung
Milzbeschwerung
Nierenbeschwerung
Steinbeschwerung
— Merung
— Abbeerung
— Verheerung
Kriegsverheerung
— Leerung
Ausleerung
Blutausleerung
Herzensausleerung
— Entleerung
— Theerung
Austheerung
— Ehrung
Beehrung
Verehrung
Bilderverehrung
Gegenverehrung
Götzenverehrung
Gottesverehrung
Naturverehrung
Schlangenverehr.
Sonnenverehrung
Thierverehrung
Verunehrung
— Entbehrung
— Gehrung
Begehrung
— Kehrung
Bekehrung
Heidenbekehrung
Judenbekehrung
Einwärtskehrung
Pfandkehrung
die Lehrung
Belehrung
— Mehrung
Vermehrung
Volksvermehrung
Zahlenvermehrung
— Nehrung
— Versehrung
— Wehrung
Bewehrung
Hofwehrung
Pfandwehrung
— Zehrung
Abzehrung
Auszehrung
Reiterzehrung
Ritterzehrung
Soldatenzehrung
Tagzehrung
Verzehrung
Wegezehrung
Wochenzehrung

ērus

Ahasverus
Homerus
der Klerus
Severus
Sincerus
Verus

érva

Cerva
Minerva
Nerva

érve

die Conferve
— Conserve
— Erve
Frühlingserve
Walderve
der Nerve
Achselnerve
Augennerve
Augenhöhlennerve
Augenmuskelnerve
Axennerve
Backennerve
Bauchnerve
Beinnerve
Brustnerve
Eingeweidenerve
Ellbogennerve
Fingerrückennerve
Flügelnerve
Gaumennerve
Gehörnerve
Geruchsnerve
Geschmacksnerve
Gesäfsnerve
Gesichtsnerve
Griffelzungenbein -
Halsnerve
Halshautnerve
Hautnerve
Herznerve
Hinterhauptsnerve
Hirnnerve
Hörnerve
Hohlhandfinger -
Hüftnerve
Hüftbeinlochnerve
Kaumuskelnerve
Kehlkopfsnerve
Kieferzungenbein -
Kniekehlennerve
Kreuzbeinnerve
Kreuznerve
Lendennerve
Mastdarmnerve
Muskelnerve
Muskelhautnerve
Nasenhautnerve
Nasenhöhlennerve
Nierennerve
Oberkieferzahn -
Oberlippennerve
Oberruthennerve
Ohrnerve
Rollmuskelnerve
Rückenmarknerve
Rückennerve
Ruthennerve
Samenstrangnerve
Schamnerve
Scheifsnerve
Schenkelnerve
Schienbeinnerve
Schlafmuskelnerve
Schlundkopfsnerve
Schneckennerve
Schulterblattnerve
Sehenerve
Sitzbeinnerve
Sohlennerve
Speichennerve
Stimmennerve
Stirnnerve
Strahlennerve
Unteraugenhöhlen -
Unterkiefernerve
Unterkieferrand -
Unterlippennerve
Unterrollnerve
Unterruthennerve
Vorhofsnerve
Wangenhautnerve
Wangennerve
Zahnnerve
Zehennerve

Zungenfleischnerve
Zungenschlundnerve
Zwerchmuskelnerve
die Reserve

érven

die Erven
— Conferven
— Conserven
— Nerven
nerven
entnerven
[nervig]

érvus

nervus (rerum gerendarum)
Servus

érwer

der Scherwer
— Sperwer
[die Serwing]

érz

das Erz
Aftererz
Alaunerz
Antimonerz
Weiſsantimonerz
Arsenikerz
Atlaserz
Bauererz
Bergerz
Bienenerz
Blättererz
Bleyerz
Rothbleyerz
Schwarzbleyerz
Spieſsglanzbleyerz
Weiſsbleyerz
Bluterz
Bohnenerz
Branderz
Eisenbranderz
Kupferbranderz
Quecksilberbrand-
Silberbranderz
Braunerz
Braunsteinerz
Rothbraunsteinerz
Brüherz
Buttermilcherz
Chromerz
corinthisches Erz
Derberz
Dürrsteinerz
Edelerz
Eisenerz
Magneteisenerz
Erbsenerz
Fahlerz
Kupferfahlerz
Leberfahlerz
Silberfahlerz
Federerz
Kupferfedererz
Silberfedererz
Spieſsglasfedererz
Firstenerz
Flinkenerz
Flitschenerz
Flittererz
Flözerz
Formerz
Gangerz
Garerz
Gelberz
Gelferz
Gieſserz
Gifterz
Glaserz
Silberglaserz
Zinkglaserz
Golderz
Graugolderz
Weiſsgolderz
Gräupelerz
Granatenerz
Grubenerz
Grunderz
Guterz
Haarerz
Hanferz
Harterz
Himmelerz
Hornerz
Goldhornerz
Quecksilberhorn-
Silberhornerz
Kattunerz
Klappererz
Kleinerz
Kobalterz
Kohlenerz
Korallenerz
Kugelerz
Kupfererz
Fahlkupfererz
Gilbkupfererz
Rothkupfererz
Schwarzkupfererz
Weiſskupfererz
Leberfarbenerz
Lecherz
Manganerz
Messingerz
Mittelerz
Modererz
Morasterz
Muschelerz
Nadelerz
Nagelerz
Nickelerz
Oelbeererz
Olivenerz
Palladiumerz
Pecherz
Eisenpecherz
Uranpecherz
Zinkpecherz
Pfennigerz
Pocherz
Kupferpocherz
Posterz
Quecksilbererz
Quickerz
Quickstammerz
Rasenherz
Rhodiumerz
Röhrerz
Rothgüldenerz
Sammeterz
Sanderz
Kupfersanderz
Schachterz
Schattenerz
Scheideerz
Schlackenerz
Schmererz
Schrifterz
Schriftgieſsererz
Schwarzerz
Schwarzgüldenerz
Schwefelerz
Seeerz
Seidenerz
Sklavenerz
Spiegelerz
Spieſsglaserz
Rothspieſsglaserz
Weiſsspieſsglaserz
Sprotterz
Stahlerz
Stockerz
Strahlenerz
Streiferz
Striperz
Stuferz
Sumpferz
Tagerz
Tantalerz
Tigererz
Titanerz
Töpfererz
Traubenerz
Treiberz
Trummerz
Uranerz
Vitriolerz
Wascherz
Weicherz
Weiſserz
Weiſsgüldenerz

Wiesenerz
Wilderz
Wismutherz
Wolframerz
Würfelerz
Ziegelerz
Kupferziegelerz
Zieselerz
Zinkerz
Zinnerz
Zinnobererz
Zugerz
Zundererz
ein Erz — —
das Commerz
Geldcommerz
Landcommerz
Marktcommerz
Meſscommerz
Seecommerz
Spielcommerz
Waarencommerz
— Herz
Biederherz
Bruderherz
Christenherz
Demantherz
Dornherz
Edelherz
Eisenherz
Felsenherz
Flatterherz
Frauenherz
Hasenherz
Herzensherz
Jünglingsherz
Jungfernherz
Kieselherz
Kindesherz
Knabenherz
Liebesherz
Löwenherz
Mädchenherz
Männerherz
Marmorherz
Menschenherz
Mutterherz
Nabelherz
Nagelherz
Ochsenherz
Pöbelherz
Pumpenherz
Riesenherz
Rindsherz
Ritterherz
Satansherz
Schlangenherz
Schwesterherz
Stachelherz
Stahlherz
Steinherz
Taubenherz
Tigerherz
Tochterherz
Vaterherz
Venusherz
Weiberherz
Winterherz
Wittwenherz
Wittwerherz
Ziegelherz
Zwillingsherz
das Merz
der Nerz
Properz
— Scherz
Alltagsscherz
Bauernscherz
Bühnenscherz
Dichterscherz
Frauenscherz
Gassenscherz
Gesellschaftsscherz
Gevatterscherz
Hochzeitscherz
Kinderscherz
Kirmesscherz
Knabenscherz
Liebesscherz
Mädchenscherz
Männerscherz
Narrenscherz
Stachelscherz
Theaterscherz
Wechselscherz
Weiberscherz
— Schmerz
Augenschmerz
Brustschmerz
Fieberschmerz
Fuſsschmerz
Geburtsschmerz
Genickschmerz
Gichtschmerz
Gliederschmerz
Halsschmerz
Hauptschmerz
Hautschmerz
Herzensschmerz
Höllenschmerz
Hüftenschmerz
Körperschmerz
Kopfschmerz
Leibesschmerz
Lendenschmerz
Liebesschmerz
Lungenschmerz
Magenschmerz
Mutterschmerz
Nervenschmerz
Nierenschmerz
Ohrenschmerz
Rückenschmerz
Seelenschmerz
Seitenschmerz
Steinschmerz
Todesschmerz
Zahnschmerz
der Schnerz
— Sterz
Wackelsterz
Wagensterz
Wegesterz
die Terz
der Terz
par terz

ërzchen

das Commerzchen
— Herzchen
— Kerzchen
— Scherzchen

ërzchens

des Commerzchens
— Herzchens
— Kerzchens
— Scherzchens

ërze

die Erze
ich beerze
— vererze
dem Commerze
ich herze
das Geherze
eine herze
die Kerze
Altarkerze
Feldkerze
Festkerze
Grabkerze
Himmelskerze
Hochzeitskerze
Königskerze
Leichenkerze
Musikantenkerze
Nachtkerze
Opferkerze
Osterkerze
Pechkerze
Pfennigkerze
Räucherkerze
Rauchkerze
Spitzkerze
Standkerze
Tafelkerze
Talgkerze
Trauerkerze
Unholdenkerze
Unschlittkerze
Wachskerze
Wallrathkerze
Wandkerze

Wasserkerze
Wegekerze
dem Merze
ich merze
dem Nerze
die Scherze
ich scherze
das Gescherze
im Schmerze
es schmerze
ich sperze
das Gesperze
ich sterze
das Gesterze
dem Sterze
die Sterze
Pflugsterze
Tiegelsterze
Topfsterze
dem Terze
[der Sterzel]

érzen

den Erzen
beerzen
vererzen
— Commerzen
die Herzen
von Herzen
herzen
abherzen
beherzen
entherzen
liebherzen
die Kerzen
bekerzen
merzen
ausmerzen
den Nerzen
— Scherzen
scherzen
bescherzen
umscherzen
verscherzen
vorscherzen
die Schmerzen
schmerzen
verschmerzen
den Schnerzen
sperzen
sterzen
die Sterzen
— Terzen

érzend

beerzend
vererzend
herzend
bekerzend
merzend
scherzend
schmerzend
sperzend
sterzend

érzens

des Beerzens
— Vererzens
— Herzens
— Bekerzens
— Merzens
— Scherzens
— Verschmerzens
— Sperzens
— Sterzens

érzer

ein herzer
der Scherzer

érzern

einen herzer'n
den Scherzern

érzers

ein herzer's
des Scherzers

érzes

des Erzes
— Commerzes
ein herzes
des Geherzes
— Merzes
— Nerzes
— Properzes
— Scherzes
— Gescherzes
— Schmerzes
— Schnerzes
— Gesperzes
— Sterzes
— Gesterzes
— Terzes
ich verschmerz' es *etc.*

érzest

du beerzest
— vererzest
— herzest
— herzest
— bekerzest
— merzest
— scherzest
— schmerzest
— sperzest
— sterzest

érzet

es beerzet
— vererzet
er herzet
— bekerzet
— merzet
er scherzet
— sperzet
— sterzet

érzig

erzig
herzig
allherzig
argherzig
barmherzig
biederherzig
bösherzig
doppelherzig
edelherzig
engherzig
falschherzig
feigherzig
festherzig
freyherzig
frommherzig
gleichherzig
hartherzig
heldenherzig
hochherzig
kaltherzig
kleinherzig
lammherzig
löwenherzig
marmorherzig
mutterherzig
rechtherzig
reinherzig
rohherzig
sanftherzig
schlangenherzig
schwachherzig
schwerherzig
treuherzig
vollherzig
wankelherzig
warmherzig
weichherzig
zartherzig
zweyherzig
scherzig

érzigs

ein erzig's
— herzig's
— scherzig's
beherzig's!

érzigst

erzigst
herzigst
du beherzigst
scherzigst

érzler

der Kerzler
Wachskerzler
— Merzler

érzlern

den Kerzlern
— Merzlern

érzlers

des Kerzlers
— Merzlers

érzlich

herzlich
scherzlich
schmerzlich

érzlichs

ein herzlich's
— scherzlich's
— schmerzlich's

érzlichst

herzlichst
scherzlichst
schmerzlichst

érzlos

commerzlos
herzlos
scherzlos
schmerzlos

érzs

des Erzs
— Commerzs
— Geherz's
ein herz's
des Merzs
— Nerz's
— *Properz's*
— Scherzs
— Gescherz's
— Schmerz's
— Gesperz's
— Sterzs
— Gesterz's
— Terzs
ich verschmerz' 's *etc.*

érzst

du beerzst
— vererzst
— herzst
herz'st
— bekerzst
— merzst
— scherzst
— verschmerzst
— sperzst
— sterzst

érzt

beerzt
vererzt
er herzt
beherzt
hochbeherzt
— bekerzt
ausgemerzt
— scherzt
es schmerzt
er verschmerzt
— sperzt
— sterzt

érzte

er beerzte
— vererzte
— herzte
der beherzte
er bekerzte
der ausgemerzte
er scherzte
es schmerzte
er verschmerzte
— sperzte
— sterzte

érztem

vererztem
beherztem
ausgemerztem
verscherztem
verschmerztem

érzten

sie vererzten
— herzten
die beherzten
sie bekerzten
die ausgemerzten
sie scherzten
— schmerzten
— verschmerzten
— sperzten
— sterzten

érzter

ein vererzter
— beherzter
— ausgemerzter
— verscherzter
— verschmerzter

érztes

ein vererztes
— beherztes
— ausgemerztes
— verscherztes
— verschmerztes
er herzt es *etc.*

érztest

du vererztest
— herztest
beherztest
du bekerztest
— merztest
— scherztest
— verschmerztest
— sperztest
— sterztest

érztet

ihr vererztet
— herztet
— bekerztet
— merztet
— scherztet
— schmerztet
— sperztet
— sterztet

érztst

du vererztst
— herztst
beherztst
— bekerztst
— merztst
— scherztst
— verschmerztst
— sperztst
— sterztst

érzung

die Vererzung
— Abherzung
— Bekerzung
— Ausmerzung
— Verscherzung
— Verschmerzung

és — éß

das S
es
des
ein aasiges *etc. bis* zwitscherndes *siehe* er
— abominabeles *etc.*
siehe die Adj. in abel

desgleichen bey

aeisches *die Adj. in* aeisch
aendisches : : aendisch
aeneres } aerestes } : : aer
afteres } aftestes } : : aft
aftiges } aftigstes } : : aftig
aleres } alestes } : : al
alisches : : alisch
ames } ameres } amstes } : : am

anisches die *Adj.* in anisch
anteres } : : ant
antestes }
aphisches : : aphisch
arisches : : arisch
atisches : : atisch
elleres } : : ell
ellestes }
enteres } : : ent
entestes }
etisches : : etisch
ibeles }
ibleres } : : ibel
ibelstes }
ileres } : : il
ilestes }
irendes die *Part.* in irend
irteres } : : irt
irtestes }
istisches die *Adj.* in istisch
itisches : : itisch
iveres } : : iv
ivestes }
oeseres } : : oes
oesestes }
ogisches : : ogisch
olleres } : : oll
ollestes }
oseres } : : os
osestes }
die *Aborigines*
Agathokles
Agnes
Alcibiades
Alkamenes
Antisthenes
Aristoteles
Aristomenes
— *Caries*
Cissides
Datames
Demosthenes
Dioscorides
Eperies
Epimenides
Eumenes
Euripides
— *Facies* (Hippokratica)
Harpokrates
Herkules
Hippokrates
Iphikrates
Kallisthenes
Kleomenes
Leotychides
— *Lentigines*
Maimonides
Mephistopheles
Miltiades
Moscheles

Origenes
Polykrates
Pylades
die *Scabies* (ultimum habebit scabies)
— *Series*
Simonides
Sokrates
Sophokles
— *Species*
— *Superficies*
ein *talipes*
Themistokles
Theramenes
Thucydides
Xenokrates
das Eſs
van Eſs
der Absceſs
— Acceſs
die Baroneſs
compreſs
— Comteſs'
der Congreſs
Friedenscongreſs
— Disceſs
— Exceſs
expreſs
— Gleſs
das Gottvergeſs
indeſs
der Ingreſs
— Inseſs
die Meſs
Lichtmeſs
der Posseſs
Composseſs
bonae fideiposseſs
malae fideiposseſs
die Prinzeſs
der Profeſs
— Progreſs
— Prozeſs
Accusationsprozeſs
Allodialprozeſs
Anklageprozeſs
Appellationsprozeſs
Blutprozeſs
chemische Prozeſs
Civilprozeſs
Concursprozeſs
Consistorialprozeſs
Criminalprozeſs
Eheprozeſs
Erbprozeſs
Executionsprozeſs
Executivprozeſs
Familienprozeſs
Feudalprozeſs
Fiscalprozeſs
Frohnprozeſs

Gantprozeſs
Handelsprozeſs
Hauptprozeſs
Hexenprozeſs
Hurenprozeſs
Innungsprozeſs
Inquisitorialprozeſs
Jagdprozeſs
Kameralprozeſs
Kirchenprozeſs
Lebensprozeſs
Lehnsprozeſs
Leuterungsprozeſs
Miethprozeſs
Mühlenprozeſs
Näherrechtsprozeſs
Nebenprozeſs
Pachtprozeſs
Petitorienprozeſs
Pfandprozeſs
Possessorienprozeſs
Rechnungsprozeſs
Revisionsprozeſs
Schuldprozeſs
Spolienprozeſs
Triftprozeſs
Untersuchungsproz.
Wechselprozeſs
Zwischenprozeſs
reſs
der Receſs
Activreceſs
Erbreceſs
Passivreceſs
Triftreceſs
— Truchseſs
Erbtruchseſs
Reichstruchseſs
weſs

ēs — ēes — ēhs

der *Chersones*
— *Peloponnes*
die Diöces
des *Auto da Fe's*
— E's
— A-Es
— ABC's
— B's
— Benzoes
— C's
— Caffee's
— D's
— Domine's
— G's
— Kanape's
— Klee's
— Kyrie's
— Minare's
— P's
— Que's
— See's

des Schnee's
— T's
— Thees
— W's
ehs
— Gedreh's
— Gefleh's
— Geseh's
— Reh's
— Weh's
ich gesteh's
Matthes
Andres
des Abbee's *etc. siehe* e *und* er

eine *Espeçe*

ēſa

Monresa
Prevesa
die *Ripresa*
[die Marquesas Esau]

éscens

ein *Compesçens*
— *Deliquescens*
— *Quiescens*
Crescens

éſch

der Esch
das Gedresch
der Pekesch
— Presch
das Gepresch
resch
Hompesch
Menesch

ēſch

gedehsch
die *Cortege*
— *Manege*

éſche

die Esche
Adelesche
Beberesche
Buchesche
Eberesche
Geiſsbaumesche
Giftesche
Laubesche
Mannaesche
Pattelesche
Steinesche
Zitteresche
— Bresche
— Calesche
Postkalesche
Campeche

die Depesche
Friedensdepesche
Kriegsdepesche
Staatsdepesche
ich dresche
das Gedresche
die Dresche
ich pesche
die Petesche
— Pikesche
ich presche
das Gepresche
eine resche

éſchel

der Eschel
Sumpfeschel
das Gedeschel

éſcheln

den Escheln
descheln
niederdescheln

éſchels

des Eschels
— Gedeschels

éſchen

die Eschen
eschen
— Breschen
— Caleschen
caleschen
herumcaleschen
— Depeschen
dreschen
abdreschen
aufdreschen
ausdreschen
durchdreschen
mitdreschen
nachdreschen
niederdreschen
zerdreschen
zusammendreschen
leeres Stroh dresch.
das Dreschen
Actendreschen
Probedreschen
Vierteldreschen
Zehentdreschen
Zungendreschen
peschen
— Peteschen
— Pikeschen
preschen
auspreschen
herumpreschen
— reschen
Teschen

ēſchen

die gedehschen
— *Cortegen*
— *Manegen*

éſchend

caleschend
dreschend
peschend
preschend

ēschen

Agneschen
Thereschen

éſchens

ein eschen's
des Caleschens
— Dreschens
— Peschens
— Preschens

ēschens

Agneschens
Thereschens

éſcher

das Geescher
der Drescher
Actendrescher
Dienstdrescher
Erbdrescher
Flockendrescher
Hofdrescher
Mauldrescher
Scheunendrescher
Vierteldrescher
Vordrescher
Zehentdrescher
Zungendrescher
Zwangdrescher
— Kescher
ein Prescher
— rescher

éſchern

sich eschern
abeschern
ereschern
den Dreschern
— Keschern
— Preschern
einen rescher'n

éſchers

des Geeschers
— Dreschers
— Keschers
— Preschers
ein rescher's

éſches
des Gedresches
— Pekesches
— Gepresches
ein resches

éſcheſt
du caleschest
— dreschest
— peschest
— preschest
reschest

éſchet
ihr caleschet
— dreschet
— peschet
— preschest

éſchſt
du caleschst
— dresch'st
— peschst
— preschst
resch'st

éſcht
er calescht
ihr drescht
er pescht
— prescht

éſchte
er caleschte
— peschte
— preschte

éſchten
sie caleschten
— peschten
— preschten

éſchtet
ihr caleschtet
— peschtet
— preschtet

éſchung
die Zerdreschung
— Caleschung
— Preschung
[Dresden]

ēſe
Agnese
die Antichrese
— Antithese
— Diöcese
— Exegese
Bibelexegese
Epexegese
— Dese
die Genese
ich genese
die Hyperemese
— Hypothese
— Katechese
ich lese
die Lese
Auslese
Aehrenlese
Blätterlese
Blumenlese
Brotlese
Fabellese
Fruchtlese
Halmlese
Holzlese
Honiglese
Hopfenlese
Kräuterlese
Nachlese
Oellese
Pflanzenlese
Stoppellese
Traubenlese
Vorlese
Weinlese
das Gelese
Obereingelese
Untereingelese
die Quese
— Schnese
— Spese
Therese
ich trese
das Getrese
ich verwese
die Zwese
Oberzwese
per mese
der *Calabrese*
— *Ceylonese*
— *Chilese*
— *Chinese*
— *Cochinchinese*
— *Japanese*
— *Illinese*
— *Irokese*
— *Marchese*
— *Schimpanese*
— *Siamese*
— *Tunese*
— *Tunkinese*
— *Veronese*
Paul Veronese
das ehse
die Tehse
— Wehse
Pergolese
die *Nieçe*
— *Pieçe*
eine *Espeçe*

ēſel
der Esel
Bieresel
Bücheresel
Feldesel
Kakesel
Kelleresel
Lastesel
Leseesel
Maueresel
Maulesel
Meeresel
Mühlesel
Mülleresel
Ochsenesel
Packesel
Palmesel
Reitesel
Sackesel
Saumesel
Schreibeesel
Steinesel
Tragesel
Waldesel
Zwitteresel
Clesel
— Pesel
die Pesel
Riedesel
der Sesel
Bergsesel
Zwergsesel
— Tresel
Wesel

ēſeln
den Eseln
eseln
enteseln
vereseln
ausdrehseln
— Peseln
— Seseln
— Treseln

ēſelnd
eselnd
vereselnd
ausdrehselnd

ēſelns
des Eselns
— Vereselns
— Ausdrehselns

ēſels
des Esels
— Pesels
— Sesels
— Tresels

ēſelt

er eselt
er vereselt
ausgedrehselt

ēſen

der Besen
Birkenbesen
Borstbesen
Donnerbesen
Federbesen
Haarbesen
Heidebesen
Himmelsbesen
Kehrbesen
Kleiderbesen
Krittlerbesen
Küchenbesen
Reisbesen
Reisigbesen
Schildbesen
Schwepenbesen
Seebesen
Staubpesen
Staupbesen
Stielbesen
Stockbesen
Stubenbesen
Wandbesen
Waschbesen
Wasserbesen
Zauberbesen
Zaunbesen
die *Agnesen*
— *Theresen*
— Antithesen
— Desen
— Diöcesen
— Exegesen
der Gesen
genesen
die Hypothesen
der Jesen
die Lesen
lesen
ablesen
auflesen
auslesen
belesen
durchlesen
einlesen
erlesen
fortlesen
herlesen
mitlesen
nachlesen
überlesen
verlesen
vorlesen
weglesen
zerlesen
zurücklesen
zusammenlesen
belesen
erlesen
auserlesen
verlesen
vielgelesen
das Lesen
Actenlesen
Aehrenlesen
Bernsteinlesen
Bibellesen
Bücherlesen
Federlesen
Kunstlesen
Meſslesen
Romanlesen
Zeitungslesen
die *Marchesen*
— *Marquesen*
nesen
vernesen
— Quesen
— Schnesen
— Spesen
Frachtspesen
Handlungsspesen
Hauptspesen
Haushaltungsspesen
Mauthspesen
Nebenspesen
Transportspesen
Zollspesen
— Tresen
tresen
der Vesen
das Wesen
Abwesen
Ackerwesen
Affenwesen
Afterwesen
Anwesen
Armenwesen
Arzneywesen
Autorwesen
Bandwesen
Bankwesen
Bauwesen
Bauerwesen
Bekehrungswesen
Bergwerkswesen
Bettelwesen
Beywesen
Brauwesen
Bücherwesen
Bühnenwesen
Canzleywesen
Ceremonienwesen
Communwesen
Deichwesen
Dichterwesen
Dorfwesen
Eintagswesen
Einzelwesen
Erfahrungswesen
Fabelwesen
Feuerversicherungs-
Finanzwesen
Floſswesen
Formelwesen
Forstwesen
Frauenwesen
Fuhrwesen
Gartenwesen
Gedankenwesen
Geisterwesen
Gelehrtenwesen
Gemeinwesen
Gesammtwesen
Geschützwesen
Götterwesen
Grundwesen
Handelswesen
Handwerkswesen
Hauswesen
Heilungswesen
Hexenwesen
Holzwesen
Hüttenwesen
Innungswesen
Jagdwesen
Judenwesen
Jünglingswesen
Jungfernwesen
Kammerwesen
Kirchenwesen
Klosterwesen
Knabenwesen
Kriegswesen
Küchenwesen
Landwesen
Lehnswesen
Lehrwesen
Leidwesen
Liebeswesen
Kieblingswesen
Mädchenwesen
Männerwesen
Marktwesen
Maurerwesen
Mauthwesen
Meſswesen
Modewesen
Molkenwesen
Mönchswesen
Mühlwesen
Münzwesen
Naturwesen
Nebenwesen
Obstwesen
Opferwesen
Ordenswesen
Pachtwesen

Packwesen
Pfaffenwesen
Postwesen
Reichspostwesen
Predigtwesen
Priesterwesen
Prozeſswesen
Rechnungswesen
Ritterwesen
Romanenwesen
Salzwesen
Schattenwesen
Scheinwesen
Schiffswesen
Schimmerwesen
Schlangenwesen
Schreckenswesen
Schürfwesen
Schulwesen
Schuldenwesen
Schulzenwesen
Selbstwesen
Sinnenwesen
Soldatenwesen
Spielwesen
Staatswesen
Stadtwesen
Steuerwesen
Theaterwesen
Titelwesen
Todeswesen
Unwesen
Urwesen
Vernunftwesen
Verpflegungswesen
Verwaltungswesen
Weiberwesen
Zauberwesen
Zigeunerwesen
Zunftwesen
verwesen
die Zwesen
die *Calabresen etc.*
Philipp von Zesen
Gnesen
die *Vogesen*
— ehsen
— Tehsen
— Wehsen
— *Nieçen*
— *Pieçen*

ēſend

genesend
lesend
nesend
vernesend
tresend
verresend
abwesend
anwesend

ēſens

des Besens
— Genesens
— Lesens
Bibellesens
Federlesens *etc.*
ein erlesen's
des Nesens
— Vernesens
— Tresens
— Vesens
— Wesens
— Verwesens

ēſer

der Feser
— Leser
Ableser
Actenleser
Aehrenleser
Aufleser
Ausleser
Bernsteinleser
Bibelleser
Blumenleser
Einleser
Federleser
Gesichtsleser
Halmleser
Herleser
Journalleser
Mienenleser
Mitleser
Nachleser
Romanenleser
Traubenleser
Vorleser
Weinleser
Zeitungsleser
Zwischenleser
— Verweser
Amtsverweser
Armenverweser
Bauverweser
Beschlagsverweser
Gefällverweser
Gerichtsverweser
Geschäftsverweser
Hausverweser
Landesverweser
Reichsverweser
Schatzverweser
Staatsverweser
Stadtverweser
die *Weser*
Burgaleser (Wolle)
ein *Genueser*
— *Maltheser*
— *Peloponneser*
— *Portugaleser*
ein *Tuneser*
Dereser

ēſern

den Fesern
— Lesern
— Verwesern
— *Tunesern etc.*

ēſers

des Fesers
— Lesers
— Verwesers
— *Peloponnesers etc.*

ēſes

des *Chersoneses*
— *Peloponneses*
— Geleses
die *Theses*
ein ehses
ich verwes' es *etc.*

ēſeſt

du genesest
— lesest
— nesest
— vernesest
— tresest
— verwesest
ehsest

ēſet

ihr geneset
— leset
— neset
— verneset
— treset
— verweset

ēſi

in thesi
— *mathesi*
Helmine von Chezy
Pavesi

ēſia

Ecclesia (filialis – mater – militans – pressa – regnans – vagans – viduata)
die *Magnesia*
Salpetermagnesia
Polynesia
Silesia
Theresia

[tesig]

ēſing

die Tesing
— Schlesing

ēſis

die *Antichresis*
Aperitmesis
Auxesis
Diesis
Diöcesis
Diuresis
Katachresis
Mathesis
Physesis
Tmesis

ēſiſch

calabresisch
cartesisch
crylonesisch
chilesisch
chinesisch
ephesisch
genuesisch
irokesisch
malthesisch
milesisch
polynesisch
schlesisch
tunesisch

ēſius

Cartesius
Milesius
Nemesius

ésk

arabesk
burlesk
grotesk
pittoresk
Lambesc

éske

die Arabeske
der *Barbareske*
eine burleske
— groteske
der Leske
ein Moreske
eine pittoreske
die Soldateske
die Tweske

éskem

arabeskem
burleskem
groteskem
pittoreskem

ésken

die Arabesken
— *Barbaresken*
— burlesken
— grotesken
die Lesken
— Moresken
— pittoresken
— Soldatesken
— Twesken
der Reſsken

ésker

ein arabesker
— burlesker
— grotesker
— pittoresker

éskerm — éskern — és-kers — ésker — éskeſt

arabesker'm
burlesker'm
grotesker'm
pittoresker'm *etc.*

éskre — éskres — éskſt éskſte — éskſtem — ésk-ſten - éskſter - éskſtes

eine arabesk're
— burlesk're
— grotesk're
— pittoresk're *etc.*

ésko

Fiesko
al *Fresco*
Signore Tedesco

ēslich

leslich
unleslich
verweslich
unverweslich

ēslichs

ein leslich's
— verweslichs

ēslichſt

leslichst
verweslichst

ésmer

der Besmer
Mesmer
Chowaresm
ein Telesma
Tschesme
der Tenesmus

ēſne

die genes'ne
— geles'ne
— erles'ne
— gewes'ne

ēſnem — ēſnen — ēſner ēſnes

genesnem
gelesnem
erlesnem
gewesnem *etc.*
[al peso
Vocabulum meson]

éspe

die Espe
Balsamespe
Langespe
Laufespe
Zitterespe
— Hespe
— Trespe
Ackertrespe
Bergtrespe
Futtertrespe
Quecktrespe
Roggentrespe
Sommertrespe
Wintertrespe
Zittertrespe
— Wespe
Afterwespe
Blattwespe
Gallwespe
Goldwespe
Holzwespe
Leimenwespe
Mauerwespe
Pappenmacher
Riesenwespe
Sackwespe
Sandwespe
Schlupfwespe
Siebwespe
Viperwespe
Zillenwespe

éspel

die Hespel
— Meſspel
— Nespel

éspen

die Espen
espen
— Hespen
— Trespen
— Wespen

ésper

Hesper
Vesper
die Vesper (sicilianische)
das Gevesper
— Geesper

éspern

espern
herumespern
vespern

éspernd

espernd
vespernd

ésperns

des Esperns
— Vesperns

éspers

des Geespers
— Gevespers

éſperſt — éſpert

du esperst
— vesperst *etc.*
[der Esping]

éspre

ich espre
das Geespre
ich vespre
das Gevespre

éſſ *siehe* **és**

éſſa

Contessa
die *Dogaressa*
Edessa
Odessa
Sinuessa
Thaddäus von Suessa

éſſchen

das Eſschen
— Baroneſschen
— Comteſschen
— Prinzeſschen
— Treſschen

éſſchens

des Eſschens
— Baroneſschens
— Comteſschens
— Prinzeſschens
— Treſschens

éſſe

ich esse
das Geesse
die Esse
Feueresse
Frischesse
Luftesse
Schmiedeesse
Wärmesse
dem Esse
das *Esse*
in seinem *esse*
das Interesse
dem Abscesse
— Accesse
die Accuratesse
— Addresse
Briefaddresse
Dankaddresse
Handelsaddresse
Altesse
— Baronesse
Bassesse
— Blesse
— Caresse
Chanoinesse
— Compresse
— Comtesse
— Congresse
— Cypresse
Feldcypresse
Gartencypresse
Lebensbaumcypr.
Seecypresse
Sommercypresse
Trauercypresse
— *Detresse*
— Delicatesse
dem Discesse
die *Dogaresse*
— Dresse
der Expresse
die Excesse
— Finesse
Spielfinesse
— Faiblesse
— Forteresse
ich fresse
das Gefresse
die Fresse
Gentilesse
— *Hardiesse*
— *Hautesse*
— Hesse
der *Hesse*
— blinde Hesse
Jesse
dem Ingresse
— Insesse
die Kresse
Bachkresse
Bergkresse
Bitterkresse
Bornkresse
Brunnenkresse
Feldkresse
Gartenkresse
Heidekresse
Kapuzinerkresse
Löffelkresse
Sandkresse
Schmalzkresse
Schweinkresse
Sommerkresse
Springkresse
Steinkresse
Stinkkresse
Strandkresse
türkische Kresse
Waldkresse
Wasserkresse
Wegekresse
Lairesse
die Mätresse
— *Maladdresse*
— Maresse
— Messe
Brautmesse
Candelmesse
Christmesse
Frühmesse
Frühlingsmesse
Herbstmesse
Hochmesse
Jubelmesse
Jubilatemesse
Kirchmesse
Krautmesse
Leichenmesse
Lichtmesse
Michaelismesse
Neujahrmesse
Ostermesse
Poltermesse
Seelmesse
Singemesse
Sommermesse
Stillmesse
Tagmesse
Todtenmesse
Weihmesse
Wintermesse
ich messe
das Gemesse
die *Molesse*
— *Morbidesse*
— *Noblesse*
— *Pauvresse*
— Politesse
im Possesse
die Presse
Adernpresse
Baumpresse
Beschneidepresse
Bestechpresse
Bolzenpresse
Briefpresse
Buchbinderpresse
Buchdruckerpresse
Cattunpresse
Citronenpresse
Druckerpresse
Formpresse

Gieſspresse
Handpresse
Hornpresse
Kartenpresse
Klotzpresse
Kupferpresse
Luftpresse
Mostpresse
Münzpresse
Obstpresse
Oelpresse
Papierpresse
Pappenpresse
Reibepresse
Scheidepresse
Schwengelpresse
Schwingenpresse
Serviettenpresse
Siegelpresse
Spindelpresse
Steinpresse
Stichpresse
Stockpresse
Talgpresse
Tischzeugpresse
Tuchpresse
Verdichtungspresse
Wachspresse
Wasserpresse
Weinpresse
ich presse
das Gepresse
die Progresse
— Promesse
ich resse
das Geresse
die Rimesse
Geldrimesse
Meſsrimesse
Waarenrimesse
— *Rudesse*
mit Successe
die *Souplesse*
— *Tendresse*
ich tschesse
— vergesse

[Essek]

éſſel

der Essel
die Aressel
— Fessel
Blumenfessel
Demantfessel
Dornenfessel
Ehestandsfessel
Fuſsfessel
Handfessel
Hornfessel
Langfessel
Liebesfessel
Rosenfessel
Schildfessel
Sinnenfessel
Sklavenfessel
Spannfessel
Wurffessel
das Gefessel
der Hessel
— Kessel
Absüſskessel
Alaunkessel
Badekessel
Bergkessel
Bleykessel
Bombenkessel
Braukessel
Eintauchkessel
Eiskessel
Erhellungskessel
Fallkessel
Färbekessel
Feldkessel
Felsenkessel
Feuerkessel
Fischkessel
Gieſskessel
Gluthkessel
Hexenkessel
Kaffeekessel
Klärkessel
Klatschkessel
Läuterkessel
Milchkessel
Netzkessel
Ofenkessel
Pechkessel
Pumpenkessel
Scharlachkessel
Schinkenkessel
Schmalzkessel
Schwenkkessel
Seifenkessel
Spitzkessel
Sprengkessel
Spülkessel
Theekessel
Theerkessel
Walkkessel
Waschkessel
Wasserkessel
Weihkessel
Windkessel
Wurstkessel
Zauberkessel
das Gekessel
die Nessel
Ackernessel
Austernessel
Brennnessel
Donnernessel
Eiternessel
Felsennessel
Hanfnessel
Heiternessel
Kreuznessel
Kronennessel
Mariennessel
Meernessel
Riesenmeernessel
Runzelmeernessel
Netternessel
Pillennessel
Roſsnessel
Scharlachnessel
Schmarozernessel
Seenessel
Steinnessel
Stinknessel
Stücknessel
Taubnessel
Todtennessel
Waldnessel
Wurmnessel
das Genessel
der Sessel
Armsessel
Ehrensessel
Fahrsessel
Lehnsessel
Polstersessel
Rollsessel
Ruhesessel
Schlafsessel
Sorgesessel
Thronsessel
Tragsessel
Wachsessel

éſſeln

die Esseln
— Aresseln
— Fesseln
fesseln
anfesseln
entfesseln
zusammenfesseln
— Hesseln
den Kesseln
kesseln
auskesseln
die Nesseln
nesseln
den Sesseln

éſſelnd

fesselnd
kesselnd
nesselnd

éſſelns

des Fesselns
— Kesselns
— Nesselns

eſſels

des Hornfessels
— Gefessels
— Kessels
— Gekessels
— Genessels
— Sessels
ich fessel' 's *etc.*

eſſelſt

du fesselst
— kesselst
— nesselst

eſſelt

er fesselt
gefesselt
zeitgefesselt
— kesselt
— nesselt

eſſem

compressem
expressem
ressem
essem

eſſen

essen
abessen
aufessen
ausessen
durchessen
mitessen
nachessen
überessen
veressen
voressen
wegessen
zusammenessen
das Essen
Abendessen
Allerleyessen
Alltagsessen
Bescheidessen
Beyessen
Einschiebessen
Fastenessen
Festessen
Feyertagsessen
Hauptessen
Herrenessen
Heuschreckenessen
Hochzeitsessen
Kindtaufsessen
Kirmesessen
Leckeressen
Lehressen
Leibessen
Leichenessen
Leidessen
Meisteressen
Mittagsessen
Morgenessen
Nachessen
Nachtessen
Nebenessen
Richtessen
Sauessen
Schauessen
Schlachtessen
Schützenessen
Schweinessen
Sonntagsessen
Taufessen
Unteressen
Verschlagessen
Voressen
Zwischenessen
den Essen
Essen
Uebelessen
den Abscessen
— Accessen
die Addressen
— Baronessen
— Blessen
der Blessen
die Caressen
— *Chanoinessen*
— Compressen
einen compressen
die Comtessen
den Congressen
die Cypressen
dessen
gegendessen
indessen
unterdessen
vordessen
den Discessen
die Dogaressen
— Dressen
— *Duchessen*
den Excessen
die expressen
— Finessen
— Forteressen
fressen
abfressen
anfressen
auffressen
ausfressen
befressen
durchfressen
einfressen
fortfressen
mitfressen
nachfressen
niederfressen
überfressen
um sich fressen
unterfressen
verfressen
vorfressen
wegfressen
wettfressen
zerfressen
zusammenfressen
das Fressen
Grasfressen
Hundefressen
Menschenfressen
Saufressen
Hessen
die *Hessen*
Rheinhessen
den Ingressen
— Insessen
die Kressen
— Messen
messen
abmessen
anmessen
aufmessen
ausmessen
bemessen
beymessen
durchmessen
einmessen
ermessen
fortmessen
nachmessen
übermessen
vermessen
vormessen
wegmessen
zumessen
zurückmessen
zusammenmessen
gemessen
angemessen
unangemessen
das Ermessen
sich vermessen
vermessen
das Feldmessen
die Mätressen
— Maressen
— Politessen
den Possessen
die Pressen
pressen
abpressen
anpressen
aufpressen
auspressen
bepressen
durchpressen
einpressen
entpressen
erpressen
festpressen
nachpressen
niederpressen

umpressen
vorpressen
wegpressen
zerpressen
zurückpressen
zusammenpressen
das Futterpressen
— Matrosenpressen
ressen
verressen
die ressen
— Rimessen
besessen
ersessen
gesessen
angesessen
unangesessen
aufgesessen
burggesessen
eingesessen
erbgesessen
schloſsgesessen
versessen
tschessen
— Tressen
betressen
vergessen
dankvergessen
ehrvergessen
eydvergessen
geldvergessen
gottvergessen
pflichtvergessen
schwurvergessen
selbstvergessen
unvergessen
zuchtvergessen
wessen ?

essend

essend
fressend
fleischfressend
geldfressend
herzfressend
messend
gleichmessend
pressend
ressend
tschessend
betressend
vergessend

essens

des Essens
— Blessens
— Fressens
— Messens
— Ermessens
ein angemessen's
des Pressens
— Ressens
ein besessen's
des Betressens
— Tschessens
— Vergessens
ein vergessen's

essenst

angemessenst
besessenst
vergessenst

esser

ein Esser
Fischesser
Fleischesser
Leutesser
Mitesser
Muſsesser
Obstesser
Speckesser
Suppenesser
Vielesser
Wildesser
besser
— compresser
— Expresser
der Fresser
Amberfresser
Ameisenfresser
Bienenfresser
Blattlausfresser
Brotfresser
Eisenfresser
Feigenfresser
Fleischfresser
Gabenfresser
Hautfresser
Holzfresser
Hühnerfresser
Kaldaunenfresser
Kernfresser
Kienfresser
Kinderfresser
Kleisterfresser
Kohlfresser
Kornfresser
Krabbenfresser
Krebsfresser
Madenfresser
Menschenfresser
Pfannkuchenfresser
Rattenfresser
Reiſsfresser
Speckfresser
Spinnenfresser
Steinfresser
Tickenfresser
Vielfresser
Warzenfresser
Weltfresser
Wespenfresser
Zuckerfresser
der Kesser
— Messer
Abmesser
Aderschlagmesser
Aschmesser
Aufmesser
Ausmesser
Ausdünstungsmesser
Baummesser
Beckenmesser
Bergmesser
Biermesser
Blitzfeuermesser
Blitzstoffmesser
Brandmesser
Dampfmesser
Deichmesser
Dichtigkeitsmesser
Durchmesser
Erddurchmesser
Monddurchmesser
Querdurchmesser
Schrägdurchmesser
Sonnendurchmess.
Durchsichtigkeits-
Eisensteinmesser
Erdmesser
Erdbebenmesser
Fadenkleinmesser
Feldmesser
Feuchtemesser
Feuchtigkeitsmesser
Feuermesser
Funkenmesser
Gährungsmesser
Gehaltmesser
Glasmesser
Gluthmesser
Gradmesser
Grenzmesser
Halbmesser
Erdhalbmesser
Himmelblaumesser
Hitzemesser
Höhenmesser
Hüftenmesser
Indigomesser
Kältemesser
Kalkmesser
Klangmesser
Kleinmesser
Kohlenmesser
Kornmesser
Kräftemesser
Lichtmesser
Luftmesser
Luftgütemesser
Milchmesser
Mostmesser
Pulsmesser
Regenmesser
Röhrmesser

Schanzmesser
Schrittmesser
Schwermesser
Sonnenmesser
Spannenmesser
Sylbenmesser
Taktmesser
Thaumesser
Tiefenmesser
Tonmesser
Wärmemesser
Weinmesser
Wollmesser

das Messer
Abstoſsmesser
Ackermesser
Aschmesser
Ausfleischmesser
Bandmesser
Barbiermesser
Baummesser
Beschneidemesser
Bindemesser
Bratenmesser
Brennmesser
Brotmesser
Bügelmesser
Deckmesser
Desertmesser
Dochtmesser
Einlegemesser
Einschlagemesser
Falzmesser
Fangmesser
Farbenmesser
Faschinenmesser
Federmesser
Fiedermesser
Fistelmesser
Flinkmesser
Flormesser
Fluſsmesser
Futtermesser
Gartenmesser
Gegenmesser
Gerbermesser
Haarmesser
Hackmesser
Hadermesser
Handmesser
Harzmesser
Haumesser
Hölzermesser
Holzmesser
Jagdmesser
Kappmesser
Korkmesser
Küchenmesser
Mordmesser
Opfermesser
Pelzmesser

Pflugmesser
Pfropfmesser
Pudermesser
Putzmesser
Radirmesser
Raufmesser
Rebenmesser
Reifmesser
Reiſsmesser
Ritzmesser
Rohrmesser
Rundmesser
Sammtmesser
Schabemesser
Scheermesser
Scheidemesser
Schindemesser
Schinkenmesser
Schlachtmesser
Schlitzmesser
Schnappmesser
Unterschnappmess
Schneidemesser
Schnittmesser
Schnitzemesser
Schuppmesser
Schwanzmesser
Schwitzmesser
Spaltmesser
Speckmesser
Spleiſsmesser
Spurmesser
Stechmesser
Stockmesser
Stopfmesser
Strandmesser
Streichmesser
Strohmesser
Tabakpfeifenmesser
Taschenmesser
Theilmesser
Thillmesser
Tischmesser
Trennmesser
Vergoldemesser
Vorlegemesser
Waldmesser
Weidemesser
Werkmesser
Wiegemesser
Wirkmesser
Zeidelmesser
Zergliederungmess.
Zugmesser
Zulegemesser
Zuschlagemesser

der Presser
Cattunpresser
Erpresser
Futterpresser
Kupferpresser
Steinpresser
Steuerpresser
Weinpresser

der Professer
resser
— Vergesser

eſſerm

besser'm
compresser'm
resser'm

eſſern

den Essern
die bessern
bessern
anbessern
ausbessern
verbessern
einen compressern
den Fressern
— Kessern
— Messern
— Pressern
— Professern
einen resser'n
den Vergessern
vergessern

eſſernd

bessernd
vergessernd

eſſerns

des Besserns
— Vergesserns

eſſers

des Essers
ein besser's
Gott besser' 's!
ein compresser's
des Fressers
— Kessers
— Messers
— Pressers
— Professers
— Vergessers
meſs' er's!

eſſerſt

du besserst
— vergesserst

eſſert

er bessert
— vergessert

eſſes

des Esse's
— Interesses
— Geesses

des Abscesses
— Accesses
ein compresses
des Congresses
— Discesses
— Excesses
ein expresses
des Gefresses
— Ingresses
— Insesses
— Gemesses
— Genesses
— Possesses
— Gepresses
— Progresses
ein resses
des Geresses
— Successes
ich vergeſs' es *etc.*

éſſeſt

du essest
compressest
— fressest
— messest
— nessest
— pressest
— ressest
ressest
— vergessest

éſſet

ihr esset
— fresset
— messet
— nesset
— presset
— resset
— vergesset

[Sessi]

éſſig

der Essig
Apfelessig
Bieressig
Birnessig
Bleyessig
Cideressig
Eisessig
Fruchtessig
Giftessig
Grünspanessig
Himbeeressig
Holunderessig
Holzessig
Honigessig
Malzessig
Meerzwiebelessig
Milchessig
Mutteressig
Obstessig
Pestessig
Rautenessig
Rosenessig
Rosmarinessig
Salbeyessig
Spieſsglasessig
Veilchenessig
Märzveilchenessig
Vierräuberessig
Weinessig
Branntweinessig
Weizenessig
fressig
vergessig

éſſigs

des Essigs
ein fressigs
— vergessigs

éſſigſt

fressigst
vergessigst

éſſing

Lessing
das Messing
Kratzmessing
Pferdegeschirrmess.
Rollmessing
Schrotmessing
Stückmessing
Tafelmessing

éſſings

Lessings
des Messings

éſſio

Cessio
Confessio
Diffessio
Discessio
Digressio
Retrocessio
Progressio
Sessio

éſſion

die Cession
— Compression
— Confession
augsburgische Conf.
helvetische Conf.
— Diffession
eydliche Diffession
— Digression
— Profession
— Progression
arithmetische Prog.
mathematische Pr.
— Session
Magistratssession
Rathssession
Regierungs- *etc.*

éſſis

verbis expressis
Quintin Messis

éßle

ich feſsle
das Gefeſsle
ich keſsle
das Gekeſsle
ich neſsle
das Geneſsle

éßler

der Herzensfeſsler
Feſsler
Geſsler

éßlich

eſslich
freſslich
meſslich
ermeſslich
unermeſslich
erpreſslich
seſslich
unterdeſslich
vergeſslich
unvergeſslich

éßlichs

ein eſslich's
— freſslich's
— meſslich's
— unermeſslich's
— feſslich's
— unterdeſslich's
— vergeſslich's
— unvergeſslich's
so feſsl' ich's *etc.*

éßlichſt

eſslichst
freſslichst
unermeſslichst
vergeſslichst
unvergeſslichst

éßling

der Freſsling
— Greſsling
— Kreſsling
— Preſsling

éßlings

des Freſslings
— Greſslings
— Kreſslings
— Preſslings

éßne

der gemeſsne
— vermeſsne
— geseſsne
— verseſsne
— vergeſsne

éßnem

gemeſsnem
vermeſsnem
geseſsnem
verseſsnem
vergeſsnem

éßnen

die gemeſsnen
— vermeſsnen
— geseſsnen
— verseſsnen
— vergeſsnen

éßner

der Meſsner
ein gemeſsner
— vermeſsner
— geseſsner
— Beseſsner
— vergeſsner
Geſsner

éßnerm

angemeſsner'm
vermeſsner'm
verseſsner'm
vergeſsner'm

éßnern

den Meſsnern
einen angemeſsner'n
— vermeſsner'n
— verseſsner'n
— vergeſsner'n

éßners

des Meſsners
ein angemeſsner's
— vermeſsner's
— verseſsner's
— vergeſsner's
Geſsners

éßnes

ein gemeſsnes
— vermeſsnes
— verseſsnes
— beseſsnes
— vergeſsnes

éſſo

adesso
ein *Lesso*
ex professo

éſſor

der Aggressor
— Antecessor
Präantecessor
— Assessor
Collegienassessor
Comitatsassessor
Gerichtsassessor
Rathsassessor
Regierungsassessor
Titularassessor
— *Decessor*
— *Possessor*
bonae fidei possess.
malae fidei possess.
— Professor
Exprofessor
Kuchenprofessor
Lügenprofessor
— *Successor*

éſſors

des Aggressors
— Antecessors
— Assessors
— Decessors
— Possessors
— Professors
— Successors

éßt *siehe* **éſt**

éſſu

in excessu
- confessu
- successu

éſſum

impressum
in antecessum

éſſung

die Aufessung
— Fressung
Abfressung
Ueberfressung
— Messung
Abmessung
Anmessung
Aufmessung
Ausmessung
Breitenmessung
Durchmessung
Einmessung
Ermessung
Erdmessung
Feldmessung
Feuermessung
Gehaltmessung
Gradmessung
Hitzemessung
Höhenmessung
Körpermessung
Kreismessung
Landmessnng
Längenmessung
Lichtmessung
Luftgütemessung
Nachmessung
Stundenmessung
Sylbenmessung
Tonmessung
Vermessung
Versmessung
Windmessung
Zeitmessung
— Pressung
Erpressung
— Vergessung

éſſus

Bessus
confessus
inconfessus
der *Consessus*
ein *Insessus*
— *Lessus*
Lyrnessus
— *Pessus*
Tartessus
Telmessus

ēſt — ēhſt

est! est!
gewest
ihr lest
— verwest
verwest
das Beest
die Geest
eh'st
du drehst
— flehst
— gehst
— seh'st
— stehst
— wehst

éſt — éßt

das *Abdest*
— *Agrest*
— *Alkahest*
der Arrest
Hausarrest
Stadtarrest
Stubenarrest
Wechselarrest
Zimmerarrest
— Asbest
Korkasbest
das Egest
fest
ankerfest

bandfest
bibelfest
bombenfest
brandfest
bügelfest
ehrenfest
eisenfest
erdfest
felsenfest
feuerfest
glaubensfest
grundfest
handfest
hiebfest
kapitelfest
kernfest
kopffest
luftfest
kugelfest
mannfest
mauerfest
nagelfest
nietfest
nothfest
pfahlfest
probefest
riegelfest
sattelfest
schulfest
schuſsfest
seefest
standfest
stichfest
sturmfest
taktfest
wandfest
wasserfest
weltfest
wetterfest
windfest
wortfest
wurzelfest
zauberfest
der Haltihnfest
das Fest
Abendfest
Ausgangsfest
Auszugsfest
Ballfest
Bauernfest
Begräbnisfest
Beiramsfest
Bergfest
Beytragsfest
Biederfest
Blumenfest
Brautfest
Bürgerfest
Bundesfest
Burgfest
Christfest
Dankfest
Denkfest
Dreyeinigkeitsfest
Dreyjahrsfest
Dreykönigsfest
Ehefest
Ehrenfest
Einweihungsfest
Erntefest
Erziehungsfest
Eselsfest
Fackelfest
Frauenfest
Friedensfest
Frohnleichnamsfest
Frühlingsfest
Geburtsfest
Geburtstagsfest
Gedächtnisfest
Gedankenfest
Götterfest
Grabfest
Hausfest
Herbstfest
Himmelfahrtsfest
Hochfest
Hochzeitsfest
Hoffest
Huldigungsfest
Jahresfest
Johannisfest
Jubelfest
Jugendfest
Kammerfest
Kinderfest
Kindtaufsfest
Kirchenfest
Kirchweihfest
Kirmesfest
Kirschfest
Knabenfest
Landesfest
Lanzenfest
Lauberhüttenfest
Leichenfest
Liebesfest
Mädchenfest
Männerfest
Marienfest
Martinsfest
Maskenfest
Mayfest
Michaelisfest
Morgenfest
Mutterfest
Nagelfest
Opferfest
Ordensfest
Osterfest
Pfingstfest
Priesterfest
Reformationsfest
Revolutionsfest
Ritterfest
Rosenfest
Saufest
Schöpfungsfest
Schuckelfest
Schulfest
Seelenfest
Siegesfest
Soldatenfest
Sommerfest
Sonnenfest
Stadtfest
Stiftungsfest
Studentenfest
Stuhlfest
Tauffest
Taumelfest
Todesfest
Todtenfest
Trauerfest
Trinkfest
Triumphfest
Vermählungsfest
Versöhnungsfest
Volksfest
Vorfest
Waffenfest
Wahlfest
Weihnachtsfest
Wiegenfest
Wiesenfest
fünest
der Incest
indigest
das Manifest
Friedensmanifest
Kriegsmanifest
Münzmanifest
modest
immodest
molest
das Nest
Adlernest
Ameisennest
Diebsnest
Drachennest
Elsternest
Eulennest
Falkennest
Felsennest
Finkennest
Geyernest
Haarnest
Hasennest
Hühnernest
Hurennest
Krähennest
Mäusenest
Meernest
Natternest
Otternest

Rattennest
Räubernest
Raubnest
Raupennest
Schlangennest
Schwalbennest
Sperlingsnest
Spinnennest
Storchnest
Sündennest
Taubennest
Tunkinsnest
Vogelnest
Wanzennest
Wespennest
Wurmnest
Zeisignest
die Pest
Blatterpest
Fieberpest
Modepest
Viehpest
Volkspest
polychrest
der Prest
— Protest
Reprotest
Wechselprotest
— Rest
Bratenrest
Cassenrest
Flaschenrest
Lebensrest
Lohnrest
Speiserest
Tuchrest
Ueberrest
Vermögensrest
Waarenrest
ein Suggest
der Test
— West
Nordwest
Südwest
die *Zendavest*
Alcest
Brest
Bucharest
Pesth
Triest
ihr eſst
— freſst
— meſst
— preſst
gepreſst
— reſst
— betreſst
— tscheſst

eſta

Digesta
die *Mesta*
Regesta
— *Siesta*
Vesta
— *Zendavesta*
quasi re bene gesta

eſtchen

das Festchen
— Nestchen
— Restchen
— Westchen

eſtchens

des Festchens
— Nestchens
— Restchens
— Westchens

eſte

die geweste
— verweste

eſte — eßte

Este
dem Abdeste
— Agreste
Alceste
— *Alkaheste*
— Arreste
— Asbeste
die beste
das Beste
Allerbeste
Gemeinbeste
dem Egeste
das feste
dem Feste
ich befeste
die Feste
Bergfeste
Bundesfeste
Felsenfeste
Frohnfeste
Gränzfeste
Grundfeste
Handfeste
Himmelsfeste
Schutzfeste
Stadtfeste
Sternenfeste
Wolkenfeste
dem Haltihnfeste
die funeste
— Geste
— Gleste
dem Inceste
die indigeste
— Keste
leste
die Meste
Backmeste
Harzmeste
Salzmeste
Schmiermeste
Theermeste
dem Manifeste
die modeste
— moleste
dem Neste
ich verpeste
die polychreste
dem Preste
— Proteste
ich queste
das Gequeste
dem Reste
ich reste
das Gereste
die Sieste
dem Suggeste
— Teste
— Weste
die Weste
Aermelweste
Alltagsweste
Bratenweste
Galaweste
Modeweste
Nachtweste
Reitweste
Sammetweste
Sommerweste
Tuchweste
Unterweste
Winterweste
Zwangsweste
— *Zendaveste*
Praeneste
Tergeste
er preſste
— erpreſste
— reſste
— tscheſste

eſtel

die Mestel
— Nestel
Haarnestel
Hosennestel
Schuhnestel
Schnürnestel
das Genestel
die Pestel
das Gepestel

eſteln

die Mesteln
— Nesteln
nesteln
abnesteln

aufnesteln
zunesteln
die Pesteln
pesteln

éſtelnd

nestelnd
pestelnd

éſtelns

des Nestelns
— Pestelns

éſtels

des Genestels
— Gepestels

éſtelſt

du nestelst
— pestelst

éſtelt

er nestelt
— pestelt

eſtem

bestem
festem
incestem
manifestem
modestem
molestem
polychrestem
gepreſstem

éſten

den Arresten
— Asbesten
die besten
am besten
die Digesten
den Egesten
die festen
— Festen
ausfesten
befesten
verfesten
— funesten
— Gesten
— Glesten
den Incesten
die indigesten
— Kesten
— Mesten
den Manifesten
die modesten
— molesten
verpesten
— polychresten
den Protesten
questen
aus- u. einquesten
hin- u. herquesten
den Resten
resten
die Regesten
— Siesten
— Suggesten
— Westen
den Westen
von Westen
der Westen
sie preſsten
— reſsten
— tscheſsten

éſtend

verfestend
verpestend
questend
restend

éſtens

bestens
des Verfestens
— Verpestens
— Questens
— Restens
— Westens

éſter

bester
der Ballester
ein fester
— funester
— incester
— indigester
— manifester
der *Manchester*
ein modester
— molester
die Nester
das Orchester
ein polychrester
das Gequester
der Rester
die Rester
der Sester
— Schester
die Schwester
Betschwester
Buhlschwester
Chorschwester
Dutzschwester
Engelsschwester
Frauenschwester
Geschlechtsschwest.
Glaubensschwester
Halbschwester
Herzensschwester
Himmelsschwester
Kaffeeschwester
Klosterschwester
Kreuzschwester
Layenschwester
Milchschwester
Mutterschwester
Namensschwester
Ordensschwester
Rabenschwester
Regelschwester
Schmausschwester
Spielschwester
Stiefschwester
Unglücksschwester
Vaterschwester
Weibesschwester
Weinschwester
Wollustschwester
Zechschwester
Zwillingsschwester
das Semester
Sommersemester
Wintersemester
der *Sequester*
Sylvester
terrester
— Trester
ein Trimester
das Wester
ein gepreſster
Esther
Chester

ēſter

ein gewester
— verwester
Leicester
eh'ster

éſtern

einen fester'n
— funester'n
gestern
ehegestern
vorgestern
manschestern
— manifester'n
— modester'n
— molester'n
den Nestern
— Orchestern
questern
— Restern
— Sestern
— Schestern
— Schwestern
schwestern
— Semestern
— Sequestern
einen terrestern
den Trestern
— Trimestern
— Western
western
einen gepreſster'n

éſternd

questernd
schwesternd

éſterns

des Questerns
— Schwesterns
ein manschestern's
— western's

éſters

des Ballesters
ein fester's
— funester's
des Manschesters
ein manifester's
— modester's
— molester's
des Orchesters
— Gequesters
— Sesters
— Schesters
— Semesters
— Sequesters
— Tresters
— Trimesters
— Westers
ein grepreſster's

éſterſt

du questerst
— schwesterst

éſtert

er questert
— schwestert

éſtes

des Abdestes
Acestes
— Agrestes
— Alkahestes
— Arrestes
— Asbestes
mein Bestes
des Egestes
ein festes
des Festes
ein funestes
des Incestes
ein indigestes
des Manifestes
ein modestes
— molestes
des Nestes
Orestes
ein polychrestes
des Prestes
— Protestes
— Gequestes
des Restes
— Gerestes
— Suggestes
— Testes
die *Testes*
Semitestes
Thyestes
des Westes
ein gepreſstes
ich verpest' es *etc.*

ēſtes — ēeſtes ꝛc.

ein gewestes
— verwestes
des Beestes
ein eh'stes
du drehst es *etc.*

éſteſt

festest
du verfestest
funestest
manifestest
modestest
molestest
— verpestest
— questest
— restest
— preſstest

éſtet

er questet
— verpestet
— restet
ihr preſstet

éſtge

ich befest'ge *etc.*
die pest'ge
— gleichrest'ge
— Bestie

éſtig

pestig
gleichrestig

éſtigs

ein pestig's
— gleichrestig's
ich befestig' 's

éſtigſt

pestigst
du befestigst

éſtiſch

amnestisch
anamnestisch
pestisch
thyestisch
orestisch
der Eſstisch
— Preſstisch
bucharestisch
triestisch etc.

éſtland

Esthland
das Festland
ein Pestland
das Westland

éſtlands

Esthlands
des Festlands
— Pestlands
— Westlands

éſtle

ich nestle
das Genestle
ich pestle
das Gepestle

éſtler — ern — ers

der Nestler
— Pestler

éſtlich

arrestlich
festlich
manifestlich
nestlich
pestlich
restlich
westlich
nordwestlich
südwestlich

éſtlichs

ein arrestlich's
— festlich's
— manifestlich's
— nestlich's
— pestlich's
— restlich's
— westlich's

éſtlichſt

festlichst
westlichst

[der Nestling]
[befestnen]

éſto

esto!
Ernesto
lesto
mesto
presto

éſtor

ein *Digestor*
Nestor

éſtra

Hypermnestra
Klytämnestra
die *Palaestra*
pace vestra

éſtre

eine fest're
— funest're
— manifest're
— modest're
— molest're
ich questre
das Gequestre
ich schwestre
eine terrestre
— gepreſst're
Mestre

éſtrer

ein fest'rer
— funest'rer
— manifest'rer
— modest'rer
— molest'rer
— terrestrer
— gepreſst'rer

éſtres

ein fest'res *etc.*
des Gequest'res

éſtrich

der Estrich
questrich
gestrig
ehegestrig
vorgestrig

éſtrichs

des Estrichs
ein questrich's
— gestrig's

éſtris

Ordo equestris
Statua equestris
Thalestris
Vestris

éſtriſch

sequestrisch
terrestrisch

éſts

des Abdests
— Agrest's
des Alkahests
— Arrests
— Asbests
mein Best's
des Egests
— Fests
ein funest's
des Incests
ein indigest's
des Manifests'
ein modest's
— molest's
Orests
— polychrest's
des Prests
— Protests
— Gequest's
— Rest's
— Gerest's
— Suggests
— Tests
— Wests
ein gepreſst's

ēſts ꝛc.

ein gewest's
— verwest's
des Beests
du drehst's *etc.*

éſſt

fest'st
du verfest'st
funest'st
manifest'st
modest'st
molest'st
— verpest'st
— quest'st
— rest'st
— preſst'st

éſſte ꝛc.

der fest'ste *etc.*
— gepreſst'ste

éſtum

das *Panchrestum*
post festum

éſtung

die Festung
Bergfestung
Bundesfestung
Grenzfestung
Hauptfestung
Landfestung
Landesfestung
Paſsfestung
Reichsfestung
Rheinfestung
Wasserfestung
die Handfestung
— Verfestung
— Verpestung
— Questung

éſtus

Cestus
Festus
Gestus
Incestus
Sergestus
Suggestus

éſung

die Genesung
Wiedergenesung
— Lesung
Ablesung
Auflesung
Auslesung
Durchlesung
Nachlesung
Ueberlesung
Verlesung
Ehrenverlesung
Vorlesung
Freyvorlesung
Sommervorlesung
Wintervorlesung
— Vernesung
— Verwesung
Armenverwesung
Geschäftsverwesun
Reichsverwesung
Staatsverwesung
— Verwesung
Fleischverwesung
Grabverwesung
Körperverwesung

ēſus

der *Chersonesus*
Hesus
Halesus
Jesus
Peloponnesus
Rhesus

ét — étt

er ängstiget *etc. bis* züchtiget *siehe die dactylisch ausgehenden Verba in* **en**
die *copula et*
das Amulet
— Ballet
— Banket
— Bardiet
— Baret
der Baronet
das Basset
— Bayonnet

das Bilboquet
— Billet
Entreebillet
Redoutenbillet *etc.*
— Blanchet
— Blanquet
Vollmachtsblanquet
— Bonnet
— Bosquet
Blumenbosquet
— Bouquet
Blumenbouquet
Weinbouquet
— Bracelet
— Brevet
brünet
— Budjet
— Büffet
— Cabinet
Lesecabinet
Nebencabinet
Schreibcabinet
Seitencabinet
— Cabriolet
— Calümet
— Cachet
Lettre de Cachet
der Cadet
Seecadet
das Carnet
— Casquet
— Chapelet
der Clairet
das Closet
— Colifichet
— Collet
Jagdcollet
Reitcollet
Reitercollet
complet
incomplet
Condorcet
die *Conquete*
das Cordelet
der Cornet
das Corselet
— Corset
— Couplet
— Crochet
Elisabeth
Entremet
— Falconet
— Falset
— Filet
— Flageolet
— Fleth
— Frisolet
— Fumet
Genezareth
— Gilet
— Gobelet

das Gret
Lansquenet
— Mantelet
— Masuret
die Menuet
Ochsenmenuet
der Minaret
ein Miquelet
das Moulinet
Nazareth
— Paillet
— Paket
Briefpaket
Postpaket
Waarenpaket
— Pamphlet
— Parapet
— Parket
ein *Pauvret*
das Piket
Feldpiket
Rommelpiket
Plantagenet
— Pulpet
Quodlibet
Rauguet
Regret
Requete
— Ricochet
der Satinet
das Schibolet
Seth
— Sifflet
— Signet
— Skelet
— Sobriquet
— Spinet
— Stilet
— Tabouret
Tafilet
Tintoret
— Tourniquet
— Triboulet
— Triolet
— Trisenet
der Valet
— Velveret
das Z
— TZ

adrett
— Anisett
— Bett
Bauchbett
Blumenbett
Brautbett
Daunenbett
Deckbett
Doupletbett
Droguetbett
Dunenbett
Ehebett

Ehrenbett
Engelbett
Faulbett
Federbett
Feldbett
Felsenbett
Flockenbett
Floſsbett
Flossenbett
Flugbett
Fluſsbett
Flutbett
Fuſsbett
Gastbett
Gesindebett
Gitterbett
Grundbett
Haarbett
Hangebett
Himmelbett
Hochzeitbett
Hundebett
Kindbett
Kinderbett
Korbbett
Krankenbett
Lechbett
Leichenbett
Lotterbett
Luftbett
Marterbett
Mutterbett
Oberbett
Pagenbett
Paradebett
Polsterbett
Prachtbett
Prunkbett
Rasenbett
Reisebett
Riesenbett
Rollbett
Rosenbett
Roſsbett
Ruhebett
Schlackenbett
Schlafbett
Schlagbett
Schwanenbett
Schwangbett
Siechbett
Sitzbett
Soldatenbett
Spanbett
Spillbett
Staatsbett
Stachelbett
Steinbett
Steppbett
Strohbett
Strombett
Stückbett

Suchtbett
Tischbett
Todbett
Todtenbett
Tragebett
Trottbett
Ueberbett
Unterbett
Veilchenbett
Wahnbett
Wasserbett
Wochenbett
Wohnbett
Wollustbett
Zauberbett
Zeltbett
Zierbett
Zudeckbett
das Duett
Flötenduett
Violinenduett *etc.*
ein *Epaulette*
das Fett
Bärenfett
Bergfett
Bratenfett
Dachsfett
Erdfett
Gänsefett
Gallenconcretionen-
Gehirnfett
Hasenfett
Hundefett
Kammfett
Klauenfett
Knochenfett
Leichenfett
Mückenfett
Nierenfett
Quabbelfett
Rindsfett
Schundfett
Schweinsfett
Wurstfett
fett
markfett
schneckchenfett
schneckenfett
schwabbelfett
speckfett
überfett
das Frett
Nasenfrett
— Harfenett
honett
malhonett
Lyonnet
— Mett
nett
— Quartett
— Quintett

das Septett
— Sextett
— Sonett
der Splett
das Terzett
violett
wett

ĕt — ēet — ēht

Admet
der Alet
Aleth
Philaleth
das Alphabet
ein Analphabet
— Anachoret
— Anthropologet
— Apologet
— Ascet
— Athlet
— Athlothet
beredt
wohlberedt
das Bret
Aetzbret
Ausschuſsbret
Backbret
Bälgenbret
Beschneidebret
Bettbret
Bleybret
Blumenbret
Bodenbret
Bordbret
Brustbret
Bücherbret
Büttbret
Dachbret
Damenbret
Darrbret
Deckelbret
Donbret
Druckbret
Eckbret
Endbret
Fallbret
Farbenbret
Fasebret
Faustbret
Federbret
Fensterbret
Feuchtbret
Fiedelbret
Fingerbret
Fischbret
Fliesenbret
Formbret
Füllbret
Fuſsbret
Futterbret
Gautschbret

Geschirrbret
Griffbret
Grundbret
Hackbret
Hackebret
Halsbret
Handbret
Harnischbret
Hauptbret
Herdbret
Herrenbret
Hobelbret
Kammhobelbret
Hornbret
Kaffeebret
Kaminbret
Kammbret
Kämmbret
Kantenbret
Karniesbret
Kegelbret
Kehlbret
Kopfbret
Kratzbret
Kreuzbret
Küchenbret
Kuchenbret
Ladenbret
Landbret
Laschenbret
Laufbret
Lehnbret
Lehrbret
Lesebret
Lichtbret
Löffelbret
Rührlöffelbret
Logbret
Löthbret
Malzbret
Mandelbret
Mangelbret
Mistbret
Modelbret
Nähbret
Nudelbret
Ortbret
Packbret
Pappenbret
Pappenformbret
Pfannenbret
Pfeifenbret
Plättbrett
Pochbret
Pritschbret
Puffbret
Rechenbret
Reibebret
Reiſsbret
Rodelbret
Rollbret

Rückbret
Schabebret
Schachbret
Schalbret
Scharbebret
Schaubbret
Schauerbret
Schetterbret
Schieferbret
Schiffsbret
Schirmbret
Schneidebret
Schnitzbret
Schraubenbret
Schreibebret
Schüsselbret
Schulterbret
Schutzbret
Schwanzbret
Schwartenbret
schwarze Bret
Schweifbret
Schwingebret
Seitenbret
Setzbret
Spanbret
Sparbret
Spielbret
Spundbret
Stangenbret
Stiefelbret
Stofsbret
Streichbret
Strichbret
Strickbret
Strumpfbret
Stundenbret
Sturmbret
Tannenbret
(Linden- Eichen- *etc.*)
Tastenbret
Tellerbret
Theebret
Tischbret
Tonnenbret
Topfbret
Trittbret
Trockenbret
Untersetzbret
Vergehrungsbret
Waarenbret
Wachtbret
Werkbret
Wetterbret
Wiegenbret
Windbret
Windebret
Wirkbret
Würfelbret
Wurfbret
Zählbret

Zamtbret
Zangenbret
Zuschneidebret
Zwirnbret
hoch am Bret
ein Stein im Bret
complet
incomplet
übercomplet
concret
die *Crete*
das Decret
Amtsdecret
Anstellungsdecret
Bestallungsdecret
Cabinetsdecret
Hofdecret
Regierungsdecret
diskret
indiskret
Epictet
exolet
der Exeget
das Gebet
Abendgebet
Abendmahlsgebet
Andreasgebet
Beichtgebet
Berggebet
Bufsgebet
Dankgebet
Erntegebet
Fastengebet
Festgebet
Feuergebet
Frühgebet
Herzensgebet
Hochzeitgebet
Jammergebet
Kanzelgebet
Kindergebet
Kindtaufsgebet
Kirchengebet
Lammgebet
Leichengebet
Mittagsgebet
Morgengebet
Neujahrsgebet
Ostergebet
Pfingstgebet
Rachegebet
Reisegebet
Schlufsgebet
Schulgebet
Söhnungsgebet
Sterbegebet
Stofsgebet
Stundengebet
Taggebet
Thränengebet
Tischgebet

Todesgebet
Todtengebet
Trauergebet
Türkengebet
Verzweiflungsgebet
Weihgebet
Weihnachtsgebet
Wettergebet
Wochengebet
Wonnegebet
Zaubergebet
der Hodeget
— Interpret
— Katechet
— Katheget
— Komet
labet
kauflabet
das Lazareth
Feldlazareth
fliegende Lazareth
der Logothet
— Magnet
Lichtmagnet
— Meth
Birkenmeth
Essigmeth
Himbeermeth
Kirschmeth
Mostmeth
Rosinenmeth
Weinmeth
— Melothet
Milet
— Musaget
— Nomothet
obsolet
— Paraget
— Paraklet
— Planet
— Poet
Hofpoet
Leichenpoet
Liebespoet
Lieblingspoet
Trauerpoet
Wasserpoet
Polyklet
das Privet
der Prophet
Lügenprophet
Todesprophet
Todtenprophet
Unglücksprophet
Wetterprophet
— Proxenet
quiet
inquiet
das Secret
— Staket
stet

a la tête
das Tapet
Tempête
der *Thesmothet*
— *Turpeth*
das Valet
— Wildpret
Adelwildpret
Birkwildpret
Brunftwildpret
Damwildpret
Dünnwildpret
Edelwildpret
Fallwildpret
Flugwildbret
Grenzwildpret
Groſswildpret
Hirschwildpret
Kleinwildpret
Kochwildpret
Kurzwildpret
Naschwildpret
Rehwildpret
Rothwildpret
Schwarzwildpret
Steinwildpret
Vogelwildpret
Zibeth
— Beet
Aurikelbeet
Blumenbeet
Erbsenbeet
Feldbeet
Fruchtbeet
Frühbeet
Frühlingsbeet
Gartenbeet
Hyacinthenbeet
Krautbeet
Lehnbeet
Leinbeet
Lohbeet
Místbeet
Nelkenbeet
Pflanzenbeet
Rosenbeet
Rübenbeet
Rundbeet
Seitenbeet
Sommerbeet
Spargelbeet
Treibebeet
Tulpenbeet
Winterbeet
Zwiebelbeet
er dreht
— fleht
— geht
ihr seht
er steht
— weht

ēta

β (Beta)
η (Eta)
ϑ (Theta)
ζ (Zeta)
a conto meta
meta (sudans)
Meta
Creta
obsoleta
Poeta

étchen — éttchen

ein Balletchen
— Banketchen
— Baretchen
— Baronetchen
— Billetchen
— Bonnetchen
— Bosketchen
— Bouquetchen
— Cabinetchen
— Cabrioletchen
— Cadetchen
— Cornetchen
— Corsetchen
— Giletchen
— Paketchen
— Stiletchen
— Amorettchen
Annettchen
das Bettchen
Babettchen
ein Brünettchen
Dorettchen
Finettchen
— Fleurettchen
Florettchen
das Frettchen
ein *Grisettchen*
Henriettchen
Jettchen
Jeannettchen
— Kettchen
Laurettchen
Lenettchen
Lisettchen
— Marionettchen
— Manschettchen
Minettchen
Nettchen
Ninettchen
— Ommelettchen
— Operettchen
— Sonettchen
— Soubrettchen
— Stiefelettchen
— Vignettchen

ērchen ꝛc.

ein Bretchen
Auflegebretchen
Auftragebretchen
ein Gebetchen
Gretchen
— Magnetchen
Margarethchen
— Poetchen
— Prophetchen
— Beetchen

étchens ꝛc.

des Balletchens *etc.* *bis* Vignettchens *s.* et

·ētchens

des Bretchens *etc.*
— Beetchens

éte — étte

die Amulete *etc.* *bis* Valete *siehe* et
— adrette
— *Aigrette*
Alexandrette
— Ambrette
— Amorette
Amusette
dem Anisette
Antoinette
die *Apprette*
— *Assiette*
zu Bette
ich bette
das Gebette
Babette
Bagnette
Bagnolette
Baguette
die *Barbette*
Bazette
Boulette
Brasselette
— Brünette
Burette
— Canzonette
Carette
Cassette
Cassolette
— Castagnette
Cette
Chansonette
Charette
Chemisette
— Clarinette
— Cornette
— Corvette
— Courbette
Cotelette
— *Cüvette*
Dindonette
Dorette
— Doublette

die *Douillette*
im Duette
Emouchette
die Emplette
— *Epaulette*
— Esparsette
— Etikette
Hofetikette
— Fette
Dachfette
Dachstuhlfette
Stuhlfette
eine fette
ich fette (an)
im Fette
die *Facette*
— *Falsette*
— *Feuillette*
Finette
— Fleurette
Florette
Galette
— *Gazette*
Girouette
— Glette
— *Glorietta*
— *Golette*
Gouletta
Gribletta
— *Grisette*
Hatelette
das Heergewette
Henriette
die honette
Jette
Jeannette
— Kette
Armkette
Bauchkette
Bergkette
Blumenkette
Bruderkette
Brunnenkette
Brustkette
Deichselkette
Demantkette
Drathkette
Ehekette
Ehrenkette
Eimerkette
Eisenkette
Erbsenkette
Felsenkette
Filigrankette
Flohkette
Galgenkette
Gassenkette
Gebirgskette
Gedankenkette
Gliederkette
Gnadenkette

Göpelkette
Goldkette
Grendelkette
Grenzkette
Grundkette
Gürtelkette
Hängekette
Hafenkette
Halfterkette
Halskette
Haltkette
Hemmkette
Hügelkette
Hundekette
Ideenkette
Kinnkette
Knotenkette
Kriegskette
Kühkette
Lachterkette
Ladekette
Meſskette
Messingkette
Naturkette
Ochsenkette
Ordenskette
Pansterkette
Panzerkette
Pumpenkette
Raakette
Ringelkette
Rosenkette
Rührkette
Schakenkette
Schiffskette
Schleppkette
Schlüsselkette
Schluſskette
Schnürkette
Silberkette
Sklavenkette
Spannkette
Sperrkette
Springkette
Stahlkette
Straſsenkette
Stropkette
Tänzerkette
Thorkette
Trillerkette
Uhrkette
Wochenkette
Wagenkette
Wesenkette
Zauberkette
ich kette
das Gekette
die Klette
Ackerklette
Baumklette
Bergklette

Feldklette
Groſsklette
Hopfenklette
Igelklette
Kropfklette
Leberklette
Maskenklette
Mauerklette
Purpurklette
Roſsklette
Spielklette
Spieſsklette
Spitzklette
Waldklette
Wasserklette
Wollklette
die Kokette
der *Lette*
die Lafette
— Lanzette
Laurette
Lavalette
Lafayette
Lenette
Lesfevre Desnouettes
Lisette
— Lorgnette
— *Lünette*
— Mette
Brautmette
Christmette
Frühmette
Leichenmette
Pumpermette
Rumpelmette
Todtenmette
Trauermette
— Manschette
— *Marchette*
— Marionette
— Massette
Minette
— *Molette*
— Motette
— Müsette
Nette
eine nette
Nanette
Ninette
— Ommelette
— Operette
— *Oubliette*
— Palette
— *Pauvrette*
— *Pavedette*
— *Pincette*
— *Pirouette*
— *Planchette*
— Psallette
der Rette
ich rette

die *Requette*
— *Reinette*
— *Rosette*
— *Roulette*
— *Savonnette*
— Schwette
— *Serinette*
— Serviette
— *Silhouette*
— Sornette
— *Soubrette*
— Sparsette
— Spierspette
— Splette
ich splette
die Stafette
— Stiefelette
Susette
eine *Tablette*
die Tazette
— *Tenette*
— *Toilette*
— Trette
— *Vedette*
— *Vergette*
— *Vignette*
Titelvignette
ich wette
das Gewette
die Wette
Spielwette
ich zette

ēte — ëete — ēhte

dem Alphabete
die Bete
Schweinbete
ich bete
das Gebete
dem Gebete
bete!
die beredte
dem Brete
die Carrete
Mistcarrete
— concrete
der *Curete*
dem Decrete
die discrete
ich drommete
das Gedrommete
die Drommete
Gerichtsdrommete
Halldrommete
Sturmdrommete
— exolete
— Fete
— Flethe
der *Gete*
Massagete
ich knete
das Geknete
die labete
— Lamprete
im Lazarethe
Lethe
dem Methe
die Magnete
Margarethe
— Muskete
— obsolete
— Pastete
Austernpastete
Fleischpastete
Gänseleberpastete
Haarpastete
Häringspastete
Hasenpastete
Hirschpastete
Krebspastete
Rebhühnerpastete
Schinkenpastete
Schüsselpastete
Seepastete
Semmelpastete
Taubenpastete
Trüffelpastete
Wildpretspastete
dem Privete
der quiete
— inquiete
die Rakete
congrevische Rak.
Steigrakete
Sternrakete
Tafelrakete
Wasserrakete
dem Secrete
die secrete
— Splete
— stete
ich stete
dem Stakete
die Tapete
Fufstapete
Gobelintapete
Hautelissetapete
Papiertapete
Wandtapete
ich trete
das Getrete
die Trete
— Trompete
Feldtrompete
Meertrompete
Muttertrompete
Seetrompete
Tischtrompete
Wassertrompete
ich trompete
das Getrompete
die Twete
ich valete
dem Wildprete
— Zibethe
die Beete
ich drehte
— flehte
— wehte

ētel

der Betel
Passerbetel
Stemmbetel
Suverbetel
Bethel
Gretel
— Metel
— das Pastetel

ēteln — ētels

des Betels
Gretels
— Metels
— Pastetels

ētem — ēhtem

beredtem
completem
concretem
discretem
exoletem
labetem
obsoletem
quietem
secretem
stetem
gedrehtem
erflehtem
verwehtem

éten — étten

den Amuleten *etc. bis* Valeten *siehe* et
die Aigretten
— adretten *etc. bis* Vignetten *siehe* ette
— Betten
den Gebetten
betten
aufbetten
ausbetten
hinbetten
hinausbetten
hinüberbetten
umbetten
unterbetten
einen brünetten
in Duetten
die fetten
anfetten
einfetten
entfetten
überfetten

die honetten
— Ketten
ketten
anketten
aufketten
beketten
festketten
losketten
verketten
zuketten
zusammenketten
— Kletten
bekletten
— Koketten
— *Letten*
der Letten
Bergletten
Eisenletten
Goldletten
Kobaltletten
Silberletten
Thonletten
die Metten
— netten
in Quartetten
— Quintetten
die Retten
retten
erretten
schwetten
in Septetten
— Sextetten
— Sonetten
den Spletten
spletten
die violetten
— Wetten
wetten
abwetten
verwetten
zetten

ēten — ēeten — ēhten

die Agnöeten
— Aktisteten
den Alphabeten
die Anachoreten
— Anthropologeten
— Aphthortodoceten
— Apologeten
— Asceten
— Athleten
— Athlotheten
beten
anbeten
ausbeten
erbeten
fortbeten
mitbeten
nachbeten
verbeten
vorbeten
wegbeten
den Gebeten
die Beten
— beredten
— Carreten
— Completen
einen completen
die concreten
den Decreten
die discreten
— Drommeten
drommeten
— Exegeten
— exoleten
— Feten
— Flethen
— *Geten*
— Hodegeten
— Interpreten
— Katecheten
— Kathegeten
— Katheten
kneten
abkneten
auskneten
durchkneten
einkneten
überkneten
zerkneten
— Kometen
— labeten
— Lampreten
in Lazarethen
die Logotheten
— Magneten
— Melotheten
— Monotheleten
— Musageten
— Musketen
— Nomotheten
— obsoleten
den Parakleten
die Parageten
— Pasteten
— Planeten
— Poeten
den Priveten
die Propheten
— Proxeneten
— quieten
— Raketen
der Schleten
— secreten
den Secreten
— Staketen
die steten
steten
— *Sudeten*
— *Suffeten*
die Tapeten
— Thesmiotheten
treten
abtreten
antreten
auftreten
austreten
betreten
beytreten
durchtreten
eintreten
entgegentreten
ertreten
fehltreten
festtreten
forttreten
hertreten
hin- *etc.* treten
lostreten
mißtreten
nachtreten
rücktreten
übertreten
umtreten
untertreten
vertreten
vortreten
wegtreten
zertreten
zutreten
zurücktreten
zusammentreten
— Treten
— Trompeten
trompeten
abtrompeten
austrompeten
nachtrompeten
vortrompeten
— Tweten
valeten
den Wildpreten
— Beeten
sie drehten
— flehten
— wehten

ētend

betend
drommetend
knetend
stetend
tretend
trompetend
valetend

ētens

des Betens
— Drommetens
— Knetens
— Schletens

des Stetens
— Tretens
— Trompetens
— Valetens

ēter — ēhter

der Beter
Anbeter
Bildanbeter
Feueranbeter
Sonnenanbeter
Sternenanbeter
Thieranbeter
Nachbeter
Scheinbeter
Vielbeter
ein beredter
die Breter
ein completer
— concreter
Demeter
— discreter
der Drommeter
ein exoleter
— Katheter
der Kneter
Mitkneter
Oberkneter
Unterkneter
ein labeter
das / der Meter
Aërometer
Alkalimeter
Alkoholometer
Anthrakometer
Atmidometer
Atmometer
Auxometer
Barometer
Calorimeter
Cyanometer
Cynometer
Dasymeter
Dendrometer
Diameter
Semidiameter
Diaphanometer
Diastimeter
Drosometer
Dynamometer
Elaterometer
Elektrometer
Mikro-elektromet.
Engymeter
Eudiometer
Galaktometer
Gasometer
Geometer
Gleukometer
Goniometer
Graphometer
Gravimeter
Heliometer
Hexameter
Hodometer
Holometer
Horometer
Hydrometer
Hyetometer
Hygrometer
Kathetometer
Kliseometer
Magnetometer
Manometer
Megameter
Mikrometer
Filarmikrometer
Myriometer
Nilometer
Notiometer
Odometer
Oenometer
Ombrometer
Oömeter
Optometer
Pädiometer
Pantometer
Parameter
Pelvimeter
Pentameter
Perimeter
Photometer
Podometer
Polymeter
Pyrometer
Radiometer
Sismometer
Sonometer
Spintherometer
Tetrameter
Thalassometer
Thermometer
Heliothermometer
Tribometer
Vinometer
Zymosimeter
das *Metre*
— *Neopetre*
— *Palaiopetre*
ein obsoleter
Peter
Kukupeter
der Wachtelpeter
— Ziegenpeter
— Salpeter
Bleysalpeter
Blumensalpeter
Flockensalpeter
Goldsalpeter
Kalksalpeter
Kehrsalpeter
Kupfersalpeter
Mauersalpeter
Silbersalpeter
Quecksilbersalpet.
Stangensalpeter
ein secreter
— steter
der Treter
Abtreter
Bälgentreter
Dorntreter
Gassentreter
Glockentreter
Hackentreter
Keltertreter
Leimentreter
Orgeltreter
Pflastertreter
Radtreter
Schlangentreter
Spitzentreter
Strafsentreter
Uebertreter
Wassertreter
— Vertreter
Amtsvertreter
Mannsvertreter
Stellvertreter
Volksvertreter
Vortreter
Zertreter
Schlangenzertreter
— Trompeter
Feldtrompeter
Hoftrompeter
Hosentrompeter
Zeter!
ein gedrehter
— erflehter
— verwehter
so geht er *etc.*

ētern

beredter'm
completer'm
discreter'm
exoleter'm
labeter'm
obsoleter'm
secreter'm
steter'm
verdrehter'm
verwehter'm

ētern

den Betern
einen beredter'n
— Bretern
bretern
ausbretern
bebretern

überbretern
verbretern
einen completer'n
— discreter'n
den Drommetern
einen exoleter'n
den Kathetern
— Knetern
einen labetern
den Metern
Barometern *etc.*
einen obsoletern
den *Petern*
petern
verpetern
einen quieter'n
— secreter'n
— steter'n
den Tretern
— Trompetern
trompetern
zetern
einen verdrehter'n
— verwehter'n

ētend

bebreternd
verpeternd
trompeternd
zeternd

ēterns

ein bretern's
des Bebreterns
— Verpeterns
— Zeterns

ēters

des Beters
ein beredter's
— completer's
— discreter's
des Drommeters
ein exoleter's
des Katheters
— Kneters
ein labeter's
des Meters
Barometers *etc.*
ein obsoleter's
des *Peters*
— Salpeters
ein secreter's
— steter's
des Treters
— Trompeters
— Zeters
ein verdrehter's
— verwehter's
versteht er's? *etc.*

étes — éttes

des Amuletes *etc.* bis Valetes siehe **et**
ein adrettes
des Bettes
— Gebettes
ein brünettes
des Duettes
— Fettes
ein fettes
des Frettes
— Harfenettes
— Heergewettes
ein honettes
des Gekettes
ein nettes
des Quartettes
— Quintettes
— Gerettes
— Septettes
— Sextettes
— Sonettes
— Splettes
— Terzettes
ein violettes
— wettes
des Gewettes
ich rett' es *etc.*

ētes — ēetes — ēhtes

Aëtes
Aesyethes
des Aletes
Alethes
Philalethes
— Alphabetes
Auletes
ein beredtes
des Bretes
ein completes
— concretes
des Decretes
Diabetes
ein discretes
— exoletes
des Gebetes
Kakoëthes
des Geknetes
ein labetes
des Lazarethes
— Methes
— Magnetes
ein obsoletes
des Parakletes
Poliorketes
— Privetes
ein quietes
des Secretes
ein secretes
— stetes

des Staketes
— Turpethes
— Getretes
— Valetes
— Wildpretes
— Zibethes
— Beetes
ein verdrehtes
— erflehtes
— verwehtes
er versteht es *etc.*

ētest ꝛc.

du betest
beredtest
completest
discretest
exoletest
— knetest
labetest
obsoletest
secretest
— stetest
stetest
— tretest
— valetest
— drehtest
— flehtest
— wehtest

ētet

ihr betet
— knetet
— stetet
— tretet
— valetet
— drehtet
— flehtet
— wehtet

ētets

ihr betet's *etc.*
— drehtet's

ēti

Rieti
Sperma Ceti
Crethi
Imirethi
Plethi

ētia

Helvetia
Lucretia
Rerum pretia
Lutetia

ētien

die Facetien
Helvetien
— *Lucretien*

ētig

bretig
dickbretig
dünnbretig
knetig
leichtknetig
schwerknetig
stetig
magnetig
wildpretig
zibethig

ētik

die Ethik
— Aesthetik
— Apologetik
— Arithmetik
Stratarithmetik
— Ascetik
— Diätetik
— Exegetik
— Homiletik
— Hopletik
— Katechetik
— Kosmetik
— Nomoteletik
— Poetik
— Poliorketik
— Thetik
Antithetik

ētion

Discretion
Secretion
Deletion
Ection

ētis

Dercetis
Metis
Polymetis
Thetis
Tethys

ētisch

ethisch
ästhetisch
alphabetisch
anachoretisch
anethisch
antipleuretisch
apologetisch
arithmetisch
ascetisch
athletisch
athretisch
diabetisch
diätetisch
diuretisch
emetisch
antiemetisch
exegetisch
der Fetisch
genetisch
häretisch
helvetisch
hermetisch
herpetisch
homiletisch
ischuretisch
katechetisch
kathetisch
kosmetisch
kretisch
magnetisch
paränetisch
pathetisch
sympathetisch
peripatetisch
phrenetisch
poetisch
poliorketisch
prophetisch
splenetisch
thetisch
antithetisch
epenthetisch
hypothetisch
parenthetisch
synthetisch
theoretisch
tibetisch
tmetisch
— Caffeetisch
— Theetisch

ētischs

ein ethisch's
— ästhetisch's *etc.*
des Fetisch's
— Caffeetischs
— Theetischs

ētischst

ästhetischst
ascetischst *etc.*

ētius

Aëtius
Lucretius
Metius Fuffetius
Smetius
(ethnisch)

ēto

Decreto
Leto
das *Veto*
in concreto
more consueto
Manetho

ētor

ein *Rhetor*
Philometor
das Seethor
der *Praetor*

ētra

ein *Geometra*
Petra
die *Urethra*
Aethra
Phaedra
Kathedra

ētre

ich überbretre
eine beredt're
— complet're
— discret're
— exolet're
— labet're
— obsolet're
ich petre
— verpetre
eine quiet're
— secret're
— stet're
ich trompet're
— zet're
eine verdreht're
— verweht're

ētrer

ein beredt'rer
— complet'rer
— discret'rer
— exolet'rer
— labet'rer
— obsolet'rer
— quiet'rer
— secret'rer
— stet'rer
— verdreht'rer
— verweht'rer

ētri

der Brief *Petri*
die *Regula de Tri*
das *Metri*
Velletri

ētrig

salpetrig
petrig
trompetrig
[die Metrik]

ētrisch

metrisch
hexametrisch
odometrisch

pentametrisch
perimetrisch
isoperimetrisch
photometrisch
planimetrisch
symmetrisch
petrisch
salpetrisch
trompetrisch

ētrung

die Ueberbretrung
— Verpetrung
— Trompetrung

éts — étts

des Amulets
— Ballets
— Bankets
— Bardiets
— Barets
— Baronets
— Bassets
— Bayonnets
— Bilboquets
— Billets
— Blanchets
— Blanquets
— Bonnets
— Bosquets
— Bouquets
— Bracelets
— Brevets
— Budjets
— Büffets
— Cabinets
— Cabriolets
— Cachets
— Cadets
— Carnets
— Casquets
— Chapelets
— Clairets
— Colifichets
— Collets
— Cordelets
— Cornets
— Corselets
— Corsets
— Couplets
— Crochets
— Falconets
— Falsets
— Filets
— Flageolets
— Fleths
— Frisolets
— Fümets
— Gilets
— Gobelets
— Grets
des Lansquenets
— Mantelets
— Masurets
— Minarets
— Moulinets
— Paillets
— Pamphlets
— Pakets
— Parapets
— Parkets
— Pauvrets
— Pikets
— Pulpets
— Quodlibets
— Ranquets
— Ricochets
— Satinets
— Schiboleths
— Sifflets
— Skelets
— Sobriquets
— Spinets
— Stilets
— Tabourets
— Tourniquets
— Tribolets
— Triolets
— Trisonets
— Valets
— Velverets
— Z's
— Tz's
ein adrett's
des Betts
— Gebett's
— Duetts
— Fetts
ein fett's
des Fretts
— Harfenetts
ein honett's
des Metts
— Quartetts
— Quintetts
— Septetts
— Sextetts
— Sonetts
— Spletts
— Terzetts
ein violett's
des Gewett's

ēts — ēets — ēhts

des Alets
— Alphabets
ein beredt's
des Brets
ein complet's
— concret's
des Decrets
ein discret's
ein exolet's
des Gebets
— Geknet's
ein labet's
des Meths
— Magnets
ein obsolet's
des Paraklets
— Privets
ein quiet's
des Secrets
ein secret's
des Stakets
ein stet's
stets
allstets
des Tapets
— Getret's
— Turpeths
— Valets
— Wildprets
— Zibeths
— Beets
ein gedreht's
— erfleht's
— verweht's
er versteht's *etc.*
ich tret's *etc.*

étſch

die *Etsch*
der Binetsch
— Borretsch
— Dolmetsch
metsch'!
das Gedolmetsch
fletsch!
das Gefletsch
ketsch!
— Geketsch
letsch
petsch!
— Gepetsch
quetsch!
— Gequetsch
der Spinetsch
tretsch!
das Getretsch
— Gemätsch *etc.*

ētſch

etsch!
ästhet'sch
ascet'sch *etc.*
das Geknetsch
knetsch!
der Zetsch
lätsch *etc.*
[der Kretschem]

étſche

dem Binetsche

dem Borretsche
die Colletsche
dem Dolmetsche
ich dolmetsche
das Gedolmetsche
ich fletsche
das Gefletsche
die Steinfletsche
ich ketsche
das Geketsche
eine letsche
ich petsche
das Gepetsche
ich quetsche
das Gequetsche
die Quetsche
Citronenquetsche
Nasenquetsche
dem Spinetsche
ich tretsche
das Getretsche
die Tretsche
das Gemätsche *etc.*

ētſche

die ästhet'sche *etc.*
ich knetsche
dem Zetsche
das Geknetsche
ich kretsche
das Gekretsche
eine lätsche
— majestät'sche *etc.*
[das Petschel]

ētſchem

ästhet'schem *etc.*
lätschem
majestät'schem *etc.*

étſchen

die Colletschen
den Dolmetschen
dolmetschen
verdolmetschen
vordolmetschen
fletschen
anfletschen
das Zähnefletschen
ketschen
abketschen
ausketschen
zerketschen
einen letschen
petschen
die Petschen
— Quetschen
quetschen
ausquetschen
durchquetschen
einquetschen
entquetschen
erquetschen
verquetschen
zerquetschen
zusammenquetschen
tretschen
die Tretschen

ētſchen

die ästhet'schen *etc.*
knetschen
zusammenknetschen
kretschen
auskretschen
die Kartätschen
— majestätschen *etc.*

étſchend

dolmetschend
fletschend
ketschend
petschend
quetschend
tretschend

ētſchend

knetschend
kardätschend *etc.*

étſchens

des Dolmetschens
— Fletschens
— Ketschens
— Petschens
— Quetschens
— Tretschens

ētſchens

des Knetschens
— Kretschens
— Kardätschens

étſcher

der Dolmetscher
— Zähnefletscher
— Gletscher
— Alpengletscher
— Ketscher
ein letscher
der Quetscher
— Nasenquetscher
— Wetscher

ētſcher

ein ästhet'scher
— ascet'scher *etc.*
— lätscher
— majestät'scher *etc.*

ētſcherm

ästhet'scher'm *etc.*
lätscher'm
majestät'scher'm *etc.*

étſchern

den Dolmetschern
— Zähnefletschern
— Gletschern
— Ketschern
einen letscher'n
den Quetschern
— Wetschern

étſchers

des Dolmetschers
— Zähnefletschers
— Gletschers
— Ketschers
ein letscher's
des Quetschers
— Wetschers

ētſchers

ein ästhet'scher's *etc.*
— lätscher's
— majestät'scher's *etc.*

étſches

des Binetsches
— Borretsches
— Dolmetsches
— Gedolmetsches
— Gefletsches
— Geketsches
ein letsches
des Gepetsches
— Gequetsches
— Spinetsches
— Getretsches
ich ketsch' es *etc.*

ētſches

ein ästhet'sches *etc.*
des Geknetsches
— Gekretsches
— Zetsches
ein lätsches
— majestät'sches *etc.*

étſcheſt

du dolmetschest
— fletschest
— ketschest
— letschest
— petschest
— quetschest
— tretschest

ētſcheſt

du knetschest
— kretschest
— lätschest
— kardätschest

étschet

ihr dolmetschet
— fletschet
— ketschet
— petschet
— quetschet
— tretschet

ētschet

ihr knetschet
— kretschet
— kardätschtet *etc.*
[der Wetschger]

étschig

fletschig
ketschig
letschig
quetschig

ētschig

knetschig
kretschig
lätschig

étschke

die Schetschke
— Zetschke
— Zwetschke
— Povretschke

étschken

die Schetschken
— Zetschken
— Zwetschken
— Povretschken
[der Kretschmar]

étschs

des Binetschs
— Borretschs
— Dolmetschs
— Gefletschs
— Geketschs
ein letsch's
des Gepetschs
— Gequetschs
— Spinetschs
— Getretschs
ich quetsch' 's *etc.*

ētschs

ein ästhet'sch's *etc.*
des Geknetsch's
— Gekretschs
ein lätsch's
— majestät'sch's
ich kardätsch's *etc.*

étschst

du dolmetschst
du fletschst
— ketschst
letschst
— petschst
— quetschst
— tretschst

ētschst

ästhet'sch'st *etc.*
du knetschst
— kretschst
lätsch'st
majestät'sch'st
— kardätschst

étscht

er dolmetscht
— fletscht
— ketscht
— petscht
— quetscht
— tretscht

ētscht

er knetscht
— kretscht
— kardätscht

étschte

er dolmetschte
— fletschte
— ketschte
— petschte
— quetschte
— tretschte

ētschte

er knetschte
— kretschte
— kardätschte

étschtem

verdolmetschtem
gefletschtem
geketschtem
gequetschtem
getretschtem

ētschtem

zerknetschtem
ausgekretschtem
kardätschtem

étschten

sie dolmetschten
— fletschten
— ketschten
— petschten
— quetschten
— tretschten

ētschten

sie knetschten
— kretschten
— kardätschten

étschter

ein verdolmetschter
— angefletschter
— geketschter
— gequetschter
— getretschter

ētschter

ein zerknetschter
— ausgekretschter
— kardätschter

étschtes

ein verdolmetschtes
— angefletschtes
— geketschtes
— gequetschtes
— getretschtes

ētschtes

ein zerknetschtes
— ausgekretschtes
— kardätschtes

étschtest

du dolmetschtest
— fletschtest
— ketschtest
— petschtest
— quetschtest
— tretschtest

ētschtest

du knetschtest
— kretschtest
— kardätschtest

étschtet

ihr dolmetschtet
— fletschtet
— ketschtet
— petschtet
— quetschtet
— tretschtet

ētschtet

ihr knetschtet
— kretschtet
— kardätschtet

étschung

die Verdolmetschung
— Anfletschung
— Zerketschung
— Quetschung

ētschung

die Zerknetschung
— Auskretschung
— Kardätschung

ētst

du bet'st
beredt'st
complet'st
discret'st
exolet'st
— knetst
labet'st
obsolet'st
secret'st
stet'st
— stetst
— tret'st
— valetst
— drehtst
— flehtst
— wehtst

ētste — ētstem — ētsten ētster — ētstes

der beredtste
— completste
— discretste
— exoletste
— labetste
— obsoletste
— secretste
— stetste
— verdrehtste
— verwehtste

étt *siehe* **ét**

étta

die *Canzonetta*
Sabionetta
Valetta

éttchen — étte *siehe* **étchen** *u.* **éte**

éttel

der Bettel
Gassenbettel
Straſsenbettel
das Gebettel
— Fazettel
die Kettel
Fensterkettel
Thürkettel
das Gekettel
der Mettel
Nettel
— Rettel
das Settel
— Geschnettel
— Spassettel
die Vettel
der Zettel
Anzettel
Ankündigungszettel
Anleitzettel
Ansagezettel
Anschlagszettel
Ansinnungszettel
Apothekerzettel
Arzneyzettel
Ausbeutezettel
Bancozettel
Bankzettel
Befundzettel
Beichtzettel
Berichtzettel
Besichtigungszettel
Besuchzettel
Betezettel
Bezeichnungszettel
Briefzettel
Comödienzettel
Denkzettel
Einlaſszettel
Eintrittszettel
Fieberzettel
Flugzettel
Frachtzettel
Freyzettel
Fundzettel
Gedenkzettel
Geleitszettel
Gichtzettel
Hauszettel
Holzzettel
Kerbzettel
Kirchenzettel
Klebezettel
Krankenzettel
Küchenzettel
Laufzettel
Leichenzettel
Logirzettel
Lohnzettel
Loszettel
Lottozettel
Lukaszettel
Mahlzettel
Marktzettel
Mauthzettel
Miethzettel
Musterzettel
Nachtzettel
Opernzettel
Partezettel
Paſszettel
Passirzettel
Pathenzettel
Postzettel
Probezettel
Quartierzettel
Restzettel
Schlachtzettel
Schmiedezettel
Schneiderzettel
Schuldzettel
Schriftgieſserzettel
Schürfzettel
Schusterzettel
Schutzzettel
Silberzettel
Sortenzettel
Spanzettel
Spannzettel
Stechzettel
Steuerzettel
Stichzettel
Stockszettel
Stundenzettel
Sündenzettel
Tagezettel
Taufzettel
Theaterzettel
Thorzettel
Todtenzettel
Verschreibezettel
Wachzettel
Wagezettel
Waschzettel
Webzettel
Weberzettel
Wochenzettel
Wundzettel
Zauberzettel
Zollzettel
Zubuſszettel
das Gezettel

étteln

betteln
abbetteln
anbetteln
durchbetteln
erbetteln
losbetteln
umherbetteln
zusammenbetteln
den Fazetteln
die Ketteln
ketteln
anketteln
aufketteln
beketteln
festketteln
losketteln
verketteln
zuketteln
zusammenketteln
den Metteln
— Retteln
— Setteln
schnetteln
die Spassetteln

die Vetteln
den Zetteln
zetteln
anzetteln
bezetteln
verzetteln

éttelnd

betteInd
kettelnd
schnettelnd
zettelnd

éttelns

des Bettelns
— Kettelns
— Schnettelns
— Zettelns

éttels

des Bettels
— Gebettels
— Fazettels
— Gekettels
— Mettels
— Rettels
— Settels
— Geschnettels
— Spassettels
— Zettels
— Gezettels
ich kettel' 's *etc.*

éttelst

du bettelst
— kettelst
— schnettelst
— zettelst

éttelt

er bettelt
— kettelt
— schnettelt
— zettelt

éttem

adrettem
brünettem
fettem
honettem
kokettem
nettem
violettem
wettem

étten *siehe* **éten**

éttend

bettend
anfettend
kettend
beklettend
rettend
schwettend
splettend
wettend
zettend

éttens

des Bettens
— Anfettens
— Kettens
— Beklettens
— Rettens
— Schwettens
— Splettens
— Wettens
— Zettens

étter

der Etter
ein adretter
— brünetter
— fetter
der Fretter
ein honetter
der Ketter
— Kletter
— Baumkletter
das Gekletter
ein koketter
die Letter
avant la lettre
belles lettres
der Frühmetter
ein netter
das Gepetter
der Retter
Ehrenretter
Lebensretter
Selbstretter
Tugendretter
— Erretter
— Schetter
Glanzschetter
Steifschetter
das Geschletter
— Geschmetter
Blitzgeschmetter
Trompetengeschm.
— Geschnetter
— Geschwetter
der Vetter
Lehnsvetter
Namensvetter
Stammvetter
Taufvetter
ein violetter
das Wetter
Aprilwetter
Badewetter
Bergwetter
Decemberwetter
Donnerwetter
Erntewetter
Frühlingswetter
Graupelwetter
Hagelwetter
Herbstwetter
Heuwetter
Maywetter
Mitternachtswetter
Nachtwetter
Nebelwetter
Pflanzwetter
Pflügwetter
Regenwetter
Reisewetter
Säewetter
Schiffwetter
Schlackerwetter
Schlagwetter
Schlittenwetter
Schloſsenwetter
Schneewetter
Segelwetter
Sommerwetter
Sonnenwetter
Stöberwetter
Sturmwetter
Thauwetter
Unwetter
Unglückswetter
Wandelwetter
Weinwetter
Winterwetter
das Gewetter

étterm

adretter'm
brünetter'm
fetter'm
honetter'm
koketter'm
netter'm

éttern

den Ettern
einen adretter'n
— brünetter'n
— fetter'n
den Frettern
— Frühmettern
einen honettern
den Kettern
— Klettern
klettern
abklettern
aufklettern
ausklettern
beklettern
durchklettern
emporklettern
entklettern
erklettern

fortklettern
hin- *etc.* klettern
nachklettern
niederklettern
zurückklettern
einen kokettern
die Lettern
einen nettern
pettern
den Rettern
- Schettern
schlettern
schmettern
abschmettern
aufschmettern
durchschmettern
einschmettern
losschmettern
niederschmettern
wegschmettern
zerschmettern
zurückschmettern
zusammenschmett.
schnettern
schwettern
die Vettern
sich anvettern
— einvettern
— vervettern
den Wettern
wettern
abwettern
auswettern
loswettern
verwettern
zusammenwettern

étternd

kletternd
petternd
schletternd
schmetternd
schnetternd
schvetternd
vervetternd
wetternd

étterns

des Kletterns
— Petterns
— Schletterns
— Schmetterns
— Schnetterns
— Schwetterns
— Vervetterns
— Wetterns

étternd

des Etters
ein adretter's
— brünetter's
— fetter's
des Fretters
— Frühmetters
ein honetter's
des Ketters
— Kletters
— Gekletters
ein netter's
des Gepetters
— Retters
— Schetters
— Geschletters
— Geschmetters
— Geschnetters
— Geschwetters
— Vetters
— Wetters

étterst

du kletterst
— petterst
— schletterst
— schmetterst
— schnetterst
— schwetterst
— vervetterst
— wetterst

éttert

er klettert
— pettert
— schlettert
— schmettert
— schnettert
— schwettert
— vervettert
— wettert
verwettert

étterts

ein erklettert's
— zerschmettert's
— verwettert's
er pettert's *etc.*

éttes *siehe* étes

éttest

adrettest
du bettest
brünettest
fettest
— überfettest
honettest
— kettest
— beklettest
kokettest
nettest
— rettest
— schwettest
— splettest
— wettest
— zettest

éttet

er bettet
— überfettet
— kettet
— beklettet
— rettet
— schwettet
— splettet
— wettet

éttets

ein gebettet's
— angekettet's
— errettet's
— verwettet's
er beklettet's *etc.*

éttetst

du bettet'st
— überfettet'st
— kettet'st
— beklettet'st
— rettet'st
— schwettet'st
— splettet'st
— verwettet'st

étti

Concetti
Cornetti
detti
sudetti
Negretti
Pinetti
Salicetti

éttícht

betticht
fetticht

éttig

einbettig
zweybettig
fettig
flachkettig
hochkettig
senkrechtkettig
klettig
der Rettig
Ackerrettig
Frührettig
Heidenrettig
Kantrettig
Meerrettig
Monatsrettig
Oelrettig
Rübenrettig
Sandrettig
Sommerrettig
Wasserrettig
Winterrettig

éttigs

ein einbettig's
— fettig's *etc.*
des Rettigs

éttin

Czettin
die *Lettin*
Stettin
Wettin

éttle

ich bettle
das Gebettle
ich kettle
das Gekettle
ich schnettle
das Geschnettle
ich zettle
das Gezettle

éttler

der Bettler
Brandbettler
Gassenbettler
Hausbettler
Landbettler
Streifbettler
— Kettler
Gotthardt Kettler
— Nettler
— Zettler
— Anzettler

éttlern

den Bettlern
— Kettlern
— Nettlern
— Anzettlern

éttlers

des Bettlers
— Kettlers
— Nettlers
— Anzettlers

éttlich

etlich
bettlich
fettlich
ankettlich
errettlich
violettlich
verwettlich
verzettlich

[der Wettling]

éttlung

die Anbettlung
— Verkettlung
— Verzettlung

étto

ein *Allegretto*
con *affetto*
benedetto
Borghetto
Clarinetto
Cornetto
Cospetto (di bacco)
detto
ein *Duetto*
Falsetto
der *Grechetto*
Loretto
maledetto
Minuetto
netto
in petto
das *Ristretto*
Soggetto
Stretto
Sudetto
Spoleto
Espagnoletto
Tintoretto

éttre

eine adrett're
— brünett're
— fett're
— honettre
ich klettre
das Geklettre
eine kokett're
— nett're
ich pettre
das Gepettre
ich schlettre
das Geschlettre
ich schmettre
das Geschmettre
ich schnettre
das Geschnettre
ich schwettre
das Geschwettre
ich vervettre
— wettre
das Gewettre

éttrer

ein adrett'rer
— brünett'rer
— fett'rer
— honett'rer
— Klettrer
— kokett'rer
— nett'rer
— Schmettrer

éttrern

den Klettrern
— Schmettrern

éttrers

des Klettrers
— Schmettrers

éttrung

die Erklettrung
— Niederschmettrung
— Verwettrung

étts *siehe* **éts**

éttst

adrett'st
du bettst
brünettst
fett'st
— überfettst
honett'st
— kettst
— beklettst
kokett'st
nett'st
— rettst
— schwettst
— splettst
— wettst
— zettst

éttste — éttstem — éttsten — éttster — éttstes

der adrettste
— brünettste
— fettste
— honettste
— kokettste
— nettste
— letzte *etc.*

éttung

die Bettung
— Ueberfettung
— Verkettung
— Beklettung
— Rettung
Wunderrettung
— Wettung

[Hymettus]

ētum

das *Concretum*
— *Decretum*
in Secretum
er geht um *etc.*

ētung

die Anbetung
— Zerknetung
— Vertretung
— Austrompetung

ētur

applicetur
detur
signetur
ultra posse nemo tenetur

ētus

Miletus
Paracletus

éţ u. ēţ *siehe* éz *etc.*

ēu

eheu!
der Epheu
Mauerepheu
Wasserepheu
freu'!
erfreu'!
das Heu
Ackerheu
Afterheu
Bergheu
Brachheu
Feldheu
Grummetheu
Hartelheu
Hartheu
Herbstheu
Kamelheu
Kleeheu
Nachheu
Pferdeheu
Schafheu
Schaftheu
Seeheu
Spätheu
Stachelheu
Zinnheu
leu
der Leu
neu
altneu
funkelneu
nagelneu
funkelnagelneu
nietneu
spanneu
spannagelneu
die Reu'
bereu'!
— Scheu
Arbeitsscheu
Blutscheu
Bücherscheu
Ehescheu
Feuerscheu
Forschungsscheu
Heirathsscheu
Kampfscheu
Katzenscheu
Kostenscheu
Lichtscheu
Luftscheu
Mannscheu
Menschenscheu
Naturscheu
Neuerungsscheu
Pulverscheu
Redescheu
Waffenscheu
Wahrheitsscheu
Wasserscheu
Weiberscheu
scheu
arbeitsscheu
blattscheu
blutscheu
donnerscheu
ehescheu
eydscheu
feuerscheu
forschungsscheu
fürstenscheu
kampfscheu
katzenscheu
kopfscheu
kostenscheu
leutescheu
lichtscheu
luftscheu
mannscheu
menschenscheu
naturscheu
neuerungsscheu
pulverscheu
redescheu
tagscheu
vogelscheu
waffenscheu
wahrheitsscheu
wasserscheu
wegescheu
weiberscheu
der Vogelscheu
die Spreu
Haferspreu
Gerstenspreu
Knotenspreu
Leinspreu
Roggenspreu
Weizenspreu
— Streu
Buschstreu
Fuhrmannsstreu
Lagerstreu
Laubstreu
Nadelstreu
Strohstreu
Tangelstreu
Waldstreu
streu'!
treu
felsentreu
glaubenstreu
grundtreu
pflichttreu
scheintreu
untreu
worttreu
getreu
gottgetreu
ungetreu
vielgetreu
die Treu
Männertreu
Mannstreu
Bergmannstreu
Feldmannstreu
Seemannstreu
{ die Deube
{ der Keubel
{ — Steuben

ēuch

euch
fleuch!
entfleuch!
das Jeuch
keuch!
— Gekeuch
kreuch!
der *Pentateuch*
scheuch!
zeuch!
entzeuch!
verzeuch!

ēuche

die Beuche
ich beuche
das Gebeuche
dem Jeuche
ich keuche
das Gekeuche
dem *Pentateuche*
die Seuche
Erbseuche
Erntenseuche
Fischseuche
Lagerseuche
Landseuche
Mayseuche
Rinderseuche
Schafseuche
Sterzseuche
Tanzseuche
Venusseuche
Viehseuche
Wollustseuche
ich seuche
— scheuche
das Gescheuche
die Scheuche
Feldscheuche
Vogelscheuche

ich teuche
das Geteuche
ich zeuche
das Gezeuche

euchel

der Beuchel
das Gebeuchel
— Geheuchel
— Leuchel
der Meuchel
das Gemeuchel
der Teuchel

euchelu

den Beucheln
beucheln
heucheln
anheucheln
einheucheln
erheucheln
vorheucheln
— Leucheln
— Meucheln
meucheln
— Teucheln

euchelnd

beuchelnd
heuchelnd
meuchelnd

euchelns

des Beuchelns
— Heuchelns
— Meuchelns

euchen

die Beuchen
beuchen
den Jeuchen
keuchen
die Seuchen
seuchen
scheuchen
aufscheuchen
fortscheuchen
hinausscheuchen
verscheuchen
wegscheuchen
zurückscheuchen
teuchen
zeuchen

euchend

beuchend
keuchend
seuchend
scheuchend
teuchend
zeuchend

euchens

des Beuchens
— Keuchens
— Seuchens
— Scheuchens
— Teuchens
— Zeuchens

eucher

der Keucher
— Scheucher

euchern

den Keuchern
— Scheuchern

euchers

des Keuchers
— Scheuchers

euches

des Gebeuches
— Gekeuches
— *Pentateuches*
— Gescheuches
— Geteuches
— Gezeuches
euch es

euchest

du beuchest
— keuchest
— seuchest
— scheuchest
— teuchest
— zeuchest

euchet

ihr beuchet
— keuchet
— seuchet
— scheuchet
— teuchet
— zeuchet

euchle

ich beuchle
das Gebeuchle
ich heuchle
das Geheuchle
ich meuchle
das Gemeuchle

euchler

der Heuchler
Glaubensheuchler
Tugendheuchler
— Meuchler

euchlern

den Heuchlern
— Meuchlern

euchlers

des Heuchlers
— Meuchlers

euchlich

heuchlich
meuchlich

euchlings

heuchlings
meuchlings
[der Scheuchner]

euchs

des Gebeuchs
— Gekeuchs
— *Pentateuchs*
— Gescheuchs
— Geteuchs
— Gezeuchs
euch's
entzeuch's
[die Leuchse
das Scheuchsel]

euchst

du beuchst
— fleuchst
— keuchst
— kreuchst
— seuchst
— scheuchst
— teuchst
— zeuchst
— verzeuchst

eucht

er beucht
es deucht
feucht
nebelfeucht
thränenfeucht
feucht'!
das Gefeucht
er fleucht
— entfleucht
— keucht
— kreucht
das Geleucht
leucht'!
er seucht
— scheucht
— teucht
— zeucht
— entzeucht

euchte

er beuchte
ihm deuchte
die feuchte
ich feuchte
das Gefeuchte

die Feuchte
Weinfeuchte
er keuchte
ich leuchte
das Geleuchte
die Leuchte
Blendleuchte
Diebsleuchte
Hafenleuchte
Handleuchte
Hausleuchte
Hornleuchte
Meerleuchte
Schattenleuchte
Schiffleuchte
Seeleuchte
Spiegelleuchte
Stallleuchte
Stockleuchte
Tageleuchte
Todtenleuchte
Wegeleuchte
Zauberleuchte
ich seuchte
die Seuchte
ich scheuchte
— teuchte
— zeuchte

ēuchten

sie beuchten
deuchten
die feuchten
feuchten
anfeuchten
auffeuchten
befeuchten
überfeuchten
sie keuchten
die Leuchten
leuchten
anleuchten
beleuchten
durchleuchten
einleuchten
erleuchten
fortleuchten
herleuchten
hinleuchten
hinaus- *etc.* leucht.
nachleuchten
umleuchten
vorleuchten
wegleuchten
wetterleuchten
das Krebsleuchten
— Wetterleuchten
sie seuchten
— scheuchten
— teuchten
— zeuchten

ēuchter

ein feuchter
— vorgekeuchter
— Leuchter
Altarleuchter
Armleuchter
Drathleuchter
Glasleuchter
Hängeleuchter
Handleuchter
Hochleuchter
Kronleuchter
Krystallleuchter
Nachtleuchter
Spanleuchter
Spiegelleuchter
Spielleuchter
Stahlleuchter
Stechleuchter
Steckleuchter
Stockleuchter
der Beleuchter
— Erleuchter
— Wetterleuchter
ein verscheuchter

ēuchtern

einen feuchter'n
den Leuchtern

ēuchters

ein feuchter's
des Leuchters
so verscheucht er's *etc.*

ēuchtes

ein feuchtes
des Gefeuchtes
ein vorgekeuchtes
des Geleuchtes
ein verscheuchtes
ich beleucht' es *etc.*

ēuchtest

du beuchtest
— deuchtest
— befeuchtest
feuchtest
— keuchtest
— leuchtest
— seuchtest
— scheuchtest
— teuchtest
— zeuchtest

ēuchtet

ihr beuchtet
es deuchtet
er befeuchtet
ihr keuchtet
er leuchtet
erleuchtet
hocherleuchtet
ihr seuchtet
— scheuchtet
— teuchtet
— zeuchtet
[deutlich die Feuchtnis]

ēuchts

mich deucht's
ein feucht's
des Gefeucht's
ein vorgekeucht's
des Geleucht's
ein verscheucht's
ich beleucht's *etc.*

ēuchtst

du beucht'st
feucht'st
— befeucht'st
— keucht'st
— leucht'st
— seucht'st
— scheucht'st

ēuchtste — ēuchtstem — ēuchtsten — ēuchtster — ēuchtstes

der feuchtste
— erleucht'ste *etc.*

ēuchtung

die Feuchtung
Anfeuchtung
Befeuchtung
— Leuchtung
Beleuchtung
Straſsenbeleucht.
Gasbeleuchtung
Erleuchtung
Ehrenerleuchtung
Herzenserleucht.
Prachterleuchtung
Wettererleuchtung
[Scheuchzer]

ēude

die Freude
Abendfreude
Badefreude
Becherfreude
Ehefreude
Elternfreude
Engelsfreude
Fürstenfreude
Geburtstagsfreude
Geistesfreude
Götterfreude
Herzensfreude
Himmelsfreude

Hochfreude
Hochzeitsfreude
Jagdfreude
Jubelfreude
Jugendfreude
Kinderfreude
Knabenfreude
Mädchenfreude
Männerfreude
Menschenfreude
Morgenfreude
Mutterfreude
Pfingstfreude
Reisefreude
Schadenfreude
Schalksfreude
Schattenfreude
Schöpfungsfreude
Seelenfreude
Sommerfreude
Tafelfreude
Taumelfreude
Unfreude
Unschuldsfreude
Vaterfreude
Volksfreude
Vorfreude
Weiberfreude
Weihnachtsfreude
Winterfreude
Wollustfreude
ich vergeude
[der Treudel]

ēuden

die Freuden
ausgeuden
vergeuden

ēuder

der Kleuder
die Schleuder
Dreckschleuder
Steinschleuder
das Geschleuder
der Vergeuder

ēudern

den Kleudern
die Schleudern
schleudern
abschleudern
ausschleudern
fortschleudern
herschleudern
hin- *etc.* schleudern
nachschleudern
niederschleudern
verschleudern
vorschleudern
wegschleudern
zuschleudern
zurückschleudern
den Vergeudern

ēudo

Eudo
in *feudo*
Pseudo-

ēue

dem Epheue
ich fleue
das Gefleue
ich freue
— erfreue
das Gefreue
dem Heue
ich heue
das Geheue
eine leue
der Leue
ich leue
das Geleue
das Neue
ich erneue
die Reue
Heuchelreue
Nachreue
ich bereue
— scheue
das Gescheue
eine scheue
ich schleue
das Geschleue
ich schreue
das Geschreue
ich spreue
das Gespreue
ich streue
das Gestreue
die treue
— Treue
Ameisentreue
Amtstreue
Berufstreue
Biedertreue
Brudertreue
Bundestreue
Dienertreue
Diensttreue
Felsentreue
Frauentreue
Freundestreue
Handtreue
Herzenstreue
Lehnstreue
Liebestreue
Mädchentreue
Männertreue
Menschentreue
Mißtreue
Muttertreue
Pflichttreue
Rittertreue
Scheintreue
Schwestertreue
Untreue
Lehnsuntreue
Vatertreue
Weibertreue
der getreue
ich veruntreue

ēuel

der Greuel
— Scheuel
— Wasserkreuel

ēueln

den Greueln
— Scheueln
— Wasserkreueln

ēuels

des Greuels
— Scheuels
— Wasserkreuels

ēuem

leuem
neuem
scheuem
treuem

ēuen

fleuen
freuen
ausfreuen
erfreuen
mitfreuen
heuen
leuen
die Leuen
— neuen
neuen
erneuen
wiedererneuen
verneuen
bereuen
gereuen
— scheuen
scheuen
verabscheuen
schleuen
schreuen
spreuen
verspreuen
— Streuen
streuen
anstreuen
aufstreuen
ausstreuen

bestreuen
beystreuen
einstreuen
fehlstreuen
herstreuen
hin - *etc.* streuen
nachstreuen
niederstreuen
überstreuen
umstreuen
unterstreuen
verstreuen
vorstreuen
wegstreuen
zerstreuen
zusammenstreuen
das Blumenstreuen
— Einstreuen
die Treuen
— getreuen
veruntreuen

euend

fleuend
freuend
erfreuend
herzenerfreuend
seelenerfreuend
heuend
leuend
neuend
erneuend
bereuend
scheuend
schleuend
schreuend
verspreuend
streuend
veruntreuend

euens

des Fleuens
— Freuens
— Heuens
— Leuens
— Erneuens
— Bereuens
— Verabscheuens
— Schleuens
— Schreuens
— Verspreuens
— Streuens
— Einstreuens
— Veruntreuens
sie erneuen's *etc.*

euer

euer
das Abenteuer
Liebesabenteuer
Reiseabenteuer
das Feuer
Allarmfeuer
Antoniusfeuer
Bergfeuer
Blaufeuer
Blechfeuer
Blickfeuer
Blitzfeuer
Bombenfeuer
Bratenfeuer
Caminfeuer
Centralfeuer
Dichterfeuer
Elmofeuer
Erdenfeuer
Ernstfeuer
Fackelfeuer
Farbenfeuer
Fegefeuer
Flackerfeuer
Flammenfeuer
Flintenfeuer
Flugfeuer
Freudenfeuer
Friedensfeuer
Frischfeuer
Anfrischfeuer
Garfeuer
Gewehrfeuer
Kleingewehrfeuer
Glühfeuer
Götterfeuer
Heckfeuer
Helenenfeuer
Herdfeuer
Himmelsfeuer
Hirtenfeuer
Höllenfeuer
Holzfeuer
Johannisfeuer
Jugendfeuer
Kanonenfeuer
Kartätschenfeuer
Kernfeuer
Klebefeuer
Kochfeuer
Kohlenfeuer
Kreuzfeuer
Kriegsfeuer
Küchenfeuer
Kunstfeuer
Läuterfeuer
Lauffeuer
Lebensfeuer
Legefeuer
Leitfeuer
Leuchtfeuer
Liebesfeuer
Löthfeuer
Lothfeuer
Luftfeuer
Luntenfeuer
Luppenfeuer
Lustfeuer
Minnefeuer
Mittelpunctsfeuer
Mordfeuer
Nachtfeuer
Nietfeuer
Nothfeuer
Ofenfeuer
Opferfeuer
Osterfeuer
Pfingstfeuer
Prüfungsfeuer
Pumpenfeuer
Purpurfeuer
Radfeuer
Regenfeuer
Reibfeuer
Rennfeuer
Rosafeuer
Rosenfeuer
Scherzfeuer
Schmauchfeuer
Schmelzfeuer
Schnurfeuer
Schwachfeuer
Sengefeuer
Signalfeuer
Sonnenfeuer
Sonnenwendefeuer
Sprühfeuer
Stabfeuer
Sternfeuer
Strahlfeuer
Streichfeuer
Streitfeuer
Strohfeuer
Todtenfeuer
Toppfeuer
Torffeuer
Trockenfeuer
Tropffeuer
Wachfeuer
Wangenfeuer
Wasserfeuer
Zerrenfeuer
Zornfeuer
das Gefeuer
der Erfreuer
Herzenserfreuer
heuer
das Geheuer
geheuer
ungeheuer
— Ungeheuer
Meerungeheuer
Nachtungeheuer
Schlangenungeheuer
Seeungeheuer
Wortungeheuer

die Heuer
Grundheuer
das Verheuer
ein neuer
erneuer'!
der Bereuer
die Scheuer
Heuscheuer
Strohscheuer
Zehentscheuer
der Scheuer
ein scheuer
das Gescheuer
scheuer'!
die Steuer
Absteuer
Ackersteuer
Amtssteuer
Armensteuer
Aussteuer
Brautaussteuer
Eheaussteuer
Beysteuer
Biersteuer
Brandsteuer
Einkommenssteuer
Erbsteuer
Fenstersteuer
Fleischsteuer
Fruchtsteuer
Gegensteuer
Geldsteuer
Gestängesteuer
Gewerbsteuer
Gezeugsteuer
Gnadensteuer
Grundsteuer
Gutsteuer
Hauptsteuer
Haussteuer
Heersteuer
Heimsteuer
Herdsteuer
Hufensteuer
Hülfssteuer
Hundesteuer
Hurensteuer
Jagdsteuer
Judensteuer
Kirchensteuer
Klauensteuer
Kopfsteuer
Kreissteuer
Kriegssteuer
Kronensteuer
Kutschensteuer
Landsteuer
Mahlsteuer
Malzsteuer
Miethsteuer
Minnesteuer
Nachsteuer
Nahrungssteuer
Nebensteuer
Opfersteuer
Prinzessinsteuer
Quatembersteuer
Rauchsteuer
Rauchfangsteuer
Reichssteuer
Rittersteuer
Salzsteuer
Scheffelsteuer
Schlachtsteuer
Soldatensteuer
Städtesteuer
Stollensteuer
Tranksteuer
Türkensteuer
Uebersteuer
Unsteuer
Urbarsteuer
Vermögenssteuer
Verpflegungssteuer
Viehsteuer
Vogtsteuer
Waarensteuer
Wassersteuer
Weinsteuer
Zeugsteuer
Zusteuer
das Steuer
steuer'!
— Gesteuer
der Zerstreuer
Schaarenzerstreuer
Sorgenzerstreuer
theuer
allzutheuer
sündentheuer
übertheuer
betheuer'!
ein Treuer
— Getreuer

euerm

euer'm
ungeheuer'm
neuer'm
scheuer'm
theuer'm
treuer'm

euern

euer'n
den Abenteuern
— Feuern
feuern
abfeuern
anfeuern
auffeuern
ausfeuern
befeuern
durchfeuern
einfeuern
erfeuern
losfeuern
mitfeuern
nachfeuern
verfeuern
zurückfeuern
zusammenfeuern
den Erfreuern
heuern
abheuern
anheuern
einheuern
verheuern
— geheuern
— Ungeheuern
einen neuer'n
erneuern
verneuern
den Bereuern
einen scheuer'n
die Scheuern
scheuern
abscheuern
aufscheuern
ausscheuern
durchscheuern
losscheuern
nachscheuern
überscheuern
wegscheuern
— Steuern
steuern
besteuern
beysteuern
versteuern
zusammensteuern
steuern
absteuern
aussteuern
fortsteuern
heimsteuern
hersteuern
hin- *etc.* steuern
lossteuern
nachsteuern
umsteuern
zurücksteuern
den Steuern
— Zerstreuern
die Theuern
betheuern
übertheuern
vertheuern
einen treuer'n

euernd

feuernd
heuernd

erneuernd
scheuernd
steuernd
betheuernd
vertheuernd

ēuerns

des Feuerns
— Heuerns
— Erneuerns
— Scheuerns
— Steuerns
— Betheuerns
— Vertheuerns

ēuers

euer's
des Abenteuers
— Feuers
— Gefeuers
— Erfreuers
— Gefeuers
ein geheuer's
des Ungeheuers
ein neuer's
des Bereuers
— Scheuers
— Gescheuers
— Steuers
— Gesteuers
— Zerstreuers
ein theuer's
— getreuer's
ich erneuer' 's *etc.*

ēuerst

du feuerst
— heuerst
— erneuerst
— scheuerst
— steuerst
— betheuerst
— vertheuerst

ēuert

er feuert
— heuert
— erneuert
— scheuert
— steuert
— betheuert
— vertheuert

ēuerts

ein befeuert's
— verheuert's
— erneuert's
— gescheuert's
— besteuert's
— betheuert's
— übertheuert's
er betheuert's *etc.*

ēuertst

du befeuert'st
— heuert'st
— erneuert'st
— scheuert'st
— steuert'st
— betheuert'st
— vertheuert'st

ēues

des Epheues
— Gefleues
— Gefreues
— Heues
— Geheues
ein leues
des Geleues
ein neues
— scheues
des Gescheues
— Geschleues
— Geschreues
— Gespreues
— Gestreues
ein treues
— getreues
ich bereu' -es

ēuest

du fleuest
— freuest
— heuest
— leuest
neuest
— erneuest
— scheuest
scheuest
— schleuest
— schreuest
— verspreuest
— streuest
treuest
getreuest

ēuet

er fleuet
— freuet
— heuet
die Heuet
er leuet
— erneuet
— scheuet
— schleuet
— schreuet
— verspreuet
— streuet
— veruntreuet

ēufe

ich teufe
das Geteufe
die Teufe
Erbteufe
Erzteufe
Seigerteufe
Stollenteufe
ich träufe
das Geträufe *etc.* *siehe* aufe

ēufel

der Teufel
Dorfteufel
Eheteufel
Erzteufel
Fegeteufel
Feldteufel
Flufsteufel
Geizteufel
Geldteufel
Halbteufel
Hausteufel
Hinketeufel
Hochmuthsteufel
Hurenteufel
Jagdteufel
Jageteufel
Liebesteufel
Meerteufel
Oberteufel
Plageteufel
Putzteufel
Quälteufel
Raufteufel
Saufteufel
Schäkerteufel
Schauteufel
Schellfischteufel
Seeteufel
Speyteufel
Spielteufel
Sprühteufel
Stinkteufel
Urteufel
Waldteufel
Wasserteufel
Widerspruchsteufel
Zankteufel
das Geteufel
— Getreufel
— Geträufel *etc.*
Manteufel

ēufeln

den Teufeln
teufeln
verteufeln
treufeln
träufeln *etc.*

ēufelnd

teufelnd
verteufelnd

treufelnd
träufelnd *etc.*

eufelns

des Teufelns
— Verteufelns
— Treufelns
— Träufelns *etc.*

eufels

des Teufels
— Geteufels
— Getreufels
— Geträufels *etc.*
— Zweifels *etc.*

eufelst

du teufelst
— treufelst
— träufelst *etc.*

eufelt

er teufelt
verteufelt
— treufelt
— träufelt *etc.*

eufen

die Teufen
teufen
abteufen
treufen
häufen *etc.*

eufend — eufens zc.

teufend *etc. siehe* äu-
fend *etc.*

eufle

ich teufle
das Geteufle
ich treufle
das Getreufle

[teuflisch]

euflung

die Verteuflung
— Treuflung
— Häuflung *etc.*
— Verzweiflung *etc.*

[seufzen
Seufzer]

eug

beug!
fleug!
treug
das Zeug
Abziehzeug
Aderlaſszeug
Arbeitszeug
Ausladezeug
Backzeug
Badezeug
Barbierzeug
Bartschererzeug
Bartzeug
Bauzeug
Baumwollenzeug
Beschlagzeug
Bestoſszeug
Bettzeug
Bindezeug
Beckzeug
Bohnzeug
Bohrzeug
Brandzeug
Brechzeug
Brennzeug
Bunzenzeug
Deckzeug
Dengelzeug
Eisenzeug
Fahrzeug
Fluſsfahrzeug
Farbenzeug
Federzeug
Feuerzeug
Blitzfeuerzeug
Fischzeug
Florzeug
Formzeug
Futterzeug
Gelehrtenzeug
Haarzeug
Häkelzeug
Halbzeug
Handwerkszeug
Hebezeug
Hebelzeug
Hinterzeug
Hosenzeug
Hühnerzeug
Jagdzeug
Jägerzeug
Kaffeezeug
Kehlzeug
Kopfzeug
Kreuzzeug
Kroopzeug
Küchenzeug
Kunstzeug
Kutschzeug
Ladezeug
Laufzeug
Leinzeug
Leitzeug
Linnenzeug
Lumpenzeug
Mildzeug
Mittelzeug
Modezeug
Mühlzeug
Nachtzeug
Nähzeug
Narrenzeug
Packzeug
Pansterzeug
Pferdezeug
Pflasterzeug
Preſszeug
Pulverzeug
Puppenzeug
Reckzeug
Reibezeug
Reiſszeug
Reisezeug
Reitzeug
Richtzeug
Roſshärenzeug
Säezeug
Sattelzeug
Schagzeug
Schanzzeug
Scherzeug
Schiebzeug
Schiffzeug
Schlachtzeug
Schlittenzeug
Schmelzzeug
Schnallenlochzeug
Schneckenzeug
Schneidezeug
Schnitzzeug
Schofelzeug
Schöpfzeug
Schraubezeug
Schreibezeug
Schreinerzeug
Schriftzeug
Schröpfzeug
Schrotzeug
Schusterzeug
Schweinszeug
Schwimmezeug
Seidenzeug
Seigezeug
Seigerzeug
Seilzeug
Seilerzeug
Sichterzeug
Sichtzeug
Silberzeug
Sommerzeug
Sorgezeug
Sperrzeug
Spiegelzeug
Spielzeug
Sprechzeug
Staberzeug
Staubzeug
Stechzeug
Steigzeug
Steinzeug
Steppzeug

Stickzeug
Stoſszeug
Straubzeug
Strickzeug
Sturmzeug
Tafelzeug
Takelzeug
Taufzeug
Tauzeug
Teufelszeug
Theezeug
Tischerzeug
Tischzeug
Töpferzeug
Trauerzeug
Treibzeug
Urzeug
Voglerzeug
Vorderzeug
Waschzeug
Weiſszeug
Werfzeug
Werkzeug
Ackerwerkzeug
Augenwerkzeug
Blackwerkzeug
Diebswerkzeug
Entbindungswerkz.
Gehörwerkzeug
Geruchswerkzeug
Gesichtswerkzeug
Glättwerkzeug
Hörwerkzeug
Pfropfwerkzeug
Radewerkzeug
Schneidewerkz.
Sehewerkzeug
Sinnwerkzeug
Sprachwerkzeug
Tonwerkzeug
Saitentonwerkz.
Verdauungswerkz.
Wickelzeug
Wolfzeug
Wollenzeug
Wollzeug
Wurfzeug
Zaumzeug
Ziegelzeug
Ziehzeug
das Gezeug
Berggezeug
Flammengezeug
Kunstgezeug
Rüstgezeug
Schneidegezeug
Schöpfgezeug
Stechgezeug
Streitgezeug
zeug'!

[Treuga]

ēuge

euge!
ich beuge
das Gebeuge
die Beuge
Kniebeuge
Reifbeuge
ich treuge
eine treuge
das Getreuge
ich zeuge
das Gezeuge
im Zeuge
der Zeuge
Augenzeuge
Beweiszeuge
Gegenbeweiszeuge
Blutzeuge
Defensionszeuge
Gegenzeuge
Glaubenszeuge
Hauszeuge
Hörzeuge
Mitzeuge
Nebenzeuge
Ohrenzeuge
Schutzzeuge
Taufzeuge
Testamentszeuge
Verlöbniszeuge
Wahrheitszeuge
ich bewerkzeuge

ēugen

beugen
ausbeugen
einbeugen
herbeugen
hin- *etc.* beugen
losbeugen
niederbeugen
umbeugen
verbeugen
vorbeugen
wegbeugen
zerbeugen
zurückbeugen
zusammenbeugen
die Beugen
— Treugen
einen treugen
treugen
austreugen
vertreugen
die Zeugen
zeugen
bezeugen
erzeugen
überzeugen
bewerkzeugen

ēugend

beugend
treugend
zeugend

ēugens

des Beugens
— Treugens
— Zeugens

ēuger

der Beuger
Daumenbeuger
Fingerbeuger
Zehenbeuger
— Zeuger
Erzeuger

ēugern

den Beugern
— Zeugern
— Erzeugern

ēugers

des Beugers
— Zeugers
— Erzeugers

ēuges

des Gebeuges
ein treuges
des Getreuges
— Zeuges
— Gezeuges
ich beug' es *etc.*

ēugeſt

du beugest
treugest
— treugest
— zeugest

ēuget

er beuget
— treuget
— zeuget

ēuglich

beuglich
vorbeuglich
überzeuglich

ēuglichs

ein begulich's
— überzeuglich's

ēuglichſt

vorbeuglichst
überzeuglichst

[Zeugma]

eugne

ich leugne
das Geleugne
eine zeug'ne

eugnen

leugnen
ableugnen
verleugnen
einen zeug'nen

eugner

der Leugner
— Gottesleugner
— Verleugner
— Glaubensverleugner
ein zeug'ner

eugnes

des Geleugnes
ein zeug'nes
ich leugn' es

eugnis

die Verleugnis
das Zeugnis
Armuthszeugnis
Augenzeugnis
Beichtzeugnis
Dienstzeugnis
Doppelzeugnis
Erzeugnis
Felderzeugnis
Kunsterzeugnis
Landeserzeugnis
Naturerzeugnis
Gezeugnis
Selbstzeugnis

eugung

die Beugung
Geistesbeugung
Kniebeugung
— Austreugung
— Zeugung
— Erzeugung
Knochenerzeugung
Wassererzeugung
— Bezeugung
— Ueberzeugung
[zeuhen]

euheit

die Neuheit
— Scheuheit
— Treuheit
[schalmeukeln]

eul

das Deul
— Geheul
Angstgeheul
Hundegeheul
Jammergeheul
Kindergeheul
Schreckengeheul
Sterbegeheul
Sturmgeheul
Wehgeheul
Weibergeheul
Wolfsgeheul
Wuthgeheul
heul'!
keul!
das Gekeul
der Teul

eulchen

das Eulchen
Landeulchen
— Beulchen
— Keulchen
Froschkeulchen

eulchens

des Eulchens
— Beulchens
— Keulchens

eule

die Eule
Adlereule
Baumeule
Bergeule
Buscheule
Citroneneule
Erdeule
Falkeneule
Geyereule
Haareule
Haseleule
Hauseule
Horneule
Kanincheneule
Kappeneule
Katzeneule
Kehreule
Kircheneule
Kirreule
Knappeule
Knarreule
Kohleule
Krauteule
Leicheneule
Lichteule
Mauseule
Meldeneule
Mineneule
Mitteleule
Nachteule
Ohreule
Perleule
Posseneule
Punscheule
Ranzeule
Schaufeule
Scheuneule
Schleyereule
Schneeeule
Spazeneule
Sperbereule
Steineule
Stockeule
Sumpfeule
Tageule
Thurmeule
Todteneule
Waldeule
Wassereule
Wermuthseule
Wolleneule
Wollkrauteule
Zischeule
Zwergeule
die Beule
Blutbeule
Brandbeule
Eiterbeule
Finkbeule
Frostbeule
Kalkbeule
Kopfbeule
Leistenbeule
Pestbeule
Speckbeule
Stollbeule
Venusbeule
Wachsbeule
Weichbeule
Wundbeule
dem Deule
ich heule
das Geheule
Rundgeheule
ich keule
das Gekeule
die Keule
Bumskeule
Feuerkeule
Froschkeule
Gänsekeule
Hammelkeule
Hinterkeule
Hirschkeule
Kalbskeule
Kleidkeule
Klopfkeule
Mörserkeule
Pumpkenle
Pumpskeule
Rehkeule
Reibekeule
Roofskeule

Scheibenkeule
Schöpsenkeule
Vorderkeule
Wachskeule
dem Teule

ēulen

die Eulen
— Beulen
ausbeulen
den Deulen
heulen
anheulen
aufheulen
ausheulen
beheulen
mitheulen
nachheulen
vorheulen
die Keulen
keulen
niederkeulen
zusammenkeulen
das Tollkeulen
den Teulen

ēulend

ausbeulend
heulend
keulend

ēulens

des Ausbeulens
— Heulens
— Keulens

ēuler

der Heuler
— Keuler
Euler

ēulern

den Heulern
— Keulern

ēulers

des Heulers
— Keulers

ēules

des Geheules
— Gekeules

ēulest

du heulest
— keulest

ēulet

er heulet
— keulet

ēulich

erfreulich
neulich
bereulich
abscheulich
zerstreulich
treulich
getreulich

ēulichs

ein erfreulich's
— neulich's
— bereulich's
— abscheulich's
— zerstreulich's
— treulich's
— getreulich's
beheul' ich's *etc.*

ēulichst

erfreulichst
neulichst
bereulichst
abscheulichst
zerstreulichst
treulichst
getreulichst

ēulicht

keulicht
das Neulicht

ēulig

beulig
heulig
keulig

ēuling

der Neuling
Weltneuling
— Streuling

ēulings

des Neulings
— Streulings

ē-um

das *Alumneum*
— *Apogeum*
— *Seculum Augusteum*
— *Brabeum*
— *Coliseum*
— *Empyreum*
— *Gynäceum*
— *Johanneum*
— *Ludoviceum*
— *Lyceum*
— *Mausoleum*
τὸ meum
— *Museum*
Nationalmuseum
das *Nympheum*
— *Odeum*
— *Perigeum*
— *Te Deum*
[der Teum]

ēuma

Pneuma
Amphipneuma
Rheuma
[Seume]
[verleumden
Verleumder]

ē-ums

des *Alumneum's etc. bis*
Tedeum's siehe **e-um**

ēumund

der Leumund
ein Treumund

ēumunds

des Leumunds
— Treumunds

ēun

fleu'n
erfreu'n
heu'n
Carl Heun
leu'n
erneu'n
neun
bereu'n
scheu'n
schleu'n
schreu'n
verspreu'n
streu'n
die Getreu'n

ēund

fleu'nd
der Freund
Adelsfreund
Allermannsfreund
Allerweltsfreund
Arbeitsfreund
Bauernfreund
Bibelfreund
Bienenfreund
Blutsfreund
Bücherfreund
Bühnenfreund
Bürgerfreund
Bundesfreund
Busenfreund
Freyheitsfreund
Fürstenfreund
Gartenfreund
Gastfreund

Gedankenfreund
Gemüthsfreund
Geschäftsfreund
Gesetzfreund
Gleichheitsfreund
Gottesfreund
Handelsfreund
Hausfreund
Herzensfreund
Jedermannsfreund
Jugendfreund
Kinderfreund
Königsfreund
Kriegsfreund
Kunstfreund
Lesefreund
Lichtfreund
Literaturfreund
Mädchenfreund
Maulfreund
Menschenfreund
Musenfreund
Nagelfreund
Naturfreund
Nothfreund
Obstfreund
Pfaffenfreund
Rathsfreund
Rechtsfreund
Reisefreund
Ruhefreund
Schadenfreund
Schalksfreund
Scheinfreund
Schiedsfreund
Schiffsfreund
Schülerfreund
Schüsselfreund
Schulfreund
Soldatenfreund
Sonnenfreund
Spielfreund
Sprachfreund
Staatsfreund
Stammfreund
Studentenfreund
Suppenfreund
Tabaksfreund
Tafelfreund
Theaterfreund
Tischfreund
Tugendfreund
Unfreund
Universitätsfreund
Urfreund
Vaterlandsfreund
Volksfreund
Waffenfreund
Wahrheitsfreund
Weiberfreund
Weisheitsfreund

Weltfreund
Zungenfreund
freund
gefreund
der Gefreund
unfreund
erfreu'nd
heund
heu'nd
leu'nd
erneu'nd
bereu'nd
scheu'nd
schleu'nd
schreu'nd
verspreu'nd
streu'nd
veruntreu'nd.

ēunde

der fleu'nde
die Freunde
ich befreunde
— verfreunde
dem Gefreunde
die erfreu'nde
der heu'nde
— leu'nde
— erneu'nde
— bereu'nde
— scheu'nde
— schleu'nde
— schreu'nde
— verspreu'nde
— streu'nde
— veruntreu'nde

ēundem

fleu'ndem
freundem
erfreu'ndem *etc.*

ēunden

die fleu'nden
den Freunden
sich befreunden
— verfreunden
die erfreu'nden *etc.*

ēunder

ein fleu'nder
— freunder
— erfreu'nder *etc.*

ēundes

ein fleu'ndes
des Freundes
ein erfreu'ndes *etc.*

ēundest

du befreundest
— verfeindest

ēundet

er verfreundet
befreundet
— verfeindet

ēundlich

freundlich
blutsfreundlich
gastfreundlich
kaltfreundlich
kinderfreundlich
menschenfreundlich
mutterfreundlich
unfreundlich
volksfreundlich
wunderfreundlich
feindlich
vermeintlich

ēunds

des Freunds
ein erfreu'nd's *etc.*
des Feinds

ēundschaft

die Freundschaft
Blutsfreundschaft
Gastfreundschaft *etc.*
— Feindschaft

ēundung

die Befreundung
— Verfeindung

ēune

der Heune
die Neune
Carreauneune
Coeurneune
Eichelneune
Grünneune
Piqueneune
Rothneune
Schellenneune
Treffleneune
Trumpfneune
— heiligen Neune
— Scheune
Heuscheune
Parscheune
Strohscheune
Ziegelscheune
ich verteune

ēunen

die Heunen
mit Neunen
die Scheunen
verteunen

eüner

der Neuner
Carreauneuner *etc.*
— Zigeuner

eünern

den Neunern
— Zigeunern
zigeunern

eünig

schleunig
einig *etc.*

eünigt

er beschleunigt
— vereinigt *etc.*
[die Verteuning]

eünte

der neunte
er verteunte

eüntel

das Neuntel
— Reindel

eüntem — eünten — eünter — eüntes

neuntem *etc.*
verteuntem *etc.*

eünung

die Verteunung
— Vereinung *etc.*
[Eunus]

eüper

der Greuper
— Schleuper

eüpern

den Greupern
— Schleupern

eüpers

des Greupers
— Schleupers

eür

eu'r
das Abenteu'r
— Feu'r
heu'r
geheu'r
— Ungeheu'r
die Scheu'r
das Steu'r
theu'r
betheur'!

eüre

eu're
ich feu're
— befeu're
das Gefeu're
ich heu're
das Geheu're
eine geheu're
— ungeheu're
— neu're
ich erneu're
— scheu're
das Gescheu're
eine scheu're
ich steu're
das Gesteu're
eine theure
die Theure
ich betheure
— vertheure

eürem

eurem
geheurem
ungeheurem
neu'rem
scheu'rem
theurem

eüren

euren
befeuren
geheuren
ungeheuren
heuren
die Scheuren
einen scheu'ren
die Steuren
besteuren
— theuren
betheuren
vertheuren

eürer

eurer
ein Abenteurer
— Befeu'rer
— geheu'rer
— ungeheu'rer
— Heu'rer
— Neu'rer
— neu'rer
— Scheu'rer
der Spregelmeurer
ein Besteu'rer
— Ruderbesteurer
— theurer
— treu'rer
— getreu'rer

eürern

den Abenteurern
— Befeu'rer'n
einen ungeheurer'n
den Heur'ern
— Neu'rern
— Scheu'rern
— Besteu'rern
einen theurer'n

eürers

des Abenteurers
— Befeurers
ein ungeheurer's
des Heurers
— Neu'rers
— Scheurers
— Besteurers
ein theurer's

eüres

eures
ein geheu'res
— ungeheu'res
des Geheu'res
ein neu'res
des Gescheures
— Gesteu'res
ein theures
— treu'res
— getreu'res
ich betheur' es *etc.*

eürest

du befeurest
— heurest
— erneurest
— scheurest
— steurest
— betheurest
theurest

eüret

ihr befeuret
— héuret
— erneuret
— scheuret
— steuret
— betheuret

eürig

eurig
feurig
blitzfeurig
heurig
balsteurig

eürung

die Feurung
— Anfeurung
— Befeurung
— Heurung
— Neu'rung
— Scheurung
— Steurung
— Aussteurung

die Besteurung
Schiffsbesteurung
Selbstbesteurung
— Theurung
Brottheurung
Holztheurung
Korntheurung
[der Eurus]

ēus — ēuß

des Epheus
— Gefleu's
fleufs!
geufs!
— Gefreu's
geneufs!
der Gneus
Bleygneus
des Heu's
— Geheu's
heus! heus!
ein leu's
des Geleu's
ein neu's
die *Reus*
Reufs
der Rummeldeufs
scheufs!
ein scheu's
des Abscheu's
— Gescheu's
schleufs!
des Geschleu's
die Schneufs
des Geschreu's
— Gespreu's
— Gestreu's
ein getreu's
Epimetheus
Neleus
Nereus
Odysseus
Peleus
Prometheus
Proteus
Theseus
Zeus

ē-us

Amadeus
ein *Choreus*
Deus
Idomeneus
der *Spondeus*
Dispondeus

ēusch

das Gedreusch
keusch
scheinkeusch
unkeusch
der Meusch
der Reusch
das Getreusch

ēusche

ich dreusche
das Gedreusche
die keusche
dem Meusche
— Reusche
ich treusche
das Getreusche
die Treusche

ēuschel

das Gekeuschel
— Peuschel

ēuscheln

keuscheln
den Peuscheln

ēuschels

des Gekeuschels
— Peuschels

ēusches

des Gedreusches
ein keusches
des Meusches
— Reusches
— Getreusches

ēuschest

du dreuschest
keuschest
— treuschest
[der Treuschling]

ēuschs

des Gedreuschs
ein keusch's
des Meuschs
— Reuschs
— Getreuschs

ēuschst

du dreuschst
keusch'st
— treuschst

ēuse — ēuße

die Emphyteuse
der *Geuse*
dem Gneuse
der *Preufse*
Altpreufse
Neupreufse
Ostpreufse
Rheinpreufse
Südpreufse
Westpreufse
die Reuse
Binsenreuse
Fachreuse
Fangereuse
Fischreuse
Garnreuse
Krebsreuse
Legereuse
Senkreuse
der *Reufse*
Rothreufse
Weisreufse
die Schleuse
Balkenschleuse
Gassenschleuse
Kesselschleuse
Mühlenschleuse
Teichschleuse
— Schneufse
— Teuse
ich teuse
das Geteuse
ich treufse
das Getreufse

ēusen — ēußen

die Emphyteusen
— *Geusen*
den Gneusen
die *Preufsen*
Preufsen
Altpreufsen
Neupreufsen
Ostpreufsen
Rheinpreufsen
Südpreufsen
Westpreufsen
— Reusen
— *Reufsen*
Reufsen
Rothreufsen
Weisreufsen
— Schleusen
— Schneufsen
— Teusen
teusen
treufsen

ēusend — ēußend

teusend
treufsend

ēusens — ēußens

Preufsens
Reufsens
des Teusens
— Treufsens
[der Treufser]

eūſes 2c.

des Gneuses
— Geteuses
— Getreuſses

eūſeſt 2c.

du teusest
— treuſsest

eūſet

er teuset
— treuſset

eūſig

gneusig
teusig
treuſsig

eūſis

die *Emphyteusis*
Eleusis

eūſiſch

eleusisch
preuſsisch
reuſsisch

euslich

scheuslich
treuſslich

eūſt — eūßt

du fleu'st
er fleuſst
du freu'st
er geuſst
— geneuſst
du heu'st
— leu'st
neu'st
— erneu'st
er scheuſst
du scheu'st
— schleu'st
— schreu'st
— verspreu'st
— streu'st
er teust
— treuſst
getreu'st
du veruntreu'st
v. Beust
es verdreuſst

eūſte 2c.

der neu'ste
— getreuste
er teuste
— treuſste

eūſtem

neu'stem
scheu'stem
getreu'stem

eūſten

die neusten
— scheusten
— getreusten
sie teusten
— treuſsten

eūſter

neuster
getreuster
scheuster
die Reuster

eūſtes

neustes
scheustes
getreustes
mich verdreuſst es *etc.*

eūſtet

ihr teustet
— treuſstet

eūſung

die Teusung
— Treuſsung

eūt

Baireuth
er beut
— gebeut
der Brabeut
— Deut
deut!
der Emphyteut
er fleu't
— freu't
erfreut
hocherfreut
heut'
er heu't
— leu't
die Leut'
er erneu't
ein Pharmaceut
das Reut
Neureut
reut'!
das Gereut
Heimgereut
Neugereut
er bereu't
es gereu't
er scheu't
gescheut
ungescheut
— schleut
— schreut
er verspreut
— streut
zerstreut
Teut

eūta

Ceuta
ein *Emphyteuta*
— *Pharmaceuta*
— *Therapeuta*
— *Distherapeuta*

eūtchen

ein Deutchen
die Leutchen

eūte

der *Aleute*
ich beute
die Beute
Ausbeute
Bienenbeute
Bretbeute
Jägerbeute
Klotzbeute
Kriegsbeute
Oberbeute
Semmelbeute
Unterbeute
ich deute
das Gedeute
dem Deute
die Deute
Pfefferdeute
Zuckerdeute
— Fleuthe
er fleu'te
— freu'te
— erfreute
heute
— heu'te
der Hermeneute
er leu'te
die Leute
Achtersleute
Ackerleute
Altarleute
Amtleute
Arbeitsleute
Ausleute
Auszugsleute
Bannleute
Bannerleute
Bauleute
Bauersleute
Bergleute
Bettelleute
Bocksleute
Brautleute
Bürgersleute
Burgleute

Dienstleute
Dorfleute
Edelleute
Eheleute
Fährleute
Feldleute
Fischerleute
Frauensleute
Frohnleute
Fuhrleute
Garnleute
Gartenleute
Geleitsleute
gemeinen Leute
Gerichtsleute
Gevattersleute
Gewerbsleute
Gotteshausleute
gute Leute
Hallleute
Handelsleute
Handwerksleute
Hausleute
Herbstleute
Heuerleute
Hochzeitsleute
Hofleute
Jägersleute
Jagdleute
Kammerleute
Kaufleute
Kindtaufsleute
Kirchleute
Klöpfelleute
Klöppelleute
Klosterleute
Kothleute
Kriegsleute
Landleute
Landsleute
Lebeleute
Lehnsleute
Liebesleute
Mahlleute
Mannsleute
Marktleute
Meſsleute
Miethleute
Mundleute
Nachbarsleute
Nordleute
Ordensleute
Pachtleute
Pilgersleute
Rathleute
Reichsleute
Ruderleute
Sandleute
Schiffsleute
Schloſsleute
Sonderleute

Spielleute
Staatsleute
Stadtleute
Stallleute
Thalleute
Trauerleute
Treibleute
Trödelleute
Vorwerksleute
Waldleute
Wandersleute
Zimmerleute

die Meute
ich meute
das Gemeute
er erneute
der Pharmaceute
er bereu'te
ich reute
das Gereute
die Pflugreute
ich scheu'te
der gescheute
die Scheute
ich scheute
das Gescheute
ich schleu'te
— schreu'te
— verspreu'te
— streu'te
die Teute
der Therapeute
ich veruntreu'te

eutel

der Beutel
Arbeitsbeutel
Barbierbeutel
Bedarfbeutel
Bocksbeutel
Brausebeutel
Dukatenbeutel
Flohbeutel
Geldbeutel
Gemeindebeutel
Goldbeutel
Haarbeutel
Herzbeutel
Klingelbeutel
Lochbeutel
Lutschbeutel
Mehlbeutel
Nebenbeutel
Ochsenbeutel
Ruderbeutel
Pulverbeutel
Purpurbeutel
Samenbeutel
Scheerbeutel
Schleimbeutel
Schloſsbeutel

Schrotbeutel
Seebeutel
Siebbeutel
Stadtbeutel
Stärbeutel
Staubbeutel
Stechbeutel
Stemmbeutel
Strickbeutel
Trudenbeutel
Windbeutel
Zweybeutel
das Gebeutel
— Gedeutel
der Keutel
— Kneutel

euteln

den Beuteln
beuteln
abbeuteln
ausbeuteln
bebeuteln
durchbeuteln
herbeuteln
hin- *etc.* beuteln
windbeuteln
zusammenbeuteln
deuteln
ausdeuteln
zweydeuteln
— Keuteln
— Kneuteln

euteInd

beutelnd
deutelnd

eutelns

des Beutelns
— Deutelns

eutels

des Beutels
— Gebeutels
— Gedeutels
— Keutels
— Kneutels

eutelst

du beudelst
— deutelst

eutelt

er beutelt
ausgebeutelt
— deutelt

eutelts

ein ausgebeutelt's
— gedeutelt's

eutem

gefleutem
erfreutem
erneutem
bereutem
gescheutem
geschleutem
geschreutem
verspreutem
zerstreutem
veruntreutem

euten

die *Aleuten*
beuten
ausbeuten
erbeuten
— Beuten
— Brabeuten
deuten
andeuten
ausdeuten
bedeuten
vorbedeuten
erdeuten
ferndeuten
mißdeuten
nachdeuten
rückdeuten
verdeuten
vordeuten
zeichendeuten
zurückdeuten
die Deuten
den Deuten
die Fleuthen
— gefleu'ten
sie erfreuten
— heu'ten
die Hermeneuten
sie leu'ten
den Leuten
die Meuten
meuten
sie erneuten
die Pharmaceuten
sie bereu'ten
reuten
ausreuten
durchreuten
die Reuten
den Gereuten
scheuten
die Scheuten
— gescheu'ten
sie scheu'ten
— schleu'ten
— schreu'ten
— verspreu'ten
— streu'ten
die Teuten
— Therapeuten

eutend

beutend
erbeutend
deutend
bedeutend
nachbedeutend
nichtsbedeutend
unbedeutend
vielbedeutend
vorbedeutend
meutend
reutend
scheutend

eutens

des Beutens
— Erbeutens
— Deutens
— Meutens
— Reutens
— Scheutens

euter

das Euter
Krebseuter
Kuheuter
Milcheuter
Schafeuter
Schameuter
Seeeuter
Ziegeneuter
der Freybeuter
ein *Baireuther*
der Deuter
Andeuter
Ausdeuter
Gesichtsdeuter
Mienendeuter
Räthseldeuter
Sterndeuter
Traumdeuter
Vogeldeuter
Vordeuter
Wortdeuter
Zeichendeuter
ein gefleu'ter
— erfreuter
— Meuter
— erneu'ter
— bereu'ter
— Reuter
— Gereuter
das Gereuter
ein gescheu'ter
— geschleu'ter
— geschreu'ter
— verspreu'ter
— zerstreuter
— veruntreu'ter

euterm

erfreuter'm
gescheuter'm
zerstreuter'm

eutern

eutern
den Eutern
— Freybeutern
— Deutern
einen erfreuter'n
den Meutern
— Reutern
reutern
ausreutern
durchreutern
— Gereutern
einen gescheuter'n
— zerstreuter'n

euternd

euternd
reuternd

euterns

des Euterns
— Reuterns

euters

des Euters
— Freybeuters
— Deuters
ein erfreuter's
des Meuters
— Reuters
— Gereuters
ein gescheuter's
— zerstreuter's

euterst

du euterst
— reuterst

eutert

sie eutert
er reutert

eutes

des Gedeutes
ein gefleutes
— erfreutes
des Gemeutes
ein erneutes
— bereu'tes
des Gereuses
ein gescheutes
— geschleutes
— geschreutes
— verspreutes
— zerstreutes
— veruntreutes
er beut es *etc.*

ēutest

du beutest
— erbeutest
— deutest
— bedeutest
— fleutest
— erfreutest
— heu'test
— leu'test
— meutest
— erneutest
— bereu'test
— reutest
— scheutest
— scheu'test
gescheutest
— schleu'test
— schreu'test
— verspreu'test
— streu'test
zerstreu'test
— veruntreu'test

ēutet

er beutet
— erbeutet
— deutet
ihr heu'tet
— leu'tet
er meutet
ihr erneu'tet
— bereu'tet
er reutet
— scheutet
ihr scheu'tet
— schleu'tet
— schreu'tet
— verspreu'tet
— streu'tet
— veruntreu'tet

ēutig

deutig
doppeldeutig
eindeutig
gleichdeutig
mehrdeutig
vieldeutig
zweydeutig
heutig

ēutik

die Hermeneutik
— Ixeutik
— Pädeutik
— Propädeutik
— Pharmaceutik
— Therapeutik
— Toreutik

ēutisch

aleutisch
emphyteutisch
hermeneutisch
pädeutisch
propädeutisch
pharmaceutisch
therapeutisch
toreutisch

ēutle

ich beutle
das Gebeutle
ich deutle
das Gedeutle

ēutler

der Beutler
Bocksbeutler
Landbeutler
— Deutler

ēutlern

den Beutlern
— Deutlern

ēutlers

des Beutlers
— Deutlers

ēutlich

beutlich
deutlich
bedeutlich
undeutlich
[der Beutner]

ēutre

ich eutre
— reutre
das Gereutre
[das Neutrum]

ēuts

des Deuts
— Gedeut's
ein gefleut's
— erfreut's
des Gemeut's
ein erneut's
— bereut's
des Gereuts
ein gescheuts
— geschleut's
— geschreut's
— zerstreut's
er verbeut's

ēutsch

deutsch
altdeutsch
hochdeutsch
neudeutsch
niederdeutsch
norddeutsch
oberdeutsch
plattdeutsch
süddeutsch
undeutsch
emphyteut'sch
hermeneut'sch *etc.*

ēutsche

der *Deutsche*
ich verdeutsche
die hermeneut'sche *etc.*
[der Deutschel]

ēutschem

deutschem
hermeneut'schem *etc.*

ēutschen

die *Deutschen*
einen deutschen
verdeutschen
verhochdeutschen
verundeutschen
die hermeneut'schen *etc.*

ēutscher — ēutsches

ein *Deutscher*
der Verdeutscher
ein hermeneut'scher *etc.*

ēutst

du beutst
— deutst
— fleut'st
— erfreut'st
— heut'st
— leut'st
— meutst
— erneut'st
— bereut'st
— reutst
— scheutst
— scheu't'st
gescheut'st
— schleut'st
— schreut'st
— verspreut'st
— streut'st
zerstreut'st
— veruntreut'st

ēutste – ēutstem – ēutsten – ēutster – ēutstes

der erfreut'ste
— gescheut'ste
— zerstreut'ste

ēutung

die Erbeutung
— Deutung
Andeutung
Nebenandeutung
Bedeutung
Nebenbedeutung
Urbedeutung
Vorbedeutung
Gesichtsdeutung
Namendeutung
Sterndeutung
Traumdeutung
Vogeldeutung
Wortdeutung
Zeichendeutung
— Meutung
— Ausreutung

ēuung

die Ausfleuung
— Erfreuung
— Erneuung
— Bereuung
— Verabscheuung
— Verspreuung
— Zerstreuung
Farbenzerstreuung
— Veruntreuung

ēuz

das Kreuz
Aderlaſskreuz
Alpenkreuz
Andreaskreuz
Annenkreuz
Antonskreuz
Apfelkreuz
Astkreuz
Aufhängekreuz
Bandkreuz
Brustkreuz
Buchbinderkreuz
Buchdruckerkreuz
Demantkreuz
Drehkreuz
Ehekreuz
Ehrenkreuz
Eisenkreuz
eiserne Kreuz
Etterkreuz
Fadenkreuz
Fensterkreuz
Gabelkreuz
Gangkreuz
Gerichtskreuz
Gewehrkreuz
Göpelkreuz
Groſskreuz
Hakenkreuz
Halskreuz
Haspelkreuz
Hauptkreuz
Hauskreuz
Hirschkreuz
Hülfskreuz
Hutkreuz
Johanniterkreuz
Kleinkreuz
Krückenkreuz
Kugelkreuz
Kugelstabkreuz
Lilienkreuz
Ludwigskreuz
Maltheserkreuz
Markkreuz
Nagelkreuz
Ordenskreuz
Perlenkreuz
Ritterkreuz
Schäferkreuz
Scharkreuz
Schiefkreuz
Schlangenkreuz
Schnabelkreuz
Silberkreuz
Stephanskreuz
Sternkreuz
Sturmkreuz
Süderkreuz
Theresienkreuz
Todtenkreuz
Winkelkreuz
das Gekreuz
kreuz!
— Geschneuz
schneuz!
Deuz

ēuzchen

das Kreuzchen
— Schneuzchen

ēuzchens

des Kreuzchens
— Schneuzchens

ēuze

ich kreuze
das Gekreuze
die Schneuze
Lichtschneuze
Sternschneuze
ich schneuze
das Geschneuze

ēuzen

kreuzen
aufkreuzen
bekreuzen
durchkreuzen
herkreuzen
hin- *etc.* kreuzen
zerkreuzen
den Kreuzen
die Schneuzen
schneuzen
ausschneuzen

ēuzend

kreuzend
schneuzend

ēuzens

des Kreuzens
— Schneuzens

ēuzer

ein Kreuzer
— $\frac{1}{4}$, $\frac{1}{2}$, 3, 4 *etc.* 10, 20, 30 Kreuzer
— Rädelkreuzer
— Rosenkreuzer
— Lichtschneuzer

ēuzern

den Kreuzern
— Lichtschneuzern

ēuzers

des Kreuzers
— Lichtschneuzers

ēuzes

des Kreuzes
— Gekreuzes
— Geschneuzes

ēuzest

du kreuzest
— schneuzest

ēuzet

er kreuzet
— schneuzet

ēuzig

kreuzig
schneuzig
[gekreuzigt]

ēuzs

des Kreuzs
— Gekreuzs
— Geschneuzs

ēuzst

du kreuzst
— schneuzst

ēuzt

er kreuzt
bekreuzt
— schneuzt

ēuzte

er kreuzte
— schneuzte

ēuztem — ēuzten — ēuzter — ēuztes

bekreuztem
geschneuztem
sie kreuzten
— schneuzten *etc.*

ēuzteſt — ēuztet

du kreuztest
— schneuztest *etc.*

ēuzung

die Kreuzung
— Bekreuzung
— Rosenkreuzung
— Schneuzung

ēva

Eva
Schewa
die *Newa*

ēve

Eve
das Breve
alla breve
Cleve
Congreve
der *Eleve*
die Gleve
— Steve
ich steve
das Gesteve
ich streve
das Gestreve
der *Sueve*

ēvel

der Frevel
Baumfrevel
Forstfrevel
Holzfrevel
Jagdfrevel
Kirchenfrevel
Lehnsfrevel
Waldfrevel
das Gefrevel
der Schevel
— Schwefel
Hevel

ēveln

freveln
befreveln
den Freveln
— Scheveln
schwefeln

ēvelnd

frevelnd
schwefelnd

ēvelns

des Frevelns
— Schwefelns

ēvels

des Frevels
— Gefrevels
— Schevels
— Schwefels

ēvelſt

du frevelst
— schwefelst

ēvelt

er frevelt
geschwefelt

ēven

die *Even*
— Breven
— *Eleven*
— Gleven
steven
der Steven
Binnensteven
Binnenhintersteven
Binnenvorsteven
Hintersteven
Stampfsteven
Vorsteven
Vordersteven
streven
die *Sueven*

ēvend

stevend
strevend

ēvens

des Stevens
— Strevens

ēver

der Sever
— Strever
Jever
— *Genever*

ēvers

des Severs
— Strevers
— *Genevers*

ēves

des Breve's
— Gesteves
— Gestreves

ēveſt

du stevest
— strevest

ēvet

er stevet
— strevet

ēvi

Levi
manu brevi

ēvir

Levir
der Zephyr

ēviſch

clevisch
congrevisch
suevisch

ēvle

ich frevle
das Gefrevle
ich schwefle
das Geschwefle
Gefle

ēvler - ēvlern - ēvlers

der Frevler
Baumfrevler
Forstfrevler
Holzfrevler
Kirchenfrevler
Lehnsfrevler
Waldfrevler
— Schwefler
Weinschwefler

ēvlig

frevlig
schweflig

ēvlung

die Befrevlung
— Schweflung

ēvs

des Gestev's
— Gestrev's
Zevs

ēvſt

du stevst
— strevst

ēvt

er stevt
— strevt
der Hermenevt
— Pharmacevt
— Therapevt.

ēvte

er stevte
— strevte
der Hermenevte *etc.*

ēvten

sie stevten
— strevten
die Hermenevten *etc.*

ēvtest

du stevtest
— strevtest

ēvtet

ihr stevtet
— strevtet

ēvtisch

hermenevtisch
pharmacevtisch *etc.*

ēwa

die *Newa*
Schewa

ēwam

das Vehwamm
die Heb'amm'

ēwe

die Mewe
Eismewe
Erdmewe
Fischmewe
Fischaarmewe
Heringsmewe
Kirrmewe
Lachmewe
Mantelmewe
Nordmewe
Polmewe
Ringelmewe
Rohrmewe
Schmarozermewe
Seemewe
Stoſsmewe
Sturmmewe
Tauchermewe
Wintermewe
die Tewe

ēwig

ewig
das heb' ich *etc.*
schäbig *etc.*

éx

ex
der *Carnifex*
— Circumflex
complex
incomplex
der Complex
Gütercomplex
— *Concursifex*
connex
— Connex
convex
biconvex
concav-convex
Essex
Gex
Grex
Qualis rex talis grex
ein Grex
das Gegrex
ein *Haruspex*
das Gehex
Lex
Exlex
ein Mex
das Gemex
Middlesex
ein *Opifex*
perplex
der *Pontifex*
Rex
Interrex
Reflex
ein *Versifex*
— *Vultispex*
sechs
ein Klecks
ich entdeck's
des Specks *etc.*
Beafsteak's
Beau-Sexe

éxa

die *Annexa*
— *Connexa*
pro *redimenda vexa*
vexa (me amplius!)

éxchen

das Circumflexchen
— Hexchen
ein Mexchen
das Kleckschen *etc.*

éxchens

des Circumflexchens
— Hexchens
— Mexchens
— Kleckschens

éxe

dem Carnifexe
— Circumflexe
— Complexe
— Connexe
die convexe
— Elexe
der Erbexe
ich frexe
das Gefrexe
ich grexe
das Gegrexe
ich hexe
das Gehexe
die Hexe
Strahlhexe
Wetterhexe
ich mexe
das Gemexe
eine perplexe
dem Pontifexe
— Reflexe
— Versifexe
die Sechse *etc.*
ich kleckse *etc.*

éxem

complexem
connexem
convexem
perplexem

éxen

den Carnifexen
— Circumflexen
— Complexen
— Connexen
die convexen
— Erbexen
frexen
vollfrexen
grexen
— Hexen
hexen
anhexen
behexen
verhexen
mexen
— perplexen
den Pontifexen
— Reflexen
— Versifexen
mit Sechsen *etc.*
klecksen *etc.*

éxend

frexend
grexend
hexend
mexend
klecksend

éxens

des Frexens
— Grexens
— Hexens
— Mexens
— Klecksens

éxer

ein complexer
— connexer
— convexer
— Grexer
— Hexer
— Mexer
— perplexer
— Sechser
— Kleckser

éxern

einen complexer'n
— connexer'n
— convexer'n
den Grexern
— Hexern
— Mexern
einen perplexern
den Sechsern
— Klecksern

éxers

ein complexer's
— connexer's
— convexer's
des Grexers
— Hexers
— Mexers
ein perplexers
des Sechsers
— Kleckser's

éxes

des Carnifexes
— Circumflexes
— Complexes
— Connexes
ein convexes
des Gefrexes
— Grexes
— Gegrexes
— Gehexes
— Mexes
— Gemexes
ein perplexes
des Pontifexes
— Reflexes
— Versifexes
— Kleckses

éxeſt

complexest
connexest
convexest
du grexest
— hexest
— mexest
perplexest
— kecksest

éxet

er grexet
— hexet
— mexet
— kleckset

éxion

die Complexion
— Connexion
— Reflexion

éxſt

complex'st
connex'st
convex'st
du frex'st
— grexst
— hex'st
— mexst
perplexst

éxt

er frext
— grext
— hext
behext
— mext
der Text
Bibeltext
Buſstext
Grundtext
Musiktext
Prätext
Schreibtext
Urtext
er kleckst *etc.*

éxte

er grexte
— hexte
— mexte
dem Texte
die Prätexte
der sechste
er kleckste

éxtem

gefrextem
behextem

éxten

sie frexten
— grexten
— hexten
— mexten
den Texten

éxter

dexter
ambidexter
ein gefrexter
ein behexter
so grext er *etc.*

éxtes

ein gefrextes
— behextes
— beklecksteS *etc.*
du leckst es *etc.*

éxteſt

du frextest
— grextest
— hextest
— mextest
— klecksteSt *etc.*

éxtet

ihr frextet
— grextet
— hextet
— mextet
— kleckstet *etc.*

[pto Sexti]

éxtra

extra
dextra

éxtus

Sextus
Textus
Praetextus

éxung

die Frexung
— Behexung

éy

Ey! ey!
das Ey
Adlerey
Ameiseney
Bergey
Brutey
Enteney
Fischey
Gänseey
Hahneney
Hühnerey
Kibizey
Kreideney
Kukuksey
Meerey
Nestey
Osterey
Pfingstey
Pflichtey
Pulskey
Rabeney
Raupeney
Rühreу

Schelmeney
Schlangeney
Schloſseney
Schlotterey
Schulpey
Seideney
Setzey
Sohley
Spooksey
Sporey
Spurey
Steiney
Störey
Strauſseney
Supfey
Tannzapfeney
Taubeney
Teufelsey
Unglücksey
Windey
Zinsey
achterley
achtzigerley
die Agley
— Akeley
das Allerley
allerley
bey
anbey
dabey
darbey
herbey
hierbey
nahebey
das Nahedabey
nebenbey
vorbey
der *Bey*
Ali Bey
Mahmud Bey etc.
benedey!
beyderley
der Bley
das Bley
Abstrichbley
Aschbley
Blattbley
Blochbley
Dörnerbley
Fensterbley
Frischbley
Gegenbley
Glaserbley
Grundbley
Haftenbley
Hartbley
Herdbley
Hornbley
Jungferbley
Karnieſsbley
Knallbley

Löschbley
Muldenbley
Nadelbley
Oberbley
Pflasterbley
Postbley
Probebley
Reiſsbley
Richtbley
Rollenbley
Schlackenbley
Abzugsschlacken-
Reichschlackenbl.
Schreibebley
Schwangbley
Schwarzbley
Seigerbley
Senkbley
Spieſsglanzbley
Spitzenbley
Stangenbley
Töpferbley
Umbley
Umschlagbley
Unterbley
Wasserbley
Werkbley
Wismuthbley
der Brey
Apfelbrey
Birnbrey
Brotbrey
Erbsenbrey
Futterbrey
Griesbrey
Gypsbrey
Haferbrey
Hahnbrey
Heidelbrey
Hexenbrey
Hirsebrey
Kartoffelbrey
Kinderbrey
Magenbrey
Mandelbrey
Mehlbrey
Metallbrey
Milchbrey
Nahrungsbrey
Obstbrey
Quickbrey
Reiſsbrey
Roggenbrey
Samenbrey
Semmelbrey
Smittelbrey
Speltbrey
Tiegelbrey
Wasserbrey
das Bunterley
— Conterfey
der *Dey*

drey
dreyerley
dreyſsigerley
ein Dudeldey
einerley
das Einerley
frey
ahndungsfrey
ahnungsfrey
amtfrey
anspruchsfrey
bandenfrey
bergfrey
biesterfrey
bundfrey
deichfrey
dienstfrey
dunstfrey
eifersuchtsfrey
fehlerfrey
fesselfrey
frohnfrey
furchtfrey
gastfrey
geleitsfrey
gesetzfrey
hiebfrey
holzfrey
jagdfrey
kostfrey
kostenfrey
kriegfrey
krimpfrey
kummerfrey
lastfrey
lasterfrey
leidenschaftsfrey
lichtfrey
mauthfrey
meinungsfrey
mittelfrey
pflichtfrey
postfrey
regenfrey
reichsfrey
reimfrey
saalfrey
sattelfrey
schatzfrey
schaufrey
schmerzenfrey
schockfrey
schoſsfrey
schreckenfrey
schuldfrey
schuſsfrey
segelfrey
semperfrey
sielfrey
soldatenfrey
sorgenfrey
steuerfrey

störungsfrey
stuhlfrey
sturzfrey
sündenfrey
trunkfrey
vogelfrey
vorurtheilsfrey
vorwurfsfrey
wachfrey
werbefrey
wolkenfrey
wucherfrey
zaumfrey
zaunfrey
zechfrey
zehrfrey
zentfrey
zeugenfrey
zinsfrey
zungenfrey
zweifelfrey
der } das } Sorgenfrey
frey'!
befrey!
fünferley
fünfzigerley
der Galmey
Ofengalmey
— Garley
gleicherley
— Gurkumey
hey!
juchhey!
hophey!
— Hahnrey
Blundhahnrey
hunderterley
kastey!
keinerley
— Kirsey
— Kley
die Kley
der Ley
— Lakey
Kammerlakey
Lohnlakey
Luley
mancherley
mehrerley
Ney
neunerley
neunzigerley
die Obley
— Okeley
— Osterluzey
Schlangenosterluzey
der Papagey
Meerpapagey
Paradiespapagey
Schwangpapagey
Seepapagey
Tannenpapagey
Troschepapagey
der Pasteney
die Poley
Bergpoley
Feldpoley
Hirschpoley
Kopfpoley
Pferdepoley
Roſspoley
Steinpoley
Waldpoley
Wasserpoley
prophezey!
der Romey
es sey!
die Salbey
Gartensalbey
Jerusalemssalbey
Kreuzsalbey
Oehrchensalbey
Waldsalbey
Wermuthssalbey
Wiesensalbey
— Saturey
Gartensaturey
Wintersaturey
— Schalmey
Feldschalmey
der Scharley
Waldscharley
Wiesenscharley
— Schirley
schley
schney!
schrey!
— Schrey
Angstschrey
Aufschrey
Diebsschrey
Hahnenschrey
Hülfsschrey
Jungfernschrey
Mädchenschrey
Mordschrey
Nothschrey
Schlachtschrey
Seeschrey
Sterbeschrey
Weiberschrey
Wunderschrey
Wuthschrey
Zeterschrey
das Geschrey
Angstgeschrey
Erzgeschrey
Feldgeschrey
Feuergeschrey
Freudengeschrey
Hahnengeschrey
Hühnergeschrey
Jagdgeschrey
Jammergeschrey
Jubelgeschrey
Kampfgeschrey
Katzengeschrey
Kindergeschrey
Klagegeschrey
Kriegsgeschrey
Mordgeschrey
Nothgeschrey
Siegesgeschrey
Sterbegeschrey
Todtengeschrey
Vogelgeschrey
Wächtergeschrey
Waffengeschrey
Weibergeschrey
Wundergeschrey
Zetergeschrey
der Schwey
sechserley
sechzigerley
siebenerley
siebzigerley
solcherley
spey!
tausenderley
die Uebeley
überley
vermaledey!
verschiednerley
vielerley
viererley
vierzigerley
der Wolferley
zehnerley
zwey
entzwey
zwanzigerley
zweyerley
die Abgötterey
— Abtey
— Alberey
— Alchymisterey
— Alfanzerey
— Alleinseligmacherey
— Amtsrenterey
— Amtssasserey
— Amtsschleicherey
— Amtsschreiberey
— Amtsschultheiſserey
— Amtsverwalterey
— Amtsverweserey
— Andächteley
— Anfängerey
— Anführerey
— Angeberey
— Anhängerey
— Anhetzerey
— Anklägerey

die Ansiedeley
— Anstellerey
— Arzeney
Brecharzeney
Brustarzeney
Eisenarzeney
Fieberarzeney
Gegenarzeney
Giftarzeney
Hauptarzeney
Hausarzeney
Herzarzeney
Kopfarzeney
Krampfarzeney
Kräuterarzeney
Magenarzeney
Pferdearzeney
Roſsarzeney
Schlafarzeney
Seelenarzeney
Speyarzeney
Stahlarzeney
Stopfarzeney
Thierarzeney
Verwahrarzeney
Vieharzeney
Wahrarzeney
Wundarzeney
Wunderarzeney
Wurmarzeney
— Atheisterey
— Aufhalterey
— Aufklärerey
— Aufschneiderey
— Aufwiegeley
— Aufzieherey
— Ausfragerey
— Ausgeberey
— Ausländerey
— Auslegerey
— Aussaugerey
— Ausschmiererey
— Ausschreiberey
— Ausspäherey
— Aussprecherey
— Austrägerey
— Averey
— Baderey
Salbaderey
— Bäckerey
Feldbäckerey
Nudelbäckerey
Pastetenbäckerey
Zuckerbäckerey
Hofzuckerbäckerey
— Balgerey
Katzbalgerey
Wortbalgerey
— Balley
Groſsballey
— Bänkelsängerey

die Bärenhäuterey
— Barbarey
— Barschenklerey
— Bastey
— Bauchdienerey
— Bauchrednerey
— Bauchsprecherey
— Bengeley
— Beterey
Nachbeterey
Vorbeterey
— Betrügerey
— Betschwesterey
— Betteley
— Beutelschneiderey
— Beweisthümeley
— Bilderstürmerey
— Bildgieſserey
— Bildhauerey
— Bildnerey
Wachsbildnerey
— Bildstecherey
— Bildwirkerey
— Bläserey
Einbläserey
Glasbläserey
Ohrenbläserey
— Blauerey
— Bleicherey
Wachsbleicherey
— Blümeley
— Bockmelkerey
— Bocksbeuteley
— Bodmerey
— Botticherey
— Bräterey
— Brauerey
Bierbrauerey
Essigbrauerey
Weinessigbrauerey
Punschbrauerey
Weinbrauerey
— Brennerey
Branntweinbrenner.
Gypsbrennerey
Kalkbrennerey
Mordbrennerey
Pfeifenbrennerey
Porzellanbrennerey
Silberbrennerey
Tabakspfeifenbrenn.
Theerbrennerey
Thranbrennerey
Ziegelbrennerey
— Bübeley
— Büberey
Spitzbüberey
— Buchbinderey
— Buchhalterey
— Buchmacherey
— Bücherey

Handbücherey
Rathsbücherey
die Büchsenmeisterey
— Buchstäbeley
— Buchstabenspielerey
— Büffeley
— Buhlerey
Nebenbuhlerey
— Bürgerey
— Bürgermeisterey
— Burgvogtey
— Bütteley
— Cantorey
— Caperey
— Castellaney
— Cavillerey
— Clerisey
— Comthurey
— Conditorey
Hofconditorey
— Copey
— Dechaney
— Denkerey
— Deuteley
Geheimdeuteley
— Deuterey
Mienendeuterey
Sterndeuterey
Traumdeuterey
Vogeldeuterey
Zeichendeuterey
— Deutschthümeley
— Dichteley
— Dichterey
— Dickthuerey
— Dieberey
Felddieberey
Fischdieberey
Hausdieberey
Holzdieberey
Wilddieberey
— Diebshehlerey
— Diensthascherey
— Döserey
— Drathzieherey
— Dreherey
Horndreherey
Lurdendreherey
Lurrendreherey
Nasendreherey
Verdreherey
Rechtsverdreherey
— Drescherey
Actendrescherey
Zungendrescherey
— Dreygötterey
— Droguerey
— Drostey
— Druckerey
Buchdruckerey
Schulbuchdrucker.
Cattundruckerey

Kupferdruckerey
Musselindruckerey
Steindruckerey
Winkeldruckerey
die Dudeley
— Durchstecherey
— Dusseley
— Ehebrecherey
— Eifersüchteley
— Eingötterey
— Einsiedeley
— Empfindeley
— Engländerey
— Erbschleicherey
— Eseley
— Fabeley
— Factorey
— Fälscherey
Münzfälscherey
— Fängerey
Grillenfängerey
— Färberey
Garnfärberey
Krappfärberey
Schönfärberey
Schwarzfärberey
Waidfärberey
— Falknerey
— Falschmünzerey
— Falschwerberey
— Fasanerey
— Faseley
— Faulenzerey
— Fechterey
Klopffechterey
Spiegelfechterey
Wortfechterey
— Feerey
— Feldmeisterey
— Feldmesserey
— Feldschaffnerey
— Feuerwerkerey
— Fickfackerey
— Finanzerey
— Firlefanzerey
— Fischerey
Aalfischerey
Angelfischerey
Bachfischerey
Donaufischerey
Eisfischerey
Elbfischerey
Flufsfischerey
Goldfischerey
Heringsfischerey
Koppelfischerey
Korallenfischerey
Küstenfischerey
Lachsfischerey
Lattenfischerey
Perlenfischerey
Rheinfischerey

Ruthenfischerey
Salmfischerey
Sardellenfischerey
Seefischerey
Seilfischerey
Sprungfischerey
Stockfischfischerey
Strandfischerey
Teichfischerey
Thunfischerey
die Flackerey
— Flausenmacherey
— Flegeley
— Flickerey
Schuhflickerey
— Försterey
— Folgerey
— Folgenmacherey
— Fopperey
— Forstverwalterey
— Französeley
— Fresserey
Menschenfresserey
— Freybeuterey
— Freydenkerey
— Freyerey
— Freygeisterey
— Fröhnerey
— Frömmeley
Dummfrömmeley
— Fuchschwänzerey
— Füllerey
— Fuscheley
— Gängeley
— Gärtnerey
Kunstgärtnerey
— Gasterey
— Gasthalterey
— Gastirerey
— Gastmeisterey
— Gaukeley
Geheimnisgaukeley
— Gauklerey
— Gaumeley
— Gaunerey
— Geckerey
— Gefühleley
— Geheimeley
— Geigerey
— Geisterbannerey
— Geisterseherey
— Gerberey
Corduangerberey
Dänischgerberey
Juftengerberey
Lohgerberey
Maroquingerberey
Rothgerberey
Sämischgerberey
Saffiangerberey
Weifsgerberey

die Gerichtshalterey
— Gerichtsverwalterey
— Giefserey
Bleygiefserey
Eisengiefserey
Gelbgiefserey
Glockengiefserey
Kannengiefserey
Schriftgiefserey
Schrotgiefserey
Stückgiefserey
Zinngiefserey
— Giftmischerey
— Gleifsnerey
— Gottesleugnerey
— Grämeley
— Gräserey
— Gremperey
— Griecheley
— Grübeley
Nachgrübeley
Sprachgrübeley
Wortgrübeley
— Gukerey
Handgukerey
Sterngukerey
— Gurgeley
— Haberechterey
— Hängerey
Kopfhängerey
— Haferey
— Häkeley
— Halbbauerey
— Handwerkerey
— Haserey
— Haulenderey
— Henkerey
— Herrscheley
— Herrschsüchteley
— Herträgerey
— Herumträgerey
— Heucheley
— Hexerey
— Hinträgerey
— Höfeley
— Höferey
— Höhnerey
— Hökerey
— Hofmeyerey
— Holländerey
— Hudeley
Alltagshudeley
Lobhudeley
— Hüpferey
— Hundsfötterey
— Hurerey
— Jägerey
Feldjägerey
Hofjägerey
Hurenjägerey
Reisejägerey
— Jesuiterey

die Jubeley
— Jüdeley
— Junkerey
— Juristerey
— Kalmäuserey
— Kämmerey
Rathskämmerey
Stadtkämmerey
Wollkämmerey
— Kampeley
— Kanzley
Amtskanzley
Feldkanzley
Gerichtskanzley
Hofkanzley
Jagdkanzley
Kreiskanzley
Kriegskanzley
Feldkriegskanzley
Lehnskanzley
Regierungskanzley
Reichskanzley
Staatskanzley *etc.*
— Kauderey
— Kauffahrtey
— Kaupeley
— Kellerey
Amtskellerey
Hofkellerey
— Kennerey
— Ketzerey
— Ketzerriecherey
— Klägeley
— Klätscherey
Stadtklätscherey
— Klagerey
— Klauberey
Haarklauberey
Wortklauberey
— Kleckerey
— Kleingeisterey
— Klimperey
— Klügeley
— Knauserey
— Knechteley
— Knechterey
— Kocherey
Goldkocherey
Sudelkocherey
Thrankocherey
— Kramerey
— Krämerey
Geheimniskrämerey
Kleinigkeitskrämer.
Sylbenkrämerey
Wortkrämerey
— Kränkeley
— Kriecherey
— Kritteley
— Krüppeley
— Künsteley
— Künstlerey

die Küstenfahrerey
— Kunststümperey
— Kupferstecherey
— Kuppeley
— Länderey
— Landdrostey
— Landsässerey
— Landstreicherey
— Landstreiferey
— Landschläferey
— Lapperey
— Lateineley
— Lauferey
— Launerey
— Lauscherey
— Lauserey
— Leckerey
Staubleckerey
— Leinweberey
— Leserey
Lieblingsleserey
Romanenleserey
Zeitungsleserey
— Liebedienerey
— Liebeley
— Liebäugeley
— Liebhaberey
Bilderliebhaberey
Kunstliebhaberey
— Liedeley
— Linnenweberey
— Litaney
Kirchenlitaney
— Lockerey
— Löffeley
— Ludeley
— Lückenbüſserey
— Lümmeley
— Lüsteley
Gaumenlüsteley
— Lumperey
— Macherey
Goldmacherey
Hutmacherey
Kartenmacherey
Proselytenmacherey
Schmumacherey
Segelmacherey
Tuchmacherey
Wortmacherey
— Mähderey
— Mäkeley
Wechselmäkeley
— Mäklerey
Geldmäklerey
Getreidemäklerey
— Mämmerey
— Malerey
Blumenmalerey
Bühnenmalerey
Caricaturmalerey

Feinmalerey
Feuermalerey
Fleischmalerey
Fratzenmalerey
Frescomalerey
Frischmalerey
Gewandmalerey
Glasmalerey
Groſsmalerey
Gurkenmalerey
Holzmalerey
Kalkmalerey
Kleinmalerey
Landschaftsmalerey
Leinwandmalerey
Milchmalerey
Oelmalerey
Pastellmalerey
Portraitmalerey
Porzellanmalerey
Schachtelmalerey
Schmelzmalerey
Schönmalerey
Steinmalerey
Stiftmalerey
Thiermalerey
Tonmalerey
Wachsmalerey
Wassermalerey
Zimmermalerey
die Mantscherey
— Mascopey
— Maurerey
Freymaurerey
Winkelmaurerey
— Mauscheley
— Mauserey
— Mehrhaberey
— Meisterey
Glaubensmeisterey
Hofmeisterey
Kleinmeisterey
Pfennigmeisterey
Rentmeisterey
Landrentmeisterey
Schulmeisterey
Sprachmeisterey
Wildmeisterey
— Melancholey
— Melkerey
— Melodey
— Mengerey
Erziehungsmenger.
Glaubensmengerey
Religionsmengerey
Wortmengerey
— Metzeley
— Meucheley
— Meuterey
— Mischeley
— Mischerey

die Möncheley
— Möncherey
Kuttenmöncherey
— Mörderey
— Muckerey
— Münzerey
Falzmünzerey
Rechtmünzerey
— Mummerey
— Nachahmerey
— Nachbeterey
— Nachrichterey
— Näherey
Rahmnäherey
— Näscherey
— Nätherey
— Narretey
— Narrirerey
— Neckerey
Hohnneckerey
— Nefferey
— Neiderey
— Nergeley
— Nieseley
— Oedeney
— Packerey
— Päckerey
— Pantscherey
— Päpstlerey
— Papeley
— Papisterey
— Partey
Freypartey
Gegenpartey
Hauptpartey
Hofpartey
Nebenpartey
Regierungspartey
Religionspartey
Rüdenpartey
Spielpartey
Volkspartey
Zertepartey
— Partirerey
— Pascherey
— Pedanterey
— Pelterey
— Pfäfferey
— Pfännerey
— Pfarrey
— Pfeiferey
Schnurrpfeiferey
— Pflegerey
— Pflegey
— Pfründnerey
— Pfuscherey
— Phantasey
— Pinseley
— Plackerey
— Plänkeley
— Plagerey

die Plapperey
— Plauderey
— Plauscherey
— Plünderey
— Pocherey
— Pöbeley
— Poeterey
— Polizey
Bücherpolizey
Dorfpolizey
geheime Polizey
Hauspolizey
hohe Polizey
Landespolizey
Militärpolizey
Sittenpolizey
Staatspolizey
Stadtpolizey
Theaterpolizey
— Possenreisserey
— Posthalterey
— Pracherey
— Prahlerey
Gefühlsprahlerey
Groſsprahlerey
— Prasserey
— Prellerey
— Prickeley
— Prophezeyerey
— Propstey
Domprobstey
— Prügeley
— Quäkeley
— Quäkerey
— Quälerey
Selbstquälerey
Thierquälerey
— Quacksalberey
— Quaserey
— Quengeley
— Quisterey
— Rabbeley
— Rackerey
— Ränkerey
— Räthseley
— Räuberey
— Raserey
Begeistigungsraser
Glaubensraserey
Liebesraserey
— Rauferey
— Recheney
— Rechnerey
— Rechthaberey
— Rederey
— Rednerey
Prunkrednerey
— Reiterey
Landreiterey
Wechselreiterey
— Rekeley
— Rentey

die Renterey
Amtsrenterey
Landrenterey
— Richterey
Kunstrichterey
Ueberkunstrichter.
Scharfrichterey
Sittenrichterey
— Riecherey
Jacobinerriecherey
Jesuitenriecherey
Ketzerriecherey
— Rotterey
— Rummeley
— Sämerey
— Sakristey
— Salberey
— Sammeley
— Sängerey
Minnesängerey
— Sattlerey
— Sauerey
— Sauferey
— Schaberey
— Schächerey
— Schäferey
— Schäkerey
— Schätzerey
— Schafferey
— Schaffnerey
— Schatzgräberey
— Schelmerey
— Schererey
— Schilderey
Steinschilderey
Vorschilderey
— Schinderey
Bauernschinderey
Menschenschinder.
Pferdeschinderey
— Schlabberey
— Schlägerey
Geldschlägerey
Reifschlägerey
— Schlamperey
— Schleicherey
— Schlemmerey
— Schlepperey
— Schlieſserey
— Schlingeley
— Schluckerey
— Schmarozerey
— Schmaucherey
— Schmauserey
— Schmeicheley
— Schmeichlerey
Liebesschmeichler.
— Schmelzerey
— Schmiererey
— Schminkerey
— Schmudeley

die Schmuggeley
— Schnäbeley
— Schnakerey
— Schnatterey
— Schneiderey
Schriftschneiderey
Steinschneiderey
— Schnitzeley
— Schnitzerey
Bildschnitzerey
— Schnurrbartey
— Schöngeisterey
— Schösserey
— Schrauberey
— Schreiberey
Geheimschreiberey
Küchenschreiberey
Romanschreiberey
Stadtschreiberey
Vielschreiberey
— Schreinerey
— Schulfuchserey
— Schultheiſserey
— Schulzerey
— Schwägerey
— Schwärmerey
Eingebungsschw.
Freyheitsschwärm.
Glaubensschwärm.
Liebesschwärmerey
Nachtschwärmerey
— Schwätzerey
— Schweinerey
— Schweinigeley
— Schweizerey
— Schwelgerey
Sinnenschwelgerey
— Schwindeley
Freyheitsschwindel.
— Schwuchterey
— Seidenwreederey
— Selbsteley
— Selbstherrscherey
— Selbstsüchteley
— Selbwalterey
— Semmeley
— Sennerey
— Siederey
Alaunsiederey
Leimsiederey
Potaschensiederey
Salpetersiederey
Salzsiederey
Seifensiederey
Thransiederey
Zuckersiederey
— Sitzerey
— Sklaverey
— Sodomiterey
— Sölerey
— Sophisterey

die Spaſserey
— Speyerey
— Spezerey
— Spiegeley
— Spielerey
Gaukelspielerey
Taschenspielerey
Wortspielerey
— Spieſsbürgerey
— Spinnerey
Glasspinnerey
Tabakspinnerey
Wollspinnerey
Baumwollspinner.
— Spötteley
— Spötterey
— Sprachverderberey
— Sprecherey
Groſssprecherey
Machtsprecherey
Nachsprecherey
— Springerey
— Spukerey
— Spürerey
Kleinigkeitsspürer.
— Stänkerey
— Staffeley
— Starkgeisterey
— Starostey
— Statthalterey
— Städterey
Groſsstädterey
Kleinstädterey
— Stellerey
Schriftstellerey
Vogelstellerey
— Sternseherey
— Sticheley
— Stickerey
Goldstickerey
Häkchenstickerey
Perlenstickerey
Seidenstickerey
Silberstickerey
— Störerey
— Stopferey
— Stoppeley
— Streiferey
— Streiterey
— Strickerey
— Strumpfwirkerey
— Stümperey
— Stürmerey
— Stuterey
— Sudeley
— Süſseley
— Sylbenstecherey
— Tadeley
— Täfeley
— Tändeley
Gesellschaftständel.
Liebeständeley

die Tändlerey
— Täuscherey
Roſstäuscherey
— Takeley
— Talmerey
— Tanderey
— Tauscherey
— Terminey
— Teufeley
— Teufelsbannerey
— Thäteley
— Theerschwelerey
— Thuerey
Groſsthuerey
— Tischlerey
— Tölpeley
— Töpferey
— Torfgräberey
— Trägerey
Geheimnisträgerey
— Tragerey
— Trödeley
— Trölerey
— Trommeley
— Trügerey
— Tüncherey
— Tyranney
— Vernünfteley
Trugvernünfteley
— Verrätherey
Landesverrätherey
Staatsverrätherey
— Vielgötterey
— Vielmännerey
— Vielweiberey
— Völlerey
— Voigtey
Amtsvoigtey
Gerichtsvoigtey
Groſsvoigtey
Hausvoigtey
Kastenvoigtey
Landvoigtey
Marschvoigtey
Obervoigtey
Reichsvoigtey
Stadtvoigtey
Untervoigtey
— Wählerey
Tagewählerey
Zeitwählerey
— Wäscherey
Goldwäscherey
— Wahrsagerey
Erdwahrsagerey
Federwahrsagerey
Gesichtswahrsager.
Hahnenwahrsagerey
Handwahrsagerey
Luftwahrsagerey
Pflanzenwahrsager.

Spiegelwahrsagerey
Vogelwahrsagerey
Wasserwahrsagerey
Zahlenwahrsagerey
die Wascherey
— Weberey
Bandweberey
Battistweberey
Baumwollenweber.
Kattunweberey
Leinweberey
Linnenweberey
Sammetweberey
Seidenweberey
Tuchweberey
Wollweberey
Zeugweberey
— Werberey
Falschwerberey
Freywerberey
Glaubenswerberey
— Wicklerey
— Wipperey
— Wirkerey
Bandwirkerey
Baumwollenwirker.
Goldwirkerey
Silberwirkerey
Strumpfwirkerey
Teppichwirkerey
— Windbeuteley
— Wisseley
— Wisserey
Allwisserey
Vielwisserey
— Wucherey
— Wüsteney
— Zählerey
— Zänkerey
Glaubenszänkerey
— Zagerey
— Zauberey
Erscheinungszaub.
Scheinzauberey
— Zeichnerey
— Zerrerey
— Ziegeley
— Ziererey
Mädchenziererey
— Zünfteley
Glaubenszünfteley
Meynungszünfteley
— Zusammenstoppeley
— Zweymännerey
— Zweysiedeley
— Zweyweiberey
— Zweyzüngeley
— *Barbarey*
— *Bucharey*
— *Lombardey*
— *Mongoley*

die *Tartarey*
— *Wallachey*

ēya

Eya!
Freya
die *Sidneya*

ēychen

das Eychen
ein Sorgenfreychen
das Lakeychen
— Papageychen
— Schreychen

ēychens

des Eychens *etc.*

[beyde]

ēyden

beyden
Leyden

ēyder

die Eyder
beyder

ēye

dem Eye
— Allerleye
ich arzneye
dem Beye
— Bleye
ich bleye
das Gebleye
ich benedeye
das Gebenedeye
dem Breye
ich conterfeye
alle dreye
dem Deye
ich feye
die Feye
der Freye
ich freye
das Gefreye
ich geye
— juchheye
— kasteye
die Kleye
ich luleye
— vermaledeye
dem Papageye
ich papageye
— parteye
— prophezeye
die Schalmeye
ich schneye
das Geschneye
ich schreye
das Geschreye

dem Schreye
ich schweye
das Geschweye
ich speye
das Gespeye
ich tacheneye
die Zweye
ich entzweye

ēyem

allerleyem
beyderleyem *etc.*
freyem
schleyem

ēyen

allerleyen *etc.*
arzneyen
den Bleyen
bleyen
ausbleyen
bebleyen
verbleyen
benedeyen
— Breyen
conterfeyen
abconterfeyen
zu dreyen
die Feyen
feyen
— Freyen
freyen
befreyen
erfreyen
geyen
aufgeyen
juchheyen
kasteyen
— Kleyen
luleyen
vermaledeyen
den Papageyen
papageyen
parteyen
prophezeyen
sie seyen
die Schalmeyen
schneyen
beschneyen
überschneyen
zuschneyen
schreyen
abschreyen
aufschreyen
anschreyen
beschreyen
durchschreyen
emporschreyen
erschreyen
mitschreyen
nachschreyen

überschreyen
verschreyen
vorschreyen
zerschreyen
zuschreyen
zurückschreyen
das Feuerschreyen
— Wuthschreyen
schweyen
speyen
anspeyen
ausspeyen
bespeyen
— Blutspeyen
tacheneyen
zu zweyen
entzweyen
die Abgöttereyen *etc. bis*
Zweyzüngeleyen
siehe ey

eyend

arzneyend
benedeyend
bleyend
conterfeyend
feyend
freyend
befreyend
geyend
juchheyend
kasteyend
luleyend
vermaledeyend
papageyend
parteyend
prophezeyend
seyend
schneyend
schreyend
himmelschreyend
rechtschreyend
schweyend
speyend
feuerspeyend
tacheneyend
entzweyend

eyens

des Arzneyens
— Benedeyens
— Bleyens
— Conterfeyens
— Feyens
— Freyens
— Befreyens
— Geyens
— Juchheyens
— Kasteyens
— Luleyens
— Vermaledeyens
des Papageyens
— Parteyens
— Prophezeyens
— Schneyens
— Schreyens
— Schweyens
— Speyens
— Tacheneyens
— Entzweyens

eyer

die Eyer
— Katzmeyer
allerleyer *etc.*
das Gebeyer
der Bleyer
— Dreyer
Kupferdreyer
Silberdreyer
die Feyer
Andachtsfeyer
Auszugsfeyer
Beerdigungsfeyer
Bekenntnisfeyer
Brandfeyer
Dankfeyer
Denkfeyer
Einweihungsfeyer
Erntefeyer
Freudenfeyer
Friedensfeyer
Frühlingsfeyer
Geburtsfeyer
Geburtstagsfeyer
Gedächtnisfeyer
Gerichtsfeyer
Gründungsfeyer
Herbstfeyer
Hochzeitsfeyer
Huldigungsfeyer
Hundstagsfeyer
Jahresfeyer
Jubelfeyer
Leichenfeyer
Morgenfeyer
Nachtfeyer
Osterfeyer
Schöpfungsfeyer
Siegesfeyer
Sonnenfeyer
Sonntagsfeyer
Stiftungsfeyer
Petri Stuhlfeyer
Tagfeyer
Todesfeyer
Todtenfeyer
Verlöbnisfeyer
Vermählungsfeyer
Vorfeyer
Waldfeyer
Weihnachtsfeyer
Wiegenfeyer
Wollustfeyer
Zeitenfeyer
der Freyer
ein Befreyer
— freyer
der Geyer
Aasgeyer
Adlergeyer
Bartgeyer
Braungeyer
Erdgeyer
Fischgeyer
Froschgeyer
Gemsgeyer
Hasengeyer
Hühnergeyer
Keibgeyer
Königsgeyer
Korallengeyer
Kuttengeyer
Lämmergeyer
Lerchengeyer
Mausegeyer
Mönchsgeyer
Moosgeyer
Riesengeyer
Rittelgeyer
Röthelgeyer
Roſsgeyer
Schwalbengeyer
Sommergeyer
Steingeyer
Vogelgeyer
Waldgeyer
— Juchheyer
— Kasteyer
— Kleyer
— Kreyer
die Leyer
alte Leyer
Brustleyer
das Geleyer
der Meyer
Alpmeyer
Birkenmeyer
Brachmeyer
Erbmeyer
Feldmeyer
Grasmeyer
Groſsnelkenmeyer
Halbmeyer
Hankemeyer
Hofmeyer
Mettenmeyer
Moormeyer
Namenmeyer
Pachtmeyer
Plaggemeyer
Rauchmeyer

Rauchmeyer
Vogelmeyer
Vollmeyer
Vorwerksmeyer
Waldmeyer
Weinmeyer
das Gemeyer
der Parteyer
— Prophezeyer
— Schalmeyer
— Schleyer
Brautschleyer
Busenschleyer
Florschleyer
Hochzeitschleyer
Irisschleyer
Judenschleyer
Kopfschleyer
Leichenschleyer
Leidschleyer
Nebelschleyer
Nonnenschleyer
Purpurschleyer
Regenbogenschl.
Rosenschleyer
Sargschleyer
Spitzenschleyer
Sternenschleyer
Thränenschleyer
Todtenschleyer
Trauerschleyer
Weiberschleyer
Wittwenschleyer
Wolkenschleyer
Zauberschleyer
das Geschleyer
ein schleyer
der Schreyer
Bühnenschreyer
Marktschreyer
Vorschreyer
Wasserschreyer
Zeterschreyer
— Speyer
Speyer
Steyer
— Zweyer

ēyerm

freyer'm
schleyer'm

ēyern

auf Eyern
beyern
den Bleyern
bleyern
— Dreyern
— Feyern
feye n
lustfeyern
mitfeyern
nachfeyern
vorfeyern
den Freyern
— Befreyern
einen freyer'n
den Geyern
— Juchheyern
— Kasteyern
— Kleyern
— Kreyern
— Leyern
leyern
fortleyern
mitleyern
nachleyern
vorleyern
— Meyern
meyern
bemeyern
vermeyern
— Parteyern
— Prophezeyern
— Schalmeyern
— Schleyern
schleyern
aufschleyern
beschleyern
einschleyern
entschleyern
überschleyern
verschleyern
einen schleyer'n
den Schreyern
— Speyern
— Zweyern

ēyernd

beyernd
feyernd
leyernd
meyernd
schleyernd

ēyerns

des Beyerns
— Feyerns
— Leyerns
— Meyerns
— Schleyerns

ēyers

des Gebeyers
— Bleyers
— Dreyers
— Gefeyers
— Freyers
— Befreyers
ein freyer's
des Geyers
des Juchheyers
— Kasteyers
— Kleyers
— Geleyers
— Meyers
— Gemeyers
— Parteyers
— Prophezeyers
— Schalmeyers
— Schleyers
— Geschleyers
ein schleyers
des Schreyers
— Speyers
— Zweyers

ēyerst

du beyerst
— feyerst
— leyerst
— meyerst
— schleyerst

ēyert

er beyert
— feyert
gefeyert
hochgefeyert
— leyert
— meyert
— schleyert

ēyes

des Eyes
— Agleyes
— Allerleyes *etc.*
— Beyes
— Gebenedeyes
— Bleyes
— Gebleyes
— Breyes
— Bunterleyes
— Conterfeyes
— Deyes
alles dreyes
des Dudeldeyes
— Einerleyes
ein freyes
des Gefreyes
— Sorgenfreyes
— Galmeyes
— Garleyes
— Gurkumeyes
— Hahnreyes
— Kirseyes
— Kleyes
— Leyes
— Luleyes
— Papageyes
— Pasteneyes
— Romeyes

ein schleyes
des Geschneyes
— Schreyes
— Geschreyes
— Geschweyes
— Gespeyes
ein überleyes
des Wolferleyes
so sey es
ich befrey' es *etc.*

ēyest

du arzeneyest
— benedeyest
— bleyest
— conterfeyest
— feyest
— freyest
— befreyest
freyest
— geyest
— juchheyest
— kasteyest
— luleyest
— vermaledeyest
— papageyest
— parteyest
— prophezeyest
— seyest
schleyest
— schneyest
— schreyest
— schweyest
— speyest
— tacheneyest
— entzweyest

ēyet

er arzneyet
— benedeyet
— bleyet
— conterfeyet
— feyet
gefeyet
— freyet
— befreyet
— geyet
— juchheyet
— kasteyet
— luleyet
— vermaledeyet
— papageyet
— parteyet
— prophezeyet
ihr seyet
es schneyet
er schreyet
— schweyet
— speyet
— tacheneyet
— entzweyet

ēyheit

die Dreyheit
— Freyheit
— Unfreyheit
— Zweyheit

ēyicht

bleyicht
breyicht
kleyicht

ēyig

bleyig
breyig
kleyig
schreyig
speyig

ēyigs — ēyigst

ein bleyig's
— breyig's
— kleyig's
— schreyig's
— speyig's

ēyisch

bleyisch
parteyisch
unparteyisch

ēylich

arzeneylich
copeylich
forsteylich
freylich!
kämmereylich
kanzleylich
papageylich
parteylich
polizeylich
propsteylich
rentereylich
speylich
ausspeylich
starosteylich
statthaltereylich
voigteylich
amtsvoigteylich
landvoigteylich
reichsvoigteylich
stadtvoigteylich

ēylichs

ein arzneylich's *etc. bis* voigteylichs *s.* eylich
die Freylichs

ēylichst

papageylichst
parteylichst
polizeylichst
speylichst

ēyn

arzeney'n
benedey'n
bley'n
den Brey'n
conterfey'n
— Conterfey'n
zu drey'n
die Fey'n
fey'n
— frey'n
frey'n
befrey'n
gey'n
juchhey'n
kastey'n
luley'n
vermaledey'n
papagey'n
partey'n
prophezey'n
seyn
abseyn
aufseyn
ausseyn
daseyn
dabeyseyn
darinnenseyn
fortseyn
herseyn
hierseyn
hin- *etc.* seyn
mitseyn
nachseyn
niederseyn
umseyn
vorseyn
wegseyn
zuseyn
zurückseyn
zusammenseyn
das Seyn
Alleinseyn
Aufseyn
Uebelaufseyn
Wohlaufseyn
Ausseyn
Bewufstseyn
Beyseyn
Daseyn
Erdendaseyn
Nichtdaseyn
Füreinanderseyn
Gerngesehenseyn
Gesundseyn
Gutseyn
Hartseyn
Hierseyn
Nichtseyn
Reichseyn

Siechseyn
Stummseyn
Taubseyn
Todtseyn
Uebelseyn
Vorseyn
Vornseyn
Wegseyn
Weichseyn
Wohlseyn
Zusammenseyn
die Schalmey'n
schney'n
schrey'n
schwey'n
spey'n
tacheney'n
entzwey'n
zu zwey'n
die Abgötterey'n *etc. bis* Zweyzüngeley'n *siehe* ey

ēyns

des Fey'ns
— Frey'ns
— Befrey'ns
— Gey'ns
— Juchhey'ns
— Kastey'ns
— Luley'ns
— Vermaledey'ns
— Papagey'ns
— Partey'ns
— Prophezey'ns
— Seyns
— Daseyns *etc.*
— Schney'ns
— Schrey'ns
— Schwey'ns
— Spey'ns
— Tacheney'ns
— Entzwey'ns

ēyre

ich beyre
das Gebeyre
ich feyre
das Gefeyre
ich leyre
das Geleyre
ich meyre
das Gemeyre
ich schleyre
das Geschleyre

ēyrs

des Gebey'rs
— Gefey'rs
— Geley'rs
des Gemey'rs
— Geschley'rs

ēyrſt

du bey'rst
— fey'rst
— ley'rst
— mey'rst
— schley'rst

ēyrt

er bey'rt
— fey'rt
— ley'rt
— mey'rt
— schley'rt

ēyrte

er bey'rte
— fey'rte
— ley'rte
— mey'rte
— schley'rte

ēyrtem

gefey'rtem
geley'rtem
verschley'rtem

ēyrten

sie bey'rten
— fey'rten
— ley'rten
— mey'rten
— schley'rten

ēyrter

ein gefey'rter
— geley'rter
— verschley'rter

ēyrtes

ein gefey'rtes
— geley'rtes
— verschley'rtes

ēyrteſt

du bey'rtest
— fey'rtest
— ley'rtest
— mey'rtest
— schley'rtest

ēyrtet

ihr bey'rtet
— fey'rtet
— ley'rtet
— mey'rtet
— schley'rtet

ēyrung

die Bey'rung
— Fey'rung
— Ley'rung
— Mey'rung
— Verschley'rung

ēys

des Eys
— Agley's
— Allerley's
— *Bey's*
— Gebenedey's
— Bley's
— Gebley's
— Brey's
— Bunterley's
— Conterfey's
— *Dey's*
alles drey's
des Dudeldey's
— Einerley's
ein frey's
des Gefrey's
— Sorgenfrey's
— Galmeys
— Garleys
— Gurkumeys
— Hahnreys
— Kirseys
— Kley's
— Ley's
— Luleys
— Papagey's
— Pasteney's
— Romey's
ein schley's
des Geschney's
— Schrey's
— Geschrey's
— Geschwey's
— Gespey's
ein überley's
des Wolferley's
so sey's
ich befrey' 's *etc.*

ēyſt

du arzeney'st
— benedeyst
— bleyst
— conterfeyst
— feyst
— freyst
— befreyst
frey'st
— gey'st
— juchheyst
— kasteyst
— luleyst
— vermaledeyst

du papageyst
— parteyst
— prophezeyst
— seyst
schley'st
— schney'st
— schreyst
— schweyst
— speyst
— tacheneyst
— entzweyst
Zeyst

ēyſte — ēyſtem - ēyſten ēyſter — ēyſtes

der freyste
— schleyste *etc.*

ēyt

er arzeneyt
— benedeyt
— bleyt
— conterfeyt
— feyt
— freyt
— befreyt
— geyt
— juchheyt
— kasteyt
— luleyt
— vermaledeyt
— papageyt
— parteyt
— prophezeyt
es schneyt
er schreyt
— schweyt
— speyt
— tacheneyt
— entzweyt
gezweyt

ēyte

er arzeneyte
— benedeyte
die Gebenedeyte
— Hochgebenedeyte
er bleyte
— conterfeyte
— feyte
— freyte
— befreyte
der Gefreyte
er geyte
— juchheyte
— kasteyte
— luleyte
— vermaledeyte
— papageyte
— parteyte
— prophezeyte
es schneyte
er schweyte
— speyte
— tacheneyte
— entzweyte
das Gezweyte
der Zweyte

ēytem

gebenedeytem
gebleytem
gefeytem
befreytem
kasteytem
vermaledeytem
prophezeytem
beschneytem
gespeytem
entzweytem
zweytem

ēyten

sie arzeneyten
— benedeyten
— bleyten
— feyten
— freyten
— befreyten
die Gefreyten
sie geyten
— juchheyten
— kasteyten
— luleyten
— vermaledeyten
— papageyten
— parteyten
— prophezeyten
— schneyten
— schweyten
— speyten
— tacheneyten
— entzweyten
die Zweyten

ēyter

ein gebenedeyter
— gebleyter
— gefeyter
— befreyter
— Gefreyter
— kasteyter
— vermaledeyter
— beschneyter
— gespeyter
— entzweyter
— Zweyter
so schreyt er *etc.*

ēytes

ein gebenedeytes
— gebleytes
ein gefeytes
— befreytes
— kasteytes
— vermaledeytes
— beschneytes
— gespeytes
— entzweytes
— Zweytes
so schreyt es *etc.*

ēyteſt

du arzeneytest
— benedeytest
— bleytest
— conterfeytest
— feytest
— freytest
— befreytest
— geytest
— juchheytest
— kasteytest
— luleytest
vermaledeytest
— papageytest
— parteytest
— prophezeytest
— schneytest
— schweytest
— speytest
— tacheneytest
— entzweytest

ēytet

ihr arzeneytet
— benedeytet
— bleytet
— conterfeytet
— feytet
— freytet
— befreytet
— geytet
— juchheytet
— kasteytet
— luleytet
— vermaledeytet
— papageytet
— parteytet
— prophezeytet
— schneytet
— schweytet
— speytet
— tacheneytet
— entzweytet

ēyts

ein gebenedeyt's
— gebleyt's
— gefeyt's
— befreyt's
— kasteyt's
— vermaledeyt's

ein beschneyt's
— gespeyt's
— entzweyt's
— zweyt's
so schreyt's *etc.*

ēytſt

du arzeneyt'st
— benedeyt'st
— bleyt'st
— conterfeyt'st
— feyt'st
— freyt'st
— befreyt'st
— geyt'st
— juchheyt'st
— kasteyt'st
— luleyt'st
— vermaledeyt'st
— papageyt'st
— parteyt'st
— prophezeyt'st
— schneyt'st
— schweyt'st
— speyt'st
— tacheneyt'st
— entzweyt'st

ēyung

die Benedeyung
— Verbleyung
— Conterfeyung
— Feyung
— Freyung
— Befreyung
Steuerbefreyung
Strafbefreyung
— Kasteyung
Bufskasteyung
— Vermaledeyung
— Parteyung
— Prophezeyung
Wetterprophez.
— Beschneyung
— Beschreyung
— Entzweyung

ēz

Duodez
Helvez
das Jez
Lucrez
Antilucrez
Octodez
der Pez
Sedez
Vegez

étz

der Bletz
— Ergetz
fetz!
das Gefetz
Fetz
— Fletz
— Gefletz
fretz!
— Gefretz
hetz!
die Hetz
das Gehetz
ketz!
— Geketz
letz!
— Geletz
metz!
— Gemetz
Metz
netz!
— Genetz
— Netz
Backennetz
Baggernetz
Ballnetz
Beutelnetz
Bibernetz
Brustnetz
Bügelnetz
Decknetz
Drathnetz
Fallnetz
Fingerblutadernetz
Finkennetz
Fischernetz
Fliegennetz
Futternetz
Garnnetz
Gefäſsnetz
Glockennetz
Haarnetz
Häringsnetz
Hasennetz
Haubennetz
Hirschnetz
Hühnernetz
Jagdnetz
Klebenetz
Korallennetz
Lauschnetz
Lerchennetz
Liebesnetz
Lückennetz
Lucknetz
Mordnetz
Mückennetz
Nachtnetz
Plattnetz
Prellnetz
Rehnetz
Rückennetz
Saunetz
Schanznetz
Schellennetz
Schlagnetz
Schleppnetz
Schneenetz
Schweinsnetz
Seenetz
Spiegelnetz
Spinnennetz
Stecknetz
Stellnetz
Streichnetz
Tagenetz
Vogelnetz
Wachtelnetz
Wildnetz
Wolfnetz
Wundernetz
Zaubernetz
Zugnetz
setz!
besetz!
der Besetz
Halsbesetz
Handbesetz
Hutbesetz
das Gesetz
Ackergesetz
Aehnlichkeitsgesetz
Amtsgesetz
Aufwandsgesetz
Ballgesetz
Berggesetz
Bergwerksgesetz
Berufsgesetz
Bundesgesetz
Ceremoniengesetz
Civilgesetz
Criminalgesetz
Deichgesetz
Dorfgesetz
Duellgesetz
Ehegesetz
Ehrengesetz
Eifergesetz
Erbgesetz
Erbfolgegesetz
Familiengesetz
Feudalgesetz
Friedensgesetz
Frohngesetz
Gesellschaftsgesetz
Gewissensgesetz
Grundgesetz
Reichsgrundgesetz
Handelsgesetz
Handwerksgesetz
Hauptgesetz
Hausgesetz
Innungsgesetz
Jagdgesetz
Kerngesetz
Kirchengesetz
Korngesetz
Kreisgesetz

Kriegsgesetz
Kunstgesetz
Landesgesetz
Lehnsgesetz
Marktgesetz
Mauthgesetz
Menschengesetz
Meſsgesetz
Modegesetz
Moralgesetz
Naturgesetz
Neugesetz
Ordensgesetz
Polizeygesetz
Reichsgesetz
Schiffahrtsgesetz
Schulgesetz
Seegesetz
Sittengesetz
Spielgesetz
Sprachgesetz
Staatsgesetz
Stadtgesetz
Steuergesetz
Tafelgesetz
Theatergesetz
Tischgesetz
Todesgesetz
Turniergesetz
Veränderungsgesetz
Vernunftgesetz
Wahlgesetz
Waldgesetz
Wechselgesetz
Wehrgesetz
Weltgesetz
Weingesetz
Willensgesetz
Zollgesetz
Zunftgesetz
Zwanggesetz
das Untersetz
der Schretz
wetz!
das Gewetz [Beza]

ēzar

Dschezar (Pascha)
Nebucadnezar

ézza

alla pezza
con allegrezza
con tenerezza
con vivezza
die *Grandezza*
voce mezza
morbidezza

étzchen

ein Netzchen
— Gesetzchen

étzchens

des Netzchens
— Gesetzchens

ēze

dem Duodeze
— *Helveze*
— Jeze
— *Lucreze*
die Muckeze
— Ochelbeze
dem Octodeze
— Peze
— Sedeze
ich stockeze
— tileze
— tokeze
— treze
das Getreze
dem *Vegeze*

étze

die Betze
dem Bletze
— Ergetze
ich ergetze
— fetze
das Gefetze
dem Fletze
das Gefletze
ich fretze
das Gefretze
ich hetze
das Gehetze
die Hetze
Bärenhetze
Fuchshetze
Hasenhetze
Leibhetze
Thierhetze
Windhetze
Wolfshetze
— Hetze (pica)
Steinhetze
ich ketze
das Geketze
ich letze
das Geletze
die Letze
Halsletze
ich metze
das Gemetze
die Metze (modius)
Beymetze
Drittelmetze
Mahlmetze
Schwanzmetze
Viertelmetze
— Metze (scortum)
Soldatenmetze
Straſsenmetze
ich megetze
die Netze
ich netze
das Genetze
die Netze
ich setze
das Gesetze
— Besetze
die Besetze
— Gesetze
— Setze
Vorsetze
dem Schretze
ich wetze
das Gewetze

ēzel

König *Ezel*
die Brezel
Butterbrezel
Fastenbrezel
Kümmelbrezel
Mandelbrezel
Milchbrezel
Sahnbrezel
Zuckerbrezel
das Gebrezel
— Geschmezel
ein Wezel
dem Bauerwezel
Tezel
Wezel

étzel

metzel!
das Gemetzel
— Petzel
— Setzel

ēzeln — ēzelnd — ēzelns

die Brezeln
brezeln
zusammenbrezeln
schmezeln
— Wezeln *etc.*

étzeln

metzeln
niedermetzeln
den Petzeln
— Setzeln

ēzels

des Gebrezels
— Geschmezels
— Wezels

étzels

des Gemetzels
— Petzels
— Setzels

ēzelst — ēzelt

du brezelst
— schmezelst *etc.*

ēzen

den Jezen
die Ochelbezen
den Pezen
stockezen
tilezen
tokezen
trezen
Seezen

étzen

den Bletzen
ergetzen
der Fetzen
Fuſsfetzen
Scheuerfetzen
Wischfetzen
fetzen
zerfetzen
fretzen
auffretzen
die Hetzen
hetzen
anhetzen
aufhetzen
durchhetzen
forthetzen
hin- und her- *etc.*
loshetzen
nachhetzen
niederhetzen
umherhetzen
verhetzen
weghetzen
zusammenhetzen
ketzen
ausketzen
letzen
verletzen
— Letzen
— Metzen
metzen
abmetzen
ausmetzen
nachmetzen
übermetzen
vermetzen
vormetzen
wegmetzen
megetzen
den Netzen
netzen
annetzen
aufnetzen
benetzen
durchnetzen
übernetzen
das Rothnetzen
die Setzen
Vorsetzen
den Gesetzen
setzen
absetzen
ansetzen
aufsetzen
aussetzen
besetzen
beysetzen
durchsetzen
einsetzen
entsetzen
entgegensetzen
ersetzen
fehlsetzen
festsetzen
fortsetzen
hersetzen
hin- *etc.* setzen
hintersetzen
nachsetzen
niedersetzen
übersetzen
umsetzen
untersetzen
versetzen
vorsetzen
voraussetzen
wegsetzen
widersetzen
zersetzen
zusetzen
zurücksetzen
zusammensetzen
das Entsetzen
Höllenentsetzen
Todesentsetzen
— Fruchtansetzen
— Plattsetzen
wetzen
abwetzen
aufwetzen
auswetzen
einwetzen
verwetzen

ēzend

stockezend
tilezend
tokezend
trezend

étzend

ergetzend
fetzend
fretzend
hetzend
ketzend
letzend
verletzend
metzend
megetzend
netzend
setzend
wetzend

ēzens

des Stockezens
— Tilezens
— Tokezens
— Trezens

étzens

des Ergetzens
— Fetzens
— Zerfetzens
— Fretzens
— Hetzens
— Ketzens
— Letzens
— Verletzens
— Metzens
— Megetzens
— Netzens
— Setzens
— Entsetzens
— Wetzens

ēzer

Eben - Ezer
Nebucadnezer
der Sorezer
— Tilezer

étzer

der Schuhbletzer
— Ergetzer
— Fetzer
Zerfetzer
— Hetzer
Aufhetzer
Sauhetzer
Windhetzer
— Ketzer
Erzketzer
— Verletzer
— Setzer
Absetzer
Aufsetzer
Holzaufsetzer
Kegelaufsetzer
Stuhlaufsetzer
Auseinandersetzer
Aussetzer
Preisaussetzer
Besetzer
Blattsetzer
Dammsetzer
Einsetzer
Pfriemeinsetzer
Erbsetzer

Festsetzer
Feuersetzer
Fingersetzer
Fleischsetzer
Holzsetzer
Kammsetzer
Kardensetzer
Klaftersetzer
Krippensetzer
Ofensetzer
Raketensetzer
Reihensetzer
Schriftsetzer
Siebsetzer
Steinsetzer
Stimmsetzer
Tagsetzer
Tonsetzer
Uebersetzer
Bibelübersetzer
Untersetzer
Versetzer
Vorsetzer
Wallsetzer
Werthsetzer
Widersetzer
Zahnsetzer

ēzern

den Sorezern
— Tilezern

étzern

den Schuhbletzern
— Ergetzern
— Fetzern
— Zerfetzern
— Hetzern
— Ketzern
aufketzern
ausketzern
verketzern
— Verletzern
— Setzern

ēzers

des Sorezers
— Tilezers

étzers

des Schuhbletzers
— Ergetzers
— Fetzers
— Zerfetzers
— Hetzers
— Ketzers
— Verletzers
— Setzers

ēzes

des Duodezes
— Jezes
des Octodezes
— Pezes
— Sedezes
— Getrezes
Tzezes

étzes

des Bletzes
— Ergetzes
— Gefetzes
— Fletzes
— Gefretzes
— Gehetzes
— Geketzes
— Geletzes
— Gemetzes
— Genetzes
— Netzes
— Gesetzes
— Gewetzes

ēzest

du stockezest
— tilezest
— tokezest
— trezest

étzest

du ergetzest
— fetzest
— fretzest
— hetzest
— ketzest
— letzest
— verletzest
— metzest
— megetzest
— netzest
— setzest
— wetzest

ēzet

er stockezet
— tilezet
— tokezet
— trezet
das Tz
bis aufs tz
decet

étzet

er ergetzet
— fetzet
— fretzet
— hetzet
— ketzet
— letzet
— verletzet
— metzet
— netzet
— setzet
— wetzet

étzge

eine fetz'ge
— fletz'ge
— jetz'ge
die Metzge
ich metzge
das Gemetz'ge
eine aufsetz'ge
— zusetz'ge

étzgem

fetz'gem
fletz'gem
jetz'gem
zusetz'gem

étzgen

einen fetz'gen
— fletz'gen
— jetz'gen
die Metzgen
metzgen
vermetzgen
einen zusetz'gen

étzger

ein fetz'ger
– fletz'ger
— jetz'ger
der Metzger
ein zusetz'ger

étzges

ein fetz'ges
— fletz'ges
— jetz'ges
des Gemetzges
ein zusetz'ges

ēzia

die *Trapezia*
Golfo di Venezia
Helvetia
Lucretia etc.

ētzig

fetzig
fletzig
jetzig
anjetzig
die Metzig
aufsetzig
zusetzig
[die Tschetzke
der Metzler]

étzlich

etzlich'
ergetzlich
verletzlich
unverletzlich

setzlich
ersetzlich
unersetzlich
gesetzlich
grundgesetzlich
ungesetzlich
widergesetzlich
widersetzlich
auswetzlich
unauswetzlich
[der Setzling]

étzner

der Betzner
— Metzner

étznern

den Betznern
— Metznern

étzners

des Betzners
— Metzners

étzo

jetzo
anjetzo
forte mezzo
piano mezzo
das *Intermezzo*
Arezzo

ēzs

des Duodezs
— Jezs
— Octodezs
— Petzs
— Sedezs
— Getrezs

étzs

des Bletzs
— Ergetzs
— Gefetzs
— Fletzs
— Gefretzs
— Gehetzs
— Gekezts
— Geletzs
— Gemetzs
— Genetzs
— Netzs
— Gesetzs
— Gewetzs
ich ersetz' 's *etc.*

ēzst

du stockezst
— tilezst
— tokezst
— trezst

étzst

du ergetzst
— fetzst
— fretzst
— hetzst
— ketzst
— letzst
— verletzst
— metzst
— megetzst
— netzst
— setzst
— wetzst

ēzt

er stockezt
— tilezt
— tokezt
— trezt

étzt

er ergetzt
— fetzt
— fretzt
— hetzt
jetzt
anjetzt
— ketzt
— letzt
— verletzt
letzt
allerletzt
vorletzt
zuletzt
— metzt
— megetzt
— netzt
— setzt
gesetzt!
— wetzt

ēzte

er stockezte
— tilezte
— tokezte
— trezte

étzte

er ergetzte
— fetzte
— fretzte
— hetzte
— ketzte
— letzte
— verletzte
der letzte
— allerletzte
— vorletzte
er metzte
— megetzte
er netzte
— setzte
der Gesetzte
er wetzte

étztem

ergetztem
zerfetztem
gefretztem
gehetztem
geletztem
verletztem
letztem
gemetztem
benetztem
gesetztem
gewetztem

ēzten

sie stockezten
— tilezten
— tokezten
— trezten

étzten

sie ergetzten
— fetzten
— fretzten
— hetzten
— ketzten
— letzten
— verletzten
die letzten
sie metzten
— megetzten
— netzten
— setzten
die Gesetzten
sie wetzten

étzter

ein ergetzter
— zerfetzter
— gefretzter
— gehetzter
— geletzter
— verletzter
in letzter
ein gemetzter
— benetzter
— gesetzter
— gewetzter

étzterm

ergetzter'm
zerfetzter'm
verletzter'm
letzterm
gesetzterm

étztern

einen ergetzter'n
— zerfetzter'n
— verletzter'n
die letztern
einen gesetzter'n

étzters

ein ergetzter's
— zerfetzter's
— verletzter's
letzter's
— gesetzter's

étztes

ein ergetztes
— zerfetztes
— gefretztes
— gehetztes
— geletztes
— verletztes
mein letztes
ein gemetztes
— benetztes
— gesetztes
— gewetztes
er versetzt es *etc.*

ēztest

du stockeztest
— tileztest
— tokeztest
— treztest

étztest

du ergetztest
— fetztest
— fretztest
— hetztest
— ketztest
— letztest
— verletztest
— metztest
— megetztest
— netztest
— setztest
— wetztest

ēztet

ihr stockeztet
— tileztet
— tokeztet
— treztet

étztet

ihr ergetztet
— fetztet
— fretztet
— hetztet
— ketztet
— letztet
— verletztet
— metztet
— megetztet
— netztet
— setztet
— wetztet

ēztst

du stockezt'st
— tilezt'st
— tokezt'st
— trezt'st

étztst

du ergetzt'st
— fetzt'st
— fretzt'st
— hetzt'st
— ketzt'st
— letzt'st
— verletzt'st
— metzt'st
— megetzt'st
— netzt'st
— setzt'st
— wetzt'st

étztste — étztstem — étzt-sten — étztster — étzt-stes

der ergetztste
— zerfetztste
— verletztste
— gesetztste *etc.*

ēzung

die Stockezung
die Tilezung
— Tokezung
— Trezung

étzung

die Ergetzung
Gemüthsergetzung
— Zerfetzung
— Fretzung
— Hetzung
— Ausketzung
— Letzung
Verletzung
Ehrenverletzung
Pflichtverletzung
— Metzung
— Benetzung
— Setzung
Absetzung
Aufsetzung
Aussetzung
Preisaussetzung
Auseinandersetzung
Erbschaftsauseina.
Besetzung
Amtsbesetzung
Spitzenbesetzung
Beysetzung
Durchsetzung
Einsetzung
Aftereinsetzung
Erbeinsetzung
Entsetzung
Dienstentsetzung
Ersetzung
Schadensersetzung
Farbensetzung
Fingersetzung
Fortsetzung
Gefangensetzung
Instandsetzung
Versetzung
Buchstabenversetz.
Goldversetzung
Metallversetzung
Sylbenversetzung
Widersetzung
Zersetzung
Zurücksetzung
Zusammensetzung.